经典与生活中的辩证法

工程师哲学笔记

（上册）

周献祥 著

知识产权出版社
全国百佳图书出版单位

图书在版编目（CIP）数据

经典与生活中的辩证法：工程师哲学笔记：全2册/周献祥著.—北京：知识产权出版社，2018.3（2019.5重印）

ISBN 978-7-5130-5729-5

Ⅰ.①经… Ⅱ.①周… Ⅲ.①辩证法—研究 Ⅳ.①B015

中国版本图书馆 CIP 数据核字（2018）第 182299 号

责任编辑：张　冰　　**责任校对：**谷　洋

封面设计：张　冀　　**责任印制：**孙婷婷

经典与生活中的辩证法——工程师哲学笔记（上册）

周献祥　著

出版发行：知识产权出版社有限责任公司	**网　　址：**http：//www.ipph.cn
社　　址：北京市海淀区气象路 50 号院	**邮　　编：**100081
责编电话：010-82000860 转 8024	**责编邮箱：**zhangbing@cnipr.com
发行电话：010-82000860 转 8101/8102	**发行传真：**010-82000893/82005070/82000270
印　　刷：北京虎彩文化传播有限公司	**经　　销：**各大网上书店、新华书店及相关专业书店
开　　本：787mm × 1092mm　1/16	**印　　张：**48.5
版　　次：2018 年 3 月第 1 版	**印　　次：**2019 年 5 月第 2 次印刷
字　　数：880 千字	**定　　价：**149.00 元（全二册）

ISBN 978-7-5130-5729-5

谨以此书献给

勇立世界新军事变革潮头的弄潮儿！

辩证法本质上是批判性和革命性的，是变革者锐利的思想武器。当前，在信息技术、精确制导技术、隐形技术等高技术群的推动下，武器装备的更新、军队体制的革新、军事理论的创新，是一场“颠覆性”的世界新军事变革，必将深刻改变未来的战争形态和作战样式，并赋予“善守者藏于九地之下，善攻者动于九天之上”以新的内涵。《礼记》中说，“未有学养子而嫁者也”，意思是女孩子没有必要等到学会了养育子女的技能后再出嫁。为了维护世界和平，实现强军梦的伟大事业，一批共和国有识之士积极投身于伟大的新军事变革的洪流中，搏击世界科技潮头，就像“未学养子而嫁”的少女，其肩负的历史使命就是迎接“新生儿”的降临！“新生儿”的那一声啼哭，如同 1949 年的雄鸡啼晓，既是胜利者的凯歌又是和平的福音！有了这一声啼哭，千千万万的母亲，才能在“月儿明，风儿静，树叶遮窗棂，蛐蛐儿叫铮铮”之际，轻轻摆动摇篮低声哼唱：“娘的宝宝，闭上眼睛，睡了那个睡在梦中啊！”

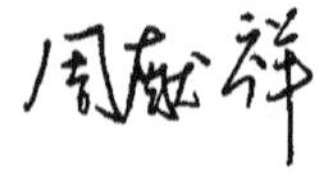

2017 年 8 月 1 日

前　言

作为一名结构工程师，从事哲学论著的写作绝不是什么“内心冲动”①。2012年年底，在撰写《结构设计笔记》(第二版)时，我根据金岳霖在《哲学研究》1959年第3期上发表的《论真实性与正确性底统一》一文的逻辑结构，分析结构设计中的正确性与真实性的辩证关系，初步尝试运用辩证逻辑思维分析工程设计中的技术问题。这一尝试得到业界的认可，也让我体会到辩证法的力量，切身感受到了构筑适合于工程的辩证法体系结构的必要。

哲学是时代的精华，是人类安身立命之学，是生存和智慧之学。哲学强大的生命力蕴藏和扎根于工程活动中，工程哲学在21世纪的兴起是时代发展的必然产物。马克思说：“人们自己创造自己的历史，但是他们并不是随心所欲地创造，并不是在他们自己选定的条件下创造，而是在直接碰到的、既定的、从过去承继下来的条件下创造。”② 工程是直接的生产力，工程活动广泛地涉及人与自然、人与人、人与社会的关系，工程活动内在地存在着许多重要的、深刻的哲学问题，展现出丰富的、多层次的辩证特征。

目前关于工程辩证法的研究还局限于概念的思辨阶段，还只是辩证法的基本规律和范畴在工程中的具体运用，尚未能形成一套完整的、与工程活动密切相关的辩证法体系结构。朱光潜先生说：“如果你没有决定怎样才是美，你就没有理由说这幅画比那幅画美；如果你没有明白艺术的本质，你就没有理由说这件作品是艺术，那件作品不是艺术。世间固然也有许多不研究美学而批评文艺的人们，但是他们好像水手说天文，看护妇说医药，全凭粗疏的经验，没有严密的有系统的学理做根据。我并不敢忽视粗疏的经验，但是我敢说它不够用，而且有时还会误事。”严格说来，构筑工程辩证法体系亦须有“严密的有系统的学理做根据”，而不仅仅是“粗疏经验”的简单罗列或从概念到概念的文字游戏。

就目前市面上以大学教科书为代表的哲学理论体系来说，辩证法被表述为一系列的概念、范畴及量变质变、对立统一和否定之否定三大规

① 恩格斯,《〈反杜林论〉旧序》:“这部著作决不是由于‘内心冲动’而产生的”,《马克思恩格斯全集》第20卷,第380页。

②《马克思恩格斯全集》第8卷,第121页。

律，这当然有助于学习和理解辩证法。但工程建设活动所展现出的辩证特征要比这些理论丰富得多、复杂得多。工程建设既是人类创造物品的活动，同时也是认识和运用工程建设规律的过程，所以工程辩证法的建立，不仅仅是为了解释工程建设活动，而是要展现或反映工程建设活动中的辩证性质，揭示工程建设活动的规律。工程辩证法主要研究工程概念及其辩证运动以及如何通过工程概念反映工程建设活动规律。在工程中，“辩证法、逻辑、认识论”是同一的。就概念来说，工程上的概念都是具体的、多样性的统一，基本上都是黑格尔所说的“具体概念”，具有思辨性和内在逻辑性。就范畴来说，现象与本质、原因与结果、偶然与必然、部分与整体、形式与内容、可能性与现实性等之间的关系及其在工程丰富的、流动的、多层次的建设活动中的辩证运动，构成工程辩证法最为丰富的本质内涵，量变质变、对立统一和否定之否定规律在工程建设活动中同样得到充分的体现，而且具有其特殊的内涵。例如，工程建设活动涉及大量的数量关系，而“量的比例关系”[①]往往就是一种规定性、一种质的表现，而且“规律就是本质的对比”[②]。因此，“从大学必修课中所听到的一点儿哲学（这种哲学不仅是片段的东西，而且还是属于各种不同的和多半是最坏的学派的人们的观点的混合物）中取来的，或是从无批判地和杂乱地读到的各种各样的哲学著作中取来的……那些侮辱哲学最厉害的恰好是最坏哲学的最坏、最庸俗的残余”[③]，显然是不能为工程辩证法所直接引用的。

针对这一状况，本书根据工程建设的特点，以概念是具体的作为切入点，在学习黑格尔、马克思、恩格斯、列宁、毛泽东等的经典著作的同时，对黑格尔首先建立的本体论、逻辑学[④]、辩证法和认识论相一致的辩证法体系结构进行梳理，并详细摘录相应的论述，力求为工程辩证法的研究注入新的活力。所以，本书实际上是我写作计划中《工程辩证法》的上卷。

章太炎说：“哲学是深密的学问。”梳理并构建与工程建设活动相切合的辩证法体系结构不是一件容易的事情。首先，这一工作的工作量很大。恩格斯在《卡尔·马克思＜政治经济学批判＞》中说：“即使只是在一个单独的历史实例上发展唯物主义的观点，也是一项要求多年冷静钻研的科学工作，因为很明显，在这里只说空话是无济于事的，只有靠大量的、批判地审查过的、充分地掌握了的历史资料，才能解决这样的任务。”[⑤]其次，目前文献中的辩证法对于工程来说，还没有一个现成且完整而科学的体系结构。马克思说：“黑格尔的辩证法是一切辩证法的基本形式，但是，只有在剥去它的神秘的形式之后才是这样，而这恰好就是我的方法的特点。”[⑥]马克思也曾有“把黑格尔所发现、但同时

① 黑格尔，《小逻辑》，第232页。
② 黑格尔，《逻辑学》下卷，第154页。
③《马克思恩格斯全集》第20卷，第551～552页。
④ 辩证逻辑。
⑤《马克思恩格斯全集》第13卷，第527页。
⑥《马克思恩格斯选集》第4卷，第366页。

又加以神秘化的方法中所存在的合理的东西阐述一番”[①]的愿望，但他的夙愿最终没能完成，好在马克思将他的辩证法思想融入《资本论》这部大写的逻辑著作中。

恩格斯在《路德维希·费尔巴哈和德国古典哲学的终结》中指出：“费尔巴哈是个杰出的哲学家。但是，哲学，这一似乎凌驾于一切专门科学之上并包括一切专门科学的科学的科学，对他来说不仅仍然是不可逾越的屏障，是神圣不可侵犯的东西；而且，他作为一个哲学家，也停留在半路上，他下半截是唯物主义者，上半截是唯心主义者；他没有批判地克服黑格尔，而是简单地把黑格尔当做无用的东西抛在一边，同时，他本人除了矫揉造作的爱的宗教和贫乏无力的道德，拿不出什么积极的东西来和黑格尔体系的百科全书式的丰富内容相抗衡。”只有“同马克思的名字联系在一起的”、从黑格尔学派的解体过程中产生的另一个“唯一的产生真实结果的派别”实现了“同黑格尔哲学的分离”，并且“在这里也是由于返回到唯物主义观点而产生的结果”。要实现这一目的，“黑格尔不是简单地被放在一边，恰恰相反，上面所说的他的革命方面，即辩证方法，是被当做出发点的。”[②]这就是说，只有“恢复了黑格尔哲学的革命方面”并“摆脱了那些曾经在黑格尔那里阻碍它贯彻到底的唯心主义装饰”就可以得出一个伟大的基本思想，即“认为世界不是一成不变的事物的集合体，而是过程的集合体，其中各个似乎稳定的事物以及它们在我们头脑中的思想映象即概念，都处在生成和灭亡的不断变化中。”[③]列宁也认为，用唯物主义观点解释黑格尔的辩证法，可以找到现代“自然科学革命所提出的种种哲学问题的解答”[④]。恩格斯、列宁的这些论述，对于理解黑格尔哲学的本质特征、梳理工程辩证法基本形态，具有十分重要的指导意义。

列宁致力于辩证法的研究，他的《哲学笔记》用辩证唯物主义观点对黑格尔的辩证法进行改造。当时他虽然没有写成唯物主义辩证法的专著，但也留下了大量笔记。这些笔记反映了列宁为发展马克思主义哲学特别是唯物主义辩证法进行的创造性的探索，凝聚了他的深邃的哲学智慧。

毛泽东运用马克思主义的立场、观点和方法，批判地吸取了古代朴素的军事辩证法思想和近代资产阶级军事辩证法思想的精华，在中国革命战争的伟大实践中，创造性地解决并回答了弱小的革命军队能否抵御和如何才能抵御强敌的进攻，弱军能否转化为强军，以及在什么条件下弱军才可以转化为强军从而取得作战胜利等摆在革命军队面前的一系列十分尖锐的问题，创立了具有中国特色、以人民战争为主体的毛泽东军事辩证法。辩证法的生命力、战斗力及其能动性本质在毛泽东军事辩证

①《马克思恩格斯全集》第29卷，第250页。
②《马克思恩格斯全集》第21卷，第335~336页。
③《马克思恩格斯全集》第21卷，第337~338页。
④《列宁全集》第33卷，第205页。

法中得到充分而生动的体现。

列宁指出："要继承黑格尔和马克思的事业，就应当辩证地探讨人类思想、科学和技术的历史。"①随着工程建设活动的深度和广度的不断扩展，人们越来越认识到哲学尤其是辩证法与工程建设的关系越来越密切，构建工程辩证法体系已是时代的必然要求。恩格斯说："不管自然科学家采取什么样的态度，他们还是得受哲学的支配。"②虽然我在30年的工程设计和研究工作中，已逐步养成自觉学点经典著作中的辩证法的习惯，并在我的《结构设计笔记》中对工程辩证法的某些特征进行了初步阐释，可以说辩证法理论体系对我来说已不再陌生，但是从事哲学类题材的写作对我来说的确是一个巨大的挑战，"谁知初试步，即是最高层"③之感油然而生。尽管目前还面临一些困难，但我深信这项工作对于我本人的理论研究、对于推动工程辩证法的发展是具有积极意义的，正如马克思所说的，"人体解剖对于猴体解剖是一把钥匙"④。

"能探风雅无穷意，始是乾坤绝妙词。"黑格尔说："思想的冲力无论怎样表现其自身（虽然不免歪曲）于时代意识形态中……但它总是自在自为地向着精神所形成的思想本身的至高处而迈进，并为着时代需要的满足。"⑤他主张"哲学必须有真实内容"，认为"哲学的目的就在于掌握理念的普遍性和真形相"⑥。在20世纪中叶全国"学哲学,用哲学"的热潮中，我家乡的一位农民提出了"一把锄头两种劲"的口号，而成为活学活用"一分为二"哲学思想的典型。俗话说"道不远人"，"一把锄头两种劲"所体现出的能动思想具有多重含义，深刻阐明了调动人的积极性的内在动因。因此，"一把锄头两种劲"既可以作为一个哲学命题来看待，也可以作为现代管理学的一个命题来研究。

法国当代哲学家福柯说："哲学就是一种生活的艺术。"生活中的哲理不一定直接与辩证法现有的基本概念、基本范畴和基本原理相对应，它们常常以特有的方式展示辩证法丰富多彩的一面。如民间传颂的一些小故事，深入浅出地诠释了社会和人生的许多大道理，往往蕴含着深刻的哲理和人生感悟，对人们有着潜移默化的影响。每当遇到命运抉择的时候，我就会想起小时候听过的"一担桐油与一块棉花等价"的故事。

在我家乡，有一坟茔众多的荒山，名叫"宅基山"。传说有一年，一位挑夫⑦挑着一担桐油路经宅基山时，脚趾被草鞋磨出了血。恰巧在这时候，他看见路边有一位白胡子老爷爷正在晾晒棉花。他停歇下来，向老爷爷要了一块棉花，老爷爷随手给了他一块。他接过老爷爷给的棉花，将其敷在脚趾出血处，便挑起担子又上路了。走出没多远，挑夫觉得脚趾的伤口处越来越不舒服，好像有异物在伤口处。他放下担子，仔细一看，原来敷在伤口处的不是棉花，而是一块亮锃锃的银子。他一下

① 列宁，《哲学笔记》第2版，或《列宁全集》第55卷，第122页。
②《马克思恩格斯选集》第3卷，第533页。
③ 乾隆，《香山春望》。
④《马克思恩格斯全集》第12卷，第756页。
⑤《小逻辑》，第17页。
⑥《小逻辑》，第35页。
⑦ 在老家的方言中称为"桐油担"。

子惊呆了！难道他刚才遇到的白胡子老爷爷就是传说中的财神爷？他定神一想，如果刚才看见那些棉花真的都是银子，何不回去再向财神爷多要一点，这总比自己天天做挑夫强。于是他迅速倒掉桐油，快步往回赶。当他回到刚才老爷爷晒棉花的地方时候，老爷爷不见了，棉花也消失得无影无踪！垂头丧气的他，挑着空担子，继续上路并回到市场上，拿出从脚趾上取出的银子到市面上一称量，银子正值他挑的那一担桐油的价格，既不亏，也不赚。在讲述这一故事时，前辈总不免要加一句“财神是不会轻易给予不劳而获者额外收获的”。

在这一故事中，财神既有又无，如真似幻；既承认财富的取得有一定的偶然性，又不夸大这种偶然性的作用，从而间接承认了某种必然性的存在。这一故事说明，在把握机会方面，命定如挑夫者，挑着担子继续往前走，其结果是一个固定的、可知的状态；看见新的机会，放弃现有的工作，向新的方向努力，收获也未必更多。这就是这一故事耐人寻味之处。类似的故事还有“一粒黄豆打死一个人”“人为财死、鸟为食亡”等。“莫听穿林打叶声，何妨吟啸且徐行”[①]，这类民间故事，抱朴含真，没有刻板的说理，“感而遂通天下”[②]，在多年的传诵中，往往表达出情与理的交融，其传承的价值观念、文化心态和审美情趣等，闪烁着光彩照人的智慧，浸润人心，荡涤心灵。

感谢知识产权出版社对我的信任，鼓励我结合工程的实际情况开展工程辩证法的研究与写作。本书主要以列宁的《哲学笔记》，马克思的《资本论》，黑格尔的《逻辑学》《小逻辑》和《美学》，恩格斯的《自然辩证法》，以及毛泽东的军事著作等经典著作为范本，通过对这些经典著作的摘录、整理，试图从不同的侧面展现“内容与方法相结合”“逻辑、认识论与辩证法三位一体”的辩证法体系结构，并从生活和工程的角度对其中的一些内容进行阐释，力求从经典著作中恢复辩证法与逻辑学、认识论、本体论相统一的本来面目，突破教科书中将辩证法简单化、格式化的固有模式，为工程辩证法的研究和体系构建提供理论支撑。

《关于辩证法》作为导论，既是对辩证法相关问题以及唯物辩证法中国化新探索、新进展的综述，又是对“逻辑学、认识论、本体论与辩证法”相统一的辩证法体系特征的综合阐述；《回望马克思》从马克思与黑格尔的比较，尤其是从他们各自理论体系开端的比较中，阐述马克思辩证法的唯物主义本质以及马克思对黑格尔哲学的唯物主义改造；《认识黑格尔》着重介绍了黑格尔的逻辑学体系结构及其组成；《列宁的〈哲学笔记〉》则以小篇幅的专题形式，对经列宁改造后的唯物辩证法概念、范畴和辩证规律进行梳理。这四篇概述的辩证法体系从不同侧面构成了“逻辑学、认识论、本体论与辩证法统一”的辩证法体系的基本框架。

① 苏轼，《定风波·莫听穿林打叶声》。
②《易传·系辞》。

《恩格斯的〈自然辩证法〉》对恩格斯的《自然辩证法》《反杜林论》《路德维希·费尔巴哈和德国古典哲学的终结》等著作中的自然辩证法部分进行了梳理和归纳。自然辩证法是辩证法中最能反映辩证法特征和本质的部分，是被自然科学的发展成就证实了的真理。

辩证法所涉及的诸领域中，军事辩证法的理论、思想和方法必须全方位接受实践检验，因而是最反映现实、最具生命力和战斗力、最能体现辩证法的能动性和革命性本质的学科。毛泽东军事辩证法是中国革命战争和人民军队建设一般规律的科学概括，是体现和反映军事辩证法本质的“大写字母”的逻辑体系。毛泽东军事辩证法阐明了对战争本质及其规律的认识、战争因素内在运动和外部表现形式的关系，强调战争的胜负主要取决于作战双方的军事、政治、经济、自然诸条件，同时还取决于作战双方的主观指导能力。提出研究战争规律要着眼特点和发展、研究和指导战争的根本方法就是“熟识敌我双方各方面的情况，找出其行动的规律，并且应用这些规律于自己的行动”。确立从侦察、判断、决心到部署的一系列互为前提的军事认识与指导战争的逻辑程序，从而在战争指导上体现了本体论、辩证法、认识论、逻辑学的统一。毛泽东军事辩证法创立了独具特色的人民战争的战略战术和指挥艺术，是对我军以弱胜强的长期战争实践经验的总结，它既是战争的认识论、方法论和一整套战争的指导原则，又是“以弱御强，由弱变强，以强胜弱”这一独特战争形态的战争逻辑的具体表现或展开。从学科建设的意义上说，毛泽东军事辩证法是门类繁多的现代科学体系中，唯一的一门完全由中国人独创的，并与西方科学范畴、思维模式和学术共同体的范式体系完全融合的新型学科。

《量变引起质变还是量变出现质变？》从分析人们熟知的“单纯的量的变化到一定点时就会转化为质的差别”①，即“由于黑格尔的度量关系的关节线——在这里，在量变的一定点上骤然发生质变……水在标准压力下，在摄氏零度时从液态转变为固态，在摄氏一百度时从液态转变为气态，可见，在这两个转折点上，仅仅是温度的单纯的量变就可以引起水的状态的质变”②的现象出发，根据原因与结果关系原理，提出“人们常说的量变引起质变，其实质是量变出现质变”这一观点。其主要依据是：量的变化转化为质的差别就是“理性的机巧”，“它自己并不直接干预其过程，但同时却正好实现了它自己的目的”因而是一种规律。尽管量具有“在一定程度上的变化不会影响到特定事物的质或存在”的特性，但由于量是质的某种规定性，量的变化跨越（超出）规定事物质的属性的量的界限，就出现属性的相应的变化，正是事物的属性随条件的变化而改变的本质必然性的一种体现。因此，如把水的物理状态随温

①《马克思恩格斯全集》第20卷，第137页。
②《马克思恩格斯全集》第20卷，第138~139页。

度而变化看作一种规律，水温是体现这一规律性的条件，那么，从形式上看是水温的变化引起水的物理状态的改变，而实质上则是水温这一外界条件的变化，使水的物理状态随之出现变化，这只是水的物理状态随水温而变化规律的具体体现和必然反映，就像某年某日出现月食是天体运动规律的必然反映一样。从因果关系角度来说，水温变化是引起水的物理状态改变的外在条件或形式上的原因，而不是内在原因，而能够改变事物状态、性质、属性的量是内涵的量，而不是外延的量。

《对立“统一”规律还是对立“同一”规律？》通过“对立面的同一”与“对立面的统一”两个术语的辨析，揭示了事物内部矛盾性的本质内涵和表现形态是矛盾双方有差异的同一及其所表现出的“既在这里又不在这里”“既是又不是”的不安息、不稳定状态。《否定之否定规律的普遍性问题》阐述了否定之否定规律的普遍性。只有把否定之否定过程看作是事物发展过程中的普遍形态，世界才是普遍联系的，也才能揭示出“新陈代谢是宇宙间普遍的永远不可抵抗的规律”。这两篇辩证法基本规律的理论研究成果，是我学习黑格尔《逻辑学》的最新体悟，直指“黑格尔所发现、但同时又加以神秘化的方法中所存在的合理的东西”。

《矛盾转化是一个伟大的基本过程》指出有差异的同一性中的差异性是矛盾双方互相转化的因素或方面，阐述了矛盾转化在量变质变规律、对立统一规律和否定之否定规律中的表现形式。事实表明，辩证法三大规律在矛盾转化方面具有一定的关联性。

《规律问题是复杂的》主要探讨规律问题的复杂性、规律表现形式的多样性、涉及领域的多重性以及人们对规律问题认识某种程度上的单纯性、简单性、功效性或片面性。“思无定契，理有恒存”①，人们对客观事物的认识是逐渐深化的，认识客观规律并按客观规律办事，只是认识到规律问题的一个方面或一个环节。“恒河边七种人”的故事揭示出人们的认识既要“合规律性”，又要“合目的性”。但要做到合规律性与合目的性的统一，就应理解规律问题的深刻本质，避免将规律的概念“绝对化、简单化、偶像化”②。当今社会的病态化和生态危机的产生与工具理性的膨胀和价值理性的衰微有一定的关系。工具理性的核心是追求效率，价值理性体现人对价值问题的理性思考。价值理性并不否定人作为手段的意义，但强调人本质上是目的而不是手段，人作为手段，只有在以人为目的、以人为出发点和归宿的前提下才是合理的。价值理性对现存世界的反思、批判，蕴含着对未来理想世界的渴望和建构一个理想的、应然的、合乎人本性和目的的美好世界。一个合目的、合规律的社会实践活动的成功，取决于价值理性与工具理性的统一。

《概念是具体的》着重介绍具体概念的本质特征。具体概念是多样

①《文心雕龙·总术》。

②《哲学笔记》第2版，第126页。

性的统一，事物内部对立双方的同一性是包含差异于自身内的同一。世界上没有完全相同的事物，每一事物既是自身，又是他物，且各有特点。因此，分析每一事物、从事每一项工作，实事求是、具体问题具体分析就是它的应有本义和必然要求。《工程模型是工程设计的核心》分析模型在现代工程设计活动中的作用。工程设计离不开理论计算，而理论计算的核心是模型，模型一旦建立，通过分析计算，工程建设活动中的各种内在矛盾就逐渐展开了，工程设计过程实际上就是解决这些矛盾的过程。《真理与假相》根据培根"四假相说"，分析假相在工程建设活动中，尤其是在工程设计中的表现。《魔鬼不存，上帝焉在？》阐述了"为他存在"和"自在存在"是事物存在的两个环节或规定的两个方面，而且一切事物都有其本身所固有的互相矛盾着的两种属性，两个互相矛盾方面的共存、斗争以及融合成一个新范畴，就是辩证运动的实质。《一粒黄豆打死一个人》《苦莫愁，冷莫虬》《欺善与不恶》以及《格·局·势》等均是从不同的角度和侧面，阐述生活中的辩证法及其表现形式。现实生活和工程建设活动的多样性、复杂性，以及事物发展中的矛盾运动，反复证明否定是表征事物特征的一个不可或缺的方面或环节。因此，既积极有为、奋发向上，又防患于未然，就成为生活的一种智慧。而"预防为主、防治结合"作为防病治病、防灾减灾的指导方针，是人们在总结人类与疾病、灾害等抗争的经验基础上提出来的防灾减灾思想，并逐渐成为人们的行为准则。

《后步更比前步高》通过民间流传的故事阐释了一个基本事实，即在现实生活中，在任何一个命题中，"都可以（而且应当）发现辩证法一切要素的胚芽，这就表明辩证法本来是人类的全部认识所固有的"。[①]同时以战争与和平之间的关系为例，说明辩证法的基本范畴中，肯定与否定、现象与本质、原因与结果、可能与现实、形式与内容、偶然与必然、整体与局部、内与外等各项之间存在绝对的相互依赖性，每一方离开了对方就失去了意义，这种对立不是简单抽象的，而是具有丰富内涵的。

《饭是勤者吃一半，懒者吃一半》从经济学中"收入陷阱"的概念，引申出一个国家的科学技术发展以及个人的学习和研究所需要跨越的一个个"门槛"其实也是"陷阱"的一种表现形态，而科学技术史上的每一次新发现、新变革，都标志着人类成功地跨越了认识史上的一个个"陷阱"。因此，人的认识由不知到知，由知之不多到知之较多，由肤浅到深刻，由具体到一般，又由一般到具体的发展过程就是一系列否定之否定的发展过程。从而清楚地表明，否定之否定规律是在人类认识发展过程中起重要作用的普遍规律，它科学地描绘出了人类认识的发展历程。

美学在西方大学里常常是被作为一门认识论来看待的。《美是难的》

① 《哲学笔记》第2版，第308页。

对西方美学流派和中国美学的总体特征及基本形态进行了详细的梳理和归纳。虽然美无处不在，而且美学是人文学科中璀璨的明星，但古今中外美学家和哲学家殚精竭虑所思考和探寻的美的本质问题，并不是一个简单的问题，在很多情况下，美的现象一直被弄成莫名其妙的事，休谟说，“美不是事物本身的特性，它仅仅存在于对事物加以思考的头脑中，每个人所意识到的美都是不一样的。别人感觉到美的地方，你或许甚至感觉到畸形”（Beauty is no quality in things themselves: It exists merely in the mind which contemplates them; and each mind perceives a different beauty. One person may even perceive deformity, where another is sensible of beauty[①]），这清楚地表明“美是难的”。

“万物一体，天人合一，融和共生”是中华文化的理想境界。在中华文化发展和演化的过程中，“天人合一”的“天”代表了法则，它包含了道、天、地、人四者中的“道、天、地”。天之道在于“始万物”，地之道在于“生万物”，为人之道在于“循应天地而善待万物”。《由天人同一通达天人合一》回顾了先秦诸子百家、宋明理学及《黄帝内经》的天人关系学说。这些“天人合一”学说中的“天”，有的是指“主宰之天”，有的是指“命运之天”，有的是指“自然之天”，也有的是指“义理之天”。在中国哲学五行学说中，五行相生、相克而无相合，虽然明朝方以智在《东方均》中提出了阴阳“两间无不交，则无不二而一者”，“交也者，合二而一也”的思想，宋朝吕大临在《〈老子〉注》中也有“老聃之学，合有无谓之元，以为道所由出，盖至于命矣”的观点。但总体来说，中国哲学缺少与西方哲学“正、反、合”相对应的“合”的概念，其直接的表现是缺乏否定之否定过程中的中介环节。就本质而言，“天人合一”的“合”在很多场合只是“和”之意，而《内经》中的“天人相似”“天人相动”和“天人相通”实际上指的是天人之间的同一性而不是“合一”。“天人同一”是天人对立和“天人相分”的对立面，它既是指天人之间对立和差异中有同一，也意味着在天人有别的前提下，天和人双方各守本分，天不“压制”人；在承认“惟人万物之灵，最为天下贵”的前提下，人不能随意“变天”，天与人要和平共处、共生共荣。“天人合一”是天人关系的理想和最高境界，“天人同一”是“天人合一”的基础，也是通达“天人合一”的中介和“梯子”。在“天人同一”的前提下，“天人合一”的“合”就是“合”于天地自然与人、社会与人的理解、尊重、契合、融合、和合，即人要依循、尊重、遵从于自然和社会法则，并承认人与自然、人与社会是一个相互不可分离的整体，从个人到社会、从生活到社会活动的各个方面，人都要与自然和社会法则取得融合、和谐的平衡，人还应主动承担起对自然界的道德责

① David Hume.Of the standard of taste.

任和义务，在师法自然的同时，走近自然，邀请自然走进人的生活。只有这样，才能实现“天人合一、万物一体”的理想境界，才能实现人类和自然界、自然界和精神的有机统一，为人类创造诗意的栖居地。

二十年前，在时任中央教育科学研究所钱国屏教授的引领下，我开始学习列宁的《哲学笔记》、马克思的《资本论》、恩格斯的《自然辩证法》，以及黑格尔的《小逻辑》《逻辑学》和《美学》等经典著作。尽管这种学习是断断续续的，但点滴的收获让我体会到“哲学的真理并不仅仅是某种孤寂的东西，它的效力至少可以出现在沸腾的热情里”①。在工程设计工作中，常遇到一些让我感到迷惑的问题，学习了这些辩证法经典著作后，时有所悟，于是用笔记体的形式记录下了这些感受。

尽管在哲学的海洋边徜徉了多年，我自知学识不逮今古贤哲，虽落笔时不肯苟且从事，然而作为一名工程师，处理工程技术事务是我的本职工作，学习哲学著作只是一种业余爱好，未能有充裕的时间和精力通阅辩证法经典著作，对哲学经典著作的理解和把握难免有偏颇和一知半解之处，希学界时贤和读者识之，以博一粲。本书不当之处，敬请读者指正。

①《小逻辑》，第17页。

中华人民共和国一级注册结构工程师
姓　名：周献祥
注册号：8100004-S021
有效期：至2018年12月

定稿于2014年1月27日，北京
修改于2018年1月22日，北京

目　录

导言：关于辩证法 / 1

上篇　经典著作中的辩证法

回望马克思 / 93

认识黑格尔 / 111

列宁的《哲学笔记》 / 187

恩格斯的《自然辩证法》 / 239

毛泽东军事辩证法 / 293

中篇　辩证法基本规律研究

量变引起质变还是量变出现质变? / 403

对立“统一”规律还是对立“同一”规律? / 411

否定之否定规律的普遍性问题 / 425

矛盾转化是一个伟大的基本过程 / 441

下篇　生活中的辩证法

规律问题是复杂的 / 463

概念是具体的 / 483

工程模型是工程设计的核心 / 515

真理与假相 / 537

魔鬼不存，上帝焉在? / 557

一粒黄豆打死一个人 / 573

苦莫愁，冷莫虬 / 583

欺善与不恶 / 593

格·局·势 / 605

后步更比前步高 / 619

饭是勤者吃一半，懒者吃一半 / 631

美是难的 / 657

由天人同一通达天人合一 / 711

附录　一芹一脂是《红楼梦》中贾宝玉的原型 / 744

主要参考书目 / 750

后记 / 752

导言：关于辩证法

真正科学的著作照例要避免使用象谬误和真理这种教条的道德的说法，而我们在现实哲学这样的著作中却到处可以碰到这些东西，这种著作想强迫我们把空空洞洞的信口胡说当做至上的思维的至上的结论来接受。

——恩格斯，《反杜林论》

今天的激进政治理论多数都源于一直失败和再生的辩证法的畸变。

——[意大利]阿尔贝托·托斯卡诺

一般认为辩证法是关于自然、社会和思维发展的最一般规律的科学，是科学的世界观和方法论。可是，恩格斯说“蔑视辩证法是不能不受惩罚的”①，又说“历史有它自己的步伐，不管它的进程归根到底是多么辩证的，辩证法往往还是要等待历史很久②”③。黑格尔则说：“事情并不穷尽于它的目的，而穷尽于它的实现，现实的整体也不仅是结果，而是结果连同其产生的过程。”④可见，辩证法不仅仅是一门科学和学说，也不仅仅是世界观和方法论，辩证法所揭示的真理更是认识和发展的“一个过程”，是历史的、具体的。正如恩格斯所指出的，“黑格尔第一次——这是他的巨大功绩——把整个自然的、历史的和精神的世界描写为一个过程，即把它描写为处在不断的运动、变化、转变和发展中，并企图揭示这种运动和发展的内在联系”⑤。列宁也指出：“辩证法是活生生的、多方面的（方面的数目永远增加着的）认识，其中包含着无数的各式各样观察现实、接近现实的成分（包含着从每个成分发展成整体的哲学体系），——这就是它比起‘形而上学的’唯物主义来所具有的无比丰富的内容，而形而上学的唯物主义的根本缺陷就是不能把辩证法应用于反映论，应用于认识的过程和发展。”⑥黄枏森先生认为“辩证法”（Dialectics）这个概念的中文翻译得不好，中文“辩证法”这个概念，极易理解为辩证方法，其实辩证法主要不是这个意思。辩证法首先是观点，是理论，是辩证论。无论在什么地方将“Dialectics”一律译成辩证法是不妥的，应视不同情况译为辩证论（理论）、辩证法（方法）或辩证律（规律⑦）。在他看来，“Dialectics”一词具有多层含义，最广泛的含义有世界观或辩证世界观，其次有发展观，最窄的有矛盾论或方法，而作为一种客观存在，它就是辩证律。⑧

一、辩证法的演变历程

恩格斯指出：“要精确地描绘宇宙、宇宙的发展和人类的发展，以及这种发展在人们头脑中的反映，就只有用辩证的方法。”⑨然而“辩证法”这个术语，在哲学史上曾在各种不同意义上被使用，在不同的历史时期和不同的哲学家那里有着不同的含义，对于谁是辩证法的“发明者”有不同的看法。

①《马克思恩格斯全集》第20卷，第399页。

② 约·狄慈根：“凡事不依照其本性要求的节奏前进，都会出问题。”（《哲学笔记》第2版，第363页）

③《马克思恩格斯全集》第20卷，第450页。

④《精神现象学》上卷，第2页。

⑤《马克思恩格斯全集》第20卷，第26页。

⑥《哲学笔记》第2版，或《列宁全集》第55卷，第308～311页。

⑦ 如“事物的辩证法创造观念的辩证法”（《哲学笔记》第2版，第166页）中的第一个“辩证法”就是指“辩证规律”。

⑧ 黄枏森，《列宁〈哲学笔记〉对辩证唯物主义的发展》。

⑨ 同⑤。

人们“言必称希腊”，是因为古希腊为人类留下了丰富的文化遗产。在古希腊哲学里，辩证法按其本来的意义是指进行谈话的艺术或技巧，也就是通过揭露对方议论中的矛盾，通过彼此矛盾意见的冲突和克服矛盾以求得真理的技艺或方法。恩格斯说：“古希腊的哲学家都是天生的自发的辩证论者，他们中最博学的人物亚里士多德就已经研究了辩证思维的最主要的形式。”[①] 而亚里士多德则把埃利亚的芝诺[②] 称为这种意义的辩证法的“发明者”。实际上，芝诺的确是第一个把辩证法这种技艺加以精密制定使其成为具有确定形式的间接论证方法的哲学家，而这个方法的特点就是：从对方所赞同的论点引申出一些彼此矛盾，同时也和原论点相矛盾的结论，然后把对方引到另一个对立的论点，而从这个论点也同样地引申出一些彼此矛盾并和这个论点本身相矛盾的论点，这样就使得对方对于两个对立的论点的每一个都既表示“赞同”（“是”）也表示“反对”（“否”），从而陷于无所适从和被嘲笑的地位。芝诺就是企图用这个方法来为对方承认别的真理扫清道路。这种辩证法到了智者手里，就与诡辩的倾向相结合，演变成了诡辩的工具。而在苏格拉底和柏拉图那里，它又成为他们反对智者诡辩的工具。后来，到了古代怀疑论者的手里，它又成了他们动摇一切确定的知识、意见、信念、学说，并为怀疑论作论证的手段。

为了探索辩证法的思想渊源，列宁对两位古代哲学家赫拉克利特[③] 和亚里士多德进行了重点研究。他研读了斐·拉萨尔的《爱非斯的晦涩哲人赫拉克利特的哲学》和亚里士多德的《形而上学》，并做了摘要。在摘要中列宁给赫拉克利特以很高评价，认为“如果恰如其分地把赫拉克利特作为辩证法的奠基人之一来阐述，那是非常有益的”[④]。列宁从赫拉克利特的朴素思想中发现了辩证法的一些基本原则，如万物都在运动的原则、万物相互联系的原则、对立面的统一和相互转化的原则。赫拉克利特说：“统一物是由两个对立面组成的，所以在把它分为两半时，这两个对立面就显露出来了。”[⑤] 他还从自然领域到社会领域，列举了诸如日与夜、饥与饱、疾病与健康、冷与热、干与湿、存在与非存在、善与恶、正义与非正义、战争与和平等现象，说明统一物之分为两个对立面乃是普遍现象，把这种对于对立面的认识作为自己哲学的中心并作为一个新的发现而引以为自豪。他还以“疾病使健康舒服，坏使好舒服，饿使饱舒服，疲劳使休息舒服”，没有非正义“人们也就不知道正义的名字”等说法，表达了他关于对立面相互依存的思想。他说：“在我们身上，生与死，醒与梦，老与少，都始终是同一的

① 《马克思恩格斯全集》第20卷，第22页。

② 约公元前490～前430年。

③ 约公元前530～前470年。

④ 《哲学笔记》第2版，第296页。

⑤ 杨献珍根据这一观点提出了“合二而一”之说（见：杨献珍《关于“合二而一”的问题》，《哲学研究》，1979年第5期）。

东西。后者变化了，就成为前者，前者再变化，又成为后者。”这些论述表达了对立面是互相转化的思想。赫拉克利特还明白表述了“一切皆流，无物常住”的发展变化的思想。他认为，同一事物既存在又不存在，我们既踏进又不踏进同样的河流。至于发展变化的原因，他认为，“一切都由对立而产生”，“互相排斥的东西结合在一起，不同的音调构成最美的和谐”；“一切都是通过斗争和必然性而产生的”。这是赫拉克利特对于事物运动源泉和动力的天才猜测。赫拉克利特的朴素辩证法思想，是古希腊辩证法的突出成就，对当时和后世都产生了很大的影响。古代这些朴素的思想，未经自然科学的论证，当然也远未得到系统的表述。

以人物的年代先后为顺序来说，赫拉克利特早于埃利亚的芝诺，然而黑格尔却把他放在埃利亚学派之后来考察。他说：“如果思维停留在理念的普遍性中，有如古代哲学思想的情形（例如埃利亚学派所谓存在，和赫拉克利特所谓变易等等）。”[①] 这是因为赫拉克利特的哲学，特别是他的辩证法高于埃利亚学派的辩证法，包括芝诺的辩证法。按照黑格尔的意见，如果埃利亚学派的哲学中体现了存在范畴，那么赫拉克利特的哲学是更高的、更具体的、更真实的变易范畴的历史表现。同时，黑格尔又指出：“辩证法在哲学上并不是什么新东西。在古代，柏拉图被称为辩证法的发明者。就其指在柏拉图哲学中，辩证法第一次以自由的科学的形式，亦即以客观的形式出现而言，这话的确是对的。辩证法在苏格拉底手中，与他的哲学探讨的一般性格相一致，仍带有强烈的主观色彩，叫作讽刺的风趣（dielronie）。苏格拉底常运用他的辩证法去攻击一般人的通常意识，特别攻击智者派。当他同别人谈话时，他总是采取虚心领教的态度，好象他想要向别人就当时所讨论的问题，求得一些更深切的启示似的。根据这种意向，他向对方发出种种疑问，把与他谈话的人引导到他们当初自以为是的反面。譬如当智者派自诩为教师时，苏格拉底便通过一系列的问题使得有名的智者普洛泰戈拉自己也必须承认一切的学习只是回忆。在他的较严格的纯哲学的对话里，柏拉图运用辩证法指出了一切固定的知性规定的有限性。譬如，在《巴曼尼得斯普》中，他从一推演出多，但仍然指出多之所以为多，复只能规定为一。柏拉图处理辩证法，大都是采用这种宏大的方式。”[②]

恩格斯认为亚里士多德是“古代世界的黑格尔”，并指出“辩证法直到现在还只被亚里士多德和黑格尔这两个思想家比较精密地研究过”[③]。亚里士多德探讨了辩证思维的最主要形式，他研究了“一和多”

①《小逻辑》，第53页。

②《小逻辑》，第178页。

③《马克思恩格斯全集》第20卷，第383页。

“整体和部分”“个别和一般”“质料和形式”“潜能和现实”等范畴之间的关系，其中包含有对立面相互联系和转化的思想。他还说明了各种范畴的流动性，认为把这些范畴视为固定不变的僵死对立的见解是站不住脚的。

列宁肯定了亚里士多德在《形而上学》这部著作中“处处、到处都是辩证法的活的胚芽和探索”[①]，同时指出了亚里士多德在辩证法和形而上学之间的动摇。亚里士多德既讲对立面之间的联系、转化，有时又制造对立面之间的割裂；他一方面讲不能把对立面固定化，另一方面又反对赫拉克利特关于存在和非存在统一的思想；他在一般与个别的关系上有天才的猜测，做出了一般不能离开个别而存在、在个别的房屋之外不存在“一般的房屋”的著名论断，但有时他又把个别与一般绝对对立起来，弄不清一般与个别的辩证关系；他承认在“潜能”中对立面是统一的，却否认现实中对立面的统一，把运动的动力归于“第一推动者”。因此，他有时会陷入混乱的状态。但是他通过对各种对立范畴的探索所反映的关于对立物的相互联系和相互转化的思想，不能把对立面僵化的思想，以及整个逻辑范畴都是在对立中发展的思想等，都是对辩证法的重要贡献。

在中世纪，辩证法也是西方经院哲学中的重要科目之一，它成为通过“赞成”和“反对”或“是”和“否”这样两种互相矛盾对立的论点反复辩难的形式以求得神学上的新知的方法。这种方法的主要制定者是中世纪概念论的创始者阿伯拉尔，在他那里这种方法实际上是他用来揭露教父们制定的教条、教义中的矛盾以引起人们对教会权威的怀疑的工具。但它很快就演变成了具有这种刻板形式的一套烦琐论证的方法，被正统经院哲学家们用来作为替神学教条进行辩护的诡辩工具。一些经院哲学家把荒唐无稽的提问、空洞烦琐的考证、千篇一律的公式证明等也称为“辩证法”，辩证法被糟蹋得声名狼藉。

黑格尔指出：“辩证法切不可与单纯的诡辩相混淆。诡辩的本质在于孤立起来看事物，把本身片面的、抽象的规定，认为是可靠的，只要这样的规定能够带来个人当时特殊情形下的利益。譬如，我生存和我应有生存的手段本来可说是我的行为的一个主要动机。但假如我单独突出考虑我个人的福利这一原则，而排斥其他，因此就推出这样的结论，说为维持生存起见，我可以偷窃别人的物品，或可以出卖祖国，那么这就是诡辩。……辩证法与这类的行为本质上不同，因为辩证法的出发点，是就事物本身的存在和过程加以客观的考察，借以揭示出片面的知性规定的有限性。”[②] 随着教会权威、神学和经院哲学的没落，资产阶

①《哲学笔记》第2版，第313页。
②《小逻辑》，第177～178页。

级的兴起和自然科学的发展，在资产阶级的先进哲学阵营里，辩证法就变得声名狼藉，甚至被视为玩弄骗人的假相把戏的手段，也就不是偶然的了。

在近代哲学中，一直到康德，才又给了辩证法以较高的地位，重新把辩证法作为他的“先验逻辑”的一个特殊部分，即“先验辩证论”。但是，康德把辩证法只看作理性在认识进程中所必然产生的幻相而引起的谬误和矛盾（“二律背反”），因而其“先验辩证论”也就只是一种以研究理性的“先验幻相”揭露其谬误和矛盾为对象的学问。尽管如此，黑格尔对康德在恢复辩证法的权威和重新使人们注意到辩证法上的功绩，都曾多次给予高度的评价。他说：“在近代，主要的代表人物是康德，他又促使人们注意辩证法，而且重新回复它光荣的地位。”①

中华民族是崇尚辩证思维的智慧民族，虽未能像西方那样使辩证法最终走上成熟和科学的形态，但中国历代贤哲们那充满朴素辩证法的光辉思想，在世界辩证思维的历史长河中不断地激荡起醉人的浪花。早在公元前 11 世纪，人们在同自然做斗争的丰富经验的基础上，提出了早期的阴阳学说，用相互对立的阴阳二气的交互作用来说明天地万物的产生和变化。这种学说认为，天文气象、时令变化是由阴阳二气交感引起的，世界是由阴阳二气构成的，一切世事的变化都与阴阳二气这两个对立面的相互作用分不开。群经之首的《易经》中的阴阳、八卦以及以两卦相叠演为六十四卦的学说，就是从正反两面的矛盾对立来说明事物的变化和发展。《老子》《孙子兵法》等著作，除了阴阳之外，还列举了有无、生死、损益、美丑、智愚、强弱、难易、奇正、攻守、进退等一系列对立面，说明它们都是相互依存的。特别是仅有 5000 余字的《老子》，完美而简练地诠释了中国古代哲学的辩证法思想，其学说对中国哲学的发展具有深远的影响。《老子》提出“无为而治”的思想，主张“以正治国，以奇用兵，以无事取天下”。《老子》认为一切事物均具有正反两面，并能由对立而转化，“正言若反”，“反者道之动，弱者道之用”，“正复为奇，善复为妖”，“祸兮福之所倚，福兮祸之所伏”。又以为世间事物均为“有”与“无”之统一，“有无相生”，“天下万物生于有，有生于无”，“天之道，损有余而补不足，人之道则不然，损不足以奉有余”等。《孙子兵法》很重视战术的变化，“凡战者，以正合，以奇胜。故善出奇者，无穷如天地，不竭如江海。终而复始，日月是也。死而更生，四时是也。声不过五，五声之变，不可胜听也；色不过五，五色之变，不可胜观也；味不过五，五味之变，不

①《小逻辑》，第 178～179 页。

可胜尝也；战势不过奇正，奇正之变，不可胜穷也。奇正相生，如循环之无端，孰能穷之哉！”这些著作集中反映了中国古代哲人的辩证思想。

北宋的张载提出了“一物两体”的辩证法命题。他认为世界是由物质性的“气”组成的，统一的“气”中包含阴阳两个对立面。它们是对立的统一体，“不有两，则无一”，“两不立，则一不可见，一不可见，则两之用息”[①]。没有对立面的存在，就没有统一体，没有统一体，对立面的作用也就消失了。他还指出，世界上的各种事物都不是“孤立”的，而是诸如“同”和“异”、“屈”和“伸”、“始”和“终”等对立双方相互作用的结果。他还猜测到事物自己运动的道理，提出了“动非自外”的思想，说明了事物的运动不是来自外力，而是出于内因的道理。他还模糊地观察到事物在发展过程中有“变”和“化”的区别。《横渠易说·乾卦》中说：“变言其著，化言其渐”。张载在前人思想的基础上明确提出事物的发展有“著变”和“渐化”两种形式，并指出“著变”和“渐化”这两种形式是互相联系、互相转化的。他说：“变则化，由粗入精也；化而裁之谓之变，以著显微也。”他认为显著的变化，必然引起渐缓的变化，这是由粗巨进入细微的过程；渐化过程中的裁断，称之为变，这是以彰著的变化，使细微的变化明显起来。迅速的、显著的变化是以逐渐的变化为基础的，“雷霆感动虽速，然其所由来亦渐尔”；“化”是连续性的，“变”则是连续性的中断。张载有时又以“暴”与“渐”对言，以“暴”表示“著变”，这更接近于近代辩证法思想中的所谓突变。

明末清初的王夫之认为，“气”是世界的本原，物质性的“阴阳二气”“充满太虚”，普遍存在。天地万物都是“气”的表现形态，除“气”外，别无他物，也没有空隙。在他看来，“气”聚在一起，显现出来，产生人和物；“气”分散了，隐微不可见，变为“虚空”；但“虚空”也是“气”的一种形态，并不是纯粹的虚无。“气”只有“聚散变化”，而不会消灭。王夫之还说，“气”这个统一体内部存在着阴阳两个对立面，由于对立面的“摩荡”，即矛盾斗争，便产生了无穷的变化。他说“气则动者也”；天地万物经常处于不断的变化之中，“天之生物，其化不息”。他还在朴素的形式下表达了运动绝对性和静止相对性的辩证思想，认为“静即含动，动不舍静”，静止包含着运动，运动不排斥静止。他还说，“动、静，皆动也”。所谓静，只不过是“静动”而不是“不动”，是处于相对静止状态的运动。他认为“废然而止”的绝对静止是没有的。此外，王夫之还用“变化日新”“推故而别致其新”等说法，表述了他关于事物

①《正蒙·太和》。

变化是不断更新、新陈代谢的辩证观点。

中医学是我国传统文化的瑰宝。辩证思维是中医防病、治病的有力武器，中医学的许多理论中都渗透着丰富的辩证思想。明代张景岳在《内经附翼》中指出："医不可无《易》，《易》不可无医"，"不知《易》不足以言太医"，"《易》具医之理，医得《易》之用"。中国古代关于阴阳五行的朴素辩证法，就是把事物看成是相生相克、相互制约、有秩序、有组织的整体。中医阴阳、脉象、气血、津液和经络等学说和辨证施治的思想，就是从整体着眼的系统思想和方法在医学上的运用，古代医学家借用阴阳五行学说来解释人体生理、病理的各种现象，并用以指导总结医学知识和临床经验，这就逐渐形成了以阴阳五行学说为基础的祖国医学理论体系。中医学的理论体系源于朴素的辩证法，又高于朴素的辩证法，并逐渐发展成为一个特殊的形态，这就是中医学辩证法。辨证论治，是中医认识疾病和防病、治病的基本原则，是诊断和治疗疾病的主要手段之一，是中医诊疗理论体系的一大特点。

在生理学方面，中医辩证法思想主要表现为人体以五脏为中心，体内外环境相统一的脏象学说的整体观；脏腑之间相互依存、相互制约的对立统一观；气血津液等生命活动的必需物质与脏腑生理功能、精神活动与生理活动之间的辩证统一观等。

在病理学方面，它表现为邪气伤人，非常则变，既注意内因又不排斥外因的病因学观点；正气存内，邪不可干，强调内因的发病学观点；五脏相通，病变互传，移皆有次，注重整体联系的病理学观点等。

在诊断学上，中医学认为疾病是机体各系统脏腑器官之间，以及机体与外界环境之间，某些平衡协调生命过程的统一体的破坏或平衡协调机能的丧失。因此，在诊断疾病时，不是把人体疾病孤立起来就病论病，而是将疾病的形成、发展、变化与人体所处的自然与社会环境联系起来，整体来考察。主张明天道地理，识社会人事，通过事物的相互关系诊察疾病，由外知内，四诊合参，透过现象认识疾病的本质；察色按脉，先别阴阳，要善于抓住疾病的主要矛盾，从四诊的初级诊断阶段进入到辨证的高级诊断阶段，认识疾病的本质，从而做出正确的诊断。

在防治学方面，它体现在从运动变化的观点出发，强调未病先防，既病防变；用对立统一的观点指导治疗，主张扶正祛邪，调整阴阳；根据普遍联系的观点，提出治病应"必先岁气，无伐天和"，因时因地制宜，以及注意个体差异而因人施治等。治疗上强调"异病同治""同病异治"，整体与局部并重，外治与内治结合，动与静统一；强调症变则治亦变，承认疾病的阶段性和治病的灵活性，用药应贵于轻重有度，有方有法等。

中国古代哲学这些关于对立面相互依存和相互转化的思想、对立面的相互作用引起发展变化的思想，都是以朴素的形式对客观事物辩证特征进行描述，在西方哲学占主导地位的今天仍然不朽而璀璨。

总的来说，作为一个哲学科目的辩证法，在西方哲学史上，就其最主要的含义而言，乃是教导人们如何去揭露对方的思想、主张、观点和议论等中的矛盾和克服这种矛盾的方法，即使在康德那里，辩证法作为一门学问也只是以理性的矛盾为研究对象而与客观事物本身无关。所以，恩格斯说："要从康德那里学习辩证法，这是一个白费力气的和不值得做的工作，而在黑格尔的著作中却有一个广博的辩证法纲要。"[①] 黑格尔赋予了辩证法以新的含义。马克思指出："黑格尔常常在思辨的叙述中作出把握住事物本身的、真实的叙述。这种思辨发展之中的现实的发展会使读者把思辨的发展当做现实的发展，而把现实的发展当做思辨的发展。"[②] 黑格尔说："无论知性如何常常竭力去反对辩证法，我们却不可以为只限于在哲学意识内才有辩证法或矛盾进展原则。相反，它是一种普遍存在于其他各级意识和普通经验里的法则。举凡环绕着我们的一切事物，都可以认作是辩证法的例证……自然世界和精神世界的一切特殊领域和特殊形态，也莫不受辩证法的支配。"[③]

黑格尔对于发展辩证法所做的贡献是巨大的，"他第一个全面地有意识地叙述了辩证法的一般运动形式"[④]。辩证法的基本特征在他的哲学中都第一次得到了自觉的、系统的表述。我们常说的辩证法的三大基本规律，即对立统一规律、量变质变规律和否定之否定规律，就是黑格尔首先系统地加以研究和表述的。例如，从量变转化为质变的规律，以前的哲学家从未提出过。亚里士多德虽然曾经把运动分为产生、消灭、增加、减少、位移，从一种状态向另一种状态的转变（即性质上的变化），但他并没有阐述量变与质变的辩证关系。斯宾诺莎曾提出"一切规定都是否定"的原则，但他没有进一步提出否定之否定的思想。"黑格尔采用了斯宾诺莎这一原则，并进而提出了与此相反的一个原则：否定就是肯定。否定之否定的思想就是对这个原则的发挥。"[⑤] 不仅如此，他还探讨和制定了一系列附属于这些基本规律的辩证范畴，即本质与现象、原因与结果、同一与差别、可能与现实、必然与偶然、必然与自由等诸多辩证法范畴，从而把辩证法变成了一个完备而又严密的理论体系。黄枏森说，在西方哲学家中，黑格尔的哲学体系的规模可以说是最庞大的，其内容可以说是最完备的，其逻辑可以说是最严密的。黑格尔在唯心主

①《马克思恩格斯全集》第20卷，第386页。
②《马克思恩格斯全集》第2卷，第76页。
③《小逻辑》，第179页。
④《马克思恩格斯全集》第23卷，第24页。
⑤ 张世英，《论黑格尔的逻辑学》第3版，第6页。

义基础上第一个全面、系统、精密地叙述了辩证法，成为马克思主义出现以前，最全面、最深刻、最丰富的发展学说。诚然，由于黑格尔的辩证法是立足于唯心主义基础上的，而且许多观点牵强附会。但他的辩证法已经远远超出了古代朴素辩证法的范畴，已经是建立在近代自然科学成就的基础上的，经过详细理论论证的自觉的辩证法体系了。黑格尔叙述其体系时常常谈到他构建其体系时遵循的原则，这是黑格尔哲学异于其他哲学体系的一个明显特点。

在黑格尔的一切划时代成就中，其最伟大的成就，或者说，一切其他成就都围绕其旋转的中心和焦点，无疑是他的辩证法。然而令人难以置信的是，以辩证法大师载入史册的黑格尔并没有给辩证法下过一个完整的定义。不过，从他的许多的有关论述中，可以看出他所谓的辩证法究竟是什么。姜丕之在《黑格尔〈大逻辑〉选释》中归纳出黑格尔关于辩证法的论述主要有：

（1）“辩证法是现实世界中一切运动、一切生命，一切事业的推动原则。同样，辩证法又是知识范围内一切真正科学认识的灵魂。”①

（2）“我们所谓的辩证法，却是更高的理性运动。”②

（3）“辩证法却是一种内在的超越。”③

（4）“辩证法作为否定的运动。”④

（5）“辩证法的本性——就是说它自己决定自己。”⑤

（6）“概念的运动原则不仅消溶而且产生普遍物的特殊化，我把这个原则叫作辩证法。”⑥

（7）“辩证法并不是别的，只是自我思维在自身中的活动。”⑦

（8）“辩证法的出发点，是就事物本身的存在和过程加以客观的考察，借以揭示出片面的知性规定的有限性。”⑧

（9）“哲学所要做的事只是就这种矛盾的本质加以思考的洞察，指出真实只在于矛盾的解决，所谓解决并非说矛盾和它的对立面就不存在了，而是说它们在和解里存在。”⑨

（10）“同一的东西恰恰就其为同一的而言，把自己设定为有差别的，有差别的东西恰恰就其为有差别的而言，把自己设定为同一的。差别就在于它既是它自身，又是它的对立面。两极中同一的东西把自己设定为有差别的，两极中有差别的东西把自己设定为同一的。”⑩

（11）“我的方法不过是从概念自身发展出来的必然过程，除此之外再去寻找更好的理由、含义都是徒劳的。”⑪

（12）“归根到底，辩证法不过是每个人所固有的矛盾精神经过规律化和系统化而发展出来的。这种辩证才能在辨别真伪时起着巨大的

①《小逻辑》，第177页。
②《逻辑学》上卷，第96页。
③《小逻辑》，第176页。
④《精神现象学》上卷，第137页。
⑤《历史哲学》，生活·读书·新知三联书店，1956年，第104页。
⑥《法哲学原理》，商务印书馆，1979年，第38页。
⑦《哲学史讲演录》第2卷，商务印书馆，1981年，第220页。
⑧《小逻辑》，第178页。
⑨《美学》第1卷，商务印书馆，1979年，第67页。
⑩《自然哲学》，商务印书馆，1980年，第238页。
⑪《黑格尔通信百封》，苗力田译，上海人民出版社，1981年，第242页。

作用。”①

（13）黑格尔在讲述埃利亚学派时，谈到了辩证法：“我们在这里（在埃利亚学派中）发现了辩证法的开端，即概念中的纯思维运动的开端；同时还发现思维与现象或感性存在之间的对立，——自在之物与这个自在之物的为他存在之间的对立；并且在对象的本质中发现它自身所具有的矛盾（本来意义上的辩证法）。”②

黑格尔哲学并不是由黑格尔自己凭空地创造出来的，它不是偶然闯入这个世界而令人惊奇的东西。18 世纪末至 19 世纪初，自然科学的新成就动摇了僵死的形而上学观点，论证了自然发展的辩证法，为人们系统地、自觉地阐述辩证法提供了可能。黑格尔的辩证法，按其形式来说是唯心的，但按其内容来说则是 19 世纪初人类先进科学发展的最新成果，具有非常现实的内容，包含着极其丰富的合理内核。

恩格斯指出：“黑格尔的体系包括了以前的任何体系所不可比拟的巨大领域”，而且“在每一个领域中都起了划时代的作用”③。黑格尔是一个一向对社会、历史问题很感兴趣的人，精神现象学、逻辑学、自然哲学、精神哲学等——在所有这些不同的历史领域中，“黑格尔都力求找出并指出贯穿这些领域的发展线索；同时，因为他不仅是一个富于创造性的天才，而且是一个学识渊博的人物”④。他对自然科学也很有研究，在《逻辑学》中所引的自然科学和数学材料之丰富，是他同时代的任何一位哲学家所不可比拟的。黑格尔哲学与其说是黑格尔创造出来的，毋宁说是人类文化的一种精神提升，一种更高的综合和发展；它是许多世纪人类文化的精神积累，它深深地根植于历史；它一方面继承了历史上的文化传统，另一方面又有新的突破和创新；它承认过去的一切真理，将其吸收、消化到自身之中，并使之向前发展。就像亚里士多德是古代世界百科全书式的伟大思想家、哲学家一样，黑格尔哲学是以往全部哲学发展的集大成者，它包含着比亚里士多德哲学、比 18 世纪法国百科全书派的思想家的哲学更为广博的思想内容，其哲学概括了以往的哲学、宗教、艺术、道德、政治、法律等所有的文化领域的发展，因而成为整个人类文化的大综合，成为一个包罗万象的矛盾复杂的哲学体系。

马克思和恩格斯在概括革命实践经验和自然科学新成果的基础上，“从最顽强的事实出发”⑤，批判地继承了黑格尔的唯心主义辩证法，创立了崭新的唯物主义辩证法，使辩证法在历史发展中第一次取得了真正科学的形态，成为“关于自然、人类社会和思维的运动和发展的普遍规律的科学”。罗森塔尔指出：“与黑格尔相反，马克思在《资本论》里考察和研究了‘顽强的事实’的内部联系，并从分析这种联系而得出了

①《歌德谈话录》，人民文学出版社，1978 年，第 162 页。
②《哲学笔记》第 2 版，第 212 页。
③《马克思恩格斯全集》第 21 卷，第 310 页。
④ 同③。
⑤《马克思恩格斯全集》第 13 卷，第 530 页。

资本主义生产方式的客观经济规律。把各种事实和现象联系起来的，不是思想，也不是偏见；而是现象的客观联系本身在科学所发现的规律中的表现。所以照马克思说来，客观规律不外是各种事实之间的这样的一种因果联系和这样的一种相互关系：一些事实和现象的存在，必然引起另一些事实和现象，发展的这一个阶段，必然引起另一个阶段。规律是现象的这些内部联系的作用形式和实现形式。规律，作为现象的内部的本质联系，决定着以自然的必然性进行的现象的一定的发展，支配着自然界和社会中所发生的各种过程。”① 马克思本人也明确申明，“我的辩证方法，从根本上来说，不仅和黑格尔的辩证方法不同，而且和它截然相反。在黑格尔看来，思维过程，即他称为观念而甚至把它变成独立主体的思维过程，是现实事物的创造主，而现实事物只是思维过程的外部表现。我的看法则相反，观念的东西不外是移入人的头脑并在人的头脑中改造过的物质的东西而已”②。

二、“形而上学”与“形而上学思维方法”

人们常把辩证法同“形而上学”对立起来，这只是为了表述上的简便，严格来说，与辩证法相对应的范畴应是“形而上学的思维方法”，而不是“形而上学”。马克思说：“在黑格尔天才地把 17 世纪的形而上学同后来的一切形而上学及德国唯心主义结合起来并建立了一个形而上学的包罗万象的王国之后，对思辨的形而上学和一切形而上学的进攻，就像在 18 世纪那样，又跟对神学的进攻再次配合起来。这种形而上学将永远屈服于现在为思辨本身的活动所完善化并和人道主义相吻合的唯物主义。”③ “在黑格尔看来，形而上学同整个哲学一样，可以概括在方法里面。”④ 马克思这里所说的“形而上学”不是特指与辩证法相对立的“形而上学的思维方法”或“形而上学思维方式”，而是泛指抽象的思辨哲学体系。

“形而上学”是西方哲学史上一个重要的哲学范畴。随着西方哲学的发展，它的涵义也在不断演变。“形而上学”一词最初是作为古希腊哲学家亚里士多德的一本著作的名字出现的。在亚里士多德去世后三百多年，安得洛尼柯编辑《亚里士多德全集》，在编辑过程中，他把亚里士多德有关“第一哲学”的论文汇编成册，并将其排列在亚里士多德的另一部著作《物理学》的后边，并因此而取名为《Metaphysics》，意即“在物理学之后”。这就是西方哲学史上“形而上学”一词的最初来源和最初的涵义。⑤

① 罗森塔尔，《马克思〈资本论〉中的辩证法问题》，第 29 页。
②《马克思恩格斯全集》第 23 卷，第 24 页。
③《马克思恩格斯全集》第 2 卷，第 159~160 页。
④《马克思恩格斯全集》第 4 卷，第 139 页。
⑤ 冒从虎，《德国古典哲学》，重庆出版社，1984 年。

亚里士多德不仅研究了形而上学、神学、美学、伦理学、政治学、经济学、心理学和修辞学等领域，而且对物理学、动物学、解剖学、地理学、地质学、天文学和气象学等各个自然科学领域也有诸多论述，是古希腊历史上名副其实的百科全书式的学者。亚里士多德的《形而上学》一书讲的主要是所谓“第一哲学”，是指有别于“物理学”“生物学”“政治学”“伦理学”等具体科学知识的一个独立的知识部门，它的主要内容就是关于宇宙本体的学说，即所谓“作为存在的存在”的学说，重点阐述了存在论、目的论的宇宙体系等。亚里士多德首先是围绕“存在”问题来展开自己的论述的，其中最重要的问题就是给存在分层和分类。亚里士多德认为，事物被称为“存在”有四种意义：①偶然的属性；②必然的本质，即范畴，如实体，以及性质、数量、关系、主动、被动、处所、时间等，这些都是任何一个事物身上的必然的存在；③确实性；④潜在性。有些东西虽然还不是现实的存在，但却是潜在的存在。这里最重要的还是前两种存在的分别，特别是第二种存在内部的区分，其中主要是“实体”的存在和其他范畴的存在的区分。由这里就引出了亚里士多德形而上学的核心的核心，即作为存在学说的核心的实体学说，因为在他看来，实体是一切的中心。由于“第一哲学”研究的是比较抽象的东西，不像各门科学知识那样具体，因此，“形而上学”一词后来便由一本著作的名字逐渐转意成为对所有关于本体的抽象思辨学说的通称。“在旧的、马克思以前的哲学中，所谓形而上学，指的是解释经验范围以外的问题（神、灵魂、意志自由等）的那部分哲学。”①

到了17世纪，“形而上学”成了一门独立的西方哲学学科，出现了各种不同的“形而上学”体系。笛卡儿②、莱布尼茨等，都是当时著名的“形而上学”家，他们各自创立了自己独特的“形而上学”体系。“Metaphysics”一词的传统涵义便作为思辨哲学体系在西方哲学中确立了下来。我国早期翻译家正是根据“Metaphysics”这个词在西方哲学中的传统涵义进行翻译的，有人曾主张将其译作“玄学”，但最终被接受的译名是“形而上学”，其所依据的是《易经·系辞》中“形而上者谓之道，形而下者谓之器”一语。

爱尔维修引封夸德尔先生的话说，“人们只有在某一类事物上做尽了一切可以想象的傻事以后，才能在这一类事情上得到一点合理的东西”③。然而，人们要从历史中得到一点合理的东西，也不是那么容易的。所以他又说：“没有一个世纪不是以某种可笑的肯定或否定在准备为下一个世纪所嘲笑，一件过去的蠢事很少使人们明白自己现在的愚蠢”④。正像马克思所说，18世纪的法国启蒙运动，特别是法国唯物主义，“不

① 罗森塔尔，尤金，《简明哲学辞典》，第199页。
② 著有《形而上学沉思》。
③《十八世纪法国哲学》，第431页。
④《十八世纪法国哲学》，第441页。

仅是反对现存政治制度的斗争，同时是反对现存宗教和神学的斗争，而且还是反对17世纪的形而上学和反对一切形而上学，特别是反对笛卡儿、马勒伯朗士、斯宾诺莎和莱布尼茨的形而上学的公开而鲜明的斗争"[①]，从而使17世纪"形而上学"的唯心主义、独断主义和思辨性顿时信誉扫地。

与法国启蒙运动相呼应，康德在德国也吹响了批判"形而上学"的号角。他借助于对纯粹理性的深入分析，从认识论上推倒了莱布尼茨－伏尔夫"形而上学"体系。而且康德在批判"形而上学"的时候，即着眼于对"形而上学"的思维方法的批判。康德把坚持矛盾观点的辩证法同否认矛盾观点的"形而上学"的思维方法对立了起来。在康德看来，人的认识一旦要透过现象去把握事物的本质的时候，理性自身就必然会发生矛盾，即"二律背反"。他把这种理性矛盾（"二律背反"）称为"纯粹理性之自然的不可避免的辩证法"或"与人类理性不可分离之辩证法"。这就为后来黑格尔彻底清算"形而上学"的思维方法开辟了道路。

与法国唯物主义者不同的是，康德尽管推翻了莱布尼茨－伏尔夫"形而上学"体系，但他并不想完全抛弃"形而上学"，而是力图创立一个新的"形而上学"体系。康德著有《任何一种能够作为科学出现的未来的形而上学导论》，这本书是《纯粹理性批判》一书的缩写本。不过，康德对新"形而上学"的探索仅止于"导论"。[②]

继康德之后，黑格尔更自觉地从思维方法入手批判康德以前的"形而上学"，并把这种"形而上学"的片面性的思维方法同辩证法对立起来。在彻底清算莱布尼茨－伏尔夫"形而上学"的思维方法的过程中，黑格尔系统地阐发了他自己的辩证法思想。黑格尔指出，康德以前的"这种形而上学便成为独断论，因为按照有限规定的本性，这种形而上学的思想必须于两个相反的论断之中，如上面那类的命题所代表的，肯定其一必真，而另一必假。独断论的对立面是怀疑论。古代的怀疑论者，对于只要持有特定学说的任何哲学，都概称为独断论。在这样的广义下，怀疑论者对于真正的思辨哲学，也可加以独断论的徽号。至于狭义的独断论，则仅在于坚执片面的知性规定，而排斥其反面。独断论坚执着严格的非此必彼的方式。譬如说，世界不是有限的，则必是无限的，两者之中，只有一种说法是真的。殊不知，具体的玄思的真理恰好不是这样，恰好没有这种片面的坚执，因此也非片面的规定所能穷尽。玄思的真理包含有这些片面的规定自身联合起来的全体，而独断论则坚持各分离的规定，当作固定的真理"[③]。

①《马克思恩格斯全集》第2卷，第159页。
② 冒从虎，《德国古典哲学》，重庆出版社，1984年。
③《小逻辑》，第101页。

在黑格尔的著作中，“形而上学”一词仍然是在传统的涵义上被使用的，例如“康德以前的那些形而上学……就其本身来说，即单纯用抽象理智的观点去把握理性的对象，却仍然一般地总是出现的……这种形而上学大都以为只需用一些名词概念〔谓词〕，便可得到关于绝对的知识，它既没有考察知性概念的真正内容和价值，也没有考察纯用名言〔谓词〕，去说明绝对的形式是否妥当”①。“存在自身以及从存在中推出来的各个规定或范畴，不仅是属于存在的范畴，而且是一般逻辑上的范畴。这些范畴也可以看成对于绝对的界说，或对于上帝的形而上学的界说……对上帝予以形而上学的界说，就是把他的本性表达在思想里；但是逻辑学却包括了一切具有思想形式的思想。”②然而，黑格尔著作中的“形而上学”与康德以前的“形而上学”还是有区别的。黑格尔把康德以前的“形而上学”叫作“旧形而上学”，他说，如果“对于旧形而上学的方法加以概观，则我们便可见到，其主要特点在于以抽象的有限的知性规定去把握理性的对象，并将抽象的同一性认作最高原则。但是这种知性的无限性，这种纯粹的本质，本身仍然只是有限之物，因为它把特殊性排斥在外面，于是这特殊性便在外面否定它，限制它，与它对立。这种形而上学未能达到具体的同一性，而只是固执着抽象的同一性。但它的好处在于意识到，只有思想才是存在着的事物的本质。这种形而上学的材料是从古代哲学家、特别是经院哲学家那里得来的”③。“对于旧形而上学上的范畴加以考察，无疑是一步很重要的进展。素朴的意识大都应用一些现成的自然而然的范畴，漫不加以怀疑，也从来没有追问过，究竟这些范畴本身在什么限度内具有价值和效用。前面我们已经说过，自由的思想就是不接受未经考察过的前提的思想。由此可见，旧形而上学的思想并不是自由的思想。因为旧形而上学漫不经心地未经思想考验便接受其范畴，把它们当作先在的或先天的前提。而批判哲学正与此相反，其主要课题是考察在什么限度内，思想的形式能够得到关于真理的知识。康德特别要求在求知以前先考验知识的能力……由此可见，康德哲学主要在于指出，思维应该自己考察自己认识能力的限度。”④“按照旧形而上学的观点看来，如果知识陷于矛盾，乃是一种偶然的错差，基于推论和说理方面的主观错误……理性矛盾的真正积极的意义，在于认识一切现实之物都包含有相反的规定于自身。因此认识甚或把握一个对象，正在于意识到这个对象作为相反的规定之具体的统一。而旧形而上学，我们已经看到，在考察对象以求得形而上学知识时，总是抽象地去应用一些片面的知性范畴，而排斥其反面。康德却与此相反，他尽力去证明，用这种抽象的方法所得来的结论，总是可以另外提出一些和它

①《小逻辑》，第95页。
②《小逻辑》，第187页。
③《小逻辑》，第109~110页。
④《小逻辑》，第118页。

正相反对但具有同样的必然性的说法，去加以否定。”[①] 在黑格尔看来，“旧形而上学”之所以“旧”，就在于它的思维方法是片面的，而他本人所创立的新“形而上学”之所以“新”，就在于其思维方法是辩证的。黑格尔认为 17 世纪、18 世纪的经验主义哲学与“旧形而上学”虽然在内容上极不相同，但是，“两派哲学皆坚持一种前提作为出发点，它们所用的方法可以说是一样的”[②]，只要比较一下经验主义与“旧形而上学”的观点，就可以看出，两者的对象虽不相同（前者是有限的，后者是无限的），但是，两者的方法却是一样的，都是以一种现成的内容为前提，所用的概念都是有限的。具体说来，“旧形而上学”以最具有普遍性的上帝、灵魂和世界为内容，但是它的这些内容却是现成的，即来自有限的表象；它的职责只是把这些现成的内容归结成思想形式。在这一点上，近代形而上学与中古的经院哲学很相像，“因为经院哲学接受基督教教会的信条，把它们作为不容怀疑的内容，其任务即在用思维对于这些信条加以较严密的规定和系统化。经验主义也接受了一种现成的内容作为前提，不过与经院哲学所接受的内容不同类罢了。经验主义所接受的前提乃是自然的感觉内容和有限心灵的内容。”[③] 因此，“旧形而上学”和经验主义，都是以现成的内容为前提的。所以说，它们所用的方法是一样的。黑格尔看到，片面性的思维方法并不仅仅为康德以前的“形而上学”所特有，而是统治一个时代的普遍的思维方法。这样，在黑格尔的著作中，“形而上学的思维方法”便成了同辩证思维方法相对立的片面观点的代名词。[④]

黑格尔十分重视“形而上学”在民族文化中的地位，并为在康德之后德国“形而上学”的衰落而感到惋惜。他说：“一个有文化的民族竟没有形而上学——就象一座庙，其他各方面都装饰得宫丽堂皇，却没有至圣的神那样。”[⑤] 因此，和康德相似，黑格尔在全力批判“旧形而上学”的同时又力图创立一个新的“形而上学”体系。事实上，黑格尔哲学体系就是一个新的富有内容的“形而上学”体系。正如马克思指出的，“被 18 世纪唯物主义所击败的 17 世纪形而上学，在德国哲学中，特别是在 19 世纪的德国思辨哲学中曾有过胜利的、富有内容（gehaltvolle）的复辟。黑格尔天才地把 17 世纪形而上学同全部形而上学以及德国唯心主义结合起来并建立了一个形而上学的包罗万象的王国。”[⑥] 正是在这个意义上，恩格斯把黑格尔称为“一个伟大的德国形而上学家”[⑦]。

黑格尔之后，恩格斯从辩证唯物主义出发，从人类认识发展史的高度，对“形而上学的思维方法”作了科学的分析。恩格斯说：“把自然界的事物和过程孤立起来，撇开广泛的总的联系去进行考察，因此就不

①《小逻辑》，第 132~133 页。

②《小逻辑》，第 115 页。

③《小逻辑》，第 114 页。

④ 冒从虎，《德国古典哲学》，重庆出版社，1984 年。

⑤《逻辑学》上卷，第 2 页。

⑥《哲学笔记》第 2 版，第 25 页。

⑦《马克思恩格斯全集》第 2 卷，第 634 页。

是把它们看作运动的东西，而是看作静止的东西；不是看作本质上变化着的东西，而是看作永恒不变的东西；不是看作活的东西，而是看作死的东西。这种考察事物的方法被培根和洛克从自然科学中移到哲学中以后，就造成了最近几个世纪所特有的局限性，即形而上学的思维方式。”① 他还指出："旧的研究方法和思维方法，黑格尔称之为‘形而上学的’方法，主要是把事物当作一成不变的东西去研究，它的残余还牢牢地盘据在人们的头脑中，这种方法在当时是有重大的历史根据的。必须先研究事物，而后才能研究过程。必须先知道一个事物是什么，而后才能觉察这个事物中所发生的变化。自然科学中的情形正是这样。认为事物是既成的东西的旧形而上学，是从那种把非生物和生物当作既成事物来研究的自然科学中产生的。而当这种研究已经进展到可以向前迈出决定性的一步，即可以过渡到系统地研究这些事物在自然界本身中所发生的变化的时候，在哲学领域内也就响起了旧形而上学的丧钟。”② 恩格斯深刻分析了“形而上学的思维方式”的特点，指出：“在形而上学者看来，事物及其在思想上的反映，即概念，是孤立的、应当逐个地和分别地加以考察的、固定的、僵硬的、一成不变的研究对象。他们在绝对不相容的对立中思维；他们的说法是：‘是就是，不是就不是；除此以外，都是鬼话。’在他们看来，一个事物要么存在，要么就不存在；同样，一个事物不能同时是自己又是别的东西。正和负是绝对互相排斥的；原因和结果也同样是处于固定的相互对立中。初看起来，这种思维方式对我们来说似乎是极为可取的，因为它是合乎所谓常识的。然而，常识在它自己的日常活动范围内虽然是极可尊敬的东西，但它一跨入广阔的研究领域，就会遇到最惊人的变故。形而上学的思维方式，虽然在相当广泛的、各依对象的性质而大小不同的领域中是正当的，甚至必要的，可是它每一次都迟早要达到一个界限，一超过这个界限，它就要变成片面的、狭隘的、抽象的，并且陷入不可解决的矛盾，因为它看到一个一个的事物，忘了它们互相间的联系；看到它们的存在，忘了它们的产生和消失；看到它们的静止，忘了它们的运动；因为它只见树木，不见森林。”③

可见，“形而上学”和“形而上学的思维方法”是两个既有联系、又有区别的哲学范畴。前者泛指一切抽象的思辨哲学体系，历史上的哲学家、马克思主义经典作家以及现代的非马克思主义哲学家都是在这个涵义上使用这个概念的。后者则是指反辩证法的孤立、静止和片面的观点，是马克思主义唯物辩证法科学的一个重要范畴。正因为如此，我们可以说黑格尔是一位伟大的“形而上学”家，同时又是一位“形而上学

① 《马克思恩格斯全集》第20卷，第24页。
② 《马克思恩格斯全集》第21卷，第338~339页。
③ 同①。

思维方式”的深刻批判者，从而也是一位伟大的辩证法家。[①] 恩格斯说：“归根到底没有一个人比黑格尔本人对我们的帮助更大”[②]，“哲学所应当认识的真理，在黑格尔看来，不再是一堆现成的、一经发现就只要熟读死记的教条了；现在，真理是包含在认识过程本身中，包含在科学的长期的历史发展中，而科学从认识的较低阶段上升到较高阶段，愈升愈高，但是永远不能通过所谓绝对真理的发现而达到这样一点，在这一点上它再也不能前进一步，除了袖手一旁惊愕地望着这个已经获得的绝对真理出神，就再也无事可做了。”[③]

三、逻辑学、本体论、认识论和辩证法相统一的体系

杨祖陶认为，黑格尔之所以能够坚定不移、一贯到底地献身于改造和发展辩证法，之所以能够把他之前如此声名狼藉、特别是为近代哲学不屑一顾的辩证法，建立为一个具有严整的规律和范畴的体系，使其接近于成为科学，关键在于黑格尔以他独具的慧眼发现，只要消除了对辩证法的误解，就可以看到，唯有辩证法才包含着其逻辑学研究所需要的方法可以加以利用的材料。在黑格尔看来，一方面，在他以前的各派哲学所使用的方法虽然形形色色，但概括起来都是一种反辩证法的形而上学方法，是完全不适用于他那种须从其对象的内在联系和运动、变化和发展的必然性中建立起来的逻辑学的需要的；另一方面，那受到哲学、特别是近代哲学鄙视和误解的辩证法，在其现有的形式上，也是无法采用的。黑格尔说：“因为诡辩是由无根据的前提而来的推理，对前提不加批判，不加思量，即认其有效。我们所谓的辩证法，却是更高的理性运动”[④]，“在这种运动中，那些似乎是全然分离的规定通过自己，通过它们本身而相互过渡，前提则被扬弃”。[⑤] 因此，黑格尔认为逻辑学为了找到真正适合于其研究需要的方法，唯一可行的出路就在于抓住辩证法的根本特性，即它本身包含着的那个合理的核心——通过揭露对方思想中的矛盾，从而推动对方的思想在调和矛盾、解决矛盾和克服矛盾的过程中否定自己原来的见解、观点、认识等，而达到新的见解、新的观点、新的认识等（即“真理”），从而把它从当时那样一种主观任意使用的方法改造成为客观的“科学的”方法。黑格尔认为除去把辩证法改造成为真正“科学的”方法外，哲学再也不可能找到任何别的适合于它自己的方法了。

黑格尔所建立的哲学体系俨然是一个圆圈，黑格尔说：“哲学的每一部分都是一个哲学全体，一个自身完整的圆圈。但哲学的理念在每一

① 冒从虎，《德国古典哲学》，重庆出版社，1984 年，第 314～323 页。
②《马克思恩格斯全集》第 21 卷，第 311 页。
③《马克思恩格斯全集》第 21 卷，第 307~308 页。
④《逻辑学》上卷，第 96 页。
⑤《哲学笔记》第 2 版，第 89 页。

部分里只表达出一个特殊的规定性或因素。每个单一的圆圈，因它自身也是整体，就要打破它的特殊因素所给它的限制，从而建立一个较大的圆圈。因此全体便有如许多圆圈所构成的大圆圈。”[①] 就其最终所采取的形式而言，黑格尔的哲学体系也就是他声称的《哲学全书》可以分为三部分：“1. 逻辑学，研究理念自在自为的科学。2. 自然哲学，研究理念的异在或外在化的科学。3. 精神哲学，研究理念由它的异在而返回到它自身的科学。”[②] 黑格尔的逻辑学负有向一切其他哲学学科提供最一般的理论原则和方法原则的使命。逻辑学体系建立后，它的原理和方法就可应用于自然和精神的各个领域，即自然哲学和精神哲学的各个分支部门。

马克思揭示了黑格尔《精神现象学》的伟大成果就在于它在阐述异化的各种形式时提供的“推动原则和创造原则的否定性的辩证法”[③]，是理解黑格尔哲学奥秘的关键。马克思说：“现在看一看黑格尔的体系。必须从黑格尔的《现象学》即从黑格尔哲学的真正诞生地和秘密开始。”[④] 黑格尔的逻辑学论述精神对自身的本质的认识，即对本质、普遍、概念、真理自身的本性的科学认识，是精神对自身认识的深入的阶段；自然哲学和精神哲学——黑格尔把它们称为应用逻辑学，实际上都是属于逻辑学的展开，是把逻辑学的普遍原理、规律用于自然和精神的各个领域，以发现以自然和精神的特殊形式出现的逻辑形式，使普遍和特殊、概念和经验达到统一。由此可见，逻辑学是黑格尔整个哲学体系中的第一部分，是其体系的核心和灵魂，而自然哲学和精神哲学则是逻辑学的应用或应用的逻辑学。

关于黑格尔的逻辑学，列宁说：“黑格尔则要求这样的逻辑：其中形式是富有内容的形式，是活生生的实在的内容的形式。是和内容不可分离地联系着的形式。”“逻辑不是关于思维的外在形式的学说，而是关于‘一切物质的、自然的和精神的事物’的发展规律的学说，即关于世界的全部具体内容的以及对它的认识的发展规律的学说，即对世界的认识的历史的总计、总和、结论。”[⑤] 也就是说，黑格尔所建立的是一种能把逻辑学、本体论、认识论三者统一起来的新逻辑学，并从这个角度出发，把辩证法规定为逻辑学的对象。而黑格尔之所以要把辩证法同逻辑学、本体论和认识论统一起来，把它也规定为逻辑学研究的对象，其根本的目的也正在于他深刻地看到只有这样才能实现对辩证法的上述改造。

黑格尔把辩证法规定为逻辑学的对象，完全不是像过去对待辩证法的研究那样，只把它作为一种主观任意使用的方法，甚至技艺来研究，

①《小逻辑》，第56页。
②《小逻辑》，第60页。
③《马克思恩格斯全集》第42卷，第163页。
④《马克思恩格斯全集》第42卷，第159页。
⑤《哲学笔记》第2版，第77页。

使它更精密些、完善些、巧妙些，从而使用起来更加得心应手些。黑格尔提出的方法与内容一致的原则，否定了把方法从其研究对象和认识内容割裂开来，孤立地、静止地、片面地加以研究的态度，而把辩证法同逻辑学、本体论、认识论统一起来的思想也就是要用一种完全新的态度来对待辩证法的研究，以实现对辩证法的根本改造。

黑格尔之前的一些哲学家，通常把哲学分为本体论、认识论和逻辑学三部分，而且他们把这三部分看作是互相独立的、毫无联系的。例如，康德认为，认识、思维的规律与客观世界的规律毫无联系，“自在之物”处在思维的彼岸，根本无法认识，而思维形式则是先天的、纯主观的、与思维内容毫无关系的“纯形式”，它们根本不是反映客观事物的认识形式，因而在康德的哲学中，辩证法、认识论和逻辑学三者是相互割裂的。黑格尔批判了旧哲学的形而上学观点，特别是批判了康德的不可知论和先验逻辑，在哲学史上第一次提出了本体论、辩证法、认识论与逻辑学相统一的思想。他认为，整个世界的发展是绝对观念的发展，自然和社会的发展不过是逻辑概念发展的外在表现，而认识世界也就是绝对观念的自我认识，认识的规律也即绝对观念自己认识自己的规律。这样，黑格尔就在唯心主义的基础上，把辩证法、本体论、认识论和逻辑学四者统一起来了。虽然黑格尔没有直接论述四者的同一自身，但是在他的哲学体系的最重要的组成部分《逻辑学》和《小逻辑》中，充分阐发了这一思想，他正是围绕着四者一致的这个原则来论述他的辩证法思想的。可以说这一原则在他的逻辑学中占有一个核心地位。当然，只有马克思主义哲学，才在批判地继承黑格尔哲学的基础上，科学地解决了四者统一的问题。

（一）辩证法与本体论（存在论）的统一或一致

黑格尔说：“形而上学的第一部分是本体论，即关于本质的抽象规定的学说。”[①] 所谓“本体论”又译作“存在论”“存有论”，因为其词义就是关于“存在”的理论，主要探讨存在本身，即一切现实事物的基本特征。本体论就是“研究到底哪些名词代表真实的存在实体，哪些名词只是代表一种概念”。

“本体”的研究，在希腊哲学史上有其渊源。巴门尼德是本体论的奠基人，他提出“是（being）以外便无非是，存在之为存在者必一，这就不会有不存在者存在”，并且认为存在永存不变，仅有思维与之同一，亦仅有思维可以获致此真理；而从感觉得来者仅为意见，从意见的观点看，则有存在和非存在，存在既非一，从而有变灭。巴门尼德对 being（是，

①《小逻辑》，第102页。

存在）的探讨，建立了本体论研究的基本方向。当然，巴门尼德的思想毕竟是比较朴素的，他所能做的只是确立了存在作为哲学的对象，至于存在与非存在、本质与现象、感觉与理性等的关系问题，他留给了后人。

亚里士多德曾经定义存在论为“研究物体的存在的科学”。具体地说是研究物体的分类，也就是说在什么情况下，一个物体可以被定义为“存在”。亚里士多德认为哲学研究的主要对象是实体，而实体或本体的问题是关于本质、共相和个体事物的问题。他认为研究实体或本体的哲学是高于其他一切科学的第一哲学。从此，本体论的研究转入探讨本质与现象、共相与殊相、一般与个别等的关系。

在西方近代哲学中，笛卡儿首先把研究实体或本体的第一哲学叫作“形而上学的本体论”。笛卡儿提出的“我思故我在”开启了本体论基本问题的先例，但笛卡儿并没有深入研究，也认为没有深入研究的必要，他认为“我思故我在”证明了上帝的存在，后来的神学家们也认为：“究竟是谁可以将这句话普遍应用到一切事物中？当然只有上帝。”

17～18 世纪，莱布尼茨及其继承者沃尔夫试图通过纯粹抽象的途径建立一套完整的、关于一般存在和世界本质的形而上学，即独立的本体论体系。沃尔夫把一般、普遍看作是脱离个别、单一而独立存在的本质和原因。康德一方面认为建立抽象本体论的形而上学不可能，本体论要研究的只能是事物的普遍性质及物质的存在与精神存在之间的区别；另一方面又用与认识论相割裂的、先验的哲学体系来代替本体论。

黑格尔在唯心主义基础上提出了本体论、认识论和逻辑学统一原则，并从纯存在的概念出发构造了存在自身辩证发展的逻辑体系。黑格尔说：“惟有思维才能够把握本性、实体、世界的普遍力量和究竟目的”①，而“逻辑学是以纯粹思想或纯粹思维形式为研究的对象”②。“逻辑思想是一切事物的自在自为地存在着的根据”③，是“一切自然和精神事物的真实共性”④。黑格尔认为“逻辑的对象即思维，或更确切地说，概念的思维”⑤，而作为他的逻辑学的对象的“纯粹思想”即逻辑的范畴和概念乃是某种“客观思想”，用黑格尔的话来说就是：“纯概念就是对象的核心与命脉，正象它是主观思维本身的核心与命脉那样”⑥。“哲学所研究的对象是理念，而理念并不会软弱无力到永远只是应当如此，而不是真实如此的程度。所以哲学研究的对象就是现实性。”⑦思想是能动的、主动的共相，是能思维的主体。思想又是能动的主体的产物，是一个被知的对象。也就是说，思想既是主观的，又是事物的本质。黑格尔说：“人是能认识共相的共相的（第一个共相指作为事物本身的思想，

①《小逻辑》，第 136 页。
②《小逻辑》，第 83 页。
③《小逻辑》，第 85 页。
④《小逻辑》，第 81 页。
⑤《逻辑学》上卷，第 23 页。
⑥《逻辑学》上卷，第 14 页。
⑦《小逻辑》，第 45 页。

第二个是指作为主体的思想)。”[1] 列宁也指出：“否定概念的客观性、否定个别和特殊之中的一般的客观性，是不可能的。黑格尔探讨客观世界的运动在概念的运动中的反映，所以他比康德及其他人深刻得多。”[2] 因此，逻辑的范畴和概念不仅是主观思维的规定，而且也是存在的规定，即外界事物的规定，它们是主观思维与客观存在两者的本质和基础。这就是说，逻辑的概念作为对象物的概念而言，它即是作为主体的思维规定；就其为对象物本身而言，它即是思维的客体，作为思维内容的存在物的规定。这时，概念既是主体的映象又是客体的存在，因而是主体与客体相一致的真理。

在黑格尔看来，在普通逻辑中，形式主义地把思维和客观性分隔开来：“在这里思维被认为是纯主观的和形式的活动，而客观的东西则和思维相反，被认为是固定的和自己存在的东西。但是这种二元论不是真理，并且，不问主观性和客观性的来源，就这样简单地接受这两个规定，这种做法是毫无意义的……”其实，主观性仅仅是从存在和本质而来的一个发展阶段，——然后这个主观性“辩证地‘突破自己的界限’”并且“通过推理展开为客观性”，而“实现了的概念”是客体。对此列宁给出了：“极其深刻和聪明！逻辑规律是客观事物在人的主观意识中的反映”[3] 的批注。

黑格尔说：“哲学的内容就是现实(Wirklichkeit)”[4]，而“逻辑的思维一般地讲来，并不仅是一个主观的活动，而是十分普遍的东西，因而同时可以认作是客观的东西”[5]。因此，“哲学的最高目的就在于确认思想与经验的一致。”[6] 黑格尔在阐述了思想同时是事物自身的本质与真理之后接着说：“思想，按照这样的规定，可以叫作客观的思想，甚至那些最初在普通形式逻辑里惯于只当作被意识了的思维形式，也可以算作客观的形式。因此逻辑学便与形而上学[7] 合流了。形而上学是研究思想所把握住的事物的科学，而思想是能够表达事物的本质性的……逻辑的原则一般必须在思想范畴的体系中去寻求。在这个思想范畴的体系里，普通意义下的主观与客观的对立是消除了的。这里所说的思想和思想范畴的意义，可以较确切地用古代哲学家所谓‘Nous(理性)统治这世界’一语来表示……思想不但构成外界事物的实体(Substanz)，而且构成精神性的东西的普遍实体。在人的一切直观中都有思维。同样，思维是〔贯穿〕在一切表象、记忆中，一般讲来，在每一精神活动和在一切意志、欲望等等之中的普遍的东西。所有这一切只是思想进一步的特殊化或特殊形态。这种理解下的思维便与通常单纯把思维能力与别的能力如直观、表象、意志等能力平列起来的

① 贺麟，《黑格尔哲学讲演集》，第234页。
②《哲学笔记》第2版，第149页。
③《哲学笔记》第2版，第153～154页。
④《小逻辑》，第43页。
⑤《小逻辑》，第174页。
⑥ 同④。
⑦ 此处的“形而上学”即指“本体论”。——引者注

看法，有不同的意义了。当我们把思维认为是一切自然和精神事物的真实共性时，思维便统摄这一切而成为这一切的基础了。”[①] 这样，以概念为对象的逻辑学研究和本体论研究也就同认识论研究一致起来了。

对于逻辑的范畴或概念的这种看法是黑格尔原则上不同于康德之处，因为在康德那里范畴仅仅是自我意识的功能或思维形式，同客观事物没有任何的关系或相似之处，黑格尔批评康德说：“这些范畴，如统一性、因果等等，虽说是思维本身的功能，但也决不能因此便说，只是我们主观的东西，而不又是客观对象本身的规定。”[②] 既然如此，概念的自我规定的形式或方式就不仅是主观的认识方式，而且是客观的，即事物或对象的存在方式，因而在黑格尔的逻辑学里，逻辑学考察的就不仅是思维的规定，而且是存在的规定了，换言之，逻辑学的对象就不仅是思维的运动和发展的规律，而且是思维和存在的运动和发展的普遍规律，即“精神和自然”的“生活和变化所依据的一般规律”[③] 了。他说：“不管旁人对于哲学和哲学思考怎样看，我却认为哲学思考是完全不能和科学性分开的。因为哲学要按照必然性去研究一个对象，当然不仅是按照主观方面的必然性或是表面的序列和分类等等，而是要按照对象的内在本质的必然性，去就对象加以阐明和证明。一般说来，只有这样的阐明才能使一种研究具有科学价值。”[④] 这样一来，黑格尔就把作为关于思维的学说的逻辑学和作为关于存在的学说的存在论或本体论统一起来，从而也就有了一种把握包含主体和客体及其相互关系在内的整体的形式的方式或方法，也就把以概念为对象的逻辑学研究、本体论研究、认识论研究同一般方法论的研究一致起来了，从而克服了哲学史上把逻辑学与本体论作为两门彼此独立的哲学学科的传统划分。这是哲学发展史上的一个新的重大进展。当然，黑格尔是在唯心主义基础上把它们统一起来的。因为他并不是把范畴作为存在的规律性在人类头脑中多少近似的反映来处理，而是把范畴，概念就看作是客观事物的本质和规定。这就是黑格尔的思维与存在的唯心主义的同一性的原则。黑格尔立足于这个唯心主义的同一性原则，实质上就是把思维规律强加给客观世界，这就不仅把统一逻辑学和存在论的任务简单化了，而且还不可避免地导致无数任意的虚构。但是，我们也应当看到，黑格尔的这个基本思想，即我们的主观思维和客观世界都服从同一的规律，都有“真实的共性”，而逻辑学同存在论则应当统一起来，以揭示、陈述和证明这个同一的规律，却是很正确，很有价值的，是他关于逻辑学的对象及其性质的观点中一项重要的合理内容。

①《小逻辑》，第79~81页。
②《小逻辑》，第123页。
③《逻辑学》上卷，第32页。
④《美学》第1卷，第15~16页。

黑格尔逻辑学体系的建立对于他的哲学体系的完成具有决定性意义，因为逻辑学是哲学的灵魂。杨祖陶在《黑格尔哲学体系问题》中说，从 1803 年夏季起，黑格尔在撰写表述其哲学体系的著作过程中，一个重大的思想逐渐成熟起来了。这就是：真理的存在要素是在思维和存在或主体和客体相同一的纯概念之中，而真理又只有作为这样的概念的体系才是现实的。因此，纯概念之为思维和存在或主体和客体的同一乃是他的哲学的根本原则，没有它就没有他的作为思辨哲学的“逻辑学和形而上学”，而没有了后者，也就不可能有哲学的两种实在科学，即自然哲学和精神哲学。换句话说，这条根本原则是黑格尔的逻辑学以及整个哲学体系得以建立起来的“前提”。

以本体论出发的逻辑与在科学技术研究中实际运用的逻辑，在方法上具有一致性，是同时适用于科学和哲学的，只是由于科学和哲学的“本”不同，才得到了各自应该得到的结果。黑格尔强调“逻辑的东西，只有在成为诸科学的经验的结果时，才得到对自己的评价；对于精神来说，它从此才表现为一般的真理，不是与其他素材和实在性并列的一种特殊知识，而是所有这些其他内容的本质”①。黑格尔说：“逻辑的体系是阴影的王国，是单纯本质性的世界，摆脱了一切感性的具体性。学习这门科学……把从前学得的逻辑的东西的抽象基础，用全部真理的内含充实起来，给与这个内含以一个共相的价值，这个共相不再是与其他特殊物并立的一个特殊物，而是统摄了这一切，并且是这一切的本质，是绝对的真。”②“只是由于对其他科学有了较深刻的认识以后，逻辑的东西，对主观精神来说，才提高为一种不仅仅是抽象的共相，而是在自身中包含丰富的特殊事物的共相。”③

在恩格斯看来，辩证法是从现实事物的运动中来，它既是现实（本体），也是逻辑（思维通过运动才能认识），又是方法（运用从现实的运动来了解现实的办法）。恩格斯说，自然科学的辩证法的“对象是运动着的实物。实物本身的各种不同的形式和种类又只有通过运动才能认识，物体的属性只有在运动中才会显示出来；关于不在运动着的物体，是没有什么可说的。因此，运动着的物体的性质是从运动的形式得出来的”④。

北京大学黄枬森先生说：“黑格尔的逻辑学尽管总体上不科学，但在叙述方法上是科学的。它从存在⑤开始，认为存在是最抽象的、最简单的，也是最一般的，而这个最一般的也就包括了或者隐含了最丰富的最复杂的内容。尔后，黑格尔通过逐步地具体化，建构其辩证法体系。”

① 《逻辑学》上卷，第 41~42 页。
② 《逻辑学》上卷，第 42 页。
③ 《逻辑学》上卷，第 41 页。
④ 《马克思恩格斯全集》第 20 卷，第 591 页。
⑤ 即《逻辑学》中的“有”。——引者注

米勒说："黑格尔试图把逻辑发展为本体论。他打算说明呈现和渗透到所有存在之中的存在范畴本身，以及存在范畴作为自然和历史这样局部领域的全体。他在这个题目上把工作持续到他的最后一息。逻辑学并没有使他感到满足。"①

黑格尔逻辑学的错误并不在于它同本体论一致，也不在于它讲了许多关于存在或事物本身的理论。相反，黑格尔抛弃了逻辑和本体论分裂的观点而揭示了逻辑范畴的具体实在的内容，这正是黑格尔在逻辑史和哲学史上的一个功绩。列宁对黑格尔关于逻辑和本体论统一的原理曾给予很高的评价，他说："关于联系和过渡联系也就是过渡的阐述，这就是黑格尔的任务。黑格尔的确证明了：逻辑形式和逻辑规律不是空洞的外壳，而是客观世界的反映。确切些说，不是证明了，而是天才地猜测到了。"② 列宁这段话的意思当然不是说黑格尔把逻辑思维唯物主义地理解成了客观世界的反映。列宁的意思不过是说，黑格尔的逻辑范畴有着客观内容，他的逻辑学中诸范畴间的联系和转化表明他的确看到了客观事物中某些规定的性质及其相互间的联系和转化。

但是，黑格尔认为逻辑和本体论的一致不是由于逻辑形式和逻辑规律是客观事物的反映，而是由于思维是客观事物的本质和真理，这样，他就把他所深刻看到的客观事物间的联系和转化曲解成了思维的"外在化"和表现，把逻辑范畴间的联系和转化曲解成了由思想自身推演出来的。黑格尔这种唯心主义观点当然是我们所不能同意的。③

"盲人摸象"是大家都很熟悉的故事。语出佛经《大般涅槃经》第三十二："有王告一大臣：'汝牵一象以示盲者。'尔时，大臣受王敕已，多集众盲，以象示之。时彼众盲各以手触，大臣即还而白王言：'臣已示竟。'尔时，大王即唤众盲，各各问言：'汝见象耶？'众盲各言：'我已得见。'王言：'象为何类？'其触牙者即言象形如芦菔④根，其触耳者言象如箕，其触头者言象如石，其触鼻者言象如杵，其触脚者言象如木臼，其触脊者言象如床，其触腹者言象如瓮，其触尾者言象如绳。"这一故事是有深意的，它深刻地说明了本体论、辩证法、认识论和逻辑学可以而且必须是统一的。⑤

按照现行教科书中对辩证法和认识论的论述，众盲以手触象坚持了"实践第一"或"实践出真知"的观点，而众盲与王的对答中，则坚持了"实事求是"的观点，他们真实地表达出了他们实际触摸到的那部分及其感受，因而《大般涅槃经》中说："彼盲人各各说象，虽不得实，非不说象"。我们之所以觉得众盲之说片面，是因为我们明眼人看到了大象的整体，而他们没有，所以才有："众盲摸象，各说异

① 《国外黑格尔哲学新论》，第193页。
② 《哲学笔记》第2版，第151页。
③ 张世英，《论黑格尔的逻辑学》第3版，第156页。
④ 即萝卜。
⑤ 中国哲学中，王阳明天泉"四句教"也表达了类似的思想："无善无恶心之体，有善有恶意之动，知善知恶是良知，为善去恶是格物。"第一句是王阳明心学的本体论，也是善恶之变的逻辑开端；第二句是善恶之变的辩证法，第三句是善恶之辨的逻辑判断标准，也可以说是真理观，第四句是方法论。

端”[①]之说。《大般涅槃经》里明确指出这一故事里“象喻佛性，盲喻一切无明众生”。我们从事一项新的研究之际，在我们对研究课题还没有获得一个比较全面的了解之前，我们何尝不是“无明众生”？

在这一故事中，众盲最直接的目的就是要认识大象“是什么”这一根本性的问题，这就涉及存在论或本体论。从而也就涉及怎样认识大象、大象的真理是什么等问题，这方面的内容就是认识论。既然要认识大象，那么“象为何类？”即怎么来表述大象？这就需要观察（触摸）、分析、判断、推理，这不就是逻辑学吗？在众盲以手触象这一“研究”过程中，触牙者、触耳者、触头者、触鼻者、触脚者、触脊者、触腹者、触尾者之所以没能给出大象的完整描述，因为他们没有解决好“个别与整体”“现象与本质”等的对立统一关系，对“大象”概念的建立，没有进行“量”表述和“质”的分析，更没有从“量”与“质”的统一即“度”方面对大象进行总体把握，也就是说，众盲不懂辩证法，更没有运用辩证法的意识。

白显云说，辩证法是一种与本体论密不可分的理论形态。没有本体论的辩证法只能流于空洞的形式，反之，没有辩证法的本体论只能是僵化的抽象理论。辩证法与本体论乃是一个整体的两面，二者是同时“在场”的：本体不是凝固、静止、万古不变的，本体总是要展开、绽放的，而辩证法就是本体展开和绽放的方式。本体论是按照辩证的方式运行的本体论，是辩证法运行的载体和依托。辩证法就是本体论所展开的思想逻辑。而本体论和辩证法的运行过程就是认识论。认识论探讨人类认识的本质、结构，要与本体论相交流。存在是认识的前提和基础，认识论在探讨事物的现象与本质之间的关系时，必须要透过现象看本质。透过现象的本质就是本体。

（二）辩证法与逻辑学的统一

黑格尔反复强调，哲学为要成为科学就必须有它自己的方法，而“逻辑的方法就必须是那唯一能够使它成为纯科学的方法”。[②]黑格尔说：“方法是任何对象所不能抗拒的一种绝对的、唯一的、最高的、无限的力量；这是理性企图在每一个事物中发现和认识自己的意向。”[③]又说“只有〔正确的〕方法才能够规范思想，指导思想去把握实质，并保持于实质中”。[④]可是“哲学至今还没有找到自己的方法；它以妒羡的眼光看着有体系的数学大厦，如已经说过的，从数学里借取方法，或者求助于那样的科学的方法”。[⑤]就这点而言，哲学实不如同时代的经验科学和数学。经验科学已经有了适合其特殊对象和特殊任务的特殊方法，这就是下定

①《景德传灯录·洪进禅师》。
②《逻辑学》上卷，第35页。
③《马克思恩格斯全集》第4卷，第141页。
④《小逻辑》，第5页。
⑤ 同②。

义和对经验材料进行分类的方法，而数学也有适合于它所专门研究的抽象对象和量的规定的方法。“还有一种科学，即仅仅这门科学的叙述的形式是经验的，而把仅仅是现象材料的感性直观加以排列整理，使符合概念的内在次序。像这样的经验科学，把聚集在一起的杂多现象对立化，而扬弃制约它们那些条件的外在偶然的情况，从而使得普遍原则明白显现出来。”① 哲学家们看到这些科学用它们各自的方法取得了那么辉煌的成就，于是就把它们的方法应用到哲学的研究上来。可是，“对思想的王国，作哲学的阐述，即是说从思维本身的内在活动去阐述它，或说从它的必然发展去阐述它，也是一样，这必定是一件新事业，必须从头做起”②，因为“没有一门科学比逻辑科学更强烈地感到需要从问题实质本身开始，而无需先行的反思。在每门别的科学中，它所研究的对象和它的科学方法，是互相有区别的；它的内容也不构成一个绝对的开端，而是依靠别的概念，并且在自己周围到处都与别的材料相联系。因此，可以容许这些科学只用假定有其他前提的办法来谈它们的基础及其联系以及方法，直截了当地应用被假定为已知的和已被承认的定义形式以及诸如此类的东西，使用通常的推论方式来建立它们的一般概念和基本规定。与此相反，逻辑却不能预先假定这些反思形式或思维的规则与法则，因为这些东西就构成逻辑内容本身的一部分，并且必须在逻辑之内才得到证明。”③

因此，哲学为要成为科学，就既不能从一种从属的科学那里借取方法，也不能诉之于直觉的断言。黑格尔所要找的哲学的方法是“唯一的真正的与内容相一致的方法”④。黑格尔认为“方法并不是外在的形式，而是内容的灵魂和概念”⑤，而且“只能是在科学认识中运动着的内容的本性，同时，正是内容这种自己的反思，才建立并产生内容的规定本身”。⑥ 早在《精神现象学》中黑格尔就指出：科学方法的性质有两方面：“一方面是方法与内容不分，另一方面是由它自己来规定自己的节奏”。⑦ 他在《逻辑学》中指出：“对于那唯一能成为真正的哲学方法的阐述，则属于逻辑本身的研究，因为这个方法就是关于逻辑内容的内在自身运动的形式的意识。”⑧ 这样的逻辑形式，“是富有内容的形式，是活生生的实在的内容的形式。是和内容不可分离地联系着的形式。”⑨

黑格尔认为“逻辑学是研究思维、思维的规定和规律的科学”。⑩ 推动逻辑学的内容即对象前进的“正是内容在自身所具有的、推动内容前进的辩证法”⑪，因为“只有通过辩证法原则，科学内容才达到内在联系和必然性，并且只有在辩证法里，一般才包含有真实的超出有限，而不只是外在的超出有限”。⑫ 所以“辩证法构成科学进展的推动的灵

①《小逻辑》，第58页。
②《逻辑学》上卷，第7页。
③《逻辑学》上卷，第23页。
④《小逻辑》，第1页。
⑤《小逻辑》，第427页。
⑥《逻辑学》上卷，第4页。
⑦《精神现象学》上卷，第39页。
⑧《逻辑学》上卷，第36页。
⑨《哲学笔记》第2版，第77页。
⑩《小逻辑》，第63页。
⑪《逻辑学》上卷，第37页；《哲学笔记》第2版，第81页。
⑫《小逻辑》，第176~177页。

魂"[①]。黑格尔把辩证法看作是"在对象的本质中发现它自身所具有的矛盾"，并把它称为"本来意义上的辩证法"[②]。因此，哲学或逻辑学的唯一正确的方法只能是辩证法或"矛盾进展原则"[③]，而"矛盾是推动整个世界的原则"[④]。这样辩证法就成为存在自身发展的规律了。

按照黑格尔的本意，逻辑学的研究对象就是概念的本性，以及概念的内在联系和运动、发展，辩证法首先也就是概念的自我运动的辩证法。黑格尔说："在我的《精神现象学》一书里，我是采取这样的进程，从最初、最简单的精神现象，直接意识开始，进而从直接意识的辩证进展（Dialektik）逐步发展以达到哲学的观点，完全从意识辩证进展的过程去指出达到哲学观点的必然性（也就因为这个缘故，在那本书出版的时候，我把它当作科学体系的第一部分）。"[⑤] 由于精神现象学是意识形态学，意识发展史，从意识现象中找本质，从历史事实中找逻辑规律，从简单的东西中找出深刻的东西。根据精神现象学的性质，黑格尔运用辩证法的方法和发展的观点来研究分析人的意识、精神发展的历史过程，由最低阶段到最高阶段的矛盾发展过程。《精神现象学》是黑格尔辩证法的起源。马克思指出"作为推动原则和创造原则的否定性的辩证法，"是"黑格尔精神现象学的最后成果"[⑥]。在《精神现象学》中，黑格尔详尽而具体地描述精神生活的历程是辩证的，是自求超脱矛盾进展的。但是，对于辩证方法本身的研究，则属于逻辑学。黑格尔说："方法的陈述则是属于逻辑的事情，或甚至于可以说就是逻辑自身。因为方法不是别的，正是全体的结构之展示在它自己的纯粹本质性里。"[⑦] 这样，方法论的研究与逻辑学的研究就一致起来了。

思维的逻辑形式及其规律，是人类所特有的，人们只要进行认识活动，就必须运用逻辑思维模式，遵循逻辑思维规律。因为事物运动的发展过程本身具有逻辑性，人才在认识事物发展过程中逐渐形成对思维的逻辑性及其规律的认识。辩证法与逻辑学的统一或一致就是说必须把辩证法变成一种关于思维及其规律的学说。这样，作为逻辑学方法的辩证法就是去揭露思维自身、概念自身本质中的矛盾，去研究和陈述存在自身通过矛盾的内在发生、矛盾的揭露和扬弃而向前运动和发展的辩证规律，这就是方法与内容的一致性。

辩证法是黑格尔哲学的基本方法，也是黑格尔哲学中最具合理性的内容。

（三）逻辑学与认识论的统一

认识论是关于人类认识的发生与发展问题的学说，它是探讨人类认

①《小逻辑》，第178页。
②《哲学笔记》第2版，第212页。
③《小逻辑》，第179页。
④《小逻辑》，第258页。
⑤《小逻辑》，第93页。
⑥《马克思恩格斯全集》第42卷，第163页。
⑦《精神现象学》上卷，第31页。

识的起源、本质、历程、认识主体与认识对象关系和知识的理论。认识论的认识既是主观的，又是客观的；是主观性和客观性或主体性和客体性的同一。主观要准确地把握客观存在，就是认识的真理。

黑格尔指出："真理是全体。但全体只是通过自身发展而达于完满的那种本质。"① 他说："我的哲学的劳作一般地所曾趋赴和所欲趋赴的目的就是关于真理的科学知识"②，而且黑格尔的逻辑学把真理规定为"思想的内容与其自身的符合"③，"真理就是思维与对象的一致"④，而"思想是有普遍性的活动，因而是一种抽象的自己和自己联系，换言之，就思维的主观性而言，乃是一个没有规定的自在存在，但就思维的内容而言，却又同时包含有事情及事情的各种规定……所以就内容来说，只有思维深入于事物的实质，方能算得真思想；就形式来说，思维不是主体的私有的特殊状态或行动，而是摆脱了一切特殊性、任何特质、情况等等抽象的自我意识，并且只是让普遍的东西在活动，在这种活动里，思维只是和一切个体相同一。在这种情形下，我们至少可以说哲学是摆脱掉骄傲了。——所以当亚里士多德要求思想须保持一种高贵态度时，他所说的高贵性应即在于摆脱一切特殊的意见和揣测，而让事物的实质当权。"⑤ 也就是说，只有运用主观与客观同一的概念才能把握真理，才能揭示客观存在的真相，这是一个根本原则。正是基于这个原则，研究概念的本质与研究客观对象的本质，就完全统一起来了。而且"思想和客体的一致是一个过程：思想（＝人）不应当设想真理是僵死的静止，是暗淡的（灰暗的）、没有冲动、没有运动的简单的图画（形象），就像精灵、数目或抽象的思想那样。观念也包含着极强烈的矛盾，静止（对于人的思维来说）就在于稳固和确定，人因此永远产生着（思想和客体的这种矛盾）和永远克服着这种矛盾……认识是思维对客体的永远的、无止境的接近。"⑥ 黑格尔指出："真理就是逻辑学的对象"⑦，"只有真理存在于其中的那种真正的形态才是真理的科学体系"⑧，而"科学作为一个精神世界的王冠，也决不是一开始就完成了的。新精神的开端乃是各种文化形式的一个彻底变革的产物，乃是走完各种错综复杂的道路并作出各种艰苦的奋斗努力而后取得的代价。这个开端乃是在继承了过去并扩展了自己以后重返自身的全体，乃是对这全体所形成的单纯概念。但这个单纯的全体，只在现在已变成环节了的那些以前的形态，在它们新的原素中以已经形成了的意义而重新获得发展并取得新形态时，才达到它的现实。"⑨ 黑格尔哲学的任务和目的，就是要展示通过自然、社会和思维体现出来的绝对精神，揭示它的发展过程及其规律性。黑格尔说："逻辑中形式的东西是'纯粹真理'，而且这种形式的东西因此必须

①《精神现象学》上卷，第13页。
②《小逻辑》，第5页。
③《小逻辑》，第86页。
④《逻辑学》上卷，第25页。
⑤《小逻辑》，第78~79页。
⑥《哲学笔记》第2版，第164~165页。
⑦《小逻辑》，第64页。
⑧《精神现象学》上卷，第4页。
⑨《精神现象学》上卷，第7页。

在自身中具有比通常所认为的要丰富得多的规定和内容，并且对于具体的东西具有大得无比的力量……即使在逻辑形式中除了思维的形式职能以外，什么都看不到，在这种情况下也值得研究：它们自身在多大程度上符合于真理。不从事这种研究的逻辑，至多可以指望它有下述的价值：按照思维现象现有的样子对它们作自然历史的描述。”对此列宁给出了“按照这种理解，逻辑学是和认识论一致的。这就是极重要的问题”的批注。[①] 黑格尔还指出：“推理的式的客观意义一般就在于：所有理性的东西都表现为三层推理，并且，推理中每一项的位置既可以在两端，也可以在起中介作用的中间。这正如哲学的三项即逻辑观念、自然界和精神一样。在这里自然界先是起联结作用的中项。自然界这个直接的总体，展开为两个极项——逻辑观念和精神。”对此，列宁给出了“逻辑学是关于认识的学说。它是认识论。认识是人对自然界的反映。但是，这并不是简单的、直接的、完整的反映，而是一系列的抽象过程，即概念、规律等等的构成、形成过程，这些概念和规律等等（思维、科学＝‘逻辑观念’）有条件地近似地把握永恒运动着和发展着的自然界的普遍规律性。在这里的确客观上是三项：①自然界；②人的认识＝人脑（就是同一个自然界的最高产物）；③自然界在人的认识中的反映形式，这种形式就是概念、规律、范畴等等。人不能完全地把握＝反映＝描绘整个自然界、它的‘直接的总体’，人只能通过创立抽象、概念、规律、科学的世界图景等等永远地接近于这一点”的批注。[②]

黑格尔认为思维是存在的本质，概念的自我发展是一切发展的基础。他说：“当我肯定真理的真实形态就是它的这种科学性时，或者换句话说也一样，当我断言真理的存在要素只在概念之中时，我知道这看起来是与某一种观念及其一切结论互相矛盾的，这种观念自命不凡，并且已经广泛取得我们时代的信任。”[③] 他不仅把现实世界的发展归结为思维的发展，而且把人的认识的发展也归结为思维的自我发展。他说：“科学只有通过概念自己的生命才可以成为有机的体系；在科学中，那种来自图式而被从外面贴到实际存在上去的规定性，乃是充实了的内容使其自己运动的灵魂。存在着的东西的运动，一方面，是使它自己成为他物，因而就是使它成为它自己的内在内容的过程，而另一方面，它又把这个展开出去的他物或它自己的这个具体存在收回于其自身，即是说，把它自己变成一个环节并简单化为规定性。”[④] 思维的自己运动和必然发展表现为一系列的概念、范畴、规律的形成过程，这个过程同时也就是思维自身的内容的展开和揭露的过程，是真理的生成过程。这样，本体论和认识论最终都溶化于逻辑之中，达到思维和存在的同一。马克思、恩格斯在《德

①《哲学笔记》第2版，第145～145页。
②《哲学笔记》第2版，第152～153页。
③《精神现象学》上卷，第4页。
④《精神现象学》上卷，第40页。

意志意识形态》一书中说："黑格尔完成了实证唯心主义。他不仅把整个物质世界变成了思想世界，而且把整个历史也变成了思想的历史。他并不满足于记录思想中的东西，他还试图描绘它们的生产的活动。"①

海德格尔在《哲学的终结和思的任务》中指出，他所说的"哲学"指的是建立在科学思维方式基础上的西方哲学，而"思"则意指对真正本源的原始境域的思想。因此，哲学产生于人类精神试图超越自身有限性通达至高无上的自由境界的理想，广义而论，这更应该看作是思想的起源。换言之，思想起源于终极关怀问题，哲学则是其中对此问题的一种回应方式。"思想"这个概念虽然笼统，但是当我们通过"思想"来体现文明的神韵和精髓，并且视之为广义的哲学的时候，就不是什么随随便便的东西都可以称之为"思想"的了。"思想"既是一种认识能力，也是思维的结果，更可以看作是思想的对象。在某种意义上说，我们的思想去思想思想的对象，也就是思想的反思，而反思则带有自我意识的性质。法国科学家和哲学家庞加莱在《科学家和诗人》中说："思想可以产生思想"。新思想是在旧思想的母腹中不断孕育、产生的，只有对前人的科技思想进行历史的辩证的分析、消化、吸收和扬弃，才能更有效地进行开拓和创新。虽然人类文明创造了许许多多光辉灿烂的伟大成就，然而只有当它能够反思自己的成就，达到思想的自觉的时候，才能说达到了比较高的境界。②

约·狄慈根在总结哲学发展史的成果时，论述了辩证逻辑及其和认识论、辩证法统一的问题。他说："从培根开始到黑格尔为止的新哲学一直在与亚里士多德式的逻辑学进行不断的斗争和格斗。这种斗争的结果，即哲学的成果，并不是否定传统逻辑学的旧规律，而是在现有的逻辑认识领域之外增加一个新的、显然更高级的逻辑认识领域。为了便于理解，我们用一个特殊的称号，用'认识论'这个专门名称来称呼这个新领域，'认识论'亦即众所周知的'辩证法'。"

黑格尔在客观唯心主义基础上肯定了思维与存在、思维规律与存在规律的一致性，他还肯定逻辑范畴和思维形式与认识过程是相联系的。由此可见，黑格尔所要建立的逻辑学不是传统的同存在论、认识论相割裂的逻辑学，而是同存在论、认识论相统一的逻辑学。杨祖陶认为，可以进一步把黑格尔逻辑学的内容概括为："研究和阐述概念自身的辩证法（在黑格尔那里概念自身是作为一切自然和精神事物的共性、实体和基础出现的），研究和陈述思维对这种辩证法的认识（在黑格尔那里是思维对它自身的认识）的运动和发展，研究和陈述表现这种辩证法的思维形式达到与这种辩证法本身完全一致符合（在黑格尔那里是思维与其自身的一致符合）的运动和发展，从而制定出真正与内容一致的辩证方法。总之，

①《马克思恩格斯全集》第3卷，第16页。

②《中国哲学的定位问题之我见》。

把对于一般辩证法的研究和陈述作为逻辑学的最高目标和最核心的内容，这是黑格尔逻辑学区别于过去逻辑学的一个极其重要的方面，甚至是区别的实质所在。在这个意义下，黑格尔逻辑学就是建立在唯心主义基础上的逻辑学、存在论、认识论和辩证法四者的统一……而黑格尔把四者统一起来的最直接的结果和取得的最大成果就是把辩证法变成了这样一种学说，它的对象是一切发展的最普遍的辩证规律；它的任务就是要揭示对这些规律的认识发展过程里的内在联系和内在发展规律；它的目的就是要在这基础上制定出作为认识方法和思维方法的辩证方法。”①

杨祖陶指出：“黑格尔是在唯心主义基础上，特别是在其思维与存在的唯心主义同一论的立场上来统一逻辑学、存在论、认识论和辩证法这四者的。他不仅没有做出辩证法是关于客观世界和人类思维的运动和发展的普遍规律的科学的规定，而且也没有象我们上面明确地提出的那样把辩证法规定为关于一切发展的普遍辩证规律的学说……在黑格尔第一次创立起来的辩证法学里，一切真实的关系都被颠倒了：反映事物的辩证法特性的概念辩证法成了第一性的基础而事物自身的辩证运动倒是概念辩证运动的反光、反映、翻版或痕迹。”②

黑格尔是这样一位哲学家，他认为自己的学说合乎规律地继承并总结了前人理论思维的全部发展过程。在黑格尔的心目中，哲学科学所经历的道路，并不是记载谬误的一览表，而是追求真理的紧张过程，这个追求过程越来越接近于目标，终于在他们的体系中达到了目标。在黑格尔看来，各种哲学体系，不仅在它们产生时有其必然性，而且在哲学史这个发展中的有机统一体里，作为一个不可缺少的环节，也有其必然性。黑格尔说：“每一哲学曾经是，而且仍是必然的，因此没有任何哲学曾消灭了，而所有各派哲学作为全体的诸环节都肯定地保存在哲学里……没有任何哲学是完全被推翻了的。那被推翻了的并不是这个哲学的原则，而只不过是这个原则的绝对性、究竟至上性……因此我们对于哲学的态度，必包含一个肯定的和一个否定的方面。我们必须对于一个哲学的这两方面有了正确的认识，态度才算公正。”③就像他在《精神现象学》中所说的，“既然有一种空的广阔，同样也就有一种空的深邃；既然有一种实体的广延，它扩散到有限世界的纷纭万象里去而没有力量把它们团聚在一起，同样也就有一种无内容的深度，它表现为单纯的力量而没有广延，这种无实体的深度其实与肤浅是同一回事。精神的力量只能象它的外在表现那样强大，它的深度也只能象它在它自行展开中敢于扩展和敢于丧失其自身时所达到的那样深邃。”④他虽然在唯心主义的基础上把本体论、辩证法、认识论与逻辑统一起来，但由于他完全颠倒了客

①《黑格尔关于逻辑学对象的观点及其在发展辩证法中的历史作用》，中国社会科学院哲学研究所编《论康德黑格尔哲学》纪念文集，上海人民出版社，1981年，第249~275页。
② 同①。
③《哲学史讲演录》第1卷，第40~41页。
④《精神现象学》上卷，第7页。

观辩证法和主观辩证法的关系，因而没有也不可能揭示四者统一的实质。

（四）辩证法与认识论的统一

列宁说：“不钻研和不理解黑格尔的全部逻辑学，就不能完全理解马克思的《资本论》，特别是它的第1章。因此，半个世纪以来，没有一个马克思主义者是理解马克思的！”[①] 马克思在致路·库格曼的信中说：“黑格尔的辩证法是一切辩证法的基本形式，但是，只有在剥去它的神秘的形式之后才是这样，而这恰好就是我的方法的特点。”[②] 列宁也深刻地指出：“不能原封不动地应用黑格尔的逻辑；不能现成地搬用。要挑选其中逻辑的（认识论的）成分，清除观念的神秘主义：这还要做大量工作。”[③] 恩格斯说：“马克思和我，可以说是从德国唯心主义哲学中拯救了自觉的辩证法并且把它转为唯物主义的自然观和历史观的唯一的人。”[④] 马克思的伟大的、非凡的天才在于，他深刻地理解和精通了黑格尔的辩证法，而一当他在费尔巴哈影响下走上唯物主义道路时，他不是像费尔巴哈那样把黑格尔哲学干脆全部抛弃，而是提出和担当起了更伟大、更艰巨的任务，这就是打破黑格尔哲学体系的巍然大厦，从中挽救出“整个哲学的最新成就”——辩证法，把它批判地改造成为唯物辩证法，将其转变为辩证而唯物的自然观和历史观。恩格斯在叙述马克思和他把黑格尔的唯心辩证法改造为唯物辩证法的内在逻辑时说，“黑格尔不是简单地被放在一边，恰恰相反，上面所说的他的革命方面，即辩证方法，是被当做出发点的”[⑤]，“在自然界中和历史上所显露出来的辩证的发展，即经过一切迂回曲折和暂时退步而由低级到高级的前进运动的因果联系，在黑格尔那里，只是概念的自己运动的翻版，而这种概念的自己运动是从来就有的、不知道在什么地方发生的，但无论如何是同任何能思维的人脑无关的。这种意识形态的颠倒是应该消除的。我们重新唯物地把我们头脑中的概念看作现实事物的反映，而不是把现实事物看作绝对概念的某一阶段的反映。这样，辩证法就归结为关于外部世界和人类思维的运动的一般规律的科学，这两个系列的规律在本质上是同一的，但是在表现上是不同的，这是因为人的头脑可以自觉地应用这些规律，而在自然界中这些规律是不自觉地、以外部必然性的形式、在无穷无尽的表面的偶然性中为自己开辟道路的，而且到现在为止在人类历史上大部分也是如此。这样，概念的辩证法本身就变成只是现实世界的辩证运动的自觉的反映，从而黑格尔的辩证法就被倒转过来了，或者宁可说，不是用头立地而是重新用脚立地了”[⑥]。

列宁指出：“在马克思看来，辩证法是一门‘关于外部世界和人类思

① 《哲学笔记》第2版，第151页。
② 《马克思恩格斯全集》第32卷，第526页。
③ 《哲学笔记》第2版，第225页。
④ 《马克思恩格斯全集》第20卷，第13页。
⑤ 《马克思恩格斯全集》第21卷，第336页。
⑥ 《马克思恩格斯全集》第21卷，第337~338页。

维的运动的一般规律’……而辩证法，按照马克思的理解，同样也根据黑格尔的看法，其本身包括现时所谓的认识论，这种认识论同样应当历史地观察自己的对象，研究并概括认识的起源和发展即从不知到知的转化。现时，发展观念，进化观念，几乎完全深入社会意识，但不是通过黑格尔哲学，而是通过另外的道路。可是，马克思和恩格斯依据黑格尔哲学所表述的这个观念，要比流行的进化论观念全面的多，内容丰富的多。”[①]

辩证唯物主义认为人的认识是物质世界辩证发展的产物和反映，因此，认识的本性必然是同客观世界的辩证本性是一致的。客观世界本身的辩证发展是认识论的前提和出发点。黑格尔说：“认识是从内容向内容前进。这个前进首先是这样规定自己的，即它从简单的规定性开始，继之而来的规定性就愈益丰富、愈益具体。因为结果包含着自己的开端，而开端的进程用新的规定性丰富了结果。普遍的东西构成基础；因此，不应当把前进看作从某一他物到另一他物的流动。绝对方法中的概念保存在自己的异在之中，普遍的东西保存在自己的特殊化之中，保存在判断和实在之中；在继续规定的每一个阶段上，普遍的东西都在提高它以前的全部内容，它不仅没有因为自己的辩证的前进而丧失什么，也没有丢下什么，而且还带上一切收获，使自身不断丰富和充实起来……”列宁说：“这一段话对于什么是辩证法这个问题，很不错地做了某种总结。”[②]同时，认识论所揭示的认识发展的规律和范畴，如主观与客观、认识与实践、感性与理性、绝对真理和相对真理等等的辩证关系，都受着辩证法所揭示的最一般规律的制约，是辩证法的最一般规律在认识过程中的表现。因此，爱因斯坦说：“认识论如果不同科学接触，就会成为空洞的图式。科学如果脱离认识论……就成为粗俗的、混乱的东西。”

辩证法作为自然界、社会和思维发展最一般规律的科学，同时就是最普遍的科学方法论。它渗透着认识论的内容，发挥着认识论的作用。马克思主义哲学对物质所下的定义，在承认物质第一性、精神第二性的前提下，也是作为认识论的问题来解决的。科学的认识论就在于它为人们认识世界和改造世界提供了科学的认识方法。在这一点上，认识论与客观辩证法是一致的。

列宁指出：“真理是过程。人从主观的观念，经过‘实践’（和技术），走向客观真理。”[③]辩证法的真理性需要用人类认识发展的全部历史来证明，需要由人类的认识史、科学史来检验。所以，离开了认识论，就没有科学的辩证法，当然，离开了辩证法，也没有科学的认识论。

（五）辩证法与辩证逻辑

列宁说：“任何科学都是应用逻辑。”[④]辩证法也研究逻辑思维的发

① 列宁，《卡尔·马克思》，《马克思恩格斯选集》第1卷，第9页。

②《哲学笔记》第2版，第199～200页。

③《哲学笔记》第2版，第170页。

④《哲学笔记》第2版，第171页。

展，辩证法与逻辑是一致的。辩证逻辑所研究的概念的辩证法，不过是对现实世界辩证运动的自觉反映。辩证逻辑的规律和范畴是辩证法规律在思维中的表现，而辩证法本身的规律、范畴也都是通过逻辑思维概括、提炼并表述的。无论是辩证法的或辩证逻辑的规律和范畴都将随着实践的发展而发展。

逻辑作为概念的辩证法与客观世界的辩证法既有联系又有区别：

（1）逻辑是正确思维的规律，错误思维是不合逻辑的。客观世界本身是无所谓对与错的，即使自然界出现某些怪现象，也可以从事物本身的规律得到说明。

（2）逻辑形式是在认识过程中获得并逐步展开的，一切范畴都标志着认识发展的一定阶段，都是一定社会历史条件的产物。因此，概念辩证法比起客观世界本身的辩证法要贫乏得多。

（3）客观世界的规律反映到人的头脑里取得了概念形式，然后就可运用概念来观察事物，分析问题和解决问题，取得了方法论的意义，而客观世界本身是无所谓方法的。

认识论的内容涉及人类知识产生的全部过程，它研究和揭示人的认识发生、发展的过程和规律。认识是人对客观世界的反映。但是，这种反映不是简单的、直观的，不仅仅停留于感性阶段，而是从感性进到理性，通过一系列的抽象过程，即通过概念、范畴等反映形式有条件地、近似地把握事物的本质和规律。这里，认识论与逻辑有着密切联系。列宁说："逻辑学是关于认识的学说。它是认识论。认识是人对自然界的反映。但是，这并不是简单的、直接的、完整的反映，而是一系列的抽象过程，即概念、规律等等的构成、形成过程。"① 从逻辑角度看，概念作为反映现实的思维形式总要有确定的含义和内容，所以，它只是认识具体事物的一些阶段，而具体事物是不可穷尽的，每一门具体科学的范畴都只是表明认识达到某个阶段。要解决这个矛盾，只有依靠认识的基本环节，即依靠实践。概念在实践中产生，通过实践检验概念和发展概念，并随着实践的发展使概念越来越丰富，而概念间的关系也越来越符合现实。因此，逻辑是对整个认识的历史进程的概括和总结，是认识发展的成果。

同属于主观辩证法领域的认识论和逻辑既相互联系，又相互区别。逻辑作为认识史的总结，并非囊括认识史中所有的东西，因为并不是一切思维现象都具有必然性。辩证逻辑是对认识史进行辩证加工揭示内在必然性的产物。它不是认识论的简单重复，不把认识论的全部问题当作自己的研究对象，它主要研究理性思维的辩证运动。

①《哲学笔记》第2版，第152~153页。

辩证法、认识论、逻辑三者从不同领域和角度反映现实世界的规律，它们的客观基础、基本原理在本质上都是一致的。从认识论的角度出发探讨认识的一般发展过程及其普遍的规律性，就是马克思主义认识论的体系；从逻辑的角度出发，探讨辩证思维的一般发展过程及其普遍的规律性，就是辩证逻辑的任务。

四、黑格尔哲学的内在矛盾

恩格斯指出，黑格尔“辩证哲学推翻了一切关于最终的绝对真理和与之相应的人类绝对状态的想法。在它面前，不存在任何最终的、绝对的、神圣的东西；它指出所有一切事物的暂时性；在它面前，除了发生和消灭、无止境地由低级上升到高级的不断的过程，什么都不存在。它本身也不过是这一过程在思维着的头脑中的反映而已。诚然，它也有保守的方面：它承认认识和社会的每一个阶段对自己的时间和条件来说都有存在的理由，但也不过如此而已。这种看法的保守性是相对的，它的革命性质是绝对的——这就是辩证哲学所承认的唯一绝对的东西。”①然而恩格斯明确指出，黑格尔的体系“还包含着不可救药的内在矛盾：一方面，它以历史的观点作为基本前提，即把人类的历史看作一个发展过程，这个过程按其本性来说是不能通过发现所谓绝对真理来达到其智慧的顶峰的；但是另一方面，它又硬说自己是这个绝对真理的全部内容。包罗万象的、最终完成的关于自然和历史的认识的体系，是和辩证思维的基本规律相矛盾的；但是这决不排斥，反而肯定，对整个外部世界的有系统的认识是可以一代一代地得到巨大进展的。”②在恩格斯看来，“黑格尔的方法在它现有的形式上是完全不适用的。它实质上是唯心的。”③这一唯心主义的方法“为了要迎合体系就不得不背叛自己”④。既然如此，为何恩格斯还要说黑格尔的辩证法“是一切现有逻辑材料中至少可以加以利用的唯一材料”？⑤

马克思明确指出，“辩证法在对现存事物的肯定的理解中同时包含对现存事物的否定的理解，即对现存事物的必然灭亡的理解；辩证法对每一种既成的形式都是从不断的运动中，因而也是从它的暂时性方面去理解；辩证法不崇拜任何东西，按其本质来说，它是批判的和革命的。”⑥

由此可以看出，黑格尔哲学本身是唯心主义体系与辩证方法的矛盾统一。怎样理解黑格尔哲学的内在矛盾？从逻辑学、本体论、认识论和辩证法四者的关系方面可以看出一个比较清晰的脉络。

①《马克思恩格斯全集》第21卷，第308页。
②《马克思恩格斯全集》第20卷，第27~28页。
③《马克思恩格斯全集》第13卷，第530页。
④《马克思恩格斯全集》第21卷，第321页。
⑤《马克思恩格斯全集》第13卷，第531页。
⑥《马克思恩格斯全集》第23卷，第24页。

（一）黑格尔哲学本体论与辩证法、认识论之间的矛盾

关于唯物主义和唯心主义，恩格斯说："全部哲学，特别是近代哲学的重大的基本问题，是思维和存在的关系问题……哲学家依照他们如何回答这个问题而分成了两大阵营。凡是断定精神对自然界说来是本原的，从而归根到底以某种方式承认创世说的人（在哲学家那里，例如在黑格尔那里，创世说往往采取了比在基督教那里还要混乱而荒唐的形式），组成唯心主义阵营。凡是认为自然界是本原的，则属于唯物主义的各种学派。除此之外，唯心主义和唯物主义这两个用语本来没有任何别的意思，它们在这里也不能在别的意义上被使用。"[①] 人们很重视唯物主义与唯心主义的区别或区分甚至是斗争，但恩格斯已明确指出，它们的区分只有在本源意义上才出现两大才阵营的对立，这一点没引起重视。1890 年 6 月 5 日，恩格斯在《致保尔·恩斯特》中说："至于谈到您用唯物主义方法处理问题的尝试，那末，首先我必须说明：如果不把唯物主义方法当作研究历史的指南，而把它当作现成的公式，按照它来剪裁各种历史事实，那末它就会转变为自己的对立物[②]。"[③]1890 年 8 月 5 日，恩格斯在《致康·施米特》中说："无论如何，对德国的许多青年作家来说，'唯物主义的'这个词只是一个套语，他们把这个套语当作标签贴到各种事物上去，再不作进一步的研究，就是说，他们一把这个标签贴上去，就以为问题已经解决了。但是我们的历史观首先是进行研究工作的指南，并不是按照黑格尔学派的方式构造体系的方法。必须重新研究全部历史，必须详细研究各种社会形态存在的条件，然后设法从这些条件中找出相应的政治、司法[④]、美学、哲学、宗教等等的观点。在这方面，到现在为止只做出了很少的一点成绩，因为只有很少的人认真地这样做过。在这方面，我们需要很大的帮助，这个领域无限广阔，谁肯认真地工作，谁就能做出许多成绩，就能超群出众。但是，许多年轻的德国人却不是这样，他们只是用历史唯物主义的套语（一切都可能变成套语）来把自己的相当贫乏的历史知识（经济史还处在襁褓之中呢！）尽速构成体系，于是就自以为非常了不起了。"[⑤] 朱光潜先生说："每次读这封信，就不免反躬自省一番，自己虽不是'德国青年'，这番话是不是恰恰打中了自己的要害而且痛下了针砭？！"[⑥] 约·狄慈根在《短篇哲学著作集》中说："那些只是在真理和科学有助于增加他们的财富或者保存他们的特权时才关心真理和科学的'有产者和有教养者'是真

① 《马克思恩格斯全集》第 20 卷，第 315~316 页。
② 即唯心主义。
③ 《马克思恩格斯全集》第 37 卷，第 410 页。
④ 原文为"私法"。
⑤ 《马克思恩格斯全集》第 37 卷，第 432~433 页。
⑥ 朱光潜，《西方美学史（上）》，第 8 页。

正可耻的唯物主义者，对于他们来说，除了自私地只顾自己的吃喝和娇贵的躯壳外，什么都不重要……然而自由主义既不认真对待信仰，也不认真对待非信仰。‘有产者和有教养者’的享有特权的社会地位注定了他们具有这种令人厌恶的冷漠，不冷也不热的淡漠态度。他们的宗教共济会精神，他们对迷信的抵制——每一种信仰都是迷信——这些都不是真诚的，因为对人民的宗教灌输是他们的社会统治的有力支柱……如果人民什么也不再相信，那么谁来使我们的财产神圣化并为我们的祖国当炮灰呢？”[①] “我们从内心深处鄙视那些有学位的奴仆挂在嘴边的关于‘教育和科学’的大话，关于‘理想财富’的言论，今天，他们用生造的唯心主义来愚弄人民，从前，异教僧侣则用他们对自然界的初步认识来愚弄人民……需要宗教的教授们把上帝的王国变成了科学精神的王国。正如魔鬼是敬爱的上帝的死对头一样，唯物主义者是僧侣教授的死对头。唯物主义世界观与不信仰宗教同时产生。二者在我们这个世纪里都从最粗陋的形式逐步发展，达到了科学的明确性。但是，学院派的博学之士不想承认这一点，因为唯物主义中所包含的民主主义结论威胁着他们高贵的社会地位。费尔巴哈说：‘哲学教授的特征就在于他不是哲学家，相反，哲学家的特征就在于他不是哲学教授。’今天我们走得更远了。不仅哲学，而且整个科学都把自己的奴仆抛到后面。甚至在真正的唯物主义科学占据了讲坛的地方，以唯心主义残余的形式出现的非科学的宗教呓语仍然纠缠着科学，就象蛋壳还粘在正要破壳而出的小鸟身上一样……体力劳动者仍然经常看不到脑力劳动的重要价值。一种准确无误的本能使他们把我们资产阶级时代有影响的粗制滥造的写作者认定为当然的对手。他们看到诈骗勾当怎样在脑力劳动的合法称号下进行。因此，他们那种过低估计脑力劳动，过高估计体力劳动的倾向是不难理解的。必须抵制这种粗陋的唯物主义……工人阶级的解放要求工人阶级完全掌握我们这个世纪的科学。要实现解放，仅仅对我们遭受的不公正感到愤慨是不够的，尽管我们在人数和体力上都占优势。精神武器必须提供帮助。在这个武器库的纷繁多样的知识中，认识论或科学学说，即对科学思维方法的认识，是反对宗教信仰的万能武器，它将把宗教信仰从它最后的、最隐蔽的角落里驱逐出去。”[②] 恩格斯还指出：“我们在反驳我们的论敌时，常常不得不强调被他们否认的主要原则，并且不是始终都有时间、地点和机会来给其他参与交互作用的因素以应有的重视。但是，只要问题一关系到描述某个历史时期，即关系到实际的应用，那情况就不同了，这里就不容许有任何错误了。可惜人们往往以为，

①《哲学笔记》第2版，第365~366页。

②《哲学笔记》第2版，第371~372页。

只要掌握了主要原理，而且还并不总是掌握得正确，那就算已经充分地理解了新理论并且立刻就能够应用它了。在这方面，我是可以责备许多最新的‘马克思主义者’的；这的确也引起过惊人的混乱。”[①] 恩格斯的教导，为我们准确把握唯物主义与唯心主义的区别、区分和斗争指明了方向。

约·狄慈根说：“我们承认物质利益支配世界，但不会因此而否认情感、精神、艺术、科学的利益，也不会否认其他被称为理想的东西。问题不在于唯物主义者和唯心主义者之间已经结束的对立，而在于这种对立的更高的统一。”[②] 他说：“为什么恩格斯把18世纪的唯物主义称为‘形而上学的’呢？形而上学者是一些不满足于物理世界或自然世界、头脑中始终有一个超自然的、形而上学的世界的人。康德在他的《纯粹理性批判》的序言中把形而上学的问题归结为三个词：上帝、自由和永生。现在我们知道，这个可爱的上帝是精神，是超自然的精神，它创造了自然的、物理的、物质的世界。18世纪著名的唯物主义者不是这种圣经故事的朋友和崇拜者。对上帝、自由、永生的问题，只要涉及超自然的世界，这些无神论者丝毫不感兴趣；他们坚持物理世界，因此，他们不是形而上学者。可见，恩格斯这样称呼他们是有另一个意思的。18世纪的法国和英国的唯物主义者几乎完全同高入云端、居于首位的伟大精神断绝了关系，但他们不得不研究居于第二位的人类精神。在解释人类精神及其本性、来源和状态等方面出现的对立，把唯物主义者与唯心主义者区分开来。唯心主义者认为人类精神及其观念是超自然的、形而上学的世界的儿子。但是他们并不满足于仅仅相信这种遥远的源流，而是从苏格拉底和柏拉图的时代起，就非常认真地对待这个问题，力求科学地论证、证明、解说自己的信仰，正象人们证明和解说具体世界的物质事物一样。唯心主义者通过这种途径把关于人类精神的性质的学问从超自然的、形而上学的王国引入实在的、物理的、物质的世界，这个世界证明了自己是一个具有辩证性质的世界，在那里，精神和物质尽管是两个东西，但又是统一的，这就是说，它们是源出同一血统、同一母亲的姐妹。唯心主义者最初虔信关于精神创造世界的宗教前提，但他们在这一点上弄颠倒了，因为他们自己探求的结果最终表明，自然的、物质的世界是本原的东西，它不是由精神创造的，相反，它本身倒是创造者，它从自身创造出人类及其理智并使其得到发展。这就证明了，非创造出来的高等精神只是在人们头脑中并随人的头脑一同生长起来的自然精神的幻想的肖像。唯心主义所以称为唯心主义，是因为它把一般观念和人

① 《马克思恩格斯全集》第37卷，第462~463页。
② 《哲学笔记》第2版，第360页。

的头脑中产生的观念，无论在时间上还是在地位上都置于物质世界之上，并认为前者是后者的前提。这种唯心主义从一开始形成时就是十分狂热的、十分形而上学的。但是随着自己历史的发展，狂热逐渐减少，并变得愈来愈冷静，以至于哲学家康德对他给自己提出的‘形而上学怎么可能是科学呢？’这一问题作出了这样的回答：形而上学不可能是科学；另一个世界，即超自然的世界，人们只能信仰它、预感它。因此，唯心主义的荒谬就是这样一个逐渐被克服的东西，现代唯物主义则是哲学发展和普遍科学发展的产物。因为唯心主义——它最后的著名人物是康德、费希特、谢林和黑格尔——的荒谬完全是德国的，所以从这种荒谬中产生的结果，即辩证唯物主义，也主要是德国的产物。”① “对于我们辩证唯物主义者或者说社会民主主义的唯物主义者来说，精神的思维能力是物质自然的发展了的产物，而按照德国唯心主义的观点，事情恰恰相反。因此，恩格斯才谈起这种思维方式的‘荒谬’。对精神的狂信是旧形而上学的残渣。18 世纪英国和法国的唯物主义者可以说是这种狂信的过急反对者。这种过急阻碍了他们从根本上摆脱这种狂信。他们过于激进并陷入相反的荒谬。正象哲学唯心主义者狂信精神和精神的东西一样，他们狂信物体和物体的东西。唯心主义者狂信观念，旧唯物主义者狂信物质。二者都是狂信者，因而都是形而上学者，二者把精神和物质的区别都搞过了头。两派中任何一派都没有意识到自然界的统一性和唯一性、一般性和普遍性，自然界并非要么是物质的要么是精神的，而是既是物质的也是精神的。18 世纪形而上学的唯物主义者及其现在残存的追随者过分轻视人类精神、轻视对人类精神的特性及其正确运用的研究，这正象唯心主义者过分重视一样……在旧唯物主义者看来，物质是崇高的主语，其他一切都是从属的谓语。这种思维方式过分重视主语，过分轻视谓语。他们没有认识到，主语和谓语之间的关系是一种完全可变的关系。人的头脑可以合法地随便把每个谓语变成主语，也可以反过来把每个主语转化为谓语。雪白的颜色虽然不可触摸，但它也象白色的雪一样是实体的。认为物质是实体或根本，物质的谓语或特性仅仅是次要的附属物，是一种陈旧的狭隘的思想方式，它没有考虑到德国辩证论者的成就。今天必须懂得，主语正是由谓语组成的。”② “因为旧唯物主义……不懂得把物质和精神这些概念看成具体事情的抽象图像，因为尽管它对宗教持自由思想，尽管蔑视神的精神，却对自然精神的来龙去脉一无所知，而由于这种无知，它不可能克服形而上学，所以弗里德里希·恩格斯称这种对概念科学一无所知的唯物主义为形而上学的唯物主义。”③

①《哲学笔记》第 2 版，第 421～422 页。
②《哲学笔记》第 2 版，第 423～424 页。
③《哲学笔记》第 2 版，第 431 页。

马克思指出："在黑格尔的体系中有三个因素：斯宾诺莎的实体，费希特的自我意识以及前两个因素在黑格尔那里的必然的矛盾的统一，即绝对精神。第一个因素是形而上学地改了装的、脱离人的自然。第二个因素是形而上学地改了装的、脱离自然的精神。第三个因素是形而上学地改了装的以上两个因素的统一，即现实的人和现实的人类。"[①]马克思说："黑格尔历史观的前提是抽象的或绝对的精神，这种精神正在以下面这种方式发展着：人类仅仅是这种精神的有意识或无意识的承担者，即群众。因此，思辨的、奥秘的历史在经验的、明显的历史中的发生是黑格尔一手促成的。人类的历史变成了抽象的东西的历史，因而对现实的人说来，也就是变成了人类的彼岸精神的历史。"[②]恩格斯明确指出，"黑格尔的辩证法，它具有完全抽象的'思辨的'形式……它实质上是唯心的"[③]。

黑格尔说："理念就是真理；因为真理即是客观性与概念相符合。——这并不是指外界事物符合我的观念。因为我的观念只不过是，我这个人所具有的不错的观念罢了。理念所处理的对象并不是个人，也不是主观观念，也不是外界事物。但是一切现实的事物，只要它们是真的，也就是理念。而且一切现实事物之所以具有真理性，都只是通过理念并依据理念的力量。个体的存在只是理念的某一方面，因此它还需要别的现实性，而这些现实性，同样也好象特别地有它们的独立存在似的。只有在现实事物的总合中和在它们的相互联系中概念才会实现。那孤立的个体事物是不符合它自己的概念的；它的特定存在的这种局限性构成它的有限性并且导向它的毁灭。理念本身不可了解为任何某物的理念，同样，概念也不可单纯理解为特定的概念。"[④]张世英认为这一段话一方面清楚地表明了黑格尔的"具体概念"说的正确之处，即关于一切事物都是内在地联系着的思想；但另一方面，也清楚地表明了他的"具体概念"说的唯心主义性质，即不把"具体概念"看成是真实事物在人脑中的反映，而把"一切现实的事物"看成是"理念"（概念），认为"一切现实事物之所以具有真理性，都只是通过理念并依据理念的力量"。张世英说，黑格尔的这段话是"把辩证法与唯心主义紧密结合在一起的一个明显例子"[⑤]。列宁在摘录了这一段后作了长段的评论，指出了黑格尔这段话中的唯心主义方面，也充分肯定了其中的合理的部分。列宁说："真理就是由现象、现实的一切方面的总和以及它们的（相互）关系构成的。概念的关系（=过渡=矛盾）=逻辑的主要内容，并且这些概念（及其关系、过渡、矛盾）是作为客观世界的反映而被表现出来的。事物的

① 《马克思恩格斯全集》第2卷，第177页。
② 《马克思恩格斯全集》第2卷，第108页。
③ 《马克思恩格斯全集》第13卷，第530页。
④ 《小逻辑》，第397~398页。
⑤ 张世英，《论黑格尔的逻辑学》1981年版，第113页。

辩证法创造观念的辩证法，而不是相反。”“黑格尔在概念的辩证法中天才地猜测到了事物（现象、世界、自然界）的辩证法”，“应当更通俗地表达这一要义，不用辩证法这个字眼，大致可以这样说：黑格尔在一切概念的更换、相互依赖中，在它们的对立面的同一中，在一个概念向另一个概念的过渡中，在概念的永恒的更换、运动中，天才地猜测到的正是事物、自然界的这样的关系。”①

和其他所有的唯心主义者一样，黑格尔对唯物主义是反对甚至是蔑视的。黑格尔认为，经验主义以外在世界为真实，虽然也承认有超感官的世界，但是把知识完全限于知觉的范围，这个基本原则如果彻底加以发挥，便成为唯物主义。黑格尔说：“唯物论认为物质的本身是真实的客观的东西。但物质本身已经是一个抽象的东西，物质之为物质是无法知觉的。所以我们可以说，没有物质这个东西，因为就存在着的物质来说，它永远是一种特定的具体的事物。然而，抽象的物质观念却被认作一切感官事物的基础，——被认作一般的感性的东西，绝对的个体化，亦即互相外在的个体事物的基础。只要经验主义认为感官事物老是外界给予的材料，那末这学说便是一个不自由的学说。因为自由的真义在于没有绝对的外物与我对立，而依赖一种‘内容’，这内容就是我自己。再则，从经验主义的观点看来，理性与非理性都只是主观的，换言之，我们必须接受外界给予的事实，是怎样就是怎样，我们没有权利去追问，究竟这种给予的东西是否合理或在何种程度内它本身才是合理的。”②可以看出，黑格尔虽然看到经验主义的一些缺陷，可是，由于他的唯心主义的偏见，他对经验主义的批判带有很大的片面性。黑格尔根本不谈经验主义有唯心主义与唯物主义之分，而是把具体事物与物质对立起来，只承认具体事物的存在，不承认物质的存在，只是笼统地批判经验主义的抽象性和局限性，因而也就不可能彻底揭示出不同性质的经验主义的不同的内在矛盾。恩格斯指出：“唯物主义把自然界看做唯一现实的东西，而在黑格尔的体系中自然界只是绝对观念的‘外化’，好像是这个观念的退化；无论如何，思维及其思想产物即观念在这里是本原的，而自然界是派生的，只是由于观念的下降才存在。他们就在这个矛盾中徬徨，尽管程度各不相同。”③对于自然科学，黑格尔说：“在这种自然科学的范围里，所可得到的普遍性，亦即科学知识的最后成果，只是外界的有限事物之无确定性的聚集，换言之，物质而已。”④黑格尔如此贬低自然科学知识，是和他的神秘的泛逻辑主义分不开的。恩格斯指出：“黑格尔是唯心主义者，就是说，在他看来，他头脑中的思想

①《哲学笔记》第2版，第165～166页。

②《小逻辑》，第115页。

③《马克思恩格斯全集》第21卷，第313页。

④《小逻辑》，第154页。

不是现实的事物和过程的多少抽象的反映，相反地，在他看来，事物及其发展只是在世界出现以前已经在某个地方存在着的‘观念’的现实化的反映。这样，一切都被弄得头足倒置了，世界的现实联系完全被颠倒了。而且，不论黑格尔如何正确地和天才地把握了一些个别的联系，但由于上述原因，就是在细节上也有许多东西不能不是牵强的、造作的、虚构的，一句话，被歪曲的。”[①] 因此，从本体论和认识的根源方面来说，黑格尔哲学体系是唯心的，而且他的唯心主义的哲学体系是与辩证法、逻辑学和认识论交织在一起的，这充分反映在他在思维与存在的同一性问题上的论述。

在德国古典哲学的发展过程中，一个中心的问题就是思维与存在的同一性问题，这个问题标志着近代哲学研究的中心已由古代的本体论转到了认识论。随着哲学研究中心课题的转移，人们把注意力由研究世界是什么的问题转到研究怎样认识世界、怎样获得真理上面。哲学家们开始对认识的主体进行探讨，研究什么样的认识形式才是可靠的，遵循什么途径才能达到真理，理性的内容是什么，主体的结构应该是怎样的等，并且开始从哲学上对自然科学的成就做出回答。[②]

黑格尔是西方哲学史上第一个在唯心主义基础上最详细、最系统地论证了思维与存在的同一性的哲学家。思维与存在的同一性问题，是黑格尔哲学的基本命题。黑格尔哲学，包括他的逻辑学，是建立在唯心主义的思维与存在同一说基础之上的。依据这一学说，尽管思维与存在有矛盾，存在却最终融合于思维中，他把思想看作事物的本质，以思维统摄存在，而客观事物不过是它的表现。他说：“当我们把思维认为是一切自然和精神事物的真实共性时，思维便统摄这一切而成为这一切的基础了”[③] 这种观点贯穿于他的整个哲学体系，是他进行思维运动的基础，是他关于思维与存在同一性的基本观点。

不仅如此，黑格尔一方面把思维与存在等同起来，另一方面又在二者中间插入一段矛盾运动、一个辩证的过程。黑格尔指出：“哲学是在发展中的系统……揭示出理念发展的一种方式，亦即揭示出理念各种形态的推演和各种范畴在思想中的、被认识了的必然性，这就是哲学自身的课题和任务。”[④] 前者，即思维与存在的等同，意味着矛盾的融合、矛盾的终结；后者显示通过矛盾运动和对立面的斗争而前进的发展。[⑤]

黑格尔关于以思维为基础的思维与存在同一性的观点，是在剖析和吸取前人的思想资料后而建立起来的，是发展客观唯心主义思想的结果。黑格尔在《精神现象学》的序言里，详细地阐述了他的真理观，他强调真理是具体的、是全体，强调真理的辩证运动，强调真理与错误的

① 《马克思恩格斯全集》第20卷，第27页。
② 《外国哲学》第四辑，商务印书馆，1983年，第142页。
③ 《小逻辑》，第81页。
④ 《哲学史讲演录》第1卷，第33～34页。
⑤ 葛力，《黑格尔关于思维与存在同一性思想的重要含义》，《西方哲学史讨论集》，生活·读书·新知三联书店，1979年，第170页。

辩证关系，强调真理不是一种铸成了的硬币（即不是可以现成地拿过来就用）。在《小逻辑》中，黑格尔说：“真理是一个高尚的名词，而它的实质尤为高尚。只要人的精神和心情是健康的，则真理的追求必会引起他心坎中高度的热忱。但是一说到这里立刻就会有人提出反问道：‘究竟我们是否有能力认识真理呢？’在我们这些有限的人与自在自为存在着的真理之间，似乎有一种不调协，自然会引起寻求有限与无限间的桥梁的问题。上帝是真理；但我们如何才能认识他呢？这种知天求真的企图似乎与谦逊和谦虚的美德相违反。但因此又有许多人发出我们是否能够认识真理的疑问，其用意在于为他们留恋于平庸的有限目的的生活作辩解。类似这种的谦卑却毫无可取之处。类似这样的说法：‘象我这种尘世的可怜虫，如何能认识真理呢？’可以说是已成过去了。代之而起的另一种诞妄和虚骄，大都自诩以为直接就呼吸于真理之中……还有一种反对真理的谦逊。这是一种贵族式的对于真理的漠视，有如我们所见得，拜拉特（Pilatus）对于基督所表示的态度。拜拉特问道：‘真理是什么东西？’意思是说，一切还不是那么一回事，没有什么东西是有意义的……更有一种畏缩也足以阻碍对于真理的认知。大凡心灵懒惰的人每易于这样说：不要那样想，以为我们对于哲学研究是很认真的。我们自然也乐意学一学逻辑，但是学了逻辑之后，我们还不是那样。他们以为当思维超出了日常表象的范围，便会走上魔窟；那就好象任他们自身漂浮在思想的海洋上，为思想自身的波浪所抛来抛去，末了又复回到这无常世界的沙岸，与最初离开此沙岸时一样地毫无所谓，毫无所得。”[①] 黑格尔对上述几种错误地对待真理的态度的批判，从认识论上来说，有些见解是比较深刻的，尽管他不可能懂得“只有人们的社会实践，才是人们对于外界认识的真理性的标准”[②]。

在讨论世界是什么的问题时，无论其回答是水，还是火；是存在还是理念，很少涉及客观性。可是只要涉及认识主体，那就不可避免的出现主观和客观之分了。恩格斯说：“自然科学和哲学一样，直到今天还完全忽视了人的活动对他的思维的影响；它们一个只知道自然界，另一个又只知道思想。但是，人的思维的最本质和最切近的基础，正是人所引起的自然界的变化，而不单独是自然界本身；人的智力是按照人如何学会改变自然界而发展的。”[③] 主观和客观之分就在于人具有思想，在出现人之前，世界上是不存在客观性问题的。所以只要研究思想本身，就必然要回答客观性问题。围绕认识论的争论，出现了关于客观性含义的不同解释，客观性问题就是这样被突出出来的，它虽然和本体论有关，但主要是从认识论的范围来进行讨论的。随着认识论的发展，人们对客

①《小逻辑》，第64～65页。
②《毛泽东选集》第1卷，第261页。
③《马克思恩格斯全集》第20卷，第573～574页。

观性的理解也就不断深入。

唯物主义经验论者在概括力学等自然科学成就的基础上，强调认识中经验的可靠性，认为外界事物才是客观的。这和日常生活中普通看法是相同的，即认为精神现象是主观的，非精神的东西就是客观的。

法国唯物主义者为了彻底反对宗教神学，使上帝无立身之地，他们把力量集中在论述世界的物质统一性问题上，把思想作为物质的一种属性，以此证明世界除物质之外没有别的东西。他们也谈到理性，但只是作为一种武器，用以反对封建的思想和制度，而没有对理性本身进行剖析。所以他们强调外在事物的客观性。物质就是自然界的总和，这是离人的意识而独立存在的，“那些被设想为超乎自然或异于自然的东西，永远是虚构的事物，我们永远不可能对这些虚构的事物形成真实的观念。”[①] 可见，他们对客观性的了解是唯物的，只不过表现得更为鲜明和更为坚决。这种解释，在反封建的斗争中，为法国大革命扫清了道路，起了不可磨灭的作用。可是它在哲学上却受到唯理论的挑战。唯理论者以数学演绎方法为依据，认为科学和真理具有普遍性和必然性，而这正是理性的实质和特点。当他们认为理性是真实可靠的，而否定感觉经验的真实可靠的时候，就无异乎说，感觉事物并不具有客观性。[②]

康德在休谟怀疑论的启示下，感到经验论和唯理论都是片面的，他企图把它们结合在一起而克服它们各自的片面性，这样就产生了康德对客观性的解释。康德认为，真正的知识应该是先天的知性范畴综合统一感觉材料的产物。先天知性范畴，如因果性等，由于具有普遍性和必然性，所以是客观的。康德说：“如果我们找出理由把一个判断当做必然的、普遍有效的（这不取决于知觉，而取决于包摄知觉的纯粹理智概念），那么我们也必须把它当做客观的……因此，客观有效性和（对任何人的）必然的普遍有效性这两个概念是可以互相换用的概念。”[③] 黑格尔指出，不从思维形式本身考察思维形式，这是康德对思维形式的考察的根本缺陷。康德所关心的只是范畴究竟是主观的还是客观的。在日常的语言中，所谓客观，一般都是指独立存在于我们之外并通过感觉为我们所感知的事物。康德认为，思维范畴并不具有通常所说的这种客观性，因为范畴是属于知性范围的，从来源上说，它与感性范围根本不相干。康德认为，从范畴属于我们思维的自身或属于思维的能动性来看，可以说它是主观的。但是他又认为，从范畴具有普遍性和必然性来看，它是客观的，而感官所感知的事物反而是主观的。黑格尔说：“康德把符合思想规律的东西（有普遍性和必然性的东西）叫作客观的，在这个意义下，他完全是对的。从另一方面看来，感官所知觉的事物无疑地是主观的，

① 霍尔巴赫，《论自然》，《十八世纪法国哲学》，第569页。
② 《外国哲学》第四辑，第143页。
③ 康德，《未来形而上学导论》，第64页。

因为它们本身没有固定性，只是漂浮的和转瞬即逝的，而思想则具有永久性和内在持存性。这里所说的康德对于客观和主观所作的区别，现在即使在受过高等教育的人的思想中，也成为习用语。譬如，在评判一件艺术品时，大家总是说，这种批评应该力求客观，而不应该陷于主观。这就是说，我们对于艺术品的品位，不是出于一时偶然的特殊的感觉或嗜好，而是基于从艺术的普遍性或〔美的〕本质着眼的观点。在同样意义下，对于科学的研究，我们也可据以区别开客观的兴趣和主观的兴趣之不同的出发点。但进一步来看，康德所谓思维的客观性，在某种意义下，仍然只是主观的。因为，按照康德的说法，思想虽说有普遍性和必然性的范畴，但只是我们的思想，而与物自体间却有一个无法逾越的鸿沟隔开着。”① 可见，在康德的解释中，既有唯理论的成分，又有经验论的因素，既有唯心主义的谬误，又有唯物主义的观点。②

马克思指出：“从前的一切唯物主义——包括费尔巴哈的唯物主义——的主要缺点是：对事物、现实、感性，只是从客体的或者直观的形式去理解，而不是把它们当作人的感性活动，当作实践去理解，不是从主观方面去理解。所以，结果竟是这样，和唯物主义相反，能动的方面却被唯心主义发展了，但只是抽象地发展了，因为唯心主义当然是不知道真正现实的、感性的活动的。”③ 可以看出，旧唯物主义被康德哲学所取代，从哲学发展的角度来说，有着深刻的原因和教训。这并不是说，唯物主义强调经验和事物是不对的，而是说，仅仅停留在这上面，并不能从哲学上对科学的规律知识以圆满的回答，从而推动科学前进。因为科学的规律具有普遍性和必然性，这是不能从经验的观察和事实的归纳产生出来的。旧唯物主义者很难回答康德所提出的问题：具有普遍必然性的科学知识是怎样可能的？人们可以凭经验观察到两个事实重复地相继出现，但并不能由此肯定这两个事实之间就一定是因果关系。正如恩格斯所指出的“……休谟的怀疑论说得很对：有规则地重复出现的 post hoc〔在这以后〕决不能确立 propter hoc〔由于这〕。”④ 康德正是钻了这个空子，提出了他的先验哲学。

可是康德从唯心主义出发，也不能正确回答普遍必然性是从何而来的，只好说它是思想范畴的先天原则。尽管他把普遍必然说成是客观有效性，但当他承认独立的物自体时，他就自相矛盾地把有客观性的思想范畴变成主观的了。⑤

物自体在康德那里首先是一个不可知但又不可缺少的存在。他说：“提供了现象的物，它的存在性并不因此就象在真正唯心主义里那样消灭了，而仅仅是说，这个物是我们通过感官所决不能按照它本身那样来认识的。”⑥ 康德反对贝克莱消灭物质的极端唯心论，极力想在经验论

①《小逻辑》，第120页。
②《外国哲学》第四辑，第144页。
③《马克思恩格斯全集》第3卷，第3页。
④《马克思恩格斯全集》第20卷，第573页。
⑤ 同②。
⑥《未来形而上学导论》，商务印书馆，1978年，第51页。

的立场上保留客观物质这一唯物反映论的基石。但这物自体又仅在相对主体是自在的这点上才有意义。也就是说，对于认识，它除了存在之外，没有其他任何规定性。其次，康德认为，在理性中也还有主体自身设定、追求的最高实体、现象总体这样的“理念”，这种无条件的、无限的东西，也是人的认识能力不可企及的，因而也具有“物自体”的性质。这样，在康德的认识论中就形成了这样三个相互完全脱离的部分：在主体之外是那完全自在、不可知的“物自体”；而知识、经验只是对感觉现象界的有限的东西的把握，这是不可超越的。只是在这范围内的认识才是真知；人的理性所追求的无限的最高实体则也是认识所达不到的，只是“信仰”的。这样的划分，在当时对于把科学知识从神学的禁锢下解放出来、把神从人的认识的可能性中排除出去，有它的必要性，用康德自己的话说，就是“批判哲学把神秘主义从它的这一最后的隐蔽所里驱逐出去了”①。黑格尔对康德哲学这方面的作用也给予肯定，他说：“康德哲学的最后结果是启蒙思想。”② 但是黑格尔更着重于对康德哲学这种观点的消极方面的批判。黑格尔认为在康德哲学中设定的物自体，是思想把空虚的自我对象化而把对象的实有性归为自我的结果，它不是与思维隔绝的独立的东西，而是思维的产物。③

黑格尔说：“物自体表示一种抽象的对象。——从一个对象抽出它对意识的一切联系、一切感觉印象，以及一切特定的想象，就得到物自体的概念。很容易看出，这里所剩余的只是一个极端抽象，完全空虚的东西，只可以认作否定了表象、感觉、特定思维等等的彼岸世界。而且同样简单地可以看到，这剩余的渣滓或僵尸，仍不过只是思维的产物，只是空虚的自我或不断趋向纯粹抽象思维的产物。这个空虚自我把它自己本身的空虚的同一性当作对象，因而形成物自体的观念。”④ 在现实生活里，可以说根本就没有这种由空虚的自我所产生的空虚东西的地位。不过，如果说正常意义的物自身是不可知的，那就未免使人感到惊讶。黑格尔说，再也没有比物自身更容易知道的东西了。因为现象即是本质的表现，认识了现象，也就可以进而认识到本质。

康德也曾力图在范畴之间找出联系。但因为他把对范畴的考察仅限于判定它们是主观的还是客观的，而不对其本质内容给以规定；又因为他把作为形式的范畴和作为质料的现象规定为客观与主观的对立，两者的关系是外在的。因此，他不可能获得有真实内容的范畴。没有内容的范畴，他便不可能找到范畴间真正的内在联系。康德把物自体和范畴对立起来，把原本作为对象的规定的范畴吸取为思想自身的先天形式，而与对象成否定状态。这不符合对象与范畴间的原来关系。在康德看来，

①《未来形而上学导论》，第185页。
②《哲学史讲演录》第4卷，第257页。
③《外国哲学》第四辑，第121~122页。
④《小逻辑》，第125页。

物自体就是思想，就是以范畴为自身的规定和内容，而范畴一旦与物自体结合，便摆脱了它狭隘的主观先天性，获得它真实的客观性。也就是说，范畴不仅是主体的思想，同时又是事物自身或对象的本质。

黑格尔认为，只有把范畴放回到原来的实在之中去看，使其具有真实具体的内容，才有它们之间的内在联系。他把康德的范畴看作物自体这抽象的设定对象所具有的“否定的规定性”。

于是，在对康德主观范畴的改造中，黑格尔建立起了他的哲学范畴的逻辑体系，并用思维与存在的同一性来填平康德在它们之间所挖掘的鸿沟。对于康德，思维与存在是分割的；对于黑格尔，思维与存在有着内在的联系。黑格尔的思维与存在的同一性学说正是针对康德的不可知论提出来的。和康德不同，黑格尔是一位可知论者。在他看来，思维与存在之间没有一条不可跨越的鸿沟，两者之间能够达到一致或符合，具有同一性。黑格尔排除了物自体的物质性和绝对客观性，把它作为一个范畴、一个思想的规定，统一在一个范畴系统中。这个规定却又是极其抽象空洞的，除了表示一个“有”（存在，Sein），别的什么规定也没有。这就是他的逻辑学中的第一个范畴——纯存在。他的逻辑学中的其他范畴都是这个“存在”的内容的进一步的规定、推演、展开和说明。这其实也是他所说康德的范畴是物自体作为对象的否定规定性的倒影。随着范畴的发展最后就达到了绝对理念，即无限者、无所不包的整体、最高实体。这是存在这范畴的回归，但又是囊括了前面一切范畴的规定的最高范畴，是在更高的意义上对存在范畴的回归。这样他把康德那里割裂、对立的规定性，联系和统一为一个运动发展的整体。这是一个由低向高的概念运动过程。这里每一个范畴都是它前面的范畴发展的必然结果，又是前面的范畴的真理，是对前面的范畴的抽象性的进一步说明和具体化；同时还是其后的范畴之所以发展的前提，因而每个范畴都作为整体的环节，在关系中展现自己为具体的，它规定别的范畴同时又被别的范畴所规定。黑格尔用更积极的彻底的辩证法消除了康德的消极的对立，而把物自体、范畴、理念在逻辑系统中统一起来了。[①] 这样，不依赖于思想而独立存在的本体——物自体被取消了，这个本体不是别的，就是思想，或者叫绝对精神。只不过这个“思想”，不是物自体式的抽象的僵尸，不是静止不动的，而是变化发展的。它要异化自己，异化为外界事物，通过一系列的辩证矛盾运动，又回到自己。这一过程也是它自我认识的过程，表现为体现在人身上的思想，通过现实世界来认识其本质，而这个本质就是思想自己。

黑格尔强调，“精神不仅比自然界无限地丰富，而且……概念中对立物的绝对统一构成精神的本质”[②]。他说：“假如思想只是某种主观的

①《外国哲学》第四辑，第 122~123 页。

②《哲学笔记》第 2 版，第 174 页。

和偶然的东西，那末它们当然没有更多的价值，但是它们也并不因此而落在有时间性的和偶然的现实之后，现实除了偶然和现象的价值以外，也同样没有更多的价值。"[①] 也就是说，思想应该比感觉具有更高的价值，因为思想解决本质的和规律性的问题。固然，黑格尔没有清楚地做出这一阐述，但是和康德一样，黑格尔的作用是在于提出了问题。他们对客观性虽然没有做出科学的解释，但在寻求正确解释客观性的历程中，使认识深化了，从而推动了哲学的前进。

黑格尔坚决反对康德把逻辑和形而上学或本体论割裂开来的观点。他认为如果思想范畴不是空疏的骨架，不是仅供人使用的工具，而有具体的内容，那么逻辑和形而上学或本体论就融溶为一体了[②]，因为"形而上学是研究思想所把握住的事物的科学，而思想是能够表达事物的本质性的"[③]。逻辑和形而上学的合而为一，正是黑格尔哲学中的一个重要论点。根据这个论点，他也反对康德认识论上的二元论。他力图说明思想不是物我之间的屏障，并有意识地使之充当沟通二者的桥梁，所采取的解决办法，是让思想产生认识的对象，以达到思维与存在同一的目的。在黑格尔看来，"内容与概念的一致构成真理。"[④] 他说，"真理是认识与其对象一致"，是具有伟大的甚至最高价值的定义。他认为"概念以实体为其直接前提，实体自在地是那概念所表现出来的东西"[⑤]。

黑格尔指出，在康德哲学中，"这样一个不能够建立自身与其对象——自在之物——的一致的理性，不与理性概念一致的自在之物，不与实在一致的概念，不与概念一致的实在，都是不真的观念。"[⑥] 在黑格尔看来，"哲学的最高目的就在于确认思想与经验的一致，并达到自觉的理性（指主观理性——引者）与存在于事物中的理性（指客观理性——引者）的和解，亦即达到理性与现实的和解。"[⑦] 他要求思想满足这个条件，即具有真正的客观性，他说："思想的真正客观性应该是：思想不仅是我们的思想，同时又是事物的自身（an sich），或对象性的东西的本质。"[⑧] 就是说，思想必须是事物的本质，或者是人们所接触的对象的本质，而且"思想必须独立，必须达到自由的存在，必须从自然事物里摆脱出来……哲学真正的起始是从这里出发：即绝对已不复是表象，自由思想不仅思维那绝对，而是把握住绝对的理念了：这就是说，思想认识思想这样的存在是事物的本质，是绝对的全体，是一切事物的内在本质"[⑨]。黑格尔持有这种观点，目的在于使思想摆脱现实事物的限制，深入自身，从而取得独立和自由。

黑格尔说："理念是概念和客观性的统一，是真的东西……一切现实的东西，唯有在它具有理念并表现理念的情况下才有（即存在——引

① 《逻辑学》下卷，第448页。
② 《西方哲学史讨论集》，第173页。
③ 《小逻辑》，第79页。
④ 《逻辑学》下卷，第258、259页。
⑤ 《逻辑学》下卷，第240页。
⑥ 《逻辑学》下卷，第259页。
⑦ 《小逻辑》，第43页。
⑧ 《小逻辑》，第120页。
⑨ 黑格尔，《哲学史讲演录》第1卷，第93页。

者）。总而言之，客观的和主观的世界应当不仅是与理念相符合，而是它们本身就是概念与实在的符合；那种与概念不相应的实在，是单纯的现象，是主观的、偶然的、随意的东西，它不是真理……精神若不是理念，若不是概念本身与自己的统一，——即不是以概念本身为其实在那样的概念，就会是死的、无精神的精神，一个物质的客体。”① 因此，“观念（即理念——引者）可以被理解为理性（这是理性的真正的哲学意义），还可以被理解为主体－客体，观念和实在的统一、有限和无限的统一、灵魂和肉体的统一，自身具有自己的现实性的可能性，或其本性只能当作存在着的本性去理解的东西等等，因为知性的一切关系都包含在观念中，然而是通过它们的无限复归和自身同一而包含在观念中的。”② 在黑格尔看来，“意识对其自身的经验，按其概念来说，是能够完全包括整个意识系统，即整个的精神真理的王国于其自身的；因而真理的各个环节在这个独特的规定性之下并不是被陈述为抽象的、纯粹的环节，而是被陈述为意识的环节，或者换句话说，意识本身就是出现于它自己与这些环节的关系中的；因为这个缘故，全体的各个环节就是意识的各个形态。意识在趋向于它的真实存在的过程中，将要达到一个地点，在这个地点上，它将摆脱它从外表上看起来的那个样子，从外表上看，它仿佛总跟外来的东西，即总跟为它〔意识〕而存在的和作为一个他物而存在的东西纠缠在一起；在这个地点上，现象即是本质；因而恰恰在这个地点上，对意识的陈述就等于是真正的精神科学；而最后，当意识把握了它自己的这个本质时，它自身就将标示着绝对知识的本性。”③ 就是说，思想是独立不依的，它具有普遍性和必然性，“一般的思维范畴，或通常的逻辑材料，概念，判断和推论的种类，均不能只是从事实的观察取得，或只是根据经验去处理，而必须从思维自身推演出来。如果思维能够证明什么东西是真的，如果逻辑要求提出理论证明，如果逻辑是要教人如何证明，那么，逻辑必须首先能够对它自己的特有内容加以证明，并看到它的必然性。”④ 在这一意义上，思想同时又是事物的本质，由于它是全部现存世界的真正的活的灵魂，感官事物只是它的外部表现，所以，感官事物是个别的、偶然的，是漂浮的和转瞬即逝的，因而是主观的。⑤

（二）黑格尔思维与存在同一说的三层含义

张世英认为，黑格尔唯心主义的思维与存在同一说，概括起来，可以分为以下三层意思。

第一层意思是说，存在即思维，没有思维以外的客观存在。黑格尔

① 《逻辑学》下卷，第449～450页。
② 《哲学笔记》第2版，第168页。
③ 黑格尔，《精神现象学》上卷，第70页。
④ 《小逻辑》，第121页。
⑤ 《外国哲学》第四辑，第117页。

之所以要把思维与存在看作是等同的，也是为了从彻底唯心主义的立场去克服康德的不可知论。他认为只要承认有独立于思维之外的客观存在，并把思维、认识当作把握客观存在的“工具”或武器，那就必然陷入不可知论。在这一点上，他接受了康德的看法，认为思维、认识是会增加和改变客观存在的本来面貌的。他说：“如果认识是我们占有绝对本质所用的工具，那么我们立刻就能看到，使用一种工具于一个事物，不是让这个事物保持它原来的样子，而是要使这个事物发生形象上变化的。再或者说，如果认识不是我们活动所用的工具，而是真理之光赖以传达到我们面前来的一种消极的媒介物，那么我们所获得的事物也不是象它自在存在着的那个样子而是它在媒介物里的样子。在这两种情况下，我们所使用的手段都产生与它本来的目的相反的东西出来；或者毋宁可以说，我们使用手段来达取目的，根本是件于理不合的事情。”[①] 因此，黑格尔解决思维与存在问题的基本途径就是把二者等同起来。构成等同的，概括起来说，就是通过思想消解客观现实或客观事物而实现的，是把客观现实或客观事物当作概念，变成思维的结果。黑格尔指出，存在（有）是潜在的概念；表现于存在范围的规定或特性，标志潜在的概念的展开。黑格尔认为“‘存在’只是一纯全抽象的东西”，“存在是纯全同一的和肯定的东西。现在我们试考察一下思维，则我们就不会看不见，思维也至少是纯全与其自身同一的东西。故存在与思维，两者皆具有相同的规定。”[②] 在黑格尔那里，存在方面的特殊形态，不外乎是潜在的概念的显现。正是由于这种相同的性质，存在乃被划归在思维的领域以内。表面看起来，存在与概念是两回事，但是实际上存在已经“思维化”，和概念一样属于思维的范畴。二者在本体论的意义上等同起来，唯物主义者所肯定的思维与存在的对立遂化归乌有。[③]

关于自然，黑格尔认为自然无非是概念的异化，或者说自然是理念他在或外观的形式。他说：“须知，自然并不是一个固定的自身完成之物，可以离开精神而独立存在，反之，惟有在精神里自然才达到它的目的和真理。同样，精神这一方面也并不仅是一超出自然的抽象之物，反之，精神惟有扬弃并包括自然于其内，方可成为真正的精神，方可证实其为精神”[④]，“事实上自然是由精神设定起来的，而精神自身又以自然为它的前提。”[⑤] 这样，自然是精神建立起来的或者是精神的产物，自然已经不复是客观独立存在的自然，而是转化成具有思维性的东西。自然即精神，精神即自然。如果说扬弃以后自然还有所保持的话，这种保持也就没有独立或对立的意义。自然毋宁是精神化了的，作为精神的内容而保持于精神中。这样，物质乃变成为精神的牺牲品，被精神湮没了。

① 黑格尔，《精神现象学》上卷，第 57～58 页。
②《小逻辑》，第 199 页。
③ 葛力，《黑格尔关于思维与存在同一性思想的重要含义》，《西方哲学史讨论集》，第 177 页。
④《小逻辑》，第 212～213 页。
⑤《小逻辑》，第 425 页。

黑格尔把客观世界中一切事物都变成具有思想性的东西。通过思想的模塑，这样事物失去实体性以及可感觉的性质，转化为抽象物，即仅有“事物性”。事物性是自我意识建立起来的，是自我意识的外在化。“事物性”，是黑格尔唯心主义地克服事物的独立性和对立性的过程。经历这一过程，事物不再是客观存在的东西，而是变成了自我意识的构造物，从而被列入思想的范围。这样，在黑格尔那里，存在、自然、物质和事物都失去原有的客观独立存在性，仅仅具有抽象性，这就构成了它们与思维等同的条件。在这种情况下，客观物质的东西与思维的对立乃转化为自我意识和意识的对立。自我意识之所以能取客观物质的东西而代之，这是由于它把后者融溶而重新加以创制的结果。在《精神哲学》第465节中黑格尔说：“智慧有认识的作用……对智慧来说，它的共相具有双重的意义，即纯粹的共相和作为直接者或存在的共相；就是说，真正的共相，是统摄、涵括它的他在者，即存在于自身的统一体。因此，表面看来，智慧本身在进行认识，实际上它自己就是共相。它的产物（思想）就是事物。它是主观与客观的单纯的同一。它知道，被思维者存在，存在者，只有当它被思维时，才存在。智慧的思维拥有思想，这种思想是它的内容和对象。”① 因此，黑格尔关于思维与存在等同的基本思想可以概括为：“存在就是被思维”②。

黑格尔断言“思想不但构成外界事物的实体（Substanz），而且构成精神性的东西的普遍实体。”③ 在黑格尔看来，思想之所以是客观的、感官事物之所以是主观的，就在于前者是独立不依的，后者依附于前者。由于事物是个别的、偶然的，是变幻不定和转瞬即逝的，不具有永久性和持存性；而思想是普遍的、必然的，具有固定性。所以思想是事物的实质和核心。因此，直接存在的东西并不真实，事物依赖于思想，个别偶然存在于普遍必然之中。可以看出，黑格尔在这里的谬误就在于：首先，把事物看成只是个别偶然的，而不具有普遍必然性。自然的事物固然以个别和偶然的状态而存在，但同时也具有普遍性和必然性；其次，感性的特点是个别性和偶然性，普遍性、必然性是感觉不到的，而只能由思维把握。可是并不能因此就说，普遍性、必然性不存在于事物之中，而只存在于思想之中。不能将只有思想而不是感知才能揭示的普遍性和必然性，变为思想所独具的东西，并以此否认事物本身的普遍性和必然性，进而将思想说成是事物的实质和核心。事实上，事物本身如果不具有规律性，思想是无法揭示更无法赋予事物以规律。黑格尔责备康德，说他把思想和物自体绝对分割开来，不了解其辩证的同一性。可是黑格尔自己由于坚持唯心主义，在这个根本问题上，把事物中的个别和普遍、

① 转引自《西方哲学史讨论集》，第181～182页。
② 同①。
③《小逻辑》，第80页。

偶然和必然，也绝对地分割开来，将普遍必然交给思维，虽然他在思维中把个别与普遍、偶然和必然又重新结合起来，但却否认事物的普遍必然性，同样犯了形而上学思维方式的错误。人们说黑格尔唯心主义的认识论根源，就在于将思维予以片面地夸大、膨胀成为脱离物质的绝对。黑格尔之所以能作这种片面的夸大，其秘密就在于此。①

黑格尔的思维与存在同一说的第二层意思是在肯定一切事物都是思维的前提下，又将事物区分为思维与存在两个方面。黑格尔在主张存在即是思维，没有思维以外的存在的同时，又明确反对把思维与存在的“同一”看成单纯的等同。黑格尔认为，“我们说，绝对是主观与客观的统一。这话诚然不错，但仍然不免于片面，因为这里只说到绝对的统一性，也只着重绝对的统一性，而忽略了，事实上在绝对里主观与客观不仅是同一的，而又是有区别的。”②

黑格尔认为一切事物都是思维与存在两个方面的统一：思维是存在的本质，存在是思维的内容。黑格尔认为这两方面并不是平等并列的，思维是主，存在是从，思维是存在的创造主，存在是思维的“外在化”。黑格尔说：“概念是生动的，是凭借自身中介自身者；其诸规定之一亦为存在。存在区别于概念，既然存在并非全部概念，而只不是诸规定之一；概念的这一单纯性，即它在于自身，则是与自身的同一。”③“理念是自在自为的真理，是概念和客观性的绝对统一。理念的理想的内容不是别的，只是概念和概念的诸规定；理念的实际的内容只是概念自己的表述……一切现实的事物，只要它们是真的，也就是理念。”④在黑格尔看来，思维对于存在来说，不是第二性的，不是反映存在的“工具”，而是第一性的，或者用他自己的话说，是“构成性的”，即是说，具有构成和创造存在的力量。黑格尔说：在思维与存在的同一里，“思维统摄了存在，主观性统摄了客观性。”⑤这就是说，自然界和人类社会不是独立于思维、概念之外的“生疏的内容”，而是由于思维、概念自身的能动作用向前发展而来的，是它自己的表现。“概念乃是自身客观化的总体、运动、过程。区别于存在的概念，无非是某主观者；此乃是缺陷。而概念是最深邃的、最高的；任何概念皆如此：它扬弃其这一主观性的缺陷、这一同存在的区别性，并客观化；概念本身乃是活动——创造作为存在者，作为客观者的自身之活动。”⑥

由于思维具有能动性和创造性，所以思维与存在二者不是僵硬地对立着的。黑格尔认为思维一方面可以通过“外在化”的作用产生自己的对象——存在，一方面又可以克服自己和对象间的对立，“使之成为已有”，也就是使存在或对象为自己所占有，“外在化”和“同化”这两个方面的作用，就构成思维和存在间的对立同一的全部过程。⑦

①《外国哲学》第四辑，第148～149页。
②《小逻辑》，第183页。
③《宗教哲学》，第901页。
④《小逻辑》，第397～398页。
⑤《小逻辑》，第403页。
⑥《宗教哲学》，第902页。
⑦ 张世英，《论黑格尔的逻辑学》第3版，第51～52页。

费尔巴哈认为，黑格尔哲学不从客体（存在）出发，而从主体（思维）出发，把客体看成是同主体一样的思想性质的东西，这样，主体当然也就很轻易地战胜客体了，因为在黑格尔那里，客体只是主体的“外在化”，不是真正独立于主体之外而和它根本对立的，这就等于说主体已经“预先认定要战胜它的对方了”。但是，这样的战胜，只不过是“嘲弄”一下对方，完全不是什么真正的战胜对方。

黑格尔关于思维与存在对立同一的学说，虽然包含了关于人的主观能动性的猜测，但按其现成的形式而言，是完全不能适用的，它与马克思主义关于通过实践活动使独立于思维、主体以外的客观存在为自己服务的理论是根本对立的。黑格尔所谓“外在化”和“同化”的过程，“仅是在抽象思维自身内进行着的运动”。马克思指出，要真正实现思维和存在、主体和客体的统一，要真正占有客观存在，使它服从主体的需要，成为已有，那只有通过人的物质生产实践，通过我们人对客观世界的实际作用，才有可能。根据黑格尔存在即是思维的观点，人要占有对象世界，只需要通过一种对思想物的占有形式就行了；也就是说，只需要通过认识的形式，认识到对象即是自身，即是一种思想物，那也就算作是使对象成为自己所占有了，也就算作是主体统一了客体。所以马克思在肯定黑格尔思维与存在同一说的“合理内核”在于看到了劳动的本质的同时，强调指出，“黑格尔所认识的并承认的劳动乃是抽象的精神的劳动”。①

黑格尔的思维与存在同一说的第三层意思是说：思维与存在的同一是一个矛盾发展的过程，即由“自在”（潜在）到“自为”（展开），由有限到无限，由相对到绝对，由直观的多样性到多样性的统一，由表面的现象到深刻的实质的过程。黑格尔整个逻辑学所描绘的由“客观逻辑”到“主观逻辑”、由“存在”到“概念”的全部概念发展过程，正是这样一种思维与存在同一的过程。

黑格尔逻辑学的对象只有一个，即“概念”，逻辑的目的即在于“求思想性的或概念式的知识”②。黑格尔说，柏拉图“把握了苏格拉底的基本原则的全部真理，这原则认本质是在意识里，认本质为意识的本质。这就是说，绝对是在思想里面，并且一切实在都是思想——并不是片面的思想，或者是坏的唯心论所了解的思想……而乃是指这个意义的思想：在一个统一里，思想既是思维，也是实在，它就是概念同它的实在性在科学的发展过程中，——换言之，思想是一个科学的整体的理念”。③在黑格尔看来，“科学的概念，我们据以开始的概念，即因其为这一科学的出发点，所以它包含作为对象的思维与一个（似乎外在的）哲学思考的主体间的分离，必须由科学本身加以把握。”④

① 张世英，《论黑格尔的逻辑学》第3版，第54～55页。

②《小逻辑》，第326页。

③《哲学史讲演录》第2卷，生活·读书·新知三联书店，1957年，第151页。

④《小逻辑》，第59页。

黑格尔的逻辑学是一个有一定先后次序的纯粹概念的系列，从最初的“纯存在”（又译“纯有”）到最后的“绝对理念”，大体上是一个由存在到思维、由客观到主观的纯概念转化、发展的过程。在黑格尔的逻辑学中，“逻辑一般分为客观逻辑和主观逻辑，但是更确切地说，它有以下三部分：1. 有的逻辑，2. 本质的逻辑，3. 概念的逻辑。”[①] 黑格尔称“有（存在）论”和“本质论”为“客观逻辑”，并把它放在逻辑学的前一部分；称“概念论”为“主观逻辑”，并把它放在“客观逻辑”之后。“逻辑学作为关于思想的理论可分为这样三部分：1. 关于思想的直接性——自在或潜在的概念的学说。2. 关于思想的反思性或间接性——自为存在和假象的概念的学说。3. 关于思想返回到自己本身和思想的发展了的自身持存——自在自为的概念的学说。”[②] “客观逻辑”所讲的是关于存在方面的概念、范畴，“主观逻辑”是关于思维方面的概念、范畴。不过，逻辑学中在前的概念和在后的概念、存在和思维、客观和主观，并不是两个根本不同、截然分开的东西，而是同一个东西的不同发展阶段：由存在到思维、由客观到主观的转化，是同一个东西由低级阶段到高级阶段、由“自在”阶段到“自为”阶段的发展。在黑格尔逻辑学中，大体上讲来，较低的概念是“自在的”“潜在的”较高概念，较高的概念是“自为的”“展开了的”较低概念；存在是“潜在的”思维，思维是“展开了的”存在。这里，存在和思维既有等同的关系，又有区别和过程的关系：就从存在到思维是同一个东西的发展而言，可以说黑格尔的思维与存在同一说包含有把二者等同起来的思想；但就存在是同一个东西之自在（潜在），而思维是它的“自为”（展开），存在是思维的内容、现象，思维是存在的真理、本质而言，就从存在到思维是一种发展而言，二者的关系又不是单纯等同的，而是有区别、有过程的。[③]

黑格尔看到了无限和有限、绝对和相对、本质和现象、概念和感性材料的统一，看到了认识不是一成不变的，而是由有限到无限、由相对到绝对、由现象到本质的辩证过程，看到了由感性直观到思维、概念的发展过程是一个越来越深入地把握对象的真理性的过程，所有这些合理的思想，我们都应该予以肯定。但是，黑格尔根本取消了康德的“自在之物”，他把感性对象和客观存在的本质或真理性归结成了思维和概念。康德的看法是：事物、现象的本质和真理性是思维和概念所达不到的彼岸。黑格尔的看法是：思维和概念即是事物、现象自身的本质和真理性。可以看出，黑格尔的思维与存在同一说，是比康德哲学更加彻底的唯心主义。列宁指出：“当逻辑的概念还是‘抽象的’，还具有抽象形式的时候，它们是主观的，但同时它们也表现着自在之物。自然界既是

① 《逻辑学》上卷，第 48 页。
② 《小逻辑》，第 185 页。
③ 张世英，《论黑格尔的逻辑学》第 3 版，第 56 页。

具体的又是抽象的，既是现象又是本质，既是瞬间又是关系。人的概念就其抽象性、分隔性来说是主观的，可是就整体、过程、总和、趋势、来源来说却是客观的。”[①] 黑格尔把只在认识中发生的过程，错误地看成了客观事物本身发生的过程。其实，由直观多样性到多样性的统一，由表面现象到深刻的本质这一过程，只是发生在我们对客观事物的认识中，而不是发生在客观事物本身中。黑格尔说：“观念是真理，因为真理就是客观性跟概念相符合……但是，一切现实的东西，只要它们是真的，就是观念……单个的存在只不过是观念的某一方面，因此，观念还需要其他的现实，这些现实同样地表现为独立自在的；只是在它们的总和中以及在它们的相互关系中概念才会实现。单独存在的东西，是不符合自己的概念的；它的定在的这种局限性构成它的有限性并且导向它的毁灭。”[②] “观念实质上是一个过程，因为观念的同一之所以是概念的绝对的和自由的同一，只是由于它的同一是绝对的否定性，并因而是辩证的。因此，思维和存在，有限和无限等等的‘统一’这个说法是谬误的，因为它表达的是‘静止不变的同一’”。[③] 这就使“黑格尔陷入幻觉，把实在理解为自我综合、自我深化与自我运动的思维之结果”[④]。就是说，黑格尔把客观事物理解成了思维、认识的产物：思维、认识愈是向前进展，客观事物本身的真实性也愈益增加。这当然是唯心主义的。[⑤] “但是这决不妨碍黑格尔从他的思维和存在的同一性的论证中做出进一步的结论：因为对他的思维来说他的哲学是正确的，所以他的哲学也就是唯一正确的；只要人类马上把他的哲学从理论转移到实践中去，并按照黑格尔的原则来改造全世界，思维和存在的同一性就会得到证实。这是他和几乎所有的哲学家所共有的幻想。”[⑥]

（三）德波林关于黑格尔辩证法本身与其辩证法本质之间矛盾的论述

苏联哲学家德波林（1881～1963年）认为：“马克思主义哲学对黑格尔哲学的批判，不仅表现在本体论上，即指出黑格尔不是把物质现实作为发展变化的主体，而是把非物质的观念作为发展变化的主体；而且更重要的是表现在方法论上，即指出黑格尔辩证法本身与其辩证法本质的矛盾，这就是：按照黑格尔辩证法的本质，它要求认识的具体性，它所阐述的具体概念的辩证发展，必然导致对客观真实事物的把握。但由于他唯心主义的出发点，其辩证法本身所阐述的具体概念，最终仍然是对抽象的绝对观念的认识，这就出现辩证法本身与其本质的矛盾。这个矛盾表明，黑格尔辩证法在本质上必然导致对真实事物的把握，导致唯物主义。

① 《哲学笔记》第2版，第178页。
② 《哲学笔记》第2版，第165～166页。
③ 《哲学笔记》第2版，第169～170页。
④ 马克思，《〈政治经济学批判〉导言》，《马克思恩格斯全集》第12卷，第751页。
⑤ 张世英，《论黑格尔的逻辑学》第3版，第55～58页。
⑥ 《马克思恩格斯全集》第21卷，第317页。

也就是说，黑格尔的辩证法中包含有唯物主义因素。这个唯物主义因素，正是马克思主义哲学辩证法对黑格尔辩证法进行批判改造的内在依据。”[①]

客观地说，主张“黑格尔辩证法在本质上必然导致对真实事物的把握，导致唯物主义”有夸大之嫌。恩格斯说：“在从笛卡儿到黑格尔和从霍布斯到费尔巴哈这一长时期内，推动哲学家前进的，决不像他们所想像的那样，只是纯粹思想的力量。恰恰相反，真正推动他们前进的，主要是自然科学和工业的强大而日益迅速的进步，在唯物主义者那里，这已经是一目了然的了，而唯心主义体系也愈来愈加进了唯物主义的内容，力图用泛神论的观点来调和精神和物质的对立；因此，归根结底，黑格尔的体系只是一种就方法和内容来说唯心主义地倒置过来的唯物主义。”[②]恩格斯这里说的很明确，推动哲学前进的除了纯粹思想外，更重要的是自然科学和工业的进步，而且“黑格尔的体系只是一种就方法和内容来说唯心主义地倒置过来的唯物主义”，所以即使黑格尔辩证法所阐述的具体概念的辩证发展要求对把握真实的事物，黑格尔本人以及他的哲学本身也完成不了这样的任务，就像恩格斯分析费尔巴哈时所指出的，“费尔巴哈说，纯粹自然科学的唯物主义虽然‘是人类知识的大厦的基础，但是，不是大厦本身’，这是完全正确的。因为，我们不仅生活在自然界中，而且生活在人类社会中，人类社会同自然界一样也有自己的发展史和自己的科学。因此，任务在于使关于社会的科学，即所谓历史科学和哲学科学的总和，同唯物主义的基础协调起来，并在这个基础上加以改造。但是，这个任务费尔巴哈是完成不了的。他虽然有‘基础’，但是在这里还没有摆脱传统的唯心主义束缚，这一点他自己也是承认的，他说：‘向后退时，我同唯物主义者是一致的；但是往前进时就不一致了。’”[③]约·狄慈根说：“把黑格尔体系说成是唯物主义方法的起点，的确会显得矛盾百出，因为众所周知，‘观念’在他的体系中比在其他任何思辨体系中占有更突出的地位。黑格尔的观念还希望并应当实现自身，因此，它是伪装的唯物主义者。相反，现实在黑格尔体系中则在观念或逻辑概念的伪装下出现。”[④]因此，我认为，列宁对黑格尔逻辑学的评价是恰如其分的：“唯物主义近在咫尺。”[⑤]列宁说：“黑格尔通过人的实践的、合目的性的活动，接近于作为概念和客体相一致的‘观念’，接近于作为真理的观念。紧紧接近于下述这点：人以自己的实践证明自己的观念、概念、知识、科学的客观正确性”。[⑥]“无疑地，在黑格尔那里，在分析认识过程中，实践是一个环节，并且也就是向客观的（在黑格尔看来是‘绝对的’）真理的过渡。因此，马克思把实践的标准引进认识论时，是直接和黑格尔接近的：见关于费尔巴哈的提纲。”[⑦]

①《外国哲学》第四辑，商务印书馆，1983年，第296页。
②《马克思恩格斯全集》第21卷，第318页。
③《马克思恩格斯全集》第21卷，第322~323页。
④《哲学笔记》第2版，第361页。
⑤《哲学笔记》第2版，第202页。
⑥《哲学笔记》第2版，第161页。
⑦《哲学笔记》第2版，第181页。

在《历史哲学》中，黑格尔说："人为了自己的需要，以实践的方式同外部自然界发生关系；他借助自然界来满足自己的需要，征服自然界，同时起着中间人的作用。问题在于：自然界的对象是强有力的，而且进行种种的反抗。为了征服它们，人在它们中间加进另外一些自然物，这样，人就使自然界反对自然界本身，为了这个目的而发明工具。人类的这些发明是属于精神的，所以应当把这种工具看得高于自然界的对象……旨在征服自然界的人类发明的荣誉是属于神的"（在希腊人看来）。[①] 对此，列宁给出了"在黑格尔那里有历史唯物主义的胚芽"的批注。黑格尔说："应当把概念看作不是自觉的知性的活动，不是主观的知性，而是自在自为的概念，它构成既是自然的又是精神的阶段。生命或有机界是自然的这样一个阶段，概念就出现在这个阶段上。"列宁给出了"客观唯心主义转变为唯物主义的'前夜'"的批注。[②]

在《黑格尔〈哲学史讲演录〉一书摘要》中，列宁明确指出："黑格尔认真地'相信'、认为：唯物主义是不可能作为哲学的，因为哲学是关于思维的科学，关于一般的科学，而一般就是思想。这里他重复了他历来称之为'坏的'唯心主义的那种主观唯心主义的错误。客观（尤其是绝对）唯心主义拐弯抹角地（而且还翻筋斗式地）紧紧地接近了唯物主义，甚至部分地转变成了唯物主义。"[③]

在人类文明的发展史上，对真理的认识，"近在咫尺"与"必然导致"是有很大区别的。"必然导致"说明已经认识到和掌握了事物的内在规律和发展的必然性了。而"近在咫尺"虽然与发现真理性认识已经不远，甚至只是隔了一层窗户纸，但正是这层窗户纸使得人们对真理的认识，还处于未知的混沌状态，只有捅破这层窗户纸，才能给人"原来如此"甚至"不过如此"的感觉。S. 钱德拉塞卡说："爱因斯坦广义相对论的建立，它的新奇也表现在另一个方面。即：我们可以欣然承认牛顿的引力理论需要修改，否则它将无法容纳光速的有限性和放弃瞬时的超距作用。承认了这一点，我们就可以推导出行星轨道与牛顿理论预言值的偏离是 v/c，其中 v 是行星在轨道上的速度，c 是光速。在行星系中，这种偏离最大也不超过百万分之几。因此，如果爱因斯坦利用微扰法找到一个理论，允许牛顿的理论做出这样微小的修正，这就完全足够了。但这只不过是一种常规的方式，却不是爱因斯坦的方式。爱因斯坦要寻求一个精确的理论。他首先对物理性质作定性的讨论，然后将它与准确无误的数学优美性和简单性的感受相结合，就得出了场方程。爱因斯坦通过这种思辨性的推理思维，竟然得到一个完美的物理理论，这一事实很好地说明了外尔说的一句话，他说当我们跟随爱因斯坦的思想时，我们会感到'禁锢真理的墙已被推倒。'"[④] 这就是说，爱因斯坦广义相对论所得出的某些结论，从某种程度上说，可

① 《哲学笔记》第2版，第274页。
② 《哲学笔记》第2版，第140～141页。
③ 《哲学笔记》第2版，第237页。
④ 《莎士比亚、牛顿和贝多芬：不同的创造模式》，第103页。

以经由牛顿的引力理论的修正而得到，但爱因斯坦通过思辨性的推理思维得到的一个完美物理理论，被认为是推倒了“禁锢真理的墙”，这充分说明，不同理论体系所产生的作用是革命性的，是一种变革。

尽管如此，德波林对于黑格尔辩证法本身与其辩证法本质之间的矛盾的分析是十分深刻的。

黑格尔哲学的全部任务和最高目的就在于认识真理。而真理的认识则是通过“具体概念”来达到的。黑格尔逻辑学的“唯一目标”和中心内容就是把握“具体概念”，即“不同的规定之统一”。这些“不同的规定”绝不是平等并列、纷然杂陈的。在黑格尔看来，这许多“不同的规定”又可归结为许多彼此对立的规定，“具体概念”就是由许多对立面构成的，它既可以说是“不同规定的统一”，又可以说是“对立面的统一”。

黑格尔认为“哲学是概念的认识”①，他的“概念”既有纯粹性，又有具体性。黑格尔把“概念”的纯粹性和具体性紧密结合在一起，因此，黑格尔看到了真理的具体性，但他唯心主义地把真理看成是存在符合于概念。

黑格尔关于真理是具体的这一论断，是正确而深刻的辩证法思想。世界上的任何事物，确如黑格尔所说，都是多方面的统一体，绝对单纯的和孤立的东西都是抽象的，在现实世界是不存在的。黑格尔指出，“真正讲来，真理应是客观的，并且应是规定一切个人信念的标准，只要个人的信念不符合这标准，这信念便是错误的。”② 真理是对客观事物的正确反映，客观事物的具体性，经过一个认识过程，在人的头脑中再现出来，就成为真理的具体性，正如列宁所说：“真理是全面的。”③

从黑格尔关于“具体概念”的学说中，我们可以看出，他的辩证法的“合理内核”的一个重要方面，就是把真理看成是具体的，并且把概念由抽象到具体的辩证发展看作是对真理的认识。从本质上来说，客观存在的一切真实事物，本来就是具体的，就是各种关系和联系的总和，就是多样性的有机统一，而人们对它的认识就是一个从具体到抽象和从抽象到具体的辩证发展过程。这就是黑格尔辩证法中与唯物主义认识论相一致的“合理内核”。黑格尔的错误，在于他的“唯心主义出发点”，即他不是把现实看成是这种辩证发展的主体，而是把观念看成是这种辩证发展的主体。因而他的具体概念最后所把握的并不是真实的现实，而是抽象的绝对观念。也就是说，他的唯心主义出发点，使他所主张的“具体概念”变成了他所反对的“抽象概念”。但是，如果我们撇开黑格尔唯心主义的出发点，从唯物主义的角度来看他的“具体概念”，不能不说这是一个深刻的合理的思想。至少，他以抽象的形式猜测到了真理的两个重要特征，即具体和发展。也就是说，他看到了客观事物是由各个方面组成的有机统一体，是各种关系和联系的总和，而对它的认识是一个辩证发展过程。这显然是与辩

①《小逻辑》，第327页。
②《小逻辑》，第77页。
③《哲学笔记》第2版，第168页。

证唯物主义思想相一致的方面。只要我们注意到黑格尔强调概念在发展中获得的具体性，并把“具体”和“发展”这两个概念紧密结合在一起作为他的哲学的根本原则，那么我们就不难发现他的哲学已经在不自觉地甚至是违背他的初衷和本意地向唯物主义方向走去。正是在这个意义上，德波林肯定了黑格尔辩证法中包含的合理因素，他说：“黑格尔哲学是对抽象形式哲学的否定。黑格尔的辩证法不可避免地导致否定纯粹思维；导致抽象的东西溶化于具体的、物质的东西之中。”①

德波林通过对黑格尔辩证法内在矛盾的分析，深刻揭示了黑格尔辩证法中包含的唯物主义因素，并认为这正是马克思主义对黑格尔哲学改造的内在依据。德波林说：“唯心辩证法在其发展过程中在自身中产生了矛盾。因为辩证法按其本质来讲需要具体性，可是任何唯心主义，包括辩证的唯心主义在内，归根结底都是建筑在抽象的思想、概念或观念之上的。然而，辩证法的内在发展要求转向现实，而这种现实不能是想像的和诡辩的，而要是生动的和具体的。到这时候，这种现实的唯物主义的性质终于要显示出来。唯心辩证法一旦与本身的基础发生矛盾，就转化为自己的对立面——唯物辩证法。”②

德波林认为黑格尔的辩证法之所以能与唯物主义相结合，就是因为它具有唯物主义的本性，否则这种结合是不可想象的。马克思主义对黑格尔哲学的改造，也正是在首先肯定黑格尔对具体概念进行辩证认识的“合理内核”及其必然导致的唯物主义因素的基础上，把辩证法与唯物主义有机地结合起来，从而创立了马克思主义的辩证唯物主义哲学。德波林指出，马克思的方法在两个方面不同于黑格尔的方法：“首先，不同之处在于他的出发点，在于他的认识论的根据（指在解决思维与存在的关系这个问题方面），在于他的整个世界观；其次，不同之处还在于（这种情况还具有巨大意义），马克思的方法是和黑格尔的方法相对立的，这指的是，在解决关于抽象和具体、形式和物质的关系问题时方法不同，这同马克思的整个唯物主义世界观有着直接联系。”③这就是说，马克思与黑格尔在方法上的区别，首先在于马克思是从现实出发，黑格尔是从观念出发；其次在于马克思是从抽象到具体，黑格尔是从抽象到抽象。因此，德波林说：马克思对黑格尔逻辑学的批判“是循着批判形式主义和抽象思维的路线展开的。马克思针对黑格尔的抽象的逻辑学提出了具体的和物质的逻辑学。这里也表现了马克思的辩证法与黑格尔的辩证法的根本不同”④。德波林还说，马克思批判黑格尔辩证法的目的，“就是要揭露我们已经提到的黑格尔的学说中存在的抽象和具体之间的矛盾，从而（可以说是）肯定具体的方法”。⑤

德波林还指出：“遗憾的是，马克思没有为我们更详细、更系统地

① 德波林，《哲学与政治》上册，第 84 页。

② 德波林，《哲学与政治》下册，第 550 页；转引自《外国哲学》第四辑，第 299~300 页。

③《哲学与政治》下册，第 597~598 页。

④《哲学与政治》下册，第 599 页。

⑤《外国哲学》第四辑，第 299~300 页。

说明他对黑格尔辩证法的批判。不过，仅就我们所知道的情况来看，我们已经有足够的材料来判明马克思是循着什么方向批判黑格尔的。如果说，黑格尔的辩证法是头朝下站立，而马克思把它端正了过来，或者说，黑格尔的出发点是观念，而马克思的出发点是物质现实，这还是不够的。自然,这些说法都是对的,并且是经过马克思和恩格斯本人证实的。但是，马克思的批判要更为深刻。这种批判还是有方法论的批判的性质。他从自己的辩证法的高度批判了黑格尔的辩证法，从而证明黑格尔的辩证法本身是和辩证法的本质相矛盾的，证明其原因在于黑格尔对辩证法的抽象理解，而这又是黑格尔的出发点即他的唯心主义所决定的……辩证法就它自身的本质来说是具体的，所以它在根本上是和一切唯心主义相对立的，是只能同唯物主义并存的。”“马克思对黑格尔的辩证法的改造，首先表现为，他使黑格尔的辩证法由抽象的变为具体的。如果说，黑格尔认为可感觉的物质世界具有纯粹抽象的、形式的性质，那么，马克思的任务就在于克服黑格尔的抽象的、形式的、在一定程度上否定的辩证法，并把它变成肯定的、具体的辩证法。”①

对于德波林关于“黑格尔的辩证法具有唯物主义的本性”的论述，薛启亮作了具体分析，他说：“试想，如果黑格尔的辩证法是‘完全唯心的’，从头到脚都没有一点唯物主义的因素，那么无论怎样‘倒置过来’（如前引恩格斯说的那样）也还是唯心主义,绝对不会成为唯物主义。同时，如果说黑格尔的辩证法是‘完全唯心的’，没有任何一点唯物主义因素，那就不可理解马克思主义经典作家们对黑格尔辩证法的肯定，因为这样一来势必出现如下情况：马克思等人一方面否定黑格尔体系的唯心主义，另一方面又肯定他的辩证法的唯心主义，这岂不是自相矛盾吗？另外,如果说黑格尔的辩证法是‘完全唯心的’,那么‘完全唯心的’方法会与‘完全唯心的’体系发生矛盾，这也是不可设想的。”②

列宁也指出：“《逻辑学》最后一页即第 353 页上的这句话，妙不可言……妙就妙在：关于‘绝对观念’的整整一章，几乎没有一句话讲到神（差不多只有一次偶然漏出了‘神的’‘概念’），此外——注意这点——几乎没有专门把唯心主义包括在内，而是把辩证的方法作为自己主要的对象。黑格尔逻辑学的总结和概要、最高成就和实质，就是辩证的方法，——这是绝妙的。还有一点：在黑格尔这部最唯心的著作中，唯心主义最少，唯物主义最多。‘矛盾’，然而是事实！”③

① 《外国哲学》第四辑，第 297 页。
② 《外国哲学》第四辑，第 302 页。
③ 《哲学笔记》第 2 版，第 202～203 页。

五、列宁对唯物辩证法的贡献

黄枬森认为就辩证唯物主义世界观的内容而言，列宁有以下一些贡献。

（一）列宁提出了唯物辩证法科学体系的蓝图

列宁不但提出了建构唯物辩证法的一些基本原则，而且还提出了若干对这个体系的整体设想。除了《卡尔·马克思》中的“辩证法”篇，《哲学笔记》中有好几处涉及这个问题，其中最为详细的是《辩证法的要素》16 条：“（1）考察的客观性（不是实例，不是枝节之论，而是自在之物本身）。（2）这个事物对其他事物的多种多样的关系的全部总和。（3）这个事物（或现象）的发展、它自身的运动、它自身的生命。（4）这个事物中的内在矛盾的倾向（和方面）。（5）事物（现象等等）是对立面的总和与统一。（6）这些对立面、矛盾的趋向等等的斗争或展开。（7）分析和综合的结合，——各个部分的分解和所有这些部分的总和、总计。（8）每个事物（现象等等）的关系不仅是多种多样的，并且是一般的、普遍的。每个事物（现象、过程等等）是和其他的每个事物联系着的。（9）不仅是对立面的统一，而且是每个规定、质、特征、方面、特性向每个他者向自己的对立面的过渡。（10）揭示新的方面、关系等等的无限过程。（11）人对事物、现象、过程等等的认识深化的无限过程，从现象到本质、从不甚深刻的本质到更深刻的本质。（12）从并存到因果性以及从联系和相互依存的一个形式到另一个更深刻更一般的形式。（13）在高级阶段重复低级阶段的某些特征、特性等等，并且（14）仿佛是向旧东西的复归（否定的否定）。（15）内容对形式以及形式对内容的斗争。抛弃形式、改造内容。（16）从量到质和从质到量的过渡。（15 和 16 是 9 的实例）”①。

黄枬森认为列宁的 16 条内容可以简述为：①事物的客观存在；②事物的多种多样的关系；③事物的自己运动；④事物的内在矛盾；⑤对立面的统一；⑥对立面的斗争；⑦分析和综合的统一；⑧事物的普遍联系；⑨对立面的转化；⑩认识的增多；⑪认识的深化；⑫哲学认识的发展；⑬⑭否定之否定；⑮内容与形式；⑯质与量。总结：对立统一规律是辩证法的核心。

黄枬森认为这 16 条内容构成的体系以存在为起点，以对立统一规律为核心，按存在—联系—运动—矛盾—认识矛盾运动的顺序展开，这是符合从抽象到具体、从简单到复杂的原则的。这些要素是列宁从黑格尔的一句话中引申出来的，但这不是纯逻辑的推演，而是对他研究《逻辑学》成果的总结。从这些内容可以看出，列宁所说的辩证法不仅是唯物主义的，而且不限于发展观，其实就是辩证唯物主义世界观。但是，还应指出，这个体系不过是辩证法体系的一个雏形，严格讲，它不很完整，也不很严谨。《哲学笔记》中谈到的许多要素如有限和无限、相对和绝对、

①《哲学笔记》第 2 版，第 190～192 页。

本质和现象、必然和偶然、可能和现实、主体和客体、实践、人类历史辩证法等，都没有包括进去，对立统一规律、从抽象到具体的原则也没有彻底贯彻，但一个严密而完整的科学的辩证法体系已经隐约可见，为后世建立这样一个体系开辟了道路，这个贡献是巨大的。

侯树栋认为，列宁在马克思、恩格斯的基础上，对辩证法做了体系性的研究。它的基本点可以概述为："一是强调观察的客观性，把辩证法建立在唯物论的基础上。二是强调辩证法的两大基本原则，即发展的原则和联系的原则。认为辩证法就是全面的发展的学说，是事物普遍联系的学说。三是辩证法的基本内容，从两个系列展开：（1）客观系列，即对立面的统一和斗争、质和量的对立统一、形式和内容的对立统一、肯定和否定的对立统一和由此形成的螺旋式运动；（2）认识系列，即分析和综合、本质和现象、一般和个别、有限和无限的对立统一等。四是辩证法就包括认识论，即他所强调的：统一物之分为两个部分以及对它矛盾着的部分的认识，是辩证法的实质。列宁的辩证法始终要求人们在考察和分析问题时要坚持客观的观点、联系的观点、发展的观点、对立统一的观点，在分析和综合的结合中、一般和个别的统一中、在对立面的统一中把握对立面。"[①]

（二）列宁关于唯物辩证法的核心的思想

黑格尔在唯心主义的形式下反复说明了对立统一的思想，他认为一切现象都是对立物的统一，任何范畴内部都包含着自己的对立面，矛盾的发展必然向对立面转化，最后两个对立的范畴合成一个新的范畴，如"存在"转化为"非存在"，二者统一成"生成"。这就是黑格尔的三段式——正、反、合，他的整个哲学体系就是由大大小小的三段式按从抽象到具体的原则排列起来的。

黄枬森认为，在黑格尔体系中，三段式即否定之否定，是整体，而矛盾思想是三段式的一部分，因而辩证法的核心是三段式而不是矛盾思想。在黑格尔的体系中虽然包含了许多合理的思想，但由于他刻板地遵守三段式的形式，许多地方都显得生硬、牵强，甚至荒谬可笑。因此，马克思和恩格斯不仅批判黑格尔哲学的唯心主义基础，也改造其内容。恩格斯在《反杜林论》中把矛盾思想与否定之否定思想区别开来，在《自然辩证法》中提出了辩证法的三个主要规律的思想，即质量相互转化规律、对立面相互渗透的规律和否定之否定的规律。他还指出发展是由矛盾引起的，否定之否定就是螺旋式发展，但他仍认为否定之否定才是辩证法的核心。列宁没有见过恩格斯的《自然辩证法》，没有三个主

① 侯树栋，《与时俱进的马克思主义辩证法》，《中共中央党校学报》，2005年第1期。

要规律的观念，但他不仅把对立统一规律与否定之否定规律明确地区分开来，而且还创造性地提出对立统一规律是辩证法的核心，更加合理地摆正了对立统一规律在辩证法体系中的地位。黄枬森认为列宁的这个思想概括起来看包括以下要点：

第一，对立面的统一和斗争是矛盾规律的基本内涵。根据列宁的论述，其内涵大致是：①任何一个事物内部都包含着它的反面；②正面与反面相互依存于这个统一体中；③对立面同时又是相互排斥的，即相互斗争的；④对立面的统一与斗争导致这个事物的变化与发展。

第二，对立面的统一是相对的，对立面的斗争是绝对的。列宁说："对立面的统一（一致、同一、均势）是有条件的、暂时的、易逝的、相对的。相互排斥的对立面的斗争是绝对的，正如发展、运动是绝对的一样。"① 黄枬森认为这个原理是列宁从恩格斯提出的运动是绝对的、静止是相对的原理引申出来的。由于辩证法就是关于运动变化的一般的规律，斗争与运动相当，统一与静止相当，从中引出斗争的绝对性和统一的相对性原理。但斗争也有相对的一面，统一也有绝对的一面。黄枬森认为应该这样理解：把斗争与统一相比较，斗争是绝对的，统一是相对的。许多辩证法范畴都有这种情况，例如整体与部分相比较，整体是绝对的，部分是相对的，但这不是说整体没有相对性，部分没有绝对性；一般与个别相比较，一般是绝对的，个别是相对的，但这并不是说一般没有相对性，个别没有绝对性。

第三，对立面的统一和斗争是事物发展的内部动力。辩证法思想家历来坚持事物的运动、变化、发展是自己运动，而自己运动的源泉是内部矛盾，反对把运动归结为外因的推动，虽然这种思想往往是自发的。这一思想在黑格尔的著作中得到了集中的、自觉的体现，但他画蛇添足，把三段式的发展看作事物自己运动的源泉。列宁不仅否定了他的唯心主义，而且明确把事物自己运动的源泉归结为矛盾规律，即对立统一和斗争的规律，也就是说，事物自己的运动的根源出于事物内在矛盾的展开和矛盾的解决。他说，只有这种观点"才提供理解一切现存事物的'自己运动'的钥匙，才提供理解'飞跃'、'渐进过程的中断'、'向对立面的转化'、旧东西的消灭和新东西的产生的钥匙"。②

第四，对立统一规律是辩证法的核心。列宁说："可以把辩证法简要地规定为关于对立面的统一的学说。这样就会抓住辩证法的核心，可是这需要说明和发挥。"③ 但是，列宁并没有作进一步的说明和发挥，我们只有从《哲学笔记》中的相关言论来理解。黄枬森认为对立统一规律之所以是辩证法的核心或实质，就是因为它是一切事物自己运动的根

①《哲学笔记》第2版，第306页。
② 同①。
③《哲学笔记》第2版，第192页。

源，或者说，它是所有辩证规律中最根本的规律，起统率作用的规律，因此，它可以代表辩证法，我们可以把辩证法简要地规定为关于对立面的统一的学说。这样，我们就可以把一切辩证规律看作对立统一规律的表现，把对立统一关系作为建构辩证法思想体系的主要原则之一。

（三）列宁对否定之否定思想的改造

历史上第一个提出否定之否定思想的是黑格尔，但在他那里，否定之否定实际是矛盾运动的完成，它和矛盾规律并不是两个规律。而把它们首先区别开来的是马克思和恩格斯，但在他们的早期著作中这一点还不太明显，当恩格斯 19 世纪 70 年代写作《反杜林论》时，就把它们明显分开了，特别是后来在《自然辩证法》中提出辩证法的三个主要规律的思想时，二者的区分就更加明显了。列宁虽然不知道恩格斯提出的辩证法的三个主要规律的思想，但对恩格斯《反杜林论》里的主要思想是知道的，他与恩格斯的不同之处不在于是否把二者区分开，而在于彻底改造了否定之否定思想。

列宁早期对否定之否定的普遍性是有保留的，在《什么是“人民之友”以及他们如何攻击社会民主党人？》中，他反驳米海洛夫斯基诬蔑恩格斯在《反杜林论》中用否定之否定来“证明”社会主义时说，恩格斯“选择例子证明三段式的正确，不过是科学社会主义由以长成的那个黑格尔主义的遗迹，是黑格尔主义表达方式的遗迹罢了”。后来在《卡尔·马克思》中，他直接把否定之否定表述为“发展似乎是在重复以往的阶段，但它是以另一种方式重复，是在更高的基础上重复（‘否定之否定’），发展是按所谓螺旋式，而不是按直线式进行的”。在《哲学笔记》中，列宁一直坚持这种理解。这样，否定之否定就完全摆脱了三段式的束缚，表明发展过程的一个普遍特点——在重复中前进，或者说，发展是重复性与前进性的统一，否定之否定（三段式）不过是发展过程的这一特点的代表而已。“发展是重复与前进的统一”这一辩证法规律可以简称为重复与前进的规律。

黄枬森认为否定之否定这一规律是黑格尔发现的，但被他强纳于三段式的框架中，并以之作为构建其哲学体系的总原则；马克思和恩格斯已打破其三段式的形式主义框架，虽然经常谈到多段，但仍保留三段式；列宁则彻底摆脱了三段式，只保留了否定之否定的名称而已。

（四）列宁对辩证唯物主义世界观的其他范畴的研究

黑格尔哲学提供了历史上最多、最完整的哲学范畴和原理，给后人留下最丰富的哲学遗产。马克思从唯心主义转向唯物主义以后并未简单否定黑格尔哲学的丰富内容，但没有资料说明他做过这种细致工作。恩格斯在研究自然辩证法时做过一点这种工作，例如，《辩证法作为科学》所讨论的许多规律与范畴显然都与黑格尔哲学有密切的关系。黄枬森认为只有列宁对《逻辑学》中的规律或范畴的大部分用笔记的形式逐一进行了研究和分析，进行了唯物主义的改造，即进行了唯物主义的批判和继承。因此，列宁在《哲学笔记》中，特别是在《黑格尔〈逻辑学〉一书摘要》中，相当充分地吸纳了黑格尔哲学中的范畴与规律，实际上相当充分地研究了辩证唯物主义的范畴。除前面谈到的几个世界观范畴和后面将要谈到的实践观和认识论范畴以外，列宁还谈到了存在（有）与无、物质实体与属性、普遍联系与中断、运动与静止、一与多、普遍与特殊、现象与本质、有限与无限、条件与根据等，并提出了许多新颖的意见。

（五）列宁关于辩证唯物主义的实践观

列宁十分重视马克思的实践观，在《唯物主义和经验批判主义》中已做过相当完整的论述。列宁后来读黑格尔《逻辑学》，发现了黑格尔从唯心主义的角度提出的许多关于实践的精彩的思想，并做了许多批判和继承的工作，进一步丰富和发展了辩证唯物主义实践观。

1. 黑格尔猜测到了实践是检验认识的标准

把实践概念引入认识论，把实践看作检验认识的标准，这是马克思对哲学史所做的根本变革之一。有一种观点认为，马克思以前的哲学家完全没有实践观点。列宁实事求是地指出了历史上某些哲学家多多少少有点类似的观点。在《唯物主义和经验批判主义》中，列宁曾指出过狄德罗和费尔巴哈有过实践观点。在《哲学笔记》中，列宁又指出黑格尔从唯心主义角度猜测到了实践观点。黑格尔并没有直接明确地提实践观点，而是在安排实践与认识两个范畴在哲学体系中的位置时猜测到了实践标准的观点。列宁指的是黑格尔《逻辑学》中的一个三段式“认识—实践—绝对观念”，即认识通过实践过渡到绝对观念（绝对真理），在这个唯心主义的公式中包含着认识经过实践的检验而成为真理的思想。这种情况说明实践标准的观点在马克思主义诞生前已经有了悠久的渊源，不少有识之士早已意识到它的存在，马克思主义不过是把这种自发的东西转变为自觉的东西而已，其真理性是无可怀疑的。当然，黑格尔的表述方式并不确切。在马克思那里，实际的过程是实践—认识—再实践（包括反复实践），最后对结论加以肯定或否定。而作为彻底的唯心主义者，黑格尔能够猜测到实践的检验认识的作用就已经难能可贵了。

2. 实践概念的基本内涵是目的性加现实性

“实践”是一个古老概念，在西方叫实践，在中国叫行，但中西哲学家都把实践理解为伦理道德行为，把实践与认识（知）看作人的两个活动领域，即善和真，这显然是狭隘的。这是由于历史上的哲学家们轻视劳动，不把生产看作人的最基本的活动。黑格尔虽然没有完全摆脱这一传统偏见，但他在研究辩证法时也在一定程度上突破了这一局限，触及了实践的一般内涵，并得到了列宁的肯定。列宁说：“‘善’是‘对外部现实性的要求’，这就是说，‘善’被理解为人的实践＝要求（1）和外部现实（2）”①，明确地揭示了实践概念的两个最主要的因素，即主体性（目的性）和现实性。“这就是说，世界不会满足人，人决心以自己的行动来改变世界。”②实践是人的实践，主体性或目的性是不可缺少的要素。人的目的性活动甚多，实践只是其中之一，它与其他活动的本质区别在过去是不很明确的，列宁汲取了黑格尔的合理因素，指出这个本质区别就在于实践具有外部现实性，用通俗的话来讲，即对外部世界的改变。列宁的观点同马克思的观点是完全一致的。马克思在《关于费尔巴哈的提纲》中讲到的主体性和对象性，也就是这两个要素。马克思有句名言：“哲学家们只是用不同的方式解释世界，而问题在于改变世界”，其中也包含着对实践的确切理解。

3. 实践是认识的源泉

传统观点认为人的实践是由人的认识支配的。马克思主义的贡献不仅在于指出实践是检验认识的唯一标准，还在于指出实践是认识的源泉，而且认为实践之所以成为检验认识的标准正是由于它是认识的唯一源泉。马克思说：“我们看到，理论的对立本身的解决，只有通过实践方式，只有借助于人的实践力量，才是可能的；因此，这种对立的解决决不只是认识的任务，而是一个现实生活的任务，而哲学未能解决这个任务，正因为哲学把这仅仅看作理论的任务。”③列宁明确指出：“实践高于（理论的）认识，因为它不仅具有普遍性的品格，而且还具有直接现实性的品格。”④认识诚然是客观世界在人脑中的反映，但如无实践，反映不会成为认识。列宁一贯坚持这一观点，在《哲学笔记》中，他进一步指出，那些自明的公理也来自实践，而不是与生俱来的。他说：“人的实践经过亿万次的重复，在人的意识中以逻辑的式固定下来。这些式正是（而且只是）由于亿万次的重复才有着先入之见的巩固性和公理的性质。”⑤传统观点把公理性认识的存在看作认识的先天性的强有力的根据，列宁的这一分析解释了公理性认识的深刻的根源仍然是实践，是亿万次的实践。

①《哲学笔记》第2版，第183页。
② 同①。
③《马克思恩格斯全集》第42卷，第127页。
④《哲学笔记》第2版，第186页。
⑤ 同①。

（六）列宁首次提出逻辑、辩证法和认识论三者统一的思想

虽然黑格尔在人类历史上首次建立了逻辑学、存在论、认识论和辩证法四者的统一的体系，但他本人并未明确提出四者的统一的观点。列宁在《哲学笔记》中首次提出了逻辑学、辩证法和认识论三者同一观点。列宁说："虽说马克思没有留下'逻辑'（大写字母的），但他遗留下《资本论》的逻辑，应当充分地利用这种逻辑来解决这一问题。在《资本论》中，唯物主义的逻辑、辩证法和认识论［不必要三个词：它们是同一个东西］都应用于一门科学，这种唯物主义从黑格尔那里吸取了全部有价值的东西并发展了这些有价值的东西。"① 黄枬森认为列宁的这一概括内容极其丰富，集中体现了列宁的哲学观。

第一，列宁十分关心哲学的逻辑体系问题，认为马克思虽然没有留下哲学体系（大写字母的逻辑），但有《资本论》的逻辑体系，我们可以从中得到启发，从而解决哲学体系问题。

第二，列宁认为《资本论》的体系能够给我们最主要的启发就是在《资本论》中逻辑、辩证法和认识论三者是同一个东西，在哲学中三者也应是同一个东西。如何理解"三者是同一个东西"，理论界存在着分歧，一种看法认为是指逻辑学（关于思维及其规律的科学）、辩证法（关于自然界、人类社会、思维及其一般规律的科学）、认识论（关于认识及其规律的科学）是统一的。另一种看法认为是指同一门科学（哲学）的三个方面，即逻辑体系、一般规律和认识规律或认识史，即指哲学的逻辑体系既反映了客观世界的一般规律，又反映了人类认识的规律，也就是几乎得到哲学界认同的逻辑与历史（客观史与认识史）一致的原则。黄枬森认为从整个《哲学笔记》来看，从哲学史来看，后一种理解是正确的。

第三，三者同一的原则，或曰逻辑与历史一致的原则，也就是从抽象到具体的原则，从简单到复杂的原则，这是黑格尔以唯心主义的形式提出来的。黑格尔的原则是历史与逻辑一致，马克思加以唯物主义的颠倒，主张逻辑与历史一致，列宁在研读黑格尔著作时继承了马克思的观点，对这个原则作了多方面的发挥。

历史学者卡尔（E. H. Carr，1892～1982 年）曾说："历史是史家和他的事实（facts）的互动的一个连续过程，也是一个永不终止的现代与过去间的对话。"克罗齐（B.Croce，1866～1952 年）甚至更极端地认为所有历史均应视为当代史，意即历史系透过现在（即撰述的史家）的眼光看过去，且史家的工作是评估诠释，而非仅是记录过去的素材。

①《哲学笔记》第2版，第290页。

黑格尔的哲学有一种历史主义的倾向。客观世界不是一种表面现象，而是一种规律、本质，它既是逻辑的又是历史的，逻辑和历史是一致的。列宁说："关于观念的东西转化为实在的东西，这个思想是深刻的：对于历史很重要。并且从个人生活中也可以看到，那里有许多真理……看来，黑格尔是把他的概念、范畴的自身发展和全部哲学史联系起来了。这给整个逻辑学提供了又一个新的方面。"①逻辑体现在历史中，历史本身有逻辑层次，历史按照逻辑的阶段发展，从低到高有一个逻辑的层次，历史的发展与逻辑结构是同步的，这是"三统一"原则引申出来的重要原则，它为马克思主义所继承。马克思说："整个所谓世界史不外是人通过人的劳动而诞生的过程，是自然界对人说来的生成过程。"②马克思在《政治经济学的形而上学》中说："黑格尔认为，世界上过去发生的一切和现在还在发生的一切，就是他自己的思维中发生的一切。因此。历史的哲学仅仅是哲学的历史，即他自己的哲学历史。没有'适应时间次序的历史'，只有'观念在理性中的顺序'。他以为他是通过思想的运动建设世界；其实，他只是根据自己的绝对方法把所有人们头脑中的思想加以系统的改组和排列而已。"③恩格斯甚至说黑格尔历史与逻辑相一致，是一个不亚于唯物主义基本观点的发现④。

第四，如果哲学体系的构建应遵循从抽象到具体的原则，那么，它的逻辑起点应该是最抽象的范畴，哪一个最抽象呢？黑格尔作了肯定的回答，并认为存在是最抽象的，所以它的哲学体系从存在开始，并根据从抽象到具体的原则构建了他的体系。列宁摘录了黑格尔关于以存在为逻辑起点的一些言论，未加以评论，看来是持肯定态度的。列宁指出：《资本论》的起点是"商品"就是政治经济学的"存在"。⑤辩证唯物主义以物质为逻辑起点，符合从抽象到具体的原则。应该说存在比物质更抽象，因为思想、观念虽然不是物质，但仍是存在，但是，思想、观念的存在离不开物质，归根到底，存在就是物质存在，唯物主义的物质为逻辑起点也是可以的。

第五，辩证法的实质和核心就是辩证法的最根本的范畴、最根本的规律，贯穿于整个体系之中。在黑格尔那里，辩证法的核心是否定之否定，即正题、反题、合题三段式，整个黑格尔哲学体系就是由大大小小的三段式构成的。用三段式来构建哲学体系，使这个包含着丰富合理因素的哲学体系显得非常刻板、牵强、主观，甚至荒唐可笑，为后世哲学家所诟病。但马克思、恩格斯并不完全否定三段式。列宁把三段式理解为在更高基础上对过去阶段的重复，并把对立统一规律从中提炼出来，使之

①《哲学笔记》第2版，第97页。

②《马克思恩格斯全集》第42卷，第131页。

③《马克思恩格斯选集》第1卷，人民出版社，1972年，第108页。

④ 相一致不一定是相同、吻合。马克思说，"把经济范畴按它们在历史上起决定作用的先后次序来排列是不行的，错误的。它们的次序倒是由它们在现代资产阶级社会中的相互关系决定的，这种关系同表现出来的它们的自然次序或者符合历史发展的次序恰好相反"。参见《马克思恩格斯全集》第12卷，第758页。

⑤《哲学笔记》第2版，第291页。

成为辩证法的核心。在列宁看来，宇宙的运动是由对立统一规律推动的，一个哲学体系的展开也是由对立统一规律推动的。

六、唯物辩证法中国化的新探索与新进展

马克思主义的中国化作为一个实践过程，从它正式传入中国就已开始，但全面系统地对其进行分析与研究则是近几十年的事情。在1938年9月到11月的中共六届六中全会上，毛泽东针对党内存在的“右”和“左”的错误，明确提出了中国共产党人要学会把马列主义应用于中国的具体环境，第一次向全党正式提出“使马克思主义在中国具体化，使之在其每一表现中带着必须有的中国的特性，即是说，按照中国的特点去应用它，成为全党亟待了解并亟须解决的问题。洋八股必须废止，空洞抽象的调头必须少唱，教条主义必须休息，而代之以新鲜活泼的，为中国老百姓所喜闻乐见的中国作风和中国气派。”1998年，《中国哲学和辩证唯物主义》的序言中首次明确提出“马克思主义及其哲学中国化”，并强调马克思主义哲学中国化包括两个方面的内容：其一是马克思主义哲学与中国革命和建设的实践相结合；其二是马克思主义哲学与中国传统文化的优秀成果相结合。

马克思主义哲学中国化就是在把马克思主义和中国实际相结合的过程中，应用马克思主义和发展马克思主义。为此，我们应区别两种层面上的马克思主义哲学的中国化：一种是政治层面，主要是对中国革命和建设的实践经验的总结和概括；一种是学术层面，是指哲学、政治经济学等学科的中国化，重点是在现实的基础上将哲学中的精华和一切有价值的内容融入马克思主义哲学。同时要在这两种层面上构建马克思主义哲学的中国新形态。①

（一）唯物辩证法中国化的新探索

新中国成立以来，我国哲学工作者陆续撰写了一些系统阐发马克思主义哲学及唯物辩证法的专著，对辩证法中国化的成果尤其是对于毛泽东的唯物辩证法思想进行介绍和普及，并为广大干部群众所掌握。

马克思说：“任何真正的哲学都是自己时代的精神上的精华，因此，必然会出现这样的时代：那时哲学不仅在内部通过自己的内容，而且在外部通过自己的表现，同自己时代的现实世界接触并相互作用。那时，哲学不再是同其他各特定体系相对的特定体系，而变成面对世界的一般哲学，变成当代世界的哲学。”② 当代中国马克思主义哲学研究紧紧围

① 陈名财，《马克思主义哲学的中国化》，《中共中央党校学报》，2005年第1期。

② 《马克思恩格斯全集》第1卷，第220页。

绕着马克思主义哲学中国化这个中心任务来展开，其理论目标主要在于当代条件下推进马克思主义哲学中国化。在理论研究方面，分两条路径展开：一条路径是开展基础研究，吸收现代科学的思维成果丰富发展辩证法；另一条路径是开展应用研究，提炼社会主义社会的辩证法。两条路径相互依存，相互渗透，相互促进，体现了实现辩证法中国化、时代化的总方向。

把马克思主义同中国的具体实际相结合，就是要在马克思主义的指导下，研究中国的实际问题，实现马克思主义具体化和民族化。毛泽东的辩证法，就是在中国革命的实践中，对列宁关于对立统一规律是辩证法的核心和实质思想的创造性运用和发展。毛泽东对辩证法的贡献是全面性和历史性的，他的雄文四卷无不闪耀着辩证法的光辉。毛泽东紧紧抓住辩证法的根本规律，写出了唯物辩证法中国化的重要成果之一的《矛盾论》这部哲学名著，体系性地论述了矛盾规律的理论。[①]1952 年 4 月 1 日，《矛盾论》在《人民日报》发表，随之在全国出现了学习唯物辩证法的热潮。这一时期，广大哲学理论工作者撰写了大量关于学习《矛盾论》的文章，对《矛盾论》的基本观点和理论贡献做出了准确深入的阐发。其中，最有代表性的是 1961 年 11 月由人民出版社出版、由艾思奇主编的《辩证唯物主义历史唯物主义》。该书依据《矛盾论》的基本思想以及中国革命和建设的经验，突出反映了以毛泽东为代表的中国共产党人对唯物辩证法的运用和发展，主要涉及以下内容：

（1）在对立统一规律中，系统阐述了矛盾的普遍性和特殊性、主要矛盾和矛盾主要方面、矛盾的同一性和斗争性、对抗性矛盾和非对抗性矛盾，强调研究任何事物都必须应用矛盾分析方法。在论述矛盾的同一性和斗争性时，强调研究任何事物发展过程都必须应用矛盾分析方法，并用毛泽东的话通俗地将其概括为“两点论”；在分析帝国主义的两重性时，指出帝国主义是真老虎又是纸老虎，对其在战略上藐视和战术上重视，是对立统一，两者相反相成；在谈到国民经济是一个复杂的矛盾统一体时，强调要贯彻党中央和毛泽东提出的“两条腿走路”的方针；在论述主要矛盾问题时，强调不能不分主次，“眉毛胡子一把抓”，要学会毛泽东所倡导的“弹钢琴”，防止“单打一”。

（2）在质量互变规律中，根据毛泽东有关思想和中国革命和建设进程，提出和阐述了总的量变过程中的部分质变的思想，深化和发展了对质量互变规律的认识。在论述质量互变规律时，强调毛泽东所提出的要做到“胸中有数”。

该书结合中国革命和建设实践对唯物辩证法的独到阐发与运用中国

① 侯树栋，《与时俱进的马克思主义辩证法》。

语言的生动表述，对于广大干部和群众掌握唯物辩证法，对于推进唯物辩证法的中国化，都起到了重要的推进作用。[①]

毛泽东以矛盾规律为根本，继承了列宁关于辩证法就是马克思主义认识论的思想，把辩证法和认识论统一起来，从实践层面上深化了马克思主义的辩证法。他从物质和精神的辩证关系着眼，提出了物质变精神、精神变物质的认识路线；他从实践和认识的辩证关系着眼，提出了从实践到认识，又从认识到实践的认识路线；他从一般和特殊的辩证关系着眼，提出了从特殊到一般、又从一般到特殊的认识路线；他从领导和群众的辩证关系着眼，提出了从群众中来、又到群众中去的认识路线。在思想方法和工作方法上，他提出了一分为二的辩证分析方法、树立对立面的方法、抓两头带中间的方法、分清主流和支流的方法、两条腿走路的方法、波浪式前进的方法等。毛泽东提出的一系列认识路线、思想方法和工作方法问题，不仅诠释和深化了辩证法就是认识论的命题，而且展示的矛盾辩证法的实践意义，是人们认识和改造客观世界的锐利思想武器。[②]

（二）矛盾理论的创新

黑格尔说："矛盾是推动整个世界的原则。"[③] 毛泽东在《矛盾论》中也指出："一切事物中包含的矛盾方面的相互依赖和相互斗争，决定一切事物的生命，推动一切事物的发展。没有什么事物是不包含矛盾的，没有矛盾就没有世界。"[④]

"矛盾"语出《韩非子》中"自相矛盾"的故事，原意是说两种对立的意见想要同时存在，那是不可能的。庞朴先生认为最初提出"矛盾"说，是为了反对一种说法。因为当时的儒家学者们宣传尧舜是圣人。先说尧是圣人。当尧为天子的时候，据说天下到处都是歌舞升平、莺歌燕舞，治理得非常好。又说舜是圣人。舜起初是平民老百姓，住在民间，舜无论走到哪儿，都可以感化一方。于是，有人问，既然尧治理的天下是国泰民安，那么舜又如何发挥自己的作用呢？如果肯定舜的话，那不等于批评尧吗？如果肯定尧，那不是让舜没活可干、没法表现吗？这叫矛盾。这是"自相矛盾"这个寓言最早想要解决的一个问题，就是说不可两立，不可两誉。誉了尧，就不能誉舜；誉了舜，就不能誉尧。尧和舜的名声是不可两立的。换言之，就是势不两立。因此，庞朴先生认为"矛盾"并不是最妥帖地表达西方哲学范畴所要表达的"对立统一"思想。他说，对立同一在中国哲学上有很多词可表达，用得最多的是"阴阳"这个概念，而不是"矛盾"。在其他各种领域里，类似的词还有很多。比如，

① 庞元正，吕文林，《马克思主义哲学中国化时代化视域中的唯物辩证法研究》，《中央党校学报》，2009年第6期。
② 侯树栋，《与时俱进的马克思主义辩证法》。
③《小逻辑》，第258页。
④《毛泽东选集》，第一卷，第305页。

“刚柔”“经纬”“正反”“错综”。一般我们不太容易把错综复杂的“错综”想到对立同一上面去。事实上，“错综”是中国非常好的一个概念，错，同锉刀的“锉”，锉刀的纹路是互相交叉的；综，是织布机上的零件，用来将纵横交错的经线纬线织成布匹。综的特点是“合”，把对立的东西合起来。错则给人以分立的感觉。所以，错综是对立同一。但现在只是在一般语词意义上使用这个词，如错综复杂，它提示我们的意思是复杂。又如，消息，也是表示对立同一的术语。现在一提“消息”就是新闻，它其实本来不是这个意思。“消”是朝下落，“息”是往上涨。“消”是消失，“息”是增加。比如把钱存在银行，银行隔天就自动给你生了利息，自动生长，这就是“息”。还有，医学上有一种东西叫息肉，割掉了明天又会长出来，也是这个意思。还有“抱负”。抱负的本来意思叫负阴而抱阳，《老子》里的万物负阴而抱阳。负就是背着，后面背着一个；抱是前面抱着一个，两种动作，正好是对立同一的动作。类似的词汇还有很多。有些词更偏重对立，有些则更偏重同一；有些偏重变化，有些更偏重不变化。因此可以将对立同一的意思表达得更精确、更细腻。①

人类对矛盾规律的认识是不断深入的。就人与自然关系来说，人与自然肯定有矛盾，这是绝对的。但在处理人与自然的关系时，往往存在一些极端的思维。一是消极应对。胡适在谈到中国人对付灾荒的办法时，曾不无嘲讽意味地说：“天旱了，只会求雨；河决了，只会拜金龙大王；风浪大了，只会祷告观音菩萨或天后娘娘；荒年了，只好逃荒去；瘟疫来了，只好闭门等死；病上身了，只好求神许愿。”这段话，在某种程度上反映了旧中国的社会现实以及人们在自然灾害面前的无奈。但若因此认为中国人面对灾荒只是采取消极的应对办法，那也是极不客观的。事实上，中国从很早就不再匍匐于自然灾害的淫威之下，而是与灾荒进行了不间断的、不屈不挠的抗争，从而为后世留下了许多历史遗产。二是征服自然。在旧矛盾理论指导下，人们对自然采取斗争或征服态度，其结果就是人与自然的关系更加激烈、更加紧张。恩格斯在《自然辩证法》中指出：“我们不要过分陶醉于我们对自然界取得的胜利，对于每一次这样的胜利自然界都报复了我们。每一次胜利的第一步都确实取得了一些效果，但是在第二步、第三步都有完全不同的出乎意料的影响，常常把第一步的结果取消了。”革命导师是非常有远见的，在我们面对人与自然问题的时候，如果采取“人定胜天，战胜自然”的科学主义的思路，只能进一步加剧人与自然的矛盾和纠纷，而不会有所缓解。

毛泽东在《矛盾论》中曾经告诫我们：“对抗是矛盾斗争的一种形式，而不是矛盾斗争的一切形式”②，但由于片面理解矛盾同一性的相

① 《从一分为三谈中国人的智慧》，《解放日报》，2005年5月22日。
② 《毛泽东选集》第一卷，第334页。

对性和斗争性的绝对性，一些人形成了一种思维惯性，即习惯于从对立和斗争的视角来思考问题，不重视对立面同一的作用。今天人们终于明白了，人与自然主要是合作性矛盾。自然状态不好，演化不好，人类生存状态也就不好，发展也就不好。人与自然和谐发展从哲学上被严整地表述为：人与自然和谐为主，斗争为辅。天人合一，是人们在总体和长期里企求达到的境界，然而在局部和短期里，斗争还是不可避免。①荀子曰："天行有常，不为尧存，不为桀亡"，大自然的地震、飓风、洪水、干旱等灾难总还是不按人们意志发生的。我们总是相对地而不是绝对和一劳永逸地认识和掌握自然规律。

1. *新矛盾理论*

与传统矛盾理论相对照，自改革开放以来，整个社会尤其是理论工作者对矛盾规律的研究和认识已经有了很大推进。不少研究者从各个方面提出了许多新观点。这个有了崭新内容且将继续充实的理论，不妨称之为发展着的矛盾理论或新矛盾理论。换言之，矛盾理论正在随着时代的发展而发展。新矛盾理论已然呈现出大致框架，其主要特点是：把斗争性与对立性作为两个范畴区分开，并把斗争性从矛盾的根本属性中析出而置于矛盾的运演关系里；矛盾的根本属性即极性关系是对立性与同一性，它是中性的，可向各个方向发展；矛盾有三大关系，即极性关系、运演关系和结局关系；运演关系里可细分为斗争性、竞争性、合作性、既有斗争性又有合作性、既有竞争性又有合作性；斗争性演进的更高阶段是对抗，合作性演进的更高阶段是和谐；结局关系里可细分为一方克服（吃掉）另一方、双方同归于尽、双方融合为一、双方共荣同华；异向发展形态的矛盾，其两极是在发展自己与抑制对方的不断交替过程里最后达到矛盾转化或解决的，同向发展形态的矛盾，其两极是在发展自己与发展对方的不断交替过程里最后达到双方共同发展及整体和谐发展的；在矛盾的转化和解决问题里，既讲用不同方法解决不同矛盾，又讲化解矛盾；对立性是绝对的，同一性是相对的，而非"斗争性是绝对的，同一性是相对的"等。②宋代哲学家张载曾提出："有象斯有对，对必反其为，有反斯有仇，仇必和而解。"其中的"有象斯有对"就是极性关系，"对必反其为，有反斯有仇"则是运演关系，而"仇必和而解"就是一种比较理想的结局关系。

依据新矛盾理论，矛盾不宜做斗争性为主与同一性为主的区分，也不宜作对立性为主与同一性为主的区分。前者是跨层次区分，不合逻辑。后者是把基本属性作了主次区分，如果基本属性分主次，那就是说有的矛盾是极性相斥性为主，而极性相互依存性、转化性与共性等构成的同

① 郭和平，《辩证思维与和谐思维——兼与张奎良先生商榷》，《光明日报》，2005年4月5日。

② 同①。

一性为次；有的矛盾则反之。这在逻辑上讲不通，亦不符合事实。按新矛盾理论，对立性与同一性是任何矛盾都具有的基本属性，无所谓主次。任何矛盾都具有这两种基本属性，但它在矛盾体系背景与特定条件下，又可以演化出各种变化的关系来。仅在过程和结局的意义上，矛盾区分为斗争型、竞争型、合作型、又斗争又合作型、又竞争又合作型，等等。夫妻、师生、父母与子女的矛盾一般是合作性为主的矛盾，共产党内的矛盾、人民内部的矛盾大多是合作性为主或又合作又竞争的矛盾。敌我矛盾一般是斗争性为主的矛盾。国共之间的矛盾则依不同时期呈现复杂情形：有时是严重的斗争，没有合作；有时如在外敌入侵时变为又合作又斗争的局面，等等。因此，即使在特殊意义上，也不能对矛盾做向斗争性（对立性）倾斜和向同一性倾斜的划分或论断。[①]

2. 全面和正确理解斗争在对立统一中的地位和作用

任何事物都是对立统一体，按照自身规律运动和发展。但是一些传统的教科书对对立统一问题的认识作了片面理解，主要表现是：第一，不能正确理解对立统一中的对立，误认为对立就是斗争，把对立与斗争画等号。第二，强化斗争的作用，认为斗争是绝对的，只有坚持斗争事物才能发展。第三，忽视统一在事物运动中的作用和意义，否定统一的绝对性地位和推动事物变化发展的决定性作用。要走出对立统一的认识误区，必须从以下两点来把握：

（1）全面正确理解对立与斗争的关系。对立不是斗争，更不能把对立与斗争画等号。凡是构成矛盾的事物，其对立关系，是指两个性质不同事物构成对立的一种矛盾关系，它是以矛盾双方绝对对峙为根据的。比如阴与阳、社会主义与资本主义、经济与政治、白天与黑夜、男人与女人等。就社会主义与资本主义的对立关系而言，主要表现为四个方面的不同：社会的本质不同、社会基本制度不同、社会意识形态不同、社会基本矛盾的性质不同。这四个不同就构成了它们之间的对立关系。

斗争是矛盾不可调和的一种现象。斗争是矛盾激化的一种表现形式，只有在矛盾双方发生不可调和的情况下才会产生斗争关系。矛盾的对立关系，一般不表现为斗争关系，大量的、经常的表现为共处、竞争、协商、对话、伙伴等关系，只有在特殊条件下才能发生斗争关系。因此，斗争与共处、协商、合作、伙伴都是由对立统一派生出来的。由此可见，对立不是斗争，更不能把两者画等号。

（2）准确把握斗争在对立统一中的地位。“斗争是绝对的，只有斗争才能推动社会的发展”，这种传统观念长期统治着人们的思想。依据新矛盾观，斗争不是绝对的，而是相对的、有条件的、暂时的或阶段性

① 郭和平，《辩证思维与和谐思维——兼与张奎良先生商榷》，《光明日报》，2005年4月5日。

的。马克思说："我们看到，主观主义和客观主义，唯灵主义和唯物主义，活动和受动，只是在社会状态中才失去它们彼此间的对立，并从而失去它们作为这样的对立面的存在。"① 就绝对性而言，只有矛盾的存在是绝对的、对立是绝对的。只有统一，事物才有最大限度的连续性、协调性、再生性的发展。因此，发展也是绝对的。

要进一步认识斗争在对立统一中的地位，就必须搞清楚在什么情况下，对立统一事物表现为斗争关系、斗争的表现形式、斗争对事物发展的影响等问题。就资本主义与社会主义这个对立统一的典型事物来说，斗争关系，是社会主义与资本主义之间矛盾激化的一种关系。在社会主义建立前和建立后与资本主义都存在斗争关系，但斗争的内容、方式、目的都是不同的。社会主义诞生前，无产阶级要夺取政权、推翻资本主义制度，资产阶级要捍卫自己的统治，矛盾的双方突出表现为阶级斗争关系。这种斗争是你死我活，斗争是围绕着政权而展开的阶级斗争。所以，马克思主义认为，承认不承认阶级斗争和无产阶级专政，是检验一个革命者的试金石。因此，阶级斗争就成为无产阶级夺取政权时期经常的、主要的基本关系。

社会主义社会确立后，社会主义与资本主义之间仍然存在着斗争关系，但它已不是经常的、主要的关系了，它由过去的主导地位下降为次要地位。斗争的目的不再是围绕捍卫政权和夺取政权而展开，而是围绕着国家现代化建设、国家的经济利益和国家主权的安全而展开。这种斗争是服务于、服从于经济发展和国家的经济、政治、文化安全而进行的。国际范围内的社会主义与资本主义的斗争关系是这样，国家内部社会主义与资本主义的斗争关系也是这样。

就斗争的形式来说，在社会主义诞生时期，社会主义与资本主义的斗争主要表现为无产阶级反对资产阶级的阶级斗争，斗争形式一般采取暴力革命，武装夺取政权的形式。在社会主义建设时期，社会主义与资本主义斗争的形式是多样化的，一般不采取暴力形式。在经济领域，主要是围绕着国家经济利益，以法律为武器的斗争；在政治领域，是围绕颠覆反颠覆、干涉反干涉、侵略反侵略而进行的斗争；在意识形态领域，主要是围绕和平演变与反和平演变而展开的斗争。总之，这种斗争形式有武装的，有和平的，也有法律的。

必须强调指出，社会主义与资本主义是一个既对立又统一的矛盾过程，也是一个对立斗争、吸收借鉴、合作共事、竞争发展的过程。在这个复杂的过程中，斗争在推动新事物代替旧事物的转化进程中发挥着决定性的作用，但也不排除用和平的手段实现事物的转变。例如，在夺取

①《马克思恩格斯全集》第42卷，第127页。

政权的民主革命时期，斗争是主要矛盾，只有通过阶级斗争，才能夺取政权，推翻资产阶级的政治统治。在社会主义建设时期，社会主义与资本主义之间的关系有时表现为斗争关系，而长期的则表现为和平共处关系、学习借鉴关系、合作共事关系、竞争发展关系等。这种统一的伙伴关系是相对于斗争关系而存在的。对立和斗争是手段，统一和发展才是目的。当社会主义这个新事物确立后，斗争就不再是推动新事物发展的决定作用，只有统一才能调动一切可以调动的积极因素，极大地推动社会主义发展完善。社会主义的发展和完善，不是靠斗争，而是靠统一，只有统一才能发展。只有社会主义与资本主义和平共处、学习借鉴、合作共事，才能不断推动社会主义发展和人类社会的共同进步。①

3. 用非对抗方法解决对抗性的敌我矛盾的可行性和必要性

毛泽东在《关于正确处理人民内部矛盾的问题》中指出，不同性质的矛盾要用不同性质的方法来解决，人民内部矛盾，要用非对抗性的方法解决，敌我矛盾，要用对抗性的方法解决。他还指出，用民主的方法解决人民内部矛盾，用专政的方法解决敌我矛盾。随着社会主义现代化建设的深入以及社会主义市场经济体制的建立和发展，两类不同性质矛盾理论和处理矛盾的方法需要在实践中丰富和发展。大量实践证明：对抗性的敌我矛盾也可以运用非对抗性的办法来解决。

（1）借用处理人民内部矛盾的方法，解决社会主义与资本主义的矛盾。党的十一届三中全会以后，依据和平与发展时代主题，在运用非对抗方法处理解决社会主义与资本主义矛盾方面积累了丰富的成功经验，创新发展了毛泽东的社会主义社会矛盾理论。

（2）在国际方面，传统观念认为，社会主义与资本主义是对抗性的敌我矛盾，双方是不能合作共事的。我们党冲破了“左”的束缚，继中美建交后，20 世纪 90 年代先后同韩国、以色列等国建立外交关系，并同其他资本主义国家建立了“战略伙伴”关系。在周边关系上，党中央提出了“以邻为伴，以邻为善，以邻为友”的方针，坚持平等互利、共赢共存的原则，取得了可喜的成果。在正确处理社会主义与资本主义矛盾上已形成了一套新的思想和方法。一是对推行霸权主义、强权政治，干涉、颠覆、和平演变社会主义国家的图谋，要坚决反对，大胆揭露，挫败他们的阴谋。二是主张国与国之间应超越社会制度和意识形态的界限，高举和平、合作、发展的旗帜，要相互尊重、友好相处。三是东西方国家要寻找利益共同点和汇合点，扩大互利合作，共同对付人类生存与发展面临的挑战。四是对彼此之间的分歧，要坚持对话、协商，不搞

① 侯远长,《对马克思主义几个理论问题的哲学反思》,《理论前沿》, 2005 年第 8 期。

对抗，从双方长远利益以及世界和平与发展的潮流出发，和平妥善解决问题，反对诉诸武力或以武力相威胁。

在国内方面，提出了一系列运用和平方法处理社会主义与资本主义关系的新思想。一是坚持“一国两制”的方针，顺利地实现了香港、澳门回归，以大陆为主体的社会主义与港澳的资本主义和平共处，优势互补、共同发展。二是坚持公有制经济为主体、多种非公有制经济共同发展的社会主义初级阶段基本经济制度。与此相适应，坚持以按劳分配为主体，与按资本分配和按技术、管理分配等相结合，使我们对社会主义和资本主义的认识提高到新水平。在文化上，坚持“主旋律”与提倡多样化相统一；在统一战线方面，社会主义与爱国主义两面旗帜的统一等，都体现了毛泽东矛盾理论的创新和发展。

（3）借用处理人民内部矛盾的方法，处理社会主义与资本主义之间的矛盾关系。第一，它是和平与发展时代主题的需要。和平与发展是世界的两大问题，这两大问题的解决，最根本的是用和平的方法处理好社会主义与资本主义的关系，创造一个有利于发展的和平环境。第二，它是社会主义本质规律的要求。社会主义本质是解放生产力、发展生产力，消灭剥削，消除两极分化，最终达到共同富裕。要实现这一本质，就要实现好解放和发展生产力这一根本任务。因此，就必须创造一个稳定的国内环境与和平的国际环境。打造一个有利于和平发展的国际环境，就必须正确处理社会主义与资本主义之间的矛盾。第三，它是世界人民的共同愿望。世界要和平、社会要进步、人民要发展，其关键是世界各国尤其是资本主义国家与社会主义国家要和平相处，平等互利，共同发展。要实现世界人民这一共同愿望，达到和平发展这一共同的目标，就要用和平的方法消除战争的根源，正确解决社会主义与资本主义之间的矛盾，给世界人民创造一个平等发展的和平环境。①

4. 和谐社会理论的哲学解读

我国社会自改革开放以来的前进，都采用了新矛盾理论。2004年，党的十七届四中全会进一步做出了构建社会主义和谐社会的战略决策。和谐社会理论是正确认识和处理社会主义社会矛盾斗争性与同一性的理论结晶。构建社会主义和谐社会，本身就是矛盾理论的最新运用和发展。冯友兰在1987年4月7日的一篇题为《立足现在，发扬过去，展望未来》的谈话录中提到：“一个社会的正常状态是‘和’，而不是‘同’。”这与过去倡导斗争哲学，恰成鲜明对比。张岱年说：“和，本指歌唱的相互应和。《说文》‘和，相应也’，引申而指不同事物相互一致的关系。”“和”与“同”两个概念的对举，是由西周末年郑国的史官史伯提出来的。据

① 侯远长，《对马克思主义几个理论问题的哲学反思》，《理论前沿》，2005年第8期。

《国语·郑语》，郑桓公问史伯："周其弊乎？"史伯回答说："恐怕要必然走向衰败"，衰败的主要原因，是周的统治者"去和而取同"，即没有处理好"和"与"同"的关系，一味地追求"同"而抛弃"和"。在史伯看来，"和"与"同"是内涵不同的两个概念。"和"是"以它平它"，即不同的东西相加所形成的共同体；而"同"则是"以同裨同"，即相同的东西再加上相同的东西，无论加多少，最后还是绝对的单一体。因此，"和"体现的是由不同因素构成的事物多样性的统一，而"同"则是由相同因素构成的事物单一性的简单同一。多样性的统一，能够使这个共同体"丰长而物归之"，即丰富、发展并生成新东西。而单一性的简单同一，则只能是"同则不继"[①]。因此，"不继"则为"绝"，即不能产生任何新东西，从而使单一的同一体走向衰亡和灭绝。"故先王以土与金、木、水、火杂，以成百物。是以和五味以调口，刚四支以卫体，和六律以聪耳，正七体以役心，平八索以成人，建九纪以立纯德，合十数以训百体。出千品，具万方，计亿事，材兆物，收经入，行亥极。故王者居九亥之田，收经入以食兆民，周训而能用之，和乐如一。夫如是，和之至也。于是乎先王聘后于异姓，求财于有方，择臣取谏工而讲以多物，务和同也。声一无听，物一无文，味一无果，物一不讲。"[②]可见，"和"与"同"是既有联系又有区别的一对范畴，只有在两者对举的情况下，才能更好地理解"和"的内涵，这体现了中国哲学的和谐理念所包含的辩证思维逻辑。"和"是万物生成发展的根据，也是事物存在发展的内在动力，这也就是史伯提出的"和实生物"这一命题的确切涵义。春秋时期的思想家晏婴，进一步发挥了史伯提出的"和实生物"的思想，扩展和深化了"和同之辨"的内容。据《左昭·二十年》载：晏婴在回答齐景公"和与同异乎"的问题时，明确指出"和与同异"。他认为，"和"好比做羹汤或弹奏音乐，只有"济其不及，以泄其过"方能成为美味佳羹或动听的乐曲。如果一味地"以水济水，谁能食之？若琴瑟之抟一，谁能听之？同之不可也如是"。晏婴以五味相济、五音相和的例子来说明"和同之异"。"济其不及，以泄其过"，即后来儒家所谓的"中庸"，意谓如果一道羹汤味道太淡，就增加调料，如果太浓，就加水冲淡。这样才能使汤的味道平正适中而增加食欲。如果用清水去调剂清水，谁还去喝它呢？也如同琴瑟，如果老是弹一种音调，谁还听它呢？由此晏婴得出一个结论："同之不可也如是。"继史伯、晏婴等思想家的"和同之辨"，孔子更明确地提出"君子和而不同，小人同而不和"的思想，后来又形成"和而不同"的哲学命题，就这样殷周以来蕴涵在六经之中丰富的"和"的思想资源，被逐步引进到儒家的思想体系之中，从而进一

①《说文》："继者，续也。"
②《国语·郑语》。

步启发了先秦诸子对“和”的深入讨论，遂使“和”或“和谐”理念成为中华文化的公共话语，并成为中华民族共同的价值取向。①

可见，构建和谐社会的理念是与中华传统文化中的和谐理念一脉相承的。但这种和谐思维并不意味着凡矛盾都要和谐。我们之所以需要和谐思维，是因为今天社会里有大量的合作性矛盾与竞争性矛盾，因而需要讲合作及竞争，进而讲和谐；但同时，我们社会中也还存在着斗争性矛盾，对之一方面需要讲斗争，甚至讲对抗，另一方面需要讲化解，把斗争化解为非斗争、甚至化干戈为玉帛等，这都要视不同情形具体应对。有一些矛盾的运演和结局关系是属于斗争性或斗争性为主的，对于这类非斗争不能解决问题的矛盾，那就只有进行坚决的斗争或主要采取斗争方法。②

对于和谐社会理论如何发展了辩证法，如何对和谐社会理论进行哲学解读，学术界出现了不同观点的争鸣，并成为近年来辩证法研究的热点问题。在这个问题上形成了以下三种主要观点：③

第一种观点认为，和谐社会的哲学基础可以概括为“和谐哲学”。“和谐哲学”是在我国社会发展到一定阶段，取代“斗争哲学”而提出来的。所谓“斗争哲学”，虽然也讲统一，但斗争的目的是为了打破这个统一体；而所谓“和谐哲学”，虽然也讲斗争，但斗争的目的是为了维持统一体的存在及其更好的发展。二者在事物发展过程中所处的阶段不同，出发点和目的也不同，这是它们的根本区别。斗争哲学是事物处于质变阶段的哲学，是革命党的哲学，是革命的哲学；而和谐哲学则是事物处于量变阶段的哲学，是执政党的哲学，是建设的哲学。论者把斗争哲学与和谐哲学与“一分为二”与“合二而一”的讨论联系起来，认为随着实践的发展和认识的提高，斗争哲学将逐步被否定、被放弃。而“合二而一”则逐步演变为“和”的哲学、“和谐哲学”。这个过程，正是和谐哲学取代斗争哲学的过程。④

第二种观点认为，和谐社会理论的哲学依据是和谐辩证法。和谐社会就要有和谐的思维，应当从矛盾辩证法走向和谐辩证法。和谐辩证法是对过去矛盾辩证法向斗争性倾斜的反思，是辩证法科学由过去向矛盾斗争倾斜而转为向对立面同一的全面回归。和谐辩证法是对对立面之间关系的重新认识和对待，它与矛盾辩证法不同，是向对立面的同一性的倾斜，集中体现在以下几个方面：一是承认对立面的肯定因素，二是敢于扶植对立面，三是促进对立面的结合，四是实现对立面的双赢，五是承认矛盾性质的适度模糊。自马克思以来，无论是唯物辩证法、实践辩证法、自然辩证法、革命辩证法，其核心都是否定性，从本质上来说，

① 李中华，《“和”之内涵与定位》，《新华文摘》，2009年第1期。

② 郭和平，《辩证思维与和谐思维——兼与张奎良先生商榷》，《光明日报》，2005年4月5日。

③ 庞元正，吕文林，《马克思主义哲学中国化时代化视域中的唯物辩证法研究》，《中央党校学报》，2009年第6期。

④ 毛卫平，《试论和谐社会的哲学基础》，《中共中央党校学报》，2006年第4期。

都是矛盾辩证法。今天正处于社会主义与和平发展时代的新的转折点，辩证法应该有它固有的敏感，反映和汲取时代精神，把自身推进到以稳定、团结、和谐和发展为坐标的新阶段。因此，辩证法的发展要从矛盾辩证法走向和谐辩证法。

第三种观点认为，和谐社会理论的哲学依据是唯物辩证法的矛盾学说、矛盾辩证法在社会主义条件下的运用与发展。因为和谐不是没有矛盾，正是因为有矛盾，才要和谐；正是因为要和谐，才要协调矛盾。从辩证法的矛盾学说来看，和谐实际上是矛盾双方相互依存、相互促进、共同发展的良性状态。在构建社会主义和谐社会的过程中，由于面对的矛盾大多是非对抗性矛盾，矛盾双方往往是互相依赖、互相促进的关系，这些矛盾由于不具有对抗性质，完全可以通过和平的、民主的、自我调解的等非对抗形式解决，矛盾各方能够处在或达到互相促进、良性运行、共同发展的和谐状态，而且这种和谐状态是实现国家富强、民族振兴、人民幸福的重要保证。因而，构建社会主义和谐社会必然要重视矛盾双方相互依存、相互促进、和谐共生的关系，重视矛盾的同一性在解决矛盾中的作用。但并不能因此否认和轻视矛盾的斗争性。促进社会和谐，要解决好各种社会矛盾，避免激化矛盾，争取化解矛盾，但这是斗争性采取何种形式的问题，不是斗争性有无的问题。因此，根据时代特征和矛盾的不同性质，要更为重视矛盾同一性的作用，采取更为适宜的矛盾斗争性形式，这才是和谐社会理论的哲学依据。

黑格尔说："驳斥哲学体系并不是意味着抛弃它，而是继续发展它，不是用另一个、片面的对立物去代替它，而是把它包含在某种更高的东西之中。"[①] 推进社会主义辩证法研究，需要对上述不同观点进行深入分析并进行合理取舍。第一，必须看到社会主义社会充满着矛盾，构建和谐社会是不断化解矛盾，使矛盾双方达到相互依存、相互促进的良性状态的过程，因此承认矛盾、承认矛盾辩证法，是构建和谐社会的基本前提。第二，必须看到社会主义社会的主要的、大量的矛盾是非对抗性矛盾、人民内部矛盾，但是不能否认社会主义社会也还存在着少量的对抗性矛盾、敌我矛盾。十七大报告指出，构建和谐社会是要实现全体人民的和谐相处，这表明促进社会和谐主要适用于解决非对抗性矛盾、人民内部矛盾。对于一些对抗性矛盾、敌我矛盾，我们也要争取以非对抗性的方法去解决，争取化敌为友，但如果认为非对抗性的方法适用于解决所有对抗性矛盾，必将导致严重的政治错误，贻害国家和人民。第三，构建和谐社会必须高度重视矛盾同一性的作用，但是决不能否认和无视矛盾斗争性的存在和作用，不仅在解决对抗性矛盾中必须坚持斗争性，

①《哲学笔记》第2版，第139页。

就是在解决非对抗性矛盾中也离不开斗争性，否则混淆大是大非，真善美就得不到发扬，假恶丑就会畅行无阻，就不会有社会和谐可言。就此而言，以正确处理矛盾斗争性与统一性关系为实质的矛盾学说、矛盾辩证法，是适用于解决社会主义所有矛盾的方法，是社会主义辩证法的核心理论。放弃了它，就等于放弃了社会主义辩证法。只有在构建和谐社会的实践中丰富发展它，才是推进社会主义辩证法中国化时代化的正确途径。①

有学者认为，构建和谐社会也要有斗争精神，没有斗争就不能实现中国发展的多重使命和目标。研究指出，和谐哲学与和谐辩证法有其可取之处，但必须有四个前提条件：一是要承认矛盾，承认和谐是矛盾的一种特殊状态；二是要在强调矛盾同一性的同时承认矛盾的斗争性；三是要承认和谐哲学与和谐辩证法主要是解决非对抗性矛盾的方法，其并不完全适用于解决对抗性矛盾；四是和谐哲学、和谐辩证法只是矛盾辩证法在一定领域的应用，因而不存在以和谐哲学取代矛盾哲学、以和谐辩证法取代矛盾辩证法的问题。只有承认这些前提条件，和谐哲学与和谐辩证法才能说得通。否则，就会造成理论混乱和实践失误。②

（三）系统科学与唯物辩证法的时代化

系统科学是20世纪科学的四大发现之一，它是包括一般系统论、控制论、信息论、耗散结构理论、协同学、超循环理论、突变理论等横断学科的一个科学群。这些新学科从不同侧面，以不同方式研究系统的性质与运动状况，深刻揭示了系统所具有的普遍联系和不断发展的属性和规律，为唯物辩证法的丰富和发展提供了大量新鲜素材。恩格斯说："随着自然科学领域中每一个划时代的发现，唯物主义也必然要改变自己的形式。"③1978年改革开放之后，中国的哲学工作者认识到，辩证法研究应注重从现代科学成果中汲取新的营养，尤其是应该吸取系统科学的最新成果，在基本范畴、基本原理、基本规律方面丰富和发展唯物辩证法，在吸收现代科学思维成果的基础上发展辩证决定论思想。这是近30年来唯物辩证法研究中一个极为引人关注的走向。④

1. 从系统科学最新思维成果中提炼唯物辩证法的新范畴

范畴是人类认识和掌握客观世界现象之网上的纽结。系统科学贡献给辩证法的核心范畴是"系统"这个概念。事物都是以系统的形式存在的，系统是反映事物内部联系和外部环境与系统联系的普适性范畴。20世纪80年代初，哲学研究者提出系统是"反映客观世界事物现

① 庞元正，吕文林，《马克思主义哲学中国化时代化视域中的唯物辩证法研究》，《中央党校学报》，2009年第6期。
② 冯敬诺，杨信礼，《中国马克思主义哲学60年发展历程、成就与经验》，《学习时报》，2009年9月21日第3版。
③《马克思恩格斯全集》第21卷，第320页。
④ 同①。

象的最普遍、最重要的属性、特征、联系的基本概念。它比原来哲学中的部分与整体这对范畴更能反映事物之间的关系，是一个更广泛、更具有普遍意义的范畴。”[①] 因此，系统范畴是对辩证法关于世界是普遍联系的观点的证实和发展。基于这一认识，1983 年韩树英主编的《马克思主义哲学纲要》首先将系统作为唯物辩证法的一个基本范畴引进了教科书。

此后，更多的研究者对系统与要素、开放与封闭、结构与功能、有序与无序等系统科学中具有辩证关系的对偶范畴进行了提炼。系统科学的研究表明，系统与要素、开放与封闭、有序与无序、结构与功能，都是具有极大的普遍性的辩证范畴。论者指出：

（1）系统与要素这对范畴包含着比整体和部分更多的内容，即要素之间整体性联系和系统对要素的制约性等内容，使得系统与要素比整体和部分更深刻、更具体地反映了事物的本质。[②]

（2）开放和封闭这对范畴从横向联系上表现了一事物与他事物的关系。只有开放而无封闭，事物的内部矛盾和外部矛盾就毫无区别；只有封闭而无开放，事物的内部矛盾和外部矛盾就无法联系。因此，任何事物都是开放和封闭的矛盾同一体。[③]

（3）有序和无序有两重含义：从状态上看，无序表现为系统失去了稳定性和整体性，有序表现为系统的联系稳定、诸种功能的井然有条；从方向上说，无序是从高级的规则性向低级的规则性的不可逆转化，有序则是联系的规则从低级向高级的发展[④]。

（4）在结构与功能这对范畴中，结构是系统要素相互联系、相互作用的秩序和形式，功能是指系统与外部环境相互联系和相互作用中所能表现出的性质、能力和功效等。

在系统科学范畴研究的基础上，人们认识到，只要系统科学范畴适用于自然、社会、思维这三个世界的基本领域，就具备了哲学新范畴产生的条件。像系统、信息、层次、要素，结构和功能，状态和过程，有序和无序，控制和反馈等概念，通过哲学概括，都可以成为一般辩证法的新范畴。[⑤] 而对系统科学这些新范畴的提炼和吸收，则成为唯物辩证法时代化的新生长点。

2. 以系统科学的最新思维成果为基础丰富发展唯物辩证法的规律

系统科学从多个方面证实和发展了对立统一规律。

（1）系统科学揭示了客观世界的一系列矛盾，如系统与要素、结构与功能、有序与无序、协同与竞争、封闭与开放、突变与渐变、优化与非优化、层次与类型、平衡与非平衡、可逆与不可逆、线性与非

① 魏宏森，《系统论、信息论、控制论给哲学提出了新课题》，《百科知识》，1981 年第 9 期。

② 夏澍，《一对重要的辩证法范畴——系统和要素》，《人文杂志》，1983 年第 5 期。

③ 幸国强，《唯物辩证法基本范畴的逻辑顺序》，《四川师大学报》，1985 年第 4 期。

④ 陈志良，《有序和无序是辩证法的范畴》，《江海学刊》，1983 年第 3 期。

⑤ 查汝强，《二十世纪自然科学的四大发现》，《哲学研究》，1982 年第 6 期。

线性、简单与复杂、系统分析与系统综合等，从而进一步证实和发展了矛盾的普遍性。

（2）系统理论指出，系统诸要素中最基本的倾向就是独立运动（竞争）与合作运动（协同）两种，所以竞争与协同这两种对立倾向，是系统的本质与精髓所在，这是对矛盾的斗争性与同一性的证实和发展。

（3）一般系统论的中心化原理强调系统主导部分的存在，强调主导部分对于系统行为的支配作用；协同学中关于慢弛豫参量主宰着系统演化的整个进程的理论，都是对主要矛盾和矛盾主要方面原理的证实和发展。

（4）系统科学基础理论强调系统内部组成要素间的非线性相互作用是系统有序化的内在机制，而系统在多种发展的可能性中实现哪一种可能性，又是与背景条件中的外涨落分不开的。这表明内因决定了事物发展的各种可能性，某些重大的外因则是事物发展中某种可能性成为现实性的先决条件。这是系统科学对事物内部矛盾与外部矛盾辩证关系的丰富和发展。

系统科学对质量互变规律的发展成为了新时期辩证法研究的又一重要方面。系统论的研究指出，结构与质和量、结构变化与质变量变，既有联系又有区别。结构是系统质和系统量的基础；结构的变化是质量互变的基础，也是质量互变的内在根据；结构的层次性体现了质量互变规律的层次性。在质量互变规律研究中，另一个引人注目的问题是关于质变方式的新探讨。过去人们把飞跃完全等同质变，并认为飞跃有爆发式和非爆发式两种形式。① 但对系统科学突变理论的研究表明，飞跃只是质变的一种方式，质变既可以通过飞跃也可以通过渐变的方式来完成。在某些条件下，质变过程会发生量变积累的中断，出现关节点，这时质变以飞跃方式实现；在另外一些条件下，质变过程不出现量变的中断，不出现关节点，质变以渐变方式实现。他们还依据突变理论提出，可以用事物质变过程中稳定性是否破坏来判断飞跃与渐变；两种相互转化的质态之间的关节点并不是一固定的点，而是随着条件变化有规律分布的区域。②

系统科学的规律大多是包含多种可能性的统计学规律，普里高津等系统科学家提出了一种疑问，即辩证法的基本规律是不是建立在机械决定论基础上的。黑格尔说："哲学的方法既是分析的又是综合的，这倒并不是说对这两个有限认识方法的仅仅平列并用，或单纯交换使用，而是说哲学方法扬弃了并包含了这两个方法。因此在哲学方法的每一运动里所采取的态度，同时既是分析的又是综合的。"① 辩证法的三大规律，

① 王之璋，《结构与质量互变规律》，《中国社会科学》，1988年第1期。

② 金观涛，华国凡，《质变方式新探讨》，《中国社会科学》，1982年第1期。

作为自然界、人类社会和人类思维最普遍的规律，是对动力学规律、统计学规律以及一切合乎规律性的现象进行总结、概括的产物，因而也需要在可能域和概率性范畴的基础上，对辩证法基本规律采用“既分析又综合”的方法进行阐述。从这种角度来看，复杂系统的对立统一关系表现为一种具有多重矛盾的网络，这种多重矛盾各方面相互对立、相互斗争的不同结果，决定了事物发展的道路不是单一的，而是一个具有多种不同途径的可能域，其结果则是某一种具备了现实条件的可能性的实现。对质量互变规律而言，由于事物的质变形式也不是只存在一种可能，而是一个在可能域内发生的非线性概率性事件，因而在单一轨道和单一可能性的概念基础上理解质量互变规律就可能失之片面，只有在可能域和概率性的基础上，才能揭示质量互变规律丰富多彩的内容。同样，由于事物的否定方面和否定方式不是单一的，否定之否定规律也不是在单一轨道和单一可能性基础上曲折前进的过程。否定之否定规律揭示的是事物在可能域上的一组轨道集合，一组多种可能途径的螺旋式上升、波浪式前进的运动。

对辩证法基本规律的新阐发表明，一方面，辩证法规律是完全适合于现代科学规律的，并且能够为现代科学规律的非单一可能性和概率性特征提供深层理论说明；另一方面，只有运用现代科学的可能域和概率性思想重新阐发辩证法规律，才能更为充分地显示出辩证法规律的高度普适性和理论解释力。[②]

3.关于“一分为二”与“一分为多”、对立统一规律与差异同一规律的论争

在以系统科学新成果丰富和发展唯物辩证法的讨论中，一些研究者提出了系统辩证法的概念，认为“从唯心辩证法、唯物辩证法到系统辩证法，构成了一个辩证法思想体系变革的连续进化链条”。这实质上是把系统辩证法作为超越唯物辩证法的一种新的理论形态了。这种观点的要害在于认为应当以系统规律取代矛盾规律。还有的研究者提出，“客观事物本身并不都是一分为二的，绝大部分是一分为多的”，“差异比对立更普遍”，进而提出要用“差异统一规律”取代对立统一规律，认为“唯物辩证法的根本规律不是对立统一，而是包含了对立统一的差异统一规律”。[③] 这种观点否定对立统一规律的普遍性及其在辩证法中的核心地位，如果不加以澄清，会导致对唯物辩证法的否定。

首先需要澄清的是“一分为多”和“一分为二”两个概念。“一分为二”是对对立统一规律的通俗表达，它指的是一切现象和过程都含有互相矛盾、互相排斥、相互对立的趋向。“一分为多”，指的是系统的构成要素在数量上的特点。系统科学认为，构成系统的要素在数量

①《小逻辑》，第424页。
② 庞元正，吕文林，《马克思主义哲学中国化时代化视域中的唯物辩证法研究》，《中央党校学报》，2009年第6期。
③ 黎鸣，《信息与辩证法》，《马克思主义研究》，1988年第2期。

和种类上可以是无比繁多的，由两个要素所构成的系统是最简单的情况。显然，“一分为多”描述的“多”是经验事实，没有超越事物的现象形态。此外，“一分为二”是一种哲学方法论，由于任何事物内部都有着相互对立、相互依存的两种趋势和倾向，因而“一分为二”的方法在实践中具有普遍的指导意义；而“一分为多”是一种现象描述，不是一种普遍的方法。黑格尔说：“多样性，正是在概念中被扬弃，因为它属于同概念对立的直观，对象通过概念才回到自己的非偶然的本质性：本质性表现在现象中，因此，现象并非只是没有本质的东西，而是本质的表现。”[①] 当然，“一分为二”与“一分为多”也是相互联系、彼此一致的，是可以统一起来的。作为对事物本质把握的“一分为二”可以体现在经验事实的“一分为多”之中。同样，系统的组成要素之间的相互依存、相互排斥的关系可以归结为矛盾关系，“一分为多”上升为本质的认识，就概括为“一分为二”。在解决具体问题的过程中，应当善于把“一分为二”贯穿于“一分为多”之中，又要在“一分为多”中把握“一分为二”。

进一步说，以“差异同一规律”取代对立统一规律的观点，不过是“一分为多”取代“一分为二”观点的更为学术化的表达。其实，“差异是普遍的”，并不是系统科学的新发现，而是辩证法早已提出的命题。黑格尔就提出“一切事物都是有差异的”，并将这一命题称为“相异律”。更为关键的是黑格尔认为，“假如更仔细地看待实在的区别，那么区别就将从差异变为对立，并从而变为矛盾”，因此他认为，矛盾概念比差异概念更深刻地反映了事物的本质。黑格尔的这一思想为马克思主义经典作家所一再肯定，矛盾法则被称为对立统一规律。可见，提出以差异同一规律代替对立统一规律，是辩证法研究的一种倒退，而不是对辩证法的发展。

（四）吸收现代科学成果建构辩证决定论新形态

20世纪以来，随着量子力学、系统科学和分子生物学等现代科学的发展，自然科学发生了一场“概率革命”。伴随这场“概率革命”，在科学和哲学领域展开了一场旷日持久的关于决定论和非决定论的论战。对于唯物辩证法而言，这一问题的研究具有重要意义，它不仅关系到唯物辩证法如何看待因果性、必然性和规律性等基本哲学问题，而且这一问题还是一个涉及如何汲取现代科学成果，实现唯物辩证法当代化的重大理论课题。

决定论与非决定论的争论，其核心问题是如何看待客观世界的因果性、必然性和规律性。而这些问题恰恰是马克思主义辩证法研究的重要内容。20世纪80年代以来，学术界主要有以下几种观点：[①]

① 《哲学笔记》第2版，第144页。

第一种观点认为，马克思和恩格斯对因果性、必然性与规律性是肯定的。由于列宁提出“哲学家要关心建立在决定论之上的，包括理论和实践在内的完整的世界观”，据此主张马克思主义唯物辩证法是支持决定论的，但又是反对机械决定论的。

第二种观点认为，“辩证唯物论者是规律论者而不是决定论者”。在当代社会现实中，偶然性的作用愈益突出。恐怖袭击，非典和埃博拉疫情，以及各种社会突发事件和自然灾害等，都在提醒人们强化对偶然性的认识和关注。这些似乎都在某种意义上印证了汤因比在其《历史研究》中的断言：“根据历史上诸文明命运的证据，我们必须与之战斗的女神，不是携带着致命武器的‘凶猛的必然性’，而是‘或然性’。”现代自然科学的发展进一步证明，并非一切事件都受严格因果律支配，并非任何初始条件都有确定值。所以，未来是不可精确预言的，这表明决定论在本体论和认识论上都是错误的，因此应该放弃决定论。而历史则是由因果性与随机性、必然性与偶然性共同决定的，它们交错地对历史发展起支配作用。无论必然性还是偶然性，因果性还是随机性，都要受到客观规律的支配和约束。

第三种观点认为，马克思主义哲学在本质上超越了决定论与非决定论的两极对立。马克思主义扬弃了外推的直线思维和内生的循环思维而提出了一种新的、主体论的思维方式来把握世界，从而发现了人及其自然界基于人的劳动而相互生成的性质，揭示了自然界和人的相互作用、相互选择，实现了决定论和非决定论思想的辩证综合。

第四种观点认为，唯物辩证法是一种辩证决定论。唯物辩证法承认决定论关于客观世界具有因果性、必然性、规律性的基本原则，同时又反对机械决定论和非决定论在因果性、必然性、规律性问题上的形而上学主张。马克思和恩格斯在创立辩证法的过程中，①把原因与结果汇合并融化在事物的普遍相互作用的观念中，从而克服了机械决定论把原因和结果置于绝对对立的两极中思维以及把机械力学中的因果联系当成因果联系的唯一类型的局限；②揭示了偶然性的客观存在和重要作用，并从事物的偶然性中窥视到了内在的必然性，从而克服了机械决定论否定偶然性和非决定论否定必然性的形而上学观点；③揭示了自然界和人类社会不同领域规律的众多表现形式，批驳了机械决定论把一切规律归结为动力学规律和非决定论不承认除动力学规律外还存在其他类型规律的形而上学观点。

上述几种不同观点的对立，既有对决定论与非决定论概念理解上的分歧，同时也有对如何发展辩证法原则上的分歧。在马克思主义哲学的话语系统中，决定论、非决定论、机械决定论、辩证决定论，是有着严

① 庞元正，吕文林，《马克思主义哲学中国化时代化视域中的唯物辩证法研究》，《中央党校学报》，2009年第6期。

格的区别的。而在西方哲学语境中，则对这些概念没有做出明确区分。一些西方哲学家之所以主张非决定论，恰恰是要反对马克思主义辩证法所承认的因果性、必然性和规律性。面对这些挑战，固守机械决定论，肯定是背离唯物辩证法的；而主张完全否定决定论，主张超越决定论与非决定论的对立，主张对决定论和非决定论进行综合，只能导致对唯物辩证法科学态度和革命精神的消解和阉割，同样会背离辩证法。因此，既承认客观世界存在因果性、必然性和规律性的基本原则，又吸收现代科学成果，反对对因果性、必然性、规律性的形而上学解释，才是唯物辩证法与时俱进的正确选择，而这就要坚持和发展辩证决定论。

1. 建构辩证决定论的新形态

沈从文说："凡事都若偶然的凑巧，结果却又若宿命的必然。"坚持和发展辩证法的决定论思想，需要吸收现代科学成果建构辩证决定论的新形态。现代科学提出的一系列新范畴、发现的因果联系的新类型、揭示的必然性与偶然性辩证关系的新特点、证实的客观规律的新形式等，均为辩证决定论新形态的建构提供了大量新鲜素材和必备的理论条件。

研究指出，可以把"可能域"和"概率性"作为建构辩证决定论新形态的逻辑起点。"可能域"和"概率性"是依据现代概率理论、量子力学、系统科学、分子生物学等重大科学成果提炼出的哲学范畴。经典科学和机械决定论是建立在对单一轨道和严格确定性研究的基础之上的。现代科学对经典科学与机械决定论的根本突破，是以轨道集合、分布函数和概率论的观念取代了单一轨道和严格确定性观念。用哲学语言来表达，就是用可能域和概率性的思想取代了对单一可能性和严格确定性的研究。这是当代科学思维方式的根本转变。只有在可能域和概率性的基础上，①才能深刻揭示在近代哲学单值因果、线性因果、非目的性因果之外还存在着统计因果、非线性因果和目的性因果关系；②才能揭示必然性与偶然性的相互依存，阐明必然性对事物在总体上、长过程中、终极目标上的发展途径和发展方向的决定作用，以及偶然性在不同发展途径和发展方向上的选择作用；③才能发现新型的、不同于经典科学所揭示的客观规律性，并阐明动力学规律与统计学规律是从不同领域、不同方面反映了客观世界的必然联系和发展趋势，从而更完整、更深刻地揭示客观世界的规律性。辩证决定论新形态的建构能够为现代科学研究和当代人类实践提供认识和改造世界的锐利思想武器。

2. 机遇问题研究的新进展

在唯物辩证法原有的体系中缺少关于机遇问题的研究，辩证决定论为科学阐明机遇问题提供了可能。

“机遇”是量子力学、系统科学和分子生物学等现代科学研究中的一个重要哲学问题，又是当代中国发展中的一个重大现实问题，也是推进唯物辩证法的中国化、时代化的一个重要课题。

从理论上看，机遇是对一特定事物的发展而言并非必定出现，但一经出现就可能改变事物现存状态的事件和条件。新时期哲学界围绕机遇的定义、机遇的特性、机遇的作用、机遇范畴的哲学意义等进行了深入的探讨。机遇与偶然性、不确定性密切相关，但机遇背后又存在着必然性。只有坚持偶然与必然的辩证法，才能正确理解和把握机遇。①

定稿于2014年9月8日

第一次修改于2015年2月1日

第二次修改于2015年5月31日

① 庞元正，吕文林，《马克思主义哲学中国化时代化视域中的唯物辩证法研究》，《中央党校学报》，2009年第6期。

上篇

经典著作中的辩证法

虽说马克思没有遗留下“逻辑”（大写字母的），但他遗留下《资本论》的逻辑，应当充分地利用这种逻辑来解决这一问题。在《资本论》中，唯物主义的逻辑、辩证法和认识论（不必要三个词：它们是同一个东西都）应用于一门科学，这种唯物主义从黑格尔那里吸取了全部有价值的东西并发展了这些有价值的东西……辩证法也就是（黑格尔和）马克思主义的认识论。

——列宁，《哲学笔记》第 290 页、第 308 页

认识是从内容到内容向前转动的。首先，这种前进是这样规定自身的，即它从单纯的规定性开始，而后继的总是愈加丰富和愈加具体。因为结果包含它的开端，而开端的过程以新的规定性丰富了结果。普遍的东西构成基础；因此不应当把进程看作是从一个他物到一个他物的流动。绝对方法中的概念在它的他有中保持自身；普遍的东西在它的特殊化中、在判断和实在中，保持自身；普遍的东西在以后规定的每一阶段，都提高了它以前的全部内容，它不仅没有因它的辩证的前进而丧失什么，丢下什么，而且还带着一切收获和自己一起，使自身更丰富、更密实。

——黑格尔，《逻辑学》下卷第 549 页

人们最初把真理了解为：我知道某物是如何存在的。不过这只是与意识相联系的真理，或者只是形式的真理，只是“不错”罢了。按照较深的意义来说，真理就在于客观性和概念的同一……凡仅仅是主观的主观性，仅仅是有限的有限性，仅仅是无限的无限性以及类似的东西，都没有真理性，都自相矛盾，都会过渡到自己的反面。因此在这种过渡过程中和在两极端之被扬弃成为假相或环节的统一性中，理念便启示其自身作为它们的真理。

——黑格尔，《小逻辑》第 399 页、第 401 页

认识过程最初是分析的。对象总是呈现为个体化的形态，故分析方法的活动即着重于从当前个体事物中求出其普遍性。在这里思维仅是一抽象的作用或只有形式同一性的意义。这就是洛克及所有经验论者所采取的立场。许多人说，认识作用除了将当前给予的具体对象析碎成许多抽象的成分，并将这些成分孤立起来观察之外，没有别的工作可做。但我们立即可以明白看见，这未免把事物弄颠倒了，会使得那要理解事物的本来面目的认识作用陷于自身矛盾……当一个经验派的心理学家将人的一个行为分析成许多不同的方面，加以观察，并坚持它们的分离状态时，也一样地不能认识行为的真相。用分析方法来研究对象就好象剥葱一样，将葱皮一层又一层地剥掉，但原葱已不在了。

——黑格尔，《小逻辑》第 412~413 页

回望马克思

最优良的东西，也就是最有用的东西。

——黑格尔，《小逻辑》

马克思的全部天才正是在于他回答了人类先进思想已经提出的种种问题。

——《列宁选集》第 2 卷

我们共产党人公开承认马克思是我们的伟大导师，我们都是他的学生。学生见老师本来是很平常的事，但“见马克思”在我国已有了特殊的含义，一般人既没那个底气也没那个资格说要去“见马克思”了，只有那些领袖级的人物，当他觉得时日不多时，就可以很幽默地说快要“见马克思”了。这既是对自己工作的一种自信，觉得有资本去见马克思，更是一种信仰，一种追随马克思而至死不渝、永不反悔的信仰！

马克思相信“理论一经掌握群众，也会变成物质力量。理论只要说服人，就能掌握群众；而理论只要彻底，就能说服人。所谓彻底，就是抓住事物的根本”。① 马克思以他的理论、他的思想和他创立并倡导的信仰，引导、鼓励和教育了广大人民，赢得广泛的尊重和敬仰。在《青年在选择职业时的考虑》中，马克思说：“尊严就是最能使人高尚起来、使他的活动和他的一切努力具有崇高品质的东西，就是使他无可非议、受到众人钦佩并高出于众人之上的东西……人们只有为同时代人的完美、为他们的幸福而工作，才能使自己也达到完美。如果一个人只为自己劳动，他也许能够成为著名学者、大哲人、卓越诗人，然而他永远不能成为完美无疵的伟大人物。历史承认那些为共同目标劳动因而自己变得高尚的人是伟大人物……如果我们选择了最能为人类福利而劳动的职业，那么，重担就不能把我们压倒，因为这是为大家而献身；那时我们所感到的就不是可怜的、有限的、自私的乐趣，我们的幸福将属于千百万人，我们的事业将默默地、但是永恒发挥作用地存在下去，而面对我们的骨灰，高尚的人们将洒下热泪。”②

“夫子文章，可得而闻，则圣人之情，见乎文辞矣。”③ 在马克思去世100多年后的今天，尽管我们没能聆听他的当面教诲，但当我们回望马克思的身影，当我们时不时地从他的著作和思想中汲取营养的时候，我们仍由衷地为这位致力于为“千百万人”的幸福而奋斗终生的导师“洒下热泪”！④

按照我们中国人对学生的评价标准，马克思可以称得上是位好学生。马克思的《特里尔中学毕业证书》对他资质和勤勉情况的评价是：“该生具有良好资质；古代语言、德语和历史学习很勤勉，数学学习勤勉，法语学习不够勤勉。”⑤ 而《波恩大学肄业证书》和《柏林大学毕业证书》对马克思各门学科的评价是“勤勉”“十分勤勉和用心”“极为

① 马克思，《〈黑格尔法哲学批判〉导言》，《马克思恩格斯选集》第1卷，第9页。

②《马克思恩格斯全集》第40卷，第6～7页。

③《文心雕龙·征圣》。

④ 爱因斯坦说：“凡是对人类和人类生活的提高最有贡献的人，应当是最受爱戴的人，这在原则上是正确的。”，《爱因斯坦文集》第三卷，第36页。

⑤《马克思恩格斯全集》第1卷，第932页。

勤勉和用心”[①]。马克思更值得我们学习和尊敬的是他对待黑格尔的态度。列宁在《卡尔·马克思》中说，马克思1841年大学毕业时提出了一篇论伊壁鸠鲁哲学的学位论文，“按其观点来说，当时还是一个黑格尔唯心主义者”[②]。马克思在给父亲的信中说：“先前我读过黑格尔哲学的一些片断，我不喜欢它那种离奇古怪的调子……在患病期间，我从头到尾读了黑格尔的著作，也读了他大部分弟子的著作。”[③]在献给父亲的诗册中，马克思说：“我们已陷进黑格尔的学说，无法来摆脱他的美学观点。”[④]但当德国知识界发号施令的愤懑的、自负的、平庸的模仿者们，如毕希纳、朗格、杜林、费希纳等人，把黑格尔当作一条“死狗”的时候，马克思“公开承认我是这位大思想家的学生，并且在关于价值理论的一章中，有些地方我甚至卖弄起黑格尔特有的表达方式”[⑤]。马克思还不止一次地指出黑格尔辩证法和它所包含的那种合理的东西的积极意义。他在致恩格斯的一封信中曾指出，在经济学问题上整理材料的方法方面，重新浏览黑格尔的《逻辑学》对他很有用。[⑥]同时，马克思又开宗明义地指出：“我的辩证方法，从根本上来说，不仅和黑格尔的辩证方法不同，而且和它截然相反。在黑格尔看来，思维过程，即他称为观念而甚至把它变成独立主体的思维过程，是现实事物的创造主，而现实事物只是思维过程的外部表现。我的看法则相反，观念的东西不外是移入人的头脑并在人的头脑中改造过的物质的东西而已……辩证法在黑格尔手中神秘化了，但这决没有妨碍他第一个全面地有意识地叙述了辩证法的一般运动形式。在他那里，辩证法是倒立着的。为了发现神秘外壳中的合理内核，必须把它倒过来。”[⑦]罗森塔尔认为马克思的伟大在于“利用了黑格尔辩证法的‘合理内核’之后，又给了它深刻的批判，并创造了与黑格尔辩证法根本对立的新的、马克思主义的辩证法”[⑧]。马克思自己说得更透彻：“我和黑格尔辩证法的关系很简单。黑格尔是我的老师，自认为已经和这位著名思想家决裂的那些自作聪明的模仿者们的废话，我感到简直是可笑的。但是，我敢于以批判的态度对待我的老师，剥去他的辩证法的神秘外壳，从而在本质上改变它，如此等等。”[⑨]也正因为此，列宁说：“马克思主义这一革命无产阶级的思想体系赢得了世界历史性的意义，是因为它并没有抛弃资产阶级时代最宝贵的成就，相反地却吸收和改造了两千多年来人类思想和文化发展中一切有价值的东西。”[⑩]

黑格尔指出：“把一个现象领域向前推进的，是这个领域的内容本身，是它（这个内容）在自身中所具有的辩证法”，也就是它自身运动的辩证法。[⑪]黑格尔辩证法的出发点是任何事物都含有本身的对立面或内在矛盾，就是这种内在矛盾在推动事物的发展。

① 《马克思恩格斯全集》第1卷，第936~941页。
② 《马克思恩格斯选集》第1卷，第1页。
③ 《马克思恩格斯全集》第40卷，第15~16页。
④ 《马克思恩格斯全集》第40卷，第652页。
⑤ 《马克思恩格斯全集》第23卷，第24页。
⑥ 罗森塔尔，《马克思〈资本论〉中的辩证法问题》，第5页；《马克思恩格斯全集》第29卷，第250页。
⑦ 同⑤。
⑧ 罗森塔尔，《马克思〈资本论〉中的辩证法问题》，第5页。
⑨ 《马克思恩格斯全集》第50卷，第35页。
⑩ 《列宁选集》第4卷，人民出版社，1995年，第362页。
⑪ 《哲学笔记》第2版，第81页。

黑格尔的逻辑学是以“纯有（也译作纯存在）”作为开端的，“纯存在或纯有之所以当成逻辑学的开端，是因为纯有既是纯思，又是无规定性的单纯的直接性，而最初的开端不能是任何间接性的东西，也不能是得到了进一步规定的东西。”① 这个纯有由于其纯粹性和绝对性，“直捷了当地是一个直接的东西，或者不如说，只是直接的东西本身”，它“不以任何东西为前提”，“不以任何东西为中介，也没有根据”，“正如它不能对他物有所规定那样，它本身也不能包含任何内容”②，它“除了开端而外，什么也没有”③，因而它“无非是那个空的有”④。因此，“开端并不是纯无，而是某物要从它那里出来的一个无：所以有便已经包含在开端之中了。”⑤ 因为“这种纯有是纯粹的抽象，因此是绝对的否定”，“这种否定，直接地说来，也就是无”⑥，“如果说，无是这种自身等同的直接性，那末反过来说，有正是同样的东西。因此‘有’与‘无’的真理，就是两者的统一。这种统一就是变易”⑦。黑格尔的这一思想是很深刻的。列宁说：“非常显著，黑格尔有时从抽象到具体［存在（抽象）—定在（具体）—自为存在］，有时却相反［主观概念—客体—真理（绝对观念）］。这是否就是唯心主义者的不彻底性（马克思称之为黑格尔的观念的神秘主义）呢？或者还有更深刻的道理呢？（例如，存在＝无——变易、发展的观念）起初有一些印象闪现，而后有某个东西分出，——然后质（物或现象的规定）和量的概念发展起来。然后研究和思索使思想去认识同一——差别—根据—本质对现象的关系——因果性等等。所有这些认识的环节（步骤、阶段、过程）都是从主体走向客体，受实践的检验，并通过这个检验达到真理（＝绝对观念）”，并给出批注：“抽象的‘存在’仅仅作为‘一切皆流’中的一个环节”。⑧

作为黑格尔逻辑学开端的“纯有”（纯存在）虽然是神秘的虚构，因而是不真实的概念，但它本身却是辩证发展的东西，其中的辩证思想，却是超过一切前人的，它与《老子》中的“道生一，一生二，二生三，三生万物”和《易经》中的“太极生两仪，两仪生四象，四象生八卦”等有明显的区别，主要表现在以下方面：

（1）导出了直接性、间接性和中介。黑格尔说：“无论在天上、在自然中、在精神中或任何地方，都没有什么东西不同时包含直接性和间接性，所以这两种规定不曾分离过，也不可分离，而它们的对立便什么也不是。但是科学说明所涉及的东西，那就是在每一个逻辑命题中都现出了直接性和间接性的规定以及它们的对立和真理的说明。”⑨ 黑格尔所说的直接性是指一事物的自身存在，间接性是指一物与他物的关系。他说：

①《小逻辑》，第189页。
②《逻辑学》上卷，第54页。
③《逻辑学》上卷，第58页。
④《逻辑学》上卷，第61页。
⑤《逻辑学》上卷，第59页。
⑥《小逻辑》，第192页
⑦《小逻辑》，第195页。
⑧《哲学笔记》第2版，第289～290页。
⑨《逻辑学》上卷，第52页。

“直接性的形式本身是片面性的，致使其内容本身也带有片面性，并且因而成为有限的……只有当我们洞见了直接性不是独立不依的，而是通过他物为中介的，才揭穿其有限性与非真实性。这种识见，由于内容包含有中介性在内，也是一种包含有中介性的知识。因为真正可以认作真理的内容的，并不是以他物为中介之物，也不是受他物限制之物，而是以自己为自己的中介之物所以中介性与直接的自我联系的统一。”[①] 他还说：“开端的规定性，是一般直接的和抽象的东西，它的这种片面性，由于前进而失去了，开端将成为有中介的东西。”[②] 这样，在直接性与间接性的对立中就有了中介——“一切都是经过中介，连成一体，通过过渡而联系的。”[③] 作为开端的“纯有”虽然是抽象的、空洞的直接的东西，但它里面却潜藏着后继的一切规定、概念范畴，并以它们为自己的根据。黑格尔说：“单纯直接性自身是一个反思名词，它自己并且与中介物的区别相关。单纯直接性的真正名称是纯有……纯有也只应当叫作一般的有：有，并没有任何进一步的规定和充实，此外什么也不是。这里的有，被表述为通过中介发生的开端的东西，而在通过中介时，中介便扬弃了自身。”[④] “纯有”的向前发展即是把潜藏在自身内的一切东西展开出来，从而成为有中介的东西；而它的这种前进同时就是向自身的回复，即回溯到根据，回到本源的东西和真实的东西。因此，黑格尔说：“直接存在与间接存在显然也是结合着的。胚种和父母，从其所产生的枝叶和后裔看来，只可以说是直接的、创始的存在。不过胚种和父母的存在虽说是直接的，但它们仍然是有根源的，是衍生出来的；而枝叶和后裔，其存在尽管是中介性的，却仍然可说是直接的，因为它们存在。”[⑤] 对照来看，《易经》在直接性和间接性的问题上是模糊的，不明确的。“太极生两仪，两仪生四象，四象生八卦”的发展演变过程并没有指出其中的中介。中介的潜藏和不明确是《易经》走向玄学的本质因素之一。而《易传》对易理的阐释和中医阴阳学说使阴阳理论得到进一步的发展，完成了从高度抽象到具体的发展演变过程。

（2）指出了矛盾双方既对立又同一。黑格尔说：“开端包含一个这样的有：它摆脱了非有，或者说把非有当作一个与它对立的东西扬弃掉。再者，开始的东西，既是已经有，但又同样是还没有。所以有与无这两个对立物就在开端中合而为一了”，且“开端包含有与无两者，是有与无的统一；——或者说，开端是（同时是有的）非有和（同时是非有的）有。”[⑥] “纯有与纯无是同一的东西。这里的真理既不是有，也不是无，而是已走进了——不是走向——无中之有和已走进了——不是走向——有中之无。但是这里的真理，同样也不是两者的无区别，而是两者并不

①《小逻辑》，第167页。
②《逻辑学》上卷，第56页。
③《哲学笔记》第2版，第86页。
④《逻辑学》上卷，第54页。
⑤《小逻辑》，第160页。
⑥《逻辑学》上卷，第59页。

同一，两者绝对有区别，但又同样绝对不曾分离，不可分离，并且每一方都直接消失于它的对方之中。所以，它们的真理是一方直接消失于另一方之中的运动，即变（werden）；在这一运动中，两者有了区别，但这区别是通过同样也立刻把自身消解掉的区别而发生的。”[①] 由于纯有与纯无是“同一”的东西，具有“不曾分离，不可分离”的特性，所以“在每一事例中，即在每一现实事物或思想中，都不难指出这种有与无的统一。以上关于直接性和中介（中介是一种相互关系，因而含有否定），关于有与无所要说的，必定是同一的东西，即：无论天上地下，都没有一处地方会有某种东西不在自身内兼含有与无两者。”[②]“有和有之一切规定性不是相对地，而是自在地扬弃自身：而自在之有的这种单纯否定性就是同一性本身。”[③] 这就是矛盾双方的既“对立”又“统一”（同一），以及“矛盾是推动整个世界的原则”的奥妙之所在。由此，就可以理解黑格尔所说的：“肯定的东西是那样一种差异的东西，这种差异的东西是独立的，同时对于它与它的对方的关系并非不相干。否定的东西也同样是一种独立自为的否定的自身关系、自为存在，但同时作为单纯的否定，只有在它的对方里它才有它的自身关系，它的肯定性。因此肯定与否定都是设定起来的矛盾，自在地却是同一的。两者又同是自为的，由于每一方都是对对方的扬弃，并且又是对它自己本身的扬弃。”[④] 中医强调“阴阳互根”，《易经》及太极图虽然也指出了阴阳之间的“不可分离”性，但对阴阳两者的“不曾分离”性未作说明，而且不可分离性的得出是以结论的形式给出的，而不是从阴阳之间的某种关系或假定导出的。

（3）指出矛盾的普遍性。在《资本论》的一个脚注中马克思指出，黑格尔的矛盾是“一切辩证法的源泉”[⑤]。黑格尔说：“当我们说，‘一切事物（亦即指一切有限事物）都注定了免不掉矛盾’这话时，我们确见到了矛盾是一普遍而无法抵抗的力量，在这个大力之前，无论表面上如何稳定坚固的事物，没有一个能够持久不摇……自然世界和精神世界的一切特殊领域和特殊形态，也莫不受辩证法的支配。”[⑥]“说它们既对立而又统一，这就是矛盾。但是谁如果要求一切事物都不带有对立面的统一那种矛盾，谁就是要求一切有生命的东西都不应存在。因为生命的力量，尤其是心灵的威力，就在于它本身设立矛盾，忍受矛盾，克服矛盾。在各部分的观念性的统一和在实在界的互相外在的部分之间建立矛盾而又解决矛盾，这就形成了继续不断的生命过程，而生命就只是过程。”[⑦]

（4）提出了逻辑与历史相一致的问题。黑格尔认为逻辑学的开端与发展同哲学史的开端与发展是密切相关的。他指出，在科学上是最初的

① 《逻辑学》上卷，第 70 页。
② 《逻辑学》上卷，第 72～73 页。
③ 《逻辑学》下卷，第 30 页。
④ 《小逻辑》，第 258～259 页。
⑤ 《马克思恩格斯全集》第 23 卷，第 654 页。
⑥ 《小逻辑》，第 179 页。
⑦ 黑格尔，《美学》第1卷，第154页。

东西，也一定是历史上最初的东西。他认为人类虽然一开始就有思维，但并不是一开始就认识到思维的纯粹性，这是经过若干千年以后才达到的。黑格尔认为，逻辑学是纯理念的科学，它必须从最抽象的纯有开始。纯有也就是纯思。开端是不能有任何规定性和间接性的，纯有正具有这一特性。它不以任何东西为前提，不以任何东西为中介，它本身不包含任何内容。费希特的“我即是我”，或谢林的“绝对的无差别”，都不适宜作为逻辑学的开端，因为它们都不是单纯的无规定性。

伽达默尔说：“辩证方法是一种从一个逻辑规定到另一个逻辑规定的内在演进，它被认为不是从任何假设性断定开始，而是随着概念的自我运动，在思想自身的逐步展开之中呈现出它的内在结论的。这里没有任何过渡是被外在地规定的。”

费尔巴哈在《黑格尔哲学批判》里，对黑格尔以“纯存在”作为逻辑学的开端的思想作了详细、尖锐的批判，他用一连串反问来反驳黑格尔的唯心主义的观点。他说：“‘存在是直接的、不确定的、自身相等的、自身同一的、无差别的东西。’可是，在这里岂不是假定了直接、不确定、同一等概念了吗？‘存在过渡到无，它直接消失而成为对方：它们的真理就是这个直接消失的运动。’在这里岂不连表象都假定了吗？消失岂不是一个概念，甚至可以说是一个感性表象吗？‘生成就是不静止，就是存在与无的统一；一定的存在就是达到了静止的统一。’在这里，岂不是连静止这样一种最可怀疑的表象也假定了，至少是接受了吗？”①

马克思把黑格尔神秘化了的辩证法重新颠倒过来，加以彻底改造，使之成为锐利的分析武器。马克思的《资本论》是运用辩证法的卓越典范。在《资本论》中，马克思从分析“商品”这个资本主义生产方式的基本细胞开始，分析简单的商品生产和流通，并指出，货币是商品流通的最后产物，同时它们是资本出现的最初形态。列宁认为《资本论》的起点（开端）是最简单的、最普通的、最常见的、最直接的“存在”，即个别的商品。把“商品”作为社会关系来加以分析，就是政治经济学的“存在”。② 马克思把资本看作在简单商品流通范围内所进行的各过程的合乎规律的结果，看作价值规律作用的结果，然后揭示出资本主义生产方式的实质就是剩余价值生产。马克思的剩余价值学说的核心是阐明剩余价值的来源和本质。

马克思在批判地继承古典政治经济学的研究成果和他所创立的科学的劳动价值理论的基础上，经过长期的考察和研究逐步建立了以剩余价值理论为中心的政治经济学的完整体系，揭示了资本主义经济运动的规律，实现了政治经济学史上的伟大革命。在马克思之前，资本是真正的

①《费尔巴哈哲学著作选集》上卷，1959 年，第 61 页。

②《哲学笔记》第 2 版，第 290～291 页。

“自在之物”，甚至在斯密和李嘉图等学者对于资本主义的研究中，也不能揭示资本主义生产方式的真正实质。列宁指出：“马克思的经济学说就是马克思理论最深刻、最全面、最详细的证明和运用。”[①] 在《资本论》中，马克思完全解决了研究资本主义社会“解剖学”的任务。[②] 他指出：“资本主义生产过程的产物既不是单纯的产品（使用价值），也不是单纯的商品即具有交换价值的产品，相反，资本主义生产过程的特殊产物是剩余价值。资本主义生产过程的产物是这样一些商品，它们具有更多的交换价值，就是说，它们代表的劳动比为了生产这些商品而以货币形式或商品形式预付的劳动更多。在资本主义生产过程中，劳动过程只表现为手段，价值增殖过程或剩余价值的生产才表现为目的。”[③] 资本主义生产的目的是纯产品，它实际上仅仅表现在剩余价值所赖以体现的剩余产品的形式上，这种情况表明资本主义生产实质上是剩余价值的生产。“资本主义生产的产物，不仅是剩余价值，而且是资本。”[④] 因此，资本作为资本所固有的特殊职能，是剩余价值的生产，“是在实际生产过程中对表现为和物化为剩余价值的无酬劳动的占有。”[⑤] 这是“打在资产者（包括土地所有者在内）头上的最丧胆的炮弹”[⑥]。罗森塔尔认为剩余价值是资本主义社会中的所有一切围绕着它旋转的一个轴心。丢开与生产剩余价值的联系，对于这个社会、对于资本主义制度下的各阶段的相互关系就什么也不能了解。[⑦] 剩余价值理论“揭示了资本主义生产的真正内部联系”，成为政治经济学的“基石”。[⑧] 由于剩余价值的发现，现代资本主义生产方式和它所产生的资产阶级社会的特殊的运动规律的全部发展就在剩余价值这个“萌芽”中“豁然开朗了”。

恩格斯在《致康·施米特》的信中指出：“即使把马克思的从商品到资本的发展同黑格尔的从存在到本质的发展作一比较，您也会看到一种绝妙的对照：一方面是具体的发展，正如现实中所发生的那样；而另一方面是抽象的结构，在其中非常天才的思想以及有些地方是极其重要的转化，如质和量的互相转化，被说成一种概念向另一种概念的表面上的自我发展。这类例子，还可以举出一打来。”[⑨] 而马克思在《1857—1858 年经济学手稿》中关于生产与消费之间关系的论述是概念具体发展的生动体现。

马克思说，首先，“生产直接也是消费。双重的消费，主体的和客体的。”第一，个人在生产过程中发展自己的能力，也在生产行为中支出、消耗这种能力。第二，生产资料的消费，生产资料被使用、被消耗、一部分（如在燃烧中）重新分解为一般元素。因此，“生产行为本身就它的一切要素来说也是消费行为。不过，这一点是经济学家所承认的，他们把直接与

① 列宁，《卡尔·马克思》，《马克思恩格斯选集》第1卷，第14页。
② 罗森塔尔，《马克思〈资本论〉中的辩证法问题》，第3页。
③《马克思恩格斯全集》第49卷，第60页。
④《马克思恩格斯全集》第49卷，第121页。
⑤《马克思恩格斯全集》第49卷，第36页。
⑥ 罗森塔尔，《马克思〈资本论〉中的辩证法问题》，第3～4页。
⑦ 罗森塔尔，《马克思〈资本论〉中的辩证法问题》，第37～38页。
⑧ 罗森塔尔，《马克思〈资本论〉中的辩证法问题》，第19～22页。
⑨《马克思恩格斯全集》第38卷，第203页。

消费同一的生产，直接与生产合一的消费，称做生产的消费。”①

其次，“消费直接也是生产”。马克思说，正如在自然界中元素和化学物质的消费是植物的生产一样，“这种消费的生产——虽然它是生产和消费的直接统一——是与原来意义上的生产根本不同的。生产同消费合一和消费同生产合一的这种直接统一，并不排斥它们直接是两个东西。”②

可见，“生产直接是消费，消费直接是生产。每一方直接是它的对方。可是，同时在两者之间存在着一种中介运动。生产中介着消费，它创造出消费的材料，没有生产，消费就没有对象。但是消费也中介着生产，因为正是消费替产品创造了主体，产品对这个主体才是产品。产品在消费中才得到最后完成。一条铁路，如果没有通车、不被磨损、不被消费，它只是可能性的铁路，不是现实的铁路。没有生产，就没有消费；但是，没有消费，也就没有生产，因为如果没有消费，生产就没有目的。”马克思进一步指出，消费从两方面生产着生产：“（1）产品不同于单纯的自然对象，它在消费中才证实自己是产品，才成为产品。消费是在把产品消灭的时候才使产品最后完成。（2）消费创造出新的生产的需要，也就是创造出生产的观念上的内在动机，后者是生产的前提。消费创造出生产的动力；它也创造出在生产中作为决定目的的东西而发生作用的对象。”可以说“没有需要，就没有生产。而消费则把需要再生产出来。”③

马克思分析了消费和生产之间的同一性，指出消费和生产之间的同一性表现在以下三方面：“（1）直接的同一性：生产是消费；消费是生产。消费的生产。生产的消费。国民经济学家把两者都称为生产的消费，可是还作了一个区别。前者表现为再生产；后者表现为生产的消费。（2）每一方表现为对方的手段；以对方为中介；这表现为它们的相互依存；这是一个运动，它们通过这个运动彼此发生关系，表现为互不可缺，但又各自处于对方之外。生产为消费创造作为外在对象的材料；消费为生产创造作为内在对象，作为目的的需要。没有生产就没有消费，没有消费就没有生产。（3）生产不仅直接是消费，消费不仅直接是生产；生产也不仅是消费的手段，消费也不仅是生产的目的，就是说，每一方都为对方提供对象，生产为消费提供外在的对象，消费为生产提供想象的对象；两者的每一方不仅直接就是对方，不仅中介着对方，而且，两者的每一方由于自己的实现才创造对方；每一方是把自己当作对方创造出来。消费完成生产行为，只是由于消费使产品最后完成其为产品，只是由于消费把它消灭，把它的独立的物体形式消耗掉；只是由于消费使得在最初

① 《马克思恩格斯选集》第 2 卷，第 93 页。
② 同①。
③ 《马克思恩格斯选集》第 2 卷，第 94 页。

生产行为中发展起来的素质通过反复的需要上升为熟练技巧；所以，消费不仅是使产品成为产品的终结行为，而且也是使生产者成为生产者的终结行为。另一方面，生产生产出消费，是由于生产创造出消费的一定方式，其次是由于生产把消费的动力，消费能力本身当作需要创造出来。"①

马克思关于消费与生产之间同一性的三方面表现，形式上与黑格尔"有—无—变易"结构有相似之处，但内涵却有本质的区别。恩格斯指出："黑格尔的每一个范畴都是哲学史上的一个阶段（他在多数情况下也指出这种阶段）"②，然而黑格尔作为逻辑的开端的"纯存在"是片面的、抽象的、空洞的，因而是不真实的概念，而马克思关于消费和生产的概念是具体的、真实的，它们之间的关系是实实在在的、形象的。虽然黑格尔也承认："认识的前进不是什么暂时性的东西，也不是有问题的和假设的东西，而必定是由事情和内容的本性规定了的。"③但他没有作进一步的阐述。马克思说："无论我们把生产和消费看作一个主体的活动或者许多个人的活动，它们总是表现为一个过程的两个要素，在这个过程中，生产是实际的起点，因而也是起支配作用的要素。消费，作为必需，作为需要，本身就是生产活动的一个内在要素。但是生产活动是实现的起点，因而也是实现的起支配作用的要素，是整个过程借以重新进行的行为。个人生产出一个对象和通过消费这个对象返回自身，然而，他是作为生产的个人和自我再生产的个人。所以，消费表现为生产的要素。"④通过这一比较，就不难理解，列宁所说的，"虽说马克思没有遗留下'逻辑'（大写字母的），但他遗留下《资本论》的逻辑，应当充分地利用这种逻辑来解决这一问题"。⑤

马克思创造的、与黑格尔辩证法根本对立的、新的、马克思主义的辩证法的内涵是十分丰富的，恩格斯在《致康拉德·施米特》中说："您知道，马克思的东西都是互相密切联系着的，任何东西都不能从中单独抽出来。"⑥伊·伊·考夫曼发表在《欧洲通报》1872年第3卷上的《卡尔·马克思的政治经济学批判的观点》一文认为"马克思的研究方法是严格的现实主义的，而叙述方法不幸是德国辩证法的。"⑦为了批驳这位先生的观点，在《资本论》第2版跋中，马克思说，回答这位作者先生的最好的办法，是从批评者自己的批评中摘出几段话来："在马克思看来，只有一件事情是重要的，那就是发现他所研究的那些现象的规律。而且他认为重要的，不仅是在这些现象具有完成形式和处于一定时期内可见到的联系中的时候支配着它们的那个规律。在他看来，除此而外，最重要的是这些现象变化的规律，这些现象发展的规律，即它们由一种

①《马克思恩格斯选集》第2卷，第95~96页。
②《马克思恩格斯全集》第38卷，第203页。
③《逻辑学》上卷，第57页；《哲学笔记》第2版，第86页。
④《马克思恩格斯选集》第2卷，第96~97页。
⑤《哲学笔记》第2版，第290页。
⑥《马克思恩格斯全集》第38卷，第454页。
⑦《马克思恩格斯全集》第23卷，第20页。

形式过渡到另一种形式，由一种联系秩序过渡到另一种联系秩序的规律。他一发现了这个规律，就详细地来考察这个规律在社会生活中表现出来的各种后果……所以马克思竭力去做的只是一件事：通过准确的科学研究来证明社会关系的一定秩序的必然性，同时尽可能完善地指出那些作为他的出发点和根据的事实。为了这个目的，只要证明现有秩序的必然性，同时证明这种秩序不可避免地要过渡到另一种秩序的必然性就完全够了，而不管人们相信或不相信，意识到或没有意识到这种过渡。马克思把社会运动看作受一定规律支配的自然史过程，这些规律不仅不以人的意志、意识和意图为转移，反而决定人的意志、意识和意图……但是有人会说，经济生活的一般规律，不管是应用于现在或过去，都是一样的。马克思否认的正是这一点。在他看来，这样的抽象规律是不存在的……根据他的意见，恰恰相反，每个历史时期都有它自己的规律。一旦生活经过了一定的发展时期，由一定阶段进入另一阶段时，它就开始受另外的规律支配。总之，经济生活呈现出的现象，和生物学的其他领域的发展史颇相类似……生产力的发展水平不同，生产关系和支配生产关系的规律也就不同。马克思给自己提出的目的是，从这个观点出发去研究和说明资本主义经济制度，这样，他只不过是极其科学地表述了任何对经济生活进行准确的研究必须具有的目的……这种研究的科学价值在于阐明支配着一定社会有机体的产生、生存、发展和死亡以及为另一更高的有机体所代替的特殊规律。马克思的这本书确实具有这种价值。”紧接着，马克思自豪地说：“这位作者先生把他称为我的实际方法的东西描述得这样恰当，并且在谈到我个人对这种方法的运用时又抱着这样的好感，那他所描述的不正是辩证方法吗？”①

黑格尔说：“现象是规律的显现”，“本质必定要表现出来”②（The Essence must appear or shine forth）。“一个事物具有特性，要在他物中起这样或那样的作用和以特殊方式在其关系中外在化自身。”③“现象在规律中所具有的长留不变的长在。”④“事物离开相互关系就什么也不是。”“规律是经过显现的东西中介的肯定的东西。”⑤对于黑格尔的这些观点，列宁认为：“这里都是极其费解的。但是，具有活力的思想看来是有的：规律的概念是人对于世界过程的统一和联系、相互依赖和总体性的认识的一个阶段。黑格尔在这里热衷于对词和概念的‘加工琢磨’和‘穿凿雕镂’，这是反对把规律的概念绝对化、简单化、偶像化。”⑥对照马克思和黑格尔关于规律的论述，我们就比较容易理解马克思所说的：“在形式上，叙述方法必须与研究方法不同。研究必须充分地占有材料，分析它的各种发展形式，探寻这些形式的内在联系。只有这项工作完成以后，现实的运动才能适当地叙述出来。这点一旦做到，材料的生命一旦观念地反

①《马克思恩格斯全集》第23卷，第20~23页。
②《小逻辑》，第275页。
③《逻辑学》下卷，第125页。
④《逻辑学》下卷，第143页。
⑤《哲学笔记》第2版，第126页。
⑥ 同⑤。

映出来，呈现在我们面前的就好像是一个先验的结构了。”①

马克思对黑格尔的批判是深刻的。马克思利用费尔巴哈的积极成果，站在彻底的唯物主义立场上对黑格尔哲学进行批判，他对黑格尔哲学的合理成分和保守方面已经有了比较成熟的看法。马克思认为如何对待黑格尔辩证法这一问题，表面上看来是形式的，而实际上是“本质的”。②在《1844年经济学哲学手稿》的最后部分，马克思揭示了黑格尔《精神现象学》的伟大成果就在于它在阐述异化的各种形式时提供了“推动原则和创造原则的否定性的辩证法”，同时批判了黑格尔的唯心主义，指出黑格尔讲的异化的不同形式，无非是意识和自我意识的不同形式。马克思说：“在黑格尔那里，否定的否定不是通过否定假象本质来确证真正的本质，而是通过否定假象本质来确证假象本质，或者说，来确证自身异化的本质，换句话说，否定的否定就是否定作为在人之外的、不依赖于人的、对象性本质的这种假象本质，并使它转化为主体。因此，把否定和保存即肯定结合起来的扬弃起着一种独特的作用……扬弃了的质等于量，扬弃了的量等于度，扬弃了的度等于本质，扬弃了的本质等于现象，扬弃了的现象等于现实，扬弃了的现实等于概念，扬弃了的概念等于客观性，扬弃了的客观性等于绝对观念，扬弃了的绝对观念等于自然界，扬弃了的自然界等于主观精神，扬弃了的主观精神等于伦理的客观精神，扬弃了的伦理精神等于艺术，扬弃了的艺术等于宗教，扬弃了的宗教等于绝对知识。一方面，这种扬弃是思想上的本质的扬弃，也就是说，思想上的私有财产在道德观念中的扬弃。而且因为思维自以为直接就是和自身不同的另一个东西，即感性的现实，从而认为自己的活动也是感性的现实的活动，所以这种思想上的扬弃，在现实中没有触动自己的对象，却以为已经实际上克服了自己的对象；另一方面，因为对象对于思维说来现在已成为一个思想环节，所以对象在自己的现实中也被思维看作思维本身的即自我意识的、抽象的自我确证。因此，从一方面来说，黑格尔在哲学中加以扬弃的存在，并不是现实的宗教、国家、自然界，而是已经成为知识的对象的宗教本身，即教义学；法学、国家学、自然科学也是如此。因此，从一方面来说，黑格尔既同现实的本质相对立，也同直接的、非哲学的科学或这种本质的非哲学的概念相对立。因此，黑格尔是同它们的通用的概念相矛盾的。另一方面，信奉宗教等等的人可以在黑格尔那里找到自己的最后的确证。”③

在《神圣家族》中，马克思和恩格斯对黑格尔辩证法中的合理的东西做了公正的评价，同时也批判了它的神秘部分。马克思指出：“黑格尔在‘现象学’中用自我意识来代替人，因此最纷繁复杂的人类现实在这里只是自我意识的特定的形式，只是自我意识的规定性。但自我意识的赤裸裸的规

①《马克思恩格斯全集》第23卷，第23页。

②《马克思恩格斯全集》第42卷，第156页。

③《马克思恩格斯全集》第42卷，第173～174页。

定性是‘纯粹的范畴’，是赤裸裸的‘思想’，因此，这种‘思想’我能够在‘纯’思维中加以扬弃并且通过纯思维来加以克服。在黑格尔的‘现象学’中，人类自我意识的各种异化形式所具有的物质的、感觉的、实物的基础被置之不理，而全部破坏性工作的结果就是最保守的哲学，因为这样的观点以为：既然它已经把实物的、感性现实的世界变成‘思维的东西’，变成自我意识的纯粹规定性，而且它现在又能够把那变成了以太般的东西的敌人溶解于‘纯思维的以太’中,所以它就把这个世界征服了。因此,‘现象学’最后完全合乎逻辑地用‘绝对知识’来代替全部人类现实，——之所以用知识来代替，是因为知识是自我意识的唯一存在方式，而自我意识则被看作人的唯一存在方式；之所以用绝对知识来代替，是因为自我意识只知道它自己，并且不再受任何实物世界的拘束。黑格尔把人变成自我意识的人，而不是把自我意识变成人的自我意识，变成现实的人即生活在现实的实物世界中并受这一世界制约的人的自我意识。黑格尔把世界头足倒置起来，因此，他也就能够在头脑中消灭一切界限；可是，对于坏的感性来说,对于现实的人来说,这当然丝毫不妨碍这些界限仍然继续存在。此外，凡是表明普遍自我意识的有限性的一切东西——人及人类世界的任何感性、现实性、个性，在黑格尔看来都必然是界限。全部‘现象学’的目的就是要证明自我意识是唯一的、无所不包的实在。”[①]

在《德意志意识形态》中，马克思说：“统治阶级的思想在每一时代都是占统治地位的思想。这就是说，一个阶级是社会上占统治地位的物质力量，同时也是社会上占统治地位的精神力量。支配着物质生产资料的阶级，同时也支配着精神生产的资料，因此，那些没有精神生产资料的人的思想，一般地是受统治阶级支配的。占统治地位的思想不过是占统治地位的物质关系在观念上的表现，不过是表现为思想的占统治地位的物质关系；因而，这就是那些使某一个阶级成为统治阶级的各种关系的表现，因而这也就是这个阶级的统治的思想。此外，构成统治阶级的各个个人也都具有意识，因而他们也会思维；既然他们正是作为一个阶级而进行统治，并且决定着某一历史时代的整个面貌，不言而喻，他们在这个历史时代的一切领域中也会这样做，就是说，他们还作为思维着的人，作为思想的生产者而进行统治，他们调节着自己时代的思想的生产和分配；而这就意味着他们的思想是一个时代的占统治地位的思想。”[②] 马克思说：“思辨终止的地方，即在现实生活面前，正是描述人们的实践活动和实际发展过程的真正实证的科学开始的地方。”[③]《神圣家族》专门有一节“思辨结构的秘密”，马克思举出了关于“果实”（der Frucht）的著名例子来批判思辨哲学，列宁认为这种批判是直接针对黑

①《马克思恩格斯全集》第2卷，第244～245页。
②《马克思恩格斯全集》第3卷，第，52页。
③《马克思恩格斯全集》第3卷，第30～31页。

格尔的且“极其有意思”。[①] 马克思说：“如果我从现实的苹果、梨、草莓、扁桃中得出‘果实’这个一般的观念，如果再进一步想像我从现实的果实中得到的‘果实’这个抽象观念就是存在于我身外的一种本质，而且是梨、苹果等等的真正的本质，那末我就宣布（用思辨的话说）‘果实’是梨、苹果、扁桃等等的‘实体’，所以我说：对梨说来，决定梨成为梨的那些方面是非本质的，对苹果说来，决定苹果成为苹果的那些方面也是非本质的。作为它们的本质的并不是它们那种可以感触得到的实际的定在，而是我从它们中抽象出来又硬给它们塞进去的本质，即我的观念中的本质——‘果实’。于是我就宣布：苹果、梨、扁桃等等是‘果实’的简单的存在形式，是它的样态。诚然，我的有限的、基于感觉的理智辨别出苹果不同于梨，梨不同于扁桃，但是我的思辨的理性却说这些感性的差别是非本质的、无关重要的。思辨的理性在苹果和梨中看出了共同的东西，在梨和扁桃中看出共同的东西，这就是‘果实’。具有不同特点的现实的果实从此就只是虚幻果实，而它们的真正的本质则是‘果实’这个‘实体’。”[②] 马克思说，“用这种方法是得不到内容特别丰富的规定的。”因为“如果有一位矿物学家，他的全部学问仅限于说一切矿物实际上都是‘矿物’，那末，这位矿物学家不过是他自己想像中的矿物学家而已。这位思辨的矿物学家看到任何一种矿物都说，这是‘矿物’，而他的学问就是天下有多少种矿物就说多少遍‘矿物’这个词。”马克思进一步指出：“思辨的思维从各种不同的现实的果实中得出一个抽象的‘果实’——‘一般果实’，所以为了要达到某种现实内容的假象，它就不得不用这种或那种方法从‘果实’、从实体返回到现实的千差万别的平常的果实，返回到梨、苹果、扁桃等等上去。但是，要从现实的果实得出‘果实’这个抽象的观念是很容易的，而要从‘果实’这个抽象的观念得出各种现实的果实就很困难了。不但如此，要从抽象转到抽象的直接对立面，不抛弃抽象是绝对不可能的。因此，思辨哲学家抛弃了‘果实’这个抽象，但是，他是用一种思辨的、神秘的方法来抛弃的，就是说，使人看来好像他并没有抛弃抽象似的。”[③] 马克思评说道：“黑格尔常常在思辨的叙述中做出把握住事物本身的、真实的叙述。这种思辨发展之中的现实的发展会使读者把思辨的发展当作现实的发展，而把现实的发展当作思辨的发展。”[④] 列宁认为马克思的这句评语“极有意思”[⑤]。

马克思在他的所有著作中都贯穿着从现象出发，层层深入揭示本质，然后反过来用“本质”科学地、理性地说明现象：“具体”之所以为“具体”，是因为它是多样性的统一，人体解剖对于猴体解剖是一把钥匙，

①《哲学笔记》第2版，第13页。
②《马克思恩格斯全集》第2卷，第71~72页。
③《马克思恩格斯全集》第2卷，第72~73页。
④《马克思恩格斯全集》第2卷，第76页。
⑤ 同①。

反过来，低等动物身上表露的高等动物的征兆，只有在高等动物本身已被认识后才能理解[①]。从具体到抽象：完整的表象蒸发为抽象的规定；从抽象到具体，抽象的规定在思维行程中导致具体再现。

在《资本论》第一卷第四章“货币转化为资本”中，马克思说：“资本不能从流通中产生，又不能不从流通中产生。它必须既在流通中又不在流通中产生。”[②]这一论述和它所构成的结构具有普遍意义。英国哲学家、科学家波普尔说：“科学只能从问题开始。”马克思认为“问题是时代的格言，是表现时代自己内心状态的最实际的呼声”[③]。在当下中国自然科学和社会科学的学术研究中，问题意识日益凸显。在实现中华民族伟大复兴的征途上，问题意识不仅仅是一个束之高阁的经典式理论命题,同时更是一个重要的现实问题。马克思说：“一个时代的迫切问题，有着和任何在内容上有根据的因而也是合理的问题共同的命运：主要的困难不是答案，而是问题。因此，真正的批判要分析的不是答案，而是问题。正如一道代数方程式只要题目出得非常精确周密就能解出来一样，每个问题只要已成为现实的问题，就能得到答案。”[④]面对各类新情况、新问题，我们应牢记马克思所说的：“生活中往往会有这样的时机，它好像是表示过去一段时期结束的界标，但同时又明确地指出生活的新方向。在这样的转变时机，我们感到必须用思想的锐利目光去观察今昔，以便认清自己的实际状况。”[⑤]在各类问题面前，我们迫切需要科学的理论指导，“理论在一个国家的实现程度，决定于理论满足这个国家的需要的程度”[⑥]。但我们应清楚地认识到，现实是复杂的，墨守成规和照搬前人的东西都是没有出路的，解决复杂问题的答案不能全盘从理论尤其是已有理论中产生，又不能不从理论中产生，它必须既在理论中又不在理论中产生。这理论之外的东西（方面、环节）就是实践。马克思说：“社会生活在本质上是实践的。凡是把理论导致神秘主义方面去的神秘东西，都能在人的实践中以及对这个实践的理解中得到合理的解决。”[⑦]

1981年，美国学者罗伯特·L. 海尔布隆纳在《马克思主义：支持与反对》(Marxism，For and Against)中提出“世界已经发生了翻天覆地的变化，为什么我们仍要求助于马克思来洞察当今时事？”这样的问题，他认为“每个想从事马克思所开创的研究的人们会发现，马克思永远在他的面前。因此，他必须认同或反驳、扩展或抛弃，说明或辩解马克思已留下来的思想”[⑧]。

回望马克思，我们思绪万千。“纯粹自在的思想就是翱翔于海阔天空的自由思想，在我们上面，或在我们下面，都没有东西束缚我们，我们孤寂地独立在那里沉思默想。”[⑨]

① 《马克思恩格斯全集》第12卷，第756页。
② 《马克思恩格斯全集》第23卷，第188页。
③ 《马克思恩格斯全集》第1卷，第203页。
④ 同③。
⑤ 《给父亲的信》，《马克思恩格斯全集》第40卷，第8页。
⑥ 《马克思恩格斯选集》第1卷，第10页。
⑦ 《关于费尔巴哈的提纲》，《马克思恩格斯全集》第3卷，第5页。
⑧ [美]罗伯特·L. 海尔布隆纳著，马林梅译，《马克思主义：支持与反对》，北京：东方出版社，2014年，第1页。
⑨ 《小逻辑》，第100页。

回望马克思，我们豪情满怀。“岁月如流，往事恼人，前进的道路啊并不平坦，让万种愁情在暴风雨中或者在静夜里慢慢消散……只要幸福之光刚一倾注闪亮……救星就在爱中藏。我们的眼里将放射喜悦的光芒，星星将向我们温柔地闪闪发亮。”①

回望马克思，我们心潮激荡。“一旦心中涌起了激情，我就再也不能从容镇定，我永远不能闲适恬静，我要不停地奋勇前进。别人可以心满意足，可以雀跃欢欣，可以频频额手称庆，可以感谢天恩降临。而我心中却激荡着永恒的渴望，永恒的心潮，永恒的热情，我无法强迫自己顺应流俗，也不愿碌碌无为听天由命。我要拥抱万里长空，我要把世界融汇于心胸，我愿在挚爱和仇恨之中，让生命之泉不断喷涌。我想获得一切，获得神的种种恩宠，我要勇敢地获取知识，掌握艺术和歌咏……我们要勇往直前、摧枯拉朽，我们将永不懈怠，永不停留；绝不要畏首畏尾噤若寒蝉，绝不要庸庸碌碌无所追求。切莫在空想中虚掷时光，切莫在枷锁中犹豫彷徨，只要胸怀抱负和渴望，我们就可以将事业开创。”②

“我将在激烈的搏斗中尽快实现最美的理想。”③

向导师致敬！

定稿于2013年12月29日

① 马克思，《致燕妮》，《马克思恩格斯全集》第40卷，第557页。

② 马克思《感触》，《马克思恩格斯全集》第1卷，第561~563页

③ 马克思《灯光》，《马克思恩格斯全集》第1卷，第560页。

张雪妍　绘

认识黑格尔

给资产阶级的现代统治打下基础的人物，决不是囿于小市民习气的人。

——恩格斯，《自然辩证法》

反对黑格尔比理解黑格尔容易，这仍然是真理。

——马尔科姆·诺克斯爵士

世界的未来、现在的意义以及过去的意义，归根结底，完全有可能都决定于人们现在对黑格尔著作的解释。

——科杰夫（Alexandre Kojève）

康德给他的继承者留下了过于谦卑的见解：人的认识这盏灯太小了，不足以照亮庞大的神奇动物。当我们证明了这盏灯并不太小，我们的灯光对于被照的客体来说不大也不小，既不比它神奇，也不比它平淡的时候，这种对奇迹的信仰，对怪物的信仰，即形而上学，也就完蛋了。这样，人就丢掉了自己的过分谦卑；我们的黑格尔对此作出了重大的贡献。

——约·狄慈根

（见列宁《哲学笔记》第2版，第437页）

马克思说：“如果说有一个英国人把人变成帽子，那末，有一个德国人就把帽子变成了观念。这个英国人就是李嘉图，一位银行巨子，杰出的经济学家；这个德国人就是黑格尔，柏林大学的一位专任哲学教授。”[①] 黑格尔[②]，这位柏林大学的哲学教授所创立的哲学，不仅是“把帽子变成了观念”，而且是一种包罗万象的、深入客观世界的、完整的、具体的哲学体系。黑格尔是第一次全面地有意识地叙述了辩证法的一般运动形式的哲学家[③]，虽然他的辩证法是他的哲学体系中受到批评最多的部分，但是辩证法是黑格尔哲学的一大特色，是他对哲学的伟大贡献。有人将他的辩证法推崇至极致，视之为包医百病的灵丹妙药，也有人把他的辩证法贬低得一无是处。实际上，无论褒贬，都可能是基于对黑格尔辩证法的误解或片面解读[④]。本书的辩证法体系梳理主要以黑格尔的《逻辑学》和《小逻辑》中的逻辑体系为基本结构，因为黑格尔逻辑学有一个完整的辩证法大纲，而且黑格尔的辩证法是逻辑学、认识论和本体论的统一，是贯穿于自然、历史和人类精神的普遍规律和法则，这在哲学史上是空前的[⑤]。恩格斯说：“说黑格尔的自然哲学的细节中有荒谬的东西，这我当然同意，但是他的真正的自然哲学是在《逻辑学》第二册即本质论中，这是全部理论的真正核心。”[⑥] 虽然黑格尔的方法“实质上是唯心的”，“它却是一切现有逻辑材料中至少可以加以利用的唯一材料。”[⑦] 正如马克思所说的：“如果人们要像黑格尔那样第一次为全部历史和现代世界创造一个全面的结构，那么没有广泛的实证知识，没有对经验历史的探究（哪怕是一些片断的探究），没有巨大的精力和远见，是不可能的。”[⑧] 另一方面，马克思主义经典作家对黑格尔辩证法作了深刻的分析和批判，如马克思《1844 年经济学哲学手稿》，马克思、恩格斯的《神圣家族》《德意志意识形态》，恩格斯的《自然辩证法》《反杜林论》《费尔巴哈和德国古典哲学的终结》，列宁的《哲学笔记》等，只要我们自觉地、系统地学习这些马克思主义经典文献，就能在深入剖析黑格尔辩证法的“合理内核”的同时，扬弃黑格尔辩证法中的唯心主义成分，批判地继承黑格尔的哲学遗产，为我所用。恩格斯在《自然辩证法》中对黑格尔哲学作了深刻分析，他说：“自然科学家的反对黑格尔的论战，就它对黑格尔的正确理解而言，它反对的目标只有两点：唯心主义的出发点和不顾事实任意地构造体系。把这

① 马克思，《政治经济学的形而上学》，《马克思恩格斯选集》第 1 卷，人民出版社，1972 年，第 103 页。

② Georg Wilhelm Friedrich Hegel，1770—1831 年。

③ 费尔巴哈说：“哲学教授的特征就在于他不是哲学家，相反，哲学家的特征就在于他不是哲学教授”（《哲学笔记》第 2 版，第 371 页），黑格尔似乎是个例外。

④ 张志伟，《西方哲学十五讲》，北京大学出版社，2004 年。

⑤ 邓晓芒，《思辨的张力——黑格尔辩证法新探》，湖南教育出版社，2004 年。

⑥《马克思恩格斯全集》第 31 卷，第 471 页。

⑦ 恩格斯，卡尔·马克思，《政治经济学批判》，《马克思恩格斯选集》第 2 卷，第 120 页。

⑧《马克思恩格斯全集》第 3 卷，人民出版社，1960 年，第 190 页。

一切除开之后，还剩下黑格尔的辩证法。马克思的功绩就在于，他和‘愤懑的、自负的、平庸的、今天在德国知识界发号施令的模仿者们’相反，第一个把已经被遗忘的辩证方法、它和黑格尔辩证法的联系以及它和黑格尔辩证法的差别重新提到显著的地位，并且同时在《资本论》中把这个方法应用到一种经验科学的事实，即政治经济学的事实上去。他获得了成功。”[①] 这些都为我们学习黑格尔辩证法体系指明了方向。只要我们像列宁说的那样“唯物地”去读，即把黑格尔所说的概念理解为事物本质的反映，对黑格尔哲学进行具体的分析，而不是简单地全盘否定，并逐步深入到这座逻辑大厦里面去，排除障碍，就会发现“无数的珍宝”，而且“这些珍宝就是在今天也还具有充分的价值”[②]。而要发现这些“珍宝”，就必须认识黑格尔[③]。黑格尔对我们中国历史的评价有失公正，同样，直到今天我们中的多数人也没有真正了解黑格尔，更没有充分发挥黑格尔辩证法的作用。对待黑格尔哲学，我们始终要牢记和遵循马克思和恩格斯在《德意志意识形态》中所说的：“要想加以批评，首先就必须指明它们如何构成，从而证明你掌握了它们。”[④]

一、黑格尔与中国

黑格尔对历史有深刻的研究，恩格斯说：“黑格尔的思维方式不同于所有其他哲学家的地方，就是他的思维方式有巨大的历史感作基础。”[⑤] 爱德华德·干斯在编辑出版《历史哲学》时发现：“当黑格尔第一次演讲历史哲学的时候，他把三分之一的时间，用在‘绪论’和‘中国’一章上面，——这部分工作真是冗长、烦琐，煞费苦心。”[⑥] 这说明黑格尔对中国历史的重视。马克思说：“虽然中国的社会主义跟欧洲的社会主义象中国哲学跟黑格尔哲学一样具有共同之点，但是，有一点仍然是令人欣慰的，即世界上最古老、最巩固的帝国 8 年来在英国资产者的大批印花布的影响之下已经处于社会变革的前夕，而这次变革必将给这个国家的文明带来极其重要的结果。”[⑦] 这说明马克思早就注意到了以黑格尔为代表的德国古典哲学与中国哲学有“共同点”。但是黑格尔对中国的评价不高，按照他的评判模式，在他所了解的关于中国的材料中，他解读出他所看到的中国和中国的历史，他的某些论述被我国学者认为是对中国的“蔑视和攻击”。同时，由于黑格尔哲学是马克思主义哲学的直接来源之一，所以中国的学者对黑格尔也有广泛而深入的研究，他们对黑格尔的评价则众说纷纭，既有简单的贴标签式的

①《马克思恩格斯选集》第 3 卷，第 470 页。
②《马克思恩格斯全集》第 21 卷，第 310 页。
③《孟子》云：“颂其诗，读其书，不知其人，可乎？”
④《马克思恩格斯全集》第 3 卷，第 605 页。
⑤《马克思恩格斯选集》第 2 卷，第 121 页。
⑥《历史哲学》，第 9 页。
⑦《马克思恩格斯全集》第 7 卷，第 265 页。

批判，也有十分细致入微的研究，其成果之丰富、论述之广泛，世所罕见。

（一）黑格尔对中国的论述

黑格尔承认“历史开始于中国和蒙古人——神权专制政体的地方”[①]。而且他认为，与波斯帝国、里海旁的各王国以及底格里斯河和幼发拉底河沿岸的那些帝国的国运相比，“只有黄河、长江流过的那个中华帝国是世界上唯一持久的国家。征服无从影响这样的一个帝国”[②]。在《历史哲学》《哲学史讲演录》中，黑格尔对中国的哲学、政治、宗教、思维方式、语言、道德、科学技术等均作了系统的论述，他对中国的研究是全方位的，但也夹杂了他个人的观点，具有时代的局限性。

1. 黑格尔论中国历史

黑格尔说：“历史必须从中华帝国说起，因为根据史书的记载，中国实在是最古老的国家；它的原则又具有那一种实体性，所以它既是最古的、同时又是最新的帝国。中国很早就已经进展到了它今日的情状。”[③]他认为中国在他所处的时代的状况与以前没有什么差别。因为它的客观存在与主观运动间缺少对立，因此没有发生变化。也就是说，客观性与主观自由的统一，取消了两者的对立，物质便无从取得自己反省，无从取得主观性。所以“实体的东西”以道德的身份出现，它的统治并不是个人的识见，而是君主的专制政体。

他认为中国各朝代都不断出现“史学家”，其数量和持续性是其他民族无法比拟的。其他亚细亚人民虽然也有远古的传说，但是没有真正的“历史”。阅读中国的古代典籍，可以推演出他们的历史、宪法与宗教。中国的传说可以上溯到基督出世前3000年；中国的《书经》类著作的纪事，是从基督出世前2357年的唐尧时期开始的。

黑格尔说，这个帝国早就吸引了欧洲人的注意，虽然他们所听到的一切，都是渺茫难凭。这个帝国自己产生出来，跟外界似乎毫无关系，这是永远令人惊异的。13世纪的威尼斯商人马可·波罗到中华帝国游历，他的游记曾经被看作是荒诞无稽的，可到了后来，他所称关于中国幅员和伟大的每一件事都完全被证实了。据保守估计，中国人口有1.5亿或2亿，最高估计达3亿。它的疆域从极北部边疆起，南面与印度接壤，东部被太平洋阻隔，西部到达波斯与里海。中国本部呈现人口过剩的现象。在黄河和长江上，都有亿万的人民居在竹筏上面，能够适应他们那种生活方式的一切需要。这种人口数量和那个国家规定的无所不包的严密组织，实在使欧洲人为之咋舌；而尤其使人惊叹的，便是他们历史著

①《历史哲学》，第114页。
②《历史哲学》，第117页。
③ 同②。

作的精细正确。因为在中国，历史家的位置是被列入最高级的公卿之中的。大臣二名常常追随在天子的左右，他们的职务便是记录天子的一言一动，历史家便研究了这些记录而加以运用。这种历史的详细节目，我们用不着深入考究，因为这种历史本身没表现出有何进展，只会阻碍我们历史的进步。[①]

2. 黑格尔论中国的“家庭精神”

黑格尔认为，中国的宪法“精神”可以从那条普通的原则——实体的“精神”和个人的精神的统一中演绎出来；但是这种原则就是“家庭的精神”,它在这里普及于世界上人口最多的国家。在发展的这个阶段上，我们无从发现“主观性”的因素；这种主观性就是个人意志的自己反省和“实体”（就是消灭个人意志的权力）对峙；也就是明白认识那种权力是和它自己的主要存在为一体，并且知道它自己在那种权力里面是自由的。那种普遍的意志是从个人的行动中表现它的行动：个人全然没有认识到自己和那个实体是相对峙的，个人还没有把“实体”看作一种和它自己站在相对地位的权力——例如在犹太教内，那个“热心的上帝”作为“个人”的否定，是大家所知道的。

黑格尔说，在中国，那个“普遍意志”直接对个人应该做的事发出命令。个人恭顺服从，也就放弃了自己的反省与独立。如果他不服从，就等于放弃自己的生活，将会受到惩罚。这个国家总体上缺乏主观性因素，同时它在臣民的意见里又缺乏一种基础。“实体”简直就是皇帝一人制定的法律所造就的意见。只有那个实体才有价值，它是非常牢固的。

家庭关系更加真切地体现了这种命令与服从的关系。中国完全是建立在这种道德结合上的，国家的特点就是客观的“家庭孝悌”。中国人把自己看作是属于他们家庭的，而同时又是国家的儿女。在家庭之内，他们不是人格，因为他们在里面生活的那个团结的单位，乃是血统关系和天然义务。在国家之内，他们一样缺少独立的人格；因为国家内大家长的关系最为显著，皇帝犹如严父，为政府的基础，治理国家的一切部门。

家庭义务由法律规定，对个人具有绝对的约束力。在父亲进入房中时，儿子不能直接跟入或离开，必须站在门旁边，得到父亲允许才能进入或离开。儿子在父母亲去世后，必须守孝 3 年。他必须停止手中的事务，即使是国家官员也必须在守孝期间引退，甚至刚登基的天子，3 年内也不得亲政。在守孝期间，家中不得有婚嫁事宜。有一次，宰相请皇帝为自己父亲封谥号。皇帝颁发谕旨中提到的所有德行，都是儿子做的。照

①《历史哲学》，第 117～120 页。

这个办法（这和西方的风俗恰巧相反），祖宗靠他们的后嗣取得了光荣的尊号，这就是“父以子贵”。与此相对应，子孙如果犯错，其家长就得负责。中国人重视生育后代，以便死后儿孙能按照礼节将其下葬，每年按时祭奠和扫墓。父子关系中所有的烦琐规定，也适用于兄弟之间的关系。

家族的这种关系结构，也是整个国家机构设置的结构。皇帝具有最高的权限，他便是大家长，控制着整个国家，如同严父。所有臣民都首先必须崇敬他。皇帝严父般的关心和臣民的精神，构成了一个统一帝国。

天子要遵循古训来处理政事，指导全国的立法事务，因此天子没有行使个人意志的空间。每个皇子的教育，都遵循最严格的规章。他们要有纪律地生活，来强健体魄；从能说话时起，就专攻学术；他们的学业由皇帝亲自监督。皇子们每年都要考试一次，考试的结果要通告给全国百姓。中国也因此能产生最伟大、最优秀的领导人。除掉皇帝的尊严以外，中国臣民中可以说没有特殊阶级，没有贵族；只有皇室后裔和公卿儿孙才享有一种特权，但是这个与其说是由于门阀，不如说是地位的关系。其余都是人人一律平等，只有才能胜任的人做得行政官吏，因此，国家公职都由最有才智和学问的人充当。所以他国每每把中国当作一种理想的标准，就是我们也可以拿它来做模范的。①

3. 黑格尔论中国的行政管理

在《哲学史讲演录》中，黑格尔说：“如果我们把中国政治制度拿来和欧洲的相比较，则这种比较只能是关于形式方面的；两者的内容是很不相同的。”黑格尔认为中国实际上没有一种宪法；因为假如有宪法，那么，各个人和各个团体将有独立的权利——一部分关于他们的特殊利益，一部分关于整个国家。在中国，实际上人人是绝对平等的，所有的一切差别，都和行政连带发生，任何人都能够在政府中取得高位，只要他具有才能。中国人既然是一律平等，又没有任何自由，所以政府的形式必然是专制主义。黑格尔说，在我们西方，大家只有在法律之前和在对于私产的相互尊重上，才是平等的；但是我们同时又有许多利益和特殊权限，因为我们具有我们所谓的自由，所以这些权益都得到保障。在中华帝国内就不同了，这种特殊利益是不被考虑的，政令是出于皇帝一人，由他任命一批官吏来治理政事。这些官吏分文官与武官两类，文官品级高于武官。凡是要获得高级官职的人，都要参加三次考试。前两次考试成绩合格的，才能参加天子出席的第三次考试。这次考试合格者，被派到翰林院中。他们要了解历史、法律以及政府的组织与管理。官吏

①《历史哲学》，第121～125页。

分为八品，天子左右的大臣是一品，各省总督是二品，依次递降。最有学识的人在翰林院中工作。其余各部的最高官吏都从翰林院中挑选。国家在政府各部门和全国各地都派有御史，其职责是监督政府事务和官员行为，并如实向天子报告。如果遇到饥荒、疾病、叛乱等事件，御史必须如实向皇帝禀报，并且可以自行处理，不必等待政府命令。帝国的行政、军事等所有事务，都有一个相应的官吏体系负责。

黑格尔说，在中国，天子实际就是中心，各事都由他来决断，国家和人民的福利因此都听命于他。全部行政机构多少是按照公事成规来进行的，在升平时期，这种一定的公事手续成了一种便利的习惯。就像自然界的途径一样，这种机构始终不变地、有规则地在进行着，古今并没有什么不同；但皇帝必须充当那个积极的、永远警醒的、自然活泼的“灵魂”。如果皇帝不是拥有高尚的道德、勤劳的品质，那么所有都将废弛，政府将处于麻木不仁的状态。因为除了天子的监督、审察以外，就没有其他合法权利或者机关的存在。政府官吏们的尽职，并非出于他们自己的良知或者自己的荣誉心，而是一种外界的命令和严厉的制裁，政府就靠这个来维持它自己。例如 17 世纪中叶，明朝最后一位皇帝，因为个性懦弱，政府纲纪废弛，叛乱四起。叛军引满清入关时，他就自杀了，还在遗书中表达了对臣民的不满。①

4. 黑格尔论中国的法制

说到中国的法制，黑格尔认为基于家长政治的原则，中国的臣民都被看作还处于幼稚的状态里。中国并没有独立的各阶层要维护它们自己的利益，一切都是由上面来指导和监督。一切合法的关系都由各种律例确实地加以规定；自由的情调——就是一般道德的立足点因此便完全被抹杀了。家族中长幼尊卑间的礼节，都由正式的法律确定。违反这些法律的，要受到严惩。

在《历史哲学》中，黑格尔说，在中国通常的刑罚是对肉体的鞭笞。对于西方人，这简直是加在荣誉上的一种侮辱；在中国就不同了，荣誉感还没有发达。一顿笞打原是极易忘怀的，但是对于有荣誉感的人，这是最严厉的刑罚，这种人不愿意他的身体可以随意受人侵犯。中国人就不一样，他们认不出一种荣誉的主观性，他们所受的刑罚，就像西方的儿童所受的教训；教训的目的在于改过自新，刑罚却包含罪恶的正当处罚。刑罚警戒的原则只是受刑的恐惧心，而丝毫没有犯罪的悔过心，因为犯罪的人对于行为本身的性质没有任何的反省。

在《历史哲学》中，黑格尔说，中国人将蓄意行为和无意行为同等看待。误杀他人者，也要处死刑。无论什么人，凡是和犯人有任何联系

①《历史哲学》，第125～127页。

的——尤其是犯上作乱、危害皇帝的大罪——应当和真犯同受刑谳——他的近亲全体都要被拷问打死。凡是著作禁书和阅读禁书的人都要照触犯刑律论罪。在这种法制情形下，私人所取的复仇方法也极特别。中国人受了伤害是非常敏感的，他们的本性又可以说是有仇必报的。为了达到复仇目的，被害的人并不把仇人暗杀，因为杀人的凶手，他的全家就要处死的；所以他就自己伤害自己，以便嫁祸于他的仇人。因为按照法律规定，必须调查任何人自杀的原因。自杀的人生前的仇人都要被捕去受严刑审讯，如果查出了一个人，由于他的凌辱而造成自杀案件的，这个人和他全家便都要处死。所以受人凌辱后，中国人宁愿自杀而不愿杀他的敌人；因为他终究不免一死，但是自杀后可以依礼殓葬，而且他的家属还有取得仇人家产的希望。这样就使责任与不负责任的情况如此糟糕，每个行动都不考虑道德因素。在《摩西法律》中，故意、过失和偶然的区别也没有被明白地承认，可是对于无意误杀的人犯，仍然设有一种庇护的场所，可以容他避罪。中国的刑典中对于上下阶级间没有任何区分。

黑格尔继续说道：我们还须注意中国人法律关系中的所有权变更，以及与此相关的奴隶制。中国的土地收归国有后，田租收入的九分之一要交给皇帝。秦始皇创立了农奴制，他将战争掠得的土地变为私有财产，土地上的居民也就成了农奴。在中国，既然一切人民在皇帝面前都是平等的——换句话说，大家一样是卑微的，因此，自由民和奴隶的区别必然不大。大家既然没有荣誉心，人与人之间又没有一种个人的权利，自贬自抑的意识便极其通行，这种意识又很容易变为极度的自暴自弃。正由于他们自暴自弃，便造成了中国人的道德状况很败坏，他们以撒谎著名，他们随时随地都能撒谎。朋友欺诈朋友，假如欺诈不能达到目的，或者为对方所发觉时，双方都不以为可怪，都不觉得可耻。他们的欺诈实在可以说诡谲巧妙到了极顶。欧洲人和他们打交道时，非得提心吊胆不可。他们道德放任的意识又可以从佛教的流行得到证明；这一个宗教把“最高的”和“绝对的”——上帝——认为是虚无，把鄙视个性、弃绝人生，当作是最完美的成就。[①]

在《哲学史讲演录》中，黑格尔说：“无论他们（指中国和印度——引者）的法律机构、国家制度等在形式方面是发挥得如何有条理，但在我们这里是不会发生的，也是不能令我们满意的，它们不是法律，反倒简直是压制法律的东西。”

5. 黑格尔论中国的宗教

黑格尔认为，西方所谓的宗教是指“精神”回归自身之内，专门想

①《历史哲学》，第127～130页。

象它自己的主要的性质，它自己的最内在的“存在”。人在这种情况下，就从自身与国家的关系中抽身出来，在这种退隐中，将自己从世俗政府的权力下解放出来。而在中国，宗教并没有发展到这种程度。

他认为中国在家族制度的情形下，人类宗教上的造诣只是简单的德性和行善。“绝对的东西”本身一部分被看作是这种行善的抽象的、简单的规则——永久的公正；一部分被看作是肯定它的那种权力。除掉在这些简单的形态以外，自然世界对人类的一切关系、主观情绪的一切要求，都是完全被抹杀、漠视的。中国人在大家长的专制政体下，个人没有独立性，并不需要和“最高的存在”有这样的联系，因为这样的联系已经包罗在教育、道德和礼制的法律以及皇帝的命令和行政当中了，所以在宗教方面，中国人也是依赖的，是依赖自然界的各种对象，其中最崇高的便是物质的上天。天子是一国的元首，也是宗教的教主。结果，宗教在中国简直是“国教”。一年四季，农产的丰歉都靠着上天。皇帝是万姓的主宰——权力的依据——只有他是接近上天的；至于各个人民并没有这种特权。四季祭祀上天的人是他；秋收率领百官谢天的人是他；春耕求天保祐赐福的人也是他。这里的“天”作为“自然的主宰”来讲只有“自然”的意义，因为在中国，那唯一的、孤立的自我意识便是那个实体的东西，就是皇帝本人，也就是“权威”。

黑格尔指出，中国宗教含有以人事影响天然的那种巫术的成分，就是认为人的行为绝对地决定了事情的途径。人与天的关系也是这样想象的，百姓和皇帝的行为善良，可以得福，假如多行不义，就会招致各种灾祸。这种宗教的第二方面，就是对于“天”的关系通常总同皇帝本人相连，同时他又操持着“天”的各种专责。假如皇帝仁善，必然会有丰年；“天”一定降福的。这就是百姓和地方上的特别福利。各省都有一位尊神隶属皇帝之下，因为皇帝所礼敬的只是那位普遍的天尊，至于上界的其他神灵都应该遵守他的法律。因此他便成了皇天和后土的正当立法者。那些神灵各受特殊的敬礼，各有一定的塑像。这些塑像没有达到艺术的尊严，绝不是代表崇高的精神，只是令人讨厌的偶像。因此，他们只不过是恐怖的、可怕的，而且消极的；他们守护着——好像希腊神话中的河神、水妖和林仙那样守护着——个别的元素和自然的事物。五种元素（五行）每种各有一位尊神，各有一种特别的颜色。凡是据有中国皇位的朝代，也都依靠一位尊神。同样地，各省、州、县，山、川、江、河，也都有相对应的神灵，这一切神灵都隶属于皇帝。神灵的庙宇多不胜数（北京一地约有一万座），里边有着许多和尚或者尼姑，这班和尚、尼姑永不嫁娶，中国人遇有灾祸、疾病，都要同他们商量。但是在平时，一般人并不怎样敬重他们和那些庙宇。这班和尚都会画符、念咒、驱邪、除魔；因为中国人的迷信是极深的。这种情形正由于缺乏内在的独立性而起，结果，便造成了和“精神”自由恰巧相反的势力。中国人在选择房基或坟地时，都要请教阴阳家。在《易经》中画有某种线条，由此制定了各种基本的形式和范畴——这部书因此便被称为“命书”。这种线条的结合被认为含有某一种意义，从而演绎出种种预言、占卜。凡是我们认为是偶然的机会，认为是天然的联系，中国人却企图用巫术来解释或者实现；所以在这一点上，也可以看出他们没有精神性。①

6. 黑格尔论中国的科学技术

黑格尔认为，中国科学的形式缺乏真正的主观性相联系。各种科学，一方面似乎极受尊重和提倡，但是在另一方面，它们缺少主观性的自由园地，和那种把科学当作一种理论研究而的确可以称为科学的兴趣。这儿没有一种自由的、理想的、精神的王国。能够称为科学的，仅仅属于经验的性质，而且是绝对地以国家的“实用”为主——专门适应国家和个人的需要。

黑格尔说，科学在中国是很受重视的，政府还公开赞扬与提倡。皇帝本人便站在文学的尖峰上。政府内设有一个机关，专门负责制作上谕，目的是要把上谕写得极其漂亮；这种工作也就变成了一件国家大事。政府发出的布告里也得有同样典雅的文字，因为一件事情的形式必须和它内容的优美相符合。最高的政府衙门里有一个叫作翰林院。各翰林都是由天子亲自来考取的；他们居在宫里，行使秘书、国史编修、物理学家以及地理学家等职务。遇有新法律提出时，这个院就应该做报告。这种报告里必须详述设施的沿革作为一种引言；还有，如果这个法律牵涉到外国，那么，更须略述外国的情形。这样制成的典册，由皇帝亲自作序。

黑格尔认为，中国人没有一种真正的科学兴趣，所以他们得不到较好的工具来表达和灌输思想。中国的文字对于科学的发展，便是一个大障碍。中国有“口头文字”与“书写文字”。“书写文字”以符号来表示观念。这得到了莱布尼茨的赞同。但实际情形与此相反。中国的语言与文字分离，因此文字不完善。他们的“口头文字”是由大量单音字组成的，这些字母常常包含不止一种意义。将意义区分清楚的唯一方法是，上下文联系、重读与发音。学习中国文字，须学习几千种符号。

①《历史哲学》，第130~133页。

黑格尔说，中国人的历史仅仅包含纯粹确定的事实，并不对于事实表示任何意见或者理解。他们的法理学也是如此，仅仅把规定的法律告诉人；他们的伦理学也仅仅讲到决定的义务，而不探索关于他们的一种内在的基础。不过中国人也有一种哲学，它的初步的原理渊源极古，因为《易经》讲到“生”和“灭”。在这本书里，可以看到纯粹抽象的一元和二元的观念；所以中国哲学似乎和毕达哥拉斯派一样，从相同的基本观念出发。中国人承认的基本原则是“道”，即一种理性，道是天地之本、万物之源。孔子著作中有很多正确的道德箴言，但其思想表达往往用语重复和迂回，较难理解。至于其他各种科学，并不被看作是科学，而作为知识的枝节来裨益实际的目的。

黑格尔说，中国人对于数学、物理学和天文学，以前虽然享有盛名，但是现在却落后得很远。有许多事物，当欧洲人还没有发现的时候，中国人早已知道了，但是他们不知道怎样加以利用，例如磁石和印刷术。就印刷术来说，他们仍旧继续把字刻在木块上，然后付印，他们不知道有所谓活字板[①]。他们也自称在欧洲人以前发明火药，但是他们的第一尊大炮还是耶稣会教士们给他们造的。至于数学，他们虽然很懂得怎样计算，但是这门科学最高的形态，他们却不知道。中国人又有很多被认为是大天文家。拉普拉斯曾经探讨他们在这一门的成就，发现他们对于日食、月食有一些古代的记载和观测。但是这一些当然不能够构成为一种科学。而且这种观测又是很不准确，不能正式算作知识。例如，在《书经》中，载有两次日食，相去一千五百年。要想知道中国天文学的实况，可以参考这个事实，就是几百年来，中国的日历都是由欧洲人编著的。起初，中国天文家继续编制历书，常常把日食、月食的日期弄错了，以致编制的人受刑处死。欧洲人赠送中国的望远镜，被悬挂当作装饰品，而不知道怎样去加以利用。医药也为中国人所研究，但是仅仅是纯粹经验，而且对于治病用药，有极大的迷信。中国人有一种普通的民族性，就是模仿的技术极为高明，这种模仿不但行使于日常生活中，而且用在艺术方面。他们还不能够表现出美之为美，因为他们的图画没有远近光影的分别。就算一位中国画家模拟欧洲绘画（其他一切，中国人都善于模拟）居然惟妙惟肖，就算他很正确地看到一条鲤鱼有多少鳞纹，满树绿叶有几种形状，以及草木的神态、枝桠的飘垂。但是那种“崇高的、理想的和美丽的”却不属于他的艺术和技巧的领域之内。并且中国人过于自大，不屑从欧洲人那里学习什么，虽然他们常常必须承认欧洲人的优越。广州一位商人曾经定造一只欧洲轮船，但是奉了总督的命令，立刻拆毁掉。欧洲人被当作乞丐那样看待，因为欧洲人不得不远离家乡

① 与史实不符。

到国外去谋生活。还有一层，欧洲人正因为有了知识，不能够模仿到中国人表面上的和非常自然的聪明伶俐。他们的调制颜色，他们的金属制作，尤其是他们把金属铸成极薄的金箔的艺术，他们的瓷器制造，以及其他许多事情，欧洲人至今还不能擅长。①

对于中国的文化，黑格尔在《哲学史讲演录》中说："中国人和印度人一样，在文化方面有很高的声名，但无论他们文化上的声名如何大、典籍的数量如何多，在进一步的认识之下，就都大为降低了……古代东方诗歌的内容，如果只看成一种单纯幻想的游戏，似乎在这方面最为光辉，但在诗歌中重要的是内容，内容要严肃。甚至荷马的诗歌对于我们也是不够严肃的，因此那样的诗歌在我们里面是不会发生的。东方的诗歌中并不是没有天才，天才的伟大是一样的，但内容却与我们的内容不同。所以印度的、东方的诗歌，就形式论，可能是发展得很成熟的。但内容却局限在一定的限度内，不能令我们满足。"② 在另一处，黑格尔说："在中国，在中国的宗教和哲学里，我们遇见一种十分特别的完全散文式的理智。——人们也知道了一些中国人的诗歌。私人的情感构成这些诗歌的内容。"③

7. 黑格尔论中国的道德

在《哲学史讲演录》中，黑格尔说："中国是停留在抽象里面的；当他们过渡到具体者时，他们所谓具体者在理论方面乃是感性对象的外在联结；那是没有逻辑的、必然的秩序的，也没有根本的直观在内的。再进一步的具体者就是道德。从起始进展到的进一步的具体者就是道德、治国之术、历史等。"④ 黑格尔认为："道德在中国人看来，是一种很高的修养。但在我们这里，法律的制定以及公民法律的体系即包含有道德的本质的规定，所以道德即表现并发挥在法律的领域里，道德并不是单纯地独立自存的东西，但在中国人那里，道德义务的本身就是法律、规律、命令的规定。所以中国人既没有我们所谓法律，也没有我们所谓道德。那乃是一个国家的道德。当我们说中国哲学，说孔子的哲学，并加以夸羡时，则我们须了解所说的和所夸羡的只是这种道德。这道德包含有臣对君的义务，子对父、父对子的义务以及兄弟姊妹间的义务。这里面有很多优良的东西，但当中国人如此重视的义务得到实践时，这种义务的实践只是形式的，不是自由的内心的情感，不是主观的自由。所以学者们也受皇帝的命令的支配。凡是要想当士大夫、做国家官吏的人，必须研究孔子的哲学而且须经过各样的考试。这样，孔子的哲学就是国家哲学，构成中国人教育、文化和实际活动的基础。"⑤

①《历史哲学》，第133~137页。
②《哲学史讲演录》第1卷，第118~119页。
③《哲学史讲演录》第1卷，第132页。
④ 同③。
⑤《哲学史讲演录》第1卷，第125页。

8. 黑格尔论中国的哲学

在《哲学史讲演录》中，虽然黑格尔认为“东方哲学本不属于我们现在所谓的题材和范围之内；我们只是附带先提到它一下”。但是他还是对中国的哲学作了专门的论述。黑格尔说：“中国人想象力的表现是异样的：国家宗教就是他们的想象的表现。但那与宗教相关联而发挥出来的哲学便是抽象的，因为他们的宗教的内容本身就是枯燥的。那内容没有能力给思想创造一个范畴规定的王国。”黑格尔认为东方哲学“更适当地说，是一种一般东方人的宗教思想方式——一种宗教的世界观，这种世界观我们是很可以把它认作哲学的”。他认为在东方的宗教里，那种主观性精神的因素并没有得到充分发挥，宗教的观念并没有人格化，而是有着普遍观念的性格。只有那唯一自在的本体才是真实的，个体若与自在自为者对立，则本身既不能有任何价值，也无法获得任何价值。只有与这个本体合而为一，它才有真正的价值。但与本体合而为一时，个体就停止其为主体，主体就停止其为意识，而消逝于无意识之中了。因而这种普遍的观念，就表现为哲学的观念、哲学的思想。

（1）黑格尔论孔子和孟子哲学。

黑格尔认为在基督降生五百年前的孔子的教训是一种道德哲学。孔子的著作在中国是最受尊重的。孔子曾经注释了经籍，特别是历史方面的，孔子还著了一种历史。孔子的其他作品是哲学方面的，也是对传统典籍的注释。孔子的道德教训给他带来了最大的名誉。

黑格尔承认孔子的教训是最受中国人尊重的权威，但他认为《论语》里面所讲的是一种常识道德。他说：“这种常识道德我们在哪里都找得到，在哪一个民族里都找得到，可能还要好些，这是毫无出色之点的东西。孔子只是一个实际的世间智者，在他那里思辨的哲学是一点也没有的——只有一些善良的、老练的、道德的教训，从里面我们不能获得什么特殊的东西。西塞罗留给我们的‘政治义务论’便是一本道德教训的书，比孔子所有的书内容丰富，而且更好。我们根据他的原著可以断言：为了保持孔子的名声，假使他的书从来不曾有过翻译，那倒是更好的事。”

黑格尔认为孟子著作的内容也是道德性的，他的哲学也是抽象的。

（2）黑格尔论《易经》和阴阳五行。

黑格尔注意到，中国人也曾注意到抽象的思想和纯粹的范畴。古代的《易经》便是这类思想的基础。

黑格尔说：“《易经》包含着中国人的智慧，是有绝对权威的。《易经》的起源据说是出自伏羲。关于伏羲的传说完全是神话的、虚构的、无意义的。这个传说的要点是说伏羲发现了一个有一些符号的图形的图表（河图），这是他在一只从河中跃起的龙马背上所看到的。这个图表包含着一些上下排列的平行直线，这些直线是一种符号，具有一定的意义。中国人说那些直线是他们文字的基础，也是他们哲学的基础。那些图形的意义是极抽象的范畴，是最纯粹的理智规定。中国人不仅停留在感性的或象征的阶段，我们必须注意——他们也达到了对于纯粹思想的意识，但并不深入，只停留在最浅薄的思想里面。"①

在详细介绍了《易经》中的阴阳、两仪生四象，四象生八卦的基本原则后，黑格尔说："《易经》就是这些基本符号的发挥。"这些图形是思辨的基础，但同时又被用来作卜筮之用，所以《易经》又被叫作"定数的书""命运或命数的书"。因此，那最外在、最偶然的东西与最内在的东西便有了直接的结合。从这些绝对一元和二元的抽象思想中，人们就可为一切事物获得一个有哲学意义的起源。在这种情况下，"中国人也把他们的圣书作为普通卜筮之用，于是我们就可看出一个特点，即在中国人那里存在着在最深切的、最普遍的东西与极其外在、完全偶然的东西之间的对比。"黑格尔认为《易经》的这种方法"是从思想开始，然后流入空虚，而哲学也同样沦于空虚"。

黑格尔说，在《书经》中论法则的第一个规条（即"洪范"篇），举出五行的名字，这就是火、水、木、金、土，一切东西都是由五行做成，它们都是混合着存在的。第二个规条是关于前者的说明（即"敬用五事"）。这些东西我们不能认为是原则。在中国人普遍的抽象于是继续变成为具体的东西，虽然这只是符合一种外在的次序，并没有包含任何有意识的东西。这就是所有中国人的智慧的原则，也是一切中国学问的基础。于是我们就进入到不完善的物质的观念。八卦一般指的是涉及外界的自然。从对八卦的解释里表示出一种对自然事物加以分类的努力，但这种分类的方式是不适合于我们的。中国人的基本质料还远不如恩培多克勒的元素——风、火、水、土。这四个元素是处于同一等级的质料而有基本的区别。而相反地，在这里不同等的东西彼此混杂在一起。在《易经》这部经书里，这些图形的意义和进一步的发展得到了说明。那是就外在的直观来说的。那里面并没有内在的秩序。于是又罗列了人的五种活动或事务：第一是身体的容貌，第二是言语，第三是视觉，第四是听闻，第五是思想②。同样又讨论了五个时期：一曰年，二曰月，三曰日，四曰星，五曰有方法的计算③。这些对象显然没有包含有任何令思想感兴趣的东西。这些概念不是从直接视察自然得来的。在这些概念的罗列里我们找不到经过思想的必然性证明了的原则。④

① 《哲学史讲演录》第1卷，第120页。

② 指《书经》"洪范"篇所说的："五事：一曰貌、二曰言、三曰视、四曰听、五曰思。"

③ 指《书经》"洪范"篇所说的："五纪：一曰岁、二曰月、三曰日、四曰星辰、五曰历数。"

④ 《哲学史讲演录》第1卷，第120～124页。

（3）黑格尔论老子及道家。

黑格尔说，中国人有一个国家的宗教，这就是皇帝的宗教，士大夫的宗教。这个宗教尊敬天为最高的力量，特别与以隆重的仪式庆祝一年的季节的典礼相联系。但中国人尚另有一特异的宗派，这派叫作道家。属于这一派的人大都不是官员，与国家宗教没有联系。这派的主要概念是"道"，这就是"理性"。这派哲学和与哲学密切联系的生活方式的发挥者（不能说是真正的创始者）是老子，他生于基督前第七世纪末。老子的著作也是很受中国人尊敬的；但他的书却不很切实际，而孔子却更为实际。老子的书包含有两部分，即道经和德经，通常叫作《道德经》，虽然也叫作"经"，但却没有那些官方的经典那样有权威。在道士中，《道德经》却是一部重要的著作。道士们献身于"道"的研究，并且肯定人若明白道的本原就掌握了全部的普遍科学，普遍的良药，以及道德；——也获得了一种超自然的能力，能飞升天上，和长生不死。①

《道德经》就是关于理性和道德的书。"道"在中文是"道路，从一处到另一处的交通媒介"，因此就有"理性"、本体、原理的意思。在比喻的形而上的意义下，"道"就是指一般的道路、方向、事物的进程、一切事物存在的理性与基础。所以，道就是"原始的理性，νοῦς（intelligence），产生宇宙，主宰宇宙，就像精神支配身体那样"②。"道"（理性）的成立是由于两个原则的结合，像《易经》所指出的那样："立天之道曰阴与阳，立地之道曰柔与刚，立人之道曰仁与义。"

老子的书中有很重要的一段常被引用，这就是第一章的开始："道可道，非常道；名可名，非常名。无名，天地之始；有名，万物之母。故常无欲以观其妙；常有欲以观其徼。此两者同出而异名，同谓之玄。玄之又玄，众妙之门。"黑格尔说，这整个说来是不能给我们很多教训的，——这里说到了某种普遍的东西，也有点像在西方哲学开始时那样的情形。那常被古人引用的有名的一段话是："道生一，一生二，二生三，三生万物。"基督教的传教士曾在这句话里看出一个与基督教的"三位一体"观念相谐和的地方。

《道德经》中的另外一段话是："你看了看不见的名叫夷，你听了听不到的名叫希，你握了握不着的名叫微。你迎着它走上去看不见它的头；你跟着它走上去看不见它的背。"③下面又说，"这三个东西我们捉不住；它们合拢来只构成一个东西。在它们上面的较高者并不比它们更优美，在它们下面的东西并不比它们更低小（更暗昧）。那是一条没有折断的锁链，这个锁链人们是不能称说的；而这条锁链的根源是在那无存在者

① 《哲学史讲演录》第1卷，第125～126页。

② 《哲学史讲演录》第1卷，第126页。

③ 《哲学史讲演录》第1卷，第129～130页，《道德经》原文："视之不见名曰夷，听之不闻名曰希，搏之不得名曰微。近之不见其首，随之不见其后。"

里面。”关于这三个东西在一起还说了许多：“那是没有形式的形式，没有形象的形象”，这个绝对的形式、绝对的形象就是“不可描述的本质。如果我们从它那里出发，则我们认识不到什么原则；没有什么东西是在它的外面。”或者这样说：“你当面遇着它。你看不见它的头；你走在它后面，你看不见它的背。一个人能够把捉原始的（古代的）理性，并且能够认识（把握）现在存在着的东西（现在围绕着他的东西），则我们就可以说，他具有理性的锁链。”所以就用一条锁链来譬喻这个观念，借以表达理性的联系。①

黑格尔认为“在道家以及中国的佛教徒看来，绝对的原则，一切事物的起源、最后者、最高者乃是‘无’，并可以说，他们否认世界的存在。而这本来不过是说，统一在这里是完全无规定的，是自在之有，因此表现在‘无’的方式里。这种‘无’并不是人们通常所说的无或无物，而乃是被认作远离一切观念、一切对象，——也就是单纯的、自身同一的、无规定的、抽象的统一。因此这‘无’同时也是肯定的；这就是我们所叫作的本质。如果我们停留在否定的规定里，这‘无’亦有某些意义。那起源的东西事实上是‘无’。但‘无’如果不扬弃一切规定，它就没有意义。同样，当希腊人说：绝对、上帝是一，或者当近代的人说：上帝是最高的本质，则那里也是排除了一切规定的。最高的本质是最抽象的、最无规定的；在这里人们完全没有任何规定。这话乃同样是一种否定，不过只是在肯定的方式下说出来的。同样，当我们说：上帝是一，这对于一与多的关系，对于多，对于殊异的本身乃毫无所说。这种肯定方式的说法，因此与‘无’比较起来并没有更丰富的内容。如果哲学思想不超出这种抽象的开始，则它和中国人的哲学便处在同样的阶段。”②

9. 黑格尔论中国的民族性

黑格尔认为以上所述便是中国人民族性的各方面。它的显著的特色就是，凡是属于“精神”的一切——在实际上和理论上，绝对没有束缚的伦常、道德、情绪、内在的“宗教”“科学”和真正的“艺术”——一概都离他们很远。皇帝对于人民说话，始终带有尊严和慈父般的仁爱和温柔；可是人民却把自己看作是最卑贱的，自信生下来是专给皇帝拉车的。让他们生活在水深火热中的枷锁，被他们看作是不可避免和不能改变的命运，就是卖身为奴，吃口奴隶的苦饭，他们也不以为可怕。因为复仇而自杀，以及遗弃婴孩，乃是普通的、甚至是每天的常事，这就表示中国人把个人自己和人类一般都看得很轻微。尽管没有因为出生门第而起的差别，纵然人人都有可能得到最高的尊荣，然而这种平等却适

①《哲学史讲演录》第1卷，第129~130页，《道德经》原文：“……此三者不可致诘，故混而为一。其上不皦，其下不昧，绳绳不可名，复归于无物。是谓无状之状，无物之象。是谓惚恍。迎之不见其首，随之不见其后，执古之道以御今之有，能知古始，是谓道纪。”

②《哲学史讲演录》第1卷，第131页。

足以证明没有对于内在的个人作胜利的拥护，而只有一种顺服听命的意识——这种意识还没有发达成熟，还不能够认出各种的差别。[①]马克思在《中国记事》中说，太平天国革命的运动发生的直接原因显然是“欧洲人的干涉，鸦片战争，鸦片战争所引起的现存政权的震动，白银的外流，外货输入所引起的经济平衡的破坏，等等。看起来很奇怪的是，鸦片没有起到催眠作用，反而起了惊醒作用。实际上，在这次中国革命中奇异的只是它的体现者。除了改朝换代以外，他们没有给自己制定任何任务。他们没有任何口号。他们给予民众的惊惶比给予老统治者们的惊惶还要厉害。他们的全部使命，好像仅仅是用丑恶万状的破坏来与停滞的腐朽对立，这种破坏没有一点建设工作的苗头”。[②]这也从另一个侧面反映出当时中国的社会现实。

（二）中国人对黑格尔哲学体系的贡献

德国古典哲学是马克思主义的三个来源之一，而德国古典哲学中最有代表性的哲学家便是黑格尔，列宁曾认为黑格尔的辩证法是德国哲学中最伟大的成果[③]。马克思主义经典作家曾多次提出要学习黑格尔哲学，恩格斯曾指出：“不读黑格尔的著作，当然不行，而且还需要时间来消化。”[④]由于这些多重因素，黑格尔哲学是中国哲学研究最重要的内容之一。中国学者在研究黑格尔哲学的同时，也对黑格尔哲学的发展做出了具体的贡献。

1. 中国黑格尔哲学研究概况

在西方哲学史上，黑格尔也许是中国学界了解最多、最全面的哲学家，也是对中国学界影响最深远的哲学家。在中外思想交流史上，黑格尔是决定性地影响现代中国人思维方式的重要哲学家之一。即使在今天，黑格尔的著作仍然是最受中国学界关注和研究的著作之一。中国学界对黑格尔的研究大致可以分为以下四个阶段[⑤]：

（1）黑格尔哲学的启蒙、介绍时期。

黑格尔哲学进入中国并且在中国学界产生实际影响的时间并不算早。马君武1903年发表的《唯心派巨子黑智儿学说》是我国学者讨论黑格尔哲学的第一篇文章。该文介绍了黑格尔的生活、学校风气、绝对唯心论、伦理学和历史哲学。作者很推崇黑格尔，说“至黑智儿出，而哲学之面貌一变”，“世人之心目为之一新”。但在20世纪头30年里，中国学界只发表过三篇讨论黑格尔的文章，其中的另一篇是著名翻译家严复的《述黑格尔唯心论》。严复的文章论述了黑格尔《精神哲学》里的“主观精神”和“客观精神”，注意到了黑格尔的辩证法思想，并阐

①《历史哲学》，第137页。
②《马克思恩格斯全集》第15卷，第545页。
③ 罗森塔尔，《简明哲学辞典》，第581页。
④《马克思恩格斯全集》第38卷，第201～202页。
⑤ 张桂权，《黑格尔研究九十年》，《河北学刊》，1997年第2期。

述了黑格尔哲学的师徒相传关系及其独特的贡献，特别是注意到了黑格尔的否定性的辩证发展思想、“理性的机巧”中的辩证法思想。

（2）黑格尔哲学在中国的融合、传播时期。

张颐 1925 年用英文出版于上海商务印书馆的《The Development, Significance and some Limitations of Hegel's Ethical Teaching》（《黑格尔伦理学说的发展、意义及其限制》），是张颐先生在美国和英国撰写的博士论文。这是我国学者最早的论黑格尔的专著。张先生认为，虽然黑格尔并未在任何重要著作中使用过《伦理学》之名，但黑格尔确实有伦理学说，而且论述非常透彻和有独创性。张先生阐述了黑格尔的伦理学说，阐明了伦理学说在其全数体系中所占的地位，而且勾勒出了黑格尔伦理学说的一般特征，诸如，合理的东西与实在的东西的统一，理想的东西与现实的东西的统一，意志与自由的唯理智论等。尤为可贵的是，作者始终以批判的态度论述黑格尔的伦理学说，既不进行无根据的批评也不盲从，对黑格尔的学说做出了较为公正的评价。英国牛津大学 J.B.Smith（斯密士）教授为该书作序，高度评价了张先生的研究成果，认为在家庭与国家的关系上，张颐先生不只批评了黑格尔，而且考察了一般西方思想与制度所根据的偏见。他对这些偏见的反思是以温和的方式表达的。本书出版后，著名黑格尔专业人士拉松（G.Lasson）博士 1928 年在柏林的《康德研究》（第三十三卷）发表了书评，认为该书对黑格尔的评价较许多德国学者尤为公允。

20 世纪 30 年代之后，我国学者翻译、介绍和研究黑格尔哲学渐趋活跃。1931 年，为了纪念黑格尔逝世一百周年，在瞿菊农倡导下，《哲学评论》5 卷 1 期刊发了《黑格尔》专号，收录了张君劢、贺麟、瞿菊农、朱光潜等当时中国黑格尔哲学研究者的文章。同年，中国最早的黑格尔哲学研究者张颐与当时著名的哲学家张君劢在《大公报》和《北平晨报》上就黑格尔哲学名词译法及如何理解黑格尔哲学展开辩论，大大吸引了中国学界对黑格尔哲学的关注。接着，中国的黑格尔哲学研究渐成气候，产生了郭本道、周谷城、张铭鼎、贺麟等一批著名的黑格尔研究者，他们在翻译、介绍和研究黑格尔哲学方面起了重要作用。其间翻译出版了黑格尔的《小逻辑》《历史哲学》《逻辑学》（节译本），出版了我国学者的研究著作 5 部，翻译了国外黑格尔研究者的研究性著作 6 部，发表了研究论文和文章约 88 篇，译文约 23 篇。其中，郭本道先生 1934 年在上海世界书店出版的《黑格尔》，是全面系统地阐述黑格尔《哲学全书》内容的著作。郭先生在其“序言”中说，“在近代思想潮流中，黑格尔的哲学实占一重要地位，无论崇奉他的或反对他的，皆不能否认其价值。”全书分为四编，第一编概论，介绍了黑格尔的一生，论述了黑格尔受古希腊哲学、基督教神学及近代哲学的影响；第二编论黑格尔的逻辑学；第三编论自然哲学；第四编论精神哲学。该书比较精确地驾驭住了黑格尔的基本思想，在解释黑格尔哲学方面有独到的价值。

朱谦之是从柏格森的生命哲学的立场来研究黑格尔的。他长期研究和讲授历史哲学的成果《黑格尔的历史哲学》1936 年由上海商务印书馆出版。该书分为《序论》和《本论》两大部分。《序论》概说了黑格尔的哲学体系，分析了历史哲学在黑格尔哲学体系中的地位。《本论》是全书的重点，其目的是把黑格尔关于历史哲学的全数观点概括出来，并加以必要的分析和评论。作者首先考察了黑格尔历史哲学的基本概念，认为黑格尔的历史哲学思想实际上包括“精神史观”“英雄史观”“国家主义观”，然后对这三个观点进行了深入的分析和客观的评述。他对黑格尔历史哲学的评价是，其最大贡献在于给人们一个变化的历史观，一个基于历史的伦理主义，而其最大的缺点是用观念辩证法（即唯心辩证法）来区分历史阶段而陷入图式主义。朱先生的著作对黑格尔历史哲学理解深刻、分析精当、评述独到，是研究黑格尔哲学的力作之一。

贺麟早年留学欧美，专攻西方古典哲学，1931 年回国后开始在北大、清华讲授西方哲学史、黑格尔哲学、现代西方哲学等，著有《黑格尔哲学讲演集》，主持翻译了《小逻辑》《精神现象学》《哲学史讲演录》等黑格尔最重要的著作，是中国现代哲学史上第一位系统全面地研究介绍黑格尔哲学的中国哲学家、中国最杰出的黑格尔哲学研究家和翻译家。贺麟先生 1930 年发表《朱熹黑格尔太极说之比较观》，以纪念朱熹诞辰 800 周年和黑格尔逝世 100 周年，着重比较两位讲太极的大师的异同，以促进相互理解。贺麟先生的《黑格尔理则学简述》是这一时期研究黑格尔哲学体系最重要的成果。贺先生认为，“太极”（Absolute，绝对）是古今中外客观唯心论哲学家的最基本的范畴，有的哲学家强调太极是心，有的强调太极是理，而朱熹与黑格尔却强调“心与理一”，而且两人都认为要达到心与理一的最高境界，须经过千辛万苦、长途跋涉、辩证发展的过程才能完成。贺麟先生精确地驾驭住了黑格尔逻辑学的基本思想，用自己的语言把它们表述出来并加以评价。他的研究成果直至今日仍然有重要的参考价值。

这一期间乔冠华在《清华周报》上发表的《黑格尔力学中的辩证法》是关于黑格尔的自然哲学的研究的代表作。论黑格尔的政治、社会、历史观的论文约十三篇，如陈公鱼的《黑格尔“历史哲学”的意义及其研究方法的批判》，张君劢的《黑格尔之哲学系统及其国家哲学、历史哲学》；论黑格尔美学的论文约四篇，如林焕平的《黑格尔的美学》；论黑格尔宗教观的论文约两篇，如姚宝贤的《黑格尔之宗教观》。[①]

（3）1949～1976 年的中国黑格尔哲学研究。

随着马克思列宁主义学说在中国的广泛传播，作为其先驱思想来源之一的黑格尔哲学在中国学界和普通民众心中产生了附带性的广泛影响。黑格尔哲学由于其魅力所在，此前就受我国学者重视，现在由于与马克思主义有渊源关系，所以更受重视。黑格尔哲学的逻辑学及辩证法思想始终是人们关注的中心。1949～1976 年，黑格尔哲学仍然是中国学界长期研究的对象，涌现出了像张世英、冯契、姜丕之、王太庆、王玖兴、王树人、薛华等著名的黑格尔哲学研究家。这一时期一批著名学者兼翻译家翻译出版了黑格尔的《小逻辑》（贺麟译）、《历史哲学》（王造时译）、《美学》第一卷（朱光潜译）、《哲学史讲演录》一至三卷（贺麟、王太庆译）、《法哲学原理》（范扬、张企泰译）、《精神现象学》上卷（贺麟、王玖兴译）、《逻辑学》（杨一之译）。其间，虽然历次政治运动对黑格尔研究有较大影响，但还是取得了很大的成就，主要成就如下：

1）综合研究。

这个时期综合介绍、研究黑格尔的著作有 1 部[②]，论文约 30 篇。在 30 篇论文中，除了论述黑格尔的辩证法、黑格尔对诡辩论的批判、黑格尔的认识论与真理观等内容的文章外，主要集中讨论的是黑格尔的思维与存在的同一性问题，这方面的文章大约有 8 篇。一种意见认为，黑格尔的思维与存在同一的学说虽然是唯心的，但包含着重要的认识论意义，它在批判康德的不可知论中起着积极的、进步的作用。另一种意见则纯粹在本体的意义上理解黑格尔的思维与存在同一学说，认为它是无任何积极意义的唯心主义的、神秘主义的糟粕。

贺麟先生在 1960 年发表的《批判黑格尔的论思维与存在的统一》中深刻地分析了黑格尔与近代唯物主义、与贝克莱尤其是与康德的关系，令人信服地指出：黑格尔的思维与存在同一的学说的积极意义在于，一方面，他通过有限与无限、现象和本质、特殊和普通等范畴的关系使思维与存在达到了辩证的统一，从而扬弃并超越了康德的消极的理性矛盾说；另一方面，黑格尔引进实践概念作为思维与存在统一的中介，彻底破除了康德的二元论。

2）精神现象学研究。

这一时期关于“精神现象学”研究的著作有 1 部，论文约 4 篇。张世英的《黑格尔〈精神现象学〉述评》，对《精神现象学》的精华部分

① 张桂权，《黑格尔研究九十年》，《河北学刊》，1997 年第 2 期。

② 张世英，《论黑格尔的哲学》。

予以论述，认为：①《精神现象学》实际上是一部唯心主义的意识发展史，书中贯穿了逻辑与历史一致的思想；②黑格尔把整个人类社会的发展看作是不断进步的历史；③贯穿于《精神现象学》的一条根本原则是主体与客体、自我与对象的统一，该书所描绘的意识发展的全部过程可以说是主客统一或自我实现的过程。

贺麟的《〈精神现象学〉译者导言》介绍和论述了《精神现象学》一书的写作经过、黑格尔当时的政治态度，“现象学”的来源和意义，《精神现象学》作为“逻辑学”的导言、作为意识发展史、作为意识形态学、作为“黑格尔哲学的真正起源和秘密”，以及克罗纳（G.Kroner）、卢卡奇（G.Lukacs）等人对《精神现象学》的歪曲和利用。

3）逻辑学研究。

这一时期的研究著作有3部、注释性著作1部、论文约7篇。“逻辑学”研究一向为中国学者所重视，这是因为黑格尔哲学的精华——辩证法主要是在“逻辑学”中阐述的。张世英先生的《论黑格尔的逻辑学》对黑格尔逻辑学的基本思想作了系统的概括和评论。作者紧紧抓住黑格尔哲学的两大特征即客观唯心论体系和辩证方法，正确地指出，黑格尔哲学深受前人的思想成就和当时科学发展及社会变革的影响，黑格尔哲学的历史功绩之一就是全面地概括、总结了物质世界的客观联系和辩证发展，但是作者同时又强调，黑格尔是站在客观唯心主义的立场来概括的，因此黑格尔把物质世界的客观联系变成了“纯粹概念”的逻辑推演。作者还指出，“辩证法的一切基本特征在黑格尔哲学中都第一次得到了自觉的系统的表述”，作者在每一章都力图发掘出黑格尔辩证法中的合理内核。

姜丕之、汝信合著的《黑格尔范畴批判》是这一时期研究黑格尔逻辑学的另一重要著作。作者认为，在古希腊哲学家中，亚里士多德对范畴作了最深刻、最系统的研究，但亚氏的范畴理论是以形式逻辑为基础的，各范畴之间缺乏内在联系。康德建立了先验唯心论的范畴体系，发现了理性在运用知性范畴去认识超验的本体时所必然陷入的二律背反，这是他对范畴理论的重大发展和贡献。但是康德的范畴是列举而不是推演出来的、是主观而不是客观的，仍然没有超出形式逻辑的窠臼。黑格尔批判地总结了前人的思想成就，创立了辩证的范畴理论。黑格尔认为，范畴不仅是主观的而且是客观的，即是客观事物的核心和本质；范畴不是僵硬的、对立的，而是普遍联系和相互转化的。黑格尔把这样的范畴叫作“具体概念”，并把具体概念的发展和认识史的发展统一起来，从而建立了历史上最大的客观唯心主义的范畴体系。

4）自然哲学研究。

这一时期研究黑格尔《自然哲学》的论文只有2篇。贺麟先生的《关于黑格尔自然哲学的评价问题》批判了新黑格尔主义贬低甚至全盘否定黑格尔的自然哲学的观点，如哈特曼（N.Hartlmann）的“继子论”、鲁一士（J.Royce）的“糟粕论”、谬尔（Müll）的“过时论”，认为“黑格尔是非常重视自然哲学的”，黑格尔的自然哲学并没有完全过时，仍有其值得挖掘的合理内核。

雷永生在《〈关于黑格尔自然哲学的评价问题〉的两点质疑》一文中，对贺先生的观点提出了反驳，不同意贺先生的“黑格尔的客观唯心主义向唯物主义转化”的观点；认为黑格尔的“存在着的观念就是自然”的命题就说明了黑格尔坚持了客观唯心主义的立场，贺先生在批判“继子论”的同时也走向了另一极端——美化了黑格尔。

5）精神哲学研究。

这一时期关于黑格尔精神哲学的论文约18篇，其中关于黑格尔美学的论文约8篇，关于黑格尔哲学史的论文约6篇。

贺麟先生的《黑格尔著〈法哲学原理〉一书评述》认为，《法哲学原理》表现了黑格尔的政治观点和立场的保守性，黑格尔关于王权的思想充分表现了黑格尔的保守主义、尊君思想以及他的非理性和主观性，还有黑格尔鼓吹战争、神化国家的观点都是应该批判的。但和其他著作一样，该书的合理思想是用辩证法来讨论政治、社会、伦理问题，是有一定启发性的。

朱光潜先生在《黑格尔美学的基本原理》一文中评介了黑格尔美学的基本观点：

a. 美是理念的感性显现。作者认为，黑格尔在这一定义中体现出的理性与感性统一的观点在历史上是有进步性的。

b. 黑格尔强调艺术美，也不完全否认但的确轻视自然美。

c. 黑格尔说，人物的“性格是理想艺术表现的真正中心”。作者认为，在这里黑格尔涉及现实主义、典型环境下的典型性格以及艺术中的冲突几个重要概念，黑格尔的“意见基本上是健康的、积极的、富有现实意义的”。

d. 黑格尔用辩证发展的观点来考察艺术发展史，这是他的功绩，但他在个别问题上辩证法运用得很呆板，表现出了他的矛盾心理。

（4）新时期中国黑格尔哲学研究。

改革开放以来，黑格尔研究获得了空前的发展，研究的内容涉及黑格尔哲学的各个方面，研究的视角和方法得以更新，一批后起之秀加入了这一行列，研究成果累累：1977～1990 年的 14 年间，共出版研究专著约 22 部，发表论文约 380 篇，翻译出版黑格尔著作 9 种、国外学者论黑格尔的著作 9 种。

这一时期翻译出版的黑格尔著作有《小逻辑》（再版，贺麟译），《哲学史讲演录》第四卷（贺麟、王太庆、王玖兴译），《美学》第二、三卷（朱光潜译），《精神现象学》下卷（贺麟、王玖兴译），《自然哲学》（梁志学等译），《黑格尔通信百封》（苗力田译），《黑格尔政治著作选》（薛华译），《黑格尔早期神学著作选》（贺麟译），《宗教哲学讲座、导论》（长河译）。

1）综合研究。

这一时期的黑格尔哲学综合研究涉及黑格尔哲学的诸多方面，成果较多，有专著 4 部、论文集 2 部、“导读”著作 1 部、论文约 195 篇。

王树人的《思辨哲学新探——关于黑格尔体系的研究》分别对黑格尔的逻辑学、美学以及他的实践观、自由观和哲学史观进行了较为系统的探讨。作者认为，黑格尔哲学具有永恒的价值，值得不断地发挥和解释。作者还研究了《精神现象学》中的美学问题，论证了黑格尔美学的发源地，这在国内还是新的见解。

张桂权的《黑格尔的整体观》提出了哲学上的“整体观”概念，并勾勒出了西方哲学史上的整体观的发展线索。作者认为，黑格尔时代的科学成就特别是生物学的成就是黑格尔整体观乃至其全部哲学的科学基础。作者详细地分析和论述了黑格尔整体观的“有机原则”“进化原则”和“系统方法”。黑格尔认为有机体（生物体）的观点是，部分（肢体、器官）不能脱离整体（身体）而独立存在，而整体是高度分化的部分的统一体，作者认为黑格尔的“绝对整体”（绝对精神）也是这样的有机体。作者用许多材料证明，进化原则的确是黑格尔的重要思想，并考察了“绝对整体”的发展与进化过程、阶段、方式及其特征，肯定了黑格尔从进化与发展来考察整体与部分的观点。作者认为，系统方法在黑格尔那里既是整体与部分存在和进化的方式（客观），又是整体（绝对精神）认识的系统方法（主观）。

关于黑格尔的实践学说，近年来引起了人们的注意和兴趣。王树人在《论黑格尔实践观的合理内核》中认为，揭示人的实践活动的目的性、中介性以及关于实践既包括理论又高于理论的思想是黑格尔的历史功绩。钟宇人在《黑格尔实践学说初探》一文中，阐述了黑格尔实践学说的形成：它怎样继承和发展了康德以来德国古典哲学中关于人的能动性和实践的哲学思想，并且概述了古典经济学中有关劳动的论述，作者认为这是德国古典哲学中一个较突出的思想成果，也是马克思主义的实践学说的来源之一。

关于黑格尔学说的总的评价，学者们有不同的看法。冒从虎、部庭台在《黑格尔哲学：一个沉重的精神负担》中认为，黑格尔哲学不仅是西方古典哲学的总汇、现代西方哲学的出发点，还是马克思主义哲学的直接的理论前提。但是，黑格尔的辩证法只是辩证法发展史上的一个阶段，总的说来已经陈旧。黑格尔哲学中的整体主义、认知主义和绝对主义等非辩证思维方式侵入了马克思主义哲学，被人们当作辩证法思想加以信奉，黑格尔哲学对马克思主义哲学的发展来说已是一个沉重的精神负担。在一定意义上说，不清算黑格尔哲学的消极影响就不能实现马克思主义哲学的思维方式的更新。因此，作者主张应立即全面研究和清算黑格尔哲学在当代的影响。李建平在《为黑格尔哲学一辨——与部庭台同志商榷》中针锋相对、逐条反驳了冒从虎、部庭台的观点。他认为，整体主义并非“非辩证思维方式”，整体主义在今天仍具有很大的理论意义；黑格尔哲学并不单纯是一个认知主义的体系，而是体现着本体论、逻辑学、认识论和辩证法四者的统一；黑格尔也不是一个“重认识，轻价值”的哲学家；黑格尔是近代哲学史上比较全面地研究了人的非理性成分的哲学家之一；黑格尔的体系化的思维方式也不能全盘否定，其中包含着从抽象上升到具体、概念的圆圈式发展、逻辑与历史的一致等著名的方法和原则。

2）青年（早期）黑格尔研究。

青年（早期）黑格尔研究是这一时期新出现的研究领域，出版研究著作2部，发表论文约16篇。

宋祖良博士的博士论文《青年黑格尔的哲学思想》比较全面系统地探讨了青年黑格尔的政治、经济、宗教和哲学等方面的思想：①求学时期（1773～1788年），作者论述了黑格尔在中学时期的思想发展过程，指出黑格尔青少年时代起就特别关注辩证法问题；②早期神学著作写作时期（1788～1800年），作者认为在这个时期，黑格尔不满意康德式的反思哲学，力求与其划清界限，并以生命作为精神实体，以壹作为合一，以反思作为对立，已勾勒出他后来的许多重要思想的轮廓；③几篇政治著作写作时期（1798～1802年），黑格尔在这些著作中表达了改革现实的迫切愿望；④耶拿时期（1803～1806年），作者认为，在这一时期黑格尔为创建辩证法哲学作了不懈的努力。

薛华在《青年黑格尔对基督教的批判》一书中着重剖析了基督教的“实定性”（或“实证性”），即它的法定性、强制性、奴役性和压迫性。

作者认为，黑格尔对基督教的无情批判达到了相当的深度，他把辩证法用于批判社会奴役和不平等现象，辩证法在黑格尔手中发挥了固有的批判精神或革命精神。

3）精神现象学研究。

这个时期，我国学者加强了对《精神现象学》的研究，出版专著3部，发表论文约18篇。

王树人的《历史哲学的反思——关于〈精神现象学〉研究》，从人类的历史发展和人性演变的角度对黑格尔的《精神现象学》作了系统的批判性研究。论述的问题包括：主奴关系的建立及其演变，古代统治阶段的内部矛盾，资本主义的兴起，资产阶级革命的高潮，图腾崇拜及艺术中的人性，基督教及其中的人性。

薛华的《自由意识的发展》专门研究了《精神现象学》中有关自由的学说。作者认为《精神现象学》把自由问题作为一个重要的问题来阐述，从实体到主体、从自在到自为、从经验到概念、从对象到思维的过程也是自由的产生和发展的过程。

4）逻辑学研究。

"逻辑学"研究仍是这一时期的重点之一，出版了3部著作，发表论文约20篇。

张世英先生的《黑格尔〈小逻辑〉绎注》一书讲解简明扼要、思想连贯、观点鲜明、材料丰富，对《小逻辑》给予了逐节阐释，侧重于对于一些难懂的语句和思想提供理解的线索，还提供了详细的背景材料，收集了西方著名黑格尔专家的论述。虽是注释的著作，却很有分量和价值。

5）自然哲学研究。

黑格尔的自然哲学研究在这一时期受到重视，出版专著1部，发表论文约10篇。

梁志学的《论黑格尔的自然哲学》是国内第一部研究黑格尔的《自然哲学》的专著。作者认为，黑格尔在自然哲学中运用了"逻辑学"中的辩证方法，他设法把自然科学中的知性范畴转变为理性范畴，把形而上学概念转变为辩证法概念。作者不同意西方黑格尔主义者对《自然哲学》的蔑视态度，并根据自己翻译和长期探讨《自然哲学》的体会，较全面地提炼了《自然哲学》中的"合理内核"。该书在阐述《自然哲学》的同时，上承德国自然哲学的发展，下继马克思主义自然观对黑格尔自然哲学的批判继承，从而勾画出德国自然观的发展。

6）精神哲学研究。

这一时期的“精神哲学”研究取得了丰硕的成果，共出版专著7部，发表论文约100篇。

《论黑格尔的精神哲学》是张世英先生花了二十多年撰写的精心之作。作者认为，黑格尔的精神哲学是他的全部哲学的顶峰，而精神哲学就是关于人的哲学，人的本质在黑格尔看来是精神和自由。该书贯穿了黑格尔的这个基本观点。该书第一部分阐述了黑格尔的“主观精神”即现代心理学；第二部分阐述了“客观精神”，即黑格尔的伦理学说和政治学说；第三部分阐述了“绝对精神”，即黑格尔的艺术观、宗教观和哲学观。在该书中，作者增加了大量的《法哲学原理》中的内容，阐明了黑格尔在《法哲学原理》中贯穿的人的自由本质的观点，并针对国内长期贬低《法哲学原理》的倾向提出了不同的看法。

侯鸿勋的《论黑格尔的历史哲学》较为系统全面地研究了黑格尔的历史哲学。作者认为，黑格尔是德国软弱的新兴资产阶级的思想代表，他的历史哲学是一部充满矛盾的著作，它非常突出地表现了他的革命辩证法和保守的哲学体系之间的矛盾。黑格尔的历史观是唯物史观创立以前资产阶级思想家在探索社会历史问题方面所取得的最高成果，它不仅含有丰富的辩证发展思想和历史现实内容，而且还有不少“历史唯物主义的萌芽”，对马克思唯物史观的创立起过极其重要的作用。

黑格尔的美学研究在这一时期取得了较多的成果，出版了专著3部，发表论文约45篇。朱立元的《黑格尔美学论稿》是我国第一部关于黑格尔美学的专著。作者研究了黑格尔的美学、《美学讲演录》的构架、自然美、艺术美、艺术家与艺术创造、想象、艺术鉴赏标准与作品评论、艺术类型的历史发展、艺术体系的分类、艺术的解体与美学的终结等问题，并概括出了黑格尔的独创的美学范畴体系。作者认为，黑格尔美学的特点有：初步的实践观点，辩证的有机整体思想，巨大的历史感，浓郁的现实感，鲜明的伦理色彩，强烈的人道主义精神，高扬的乐观主义音调等。作者认为，黑格尔美学开拓了美学研究的新纪元，把德国古典美学推向了最高峰，黑格尔美学对19世纪以来的各种流派的美学思潮产生过并且继续产生着广泛而深远的影响。

7）工具书与刊物。

这一时期出版了由张世英主编、近40位黑格尔学者参加撰写的《黑格尔辞典》，选收黑格尔哲学体系及各部门的基本概念、范畴、黑格尔常用术语和专门术语共468条，约100万字。该辞典释文忠实、释义详尽，每一词条都是根据黑格尔的原文、原意来解释的。该书熔学术性、知识性和资料性于一炉，具有很高的参考价值。

我国尚无专门的黑格尔研究刊物。姜丕之、汝信曾主办《康德黑格尔研究》丛刊，出版了第一、二辑后因经费短缺停刊。另外，发表黑格尔研究论文较多的丛刊有《德国哲学》《外国哲学》《外国哲学史研究集刊》。

中国还成立了《黑格尔全集》中文版编译委员会，贺麟先生任主任委员。

以上简述了我国自1903年以来介绍、翻译和研究黑格尔哲学的情况。经过几代人的不懈努力，我国的黑格尔研究取得了丰硕的成果。黑格尔的主要著作已基本译成中文，出版的研究著作有33部，发表的论文约540篇，研究的领域和范围涉及黑格尔哲学的各个方面[①]。

我国的黑格尔研究是有自己的特色的，这就是以马列主义为指导和以中国学者特有的视觉去研究黑格尔，这种研究能够在世界的黑格尔研究中占有一席之地。[②]

今天的中国学界，正在继续着前辈未竟的学业，认真地翻译和研究黑格尔哲学原著，如梁志学对《小逻辑》的重译[③]，张澄清对《精神现象学》的解读[④]，而且也在继续引介国外研究黑格尔哲学的重要二手资料，如加拿大哲学家查尔斯·泰勒的《黑格尔》[⑤]和法国哲学家柯耶夫的《黑格尔导读》[⑥]等，都表明了中国学界在这方面的努力。

2. 中国学者对黑格尔哲学体系的贡献

中国人对黑格尔哲学的研究也不完全就是学习和批判，中国学者对黑格尔哲学体系也是有发展的。中国学者对黑格尔哲学的最大发展，就是对黑格尔哲学体系构成的研究。

黑格尔认为："哲学若没有体系，就不能成为科学。没有体系的哲学理论，只能表示个人主观的特殊心情，它的内容必定是带偶然性的。哲学的内容，只有作为全体中的有机环节，才能得到正确的证明，否则便只能是无根据的假设或个人主观的确信而已。"[⑦]早在1800年，黑格尔就有了他自己哲学体系的设想。1830年9月，黑格尔在《哲学全书》第三版序言里又声称他的《哲学全书》是"一个经过多年的透彻思想，而且以郑重认真的态度，以谨严的科学方法加以透彻加工的著作"。在黑格尔逝世前一个星期为《逻辑学》第二版作的序言中，黑格尔说："在提到柏拉图的著述时，任何在近代从事重新建立一座独立的哲学大厦的人，都可以回忆一下柏拉图七次修改他关于国家的著作的故事。假如回忆本身好像就包含着比较，那么这一比较就只会更加激起这样的愿望，即：一本属于现代世界的著作，所要研究的是更深的原理、更难的

① 张桂权，《黑格尔研究九十年》，《河北学刊》，1997年第2期。
② 同①。
③《逻辑学：哲学全书，第一部分》，人民出版社，2002年。
④《西方近代哲学的终结——读黑格尔〈精神现象学〉》，社会科学文献出版社，2005年。
⑤ 译林出版社，2002年。
⑥ 译林出版社，2006年。
⑦《小逻辑》，第56页。

对象和范围更广的材料，就应该让作者有自由的闲暇作七十七遍的修改才好。”[①] 表明黑格尔认为他的哲学体系是一个发展的体系，而这一体系在他突然去世前还在不断完善中。关于黑格尔的哲学体系，恩格斯说，尽管黑格尔身上充满了矛盾，“但是这一切并没有妨碍黑体尔的体系包括了以前的任何体系所不可比拟的巨大领域，而且没有妨碍它在这一领域中发展了现在还令人惊奇的丰富思想。精神现象学（也可以叫作同精神胚胎学和精神古生物学类似的学问，是对个人意识各个发展阶段的阐述，这些阶段可以看作人的意识在历史上所经过的各个阶段的缩影）、逻辑学、自然哲学、精神哲学，而精神哲学又分成各个历史部门来研究，如历史哲学、法哲学、宗教哲学、哲学史、美学等等……在所有这些不同的历史领域中，黑格尔都力求找出并指出贯穿这些领域的发展线索；同时，因为他不仅是一个富于创造性的天才，而且是一个学识渊博的人物，所以他在每个领域中都起了划时代的作用。”[②] 但是恩格斯在这里也没有明确提出黑格尔哲学体系的组成结构及其辩证发展的内在联系。第一个明确提出黑格尔哲学体系是由哪些部分构成的人，不是西方的黑格尔哲学专家，而是中国的学者贺麟先生。

贺麟先生早在 20 世纪 30 年代《黑格尔理则学简述》一文中就提出了“对黑格尔哲学系统可以有两种不同看法的问题”。1978 年，经过长期对黑格尔哲学的研究，贺麟在《黑格尔哲学体系与方法的一些问题》一文中明确提出关于黑格尔哲学体系的两种看法：

第一种看法，通常是把构成黑格尔《哲学全书》的三大部门，即逻辑学、自然哲学和精神哲学，当作黑格尔的体系。贺麟公允地认为，“这种看法当然是不错的。因为《哲学全书》实为哲学体系的别名”，同时它“又契合黑格尔‘绝对理念’的三个发展阶段”。所以，西方学者一般都持这种看法，都依据这样三个部门来阐述黑格尔的哲学体系。

“第二种看法，便不单以《哲学全书》为准，而是统观黑格尔的全部著作以求其全体系的重点所在，精神所注，以及中心论证辩论发展的整个过程，加以合理安排。依此看法，便应以《精神现象学》为全体系的导言，为第一环；以逻辑学（包括《耶拿逻辑》《逻辑学》和《小逻辑》）为全体系的中坚，为第二环；以《自然哲学》和《精神哲学》（包括《法哲学原理》《历史哲学》《美学》《宗教哲学》《哲学史讲演录》等）为逻辑学的应用和发挥，统称‘应用逻辑学’，为第三环。”[③] 贺麟在最初提出这个问题时曾说：“我们迄今未看见别人明白提出与我们相同的看法。唯有哈特曼教授所著《德国唯心论》第三册《黑格尔》内确隐约契合于我们的看法。”

①《逻辑学》上卷，第 21 页。
② 恩格斯，《路德维希·费尔巴哈和德国古典哲学的终结》，《马克思恩格斯全集》第 21 卷，第 310 页。
③ 贺麟，《黑格尔哲学讲演集》，第 388 页。

贺麟指出："我认为，这第二种看法是比较能够表达出黑格尔哲学的整体及其辩证法发展的内在联系的性质，而且也是同马克思主义经典作家的观点一致的。"

黑格尔的哲学体系俨然是一个圆圈，它在开端时所采取的直接观点，即成为最后的结论。当哲学达到这个终点时，也就是重新达到其起点而回到自身之时。"所以哲学上的起点，只是就研究哲学的主体的方便而言，才可以这样说，至于哲学本身，则无所谓起点"。按照这个著名的观点，哲学圆圈中的任何一个环节都可以成为哲学的开端。

正因为这样，《精神现象学》是其哲学体系的开端，同时也是哲学体系中的一环。这就是《精神现象学》在体系中的双重地位。这也正是黑格尔哲学体系是圆圈的思想的必然结果。

在确定了《精神现象学》是黑格尔哲学体系第一环之后，随之而来的第二环当然就是逻辑学。这是因为精神现象学作为哲学体系的导言，直接来说，就是作为逻辑学的导言。精神现象学只把一种纯概念作为精神现象来描述，而不研究它们自身，只有逻辑学才把纯概念自身作为专门系统研究的唯一对象。

在黑格尔看来，逻辑学负有向一切其他哲学学科提供最一般的理论原则和方法原则的使命。逻辑学体系建立的必然后果就是它的原理和方法应用于自然和精神的各个领域，就是自然哲学和精神哲学各个分支部门的建立。这就构成黑格尔哲学体系逻辑构成的第三环，即最后的一环。

综上所述，正如贺麟先生所指出的那样，黑格尔哲学体系的构成是这样的：以《精神现象学》为全体系的导言，为第一环；以逻辑学为第二环；以自然哲学和精神哲学为逻辑学的应用和发挥，统称"应用逻辑学"，为第三环。"就整个哲学体系来说，'精神现象学''逻辑学''应用逻辑学'构成一个大圆圈"。

具体说来，在黑格尔哲学体系中，精神现象学论述从原始的精神现象到绝对精神，从感性知识到绝对知识的进程，可以说是从现象求本质，是精神对自身认识的开始的阶段；逻辑学论述精神对自身的本质的认识，即论述纯粹本质性，对本质、普遍、概念、真理自身的本性的科学认识，是精神对自身认识的深入的阶段；自然哲学和精神哲学及其各部门作为应用逻辑学，则是把逻辑学的普遍原理、规律用于自然和精神的各个领域，以发现以自然和精神的特殊形式出现的逻辑形式，使普遍和特殊、概念和经验达到统一，从而建立起关于人的精神、本质和自由的哲学，即精神哲学。

杨祖陶认为贺麟关于黑格尔哲学体系构成的见解对于指引人们开展黑格尔哲学的研究具有很大的意义，主要表现在以下三个方面[①]：

第一，这一看法把对《精神现象学》的研究提高到马克思所说的考察黑格尔哲学体系“必须从《精神现象学》开始”的高度来考虑。针对忽视《精神现象学》研究的情况，至少必须把它放在和逻辑学同等重要的地位来研究。在开展研究时，贺麟在《〈精神现象学〉译者导言》中提出的四个方面，可以作为一个纲领。这就是：①把它作为逻辑学的导言来研究；这也就是把它作为人类认识发展史来研究；②把它作为意识史来研究，这也就是把它作为现实的人和人类的生成史来研究；③把它作为意识形态学来研究，这也就是把它作为社会意识形态和社会心理形态来研究；④把它作为“黑格尔哲学的真正来源和秘密”来研究。仅从这样一些纲目，就可以看出《精种现象学》的研究不仅是全面、深入理解黑格尔哲学本身的桥头堡，而且必将为开展对于认识史、现实的人的生成史、意识形态学和心理形态学的马克思主义研究提供具有重大价值的借鉴和启发。同时，由于马克思对《精神现象学》特别注重并写下了大量的评语，因而对它的研究在进一步深入理解和确定黑格尔哲学作为马克思主义哲学、特别是唯物史观和人的理论来源方面也将会为我们打开新的眼界。

第二，这一看法比较有利于拨开笼罩在黑格尔哲学体系上的唯心主义迷雾而直窥其内在真实关系。《哲学全书》所提出的逻辑学、自然哲学和精种哲学的结构体现了绝对理念发展的自在自为、外在化和从外在化返回自身的三个阶段，这个框架虽然包含有辩证发展的重大合理内核，但却是黑格尔客观唯心主义形式的集中表现。一方面由于它排斥了《精神现象学》而使人不易理解逻辑学及其范畴是从何而来，另一方面由于这种唯心主义的形式而使人不易理解它们之间的逻辑学与应用逻辑学的真实关系。贺麟对黑格尔哲学体系构成的新看法恰好避免了这两个方面的缺陷，它既突出了逻辑学在黑格尔体系中应占的中坚和核心的地位，又明白地把《精神现象学》作为逻辑学的发生史和自然哲学与精神哲学作为逻辑学之应用于实在领域的这种真实内在关系和盘托了出来。按照这一看法指引的方向来研究黑格尔哲学，势将易于对它的真实内容和合理贡献、失足和迷误做出更加合乎实际的把握和评价。

第三，这一看法为从逻辑与历史一致的方向去研究黑格尔哲学体系的形成指明了道路。一个真实的哲学体系的形成既是一个长期的历史过程，也是一个否定之否定的逻辑过程。黑格尔哲学体系的形成在这方面提供了一个最有价值的范例。首先必须从人类认识发展史的研究中去形

① 杨祖陶，《黑格尔哲学体系问题——试论贺麟先生对黑格尔哲学体系构成的创见》，《北京大学学报（哲学社会科学版）》，1988年第4期。

成自己独到的原则和观点；其次不能满足于原则本身，必须对它进行系统的研究和陈述，使它的真实内容既能为自己也能为别人所理解和把握；最后还必须把对自己原则的认识应用于具体的研究，对已有的观点进行批判的审查和发展，从而才能说得上去形成一个哲学体系。

总之，对于黑格尔哲学体系构成的看法是一个根本性的问题，它为人们研究黑格尔哲学指出了应取的方向和道路，对于领会黑格尔哲学的精髓从而推动马克思主义哲学的发展至关重要。贺麟先生首次提出的黑格尔哲学体系的构成问题和他对这个体系构成的创见，必将得到越来越多的关注和重视。

（三）黑格尔与中国的“对立”和“同一”

黑格尔与中国、中国与黑格尔是一对特殊的矛盾统一体，双方都对对方极其感兴趣，并进行了系统和深入的研究，但双方都站在各自的角度评价对方，而且对对方的评价都不高。

“中国”在黑格尔哲学体系中起着反衬西方文明的作用，没有中国的落后，也就显现不出黑格尔所处的西方文明的先进；没有黑格尔所代表的西方文明的立场和观点，中国也不至于那样落后。黑格尔按照他的评判模式，在他所了解的关于中国的材料中，解读出他所要看到的、一些低级、落后和愚昧的东西。而且他的解读是系统的、全方位的，凡是他认为人类精神有进步的领域，都有“中国”阴影的反衬。

而黑格尔哲学在中国的哲学研究中在很大程度上起着反衬马克思主义和唯物辩证法的作用。我们把黑格尔定性为客观唯心主义者，虽然马克思认为黑格尔是“第一个全面地有意识地叙述了辩证法的一般运动形式”的人，但由于辩证法在黑格尔那里是“倒立着的”，所以，从某种意义上说，正是因为黑格尔哲学的唯心主义、体系的“倒立”以及黑格尔哲学的晦涩难懂，才显示出马克思主义经典哲学的科学性、先进性和革命性。诺克斯在《对于黑格尔的一种辩解》一文的结尾说：“如此简单的概述，不可能传达黑格尔多方面的伟大之处——其思想的广博、系统、尖锐、深刻。他使我们耸立在时代之巅和感受到精神、生活的宏伟。康德与黑格尔乃分别是近代世界的柏拉图和亚里士多德。”[①] 然而，在极“左”思潮的影响下，曾经有一段时期，中国学者对近代世界的亚里士多德——黑格尔的研究，采取简单、机械地按照唯物主义与唯心主义的评判模式，在我们所了解的黑格尔哲学中，我们也解读出我们所要看到的黑格尔哲学唯心的、牵强附会、削足适履、生搬硬凑，甚至荒谬错乱的东西，他的“思想的广博、系统、尖锐和深刻”反而没有引起应有

① [美]施泰因克劳斯编，王树人等译，《黑格尔哲学新研究》，商务印书馆，1990年。

的重视。当然，改革开放以来，在如何全面、客观地看待西方哲学，如何正确评价现代西方哲学思潮的意义和作用，在理论研究中如何以马克思主义的立场、观点和方法为指导，如何汲取西方哲学中的有益成果来丰富和发展我国优秀传统文化、为我国社会主义事业服务等方面都已经取得了积极进展，现在从事西方哲学研究的学者，已经不同程度地克服了盲目崇拜或简单排斥的极端态度，能够比较全面、客观地看待西方哲学。对黑格尔哲学的评价和研究也日趋公正和客观。

理性而客观地而不是情绪化地认识黑格尔对中国的评价，对正逐步走向现代化的中国来说有其现实意义。即使中国哲学家不一定赞同黑格尔的某些核心见解，但是黑格尔思想仍然对他们产生了广泛而深远的影响。1975 年 11 月 30 日，德国《世界报》刊载了克劳斯·梅奈特的一篇文章，介绍了联邦德国总理施密特访华的情况。作为施密特的顾问，梅奈特参加了毛泽东会见施密特的全过程。梅奈特写道："毛在开始谈话时提到四个德国人的名字，说他世界观的形成主要归功于这四个德国人。听起来似乎是黑格尔、马克思、恩格斯、海克尔。"① 黑格尔哲学对中国哲学的影响可见一斑。

我们必须承认，中国传统哲学思想的确缺少西方哲学的思辨性和清晰性，我们要客观公正地认识中国历史上理性缺失的现实。研究黑格尔，分析和批判黑格尔，最根本的目的是要从黑格尔哲学中汲取营养，为中国哲学的时代化、民族化，乃至为我国其他学科的学术研究及现代化建设服务。我国现在正处在建立具有中国特色的社会主义市场经济和与之相适应的社会主义新文化的历史时期。我们所要建立的社会主义市场经济已不再可能是一种地方性或区域性的经济，而是一种开放性的、作为全球性经济体系之有机组成部分的商品经济，因而建立与之相适应的社会主义新文化，这对于我们来说，本身就是一个突破过去长期以来的自然经济和半自然经济带来的狭隘眼界和封闭心理，参与各民族文化传统之间相互碰撞、交融、互补的全球趋势，大力吸取全人类共同文化遗产的时代任务。杨祖陶先生认为，就西方哲学而言，不仅反映西方从自然经济向商品经济转型和商品经济走向全球性经济时期的时代精神的近现代西方哲学，而且从更大的范围来看，自古希腊以来的整个西方哲学传统，都是我们应当引进、研究、借鉴和吸取的②。张世英先生认为，"黑格尔哲学是西方传统形而上学的顶峰，蕴含和预示了传统形而上学的颠覆和现当代哲学的某些重要思想。现当代许多批评黑格尔哲学的大哲学家们，往往是踩着黑格尔的肩膀起飞的。"我们研究马克思主义，创立了毛泽东思想、邓小平理论等马克思主义中国化的理论成果，但我们研

① 散木，《毛泽东和刘少奇的最后一次谈话及谈到的几本书》，《北京日报》，2010 年 6 月 8 日。

② 杨祖陶，《德国古典哲学研究的现代价值》，《哲学研究》，2001 年第 4 期，第 27～32 页。

究黑格尔，却没有像西方那样“踩着黑格尔的肩膀”产生相应的新理论成果，不得不说是一大缺憾。

1. 黑格尔曲解中国历史和中国哲学的原因

黑格尔像当时许多杰出的思想家一样，对于神秘的东方思想怀有特殊的敏感。黑格尔承认中国历史的发展具有连续性与统一性，可是他否认中国历史有发展，从而说中国的历史是“非历史的历史”；又否认中国的统一是多元一体的统一，从而说中国的历史是“抽象的统一”。这样就严重曲解了中国的历史。黑格尔认为中国哲学反映了中国人“普遍性抽象”的思维方式，“中国是停留在抽象里的”。他认为孔子是“中国人的主要哲学家，但他的哲学也是抽象的”，“没有能力给思想创造一个范畴王国”。至于道家的“道”只是“普遍的抽象，恍惚不定”，是“原始的理性”；道家的“无”是“单纯的、自身同一的、无规定性的、抽象的统一”，没有超出抽象的开始阶段[①]。黑格尔对中国的历史和哲学的表述，习惯于草率地下结论，原因有以下几个方面：

（1）黑格尔所掌握的是二手材料。

法国作家阿兰·佩雷菲特在《停滞的帝国——两个世界的撞击》中说：“在 18 世纪的欧洲，对中国的迷恋已深入人心。耶稣会士的圣火曾使‘开明’人士对根据孔夫子的教导形成的风俗和信仰引起了注意。路易十四的家庭教师拉莫特·勒韦耶已经念诵道：‘Sancle Confuci ora pro nobis’。（‘圣人孔子，请为我们祈祷。’）莱布尼兹则建议西方君主都应该向中国学习，请中国的文人来，并派西方的文人去那里，以便发现普遍真理并从中产生奇妙的和谐。他曾给太阳国王写信请他仿造中国字创造出一种为各国人民所理解的象形文字。”因此，在黑格尔生活的年代，“尽管中国在西方无处不见，但它对西方来说仍是完全陌生的。它不给西方任何信息。西方人以为在中国工艺品里读到的信息事实上并没有写在上面。”[②]

然而，由于黑格尔没有到过中国，也不是“中国通”和汉学家，他所研究的中国自然只能是他所能得到的文献资料中所描述的中国。这些材料对中国的描述未必都是正面的，在《停滞的帝国——两个世界的撞击》第十三章中专门有一节“撒谎与偷窃”这样描述当时的英国商人对中国人的评价：“事实上，说到对中国人的了解，英国人主要通过伺候他们的中国人。他们靠打手势跟中国人讲话，因为使团唯一的一名翻译给大使占用了。但这并不妨碍他们得出一种理论。在我们眼里的中国人的典型形象就是撒谎、奸诈，偷得快，悔得也快，而且毫不脸红：‘他们一有机会就偷，但一经别人指出就马上说出窝藏赃物的地方。有一次

① 赵敦华，《黑格尔论中国文化》。
② 阿兰·佩雷菲特著，王国卿，毛凤支等译，《停滞的帝国——两个世界的撞击》，生活·读书·新知三联书店，1993 年。

吃饭时，我们的厨师就曾想厚颜无耻地欺骗我们。他给我们上两只鸡，每只鸡都少一条腿。当我们向他指出一只鸡应有两条腿时，他便笑着把少的鸡腿送来了。’孟德斯鸠指责中国商人用三杆秤，其中二杆是不准的：‘买时用大秤，卖时用小秤，对警惕性高的人用准的秤。’巴罗则推而广之：‘在中国，商人欺骗，农民偷窃，官吏则敲诈勒索他人钱财。’‘在我们的总管看来，偷盗在中国是司空见惯的事。可是，无论他还是他的同伴同中国商人及农民都从未打过交道。因此，这完全是一些诬陷之词——是从广州的英国人那儿听来的。’”现今的人们看了这段文字以后，就不难理解黑格尔在《历史哲学》第130页中关于“中国人的道德状况很败坏，他们以撒谎著名”等的论述了。

这些二手材料对黑格尔的影响很大。佩雷菲特在《停滞的帝国——两个世界的撞击》第八十一章“不再迷恋中国的欧洲”中说：“我们知道黑格尔除了读过《耶稣会士书简集》外，还读过斯当东的《记实》。他承认正是从《记实》中——只是从《记实》中——才得出了对中国的极为简洁明了的看法：‘中华帝国是一个神权专制政治的帝国……个人从道德上来说没有自己的个性。中国的历史从本质上来看仍然是非历史的：它翻来覆去只是一个雄伟的废墟而已……任何进步在那里都无法实现。’”

另一个具有代表性的关于中国的负面材料就是《中国札记》。黑格尔曾透露过，他的中国宗教信息主要来自《中国札记》，即约瑟夫·阿米欧神父（Pèe Joseph Amiot）一封寄自北京关于“道教”的信，该信是1787年10月16日寄给贝丹部长的，信的原意是在澄清道教的源头①。不过读了这个叙事文本不难发现，它是对明末小说《封神演义》的解释性叙述，虽然偶尔也有改动。阿米欧神父要描述的是一个他认为对中国人原始宗教的腐坏负有责任的邪教，以满足欧洲读者的好奇心。虽然黑格尔是一位辩证法大师，但要他分析辨认其材料来源的真实合理性是不恰当的。因为黑格尔承认“就个人来说，每个人都是他那时代的产儿。哲学也是这样，它是被把握在思想中的它的时代。妄想一种哲学可以超出它那个时代，这与妄想个人可以跳出他的时代，跳出罗陀斯岛，是同样愚蠢的”②。

因此，库尔特·F. 莱德克尔在《黑格尔和东方》一文中说：“黑格尔如此明显地曲解历史，也许实际上不应受到责备。必须记住，他以很大的兴趣作了很多的努力，一个国家接着一个国家地研究了它们的发展，然后改造成为贯穿历史的精神运动的理想图式。他的不幸就在于他所阅读的那些偏狭作家们缺乏理解力的作品。他们所感受和体验的是跟他们自己的西方基督教文明不同的东西，而黑格尔由于自己的基督教倾向，

① 杜瑞乐，《从法术到“理性”：黑格尔与中国宗教》，佛学研究网，www.wuys.com，2007-1-20。

②《法哲学原理》，第12页。

也就不难采用他们的看法进行解释。给他提供情况的人很少想到要从某些思维类型方面揭示东方文化的前提。相反，他们只关心新奇的东西，把它们搁置起来，如有可能，它们就成了猎取的方便目标。没有任何深刻的洞见，在猎奇成风的情况下，人们不去寻根究底。”[①]

还有一个重要的因素对黑格尔所掌握的材料影响较大，这就是翻译。一些西方人对中国经典的翻译，与原文相去甚远。东、西方对彼此的误解，有些地方就是因翻译不准确而造成的。黑格尔关于中国的信息来源不仅是德文，而且还有法文、英文。1826年，黑格尔应法国哲人维克多·库赞（Victor Cousin）之邀访问巴黎，在此期间，他在法兰西皇家学院听了阿贝尔·何穆萨的讲演，并认真阅读了他于1820年呈交的关于老子的论文。与阿贝尔·何穆萨的直接接触改变了黑格尔关于中国宗教的立场[②]。在《历史哲学》中，黑格尔说，孔子的传记曾经法国传教士们由中文原著翻译过来。因此，黑格尔与中国哲学之间存在一个语言上不相通的天然障碍。中国哲学与西方哲学在语言上的差别是很大的，例如，老子的“万物负阴而抱阳”，在贺麟、王太庆译的《哲学史讲演录》第一卷中文版中译为：“宇宙背靠着黑暗的原则，宇宙拥抱着光明的原则。”又如《易经·说卦传》中“立天之道曰阴与阳，立地之道曰柔与刚，立人之道曰仁与义”这一段话在《哲学史讲演录》第一卷中文版被转译为：“‘道’（理性）的成立是由于两个原则的结合，像易经所指出的那样。天之道或天的理性是宇宙的两个创造性的原则所构成。地之道或物质的理性也有两个对立的原则‘刚与柔’（了解得很不确定）。‘人之道或人的理性包含有（有这一对立）爱邻居和正义。’”这仅仅是某些词语、语句或章节上翻译、转译的区别，而中国哲学与西方哲学更大的区别在于文化和哲理意蕴的差异和哲学概念上的差异，现举两个例子来说明一下。

1）“哲学”一词东西方的差别。

中国之有哲学与西方同古。但是在历史上，中国人并不曾创造出一个可以统括上下古今各家各派哲学的总的哲学名称，不像西方哲学那样远自希腊以来，两千余年间，无论各家各派哲学学说如何不同，也无论各个哲学家对哲学的界说如何歧异，却始终以“哲学”为其总称或通名。在中国传统哲学中是找不到一个与西方所谓哲学意义全然相当的对等的名称，这主要是因为西方哲学就是以理性和逻辑思维为主要特征的，是认知主义哲学和理论性哲学。中国传统哲学是以直觉和辩证思维为主要特征的，是（政伦）价值主义哲学和实践性哲学。虽然，在中国哲学史上有些名称如“玄学”“理学”“道学”等，其思想内容确属哲学，与西

① 《黑格尔哲学新研究》，商务印书馆，1990年。
② 杜瑞乐，《从法术到“理性”：黑格尔与中国宗教》，佛学研究网，www.wuys.com，2007-1-20。

方所谓哲学或哲学的某些方面是相近的。但是，如果说理学与道学或可谓同指而异名，而玄学与理学或道学则迥为两派学说，不可交替互用其名，例如不可称崇尚老庄的魏晋玄学为理学，亦不可称孔孟之道及后世儒家的理学为玄学，所以没有哪一个名称可以被用作，事实上也没有被用作统括一切哲学学说的一般哲学名称。黑格尔认为："哲学以思想、普遍者为内容，而内容就是整个的存在。"① 根据哲学的这一性质及中国哲学史的性质，黑格尔觉得"东方及东方的哲学不属于哲学史"也属于正常。

2)"存在"或"有"一词东西方的差异。

在黑格尔哲学中，德文"Sein"是一个很重要的概念，《逻辑学》第一部"客观逻辑"的第一个范畴"科学的开端"就是"Sein"。在《逻辑学》中，杨一之先生将其译为"有"，而在《小逻辑》中，贺麟先生则译为"存在"。"Sein"这个词对于中国人来说是一个很难把握和翻译的词。"Sein"这个词，英文为"Being"，它本来是西方拼音文字中语法上的系词"是"，只是把主词和宾词联系起来的一个中介，本身没有什么意义；但单独看它也有动词的含义，即"有""存在"，同时又还有名词的含义，如"本体""实体"和作为名词的"存在（者）"等。由于中国古代汉语中没有系词，主语和谓语的联系是通过语序来表示的，如说"伯夷叔齐者，古之贤人也"，也可以去掉"者……也"，单说"伯夷叔齐，古之贤人"，而不说"伯夷叔齐是古之贤人"。"是"字在古代汉语中通常表示两个意思，一个是指"这个"，如"是可忍，孰不可忍？"；一个是表示"正确"，如"是非""实事求是"。这两个意思与古代汉语中的"有""存""在""实体"毫不相干。所以在翻译"Being"这个词时，不论我们用动词"有""存在"还是用名词"实体""存在者"来译，它作为系词"是"的逻辑含义都被丢失了，而这个含义正是它最基本的含义②。现举一个例子来说明。

《逻辑学》第二编本质论中，开篇第一段杨一之译为："有之真理是本质。有是直接的东西。由于知要认识真的东西，即自在自为之有那样的东西，所以知并不停留在直接的东西及其规定上，而是透过直接的东西深入里面，认定在这个有的后面，还有某种不同于有本身的他物，认定这种背景构成了有之真理。这种认识是间接的知，因为它不是直接在本质那里、在本质之中，而是从一个他物、从有开始，并且要通过一条先行的道路，即超出有之外，或者不如说进入有之内的道路。由于知先从直接的有使自身内在化，它才通过这个中介找到本质。"张世英《论黑格尔的逻辑学》第125页也引用了这一段，张先生的译文为："存在的真理是本质。存在是直接的东西。由于知识要认识存在之自在自为的

①《哲学史讲演录》第1卷，第93页。

②《邓晓芒讲黑格尔》，北京大学出版社，2006年。

真理，它就不停滞于直接的东西及其规定上，而是带着这样一个预见，透过到它里面，即预见在存在的背后还有某种异于存在本身的东西，预见这个背后的根据构成的真理。这种认识是一种经过中介的〔间接的〕知识，因为这个认识不是直接地处于本质那边和处于本质之中，而是从一个他物、即从存在开始，并且，这个认识有一条先行的道路，即超出存在之外或者勿宁说进入存在之内的道路。只因知识从直接的存在中出来回想自己，它才通过这种中介发现本质。”仔细比较两者的译文，相差还是比较明显的。

近些年来，已经有不少学者建议用“是”字来强行翻译“Being”这个词，但又把它的动词含义和名词含义损失掉了。“是”字在现代汉语中固然已起到了一个系词的作用，但当它作系词用时就仅仅是系词而已，其他的含义都不具备，也不像在西方语法中那样可以表示时态。何思敬先生主张译成“然”，意思和声音都和“Sein”一致，相应地将本质译成“所以然”①。陈康先生也曾把“Sein”音译为“洒殷”②。所以直到今天，这个词的译法还是五花八门，就在同一个作者的同一文本甚至同一句话中，都不得不采用不同的译法来表达同一个词。从哲学上看，中国哲学中能够与“Being”这个词层次相当的只有一个词，那就是“有无之辨”的“有”。但这个词与西方的“Being”也只是在“存在”这一点上相交，它的其他含义如“具有”“拥有”“带有”则是西方的“Being”所不具备的，西方人另外用“have”（英）和“haben”（德）来表达这个意思。目前比较能够兼顾各方面的译法还是“存在”，这是一个动词兼名词的双声词，拆开来单用一个“在”，也可以表达系词的部分含义。当然还有一部分含义仍然表达不了，这是没有办法的事，只好还是一词多译，加上注释来补救③。

（2）“欧洲中心主义”的影响。

钱穆先生认为“治史者先横亘一理论于胸中，其弊至于认空论为实事，而转轻实事为虚文”④。作为辩证法大师，黑格尔对中国文化、中国哲学和中国历史的认识与批判所表现出的偏见与曲解，可能还与他那时已经出现的“欧洲中心主义”有较大的关系。

欧洲中心主义（Eurocentrism），也称欧洲中心论，出现于18世纪中后期，在19世纪得以发展，并且最终形成一种人文科学领域的思想偏见。这种观点认为欧洲具有不同于其他地区的特殊性和优越性，因此欧洲是引领世界文明发展的先锋，也是非欧地区迈向现代文明的灯塔。这种狭隘的世界观和历史观，让欧洲无视于历史真相的存在，也忽视了其他地区的文明贡献，因而导致欧洲对西方以外的世界缺乏理解，也不

① 于光远，《哲学论文、演讲和笔记（1950—1966）》，人民出版社，1982年。
②《柏拉图对话集》，商务印书馆，2004年。
③《邓晓芒讲黑格尔》。
④ 钱穆，《中国历史研究法》，生活·读书·新知三联书店，2001年，第154页。

能正确认识自己，最终造成整个世界，包含学术界在内，长久以来都是以西方意识作为主体意识的现象①。

欧洲中心主义的产生有深刻的历史渊源和现实的土壤。德国哲学家雅斯贝尔斯在1949年出版的《历史的起源与目标》中提出了人类文明发展的“轴心时代”的概念，他认为在公元前800～前200年，尤其是公元前600～前300年，在北纬30° 上下的古希腊、中国、印度和以色列等地，几乎同时产生了伟大的精神导师，如古希腊的苏格拉底、柏拉图、亚里士多德，中国的老子、孔子，印度的释迦牟尼，以色列的犹太教先知们，他们都对人类关切的根本问题提出了独到的看法，他们的思想原则塑造了不同的文化传统，也一直影响着人类的生活，成为人类文化的主要精神财富。“人类一直靠轴心时代所产生的思考和创造的一切而生存，每一次新的飞跃都回顾这一时期，并被它们重新燃起焰火。”例如，欧洲的文艺复兴就是把目光投向其文化的源头古希腊，使欧洲的文明重新燃起新的光辉，而对世界产生重大影响。所以，黑格尔说：“一提到希腊这个名字，在有教养的欧洲人心中，尤其在我们德国人心中，自然会引起一种家园之感。”②阿尔森·古留加认为：黑格尔的偏见是出于他的世界历史的观念体系，即人类历史从东方起到西方止，经过东方世界（以中国为代表）的幼年时代，到希腊世界的青年时代，到罗马世界的壮年时代，最后到日耳曼世界的老年时代，即最成熟的时代。他给中国派定了幼年的角色，因而永远不能有所发展。这无疑是一种曲解。③

佩雷菲特在《停滞的帝国——两个世界的撞击》中引用马夏尔尼勋爵（1794年）的话说：“以我们欧洲人的准则来判断中国，没有比这更能使人犯错误的了。”但是正如任东波所说的，“欧洲中心论”宛如变幻莫测的巨大幽灵在人文社会科学界逡巡游荡，业已成为众多人文社会科学研究者挥之不去的梦魇。欧洲中心论的出现，以及它们左右并主导世界史研究取向的原因主要表现在三个方面④：

第一个原因是近代西方历史哲学的强大影响，进步论、阶段论、目的论、普遍主义等理论倾向在世界史研究中的盛行和泛滥。哲学的世界史大都追求一种目的论，即把历史看作是朝向某种预定目标运动着的；而与其有着千丝万缕联系的科学的世界史大都追求一种决定论，旨在探寻规律。西方历史哲学的影响使非西方世界的学术研究或是陷入思维上的“集体无意识”境地，或是“削足适履”地将非西方的史料填装进西方历史哲学的框架之中。

第二个原因是西方现代殖民主义“塑造”和“建构”了包括非西方

① 任东波，《“欧洲中心论”与世界史研究——兼论世界史研究的“中国学派”问题》，《史学理论研究》，2006年第1期。
②《哲学史讲演录》第1卷，第157页。
③ 阿尔森·古留加著，卞伊始，桑植译，《黑格尔小传说》，商务印书馆，1978年，第123页。
④ 同①。

世界在内的世界历史图景。殖民主义的影响对人类历史和世界历史的发展进程最重要的一点是，歪曲和贬低了非西方世界的成就和贡献。一个极端的例子居然出现在自然科学领域，在否认或削弱阿拉伯人与其他非欧洲人对数学发展所做的贡献的过程中，殖民主义发挥了至关重要的影响。为了抵消殖民主义的不真实、不客观的恶劣影响，非西方世界采取了民族主义的理论视角来书写自己的历史以及它们与外部世界关系的历史，结果在全球范围内形成了对世界历史大相径庭的解释，这一结果令西方和非西方世界的精英和大众都感到困惑不已。

第三个原因是文化传播主义制造了西方主导的人文社会科学研究的“话语霸权”。文化传播主义既是殖民主义的产物，又是欧洲中心论在文化上的一种抽象。按照布劳特的解释，“欧洲中心主义从字面上说是殖民者的世界模式：它不仅是一套信条，而是一批信条。随着时间的推移，它已经演变成为一个非常精雕细琢的模式、一个构建整体；实际上是自成体系的理论；一套高超的理论，是许多历史、地理、心理、社会逻辑和哲学等次等级理论的总架构。这一超级理论就是文化传播主义。”文化传播主义在世界史研究领域的一个突出例证就是文化西来说。

在世界历史上有诸多的国家、民族和文明，在历史的发展长河中，有时某个国家或某几个国家走在前面，有时另外的国家、民族走在前面，而走在前面的一定也会是一个中心，对周边地区产生影响，传播自己的先进的东西。这是客观事实。自工业革命以来，西欧的历史发展，是走在世界的前列，对世界其他地区产生重大影响，这也是客观事实，反映这种情况的世界史并不是欧洲中心论。而欧洲中心论者所主张的是把欧洲视为世界历史的主动创造者，是世界历史的本源，因此只有欧洲能够发出行动，世界其他地区只能做出反应。换言之，欧洲是能动的，世界其他地区都是被动的，所以只有欧洲具备创造历史的能力，世界其他地区在与欧洲接触前，是没有自己的历史与文化的。在这个基础上，欧洲中心论者认为世界是以欧洲为中心而发展起来的，而其他地区都只是其外围。例如，1824 年美国诗人埃默森（Ralph Waldo Emerson）就在他的笔记中写道：“中华帝国所享有的声誉是木乃伊的声誉；把世界上最丑恶的形貌一丝不变地保存了三四千年。中国，那令人敬仰的单调，那古老的痴呆，在各国群集的会议上，所能说的最多只是：我揉制了茶叶。”这段陈述清晰地反映出了一个欧洲中心论者的傲慢，但是也突显了他的无知，因为揉制茶叶的技术正是人类文明史上的一大发明。

黑格尔在各种场合总是反复强调一个观点：历史是人的作品。在《历史哲学讲演录》中，我们可以读到这样一段话：“人们的活动的出发点就是他们的需要、他们的热情、他们的利益、他们的性格和才能。也就是说，在人们的这种活动中只有人们的这些需要、热情和利益，才是历史的动力，而且是作为头等有效的东西。出现在历史中的。”[①] 欧洲中心论是一种认识世界历史的理论，也是一种认识世界历史的方法论。它产生于历史学科学化之初，经历了曲折的道路，形成一种体系。这一体系大体上使用的是进化论的线性发展模式，即相信历史是进步的，人类是由低级向高级发展的，而这一模式是欧洲人发现的。经济上我们使用的还是古典经济学及由之派生的理论，商品货币关系、市场经济、资本主义等，政治上则是启蒙运动建立的对民主、自由的追求。这些都是西欧的产物。我们历史科学使用的概念、范畴、模式、理论、规律，都可以说是出自西欧的，是当时西欧人主要根据西欧的历史经验得出的，是西欧的规律。而对于非欧洲人，西欧人起初并没有多少认识，所以认为这些人是没有历史的，是停滞不动的，其命运只能受制于西方人[②]。黑格尔可能也持这样的观点。

黑格尔关于基督教和国家为了实现自由和充分展开精神的真实本质而结合的理想，造成了对世界史特别是东方的歪曲解释。莱德克尔在《黑格尔和东方》一文中说：“可以说，从犹太—基督教圣典中受到启发的这种直线式的历史观（它贯穿于创世说和启示录所描绘的种种事件中间）为黑格尔所赞同，并在他那里庆祝它的最大胜利，不过也是它的最大也许还是最后的失败。在应用于东方时，它证明自己要作预见是完全不行的。宣称已经把真正的自由带给世界，使基督教和黑格尔付出极大代价，亦即丧失对全世界各民族以及世界发展过程的理解。它也使两者在东方丢了脸。结果证明，精神在历史上并不是那样声威显赫地向前运动的。它也在阴暗的角落里活动。到处都可以发现它的踪迹，虽然在许多地方和许多时候常识对它并不了解。仅举一个带戏剧性的例子。比如印度的卡斯特制度，尽管它是邪恶的，它仍然通过其戒规促使人们去追求自由。当然，不能期望给黑格尔提供情况的人有这样的理解，但是可以期望于辩证法的大师黑格尔。”[③]

在现代人文社会科学的学科创制方面，文化西来说似乎是不可否认的事实，但遗憾的是，将人类在文化领域内所取得绝大多数成就都归结到西方的名下，则显然有失偏颇。20 世纪初，第一次世界大战使欧洲满目疮痍，西方的知识分子不停地自我解构，不停地反思与批判自己的历史与社会，一些有识之士开始承认非西方世界也是有历史的，有自己的发展道路，发展的单线说逐渐被多线说取代。正因为如此，在世界范围内人们对“欧洲中心论”展开了持久的批判。然而，正如任东波所指

① 中国社会科学院哲学研究所西方哲学史研究室编，《国外黑格尔哲学新论》，中国社会科学出版社，1982 年，第 229 页。

② 马克垚，《困境与反思：“欧洲中心论”的破除与世界史的创立》，《历史研究》，2006 年第 3 期。

③《黑格尔哲学新研究》，商务印书馆，1990 年。

出的那样，对“欧洲中心论”的批判既让人们体味到理论思维上的羁绊被解除后的舒畅和清新，又常常使人在实证研究中感知到无法自拔的无奈与焦灼。尽管不同学科的研究者从不同的视角、以不同批判理论对“欧洲中心论”进行了长期的理论批判，但总体上仍差强人意，甚至不能令批评者自身满意。因而，“欧洲中心论”依旧是各个学科领域不得不面对的一个难题，不得不跨越的一个理论创新与学术实践的峡谷。马克垚也认为：直到现在，我们还只有一种历史理论，这一理论是来源于西方的，西方的理论有其真理性，可是只是从西方出发来看世界的，所以同时也有它的局限性。这个局限性，有不少就是我们所一再想超越的欧洲中心论。我们亚、非、拉国家，虽然有悠久的历史，可是并没有发展出来属于自己的、可以和西方抗衡的历史理论，因而建立不起自己的世界历史观，也写不出自己的非欧洲中心论的历史。虽然黑格尔说过：“实际上，我们同时也是历史的……对自我意识的理性的占有——它属于我们，属于现今的世界——不是直接产生的，而只能产生于实在的大地上，是一种遗产继承，说得确切一点，它是劳动的结果，即所有人类先辈们的劳动结果。”① 但是直到今天，我们仍然无法说明在工业化、现代化的道路上，我们在向西方学习之前，什么是我们有别于西方的工业化道路，也就无法彻底摆脱历史中的欧洲中心论，实现不了这个超越，也无法写出真正的世界历史。

2. 黑格尔对中国评价的积极意义

人总是有一定的自尊心，对否定意见一开始可能不一定乐于接受，合我意则赞之，逆我意则毁之，而并不作理智的探求。受西方影响的人就说西方的文化比东方好，受传统熏陶的人则一味维护自己的文化。如果西方的文化真比东方的好，何以自古希腊来的漫长历史中，西方的发展只是在近现代才超越东方？如果东方文化比西方优越，作为文明古国的中国又何至于在近现代屡遭外侮，至今不能雪耻？不做认真的研究，无论你赞成哪种观点，都是同样的盲目。正如沈亚川在《让中国人变聪明的书》一文中所述：“汉唐以降，中国人就以勤劳勇敢、充满智慧自居，但中华民族一直是一个无学的民族，有技术但没有科学，没有上升为系统理论的东西。因此，中国人对现代文明的贡献却几乎是零。不管是数学、物理，还是化学、生物等现代基础科学理论体系内的有分量的定律、定理、公式，没有一个是中国人创造的；现代的技术，如电视、计算机、火车、汽车、飞机、卫星、录音机、摄影、胶卷等，没有一样是中国人发明的。和古代中国相比，近千年内，尤其是近代，中国人似乎显得格外愚蠢，这导致中国在近千年里远远落后于西方。”② 要回答这个问题

①《黑格尔小传说》，第229页。
②《科学时报》，2010年4月8日B3版。

是很困难的，李约瑟思考过这个问题，但李约瑟没找到答案。钱学森思考过这个问题，也提出一个中国为什么培养不出一流人才的“钱学森”之问，学界对之讨论很是热烈，但也没有找到答案。“很多学者把中国近千年科学的落后归咎于封建专制、文化、体制等外在条件，这似乎在学术界已经达成了共识，中国人也庆幸在义愤填膺的声讨中找到了体面的台阶，为过去的失败找到了遮羞布。但中国人传统的思维惯性让中国人离正确答案越来越远。”[①] 作者认为，这个问题的部分答案也许就在黑格尔对中国的分析和评判中。

（1）中国人理性思想和科学精神缺失的深层次原因。

黑格尔认为“哲学史的内容是理性的科学成果”[②]。贯穿在黑格尔《小逻辑》和《逻辑学》中的基本思想，即理性，精神或思维在不断自相矛盾、自我否定中由低到高自己发展着的这个思想，是西方理性主义发展的高峰，也是辩证法思想发展的高峰，是这两者的完美合一。杨祖陶认为：“黑格尔高扬理性的力量源于它不怕矛盾、否定和由此而来的痛苦，并在自身内展开对立面的斗争克服矛盾、对否定进行再否定，这样循环往复地发展自己，直到自身圆满的境地。”[③] 诺克斯爵士认为：“黑格尔热烈地相信人类理性，并非因为理性是人的，而是因为人的精神乃是上帝的烛光。”[④] 但是黑格尔却认为：“在东方人那里我们只看到枯燥的理智，像旧式的乌尔夫逻辑一样，单是范畴的罗列。这也像他们的祀神礼拜，只是完全没入于虔敬之中，此外便是无数的宗教仪式和宗教行为，而另一方面则是那渺茫无限的崇高境界，在这境界中一切事物都消逝于无形了。”[⑤] 我们必须承认，中国思想的确缺少西方哲学的思辨性和清晰性。这一缺失是有其深层次原因的。

如契诃夫所言，别人的罪孽，并不会使你变成一个圣人。黑格尔批评中国人的思想习惯和思维方式，并不一定都是通过贬低中国人的思想来抬高西方人的思想，而是在他的哲学体系中确实感到中国人“普遍性抽象”的思维方式的缺陷。按照黑格尔的哲学，“抽象”有“普遍”和“具体”两种，从“普遍的抽象”到“具体的抽象”是从低级到高级的发展。黑格尔注意到，《易经》是中国人抽象的思想和纯粹的范畴的思想基础。在《易·系辞》中说：“易有太极，是生两仪，两仪生四象，四象生八卦，八卦生吉凶，吉凶生大业。”对《易经》的这一演绎系统，黑格尔进一步分析道：“从那第一个符号的意义里，我们即可看出，从抽象过渡到物质是如何的迅速。这充分表现在那些三个一组的卦里，这已经进到完全感性的东西了。没有一个欧洲人会想到把抽象的东西放在这样接近感性的对象里……没有人会有兴趣把这些东西当作思想观

① 《科学时报》，2010年4月8日B3版。
② 《哲学史讲演录》第1卷，第42页。
③ 杨祖陶，《贺麟与黑格尔〈小逻辑〉》，《德国哲学》，2007年。
④ 《黑格尔哲学新研究》，商务印书馆，1990年。
⑤ 《哲学史讲演录》第1卷，第118页。

察来看待。这是从最抽象的范畴一下就过渡到最感性的范畴。”

因此，黑格尔认为在《易经》里，“中国人不仅停留在感性的或象征的阶段，我们必须注意——他们也达到了对于纯粹思想的意识，但并不深入，只停留在最浅薄的思想里面。这些规定诚然也是具体的，但是这种具体没有概念化，没有被思辨地思考，而只是从通常的观念中取来，按照直观的形式和通常感觉的形式表现出来的。因此在这一套具体原则中，找不到对于自然力量或精神力量有意义的认识。”“于是我们就可看出一个特点，即在中国人那里存在着在最深切的、最普遍的东西与极其外在、完全偶然的东西之间的对比。”

黑格尔对中国传统文化中“从最抽象的范畴一下就过渡到最感性的范畴”缺陷的分析是切中要害的。19 世纪的中国文化名人辜鸿铭的《中国人的精神》一书认为中国人的性格和中国文明具有三大特征，即深沉、博大和淳朴（deep，broad and simple），中国人乃用心灵去感受世界，因而过着一种心灵的生活、一种像孩子一样的生活，以致他们在生活方式的许多方面，竟是那样的简单和淳朴。辜鸿铭所说的心灵的生活，就是中国民族性格中的感性一面；而正是感性的一面，使得中国的国民性格显得可爱而缺乏理性思维的传统。再加上包括中国在内的东方文化中长期缺乏对个人内心自由和独立的引导，尤其是这一传统适逢经济发展和社会转型的起步阶段，因此就导致国人在寻找个人价值取向的过程中，习惯性地依赖于某些外在因素，并以此作为依托。

爱因斯坦曾指出近现代科学的两个基础是形式逻辑体系和通过科学实验发现因果关系。逻辑推理是从一些判断合理地得出另一些判断的规则，凡运用概念、判断和推理都必须遵守。古希腊哲学家亚里士多德建立了由大前提、小前提和结论组成的逻辑学三段论式。中国墨家学派则发展了一种由故、法和类组成的名辨学三物法。印度正理派创立了由宗、因、喻、合、结组成的因明学五支论法。虽然它们分别在各自民族的日常生活中都发挥了重要作用，但只有古希腊的逻辑学对现代科学的产生和发展留下了深刻的影响。张志伟在《西方哲学十五讲》中指出：“作为一种演绎式的科学，亚里士多德逻辑以及不久以后出现的欧几里得几何学，为科学奠定了现实的基础……从理论上说，具有演绎性质的逻辑学对于演绎科学的典范欧几里得几何学，应该具有积极的影响。毫无疑问，西方文明在科学技术方面的进步和发展，与人类的思维推理能力密切相关。从亚里士多德逻辑学到欧几里得几何学，实际上表现为一种抽象的符号推理能力的提高和完善。它标志着人类思维逐渐摆脱了直接的感觉经验，可以从事纯粹的思维操作。在某种意义上说，这也可以看作是西方哲学与中国哲学‘分道扬镳’的真正开端……中国哲学与西方哲学之所以后来走上了两条不同的道路，既有历史、文化、社会等方面的原因，也有语言和逻辑方面的原因，因为这些因素都会对思维方式产生深刻的影响。中国先秦时期逻辑学并不逊于古希腊，例如墨家和名家，但是没有像希腊那样发展成为抽象化符号化的形式逻辑和几何学演绎科学，以至于一说到中国哲学与西方哲学的区别，人们总会提到形象思维与抽象思维的区别。”

与西方形式逻辑体系相比，《易经》和阴阳五行在“最抽象的范畴”与“最感性的范畴”之间缺少“中介”“过渡”和“扬弃”，而这正是黑格尔哲学所代表的西方哲学的精华之所在。《四库全书·总目提要》中在介绍《周易》时说：“易道广大，无所不包，旁及天文、地理、乐律、兵法、韵学、算术，以逮方外之炉火，皆可援易以为说。”也就是说，可以用《易经》来说明天文、地理、乐律、兵法、韵学、算术等中所包含的道理。但客观地说，《易经》与天文、地理、乐律、兵法、韵学、算术等之间缺少一个“中介”“过渡”。例如，大约在一万年前中国人就发明了二十四节气计年法则，迄今为止，仍然在全世界范围通用。这种具有亘古不变准确性的研究成果，却没有进一步演变成为人类科学的一部分。尽管《易·系辞》中说：“易与天地准，是故能弥纶天地之道。”但在易理与“天地之道”之间并没有演绎出具体的科学和可供大众普遍学习和掌握的知识体系。也正是因为这个原因，中国历代治易学者，如过江之鲫，他们皓首穷经，世代传承，留下来的著述，浩如烟海，但都没有产生出像欧几里得几何学那样可供后人学习和掌握的理论体系，因此，真正能把握《周易》的灵魂，挥洒自如地运用象数理气方法论，探其精微，“极深而研几”的大家名流，寥落如寒星，犹如章学诚《书教下》中所云：“经不可学而能，意固可师而仿也。”因此，黑格尔认为：“中国是停留在抽象里面的；当他们过渡到具体者时，他们所谓具体者在理论方面乃是感性对象的外在联结；那是没有〔逻辑的、必然的〕秩序的，也没有根本的直观在内的。再进一步的具体者就是道德。从起始进展到的进一步的具体者就是道德、治国之术、历史等。但这类的具体者本身并不是哲学性的。这里，在中国，在中国的宗教和哲学里，我们遇见一种十分特别的完全散文式的理智。”[①] 由此可见，黑格尔关于《易经》和“五行”“从最抽象的范畴一下就过渡到最感性的范畴”的分析是中肯的。

在西方科学发展史上，在形式逻辑和欧几里得几何的基础上，在文

① 《哲学史讲演录》第1卷，第131~132页。

艺复兴时期，达·芬奇提出“实验乃是确实性之母”，使大家认识到并且开始使用实验的手段去发现验证因果关系，伟大的伽利略结合了形式逻辑和实验手段两方面的利器，终于开创了近代科学的先河，在伽利略的基础上，善于“踏上巨人肩膀”的牛顿将这两个基础继续发扬光大，建立了不朽的牛顿经典力学。现代科学，虽然在系统论的发展道路上遇到了模糊与混沌的认识障碍，但已经在形式逻辑与科学实验两个基础上发展起来，并形成了现代科学系统。李约瑟在其编著的15卷《中国科学技术史》中提出了著名的“李约瑟难题”：“如果我的中国朋友们在智力上和我完全一样，那为什么像伽利略、托里拆利、斯蒂文、牛顿这样的伟大人物都是欧洲人，而不是中国人或印度人呢？为什么近代科学和科学革命只产生在欧洲呢？……为什么直到中世纪中国还比欧洲先进，后来却会让欧洲人着了先鞭呢？怎么会产生这样的转变呢？”如果我们对黑格尔对中国的评价感到不快的话，就应思考“李约瑟难题”以及国人科学素养普遍缺失的深层次原因。

（2）东方实用主义。

欧洲的古典哲学家们倾其一生钻研的都是中国人看起来“没有用”的虚空的概念和空洞的逻辑，完全不给研究者带来任何实际的好处和利益。什么是“是”，什么是“是什么”，什么是“存在”，“存在物”与“存在本身”的区别，什么是“普遍原则”等这些概念，贯穿了从亚里士多德到海德格尔的2000年时空。这种超然自在的，以思考为乐趣，以思辨为最终目的的学术风格，是欧美人文研究者的基本性格。他们认为哲学研究的最高目的“在于认识那不变的、永恒的、自在自为的。它的目的是真理”。[①] 为了这个目的，各大流派的哲学家们，虽然各持己见，但是总体来看，整个学术研究的风格完全是脱离实际利益和好处，单纯地为了学问而学问的方式。在这一点上，所有的学者和流派几乎都是一样的。“因为哲学既是自由的与私人利益无关的工作，所以首先必俟欲求的逼迫消散了，精神的壮健、提高和坚定出现了，欲望驱走了，意识也高度地前进了，我们才能思维那些普遍性的对象。因此我们可以把哲学叫作一种奢侈品，如果奢侈品是指那不属于外在必需品的享受或事业而言。就这点看来无疑地哲学不是必需的。但这又要看‘必需’是什么意义。从精神方面说来，我们正可以把哲学当作是最必需的东西。”[②]

中国儒学不是以启迪的方式开启人的智慧，也不主张独立思考。论语通篇都是孔子的教导，他告诉你如何成为一个良民，如何成为一个好的公民，如何待人处世，如何处理人生的各种关系，他教导你如何去做，你只要按照他的教导去做就可以了。这就是后来中国的知识分子“温良

①《哲学史讲演录》第1卷，第13页。
②《哲学史讲演录》第1卷，第53页。

恭俭让”的性格，一方面他们循规蹈矩唯贤是尊；另一方面他们从一开始就匍匐于先贤和权力的脚下，逐渐失去了独立的人格和超然的思辨能力，在以后漫长的历史岁月中，中国人就发展成为不讲究明确的概念，不讲究严密的逻辑，不讲究以理性为基准的推理，因而他们对是非和对错的辨别缺乏公正的标准，一切皆以实用性和功利性为出发点进行思维。

中国人的血管中，流淌着实用主义的血液。对于一个生存自然条件恶劣，历史上屡经磨难的民族来说，实用主义是战胜自然、克服困难的重要法门。一切东西，只要能用，中国人都会用起来，使之大行其道。这不仅在普通劳动群众中被视为理所当然，就是知识分子，也奉实用主义为圭臬。早在1923年,夏丏尊就在《中国的实用主义》一文中说：“中国民族的重实利由来已久，一切学问、宗教、文学、思想、艺术等等，都以实用实利为根据……养子是为防老，娶妻是为生子，读书是为做官，行慈善是为了名声……除用‘做什么是为什么’来做公式外，实在说也说不尽！中国对于事情非有利不做，而所谓利，又是眼前的、现世的、个人的利。凡事要用利来引诱才得发生兴趣，所谓‘利之所在，人必趋之’。凡事要讲‘用’,凡事要问‘有什么用？’”实用主义固然是好，但难免有把一切事物当作工具的嫌疑。既然是工具，那就什么工具好用，就选择什么工具。至于这些事物是否真的只是工具，就不太管了。而且实用主义往往是根据现实的情况来做选择的，眼下有什么问题，就解决什么问题，至于以后和未来，实用主义者往往不太愿意也不可能去考虑。例如，对于学习西方先进思想。王太庆认为：“我们学习外国思想的方法却还是很传统的，好像进菜市场买菜，挑顺眼的买。尝尝对了自己的口味，就认定专吃这一种，别的看也不看一眼。至于烹调的办法也是老的，认为天下只此一法。也就是说，基本上还是离‘中学为体，西学为用’不远：照自己的希望挑选，按自己的想象理解，凭自己的爱好吸收。外国人到底是怎样想的，我们并不深究，遇到与自己的想法不合或者相反的就轻轻带过，忽略不计，看见似乎与自己相投的就浓圈密点，由此出发而浮想联翩，自以为尚友千古。至于为什么外国人会这样想，以及这样想会产生什么结果，就更加不注意了。”①

中国人为了解决问题，完全可以采取一切手段，“吸收世界上一切文明的优秀成果”，对中国人来说并不是口号，而是实际的行动。清末民初，一旦认定了学习西方文明是中国富强的必由之路，原来被视为洪水猛兽的西方文明，在所谓“中学为体，西学为用”的口号下，也可以堂而皇之地成为中国思想界的主流思想，而原来的中国传统思想，则被打入冷宫。最近几十年来，国人好像又发现完全靠西方的一套理论依然

①《柏拉图对话集》，商务印书馆，2004年。

无法解决中国的现实问题，于是又都转回中国传统思想，国学热甚嚣尘上，盛况空前。

夏丏尊说："中国人因为几千年抱实利实用主义的缘故，一切都不进化。无纯粹的历史，无纯粹的宗教，无纯粹的艺术，无纯粹的文学，并且竟至于弄到可用的物品都没有了！国民日常所用的物品，有许多都要仰给外人，金钱也流到外人的手里去！"王国维曾总结有清一代学术变革："我朝三百年间，学术三变：国初一变也，乾嘉一变也，道咸以降一变也……道咸以降，涂辙稍变，言经者及今文，考史者兼辽、金、元，治地理者逮四裔，务为前人所不为，虽承乾嘉专门之学，然亦逆睹世变，有国初诸老经世之志。故国初之学大，乾嘉之学精，道咸以降之学新……道咸以降，学者尚承乾嘉之风，然其时政治风俗已渐变于昔，国势亦稍稍不振，士大夫有忧之而不知所出，乃或托于先秦西汉之学，以图变革一切，然颇不循国初及乾嘉诸老为学之成法。其所陈夫古者，不必尽如古人之真；而其所以切今者，亦未必适中当世之弊。其言可以情感，而不能尽以理究。如龚人、魏默深之俦，其学在道咸后虽不逮国初乾嘉二派之盛，然为此二派之所不能摄其逸而出此者，亦时势使之然也。"[①]《停滞的帝国——两个世界的撞击》中说："擅于思考的马戛尔尼提出了一个很好的问题：'中国人首次看见欧洲船只至今已有 250 年，他们毫不掩饰对我们航海技术的赞赏。然而，他们从未模仿我们的造船工艺或航海技术。他们顽固地沿用他们无知祖先的笨拙方法。由于世界上没有一个国家能比中国更需要航海技术，因而中国人这种惰性就更加令人难以置信。'"

因此，王太庆认为："知彼知己才能百战不殆，我们在学习西方思想上面也必须这样做。我们和西方人同样是人，同时也有很大的差异。只有从异中见同，又在同中见异，反复端详，才能逐步加深认识。本体论哲学问题是我们与西方人都有的，必须抓紧这一共同点，一定要从哲学的角度去看西方哲学，不能只抱着思古之幽情去欣赏它的古色斑斓，也不能把它当作野味咬上几口，或者视为虎豹狠狠打它几棍。我们不仅要看它与我们的相似之点，还要注视它与我们差异甚至矛盾之处。"[②]西方哲人说："一个民族和国家，总有些人要抬头仰望星空，一个没有仰望星空的人的民族是没有前途的。"功利主义加实用主义的思想理论导向必须改变。正像夏丏尊所说的，"这样传统的实利实用思想，如果不除去若干，中国是没有什么进步可说的！我们生活在地球上，要绝对地不管实用原是不可能的事，但不应只作实用实利的奴隶。世界的文明有许多或是由需要而成的，例如因为要避风雨就发明了房屋，因

① 参见王国维《沈乙庵先生七十寿序》，王国维著，彭林整理，《观堂集林》，第 720~721 页。

②《柏拉图对话集》，商务印书馆，2004 年。

为要充饥就发明了饮食等。但我们究不应说房屋只要能避风雨就够，饮食只要能充饥就够的。中国人的实用实利主义，实足扑杀一切文明的进化。”

（3）诚信的缺失。

从实用主义再往前前进一步，就是功利主义了。在实用主义盛行的环境里，很难克服和避免功利主义。功利主义发展到极致，就是信仰缺失，没有自省机制。只要有利可图，就可不管他人与社会。在中国人看来，只有“能不能”，没有“可不可以”。这个观念简直渗透到每一个人的毛细血管中。在这样的血液熏陶下，毒奶粉的事件是正常的，“没良心”也是正常的。在这样一个以追求社会利益为唯一目标的社会中，毒奶粉以及其他一切伤害人们的事件的发生，都是必然，而非偶然。在《历史哲学》中黑格尔说，中国人“随时随地都能撒谎，朋友欺诈朋友”[①]。作为中国人，初次看到黑格尔的这段描述，心里肯定不是滋味。但不得不承认我国正面临严重的诚信危机，如今，作假行为似乎无处不在，假货、假学历、假养生、假景点“层出不穷”。2010 年 9 月，中国青年报社会调查中心通过民意中国网和搜狐网，对 1365 人进行的一项调查显示，仅有 0.5% 的人肯定自己没遇到过作假行为。具体来说，有 85.1% 的人遭遇过“短信诈骗”，83.7% 的人遭遇过“假货”，77.0% 的人遭遇过“盗版书”。其他还有虚假报道（占 70.4%）、盗版 CD（占 70.3%）、街头骗术（占 70.2%）、假政绩（占 57.1%）、假发票（占 52.1%）、学历作假（占 42.0%）、学术作假（占 41.8%）等。本次调查显示，在急功近利、法不责众的心态下很多人开始破坏规则，日常生活中人们在有意无意宽容甚至参与作假。比如有 68.7% 的人“明知是盗版书却依然购买”，47.9% 的人“明知是冒牌服装却依然购买”，31.6% 的人承认自己曾“考试作弊”，16.6% 的人承认“论文抄袭”，14.2% 的人“明知是假发票却依然购买”，5.9% 的人承认自己“学历作假”。遇到作假行为，人们通常怎么办？在这项调查中，有 61.7% 的人选择“忍了”，排在第一位，33.3% 的人会“和作假人交涉”，28.4% 的人“不知道怎么办”，25.9% 的人选择“网上曝光”，19.7% 的人会“打 12315”，18.7% 的人会“向监管部门举报”，15.2% 的人选择“向媒体曝光”，4.7% 的人会“向法院起诉”。[②] 在《停滞的帝国——两个世界的撞击》的扉页，佩雷菲特引述艾蒂安·巴拉兹的话说：“要批驳黑格尔关于中国处于停滞不变状态的观点很容易……然而，黑格尔是对的。”有学者将现今社会上造假无处不在的主要原因归结为：“管理、执法部门对造假缺乏监控，处罚又太轻，使得造假成本低、风险小、获益大。”这一观点并没有抓住事物的本质。还是黑格

① 《历史哲学》，第 130 页。

② 《民调显示99.5%的人曾遇作假不该引国人戒惧吗》，《中国青年报》，2010 年 9 月 7 日。

尔说得透彻，他说："中国人有一种普通的民族性，就是模仿的技术极为高明，这种模仿不但行使于日常生活中，而且用在艺术方面……但是那种'崇高的、理想的和美丽的'却不属于他的艺术和技巧的领域之内。并且中国人过于自大，不屑从欧洲人那里学习什么，虽然他们常常必须承认欧洲人的优越。"[①]说到底就是两条：一是虽然模仿技术极高，但原创能力不足；二是没有向他人（包括外国人和本国人民）学习的胸怀和眼识。这种现象的背后，杨祖陶认为是因为中国传统文化缺乏而又为中国现实所必需的"为真理而真理"的理论精神和"为自由而自由"的实践精神。黑格尔强调："'精神'的主要的本质便是活动。它实现它在本身的东西——拿自身做它自己的事业，自己的工作——这样它成为自身的一个对象，它拟想自身为一种'有限的生存'。一个民族的'精神'便是如此，它是具有严格规定的一种特殊的精神，它把自己建筑在一个客观的世界里，它生存和持续在一种特殊方式的信仰、风俗、宪法和政治法律里——它的全部制度的范围里——和做成它的历史的许多事变和行动里。这就是它的工作——这就是这个民族。各民族都是从它们的事业造成的。"[②]只有内心向往着大自然的神韵、诗意般的幻想和那一缕缕真挚的思恋精神家园的情怀，才会使不安分的灵魂备感亲切。只有那些真正懂得自然界具有内在精神价值的人，才能在恬静的氛围中寻找到心的共鸣、灵魂的慰藉和精神的伟力，才能用不朽的超凡思想为自己建造一个立命安身的精神家园。德国诗人海涅讲过这样一个传说：一个英国发明家造出一些最精巧的机器之后，终于想到用人工方法制造一个人。据说他终于成功了。他所制作的这个作品竟完全能像一个真的人那样举止动作，甚至在它那皮革制造的胸膛里还具备了和通常英国人的感情相差不远的一种人类感情。它能用清晰的英国语音表达自己的情感。这个"机器人"是一个十足的英国绅士，并且作为一个真正的"人"，除了一个灵魂之外其他什么都不缺少。但这位英国技师却无法给它一个灵魂，而这个可怜的被造物，自从意识到这种缺欠之后，便日日夜夜地折磨它的创造者，要他给它一个灵魂。这位大发明家终于无法忍受那日益迫切的请求，便丢掉它逃走了。但这"机器人"却立即坐上一部特快驿站马车追他，一直追到欧洲大陆，并总是跟在他身后，常常突然抓住他，哼哼唧唧地对他说：Give me a soul（给我一个灵魂）。我们现阶段所急需的就是灵魂的塑造和植根于现代文明的精神家园的构建。在西方哲学家看来，哲学不是给予你什么，比如一栋房子、一项技术、一部赏心悦目的书，而是唤醒昏昏然的病态精神，唤醒人的使命感，唤醒人的良知与道德责任感，唤醒区分善与恶、真与假、美与丑的意识。

①《历史哲学》，第136页。
②《历史哲学》，第74页。

在东西方文化交流和传播中回避矛盾未必是好事。黑格尔指出："通常对事物抱温情态度，只关心如何使事物不自相矛盾，在这里，也同在其他场合一样，却忘记了这种办法是解决不了矛盾的，它只是把矛盾转移到另外一个地方。"[①] 这些哲学原理虽与我们的一厢情愿不一致，但却是实实在在的真理。因此，我们应该承认反对和否定意见往往是有积极意义的。黑格尔认为"否定的东西同样也是肯定的——否定是规定的东西，具有规定的内容，内部的矛盾使旧的内容为新的更高级的内容所代替"[②]。我们在学习西方科学技术，建设现代化国家的时候，也需要立足我国的国情学习西方文明中积极的部分，构建我们的民族精神和灵魂。

二、黑格尔与辩证法

马克思在《黑格尔法哲学批判》导言中说："德国的国家哲学和法哲学在黑格尔的著作中得到了最系统、最丰富和最完整的阐述。"[③]

黑格尔是公认的德国唯心主义古典哲学最后集大成者，在当今流派林立的哲学界，像黑格尔这样仍然受到广泛注意的古典哲学家是不多见的。恩格斯说，黑格尔哲学的真实意义和革命性质，"正是在于它永远结束了以为人的思维和行动的一切结果具有最终性质的看法。"[④] 黑格尔在哲学上的成就是多方面的，他的哲学在人类认识的一系列领域里都划了一个时代。梅洛·彭迪说："黑格尔是近一个世纪以来哲学上的一切伟大成果的根源，例如马克思主义、尼采、现象学、德国存在主义和精神分析学的成果，都是这样。"列宁在《卡尔·马克思》中指出："马克思和恩格斯认为，黑格尔辩证法这个最全面、最富有内容、最深刻的发展学说，是德国古典哲学最大的成果。他们认为，其他一切关于发展原理、进化原理的说法，都是片面的、内容贫乏的，都是把自然界和社会的实际发展过程（往往伴有飞跃、剧变和革命）弄得残缺不全。"[⑤] 恩格斯甚至说："没有德国哲学，特别是黑格尔哲学，就不可能有科学社会主义。"[⑥] 杨祖陶认为："没有黑格尔辩证法，就没有马克思辩证法，而不了解马克思辩证法也就不能真正理解黑格尔辩证法的真谛。"张世英先生说："可以毫不夸张地说，不懂得黑格尔的哲学，就既不能理解西方古典哲学，也不能理解西方现当代哲学，它是通达西方整个哲学以至整个西方思想文化的一把钥匙。"[⑦] 因此，恩格斯指出："不读黑格尔的著作，当然不行，而且还需要时间来消化。"[⑧]

黑格尔说："逻辑是纯科学，也就是说，全面发展的纯知识"。对此，列宁给予了这样的评价，说"逻辑是纯科学"是荒谬的，而"逻辑是全

①《哲学笔记》第2版，第116页。
②《哲学笔记》第2版，第82页。
③《马克思恩格斯选集》第1卷，人民出版社，1972年，第8页。
④《马克思恩格斯全集》第21卷，第307页。
⑤ 同③。
⑥ 贺麟，《黑格尔哲学讲演集》，第433页。
⑦ 张世英，《自我实现的历程》，第27页。
⑧《马克思恩格斯全集》第38卷，第201页。

面发展的纯知识”则是天才的。[①] 由于黑格尔“逻辑学”在根本上颠倒了物质与精神、存在与思维的关系，致使其哲学体系陷入了唯心主义的泥潭。唯心主义立场是黑格尔本人所无法逾越的界限，以致他在把辩证法变为一门真正科学的道路上再也无法迈出那最后的、决定性的一步了。在黑格尔第一次创立的辩证法里，一切真实的关系都被颠倒了。恩格斯说：“黑格尔的辩证法之所以是颠倒的，是因为辩证法在黑格尔看来应当是‘思想的自我发展’，因而事物的辩证法只是它的反光。而实际上，我们头脑中的辩证法只是自然界和人类社会中进行的、并服从于辩证形式的现实发展的反映。”[②] 尽管这样，黑格尔却在其唯心主义的哲学体系中用辩证法揭示了概念的联系与运动，揭示了概念的全面发展，处处打击行而上学的思维方法，使其唯心主义的哲学体系中时时闪耀着辩证法思想的光辉。普列汉诺夫说，马克思主义者继承黑格尔，“正像丘比特承继萨茨尔奴斯一样，是贬黜了后者的王位的。是一场真正的革命，伟大的革命。”在马克思看来，“辩证法在黑格尔手中神秘化了，但这决不妨碍他第一个全面地有意识地叙述了辩证法的一般运动形式。在他那里，辩证法是倒立着的。必须把它倒过来，以便发现神秘外壳中的合理内核。”[③]

罗素在《西方哲学史》第二十二章中指出：“黑格尔的最重要的著作是两部《逻辑学》(Logic),要想正确理解他对其他问题的见解的依据，这两部书不可不懂。”黑格尔哲学的精华，即他的辩证法，主要就表达在“逻辑学”中。列宁说：“黑格尔逻辑学的总结和概要、最高成就和实质，就是辩证的方法，——这是绝妙的。”黑格尔逻辑学中的辩证法思想发展得很成熟，体现得最充分。也正是在这个意义上黑格尔的逻辑学成了他全部哲学体系的中坚、核心部分。黑格尔的逻辑学是概念辩证法，是概念的矛盾转化、矛盾发展的过程。《精神现象学》中还不全是概念辩证法，逻辑学则是分析概念的方法。在黑格尔逻辑学中，逻辑学、存在论、认识论和辩证法四者是统一的。逻辑学是研究思维规律的学问，认识论是研究认识规律的学问，在世界观上，本体论是研究存在（事物）规律的学问，这三者的规律是一个东西，是统一的。有内容的思维、掌握了对象的思维的规律，就是认识的规律。逻辑学中包含有认识论的内容，描写认识如何由低级到高级的认识过程，分析认识论范畴的矛盾发展。思维规律是矛盾发展的，认识规律、存在规律也是矛盾发展的，所以它们都是辩证法的规律，它们是统一的，都有辩证法贯彻其中。

列宁说，黑格尔逻辑发展的次序是符合人类认识过程的，这表明逻

①《哲学笔记》第2版，第85页。
②《马克思恩格斯全集》第38卷，第203页。
③《马克思恩格斯全集》第23卷，第24页。

辑学是认识论。"逻辑学又是本体论、世界观。它讲有无、讲变化，虽然只讲范畴，但也告诉我们事物本身也是有无统一的，是变化的。同样，任何事物都是质量的统一。这样就说明逻辑学与本体论的统一。逻辑学讲范畴的关系，同时也就表明事物处在关系之中，有内在矛盾和联系。这样它就是讲世界观了。"[①]

黑格尔的著作素以晦涩难懂著称，其中尤以其逻辑学著作为甚。黑格尔哲学的一些术语是造成这种情况的一个重要因素。这些难懂的、不易理解的或难以透彻理解的术语，使本来就高深难测的思想内容、抽象难辨的思辨形式、迂腐晦涩的词句等，变得更加难于理解了。黑格尔的学生中间，最有趣的一个是鲍里斯·乌克斯库尔，一个富裕的俄罗斯地主和近卫军骑兵上尉。在打败拿破仑之后，这位年轻军官由于追女人追腻了，决心继续深造以完成他的学业。1817 年春天，他一到海德堡，立即去拜访黑格尔。这个自负的年轻人为黑格尔的亲切接待所鼓舞，忙不迭地跑到书店里去，把黑格尔所有已经出版的书籍都买了回来。当天晚上，他舒舒服服地躺在长沙发椅上，便翻开这些书读起来。然而，他很快就发现，黑格尔的著作他一句也读不懂。他越是努力，越是觉得莫名其妙。失败并没有使这位近卫军官灰心，他还去听黑格尔讲课，但最后他不得不承认，他连自己的笔记都看不懂。于是他又去找黑格尔诉苦，黑格尔耐心地倾听着，然后劝他先自修代数、自然科学、地理和拉丁文。乌克斯库尔接受了这个建议，26 岁才开始攻读这些教科书。半年过去了，他第三次来请教黑格尔，教授对他这个学生的勤奋和学识十分满意，于是具体引导他研究哲学。后来，乌克斯库尔从事俄罗斯的外交工作，但是他不论到哪儿，黑格尔的逻辑学总是随身携带着。[②]

恩格斯在致康·施米特的信中指出，读黑格尔的著作，"先读《哲学全书》的《小逻辑》，是很好的办法……在第一篇（《存在论》）中，您无须在《存在》和《无》上花费过多的时间；《质》的最后几节，以及《量》和《度》，就好得多了。但是，主要部分是《本质论》：揭示了抽象的对立是站不住脚的，人们刚想抓住一个方面，它就悄悄地转化为另一个方面，如此等等。"[③]

黑格尔的《逻辑学》是"绝对精神"自我发展的第一阶段。在这个阶段里，"绝对精神"还没有外化为自然，人类则更没有出现，它纯粹是抽象的逻辑概念。它的运动、发展表现为由一个纯粹抽象的概念，转化、过渡到另一个纯粹抽象的概念。在整个逻辑阶段，又分作三个发展段落，首先是"有"，其次是"本质"，最后是"概念"，对应于《逻辑学》中的有论、本质论和概念论三部分。有论相当于感性认识范畴，本质论相

① 贺麟，《黑格尔哲学讲演集》，第 92 页。
②《黑格尔小传》，第 91 页。
③《马克思恩格斯全集》第 38 卷，第 201～202 页。

当于抽象思维范畴，概念论是具体的理性思维的范畴。有论给我们以直接的认识；本质论是间接认识，通过原因认识结果，通过这个认识那个，要有媒介才能认识；概念论要求直接认识、间接认识的统一，矛盾统一。有论中得到的是表象、普通观念，本质论中得到的是抽象概念，概念论中得到的是具体的概念。有论中认识的是事物的存在、变化、质、量等直接的东西；本质论认识一般和特殊、本质和现象、原因和结果、必然性和偶然性、内容和形式、可能性和现实等的相互关系，即关于关系的认识；概念论认识事物是一般与个别的统一，主观与客观的统一体。只说事物存在而没有本质，这是虚的；有了存在，有了本质，没有概念去把握，还不是真实的；有了概念，就使主观与客观统一了。概念论认为一定要达到概念认识才是认识，概念认识是一般与个别的统一。所以黑格尔说真正的事物是一般与个别的统一，任何事物都是主观与客观的统一，没有主观，客观只是潜在的。所以列宁说黑格尔天才地猜测到了事物的辩证法，唯物辩证法与它不同的地方就是把它颠倒过来了。我们认为存在的规律是第一性的。我们不是从思维、认识的辩证法去猜测事物的辩证法。我们所了解的思维规律和认识规律正是事物的辩证法的反映。①

“有”（das Sein，亦译作“存在”）是黑格尔体系中头一个概念，是“逻辑学”的起点，是“绝对精神”自我发展的开端。黑格尔说：“开端是逻辑的，因为它应当是在自由地、自为地有的思维原素中，在纯粹的知中造成的”②，所以“哲学的开端就是一个假定”③。这个“有”是毫无内容的、缺乏任何规定的抽象，是全然不具体的，所以，这个“有”乃是指一般的“纯有”，它应当是“逻辑、自为的思维的开端”，所以，“开端必须是绝对的，或者说，是抽象的开端，它不可以任何东西为前提，必须不以任何东西为中介，也没有根据”④，这种“有”的概念是如此空洞，以至同“非有”的概念相一致。纯有和纯无是截然不同的，同时又是不可分割的、同一的，两方都消失在其对方之中。黑格尔就是这样来推演的，他由“有”的概念推论到它的对立面——“无”的概念。“有”与“无”既是对立的，又是统一的，“有”与“无”的统一，便是“变”（das Werden），或译作“生成”。“变”或“生成”是第一个具体的、即充满内容的范畴：万物都处在不断变化的过程中，处在向另一种状态过渡、即生成的过程中。世界处于并永远处于永恒的绝对的生成躁动的状态、形成和消亡的状态。

从黑格尔逻辑学的这头三个概念“有”“无”及“变”（“生成”）中，就可以看出其结构的特征——三段论法的原则——正题—反题—合题。

① 贺麟，《黑格尔哲学讲演集》，第 92 页。
②《逻辑学》上卷，第 53 页。
③《小逻辑》，第 38 页。
④《逻辑学》上卷，第 54 页。

先提出某一个正题，然后把它加以否定，最后又把否定加以否定。黑格尔在表述“绝对精神”发展过程中的每一阶段和每一环节，它们本身都包含着内部的矛盾。概念间的转化和推演，都是由于概念的自我矛盾运动而转化、发展的。例如，“有”这一概念，其所以转化为“无”这一概念，并非在“有”之外还存在着一个跟“有”并无内在联系的外力，把“有”推动了转化到“无”去的，而是由于纯粹抽象的、毫无规定性的“有”，其本身就已经蕴藏着跟它自身相反的“无”的因素的缘故。

三段论法则更为重要的一方面，即否定的性质。黑格尔所说的否定并不意味着事物的消灭，而是指它的发展。恩格斯说，一粒谷种可以用种种方法来消灭掉：可以把它烧掉，可以让它烂掉，或者把它磨碎；而谷种的辩证否定则只有当它具备发芽、成茎的条件时才能实现。为了更明确地区分否定，黑格尔采用了“扬弃”一词，“扬弃一词有时含有取消或舍弃之意……扬弃又含有保持或保存之意”[①]。在“生成”中，“有”和“无”都处于被“扬弃”的状态。

“变”或“生成”的结果，使原来毫无规定性、极不确定的东西，开始具有一定的特性，从而可以依它的规定性与别的东西明显地区别开来。因此，“变”的结果，使这个东西具有了一定的“质”。黑格尔把“变”的结果——生成出来的东西——称为它的实有（das Dasein，亦可译作“实存”），这就是一切真实事物所应有的“有”。这样，黑格尔就从“变”这一概念引申出了“质”的概念。质是与事物的规定性相等同的规定性，一事物与它事物的差异决定在质的概念中。如果“质”被否定了，一事物就变成了它事物。这种变化，具体化了的生成，到处都发生着。一事物要是超越了它的界限，就成了它事物；但是这个它事物同样是有限的，而在它的界限的另一边又是一个新的它事物。这是一个无限的过程，一种周而复始的同一性：“某物成为一个别物，而别物自身也是一个某物，因此它也同样成为一个别物，如此递推，以至无限。”[②] 黑格尔把这样一种无限性称为恶的、坏的或否定的无限，“因为这种无限不是别的东西，只是有限事物的否定，而有限事物仍然重复发生，还是没有被扬弃。换句话说，这种无限只不过表示有限事物应该扬弃罢了。这种无穷进展只是停留在说出有限事物所包含的矛盾，即有限之物既是某物，又是它的别物。这种无限进展乃是互相转化的某物与别物这两个规定彼此交互往复的无穷进展。”[③] 这种无限性并不能真正摆脱有限性，只不过是有限性的否定而已。反之，真正的无限性在某种意义上是浑然一体，圆满无缺的，“真正的无限毋宁是‘在别物中即是在自己中’，或者从过程方

①《小逻辑》，第213页。
②《小逻辑》，第206页。
③《小逻辑》，第206～207页。

面来表述，就是：‘在别物中返回到自己’”[①]。要达到这一点，必须消除一事物对它事物的关系，仅仅保留该事物对其本身的关系。黑格尔于是提出了“有”的另一种变体——自有（das Fürsichsein），完成的同时又是无限的“有”。他所以需要这个范畴，是为了结束对“质”的分析，以便过渡到一个新的范畴——“量”。

首先，“量”对于“有”的规定性是无足轻重的；种种量变并不扬弃事物的“有”。一座房屋不管是大是小，依然是一座房屋；红色不管是深是浅，依然是红色。但是，这只能适用于一定的限度，越过这个限度便开始了质的变化。黑格尔援引古代的“秃头和谷堆的著名悖谕”。人们问道：“从头上或从马尾巴上拔掉一根毛发，是否会造成秃子？如果拿走一粒谷，一堆谷是否会停止其为一堆谷？既然这样的拔掉仅仅造成一种完全不重要的量的区别，人们便可以毫不踌躇地同意这样做；于是，再拔掉一根毛发，再拿走一粒谷，并且这样重复下去，结果，每一次都根据大家的同意，只拿上一根或一粒，最后出现了质的变化，头和尾巴变得光秃秃的，谷堆消失了，在同意时，人们不仅仅忘记了重复性，而且忘记了自身不重要的量（像财产中一笔本身不重要的支出那样），积聚起来，其总和就构成质的整体，以致这整体最后消失了，头光了，钱袋空了。”[②]于是，纯粹的量变转化为质变。

“质”和“量”的统一是“度”。这个范畴表明了量的界限，事物在这些界限之内依然如故地存在。度量关系被破坏，则会出现新的“质”，这种质由于渐进性的中断而飞跃式地产生。每一次生和死都是从量变到质变的一次飞跃。黑格尔断然拒绝这样一种观念，即认为新产生的质在产生之前就已经存在，只由于其度量太小而未能被察觉罢了，他说：“正在发生的东西，已经是感性地存在着或根本在现实中存在着的，仅仅由于太小，还不能被人感知；正如消逝的渐进性，也是根据这样的一种观念，即：代替正在消失着的东西的非有或他物也是同样存在着的，只是还看不出来。”[③]“譬如人们说，人是要死的，似乎以为人之所以要死，只是以外在的情况为根据，照这种看法，人具有两种特性：有生也有死。但对这事的真正看法应该是，生命本身即具有死亡的种子。凡有限之物都是自相矛盾的，并且由于自相矛盾而自己扬弃自己。”[④]

飞跃式质变的环节构成了度量关系交错线——“在这里纯粹量的增多或减少，在一定的关节点上就引起质的飞跃”[⑤]，“在这种量变中，出现了一个点，在那个点上，质也将改变，定量表明自己在特殊化，以致改变了的量的比率转化为一个尺度，因而转化为一种新质、一个新的某物。”[⑥]例如，质料的聚合状态的变化就是这样——从固态变为液态，

①《小逻辑》，第207页。
②《逻辑学》上卷，第364页。
③《逻辑学》上卷，第404页。
④《小逻辑》，第177页。
⑤《马克思恩格斯全集》第20卷，第49页。
⑥《逻辑学》上卷，第401页。

当温度继续升高时，又可变为气态。同时，同一质料在发生这种变化时，其化学成分并不改变。于是产生了变化的承受物问题，产生了使暂时的“有”有所依据的某种基础问题。“有”过渡到本质。

本质论是黑格尔逻辑学的主要部分。“有（存在）”是现实的外层、表面，是直接被感知的东西；在“有”的平面上，世界是支离破碎的，就是说，它是由既相互联系又彼此孤立的客观事物组成的。“有（存在）之真理是本质”，本质——则是内在的世界、深刻的关系，是“有（存在）”的基础，也是过去诸发展阶段的被扬弃物，“存在是直接的东西。因为知识要认识真理的东西，即什么是自在的和自为的存在，所以它不停留于直接的东西及其各种规定，却透过直接的东西深入进去，假定在这个存在的背后还有着同存在本身不一样的东西，假定这个背后的东西构成存在的真理。这种认识是一种间接的知识，因为它不是直接在本质那里，在本质之中，而是从他物、从存在开始的，并且要通过一条先行的路，即超出存在之外或者更确切地说进入存在之内的路……”① 在“有（存在）”的范围内，概念是相互转化的，但是它们又相互结合着，而且几乎并不“显现”出来，因为它们是被反射出来的，就是说，它们反映在其他概念中。本质就是反射；生成与过渡的运动，则一直存在于自身中。作为“有”来说，一事物将变成它事物；作为本质来说，一事物就是这个它事物。

就其存在方式而论，本质乃是现象，就是说，本来就不可能有“纯形态”的本质，本质永远存在于客观世界的现象中。就现象而言，也并不存在自在的现象，现象永远是一定本质的表现。本质可以表现出来，而现象则带有本质性。本质更为深刻，而现象更为丰富。因此，“本质必须表现出来”，本质的表现就是：“（1）实存（物）；（2）现象（Erscheinung）。（3）关系（Verhältnis）和现实。”② “存在就是本质的关系；现象物表明了本质的东西，而本质的东西又是在其现象之中。——那个关系是在他有中的反思和自身反思还不完全的联合；两种反思的完全渗透，就是现实。”③

现象中本质的和同一的东西就是规律。“规律就是显现的东西的中介的肯定物……现象和规律有同一个内容。规律是现象在自身同一中的反思……规律因此不在现象以外，而在现象中直接现在；规律王国是存在的或现象的世界静止的反映……规律是本质的现象”④，“规律是现象中持久的（保存着的）东西（规律——现象中同一的东西）……这种同一，即构成规律的现象基础，是现象本身的环节……因此，规律不是在现象的彼岸，而是直接就在现象之中……规律的王国是现象的静止的内

①《哲学笔记》第2版，第106～107页。
②《哲学笔记》第2版，第124页。
③《逻辑学》下卷，第116页。
④《逻辑学》下卷，第143～145页。

容；现象是这个内容，不过是通过不静止的更迭交替并且作为在他物中的反思显现出来的内容……因此，同规律相比，现象是总体，因为它包含着规律，并且还包含得更多一些，即自己运动着的形式的环节。”①

本质和现象的统一构成现实性。“植物的种子、胎儿只不过是内在的植物、内在的人……上帝直接只是自然。”② 现实性由于两个特征而同直接的存在相区别，这两个特征使现实性成为一个更具体、更富有内容的范畴。现实性首先包含着可能性，其次是必然性。

黑格尔说：“现实是本质与存在的统一”③。现实性不但是被实现了的可能性，它还是眼前存在的一切所具有的发展之真正的可能性。必须把这种真正的可能性同形式上的可能性区别开来，一切自身不相矛盾的东西在形式上都是可能的。区别这两种可能性的严格界限并不存在。任何一种抽象的可能性在变化着的条件下都能变成一种真正的可能性，也就是说，都能进入现实性，从而得以实现，而“一个事物是可能的还是不可能的，取决于内容，这就是说，取决于现实性的各个环节的全部总合，而现实性在它的开展中表明它自己是必然性”④。

按照黑格尔的说法，凡是真正可能的东西都是必然的。因此，必然性也是现实性的一个组成部分。只有由本质的和合乎规律的因素所引起的东西，也就是说，只有不可避免的、必然的东西，才是现实的。“黑格尔第一个正确地叙述了自由和必然之间的关系。在他看来，自由是对必然的认识。‘必然只是在它没有被了解的时候才是盲目的。’自由不在于幻想中摆脱自然规律而独立，而在于认识这些规律，从而能够有计划地使自然规律为一定的目的服务。”⑤

必然性同本质一样，也并不直接显现在我们眼前，并且它永远被暗含在其对立面——偶然性——的形式中。偶然的东西就是可能存在也可能不存在、可能是这样也可能是那样的东西，就是其“有”或“非有”的起因不在自身中而在它事物中的那种东西。黑格尔说：“偶然的东西是一个现实的东西，它同时只被规定为可能的，同样有它的他物或对立面……偶然的东西，因为它是偶然的，所以没有根据；同样也因为它是偶然的，所以有一个根据。”⑥ 科学的任务、特别是哲学的任务在于认识偶然性的假相背后所隐藏的必然性。

本质论最后分析到因果关系。恩格斯说“黑格尔从存在进到本质，进到辩证法。在这里他研究反思的规定，它们的内在的对立和矛盾，例如正和负，然后就进到因果性或原因和结果的关系，并以必然性做结束。”⑦ 原因产生一个与之等同的结果。在这个意义上，因果关系是同义语反复，是直接的。罗素在《西方哲学史》中说：“要了解一个时代

①《哲学笔记》第2版，第126~127页。
②《逻辑学》下卷，第175页。
③《逻辑学》下卷，第177页。
④《小逻辑》，第300页。
⑤《马克思恩格斯全集》第20卷，第125页。
⑥《逻辑学》下卷，第197页。
⑦《马克思恩格斯全集》第20卷，第50页。

或一个民族，我们必须了解它的哲学；要了解它的哲学，我们必须在某种程度上自己就是哲学家。这里就有一种互为因果的关系，人们生活的环境在决定他们的哲学上起着很大的作用，然而反过来他们的哲学又在决定他们的环境上起着很大的作用。”黑格尔认为，原因不是决定产生某一现象的诸因素的总和，原因只是先于现象而存在并在本源上与之相联系的东西。因果关系只是现象的普遍依存中的一个要素，这个要素被人为地分离出来，只是不完全地表现了普遍关系。

如果谈到交互关系这一概念，因果关系的范围就扩大了；起因不但改变它所作用的东西，而且在产生作用之后，它已不再是它自身了；此外，在作用中，不单可以见到消极的结果，而且还可见到反过来影响原因的那种积极的因素。由于原因和结果相互作用，它们仿佛是在不断地变换着位置，或者不如说：它们同时既是自身，又是自身的对立面。“相互作用首先表现为互为前提，互为条件的实体的相互的因果性；每一个对另一个都同时是能动的、又是被动的实体……因果性是有条件的并且成为条件；成为条件的东西是被动的东西，但有条件的东西也同样是被动的。这种成为条件或被动性，当它使自己成为结果时，它就是原因通过自身的否定，正因此也就是原因。所以相互作用只是因果性本身；原因不只具有一个结果，而是在结果中，它作为原因而与自身相关。这样一来，因果性就转回到它的绝对概念，同时也达到了概念本身。”①

黑格尔说：“过渡到他物是‘存在’范围内的辩证过程，映现在他物内是‘本质’范围内的辩证过程”，“概念的进展既不复仅是过渡到他物，也不复仅是映现于他物内，而是一种发展……通过发展，只有潜伏在它本身中的东西才得到发挥和实现。”② 对此，贺麟先生总结为：“有（存在）论中，范畴消失于对方中，本质论中，范畴映现于对方中，概念论中，范畴保持在对方中。”③

贺麟先生认为本质论有两条路线。由偶然性讲到必然性，并争取自由，自由的主体就是概念，即能动的主体。思想概念能消溶一切必然性的东西，思想就是一种解放的力量，它的意义就在于在对方中，自己同自己结合，回到自己。思想概念不是逃避必然性，而是借助于必然性达到自由，进入概念，这是一条路线。而另一条路线，是由实体经过因果关系，到相互关系，结果实体的真理就是概念，概念是实体的真理，概念就是实体与主体的统一，所以又是真实的。有、存在、本质、实体，必然性，是客观的，因此“有论”“本质论”是客观逻辑；概念是主观的，属主观逻辑。从有论、本质论，向概念论过渡，也就是从客观逻辑向主

①《逻辑学》下卷，第230~231页。
②《小逻辑》，第329页。
③ 贺麟，《黑格尔哲学讲演集》，第321页。

观逻辑过渡。[①] 贺麟先生列出了如下一张图：

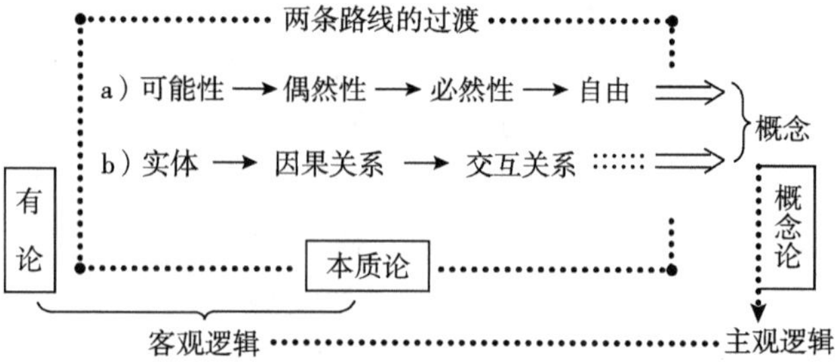

以上论及的诸范畴——现实性、可能性、必然性、偶然性以及因果关系和交互关系——为精神提出了自由的问题。难道自由仅仅存在于偶然性的范围吗？精神于是进入了第三个主要范围：主观性或自由的王国，那就是概念论的内容。

黑格尔把他的著作的前两部分（有论和本质论）称为客观逻辑，把第三部分称为主观逻辑。但是，这种对立是有条件的：客体和主体在黑格尔看来是同一的。因此，客观逻辑同主观逻辑一样，既是事物本身的逻辑，也是认识事物的思维的逻辑。

黑格尔在他的客观逻辑中几乎是前无古人的，而主观逻辑则一开始就探讨构成形式逻辑教科书传统内容的诸问题：概念、判断、推论。如果说本质是必然的领域,那么可以说概念是自由的领域。“概念是自由的，因为自在自为之有的同一构成实体的必然，同时又作为被扬弃了的或作为建立起来之有，而这个建立起来之有，作为自己与自己相关，就正是那个同一。”[②] “概念是自由的原则，是独立存在着的实体性的力量……概念才是一切生命的原则，因而同时也是完全具体的东西……概念同时仍然是真正的具体东西。这是因为概念是‘存在’与‘本质’的统一，而且包含这两个范围中全部丰富的内容在自身之内。”[③]

在《逻辑学》的“概念论”中，黑格尔运用“正”“反”“合”三分法将“主观概念”推演为概念、判断和推论。在黑格尔看来，“一切事物都是一推论。一切事物都是一概念”[④]，概念是普遍性、特殊性和个体性三个环节的潜在的、未分化的同一。判断是概念各环节的展开和分化，因为“概念乃是内蕴于事物本身之中的东西；事物之所以是事物，即由于其中包含概念，因此把握一个对象，即是意识着这对象的概念。当我们进行判断或评判一个对象时，那并不是根据我们的主观活动去加给对象以这个谓词或那个谓词。而是我们在观察由对象的概念自身所发挥出来的规定性。”[⑤] 推论则是由判断中各环节的展开与分化又返回到概念本身各环节的同一。潜在、未分化的同一就是事物的“正”，即肯

① 《黑格尔哲学讲演集》，第321页。
② 《逻辑学》下卷，第245页。
③ 《小逻辑》，第327～328页。
④ 《小逻辑》，第356页。
⑤ 《小逻辑》，第339页。

定方面，而概念各环节的展开与分化又是对其本身的否定方面，“推论”则巧妙地实现了“概念”与“判断”的统一，是“合”。“推论是概念和判断的统一……推论不是别的，而是概念的实现或明白发挥（最初仅在形式上）。因此推论乃是一切真理之本质的根据。”①

（1）概念的逻辑。

黑格尔认为，“就概念的逻辑而言，有完全现成的、牢固的、甚至可以说是僵化的材料，而任务就在于要使这些材料流动起来，把在这样陈死材料中的生动的概念燃烧起来”②。“因此，考察有和本质的客观逻辑，真正构成了概念发生史的展示……概念以实体为其直接前提，实体自在地是那概念所表现出来的东西。因此，实体通过因果性和相互作用的辩证运动，是概念的直接发生史。概念的变是由这个运动来表现的。”③“必须承认，如果不理解概念，仅仅停留在简单、固定的表象上，停留在名称上，那末，不论关于自我，不论关于任何东西，甚至关于概念本身，我们都会毫无概念。”④

（2）概念本身包含普遍性、特殊性、个体性三个环节。

黑格尔说：“概念本身包含下面三个环节：一、普遍性，这是指它在它的规定性里和它自身有自由的等同性。二、特殊性，亦即规定性，在特殊性中，普遍性纯粹不变地继续和它自身相等同。三、个体性，这是指普遍与特殊两种规定性返回到自身内。这种自身否定的统一性是自在自为的特定东西，并且同时是自身同一体或普遍的东西。”⑤

“普遍性、特殊性、个体性，抽象地看来，也就相同于同、异和根据。但普遍性乃是自身同一的东西，不过须明白了解为，在普遍性里同时复包含有特殊的和个体的东西在内。再则，特殊的东西即是相异的东西或规定性，不过须了解为，它是自身普遍的并且是作为个体的东西。同样，个体事物也须了解为主体或基础，它包含有种和类于其自身，并且本身就是实体性的存在。这就表明了概念的各环节有其异中之同，有其差别中的确立的不可分离性。——这也可叫作概念的明晰性，在概念中每一差别，不但不引起脱节或模糊，而且是同样透明的。”⑥“在概念中，同一发展为普遍，区别发展为特殊，回到根据的对立发展为个别。那些反思规定之在这些形式中，也正如它们之在其概念中那样。普遍的东西证明自身不仅是同一的，同时又是差异的，或者，对特殊的和个别的说来，是相反的，进而与这两者对立，或也说是矛盾的；普遍的东西在这种对立中与两者同一，是它们的真正根据，它们在这根据中被扬弃了。关于特殊和个别，情况也与此相同，它们也同样是反思规定的总体。”⑦

①《小逻辑》，第355～356页。
②《逻辑学》下卷，第237页。
③《逻辑学》下卷，第240页。
④《逻辑学》下卷，第476页。
⑤《小逻辑》，第331页。
⑥《小逻辑》，第334～335页。
⑦《逻辑学》下卷，第284～285页。

（3）概念的普遍性。

“概念的纯粹自身关系由于通过否定性来建立自己而是这种关系，它就是概念的普遍性。”① “谈到普遍的东西，就不能不谈到规定性，规定性更确切地说，即特殊和个别；因为普遍的东西在其绝对否定性中自在自为地包含着规定性；所以假如在普遍的东西那里谈到规定性，那并不是从外面加进去的。普遍的东西，作为一般的否定性或按照第一个直接的否定说，就在自己里面具有作为特殊性那样的一般规定性；作为第二次普遍的东西，作为否定之否定，它就是绝对的规定性，或说个别性及具体化。——因此，普遍的东西是概念的总体，它是具体的东西，不是空洞的东西，倒是由于它的概念而有内容，——不仅它在这一内容中保持着自己，而且这一内容对它说来，也是固有的和内在的。”②

（4）概念的特殊性。

黑格尔说：“普遍的东西连同那就其自身而论的第一个否定，就是特殊的东西。”③ 由于“规定性本身属于有和质的东西；它作为概念的规定性，就是特殊性，特殊性不是界限，所以它对待一个他物并不象对待它的一个彼岸那样，如上面所指出的，它倒是普遍的东西自己特有的内在环节；因此，普遍的东西在特殊性中，并不是在一个他物那里，而是完全在自己本身那里。特殊的东西包含普遍性，普遍性构成特殊的东西的实体”④。

（5）概念的个体性。

个别由特殊建立，“个别最初显现为概念从其规定性出来的自身反思。当概念的他有重又使自身成为一个他物，概念由此而恢复为与自身相等的东西但却在绝对否定性的规定中时，个别就是概念通过自身的中介。——普遍的东西由于自身中的否定物而成为特殊的东西，那个否定物以前曾被规定为双重的映现；当它是向内映现时，特殊的东西就仍然是一个普遍的东西，通过向外映现，特殊的东西就是一个被规定的东西；后一方面到普通的东西中的回归，是双重的回归：或者通过抽象丢掉特殊的东西，上升到更高和最高的类；或者通过个别，普通的东西本身在规定性中下降到个别……当概念的统一把具体物提高到普遍性，而又把普遍的东西仅仅了解为被规定的普通性时，这就正是个别性，它是作为自身相关的规定性而发生的。”⑤

（6）判断。

黑格尔说：“判断是在概念本身中建立起来的概念的规定性……判断可以叫作概念最近的实在化，在这种情况下，实在就是指作为一般被规定之有进入实有。更确切地说，这种实在化的本性是这样发生的，即：

①《逻辑学》下卷，第 268 页。
②《逻辑学》下卷，第 270 页。
③《逻辑学》下卷，第 271 页。
④《逻辑学》下卷，第 272~273 页。
⑤《逻辑学》下卷，第 288~289 页。

首先，概念的环节通过概念的自身反思或它的个别性而成为独立的总体；其次，但概念的统一却又作为这些总体的关系。自身反思的规定是被规定的总体，即是本质上在漠不相关的、无关系的长在中，又是通过彼此的互为中介。当进行规定就包含着这些总体及其关系时，进行规定本身也只是总体。这个总体就是判断。”①

黑格尔力图确定各种不同判断的认识价值，并试图建立一个与认识的发展真正相符合的分类。黑格尔在逻辑史上第一次不把判断和推理的各种样式，简单地列举出来和形式地加以比较，而把它们依发展的观点加以分类，表明高级的思维形式是从低级的发展而来，并指出由扬弃低级思维形式而提高到高级思维形式的推移过程。对于黑格尔对判断的分类，恩格斯在《自然辩证法》中说：“这种分类法的内在真理性和内在必然性是明明白白的。这种分类法在很大程度上不仅以思维规律为根据，而且还以自然规律为根据。”

（7）判断的分类。

黑格尔对于判断和推论的分类是以他逻辑学的有论、本质论、概念论三大阶段为标准，揭示出人类思维过程逐渐发展提高的步骤。贺麟先生将黑格尔判断的分类列表如下：

- 有论阶段——质的判断
  - 肯定判断（实在性）
  - 否定判断（否定性）
  - 无限判断（限制性）
- 本质论阶段
  - 反思的判断
    - 单称判断（单一性）
    - 特称判断（多数性）
    - 全称判断（全体性）
  - 必然的判断
    - 直言判断（实体与偶性）
    - 假言判断（原因与结果）
    - 选言判断（交互作用）

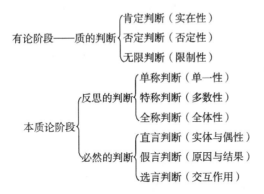

黑格尔说：“如其判断是直接的，它第一就是实有判断；它的主词直接是一个抽象的、有的、个别的东西；宾词是主词的一个直接的规定性或特性，是一个抽象的普遍的东西。当主词和宾词的这种有质的东西扬弃自身时，一端的规定便映现在另一端中；现在判断第二就是反思判断。但这个较多是外在的包括，却过渡到一个实体的、必然的连系的本质同一中去；所以判断第三是必然判断。第四，当主词和宾词的区别在这种本质的同一中变成一个形式时，判断就将是主观的；它包含概念及其实在的对立和两者的比较；它是概念判断。这样的概念的发生，是判断过渡到推论的基础。”②

①《逻辑学》下卷，第 293 页。

②《逻辑学》下卷，第 301 页。

（8）推论的分类。

同样，贺麟将黑格尔对推论的分类列表如下：

- 有论阶段——质的推论
  - 第一式、第二式、第三式
  - （量的推论）
- 本质论阶段
  - 反思推论
    - 全称推论
    - 归纳推论
    - 类推推论
  - 必然推论
    - 直言推论
    - 假言推论
    - 选言推论
- 概念论阶段——概念的或理性的推论
  - 矛盾发展
  - 相互推移
  - 矛盾统一

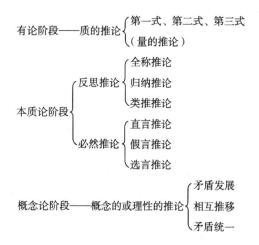

属于有论范围的质的判断或推论是指关于感性知识的判断或推论。例如，“卡尤斯是博学的”或“玫瑰花是红的”就是质的判断；“红色令人起快感，这朵玫瑰花是红的，故这朵玫瑰花令人起快感”就是质的推论。属于本质论范围的判断或推论，都是指抽象理智判断或推论。不过反思的判断或推论是指出于理智的主观意见的判断或推论，例如“人是会死的”“事物是可消逝的”“此物是有益的、有害的”等判断，以其与主观的利益相对就称为反思的判断。例如，用三段论法推论出人是会死的、此物是有益的等，便算是反思推论。必然的判断或推论仍是基于抽象理智的，不过并非表示主观意见，而具有客观必然性，相当于一般科学上的定义、判断和推论。比如说，“玫瑰花是植物”，“黄金是金属”，便说出了其种属关系，有了科学意义的必然性，这便是所谓的必然判断。这样的推论，如说：“人是有理性的，苏格拉底是人，故苏格拉底是有理性的”，黑格尔也叫作必然推论。

以上各种判断和推论虽有发展的等级，皆仍属于形式逻辑研究的范围。唯有较高阶段的概念判断，形式属于形式逻辑，而内容却非形式逻辑所能照顾，而属于辩证法即辩证逻辑了。黑格尔认为关于事物或行为的美丑、善恶、真伪的判断才算是概念的判断。概念的判断是包含评价的判断。例如，“这枝玫瑰花是美的”。这个判断的形式与“这枝玫瑰花是红的”是没有差别的。但内容是有很大差别的，一属于感性认识，一属于理性的评价，且作为概念的判断，须结合这花之所以美和与其他花草作美丑的比较的整个具体内容来谈。黑格尔曾一再说过，并为列宁所一再称赞的一个意思，即同样一句格言，其内容在老人那里有着他整个生涯的意义，而在小孩听来，却仍是抽象的、外在的。这个比喻正好说明概念的判断与非概念的判断的差别。

黑格尔说："判断的向前运动就只是展开""概念规定是普遍的，因为它是主词和宾词两者的肯定的同一；但它又是被规定的同一，因为宾词的规定性就是主词的规定性；再者，它也是个别的同一，因为独立的两端在它之中都作为在自己的否定的统一中那样被扬弃了。——但是，在判断中，这个同一还不是建立起来的；系词是作为一般的有还不曾规定的关系：A 是 B；因为概念或端的规定性的独立性，是在判断中的实在，概念在判断中具有这个实在。假如系词的'是'已经被建立为主词和宾词被规定的和实现了统一，为它们的概念，那就已经是推论了。"因此，"判断的运动的目的，就是恢复，或不如说，建立概念的这种同一"。[①]

（9）概念推论。

什么是概念的推论呢？概念的推论无论就内容和形式来说都与形式逻辑上的推论不同。概念的推论完全与认识对象的内容的矛盾发展相一致，完全不采取三段论法的推论形式。黑格尔认为亚里士多德逻辑中的三段论法不是理性的推论，而只是抽象理智的推论。他说，亚里士多德在他自己《形而上学》一书中，也很少采取三段论式，而是用思辨的概念推论。因此他称三段论法为"理智的推论"，称概念的推论为"理性的推论"。在这种推论里内容与形式完全符合一致，根本不同于形式推论。简言之，概念推论、理性推论、辩证法推论是一个东西。

贺麟先生说，黑格尔所谓理性的推论细究起来，约包含三方面：第一，理性的推论，就是指矛盾发展而言，指事物逐步上升发展的推移而言。如由有推移到本质，由本质推移到概念；如由理念推移到自然，由自然推移到精神。总之任何矛盾发展，无论精神生活、社会、自然方面的辩证的过渡或推移，都可叫作概念的或理性的推论。第二，概念的推论指两个对立物的循环往复的矛盾发展或相互推移。如由主观性过渡到客观性，再由客观性回复到主观性。由理论推移到实践，由实践再推移到理论。这种理论与实践的相互推移，在《逻辑学》中，它又叫作"行动的推论"。像这样的两个对立方面相互推移、互相结合，不断折曲向上的矛盾发展的过程，就是黑格尔所谓的"概念的推论"或"理性的推论"。[②]第三，由于黑格尔认为任何真实的东西都是一个整体，一个对立统一体。而他所了解的整体或统一体基本上是一个三一体（机械公式为正反合三环节的统一体）。他常说：每个东西都是一个"推论"。这里所谓"推论"的特殊专门意义是指三一体而言（他把三段论法改造成辩证法意义的三一体）。譬如，他认为概念或任何实在的东西都是包含有

① 《逻辑学》下卷，第 300 页。
② 《黑格尔哲学讲演集》，第 81 页。

个别性、特殊性、普遍性三个环节。这三个环节有辩证结合的关系，互为中介，互相过渡，就是他所谓概念的推论。例如，他认为在实践范围内，国家就是包含着三个推论的系统。国家是“（1）个别的人（个人）通过他的特殊性（如物质的和精神的需要等等的进一步发展，就产生公民社会）与普遍体（社会、法律、权利、政府）相结合。（2）意志或个人的行动是起中介作用的东西，它使得在社会、法律等方面种种需要得到满足和实现。（3）但普遍体（国家、政府、法律）乃是一个实体性的中项，在这个中项内，个人和他的需要的满足享有并获得充分的实现、中介和维持。三一式中的每一规定，由于中介作用而和别的两极端结合在一起，同时也就自己和自己结合起来，并产生自己，而这种自我产生即是自我保存。——只有明了这种结合的本性，明了同样的三项的三一式的推论，一个全体在它的有机结构中才可得到真正的理解。”① 此外他又说“目的的关系是一推论〔或三段式的统一体〕”②，“有生命之物是一推论，〔即包含有三个成分的矛盾统一体〕，这统一体里面，各环节本身又各自成一体系和推论〔或统一体〕”③。这些地方所说的推论都应作三一体解，都是指理性的推论而言。而全宇宙的最后最高的推论或三个环节的统一体，就是理念，自然和精神的统一体，这种统一体就是黑格尔所谓“绝对”，这种推论他叫作“绝对推论”。④

对于黑格尔关于推论的思想，列宁曾予以很高的评价。在《黑格尔〈逻辑学〉一书摘要》中，列宁曾特别标出黑格尔“一切事物都是推论”的说法，促使注意，并称黑格尔对三段论法的评语为“深刻”“正确”，并且指出：“黑格尔对推论的分析（即个别、特殊、普遍），使人想到马克思在《资本论》第一章中之摹仿黑格尔。”⑤

列宁深刻地注意到黑格尔关于推论的思想。他指出黑格尔逻辑学中，从存在经过本质而发展到主观性（概念），然后这个主观性辩证地“突破自己的限制”，并且通过推论展开为“客观性”。并且他称黑格尔的这种思想“极其深刻和聪明”。

因此，我们可以这样说，黑格尔曾经提出一种区别于形式逻辑的辩证法意义的推论。

黑格尔指出了形式逻辑的从属地位，从而建立了较发展的辩证逻辑的理论。由于黑格尔没有区别开形式逻辑与形式主义和形而上学思维方法，且在反经院哲学的近代潮流下，他批判形式逻辑时诚有过火的地方，甚至有时表现出轻视和反对形式逻辑的语气。不过他并没有根本反对亚里士多德的逻辑思想，亚里士多德论逻辑形式与存在的联系、一般与个别的结合、推论之重视中项等思想，在黑格尔逻辑学中都得到进一步的

①《小逻辑》，第383~384页。
②《小逻辑》，第391页。
③《小逻辑》，第405~406页。
④《小逻辑》，第365页。
⑤《哲学笔记》第2版，第148页。

发展。列宁说，“亚里士多德的逻辑学是探索、寻求，是向黑格尔逻辑学接近”。[①] 实是很正确的论断。

黑格尔的辩证法把世界看成思想、绝对理念的矛盾发展，而没有把物质的矛盾发展、社会经济的矛盾发展放在第一性的地位。他所谓辩证法的推论或概念推论基本上是概念辩证法，是由概念、理念、主观性作推论的出发点的。譬如他从理念推论到自然，又从自然推论到精神，从主观性推论到客观性，又从客观性推论到主观性，这都表明他的辩证法的推论是和唯物论辩证法正相反对的，不是以物质、自然、客观现实的辩证推移为出发点的。概括地说，黑格尔用辩证法以研究理性或概念的矛盾发展。相反，辩证唯物论则在于用辩证法的武器研究物质、自然、社会、历史以及人民群众实践的矛盾发展。

（10）客观性。

黑格尔说：“在客观逻辑第一编里，说明了抽象的有过渡为实有，但又转回为本质。在第二编中，指出了本质规定自身为根据，从而进入存在，并把自身实在化为实体，但重又转回为概念。现在关于概念，首先指出了它规定自身为客观性。”[②] “对于客观性，也出现了双重意义，既有与独立概念相对立的意义。又有是自在自为之有的东西的意义……真理的认识将这样来建立，即于客体按照客体的样子而没有主观反思的附加去认识，并且正确行动在于顺从客观规律；客观规律没有主观根源，不能容许随意专断和违反其必然性的处理。”[③]

“第一，现在客观性在它的直接性中，就是机械性，直接性的环节，由于一切环节的总体之故，在独立的漠不相关之中，作为客体，彼此外在地长在，并在它们的关系中具有仅仅作为内在的或作为外在的概念的主观的统一。——但是，第二，当那种统一在机械性中表明本身为客体的内在固有的规律时，那么，客体的关系就变成以其规律为基础的特殊的差异，并变成客体规定的独立性在其中扬弃自身那样一种关系，即化学性。第三，客体的这种本质的统一，正因此被建立为与客体的独立性相区别，它是主观的概念，但被建立为自在自为地与客观性相关，作为目的，即目的性。当目的是那样的概念，即它被建立为在自身里要与客观性相关并把自身成为主观的这一缺点由自身来扬弃时，那最初的外在目的性就通过目的的实在化变为内在目的性，并且变为理念。”[④]

列宁说：“关于‘机械性’的论述非常费解，并且几乎完全是胡说八道。再往下，关于化学性，关于‘判断’的阶段等等也是如此。”[⑤]

（11）理念（观念）。

黑格尔的逻辑学最后以分析理念（真理）作结束。列宁认为黑格尔

①《哲学笔记》第2版，第314页。
②《逻辑学》下卷，第388页。
③《逻辑学》下卷，第393页。
④《逻辑学》下卷，第394页。
⑤《哲学笔记》第2版，第155页。

"《逻辑学》第2部（《主观逻辑》）第3篇（《观念》）的导言以及《哲学全书》中相应的各节（第213~215节）几乎就是关于辩证法的最好的阐述。也就在这里，可以说是极其天才地指明了逻辑和认识论的一致。"①

黑格尔说："理念是充足的概念、即客观的真或真本身。假如某物具有真理，它便是由于它的理念而具有真理的，或者说，某物唯有在它是理念的情况下，才具有真理。"②"理念是自在自为的真理，是概念和客观性的绝对统一。理念的理想的内容不是别的，只是概念和概念的诸规定；理念的实际的内容只是概念自己的表述，象概念在外部的定在的形式里所表现的那样。而且概念还包括这种外部形态于它的理想性中，使它受自己的支配，从而保持它自身于其中。"③

"假如思想只是某种主观的和偶然的东西，那未它们当然没有更多的价值，但是它们也并不因此而落在有时间性的和偶然的现实之后，现实除了偶然和现象的价值以外，也同样没有更多的价值。反过来说，假如理念因为它就现象而言是超验的，因为在感官世界中不可能提供任何符合于它的对象，所以它就不应具有真理的价值，那未，因为理念缺乏那种构成现象、即构成客观世界非真之有的东西，因此就否认理念的客观有效性，这却是奇怪的误解。"④

"但是，由于得出了这样一个结果，即观念（即'理念'的不同翻译，下同——引者）是概念和客观性的统一，是真理，所以不应当把观念只看作目标，即应当与之接近、然而其自身永远是一种彼岸性的目标；而应当这样看：一切现实的东西之所以存在，仅仅是因为它们自身包含着并且表现着观念。对象、客观的和主观的世界，不仅应当完全和观念一致，并且它们本身就是概念和实在的一致；和概念不符合的实在，是单纯的现象，是主观的、偶然的、随意的东西，而不是真理。"⑤

"认识是思维对客体的永远的、无止境的接近。自然界在人的思想中的反映，要理解为不是'僵死的'，不是'抽象的'，不是没有运动的，不是没有矛盾的，而是处在运动的永恒过程中，处在矛盾的发生和解决的永恒过程中。"⑥

黑格尔说："观念是真理，因为真理就是客观性跟概念相符合……但是，一切现实的东西，只要它们是真的，就是观念……单个的存在只不过是观念的某一方面，因此，观念还需要其他的现实，这些现实同样地表现为独立自在的；只是在它们的总和中以及在它们的相互关系中概念才会实现。单独存在的东西，是不符合自己的概念的；它的定在的这种局限性构成它的有限性并且导向它的毁灭……"⑦在《美学》中，黑格尔说："一种艺术尽管就它的既定的范围来说，在技巧等方面是十分

①《哲学笔记》第2版，第162页。
②《逻辑学》下卷，第447页。
③《小逻辑》，第397页。
④《逻辑学》下卷，第448页。
⑤《哲学笔记》第2版，第163页。
⑥《哲学笔记》第2版，第165页。
⑦《哲学笔记》第2版，第165~166页。

完善的，而作为艺术，它仍然可以是不完善的，如果拿艺术概念本身和理想来衡量它，它仍然是有缺陷的。只有在最高的艺术里，理念和表现才是真正互相符合的，这就是说，用来表现理念的形象本身就是绝对真实的形象，因为它所表现的理念内容本身也是真实的内容。”①

列宁说：“真理就是由现象、现实的一切方面的总和以及它们的（相互）关系构成的。概念的关系（=过渡=矛盾）=逻辑的主要内容，并且这些概念（及其关系、过渡、矛盾）是作为客观世界的反映而被表现出来的。事物的辩证法创造观念的辩证法，而不是相反……应当更通俗地表达这一要义，不用辩证法这个字眼，大致可以这样说：黑格尔在一切概念的更换、相互依赖中，在它们的对立面的同一中，在一个概念向另一个概念的过渡中，在概念的永恒的更换、运动中，天才地猜测到的正是事物、自然界的这样的关系。”②

“真理是过程。人从主观的观念，经过‘实践’（和技术），走向客观真理。”③

“既然自为的概念现在是自在自为的规定的概念，那么观念就是实践的观念，即行动。”④

列宁摘录了“理论的认识应当提供在必然性中、在全面关系中、在自在自为的矛盾运动中的客体。但是，只有当概念成为在实践意义上的‘自为存在’的时候，人的概念才能‘最终地’抓住、把握、通晓认识的这个客观真理。也就是说，人的和人类的实践是认识的客观性的验证、标准。”并加旁注：“黑格尔论实践和认识的客观性”。⑤

列宁摘录了“认识……发现在自己面前真实存在着的东西就是不以主观意见（设定）为转移的现存的现实。（这是纯粹的唯物主义！）人的意志、人的实践，本身之所以会妨碍达到自己的目的……就是由于把自己和认识分隔开来，由于不承认外部现实是真实存在着的东西（是客观真理）。必须把认识和实践结合起来。”⑥

（12）辨证方法既是分析的又是综合的。

“绝对观念，原来就是理论观念和实践观念的同一，其中每一方就其自身来说都还是片面的”，这种“绝对认识”的方法是分析的……“但同时又是综合的”。

黑格尔说：“哲学的方法既是分析的又是综合的，这倒并不是说对这两个有限认识方法的仅仅平列并用，或单纯交换使用，而是说哲学方法扬弃了并包含了这两个方法。因此在哲学方法的每一运动里所采取的态度，同时既是分析的又是综合的。哲学思维，就其仅仅接受它的对象、理念，听其自然，似乎只是静观对象或理念自身的运动和发展来说，可

①《美学》第1卷，第93页。
②《哲学笔记》第2版，第166页。
③《哲学笔记》第2版，第170页。
④《哲学笔记》第2版，第180～181页。
⑤《哲学笔记》第2版，第181页。
⑥《哲学笔记》第2版，第185页。

以说是采取的分析方法。这种方式下的哲学思考完全是被动的。但是哲学思维同时也是综合的，它表示出它自己即是概念本身的活动。不过哲学思维为了要达到这一目的，却需要一种认真的努力去扫除自己那些不断冒出来的偶然的幻想和特殊的意见。”①

“这个既是分析的、又是综合的判断的环节，通过它，那开始的普遍的东西从自身中把自身规定为自己的他物，它应该叫作辩证的环节。”②

（13）黑格尔论辩证法。

黑格尔在谈到辩证法时说，它是“一切事物本身的方法”。对于黑格尔来说，事物和认识都同样是辩证的。他说，辩证法“既是认识的、主观自知的概念的样式，又是事物的客观的样式（或更准确点说，实体性）。”③

黑格尔说：“辩证法除了通常好象是某种偶然的东西而外，它也常常具有更详细的形式，即对于任何对象，例如世界、运动、点等等，都能指出某一个适合于它的规定。”④

“所以一切被认为很固定的对立，例如有限与无限，个别与普遍，并不是由于外在的联结而在矛盾之中，而是如在考察其本性时所显露的那样，自在自为地就是过渡；这些矛盾所显现的综合与主体，乃是这些对立的概念自己反思的产物。”⑤

（14）否定之否定环节的建立。

“第一个普遍的东西，就其是自在和自为的来考察，便显露其本身就是作为自己的他物。很一般地来把握，这一规定可以这样来看，即这个最初是直接的东西，这里便作为有了中介的东西，与一个他物相关，或者说，普遍的东西是作为一个特殊的东西了。由此发生的第二个，便是第一个的否定的东西，而且当我们对以后的过程作事先考虑时，它便是第一个否定的东西。直接的东西依照这个否定的方面，便在他物中没落了，但这个他物在本质上不是空虚的否定的东西，不是无，即习惯所认为的辩证法的结果，而是第一个的他物、直接的东西的否定的东西；所以它被规定为有了中介的东西，——一般说来，包含第一个的规定于自身之中。于是第一个本质上也就在他物中留藏并保持下来了。——把肯定的东西在它的否定的东西中，即前提的内容中，在结果中坚持下来，这是理性认识中最重要之点，同时，仅仅最简单的思索，也会确信这种要求的绝对真理和必然性，关于证明这一点的例子所涉及的东西，全部逻辑都在那里面了。”⑥

“第二个规定，即否定的或有中介的规定，往后又同时是进行中介的。首先，它可以被当作是单纯的规定，但按照其真理来说，它是一种关系或对比；因为它是否定的东西，但却是肯定的东西的否定，并把肯定的

①《小逻辑》，第424~425页。
②《逻辑学》下卷，第537页。
③《黑格尔哲学新论》第76页，参见《逻辑学》下卷，第532页。
④《逻辑学》下卷，第538页。
⑤《逻辑学》下卷，第540页。
⑥《逻辑学》下卷，第540~541页。

东西包括在自身之内……因为第一个或直接的东西，是自在的概念，从而也仅仅自在地是否定的东西，所以在它那里的辩证环节，就在于它自在地包含着的区别，将在它里面建立起来。第二个则正相反，本身就是规定了的东西，是区别或对比；因此，在它那里的辩证环节，就在于建立包含在它里面的统一。”①

“上面考察过的否定性，构成概念运动的转折点，这个否定性是自身的否定关系的单纯之点，是一切活动——生命的和精神的自身运动——最内在的源泉，是辩证法的灵魂，一切真的东西本身都具有它，并且唯有通过它才是真的；因为概念和实在之间对立的扬弃，以及成为真理的那个统一，都唯一地依靠这种主观性。——第二个否定的东西，即我们所达到的否定的否定，是上述矛盾的扬弃；但是这种扬弃，和矛盾一样，并不是一种外在反思的行动，而是生命和精神最内在，最客观的环节，由于它，才有主体、个人、自由的主体。”②对此，列宁给出旁注“辩证法的精华”及“真理的标准（概念和实在的统一）”，并指出：“这里重要的是：（1）辩证法的特征：自己运动、活动的泉源、生命和精神的运动；主体（人）的概念和实在的一致；（2）最高程度的客观主义（‘最客观的环节’）。”③

黑格尔说：“凭借上述方法的性质，科学表现为一个自身旋绕的圆圈，中介把末尾绕回到圆圈的开头；这个圆圈以此而是圆圈中的一个圆圈；因为每一个别的支节，作为方法赋与了灵魂的东西，都是自身的反思，当它转回到开端时，它同时又是一个新的支节的开端。这一链条的片段就是各门科学，每一门科学都有一个在前的和一个在后的，——或者更精确一点说，只有在前的，要在它的结论里才显露出它的在后的。”④对此，列宁给出旁注“科学是圆圈的圆圈”⑤。

黑格尔说：“正是当理念把自身建立为纯概念及其实在的绝对统一，从而使自身凝聚为有的直接性时，理念便作为这种形式的总体——自然。”⑥在《小逻辑》的最后一段，黑格尔说：“我们从理念开始，现在我们又返回到理念的概念了。这种返回到开始，同时即是一种进展。我们所借以开始的是存在，抽象的存在，而现在我们达到了作为存在的理念。但是这种存在着的理念就是自然。”⑦列宁说，黑格尔的这句话，“妙不可言。逻辑观念向自然界的过渡。唯物主义近在咫尺。恩格斯说得对，黑格尔的体系是颠倒过来的唯物主义。”⑧并就《逻辑学》及其最后一章给出了著名的批注：“妙就妙在：关于‘绝对观念’的整整一章，几乎没有一句话讲到神（差不多只有一次偶然漏出了‘神的’‘概念’），此外——注意这点——几乎没有专门把唯心主义包括在内，而

①《逻辑学》下卷，第542页。
②《逻辑学》下卷，第543页。
③《哲学笔记》第2版，第197～198页。
④《逻辑学》下卷，第551页。
⑤《哲学笔记》第2版，第201页。
⑥《逻辑学》下卷，第552页。
⑦《小逻辑》，第428页。
⑧《哲学笔记》第2版，第202页。

是把辩证的方法作为自己主要的对象。黑格尔逻辑学的总结和概要、最高成就和实质，就是辩证的方法，——这是绝妙的。还有一点：在黑格尔这部最唯心的著作中，唯心主义最少，唯物主义最多。'矛盾'，然而是事实！"[①]列宁的评价是中肯的。恩格斯在致马克思的信中也指出："我正埋头研究关于本质的理论……虽然大《逻辑》触及事物的辩证本质要深刻得多，自然科学家有限的智力却只能利用它的个别地方。相反，《全书》中的论述似乎是为这些人写的，例证大都取自自然科学领域并极有说服力，此外由于论述比较通俗，因而唯心主义较少。我不能也不想使这些先生免遭研究黑格尔本身的惩罚，所以说这里是真正的宝藏，况且老头子（指黑格尔——引者）给他们提出了现在也还很伤脑筋的难题。"[②]

三、黑格尔哲学的历史地位和历史贡献

黑格尔哲学本身就是矛盾的统一体，是唯心主义体系与辩证方法的矛盾统一。他的客观唯心主义体系，反映了他保守的、反动的一面；他的辩证方法，反映了他有革命、进步的一面。在体系与方法的矛盾中，黑格尔往往总是迁就他的体系，而束缚住辩证法。恩格斯说：黑格尔"革命的方面就被过分茂密的保守的方面所闷死"。按照黑格尔的方法，原应得出这样一些革命的结论：矛盾运动是绝对的，真理是包括在无限的认识过程之中的；但是，黑格尔的辩证法是不彻底的，他所说的矛盾运动只是在一定的阶段内进行，他把矛盾的统一看成是绝对的，而把矛盾的斗争看成是相对的，最后矛盾还是调和了。他的发展观点，也就以宣布他自己的"全部教条内容"为"绝对真理"而最终陷入形而上学。

罗素在《西方哲学史》第二十二章中指出："黑格尔是德国哲学中由康德启始的那个运动的顶峰；虽然他对康德时常有所批评，假使原来没有康德的学说体系，决不会产生他的体系。黑格尔的影响固然现在渐渐衰退了，但已往一向是很大的，而且不仅限于德国，也不是主要在德国。19 世纪末，在美国和英国，一流的学院哲学家大多都是黑格尔派。在纯哲学范围以外，有许多新教神学家也采纳他的学说，而且他的历史哲学对政治理论产生了深远的影响。大家都知道，马克思在青年时代是个黑格尔的信徒，他在自己的完成了的学说体系中保留下来若干重要的黑格尔派特色。即使（据我个人认为）黑格尔的学说几乎全部是错误的，可是因为他是某种哲学的最好代表人物，这种哲学在旁人就没有那么一贯、那么无所不包，所以他仍然保持着不单是历史意义上的重要地位……黑格

① 《哲学笔记》第 2 版，第 202～203 页。

② 《马克思恩格斯全集》第 33 卷，第 126～127 页。

尔的哲学非常艰深，我想在所有大哲学家当中他可说是最难懂的了。”

约·狄慈根在《短篇哲学著作集》中说：“正如古代笨重的火枪是现代完善的普鲁士步枪的必不可少的阶段一样，莱布尼茨、康德、费希特、黑格尔的形而上学的思辨也是最终获得的那种物理认识的条件或必由之路，这种认识认为观念、概念、逻辑或思维不是物质现象的先决条件、前提，而首先是物质现象的结果……对宗教来说，观念是创造物质并使物质有序的第一位的东西。哲学，作为神学的女儿，当然从母亲的血统中继承了许多东西。它只有经过几代的历史发展，才能得出反宗教的科学结论，得出无可争辩的、确实可靠的认识：世界并不是精神的属性，而是相反，精神、思想、观念是这个物质世界的多种属性之一。黑格尔尽管没有把科学发展到这个高度，但已经非常接近这个高度，以至他的两个学生，费尔巴哈和马克思，登上了顶峰……”①“如今黑格尔也谢世了，虽然用黑格尔传记作者海姆的话来讲，黑格尔当时在文化界占有重要地位，就象拿破仑第一在政界占有重要地位一样。”②“把自然界的自我发展建立在无所不包的基础上，用最一般的方式把科学从分类观中解放出来，这是我们的黑格尔当之无愧的功绩。”③“黑格尔讲授发展理论；他教导说，世界不是被创造的，不是创造物，不是不变的存在，而是创造自身的变易。正象达尔文认为动物的门类相互渗透一样，黑格尔认为世界的一切门类，无和有，存在和变易，量和质，时间和永恒，意识和无意识，进步和停滞，都不可避免地相互渗透……他的学说就象达尔文的学说一样，并不是不需要再发展了；但是它的确赋予整个科学和整个人类生活以推动力，一种具有极其重大意义的推动力。”④“大家知道，这位大师曾经说过，在他为数众多的弟子中只有一个人理解他，可就是这一个也误解了他。造成这种普遍误解的原因不是弟子们缺乏理解力，而是大师的学说晦涩难懂，这是毫无疑问的。人们是无法完全理解黑格尔的，因为黑格尔自己也不完全理解自己。”⑤“我们已经看到，黑格尔的哲学十分晦涩难懂，以致这位大师会说自己最优秀的学生也误解了他。不仅他的后继哲学家费尔巴哈和其他黑格尔分子，而且世界上整个科学的、政治的和经济的发展都致力于阐明这一晦涩的学说。”⑥震撼法国思想界半个多世纪的《黑格尔导读》的作者科杰夫（Alexandre Kojève，1901～1968年）说，黑格尔的智慧使他看到了世界的一切，其中包括已经消失的和未来将要出现的，包括那些看不见的、隐藏的、可能的、突然的和潜在的。在科杰夫看来，黑格尔哲学体系本身所教导我们的，是不断地以矛盾的态度看待世界和看待自己。在所有肯定的方面，总是存在着否定的可能性。在同一的地方，也总是存在着差异（différence）和

①《哲学笔记》第2版，第359～360页。

②《哲学笔记》第2版，第432页。

③《哲学笔记》第2版，第433页。

④《哲学笔记》第2版，第434页。

⑤《哲学笔记》第2版，第432～433页。

⑥ 同④。

不同。所以，黑格尔的哲学并不是一成不变的和固定僵化的，而是革命和创造的思想。①

1970年，福柯在法兰西学院发表其院士终身教授职务的就职演说时说："我们的整个时代，不管是通过逻辑学还是通过认识论，也不管是通过马克思或者尼采，都试图超越黑格尔……但是，超越黑格尔，就意味着要正确地估计脱离他所要付出的一切代价。这就是说，要充分估计黑格尔是在多远的范围内接近我们，而我们又能在多大的范围内思考着反黑格尔和黑格尔主义。同时，这也意味着，我们对黑格尔的反对，可能也不过只是促使我们自己期待创新、并静静地思考的一种策略而已。或者，如果我们感谢依波利特给我们带来了比一个黑格尔更多的思想家的话，那么，这就意味着在我们中间展现了一条促使我们自己永不疲劳地奔跑思索的大道；而且通过我们面前的这条路，我们慢慢地同黑格尔分开并保持距离，但我们又同时感受到自己再次被带回到黑格尔那里，只是以另一种方式罢了。而这样一来，我们又不得不从那里重新离开黑格尔。"②

1809年9月30日，黑格尔在一本纪念册中写道："不是好奇，不是虚荣，不是出于权宜的考虑，也不是义务和良心，而是不容妥协的一种无可遏止的、不幸的渴望，引导我们走向真理。"③这种精神与《浮士德》是一脉相承："凡是赋予整个人类的一切，我都要在我内心中体味参详，我的精神抓着至高和至深的东西不放，将全人类的苦乐堆积在我心上，于是小我便扩展成全人类的大我，最后我也和全人类一起消亡。"④

黑格尔认为："真理的王国是哲学所最熟习的领域，也是哲学所缔造的，通过哲学的研究，我们是可以分享的。"⑤"追求真理的勇气，相信精神的力量，乃是哲学研究的第一条件。"⑥他说："我们却不能忽视经验有理由争取对于现存世界以及它各方面的内容的规定性予以思维的理解，并且进一步去寻求比只是抽象地相信上帝是世界的创造者和主宰者更深彻的智慧。当受到教会权威支持的宗教意识告诉我们说上帝以其全能的意志创造世界，上帝指导星球在轨道上运行，并赋予万有以存在及幸福时，尚剩下一个'为什么？'的问题没有答复。解答这个为什么的问题，一般就构成科学、经验科学以及哲学科学的共同任务了。当宗教意识拒绝承认科学哲学有权负起解答这问题的任务，并拒绝科学哲学提出这为什么的问题，而借口神圣之谜不可思议的说法以资搪塞时，则它的立场仍然与上面所提及的单纯的抽象的启蒙思想的立场初无二致。而且这种借口与基督教企求在精神和真理去认识上帝的明白的命令相违背，恐怕只是一种任意的独断，这种独断并不是基于基督徒的卑谦，而是出于高傲的狂热和顽固。"⑦他强调指出："人应尊敬他自己，并应自

① 转引自《简论法国的黑格尔研究——纪念黑格尔〈精神现象学〉出版200年及依波利特诞辰100周年》，《中国人民大学学报》，2007年第5期。

② 同①。

③ 沃·考夫曼著，张翼星译，《黑格尔——一种新学说》，北京大学出版社，1989年，第220页。

④《浮士德》，转引自《黑格尔——一种新学说》，第119页。

⑤《小逻辑》，第35页。

⑥《小逻辑》，第36页。

⑦《小逻辑》，第287~288页。

视能配得上最高尚的东西。精神的伟大和力量是不可以低估和小视的。那隐蔽着的宇宙本质自身并没有力量足以抗拒求知的勇气。对于勇毅的求知者,它只能揭开它的秘密,将它的财富和奥妙公开给他,让他享受。”[①] 这就是黑格尔对我们真诚的期许：信任科学，相信理性，信任自己并相信自己！

①《小逻辑》，第36页。

初稿（第一部分）于2012年6月15日
定稿（第二部分）于2014年9月12日

刘佐阳　绘

列宁的《哲学笔记》

正确地认识并掌握辩证法是极关重要的。辩证法是现实世界中一切运动、一切生命，一切事业的推动原则。同样，辩证法又是知识范围内一切真正科学认识的灵魂。

——黑格尔，《小逻辑》

列宁的《哲学笔记》是我十几年来反复阅读的马列主义经典著作之一，自然也是我阅读耗时最长的一本书。《哲学笔记》涉及的问题非常广泛，主要涉及唯物主义辩证法、哲学史、自然哲学等方面的问题，其中心内容是唯物主义辩证法。在《黑格尔辩证法（逻辑学）的纲要》中，列宁明确表述了辩证法、逻辑学和认识论同一的思想："在《资本论》中，唯物主义的逻辑、辩证法和认识论不必要三个词：它们是同一个东西都应用于一门科学。"① 在《谈谈辩证法问题》中他又强调了这一思想，指出："辩证法也就是（黑格尔和）马克思主义的认识论……辩证法是活生生的、多方面的（方面的数目永远增加着的）认识，其中包含着无数的各式各样观察现实、接近现实的成分（包含着从每个成分发展成整体的哲学体系），——这就是它比起'形而上学的'唯物主义来所具有的无比丰富的内容，而形而上学的唯物主义的根本缺陷就是不能把辩证法应用于反映论，应用于认识的过程和发展。"② 这一思想既揭示了辩证法、逻辑学、认识论的三位一体的关系，也说明了世界观和方法论的统一。在《爱非斯的晦涩哲人赫拉克利特的哲学》一书摘要中，列宁指出，认识论和辩证法应当是"从哲学的历史、各门科学的历史、儿童智力发展的历史、动物智力发展的历史、语言的历史以及心理学、感觉器官的生理学"这样一些知识领域中形成的，简单地说，就是"整个认识的历史"和"全部知识领域"。③ 这就是说，要研究和发展唯物主义辩证法，就应当研究人类认识的历史，研究自然科学的成果。

在写作《哲学笔记》的过程中，列宁对黑格尔等哲学家的著作，一边精心研读，一边摘录、评述和发挥，不乏精彩、丰富、新颖的哲学思想，但是，贯穿其中的主题却是以《黑格尔〈逻辑学〉一书摘要》等"八个哲学笔记本"为文本依据而形成的关于建构辩证法科学体系的构想。列宁用笔记的形式对黑格尔《逻辑学》《哲学史讲演录》等著作中的规律或范畴逐一进行了研究和分析，进行了唯物主义的批判和继承。这些笔记凝聚了他深邃的哲学智慧，在很大程度上实现了马克思"想把黑格尔所发现、但同时又加以神秘化的方法中所存在的合理的东西阐述一番，使一般人都能够理解"④ 的夙愿。我在阅读这部分内容时，同时参阅了黑格尔的《小逻辑》《逻辑学》《精

①《哲学笔记》第2版，第290页。
②《哲学笔记》第2版，第308～311页。
③《哲学笔记》第2版，第302页。
④《马克思恩格斯全集》第29卷，第250页。

神现象学》《哲学史讲演录》和《历史哲学》《美学》以及亚里士多德的《形而上学》等著作。由于《小逻辑》《逻辑学》《精神现象学》等艰深晦涩，读起来非常困难，只能反复地读。这其中张世英先生的《论黑格尔的逻辑学》、张志伟的《西方哲学十五讲》等对我的帮助很大。

在阅读黑格尔的原著时，对照列宁在《哲学笔记》中对黑格尔《逻辑学》等所做的批注和摘要，就比较容易理解列宁所说的："不能原封不动地应用黑格尔的逻辑；不能现成地搬用。要挑选其中逻辑的（认识论的）成分，清除观念的神秘主义：这还要做大量工作"①的确切含义。例如，列宁在摘录了黑格尔的：逻辑"不仅应当对'外在形式'，而且应当对'内容'进行'思维的考察'"，"随着这样地把内容引入逻辑的考察，成为对象的，将不是事物（die Dinge），而是事情（dieSache），是事物的概念……这个概念本身是不能以感性来直观或表象的；它只是思维的对象、产物和内容，是自在自为的事情，是'逻各斯'（Logos），是存在着的东西的理性，是戴着事物之名的东西的真理。"②并做了批语："按照唯物主义的说法，不是事物，而是事物运动的规律。"③并且在"规律"和下面的"逻各斯，即存在着的东西的理性"之间有一个箭头相连，表明列宁认为这两者之间有一定的对应关系。从这里可以体会到恩格斯所说的："黑格尔是倒置过来的唯物主义。"④

还有一处生动体现了列宁对黑格尔哲学的改造。在《拉萨尔〈爱非斯的晦涩哲人赫拉克利特的哲学〉一书摘要》中，拉萨尔引用了一段关于赫拉克利特的话，列宁把这段引文直译出来就是："世界是万物的整体，它不是由任何神或任何人所创造的，它过去、现在和将来都是按规律燃烧着、按规律熄灭着的永恒的活火……"列宁认为这是对辩证唯物主义原理的绝妙的说明。但是拉萨尔把这段话"意译"成："世界——过去、现在和将来都是不间断的变易，它不断地、但是交替地由存在转变为（流动着的）非存在，并由非存在转变为（流动着的）存在。"列宁说，这是拉萨尔按照黑格尔来修改赫拉克利特的一个绝妙的典型，他破坏赫拉克利特的生动性、新颖性、素朴性和历史完整性，牵强附会地把赫拉克利特说成黑格尔的样子（为了硬凑这些牵强附会的言词，拉萨尔以数十页的篇幅反复咀嚼黑格尔的东西）。⑤

列宁对黑格尔哲学的改造就是从这些细微差别中逐个进行的，他作的摘录既提纲挈领，又详略得当。他给出的批注更是我们学习他的《哲学笔记》最有收获的部分。

①《哲学笔记》第2版，第225页。
②《逻辑学》上卷，第17页。
③《哲学笔记》第2版，第69页。
④ 恩格斯，《路德维希·费尔巴哈和德国古典哲学的终结》，《马克思恩格斯全集》第21卷，第318页。
⑤《哲学笔记》第2版，第299～300页。

一、逻辑内容与形式

黑格尔在《逻辑学》第二版序言中说："对思想王国作哲学的描述，即从它自身的内在活动去描述，或者，也可以说，从它的必然发展去描述。"列宁的批语：出色！[①]

黑格尔认为意识的运动"犹如全部自然生活和精神生活的发展"，是以"构成逻辑内容的纯本质的本性为基础的"。对此，列宁的批注是："倒过来：逻辑和认识论应当从'全部自然生活和精神生活的发展'中引申出来。"[②]

在摘录了黑格尔的"逻辑的形式是大家知道的，可是……'知道的东西并不因此就是认识了的东西'"[③]，"逻辑的范畴是'外部存在和活动的''无数''细节'的简化（在另一处用的是'概括'）。这些范畴反过来又在实践中（'通过对活生生的内容的精神提炼，通过创造和交流'）为人们服务"，"认为思维形式只是'供使用'的'手段'，这是不对的"，"认为思维形式是'外在形式'，只是附着于内容而非内容本身的形式，这也是不对的"等内容后，列宁给出了两条著名的批注："黑格尔则要求这样的逻辑：其中形式是富有内容的形式，是活生生的实在的内容的形式。是和内容不可分离地联系着的形式"和"逻辑不是关于思维的外在形式的学说，而是关于'一切物质的、自然的和精神的事物'的发展规律的学说，即关于世界的全部具体内容的以及对它的认识的发展规律的学说，即对世界的认识的历史的总计、总和、结论"[④]。这两条辩证逻辑重要内容的得出，列宁运用了既分析又综合的方法。"辩证的哲学思维，是'包括批判的哲学思维在内的形而上学的哲学思维'所不知道的。"[⑤]

二、自在之物是简单的抽象

黑格尔说："某物和他物两者首先都是实有物，或说某物。其次，两者也同样是他物……为他之有和自在之有构成某物的两个环节。这里出现了两对规定：（1）某物和他物；（2）为他之有和自在之有。第一对的规定性还没有关系，某物与他物各自分离。但是它们的真理就是它们的关系。"[⑥]

黑格尔认为自在之物是"很简单的抽象"。自在之物是摆脱了一切规定为他存在的抽象，是摆脱了对他物的一切关系的抽象，即无。因此，

①《哲学笔记》第2版，第74页。
②《哲学笔记》第2版，第73页。
③"熟知的东西所以不是真正知道了的东西，正因为它是熟知的。"《精神现象学》，商务印书馆，1960年，第20页。
④《哲学笔记》第2版，第74～77页。
⑤《哲学笔记》第2版，第90页。
⑥《逻辑学》上卷，第111～114页。

自在之物“无非是没有真理的、空洞的抽象”。对此，列宁的批注：“这是非常深刻的：自在之物以及它向为他之物的转化[①]。自在之物一般地是空洞的、无生命的抽象。在生活中，在运动中，一切的一切总是既‘自在’，又在对他物的关系上‘为他’，从一种状态转化为另一种状态。”列宁还给出了旁注：“很好！如果我们问什么是自在之物，那么问题本身就已经不知不觉地包含着不可能回答的成分了。”[②]

三、辩证法是一种学说

黑格尔在《逻辑学》中，强调某物与他物，自在存在与为他存在的统一，强调在对立面的统一中把握对立面。黑格尔认为康德的重大功绩就是他使辩证法脱离了“随意性的外观”，他所奠定并加以论证的一个一般看法，就是“假象的客观性和矛盾的必然性，而矛盾是属于思维规定的本性的……这个结果，从它的肯定方面来把握，不是别的，正是这些思维规定的内在否定性、自身运动的灵魂、一切自然与精神的生动性的根本。”因此，“思辨的东西（das Spekulative），在于这里所了解的辩证的东西，因而在于从对立面的统一中把握对立面，或者说，在否定的东西中把握肯定的东西。”[③] 列宁作了批注：“辩证的东西＝‘在对立面的统一中把握对立面’”[④]。这就是说，矛盾的本性是辩证的，矛盾诸方面具有同一性、斗争性及其内在关系，只有在“对立面的统一中把握对立面”，才能正确把握矛盾关系。

黑格尔说：“在概念展开的进程中，主要的事情当然是要经常区别什么还是自在的，什么是已建立的，以及规定是在概念中呢，是已建立的呢，还是为他之有的呢。这种区别只属于辩证的发展。形而上学的哲学思维，包括批判的哲学思维在内，是不认识这种区别的。形而上学的定义以及它的前提、区别、结论等只是要主张和引出有的东西，而且是自在之有的东西。”[⑤] 对这一段列宁作了归纳式的摘录：“附带记下：辩证的哲学思维，是‘包括批判的哲学思维在内的形而上学的哲学思维’所不知道的”，并做了如下的批注：“辩证法是一种学说，它研究对立面怎样才能够同一，是怎样（怎样成为）同一的——在什么条件下它们是相互转化而同一的，——为什么人的头脑不应该把这些对立面看作僵死的、凝固的东西，而应该看作活生生的、有条件的、活动的、彼此转化的东西。”[⑥] 这就是说必须重视矛盾的具体同一性。矛盾都是具体的、现实的，任何对立的双方都只在一定条件下互相联系、互相依存，并在一定条件下互相转化。

① 参见恩格斯《路德维希·费尔巴哈和德国古典哲学的终结》，《马克思恩格斯全集》第21卷，第317页。
②《哲学笔记》第2版，第90页。
③《逻辑学》上卷，第39页。
④《哲学笔记》第2版，第83页。
⑤《逻辑学》上卷，第117页。
⑥ 同②。

四、界限是简单的否定或最初的否定

黑格尔说："界限是单纯的否定，或第一个否定，同时他物又是否定之否定，是某物的内在的有。"① 接着，列宁作了归纳式的摘录："某物，从其内在界限的观点来看，从其自身矛盾——这个矛盾推动着它这个某物并使它超出自己的界限——的观点来看，是有限。当人们说事物是有限的，他们的意思就是承认：事物的非存在是它们的本性（'非存在是它们的存在'）。它们〈事物〉存在着，可是这个存在的真理就是它们的终结。"并做了如下的批注："机智而且聪明！对通常看起来似乎是僵死的概念，黑格尔作了分析并指出：它们之中有运动。有限的？就是说，向终结运动着的！某物？——就是说，不是他物。一般存在？——就是说，是这样的不规定性，以致存在＝非存在。概念的全面的、普遍的灵活性，达到了对立面同一的灵活性，——这就是实质所在。主观地运用的这种灵活性＝折中主义与诡辩。客观地运用的灵活性，即反映物质过程的全面性及其统一性的灵活性，就是辩证法，就是世界的永恒发展的正确反映。"还作了旁注："注意在阅读黑格尔时，关于辩证法的思想。"②

五、有限和无限的统一

黑格尔说："无限物是否定之否定，是肯定物，是有，这个有从限制性又恢复了自身。无限物有，而且比最初的、直接的有，有更多的内含意义，它是真的有，高出限制之上。无限这个名词就对情感和心智闪烁着光芒，因为它不是抽象地停在那里，而是高举自身到自己那里，到它的思维、共相、自由之光那里。首先，实有在它的自在之有中，把自己规定为有限物并超出限制，这就发生了无限的概念。超出自身，否定其否定，变为无限，乃是有限物的本性。所以无限物并不是在有限物之上的一个本身现成的东西，以致有限物都仍然长留在或保持在无限物之外或之下……假如说有限物本身升入无限，那也不是外力所致，而是有限物的本性把自身作为限制（无论是作为限制本身，还是作为应当），与自身发生关系，并超出这个限制，或者不如说，必须否定了作为自身关系的限制，并且是超出了限制。并不是扬弃了一般有限，便有了一般无限；有限物是这样的东西，它只有通过自己的本性，才成无限。"③ 列宁作了旁注："事物本身、自然界本身、事件进程本身的辩证法"。④

紧接着，列宁作了一系列归纳式的摘录："'恶无限性'是这样一

① 《逻辑学》上卷，第 122 页。

② 《哲学笔记》第 2 版，第 91 页。

③ 《逻辑学》上卷，第 135~136 页。

④ 《哲学笔记》第 2 版，第 92 页。

种无限性，它在质上和有限性对立，和有限性没有联系，和有限性隔绝，似乎有限是此岸，而无限是彼岸，似乎无限站在有限之上，在有限之外……而事实上它们（有限和无限）是分不开的。它们是统一的。”

“有限和无限的统一，不是它们的外部的聚合，也不是把分开的和对立的、彼此不相干的、因而也是不相容的东西联在一起的那种不适当的、与它们的规定相对立的结合，而是每一个在自身之中都是这种统一，每一个只是它自身的扬弃，在扬弃中，无论哪一个对另外一个而言都没有自在的存在和肯定的定在的优越性。如前面已经指出的，有限性只不过是对自身的超越；因此，在有限性中包含着无限性即有限性自身的他物……”

“但是，无限的进展表现着更多的东西〈较之有限和无限的简单对比〉，在无限的进展中并设定了被区别者的联系……”

“思辨思维的本性……完全在于：在对立环节的统一中把握对立环节”。

“无限怎样达到有限这个问题，有时被认为是哲学的本质。但是这个问题可归结为阐明二者间的联系。”①

“关于其他的对象，也需要有一定的修养才能提出问题，关于哲学的对象尤其如此，因为要取得与问题毫无意义这一答案不同的答案。”列宁对这段摘录作了旁注：“说得好！”②

六、在否定的东西中包含着变易和自己运动的根据

黑格尔说：“自为存在的观念性，作为总体性，首先转变为实在性，而且转变为最牢固、最抽象、作为一的实在性”③，“‘一’是作为否定的抽象自身关系的那种空。空，作为无，它与单纯直接性，即使是一的肯定的有，都绝对不同；而且它们既然都在一个关系中，即在一本身中，它们的差异已就建立起来了；但是，无作为空，既然与有的事物不同，也就是在有的一以外了。自为之有，由于它用这种方式，将自己规定为一与空，便又得到了一种实有。一与空都以否定的自身关系，作为它们的共同的、单纯的基础。自为之有的环节退出这种统一，变成互相外在的东西；因为，有的规定是由环节的单纯统一而来，所以这种规定便把自身降低为一个方面，即降低为实有，并且在实有中使它的另一规定，即一般的否定，也同样作为无的实有，作为空，而与它自身对立起来。在这种实有形式中的一，便到了这样一个范畴的阶段，即在古代，那是作为原子论的本原而出现的，就这种本原说来，事物的本质是原子和虚空。”④接着，列宁作了归纳式的摘录：“一是原子（和虚空）的古

①《哲学笔记》第2版，第92～95页。
②《哲学笔记》第2版，第95页。
③《哲学笔记》第2版，第97页。
④《逻辑学》上卷，第168～169页。

老的原则。虚空之被认为是运动的泉源，不仅在于地方空着这个意思，而且还包含有‘更深一层的思想：在否定的东西中一般都包含着变易的根据，自己运动的不静止的根据。’”并作旁注：“注意：自己运动。”①

黑格尔认为从自为的存在向一的转化，就是从观念性向实在性的转化，因为自为的存在是观念的，一是实在的。自为的存在是无限的纯粹自身关系，自我意识、精神、上帝也是无限的纯粹自身关系，这些都是观念的，所以自为的存在也是观念的。原子、单子是实在的，一是原子、单子，所以一也是实在的。对于黑格尔这一套唯心主义的纯粹思辨的议论，列宁只好批上四个字：“高深莫测”。而且列宁认为黑格尔“关于观念的东西转化为实在的东西，这个思想是深刻的：对于历史很重要。并且从个人生活中也可以看到，那里有许多真理。反对庸俗唯物主义。注意。观念的东西同物质的东西的区别也不是无条件的、不是过分的”②。这就是“精神变物质”的思想，即关于主观能动性的思想。主观的东西变为现实的东西，不管在人类历史中还是个人生活中，都是非常明显的，人类的历史和个人的生活都是改造世界的过程，如果观念的东西不能转化为实在的东西，还有什么人类历史和个人生活？当然，黑格尔谈的主观能动性不以物质变精神为前提，正如马克思所说的，是抽象地发展了主观能动性，即唯心主义地发展了主观能动性，而辩证唯物主义则主张在物质变精神的前提下实现精神变物质。列宁这里所说的庸俗唯物主义指否认主观能动性、脱离实践的形而上学唯物主义，它夸大了观念和物质的界限，否认精神变物质，这就把精神与物质的区别看成是无条件的，过分的了。③

七、历史与逻辑的一致

在谈到“一”这一概念时，就联系到古希腊的原子和莱布尼茨的单子。黑格尔认为“一”或自为的存在的概念相当于莱布尼茨的单子。莱布尼茨认为世界的本质是单子，单子是客观存在的精神性的实体，世界就是由单子构成的。黑格尔认为单子概念同“一”比较起来是不完满的，是有缺陷的。其缺陷就在于单子是一封闭世界，单子之间缺乏相互规定、相互联系，因而许多单子的多是抽象的外在的多，比古希腊的原子概念还后退了一步。黑格尔说：“因为在单子的那种漠不相关独立自在之中，多也就仍然是僵硬的基本规定，以致单子的关系只是在单子的单子（指上帝——引者）之中，或说在哲学家的头脑中。”④显然，尽管黑格尔和莱布尼茨都是唯心主义者，黑格尔的思想比莱布尼茨的思想却更辩证

①《哲学笔记》第2版，第96～97页。
②《哲学笔记》第2版，第97页。
③《〈哲学笔记〉注释》上册，第95页。
④《逻辑学》上卷，第174页。

一些，列宁对此是有所肯定的。

列宁认为："黑格尔是把他的概念、范畴的自身发展和全部哲学史联系起来了。这给整个逻辑学提供了又一个新的方面。"①列宁指的是黑格尔关于历史与逻辑、特别是认识史与逻辑一致的思想，列宁的评语虽然是在黑格尔谈到莱布尼茨的单子时提出的，但黄枬森认为这"实际是列宁读存在论第一部分规定性（质）后的一个总评语，不仅如此，它对于黑格尔的整个逻辑学都是适用的"②。

认识史和逻辑一致的思想在黑格尔哲学中是一个唯心主义的原则，在他看来，二者一致的基础不是历史，而是逻辑，黑格尔说："哲学在历史中的发展应当符合逻辑哲学的发展；但在逻辑哲学中必定有一些地方是历史的发展中所没有的。"列宁十分注意黑格尔关于哲学史和逻辑一致的合理思想，这就是：就其发展的历史过程来说，逻辑也就是哲学史，就其历史发展的规律性来说，哲学史也就是逻辑。列宁认为这里有一个非常深刻、正确、实质上是唯物主义的思想即"现实的历史是意识所追随的基础、根据、存在"③。

黄枬森认为黑格尔在哲学史上第一次把哲学史看成具有内在规律性的过程，反对了过去哲学史家只把哲学史看成历史上各种哲学观点的偶然堆积的形而上学观点。在黑格尔看来，整个宇宙以及人类历史的发展都是具有规律的、合乎逻辑的，都是在他所谓的绝对观念的支配之下，这就是历史和逻辑的一致，而哲学史和逻辑的一致是其具体表现之一。尽管黑格尔并没有弄清楚宇宙、人类历史、哲学史发展的具体规律，但提出这个思想的历史功绩是不可磨灭的。黑格尔的逻辑学还不是科学的辩证逻辑，他只是提出和开始了建立辩证逻辑的任务，远未完成这一任务，到了列宁时代，这个任务也未完成。直至今天，还没有一个得到人们公认的科学的辩证逻辑体系。列宁认为，要研究和建立辩证逻辑可以从黑格尔那里得到一些启发。根据哲学史和逻辑一致的思想，我们可以从研究哲学史上范畴、概念是怎么出现和发展的，来考虑辩证逻辑应当研究哪些范畴、概念，怎样论述和安排这些范畴、概念。④

八、量的连续性和非连续性的相互依存

黑格尔认为非连续性和连续性是量的两个基本属性。他说："就量在它的直接自身联系中来说，或者就量为通过引力所设定的自身同一的规定来说，便是连续的量；就量所包含的一的另一规定来说，便是分离的量。但连续的量也同样是分离的，因为它只是多的连续；而分离的量也同样是

①《哲学笔记》第2版，第96～97页。
②《〈哲学笔记〉注释》上册，第96页。
③《哲学笔记》第2版，第224页。
④《〈哲学笔记〉注释》上册，第97页。

连续的，因为它的连续性就是作为许多一的同一或统一的‘一’。”[①] 在黑格尔看来，任何一个量或数都可分为一个一个的一或单位，这就是量或数的可分割性或非连续性，而许多一或单位又可构成一个量或数，这就是量或数的统一性或连续性。数量的非连续性和连续性，或者说，空间、时间、物质的不可无限分割性和可以无限分割性，是对立面的统一，是相互依存、不可分割的。因此，“时间和空间的本质就是运动，因为本质是普遍；理解运动即是在概念的形式内表达它的本质。运动作为否定性和连续性的统一，是被表达为概念、为思想；但在时空里，连续性以及点积性均不能单纯地认为本质。从表象看来这两个环节本身都是不可分离的。假如我们把空间或时间表象为可以无限分割，则我们因而就会得到无限数的点，但里面也同样存在着连续性，——这就是包括无限数的点的空间。但这种连续性作为概念即意谓着所有这些点都是相同的；因此正确讲来，它们不是被当作点，被当作相互外在的‘一’”。[②] 量“作为它自身的两个理想环节，因此量便既是连续的，又是分离的。两个环节中的每一环节都包含另一环节于自身内，因此既没有只是连续的量，也没有只是分离的量”[③]。因此，“既然两个对立面每一个都在自身那里包含着另一个，没有这一方也就不可能设想另一方，那末，其结果就是：这些规定，单独看来都没有真理，唯有它们的统一才有真理。这是对它们的真正的、辩证的看法，也是它们的真正的结果。”[④] 列宁对黑格尔的这一结论评价很高，认为是“真正的辩证法”。这里指的就是对立面相互依存的思想。

在《哲学史讲演录》中，黑格尔说，芝诺辩证法“曾经掌握了我们空间和时间观念所包含的诸规定；他曾经把它们〔即时空的诸规定〕提到意识前面，并且在意识里揭露出它们的矛盾”[⑤]。黑格尔详细分析了芝诺的“两分法悖论”：“芝诺的证明的第一个形式是这样的，他说：‘运动没有真理性，因为运动者在达到目标以前必须走到空间的一半。’亚里士多德对这点陈述得这样简短，因为他此前曾经详尽地研究并发挥这问题了。这话应当一般地来了解，这是预先假定了空间的连续性。运动者必须达到某一目的地；这一途程是一个全体。为了走完这全部途程，运动者首先必须走完一半。现在这一半途程的终点就是他的目的地。但这一半又是一个全体，这一段空间〔或途程〕也还是有它的一半；因此这运动者首先又须达到这一半的一半，如此递进，以至无穷。芝诺在这里提出了空间可无限分割的问题。因为空间和时间是绝对连续的，所以可以没有停顿地分割下去。每一个量——每一时间和空间总是有量的——又可以分割为两半；这种一半是必须走过的，并且无论我们假定怎样小的空间，总逃不了这种关系。运动将会是走过这种无穷的时点，

① 《小逻辑》，第222页。
② 《哲学史讲演录》第1卷，第286页。
③ 同①。
④ 《逻辑学》上卷，第208页。
⑤ 《哲学史讲演录》第1卷，第293页。

没有终极；因此运动者不能达到他的目的地……这里我们看见〔坏的〕无限〔或纯现象〕初次出现了，在它的矛盾里发展了，——达到了对它自己的意识。运动，纯现象自身是对象，并且作为一个被思维的、就它的本质说是被假定的东西而出现：即（我们试从时点的形式来考察）在它的纯自身同一和纯否定性的区别里，——在它的点的区别里，与连续性相反对。对于我们，在表象里假定空间中的点，或假定在连续性的时间中的时点，或假定时间的现在作为一个连续性、长度（日、年），并没有什么矛盾；但它的概念是自相矛盾的。自身同一性、连续性是绝对的联系；消除了一切的区别，一切的否定，一切的自为性。反之，点乃是纯粹的自为之有、绝对的自身区别，并与他物没有任何相同性和联系。不过这两方面在空间和时间里被假定为一了；因此空间和时间就有了矛盾。首先就要揭示出运动中的矛盾；因为在运动中那从表象看来相反的东西也被建立了。运动正是时间和空间的本质和实在性；并且由于时空的实在性表现出来了，被建立了，则同样那表现的矛盾也被建立了。而芝诺促使人注意的就是这种矛盾。空间的连续性，以及由二分空间而得的限度，均被假定为肯定的东西。但那由二分得来的限度，并不是绝对的极限或自在自为的东西，它是一个有限度的东西，而又是连续性。但这种连续性亦复不是什么绝对的东西，而乃是建立反对者于其内，——二分的限度；但这样一来，连续性的限度又没有建立起来，那一半还是连续性，如此递进，以至无穷。一提到'进到无穷'，我们就想像着一个'他界'，这是不能企及的，外在于表象，而为表象所达不到。那是一个无穷的向外驰逐，但却呈现在概念里——一种向外驰逐，由一个相反的规定到另一相反的规定，由连续性到否定性，由否定性到连续性；两者皆呈现在我们前面。这种无穷进程的两个环节中的一个环节，可以被肯定为主要的一面。现在芝诺首先这样假定了这种连续的无穷进程，以致于有限的空间终究是不能达到的，既然有限的空间不能达到，因此就只有连续性了；换句话说，芝诺肯定了有限空间中的无穷进程。对于芝诺的矛盾，亚里士多德的一般的解答是：空间与时间并不是无穷分割了的，而只是可以分割的。但是既然时空是（潜在地，不是实在地）可分割的，似乎它们也就应该是实际上无穷分割了的；因为若不然，它们就不能被分割至无穷；——这是表象的看法〔于反驳亚里士多德的解答时〕的一般的答覆。因此贝尔（Bayle）说亚里士多德的解答是'可怜的'：'承认这个学说是正确的实无异于对世界开玩笑；因为如果物质是可以无限分割的，则它必包含有无限数目的部分。那末它就不是一种潜在的无限，而是一种实在地、实际地存在的无限。但是即使承认这种潜在的无限会由于它的各部分之实际地被分割而变成无限，也不会失掉什么好处；因为运动是和分割具有同样性质的东西。运动接触空间的这一部分时，并不接触其另一部分，它是一部分跟着一部分地接触所有各部分的。这不就是把这些部分实际上区别开来了吗？一位几何学家在一块石板上书出一些线，把每半寸每半寸都一一指示出来，不就是这样做的吗？他并不把石板打碎成半寸半寸的，但他却是在上面做了一种分割，指出了各部分的实际区别；我相信亚里士多德不会否认：如果在一寸长的物质上书了无数条线，也就是作出了一种分割，把那种照他所说只是潜在的无限变成实际的无限。'这个'如果'真好！"[①]列宁认为黑格尔的这"如果"二字绝妙！就是说，"如果我们把无限的划分进行到底！"[②]黑格尔进一步指出："运动是作为时空对立之统一的无限者。这两个环节〔时空〕也同样表现为存在的东西；它们是那样的无区别，以致于我们不假定它们为概念，而假定它们为存在。在作为存在的时空里否定性就是有限度的量，它们是作为有限度的空间和时间而存在着。而实际的运动就是通过一个有限度的空间和时间，并不是通过无限的空间和时间。"[③]"因此当我们以前说，连续性是无限分割的可能性的根据时，则意思是说，连续性只是假定，不过对这种连续性所假定的，乃是无限多的、抽象地绝对的限度之存在。"[④]"芝诺认为只是限度、分割、时间和空间的点积性的环节就其整个〔抽象孤立的〕特定性而言是有效率的；因此就发生了矛盾。造成困难的永远是思维，因为思维把一个对象在实际里紧密联系着的诸环节彼此区分开来。思维引起了由于人吃了善恶知识之树的果子而来的堕落罪恶，但它又能医治这不幸。这是一种克服思维的困难；但造成这困难的，也只有思维。"[⑤]

九、数与思想

黑格尔认为事物的本质是客观概念和思想，思想只能用思想来表述。"数构成用带着感性的东西来把握共相这种不完善的情况的最后阶段。"[⑥]数虽然不同于感性事物，它是抽象的，但它毕竟是一种感性的直观的形式，用它来表述思想是不适当的。在数那里是一种相互外在的东西，是缺乏丰富思想的空洞的东西，而具体的真实的思想则是最有生气的、最活动的、只能在关系中去理解的东西。因此，"思想的规定性越丰富,从而它的关系越丰富,那么,通过数这种形式对思想做出的表述，也就一方面越紊乱，另一方面越随意和越没有意义。"[⑦]用贫乏的数去表述丰富的思想只能得出毫无意义的结果，甚至陷入混乱不堪、荒唐可笑的境地，"数学公式如其有思想和概念区别的意义，那也不如说这种

① 《哲学史讲演录》第1卷，第312～315页。
② 《哲学笔记》第2版，第217页。
③ 《哲学史讲演录》第1卷，第286页。
④ 《哲学史讲演录》第1卷，第287页。
⑤ 《哲学史讲演录》第1卷，第290页。
⑥ 《逻辑学》上卷，第227页。
⑦ 《哲学笔记》第2版，第99页。

意义首先须要在哲学中加以指出，加以规定和加以论证，所以采取数字的范畴，想从而为哲学的科学的方法或内容规定什么东西，这根本是糊涂的事情。哲学在它的具体科学中，是从逻辑、不是从数学，采取逻辑的东西；为了取得哲学中逻辑的东西而采取逻辑的东西在其他科学中所采取的形态，那只能是哲学软弱无力时一种应急的办法，这些形态许多只是对逻辑的东西朦胧的预感，另一些则是它的退化。简单应用这样借来的公式，无论如何都是一种肤浅的态度；在应用这些公式以前，必须先意识到它们的价值和意义；但是这样的意识只有由思考产生，而不是出于数学给予这些公式的威信。"①

列宁特别重视"规定性丰富，因而关系也就丰富"这一句话，认为是"对思想的评价"。黑格尔认为思想的规定性离不开思想的关系。黑格尔所说的思想的规定性就是概念，概念总是处于相互联系之中。任何一个概念总是同它的对立的概念处于相互依存之中，总是直接或间接同其他概念联结在一起。所以思想的规定性愈丰富，它的关系也愈丰富。而数停留在直观形式方面，其深度是有限的，关系也是简单的。列宁认为黑格尔的这个观点可以唯物主义地改造为对思想的评价：认识愈深入，思想内容就愈丰富，它所反映的客观世界的关系就愈丰富，可见，思想依赖于对客观世界的相互关系的反映。②

十、尺度及概念的狡猾

黑格尔说："抽象地说，在尺度③中质与量是统一的。有本身是规定性的直接与自身相等同。规定性的这种直接性已经扬弃自身。量是已经回复到自身的有，以致它是单纯与自身等同，对规定性漠不相关。但这种漠不相关只是外在性，自身没有规定性，而在他物中有规定性。第三者④现在是自身关系的外在性；作为对自身的关系，它同时是被扬弃了的外在性，在自己那里具有与自己的区别。这种区别，作为外在性是量的环节；作为回复到了自身，则是质的环节。"⑤黑格尔这一段话说明"尺度"是"质"和"量"的统一。黑格尔在《逻辑学》的存在论中论述了存在或有从质到量、从量到度的过渡。他说："在'存在'的范围内，就包含有质、量、和尺度三个阶段。质首先就具有与存在相同一的性质，两者的性质相同到这样程度，如果某物失掉它的质，则这物便失其所以为这物的存在。反之，量的性质便与存在相外在，量之多少并不影响到存在。譬如，一所房子，无论大一点或小一点，仍然是一所房子。同样，红色仍然是红色，无论深一点或浅一点。尺度第三阶段的存在，是前两个阶段的统一，

① 《逻辑学》上卷，第 230 页。
② 《〈哲学笔记〉注释》上册，第 106 页。
③ 也译作"度"。
④ 指尺度。
⑤ 《逻辑学》上卷，第 354 页。

是有质的量。一切事物莫不有‘尺度’，这就是说，一切事物都是有量的，但量的大小并不影响它们的存在。不过这种‘不影响’同时也是有限度的。通过更加增多，或更加减少，就会超出此种限度，从而那些事物就会停止其为那些事物。于是从尺度出发，就可进展到理念的第二个大范围，本质。”① 黑格尔给度下的定义是：“度是有质的限量。”也就是说，这种限量不同于以前所讲的单纯的量，而是有质的量。所以度既非单纯的质，也非单纯的量，而是质与量的统一。在开始时，质与量的结合看来似乎是不很紧密的，如量变在一定限度内不引起质变。黑格尔称这种情况为“在度中结合着抽象表现出来的质和量。”实际上，任何量变都是为质变准备条件，量变背后隐藏着对质的控制。尽管黑格尔的逻辑范畴（如质、量、度等）都是脱离实际的、从纯粹概念的推演中得来的，但黑格尔认为一切事物都是质与量的统一，都有其确定的度的思想是正确的。列宁认为这段话是黑格尔这个重要思想的概括说明，故作了摘录。②

在度的问题上，列宁认为黑格尔顺便讲的一个意见还是有点意思的：“在发达的市民社会中，从属于各种不同行业的人群，彼此处于一定的比率中；但是这既没有产生尺度的规律，也没有产生尺度的特殊形式。”③

关于渐进性（Allmähligkeit）这个范畴问题，黑格尔说：“因为在实有中量的规定性是双重的，一方面是它与质相连，另一方面是它可以反复增减，而于质无损；所以，若某物具有尺度，当其定量改变时，某物便趋于消失。就定量能够变化，而质与尺度不变而言，这种消灭一方面似乎是出人意料的，但另一方面又是完全可以理解的，因为这种消灭是由于渐变。用渐变范畴来想象或说明一种质或其物的消失，是很方便的，这是由于人们好像对于这种消失几乎能用眼睛看到：因为定量既被建立为外在的，就其本性说是可变化的界限，那么这种变化之仅仅作为定量的变化，就极易了解了。”④ “但实际上，这是什么也不能说明的；变化，按其本质而言，同时也是从一种质向另一种质的过渡，或者说，是从定在向非定在的比较抽象的过渡；在这里包含着不同于渐进性中所包含的规定，渐进性不过是减少或增多，不过是片面地执着于大小。但是，那表现为纯粹的量的变化也会过渡到质的变化，——古人已经注意到它们的这个联系，并且用通俗的例子（‘秃头’：拔去一毛；‘谷堆’：取出一粒……）来表明由于不知道这一点而发生的矛盾。”⑤ “由此而来的困惑、矛盾，并不是通常所谓的诡辩。这样的矛盾并不好像是故弄玄虚。上述假设的对方所犯的错误，即常识所犯的错误，在于假定一个量仅仅是漠不相关的界限，即正是用量的规定意义来看待量。这种假定被量所导致的真理推翻了，量是尺度的一个环节，并与质相联系。被驳倒的东西，

①《小逻辑》，第188页。
②《〈哲学笔记〉注释》上册，第110页。
③《逻辑学》上卷，第360页。
④《逻辑学》上卷，第363页。
⑤《哲学笔记》第2版，第102页。

是对抽象的定量规定性作片面的坚持。——因此，那些曲折之谈并不是空洞的和咬文嚼字的游戏，而是本身正确的，是对思维中出现的现象感到兴趣的那种意识的产物。”[①]

“当定量被看作无足轻重的界限时，它就是使某个定在遭受意外袭击和毁灭的那一个方面。概念的狡猾正在于：它从这样的一个方面去把握定在，这个方面好象与定在的质无关，而且无关到这样的程度，以至那种给国家、所有者招致不幸的国家的扩大、财产的增加等等，起初甚至还显得是它们的幸运。”[②]

十一、尺度与规律

黑格尔认为从质的范畴进到量的范畴表示人类认识的一种深化，但是这还不够，还必须继续前进，从量的片面的认识进一步“更无比伟大的功绩是使经验的定量消失，把它们提高到量的规定的普遍形式，使得它们成为一个规律或度的环节”。[③] 他以人类对行星认识的历史为例做了说明。伽利略与开普勒的功绩在于“他们指出观察所得的全部细节是符合于他们所发现的规律的，这样就证明了这些规律。然而还得要求对这些规律做出更高级的证明，使得这些规律的量的规定能从质或相互关联着的一定的概念（如时间和空间）的方面来被人认识”[④]。列宁这里的摘录和批语，主要包含两个问题：①人类认识的深化，往往从对事物的量的认识提高到对量的规定的普遍形式，即对事物的“规律或度”的认识；②对黑格尔所说的自然科学规律必须找到哲学上的根据和证明，列宁表示了怀疑。

黑格尔认为伽利略与开普勒的功绩，就是从对行星间相互距离的一些具体的确定的量（经验数）的认识，提高到了一种用普遍的公式来表示的规律性的认识。这样，经验数便成为规律或度的环节。根据开普勒第三定律，要确定行星和太阳的平均距离，只要知道任何一个行星，例如地球的平均距离就够了。所有其他行星的距离，可由它们的公转周期用第三定律的简单公式定出。这种由公式所表示的规律就是一定的度。“就尺度只是质与量的直接的统一而言，两者间的差别也同样表现为直接形式。于是质与量的关系便有两种可能。第一种可能的关系就是：那特殊的定量只是一单纯的定量，而那特殊的定在虽是能增减的，而不致因此便取消了尺度，尺度在这里即是一种规则。第二种可能的关系则是：定量的变化也是质的变化。”[⑤] 但是黑格尔认为有了这样的规律性认识还不够，“还需对这些规律有更高的证明”，即找到哲学上的根据和证明。在黑格尔看来，自然界不过是逻辑概念的表现和体现（外在化），

① 《逻辑学》上卷，第364~365页。
② 《哲学笔记》第2版，第102页。
③ 《哲学笔记》第2版，第102~103页。
④ 同③。
⑤ 《小逻辑》，第236页。

黑格尔在列宁摘录的这一段内容前面，批评了牛顿的《自然哲学的数学原理》，认为牛顿只作到了经验的（物理学、数学方面）证明，并没有完成哲学上证明的任务：“用一专门数学的方法，即既非用经验亦非用概念为出发点，来进行这样的证明的试图，是一种荒谬的做法。这些证明已从经验预先假定了它们的定理，即上边那些规律；他们所完成的，就是把这些定理纳入抽象的说法和方便的公式。毫无疑问，牛顿比克卜勒固然在一些相同对象上成就较多，而牛顿的全部真实的功绩，如果撇开他那些证明上的虚构，一旦通过比较纯净了的反思而认清什么是数学所能做的与什么是数学所已经做的，那么牛顿的功绩就将仅限于他在表达方式上和他在从事所使用的那种分析处理法上所做的改变了。”[①] 黄枬森认为这显然是一种本末倒置的企图。辩证唯物主义认为哲学是对自然科学和社会科学的概括和总结，它是一种世界观和方法论，它不能代替各种科学，也不能凌驾于各种科学之上。各门具体科学需要哲学的指导，但它的正确性并不需要找到哲学上的根据和证明。相反，哲学上的概念、范畴、规律倒应在自然科学、社会科学中找到根据和证明。因此列宁在旁边划了两条竖线，并打上一个责疑和反对的符号（？）。同时，列宁透过黑格尔的唯心主义外壳，肯定了黑格尔提出的“规律或度”的思想是合理的。[②] 在第 2 篇“客观性”的以《规律》为标题的那一节中，列宁指出：“规律这个概念接近于下列的一些概念：‘秩序’（Ordnung），同类性（Gleichförmigkeit），必然性，客观总体性的‘灵魂’，‘自己运动的原则’。”并给出“这个接近是非常重要的”的批注。[③]

十二、尺度关系的交错线

尺度关系的交错线是辩证法中十分重要且不易理解的概念，由于这部分内容比较复杂，一般的教科书中往往将其省略了。列宁对黑格尔“尺度的关系的交错线”的论述作了较多的摘录和批注。

黑格尔在《逻辑学》的正文中，往往只作纯概念的逻辑推演，在注释中，往往都是事实、实例、具体的东西。在尺度这一部分，黑格尔从自然科学方面引了大量的例子，如化学、音调、水、生命现象等来作为对尺度及尺度比率范畴的注释。列宁认为恰恰在这些注释中，黑格尔往往闪烁出非常精辟的思想。

黑格尔说：“一个单音也只有在与另一个音和一系列其他的音相比及联合中，才有其意义；在这样一大堆的联合中的和谐或不和谐，构成这个单音的质的本性，同时这种质的本性是要依靠量的比率；这些比率

① 《逻辑学》上卷，第 373～374 页。
② 《〈哲学笔记〉注释》上册，第 117 页。
③ 《哲学笔记》第 2 版，第 156 页。

形成指数的一个系列，并且是两个特殊比率的比率；每一个相联合的音本身就是这些比率。一个单音是一个系统的基音，但同样又是每一个其他基音系统中个别的项。”①“在音乐的各种比率中，一种和谐的比率由于一个定量而出现在量的进展的音阶中，而这个定量本身，在音阶上对它的先行者与后继者，除了具有这些先行者与后继者对其各自的先行者与后继者的同样比率之外，就再没有别的比率。”②这就是音乐中的尺度比率关系。

关于化学中的尺度和尺度比率关系，黑格尔说：“化学原素是这样的尺度的最特别的例证，是尺度的环节，它们唯有在与他物相比中，才有构成它们的规定的东西……一个规定性，如磁极的关系或两种电的关系，便只是对别的规定性的否定，而且双方也不会同时表明彼此是漠不相关的。但是，因为关系也有量的本性，所以这些物质的每一个都能与多种物质中和，而不限于与它对立的那一种。”③“化学物体在对饱和的关系上，形成了一个比率系统；饱和自身依靠一定的比例，彼此具有各别物质存在的两方面的数量，就是以这个比例化合的。”④

“尺度比率是特殊地排他的；这种排他性适合于作为不同环节的否定统一的中和。选择亲和性，就它对别的中和的关系看来，并没有为这种自为之有的统一，产生更多的特殊化原则：特殊化只是仍然停留在一般亲和性的量的规定之中，依据这种规定，便有了彼此中和的一些数量，因而与它们的环节的别的有关选择亲和性相对立。但是，由于量的基本规定，排他的选择亲和性，即使在与它不同的中和里，也延续自身：这种连续性不仅仅是作为比较的各种中和比率的外在关系，而且中和本身也有一种可分离性，因为可分离性由事物的统一而成，这些事物，作为独立的某物，每一个与对立系列的这一个或那一个事物发生关系，都是无所谓的；尽管它们是以各种特定的数量相化合的。于是，这个依赖自身中这样一种比率的尺度，便带有自己的漠不相关性；尺度在自己那里是一种外在的东西，并且在它对自身的关系中，是一种可变化的东西。”⑤

“尺度比率对自身的关系，是与它作为量的方面的那种外在性和变化性不同的；与那种外在性和变化性相反，尺度比率作为对自身的关系，乃是一个有的、质的基础，是一个常存的、物质的基质，这个基质必须在它的质中包含这种外在性的特殊化原则，连同自身作为外在性中尺度的继续。按照这种详密的规定，排他的尺度在其自为之有中是外在于自身的；它排斥自身，既建立自身为他物、仅仅是量的东西，又建立自身为一个同时又是别的尺度那样的别的比率：它被规定为本身自在地特殊

①《逻辑学》上卷，第387页。
②《逻辑学》上卷，第402页。
③《逻辑学》上卷，第389页。
④《逻辑学》上卷，第398页。
⑤《逻辑学》上卷，第399~400页。

化的统一，这个统一在自身那里产生了尺度比率。这些比率与早先那种亲和性不同，在那种亲和性中，一个独立物与不同的质的独立物相比，并且与一系列这样不同的独立物相比；在相同的中和环节之内，这些比率是在同一的基质那里出现的；尺度却规定自身，要排斥自己去到别的、仅仅是量的不同的比率（这些比率同样形成亲和性与尺度），与那些仍然只是量的差异的比率交互更替。它们用这种方式，形成在较多和较少的阶梯上的一条尺度交错线。”①

关于尺度交错线，列宁作了概括性的摘录：“‘度的关系的交错线——量到质的过渡……渐进性和飞跃。”② 在《小逻辑》中，黑格尔对尺度交错线作了充分的论述：“量不仅是能够变化的，即能够增减的，而且一般又是一个不断地超出其自身的倾向。量的这种超出自身的倾向，甚至在尺度中，也同样保持着。但如果某一质量统一体或尺度中的量超出了某种界限，则和它相应的质也就随之被扬弃了。但这里所否定的并不是一般的质，而只是这种特定的质，这一特定的质立刻就被另一特定的质所代替。质量统一体〔尺度〕的这种变化的过程，即不断地交替着先由单纯的量变，然后由量变转化为质变的过程，我们可以用交错线（Knotenline）作为比喻来帮助了解。象这样的交错线，我们首先可以在自然里看见，它具有不同的形式。前面已经提到水由于温度的增减而表现出质的不同的聚合状态。金属的氧化程度不同，也表现出同样的情形。音调的差别也可认为是在尺度〔质量统一体〕变化过程中发生的，由最初单纯的量变到质变的转化过程的一个例证。”③

关于渐进性过程的中断，黑格尔举例说：“当水改变其温度时，不仅热因而少了，而且经历了固体、液体和气体的状态，这些不同的状态不是逐渐出现的；而正是在交错点上，温度改变的单纯渐进过程突然中断了，遏止了，另一状态的出现就是一个飞跃。一切生和死，不都是连续的渐进，倒是渐进的中断，是从量变到质变的飞跃。”④ 因此，黑格尔说：“没有飞跃，渐进性就什么也说明不了。”⑤

关于飞跃，列宁作了整段的摘录：“据说自然界中是没有飞跃的；普通的观念如果想要理解发生和消灭，就会象前面提出的那样，以为只要把它们设想为逐渐地出现或消失，那就是理解它们了。但是上面已经说过：存在的变化从来都不仅是从一个量过渡到另一个量，而是从质过渡到量和从量过渡到质，是向他物的变易，即渐进过程的中断以及与先前的定在有质的不同的他物。水经过冷却并不是逐渐地变成坚硬的，并不是先成为胶状，然后再逐渐地坚硬到冰的硬度，而是一下子就变成坚硬的。在水已经完全达到了冰点以后，如果仍旧在静止中，它还能全部

①《逻辑学》上卷，第399~400页。
②《哲学笔记》第2版，第103页。
③《小逻辑》，第238页。
④《逻辑学》上卷，第403~404页。
⑤《哲学笔记》第2版，第104页。

保持液体状态，但是，只要稍微振动一下，就会使它变成固体状态。

“发生的渐进性所根据的是这样一种观念：正在发生的东西，是已经感性地存在着或者就在现实中存在着，仅仅由于自己的微小而还不能被人感知；同样，消失的渐进性，也是根据这样一种观念：非存在或代替正在消失的东西的他物也是存在着的，只是还看不出来；——而且，这里所谓存在着并不是指：在现存的他物中已经包含这个他物于自身，而是指：他物已作为定在而存在着，只是还看不出来而已。因而，发生和消失一般地都被扬弃，或者换句话说，自在的东西、内部的东西（其中某种东西还没有达到自己的定在）成了微小的外部定在，而本质的差别或概念的差别则成了外部的差别，仅仅是大小的差别。——用变化的渐进性来理解发生和消灭，导致无聊的同语反复；因为那意味着：正在发生或消灭的东西，预先就已经是现成的了，而变化则成了外部差别的简单变换，这样，实际上就只是同语反复。这种竭力想要获得理解的知性所碰到的困难，就在于某物是在质的方面过渡到与自己有别的一般他物以及自己的对立面；为了避免这种困难，知性便把同一和变化想象为量的无足轻重的、外部的变化。

“在道德领域，只要在存在的范围内对道德进行考察，也同样有从量到质的过渡；不同的质是以量的不同为基础的。只要量‘多些’或‘少些’，轻率行为就会过度，就会出现完全不同的东西，即罪行，并且，公平会过渡到不公平，德行会过渡到恶行。同样，国家也是如此，尽管其他条件都相同，但由于有大小的差别，国家就会具有不同的质的特性。”[①] 列宁对这一大段的摘录没有作批注。

如果说，水随温度的变化由固态冰逐渐演化为气态的水蒸气这一过程让人们直观地感受到尺度的意义，那么，现代股票市场的波动和变化则让人们隐隐约约地感受到尺度比率的作用，以及尺度关系交错线概念的存在。中医方剂中的配伍更是体现尺度关系交错线的意义，投石问路中以“奇之不去则偶再之”[②] 的方式寻找合适的用量。

十三、存在的真理是本质

黑格尔《逻辑学》描述的是绝对观念在纯思维阶段的发展。这些纯粹的概念或范畴的发展经历了由抽象到具体、由简单到复杂、由贫乏到丰富的深化过程。后面的概念或范畴就是前面的概念或范畴的展开，后面的范畴是前面的范畴的真理。在《本质论》中，黑格尔说的第一句话就是：“存在的真理是本质。”因为存在在前，本质在后。真理在黑格

① 《哲学笔记》第2版，第103～105页。
② 《内经》。

尔那里就是观念，因此这句话听起来就是观念构成存在的本质，所以列宁说：“它听起来是彻头彻尾唯心主义的，是神秘主义的。”[①] 但是，黑格尔接着就具体阐述了存在和本质的关系，阐述了本质在他的整个范畴体系中的地位和特点。黑格尔说：“我们常认为哲学的任务或目的在于认识事物的本质，这意思只是说，不应当让事物停留在它的直接性里，而须指出它是以别的事物为中介或根据的。事物的直接存在，依此说来，就好像是一个表皮或一个帷幕，在这里面或后面，还蕴藏着本质。”[②] 他认为存在出现在直接的、表面的认识阶段，本质则出现在间接的、内部的认识阶段。“本质，作为通过对它自身的否定而自己同自己中介着的存在，是与自己本身相联系，仅因为这种联系是与对方相联系，但这个对方并不是直接的存在着的东西，而是一个间接的和设定起来的东西。在本质中，存在并没有消逝，但是首先，只有就本质作为单纯的和它自身相联系来说，它才是存在；第二，但是存在，由于它的片面的规定，是直接性的东西，就被贬抑为仅仅否定的东西，被贬抑为假象（Schein）。——因此本质是映现在自身中的存在。”[③] 黑格尔指出，认识不应停留在直接的、表面的东西上，而应透过直接性，深入认识隐藏在背后的东西，这个背后的东西，即本质，构成存在的真理。“本质是自在[之有]和自为之有的绝对统一体；它之进行规定，因此仍然在这个统一体之中，既不是变，也不是过渡，至于规定本身则既不是一个作为他物那样的他物，也不是对他物的关系：那些规定是独立物，但又只是这样的独立物，即它们彼此又是在统一之中的。——由于本质最初是单纯的否定性，那么，为了给与自己以实有，然后给予实有的自为之有，本质便必须在自己的范围内，把它原来只是自在地包含着的规定性建立起来了。”[④] 因此，列宁说：“接着马上就开始吹来一阵可以说是清凉的微风。”并做了大段的摘录：“存在是直接的东西。因为知识要认识真理的东西，即什么是自在的和自为的存在，所以它不停留于直接的东西及其各种规定，却透过直接的东西深入进去，假定在这个存在的背后还有着同存在本身不一样的东西，假定这个背后的东西构成存在的真理。这种认识是一种间接的知识，因为它不是直接在本质那里，在本质之中，而是从他物、从存在开始的，并且要通过一条先行的路，即超出存在之外或者更确切地说进入存在之内的路……”并做了旁批：“认识论”“路”。[⑤] 黄枬森认为黑格尔的这些论述实际上是表明了人的认识过程，即由现象到本质、由感性到理性的过程。黑格尔深刻地透露了认识的辩证法。[⑥] “这一运动被设想为知的道路，即从有开始，进而扬弃有，达到一个有了中介的东西、即本质的道路，便似乎是认识的活动；这种

① 《哲学笔记》第2版，第106页。
② 《小逻辑》，第242页。
③ 《小逻辑》，第241页。
④ 《逻辑学》下卷，第5页。
⑤ 《哲学笔记》第2版，第106～107页。
⑥ 《〈哲学笔记〉注释》上册，第119～120页。

活动，对有说来，好像是外在的，并且与有自己的本性不相干。然而这一过程正是有自身的运动。有在这一过程里表明它由于它的本性把自身内在化了，并且由于进入自身而变成了本质。”① 本质作为对存在（有）的否定，“既不是外在于存在，而是存在自身的辩证法（矛盾进展）”，是“自己过去了的或内在的存在”②。黑格尔关于存在和本质的一系列范畴，都只是绝对观念的表现，从存在进入本质，不过是绝对观念的自身运动和自我认识罢了。他把这看作脱离了认识主体的某种客观的运动，正表明其客观唯心主义的特点。但是，黑格尔强调这个运动是存在本身的运动，却是肯定了这个认识运动的客观根源是存在和本质的辩证关系，列宁的评语“客观的意义”看来就是指明这点。③

十四、外观（假象、映像）的直接性

黑格尔说：“本质之所以是本质，如它在这里所成为的那样，不是由于对它说来是外来陌生的否定性，而是由于它自己的运动，即有之无限运动。”④ 这里所说“有之无限运动”，指存在的自身发展、自我回复的运动，黑格尔把从自己回到自己的圆圈运动称为无限运动。

黑格尔又说：“绝对的本质并没有实有，但是它必须过渡为实有”⑤，实有，或译“现有的存在”，本是存在论中的范畴，指有限的存在，是具有多种规定性和量的界限的。列宁在摘录了“本质位于存在和概念的中间，是向概念（=绝对）的过渡。本质的划分：外观（schein，也译假象、映像）、现象（Erscheinung）、现实（Wirklichkeit）。在非本质的东西里，在外观中，有着非存在的环节”等内容后，作了批注：“就是说，非本质的东西，外观的东西，表面的东西常常消失，不象‘本质’那样‘扎实’，那样‘稳固’。比如：河水的流动就是泡沫在上面，深流在下面。然而就连泡沫也是本质的表现！”⑥

列宁在摘录“这个外观和这个现象都直接被规定得如此纷繁多样。因此，即使这个内容不以任何存在、任何事物或自在之物为根据，它本身仍然是原来的样子；它只不过是从存在转移到外观中，致使外观在自己内部具有这些直接的、现存的、互为他物的纷繁多样的规定性。因此，外观本身就是直接的规定的东西。它可以具有这个或那个内容，但不论具有怎样的内容，都不是由它自己设定的，而是它直接具有的……把外观（den schein）同本质区别开来的规定就是本质自身的规定……正是非存在的直接性构成外观……存在就是本质中的非存在。它的虚无性自身就是本质自身的否定的本性……这两个环节，一

①《逻辑学》下卷，第3页。
②《小逻辑》，第241～242页。
③《〈哲学笔记〉注释》上册，第120页。
④《逻辑学》下卷，第4页。
⑤《逻辑学》下卷，第5页。
⑥《哲学笔记》第2版，第107页。

个是虚无性，但又是作为持续存在；一个是存在，但又是作为瞬间，换句话说，就是自在存在着的否定性和反思的直接性。这两个环节构成了外观的环节，因而也就是本质自身的环节……外观就是存在的规定性中的本质自身……因此，外观就是本质自身，然而是在某个规定性中的本质，于是这个规定性只是本质的一个环节，而本质则是它自己在自身中的表现……外观（外观的东西）是本质在自身中的反映”等内容后，作了批注：“外观是（1）无、存在着的非存在的东西（Nichtigkeit）；（2）作为瞬间的存在”，“外观的东西是本质的一个规定，本质的一个方面，本质的一个环节。本质具有某种外观。外观是本质自身在自身中的表现（scheinen）。”[①] 列宁的这一批注既指出了外观的直接性，又高度概括了外观与本质的关系。外观的直接性的思想有助于理解地震预测活动中前兆的作用。

十五、“同一律”（A=A）的片面性

黑格尔说：“当人们对意识说出A是A，一棵树是一棵树这样的命题时，意识立刻就会承认这些命题，并且满足于说它们由于其自身就是直接明白的，不需要任何其他的论证和证明。”[②] 然而，“对于同一的真正意义加以正确的了解，乃是异常重要之事。为达到这一目的，我们首先必须特别注意，不要把同一单纯认作抽象的同一，认作排斥一切差别的同一。这是使得一切坏的哲学有别于那唯一值得称为哲学的哲学的关键。”[③]

黑格尔认为，本质不是直接的，而是纯粹的反思，或者是说，本质是反思的自身联系，是自身同一。“反思是本质在自身中的映现。本质，作为无限的自身回归，不是直接的，而是否定的单纯性；它是通过有区别的环节的一种运动，是绝对的自身中介。但是它映现在自己的环节里；因此，这些环节是自身反思的规定。”[④] 这种自身同一，有抽象同一与具体同一之分。所谓抽象同一也就是知性同一，即自身无矛盾的同一，或者说，是排斥差别（即不包含差别）的同一。“这种同一，就其坚持同一，脱离差别来说，只是形式的或知性的同一。换言之，抽象作用就是建立这种形式的同一性并将一个本身具体的事物转变成这种简单性形式的作用。有两种方式足以导致这种情形：或是通过所谓分析作用丢掉具体事物所具有的一部分多样性而只举出其一种；或是抹煞多样性之间的差异性，而把多种的规定性混合为一种。”[⑤] 只从外在联系看问题的知性反思的思维方式，只知道有抽象的同一，它把区别与同一并列起来，

①《哲学笔记》第2版，第108～109页。
②《逻辑学》下卷，第34页。
③《小逻辑》，第249页。
④《逻辑学》下卷，第27页。
⑤《小逻辑》，第247页。

看成各自独立的。黑格尔形象地指出："停留于外在反思的思维，除了外在反思而外，不知有其他思维，它认识不到如上所述的同一，或说本质，那也是一回事。这样的思维心目中总是只有抽象的同一，而在这种同一以外和与同一并列的就是区别。这种思维以为理性不过就像一架织布机，在那上面，它把经线——譬如那就是同一——和纬线——譬如那就是区别——外在地相互连接交织起来；或者也可以说，它先是分析地把同一性单独抽出来，然后又在其旁保持着区别；先是一个等同的建立，然后又是一个不等同的建立，——当抽去区别时便建立了等同，——当抽去等同时，便建立了不等同。必须把关于理性所作所为是什么的这些说法和意见放在一边，因为它们在某种程度上不过是历史的，我们不如说，对一切有的事物本身的考察表明：它在它的自身等同中就是不等同而矛盾的，并且在它的差异中、在它的矛盾中，又与自身同一；它本身就是其一个规定过渡为另一个规定的运动，其所以如此，是因为每一规定都在自身中是自己的对方。同一性是单纯的自身相关的否定性，这个概念不是外在反思的产物，而是在有本身中自己产生的。与此相反，那种在区别以外的同一和在同一以外的区别却是外在反思和抽象的产物，它们把自身任意固定在漠不相关的差异那一点上了。"①

同一与差异（或区别）的辩证关系，是事物自身的辩证性质。黑格尔认为，"如果我们将同一与绝对联系起来，将绝对作为一个命题的主词，我们就得到：'绝对是自身同一之物'这一命题。无论这命题是如何的真，但它是否意味着它所包含的真理，却是有疑问的，因此至少这命题的表达方式是不完满的。因为我们不能明确决定它所意味的是抽象的知性同一，亦即与本质的其他规定相对立的同一，还是本身具体的同一。"②只有具体的同一才是真正的同一，才能避免抽象同一的片面性和简单化。黑格尔主张的具体同一即包含差别性的同一，也就是对立统一。这种具体同一在黑格尔的逻辑体系里并不是一开始就有，而是到了本质阶段才建立起来的。"而具体的同一，我们将会看见，最初〔在本质阶段〕是真正的根据，然后在较高的真理里〔在概念阶段〕，即是概念。——况且绝对一词除了常指抽象而言外，没有别的意义。譬如绝对空间、绝对时间，其实不过指抽象空间、抽象时间罢了。"③这段话告诉我们，具体同一在本质阶段与概念阶段的地位也不同，在本质阶段它起着真正的根据的作用，而在概念阶段它才成为概念。这就是说，本质是具体同一，概念也是具体同一。

黑格尔认为，形式逻辑的同一律（甲是甲）和矛盾律（甲不能同时为甲与非甲）便是属于抽象同一范围的，"同一性这一本质的规定，在

① 《逻辑学》下卷，第 30~31 页。
② 《小逻辑》，第 247~248 页。
③ 同②。

命题里，便是这样说的：一切事物都是与它自身等同的，A=A。或者从反面说：A 不能同时既是 A 又不是 A。”① 因此，“这种命题并非真正的思维规律，而只是抽象理智的规律。这个命题的形式自身就陷于矛盾，因为一个命题总须得说出主词与谓词间的区别，然而这个命题就没有作到它的形式所要求于它的。但是这一规律又特别为下列的一些所谓思维规律所扬弃，这些思维规律把同一律的反面认作规律。——有人说，同一律虽说不能加以证明，但每一意识皆依照此律而进行，而且就经验看来，每一意识只要对同一律有了认识，均可予以接受。但这种逻辑教本上的所谓经验，却与普遍的经验是相反的。照普遍经验看来，没有意识按照同一律思维或想象，没有人按照同一律说话，没有任何种存在按照同一律存在。如果人们说话都遵照这种自命为真理的规律（星球是星球，磁力是磁力，精神是精神），简直应说是笨拙可笑。这才可算得普遍的经验。只强调这种抽象规律的经院哲学，早已与它所热心提倡的逻辑，在人类的健康常识和理性里失掉信用了。”② 黑格尔进一步指出：“假如一切事物都是和自身同一的，那么，它们就没有差异，没有对立，也就没有根据。或者，假定说没有两个相同的事物，即是说一切都是互相差异的，那么，A 就不等于 A，那么，A 也就没有对立等。假定了这些命题的一个，就不能再容许假定另一个。——对这些命题作无头脑的考察，将它们逐一列举，以致它们的出现，彼此毫无关系；这种考察，心目中仅仅只有命题的自身反思之有，不注意它们的别的环节，即建立起来之有，不注意它们的进入到过渡和自己的否定那样的规定性。”③ 列宁认为黑格尔这一论述阐明了“同一律”（A=A）、范畴（存在物的一切规定都是范畴的）片面性和谬误。④ 恩格斯在《自然辩证法》里提到黑格尔这一论述，并举例说：“百合花是一种植物，玫瑰花是红的，这里不论是在主语中或是在述语中，总有点什么东西是述语或主语所包括不了的。”⑤

黑格尔对于同一律的批判，可谓十分严厉，以至于黑格尔说：“科学的兴趣总是这一次仅仅在当前的差别中去追溯同一，另一次则又以同样的片面的方式在同一中去寻求新的差别。这种情形在自然科学里特别显著……殊不知，揭穿了脱离差别的单纯知性的同一是虚妄不实的，恰好就是这种同一哲学，特别是思辨逻辑学，而这种新哲学也曾确实竭力教人不要自安于单纯的差异，而要认识一切特定存在着的事物之间的内在统一性。”⑥ 但是，如果按照同一律讲起话来就只能是“A 是 A”“一棵树是一棵树”“磁力是磁力”，那么，同一律乃至整个普通逻辑不仅不是什么科学，而且成了人们思维的桎梏了。问题在于真正了解同一律的人都知道，同一律并不要求人们说话只能说“一棵树是一棵树”，同一

①《逻辑学》下卷，第 27 页。
②《小逻辑》，第 248 页。
③《逻辑学》下卷，第 29 页。
④《哲学笔记》第 2 版，第 112 页。
⑤《马克思恩格斯全集》第 20 卷，第 557 页。
⑥《小逻辑》，第 254 页。

律的“A是A”只是要求人们思维要保持概念的确定性，不要混淆、偷换概念。黑格尔为了强调知性思维以及普通逻辑的局限性，不惜片面曲解同一律的内容，显然是超出了同一律的范围，因而显得偏激。应该说，在同一律有效用的范围内，它是可以作为人们言行的依据的。“人们也承认同一性命题只表达了片面的规定性，只包含一个抽象的、不完全的真理。——但是在这个正确判断中，直接便包含这样的意思，即：真理只有在同一与差异的统一中，才是完全的，所以真理唯在于这种统一。”[①]人们的言行是不可以违背同一律的，否则，一切都变成混乱的了。可是，黑格尔说它不能具体说明问题，却是有道理的，必须遵守同一律，和完全以同一律为言行的依据，并不是一回事。因此，黑格尔对于同一律的批判，应该一分为二地看待。

从以上的考察可以看出，第一，同一律或矛盾律都把抽象同一当作真的事物来表述，因此，它们都不是真正的思维规律，“如果思维活动只不过是一种抽象的同一，那末我们就不能不宣称思维是一种最无益最无聊的工作。概念以及理念，诚然和它们自身是同一的，但是，它们之所以同一，只由于它们同时包含有差别在自身内。”[②]第二，这两个命题（同一律和矛盾律）所包含的，都比普通逻辑所指出的要多得多，因为普通逻辑忽视了它们自身的对立面（即绝对区别本身）。“在同一所表述的命题形式中，含有比单纯的、抽象的同一更多的东西，含有纯粹的反思运动，在这个运动中，他物只是作为映象、作为立刻消逝而出现的。”[③]黑格尔所主张的同一是按规定的反思态度建立起来的、包含“差异”在内的具体同一。“如果有人问：同一如何会发展成为差别呢？他在这个问题里便预先假定了单纯的同一或抽象的同一是某种本身自存之物，同时也假定了差别是另一种同样地独立自存之物。然而这种假定却使得对于上面所提出的问题的解答成为不可能。因为如果把同一认作不同于差别，那末我们事实上只能有差别，因而无法证明由同一到差别的进展。因为对那个提出如何进展的问题的人，进展的出发点根本就不存在。因此，这个问题，试细加思考，将会证明为完全没有意义。而且对于提出这个问题的人将会首先引出另一问题，即是他所设想的同一究竟是什么？其结果是他所设想的同一，的确毫无内容，而同一对他只不过是个空名罢了。”[④]这段话把同一与差别的内在联系，很清楚地讲出来了，并且揭露出抽象同一的矛盾，从而说明了同一自身的思辨性质。同时，还指出了同一是进展的出发点，没有同一也就根本不会有进展。“就同一作为自我意识来说，也是这样，它是区别人与自然，特别是区别人与禽兽的关键，后者即从未达到认识其自身为自我，亦即未达到认识其自

①《逻辑学》下卷，第33页。
②《小逻辑》，第247～248页。
③《逻辑学》下卷，第35页。
④《小逻辑》，第250页。

身为自己与自己的纯粹统一的境界。”[①] 因此,“本质的差别即是‘对立’。在对立中，有差别之物并不是一般的他物，而是与它正相反对的他物；这就是说,每一方只有在它与另一方的联系中才能获得它自己的〔本质〕规定，此一方只有反映另一方，才能反映自己。另一方也是如此；所以，每一方都是它自己的对方的对方。”[②]

十六、肯定的东西与否定的东西的对立及相互转化

黑格尔说：“肯定物与否定物是同一的东西……稍有反思思维的经验就会察觉到：假如某物被肯定地规定了，从这一基础前进下去时，它便直接转化为否定物，反之，被否定地规定了东西也会转化为肯定物，以至反思思维在这些规定中把自己弄混乱了而且自相矛盾。不熟知这些规定的本性，便会以为这种混乱有些不对头，不应该出现，把它记在一种主观的错误账上。假如没有意识到转化的必然性，这种过渡也的确仍旧仅仅是一种混乱。——但即使对外在反思而言，以下的一点也不过是很简单的考察，即：首先，肯定物并不是一个直接的同一物，而一方面是与否定物对立的一个对立物，它只是在这种关系中才有意义，所以在它的概念中就包含了否定物本身；但另一方面，它在自身中又是单纯建立起来之有或否定物的自身相关的否定，所以它本身是绝对的自身否定。——同样，与肯定物对立的否定物，也只是在与它的这个他物的关系中才有意义；所以它在它的概念中也包含着他物。但是否定物即使没有与肯定物的关系，也还是有自己特有的长在；它与自身是同一的；但这样一来，它本身又成了肯定物所应该是的东西了。”[③] 因为在黑格尔看来，“肯定物是在自身等同中反思那样的建立起来之有；但被反思之物就是建立起来之有，即是说作为否定那样的否定；所以这种自身反思是以与他物的关系为自己的规定。否定物是在不等同中反思那样的建立起来之有；但建立起来之有就是不等同，所以这种反思就是不等同的自身同一和绝对的自身关系。——两者就是这样的：那在与自身等同中反思的建立起来之有，本身就具有不等同；那在与自身不等同中反思的建立起来之有，本身也具有等同。”[④]

列宁对黑格尔关于肯定与否定之间关系的论述作了大段的摘录：“肯定的东西和否定的东西的对立，主要被理解成这样：肯定的东西（尽管从名称上看，它表示拟定的、设定的存在）应当是一个客观的东西，而否定的东西是一个主观的东西，它只属于外在的反思，它同自在自为地存在着的客观的东西没有关系，它对于客观的东西来说是完全不存在

①《小逻辑》，第249页。
②《小逻辑》，第254～255页。
③《逻辑学》下卷，第61～62页。
④《逻辑学》下卷，第47页。

的”。“的确，如果否定的东西只表示主观任意的抽象，那么，这个否定的东西‘对于客观的肯定的东西来说’，是不存在的。”

“真理，作为同客体相符合的知识，也是肯定的东西，但是它之所以是这种自身等同，只是因为知识否定地对待他物，知识渗进客体并扬弃了本身是客体的那个否定。谬误是某种肯定的东西，是并非自在自为地存在的东西的一种自信的和固执的意见。至于无知，或者，它是对真理和谬误都漠不关心的东西，因而它既不能被规定为肯定的，也不能被规定为否定的，无知的规定，作为某种欠缺，是属于外在的反思的；或者，它作为客观的，作为某个特性的自身规定，是一种反对自身的冲动，是在自身中包含着肯定倾向的否定的东西。——极端重要的一个认识，即认清和把握住我们所考察的反思规定的这个本性：反思规定的真理就仅仅在于它们的相互关系，因而就在于反思的每一个规定在其概念本身中都包含着另一规定；不认识这一点，在哲学中实在寸步难行。”对这些摘录，列宁作了两条批注：“真理和客体”和“自在自为地存在的东西”。①

列宁的摘录主要是说明肯定与否定的对立统一关系。黑格尔以光明与黑暗、善与恶、真理与谬误的关系为例，指出：如果把光明、善、真理当作肯定的方面，把黑暗、恶、谬误当作否定的方面，那么在肯定的方面中就包含着否定的方面，否定的方面中也包含着肯定的方面。例如，“光明一般都认为只是肯定物，而黑暗则只是否定物。但光明在其无限伸张中，在其焰耀和苏生的活动力中，却在本质上具有绝对否定的本性。黑暗则正相反，作为非多样的东西，作为还没有自相区别的生产的子宫，它是单纯与自己同一的东西。黑暗只有在这种意义下，才被认为只是否定物，即它是光明的单纯的不在；对光明说来，它是完完全全不存在的，——光明也是如此，当光明与黑暗相关时，它并不是与一个他物相关，而是纯粹与自身相关，所以光明当前，黑暗便只有消逝。但是，大家都知道，光明由于黑暗，会阴沉而变灰色；除了这种单纯的量变而外，光明还遭受一种质变，由于这种质变的关系而被规定成颜色。”② 黑格尔还说到德行，他说，“没有无斗争的德行，也是这样的例子；德行不如说是最高的、完成了的斗争；所以它不仅是肯定物，也是绝对的否定性；它不仅在与邪行比较中是德行，而且在它自身中也是对立和斗争。或者说，邪行并不只是德行的欠缺——天真无邪也是这种欠缺——不只是对于外在反思来说与德行相区别，而且自在地与德行对立，它是恶。恶在于依靠自身与善对立；它是肯定的否定性。但天真无邪则既是善的欠缺，又是恶的欠缺，对这两种规定都漠不相关，既不是肯定的，也不是否定的。但这种欠缺也必须认为是规定性，一方面必须把它看作某物的肯定的本

①《哲学笔记》第2版，第113～115页。

②《逻辑学》下卷，第62～63页。

性，另一方面它又与一个对立物相关，而且一切天然本性都要走出它们的天真无邪，走出它们的漠然的自身同一性，通过自身与它们的他物相关，从而毁灭自身，或者用肯定的意义说，转回到它们的根据里去。”① 黑格尔在这里批判了把肯定和否定看成绝对对立的那种形而上学思想，他把这种思想称为“外在的反思”，认为这种反思把肯定的东西看成客观的，而把否定的东西看成主观的，看成是一种纯属主观造成的谬误，因而肯定就是肯定，否定就是否定，二者绝对对立，毫无关系。黑格尔对此进行了具体的反驳。他指出肯定和否定的每个方面都不是自身单纯的东西，而是互相包含的，“凡是始终都只是肯定的东西，就会始终都没有生命。生命是向否定以及否定的痛苦前进的，只有通过消除对立和矛盾，生命才变成对它本身是肯定的。”②

十七、黑格尔批判排中律

黑格尔说：“排中律是进行规定的知性所提出的原则，意在排除矛盾，殊不知这种办法反使其陷于矛盾。说甲不是正甲必是负甲；但这话事实上已经说出了一个第三者即甲，它既非正的，亦非负的，它既可设定为正的，亦可设定为负的。譬如，正西指西向六英里，负西指东向六英里，如果正负彼此相消，则六英里的路程或空间，不论有没有对立，仍然保持原来的存在。即就数的单纯的加减或抽象的方向而言，我们也可以说以零为它们的第三者，但不容否认，知性所设定的加减之间的空洞对立，于研究数目、方向等抽象概念时，也有其相当的地位。”③ 众所周知，排中律的公式“甲或非甲”，即某物或者是A，或者是非A，第三者是没有的。就是说任一事物都有它之所以为它，以及它之所以区别于其他事物的根本不同之处。因此，任一事物，要么是甲，要么不是甲，绝不可能既是甲，又不是甲，亦即任一事物，如果是甲，就不是非甲，如果是非甲，就不是甲。如果对任一事物，既称之为“甲”，又称之为“非甲”，这就是“自相矛盾”。黑格尔指出，对这个命题，通常不是从一切事物都是对立的这个意义下去理解，而只是从一切宾词（这里指表示事物属性的词）中，说某物或者是这个宾词本身，或者就是这个宾词的非有。在黑格尔看来，规定性、宾词是要和某物相关的，命题说某物被规定了，那么，这个命题在本质上就应当包含这一点，即规定性要更确切地规定自己，变成自在的规定性，就必须包含对立的规定于自身。如果不这样做，抽象地、片面地坚持事物的同一性，看不到事物的内在差别和矛盾，把形式逻辑的规律绝对化，认为某物就是某物，或者

①《逻辑学》下卷，第63页。
②《美学》第1卷，第124页。
③《小逻辑》，第255页。

说某物非此即彼，第三者是没有的。列宁在摘录了："如果这是指：'一切都是对立的'，一切都有自己的肯定规定和否定规定，那倒很好。但是，如果对这个命题的理解还是和通常一样，即在所有谓语中，要么是该物，要么是它的非存在，那就是'废话'！！精神……是甜的，或不是甜的？是绿色的，或不是绿色的？作规定就应当得出规定性，而用这样的废话，则使规定化为无。黑格尔挖苦道，于是人们就说第三者是没有的。但正是在这个命题中就有第三者，A本身就是第三者，因为A可以是+A，也可以是−A。'可见某物本身就是那个本来应当被排除的第三者。'"之后作了批注："这是机智而正确的。任何具体的东西、任何具体的某物，都是和其他的一切处于相异的而且常常是矛盾的关系中，因此，它往往既是自身又是他物。"[①] 恩格斯在《自然辩证法》中也指出："同一性——抽象的，$\alpha=\alpha$；反过来说，α不能同时等于α又不等于α——在有机界中同样是不适用的。植物，动物，每一个细胞，在其生存的每一瞬间，都既和自己同一而又和自己相区别……同一性自身包含着差异性，这一事实在每一个命题中都表现出来，在这里述语是必须和主语不同的。"[②]

可以看出，黑格尔对排中律的批判同样是片面的。黑格尔说排中律"意在排除矛盾"，这是正确的。但说排中律又使自己陷于矛盾，却是不正确的。黑格尔把排中律的"甲或非甲"歪曲为"正甲或负甲"与"正数或负数"，说"正甲"与"负甲"之间有"甲"这一中间物，"正数"与"负数"之间亦有"零"为中间物。但是排中律的"甲或非甲"与"正甲或负甲""正数或负数"是不一样的，"甲"能成为"正甲"与"非甲"的中间物。黑格尔又说："代替抽象理智所建立的排中律，我们毋宁可以说，一切都是相反的。事实上无论在天上或地上，无论在精神界或自然界，绝没有像知性所坚持的那种'非此即彼'的抽象东西。无论什么可以说得上存在的东西，必定是具体的东西，因而包含有差别和对立于自己本身内的东西。"[③] 一方面，事物内部都包含有差别和对立的统一；但另一方面，任何事物也都有它之所以为它以及它与其他事物所以根本不同之处的规定性。人们总是只有认识到事物之间的这种差别，才能进一步认识事物内部的那种差别和对立的矛盾。我们可以肯定形式逻辑思维有局限性，肯定形式逻辑方式与辩证思维之间是"初等数学"和"高等数学"间的关系，正像恩格斯指出："初等数学，即常数的数学，是在形式逻辑的范围内活动的，至少总的来说是这样；而变数数学——其中最重要的部分是微积分——本质上不外是辩证法在数学方面的应用……高等数学中的几乎所有的证明，从微分学的最初的一些证明起，以初等数学的观点看来严格地说都是错误的。如果像在这里那样，

①《哲学笔记》第2版，第115页。
②《马克思恩格斯全集》第20卷，第556~557页。
③《小逻辑》，第258页。

要用形式逻辑去证明辩证法领域中所获得的结果，那末情况也不可能是另一个样子。”[①] 因此我们决不能把形式逻辑与辩证思维对立起来，以辩证思维来否定形式逻辑的普通思维。

必须指出，辩证逻辑与形式逻辑两者都是从不同的侧面，以不同的方式研究思维的。形式逻辑是一门以思维形式及其规律为主要研究对象，同时也涉及一些简单的逻辑方法的学科。形式逻辑主要从形式结构上研究思维的形式和规律。它是由固定范畴建立起来的科学体系，是对既成的、凝固的、间断的认识成果进行概括和总结，它只反映客观对象间最普通、最简单的关系。形式逻辑推理的每一个环节都是完全确定的，界限分明的，它用逻辑符号来指称对象，有一套严密的逻辑规则，能够进行精确的逻辑演算，它要求思维满足同一律、矛盾律、排中律和理由充足律。这四条规律要求思维必须具备确定性、无矛盾性、一贯性和论证性。辩证逻辑并不纯粹研究思维的形式结构，而是从形式与内容的有机结合上，结合人类的认识过程来考察思维形式的联系、运动、发展和转化的规律。辩证逻辑通过概念、判断、推理等发生于思维中的抽象形式，对外部世界做出概括的、近似的然而却是本质的反映。所以，辩证逻辑是以流动变化范畴建立起来的逻辑体系，是抽象和概括人类认识的发展与变化的整个历史进程的、反映客观对象本身的逻辑联系，是以概念展开的方式实现其逻辑进程的。

辩证逻辑与形式逻辑具有不同的逻辑功能，各有其适用范围。无论是客观对象本身还是反映客观对象的思维形式，都具有相对稳定和运动发展的两种状态。这就需要形式逻辑和辩证逻辑互相配合、互相补充，共同运用于人类思维的过程。辩证逻辑并不取代和贬低形式逻辑在科学认识中的地位和作用，人们在辩证思维过程中，同样需要遵循形式逻辑的规则；同样，形式逻辑也不能否定或贬低辩证逻辑。形式逻辑和辩证逻辑都将随着科学的发展和对思维的充分研究而不断取得新的成就，成为科学思维不可缺少的手段。一方面，形式逻辑的考察对象是固定中的对象；辩证逻辑考察的对象是变动中的对象，两者有本质的不同，另一方面，辩证逻辑与形式逻辑有质的区别，形式逻辑只表现形式，不反映内容；辩证逻辑既要表现形式又要反映内容，不反映内容的辩证逻辑是一文不值的。辩证逻辑是思维形式与思维内容相结合的重大变革的产物。它的产生既是对僵化思维方式的革命，也是对传统形式逻辑观念的突破和发展。辩证逻辑与形式逻辑，既相互区别又相互联系，由此构成它自身所特有的性质和作用。[②]

毛泽东说：“形式逻辑与辩证逻辑，是最根本的问题。辩证逻辑：A

① 《马克思恩格斯选集》第3卷，第174~175页。

② 引自白显云的博文《思辨本体论哲学讲座》。

是A，同时又不是A，一件东西和他本身同一，同时又不同一。形式逻辑只看见同一这一面。辩证法则不仅看见这一面，又看见另一面（不同一），因此他能包摄、吸收、扬弃形式逻辑。形式逻辑看不到的，辩证法能看到，形式逻辑看到了的，辩证法不但看到，而且加了改造与深化。不能说：‘一方面承认A是A，另一方面又承认A不是A’，就算是辩证法。这两个命题的关系不是所谓一方面与另一方面，而是同时，是互相渗透，互相联结。是整个的统一，不是机械的结合，也不能机械地拆散。如拆散去看，就成了折衷主义。”①

十八、同一、差别、对立与矛盾

一切被称为存在的东西，必定是具体的，既然事物都是具体的，就一定包含着差别和对立。黑格尔说："差别自在地就是本质的差别，即肯定与否定两方面的差别：肯定的一面是一种同一的自身联系，而不是否定的东西，否定的一面，是自为的差别物，而不是肯定的东西。因此每一方面之所以各有其自为的存在，只是由于它不是它的对方，同时每一方面都映现在它的对方内，只由于对方存在，它自己才存在。因此本质的差别即是'对立'。在对立中，有差别之物并不是一般的他物，而是与它正相反对的他物。"② 黑格尔把同一列在差别和矛盾之前，并不是说在同一之中没有差别和矛盾，只不过是表明在同一的阶段，差别和矛盾还是潜在的，还没有充分显现出来。黑格尔说："我们知道，一切有限之物并不是坚定不移，究竟至极的，而毋宁是变化、消逝的。而有限事物的变化消逝不外是有限事物的辩证法。有限事物，本来以它物为其自身，由于内在的矛盾而被迫超出当下的存在，因而转化到它的反面。"③ "在矛盾概念的学说里，譬如蓝的概念（因为在这样的学说里，即使感性的表象如颜色也称为概念），它的对方为非蓝的概念。所以这蓝的对方不会是一肯定的颜色，譬如说黄色，而只应被坚持为抽象的否定的东西。而这否定的东西本身同样是肯定的，这个原理已包含在'与一个他物相对立的东西，即是它的对方'那句话里面了。所谓矛盾概念的对立的虚妄性充分表现在可说是普遍规律的堂皇公式上，这个公式说：每一事物对于一切对立的谓词只可具有其一，而不能具有其他。依此说来，则精神不是白的就是非白的，不是黄的就是非黄的，如此类推，以至无穷。"④ "从观察矛盾的本性，就会出现这种情况，即：假如在一件事情中能够指出矛盾，这就其本身而言，可以说还并不是这件事情的损害、欠缺或过错。每一规定、每一具体物、每一概念在本质上倒不如说

①《毛泽东哲学批注集》，中央文献出版社，1988年，第197页。
②《小逻辑》，第254页。
③《小逻辑》，第179页。
④《小逻辑》，第255～256页。

是有区别的和可区别的环节之统一，这些环节通过规定了的、本质的区别而过渡为矛盾的环节。”① 因此，黑格尔认为，“矛盾是推动整个世界的原则，说矛盾不可设想，那是可笑的。这句话的正确之处只在于说，我们不能停留在矛盾里，矛盾会通过自己本身扬弃它自己。但这被扬弃的矛盾并不是抽象的同一，因为抽象的同一只是对立的一个方面。由对立而进展为矛盾的直接的结果就是根据，根据既包含同一又包含差别在自身内作为被扬弃了的东西，并把它们降低为单纯观念性的环节。”②

黑格尔把发展、运动与矛盾联系起来，把矛盾看作运动的真正源泉和动力。这是黑格尔辩证法的精髓所在。在这里，黑格尔正是特别强调一切事物运动的真正原因，都在于事物本身的矛盾，在于任何事物都具有它自身的否定的一面。③

列宁对黑格尔关于矛盾是事物的本质的思想作了一系列的摘录：“如果几个最初的反思规定，即同一、差别和对立都用一个命题来表达，那么，它们正如向自己的真理过渡一样，向之过渡的那个规定，即矛盾，更应当被包括和表现在这样一个命题中：一切事物自身都是矛盾的，并且是在那样的意义上，即这一命题和其他命题比起来更能表现事物的真理和本质。出现在对立中的矛盾，只不过是发展了的无，这个无包含同一之中，而且表明同一律什么都不说明。这个否定进一步把自己规定为差别和对立，这也就是设定的矛盾。

“但是，历来的逻辑学以及普通表象的主要偏见之一，就是认为矛盾并不像同一那样是本质的和内在的规定；然而，如果要谈层次的高低，要把这两个规定分别固定下来，那么就应该认为矛盾是更深刻更本质的东西。因为同一和矛盾相反，它只是简单的直接的东西的规定，僵死存在的规定；而矛盾却是一切运动和生命力的根源；某物只因为在本身中包含着矛盾才运动，才有冲动和活动。

“通常人们总是先把矛盾从事物、从一般存在的东西和真实的东西中排除出去，他们断言没有任何矛盾的东西。然后，反过来又把矛盾推到主观的反思中，似乎主观的反思通过相互关系和比较才设定了矛盾。但就是在这个反思中矛盾其实也不存在，因为对矛盾的东西不能设想，不可思索。总之，不论在现实中或在思维的反思中，矛盾都被认为是偶然的东西，好像是一种不正常的现象，或者是一种暂时性的病态的发作。

“对于硬说没有矛盾，硬说矛盾不是存在着的东西的论断，我们不必担心；本质的绝对规定必须在一切经验、一切现实的东西以及一切概念中都有。前面谈到无限是在存在范围中显露出来的矛盾时，已经指出了同样的东西。普通的经验本身就证明，至少有着许多矛盾的事物、矛

① 《逻辑学》下卷，第 69～70 页。
② 《小逻辑》，第 258 页。
③ 《〈哲学笔记〉注释》上册，第 142 页。

盾的结构等等，它们的矛盾不仅存在于外在的反思中，而且也存在于它们自身中。另外，不应当认为矛盾只是在有些地方遇到的不正常现象：矛盾是在其本质规定中的否定的东西，它是一切自己运动的原则，而自己运动不过是矛盾的表现。外部的感性运动本身就是矛盾的直接的定在。某物之所以运动，不仅因为它在这个‘此刻’在这里，在另一个‘此刻’在那里，而且因为它在同一个‘此刻’在这里又不在这里，因为它同时又在又不在同一个‘这里’。我们必须承认古代辩证论者所指出的运动中的矛盾，但是不应当由此得出结论说，运动因此是没有的，相反地，应当说，运动就是存在着的矛盾本身。

“同样，内部的、本来的自己运动，一般的冲动（单子的欲望或意欲、绝对单纯本质的隐德来希）无非是说，在同一关系中存在着某物自身和它的欠缺，即它自身的否定。抽象的自身同一，还不是生命力，但是肯定的东西由于在自身中就具有否定性，所以它超出自身，并引起自己的变化。可见某物之所以是有生机的，只因为它本身包含着矛盾，因为它正是那个能够把矛盾包括于自身并把它保持下来的力量。如果存在着的某物不能在自己的肯定规定中同时把握自己的否定规定，并且把一个保持在另一个之中，如果它不能在自身中包含矛盾，那么这个某物就不是有生机的统一体，就不是根据，而会在矛盾中毁灭。思辨的思维就在于把握住矛盾，又在矛盾中把握住自身，而不是如同表象那样受矛盾支配，并且让矛盾把自己的规定只是化为其他规定或化为无。”①

“如果在运动、冲动等等中，由于这些规定的单纯性，矛盾对于表象来说是隐蔽的，那么，相反地，在各个关系规定中矛盾就直接显露出来。一些极平凡的例子，如：上下、左右、父子等等以至无穷，每一个之中全都包含着对立。上不是下；上的规定就在于它不是下，有上就是因为有下，反过来也是一样；在每一个规定中包含着它的对立面。父亲是儿子的另方，儿子又是父亲的另方，而每一方都是作为另方的另方而存在；同时每一个规定只在它同另一个的关系中存在着；它们的存在是持续的存在……”②列宁在这里和其后的一系列摘录以及所画的着重线，都说明列宁非常重视黑格尔关于矛盾是事物的本质的思想。紧接着，列宁作了批语：“运动和‘自己运动’[这一点要注意！自生的（独立的）、天然的、内在必然的运动]‘变化’，‘运动和生命力’，‘一切自己运动的原则’，‘运动’和‘活动’的‘冲动’（Trieb）——‘僵死存在’的对立面，——谁会相信这就是‘黑格尔主义’的实质、抽象的和 abstrusen（费解的、荒谬的？）黑格尔主义的实质呢？？必须揭示、理解、拯救、解脱、澄清这种实质，马克思和恩格斯就做到了这一点。

①《哲学笔记》第2版，第115～117页。

②《哲学笔记》第2版，第118页。

普遍运动和变化的思想还未被应用于生命和社会以前，就被猜测到了。这一思想应用于社会，是先被宣布的，应用于人，是后来得到证实的。”[①]

黑格尔的矛盾学说是他的辩证法的基石。他认为一切有限事物都含有矛盾，一切运动都是由内在矛盾引起的。他把矛盾看成是普遍的、无法抵抗的力量，任何事物在矛盾面前都不可能是坚固稳定的。正由于辩证法注重事物的内在矛盾，所以只有它才能把握事物运动和发展的本质。

十九、对矛盾的三种认识

黑格尔说：“逻辑思想就形式而论有三方面：(a) 抽象的或知性〔理智〕的方面，(b) 辩证的或否定的理性的方面，(c) 思辨的或肯定理性的方面。这三方面并不构成逻辑学的三部分，而是每一逻辑真实体的各环节，一般说来，亦即是每一概念或每一真理的各环节。”[②]

在黑格尔看来，知性的职责在于确定每一对象或概念的固定的规定性，以及各规定性之间的差别。它只是对认识内容给以普遍性的形式，并不能完全表达整个思维或概念。知性把每一有限的抽象概念，都看成是独立自存的。知性注意的是个别和区别，而不是整体和联系。知性形式是一切认识所不可缺少的，但它只不过是一种有限的认识形式，它的发展必然要超出它的有限性。

辩证的或否定的理性（也称消极理性）所以是否定的，就在于它把否定与肯定对立起来，不了解二者的辩证关系。这种思想形式是怀疑论和批判主义的产物。黑格尔说：“在辩证的阶段，这些有限的规定扬弃它们自身，并且过渡到它们的反面。当辩证法原则被知性孤立地、单独地应用时，特别是当它这样地被应用来处理科学的概念时，就形成怀疑主义。怀疑主义，作为运用辩证法的结果，包含单纯的否定。”黑格尔这里所说的辩证形式，是他上边所划分的逻辑思想三个方面中的第二个方面，而真正的辩证法，在黑格尔看来，是在第三个方面（即肯定的理性，也称积极的理性）。所谓过渡到自身的反面，即从有限过渡到无限。

肯定的理性形式消除了知性形式的有限性和否定的理性形式的单纯否定性，真正达到主观与客观的对立统一，完全把握住肯定与否定的辩证关系。黑格尔认为，从概念的对立中认识到它们的统一，或从对立双方的分解和过渡中认识它们所包含的肯定，这便是思辨形式的基本特点。这就是说，思辨形式消除了知性概念的有限性和否定的辩证法的片面性，而认识到概念的对立统一的性质，并从对立双方的斗争和转化中，认识

①《哲学笔记》第2版，第117~118页。

②《小逻辑》，第172页。

到否定中含有肯定。因此，肯定的理性形式使辩证法达到肯定的结果。

黑格尔认为，辩证法之所以具有肯定的结果，是因为它有确定的内容，被否定的规定，并不是被简单地取消，而是被辩证地包含在结果里。因此，这种结果不是抽象的和否定的，而是具体的和肯定的。这种结果，虽说也是思想的产物（从这个意义上说，它是抽象的），但是，它并不是单纯的形式的统一，而是有差别的规定的辩证的统一（从这个意义上说，它是具体的）。因此，真正辩证法的概念，既是抽象的，又是具体的。

黑格尔认为，思辨逻辑包含着知性逻辑（即形式逻辑），但是又超出了知性逻辑。形式逻辑只不过是各式各样的思维形式的一种事实记录，而一般人却错误地把它的这些有限的思维形式当作无限的了。

黑格尔认为对矛盾有三种认识，即表象、机智的反思和思维的理性。表象对矛盾的认识同外在的反思是一致的，外在的反思指知性，即形式逻辑的或形而上学的认识方法。思维的理性看来应包括否定的理性和肯定的理性，且主要是后者。黑格尔说："表象固然处处都以矛盾为自己的内容，可是它没有意识到矛盾；它始终是外在的反思，外在的反思是从相同过渡到不相同，或者从各个有差别的规定的否定关系过渡到其自身的反思性。外在的反思从外部使这两种规定相互对立，并且注意的只是这两种规定，而不是它们的过渡，过渡是本质的东西，包含着矛盾。——这里谈谈机智的反思，机智的反思则抓到矛盾、表达矛盾。的确，机智的反思虽然没有表达事物及其关系的概念，而且只以表象的规定作为自己的材料和内容，可是它毕竟使事物发生包含着矛盾的相互关系，从而使事物的概念透过矛盾映现出来。——而思维的理性，可以说是使有差别的东西的已经钝化的差别尖锐化，使表象的简单的多样性尖锐化，以达到本质的差别，达到对立。只有达到矛盾尖端的多样性的东西，在相互关系中才成为活跃的和有生机的，才能因矛盾而获得那作为自己运动和生命力的内部搏动的否定性……"① 列宁在摘录了这一段话后，作了如下批注：

"注意

"（1）普通的表象抓到的是差别和矛盾，但不是一个向另一个的过渡，而这却是最重要的东西。

"（2）机智和智慧。机智抓到矛盾，表达矛盾，使事物彼此发生关系，使'概念透过矛盾映现出来'，但没有表达事物及其关系的概念。

"（3）思维的理性（智慧）使有差别的东西的已经钝化的差别尖锐化、使表象的简单的多样性尖锐化，以达到本质的差别，达到对立，只有那上升到矛盾顶峰的多样性在相互关系中才成为活跃的（regsam）

①《哲学笔记》第2版，第118~119页。

和有生机的，——才能获得那作为自己运动和生命力的内部搏动的否定性。”[①]

从列宁的话来看，黑格尔虽然是在唯心主义立场上讲这些话的，但是他关于对矛盾的三种态度的概括还是有道理的。列宁把第三种态度又叫作“智慧”,显然智慧指辩证的思维,把第二种态度叫作“机智和智慧”可能是因为在这种态度中包含着辩证思维的因素。[②]

二十、黑格尔对充足理由律的批判

黑格尔认为形式逻辑的充足理由律是不完善的、有缺陷的，并对它提出了批判。

什么是充足理由律？黑格尔说充足理由律是“某物的存在，必有其充分的根据，这就是说，某物的真正本质，不在于说某物是自身同一或异于对方，也不仅在于说某物是肯定的或否定的，而在于表明一物的存在即在他物之内，这个他物即是与它自身同一的，即是它的本质。这本质也同样不是抽象的自身反映，而是反映他物。根据就是内在存在着的本质，而本质实质上即是根据。根据之所以为根据，即由于它是某物或一个他物的根据”[③]。

黑格尔认为，一般人把充足理由律的意义仅局限在：当人们观察事物时，要求人们一方面看到它的直接性，即看到事物在外表上直接表现出来的东西，另一方面要求看到它的根据。但是充足理由律所讲的根据只是一种形式的根据，这种根据与所要证明的东西并无内容上的不同，而只有形式上的区别。由于这种根据所要证明的往往即是根据自身，因而充足理由律所持的理由远远不能说是充足的。“根据之所以是根据，只是因为有根据予以证明。但由根据所证明的结果即是根据本身。这就是根据的形式主义之所在……由于这里所谓根据还没有自在自为地规定了的内容；因此当我们认为一物有了根据时，我们不过仅仅得到了一个直接性和中介性的单纯形式差别罢了。”[④]他举例说：“譬如，我们看见电流现象，而追问这现象的根据〔或原因〕，我们所得的答复是：电就是这一现象的根据。”[⑤]黑格尔分析说：“这种根据只不过是把我当前直接见到的同一内容，翻译成内在性的形式罢了。”这种根据只是形式，而不是内在的最高的本质。

由于“根据并不仅是简单的自身同一，而且也是有差别的。对于同一的内容我们可以提出不同的根据。而这些不同的根据，又可以按照差别的概念，发展为正相对立的两种形式的根据，一种根据赞成那同一内

①《哲学笔记》第2版，第115~119页。
②《〈哲学笔记〉注释》上册，第145~146页。
③《小逻辑》，第259页。
④《小逻辑》，第260~261页。
⑤《小逻辑》，第261页。

容，一种根据反对那同一内容……这种形式的根据并没有自在自为地规定了的内容，因此并不是自我能动的和自我产生的。”① 因此，“给根据加上充足的这几个字，是多余的。不充足的就不是根据”②。

黑格尔评价说，在历史上提出充足理由律的莱布尼茨，对于这种形式主义的解释并不满意，他说：“莱布尼茨心目中所要反对的，正是现时仍甚流行的、许多人都很爱好的、单纯机械式的认识方法，他正确地宣称这种方法是不充足的。譬如，把血液循环的有机过程仅归结为心脏的收缩，或如某些刑法理论，将刑罚的目的解释为在于使人不犯法，使犯法者不伤害人，或用其他外在根据去解释，这些都可说是机械的解释。如果有人以为莱布尼茨对于如此贫乏的形式的充足理由律会表示满意，这对他太不公平。他认为可靠的思想方式正是这种形式主义的反面。因为这种形式主义在寻求充分具体的概念式的知识时，仅仅满足于抽象的根据。也就是从这方面着想，莱布尼茨才区别开 Causas of efficientes（致动因）与 Causas finales（目的因）彼此间不同的性质，力持不要停留于致动因，须进而达到目的因。如果按照这种区别，则光、热、湿气等虽应视为植物生长的致动因，但不应视为植物生长的目的因，因为植物生长的目的因就是植物本身的概念。”③ 莱布尼茨的充足理由律尽管有目的论的因素，但他对探求真实的根据也是十分重视的，他认为，“充足理由也必须存在于偶然的真理或事实的真理之中，亦即存在于散布在包含各种创造物的宇宙中的各个事物之间的联系中。”④ 黑格尔认为莱布尼茨比一般人高明，因为他把充足理由同机械的因果对立起来，要求事物的理由能达到目的因，即最终的原因——上帝。莱布尼兹说：“充足的理由或最后的理由应当存在于这个偶然事物的系列之外……所以事物的最后理由应当在一个必然的实体里面……而这个实体就是我们所谓上帝。”⑤ 这种“上帝”是事物的充足理由或最后的理由的唯心主义说法，当然不能算是为充足理由律本身提供了充足的根据。但是，决不能说形式逻辑绝不可能为充足理由律提供充足的理由（根据）。充足理由律是有关思维的规律，而黑格尔却把它说成有关事物的规律了。充足理由律的客观根据（客观基础）乃是客观事物必然联系特别是事物因果联系的反映。“既然一个事物存在必然有它所以存在的条件和原因，那么，一个判断被确立为真，也必然要有足以确立该判断为真的理由；既然没有一定条件和原因的事物是根本不存在的，那么，没有充足理由，一个判断也就不能被确立为真。”⑥ 因此，说充足理由律是没有客观根据的，是不正确的。

正是在这日常经验的基础上，形成了西方哲学将世界看作是由有形

① 《小逻辑》，第261～262页。
② 《哲学笔记》第2版，第120页。
③ 《小逻辑》，第262～263页。
④ 北京大学哲学系外国哲学史教研室编译《十六——十八世纪西欧各国哲学》，商务印书馆，1961年，第298页。
⑤ 同④。
⑥ 马佩，《充足理由律是形式逻辑的重要规律》，《哲学研究》，1979年第10期。

的、常往的物体组成的，是可分析为众多本性独立、相互外在关联的基本元素及其集合的观念。实体本体论和实体的逻辑就是对于这种世界观的进一步抽象。在柏拉图和亚里士多德那里，这任务又是同反对智者的所谓相对主义联系在一起的。和智者强调人是万物的尺度，否定有自在和真本身相反，“实体”这个西方哲学最核心的范畴，凝结着存在的本原性、普遍性和统一性本质。实体是自因，它无待他物而独立自存，且成为他物存在的根据。一个实体是它自己，便不能不是它自己。实体的自我同一性在逻辑上便表现为同一律 A=A。一个实体既然存在，便不能不存在，既然是“有”，便不能是“无”。“有”和“无”相对立，不能同时成立，这便是矛盾律；而两个相反的判断只能一是，则是排中律。对于传统逻辑的三律，还有以下这种评论：“同一律是独立实体（形式地）的自我同一；排中律是独立实体间的界限分别；矛盾律则是独立实体排它的必然性。”总之，“形式逻辑就是实体主义的形式学”。[①]

二十一、根据及根据向条件的过渡

“根据”（Grund，也译作“理由”）是指一事物之所以能产生或发生的基础、根由或理由。在黑格尔的逻辑学中，根据是一个很重要的概念，也是比较难理解的概念。

在《逻辑学》中，黑格尔说：“本质规定自身为根据”，根据本身是本质的反思规定之一，是扬弃了的规定。[②] 因此，“根据第一是绝对的根据，在这个根据中，本质对于根本关系说来，首先是基础；但更确切地说，它是把自身规定为形式和质料；并且给予自己一个内容。第二，根据作为一个规定了的内容的根据，是被规定的内容，由于根本关系在其实在化之中总是外在于自身的，它便过渡为有条件的中介。第三，根据事先建立一个条件；但条件也事先建立根据；无条件的东西是条件的统一，是自在的事实，它通过有条件的关系的中介，过渡为存在。”[③]

列宁摘录了黑格尔关于根据的下述一系列论述，这些论述粗略而形象地概括了黑格尔的主要观点，为其后的批注作了很好的铺垫：

（1）绝对的根据——die Grundlage（基础）。“形式和质料”。“内容”。

（2）被规定的根据（作为被规定的内容〔的〕根据）。

根据向有条件的中介（die bedingende Vermitte-lung）的过渡。

（3）自在之物（向实存的过渡）。注释。“根据的定律”。

通常说：“一切事物都有其充足的根据。”

① 《逻辑学百年》。

② 《逻辑学》下卷，第 71 页。

③ 《逻辑学》下卷，第 73 页。

“一般说来，这一命题的意义不外是这样：必须把一切存在物看作不是直接的存在的东西，而是被设定的东西；不应当停留于直接的定在或一般规定性，而应当从这里返回自己的根据……”

“不能这样提问题：形式是如何附着于本质的；因为形式只是本质自身的映现，是内在于〈原文如此！〉本质的自身的反思……”

“形式是本质的。本质是有形式的。不论怎样也是以本质为转移的……”

“本质作为无形式的同一（与自身的），就是质料。”

“……它〈质料〉是形式的本来的基础或基质……”

“如果抽去某物的一切规定、一切形式，那么，剩下的就是未被规定的质料。质料是纯粹抽象的东西。（——质料是看不见、摸不着的，等等，——凡是看得见、摸得着的东西是被规定了的质料，即质料和形式的统一体）”

“质料不是形式的根据，而是根据和有根据的东西的统一体。质料是被动的东西，形式是能动的东西（tätiges）。‘质料必须形式化，形式必须质料化……’”

“其次，表现为形式的活动的，同样也就是质料自身本来的运动……”

“……形式的作用和质料的运动二者都是一样的东西……质料本身是被规定的，或者说必然具有某个形式，而形式就是质料的、持续存在的形式。”

“说是经常用同语反复的方法来说明‘根据’，在物理科学中尤其如此：用太阳的‘引力’说明地球的运动。然而什么是引力呢？引力也是运动！！空洞的同语反复：为什么这个人要到城里去呢？由于城市的引力！在科学中，往往先提出分子、以太、‘电物质’等作为‘根据’，然后才知道，‘它们〈这些概念〉原来是从它们应当证明其根据的东西中引申出来的规定，原来是一些从无批判的反思中引申出来的假说和臆想……’也有人说：我们‘不知道这些力和物质本身的内在的本质……那么就没有什么可以‘说明’的了，只须谈谈事实就行了……”

“现实的根据……不再是同语反复，它已经是‘内容的另一个规定’”

“黑格尔在讲到关于‘根据’（Grund）的问题时，顺便指出：‘如果说自然界是世界的根据，那么，一方面，叫作自然界的东西同世界是一回事，而世界也不外是自然界本身。’另一方面，‘要使自然界成为世界，还要从外部把纷繁多样的规定加诸自然界……’”

“因为任何事物都具有‘许多’——‘内容的规定、关系和方面’，所以可以提出随便多少赞同和反对的论据。苏格拉底和柏拉图把这叫作诡辩术。这样的论据没有包括‘事物的全貌’，没有‘穷尽’事物（指

‘把握事物的联系’和‘包括事物的一切’方面而言)。”

“根据(Grund)向条件(Bedingung)的过渡。”①

列宁接着给出了以下4条重要的批注:

(1)“如果我没有弄错,那么黑格尔的这些推论中有许多神秘主义和空洞的学究气,可是基本的思想是天才的:万物之间的世界性的、全面的、活生生的联系,以及这种联系在人的概念中的反映——唯物地颠倒过来的黑格尔;这些概念还必须是经过琢磨的、整理过的、灵活的、能动的、相对的、相互联系的、在对立中统一的,这样才能把握世界。要继承黑格尔和马克思的事业,就应当辩证地探讨人类思想、科学和技术的历史。”

(2)“而‘纯逻辑的’探讨呢?这是相符合的。这必须相符合,就象《资本论》中的归纳和演绎一样。”

(3)“一条河和河中的水滴。每一水滴的位置、它同其他水滴的关系;它同其他水滴的联系;它运动的方向;速度;运动的路线——直的、曲的、圆形的等等——向上、向下。运动的总和。概念是运动的各个方面、各个水滴(=‘事物’)、各个‘细流’等等的总计。按照黑格尔的逻辑学,世界的情景大致是这样的,——当然要除去上帝和绝对。”②

(4)“黑格尔的‘环节’一词,经常指联系的环节,联结中的环节”。

在摘录了黑格尔的“如果某一事物具备了一切条件,那么它就进入实存……”后,列宁作了重要的批注:“很好!这跟绝对观念和唯心主义有什么关系呢?有趣的是这样‘引申出’……实存……”③

二十二、本质的表现

黑格尔说:“有是本质……本质把自己造成有,但这个有却是本质的有,是存在;这是一个从否定性和内在性发生出来的有。”④因此,“一切是某个事物的东西,都存在。有的真理不是要成为一个最初的直接物,而是要成为在直接性中发生的本质。”⑤这样,本质就表现出来了。本质的表现列宁概括为:“(1)实存(物);(2)现象(Erscheinung)。‘现象就是那个自在之物或自在之物的真理’,‘自身反思的、自在地存在的世界同现象世界对立着……’;(3)Verhältnis(关系)和现实。”⑥列宁这里指的关系,黑格尔《逻辑学》中的原文是:“存在就是本质的关系;现象物表明了本质的东西,而本质的东西又是在其现象之中。——那个关系是在他有中的反思和自身反思还不完全的联合;两种反思的完全渗透,就是现实。”⑦

① 《哲学笔记》第2版,第120~122页。
② 《哲学笔记》第2版,第122~123页。
③ 《哲学笔记》第2版,第123页。
④ 《逻辑学》下卷,第115页。
⑤ 《逻辑学》下卷,第116页。
⑥ 《哲学笔记》第2版,第124页。
⑦ 同⑤。

二十三、事物的特性

黑格尔认为自在之物的某种规定性就是事物的特性。他说："质是某物的直接规定性，是否定物本身，有由于它而是某物。同样，事物的特性就是反思的否定性，一般存在由于它而是存在物，作为单纯的自身同一，就是自在之物。但反思的否定性，即扬弃了的中介，本身又在本质上是中介和关系，不是对一个像作为不反思的规定性、即质那样的一般他物的关系，而是对自己像对一个他物那样的关系，或者说是那个同样直接成为自身同一的中介。抽象的自在之物本身就是从他物出来转回自身的状态；它因此便自在地规定了；但它的规定性是性状；这样的性状，本身就是规定，并且作为对他物的对待，不过渡为他有，也免去了变化。一个事物具有特性；那些特性第一是事物对他物的规定了的关系；特性只是作为彼此对待的方式而呈现的；因此它是外在反思和事物的建立起来之有那个方面。但第二，事物在这种建立起来之有中是自在的，它在对他物的关系中保持自身；它因此当然只是一个表面，存在便以这个表面而投身于有的变和变化之下。"①

对于事物的特性，列宁作了一系列的摘录："事物具有这样的特性：在他物中引出这个或那个东西，并以特有的方式在自己和他物的关系中表现出自己……因此，自在之物是本质地存在着的"，"自在之物本身不外是没有任何规定性的空洞的抽象，正因为它必须是没有任何规定的抽象，所以它当然是不可知的……先验唯心主义……把事物的一切规定性，'不论形式或内容，都转移到意识中去'……那么，按照这种观点，我看见的树叶不是黑的而是绿的，太阳是圆的而不是方的，我尝到的糖的滋味是甜的而不是苦的，我确定时钟是按顺序而不是同时敲第一下和第二下的，时钟敲第一下并不是敲第二下的原因，也不是它的结果等等，都是在我之中，即在主体中发生的……上述哲学所持观点的主要缺点就在于，它固执地把抽象的自在之物当作一个最终的规定，并且把反思或规定性和多样的特性同自在之物对立起来；但实际上，自在之物本来在自身中就具有这种外在的反思，并且把自己规定为赋有自身的规定、特性的物，因此，使事物成为纯粹的自在之物的那个抽象，是不真实的规定……许多不同的事物通过自己的特性而处于本质的相互作用中；特性就是这种相互关系本身，事物离开相互关系就什么也不是"。②

黑格尔说："一个事物只有通过规定性，才是这个事物，而规定性则唯在于事物的特性。事物由于特性而与其他事物相区别，因为特性就是否定的反思和进行区别；所以事物只是以其特性才在自身中具有它与其他

①《逻辑学》下卷，第125页。

②《哲学笔记》第2版，第125～126页。

事物的区别。特性是自身反思的区别，事物由于特性就在其建立起来之有中，即在其对别的事物的关系中，同时又对他物和对自己的关系漠不相关。所以对于事物说来，没有它的特性，所留下的便不过是抽象的自在之有，一个非本质的容量和外在的统括。真的自在之有是在其建立起来之有中的自在之有：建立起来之有就是特性。这样，事物性就过渡为特性……事物只有作为自身区别、自身相关的反思，才是一个本质的东西；但这却是特性。所以特性不是在事物中被扬弃的东西或其单纯的环节；另一方面，事物却真的只是那个非本质的容量，那个容量诚然是否定的统一，但仅仅象某物的一，即一个直接的一那样……特性现在就摆脱了不定和无力的联系，这个联系就是事物的一；它是那构成事物长在的东西，是独立的物质。——由于它是单纯的自身连续，所以它在自身中最初只具有作为差异那样的形式；因此便有了各种各样这类独立的物质，而事物就是由这些物质组成的。”① 这就是列宁所说的“物性过渡为特性”。

二十四、现象与本质

现象（Appearance）与本质的关系是黑格尔逻辑学中体现认识论与辩证法同一的重要内容。黑格尔说：“哲学与普通意识的区别，就在于哲学能把普通意识以为是独立自存之物，看出来仅是现象。”② 黑格尔认为在近代哲学史里，康德是第一个有功绩将前面所提及的常识与哲学思想的区别使之通行有效的人。“但是康德只走到半路就停住了，因为他只理解到现象的主观意义，于现象之外去坚持着一个抽象的本质、认识所不能达到的物自身。殊不知直接的对象世界之所以只能是现象，是由于它自己的本性有以使然，当我们认识了现象时，我们因而同时即认识了本质，因为本质并不存留在现象之后或现象之外，而正由于把世界降低到仅仅的现象的地位，从而表现其为本质。一般人的朴素意识，在要求达到对全体的知识时，对于这种主观唯心论的说法，认我们所知道的仅只是现象，会抱怀疑不安的态度，那也是无可责难的。不过，素朴意识亟欲拯救知识的客观性时，很易于退回到抽象的直接性，不加深究，坚持以为当前所给予的这些抽象直接的东西就是真理和现实。”③“在观察的意识看起来，规律的真理性也象感性存在之是为意识的对象那样，存在于经验里，而不是自在和自为的东西。但如果说规律的真理性不存在于概念里，那么规律就是一种偶然的东西，而不是一种必然性，因而事实上就不是规律了。但是，我们说规律本质上就是概念，这不但与它之为观察对象不相冲突，反而恰恰因此而具有必要的现实存在，成为观察的一种对象……意识经

①《逻辑学》下卷，第129~130页。
②《小逻辑》，第276页。
③《小逻辑》，第276~277页。

验到规律就是存在，但同样地也经验到规律就是概念，而只在这两种情况相结合时，即既是存在又是概念时，规律对于意识才是真的；规律所以为规律，因为它既显现为现象，同时自身又是概念。”①

1. 现象是其实存（存在）中的本质

黑格尔说：“本质的映现（Scheinen）于自身内是扬弃其自身而成为一种直接性的过程。此种直接性，就其为自身反映而言为持存、为质料，就其为反映他物，自己扬弃其持存而言为形式。显现或映现是本质之所以是本质而不是存在的特性。发展了的映现就是现象。”②“存在是有的直接性，本质曾经恢复自身为这种直接性。这种直接性自在地是本质的自身反思。本质作为存在，是从它的根据出来的，根据本身则过渡为存在。在存在本身是绝对否定性的情况下，它就是这种反思的直接性。现在当存在规定自身为现象时，它也是这样被建立的。因此，现象首先是在其存在中的本质；本质直接在存在里呈现。因为现象不是作为直接的存在，而是反思的存在，这种情况就构成了本质在现象里的环节；或者说，存在作为本质的存在，就是现象。某物只是现象，——这意思是说，这样的存在只是一个建立起来的东西，不是自在自为之有的东西。这种情况构成了存在的本质性。”③

2. 现象是外观（映象）和实存（存在）的统一

黑格尔说：“现象当然是逻辑理念的一个很重要的阶段。我们可以说哲学与普通意识的区别，就在于哲学能把普通意识以为是独立自存之物，看出来仅是现象。问题在于我们必须正确地理解现象的意义，以免陷于错误。譬如，当我们说某物只是现象时，也许会被误解为，与单纯的现象比较，那直接的或存在着的东西，好象要高一级似的。事实上恰与此相反，现象较之当前的单纯存在反而要高一级。现象是存在的真理，是比存在更为丰富的范畴，因为现象包括自身反映和反映他物两方面在内，反之，存在或直接性只是片面的、没有联系的，并且似乎只是单纯地依靠自身。再则，说某物只是现象，总暗示着那物有某种缺点，其缺点即在于现象自身有了分裂或矛盾，使得他没有内在稳定性。”④

“现象是作为否定的自身中介那样的事物；那样的事物所包含的区别，是独立的物质；那些物质有这样的矛盾，即：要成为一个直接的长在，同时又只有在一个外来的独立性中，即在其自己的否定中，才具有其长在，并且还因为正是只有在那个外来独立性的否定中，或说在其自己的否定之否定中，才具有其长在。映象是这同一个中介，但它的不休止的环节在现象中却具有直接独立性的形态。反之，属于存在的直接独立性，就它的一方面说，却降低为环节。因此，现象是映象

①《精神现象学》上卷，第167、169页。
②《小逻辑》，第275页。
③《逻辑学》下卷，第139页。
④《小逻辑》，第276页。

和存在的统一。”[①]

3. 现象的规定

黑格尔说：“现象更确切地规定自己。它是本质的存在；存在的本质性与非本质的在相区别，这两个方面都在相互关系之中。——因此，现象第一是单纯的自身同一，同时又包含不同的内容规定，它本身及其关系，是在现象交替中自身等同、长留不变的东西，——即现象的规律。第二，但那在差异中的单纯的规律，又过渡为对立；现象的本质的东西与现象本质对立起来，自在之有的世界与现象世界对立起来。第三，这对立回到它的根据里去：自在之有的东西是在现象中，反过来，显现的东西被规定要在它的自在之有中被吸收；现象变成对比。”[②]

4. 现象的否定方面

黑格尔说：“现象是那由于其否定而有中介的存在物，它的否定构成它在长在。它的这个否定诚然是另一个独立物；但这独立物在本质上同样是一个被扬弃的。因此，存在物是通过它的否定并通过它的这个否定的否定而回归到自身；所以它具有本质的独立性；正如它直接就全然是建立起来之有那样，这个建立起来之有也以一个根据和一个他物为其组成。——所以，现象首先是存在连同它的本质性，建立起来之有连同它的根据；但这个根据是否定，而另一独立物，即前者的根据，也同样只是一个建立起来之有。或者说，存在物作为显现的东西，是在一个他物中反思的，并且以这个他物为其根据，它本身只有在一个外物中反思才是这样。因为它回归到自身，属于它的本质的独立性，也就由于环节的否定性的原故，是无由无而回归到自身；因此存在物的独立性不过是本质的映象。所以互为根据的存在物的连系，就在于这种相互的否定，即：一个存在物的长在不是另一个存在物的长在而是其建立起来之有，唯有建立起来之有的那种关系构成关系的长在。根据是当前现在的，正如根据在其真理中那样，即必须成为第一个，那第一个只是一个事先建立的东西。这种情况构成现象的否定方面，但存在物肯定的自身同一也直接包含在这个否定的中介之中。因为存在物不是与一个本质的根据对立的建立起来之有，或说不是在一个独立物里的映象，而是与一个建立起来之有相关的建立起来之有，或说是只在一个映象中的一个映象。它在它的这个否定中，或说在一个本身被扬弃的他物中，与自身相关；所以它是自身同一的或肯定的本质性。”[③] 现象的本质的内容有两个方面：“一是在建立起来之有或外在直接性的形式中，二是作为自身同一的建立起来之有。就第一方面来说，内容是一个实有，但却是一个偶然的、非本质的实有，按照其直接性而隶属于过渡、发生和消逝之下。就第二方面来说，内容

① 《逻辑学》下卷，第140页。
② 《逻辑学》下卷，第140~141页。
③ 《逻辑学》下卷，第141页。

是单纯的，免除了上述更迭变换的内容规定，是其长留不变的东西。”[①]

5. 现象的规律

黑格尔说：“现象是有的多方面的差异，这个差异到处把自身抛掷到非本质的多样性里去；反之，现象的反思的内容则是其多样性被还原到单纯的区别。规定的、本质的内容，更确切说来，就不仅是一般被规定，而且作为现象的本质的东西，还是完全的规定性：一个及其他物。在现象中，这两者每一个之所以在他物中有其长在，是由于它同时也只是在他物的不长在之中。由于一个的建立起来之有也是他物的建立起来之有，这个矛盾便扬弃了，并且矛盾的自身反思就是现象的两个方面的长在的同一。它们构成一个长在，同时又作为差异的，互相漠不相关的内容。因此，在现象的本质的方面里，非本质的内容的否定物便要扬弃自身，回到同一中去；这个内容是一个漠不相关的长在，这长在不是被扬弃之有，而是他物的长在。这个统一就是现象的规律。所以规律就是显现的东西的中介的肯定物。”[②]这最后一句话不易理解，在列宁的《哲学笔记》中的表述为：“规律是经过显现的东西中介的肯定的东西。”[③]（中文第一版译为：“规律是现象的中介中的肯定的东西。”）对此，黑格尔做了说明：“现象所以首先是作为否定的自身中介那样的存在，因为存在物由于它自己特有的非长在，即由于一个他物，并再由于这个他物的非长在而自身有了中介。其中包含第一是两者的单纯映现和消失，即非本质的现象，第二是长留不变的东西，或说规律；因为两者每一个都在他物的扬弃中存在，并且它们的建立起来之有，作为它们的否定性，同时又是两者的同一的、肯定的建立起来之有。现象在规律中所具有的长留不变的长在，因此就象它自身所规定的那样，第一与存在所具有的有的直接性对立。这种直接性虽然自在地是反思的直接性，即回到自身的根据；但是在现象中，这种单纯的直接性现在却与反思的直接性相区别，两种直接性只是在事物中才开始分离。存在的事物在其消解中就变成这种对立；其消解的肯定物就是作为建立起来之有的现象物在它的另一建立起来之有中的那个自身同一。第二，这种反思的直接性本身被规定为建立起来之有，与存在的有的直接性对立。这个建立起来之有现在是本质的东西和真的肯定的……第三，现象和规律有同一个内容。规律是现象在自身同一中的反思；这样，现象就作为虚无的直接物而与自身反思的东西对立，它们依照这种形式而相区别。”

对于黑格尔对现象规律的表述，列宁作了批注：“这里都是极其费解的。但是，具有活力的思想看来是有的：规律的概念是人对于世界过程的统一和联系、相互依赖和总体性的认识的一个阶段。黑格尔在这里

①《逻辑学》下卷，第141页。
②《逻辑学》下卷，第142~143页。
③《哲学笔记》第2版，第126页。

热衷于对词和概念的‘加工琢磨’和‘穿凿雕镂’，这是反对把规律的概念绝对化、简单化、偶像化。现代物理学应该注意这一点！！！”①

黑格尔说：“规律因此不在现象以外，而在现象中直接现在；规律王国是存在的或现象的世界静止的反映。但两者不如说是一个总体，而且存在的世界本身是规律的王国；规律，作为单纯的同一的东西，同时又是作为在建立起来之有中或在存在的本身消解的独立性中与自身同一的。存在回到规律中去，就象回到规律的根据中去一样；现象包含这两者，一是单纯的根据，一是现象宇宙的消解运动，根据就是这个运动的本质性。所以规律是本质的现象；它是这个现象在其建立起来之有中的自身反思，是这个建立起来之有和非本质存在的同一的内容。第一，现在这个规律的同一只有连同它的存在一起，才是直接的单纯同一；并且规定对它的存在是漠不相关的；现象还有一个内容，不同于规律的内容。前者诚然是非本质的，并且要回到后者里去；但对于规律说来，它却是第一个，不由后者而建立；因此，它作为内容，是外在地与规律连结着的。现象是一些较详细的规定，那些规定属于“这个”事物或具体物，并不包含在规律之内，而是由一个他物来规定的。第二，现象所包含的与规律相差异的东西，规定自身为一个肯定物或另一内容，但它本质上却是一个否定物；它是形式及其属于现象的那个运动本身。规律王国是现象的静止的内容；现象是同一内容，但却表现为不静止的更迭交替并且是在他物中的反思。现象是规律作为否定的、自身绝对变化的存在是过渡为对立物、自身扬弃和回到统一的运动。这个不静止的形式或否定性的方面并不包含规律；因此现象与规律对比起来，就是总体，因为它包含规律，但还多一些，即自身运动的形式这一环节。第三，上述在规律中所缺少的环节，是这样呈现的，即：它的内容还不过是一个差异的、从而对自身漠不相关的内容，因此它的方面的互相同一不过是一个直接的、从而是内在的、还不是必然的同一。在规律中，两个内容规定是在本质上连结起来的（例如在落体运动规律中的空间大小和时间大小；所经过的空间与经过的时间的平方成正比）；它们是连结着的；这种关系不过是一种直接的关系。它因此同样不过是一种建立起来的关系，就象一般直接物在现象中所获得的建立起来之有的意义那样。规律的两个方面的本质的统一，似乎应该就是它们的统一，即似乎一个方面在本身中就应该包含它们的另一方面；但这个本质的统一还不曾在规律那里出现……因此，规律只是现象的肯定的本质性，不是其否定的本质性；按照这个否定的本质性，内容规定就是形式的环节，它们本身过渡为它们的他物，并且在它们本身中也同样不是它们而是它们的他物。所以在规律中，规律一个方面的建立起来之有诚然

①《哲学笔记》第2版，第126页。

是另一方面的建立起来之有；但它们的内容却对这种关系漠不相关，内容本身并不包含这个建立起来之有。因此，规律虽然是本质的形式，但还不是作为内容在其各个方面反思的、实在的形式。”①

对黑格尔上述冗长的论述，列宁作了概括式摘录：“现象在规律中具有的这种持续的存在……规律是现象在自身同一中的反思。（规律是现象中同一的东西：‘现象在自身同一中的反映’）这种同一，即构成规律的现象基础，是现象本身的环节……因此，规律不是在现象的彼岸，而是直接就在现象之中……规律的王国是现存世界或现象世界的静止的〈黑体是黑格尔用的〉反映……”并做了三条批注或旁注：

（1）“注意规律是现象中持久的（保存着的）东西（规律——现象中同一的东西）”。

（2）“注意规律＝现象的静止的反映”。②

（3）“这是非常唯物主义的和非常确切的（从‘静止的’这个词来看）规定。规律把握住静止的东西——因此，规律、任何规律都是狭隘的、不完全的、近似的。”③

列宁在摘录了：“实存转回到规律，即转回到自己的根据；现象包含着二者，即单纯的根据和现象宇宙的消解运动。而消解运动的本质性就是根据。”“因此，规律是本质的现象。”后给出旁注：“注意规律是本质的现象”并加了批注：“所以，规律和本质是表示人对现象、对世界等等的认识深化的同一类的（同一序列的）概念，或者说得更确切些，是同等程度的概念。”④

列宁摘录了：“现象宇宙的运动，在这一运动的本质性中，就是规律。”后加了旁注：“注意（规律是宇宙运动中本质的东西的反映）”。

列宁在摘录了：“规律的王国是现象的静止的内容；现象是这个内容，不过是通过不静止的更迭交替并且作为在他物中的反思显现出来的内容……因此，同规律相比，现象是总体，因为它包含着规律，并且还包含得更多一些，即自己运动着的形式的环节。”后加了旁注：“（现象、整体、总体）（规律＝部分）（现象比规律丰富）”。⑤

列宁继续摘录：“世界本身和现象世界是同一的，但同时又是对立的。一个之中的肯定的东西，就是另一个之中的否定的东西。现象世界中的恶，就是世界本身中的善。”

“现象世界和本质世界……二者都是实存的独立的整体；一个世界应该只是反思的实存，另一个世界则是直接的实存；但是每一个世界都在它的另一个之中不断地连续下去，因此在自身中都是这两个环节的同一……两个世界首先是独立的，不过这只是指它们作为总体而言，是指

① 《逻辑学》下卷，第145～147页。
② 《哲学笔记》第2版，第126页。
③ 《哲学笔记》第2版，第127页。
④ 同③。
⑤ 《哲学笔记》第2版，第128页。

每一个在本质上都在自身中包含着另一个的环节而言……”

并给出批注：“这段话的实质是这样：现象世界和自在世界是人对自然界的认识的各环节，（认识的）阶段、变化或深化。自在世界离现象世界越来越远的移动——这在黑格尔那里还没有看到。注意。黑格尔所指的概念的：‘各环节’没有过渡的‘各环节’的意义吗？”[①]

“因此，规律就是本质的关系。”列宁的批注是：“规律就是关系。对于马赫主义者、其他不可知论者以及康德主义者等等，这点是要注意的，本质的关系或本质之间的关系”。[②]

“现象的真理是本质的关系……”

“因此，关系的真理在于中介……”[③]

二十五、可能性与必然性

黑格尔说：“现实，首先只是可能性……最初在想象里，我们总以为可能性是较丰富较广阔的范畴，而现实性则是较贫乏较狭窄的范畴。因此人们说：一切都是可能的，但不能说，凡是可能的因而也是现实的。”[④]“现实是本质和实存的统一……现实、可能和必然，构成绝对物或绝对物的反思形式的环节。绝对物及其反思的统一，是绝对的对比，或不如说是作为对本身对比的绝对物，——实体。”[⑤]

列宁说，现实高于存在并高于实存。(1) 存在是直接的。“存在还不是现实的。”存在过渡到另一方。(2) 实存（它过渡到现象）——实存来自根据、条件，但是在实存中还没有“反思和直接性”的统一。(3) 现实。实存和自在存在（Ansichsein）的统一。“实在的必然性是内容丰富的关系……”“但是这种必然性同时又是相对的……”“因此，绝对的必然性就是真理，而现实和一般可能性也同形式的和实在的必然性一样要回到这个真理中。”[⑥]

关于“可能性”问题，黑格尔指出这一范畴的空洞性并在《小逻辑》中说：“一个事物是可能的还是不可能的，取决于内容，这就是说，取决于现实性的各个环节的全部总合，而现实性在它的开展中表明它自己是必然性。”[⑦]对此，列宁给出两条批注：“现实的诸环节的总体、总和，现实在展开中表现为必然性。”“现实的诸环节的全部总和的展开（注意）= 辩证认识的本质。”[⑧]

黑格尔雄辩地说明，一味赞美自然现象的丰富多彩和更迭交替是无济于事的，必须：“进一步更确切地识别自然界的内部谐和及规律性……”列宁认为这是“接近于唯物主义。”[⑨]

① 《哲学笔记》第2版，第128页。
② 同①。
③ 《哲学笔记》第2版，第129页。
④ 《小逻辑》，第297页。
⑤ 《逻辑学》下卷，第177～178页。
⑥ 《哲学笔记》第2版，第131～132页。
⑦ 《小逻辑》，第300页。
⑧ 《哲学笔记》第2版，第132页。
⑨ 《哲学笔记》第2版，第132～133页。

黑格尔说："如果一切条件均齐备时，这实质必会实现，而且这实质本身也是条件之一，因为实质最初作为内在的东西，也仅是一种设定的前提。发展了的现实性，作为内与外合而为一的更替，作为内与外的两个相反的运动联合成为一个运动的更替，就是必然性。……概念是必然性的真理，它包含有扬弃了的必然性在自身内。反过来，同样可以说，必然性是潜在的概念。必然性只有在它尚未被理解时才是盲目的。"①

黑格尔说："实体是理念发展过程中的一个重要阶段"② 列宁认为应读作："人类对自然界和物质的认识的发展过程中的一个重要阶段。"③

二十六、原因与结果

黑格尔说："实体在如下情形下，即是原因：即当实体在过渡到偶性时，反而返回到自身，并且，因而是原始的实质，但同时又扬弃它的自身返回或扬弃它的单纯可能性，以设定其自身为它自身的否定者，从而产生出一种效果，产生出一种现实性。这种现实性虽然只是设定起来的东西，却通过产生效果的过程而同时又是必然的东西。原因，作为原始的实质，具有绝对独立性和一种与效果相对而自身保持其持存性的规定或特性，但原因只有在其同一性构成原始性本身的必然性中才过渡到效果。"④

黑格尔说："同一个事情，此时表现为原因，彼时表现为结果，那里表现为特殊的长在，这里表现为在一个他物里的建立起来之有或规定。既然这些形式的规定是外在的反思，那么，要把一个现象规定为结果，从而上溯其原因，以便理解它、说明它，就事情而论，这是主观知性的同语反复的考察，只是重复同一个内容而已；人们在原因中所具有的东西，无非是在结果中所具有的。"⑤"我们说一物为因，仅因其有果，说一物为果，仅因其有因。由此足见，因果两者具有同一的内容，而因与果的区别主要只是设定与被设定的区别。而这种形式的区别也同样又扬弃其自身，因为原因不仅是一个他物的原因，而且又是它自己本身的原因；同时，效果也不仅是一个他物的效果，而且又是它自己本身的效果。依此看来，事物的有限性即在这里：因与果按概念说，虽是同一的，但这两种形式却表现出在如下方式上是分离开的，即因虽又是果，果虽又是因，但因却不在同样联系内是因，而果也不在同样联系内是果，这样，于是又发生无穷递进的情形：无穷系列的因同时又表现为一无穷系列的果。"⑥"结果根本不包含……原因中没有包含的东西……"⑦

因此，列宁说："原因和结果只是各种事件的世界性的相互依存、（普遍）联系和相互联结的环节，只是物质发展这一链条上的环节……世界

①《小逻辑》，第305、307页。
②《小逻辑》，第313~314页。
③《哲学笔记》第2版，第133页。
④《小逻辑》，第316页。
⑤《逻辑学》下卷，第218页。
⑥《小逻辑》，第318页。
⑦《哲学笔记》第2版，第134页。

联系的全面性和包罗万象的性质，这个联系只是片面地、断续地、不完全地由因果性表现出来。”①

“这里还可以指出，既然承认原因和结果的关系（即使不是在本来的意义上），那么结果就不可能大于原因；因为结果不过是原因的表现。”

列宁指出：“我们通常所理解的因果性，只是世界性联系的一个极小部分，然而（唯物主义补充说）这不是主观联系的一小部分，而是客观实在联系的一小部分。”②

列宁摘录了“然而，通过一定的因果关系的运动，就成了这样：不仅原因消失在结果中，从而结果也随着消失，正象在形式的因果性中那样；而且原因在其消失中即在结果中又重新产生，结果在原因中消失，又同样地在原因中重新产生。这些规定的每一个都在其设定中扬弃自身，又在其扬弃中设定自身；这不是因果性从一个基质到另一个基质的外部过渡，而是原因和结果变为他方，同时也是它们自身的设定。因此，因果性是事先设定它自身或以自身为条件的。”③并给出批注：“‘因果关系的运动’＝实际上在不同的广度或深度上被捉摸到、被把握住内部联系的物质运动以及历史运动……”④

列宁摘录了“首先，相互作用表现为互为前提和互相制约的两个实体的相互因果性；每一个实体对于另一个实体说来，同时既是主动的又是被动的。”“在相互作用中，最初的因果性表现为从它的否定即从它的被动性中的产生，以及在被动性中的消失，即表现为变易……”“于是，必然性和因果性便消失在这种融合中；它们包含着两者，即相异事物的作为联系和关系的直接同一性以及相异事物的绝对实体性，从而包含着它们的绝对偶然性；它们包含着实体性差别的最初的统一，从而就包含着绝对的矛盾。必然性就是存在，因为存在就是存在着的；必然性就是以自己为根据的存在的自身统一；但是反过来，因为存在有一个根据，它就不再是存在，而全都只是外观、关系或中介。因果性就是从原始存在、原因向外观或单纯设定性的这样一个设定的过渡，反过来，又是从设定性向原始东西的过渡；但是存在和外观的同一本身还是内在的必然性。这种内在性或自在的存在扬弃因果性运动；于是相互关联的各个方面的实体性就消失，而必然性也就显露出来。必然性所以转变为自由，不是由于必然性的消失，而只是由于它的仍然内在的同一表现了出来。”并做了批注：“当你读到黑格尔关于因果性的论述时，一开始会觉得很奇怪：为什么他对于康德主义者所喜爱的这个题目谈得比较少。为什么呢？那是因为在他看来，因果性只是普遍联系的规定之一，而他早已在自己的所有的阐述中深刻得多和全面得多地把握住了这种普遍联系，并且从一开头就一直强调这种联系、相互过渡等

①《哲学笔记》第2版，第134页。

②《哲学笔记》第2版，第135页。

③《哲学笔记》第2版，第135页；《逻辑学》下卷，第225页。

④ 同②。

等。把新经验论（或‘物理学的唯心主义’）的‘挣扎’同黑格尔解决问题的方法，更确切些说，同他的辩证方法加以比较，是极有教益的。”①②

莱伊在《现代哲学》中说，“科学是认识和理性的成果”，“真理是存在的，即使它不是不变的，那么也是可以被我们逐渐接近的。只有依靠科学方法才能获得真理，离开了科学，哪儿也找不到真理；真理、科学是一切人类活动的必要的和足够的条件。”③

恩格斯说：“体系学在黑格尔以后就不可能有了。世界表现为一个统一的体系，即一个有联系的整体，这是显而易见的，但是要认识这个体系，必须先认识整个自然界和历史，这种认识人们永远不会达到。因此，谁要建立体系，他就只好用自己的臆造来填补那无数的空白，也就是说，只好不合理地幻想，玄想。合理的幻想——换句话说，就是综合！”④因此，要研究和发展唯物主义辩证法，就应当研究人类整个认识的历史，研究全部知识领域的成果。

“极为谦逊的达尔文多么伟大，他不仅把整个生物学中的成千上万个事实搜集在一起，进行分类和加工，而且还愉快地引证每一位前辈，即使这样做有损于他自己的荣誉，即使这样的前辈比起那自己一事无成而对任何人的成就都不满意的大吹大擂的杜林，是微不足道的……”⑤

列宁的《哲学笔记》为我们学习经典哲学著作树立了光辉的榜样。

初稿于2013年6月12日
定稿于2014年9月19日

①《哲学笔记》第2版，第135～137页。
②《哲学笔记》的内容较多，本书只梳理了其中的一部分。
③《莱伊〈现代哲学〉一书札记》，《哲学笔记》第1版，第375、379页。
④《马克思恩格斯全集》第20卷，第662～663页。
⑤《马克思恩格斯全集》第20卷，第665页。

恩格斯的《自然辩证法》

自然科学是一切知识的基础。

——《马克思恩格斯全集》第 47 卷第 572 页。

自然辩证法的研究对象是自然界发展和科学技术发展的一般规律、人类认识和改造自然的一般方法以及科学技术在社会发展中的作用。唯物辩证的自然观与方法论是自然辩证法的基石。自然辩证法是马克思主义的重要组成部分，马克思和恩格斯把科学技术看成是一种在历史上起推动作用的革命力量。他们认为，自然界是一切事物的本原，人类本身就是从自然界中分化出来并从自然界那里取得生存与发展的资料的；人类对自然界的认识产生了科学，对自然界的改造产生了技术；人类社会就是与科学技术的发展一同发展起来的；近代以后，科学革命与技术革命极大地改变了人类社会的面貌，把人类社会推向了一个新的历史阶段。爱因斯坦说："科学的目的一方面是尽可能完备地理解全部感觉的经验之间的关系；另一方面，通过最小个数的原始概念和原始关系的使用来达到目的"。恩格斯在《路德维希费尔巴哈和德国古典哲学的终结》中指出："在从笛卡儿到黑格尔和从霍布斯到费尔巴哈这一长时期内，推动哲学家前进的，绝不像他们所想象的那样，只是纯粹思想的力量。恰恰相反，真正推动他们前进的，主要是自然科学和工业的强大而日益迅速的进步。"① 自然辩证法的创立与发展同哲学与科学技术的进步密切相关，是马克思主义关于科学、技术及其与社会的关系的已有成果的概括和总结。

一、恩格斯《自然辩证法》概述

自然辩证法是以马克思主义的观点、理论与方法为指导，根据社会历史条件，结合时代的任务，对科学技术的发展及其与社会发展的相互关系进行考察的研究领域。

19 世纪以来，自然科学有了一系列重大发现，其中，能量转化、细胞学说和进化论，被恩格斯称为自然科学中彻底动摇了形而上学自然观的三大发现。这一切都从不同方面揭示了自然界的历史发展和普遍联系，充分展示了整个自然科学从经验到理论、从分析到综合的发展过程。恩格斯从 19 世纪 50 年代后期起依据自然科学发展的成果，系统地研究、建立和阐明马克思主义自然辩证法，对德国古典哲学中的唯心主义辩证法进行了唯物主义的改造。在《反杜林论》哲学篇和《自然辩证法》手

①《马克思恩格斯全集》第21卷，第318页。

稿中，恩格斯概括了19世纪自然科学的最新成果，描述了自然发展史，即自然界辩证发展的图景（天体、地球、生命与人类的演化）。“当我们深思熟虑地考察自然界或人类历史或我们自己的精神活动的时候，首先呈现在我们眼前的，是一幅由种种联系和相互作用无穷无尽地交织起来的画面，其中没有任何东西是不动的和不变的，而是一切都在运动、变化、产生和消失。”①恩格斯以一个辩证唯物主义者的观点来考察自然界，运用丰富的自然科学材料阐发了辩证法的基本规律，研究了各门自然科学的辩证内容。他把自然科学所揭示的自然界的辩证法同自然科学认识发展和研究方法的辩证法联系起来研究，并认为从根本上来说认识的辩证法是客观的辩证法的反映，指出辩证法是唯一的、最高度地适合于自然观的这一发展阶段的思维方法。

自然辩证法的范围涉及自然史、人类史与科学技术史。早在19世纪40年代，马克思就指出：“正像关于人的科学将包括自然科学一样，自然科学往后也将包括关于人的科学：这将是一门科学。”②在马克思、恩格斯的经典著作中，《资本论》是社会发展史，《自然辩证法》是自然发展史。自然史与社会史的相互联系、相互制约与相互作用，是在人、人的劳动、人所制造的劳动工具，以及随同劳动工具产生与发展起来的科学技术中实现的。

马克思说：“我的观点是在于我把经济社会形态的发展看作一个自然历史过程。”③马克思的《资本论》以资本主义社会为对象，研究了“资本主义生产方式以及和它相适应的生产关系和交换关系”④，揭示了资本主义产生、发展与灭亡的运动规律。《资本论》详细地论述了科学技术与资本主义社会发展的关系，提出了一系列论断：科学技术是生产力；机器工业生产过程的特点与组织形式（工厂制度）；由工业技术引起的工业革命不同于农业革命的特点（机器大生产）；用机器来生产机器（机器制造业）是大工业的技术基础；机器生产要求以自然力代替人力，以自觉应用自然科学来代替从经验中得出的成规；机器生产的原则是把生产过程分解为各个组成阶段，并且应用力学、化学等，总之就是应用自然科学来解决由此产生的问题；自然界并没有制造出任何机器，它们是人类的手创造出来的人类头脑的器官，是物化的知识力量，因而在人类历史上，只有机器大工业生产才第一次使自然科学为直接的生产过程服务，同时，机器大工业生产的发展反过来又为从理论上征服自然提供了手段。

马克思着重指出，在资本主义社会中，资产阶级正是利用科学技术，在不到一百年的阶级统治中创造出空前巨大的生产力。从历史唯物主义

① 《马克思恩格斯全集》第20卷，第23页。
② 马克思，《1844年经济学哲学手稿》，人民出版社，1979年，第82页。
③ 转引自罗森塔尔《马克思〈资本论〉中的辩证法问题》，第36页。
④ 《马克思恩格斯全集》第23卷，人民出版社，1972年，第8页。

的观点看来，人类为了满足自己的需要，为了维持和再生产自己的生命，必须与自然界进行斗争，必须发展生产力，野蛮人必须这样做，文明人也必须这样做，这是一个必然性的王国，在一切社会形态中，在一切可能的生产方式中，都必须这样做。但是，“只有资本主义生产方式才第一次使自然科学为直接的生产过程服务，同时，生产的发展反过来又为从理论上征服自然提供了手段。科学获得的使命是：成为生产财富的手段，成为致富的手段。只有在这种生产方式下，才第一次产生了只有用科学方法才能解决的实际问题。只有现在，实验和观察——以及生产过程本身的迫切需要——才第一次达到使科学的应用成为可能和必要的那样一种规模。现在，科学，人类理论的进步，得到了利用。资本不创造科学，但是它为了生产过程的需要，利用科学，占有科学。这样一来，科学作为应用于生产的科学同时就和直接劳动相分离，而在以前的生产阶段上，范围有限的知识和经验是同劳动本身直接联系在一起的，并没有发展成为同劳动相分离的独立的力量，因而整个说来从未超出制作方法的积累的范围，这种积累是一代代加以充实的，并且是很缓慢地、一点一点地扩大的。”① 在资本主义条件下，科学对于劳动者来说，表现为异己的、敌对的和统治的权力。

现代科学技术社会化、社会科学技术化的趋势，以及人文科学与自然科学融合的趋势，形成了科学、技术与社会日益紧密结合的强大潮流，证明了马克思关于自然科学将发展为一门关于人的科学这一正确论断。

恩格斯的《自然辩证法》由 10 篇论文、169 段札记和片断、2 个计划草案，共 181 个部分组成，是一部未完成的著作，是恩格斯断断续续花了十多年时间对自然科学研究的总结。这部著作开辟了马克思主义哲学的一个新领域，为自然辩证法这一学科的建立奠定了理论基础。它概括了当时自然科学的成就，论述了辩证自然观和辩证法的三个基本规律，自然科学和哲学的关系，自然科学发展的规律，自然科学的分类；论述了自然科学研究中的认识论、辩证逻辑问题，论述了数学、力学、物理学、化学、生物学等学科的辩证内容，提出了人类起源于劳动的学说；批判了当时在自然科学哲学领域中的生理学唯心主义、不可知论、机械论、狭隘经验论、社会达尔文主义等错误理论；提出了一些重要的科学预见，诸如原子可分、电运动有物质基础、放射到太空中去的热能重新集结、物理学和化学之间的边缘科学发展、人工合成蛋白质的可能、非细胞生命的存在等。

19 世纪末，以牛顿力学为基础的物理科学趋于成熟，但在解决自

①《马克思恩格斯全集》第 47 卷，人民出版社，1979 年，第 570 页。

然科学的哲学概括与总结问题上，受经验主义的影响，产生了实证主义流派。马克思、恩格斯则从辩证唯物主义的立场出发，对科学的本质特征、科学与人类社会发展的关系，做出了深刻的概括与总结。恩格斯依据自然科学史的广泛材料，特别是从文艺复兴到19世纪中叶这一时期的材料，说明了自然科学和哲学的关系。自然科学的发展归根到底取决于实践和生产的需要。由于生产力的迅速发展，在自然科学发展中积累的材料数量很大，这就需要对获得的成果进行系统的概括，并建立各门科学互相之间的正确联系。而自然科学自身不能解决这个任务，必须求助于哲学。

恩格斯在《反杜林论》中指出："数学上的一切东西的绝对适用性、不可争辩的确实性的童贞状态一去不复返了。"① 因此，"旧的自然哲学，无论它包含有多少真正好的东西和多少可以结实的萌芽，是不能满足我们的需要的。"② 虽然马克思和恩格斯，"可以说是从德国唯心主义哲学中拯救了自觉的辩证法并且把它转为唯物主义的自然观和历史观的唯一的人。"③ 可是"要确立辩证的同时又是唯物主义的自然观，需要具备数学和自然科学的知识"，所以恩格斯研究自然科学和数学的目的就是要提供这样一个证明："在自然界里，同样的辩证法的运动规律在无数错综复杂的变化中发生作用，正象在历史上这些规律支配着似乎是偶然的事变一样；这些规律也同样地贯串于人类思维的发展史中，它们逐渐被思维着的人所意识到；这些规律最初是由黑格尔全面地、可是以神秘的形式阐发的，而剥去它们的神秘形式，并从它们的全部的单纯性和普遍性上把它们清楚地表达出来，这就是我们的目的。"④ 对恩格斯来说，"事情不在于把辩证法的规律从外部注入自然界，而在于从自然界中找出这些规律并从自然界里加以阐发。不过，要系统地并且在每个领域中都来完成这一点，却是一件巨大的工作。不仅所要掌握的领域几乎是漫无边际的，而且就是在这整个的领域中，自然科学本身也正处在如此巨大的变革过程中，以致那些即使有全部空闲时间来从事于此的人，也很难跟踪不失。因为单是把大量积累的、纯粹经验主义的发现予以系统化的必要性，就会迫使理论自然科学发生革命，这场革命必然使甚至最顽固的经验主义者也日益意识到自然过程的辩证性质。旧的不变的对立，严格的不可逾越的分界线正在日益消失。"⑤

在《自然辩证法》中，恩格斯研究了著名自然科学代表人物近百部著作，对自然科学获得的大量实际材料进行了概括，并从辩证唯物主义哲学的立场作了分析，内容主要涉及自然科学史、自然科学和哲学的关系，物质运动形式以及认识论方面的一些问题。宇宙在空间和时间方面

①《马克思恩格斯全集》第20卷，人民出版社，1971年，第96页。
②《马克思恩格斯全集》第20卷，第14页。
③《马克思恩格斯全集》第20卷，第13页。
④《马克思恩格斯全集》第20卷，第13~14页。
⑤《马克思恩格斯全集》第20卷，第15页。

都是无限的，它处于不断的运动和变化中。物质在其中运动的巨大循环，展开着极其丰富的各种物质运动形式——从无机物的最简单的运动形式到生命和思维。物质和运动不仅在量的方面是不灭的，而且在质的方面也是不灭的。贯穿着全部《自然辩证法》的，是恩格斯关于各种不同的物质运动形态（机械运动，或简单的位置变动；各种物理的运动，如热、光、电；化学过程；有机的生命）的学说，关于这些运动形态的统一和彼此间互相转化的学说，同时也就是关于每一种运动形态在质的方面的特点，以及关于没有可能把高级运动形态机械地归结为低级运动形态的学说。

恩格斯指出：“在自然科学中，由于它本身的发展，形而上学的观点已经成为不可能的了。”① 因此，“不管自然科学家采取什么样的态度，他们还是得受哲学的支配。”② 自然科学家自觉地掌握辩证法的必要性在于“辩证法对今天的自然科学来说是最重要的思维形式”③。“自然界是检验辩证法的试金石，而且我们必须说，现代自然科学为这种检验提供了极其丰富的、与日俱增的材料，并从而证明了，自然界的一切归根到底是辩证地而不是形而上学地发生的；自然界不是循着一个永远一样的不断重复的圆圈运动，而是经历着实在的历史。”④

恩格斯揭示了辩证唯物主义自然观与形而上学自然观的根本对立，指出“辩证法是关于普遍联系的科学”⑤，“辩证法的规律是从自然界和人类社会的历史中抽象出来的”⑥。恩格斯着重研究了主观辩证法即辩证思维、辩证逻辑问题，并指出所谓主观辩证法是支配自然界的客观辩证法的反映。他对辩证逻辑和形式逻辑的关系、认识的辩证过程、判断的辩证分类、归纳和演绎的辩证关系、假说的作用等，提出了许多精辟的见解。

在《自然辩证法》的最后一篇论文《劳动在从猿到人转变过程中的作用》中，恩格斯在指出猿如何通过长期的历史过程发展为在质的方面和它不同的生物——人的时候，绝顶巧妙地说明了劳动工具的发明和制造在形成人的体型和形成人类社会的过程中所起的头等的和决定性的作用。他说，劳动“是整个人类生活的第一个基本条件，而且达到这样的程度，以致我们在某种意义上不得不说：劳动创造了人本身”⑦。根据这个观点，劳动以及随同它一起形成与发展起来的科学技术，乃是人类社会发展的动力，从而克服了单纯从生物学角度来解释人的产生的片面性，形成了从自然科学到社会科学的过渡阶段。因而这篇论文可以看作是自然史与社会史的联结部分，也是《自然辩证法》与《资本论》的联结部分。

马克思在考察社会时，把社会看作是一个有机体，并且把生产、分

①《马克思恩格斯全集》第20卷，第357页。
②《马克思恩格斯全集》第20卷，第552页。
③《马克思恩格斯全集》第20卷，第383页。
④《马克思恩格斯全集》第20卷，第700页。
⑤ 同①。
⑥《马克思恩格斯全集》第20卷，第401页。
⑦《马克思恩格斯全集》第20卷，第509页。

配、交换、消费看作是社会有机体的不同要素。他认为，每一个有机体的要素都存在相互联系、相互作用，“一定的生产决定一定的消费、分配、交换和这些不同要素相互间的一定关系。当然，生产就其单方面形式来说也决定于其他要素”①。马克思的系统思想在《资本论》中得到了充分的、具体的、科学的体现。恩格斯在考察自然界时，也是把自然界看成是一个系统的整体，他说：“我们所面对着的整个自然界形成一个体系，即各种物体相互联系的总体。”②他指出，由于自然科学的进步，“整个自然界是作为至少在基本上已解释清楚和了解清楚的种种联系和种种过程的体系而展现在我们面前”③；系统中各个要素、各个过程的“相互作用是我们从现代自然科学的观点考察整个运动着的物质时首先遇到的东西”④。

恩格斯在考察科学的历史发展时，特别着重指出人的实践的作用、生产的作用，因为科学的发生及发展进程归根到底是由生产所决定的。20世纪初列宁指出：“从自然科学奔向社会科学的强大潮流，不仅在配第时代存在，在马克思时代也是存在的。在20世纪，这个潮流是同样强大，甚至可说更加强大了。”⑤这个潮流最初在管理科学领域中出现，美国工程师泰罗（Frederich Winslow Taylor，1856～1915年）是科学管理的创始人，他认为科学管理的中心问题是提高工人的劳动生产率，为此他应用时间研究、动作研究等科学方法，采用标准化的劳动方法、作业程序、劳动工具、作业环境和控制生产进度等科学原则，研究工人标准的工作量，据此建立起一套完整的科学的管理方法，以代替传统的凭个人经验、技能进行作业的方法，开创了“管理科学化”这一方向。沿着这一方向发展出行为科学、系统科学等管理学派。

自然辩证法研究涉及的领域（自然界、科学、技术与社会）构成一个开放的复杂巨系统，对它的研究必须从辩证的观点，也就是发展的观点、整体的观点出发，并且牢牢抓住系统中的科学技术。科学技术既是人类认识自然、改造自然的活动与成果，又是改变人们的关系，推动社会发展的强大力量；科学技术是人与自然的中介，又是人与人的关系的中介。恩格斯指出：“随着自然科学领域中每一个划时代的发现，唯物主义必然要改变自己的形式；而自从历史也被唯物主义地解释的时候起，一条新的发展道路也在这里开辟出来了。”⑥

二、历史的导言及科学历史摘要

在《自然辩证法》导言和科学历史摘要部分，恩格斯精辟地阐述了

①《马克思恩格斯全集》第46卷（上），人民出版社，1979年，第37页。
②《马克思恩格斯全集》第20卷，第409页。
③《马克思恩格斯全集》第20卷，人民出版社，1971年，第538～539页。
④《马克思恩格斯全集》第20卷，人民出版社，1971年，第574页。
⑤《列宁全集》第25卷，人民出版社，1988年，第189页。
⑥《马克思恩格斯全集》第21卷，第320页。

自然科学从产生到当时的发展过程，充分体现了人类认识自然、改造自然的艰难而曲折的进程，并预言了未来科学发展的方向。恩格斯通过大量的事实告诉我们，自然科学是在分化中发展的，每一学科的发展史就是自然科学不断分化的历史，“从一个简单的细胞开始，怎样由于遗传和适应的不断斗争而一步一步地前进，一方面进化到最复杂的植物，另一方面进化到人”①。

《自然辩证法》导言和《〈反杜林论〉旧序》系统阐述了辩证唯物主义对自然的辩证性质的理解，是对马克思主义哲学体系建设的一大贡献。恩格斯列举了近代自然科学的发展向形而上学的自然观发出的六次挑战，揭示了唯物辩证的自然观代替形而上学自然观的历史必然性。恩格斯还揭示从原始星云到人类社会的发展，证明无限的宇宙无生无灭，而有限的事物有生有灭，为我们描绘了一幅自然界及人类社会普遍联系和无限发展的图景；最后，指出理论思维与自然科学研究的密切联系；自然科学的新成就推动哲学（理论思维）的发展，自然科学的研究需要哲学来指导。

在今天，纵观人类历史的长河，不得不让我们惊叹，恩格斯的预言与现实的科学发展是如此的吻合，不得不感叹他的智慧和伟大以及对现代科学研究的重要的指导作用。

（一）现代自然科学兴起的时代

恩格斯在《自然辩证法》中通过大量的事实告诉我们，人类社会对自然的认识历程并非一帆风顺。他认为人类认识自然大体上可以分为古希腊哲学家为代表的朴素唯物主义，16 世纪、17 世纪自然科学和机械唯物主义自然观，19 世纪自然科学和辩证唯物主义自然观的提出三个阶段。而 A. N. 怀特海则认为，从古代文明初次开出花朵起，经过中世纪的演变，最后一直到 16 世纪的历史性大革命前所经历的情形，为 17 世纪科学的发芽滋长准备好了土壤。“这里引人注目的主要因素有一共三个：第一个是数学的兴起；第二个是对于无微不至的自然秩序的本然信念；第三个是中世纪后期思想上过火的理性主义。我们说的这种理性主义指的是一种信念，认为发现真理的途径主要必须通过对事物本质的形而上学的分析，而且通过这种分析就能决定事物是如何活动和发生作用的。”②

恩格斯指出，唯一地达到了科学的、系统的和全面发展的现代自然科学，和整个近代史一样，是从 15 世纪下半叶开始的伟大时代，“这个时代，我们德国人由于当时我们所遭遇的民族不幸而称之为宗教改革，法国人称之为文艺复兴，而意大利人则称之为五百年代（即十六世纪），

① 《马克思恩格斯全集》第 20 卷，第 553 页。
② 《科学与近代世界》，第 38 页。

但这些名称没有一个能把这个时代充分地表达出来”①。

在这一时代，“国王的政权依靠市民打垮了封建贵族的权力，建立了巨大的、实质上以民族为基础的君主国，而现代的欧洲国家和现代的资产阶级社会就在这种君主国里发展起来”；德国农民战争不仅把起义的农民引上了舞台，而且在农民之后，“把现代无产阶级的先驱也引上了舞台”。“意大利出现了前所未见的艺术繁荣，这种艺术繁荣好像是古典古代的反照，以后就再也不曾达到了。在意大利、法国、德国都产生了新的文学，即最初的现代文学；英国和西班牙跟着很快达到了自己的古典文学时代。”只是在这个时候才真正发现了地球，奠定了以后的世界贸易以及现代大工业的基础。“教会的精神独裁被摧毁了，德意志诸民族大部分都直截了当地抛弃了它，接受了新教，同时，在罗曼语诸民族那里，一种从阿拉伯人那里吸收过来并从新发现的希腊哲学那里得到营养的明快的自由思想，愈来愈根深蒂固，为十八世纪的唯物主义做了准备。”②

“这是一次人类从来没有经历过的最伟大的、进步的变革，是一个需要巨人而且产生了巨人——在思维能力、热情和性格方面，在多才多艺和学识渊博方面的巨人的时代。给现代资产阶级统治打下基础的人物，决不受资产阶级的局限。相反地，成为时代特征的冒险精神，或多或少地推动了这些人物。那时，差不多没有一个著名人物不曾作过长途的旅行，不会说四五种语言，不在几个专业上放射出光芒。”③

恩格斯说，那时的英雄们还没有成为分工的奴隶，分工所具有的限制人的、使人片面化的影响，在他们的后继者那里我们是常常看到的。但他们的特征是他们几乎全都处在时代运动中，在实际斗争中生活着和活动着，站在这一方面或那一方面进行斗争，一些人用舌和笔，一些人用剑，一些人则两者并用。“列奥纳多·达·芬奇不仅是大画家，而且也是大数学家、力学家和工程师，他在物理学的各种不同部门中都有重要的发现。阿尔勃莱希特·丢勒是画家、铜板雕刻家、雕刻家、建筑师，此外还发明了一种筑城学体系，这种筑城学体系，已经包含了一些在很久以后被蒙塔郎贝尔和近代德国筑城学重又采用的观念。马基雅弗利是政治家、历史家、诗人，同时又是第一个值得一提的近代军事著作家。路德不但扫清了教会这个奥吉亚斯的牛圈，而且也扫清了德国语言这个奥吉亚斯的牛圈，创造了现代德国散文，并且撰作了成为十六世纪《马赛曲》的充满胜利信心的赞美诗的词和曲。”所有这些造就了使他们成为完人的那种性格上的完整和坚强。

在这一时期，书斋里的学者不是第二流或第三流的人物，就是唯恐

①《马克思恩格斯全集》第20卷，第360页。
②《马克思恩格斯全集》第20卷，第360~361页。
③《马克思恩格斯全集》第20卷，第361页。

烧着自己手指的小心翼翼的庸人。“这是地球从来没有经历过的最伟大的一次革命。”[①]“自然科学当时也在普遍的革命中发展着，而且它本身就是彻底革命的；它还得为争取自己的生存权利而斗争。同现代哲学从之开始的意大利伟大人物一起，自然科学把它的殉道者送上了火刑场和宗教裁判所的牢狱。”宗教裁判烧死乔尔丹诺·布鲁诺和塞尔维特；哥白尼用他那本不朽著作（虽然是胆怯地而且可说是只在临终时）来向自然事物方面的教会权威挑战。“从此自然科学便开始从神学中解放出来，尽管个别的互相对立的见解的争论一直拖延到现在，而且在许多人的头脑中还远没有得到结果。但是科学的发展从此便大踏步地前进，而且得到了一种力量，这种力量可以说是与从其出发点起的（时间的）距离的平方成正比的。仿佛要向世界证明：从此以后，对有机物的最高产物、即对人的精神起作用的，是一种和无机物的运动规律正好相反的运动规律。”[②]

（二）现代自然科学兴起阶段的伟大成就

恩格斯说：“科学的发生和发展一开始就是由生产决定的。”[③]游牧民族和农业民族为了确定季节的绝对需要产生了天文学。天文学只有借助于数学才能发展。因此也开始了数学的研究。埃及的提水灌溉，特别是随着城市和大建筑物的产生以及手工业的发展，力学也发展起来了。不久，力学也应用于航海和战争。力学的发展需要数学的帮助，因而又推动了数学的向前发展。

“如果说，在中世纪的黑夜之后，科学以意想不到的力量一下子重新兴起，并且以神奇的速度发展起来，那末，我们要再次把这个奇迹归功于生产。”[④]自然科学开始阶段占首要地位的，是最基本的自然科学。天体的力学、数学方法的发现和完善化有了一些伟大的成就：“在以牛顿和林耐为标志的这一时期末，我们见到这些科学部门已经在某种程度上完成了。最重要的数学方法基本上被确定了；主要由笛卡儿制定了解析几何，由耐普尔制定了对数，由莱布尼茨，也许还由牛顿制定了微积分。刚体力学也是一样，它的主要规律彻底弄清楚了。最后，在太阳系的天文学中，刻卜勒发现了行星运动的规律，而牛顿则从物质的普遍运动规律的观点对这些规律进行了概括。”[⑤]而自然科学的其他部门甚至离这种初步的完成还很远。液体和气体的力学只是在这个时期末才得到更高的研究；光学得到例外的进步是由于天文学的实际需要。“化学刚刚借燃素说从炼金术中解放出来。地质学还没有超出矿物学的胚胎阶段；因此古生物学还完全不能存在。最后，在生物学领域内，人们主要还是从

① 《马克思恩格斯全集》第20卷，第533页。
② 《马克思恩格斯全集》第20卷，第362～363页。
③ 《马克思恩格斯全集》第20卷，第523页。
④ 《马克思恩格斯全集》第20卷，第524页。
⑤ 《马克思恩格斯全集》第20卷，第363页。

事于搜集和初步整理大量的材料，不仅是植物学和动物学的材料，而且还有解剖学和本来意义上的生理学的材料。至于各种生命形式的相互比较，它们的地理分布和他们的气候等的生活条件的研究，则还几乎谈不到。在这里，只有植物学和动物学由于林耐而达到了一种近似的完成。”①

（三）现代自然科学开始阶段的时代的特征

这个时代的特征是形成一个特殊的总观点，“这个总观点的中心是自然界绝对不变这样一个见解。不管自然界本身是怎样产生的，只要它一旦存在，那末在它存在的时候它始终就是这样。”恒星永远固定不动地停留在自己的位置上，凭着“万有引力”而互相保持这种位置；地球亘古以来或者从它被创造的那天起就毫无改变地总是原来的样子；植物和动物的种，一产生便永远确定下来，相同的东西总是产生相同的东西，“和在时间上发展着的人类历史相反，自然界的历史被认为只是在空间中扩张。自然界的任何变化、任何发展都被否定了。开始时那样革命的自然科学，突然站在一个彻头彻尾保守的自然界面前，在这个自然界中，今天的一切都和一开始的时候一样，而且直到世界末日或万古永世，一切都将和一开始的时候一样。”②

在思维领域，“把自然界分解为各个部分，把自然界的各种过程和事物分成一定的门类，对有机体的内部按其多种多样的解剖形态进行研究，这是最近四百年来在认识自然界方面获得巨大进展的基本条件。但是，这种做法也给我们留下了一种习惯：把自然界的事物和过程孤立起来，撇开广泛的总的联系去进行考察，因此就不是把它们看作运动的东西，而是看作静止的东西；不是看作本质上变化着的东西，而是看作永恒不变的东西；不是看作活的东西，而是看作死的东西。这种考察事物的方法被培根和洛克从自然科学中移到哲学中以后，就造成了最近几个世纪所特有的局限性，即形而上学的思维方式。在形而上学者看来，事物及其在思想上的反映，即概念，是孤立的、应当逐个地和分别地加以考察的、固定的、僵硬的、一成不变的研究对象。他们在绝对不相容的对立中思维；他们的说法是：‘是就是，不是就不是；除此以外，都是鬼话。’在他们看来，一个事物要么存在，要么就不存在；同样，一个事物不能同时是自己又是别的东西。正和负是绝对互相排斥的；原因和结果也同样是处于固定的相互对立中。初看起来，这种思维方式对我们来说似乎是极为可取的，因为它是合乎所谓常识的。然而，常识在它自己的日常活动范围内虽然是极可尊敬的东西，但它一跨入广阔的研究领域，

①《马克思恩格斯全集》第20卷，第363~364页。
②《马克思恩格斯全集》第20卷，第364~365页。

就会遇到最惊人的变故。形而上学的思维方式，虽然在相当广泛的、各依对象的性质而大小不同的领域中是正当的，甚至必要的，可是它每一次都迟早要达到一个界限，一超过这个界限，它就要变成片面的、狭隘的、抽象的，并且陷入不可解决的矛盾，因为它看到一个一个的事物，忘了它们互相间的联系；看到它们的存在，忘了它们的产生和消失；看到它们的静止，忘了它们的运动；因为它只见树木，不见森林。例如，在日常生活中，我们知道，并且可以肯定地说某种动物存在还是不存在；但是在进行较精确的研究时，我们就发现这有时是极其复杂的事情。这一点法学家们知道得很清楚，他们绞尽脑汁去发现一条判定在子宫内杀死胎儿是否算是谋杀的合理界限，结果总是徒劳。同样，要确定死的时刻也是不可能的，因为生理学证明，死并不是突然的、一瞬间的事情，而是一个很长的过程。同样，任何一个有机体，在每一瞬间都是它本身，又不是它本身；在每一瞬间，它同化着外界供给的物质，并排泄出其他物质；在每一瞬间，它的机体中都有细胞在死亡，也有新的细胞在形成；经过或长或短的一段时间，这个机体的物质便完全更新了，由其他物质的原子代替了，所以每个有机体永远是它本身，同时又是别的东西。在进行较精确的考察时，我们也发现，某种对立的两极，例如正和负，是彼此不可分离的，正如它们是彼此对立的一样，而且不管它们如何对立，它们总是互相渗透的；同样，原因和结果这两个观念，只有在应用于个别场合时才有其本来的意义；可是只要我们把这种个别场合放在它和世界整体的总联系中来考察，这两个观念就汇合在一起，融化在普遍相互作用的观念中，在这种相互作用中，原因和结果经常交换位置；在此时或此地是结果，在彼时或彼地就成了原因，反之亦然。所有这些过程和思维方法都是形而上学思维的框子所容纳不下的。相反地，对辩证法来说，上述过程正好证明了它自己的方法是正确的，因为辩证法在考察事物及其在头脑中的反映时，本质上是从它们的联系、它们的连结、它们的运动、它们的产生和消失方面去考察的。”①

恩格斯说：“虽然十八世纪上半叶的自然科学在知识上，甚至在材料的整理上高过了希腊古代，但是它在理论地掌握这些材料上，在一般的自然观上却低于希腊古代。在希腊哲学家看来，世界在本质上是某种从浑沌中产生出来的东西，是某种发展起来的东西、某种逐渐生成的东西。在我们所考察的这个时期的自然科学家看来，它却是某种僵化的东西、某种不变的东西，而在他们中的大多数人看来，则是某种一下子造成的东西。”②

在这一时期，“科学还深深地禁锢在神学之中。它到处寻找，并且找

① 《马克思恩格斯全集》第20卷，第23~25页。

② 《马克思恩格斯全集》第20卷，第365页。

到了一种不能从自然界本身来说明的外来的推动力作为最后的原因。”“哥白尼在这一时期的开端给神学写了挑战书；牛顿却以关于神的第一次推动的假设结束了这个时期。这一时期的自然科学所达到的最高的普遍的思想，是关于自然界安排的合目的性的思想，是浅薄的沃尔弗式的目的论，根据这种理论，猫被创造出来是为了吃老鼠，老鼠被创造出来是为了给猫吃，而整个自然界被创造出来是为了证明造物主的智慧。”①

当时哲学的最高荣誉就是：“它没有被同时代的自然知识的狭隘状况引入迷途，它——从斯宾诺莎一直到伟大的法国唯物主义者——坚持从世界本身说明世界，而把细节方面的证明留给未来的自然科学。”

恩格斯说：“我们不要忘记：这个陈腐的自然观，虽然由于科学的进步而被弄得百孔千疮，但是它仍然统治了十九世纪的整个上半叶。”②

（四）康德在僵化的自然观上打开了第一个缺口

“在这个僵化的自然观上打开第一个缺口的，不是一个自然科学家，而是一个哲学家。1755 年出现了康德的《自然通史和天体论》。关于第一次推动的问题被取消了；地球和整个太阳系表现为某种在时间的进程中逐渐生成的东西。”康德的这个天才发现中包含着一切继续进步的起点。“如果地球是某种逐渐生成的东西，那末它现在的地质的、地理的、气候的状况，它的植物和动物，也一定是某种逐渐生成的东西，它一定不仅有在空间中互相邻近的历史，而且还有在时间上前后相继的历史。如果立即沿着这个方向坚决地继续研究下去，那末自然科学现在就会进步得多。”虽然康德的哲学著作没有产生直接的结果，但是很多年以后拉普拉斯和赫舍尔充实了他的内容，并且作了更详细的论证；通过光谱分析证明了宇宙物质的化学上的同一性以及康德所假定的炽热星云团的存在，因此才使“星云假说”最后获得了胜利。③

“第一个缺口：康德和拉普拉斯。第二个：地质学和古生物学（赖尔，缓慢进化说）。第三个：制造出有机物并表明化学定律适用于生物的有机化学。第四个：1842 年，热之唯动［说］，格罗夫。第五个：达尔文、拉马克，细胞等等（斗争，居维叶和阿加西斯）。第六个：解剖学、气象学（等温线）、动物地理学和植物地理学（十八世纪中叶以来的科学考察旅行）以及自然地理学（洪堡）中的比较的要素，材料的编整。形态学（胚胎学，贝尔）。”④

（五）自然界不是存在着，而是生成着并消逝着

“但是，如果这个刚刚萌芽的观点——自然界不是存在着，而是生

①《马克思恩格斯全集》第 20 卷，第 365 页。
②《马克思恩格斯全集》第 20 卷，第 365～366 页。
③《马克思恩格斯全集》第 20 卷，第 366～367 页。
④《马克思恩格斯全集》第 20 卷，第 535 页。

成着并消逝着——没有从其他方面得到支持，那末大多数自然科学家是否会这样快地意识到，变化着的地球竟担负着不变的有机体这样一个矛盾，那倒是可以怀疑的。”①

地质学指出不仅整个地球，而且地球今天的表面以及生活于其上的植物和动物，也都有时间上的历史。赖尔的地质“渐变论”指出，地球表面和一切生活条件的渐次改变，直接导致有机体的渐次改变和它们对变化着的环境的适应，导致物种的变异性。

这时物理学有了巨大的进步，它的结果，迈尔、焦耳和格罗夫三个不同的人几乎同时在自然科学这一部门中的划时代的一年，即 1842 年总结出来的“能量守恒与转化定律”。“物理学和以前的天文学一样，达到了一种结果，这种结果必然指出运动着的物质的永远循环是最终结论。”②

从拉瓦锡以后，特别是从道尔顿以后，化学的惊人迅速的发展，“用无机的方法制造出过去一直只能在活的机体中产生的化合物，它就证明了化学定律对有机物和无机物是同样适用的，而且把康德还认为是无机界和有机界之间的永远不可逾越的鸿沟大部分填起来了。”③

最后，在生物学研究的领域中，细胞学说和生物进化论的建立，甚至迫使最顽固的分子也承认整个有机界的发展史和个别机体的发展史之间存在着令人惊异的类似，“一切有机体的最后构成部分的原生质和细胞，现在发现是独立生存着的最低级的有机形式。因此，不仅有机界和无机界之间的鸿沟缩减到最小限度，而且过去和机体种源说相对立的最根本的困难之一也被排除了。”④

上述理论自然科学的一系列重大发现，揭示了自然界物质运动形式的多样性以及这些物质运动形式的相互联系与相互转化，消融了有机界与无机界之间的鸿沟，自然界的主要过程得到了说明，并被归之于自然的原因。“旧的目的论已经完蛋了，但是现在有一种信念是确定不移的：物质依据这样一些规律在其永恒的循环中运动，这些规律在一定的阶段上——时而在这里，时而在那里——必然地在有机物中产生出思维着的精神。”⑤

这样，“新的自然观的基本点是完备了：一切僵硬的东西溶化了，一切固定的东西消散了，一切被当作永久存在的特殊东西变成了转瞬即逝的东西，整个自然界被证明是在永恒的流动和循环中运动着。”⑥

（六）整个自然界都处于永恒的产生和消灭中

“于是我们又回到了希腊哲学的伟大创立者的观点：整个自然界，

①《马克思恩格斯全集》第 20 卷，第 367 页。

②《马克思恩格斯全集》第 20 卷，第 369 页。

③ 同②。

④《马克思恩格斯全集》第 20 卷，第 369~370 页。

⑤《马克思恩格斯全集》第 20 卷，第 535 页。

⑥《马克思恩格斯全集》第 20 卷，第 370 页。

从最小的东西到最大的东西，从沙粒到太阳，从原生生物到人，都处于永恒的产生和消灭中，处于不断的流动中，处于无休止的运动和变化中。只有这样一个本质的差别：在希腊人那里是天才的直觉的东西，在我们这里是严格科学的以实验为依据的研究的结果，因而也就具有确定得多和明白得多的形式。”①

“拉普拉斯以一种至今还没有人超过的方式详细地证明了，一个太阳系如何从一个单独的气团中发展起来；以后的科学愈来愈证实了他的观点。”②

也许会经过多少亿年，也许会有多少万代生了又死，那时日益衰竭的太阳热将不再能融解从两极逼近的冰，“最后就是在那里也不再能找到足以维持生存的热，那时有机生命的最后痕迹也将逐渐消失；而地球，一个像月球一样的死寂的冻结了的球体，将在深深的黑暗里沿着愈来愈狭小的轨道围绕着同样死寂的太阳旋转，最后就落到它上面。其他的行星也将遭到同样的命运，有的比地球早些，有的比地球迟些；代替安排得和谐的、光明的、温暖的太阳系的，只是一个冷的、死了的球体在宇宙空间里循着自己的孤寂的道路行走着。我们的太阳系所遭遇的命运，我们的宇宙岛的其他一切星系或早或迟地都要遭遇到，其他一切无数的宇宙岛的星系都要遭遇到；还有这样的星系，它们发出来的光，即使地球上还有人的眼睛去接受它，也永远达不到地球，连这样的星系也都要遭遇到这种命运。”③

“也许经过了多少万年，才造成了可以进一步发展的条件，这种没有定形的蛋白质能够由于核和膜的形成而产生第一个细胞。但是，随着这第一个细胞的产生，整个有机界的形态形成的基础也产生了……从最初的动物中，主要由于进一步的分化而发展出无数的纲、目、科、属、种的动物，最后发展出神经系统获得最充分发展的那种形态，即脊椎动物的形态，而最后在这些脊椎动物中，又发展出这样一种脊椎动物，在它身上自然界达到了自我意识，这就是人。”④

“人也是由分化产生的。不仅从个体方面来说是如此——从一个单独的卵细胞分化为自然界所产生的最复杂的有机体，而且从历史方面来说也是如此。”⑤

（七）给自然界打上自己印记的只有人

“经过多少万年之久的努力，手和脚的分化，直立行走，最后确定下来了，于是人就和猿区别开来，于是音节分明的语言的发展和头脑的巨大发展的基础就奠定了，这就使得人和猿之间的鸿沟从此成为不可逾

① 《马克思恩格斯全集》第20卷，第370页。
② 《马克思恩格斯全集》第20卷，第371页。
③ 《马克思恩格斯全集》第20卷，第375~376页。
④ 《马克思恩格斯全集》第20卷，第373页。
⑤ 同④。

越的了。手的专门化意味着工具的出现，而工具意味着人所特有的活动，意味着人对自然界进行改造的反作用，意味着生产。狭义的动物也有工具，然而这只是它们躯体的四肢，蚂蚁、蜜蜂、海狸就是这样；动物也进行生产，但是它们的生产对周围自然界的作用在自然界面前只等于零。只有人才给自然界打上自己的印记，因为他们不仅变更了植物和动物的位置，而且也改变了他们所居住的地方的面貌、气候，他们甚至还改变了植物和动物本身，使他们活动的结果只能和地球的普遍死亡一起消失。而人之所以做到这点，首先和主要地是由于手。甚至直到现在都是人改造自然界的最强有力的工具的蒸汽机，正因为是工具，归根到底还是要依靠手。但是随着手的发展，头脑也一步一步地发展起来，首先产生了对个别实际效益的条件的意识，而后来在处境较好的民族中间，则由此产生了对制约着这些效益的自然规律的理解。随着对自然规律的知识的迅速增加，人对自然界施加反作用的手段也增加了；如果人的脑不随着手、不和手一起、不部分地借助于手相应地发展起来的话，那末单靠手是永远造不出蒸汽机来的。”①

（八）人创造了自己的历史

“动物的正常生存，是由它们当时所居住和所适应的环境造成的；人的生存条件，并不是他一从狭义的动物中分化出来就现成具有的；这些条件只是通过以后的历史的发展才能造成。人是唯一能够由于劳动而摆脱纯粹的动物状态的动物——他的正常状态是和他的意识相适应的而且是要由他自己创造出来的。”②

“有了人，我们就开始有了历史。动物也有一部历史，即动物的起源和逐渐发展到现在这个样子的历史。但是这部历史是人替它们创造的，如果说它们自己也参与了创造，这也不是它们所知道和希望的。相反地，人离开狭义的动物愈远，就愈是有意识地自己创造自己的历史，不能预见的作用、不能控制的力量对这一历史的影响就愈小，历史的结果和预定的目的就愈加符合。但是，如果用这个尺度来衡量人类的历史，即使衡量现代最发达的民族的历史，我们就会发现：在这里，预定的目的和达到的结果之间还总是存在着非常大的出入，不能预见的作用占了优势，不能控制的力量比有计划发动的力量强得多。只要人的最重要的历史活动，使人从动物界上升到人类并构成人的其他一切活动的物质基础的历史活动，满足人的生活需要的生产，即今天的社会生产，还被不可控制的力量的无意识的作用所左右，只要人所希望的目的只是作为例外才能实现，而且往往得到恰恰相反的结果，那末上述情形是不能不如此的。

①《马克思恩格斯全集》第20卷，第373~374页。

②《马克思恩格斯全集》第20卷，第535~536页。

我们在最先进的工业国家中已经降服了自然力，迫使它为人们服务；这样我们就无限地增加了生产，使得一个小孩在今天所生产的东西，比以前的一百个成年人所生产的还要多。而结果又怎样呢？过度劳动日益增加，群众日益贫困，每十年一次大崩溃。达尔文并不知道，当他证明经济学家们当做最高的历史成就加以颂扬的自由竞争、生存斗争是动物界的正常状态的时候，他对人们、特别是对他的本国人作了多么辛辣的讽刺。只有一种能够有计划地生产和分配的自觉的社会生产组织，才能在社会关系方面把人从其余的动物中提升出来，正象一般生产曾经在物种关系方面把人从其余的动物中提升出来一样。历史的发展使这种社会生产组织日益成为必要，也日益成为可能。一个新的历史时期将从这种社会生产组织开始，在这个新的历史时期中，人们自身以及他们的活动的一切方面，包括自然科学在内，都将突飞猛进，使以往的一切都大大地相形见绌。"①

"一切产生出来的东西，都一定要灭亡"，"现在，现代自然科学必须从哲学那里采纳运动不灭的原理；它没有这个原理就不能继续存在"②。"物质在它的一切变化中永远是同一的，它的任何一个属性都永远不会丧失，因此，它虽然在某个时候一定以铁的必然性毁灭自己在地球上的最美的花朵——思维着的精神，而在另外的某个地方和某个时候一定又以同样的铁的必然性把它重新产生出来。"③

从恩格斯《导言》中，我们可以体会到自然辩证法的发展同自然科学的发展是紧密联系着的，20世纪以来自然科学取得了突飞猛进的发展充分说明"在自然科学中，由于它本身的发展，形而上学的观点已经成为不可能的了"。④

三、《反杜林论》旧序

（一）每个研究理论问题的人必须研究近代自然科学的成果

恩格斯说："近来在德国，哲学体系，特别是自然哲学体系，雨后春笋般地生长起来，至于政治学、经济学等等的无数新体系，就更不必说了……正如今天的自然科学家，不论自己愿意与否，都不可抗拒地被迫考察理论的一般结论一样，每个研究理论问题的人，也同样不可抗拒地被迫研究近代自然科学的成果。在这里发生一定的相互补偿。如果理论家在自然科学领域中是半通，那末今天的自然科学家在理论领域中，在直到现在被称为哲学的领域中，事实上也同样是半通。经验自然科学

①《马克思恩格斯全集》第20卷，第374~375页。
②《马克思恩格斯全集》第20卷，第376页。
③《马克思恩格斯全集》第20卷，第378~379页。
④《马克思恩格斯全集》第20卷，第357页。

积累了如此庞大数量的实证的知识材料，以致在每一个研究领域中有系统地和依据材料的内在联系把这些材料加以整理的必要，就简直成为无可避免的。建立各个知识领域互相间的正确联系，也同样成为无可避免的。因此，自然科学便走进了理论的领域，而在这里经验的方法就不中用了，在这里只有理论思维才能有所帮助。”①

（二）辩证法对自然科学来说是最重要的思维形式

理论思维是一种天赋的能力，这种能力必须加以发展和锻炼，而为了进行这种锻炼，除了学习以往的哲学，直到现在还没有别的手段。恩格斯说，“每一时代的理论思维，从而我们时代的理论思维，都是一种历史的产物，在不同的时代具有非常不同的形式，并因而具有非常不同的内容。因此，关于思维的科学，和其他任何科学一样，是一种历史的科学，关于人的思维的历史发展的科学。而这对于思维的实际应用于经验领域也是非常重要的。因为第一，思维规律的理论决不象庸人的头脑关于‘逻辑’一词所想象的那样，是一成不变的‘永恒真理’。形式逻辑本身从亚里士多德直到今天都是一个激烈争论的场所。而辩证法直到现在还只被亚里士多德和黑格尔这两个思想家比较精密地研究过。然而恰好辩证法对今天的自然科学来说是最重要的思维形式，因为只有它才能为自然界中所发生的发展过程，为自然界中的普遍联系，为从一个研究领域到另一个研究领域的过渡提供类比，并从而提供说明方法。第二，熟知人的思维的历史发展过程，熟知各个不同的时代所出现的关于外在世界的普遍联系的见解，这对理论自然科学来说是必要的，因为这为理论自然科学本身所建立起来的理论提供了一个准则。但是在这里常常很明显地表现出对哲学史的不熟悉。”②

“在哲学中几百年前就已经提出了的、早已在哲学上被废弃了的命题，常常在研究理论的自然科学家那里作为全新的智慧出现，而且在一个时候甚至成为时髦的东西。”③

恩格斯指出：“一个民族想要站在科学的最高峰，就一刻也不能没有理论思维。正当自然过程的辩证性质以不可抗拒的力量迫使人们不得不承认它，因而只有辩证法能够帮助自然科学战胜理论困难的时候，人们却把辩证法和黑格尔派一起抛到大海里去了，因而又无可奈何地沉溺于旧的形而上学。从此以后，在公众当中流行的一方面是叔本华的、后来甚至是哈特曼的适合于庸人的浅薄思想，另一方面是福格特和毕希纳之流的庸俗的巡回传教士的唯物主义。大学里有各式各样的折衷主义互相竞争，它们只在一点上是一致的，即它们都只是由已经过时的哲学的

①《马克思恩格斯全集》第20卷，第380~382页。
②《马克思恩格斯全集》第20卷，第382~383页。
③《马克思恩格斯全集》第20卷，第383页。

残渣杂凑而成，而且全都同样是形而上学的。从古典哲学的残余中保留下来的只有一种新康德主义，这种新康德主义的最高成就是那永远不可知的自在之物，即康德哲学中最不值得保存的那一部分。最终的结果是现在盛行的理论思维的纷扰和混乱。

“我们很难拿到一本理论自然科学书籍而不得到这样一个印象：自然科学家自己感觉到，这种纷扰和混乱如何厉害地统治着他们，现在流行的所谓哲学如何绝对不能给他们以出路。除了以这种或那种形式从形而上学的思维复归到辩证的思维，在这里没有其他任何出路，没有达到思想清晰的任何可能。

“这种复归可以通过各种不同的道路达到。它可以仅仅由于自然科学的发现本身所具有的力量而自然地实现，这些发现是再也不会让自己束缚在旧形而上学的普罗克拉斯提斯的床[①]上的。但这是一个比较长期、比较缓慢的过程，在这个过程中有大批多余的阻碍需要克服。这个过程大部分已经在进行，特别是在生物学中。如果理论自然科学家愿意从历史地存在的形态中仔细研究辩证哲学，那末这一过程就可以大大地缩短。”[②]

（三）对近代自然科学特别有效的两种辩证哲学形态

恩格斯说，有两种辩证哲学形态对近代自然科学特别能收到效果。“第一种是希腊哲学。在这里辩证的思维还以天然的纯朴的形式出现，还没有被这样一些迷人的障碍所困扰，这些障碍是 17 和 18 世纪的形而上学——英国的培根和洛克、德国的沃尔弗——自己给自己造成的，而形而上学就是以这些障碍堵塞了自己从了解部分到了解整体、到洞察普遍联系的道路。在希腊人那里——正因为他们还没有进步到对自然界的解剖、分析——自然界还被当作一个整体而从总的方面来观察。自然现象的总联系还没有在细节方面得到证明，这种联系对希腊人来说是直接的直观的结果。这里就存在着希腊哲学的缺陷，由于这些缺陷，它在以后就必须屈服于另一种观点。但是在这里，也存在着它胜过它以后的一切形而上学敌手的优点。如果说，在细节上形而上学比希腊人要正确些，那末，总的说来希腊人就比形而上学要正确些。这就是我们在哲学中以及在其他许多领域中常常不得不回到这个小民族的成就方面来的原因之一，他们的无所不包的才能与活动，给他们保证了在人类发展史上为其他任何民族所不能企求的地位。

“而另外一个原因则是：在希腊哲学的多种多样的形式中，差不多可以找到以后各种观点的胚胎、萌芽。因此，如果理论自然科学想要追

① 普罗克拉斯提斯（Procrustes）是希腊神话中的强盗，他强迫所有过路的人躺在他所设置的一张床上，比床短的就把他拉长，比床长的就砍掉他的脚。

②《马克思恩格斯全集》第 20 卷，第 384~385 页。

溯自己今天的一般原理发生和发展的历史，它也不得不回到希腊人那里去。而这种见解愈来愈为自己开拓道路。有些自然科学家一方面把希腊哲学的残渣，例如原子论，当作永恒真理，另一方面却以培根式的傲慢去看希腊人，理由是他们没有经验自然科学，这样的自然科学家是愈来愈少了。现在唯一希望的是这种见解迈步前进，达到对希腊哲学的真正的认识。

“辩证法的第二个形态，恰好和德国自然科学家特别接近，这就是从康德到黑格尔的德国古典哲学。这里已经开了一个头，因为除上述的新康德主义外，回到康德又成为时髦的事情。自从人们发现康德是两个天才假说的创造者以来（没有这两个假说——以前归功于拉普拉斯的太阳系产生的理论和地球自转由于潮汐而受到阻碍的理论，今天的理论自然科学便不能前进一步），康德在自然科学家当中又获得了应有的荣誉。但是，要从康德那里学习辩证法，这是一个白费力气的和不值得做的工作，而在黑格尔的著作中却有一个广博的辩证法纲要，虽然它是从完全错误的出发点发展起来的。”①

（四）自然科学反对黑格尔的只有两个目标

恩格斯说，黑格尔“自然哲学”的出发点：精神、思想、观念是本原的东西，而现实世界只是观念的摹写。随着唯心主义出发点的没落，在这个出发点上构成的体系，从而特别是黑格尔的自然哲学，也就没落了。“我们大家都同意：不论在自然科学或历史科学的领域中，都必须从既有的事实出发，因而在自然科学中必须从物质的各种实在形式和运动形式出发；因此，在理论自然科学中也不能虚构一些联系放到事实中去，而是要从事实中发现这些联系，并且在发现了之后，要尽可能地用经验去证明。”②

在《反杜林论》中，恩格斯指出：“近代德国哲学在黑格尔的体系中达到了顶峰，在这个体系中，黑格尔第一次——这是他的巨大功绩——把整个自然的、历史的和精神的世界描写为一个过程，即把它描写为处在不断的运动、变化、转变和发展中，并企图揭示这种运动和发展的内在联系。从这个观点看来，人类的历史已经不再是乱七八糟的一堆统统应当被这时已经成熟了的哲学理性的法庭所唾弃并最好尽快被人遗忘的毫无意义的暴力行为，而是人类本身的发展过程，而思维的任务现在就在于通过一切迂回曲折的道路去探索这一过程的依次发展的阶段，并且透过一切表面的偶然性揭示这一过程的内在规律性。至于黑格尔没有解决这个任务，在这里是无关紧要的。他的划时代的功绩是在于提出了这

①《马克思恩格斯全集》第20卷，第385~386页。
②《马克思恩格斯全集》第20卷，第387页。

个任务。这不是任何个别的人所能解决的任务……黑格尔的体系作为体系来说，是一次巨大的流产，但也是这类流产中的最后一次。”[①]

恩格斯在《自然辩证法》中指出：“但是在这里必须记住：自然科学的反对黑格尔的论战，就它对黑格尔的正确理解而言，它反对的目标只有两点，即唯心主义的出发点和不顾事实任意地构造体系。把这一切除开之后,还剩下黑格尔的辩证法。马克思的功绩就在于,他和‘愤懑的、自负的、平庸的、今天在德国知识界发号施令的模仿者们’相反，第一个把已经被遗忘的辩证方法、它和黑格尔辩证法的联系以及它和黑格尔辩证法的差别重新提到显著的地位，并且同时在《资本论》中把这个方法应用到一种经验科学的事实，即政治经济学的事实上去……但是，在自然科学本身中，我们也常常遇到这样一些理论，在这些理论中真实的关系被颠倒了，映象被当作了原形，因而必须把这些理论同样地倒过来。这样的理论常常在一个长时期中占统治地位……黑格尔的辩证法同合理的辩证法的关系，正如热素说同热之唯动说的关系，燃素说同拉瓦锡理论的关系一样。”[②]

在《路德维希费尔巴哈和德国古典哲学的终结》中，恩格斯指出：“歌德和黑格尔各在自己的领域中都是奥林帕斯山上的宙斯，但是两人都没有完全脱去德国的庸人气味。但是这一切并没有妨碍黑格尔的体系包括了以前的任何体系所不可比拟的巨大领域，而且没有妨碍它在这一领域中发展了现在还令人惊奇的丰富思想……如历史哲学、法哲学、宗教哲学、哲学史、美学等等，——在所有这些不同的历史领域中，黑格尔都力求找出并指出贯穿这些领域的发展线索；同时，因为他不仅是一个富于创造性的天才，而且是一个学识渊博的人物，所以他在每一个领域中都起了划时代的作用。当然，由于‘体系’的需要，他在这里常常不得不求救于强制性的结构，这些结构直到现在还引起他的渺小的敌人如此可怕的喊叫。但是这些结构仅仅是他的建筑物的骨架和脚手架；人们只要不是无谓地停留在它们面前，而是深入到大厦里面去，那就会发现无数的珍宝，这些珍宝就是在今天也还具有充分的价值。在一切哲学家看来，正是‘体系’是暂时性的东西，因为体系产生于人的精神的永恒的需要，即克服一切矛盾的需要。但是，假定一切矛盾都一下子永远消除了，那末我们就会达到所谓绝对真理，世界历史就会终结，而历史是一定要继续发展下去的，虽然它已经没有什么事情可做了。这样就产生了一个新的、不可解决的矛盾。既然我们了解到（对获得这种了解来说，归根到底没有一个人比黑格尔本人对我们的帮助更大）：这样给哲学提出任务，无非就是要求一个哲学家完成那只有全人类在其前进的发

①《马克思恩格斯全集》第20卷，第26~27页。
②《马克思恩格斯全集》第20卷，第387~388页。

展中才能完成的事情，那末全部以往所理解的哲学也就终结了。我们就把沿着这个途径达不到而且对每个个别人也是达不到的‘绝对真理’撇在一边，而沿着实证科学和利用辩证思维对这些科学成果进行概括的途径去追求可以达到的相对真理。总之，哲学在黑格尔那里终结了：一方面，因为他在自己的体系中以最宏伟的形式概括了哲学的全部发展；另一方面，因为他（虽然是不自觉地）给我们指出了一条走出这个体系的迷宫而达到真正地切实地认识世界的道路。可以理解，黑格尔的体系在德国的富有哲学味道的气氛中曾发生了多么巨大的影响。这是一次胜利进军，它延续了几十年，而且绝没有随着黑格尔的逝世而停止。相反地，正是在1830年到1840年这个时期，‘黑格尔主义’的独占统治达到了顶点，它甚至或多或少地感染了自己的敌人；正是在这个时期，黑格尔的观点自觉地或不自觉地大量浸入了各种科学……黑格尔本人，虽然在他的著作中相当频繁地爆发出革命的怒火，但是总的说来似乎更倾向于保守的方面。”①

恩格斯说：“思维和存在的同一性问题，绝大多数哲学家对这个问题都作了肯定的回答。例如在黑格尔那里，对这个问题的肯定回答是不言而喻的：我们在现实世界中所认识的，正是这个世界的思想内容，也就是那种使世界成为绝对观念的逐渐实现的东西，这个绝对观念是从来就存在的，是不依赖于世界并且先于世界而在某处存在的；但是思维能够认识那一开始就已经是思想内容的内容，这是十分明显的。同样明显的是，在这里，要证明的东西已经默默地包含在前提里面了。但是这决不妨碍黑格尔从他的思维和存在的同一性的论证中做出进一步的结论：因为对他的思维来说他的哲学是正确的，所以他的哲学也就是唯一正确的；只要人类马上把他的哲学从理论转移到实践中去，并按照黑格尔的原则来改造全世界，思维和存在的同一性就会得到证实。这是他和几乎所有的哲学家所共有的幻想。”②

恩格斯告诫我们，“还有一点不应当忘记，这就是：黑格尔学派虽然解体了，但是黑格尔哲学并没有被批判地克服……仅仅宣布一种哲学是错误的，还制服不了这种哲学。像对民族的精神发展有过如此巨大影响的黑格尔哲学这样的伟大创作，是不能用干脆置之不理的办法加以消除的。必须从它的本来意义上‘扬弃’它，就是说，要批判地消灭它的形式，但是要救出通过这个形式获得的新内容。下面我们就可以看到，这一任务是怎样实现的。”③

众所周知，马克思完成了这一任务。恩格斯说：“从黑格尔学派的解体过程中还产生了另一个派别，唯一的产生真实结果的派别。这个派

①《马克思恩格斯全集》第21卷，第309～312页。
②《马克思恩格斯全集》第21卷，第316～317页。
③《马克思恩格斯全集》第21卷，第314页。

别主要是同马克思的名字联系在一起的。同黑格尔哲学的分离，在这里也是由于返回到唯物主义观点而产生的结果。这就是说，人们在理解现实世界（自然界和历史）时，决意按照它本身在每一个不以先入为主的唯心主义怪想来对待它的人面前所呈现的那样来理解；他们决意毫不怜惜地牺牲一切和事实（从事实本身的联系而不是从幻想的联系来把握的事实）不相符合的唯心主义怪想。除此以外，唯物主义根本没有更多的意义，只是在这里第一次对唯物主义世界观采取了真正严肃的态度，把这个世界观彻底地（至少在主要方面）运用到所研究的一切知识领域里去了……这样，辩证法就归结为关于外部世界和人类思维的运动的一般规律的科学，这两个系列的规律在本质上是同一的，但是在表现上是不同的，这是因为人的头脑可以自觉地应用这些规律，而在自然界中这些规律是不自觉地、以外部必然性的形式、在无穷无尽的表面的偶然性中为自己开辟道路的，而且到现在为止在人类历史上大部分也是如此。这样，概念的辩证法本身就变成只是现实世界的辩证运动的自觉的反映，从而黑格尔的辩证法就被倒转过来了，或者宁可说，不是用头立地而是重新用脚立地了……而这样一来，黑格尔哲学的革命方面就恢复了，同时也摆脱了那些曾经在黑格尔那里阻碍它贯彻到底的唯心主义装饰。一个伟大的基本思想，即认为世界不是一成不变的事物的集合体，而是过程的集合体，其中各个似乎稳定的事物以及它们在我们头脑中的思想映象即概念，都处在生成和灭亡的不断变化中，在这种变化中，前进的发展，不管一切表面的偶然性，也不管一切暂时的倒退，终究会给自己开辟出道路，——这个伟大的基本思想，特别是从黑格尔以来，已经如此深入一般人的意识，以致它在这种一般形式中未必会遭到反对了。但是，口头上承认这个思想是一回事，把这个思想具体地实际运用于每一个研究领域，又是一回事。如果人们在研究工作中始终从这个观点出发，那末关于最终解决和永恒真理的要求就永远不会提出了；人们就始终会意识到他们所获得的一切知识必然具有的局限性，意识到他们在获得知识时所处的环境对这些知识的制约性；人们也不再敬重还在不断流行的旧形而上学所不能克服的对立，即真理和谬误、善和恶、同一和差别、必然和偶然之间的对立了；人们知道：这些对立只有相对的意义；今天被认为是合乎真理的认识都有它隐蔽着的、以后会显露出来的错误的方面，同样，今天已经被认为是错误的认识也有它合乎真理的方面，因而它从前才能被认为是合乎真理的；被断定为必然的东西，是由纯粹的偶然性构成的，而所谓偶然的东西，是一种有必然性隐藏在里面的形式，如此等等。”①

①《马克思恩格斯全集》第21卷，第335~338页。

有了这些成就，“我们就能够依靠经验自然科学本身所提供的事实，以近乎系统的形式描绘出一幅自然界联系的清晰图画。描绘这样一幅总的图画，在以前是所谓自然哲学的任务。而自然哲学只能这样来描绘：用理想的、幻想的联系来代替尚未知道的现实的联系，用臆想来补充缺少的事实，用纯粹的想像来填补现实的空白。它在这样做的时候提出了一些天才的思想，预测到一些后来的发现，但是也说出了十分荒唐的见解，这在当时是不可能不这样的。今天，当人们对自然研究的结果只是辩证地即从它们自身的联系进行考察，就可以制成一个在我们这个时代是令人满意的‘自然体系’的时候，当这种联系的辩证性质，甚至迫使自然哲学家的受过形而上学训练的头脑违背他们的意志而不得不接受的时候，自然哲学就最终被清除了。任何使它复活的企图不仅是多余的，而且是一种退步。”①

这样，“对于已经从自然界和历史中被驱逐出去的哲学来说，要是还留下什么的话，那就只留下一个纯粹思想的领域：关于思维过程本身的规律的学说，即逻辑和辩证法。”②

这样，“比起前一世纪来，唯物主义的自然观现在是建立在更加牢固的基础上了……现在，整个自然界是作为至少在基本上已解释清楚和了解清楚的种种联系和种种过程的体系而展现在我们面前。当然，唯物主义的自然观不过是对自然界本来面目的朴素的了解，不附加以任何外来的成分，所以它在希腊哲学家中间从一开始就是不言而喻的东西。但是，在古希腊人和我们之间存在着两千多年的本质上是唯心主义的世界观，而在这种情况下，即使要返回到不言而喻的东西上去，也并不是象初看起来那样容易。因为问题决不在于简单地抛弃这两千多年的全部思想内容，而是要批判它，要从这个暂时的形式中，剥取那在错误的、但为时代和发展过程本身所不可避免的唯心主义形式中获得的成果。而这是如何地困难，许许多多自然科学家已经给我们证明了，他们在他们自己那门科学的范围内是坚定的唯物主义者。”③

四、神灵世界中的自然科学

人类最经常遇到的是未来的不确定性问题，最需要处理的问题往往是面对不确定性时的决策。当对不确定性无所适从时，人们有时就把希望寄托于外在的“神”。在科学昌明的今天，“神灵现象”仍然时不时地对人们的生活和科学研究产生一定的影响，现实中不乏此类实例。卢周来在《“信蟾蜍发大财”的悲喜剧》中说，20世纪80年代末，日本大

①《马克思恩格斯全集》第21卷，第340页。
②《马克思恩格斯全集》第21卷，第352页。
③《马克思恩格斯全集》第21卷，第538~539页。

阪高级料理店一位叫“尾上缝”的老板娘声称有一只神秘的、会预测股市涨落的陶瓷蟾蜍。于是，包括日本最负盛名的兴业银行与三一证券在内的各大金融机构的大老板，都怀着“信蟾蜍，发大财”的想法，每天下午准时汇聚到尾上缝家中听取蟾蜍的“神谕”，好为第二天的资本操作进行决策。一个经济大国的资本市场竟然被一只瓷蟾蜍搅得风生水起，随着那只“尾上缝的蟾蜍”的所谓“神谕”而波动。①

于光远在《哲学研究》1981 年第 12 期上发表的《重读恩格斯〈神灵世界中的自然科学〉》中指出：“恩格斯在 1878 年写的《神灵世界中的自然科学》，是《自然辩证法》中的一篇重要的哲学著作。今天重读起来，仿佛也是针对我国两年多以来关于‘耳朵认字’的宣传而写的。难怪有一位热衷‘人体特异功能’宣传的哲学工作者要写文章批评恩格斯了。这是一篇批评性质的著作。”

（一）英国经验主义与美国输入的招魂术和请神术

恩格斯说：“有一个深入人民意识的辩证法的古老命题：两极相通。因此，当我们要寻找极端的幻想、盲从和迷信时，如果不到那种象德国自然哲学一样竭力把客观世界嵌入自己主观思维的框子里的自然科学派别中去寻找，而到那种单凭经验、非常蔑视思维、实际上走到了极端缺乏思想的地步的相反的派别中去寻找，那末我们就大致不会犯什么错误。后一个学派是在英国占统治地位的。它的始祖，备受称颂的弗兰西斯·培根，曾经渴望应用他的新的经验归纳法来首先达到延年益寿，某种程度上的返老还童，改容换貌，脱胎换骨，创造新种，呼风唤雨。他抱怨这种研究被人遗弃，他在他的自然历史中开出了制造黄金和完成各种奇迹的正式的方子。同样地，伊萨克·牛顿在晚年也埋头于解释约翰启示录。因此，无怪乎近年来以几个决不是最坏的人物为代表的英国经验主义，竟似乎变成了从美国输入的招魂术和请神术的不可救药的牺牲品。”②

恩格斯说，“属于这种情况的第一个自然科学家，是功勋卓著的动物学家兼植物学家阿尔弗勒德·拉塞尔·华莱士，就是他，和达尔文同时提出物种通过自然选择发生变异的理论。他在他于 1875 年由伦敦白恩士出版社出版的小册子《论奇迹和现代唯灵论》里面说，他在自然科学这个部门中的最初实验是在 1844 年开始的，那时他听到斯宾塞·霍尔先生关于麦斯默尔催眠术的讲演，因此他在他的学生身上作了同样的实验。”③

“我们只举一个例子来表明，华莱士先生对于这些奇迹在科学上的

① 《北京青年报》，2014 年 8 月 9 日第二版。
② 《马克思恩格斯全集》第 20 卷，第 389 页。
③ 《马克思恩格斯全集》第 20 卷，第 389~390 页。

确立和证实，是处理得何等轻率。如果有人想要我们相信神灵会让人给他们照相，那末这的确是一个奢望，而且我们在承认这种神灵照片是真实的以前，当然有权利要求它们必须有十分确凿的证明。但华莱士先生在第 187 页上叙述道：1872 年 3 月，主神媒古比太太（父姓为尼科尔）跟她的丈夫和小儿子在诺亭山的赫德逊先生家里一起照了相，而在两张不同的照片上都看得出她背后有一个身材很高的女人影子，优雅地披着白纱，面貌略带东方风味，做着祝福的姿势。‘所以，在这里，两件事中必有一件是绝对确实的。要不是有一个活着的、智慧的、然而肉眼看不见的存在物在这里，就是古比先生夫妇、摄影师和某一第四者筹划了一个无耻的骗局，而且一直维持着这一骗局。但是我非常了解古比先生夫妇，所以我绝对相信：他们象自然科学方面的任何真挚的真理探求者一样，是不能干出这种骗人的勾当来的。’”①

“同时，欧洲大陆也有它的科学的请神者。彼得堡的一个学术团体——我不大清楚是大学或者甚至是研究院——曾委托国家顾问阿克萨柯夫和化学家布特列罗夫研究降神现象，但似乎并没有多少结果。另一方面，——如果相信降神术士的喧嚣的声明——德国现在也举出莱比锡的教授策尔纳先生作为自己的唯灵论者了。”②

“大家知道，策尔纳先生多年来埋头研究‘第四度’空间，发现在三度空间里不可能出现的许多事情，在第四度空间里却是不言而喻的……神灵证明了第四度空间的存在，正如同第四度空间保证了神灵的存在一样。而这一点一经确定，科学便给自己开辟出一个全新的辽阔的天地。对于第四度空间和更高度的空间的数学，对于住在这种高度空间中的神灵们的力学、物理学、化学和生理学，过去的全部数学和自然科学都只是一种预备科目了。”③

（二）从自然科学到神秘主义的最可靠的道路

恩格斯说：“这里我们已经了如指掌地看清了，什么是从自然科学到神秘主义的最可靠的道路。这并不是自然哲学的过度理论化，而是蔑视一切理论、不相信一切思维的最肤浅的经验论。证明神灵存在的并不是先验的必然性，而是华莱士先生、克鲁克斯先生之流的经验的观察。因为我们相信克鲁克斯的光谱分析的观察（铊这种金属就是由此发现的），或是华莱士在马来群岛所得到的动物学上的丰富的发现，人们就要求我们同样地相信这两位研究者在降神术上的实验和发现。而如果我们认为，在这里还有一个小小的区别，即前一种发现可以验证，而后一种却不能，那末请神者就会反驳我们道：不是这么回事，他们是准备给

① 《马克思恩格斯全集》第 20 卷，第 393 页。
② 《马克思恩格斯全集》第 20 卷，第 397 页。
③ 《马克思恩格斯全集》第 20 卷，第 397～398 页。

我们提供机会来验证这些神灵现象的。”①

（三）蔑视辩证法是要受惩罚的

恩格斯说，“的确，蔑视辩证法是不能不受惩罚的。无论对一切理论思维多么轻视，可是没有理论思维，就会连两件自然的事实也联系不起来，或者连二者之间所存在的联系都无法了解。在这里，唯一的问题是思维得正确或不正确，而轻视理论显然是自然主义地、因而是不正确地思维的最确实的道路。但是，根据一个老早就为大家所熟知的辩证法规律，错误的思维一旦贯彻到底，就必然要走到和它的出发点恰恰相反的地方去。所以，经验主义轻视辩证法便受到这样的惩罚：连某些最清醒的经验主义者也陷入最荒唐的迷信中，陷入现代降神术中去了。”②

“事实上，单凭经验是对付不了降神术士的。第一，那些‘高级的’现象，只是在有关的‘研究者’已经着迷到正象克鲁克斯自己天真无比地叙述的那样，只看得见他应当看到的或希望看到的东西时，才能够显现出来。第二，降神术士毫不在乎成百件的所谓事实已经暴露出是骗局，成打的所谓神媒也被揭露出是一些平凡的江湖骗子。除非把那些所谓奇迹一件一件地揭穿，否则这些降神术士仍然有足够的活动地盘，就象华莱士关于伪造的神灵照片所明明白白地说到的一样。伪造的东西的存在，正好证明了真的东西的真实。”③

哲学思维使我们从神灵世界的束缚中解脱出来，是人类精神的一次伟大解放。今天，虽然降神术已难以大行其道了，但面对形形色色打着科学旗号的江湖骗术，恩格斯一百多年前的论断和分析方法对今天仍具有十分重要的指导意义。对于形形色色的“大师”和超越自己研究范围之外，到处“宣道”的科学能人，我们应保持应有的警惕，以防上当受骗。

五、辩证法

恩格斯在《反杜林论》中指出：“要精确地描绘宇宙、宇宙的发展和人类的发展，以及这种发展在人们头脑中的反映，就只有用辩证的方法，只有经常注意产生和消失之间、前进的变化和后退的变化之间的普遍相互作用才能做到。”④“辩证法不过是关于自然、人类社会和思维的运动和发展的普遍规律的科学。”⑤在《路德维希费尔巴哈和德国古典哲学的终结》中，恩格斯指出：“哲学所应当认识的真理，在黑格尔看来，不再是一堆现成的、一经发现就只要熟读死记的教条了；现在，真理是包含在认识过程本身中，包含在科学的长期的历史发展中。”⑥

在《反杜林论》第三版序言中，恩格斯说：“对我来说，事情不在

①《马克思恩格斯全集》第20卷，第398~399页。
②《马克思恩格斯全集》第20卷，第399页。
③《马克思恩格斯全集》第20卷，第399~400页。
④《马克思恩格斯全集》第20卷，第26页。
⑤《马克思恩格斯全集》第20卷，第154页。
⑥《马克思恩格斯全集》第21卷，第307~308页。

于把辩证法的规律从外部注入自然界，而在于从自然界中找出这些规律并从自然界里加以阐发……无论如何，自然科学现在已发展到如此程度，以致它再不能逃避辩证的综合了。可是，如果自然科学不忘记，那些把它的经验概括起来的结论是一些概念，而运用这些概念的艺术不是天生的，也不是和普通的日常意识一起得来的，而是要求有真实的思维（它也有长期的经验的历史，其时期之长短和经验自然科学的历史正好是一样的），——如果自然科学不忘记这些，那末，它就会使自己比较容易地经历这个过程。正是由于自然科学正在学会掌握二千五百年来的哲学发展所达到的成果，它才可以摆脱任何与它分离的、处在它之外和之上的自然哲学，而同时也可以摆脱它本身的、从英国经验主义沿袭下来的、狭隘的思维方法。”①

（一）辩证法的规律

在《自然辩证法》中，恩格斯开宗明义地指出：“辩证法的规律是从自然界和人类社会的历史中抽象出来的。辩证法的规律不是别的，正是历史发展的这两个方面和思维本身的最一般的规律。实质上它们归结为下面三个规律：量转化为质和质转化为量的规律；对立的相互渗透的规律；否定的否定的规律。所有这三个规律都曾经被黑格尔以其唯心主义的方式只当作思维规律而加以阐明：第一个规律是在他的《逻辑学》的第一部分即存在论中；第二个规律占据了他的《逻辑学》的整个第二部分，而且是最重要的部分，即本质论；最后，第三个规律是整个体系构成的基本规律。错误在于：这些规律是作为思维规律强加于自然界和历史的，而不是从它们当中抽引出来的。从这里就产生出整个牵强的并且常常是可怕的虚构：世界，不管它愿意与否，必须符合于一种思想体系，而这种思想体系自身又只是人类思维某一特定发展阶段的产物。如果我们把事情顺过来，那末一切都会变得很简单，在唯心主义哲学中显得极端神秘的辩证法规律也立刻就会变成简单而明白的了。此外，凡是稍微懂得一点黑格尔的人都知道，黑格尔在几百个地方都懂得：要从自然界和历史中，举出最恰当的例子来确证辩证法规律。我们在这里不打算写辩证法的手册，而只想表明‘辩证法的规律是自然界的实在的发展规律，因而对于理论自然科学也是有效的。因此，我们不能详细地考察这些规律的相互的内部联系。’”②

（二）量转化为质和质转化为量的规律

恩格斯说：“为了我们的目的，我们可以把这个规律表示如下：在

①《马克思恩格斯全集》第20卷，第15～17页。

②《马克思恩格斯全集》第20卷，第401～402页。

自然界中，质的变化——以对于每一个别场合都是严格地确定的方式进行——只有通过物质或运动（所谓能）的量的增加或减少才能发生。自然界中一切质的差别，或是基于不同的化学成分，或是基于运动（能）的不同的量或不同的形式，或是——差不多总是这样——同时基于这两者。所以，没有物质或运动的增加或减少，即没有有关的物体的量的变化，是不可能改变这个物体的质的。因此，在这个形式下，黑格尔的神秘的命题就显得不仅是完全合理的，并且甚至是相当明白的。几乎用不着指出：物体的各种不同的同素异性状态和聚集状态，因为是基于分子的各种不同的组合，所以是基于已经传给物体的或多或少的运动的量。但是运动或所谓能的形式的变化又怎样呢？当我们把热变为机械运动或把机械运动变为热的时候，在这里质是变化了，而量依然如故吗？完全正确。但是关于运动形式的变化，正如海涅论及罪恶时所说的：每个人自己都可以是道德高尚的，而构成罪恶总是需要两个人。运动形式的变化总是至少在两个物体之间发生的过程，这两个物体中的一个失去一定量的一种质的运动（例如热），另一个就获得相当量的另一种质的运动（机械运动、电、化学分解）。因此，量和质在这里是双方互相适应的。直到现在还不能够在一个单独的孤立的物体内部使运动从一种形式变为另一种形式。在这里我们首先只谈无生命的物体；对于有生命的物体，这个规律也是适用的，但是其情况非常错综复杂，现在我们还往往不能够进行量的测定。”①

“分子可以因位置的变动，因与邻近分子的联系的变化，而使物体进入另一种同素异性状态或聚集状态，如此等等。”②

“在力学中并不出现质，最多只有如平衡、运动、位能这样的状态，它们都是基于运动的可测量的转移，并且本身是可以用量来表示的。这样，只要这里发生质的变化，它总是受相应的量的变化所制约的。

“在物理学中，物体被看作化学上无变化或无差别的东西；我们在这里所研究的，是它的分子状态的变化和运动形式的变换，这种变换在任何情况下——至少在这两方面中的一方面——都会使分子活动起来。在这里每种变化都是量到质的转化，是物体所固有或所承受的某一形式的运动的量在数量上发生变化的结果。

“例如，水的温度最初对它的液体状态是无足轻重的；但是由于液体水的温度的增加或减少，便会达到这样的一点，在这一点上这种聚集状态就会发生变化，水就会变为蒸汽或冰。

“一句话，物理学的所谓常数，大部分不外是这样一些关节点的名称，在这些关节点上，运动的量的增加或减少会引起该物体的状态的质的变

①《马克思恩格斯全集》第20卷，第402~403页。
②《马克思恩格斯全集》第20卷，第403页。

化，所以在这些关节点上，量转化为质。

“但是，黑格尔所发现的自然规律，是在化学领域中取得了最伟大的胜利。化学可以称为研究物体由于量的构成的变化而发生的质变的科学。黑格尔本人已经知道这一点。

“较低的同系物只允许原子有一种相互排列。但是，当结合成一个分子的原子的数目，达到对每一系列来说是一定的大小时，分子中的原子排列就能够有多种方式；于是就能出现两种或更多的同分异构体，它们在分子中包含有相等数目的C、H、O原子，但是在质上却各不相同。我们甚至能够计算这些系列的每一同系物可能有多少同分异构体……所以，又是分子中原子的数量制约着这种在质上不同的同分异构体产生的可能性，并且就实验上所表明的而言，还制约着这些同分异构体的现实的存在。不仅如此。从每一个这类系列中我们所知道的物体的类比中，我们还能就这个系列中未知的同系物的物理性质得出结论，并且至少对于紧跟在已知同系物后面的一些同系物，能十分确定地预言其性质，即沸点等等。

“最后，黑格尔的规律不仅适用于化合物，而且也适用于化学元素本身。我们现在知道，‘元素的化学性质是原子量的周期函数’，因此，它们的质是由它们的原子量的数量所决定。这已经得到了光辉的证明。门得列耶夫证明了：在依据原子量排列的同族元素的系列中，发现有各种空白，这些空白表明这里有新的元素尚待发现……门得列耶夫不自觉地应用黑格尔的量转化为质的规律，完成了科学上的一个勋业，这个勋业可以和勒维烈计算尚未知道的行星海王星的轨道的勋业居于同等地位。”①

为了进一步说明量变质变规律，恩格斯在《反杜林论》中说：“我们还想为量转变为质找一个证人，这就是拿破仑。拿破仑描写过骑术不精但有纪律的法国骑兵和当时无疑地最善于单个格斗但没有纪律的骑兵——马木留克兵之间的战斗，他写道：‘两个马木留克兵绝对能打赢三个法国兵，一百个法国兵与一百个马木留克兵势均力敌，三百个法国兵大都能战胜三百个马木留克兵，而一千个法国兵则总能打败一千五百个马木留克兵。’正如马克思所说的，要使交换价值额能转变为资本，就必须有虽然是变化着的、然而是一定的最低限度的交换价值额，同样，在拿破仑看来，要使存在于密集队形和有计划行动中的纪律的力量显示出来，而且要使这种力量甚至胜过马匹较好、骑术和剑法较精、勇敢至少相等而人数较多的非正规骑兵，就必须有一定的最低限度的骑兵的数量。”②

恩格斯指出：“无论在生物学中，或在人类社会历史中，这一规律

①《马克思恩格斯全集》第20卷，第404~407页。

②《马克思恩格斯全集》第20卷，第141页。

在每一步上都被证实了，但是我们在这里只从精密科学中举出一些例子，因为这里的量是可以精确地测量和探寻的。”

“有些先生们在此以前曾经诽谤量到质的转化是神秘主义和不可理解的先验主义，大概就是这些先生们现在却宣称这种转化是不言而喻的、浅薄的和平凡的东西，他们早已应用过了，而且他们从中学不到任何新东西。但是，第一次把自然界、社会和思维发展的一般规律以普遍适用的形式表述出来，这始终是具有世界历史意义的勋业。”①

（三）同一与差异、偶然与必然

恩格斯在《辩证法》这篇论文中，虽然提出了辩证法的三大规律，但只是详细介绍了量变质变规律，其他部分未作说明，表明这是一篇未完成的论文。恩格斯在辩证法的札记和片断中，提出了关于辩证法的一系列重要论述，如“所谓客观辩证法是支配着整个自然界的，而所谓主观辩证法，即辩证的思维，不过是自然界中到处盛行的对立中的运动的反映而已，这些对立，以其不断的斗争和最后的互相转变或向更高形式的转变，来决定自然界的生活。”②“辩证法不知道什么绝对分明的和固定不变的界限，不知道什么无条件的普遍有效的‘非此即彼！’，它使固定的形而上学的差异互相过渡，除了‘非此即彼！’，又在适当的地方承认‘亦此亦彼！’，并且使对立互为中介；辩证法是唯一的、最高度地适合于自然观的这一发展阶段的思维方法。自然，对于日常应用，对于科学的小买卖，形而上学的范畴仍然是有效的……‘在本质中一切都是相对的’（例如，正和负，它们只是在它们的相互关系中才有意义，而每一个对自己说来是没有意义的）”③等。在札记中，恩格斯用比较大的篇幅，阐述了抽象同一的局限性以及偶然与必然的辩证关系。

1. 抽象同一的局限性

恩格斯说，“同一性——抽象的，$\alpha = \alpha$；反过来说，α 不能同时等于 α 又不等于 α——在有机界中同样是不适用的。植物，动物，每一个细胞，在其生存的每一瞬间，都既和自己同一而又和自己相区别，这是由于吸收和排泄各种物质，由于呼吸，由于细胞的形成和死亡，由于循环过程的进行，一句话，由于无休止的分子变化的总和，这些分子变化形成生命，而其总的结果则一目了然地出现于各个生命阶段——胚胎生命，少年，性成熟，繁殖过程，老年，死亡。生理学愈向前发展，这种无休止的、无限小的变化对于它就愈加重要，因而对同一性内部的差异的考察也愈加重要，而旧的、抽象的、形式的同一性观点，即把有机物看作只和它自己同一的东西、看作常住不变的东西的观点，便过时

①《马克思恩格斯全集》第20卷，第407页。
②《马克思恩格斯全集》第20卷，第553页。
③《马克思恩格斯全集》第20卷，第554~555页。

了。虽然如此，以这种同一性观点为基础的思维方式及其范畴还是继续存在。但是，就是在无机界中，抽象的同一性实际上也是不存在的。每一个物体都不断地受到机械的、物理的、化学的作用，这些作用经常在改变它，在修改它的同一性。只是在数学—— 一种研究思想事物（虽然它们是现实的摹写）的抽象的科学——中，才有抽象的同一性及其与差异的对立，而且甚至在这里也在不断地被扬弃。同一性自身包含着差异性，这一事实在每一个命题中都表现出来，在这里述语是必须和主语不同的。百合花是一种植物，玫瑰花是红的，这里不论是在主语中或是在述语中，总有点什么东西是述语或主语所包括不了的。与自身的同一，从一开始起就必须有与一切别的东西的差异作为补充，这是不言而喻的。……旧形而上学意义下的同一律是旧世界观的基本原则：$\alpha = \alpha$。每一个事物和它自身同一。一切都是永久不变的，太阳系、星体、有机体都是如此。这个命题在每个场合下都被自然科学一点一点地驳倒了，但是在理论中它还继续存在着，而旧事物的拥护者仍旧用它来抵抗新事物：一个事物不能同时是它自身又是别的。但是最近自然科学从细节上证明了这样一件事实：真实的具体的同一性包含着差异和变化。——抽象的同一性，象形而上学的一切范畴一样，对日常应用来说是足够的，在这里所考察的只是很小的范围或很短的时间；它所能适用的范围差不多在每一个场合下都是不相同的，并且是由对象的性质来决定的……但是，对综合的自然科学来说，即使在任何一个部门中，抽象的同一性是根本不够的，而且，虽然总的说来已经在实践中被排除，但是在理论中，它仍然统治着人们的头脑，大多数自然科学家还以为同一和差异是不可调和的对立，而不是同一个东西的两极，这两极只是由于它们相互作用，由于差异性包含在同一性中，才具有真理性。”①

“抽象的和具体的。运动形式变换的一般规律，比运动形式变换的任何个别‘具体’例证更具体得多。”②

2. 偶然性和必然性

恩格斯说，“形而上学所陷入的另一种对立，是偶然性和必然性的对立。还有什么能比这两个逻辑范畴更尖锐地相互矛盾呢？这两者是同一的，偶然的东西是必然的，而必然的东西又是偶然的——这怎么可能呢？常识和具有常识的大多数自然科学家，都把必然性和偶然性看作永远互相排斥的两个范畴。一个事物、一个关系、一个过程不是偶然的，就是必然的，但不能既是偶然的，又是必然的。所以二者是并列地存在于自然界中；自然界包含着各种各样的对象和过程，其中有些是偶然的，另一些是必然的，而整个问题，就只在于不要把这两类互相混淆起来。

①《马克思恩格斯全集》第20卷，第556～557页。

②《马克思恩格斯全集》第20卷，第565页。

例如，人们把种的决定性的性状当作必然的，而把同一个种的个体间的其他差异当作偶然的，而且就象在植物和动物中一样，在结晶体中也是如此……于是，必然的东西被说成是唯一在科学上值得注意的东西，而偶然的东西被说成是对科学无足轻重的东西。这就是说：凡是可以纳入规律、因而是我们知道的东西，都是值得注意的；凡是不能纳入规律、因而是我们不知道的东西，都是无足轻重的，都是可以不加理睬的。这样一来，一切科学都完结了，因为科学正是要研究我们所不知道的东西。这就是说：凡是可以纳入普遍规律的东西都是必然的，否则都是偶然的。任何人都可以看出：这种科学是把它能解释的东西称为自然的东西，而把它解释不了的东西都归之于超自然的原因；我把解释不了的东西产生的原因叫作偶然性或上帝，对事情本身来说是完全无关紧要的。这两个叫法都只是表示：我不知道，因此它不属于科学的范围。在必然的联系失效的地方，科学便完结了。与此对立的是决定论，它从法国唯物主义传到自然科学中，并且力图用根本否认偶然性的办法来对付偶然性。按照这种观点，在自然界中占统治地位的，只是简单的直接的必然性。这一个豌豆荚中有五粒豌豆，而不是四粒或六粒……一切都是由一种不可更动的因果连锁、由一种坚定不移的必然性所引起的事实，而且产生太阳系的气团早就构造得使这些事情只能这样发生，而不能按另外的方式发生。承认这种必然性，我们也还是没有从神学的自然观中走出来。无论我们同奥古斯丁和加尔文一起把这叫作上帝的永恒的意旨，或者像土耳其人一样叫作天数，或者就叫作必然性，这对科学来说是完全一样的。在任何这样的情况下都谈不到对因果连锁的探索，因此，我们不论是在这种情况下或是在那种情况下都一点也不更聪明一些，所谓必然性仍旧是一句空话，因而偶然性也依然象以前一样。只要我们不能证明豌豆荚中豌豆的粒数是由什么原因决定的，那末豌豆的粒数正好还是偶然的，而且，即使确认在太阳系的原始构造中已经预先安排好这件事情，我们也不能前进一步。此外，科学如果老从豌豆荚的因果连锁方面探索这一个别豌豆荚的情况，那就不再是什么科学，而只是纯粹的游戏而已；因为这同一个豌豆荚本身，还具有其他无数的、个体的、偶然的特性：色彩的浓淡，豆壳的厚度和硬度，豆粒的大小，更不必说只有在显微镜下才能看到的个别特点了。因此，这一个豌豆荚中所要探索的因果联系，比起全世界所有的植物学家所能解决的还要多。这样，偶然性在这里并没有从必然性得到说明，而倒是把必然性降低为纯粹偶然性的产物。如果某个豆荚中有六粒豌豆而不是五粒或七粒这一事实，是和太阳系的运动规律或能量转化规律处于同一等级，那末实际上不是偶然性被提高为必然性，而倒是必然性被降低为偶然性……一粒种子被风吹到什么地方去，这对于母植物是偶然的；这粒种子在什么地方找到发芽的土地，这对于子植物也是偶然的；确信一切都建立在牢不可破的必然性上面，这是一种可怜的安慰。在一定地域，甚至在整个地球上，自然界各种对象的混杂的集合，即使有永恒的原初决定，却仍旧象过去一样，是偶然的。和这两种观点相对立，黑格尔提出了前所未闻的命题：偶然的东西正因为是偶然的，所以有某种根据，而且正因为是偶然的，所以也就没有根据；偶然的东西是必然的，必然性自己规定自己为偶然性，而另一方面，这种偶然性又宁可说是绝对的必然性。自然科学把这些命题当作奇异的文字游戏、当作自相矛盾的胡说抛在一旁，它自己在理论中一方面保持沃尔弗形而上学的思想空虚，认为一件东西不是偶然的，就是必然的，但是不能同时既是偶然的，又是必然的，另一方面又坚持同样思想空虚的机械的决定论，一般地在口头上否认偶然性，以便在每一个特殊情况下实际上承认偶然性。当自然科学还继续这样想的时候，它通过达尔文做了些什么呢？达尔文在他的划时代的著作中，是从最广泛地存在着的偶然性基础出发的。各个种内部的各个个体间有无数偶然的差异，这些差异增大到突破种的特性，而且突破的近因只在极其稀少的情况下才可能得到证实，正是这样一些偶然的差异使达尔文不得不怀疑生物学中一切规律性的原有基础，不得不怀疑原有的形而上学地固定不变的种的概念。但是，没有种的概念，整个科学就没有了。科学的一切部门都需要种的概念作为基础：人体解剖学和比较解剖学、胚胎学、动物学、古生物学、植物学等等，如果没有种的概念，还成什么东西呢？这些科学部门的一切成果都不仅要发生问题，而且要干脆被废弃了。偶然性推翻了人们至今所理解的必然性。必然性的原有观念失效了。把它保留起来，就等于把人类任意作出的自相矛盾并且和现实相矛盾的规定当作规律强加于自然界，因而就等于否定有生命的自然界中的一切内在必然性，等于一般地宣布偶然性的混沌王国是有生命的自然界的唯一规律。”①

（四）否定的否定

恩格斯在《反杜林论》中说，否定的否定是一个非常简单的、每日每地都在发生的过程，一旦清除了旧唯心主义哲学盖在它上面的神秘的垃圾，“它是任何一个小孩都能够理解的。我们以大麦粒为例。亿万颗大麦粒被磨碎、煮熟、酿制，然后被消费。但是，如果这样的一颗大麦粒得到它所需要的正常的条件，落到适宜的土壤里，那末它在热和水分的影响下就发生特有的变化：发芽；而麦粒本身就消失了，被否定了，

①《马克思恩格斯全集》第20卷，第560～563页。

代替它的是从它生长起来的植物，即麦粒的否定。而这种植物的生命的正常进程是怎样的呢？它生长，开花，结实，最后又产生大麦粒，大麦粒一成熟，植株就渐渐死去，它本身被否定了。作为这一否定的否定的结果，我们又有了原来的大麦粒，但是不是一粒，而是加了十倍、二十倍或三十倍。谷类的种变化得极其缓慢，所以今天的大麦差不多和一百年以前的一样……在历史方面的情形也没有两样。……或者再举一个例子。古希腊罗马哲学是原始的自发的唯物主义。作为这样的唯物主义，它不能彻底了解思维对物质的关系。但是，弄清这个问题的那种必要性，引出了关于可以和肉体分开的灵魂的学说，然后引出了灵魂不死的论断，最后引出了一神教。这样，旧唯物主义就被唯心主义否定了。但是在哲学的进一步发展中，唯心主义也站不住脚了，它被现代唯物主义所否定。现代唯物主义，否定的否定，不是单纯地恢复旧唯物主义，而是把两千年来哲学和自然科学发展的全部思想内容以及这两千年的历史本身的全部思想内容加到旧唯物主义的永久性基础上。这已经根本不再是哲学，而只是世界观，它不应当在某种特殊的科学的科学中，而应当在现实的科学中得到证实和表现出来。因此，哲学在这里被‘扬弃’了，就是说，‘既被克服又被保存’；按其形式来说是被克服了，按其现实的内容来说是被保存了。”①

黑格尔也指出：“花朵开放的时候花蕾消逝，人们会说花蕾是被花朵否定了的；同样地，当结果的时候花朵又被解释为植物的一种虚假的存在形式，而果实是作为植物的真实形式出而代替花朵的。这些形式不但彼此不同，并且互相排斥互不相容。但是，它们的流动性却使它们同时成为有机统一体的环节，它们在有机统一体中不但不互相抵触，而且彼此都同样是必要的；而正是这种同样的必要性才构成整体的生命。”②黑格尔还指出“自相矛盾的东西，不是化为零，不是化为抽象的无，而是化为对自己的特定内容的否定。”③

恩格斯批判了对否定所持的极端态度：“但是，现在有人会提出反驳，说这里所实现的否定根本不是真正的否定：如果我把大麦粒磨碎，我也就否定了大麦粒；如果我把昆虫踩死，我也就否定了昆虫；如果我把正数 a 涂掉，我也就否定了正数 a，如此等等。或者，我说玫瑰不是玫瑰，我就把玫瑰是玫瑰这句话否定了；如果我又否定这一否定，并且说玫瑰终究还是玫瑰，这样能得出什么结果来呢？——这些反驳其实就是形而上学者反对辩证法的主要论据，它们同形而上学思维的狭隘性完全合拍。在辩证法中，否定不是简单地说不，或宣布某一事物不存在，或用任何一种方法把它消灭。斯宾诺莎早已说过任何的限制或规定同时

①《马克思恩格斯全集》第20卷，第148、151页。

② 黑格尔著，贺麟等译，《精神现象学》上卷，第2页。

③《马克思恩格斯全集》第20卷，第564页。

就是否定。再说，否定的方式在这里首先取决于过程的一般性质，其次取决于过程的特殊性质。我不仅应当否定，而且还应当重新扬弃这个否定。因此，我做第一个否定的时候，就必须做得使第二个否定可能发生或者将有可能发生。怎样做呢？这就要依每一种情况的特殊性质而定。如果我磨碎了大麦粒，如果我踩死了昆虫，那末我虽然完成了第一个动作，却使第二个动作成为不可能了。因此，每一种事物都有它的特殊的否定方式，经过这样的否定，它同时就获得发展，每一种观念和概念也是如此……很明显，如果把否定的否定当作儿戏：先写上 a，然后又涂掉，或者先说玫瑰是玫瑰，然后又说玫瑰不是玫瑰，那末，除了做这种无聊事情的人的愚蠢以外，什么结果也得不到。可是形而上学者却要我们确信，如果我们要实现否定的否定，那末这就是正确的方式。”①

恩格斯说，“人们远在知道什么是辩证法以前，就已经辩证地思考了，正象人们远在散文这一名词出现以前，就已经在用散文讲话一样。否定的否定这个规律在自然界和历史中起着作用，而在它被认识以前，它也在我们头脑中不自觉地起着作用；这个规律只是被黑格尔第一次明确地表述出来而已。”②“这一规律，正如我们已经看到的，在动物界和植物界中，在地质学、数学、历史和哲学中起着作用。”③

（五）关于判断的分类

恩格斯说：“辩证逻辑和旧的纯粹的形式逻辑相反，不象后者满足于把各种思维运动形式，即各种不同的判断和推理的形式列举出来和毫无关联地排列起来。相反地，辩证逻辑由此及彼地推出这些形式，不把它们互相平列起来，而使它们互相隶属，从低级形式发展出高级形式。黑格尔忠实于他的整个逻辑学的划分，把判断分为下列几类：

（1）实在的判断，判断的最简单形式，这里是肯定地或否定地表明某一单个的事物的某种一般的性质（肯定判断：玫瑰花是红的；否定判断：玫瑰花不是蓝的；无限判断：玫瑰花不是骆驼）。

（2）反省的判断，这里所表明的是关于主语的某种关系规定，某种关联（单称判断：这个人是会死的；特称判断：有些人或很多人是会死的；全称判断：一切人都是会死的，或人是会死的）。

（3）必然性的判断，这里所表明的是主语的实在的规定性（直言判断：玫瑰花是植物；假言判断：如果太阳升起，那就是白昼；选言判断：南美肺鱼不是鱼类就是两栖类）。

（4）概念的判断，这里所表明的是主语对自己的一般本性，或者如黑格尔所说的，对自己的概念符合到什么程度（实然判断：这所房子是

①《马克思恩格斯全集》第20卷，第154~155页。
②《马克思恩格斯全集》第20卷，第155页。
③《马克思恩格斯全集》第20卷，第154页。

坏的；或然判断：如果一所房子如此这般地建造起来，它就是好的；必然判断：如此这般地建造起来的房子是好的）。

“第一类是个别的判断，第二和第三两类是特殊的判断，第四类是普遍的判断。

“不管这些东西在这里读起来怎样枯燥乏味，不管这种判断分类法有时初看起来是怎样任意做出的，但是，对于仔细研究过黑格尔《大逻辑》中的天才阐述的人来说，这种分类法的内在真理性和内在必然性是明明白白的。

“这种分类法在很大程度上不仅以思维规律为根据，而且还以自然规律为根据。

“在每一情况的特定条件下，任何一种运动形式都能够而且不得不直接或间接地转变为其他任何运动形式。这是概念的判断，并且是必然判断——判断的最高形式。

“因此，表现在黑格尔那里的是判断这一思维形式本身的发展，而在我们这里就成了对运动性质的立足于经验基础的理论认识的发展。由此可见，思维规律和自然规律，只要它们被正确地认识，必然是互相一致的。

“由于有了新的发现，我们可以给它提供新的证据，提供新的更丰富的内容。但是，对于如此表述的规律本身，我们是不能再增加什么了。在普遍性方面——其中形式和内容都同样普遍——这个规律是不可能再扩大了：它是绝对的自然规律。

“可惜，在我们还不能制造蛋白质以前，我们谈到蛋白质的运动形式，即谈到生命时，便感到困难了。

“个别性、特殊性、普遍性，这就是全部《概念论》在其中运动的三个规定。在这里，从个别到特殊并从特殊到普遍的上升运动，并不是在一种样式中，而是在许多种样式中实现的，黑格尔经常以个体到种和属的上升运动的例子来说明这一点。现在海克尔们带着自己的归纳法跑出来了，他们大吹大擂，似乎做了一件了不起的事情——反对黑格尔，说什么应当从个别上升到特殊，然后上升到普遍，应当从个体上升到种，然后再上升到属，而在这之后，才容许那应当继续下去的演绎推理！这些人陷入了归纳和演绎的对立中，以致把一切逻辑推理形式都归结为这两种形式，而且在这样做的时候完全没有注意到：1）他们在这些名称下不自觉地应用了完全另外的推理形式；2）只要他们不能把全部丰富的推理形式都硬塞进这两种形式的框子中，就把这一切丰富的形式全都丢掉了；3）因此他们把归纳和演绎这两种形式甚至变成了纯粹的蠢话。”①

①《马克思恩格斯全集》第20卷，第566~569页。

（六）因果性

恩格斯说："我们在观察运动着的物质时，首先遇到的就是单个物体的单个运动的相互联系，它们的相互制约。但是，我们不仅发现某一个运动后面跟随着另一个运动，而且我们也发现：只要我们造成某个运动在自然界中发生的条件，我们就能引起这个运动；甚至我们还能引起自然界中根本不发生的运动（工业），至少不是以这种方式发生的运动；我们能给这些运动以预先规定的方向和规模。

"因此，由于人的活动，就建立了因果观念的基础，这个观念是：一个运动是另一个运动的原因。的确，单是某些自然现象的有规则的依次更替，就能产生因果观念：随太阳而来的热和光；但是在这里并没有任何证明，而且在这个范围内休谟的怀疑论说得很对：有规则地重复出现的 posthoc〔在这以后〕决不能确立 propterhoc〔由于这〕。但是人类的活动对因果性作出验证。如果我们把引信、炸药和弹丸放进枪膛里面，然后发射，那末我们可以期待事先从经验已经知道的效果，因为我们能够详详细细地研究全部过程：发火、燃烧、由于突然变为气体而产生的爆炸，以及气体对弹丸的压挤。在这里怀疑论者也不能说，从以往的经验不能推论出下一次将恰恰是同样的情形。

"确实有时候并不发生正好同样的情形，引信或火药失效，枪筒破裂，等等。但是这正好证明了因果性，而不是推翻了因果性，因为我们对每件这样不合常规的事情加以适当的研究之后，都可以找出它的原因：引信的化学分解、火药的潮湿、枪筒的损坏等，因此在这里可以说是对因果性作了双重的验证。

"自然科学和哲学一样，直到今天还完全忽视了人的活动对他的思维的影响；它们一个只知道自然界，另一个又只知道思想。但是，人的思维的最本质和最切近的基础，正是人所引起的自然界的变化，而不单独是自然界本身；人的智力是按照人如何学会改变自然界而发展的。因此，自然主义的历史观（例如，德莱柏和其他一些自然科学家都或多或少有这种见解）是片面的，它认为只是自然界作用于人，只是自然条件到处在决定人的历史发展，它忘记了人也反作用于自然界，改变自然界，为自己创造新的生存条件。

"自然科学证实了黑格尔曾经说过的话（在什么地方？）：相互作用是事物的真正的终极原因。我们不能追溯到比对这个相互作用的认识更远的地方，因为正是在它背后没有什么要认识的了。如果我们认识了物质的运动形式（由于自然科学存在的时间并不长，我们的认识的确还有很多缺陷），我们也就认识了物质本身，因而我们的认识就完备了……只有从这个普遍的相互作用出发，我们才能了解现实的因果关系。为了了解单个的现象，我们就必须把它们从普遍的联系中抽出来，孤立地考察它们，而且在这里不断更替的运动就显现出来，一个为原因，另一个为结果。在一切否认因果性的人看来，任何自然规律都是假说，连用三棱镜的光谱得到的天体的化学分析也同样是假说。那些停留在这里的人的思维是何等浅薄呵！”①

恩格斯说："在任何一门科学中，不正确的观念，如果抛开观察的错误不讲，归根到底都是对于正确事实的不正确的观念。事实终归是事实，尽管关于它的现有的观念是错误的。如果说我们已经抛弃了陈旧的接触说，那末，这种理论企图加以解释的那些确定的事实仍然存在。”②

恩格斯说，“但是，如果我们片面地抓住一个观点，认为比起另一个观点来它是绝对的观点，或者，如果我们根据推理的一时需要而任意地从一个观点跳到另一个观点，那我们就会陷入形而上学思维的片面性；我们抓不住整体的联系，就会纠缠在一个接一个的矛盾之中。”③

今天人们对于电、热、力等的认识和运用已经比当年恩格斯所处的时代要深刻而广泛得多。当时自然科学对电、热、力等的认识，一方面，没有现代深入；另一方面，即使是当时已有的科学认识，人们对它们还没有到广泛认可的程度，还经常受到各种愚昧和落后思想的干扰。但是恩格斯依据当时的科学认识，对电、热、力等的分析以及对科学研究中的辩证性质的揭示，对今天认识和研究地震预测预报、灾害预防和控制、经济和社会发展等人们至今还知之不多或知之有限的领域，均具有十分重要的指导意义。

六、劳动在从猿到人转变过程中的作用

恩格斯说，“政治经济学家说：劳动是一切财富的源泉。其实劳动和自然界一起才是一切财富的源泉，自然界为劳动提供材料，劳动把材料变为财富。但是劳动还远不止如此。它是整个人类生活的第一个基本条件，而且达到这样的程度，以致我们在某种意义上不得不说：劳动创造了人本身。”④

“在好几十万年以前……生活着一种特别高度发展的类人猿。达尔文曾经向我们大致地描述了我们的这些祖先：它们满身是毛，有须和尖耸的耳朵，成群地生活在树上。这些猿类，大概首先由于它们的生活

①《马克思恩格斯全集》第20卷，第574～575页。
②《马克思恩格斯全集》第20卷，第499页。
③《马克思恩格斯全集》第20卷，第506页。
④《马克思恩格斯全集》第20卷，第509页。

方式的影响，使手在攀缘时从事和脚不同的活动，因而在平地上行走时就开始摆脱用手帮助的习惯，渐渐直立行走。这就完成了从猿转变到人的具有决定意义的一步。但是……没有一只猿手曾经制造过一把哪怕是最粗笨的石刀。因此，我们的祖先在从猿转变到人的好几十万年的过程中逐渐学会了使自己的手适应于一些动作，这些动作在开始时只能是非常简单的……在人用手把第一块石头做成刀子以前，可能已经经过很长很长的一段时间，和这段时间相比，我们所知道的历史时间就显得微不足道了。但是具有决定意义的一步完成了：手变得自由了，能够不断地获得新的技巧，而这样获得的较大的灵活性便遗传下来，一代一代地增加着。所以，手不仅是劳动的器官，它还是劳动的产物。只是由于劳动，由于和日新月异的动作相适应，由于这样所引起的肌肉、韧带以及在更长时间内引起的骨骼的特别发展遗传下来，而且由于这些遗传下来的灵巧性以愈来愈新的方式运用于新的愈来愈复杂的动作，人的手才达到这样高度的完善，在这个基础上它才能仿佛凭着魔力似地产生了拉斐尔的绘画、托尔瓦德森的雕刻以及帕格尼尼的音乐。”①

列宁在《哲学笔记》中摘录了这样一段话：“色诺芬尼（埃利亚派）说：‘假如牛和狮子都有一双手，能象人一样创作艺术品，那么它们也同样会描绘出神，并把它们自己的躯体形象赋予这些神……’”②

恩格斯说：“但是手并不是孤立的。它仅仅是整个极其复杂的机体的一个肢体。凡是有利于手的，也有利于手所服务的整个身体，而且这是从两方面进行的。首先是由于达尔文所称的生长相关律。依据这一规律，一个有机生物的个别部分的特定形态，总是和其他部分的某些形态相联系的，虽然在表面上和这些形态似乎没有任何关联……身体某一部分的形态的改变，总是引起其他部分的形态的改变……人手的逐渐灵巧以及与此同时发生的脚适应于直立行走的发展，由于这种相关律，无疑地也要反过来作用于机体的其他部分……更重要得多的是手的发展对其余机体的直接的、可证明的反作用。正如我们已经说过的，我们的猿类祖先是一种社会化的动物，人，一切动物中最社会化的动物，显然不可能从一种非社会化的最近的祖先发展而来。随着手的发展、随着劳动而开始的人对自然的统治，在每一个新的进展中扩大了人的眼界。他们在自然对象中不断地发现新的、以往所不知道的属性。另一方面，劳动的发展必然促使社会成员更紧密地互相结合起来，因为它使互相帮助和共同协作的场合增多了，并且使每个人都清楚地意识到这种共同协作的好处。一句话，这些正在形成中的人，已经到了彼此间有些什么非说不可的地步了。需要产生了自己的器官：猿类不发达的喉头，由于音调的抑

①《马克思恩格斯全集》第20卷，第509～511页。

②《哲学笔记》第2版，第214页。

扬顿挫的不断加多，缓慢地然而肯定地得到改造，而口部的器官也逐渐学会了发出一个个清晰的音节。语言是从劳动中并和劳动一起产生出来的，这是唯一正确的解释。”①

恩格斯说，“首先是劳动，然后是语言和劳动一起，成了两个最主要的推动力，在它们的影响下，猿的脑髓就逐渐地变成人的脑髓；后者和前者虽然十分相似，但是就大小和完善的程度来说，远远超过前者。在脑髓进一步发展的同时，它的最密切的工具，即感觉器官，也进一步发展起来了。正如语言的逐渐发展必然是和听觉器官的相应完善化同时进行的一样，脑髓的发展也完全是和所有感觉器官的完善化同时进行的。鹰比人看得远得多，但是人的眼睛识别东西却远胜于鹰。狗比人具有更锐敏得多的嗅觉，但是它不能辨别在人看来是各种东西的特定标志的气味的百分之一。至于触觉（猿类刚刚有一点儿最粗糙的萌芽），只是由于劳动才随着人手本身的形成而形成。脑髓和为它服务的感官、愈来愈清楚的意识以及抽象能力和推理能力的发展，又反过来对劳动和语言起作用，为二者的进一步发展提供愈来愈新的推动力。”②

“从攀树的猿群进化到人类社会之前，一定经过了几十万年——这在地球的历史上只不过是人的生命中的一秒钟。但是人类社会最后毕竟出现了。人类社会区别于猿群的特征又是什么呢？是劳动。”③

“劳动是从制造工具开始的。我们所发现的最古老的工具是些什么东西呢？根据所发现的史前时期的人的遗物来判断，根据最早历史时期的人和现在最不开化的野蛮人的生活方式来判断，最古老的工具是些什么东西呢？是打猎的工具和捕鱼的工具，而前者同时又是武器。但是打猎和捕鱼的前提，是从只吃植物转变到同时也吃肉，而这又是转变到人的重要的一步……肉类食物引起了两种新的有决定意义的进步，即火的使用和动物的驯养。前者更加缩短了消化过程，因为它为口提供了可说是已经半消化了的食物；后者使肉类食物更加丰富起来，因为它和打猎一起开辟了新的更经常的食物来源，除此以外还供给了就养分来说至少和肉相等的象牛乳及乳制品一类的新的食物。这样，这两种进步就直接成为人的新的解放手段。”④

“正如学会了吃一切可以吃的东西一样，人也学会了在任何气候下生活。人分布在所有可以居住的地面上，人是唯一能独立自主地这样做的动物。其他的动物，虽然也习惯于各种气候，但不是独立自主地，而只是跟着人学会这样做的，例如家畜和寄生虫就是这样。从原来居住的总是一样炎热的地带，迁移到比较冷的、在一年中分成冬夏两季

①《马克思恩格斯全集》第20卷，第511~512页。
②《马克思恩格斯全集》第20卷，第513页。
③《马克思恩格斯全集》第20卷，第514页。
④《马克思恩格斯全集》第20卷，第515~516页。

的地带后，就产生了新的需要：需要有住房和衣服来抵御寒冷和潮湿，需要有新的劳动领域以及由此而来的新的活动，这就使人离开动物愈来愈远了。由于手、发音器官和脑髓不仅在每个人身上，而且在社会中共同作用，人才有能力进行愈来愈复杂的活动，提出和达到愈来愈高的目的。劳动本身一代一代地变得更加不同、更加完善和更加多方面。除打猎和畜牧外，又有了农业，农业以后又有了纺纱、织布、冶金、制陶器和航行。同商业和手工业一起，最后出现了艺术和科学；从部落发展成了民族和国家。法律和政治发展起来了，而且和它们一起，人的存在在人脑中的幻想的反映——宗教，也发展起来了。在所有这些首先表现为头脑的产物并且似乎统治着人类社会的东西面前，由劳动的手所制造的较为简易的产品就退到了次要的地位；何况能计划怎样劳动的头脑在社会发展的初期阶段（例如，在原始的家庭中），已经能不通过自己的手而是通过别人的手来执行它所计划好的劳动了。迅速前进的文明完全被归功于头脑，归功于脑髓的发展和活动；人们已经习惯于以他们的思维而不是以他们的需要来解释他们的行为（当然，这些需要是反映在头脑中，是被意识到的）。这样，随着时间的推移，便产生了唯心主义的世界观，这种世界观，特别是从古代世界崩溃时起，就统治着人的头脑。它现在还非常有力地统治着人的头脑，甚至达尔文学派的最富有唯物精神的自然科学家们还弄不清人类是怎样产生的，因为他们在唯心主义的影响下，没有认识到劳动在这中间所起的作用。”[①]

恩格斯说，“在自然界中没有孤立发生的东西。事物是互相作用着的，并且在大多数情形下，正是忘记了这种多方面的运动和相互作用，阻碍我们的自然科学家去看清最简单的事物……如果说动物不断地影响它周围的环境，那末，这是无意地发生的，而且对于动物本身来说是偶然的事情。但是人离开动物愈远，他们对自然界的作用就愈带有经过思考的、有计划的、向着一定的和事先知道的目标前进的特征。动物在消灭某一地方的植物时，并不明白它们是在干什么。人消灭植物，是为了在这块腾出来的土地上播种五谷，或者种植树木和葡萄，因为他们知道这样可以得到多倍的收获。他们把有用的植物和家畜从一个国家带到另一个国家，这样把全世界的动植物都改变了。不仅如此，植物和动物经过人工培养以后，在人的手下改变了它们的模样，甚至再也不能认出它们本来的面目了。我们至今还没有发现那演化成为谷类的野生植物。我们那些彼此如此不同的狗，或者我们那些种类繁多的马，究竟是从哪一种野生动物演化而来的，始终还是一个争论的问题。”[①]

①《马克思恩格斯全集》第20卷，第516~517页。

恩格斯指出："动物所能做到的最多是搜集，而人则从事生产，他制造最广义的生活资料，这是自然界离开了人便不能生产出来的。因此，把动物社会的生活规律直接搬到人类社会中来是不行的。一有了生产，所谓生存斗争便不再围绕着单纯的生存资料进行，而要围绕着享受资料和发展资料进行。在这里——在社会地生产发展资料的情况下——从动物界来的范畴完全不能应用了。最后，在资本主义生产方式下，生产达到了这样的高度，以致社会不再能消费所生产出来的生活资料、享受资料和发展资料了，因为绝大多数生产者都被人为地和强制地同这些资料隔绝起来；因此，十年一次的危机不但毁灭生产出来的生活资料、享受资料和发展资料，而且毁灭生产力本身的一大部分，来求得平衡的恢复；因此，所谓生存斗争就采取了如下的形式：必须保护资产阶级的资本主义社会所生产出来的产品和生产力，使它们不受这个资本主义社会制度本身的毁灭性的破坏作用的影响，办法是从不能办到这一点的资本家统治阶级手中夺取社会生产和社会分配的领导权，并把它转交给生产者群众——而这就是社会主义革命。"[②]

恩格斯指出："我们并不想否认，动物是具有从事有计划的、经过思考的行动的能力的。相反地，凡是有原生质和有生命的蛋白质存在和起反应，即完成某种即使是由外面的一定的刺激所引起的极简单运动的地方，这种有计划的行动，就已经以萌芽的形式存在着。这种反应甚至在还没有细胞（更不用说什么神经细胞）的地方，就已经存在着……但是一切动物的一切有计划的行动，都不能在自然界上打下它们的意志的印记。这一点只有人才能做到。一句话，动物仅仅利用外部自然界，单纯地以自己的存在来使自然界改变；而人则通过他所作出的改变来使自然界为自己的目的服务，来支配自然界。这便是人同其他动物的最后的本质的区别，而造成这一区别的还是劳动。"[③]

恩格斯说，"但是我们不要过分陶醉于我们对自然界的胜利。对于每一次这样的胜利，自然界都报复了我们。每一次胜利，在第一步都确实取得了我们预期的结果，但是在第二步和第三步却有了完全不同的、出乎预料的影响，常常把第一个结果又取消了。美索不达米亚、希腊、小亚细亚以及其他各地的居民，为了想得到耕地，把森林都砍完了，但是他们梦想不到，这些地方今天竟因此成为荒芜不毛之地，因为他们使这些地方失去了森林，也失去了积聚和贮存水分的中心……当西班牙的种植场主在古巴焚烧山坡上的森林，认为木灰作为能获得最高利润的咖啡树的肥料足够用一个世代时，他们怎么会关心到，以后热带的大雨会冲掉毫无掩护的沃土而只留下赤裸裸的岩石呢？"[①]

①《马克思恩格斯全集》第20卷，第517~518页。

②《马克思恩格斯全集》第20卷，第652~653页。

③《马克思恩格斯全集》第20卷，第518页。

“因此我们必须时时记住：我们统治自然界，决不象征服者统治异民族一样，决不象站在自然界以外的人一样，——相反地，我们连同我们的肉、血和头脑都是属于自然界，存在于自然界的；我们对自然界的整个统治，是在于我们比其他一切动物强，能够认识和正确运用自然规律。”②

“事实上，我们一天天地学会更加正确地理解自然规律，学会认识我们对自然界的惯常行程的干涉所引起的比较近或比较远的影响。特别从本世纪自然科学大踏步前进以来，我们就愈来愈能够认识到，因而也学会支配至少是我们最普通的生产行为所引起的比较远的自然影响。但是这种事情发生得愈多，人们愈会重新地不仅感觉到，而且也认识到自身和自然界的一致，而那种把精神和物质、人类和自然、灵魂和肉体对立起来的荒谬的、反自然的观点，也就愈不可能存在了，这种观点是从古典古代崩溃以后在欧洲发生并在基督教中得到最大发展的。但是，如果我们需要经过几千年的劳动才稍微学会估计我们生产行动的比较远的自然影响，那末我们想学会预见这些行动的比较远的社会影响就困难得多了……当阿拉伯人学会蒸馏酒精的时候，他们做梦也不会想到，他们却因此制造出使当时还没有被发现的美洲的土人逐渐灭种的主要工具。后来，当哥伦布发现美洲的时候，他也不知道，他因此复活了在欧洲久已绝迹的奴隶制度，并奠定了贩卖黑奴的基础。十七世纪和十八世纪从事创造蒸汽机的人们也没有料到，他们所造成的工具，比其他任何东西都更会使全世界的社会状况革命化，特别是在欧洲，由于财富集中在少数人手里，而绝大多数人则一无所有，起初是资产阶级获得了社会的和政治的统治，而后就是资产阶级和无产阶级之间发生阶级斗争，这一阶级斗争，只能以资产阶级的崩溃和一切阶级对立的消灭而告终。但是经过长期的常常是痛苦的经验，经过对历史材料的比较和分析，我们在这一领域中，也渐渐学会了认清我们的生产活动的间接的、比较远的社会影响，因而我们就有可能也去支配和调节这种影响。但是要实行这种调节，单是依靠认识是不够的。这还需要对我们现有的生产方式，以及和这种生产方式连在一起的我们今天的整个社会制度实行完全的变革。”③

“到目前为止存在过的一切生产方式，都只在于取得劳动的最近的、最直接的有益效果。那些只是在以后才显现出来的、由于逐渐的重复和积累才发生作用的进一步的结果，是完全被忽视的……一切较高的生产形式，都导致居民的分为不同的阶级，因而导致统治阶级和被压迫阶级之间的对立，因此，只要生产不局限于被压迫者的最必需的生活用

①《马克思恩格斯全集》第20卷，第519、522页。
②《马克思恩格斯全集》第20卷，第519页。
③《马克思恩格斯全集》第20卷，第519～521页。

品，统治阶级的利益就成为生产的推动因素。在西欧现今占统治地位的资本主义生产方式中，这一点表现得最完全。支配着生产和交换的一个一个的资本家所能关心的，只是他们的行为的最直接的有益效果。不仅如此，甚至就连这个有益效果本身——只就所制造的或交换来的商品的效用而言——也完全退居次要地位了；出售时要获得利润，成了唯一的动力。”①

“当一个资本家为着直接的利润去进行生产和交换时，他只能首先注意到最近的最直接的结果。一个厂主或商人在卖出他所制造的或买进的商品时，只要获得普通的利润，他就心满意足，不再去关心以后商品和买主的情形怎样了。这些行为的自然影响也是如此……在今天的生产方式中，对自然界和社会，主要只注意到最初的最显著的结果，然后人们又感到惊奇的是：为达到上述结果而采取的行为所产生的比较远的影响，却完全是另外一回事，在大多数情形下甚至是完全相反的；需要和供给之间的协调，变成二者的绝对对立，每十年一次的工业循环的过程展示了这种对立，德国在‘崩溃’中也体验到了这种对立的小小的前奏；建立在劳动者本人的劳动之上的私有制，必然发展为劳动者的丧失一切财产，而同时一切财富却愈来愈集中到不劳动者的手中。”②

恩格斯的手稿到此中断，说明它是一篇未完成的论文。论文的结尾处，很容易让人想起马克思《1844年经济学哲学手稿》中关于异化劳动的论述。

马克思在《1844年经济学哲学手稿》中详尽地论述了异化和异化劳动的问题。“异化”概念在马克思以前的德国哲学著作中曾广泛使用过，而马克思首先把异化同私有制的统治和私有制统治下的社会制度联系起来，用异化来分析劳动与资本的关系。他指出，在私有制统治下，“劳动所生产的对象，即劳动的产品，作为一种异己的存在物，作为不依赖于生产者的力量，同劳动相对立”，“对对象的占有竟如此表现为异化，以致工人生产的对象越多，他能够占有的对象就越少，而且越受他的产品即资本的统治。这一切后果包含在这样一个规定中：工人同自己的劳动产品的关系就是同一个异己的对象的关系。因为根据这个前提，很明显，工人在劳动中耗费的力量越多，他亲手创造出来反对自身的、异己的对象世界的力量就越强大，他本身、他的内部世界就越贫乏，归他所有的东西就越少。”③

劳动的异化不仅表现在工人同劳动产品的关系上，而且表现在工人同生产行为本身的关系上：“劳动对工人说来是外在的东西，也就是说，不属于他的本质的东西”；在这种劳动中，工人“不是感到幸福，而是

①《马克思恩格斯全集》第20卷，第521页。
②《马克思恩格斯全集》第20卷，第521～522页。
③《马克思恩格斯全集》第42卷，第91页。

感到不幸，不是自由地发挥自己的体力和智力，而是使自己的肉体受折磨、精神受摧残。因此，工人只有在劳动之外才感到自在，而在劳动中则感到不自在，他在不劳动时觉得舒畅，而在劳动时就觉得不舒畅。因此，他的劳动不是自愿的劳动，而是被迫的强制劳动”；“外在的劳动，人在其中使自己外化的劳动，是一种自我牺牲、自我折磨的劳动。最后，对工人说来，劳动的外在性质，这种劳动不是他自己的，而是别人的；劳动不属于他；他在劳动中也不属于他自己，而是属于别人。”①

马克思还指出：异化劳动既然夺去了人的生产的对象，也就夺去了人所固有的真正的人的生活；人同他的劳动产品、他的生命活动、他的类本质相异化的直接结果就是人同人相异化，人同他人相对立。

马克思还分析了异化劳动的产生以及它同私有财产的关系，强调指出，要消灭异化劳动、结束人的相互异化，必须废除私有财产，“人的生命的现实的异化仍在发生，而且人们越意识到它是异化，它就越成为更大的异化；所以，它只有通过共产主义的实际实现才能完成。要消灭私有财产的思想，有共产主义思想就完全够了。而要消灭现实的私有财产，则必须有现实的共产主义行动。”②

七、札记和片断

恩格斯说：“现代自然科学——它同希腊人的天才的直觉和阿拉伯人的零散的无联系的研究比较起来，可以说得上是唯一的科学……这是地球从来没有经历过的最伟大的一次革命。自然科学也就在这一场革命中诞生和形成起来，它是彻底革命的……从此以后，自然科学基本上从宗教下面解放出来了，尽管各式各样的细节问题的争论一直迟延到今天，而且在许多人的头脑中还远没有解决。”③

恩格斯说：“唯心主义在1848年革命中受到了沉重打击，可是唯物主义在它的这一经过更新的形态下更是江河日下……许许多多自然科学家已经给我们证明了，他们在他们自己那门科学的范围内是坚定的唯物主义者，但是在这以外就不仅是唯心主义者，而且甚至是虔诚的正教徒。自然科学的所有这些划时代的进步，都从费尔巴哈身边溜过去了，本质上没有触及他。这与其归咎于他本人，倒不如归咎于当时德国的可悲的环境，由于这种环境，大学讲座都给一些毫无头脑的折衷主义的宵小之徒占据了，可是比这些宵小之徒高明万倍的费尔巴哈，却不得不几乎在穷乡僻壤中隐居起来。这就说明了：他谈到自然界时，除了个别天

①《马克思恩格斯全集》第42卷，第93、94页。
②《马克思恩格斯全集》第42卷，第139～140页。
③《马克思恩格斯全集》第20卷，第533～534页。

才的概括，就不得不说一些辞藻美丽的空话……上帝在信仰他的自然科学家那里所得到的待遇，比在任何地方所得到的都坏。唯物主义者只管说明事物，是不理睬这种名词的。只有当那些咄咄逼人的善男信女们把上帝强加于他们的时候，他们才加以考虑，并且简单地给予回答——或者象拉普拉斯那样说：'陛下，我不……'，或者更粗鲁一点，以荷兰商人用来打发那些硬把冒牌货塞给他们的德国行商的方式说：'我用不着那种货色'，这样问题就解决了。但是上帝不得不受他的保卫者的气！在现代自然科学的历史中，上帝在他的保卫者那里受到的待遇，就象耶拿战役中的弗里德里希·威廉三世在他的将军和官佐们那里受到的待遇一样。在科学的猛攻之下，一个又一个部队放下了武器，一个又一个城堡投降了，直到最后，自然界无限的领域都被科学所征服，而且没有给造物主留下一点立足之地。牛顿还让上帝来作'第一次推动'，但是禁止他进一步干涉自己的太阳系。神甫赛奇虽然以合乎教规的一切荣誉来恭维他，但是绝对无条件地把他完全逐出了太阳系，只允许他在关系到原始星云的时候还有一次创造行为。在一切领域中，情形都是如此。"①

1. 自然科学和哲学

带有流动范畴的辩证法派（亚里士多德、特别是黑格尔）证明："理由和推断、原因和结果、同一和差异、外表和实质这些固定的对立是站不住脚的，由分析表明，一极已经作为胚胎存在于另一极之中，一极到了一定点时就转化为另一极，整个逻辑都只是从前进着的各种对立中发展起来的。——这在黑格尔本人那里是神秘的，因为范畴在他看来是先存在的东西，而现实世界的辩证法是它的单纯的反光。实际上刚刚相反：头脑的辩证法只是现实世界（自然界和历史）的运动形式的反映。到上世纪末，甚至到1830年，自然科学家和旧的形而上学还相处得相当不错，因为真正的科学当时还没有超出力学——地球上的和宇宙的力学的范围。虽然如此，高等数学已经引起了混乱，因为高等数学把初等数学的永恒真理看作已经被克服的观点，常常作出相反的判断，提出一些在初等数学家看来完全是胡说八道的命题。固定的范畴在这里消失了；数学走到了这样一个领域，在那里即使很简单的关系，如单纯的抽象的量之间的关系、恶无限性，都采取了完全辩证的形式，迫使数学家们既不自愿又不自觉地成为辩证的数学家。数学家们为了解决这种矛盾，为了调和高等数学和初等数学，为了弄清楚在他们看来是不可否认的结果的那些东西并不是纯粹荒诞无稽的东西，以及为了合理地说明那研究无限的数学的出发点、方法和结果所采用的牵强说法、无聊诡计和应急方法，是最滑稽可笑不过的了。但是现在一切都不同了。化学，物理东西

①《马克思恩格斯全集》第20卷，第536~541页。

的抽象的可分性，恶无限性——原子论。生理学——细胞（由分化而产生的个体和种的有机发展过程，是合理的辩证法的最令人信服的检验），以及最后，各种自然力的同一性及其相互转化，而这种相互转化把范畴的一切固定性都结束了。虽然如此，大批自然科学家还是束缚在旧的形而上学的范畴之内，而且在必须合理地解释这些最新的事实（这些事实可以说是证实了自然界中的辩证法）并把它们彼此联系起来的时候，便束手无策。而在这里就必须用思维，因为原子和分子等等是不能用显微镜来观察的，而只能用思维来把握……摆脱了神秘主义的辩证法，变成了自然科学绝对必需的东西，因为自然科学抛弃了那种有了固定不变的范畴（就好象是逻辑的初等数学，它的日用器具）就已经足够的领域。”①

“哲学终究报复了自然科学，因为后者抛弃了它。而自然科学家们，本来可以从哲学在自然科学上的成就看到：哲学具有某种即使在他们自己的领域中也比他们高明的东西（莱布尼茨——研究无限的数学的创始人，和他比较起来，归纳法的驴子牛顿便显得是一个剽窃者和破坏者；康德——拉普拉斯以前的天体演化学；奥肯——在德国采用进化论的第一个人；黑格尔——他对自然科学的概括和合理的分类是比一切唯物主义的胡说八道合在一起还更伟大的成就）。”②

“在这样的用语混乱之下，谬论是不可避免的……然而，不幸的是：机械论（十八世纪的唯物主义也是如此）摆脱不了抽象的必然性，因而也摆脱不了偶然性。物质从自身中发展出了能思维的人脑，这对机械论来说，是纯粹偶然的事件，虽然在这件事情发生之处是一步一步地必然地决定了的。但是事实上，进一步发展出能思维的生物，是物质的本性，因而这是在具备了条件（这些条件并非在任何地方和任何时候都必然是一样的）的任何情况下都必然要发生的。”③

“自然科学家相信：他们只有忽视哲学或侮辱哲学，才能从哲学的束缚中解放出来。但是，因为他们离开了思维便不能前进一步，而且要思维就必须有逻辑范畴，而这些范畴是他们盲目地从那些被早已过时的哲学的残余所统治着的所谓有教养者的一般意识中取来的，或是从大学必修课中所听到的一点儿哲学（这种哲学不仅是片断的东西，而且还是属于各种不同的和多半是最坏的学派的人们的观点的混合物）中取来的，或是从无批判地和杂乱地读到的各种各样的哲学著作中取来的，所以他们完全作了哲学的奴隶，遗憾的是大多数都作了最坏的哲学的奴隶，而那些侮辱哲学最厉害的恰好是最坏哲学的最坏、最庸俗的残余的奴隶。

①《马克思恩格斯全集》第20卷，第545～546页。
②《马克思恩格斯全集》第20卷，第546页。
③《马克思恩格斯全集》第20卷，第550～551页。

“不管自然科学家采取什么样的态度，他们还是得受哲学的支配。问题只在于：他们是愿意受某种坏的时髦哲学的支配，还是愿意受一种建立在通晓思维的历史和成就的基础上的理论思维的支配。

“物理学，当心形而上学呵！——这是完全正确的，不过，是在另一种意义上。自然科学家满足于旧形而上学的残渣，使哲学还得以苟延残喘。只有当自然科学和历史科学接受了辩证法的时候，一切哲学垃圾——除了关于思维的纯粹理论——才会成为多余的东西，在实证科学中消失掉。”①

2. 科学的分类

恩格斯说：“每一门科学都是分析某一个别的运动形式或一系列互相关联和互相转化的运动形式的，因此，科学分类就是这些运动形式本身依据其内部所固有的次序的分类和排列，而它的重要性也正是在这里。在上世纪末叶，在大多数是机械唯物主义者的法国唯物主义者之后，出现了要把旧的牛顿·林耐学派的整个自然科学作百科全书式的概括的要求，有两个最有天才的人物投身于这个工作，这就是圣西门（未完成）和黑格尔。现在，当新的自然观在其基本特点上已经形成的时候，同样的要求又可以感觉得到了，并且有人正朝这个方向努力。但是，当现在自然界中发展的普遍联系已经得到证明的时候，外表上的顺序排列，如黑格尔人为地完成的辩证的转化一样，是不够了。转化必须自我完成，必须是自然而然的。正如一个运动形式是从另一个运动形式中发展出来一样，这些形式的反映，即各种不同的科学，也必然是一个从另一个中产生出来。”②

在《反杜林论》中，恩格斯指出：“我们可以按照自古已知的方法把整个认识领域分成三大部分。第一个部分包括研究非生物界以及或多或少能用数学方法处理的一切科学，即数学、天文学、力学、物理学、化学。如果有人喜欢对极简单的事物使用大字眼，那末也可以说，这些科学的某些成果是永恒真理，是最后的、终极的真理，所以这些科学也叫做精密科学。然而决不是一切成果都是如此。由于变数的应用以及它的变化被推广于无限小和无限大，以前曾经是如此严格地合乎道德的数学也犯了原罪；它吃了智慧果，这为它开辟了获得最大成就但也造成谬误的道路。数学上的一切东西的绝对适用性、不可争辩的确实性的童贞状态一去不复返了；争论的王国渐渐出现了，而且我们达到了这样一种地步：大多数人进行微分和积分，并不是由于他们懂得他们在做什么，而是出于单纯的相信，因为直到现在得出的结果总是正确的。天文学和力学方面的情况更糟，而在物理学和化学方面，人们就象处在蜂群之中

①《马克思恩格斯全集》第20卷，第551~552页。

②《马克思恩格斯全集》第20卷，第593页。

那样处在种种假说之中。情况也根本不能不是这样。我们在物理学中研究分子的运动，在化学中研究分子的原子构成，如果光波的互相干扰并不是一种虚构，那我们也绝对没有希望在某个时候亲眼看到这些有趣的东西。最后的、终极的真理就这样随着时间的推移变得非常罕见了。地质学的情况还要糟，地质学按其性质来说主要是研究那些不但我们没有经历过而且任何人都没有经历过的过程。所以要挖掘出最后的、终极的真理就要费很大的力气，而所得是极少的。”①

“第二类科学是包括研究生物机体的那些科学。在这一领域中，发展着如此错综复杂的相互关系和因果联系，以致不仅每个已经解决的问题都引起无数的新问题，而且每一个问题也多半都只能一点一点地、通过一系列常常需要花几百年时间的研究才能得到解决；此外，对各种相互联系作系统了解的需要，总是一再迫使我们在最后的、终极的真理的周围造起茂密的假说之林。为了正确地确定象哺乳动物的血液循环这样简单的事实，需要从盖仑到马尔比基之间多么长的一系列中间阶段，我们关于血球的形成知道得多么少，为了比如说确定某种疾病的现象和致病的原因之间的合理联系，我们今天还缺乏多少中间环节！此外还常常有象细胞的发现这样的发现，这种发现迫使我们不得不对以前生物学上已经确立了的一切最后的、终极的真理作全面的修正，而且还不得不把这些真理整堆整堆地永远抛弃掉。因此，谁想在这里确立确实是真正的不变的真理，那末他就必须满足于一些陈词滥调，如所有的人必定要死，所有的雌性哺乳动物都有乳腺等等；他甚至不能说，高等动物是靠胃和肠而不是靠头脑来进行消化的，因为集中于头脑的神经活动对于消化是必不可少的。”②

“但是，在第三类科学中，即在按历史顺序和现在的结果来研究人的生活条件、社会关系、法律形式和国家形式以及它们的哲学、宗教、艺术等等这些观念的上层建筑的历史科学中，永恒真理的情况还更糟。在有机界中，我们至少是研究这样一些过程的连续系列，这些过程，就我们的直接观察所涉及的范围而言，正在非常广阔的范围内相当有规律地重复着。自亚里士多德以来，有机体的种总的说来没有变化。相反地，在社会的历史上，自从我们脱离人类的原始状态即所谓石器时代以来，情况的重复是例外而不是通例；即使在某个地方发生这样的重复，也绝不是在完全同样的状况下发生的。在一切文明民族那里，原始的土地公有制的出现和这种所有制崩溃的形式就是如此。因此，我们在人类历史领域中的科学比在生物学领域中的科学还要落后得多；不仅如此，如果一旦例外地能够认识到某一时代的社会存在形式和政治存在形式的内在

①《马克思恩格斯全集》第20卷，第95～96页。

②《马克思恩格斯全集》第20卷，第96～97页。

联系，那末这照例是发生在这些形式已经半衰退和濒于瓦解的时候。因此，在这里认识在本质上是相对的，因为它只限于了解一定的社会形式和国家形式的联系和后果，这些形式只存在于一定的时代和一定的民族中，而且按其本性来说都是暂时的。因此，谁要是在这里猎取最后的、终极的真理，猎取真正的、根本不变的真理，那末他是不会有什么收获的，除非是一些陈词滥调和老生常谈，例如，人一般地说不劳动就不能生活，人直到现在大都分为统治者和被统治者，拿破仑死于1821年5月5日，如此等等。但是，值得注意的是：正是在这一领域，我们最常遇到所谓永恒真理，最后的、终极的真理等等。宣布二乘二等于四，鸟有喙，或诸如此类的东西为永恒真理的，只是这样一些人，他们企图从永恒真理的存在得出结论：在人类历史的领域内也存在着永恒真理、永恒道德、永恒正义等等，它们都要求同数学的认识和运用相似的适用性和有效范围。这时，我们可以准确地预料，这位人类的朋友一有机会就向我们声明：一切以往的永恒真理的制造者或多或少都是蠢驴和骗子，全都陷入谬误，犯了错误；但是他们的谬误和他们的错误的存在是合乎自然规律的，而且这证明真理和准确性是存在于他那里；而他这个现在刚出现的预言家，却在提包里带着已经准备好的最后的、终极的真理，永恒道德和永恒正义。这一切已经出现过一百次，一千次，奇怪的只是怎么还会有人如此轻信，竟在不是涉及别人而是涉及自己的时候还相信这一点。但是在这里，我们至少还遇到了这样一位预言家，他在别人否认任何个人能提供最后的、终极的真理的时候，照例总是表现出高度的义愤。这样的否认，甚至单纯的怀疑，都是软弱状态、极端紊乱、虚无、比单纯的虚无主义更坏的腐蚀性怀疑、一片混乱以及诸如此类的可爱的东西。象所有的预言家那样，他也没有作批判的科学的研究和判断，而只是直接进行道义上的谴责。我们在上面尽可以举出研究人类思维的规律的科学，即逻辑和辩证法。但是在这里，永恒真理的情况也不见得好些……此外，我们决不需要担心我们现在所处的认识阶段和先前的一切阶段一样地都不是最后的。这一阶段已经包括大量的认识材料，并且要求每一个想在任何专业内成为内行的人进行极深刻的专门研究。但是认识就其本性而言，或者对漫长的世代系列来说是相对的而且必然是逐步趋于完善的，或者就象在天体演化学、地质学和人类历史中一样，由于历史材料不足，甚至永远是有缺陷的、不完善的，而谁要以真正的、不变的、最后的、终极的真理的标准来衡量它，那末，他只是证明他自己的无知和荒谬，即使真正的动机并不象在这里那样是要求承认个人的没有错误。真理和谬误，正如一切在两极对立中运动的逻辑范畴一样，只是在非常有限的领域内才具有绝对的意义；这一点我们刚才已经看到了，即使是杜林先生，只要他稍微知道一点正是说明一切两极对立的不充分性的辩证法的初步知识，他也会知道这一点的。只要我们在上面指出的狭窄的领域之外应用真理和谬误的对立，这种对立就变成相对的，因而对精确的科学的表达方式来说就是无用的；但是，如果我们企图在这一领域之外把这种对立当作绝对有效的东西来应用，那我们就会完全遭到失败；对立的两极都向自己的对立面转化，真理变成谬误，谬误变成真理。我们且举著名的波义耳定律为例，根据这一定律，在温度不变的情况下，气体的体积和它所受的压力成反比。雷尼奥发现……波义耳定律只是近似地正确，特别是对于可以因压力而液化的气体，当压力接近液化开始的那一点时，波义耳定律就失去了效力。所以波义耳定律只在一定的范围内才是正确的。但是在这个范围内，它是不是绝对地最终地正确的呢？没有一个物理学家会断定说是。他将说：这一定律在一定的压力和温度的范围内，对一定的气体是有效的；而且即使在这种更加狭窄的范围内，他也不会排除这样的可能性，即通过未来的研究给予更加严格的限制，或者改变定律的公式。可见，例如物理学上的最后的、终极的真理就是这样的。因此，真正科学的著作照例要避免使用象谬误和真理这种教条的道德的说法，而我们在现实哲学这样的著作中却到处可以碰到这些东西，这种著作想强迫我们把空空洞洞的信口胡说当作至上的思维的至上的结论来接受。”① 费恩曼也指出：“我们称之为科学知识的东西，就是由具有不同程度的不确定性陈述所构成的集合体，它们中的一些很难确定是否正确，一些几乎可以肯定是正确的，但是没有确定无疑是绝对正确的。”②

恩格斯说：“只要自然科学在思维着，它的发展形式就是假说。一个新的事实被观察到了，它使得过去用来说明和它同类的事实的方式不中用了。从这一瞬间起，就需要新的说明方式了——它最初仅仅以有限数量的事实和观察为基础。进一步的观察材料会使这些假说纯化，取消一些，修正一些，直到最后纯粹地构成定律。如果要等待构成定律的材料纯粹化起来，那末这就是在此以前要把运用思维的研究停下来，而定律也就永远不会出现。对缺乏逻辑和辩证法修养的自然科学家来说，互相排挤的假说的数目之多和替换之快，很容易引起这样一种观念：我们不可能认识事物的本质（哈勒和歌德）。这并不是自然科学所特有的，因为人的全部认识是沿着一条错综复杂的曲线发展的，而且，在历史学科中（哲学也包括在内）理论也是互相排挤的，可是没有人从这里得出结论说，例如，形式逻辑是没有意思的东西。——这种观点的最后的形

① 《马克思恩格斯全集》第20卷，第97～101页。
② 费恩曼，《科学的不确定性》。

式——‘自在之物’。认为我们不能认识自在之物的这种论断（黑格尔《全书》第44节），第一，是离开科学而转到幻想里面去了。第二，它没有给我们的科学知识增添一个字，因为如果我们对事物不能加以研究，那末它们对我们来说就是不存在的了。第三，它是纯粹的空话，而且永远不会被应用。抽象地说，它好象是完全合理的……但是自然科学家们小心地避免在自然科学中应用自在之物这个词，只有在转到哲学时才允许自己应用它。这就最好不过地证明了：他们对它是多么地不严肃，它本身是多么地没有价值。如果他们严肃地对待它，那又为什么终归要研究点什么东西呢？”① 因此，“从历史的观点来看，这件事也许有某种意义：我们只能在我们时代的条件下去认识，而且这些条件达到什么程度，我们就认识到什么程度。”②

恩格斯说：“必须指出，达尔文学说是黑格尔关于必然性和偶然性的内在联系的论述在实践上的证明。”③ “黑格尔叫作相互作用的东西是有机体，因而有机体也就形成了向意识的过渡，即从必然向自由、向概念的过渡。”④ “重要的是：有机物发展中的每一进化同时又是退化，因为它巩固一个方面的发展，排除其他许多方面的发展的可能性。然而这是一个基本规律。Struggle for life〔为生活的斗争〕。在达尔文以前，他今天的信徒们所强调的正是有机界中的和谐的合作，植物怎样给动物提供食物和氧，而动物怎样给植物提供肥料、阿姆尼亚和碳酸气。在达尔文的学说刚被承认之后，这些人便立刻到处都只看到斗争。这两种见解在某种狭窄的范围内都是有道理的，然而两者都同样是片面的和褊狭的。自然界中死的物体的相互作用包含着和谐和冲突；活的物体的相互作用则既包含有意识的和无意识的合作，也包含有意识的和无意识的斗争。因此，在自然界中决不允许单单标榜片面的‘斗争’。但是，想把历史的发展和错综性的全部多种多样的内容都总括在贫乏而片面的公式‘生存斗争’中，这是十足的童稚之见。这简直是什么也没有说。达尔文的全部生存斗争学说，不过是把霍布斯一切人反对一切人的战争的学说和资产阶级经济学的竞争学说以及马尔萨斯的人口论从社会搬到生物界而已。”⑤

因此，“要把这些理论从自然界的历史再搬回社会的历史，那是很容易的；而断定这样一来便证明这些论断是社会的永恒的自然规律，那就过于天真了。”⑥

定稿于2014年8月27日

①《马克思恩格斯全集》第20卷，第583~585页。
②《马克思恩格斯全集》第20卷，第585页。
③《马克思恩格斯全集》第20卷，第650页。
④《马克思恩格斯全集》第20卷，第654页。
⑤《马克思恩格斯全集》第20卷，第652页。
⑥ 同⑤。

毛泽东军事辩证法

一个伟大的精神创造出伟大的经验，能够在纷然杂陈的现象中洞见到有决定意义的东西。

——黑格尔，《小逻辑》

军事辩证法是关于战争和军事建设一般规律的科学，是研究与运用构成军事运动各种因素的相互关联、制约及转化规律的科学，是军事学术各门类的共同的方法论和理论基础。在人类名目繁多的各类实践活动中，战争是社会矛盾最尖锐的冲突形式，而战争实践是孕育并催生军事哲学尤其是军事辩证法的最早源头之一。战争是充满盖然性的领域，必然因素与偶然因素交织作用于战场，故军事领域是辩证规律最为活跃的天地。可以毫不夸张地说，军事辩证法是辩证法所涉及的诸领域中最反映现实、最具生命力和战斗力、最能体现其能动性本质的科学体系，“战争要素从一切因袭守旧的桎梏中解脱出来，爆发出全部自然的力量。”[①]而作战指挥则是辩证思维的最活跃、最精彩的场所，指挥员要具有透视与把握战争发展动态的能力，在许许多多不确定因素中抓住战机。优秀指挥员的才华、机智、魄力和大将风度，主要体现在他们做出的那些带有决定意义的作战决心上。由于战争的残酷性，人类的智能与体能活动在战争中表现得最为充分，使得军事辩证法之花不能脱离战争实践之根太远，任何军事辩证法都不可能脱离战争观而独立存在，因而较少有经院哲学的迂腐味。在古今中外的军事学术中，抽象的理论并不是构成战斗力的因素，只有实践着的军事理论才是战斗力的因素。中国的历代兵家思想较之其他思想流派，更多地保持着辩证思维的优秀传统和“经世致用”的务实精神。

在战争中，如何解决主客观之间的矛盾，这是军事哲学的基本问题，也是战争指导的关键。“战胜不复”且人们对战争及战争规律的了解和掌握不能用其他实验方法所替代，这就要求军事变革必须保持与传统经验的适当联系。战争手段、作战组织和作战形式的辩证否定，以及新的军事理论与原则的提出，要始终围绕着提高作战能力、达成战争目的这个轴心向前发展。违背这个规律的做法，以及华而不实的东西是没有生命力的。因此，军事哲学的逻辑起点，只能是战争的实践，而不是任何主观先验的原则。克劳塞维茨虽然深受黑格尔唯心辩证法的影响，但他为了使自己的“理论的枝叶和花朵接近他们固有的土壤”，当哲学的结论不足以说明问题时，便“宁愿放弃”哲学的结论，转而“采用经验中恰当的现象来说明问题”[②]。在军事斗争这一始终处于敌对双方的斗争和力量消长的现实中，对立统一规律、质量互变规律的表现形态比

① 克劳塞维茨,《战争论》,第876页。

②《战争论》，第17页。

较直观。每一种事物都有它特殊的否定方式,军事运动形式的转化过程,是辩证否定的过程,经过这样的否定,它同时就获得发展。而否定之否定规律以及军事规律的完整表达,则属于深层次的,往往以军事上的特定范畴和形式表现出来,而这恰是辩证法在军事领域最为重要的表现。

“军事辩证法”这一概念是毛泽东1936年提出来的[①],是毛泽东军事思想的灵魂和精髓。毛泽东是世界全能冠军级的兵家泰斗,是集战略家、军事理论家和统帅于一身的战争艺术大师,也是世界历史上少有的经历冲突类型最多而又始终立于不败之地的统帅。他从千余人的农民队伍起家,在劣势情况下与包括日本、美国这样拥有非常强悍军队在内的国内外敌对势力斗争了二十余年,歼灭敌军千余万人。他平生直接或间接指挥了四百多个堪称经典的战役和战斗,留下了五百多万字的军事著作和军事文电,创立了具有中国特色、以人民战争为主体的毛泽东军事思想体系。毛泽东的军事生涯始终是同强敌作战,他的军事理论与实践都是以劣势装备战胜优势装备之敌为基点的。他做到在没有实力的情况下决不虚张声势,在具备实力的情况下决不犹豫退缩,不打则已,打则必胜。毛泽东堪称中国革命战争史乃至世界战争史上以弱胜强的大师,他所揭示的以弱胜强的方法是毛泽东军事辩证法中最为光彩夺目的部分。毛泽东在中国革命战争的光辉实践中,不仅指导弱小的革命军队抵御并战胜了强大的反革命军队,而且为我们提供了以少胜多、以弱胜强的战争指导的基本方法。中国革命战争的历史,就是一部革命军队以弱御强,由弱变强,以强胜弱的历史。毛泽东的军事著作,总结了这方面的丰富经验,揭示了弱与强既互相依存又互相转化的辩证法。他通过辩证把握战争诸力量的强弱因素,揭示了强弱对比的相对性和以弱胜强的规律;通过把握强弱转化所需的条件,阐明了实现强弱转化的必要前提;强调实现强弱转化必须经过主观指导能力的竞赛,扩大强军中的弱的因素、扩展弱军中的强的因素,形成局部以强对弱的局面,达于局部质变,促成战斗力由量变到质变的发展变化,最终实现强弱转化和以弱胜强。日本著名军事评论家关野英夫在《没有核力量的日本安全保障》中说,自古以来,“优胜劣败”是兵家不变的常理,但“毛泽东却恰恰是在以劣对优或以弱对强时”,“把‘优胜劣败’的规律彻底推翻了。这就是毛泽东兵法的特色”。

毛泽东军事辩证法是中国革命战争和人民军队建设一般规律的科学概括,也是马克思主义认识论和辩证法在中国革命战争和人民军队建设实践中的运用和发展。毛泽东军事辩证法是毛泽东思想中最具独创性、

① 1936年毛泽东在延安红军大学讲课时首次把“军事辩证法”作为演讲的题目,虽然这个演讲稿没有发表,但其中的许多内容后来写进了《中国革命战争的战略问题》中。

最有特色的部分，在中国革命斗争中发挥了巨大的作用。毛泽东军事辩证法的内容非常丰富，基本内容包括关于质变量变规律的军事辩证法思想、关于否定之否定规律的军事辩证法思想、关于对立统一规律的军事辩证法思想、关于主要矛盾和矛盾的主要方面原理的军事辩证法思想、关于全局与局部辩证关系的军事辩证法思想等。毛泽东军事辩证法思想有其自身的一系列的特点，这些特点使毛泽东的这一思想具有鲜明的个性，同时在世界军事史上占有重要而特殊的地位。

一、军事辩证法思想在世界历史上经历的三种主要形态

任何学科的发展，都有一个从初级到高级的过程，军事辩证法也不例外。军事辩证法这个概念虽然是20世纪30年代才由毛泽东正式提出来的，但军事辩证法的思想是很早就产生了，它的发展大体经历了三种形态：古代朴素的军事辩证法思想、近代新兴资产阶级的军事辩证法思想和现代无产阶级的即马克思主义的军事辩证法思想。毛泽东军事辩证法思想是马克思主义军事辩证法发展中带有中国特色的新成就。①

毛泽东在《矛盾论》中指出："辩证法的宇宙观，不论在中国，在欧洲，在古代就产生了。但是古代的辩证法带着自发的朴素的性质，根据当时的社会历史条件，还不可能有完备的理论，因而不能完全解释宇宙，后来就被形而上学所代替。"②孔子提出"临事而惧，好谋而成"的"慎谋"思想，管仲提出"兵事者，危物也"的"慎战"主张。《淮南子·兵略训》认为"兵之胜败，本在于政。""为存政者，虽小必存，为亡政者，虽大必亡。"而《老子》中的军事辩证法思想则是古代朴素的军事辩证法思想园地中的一朵奇葩，其朴素的军事辩证法思想主要有：弱能胜强、以奇用兵、曲折前进、后发制人、骄兵必败等。老子厌恶一切战争，认为战争就是"无道"，只强调"柔弱"胜"刚强"，只言"守"而反对"攻"，这就违背了战争中依据具体情况决定或先发制人或后发制人的辩证法则，带有很大的片面性。事实上，并非任何弱军都能战胜强军。历史上弱军被强军打败甚至消灭者比比皆是。只有在一定条件下弱军方可转化为强军，战胜原来强大但已被逐渐削弱了的敌人。柔弱胜刚强的过程是一个斗争的过程，需要具备许多条件，特别需要在客观条件的基础上高度发挥人的自觉的能动性。但老子却认为这个过程是可以靠"清静无为"的态度自然而然地实现，这与实际情况相去甚远。

对战争领域作了广泛而深刻的探索并取得重大研究成果的是孙武和

①《毛泽东军事辩证法思想新探》，林伯野，韩培基，申辙，张云勋著，解放军出版社，第34页。

②《毛泽东选集》第一卷，第303页。

他的后世子孙孙膑。孙武的《孙子兵法》已经提出了许多军事辩证法的基本原理，如“兵者，国之大事也。死生之地，存亡之道，不可不察也。”“善用兵者，修道而保法，故能为胜败之政。”这些论述都在一定程度上说明了战争和政治有着密切联系。《孙子兵法》曰：“知彼知己，百战不殆”，“知天知地，胜乃不穷”，就是说战争的胜负，取决于对敌我双方的认识正确与否。在孙武看来，战争同物质世界一样，“胜”不仅“可知”，而且“可为”。他强调“知此而用战者胜，不知此而用战者败”，主张用兵时要“因敌而制胜”“因利而制权”。孙武看到了战争中敌我、攻守、进退、胜负、利害、虚实、奇正、劳逸、治乱、勇怯、饥饱等一系列矛盾着的现象，要求人们在考虑问题时要注意到矛盾的双方。他还看到了矛盾双方可以转化，认为“乱生于治”“怯生于勇”“弱生于强”“逸能劳之，饱能饥之，安能动之”等。由于战争的胜负有偶然性，孙武强调不仅要正确地认识战争，而且要在认识战争的同时，注意发挥主观能动性。他认为，军事家一旦发现战争的“胜可知”和“胜可为”，就会在某种程度上自发地把“知”和“为”结合起来。他运用发展变化的观点指导战争，提出“战胜不复”的观点，认为打胜仗的具体方法是不重复的，是变化无穷的。他运用联系的观点指导战争，认为在战斗中军队各部分要相互照应，首尾相顾。在《孙子兵法》中已萌发了“认识客观规律，并按照这些规律去决定自己的行动”的朴素的辩证法思想。在世界各国古代的军事文献中，就其所包含的军事辩证法思想的深刻和丰富而言，《孙子兵法》是首屈一指的，因而被推崇为“世界古代第一兵书”“具有深刻涵义的战争哲学”[①]。

《孙膑兵法》继承了《孙子兵法》的朴素军事辩证法思想并在某些方面作了补充和发展。孙膑初步认识到战争虽然直接表现为敌我双方武装力量的竞争，但战争胜败是由多种因素决定的。战争性质的正义与否，直接影响着战争的胜败，“有义”之师，即使兵员不多，也可以取得战争的胜利。战争准备是否充分，对战争的影响极大，要“事备而后动”，“用兵无备者伤。”孙膑认为战争没有“恒势”，从事战争绝不能固执于一成之法，不能“以一形之胜万形”。孙膑指挥的桂陵之战和马陵之战，就是利用“围魏救赵”的策略和减灶诱敌的战术，战胜了敌人。这些都表现了孙膑在作战指挥上的灵活性。孙膑承认战争具有某些规律，并强调认识战争规律是对战争指导者的根本要求。他指出，在战争中，充分发挥人的主观能动性，“攻其不备，出其不意”可以“以一击十，以弱胜强”。

以《孙子兵法》为代表的朴素军事辩证法，在中国历史发展中不断

① [日]小山内宏，《现代战略论》。

得到补充和发展。《唐太宗李卫公问对》对战争的“正兵”与“奇兵”、“守将”与“斗将”、“兵法”与“军制”、“主兵”与“客兵”、“步兵”与“车骑”、“刑伐”与“德守”、“靡军”与“孤军”、“料敌”与“知己”等方面的论述，都充满着朴素军事辩证法思想。成吉思汗对于战争双方的强与弱、攻与守、快与慢、进与退、多与少、质与量、战与和、战斗与后勤、官与兵以及选用将才等方面，也都有所发挥。太平军著名将领洪仁玕在其军事专著《兵要四则》中，根据孙武关于用兵行阵必须掌握阴阳寒暑、里程远近以及地势广狭等天时地利的情况，提出“雨露风霜，皆为兵具；山林原坎，亦是武经”的论点，要求太平天国的将领们根据客观条件及其发生的变化，决定作战的进退攻守，以取得战争的胜利。

克劳塞维茨的《战争论》反映了近代资产阶级革命时期在军事思想上的进步倾向和革新精神。克劳塞维茨运用当时辩证法的最新成就，结合对历史上的战例和他所处时代军事冲突的实际考察，探讨战争问题，得出的关于战争本质的某些正确见解，和他为研究战争理论而制定的一套方法论原则，曾在很大程度上推动了军事科学的发展。《战争论》自1832年被其妻子玛丽·克劳塞维茨发表以来，便被世界各国视为继《孙子兵法》之后最重要的一部军事经典著作。英国军事理论著作家富勒把《战争论》比作“启示录一类的巨著之一”。1955年美国出版的《美国军事学说》一书的作者达尔·奥·斯密思将军写道：“克劳塞维茨的理论虽然不是产生在美国，但是这种理论对美国的作战方法和政策都具有重要影响。现在，在一切文明国家的军队里，都有支持克劳塞维茨学说的人”。

《战争论》不仅在资产阶级军事界产生了深刻的影响，而且还受到马克思、恩格斯、列宁、毛泽东等的高度重视和积极评价。恩格斯在1855年指出：“普鲁士军官在全世界的同行中是最有学识的……普鲁士的军事著作具有很高的水平。近20年来的著作充分证明，它们的作者不仅熟谙本行业务，而且在科学知识的渊博方面也可以与任何国家军队的军官媲美……克劳塞维茨在军事方面同若米尼一样，是全世界公认的权威人士。”①

克劳塞维茨受德国古典哲学特别是黑格尔哲学的影响较深，在他的方法论中，处处可以发现黑格尔哲学思想的痕迹。而克劳塞维茨的可贵之处就在于他学习了黑格尔，却并没有受黑格尔哲学理论的束缚。他著作中的许多重要立论和观点在很大程度上已经突破了黑格尔的学说。克劳塞维茨的理论之所以能够具有一定的生命力，很重要的一个原因就是，他通过研究得出的一切结论，从不停留在一般哲学的逻辑推理上，而总是要找到丰富的历史材料，用他的话来说也就是以经验作为依据。不仅

①《马克思恩格斯全集》第11卷，第499页。

如此，在他的理论著述活动中，更受到强调和重视的与其说是抽象的哲理推究，不如说是具体的经验考察。克劳塞维茨对军事辩证法思想的重要贡献主要有以下几点：

第一，在研究战争理论的方法问题上，克劳塞维茨反对建立绝对正确、永恒不变、普遍适用的法则体系，主张从事物的相互联系和相互制约中去考察战争现象，把握战争本质。他清楚地看到，“作战几乎在一切方面都没有固定的范围”，而“每一种体系，即每一座理论大厦，却都带有进行综合时难免的局限性”。这就是说，一个僵硬的体系将会造成理论和实践之间永远无法解决的矛盾，而摆脱这种困境的出路之一就是对战争的活动进行考察。克劳塞维茨认为，这种考察正是一切理论最重要的部分，而且只有这种考察才配称为理论。他指出，“科学的东西不仅仅是指或者不主要是指体系和完整的理论大厦”，他所写的书里就“没有完整的理论大厦，只有建筑大厦的材料”。他还告诉读者，他的著作的“科学性就在于要探讨战争现象的实质，指出它们同构成它们的那些事物之间的联系。”① 这就彻底抛弃了有些人在创立战争理论时所走的那条僵死的体系的道路，给军事科学带来了崭新的、发展的思想。

第二，同黑格尔一样，在研究问题时，克劳塞维茨是从所要研究的对象在观念中形成的概念出发的，但克劳塞维茨在研究战争时并没有满足于纸上谈兵，而是不断通过对概念战争和现实战争之间巨大差异的认真考察，逐渐深化自己的认识，从而得出了符合客观实际、反映事物本质的关于战争的科学定义，即“战争无非是政治通过另一种手段的继续”。这样，克劳塞维茨就使自己的理论观点在一定程度上接近了唯物主义。列宁在回答如何评价和对待战争的问题时指出：“大家知道，一位非常有名的战争哲学和战争史的著作家克劳塞维茨说过一句名言：‘战争是政治通过另一种手段的继续。’这句名言是著作家在拿破仑战争时代之后不久，对战争史作了考察，从中得出了哲学教训后说的。现在这位著作家的基本思想无疑已经为一切善于思考的人所接受。”② 战争不仅是一种政治行为，而且是一种真正的政治工具，是政治交往的继续，是政治交往通过另一种手段的实现。“政治还是孕育战争的母体，战争的轮廓在政治中就已经隐隐形成，就好象生物的属性在胚胎中就已形成一样。”“政治贯穿在整个战争行为中，在战争中起作用的各种力量所允许的范围内对战争不断发生影响。”③ 另一方面，他又阐明了战争的特点及其对政治的影响，指出政治“当然不是写外交文书的政治，而是打仗的政治”④，“政治在这里以剑代笔，但并不因此就不再按照自己的规律进行思考了”⑤，“政治目的也不是因此就可以任意地决定一切，它必须适应手段的性质，因此，

①《战争论》，第17页。
②《列宁军事文集》，第335页。
③《战争论》，第53、第50、第179页。
④《战争论》，第1222页。
⑤《战争论》，第1228页。

政治目的本身往往也会有很大的改变”。[①] 可以看出，《战争论》对战争和政治的关系已作了相当深刻的论述，并且已接触到两者的一致性和差异性问题，这在军事思想史上是一个重大的进步。

第三，克劳塞维茨把辩证法广泛运用于军事问题的研究，对战争的许多现象进行了客观科学的分析，强调了战争和战争理论的特殊性。克劳塞维茨认为，由于战争的动机和产生战争的条件不同，战争必然是各不相同的。每个时代都有每个时代的战争。例如，革命战争有它特殊的打法，过去的战争理论不可能预先把现代战争的特点包括进去。因此，关于战争的理论，必须永远要考虑产生战争的情况的多样性。他主张不应把原有的理论当作衡量一切的标准，应该从具体情况出发来选用作战的手段。

第四，强调了精神因素在战争中的作用。他认为任何战斗都是双方物质力量和精神力量以流血的方式和破坏的方式进行的较量。谁最后在这两方面剩下的力量最多，谁就是胜利者。他说：“要决定战斗是否还能继续，不仅要考虑人员、马匹和火炮的损失情况，而且还要考虑秩序、勇气、信心、内部联系和计划等方面受到挫折的情况。在这里，起决定作用的主要是这些精神力量。”[②] 精神因素和物质因素是相互作用、相互影响的，二者相辅相成，结合在一起，不可分割。他曾把物质因素比作刀柄，而把精神因素比作“贵重的金属”和“真正锋利的刀刃”。克劳塞维茨在论述被其称为真正的军事活动的战斗时曾认为，战斗往往就像潮湿的火药慢慢燃烧那样，有节制地进行。而经过长时间作战的部队又多少会像燃烧殆尽的煤渣一样，体力和精力都耗尽了。在这种物质力量和精神力量都遭受损失的情况下，起决定作用的主要是精神力量。当然，克劳塞维茨在强调精神力量时，曾多少夸大了它的作用，而且在精神因素中，他强调得比较多的是统帅的才能，这方面又有着唯心主义的因素。

第五，探讨了进攻和防御的辩证关系。克劳塞维茨认为防御的目的完全是对付进攻。防御必然以对方的进攻为前提。防御中包含着进攻的因素。以防御开始，以进攻结束，这才是真正可取的防御。进攻也不是单一的整体，而是不断同防御交错着的。战争中的进攻行动，特别是战略上的进攻行动，是进攻和防御的不断交替的结合。进攻时要考虑在进攻中必然会出现的防御，防御时要考虑在防御中必将出现的进攻，这才是一个高瞻远瞩的指挥员。

第六，强调在决定性的时间和地点集中兵力，消灭敌人的军事力量。克劳塞维茨认为，消灭敌人军队是一切军事行动的基础。一切军事行动

①《战争论》，第50页。
②《战争论》，第256页。

都建立在这个基础上，就好像拱门建立在石柱上一样。

消灭敌人的军队，不仅是指消灭敌人的物质力量，而且还包括摧毁敌人的精神力量。为了消灭敌人的军队，克劳塞维茨和其他许多著名军事家一样主张集中使用兵力。他认为最好的战略是首先在总兵力方面，然后在决定性的地点上始终保持十分强大的力量。因此，除了努力扩充兵员外，战略上最重要而又最简单的准则是集中兵力。

第七，重视民众武装的威力。克劳塞维茨认为民众武装的战争威力很大。在战争中能起重大作用的精神力量，只有在民众武装中才能充分发挥其效能。他指出，民众武装可以配合正规军的行动。正规军应派出适当的力量去支援民众的武装。在当时的欧洲，有不少资产阶级的政治家和军事家是反对民众武装的，认为民众武装会危及资产阶级的社会秩序。克劳塞维茨能一反众议，赞成民众武装，这是难能可贵的。

马克思和恩格斯运用辩证唯物论和历史唯物论研究军事问题，总结战争经验，奠定了马克思主义军事辩证法的基础。马克思和恩格斯是为了无产阶级的解放事业而研究军事问题的。他们既揭示了若干适用于一切战争的普遍规律，也揭示了若干适用于无产阶级解放斗争的特殊条件的特殊规律。马克思和恩格斯所揭示的一般军事辩证法的基本原理，可从战争观、作战原则和军队建设三个方面去领会。①

在战争观方面，马克思和恩格斯把战争同社会的经济制度联系起来考察，指出战争是生产资料私有制的产物，是阶级斗争的最高形式。只要有利益互相对立的阶级存在，阶级之间的战争就不会熄灭，私有制使掠夺战争成了经常的职业。他们认为不能反对一切战争，要根据战争的不同性质，区别对待，拥护革命暴力，反对反革命暴力。他们把战争和人民群众在历史上的作用联系起来考察，从而指出，赢得战斗胜利的是人而不是枪，深刻阐明了人的因素在战争中的决定作用。

在作战原则方面，马克思和恩格斯在一系列问题上揭示了作战方法中的辩证法。恩格斯指出：新的军事科学是新的社会关系的必然产物，战术是由军事技术的水平决定的。新的生产力是作战方法上每次新的改进的前提。这是作战方法上的唯物论。他们主张积极防御，反对消极防御，认为主张消极防御的人是缺少辩证法的。他们还主张集中兵力，反对平均主义地分散兵力。马克思在《印度起义》中说："战略的奥妙就在于集中兵力。""根据一般的作战原则，兵力远居劣势的军队如果不设法集中自己分散的队伍，反而自行分为两部，中间为敌军整个隔开，那末这只能使敌人毫不费劲地就把他们消灭掉。"②《孙子》认为军队行动"疾"速才能发挥其战斗威力。马克思和恩格斯亦十分重视时间在战争

① 林伯野等，《毛泽东军事辩证法思想新探》，第38页。

②《马克思恩格斯全集》第12卷，第326页、第330～331页。

中的作用。马克思和恩格斯说："如果说在贸易上时间是金钱，那末在战争中时间就是胜利。放过有利的时机，不利用机会调派优势兵力去对付敌人，这就是犯了战争中可能犯的最大的错误。如果不是在防御时而是在进攻时，即在侵入敌人的领土时犯这种错误，那末它就会造成加倍的危险，因为防御时疏忽所造成的后果还可以纠正，而在进攻时这样的疏忽便会招致全军覆没。这都是老生常谈。"① 恩格斯在《土耳其战争的进程》中指出："在战争中也可以说'时间就是军队'"。②

在军队建设方面，马克思和恩格斯提出了军队组织编制取决于人和武器的状况的思想。

以毛泽东为代表的中国老一辈无产阶级革命家，在中国这样一个半殖民地半封建的大国亲自参与并领导一系列威武雄壮、波澜壮阔的反压迫反侵略的正义战争活动，其时间之长、规模之大、样式之多、情况之复杂，在世界战争史上是罕见的。毛泽东军事辩证法作为中国革命实践的产物，不仅丰富和发展了唯物辩证法，把马克思主义哲学推向一个新的高度，而且批判继承了历史上军事理论的积极成果，并在实践和理论上加以改造和发展，它比以往一切军事辩证法思想都更丰富、更系统、更完整。它既体现了马克思列宁主义唯物辩证法的中国化、民族化、军事化，又体现了中国古代朴素军事辩证法的革命化、现代化、科学化。

古代朴素的军事辩证法思想和近代资产阶级的军事辩证法思想充其量是以不彻底的唯物论和不彻底的辩证法为其理论基础的，因而是零星地、片断地反映了军事辩证法的某些内容，在对这些内容的表述中往往掺杂着若干非科学的成分。

在战争观上，孙武直观地看到战争是攸关生死存亡的国家大事，孙武认为战争的胜利不决定于鬼神、天命，取决于预先了解和掌握敌我双方和战场的真实情况，取决于战争双方的各种条件。自然界的各种现象，"四时"循环交替，战争中的各种因素，都不是固定不变的。孙武正是在这种朴素唯物主义战争观的指导下，来总结战争经验和研究战争理论的。他的军事理论表现了丰富的朴素军事辩证法思想。但是，孙武的历史观是唯心主义的，他对战争的本质认识不清，把战争说成是"廓地分利"的手段，没有分清战争的正义性与非正义性。毛泽东批判改造了孙武在战争问题上的唯心主义历史观，科学地揭示了战争的起源、战争的本质、战争的类型、革命战争的作用和无产阶级对战争的根本态度，提出了"没有一个人民的军队，便没有人民的一切"，兵民是战争胜利之本的历史唯物主义观点，使军事辩证法牢牢建立在历史唯物主义的基础之上。

①《马克思恩格斯全集》第11卷，第406页。

②《马克思恩格斯全集》第9卷，第534页。

孙武认为“胜可知”和“胜可为”，并提出了“知彼知己，百战不殆”[①]这一包含朴素军事辩证法原理的命题。但由于时代的局限性，孙武还不能准确解释战争实践中的辩证关系，不能科学地揭示出人们认识战争规律的全部过程，某些论述还有形而上学和绝对化的倾向。毛泽东把唯物辩证法运用于研究和考察战争，科学地论证了战争作为“敌对的军队互相使用有利于己不利于敌的战略战术从事攻击和防御的一种特殊的社会活动形态”，同物质世界按其固有的客观规律发展一样，“仍是世间一种必然的运动”，具有其固有的、不以人们的意志为转移的客观规律性。他指出：“‘知彼知己，百战不殆’这句话，是包括学习和使用两个阶段而说的，包括从认识客观实际中的发展规律，并按照这些规律去决定自己行动克服当前敌人而说的；我们不要看轻这句话。”[②]在《矛盾论》中，他又从反对形而上学的片面性，提倡辩证法的全面性的角度，对《孙子兵法》中的这个命题加以阐述，并指出：“表面性，是对矛盾总体和矛盾各方的特点都不去看，否认深入事物里面精细地研究矛盾特点的必要，仅仅站在那里远远地望一望，粗枝大叶地看到一点矛盾的形象，就想动手去解决矛盾（答复问题、解决纠纷、处理工作、指挥战争）。这样的做法，没有不出乱子的。”[③]

《孙子兵法》包括战略和战术两个方面，虽然战略战术的概念比较模糊，但涉及军事领域中的胜与败、众与寡、强与弱、攻与守、进与退等诸多矛盾范畴。毛泽东在批判继承孙武战略战术原则的基础上，从战略和战术，进攻和防御，持久与速决，内线与外线，集中与分散，运动战、游击战与阵地战，以及消耗战与歼灭战等方面，提出了适合中国革命战争实际的战略战术的辩证法原则。毛泽东对《孙子兵法》中“我专而敌分”的思想加以发展，提出了“集中优势兵力，各个歼灭敌人”的思想。这一思想是量变与质变、全局和局部的辩证法在作战中的具体运用。在著名的十大军事原则中，毛泽东提出了“力求在运动中歼灭敌人。同时注意阵地攻击战术，夺取敌人的据点和城市”的原则，既批判改造了孙武在作战指导上只讲速决进攻而否认持久防御，只讲“动敌”而否认“攻城”的机械因素，又科学地阐明了运动战与阵地战的辩证统一。毛泽东灵活机动的战略战术原则，丰富和发展了孙武关于“机动制胜”“避实击虚、掌握主动”“动而不迷，举而不穷”等朴素军事辩证法思想。对于《老子》中“将欲取之，必先与之”的原则，毛泽东也从事物发展的曲折性、矛盾双方在一定条件下相互转化的高度作了科学的发挥。

人类思想发展史上的任何一种新的学说都不是凭空产生的，它们无不建立在前人已经取得的成果之上。也只有这样的学说，才能经受实践

①《孙子兵法·谋攻篇》。
②《毛泽东选集》第一卷，第182页。
③《毛泽东选集》第一卷，第313页。

的检验而成为人们行动的指南。从毛泽东和许多老一辈无产阶级军事家的著述中，可以清楚地看到，毛泽东军事辩证法中的许多观点，都是对朴素军事辩证法的直接批判继承和发展。有的虽不一定是直接批判继承，但在精神实质上，毛泽东军事辩证法与朴素军事辩证法之间，实际上有一种历史的联系，是批判地吸收了中华民族优秀的军事文化遗产。例如，在《中国革命战争的战略问题》一文中，毛泽东就曾引用“齐鲁长勺之战”“楚汉成皋之战”“新汉昆阳之战”“吴蜀彝陵之战”“秦晋淝水之战”等古代著名战例，并据此论证了敌我“双方强弱不同，弱者先让一步，后发制人，因而战胜”的辩证思想。[①]在《抗日游击战争的战略问题》一文中，毛泽东曾把孙膑指挥的“围魏救赵”的著名战例，作为反围攻作战的重要方法之一。在其他军事著作中，毛泽东也曾多次论述战略上以少胜多，战术上以多胜少；战略上以弱胜强，战术上以强击弱；战略上以持久制胜，战术上以速决取胜等军事辩证法思想。

对于克劳塞维茨的某些军事辩证法观点，毛泽东不是机械照搬，而是吸取其合理的成分，结合新的实践经验加以改造和发展，赋予新的内容。例如，在战争本质问题上，克劳塞维茨认为，战争决不是孤立的，而是一种政治行为，总是在某种政治形势下发生的，而且是由某种政治动机引起的，因而可以说是政治通过另一手段的继续。毛泽东认为，这一论断是对战争本质空前而深刻的揭示，是对人类军事科学的一个重大贡献。同时他又指出，克劳塞维茨所谓的政治有严重缺陷，主要是把政治看作是国家之间的关系，是政府的外交政策。在《中国革命战争的战略问题》中，毛泽东提出了：“战争是民族和民族、国家和国家、阶级和阶级、政治集团和政治集团之间互相斗争的最高形式”[②]这一论述。在《论持久战》中，毛泽东引用了克劳塞维茨关于“战争是政治的继续”这一命题，指出：“‘战争是政治的继续’，在这点上说，战争就是政治，战争本身就是政治性质的行动，从古以来没有不带政治性的战争……但是战争有其特殊性，在这点上说，战争不即等于一般的政治。‘战争是政治的特殊手段的继续’。政治发展到一定的阶段，再也不能照旧前进，于是爆发了战争，用以扫除政治道路上的障碍。”[③]并提出了“政治是不流血的战争，战争是流血的政治”[④]的著名论断，进一步阐明了战争与政治的辩证关系。

克劳塞维茨虽有重视民众武装的思想，但并未形成明确的人民战争思想。毛泽东则明确而完整系统地提出了人民战争的辩证法。克劳塞维茨虽然曾提到过消灭敌人军队和保存自己军队的问题，但认为保存自己军队这一企图具有消极的目的。毛泽东则把“保存自己，消灭敌人”作为战争的基本原则和一切军事原则的总根据，并对这两个方面的关系作

① 《毛泽东选集》第一卷，第204页。
② 《毛泽东选集》第一卷，第182页。
③ 《毛泽东选集》第二卷，第479页。
④ 《毛泽东选集》第二卷，第480页。

了辩证的阐述。

战争是在不同的历史条件、不同的历史阶段、不同的作战对象、不同的时间和空间发生的，有着很大程度的偶然性或盖然性。克劳塞维茨看到了战争中的“盖然性”因素的存在，但他夸大了盖然性的作用，否认了战争的规律性和可知性。毛泽东在《论持久战》中指出：“我们承认战争现象是较之任何别的社会现象更难捉摸，更少确实性，即更带所谓‘盖然性’。但战争不是神物，仍是世间的一种必然运动，因此，孙子的规律，‘知彼知己，百战不殆’，仍是科学的真理。”[①]也就是说，战争是有规律可循的，人们通过侦察、判断，是可以认识并利用战争的客观规律的。毛泽东军事辩证法着眼于战争的特殊规律的研究，它不是从对一般战争的研究出发，把战争规律从外部强加于战争实践，而是从中国革命战争的实际出发，从战争实践中找出战争规律并用于指导战争实践。因此，研究战争规律和战争指导原则，一定要着眼于特点，着眼于发展，决不能生搬硬套战争规律和战争指导原则。毛泽东同志特别强调把握战争的时间、地域、对象这三个条件。朱德同志曾对这三个条件作了通俗的表述：“我们用兵的主张，可概括为：有什么枪打什么仗，对什么敌人打什么仗，在什么时间地点打什么时间地点的仗”[②]。这就把战争中的必然性与偶然性在唯物辩证法的基础上统一了起来。

所有这些都说明毛泽东军事辩证法思想，是比古代朴素的军事辩证法思想和近代资产阶级的军事辩证法思想更高形态的军事辩证法思想。毛泽东不仅从政治、经济、军事以及社会其他因素，分析战争的性质和人心向背对战争胜负的影响，而且更进一步阐明了战争规律与战争指导规律的关系、战争特点与军事战略的关系、战略与战术的关系等，提出了战略上藐视敌人，战术上重视敌人；战略上的防御与战役战斗的进攻；战略上的持久与战役战斗的速决；战略上的内线作战与战役战斗的外线作战；战略方向的有规则、有定向与战役作战的不规则、无定向；实行战略转变，即依据敌我力量对比变化而转换主要作战形式；慎重初战；创造战场；集中优势兵力各个歼灭敌人等一系列著名军事原则，从而能够运筹帷幄之中，决胜千里之外。

二、毛泽东军事辩证法思想的主要特点

恩格斯说：“无产阶级的解放在军事上同样也将有它自己的表现，并将创造出自己特殊的、新的作战方法。”[③]中国共产党人及其主要代表毛泽东同志，在中国革命战争实践中，用毛泽东军事思想这个具有中

① 《毛泽东选集》第二卷，第490页。
② 《朱德选集》，第168页。
③ 《马克思恩格斯全集》第7卷，第562页。

国特色的马克思主义军事理论，在中国实现了恩格斯的预言。

领导中国革命战争是毛泽东同志整个革命活动中最精彩的篇章。指导革命军队在战争中“以弱御强，由弱变强，以强胜弱”，是毛泽东军事辩证法思想的主要特点，也是毛泽东军事辩证法思想的主要内容之一。中国革命战争的实践，是在敌强我弱、敌大我小的极其险恶的环境中进行的。中国革命战争的历史，是一部以弱小的革命军队抵御强大的反革命军队，采取正确的战争指导路线和灵活机动的战略战术，使自己由弱变强、以强胜弱的历史。刘伯承在1947年5月所做的《关于自卫战争十个月来形势的报告》中指出：“从历史上看，我们的确是由无到有，由小变大，由弱变强，真是白手起家。一般说来，有枪打败无枪，多枪打败少枪，好枪打败坏枪。但今天不然，恰恰相反，我们是无胜有，少胜多，坏胜好。”[①] 伟大的军事实践必然产生伟大的军事理论，毛泽东的军事著作和军事实践，卓越地回答了弱小的革命军队能否抵御强敌的进攻、如何才能抵御强敌的进攻，弱军能否转化为强军，在什么条件下弱军才可以转化为强军从而取得作战的胜利等摆在革命军队面前的一系列十分尖锐的问题。正如刘伯承所说，毛泽东军事学说“是以人民的弱小武装战胜其现代装备之强大敌人的军事学说”[②]。

战争是敌我双方为了一定的政治目的以暴力进行的力量较量，这种力量的较量既包括作战双方的物质力量，又包括其精神力量。拿破仑说：“在战争中，精神对物质的比重是三比一”。[③] 物质力量和精神力量有机地结合在一起，形成作战双方力量对比的强或弱，优势或劣势，从而为战争或战役战斗的胜利或失败，提供了可能。一般地说，每个具体的战争或战役战斗的胜败，都取决于力量的强弱对比。强胜弱败，是战争的普遍规律，用兵的基本原则之一就是以强击弱。

然而，在革命开始的时候，反革命的力量异常强大，革命的力量与之相比则非常弱小。在中国，红军开始的时候人数很少，装备低劣。敌军却人数众多，装备精良。然而在中国共产党的领导和毛泽东军事思想的指引下，经过长期斗争，革命的力量却逐渐发展壮大起来，粉碎了优势敌人的反复“进剿”“围剿”和“封锁”，打败了一个个强大的敌人，取得了一次次震惊中外的伟大胜利。历史雄辩地证明，新生的、弱小的革命力量，战胜腐朽的、强大的反动势力，是事物发展的必然规律。毛泽东军事著作，总结了这方面的丰富经验，揭示了“弱”与“强”之间既互相依存又互相转化的辩证法。

毛泽东认为，革命的军队是可以以弱御强的，以弱御强的关键在于弱中求强，因为强和弱是相比较而存在的。在战争的开始阶段，强军只

① 转引自李德生《军事思考录：对我军治军方略和作战艺术的回顾与探讨》，军事科学出版社，2007年，第415页。

②《刘伯承军事文选》，第476页。

③［英］利德尔·哈特著，《战略论》。

是相对的强，不是绝对的强。强者不是一切皆强，而是强中有弱；弱军只是相对的弱，不是绝对的弱。弱者不是一切皆弱，而是弱中有强。绝对的优势或劣势，只有在战争或战役战斗的结局中才会出现[①]。强与弱的相对性，体现出对立面之间的相互渗透的内在联系。

毛泽东指出，有时弱点本身又包含了长处。对于游击队来说，“正是因为自己弱小，才利于在敌人后方神出鬼没地活动，敌人无奈他何，这样大的自由是庞大的正规军所不能得到的。”[②]武器装备也是优中有劣，劣中有优。每一种先进武器，总是既有优点，又有缺点。例如，原子弹由于其杀伤破坏力极大，它既可给敌方以毁灭性打击，也带来了遭敌方毁灭性报复的危险，政治上遭到全世界人民的反对，它自身就存在着不能轻易动用的弱点。劣势装备中也包含着某些长处，轻型武器携带方便，受地形、道路的限制较小；两条腿虽然跑不过摩托车和坦克，但是爬山过河，哪里都能去。所以，在一定条件下，只要善于扬我之长，避我之短，避敌之长，击敌之短，弱军是完全可以抵御强军、战胜强军的。

战争是力量的竞赛，弱军要在实际上战胜强军，必须使自己由弱变强，使敌军由强变弱。但力量在战争中是变化的、发展的，弱军可以变成强军，强军也可能变成弱军。唯物辩证法认为矛盾的双方，依据一定的条件，各向其相反的方面转化。但矛盾双方的互相转化是有条件的，战争力量强弱的相互转化，必须在一定的条件下才能实现。假如离开了一定的条件，认为在战争中，强的必然变弱，弱的必然变强，把强弱互变看作是军事辩证法的一条普遍规律，是不符合实际的。战争史上强弱互变的事，固然有之，强者未变弱、弱者未变强的事例更多。所以把强弱互变作为军事上的一条普遍规律是不能成立的。强与弱在一定条件下的相互转化，是强胜弱败的普遍规律的一种特殊表现。

装备处于劣势的革命军队由弱变强，战胜优势装备的敌人的基本条件有三个：第一是战争的正义性质；第二是要对战争进行正确的领导、组织和指挥，不但要组织和指挥军队，而且要组织和发动民众；第三是全体指战员的英勇顽强的作战行动。[③]

毛泽东指出：“一切进步的战争都是正义的，一切阻碍进步的战争都是非正义的。我们共产党人反对一切阻碍进步的非正义的战争，但是不反对进步的正义的战争。”[④]战争的正义性是我军能够由小到大，由弱到强，战胜其一切敌人的牢固的政治基础。而我们的敌人则与此相反。敌军所进行的是非正义的、反动的战争，违背人民的利益，得不到人民的拥护。所以，从总的趋势上说，反动派的军队是根本不可能以弱御强，以劣胜优的。它必然会由强变弱，而变弱之后，一般也再不能由弱变强，

① 这已体现出在预期结局中把握矛盾的运演关系的思想，参见前文《关于辩证法》。

②《毛泽东选集》第二卷，第411页。

③ 林伯野等，《毛泽东军事辩证法思想新探》，第104页。

④《毛泽东选集》第二卷，第475～476页。

等待着它的，只能是彻底失败的命运[1]。战争的正义性质为我军提供了以弱御强、由弱变强、最终战胜敌人的可能性。要把这种可能变成现实，关键在于主观努力，“主观的努力，多打胜仗，少犯错误，是决定的因素。”[2]主观努力既包括作战指导思想、战略战术，也包括作战行动。

为了实现以弱御强、由弱变强，以强胜弱，最根本的战争指导路线是人民战争。毛泽东把历史唯物主义关于人民群众创造历史的基本原理运用于中国革命战争，形成了以人民军队为骨干、依靠人民群众，进行人民战争的战争指导路线，提出了“兵民是胜利之本”“战争的伟力之最深厚的根源，存在于民众之中”[3]等著名论断，揭示了人民群众在战争中的作用。只要人民群众的力量和我军结合在一起，就会使敌我力量对比发生有利于我、不利于敌的变化，使敌人无法战胜我们。

为了进行人民战争，除了工农联盟之外，还必须团结一切可以团结的力量，结成最广泛的统一战线，从各条战线上配合武装斗争，以最大限度地孤立敌人，加速战争的胜利。为了进行人民战争，必须实行野战军、地方武装、民兵三结合的武装体制。毛泽东科学地阐明了各种武装力量之间的辩证关系，反对任何单打一的形而上学观点。他主张实行正规军和非正规军相结合。在正规军中，实行主力兵团和地方兵团相结合。在非正规军中，要充分发挥游击队和民兵的作用。此外，他还主张把武装的民众和非武装的民众结合起来，把男女老少都组织起来，直接或间接地为战争服务。这样就可以形成人民战争的汪洋大海，任何来犯之敌都将被淹没在这个汪洋大海之中。

为了实现以弱御强、转弱为强、以强胜弱，毛泽东制定了人民战争的正确的战略战术。在总的力量对比敌强我弱的情况下，我军必须采取积极防御的战略方针。

积极防御的战略方针，要求我军在战略上实行内线的持久的防御战，其基本作战原则是在强敌进攻面前，弱军要避免和敌人硬拼，避免不利的决战，要实行有计划的防御，后发制人；他打我时，叫他打不着，以便保存军力，创造条件，待机破敌；在敌人驻地、用游击战扰乱他。在这个过程中使敌人疲劳、饥饿，肥的拖瘦，瘦的拖死，使敌人发生过失，到敌人的力量被减弱了，我军则集中兵力，养精蓄锐，在有利条件下拣弱的打。毛泽东称这种战术为“蘑菇战术”。

积极防御的战略方针，要求我军在具体的战役战斗中集中优势兵力，使自己成为强者，实行外线的速决的进攻战以歼灭敌人。在战役战斗中使我军成为强者的根本办法是集中优势兵力，各个歼灭敌人。敌军虽多，常是兵分数路，我们施以巧计，可以调动敌人，使其某一部分比较孤立。

① 这里指的是总体趋势，一般来说敌我双方的力量对比不同程度上可能还有不断反复的过程。

②《毛泽东选集》第二卷，第487页。

③《毛泽东选集》第二卷，第509、第511页。

我军虽少，若加以巧妙指挥，可以在决定性的时间和地点集中优势兵力打击敌军之薄弱部分。这样，在具体的战役战斗中，敌军就变成了弱者，我军就变成了强者。

集中了优势兵力，才可使自己在战役战斗中处于外线，包围敌人；才可向敌人发动有效的进攻，并迅速解决战斗。在适当的时间，适当的地点集中适当的兵力，这是战争指挥艺术的奥妙所在。这是我军在战略上处于劣势的情况下在战役战斗上能够取得优势，以劣势装备战胜优势装备之敌的根本办法。集中了兵力，就可以在战略防御中打战役战斗的进攻战，在战略内线中打战役战斗的外线战，在战略持久中打战役战斗的速决战。曾中生在他的《与“剿赤”军作战要诀》一书中总结了许多反“围剿”的战法：内线作战，各个击破；专击敌人联络点；前进包围，后退包围；专于抄袭迂回，声动击西，避实就虚，专以飘忽行动击敌要点；围攻一点，消灭援兵；诱敌深入，集中力量而消灭之；布置大的游击战争网；尽力发挥夜战的效果；突出外线的攻击等。[①] 这充分说明，毛泽东的战略战术已深入各级指战员的思想中，并为他们所掌握。

毛泽东认为战略指导方针和战役战斗的指导方针是对立统一、相反相成的。在战役战斗上打外线的速决的进攻战，是为了实现战略上的内线的持久的防御战，并为从总体上转变敌我优劣形势创造条件。“如果我们坚决地采取了战场作战的‘外线的速决的进攻战’，就不但在战场上改变着敌我之间的强弱优劣形势，而且将逐渐地变化着总的形势。在战场上，因为我是进攻，敌是防御；我是多兵处外线，敌是少兵处内线；我是速决，敌虽企图持久待援，但不能由他作主；于是在敌人方面，强者就变成了弱者，优势就变成了劣势；我军方面反之，弱者变成了强者，劣势变成了优势。在打了许多这样的胜仗之后，总的敌我形势便将引起变化。”[②] 毛泽东军事著作中关于防御中的进攻、持久中的速决、内线中的外线、包围中的反包围的深刻论述，是毛泽东军事辩证法思想的最富有独创性的光辉的一页。

积极防御的战略方针，其最终目的是使我军转入反攻的进攻。这就要求我军实现在总体上变弱为强，变劣势为优势。这里的根本办法是集小胜为大胜。“集合了许多战场作战的外线的速决的进攻战的胜利以后，就逐渐地增强了自己，削弱了敌人，于是总的强弱优劣形势，就不能不受其影响而发生变化。”[③] 这是一个由量的变化到质的变化的过程。解放战争的第一年，我军共歼敌 112 万人，“奠定了我军歼灭全部敌军、争取最后胜利的基础。”根据这一情况，毛泽东提出，“我军第二年作战的基本任务是：举行全国性的反攻，即以主力打到外线去，将战争引向

① 转引自李德生《军事思考录：对我军治军方略和作战艺术的回顾与探讨》，军事科学出版社，2007 年，第 422 页。

②《毛泽东选集》第二卷，第 486～487 页。

③《毛泽东选集》第二卷，第 487 页。

国民党区域，在外线大量歼敌，彻底破坏国民党将战争继续引向解放区、进一步破坏和消耗解放区的人力物力、使我不能持久的反革命战略方针。我军第二年作战的部分任务是：以一部分主力和广大地方部队继续在内线作战，歼灭内线敌人，收复失地。”①

战争的胜利离不开全体指战员英勇顽强的作战行动。在《解放战争第二年的战略方针》中，毛泽东指出：“到国民党区域作战争取胜利的关键：第一是在善于捕捉战机，勇敢坚决，多打胜仗”，“一方面，必须注意不打无准备之仗，不打无把握之仗，每战都应力求有准备，力求在敌我条件对比上有胜利之把握；另一方面，必须发扬勇敢战斗、不惜牺牲、不怕疲劳和连续作战（即短期内接连打几仗）的优良作风。”②

中国人民革命战争的伟大胜利，揭示了中国人民军队由弱变强、战胜敌人的基本条件，证明了毛泽东以弱御强、由弱变强、以强胜弱的军事辩证法思想是完全正确的，从而丰富和发展了无产阶级的军事科学，为使军事辩证法成为一个独立的学科开辟了道路，实现了辩证法与认识论、逻辑学的有机统一。

博大精深的毛泽东军事辩证法思想，在世界各国也产生了广泛的影响，受到各国有识之士的重视和赞扬。1961年2月26日，美国《星条报》登载了合众社如下一则消息：“肯尼迪在一个方面成了中国共产党领袖毛泽东的学生，他对毛泽东有关游击战的著作很重视，并要求陆军研究毛泽东有关这个问题的言论”。基辛格博士说：“值得注意的是：关于共产党军事思想的最好阐述，不见诸苏联的著作，而见诸中国的著作。”③《在东方的失败》一书作者埃利奥特·贝特曼指出：“几个世纪以来，我们西方国家看到许多没有多少政治见解的军事家。过去二十五年中，我们看到的几乎是没有什么军事知识的政治冒险家。”“现在我们有了一位既是伟大的政治家又是最伟大的军事家，他就是政治军事天才毛泽东。这种天才演变成为一种万古长存的思想，开始对历史的进程产生深远的影响。”美籍华裔女作家韩素音说：“毛泽东将辩证法运用于战争，乃是中国革命取得胜利的保证。”④日本防卫研修所的伊藤皓文指出：“针对克劳塞维茨以正规军，即亨廷顿所说的职业军队为中心的战争论，毛泽东扩展了依靠非职业军队、非正规军，他所说的‘人民军队’的新战争理论，开辟了战争论的新纪元。”⑤曾任美国国防部助理部长的菲利普·戴维逊写道：“图书馆里的书架都被那些称颂毛泽东为卓越的游击战权威的书本压弯了。但是，毛何止是一位游击战士！他是一位伟大的战略家。在本世纪二十年代和三十年代初期，他在一系列辉煌的游击作战中，把蒋介石及其国民党政府弄得苦恼不堪。十年后，他以游击战和运动战相

①《毛泽东选集》第四卷，第1230页。
②《毛泽东选集》第四卷，第1231、第1233页。
③ 转引自《外国军事学术》，1983年增刊第22期，第8页。
④ 韩素音，《早晨的洪流》。
⑤ 伊藤皓文，《毛泽东战争论》。

结合，在中国打败了日本人。四十年代后期，他在一系列得心应手的运动战中征服了中国。最后，他的部队在朝鲜阵地战中顶住了美国。哪个领袖能象他这样在这么多的不同类型的冲突中长期立于不败之地？”[①]这些对毛泽东和毛泽东军事思想的评价，也可以看作是对毛泽东军事辩证法思想的评价，因为毛泽东军事辩证法思想是毛泽东军事思想的精髓。这些评价，也从一个侧面反映了毛泽东军事辩证法思想的历史地位。

三、研究和指导战争的方法论

在人类社会发展的各个时期，哲学上的积极成果都有力地推动着军事理论的发展。战争是人类有目的的活动，同时又是一个客观过程。战争认识是实际战争实践及其规律在人们头脑中的反映。研究战争规律的目的，在于解决主客观的矛盾，使主观符合客观，在客观的基础上高度发挥主观的能动性。人们只能在客观世界提供的条件下去了解战争，只能从每一场具体战争的特殊规律中去认识战争的普遍规律，只能通过战争的偶然性去把握战争的必然性。而每一个时代战争学说所达到的高度，虽然只具有认识的相对性，却是认识长河中的一个阶梯和环节，包含着认识进程中前进的绝对内容。每一时代的军事家，为了认识和把握战争规律，寻求指导战争的方法，也都自觉不自觉地求助于当时哲学上的成就。戴高乐说：“根本没有任何名将对人类思想传统毫无兴趣，在亚历山大的胜利根源里，我们可以经常发现亚里士多德。”历史上许多优秀的军事著作，不仅带有某种程度上的哲学性质，甚至是所处时代哲学的精彩部分。中国古代的《孙子》和《老子》都兼有军事和哲学上的双重成就。古希腊的哲学、欧洲文艺复兴时期的人文主义哲学和德国古典哲学，都对西方军事思想产生过巨大而深远的影响。黑格尔的辩证法、拿破仑的战争实践和新兴的工业革命，曾在很大程度上影响和推动了那一时期军事理论的创立和发展，造就了克劳塞维茨等一批军事思想家。列宁曾明确指出：“克劳塞维茨的思想渊源于黑格尔。”[②]因此，哲学思想是认识和指导战争的锐利的思想武器，战争实践则又丰富和发展了哲学的基本内涵和思想体系。

毛泽东把马克思主义的辩证唯物论和历史唯物论与研究及指导战争的具体实践相结合，阐述了研究和指导战争的方法，并把这一方法贯穿于他的军事理论研究和战争实践活动之中，创造性地提出了一系列更为具体的研究和指导战争的科学方法。这就是：依据战争规律，引申出战争指导规律，既研究一般战争规律更要着重研究特殊战争规律；既研究局部性的战争规律，更要着重研究全局性的战争规律；在战争实践的基

① 转引自《外国军事学术》，1983年增刊第22期，第5页。
②《列宁选集》第2卷，第626页。

础上认识战争规律，辩证地分析敌我双方，认识和运用战争规律；在掌握战争客观规律的基础上，充分发挥自觉的能动性，以指导战争，实行战争，夺取胜利。

（一）战争规律与战争指导规律

毛泽东主张用客观的全面的观点分析和研究战争，反对战争问题上的唯心论和形而上学。他在研究和指导战争时，首先从研究战争规律入手，肯定了战争既存在着不以人的意志为转移的客观规律，也存在着战争指导规律，并正确处理了两者的关系。

对战争是不是存在着客观规律这个问题的看法一直存在争议。我国古代军事家孙武承认战争是有客观规律的。孙武认为，“战道必胜，主曰无战，必战可也；战道不胜，主曰必战，无战可也。”①对此，李筌的解释是：“得战胜之道，必可战也；失战胜之道，必无战可也。”孙武还明确指出：“胜可为”②，“知彼知己者，百战不殆；不知彼而知己，一胜一负；不知彼不知己，每战必殆”③。这就是说，指导战争的人们在充分掌握客观情况的基础上，从中概括出战争规律，就可指导人们多打胜仗。孙膑说：“知道，胜。”“不知道，不胜。”④这里“道”实际上指的是战争的规律。西方兵家往往对战争规律持否定态度，如18世纪法国元帅沙克斯说：“战争是蒙着一层阴影的科学，在这样的阴影之下，人们每走一步，都是如履薄冰，如临深渊……所有的科学都有原理，惟战争独无。”⑤19世纪德国首相俾斯麦说：“在战争问题上。一个人永远无法有把握地预料上帝是怎样安排的。”⑥这都是认为战争是无规律可循的。克劳塞维茨虽然认为人们可依据实际情况，来推断那些应该知道而尚未知道的情况，但他又过分强调战争的不可知性和偶然性，他说：“战争中一切情况都很不确实……一切往往都象在云雾里和月光下一样，轮廓变得很大，样子变得稀奇古怪。”又说：“战争近似赌博”。⑦这说明他对战争存在着客观规律的认识，还不十分坚定。

毛泽东认为“战争不是神物，仍是世间的一种必然运动”⑧。也就是战争是有规律可循的，是可以捉摸的。毛泽东说：“军事的规律，和其他事物的规律一样，是客观实际对于我们头脑的反映，除了我们的头脑以外，一切都是客观实际的东西。”⑨尽管战争存在着错综复杂的情况，有许多表面现象和偶然性的东西，但表象之中隐藏着本质，偶然性是必然性的表现形式。在纷繁复杂的战争现象中，存在战争的客观规律。战争规律是战争过程各种因素的内在联系，具有客观性、稳定性、必然性、普遍性等特点。

①《孙子兵法·地形篇》。
②《孙子兵法·虚实篇》。
③《孙子兵法·谋攻篇》。
④《孙膑兵法注译》，第26页。
⑤ 转引自约米尼《战争艺术》“序言”，战士出版社，1981年，第1页。
⑥ 转引自《军事辩证法论文集》，军事科学出版社，1984年，第75页。
⑦《战争论》，第159、第46页。
⑧《毛泽东选集》第二卷，第490页。
⑨《毛泽东选集》第一卷，第181～182页。

毛泽东不仅肯定了战争存在着客观规律，而且也明确提出了战争指导规律。他说："指导战争的规律，就是战争的游泳术"[①]，而"作为战争指导规律的战略战术，就是战争大海中的游泳术"[②]。战争指导规律是正确反映了战争客观规律的指导战争的原理和原则。人们可通过科学的思维方法认识战争规律。认识战争规律是对战争进行正确指导，争取战争胜利的关键所在。毛泽东指出："不懂得它的情形，它的性质，它和它以外事情的关联，就不知道战争的规律，就不知道如何指导战争，就不能打胜仗。"[③]

战争规律和战争指导规律虽然内容是一致的，有时毛泽东也把两个名词在同一意义上使用，但两者是有区别的。战争规律蕴藏于战争客观实际之中，它可能是已被人们认识和掌握的，也可能是未被人认识和掌握的。而战争指导规律则是已被人们认识和自觉利用的战争规律，是战争客观规律在人们头脑中的反映。

战争规律和战争指导规律的关系如同客观辩证法与主观辩证法之间的关系。恩格斯说："所谓客观辩证法是支配着整个自然界的，而所谓主观辩证法，即辩证的思想，不过是自然界中到处盛行的对立中的运动的反映而已。"[④]因此，战争指导规律的内容是客观的，形式是主观的，是辩证法和认识论的有机统一。承认战争指导规律的存在，并不意味着可以随便制造规律和违背规律，而是说人们在认识战争的客观规律之后，可以用它来指导我们的战争实践活动。毛泽东说："为什么要学习战争规律？因为要使用这些规律于战争。"[⑤]只有依据战争规律制定出指导战争的路线、方针、政策和战略战术原则，方能战胜敌人。战争指导正确与否，关键在于它是否正确地反映了战争规律，即是否主客观达到了一致。因此，毛泽东指出："研究问题，忌带主观性、片面性和表面性。所谓主观性，就是不知道客观地看问题，也就是不知道用唯物的观点去看问题。"[⑥]马克思也指出："人的思维是否具有客观的真理性，这不是一个理论的问题，而是一个实践的问题。人应该在实践中证明自己思维的真理性，即自己思维的现实性和力量，自己思维的此岸性。"[⑦]

正如客观决定主观一样，战争的客观规律决定着战争指导规律。有什么样的战争规律，在它被正确反映的条件下[⑧]，就有什么样的战争指导规律，就有什么样的战略战术原则和作战形式、作战方法。从毛泽东论述战争规律和战争指导规律之间的关系看来，战争规律决定着战争指导规律，战争指导规律是战争规律的正确反映。中国革命战争规律不仅决定着中国革命战争的战略战术原则，而且规定着当时战争的主要形式。这是因为战争规律是战争内部诸要素总和的内在联系，它决定着战争的形式。

① 《毛泽东选集》第一卷，第183页。
② 《毛泽东选集》第二卷，第478页。
③ 《毛泽东选集》第一卷，第171页。
④ 《马克思恩格斯选集》第3卷，第534页。
⑤ 《毛泽东选集》第一卷，第178页。
⑥ 《毛泽东选集》第一卷，第312页。
⑦ 《马克思恩格斯全集》第3卷，第3页。
⑧ 对战争规律的认识有一个过程，人们很难一次就能正确认识战争规律。

战争规律也决定着具体的作战形式。土地革命战争时期，红军为什么不能实行阵地战，而只能实行运动战？这也是由当时中国革命战争的特点和规律决定的。毛泽东认为土地革命战争的主要形式是“围剿”和反“围剿”的长期反复，也即是攻与防这两种战争形式的长期反复。正是由于毛泽东等根据中国革命战争规律，正确制定了红军的作战形式，从而取得了中央苏区一至四次反“围剿”的胜利。“左”倾冒险主义者，正是不了解中国革命战争中这两种战斗形式的长期反复，企图使革命战争在短时期内取得迅速胜利，结果是欲速则不达，反而给革命战争造成了很大损失。这也从反面说明，辩证法和认识论是不可分离的，没有正确的方法指引，对战争规律的认识是片面的。

（二）既要研究一般战争的规律，更要着重研究特殊的战争规律

毛泽东指出：“人们的认识，不论对于自然界方面，对于社会方面，也都是一步又一步地由低级向高级发展，即由浅入深，由片面到更多的方面。”[①] 人们对战争的认识，是遵循着由特殊到一般，再由一般到特殊的循环往复的过程。开始先是认识许多特殊的战争规律，从中概括出共同本质的东西，然后才认识一般战争的规律。在一般战争的规律指导下，再深入探讨特殊的战争规律。一般战争的规律对深入研究特殊的战争规律起着指导作用。古今中外各式各样的战争都具有各自的特点和各自的规律，这些经验都有自己的局限性。但是不同的战争之间又存在着某些共同之点，存在着共同的规律。从各种战争的特殊规律中，抽象概括出各种战争共有的本质和规律，这就是一般战争的规律。毛泽东在《中国革命战争的战略问题》一文中指出：“战争的规律——这是任何指导战争的人不能不研究和不能不解决的问题。”[②] 这一论述指出了研究一般战争的规律的必要性。一般战争的规律存在于各式各样的战争之中，贯穿于战争的各个领域和战争过程的各个阶段，具有普遍性。从一般战争的规律中引申出来的战争指导规律，对各种各样的战争都具有普遍指导意义。一般战争的规律所以能起到这种指导作用，是由于它和各种特殊的战争规律有着内在联系，是各种特殊规律共同本质的概括，是由于一般战争的规律和特殊的战争规律相联结而存在，特殊之中包涵着一般。掌握一般规律之后，就会遵循着一个正确方向，举一反三、触类旁通，为我们探索新的战争领域、尽快掌握特殊的战争规律开辟道路。如果忽视一般战争的规律的指导作用，就会在研究特殊战争规律中走弯路，甚至迷失方向。

① 《毛泽东选集》第一卷，第283页。
② 《毛泽东选集》第一卷，第170页。

如果把局部经验当作普遍真理，如个别战例的经验，从而把特殊的战争规律当作一般战争的规律，不注意把自己的局部经验上升到理论高度，不注意从特殊的战争规律中找出带有普遍意义的东西，而是用特殊的战争规律到处乱套，那就可能在战争中犯经验主义的错误，就会导致战争的失败。有鉴于此，毛泽东指出："战争情况的不同，决定着不同的战争指导规律，有时间、地域和性质的差别。从时间的条件说，战争和战争指导规律都是发展的，各个历史阶段有各个历史阶段的特点，因而战争规律也各有其特点，不能呆板地移用于不同的阶段。"[①] 特殊的战争规律是有局限性的，是受各种条件制约的。国内外战争的经验教训表明，如果战争指导者仅仅满足一时一地的经验，把自己认识停留在特殊的战争规律上，不能从中概括出带有普遍意义的东西，不能把特殊规律中的有关内容上升到一般规律，甚至错误地把特殊规律当作一般规律任意搬用，就不能正确地指导战争和赢得战争的胜利。因此，"一切战争指导规律，依照历史的发展而发展，依照战争的发展而发展；一成不变的东西是没有的。"[②]

一般战争的规律是有普遍指导意义的，但研究和指导战争又不能停留在一般战争的规律上，还要研究特殊的战争规律。"每一种社会形式和思想形式，都有它的特殊的矛盾和特殊的本质。"[③] 战争也一样，每次战争都是具体的，而不是抽象的，都有各自的特点，而不是千篇一律的。"不同质的矛盾，只有用不同质的方法才能解决"[④]，只有针对不同战争特点，具体问题具体分析，找出特殊战争中各种因素的内在联系，并概括出其特有的规律性，方能指导战争取得胜利。因为一般战争的规律只能包括特殊战争规律的部分内容，而不能包括特殊的战争规律的全部内容，也即是说，特殊的战争规律不能完全进入到一般战争的规律之中。如果只停留在一般战争的规律上，就不可能有针对性地解决战争问题。如果用一般战争的规律代替特殊的战争规律，认为只要按照前人军事著作中所揭示的一般战争的规律来指导战争就行了，那就会犯削足适履的错误。同时，我们还应该看到一般战争的规律虽然具有普遍的意义，但这只是相对的，它还要在战争实践中接受检验和修正补充，还要通过研究许多特殊的战争规律，从中提炼出具有普遍意义的东西，使它得到丰富和发展。如果战争指导者只停留在一般战争的规律上，不再结合实际，研究新的战争规律，那就会思想僵化，犯教条主义的错误。"左"、右倾错误的思想根源之一，就是搬用一般的战争规律，不重视研究中国革命战争的特殊规律，结果给中国革命战争带来了重大的损失。

毛泽东除重视研究一般战争的规律外，还更加重视研究特殊的战争

① 《毛泽东选集》第一卷，第173页。
② 《毛泽东选集》第一卷，第173～174页。
③ 《毛泽东选集》第一卷，第309页。
④ 《毛泽东选集》第一卷，第311页。

规律。他强调“战争有其特殊性”[①]，“中国革命战争——不论是国内战争或民族战争，是在中国的特殊环境之内进行的，比较一般的战争，一般的革命战争，又有它的特殊的情形和特殊的性质。因此，在一般战争和一般革命战争的规律之外，又有它的一些特殊的规律。如果不懂得这些，就不能在中国革命战争中打胜仗。”[②]他针对当时党内的教条主义倾向，要求全党全军研究战争规律时应结合中国战争实际。他说：“研究事物发展过程中的各个发展阶段上的矛盾的特殊性，不但必须在其联结上、在其总体上去看，而且必须从各个阶段中矛盾的各个方面去看”[③]，“我们研究在各个不同历史阶段、各个不同性质、不同地域和民族的战争的指导规律，应该着眼其特点和着眼其发展，反对战争问题上的机械论。”[④]同时又指出：“基于战争的特殊性，就有战争的一套特殊组织，一套特殊方法，一种特殊过程。这组织，就是军队及其附随的一切东西。这方法，就是指导战争的战略战术。这过程，就是敌对的军队互相使用有利于己不利于敌的战略战术从事攻击或防御的一种特殊的社会活动形态。因此，战争的经验是特殊的。一切参加战争的人们，必须脱出寻常习惯，而习惯于战争，方能争取战争的胜利。”[⑤]

一般战争规律和特殊战争规律是对立统一的关系。两者既有区别，又是相互依存、相互联系的。一般规律离开了特殊规律犹如无源之水，无本之木，就会变成空洞抽象的东西；在运用特殊规律时如果离开了一般规律就会失去正确的方向。而且一般战争规律和特殊战争规律在一定条件下是会相互转化的。抗日战争规律在抗日战争时期具有普遍意义，而在中国整个民主革命时期，则又成为特殊规律，反之亦然。

毛泽东在研究和指导中国革命战争的过程中，既批判了教条主义倾向，又批判了经验主义倾向，把马克思列宁主义的普遍真理和中国革命战争的具体实践紧密地结合起来，揭示了中国革命战争的特殊规律，从而引导中国革命战争走向彻底胜利。

（三）照顾全局，把握关节

毛泽东在论述战争规律时，还提出了全局性的战争指导规律和局部性的战争指导规律，以及两者的辩证关系问题。使对战争规律和战争指导规律的认识，进入到一个更深的层次。

毛泽东认为：“只要有战争，就有战争的全局。”全局性的战争规律，是指战争过程中各个方面、各个阶段、各种因素的内在联系，它贯穿于战争的各个方面和战争过程的始终，支配着战争全局的发展。毛泽东说：“研究带全局性的战争指导规律，是战略学的任务。研究带局部性的战

①《毛泽东选集》第二卷，第479页。
②《毛泽东选集》第一卷，第171页。
③《毛泽东选集》第一卷，第315页。
④《毛泽东选集》第一卷，第173页。
⑤《毛泽东选集》第二卷，第480页。

争指导规律，是战役学和战术学的任务。”[①] 战略家依据对全局性战争规律的正确认识，对战争全局进行筹划和指导，既要处理好战争各个方面、各个阶段的相互关系，又要处理好军事和政治、经济、文化、外交的关系，制定战略方针和作战指导原则，确定基本的作战方向，划分战区，对战争进程的发生、发展和结局进行科学预测，预有准备地进行战场建设等。只有全局在胸，才能认识全局性战争规律和战争指导规律，只有把握战争的全局情况，并找出其各个部分之间的内在联系，才能认识战争的本质与规律。毛泽东在指导中国革命战争过程中，总是从战争的全局出发，把战争纳入世界形势和中国社会的总体中去分析，从中把握战争的规律。

毛泽东特别强调指导战争全局的人，要把注意力放在战争的全局上，要十分重视研究全局性的战争规律和战争指导规律，并要求战役指挥员和战术指挥员也要了解某种程度的战略上的规律。“因为懂得了全局性的东西，就更会使用局部性的东西，因为局部性的东西是隶属于全局性的东西的。”[②] 其所以如此，是由于全局性的战争指导规律是与各局部性的战争指导规律相互联系、相互作用的结果。当各局部性的战争指导规律形成一个相互协调的整体时，就会产生新的力量，并大于各局部性的战争指导规律作用简单相加之总和。而当各局部性的战争指导规律处于相互孤立状态时，其作用和全局性的战争指导规律是根本不同的。当局部性的战争指导规律和全局性的战争指导规律相脱离时，就会减弱甚至丧失它的作用。“说战略胜利取决于战术胜利的这种意见是错误的，因为这种意见没有看见战争的胜败的主要和首先的问题，是对于全局和各阶段的关照得好或关照得不好。如果全局和各阶段的关照有了重要的缺点或错误，那个战争是一定要失败的。说‘一着不慎，满盘皆输’，乃是说的带全局性的，即对全局有决定意义的一着，而不是那种带局部性的即对全局无决定意义的一着。下棋如此，战争也是如此。”[③] 由于全局性的战争指导规律是全局性的战争规律的反映，它驾驭战争的各个方面和各个阶段，对战争胜负起着决定性的作用，因而它对局部性的战争指导规律也起着支配和决定作用。

战争实践证明，战争胜负首先取决于全局性的战争指导规律是否符合实际，也即是战略指导思想和战略方针是否正确。然而，“全局性的东西，不能脱离局部而独立，全局是由它的一切局部构成的。”[④] 认识和掌握局部性的战争规律和局部性的战争指导规律也是很重要的。毛泽东虽然十分强调研究全局性的战争规律和战争指导规律，但并不忽视研究局部性的战争规律和战争指导规律。他说：“有的时候，有些局部破

① 《毛泽东选集》第一卷，第 175 页。
② 同①。
③ 同①。
④ 同①。

坏了或失败了，全局可以不起重大的影响，就是因为这些局部不是对于全局有决定意义的东西。战争中有些战术上或战役上的失败或不成功，常常不至于引起战争全局的变坏，就是因为这些失败不是有决定意义的东西。但若组成战争全局的多数战役失败了，或有决定意义的某一二个战役失败了，全局就立即起变化。这里说的多数战役和某一二个战役，就都是决定的东西了。战争历史中有在连战皆捷之后吃了一个败仗以至全功尽弃的，有在吃了许多败仗之后打了一个胜仗因而开展了新局面的。这里说的‘连战皆捷’和‘许多败仗’，都是局部性的，对于全局不起决定作用的东西。这里说的‘一个败仗’和‘一个胜仗’，就都是决定的东西了。所有这些，都在说明关照全局的重要性。指挥全局的人，最要紧的，是把自己的注意力摆在照顾战争的全局上面。主要是依据情况，照顾部队和兵团的组成问题，照顾两个战役之间的关系问题，照顾各个作战阶段之间的关系问题，照顾我方全部活动和敌方全部活动之间的关系问题，这些都是最吃力的地方，如果丢了这个去忙一些次要的问题，那就难免要吃亏了。”①

战争中的全局和局部及其相互关系，和全局性的战争规律与局部性的战争规律及其相互关系，关系极为密切。战争全局和局部是对立统一的关系，它们既相互区别，又相互联系、相互依存、相互作用，并在一定条件下相互转化。

第一，我们认识全局性东西，总是从许多局部性的东西开始的。一个指挥员是首先经历许多次战斗和战役，具有了局部性经验，然后才可能逐步发展到具有驾驭战争全局的能力。毛泽东在论述对战争的认识过程时指出，初出茅庐或仅仅善于在纸上谈兵的角色是很难成为一个真正能干的高级指挥员的。他必须经过长时期的战争经验的积累，熟悉敌我双方的情况，摸熟了一切和战争有关的条件，找出了行动的规律，解决了主观和客观的矛盾，然后才能把握整个战争的规律，才能多打胜仗。其所以如此，是由于对战争规律的认识，总是要经历一个由浅入深、由局部到全部的发展过程。因为局部性的经验之中总包含着一些本质性的东西，局部规律和全局规律之间有一些共性。具有战役战术经验的人，只有通过更宽广的实践活动，并加以认真地分析研究，才会逐步认识和掌握战略问题，才“能够把战争或作战的一切重要的问题，都提到较高的原则性上去解决。达到这个目的，就是研究战略问题的任务”②。

第二，正确的战略方针，需要有一系列正确的战役、战术原则和计划来落实。如果仅仅有正确的战略方针，而没有相应地战役方针和计划，没有正确的战术原则和计划，那就无法具体地指导战争和实施战争。没有一

①《毛泽东选集》第一卷，第175～176页。

②《毛泽东选集》第一卷，第178页。

系列战役、战斗的胜利，特别是那些具有决定意义的战役、战斗的胜利，那么战略胜利也就成为空谈。因此，全局和局部是相反相成、相辅相成的，也是相互依存、相互作用的。一方面，战争的全局对构成它的一切局部，起着决定、统率、制约和协调作用。另一方面，战争的全局又离不开局部，因为它是由它的一切局部构成的。众多局部的相互联系，相互作用，特别是其中某一关键性局部的发展，对全局的发展起着决定性的作用。

毛泽东在指导中国革命战争过程中，特别注重抓那些对战争胜负有决定意义的局部。他非常重视初战的作用，提出要“慎重初战”。初战是局部性的，有的初战对战争全局具有决定意义，有的虽没有决定意义，但其胜败，对战争全局也有重大影响，以至于会影响到最后一个战斗。初战胜败所以对战争全局有重大影响，是由于它是全战役计划有机的序幕，是全局中重要的一环，它对其后一系列战斗有重大影响，对争取战争主动权有重大作用。为了取得初战的胜利，必须从战争全局出发来选择初战的对象、时间、地点等，毛泽东认为，“必须打胜；必须照顾全战役计划；必须照顾下一战略阶段”，这是初战不可忘记的三个原则。

因此，指挥战争全局的人，必须用主要精力去抓带有决定意义的局部。从全局出发，“抓住战略枢纽去部署战役，抓住战役枢纽去部署战斗。”这是我们研究战争中全局和局部相互关系时，必须重视的一个重要问题。

第三，战争中的全局和局部的区分是相对的，战争中的全局和局部在一定条件下可以相互转化。由于时间、地域不同，在此时此地为局部性问题，到彼时彼地可转化为全局性问题，反之亦然。在战争中，某个局部性的问题，在一定条件下可能发展成为全局性的问题，反之，全局性的问题随着时间、条件、地点的推移变化，亦会转化为局部性问题。在战争中，正确掌握全局和局部在一定条件下相互转化，对我军根据国内外形势的发展变化，适时进行战略转变，制定正确的战略方针，正确处理一般战争规律和特殊战争规律的关系，全局性战争规律和局部性战争规律的关系，以及针对不同历史条件，确定军队不同的中心工作和重点等，都具有十分重大的意义。

（四）通过战争实践认识战争规律

战争规律是客观存在的。人们只有认识了战争规律，并运用它们指导战争，才能制定出正确的战略战术。毛泽东指出，要掌握战争的学问，就必须坚持在实践中学习和使用的原则，从战争中学习战争。毛泽东军事辩证法思想认为“战争规律是发展的”[①]，战争实践是战争认识的来源，也是检验人们对战争认识的客观标准。只有在战争实践的基础上，才能

① 《毛泽东选集》第一卷，第170页。

认识战争规律。认识战争规律，从根本上说，就是要坚持辩证唯物主义的认识路线，反对和克服战争问题上的唯心论和形而上学。

1.从战争中学习战争是我们的主要方法

军事理论来源于战争实践。人类早期较大规模的战争频繁发生在地中海沿岸、西亚和中国中原地区，因此，早期的军事理论也产生于这些地区。如我国古代的《孙子兵法》和古希腊的柏拉图、艾涅等人的军事论述，都是当时历史条件下那些地区战争经验的总结和概括。拿破仑的战略战术思想是他在二十多年战争中，亲自组织指挥几十次大小战役经验的结晶，对于资产阶级军事艺术的形成和发展，曾产生过重大的影响。克劳塞维茨的《战争论》之所以影响十分深远，除了他曾亲自参加过战争实践外，还因为他认真分析和总结了拿破仑时代的战争经验。

中国革命战争曾经历了曲折的发展过程，除缺乏经验外，从思想路线上说，就是本本主义起了很坏的作用。有些人尽管在课堂上、在书本里，把战争学问讲得头头是道，但真正打起仗来却不一定能取胜。原因在于他们讲的道理与实际是脱节的，他们并不真正了解战争。毛泽东在《中国革命战争的战略问题》和《实践论》中，针对教条主义倾向，明确地提出了反对本本主义，把实践提到认识论的首要地位，突出地强调了战争实践是人们对战争认识的来源。人们认识和指导战争，“一点也不能离开实践，排斥一切否认实践重要性、使认识离开实践的错误理论”，强调马列主义和中国革命实际相结合，强调在战争中学习战争。他指出：“读书是学习，使用也是学习，而且是更重要的学习。从战争学习战争——这是我们的主要方法。没有进学校机会的人，仍然可以学习战争，就是从战争中学习。革命战争是民众的事，常常不是先学好了再干，而是干起来再学习，干就是学习。”[①] 又指出：“没有这一种长时间的经验，要了解和把握整个战争的规律是困难的。做一个真正能干的高级指挥员，不是初出茅庐或仅仅善于在纸上谈兵的角色所能办到的，必须在战争中学习才能办得到。”[②] 也就是说，对战争规律的认识离不开战争的实践。这些论述为认识战争规律，指导战争指明了根本的方法。毛泽东军事思想之所以能够对中国革命战争起巨大作用，正是因为在战争实践的基础上认识了战争规律，表明辩证法同时也是认识论。

人们对战争的认识是否符合客观实际，战略战术思想和作战目的、计划是否正确，不能以书本上的某些词句为准则而应以战争实践的检验为准则。毛泽东说：“判定认识或理论之是否真理，不是依主观上觉得如何而定，而是依客观上社会实践的结果如何而定。”[③] 古代兵书中有许多具有普遍指导意义的东西，应该虚心学习，要运用其中的普遍原则

①《礼记》中说“未有学养子而嫁者也”，意思是没有必要等到女孩子学会了养育子女后才出嫁。

②《毛泽东选集》第一卷，第181页。

③《毛泽东选集》第一卷，第284页。

指导战争，但现代战争和古代战争的条件有很大不同，人们对战争规律的认识随着战争实践的发展而发展，因而决不应停留在过去的书本上，也不能不看时间、条件、地点到处生搬硬套，而应坚持理论和实践相结合的原则，不断丰富和发展军事理论。

在战争年代，人们通过战争实践来认识战争。在没有战争的条件下，则是通过教育训练来认识战争的。训练虽不是战争实践，但它比较接近战争的实践，训练的内容也是从实践需要中来的。军队的教育训练要在近似实战的条件下进行，设置情况要复杂多变，防止公式化、简单化，防止和克服教条主义和形式主义。这是和平时期认识战争规律的一种重要的、不可或缺的手段。

2. 借鉴他人的军事理论和经验是认识战争规律的重要方法之一

毛泽东强调战争实践的重要性，强调从战争中学习战争，但从来没有否认从书本上学习军事理论的重要性，也不否认学习前人和他人的经验的重要性。由于战争不可能时时进行，个人也不可能事事都直接实践，因而在多数情况下，还是要通过研究间接经验来学习战争。利德尔·哈特说："直接经验就其本质说来是极其有限的。无论对于理论还是对于实践，它都不足以构成坚实的基础。即从最好的情况来说，它也只能造成一种有利于进行科学总结的气氛。间接经验则具有较大的价值。相对来说，间接经验的内容繁多，范围广泛，'历史就是普遍性的经验'，它不是某一个别人物的经验，而是许许多多在各种复杂多样的条件下从事活动的人们的经验。"①

一切真知都是从直接经验发源的，他人的间接经验主要体现在军事著作中。他人的军事理论，是他人直接从战争实践中总结出来的。从战争中学习战争，既包括从自己的战争实践中学习战争，把自己的实践经验提高到理论高度；又包括学习他人在战争实践中总结出来的真理性的认识。俾斯麦说："蠢人常说他们是从自己的经验中进行学习。我却认为利用别人的经验更加好些。"② 毛泽东在总结中国革命战争的经验教训时，批判了那种不注重学习军事理论、不注重学习别人经验的"狭隘经验论"。他指出："一切带原则性的军事规律，或军事理论，都是前人或今人做的关于过去战争经验的总结。这些过去的战争所留给我们的血的教训，应该着重地学习它。这是一件事。然而还有一件事，即是从自己经验中考证这些结论，吸收那些用得着的东西，拒绝那些用不着的东西，增加那些自己所特有的东西。这后一件事是十分重要的，不这样做，我们就不能指导战争。"③ 毛泽东既重视直接经验，又重视间接经验，他明确指出："经验对于干部是必需的，失败确是成功之母。但是虚心接受别人的经验也属必需，如果样样要待自己经验，否则固执己见拒不

① 利德尔·哈特，《战略论》，第10页。
② 利德尔·哈特，《战略论》，第9页。
③《毛泽东选集》第一卷，第181页。

接受，这就是十足的‘狭隘经验论’。我们的战争吃这种亏，是不少的。”[①]这段话，既强调了我们学习军事理论、前人或今人经验的重要性，又告诉我们学习理论和别人的经验时要结合我国实际，防止教条式学习。

军事理论之所以重要，在于它反映了战争的本质和规律，为战争实践指明了方向。中国革命战争过程中正反两方面的经验证明，军事理论正确与否，直接关系到战争的胜负。毛泽东一贯强调学习和研究军事理论和问题、学习他人的军事著作和经验的重要性。在抗日战争时期，他说："两军敌对的一切问题依靠战争去解决，中国的存亡系于战争的胜负。因此，研究军事的理论，研究战略和战术，研究军队政治工作，不可或缓。"[②]今天，我们虽然处在和平时期，但是，研究和学习前人和今人的军事理论，仍然十分必要。重视学习书本知识但不唯书；重视从战争中学习战争，但不囿于狭隘经验，理论和实践有机地统一起来，是毛泽东战争实践论的根本所在。

3. 要遵循认识战争规律的辩证发展过程

学习战争的目的在于认识战争规律，而人们对战争的认识是个由浅入深的无限发展过程。毛泽东在《中国革命战争的战略问题》一书中，把指挥员的认识过程分为两个阶段：一是了解情况，作出正确的判断，定下决心，作出计划。这相当于感性认识到理性认识的阶段。就是要通过"熟识敌我双方各方面的情况，找出其行动规律"的认识战争规律的阶段；二是"应用这些规律于自己的行动"的实施计划阶段，并在实施过程中根据新的情况，不断修改和补充原来的计划。这相当于理性认识回到实践中去，指导实践，并接受实践检验的阶段。

关于对战争认识的第一阶段，毛泽东曾有一段精辟的论述，他提出："指挥员的正确的部署来源于正确的决心，正确的决心来源于正确的判断，正确的判断来源于周到的和必要的侦察，和对于各种侦察材料的连贯起来的思索。指挥员使用一切可能的和必要的侦察手段，将侦察得来的敌方情况的各种材料加以去粗取精、去伪存真、由此及彼、由表及里的思索，然后将自己方面的情况加上去，研究双方的对比和相互的关系，因而构成判断，定下决心，作出计划，——这是军事家在作出每一个战略、战役或战斗的计划之前的一个整个的认识情况的过程。"[③④]在这一阶段必须把握以下三个重要环节：

第一，要"熟悉敌我双方各方面的情况"。准确地了解情况，才能正确地判断情况、定下决心，作出计划。在建立军事计划时，指挥员应当使用一切可能和必要的手段，侦察敌方的情况，包括敌我双方的政治、经济、军事、文化、外交、国土、自然资源、人口等。这是指

① 《毛泽东选集》第一卷，第213～214页。
② 《毛泽东选集》第二卷，第554页。
③ 《毛泽东选集》第一卷，第179～180页。
④ 这一段充分说明，认识论与逻辑学、辩证法是统一的。

导战争全局的人必须掌握的情况，也是战役、战斗指挥员所必须了解的情况。

第二，要分析情况、判断情况。由于战争情况的复杂性，敌我双方的军事行动和作战计划都要绝对保密，一般情况下，我们了解到的情况是真伪掺杂，粗精结合的，需要用科学的思维方法去粗取精，去伪存真，透过现象了解战争活动的本质和规律。

第三，在分析判断的基础上，定下决心，作出计划。情况明，就会决心大。正确定下决心之后，不要受左、右和下级的干扰，要坚定不移地贯彻下去，并作出周密的计划。

在战争认识的第二阶段，就是在战争实行过程中，要根据新的情况，不断修正补充原来的认识。毛泽东说："认识情况的过程，不但存在于军事计划建立之前，而且存在于军事计划建立之后。当执行某一计划时，从开始执行起，到战局终结止，这是又一个认识情况的过程，即实行的过程。此时，第一个过程中的东西是否符合于实况，需要重新加以检查。如果计划和情况不符合，或者不完全符合，就必须依照新的认识，构成新的判断，定下新的决心，把已定计划加以改变，使之适合于新的情况。部分地改变的事差不多每一作战都是有的，全部地改变的事也是间或有的。鲁莽家不知改变，或不愿改变，只是一味盲干，结果又非碰壁不可。"[①]毛泽东在指导中国革命战争过程中，不仅从战争的全局出发，及时调整我们的战略方针，而且在各个战争时期，在一些重大战役中，都及时根据新的情况改变作战形式和作战计划。他在指挥战争过程中，不是死板地抱着原定的方针、原则、计划不放，而是根据实际情况，及时进行调整和补充，使认识随着战争实践的发展而不断发展。

就一次战争或一次战役、一次战斗来说，对战争的认识过程，可分为上述两个阶段。就人类认识战争的总体来看，也正是由于人们对每一具体战争的认识的两个阶段的循环往复，才使得人们能够从战争的总体上去把握战争的一般规律。[②]因此，毛泽东关于战争的一个认识过程的两个认识阶段的认识方法，具有普遍意义。也就是说，对整个人类社会中的战争而言，对战争和战争规律的认识，是一个"实践、认识、再实践、再认识"的循环往复，以至无穷的过程。

毛泽东在研究和指导战争过程中，还注意把对战争的认识过程和贯彻群众路线结合起来。他在各个时期提出的作战方针、原则，都是总结概括了各地区广大干部、群众斗争的经验，都贯彻了"从群众中来，到群众中去"的领导方法。把"实践—认识—实践"和"群众—领导—群

① 《毛泽东选集》第一卷，第180页。

② 人们对战争规律的认识也可以说是圆圈的圆圈。

众”的领导方法、“具体—抽象—具体”的认识秩序密切结合起来，丰富和发展了马克思主义的认识论和方法论。

（五）辩证地分析敌我双方，认识和运用战争规律

毛泽东研究和指导战争的方法论，不仅是唯物的，而且是辩证的。他说：“这个辩证法的宇宙观，主要地就是教导人们要善于去观察和分析各种事物的矛盾的运动，并根据这种分析，指出解决矛盾的方法。”[①] 毛泽东在运用辩证法分析矛盾时，注重分析敌我双方相互矛盾着的情况及其质量互变的情况，由此入手，认识和运用战争规律。他尤其注重把握以下四个问题[②]。

1. 从分析敌我双方所处的时代特征和历史条件入手，把战争纳入到世界的整体中去考察

马克思主义认为，历次战争都不是孤立的，它总是和周围的环境相互联系、相互影响，总是在一定历史条件下，和时代特征相联系。研究战争的时代特征和历史条件，是考察战争的主要根据。毛泽东在研究中国革命战争和民族解放战争的特点和规律时，坚持用系统的、联系的、历史的观点和方法，把战争纳入到世界整体中去考察，把战争放在作战双方所处的历史条件和社会环境中，考察影响战争的全部因素，分清哪些是主要的、哪些是次要的，哪些是内因、哪些是外因，哪些是本质的、哪些是非本质的等。

中国革命战争和民族解放战争所处的时代特征是帝国主义和无产阶级革命的时代。时代特征，世界范围基本矛盾的发展变化，世界力量对比的发展变化，对中国历次国内革命战争和民族解放战争中的敌我双方都有着深刻的影响，不仅影响着战争双方的特点和力量对比，而且影响着双方战争的性质、战争的进程和结局。

首先，它影响着敌我双方所进行战争的性质，即正义性还是非正义性，进步性还是退步性。联系时代特征，世界潮流，把敌我双方都纳入不同的范围中，分清战争的进步性和退步性，对认清战争本质和战争的发展前途，都有十分重大的意义。认清战争的性质的核心是进行“价值判断”，以决定自己在战争中采取什么样的立场，站在哪一方。在分析抗日战争中中日双方的特点时，毛泽东指出：“日本战争的退步性和野蛮性是日本战争必然失败的主要根据。”而中国则“处于历史上进步的时代，这就是足以战胜日本的主要根据”[③]。日本为了摆脱经济危机，挽救其腐朽制度而发动侵华战争，但结果必然加剧它国内和国外的矛盾，必然是自取灭亡。而中国一方已有共产党领导下的新型人民军队，有广泛

① 《毛泽东选集》第一卷，第 304 页。
② 林伯野等，《毛泽东军事辩证法思想新探》，第 151 页。
③ 《毛泽东选集》第二卷，第 448、451 页。

的抗日民族统一战线，有党领导两次战争的实践经验，这些进步因素是战胜日本的基础。我们相信最后胜利是属于我们的，主要的依据就在于此。

其次，它影响着敌我力量对比的发展变化。世界范围内不同时期力量对比的发展变化，都直接或间接影响着中国革命战争和民族解放战争中敌我双方力量的发展变化。在抗日战争初期，德、意法西斯国家是坚定支持日本帝国主义的。而英、美、法等国一方面反对日本损害它们在中国的利益，另一方面又实行退却的“不干涉政策”，实行拒绝集体抵抗侵略者的“绥靖政策”，他们“坐山观虎斗”，甚至给侵略者以各种帮助。后来，由于日本帝国主义进一步侵占了东南亚一带，直接侵犯了英、美等国的利益，尤其太平洋战争爆发后，他们才不得不改变态度，转而和苏联、中国等结成反法西斯联盟，对德、意、日宣战。随着世界范围法西斯阵营和反法西斯阵营的形成和力量对比的发展变化，直接或间接地增强了中国的抗日战争力量，削弱了日本帝国主义力量。加上中国人民自己的努力，逐步改变了敌强我弱这一状况，直至取得抗日战争的胜利。

可见，要想把某一具体战争的特点和规律弄清楚，就必须了解这一战争所处的时代背景和历史条件，就必须把这些战争纳入到世界总体中去考察。

2.分析敌我双方相互矛盾着的基本因素，找出其特点和内在联系

研究战争特点和规律，还要分析敌我双方相互矛盾着的基本因素及其相互关系。毛泽东说：“我们从事中国革命的人，不但要在各个矛盾的总体上，即矛盾的相互联结上，了解其特殊性，而且只有从矛盾的各个方面着手研究，才有可能了解其总体。所谓了解矛盾的各个方面，就是了解它们每一方面各占何等特定的地位，各用何种具体形式和对方发生互相依存又互相矛盾的关系，在相互依存又相互矛盾中，以及依存破裂后，又各用何种具体的方法和对方作斗争。”[①] 把这一方法运用在战争中，就是要具体分析敌我双方各自的特点，并把双方的特点联结起来，进行比较，找出其内在联系。

首先，要分析敌我双方每一方面的特点，达到知彼知己的目的。要掌握战争规律，就要对敌我两方面的情况进行具体分析。毛泽东在研究战争的特点和规律时，总是先分析敌我双方每一方面的情况和特点，以正确判断敌我双方的情况，定下决心，作出计划，达到主客观一致。毛泽东的分析有这样几个特点[②]：

（1）全面的、多因素、多层次的分析。不论是分析敌方还是我方，都既分析社会历史条件，又分析现实状况，既分析社会性质，又分析自

①《毛泽东选集》第一卷，第312页。

②《毛泽东军事辩证法思想新探》，第156页。

然诸条件；既分析国际背景，又分析国内状况；既分析强点，又分析弱点；既分析主要方面，又分析次要方面；既分析目前情况，又分析未来可能发展的情况等。既涉及时代特征，世界范围进步力量与反动力量的对比，又涉及各国内部的阶级力量对比；既涉及政治、经济、军事，又涉及双方的幅员、人口、资源等。

（2）运用由具体到抽象的分析方法，抓住最基本、最本质的东西，排除细微的、现象的东西。毛泽东在分析敌我双方情况时，首先抓住了对战争影响最大的基本因素，并通过对大量感性材料的分析，概括出诸如中国革命战争的四个基本特点、中日战争中相互矛盾的四个基本特点等影响战争发生发展、构成战争规律的基本要素。

（3）运用联系的分析方法，把每一方各种要素的内在联系揭示出来，使我们能够认清每一方的全貌。在分析敌我双方各自的特点和情况之后，还要把两方面的情况联结起来，进行综合比较，找出其内在联系，进而揭示出战争的特点和规律。如在抗日战争中，毛泽东分别分析了中方和日方的情况后，进行综合比较，得出了双方相互矛盾着的基本特点，即敌强我弱、敌小我大、敌退步我进步、敌寡助我多助。并由此引申出抗日战争的规律。毛泽东说："只有依据全部敌我对比的基本因素，才能得出正确的回答。"① 也就是说，要从矛盾的相互联结上观察战争问题。譬如对中国革命战争，不能只看到有利的因素，看不到或缩小战争中的不利因素，急于求成，那就可能发生"左"的错误。反之，只看中国革命战争中的不利因素，而看不到或缩小有利因素，对革命战争前途悲观失望，就会发生右倾错误。此外，敌我之间相互矛盾的因素在战争中的地位和作用是不同的，有的是主要因素，有的是附随因素，有的是长远起作用的因素，有的是临时起作用的因素，有的是行将消失的因素，有的是必然出现的新因素，有的是内部因素，有的是外部因素等。对敌我双方相互矛盾着的基本因素进行区分，使我们能够认识不同因素对战争的进程和结局起着不同的作用。譬如战争性质、人心向背是影响战争胜败的主要因素，是经常起作用的因素。而武器技术装备的优势和外援等则是次要因素，是临时起作用的因素。毛泽东在分析中日战争时，就指出战争的进步性和退步性，是决定战争胜负的主要依据，而多助寡助则是随附因素，并依敌我双方本身基本因素如何而定其作用大小。毛泽东还认为战争中各种基本因素的地位和作用在战争中是不断发展变化的，而且变化要经历一个过程。例如，在国内革命战争和民族解放战争中，敌强我弱这对矛盾在相当长的时期内占主要地位，而其他因素则占次要地位。只有经过敌我双方长期较量，有利于我的因素不断上升，不利于

① 《毛泽东选集》第二卷，第459～460页。

敌的因素逐步扩大，敌强我弱才能逐步转化。这就是为什么在中日战争中，敌人优点只有一个，余皆缺点，我之缺点只有一个，余皆优点，而不能形成平衡的状况，不能很快战胜敌人，必须实行持久战的原因。

可见，在认识和指导战争过程中，必须首先分析敌我双方每一方的情况和特点，然后再把双方的特点联结起来，进行综合比较，找出其内在联系。这样才能正确地认识战争的特点和规律。

3. 对敌我双方相互矛盾着的要素，既要进行质的分析，又要进行量的分析

毛泽东在研究战争的特点和规律时，总是把质的分析和量的分析这两种方法融合在一起，把战争中敌我双方相互矛盾着的诸要素，看成是质和量的统一体，把敌我双方的矛盾转化，看成是一个由量变到质变的过程，并注重把握战争由量变到质变变化的界限（度），对战争发展提出科学预见。

所谓质的分析，就是分析规定战争性质的特殊性矛盾，以及这一矛盾对敌我各方面的影响。如抗日战争反映了日本帝国主义侵略和中华民族反侵略的矛盾，它规定了日本侵略战争的退步性和中国人民抗日战争的进步性。这一矛盾也影响着士气的高低、军队成员政治质量的优劣，并影响着人心的向背和多助寡助等。双方的思想体系不同，世界观、方法论不同，就会影响战略战术思想水平和组织指挥能力的差别。

所谓数量分析，就是分析构成战争诸要素中的数量关系，如数量间的比例关系、数量的组合排列形式、数量之间的相互作用、数量的变化等。黑格尔认为，“量的比例具有质的性质”①。通过对战争中某些要素数量间比例关系的分析，可得出一些重要结论。这些数量间的比例关系，是相互作用的，如敌小我大、敌寡助我多助，直接影响到敌我力量的对比。这些数量间的比例关系不是一成不变的，而是随着战争发展不断地流动着，有的上升，有的下降。对战争因素的数量分析，还要涉及数量的组合排列形式问题，如军队的编制体制、兵力的部署和使用等。马克思说：“一个骑兵连的进攻力量或一个步兵团的抵抗力量，与单个骑兵分散展开的进攻力量总和或单个步兵分散展开的抵抗力量的总和有本质的差别。”同等数量的军队，如果编制体制合理，使用恰当，就会发挥更大的威力，反之则减小其威力。拿破仑在描写骑术不精但有纪律的法国骑兵，和善于格斗但没有纪律的马木留克骑兵之间的战斗力时写道：“两个马木留克兵绝对能打赢三个法国兵；一百个法国兵与一百个马木留克兵势均力敌；三百个法国兵大都能战胜三百个马木留克兵；而一千个法国兵则总能打败一千五百个马木留克兵”。毛泽东在中日战争中，分析

① 张世英,《论黑格尔的逻辑学》,第 259 页。

日本失策的原因之一，就是逐次增加兵力，而没有集中使用兵力。这就是组合排列的形式不同所造成的不同的结果。

黑格尔认为："一切都是具体的，都是对立面的统一，量和质也是具体地统一在一起的。即使在量变尚未达到引起质变的程度时，量和质也是统一的，只不过这种统一是潜伏的，尚未实现出来。"[①]战争中的诸要素也是质和量的统一。对于战争要素，不仅要分别从质上分析和从量上分析，而且要把质和量的分析统一起来。质和量是既对立又统一的，战争中要素的质和量有些是相辅相成，有的则相互抵消。如反动军队的数量大，武器装备好，但兵员政治素质低，士气低落，官兵对立，战略战术水平低。这样，它在数量上的优势，就被质量上的劣势所削弱，甚至抵消。而革命军队开始时虽数量小，武器也是量少质差，但干部、战士的政治质量高，士气高，内部团结，加上正确的战略战术，就会在某种程度上弥补数量少、武器差的缺点。从总体上说，革命军队代表新生的力量，是战争中的新质，是上升的趋势，因而它能在数量上由小变大。反之，反革命军队代表的是腐朽力量，是战争中的旧质，是下降的趋势，因而会在数量上由大变小。这是战争中的客观发展规律。当然，要实现这种转变，还要有对战争的正确指导。毛泽东在分析敌我之间基本因素的发展变化时，认为我方有利因素的上升，敌方有利因素的下降，我方国际上的多助，敌方国际上的寡助等，都要经历一个量的渐变过程。战争中不同阶段方针上的变化，也只是"数的流动，不是质的流动"。据此，他反对"灭此朝食"的精神，而主张国内革命战争和抗日战争在战略上应实行持久的方针。待到敌我力量对比发生巨大变化，达到一定界限时，就会发生质变。这时就要把握战略决战时机，夺取全局性的胜利。

毛泽东在分析战争过程中质量互变时，还创造性地提出和阐述了总的量变过程中的部分质变的思想，从而深化和发展了对质量互变辩证规律的认识。毛泽东认为战争中的质量互变不是以纯粹的形式进行的，而是相互交错、相互渗透，在总的量变过程中有部分质变，在质变中有量的扩张。敌我双方在战争的发展过程中，各自都有向上和向下发展的两种趋势，并和质变、量变结合在一起。从总体上说，代表新生力量的一方，其发展总趋势是向上的，但在有些方面，有些阶段也会向下发展。而代表腐朽力量的一方，其发展总趋势是向下的，但在有些方面，有些阶段也有向上发展的。其所以如此，是由于敌我双方在斗争中有进步和落后两种因素在较量，而每一方内部也有新旧两种力量在较量。由于斗争发展的不平衡性，在战争过程中双方都有时而向上或时而向下的现象，或同时兼有向上和向下两种趋势。黑格尔说："对于质量互变的这一整个

① 张世英，《论黑格尔的逻辑学》，第 264 页。

过程，可以用‘交错线’作比喻来帮助我们了解。‘交错线’是指量变到一定程度引起质变的那个点。在这个点上，原来表面上对于质是无所谓的量,现在又重新交集在一起,所以这个点叫‘交错点’。在每一个‘交错点’的基础上，都会产生一个新的‘度’，而联结这些点的线，就叫作‘尺度比例交错线’(又可译作‘尺度关系交错线’)”[①]。“交错点”“交错线”这两个术语是从天文学上借来的。天文学上把黄道横截天体椭圆轨道的交点叫作“交错点”，把被太阳中心所吸引的那根联结各“交错点”的线叫作“交错线”。毛泽东将黑格尔抽象的“尺度关系交错线”形象化、具体化，并用于分析研究战争规律。毛泽东在分析抗日战争规律时，不仅从总体上分析了双方有向上和向下的趋势，而且分析了战争各个阶段，每一方在发展过程中，都有各自向上和向下两种变化。如战争第一阶段，我方向下的是土地、人口、经济力量、军事力量和文化机关的缩减，甚至达到相当大的程度，但这种向下是旧的量和质，主要表现在量上，向上变化则是战争经验、军队进步、政治进步、人民动员、文化新方向的发展，游击战争的出现和国际援助的增长等。向上的是新的质和量，主要表现在质上。日方也有两种变化，一种是向下的，如几十万人的伤亡、武器和弹药的消耗、士气的颓靡、国内人心的不满、贸易的缩减、国际舆论的谴责等。一种是向上的，如扩大了领土、人口和资源等。前一种变化是量和质的下降，主要表现在质上，后一种则是量的增加，但这仅是局部的和暂时的。抗日战争第三阶段，我方猛烈向上发展，日方迅速向下降落，敌我力量对比已发展到质变阶段。随着国际反法西斯战争的胜利，我军也发展壮大，在苏联宣布对日宣战和美国逼近日本本土前后，我方进入战略进攻阶段。日本则在四面楚歌声中，宣布无条件投降。在中日战争三个阶段中，中日双方各自向上和向下发展变化的情况，可以使我们明显地看出战争过程的曲折性和复杂性，体会到抗日战争是持久的，但最后胜利是我们的深刻根据。这种分析方法体现出辩证方法既是分析的，又是综合的。

黑格尔说：“变化，按其本质而言，同时也是从一种质向另一种质的过渡。”[②]战争过程中，无论是代表反动势力的武装力量或代表革命力量的武装力量，都是以一定数量为基础的。革命武装力量要彻底战胜反革命武装力量。不仅在质上要超过它，而且在量上也要超过它。只有在量的对比上达到一定界限，才能彻底消灭反革命武装力量。毛泽东在指导中国革命战争过程中，非常重视对敌我力量的相互消长进行精确计算，尤其重视把握决定战争质变的数量界限，也即是事物质量互变中的度。因而，他能够对战争的发展进程提出科学的预见，并适时把握战略

① 张世英,《论黑格尔的逻辑学》，第269～270页。

②《哲学笔记》第1版，第98页。

转变的时机和火候，有计划地引导革命战争取得胜利。

4.分析战争中敌我双方矛盾运动发展的不平衡性，以制定正确的战略战术

战争总体中的诸矛盾及诸因素在激烈的斗争过程中，总是在发展变化，并在一定条件下互易其主次地位。有时某一矛盾成为主宰战争全局的主要矛盾，其他则居于次要地位；有时某一因素成为决定战争胜负的决定因素，其他则不起决定作用；有时某一方在战争中居主导地位，有时则下降为次要地位。从而使战争的矛盾运动呈现出一种此起彼伏的不平衡状况。毛泽东指出："对于矛盾的各种不平衡情况的研究，对于主要的矛盾和非主要的矛盾、主要的矛盾方面和非主要的矛盾方面的研究，成为革命政党正确地决定其政治上和军事上的战略战术方针的重要方法之一，是一切共产党人都应当注意的。"① 通过分析战争矛盾运动发展的不平衡性和相对平衡性，可以确定正确的革命道路和主要的打击方向，确定发展根据地的政策，以及主要的攻击方向和防御方向等。

战争矛盾运动的不平衡状态，是和社会矛盾运动的不平衡状态直接相关的。敌我双方的力量对比和战争的结局，常处于不平衡状态。敌我力量对比的不平衡性，革命武装力量发展地区的不平衡性，战争中矛盾运动的不平衡性，有多方面的表现。如有时或有的地方进攻是主要的，防御是次要的，有时或有的地方防御是主要的，进攻是次要的；有时转移是主要的。从总体上说，我们消灭敌人是主要的，保存自己是次要的，但有的情况下则保存自己是主要的。在战争全局中，有的地区是主要战场，有的地区是次要战场，有的是主要进攻方向或主要防御方向，有的是次要进攻方向或次要防御方向。有时打仗是主要的，有时休整和训练是主要的，或发动群众、参加生产是主要的。而且这些主次关系在战争中是不断发展变化的，总是呈现出一种不平衡状态。

战争矛盾运动不仅存在着绝对的不平衡性，而且存在着相对的平衡性。战争进程的发展，总是由不平衡的状态，进入到相对平衡状态，再发展到新的不平衡状态。但新的不平衡状态在内容和形式上都不同于旧的不平衡状态。影响战争发生发展的社会矛盾运动，是绝对不平衡性和相对平衡性的统一。反动统治集团内部矛盾时而尖锐，相互打内仗，时而缓和，相互妥协，共同镇压革命武装力量，呈现出由不平衡到相对平衡，再到新的不平衡。在战争中，敌我力量对比由不平衡，发展到相对平衡，再到新的不平衡。总之，战争总过程中各个方面、各种因素的发展变化，都是循着这种不平衡—相对平衡—新的不平衡的规律进行的。

分析战争矛盾运动中的不平衡性和相对平衡性，是军事上制定正确

① 《毛泽东选集》第一卷，第326～327页。

战略战术的重要方法，具体来说，表现在以下几个方面：[1]

（1）列宁依据资本主义世界政治经济发展不平衡的规律，在资本主义统治链条上最薄弱的环节——俄国，发动了无产阶级武装起义并取得了胜利。毛泽东继承和发展了列宁这一思想，总结了世界和中国革命斗争的经验，指出："革命的胜利总是从那些反革命势力比较薄弱的地方首先开始，首先发展，首先胜利。"[2]他根据中国社会政治经济发展的不平衡性，提出了首先在农村建立根据地，以农村包围城市并最后夺取城市的道路，引导中国革命力量冲破重重困难，取得了最后胜利。

（2）根据敌人统治不稳定和相对稳定相互交替的状况，在发展革命武装斗争中采取波浪式的推进政策。

（3）根据阶级矛盾和民族矛盾互易主次地位的状况，抓住主要矛盾，集中力量打击最主要的敌人。

（4）根据不同阶段的敌我力量对比状况，制定出相应的战略战术原则。毛泽东指导中国革命战争和民族解放战争的主要方法之一就是根据敌我力量对比的变化着的情况，划分战争阶段，并采取灵活机动的战略战术。如抗日战争中，他根据敌我力量对比的不同情况，把战争划分为三个阶段：第一阶段，由于敌强我弱，是敌之战略进攻，我之战略防御时期。这一阶段我军所采取的作战形式，主要是运动战，辅之以游击战和阵地战。第二阶段，敌我力量相当，是敌之战略保守，我之准备战略反攻时期。这一阶段我军所采取的作战形式主要是游击战，而辅之以运动战。第三阶段，敌弱我强，是我之战略进攻，敌之战略退却时期。这一阶段主要作战形式仍是运动战，但是阵地战将提到重要地位。

（5）根据整个战局发展不平衡的状况，正确选定主要攻击方向和主要防御方向。毛泽东在指挥战争过程中，总是全面分析战争中各部分不同的地位和作用，正确选定战略、战役和战斗的主要攻击方向和主要防御方向。他主张把主要兵力用在对战争全局起决定作用的方向上，反对平均使用兵力，反对两个拳头打人。在战略及战役、战斗活动中，由于敌我双方作战指导思想不同，力量对比不同，兵力部署不同，地理条件不同，就会在整个战场上出现不平衡的状况。有的成为主要战场，有的成为次要战场，有的是主要攻击方向，有的是钳制方向，有的是主要防御地带，有的是次要防御地带。正确选定主要攻击方向和主要防御方向，并兼顾次要方向，是决定战争胜败的关键所在。

此外，战争全局的诸因素，在战争发展过程中，其作用和地位也是不平衡的。从总的方面说，物质因素是决定战争胜负的基础，但在一定

① 林伯野等，《毛泽东军事辩证法思想新探》，第167页。

②《毛泽东选集》第一卷，第52页。

条件下，精神因素又起着决定作用。至于各种具体因素，也在战争中不断变化其作用。必须根据战争诸因素在战争发展过程中的变化情况，分清轻重缓急，抓住急迫解决的问题，也即是抓住中心或重点，并兼顾其他方面，方能保证战争的胜利。

（六）掌握战争的客观规律，发挥自觉的能动性

在战争中，任何一方的战略战术所要回答的，都是“怎样做”和“不怎样做”这一类问题。只有正确地回答这一类问题，才能将战争引向胜利。在战争中具备了一定的客观物质条件，只是具备了胜利的可能性，要变这种胜利的可能性为现实性，还要加上主观的努力，一定要坚持能动的反映论，发挥主观能动性。毛泽东说：“一切事情是要人做的，持久战和最后胜利没有人做就不会出现。做就必须先有人根据客观事实，引出思想、道理、意见，提出计划、方针、政策、战略、战术，方能做得好。思想等等是主观的东西，做或行动是主观见之于客观的东西，都是人类特殊的能动性。这种能动性，我们名之曰‘自觉的能动性’。”① 又说：“自觉的能动性是人类的特点。人类在战争中强烈地表现出这样的特点。战争的胜负，固然决定于双方军事、政治、经济、地理、战争性质、国际援助诸条件，然而不仅仅决定于这些；仅有这些，还只是有了胜负的可能性，它本身没有分胜负。要分胜负，还须加上主观的努力，这就是指导战争和实行战争，这就是战争中的自觉的能动性。”② 为了充分发挥自觉的能动性，毛泽东又强调：“必须发扬勇敢战斗、不惜牺牲、不怕疲劳和连续作战（即短期内接连打几仗）的优良作风。”③ “我们必须提倡每个抗日战争的指挥员变为勇敢而明智的将军。他们不但要有压倒敌人的勇气，而且要有驾驭整个战争变化发展的能力。”④

1. 充分发挥自觉能动性在变战争胜利的可能性为现实性的过程中起着决定性作用

毛泽东说：“‘自觉的能动性’，是人之所以区别于物的特点。”⑤ 认识的能动性和实践的能动性是相互联系的两个方面，自觉能动性包含着知和行两个方面。毛泽东指出，在战争中要达到智勇双全，有一种方法是要学的，“什么方法呢？那就是熟识敌我双方各方面的情况，找出其行动的规律，并且应用这些规律于自己的行动。”⑥

毛泽东说：“战争是力量的竞赛，但力量在战争过程中变化其原来的形态。在这里，主观的努力，多打胜仗，少犯错误，是决定的因素。客观因素具备着这种变化的可能性，但实现这种可能性，就需要正确的

① 《毛泽东选集》第二卷，第477页。
② 《毛泽东选集》第二卷，第478页。
③ 《毛泽东选集》第四卷，第1233页。
④ 同②。
⑤ 同①。
⑥ 《毛泽东选集》第一卷，第178页。

方针和主观的努力。这时候，主观作用是决定的了。”[①]在促成战争胜利的可能性转变为现实性的过程中，自觉能动性之所以能起决定性的作用，主要是因为[②]：

（1）正确的战争指导思想，包括战争的路线、方针、政策和战略战术原则，能够把战争中的诸因素组织成一个合理的整体力量，从而充分发挥我方战争力量的威力，取得战争的胜利。古今中外历史上，军事、政治、经济、地理等条件相对好的一方，在战争中反而败于诸条件相对差的一方，其原因就是前者战争指导思想有错误，后者战争指导思想比较正确。如第二次世界大战初期，波兰、法国、英国许多条件都优于德国，但由于作战指导思想保守，仍拘泥于第一次世界大战的经验，结果波兰和法国很快沦亡，英国也在战争中吃了大亏。

（2）指挥员组织指挥能力的强弱，从一定意义上说是战争胜败的决定性因素。毛泽东说：“战争就是两军指挥员以军力财力等项物质基础作地盘，互争优势和主动的主观能力的竞赛。竞赛结果，有胜有败，除了客观物质条件的比较外，胜者必由于主观指挥的正确，败者必由于主观指挥的错误。”[③]战争是充满着复杂性和危险性的生死搏斗，交战双方隐蔽真相、迷惑对方，情况异常错综复杂，所以自觉能动性发挥得如何，就显得格外重要。哪一方指挥员智高一筹，哪一方就有获胜的希望。

（3）士兵和人民群众战斗情绪的高低，是决定战争胜负的重要因素。列宁说：“在任何战争中，胜利属于谁的问题归根到底是由那些在战场上流血的群众的情绪决定的。”[④]战争归根结底是双方通过作战官兵和其他参战人员互相拼搏而分出胜负的，如果仅有正确的战争指导思想，仅有高明的指挥员，而没有广大作战人员的主动性和积极性，是不可能取得胜利的。马克思说：“理论一经掌握群众，也会变成物质力量。”[⑤]毛泽东在《人的正确思想是从哪里来的？》中指出：“代表先进阶级的正确思想，一旦被群众掌握，就会变成改造社会、改造世界的物质力量。”这就是说，战争理论、作战计划、指挥员的决心，都必须通过参战官兵和广大人民群众的英勇作战才得以实现，正如马克思所说：“思想根本不能实现什么东西。为了实现思想，就要有使用实践力量的人。”[⑥]在人民战争中，群众是战争实践的主体，群众的思想和行动往往是变战争胜利的可能性为现实性的决定因素。

毛泽东在强调发挥人在战争中自觉能动作用时，特别强调要充分发挥正确的自觉的能动性，反对错误的自觉的能动性。他说：“一切根据和符合于客观事实的思想是正确的思想，一切根据于正确思想的做或行动是正确的行动。我们必须发扬这样的思想和行动，必须发扬这种的自

① 《毛泽东选集》第二卷，第487页。
② 林伯野等，《毛泽东军事辩证法思想新探》，第171～172页。
③ 《毛泽东选集》第二卷，第490页。
④ 《列宁全集》第31卷，第117页。
⑤ 《马克思恩格斯选集》第1卷，第9页。
⑥ 《马克思恩格斯全集》第2卷，第152页。

觉的能动性。”又说：“指导战争的人们不能超越客观条件许可的限度期求战争的胜利，然而可以而且必须在客观条件的限度之内，能动地争取战争的胜利。”[1]我们过去在战争中正是发扬了这种正确的自觉能动性，才不断打败敌人，并夺取最后胜利。

中国革命战争的实践证明，有没有正确的军事理论、思想作指导，是革命战争成败的决定性因素。毛泽东说：“当着如同列宁所说‘没有革命的理论，就不会有革命的运动’的时候，革命理论的创立和提倡就起了主要的决定的作用。当着某一件事情（任何事情都是一样）要做，但是还没有方针、方法、计划或政策的时候，确定方针、方法、计划或政策，也就是主要的决定的东西。”[2]列宁曾多次说过，在一定条件下，精神因素对战争胜负起着决定性的作用。承认主观能动性在一定条件下起决定作用，是以承认物质决定精神为前提的，它既坚持了唯物论，又坚持了辩证法。相反，只承认物质决定意识，而不承认在一定条件下意识和主观能动性具有决定作用，则会导向形而上学和机械论，就会限制人的自觉能动性的充分发挥。

2. 主动性、灵活性、计划性是指挥员在战争中充分发挥自觉的能动性的重要方法

主动性、灵活性、计划性都是人的自觉能动性在战争中的表现形式，三者是紧密相连，相互依存的。主动性是中心，但主动性离不开灵活性、计划性，没有灵活性，计划性难以争取主动地位。灵活性和计划性是实现主动性于战争中的手段，灵活性、计划性的最终目的是为了争取主动性，赢得战争的胜利。主动性、灵活性和计划性，是实现战略和战役战斗的正确方针原则在作战上的基本要求。在战争中，军队的整体行动上指挥员、战斗员能否充分发挥主动性和灵活性、达成执行任务的计划性，起着重要的作用，在一定条件下甚至起决定性的作用。因此，任何作战行动都离不开作战指导上的主动性、灵活性和计划性。

（1）主动性。

毛泽东说：“主动性，说的是军队行动的自由权，是用以区别于被迫处于不自由状态的。”主动权是军队的命脉，“善战者，致人而不致于人”[3]。因此，主动性就是军队在战争中争取主动地位，争取军队行动的自由权。有没有行动的自由是战争胜负的关键因素。“战争的双方，都力争主动，力避被动。”“主动是和战争力量的优势不能分离的，而被动则和战争力量的劣势分不开。”[4]争取主动方法有很多，如坚持战争中的灵活性和计划性，实施正确的指挥，正确地使用兵力，造成敌人的错觉和不意等。

①《毛泽东选集》第二卷，第477、第478页。

②《毛泽东选集》第一卷，第326页。

③《孙子兵法·虚实篇》。

④《毛泽东选集》第二卷，第487、第488页。

（2）灵活性。

灵活性是战争中争取主动地位的重要手段。毛泽东说："灵活性就是具体地表现主动性的东西。"[①]《孙子兵法》中提出"兵无常势，水无常形。能因敌变化而取胜者，谓之神"[②]，精辟地阐述了战争中的灵活性。毛泽东说："具体地实现主动性于作战中的东西，就是灵活地使用兵力。灵活地使用兵力这件事，是战争指挥的中心任务，也是最不容易做好的。""古人所谓'运用之妙，存乎一心'，这个'妙'，我们叫作灵活性，这是聪明的指挥员出的产品。"[③]毛泽东高超的指挥艺术，其灵魂就在于一个"活"字，通过灵活用兵，在以弱胜强的战争中，赢得优势和主动，最终取得胜利。要做到灵活性，需注意以下几点[④]：

1）要正确地认识和运用战争规律。毛泽东说，要做灵活地使用兵力这件事，"需要极大的主观能力，需要克服战争特性中的纷乱、黑暗和不确实性，而从其中找出条理、光明和确实性来，方能实现指挥上的灵活性……灵活不是妄动，妄动是应该拒绝的。灵活，是聪明的指挥员，基于客观情况，'审时度势'（这个势，包括敌势、我势、地势等项）而采取及时的和恰当的处置方法的一种才能，即是所谓'运用之妙'。"[⑤]也就是说，灵活性不是随意性，而是指挥员从战争的客观情况中，梳理出规律性的东西，并依据战争规律来指挥战争，这样才能采取恰当的处置方法。毛泽东在指挥中国革命战争过程中，正是首先研究了中国革命战争规律和战争指导规律，并根据不同的规律采取不同的战略战术，充分体现了战争指挥上的艺术性和灵活性。

2）灵活地运用战术和适时地变换战术。毛泽东在阐述灵活性时，很强调灵活地使用和变换战术。他提出要把握"时机、地点、部队三个关节。不得其时，不得其地，不得于部队之情况，都将不能取胜"[⑥]。所谓时机，即战机的选择。战争和战斗情况瞬息万变，战机稍纵即逝。高明的指挥员就是要及时了解和分析情况，及时把握有利战机，既不能失之过早，也不能失之过迟。所谓地点，就是要恰当选择战场以及主要攻击和防御方向。主要攻击方向的选择，应既是敌之要害，又是敌之薄弱部分。有时两者不能兼有，就要创造条件，使敌之要害部位也变成薄弱部位。所谓部队，就是要熟悉部队的特点，用其所长，避其所短。在指挥战斗时把握"时机、地点、部队"三个关节，就是要在发挥灵活性时，要做到主客观一致。"不但使用战术，还须变换战术。攻击变为防御，防御变为攻击，前进变为后退，后退变为前进，钳制队变为突击队，突击队变为钳制队，以及包围迂回等等之互相变换，依据敌我部队、敌我地形的情况，及时地恰当地给以变换，是灵活性的指挥之重要任务。战斗指挥

① 《毛泽东选集》第二卷，第412页。
② 《孙子兵法·虚实篇》。
③ 《毛泽东选集》第二卷，第493～494页。
④ 《毛泽东军事辩证法思想新探》，第175～176页。
⑤ 同③。
⑥ 《毛泽东选集》第二卷，第494页。

如此，战役和战略指挥也是如此。”[①] 毛泽东关于“时机、地点、部队”三个关节的论述比起黑格尔概念是具体的思想要深刻得多、形象得多。

3）灵活地使用兵力。这和灵活地运用战略战术是同一个过程，是不可分割的。毛泽东说：“灵活地使用兵力，是转变敌我形势争取主动地位的最重要的手段。”[②] 在《抗日游击战争的战略问题》中，毛泽东提出，“根据游击战争的特性，兵力的使用必须按照任务和敌情、地形、居民等条件作灵活的变动，主要的方法是分散使用、集中使用和转移兵力……分散、集中和变换，是游击战争灵活使用兵力的三个方法”[③]。要像渔人撒网一样，既要撒得开，又要收得拢。根据敌情、地形、任务、居民等条件变化情况，时而“化整为零”，时而又“化零为整”。集中以应付敌人，分兵以发动群众。打得赢就打，打不赢就走。在战争中因情况估计和处置的错误，或因不可抗拒的压力，处于被动地位时，就要适时转移兵力。“如果不能打时，就应不失时机，迅速地转移到另一方向去。有时为着各个击破敌人，有刚才在这里消灭了敌人，又立即转移到另一方向去消灭敌人的；也有在这里不利于战斗，要立即脱离此敌转移到另一方向去进行战斗的。如果敌情特别严重，游击部队不应久留一地，要像流水和疾风一样，迅速地移动其位置。兵力转移，一般都要秘密迅速。”[④] 这些虽是对游击战争而言的，但同样也适用于正规战争。

（3）计划性。

计划性是指实行战争前要有计划和准备，是事先针对作战行动所制定的方针、步骤和方案，它和预见性、主动性、灵活性是紧密相连的。毛泽东说，“游击战争要取得胜利，是不能离开它的计划性的”，一切战争行动“事先都应有尽可能的严密的计划，这就是一切行动的预先准备工作”[⑤]。又说：“不打无准备之仗，不打无把握之仗，每战都应力求有准备，力求在敌我条件对比下有胜利的把握。”[⑥] 战争中的计划性是十分重要的，军事家都很重视这一问题。毛泽东说：“‘凡事预则立，不预则废’，没有事先的计划和准备，就不能获得战争的胜利。”[⑦] 制订和执行战争的计划时要注意以下几点[⑧]：

1）要通过了解敌我双方情况和战争规律制定战争计划。利德尔·哈特说：“在拟定计划时，必须考虑到敌人所具有的抵抗能力。克服敌人抵抗的最好办法，是要使计划能适应条件的变化，能随时加以改变。为了达到这个目的，须使计划具有灵活性，同时保持主动权，因此，使作战方向能够随时威胁几个目标便是最主要的手段。”[⑨] 毛泽东说：“由于战争所特有的不确实性，实现计划性于战争，较之实现计划性于别的事业，是要困难得多的。”“有些人，基于战争的流动性，就从根本上否认

① 《毛泽东选集》第二卷，第494页。
② 《毛泽东选集》第二卷，第412页。
③ 《毛泽东选集》第二卷，第412～413页。
④ 《毛泽东选集》第二卷，第414页。
⑤ 同④。
⑥ 《毛泽东选集》第四卷，第1233页。
⑦ 《毛泽东选集》第二卷，第495页。
⑧ 《毛泽东军事辩证法思想新探》，第177～180页。
⑨ 《战略论》，第461～462页。

战争计划或战争方针之相对的固定性,说这样的计划或方针是‘机械的’东西。”毛泽东批评了这种看法，他说：“战争没有绝对的确实性，但不是没有某种程度的相对的确实性。我之一方是比较地确实的。敌之一方很不确实，但也有朕兆可寻，有端倪可察，有前后现象可供思索。这就构成了所谓某种程度的相对的确实性,战争的计划性就有了客观基础。”[①]由于战争的情况和行动都有相对的固定性，我们可通过分析敌我双方的情况，判断出战争发展的趋势，揭示战争规律，并在这个基础上制订作战计划和作战方针，使计划、方针与战争客观情况相一致，以争取战争或战役、战斗的胜利。

2）制订作战计划要“量力而行”。作战计划要以敌我各方面对比为依据，我们制订作战计划时，要根据作战对象情况和我军力量做出切实可行的计划,既不要力所不能及,又不要右倾保守。利德尔·哈特说:“在确定目标时，一定要有健康的思想和冷静的头脑。‘贪多嚼不烂’，那是毫无意义的事情。军事智谋的第一个特征，就是要有能力区别哪些是能够办到的和哪些是不能够办到的。要学会面对现实，但决不能对自己的力量丧失信心。”[②]毛泽东一再强调指挥员不要超越客观条件所允许的范围期求战争的胜利。他在新中国成立后谈到领导方法时，提出“量力而行”“留有余地”的原则。这就是说，人的自觉能动性及由此表现出的计划性等，是受客观条件制约的。

3）制订作战计划应是长远规划与短期计划相结合。毛泽东在《论持久战》中指出：“在绝对流动的整个战争长河中有其各个特定阶段上的相对的固定性——这就是我们对于战争计划或战争方针的根本性质的意见。”[③]他认为在这种相对固定的阶段“是数的流动，不是质的流动”。这不仅使我们制订作战计划成为可能，而且可根据不同情况，制订不同时期、不同范围的计划。既然在战争长过程中各个阶段可保持质的相对稳定性，那么我们就可做出相对长远的规划。毛泽东说：“战略计划，是基于战争双方总的情况而来的，有更大的固定的程度。”[④]又说：“贯通全战略阶段乃至几个战略阶段的、大体上想通了的、一个长时期的方针，是决不可少的。”[⑤]由于在各阶段有数量的变化，我们就应做出短期安排，以适应这种不断变化着的情况。因此，反映在战略、战役和战斗的计划上，那就是战略方针和计划要有个长远的规划，战役的要短些，战斗的则更加短些。由于战争只有程度颇低和时间颇短暂的确实性，那么战役和战斗计划就应该较短些。

4）制订作战计划要有多种方案，通过比较和论证，从中选出最佳方案。拿破仑说过，“作战计划应该有两个方案”[⑥]。毛泽东说：“做事

① 《毛泽东选集》第二卷，第495页。
② 《战略论》，第467页。
③ 《毛泽东选集》第二卷，第496页。
④ 同①。
⑤ 《毛泽东选集》第一卷，第222页。
⑥ 《战略论》，第461页。

情，至少有两种方法：一种，达到目的比较慢一点，比较差一点；一种，达到目的比较快一点，比较好一点。一个是速度问题，一个是质量问题。不要只考虑一种方法，经常要考虑两种方法。比如修铁路，选线路要有几个方案，在几条线路里头选一条。可以有几种方法来比较，至少有两种方法来比较。”① 由于战争情况的复杂性，以及每个人考虑问题的角度不同，水平有异，打仗时，绝不会有一种方案，而会有许多方案。在各种方案提出之后，我们应通过反复比较和深入论证，从中选出最佳方案，并把其他方案作为预备方案。一旦一种方案行不通时，可及时改用其他方案。陈云说：“研究问题，制定政策，决定计划，要把各种方案拿来比较。不但要和现行的作比较，和过去的作比较，还要和外国作此较。这样进行多方面比较，可以把情况弄得更清楚，判断得更准确。”② 利德尔·哈特说：“在制订计划时，必须预先考虑和研究下一步的行动措施。不管是成功还是失败，或者只是局部性的成功，都要有预定的应付办法。你的兵力部署必须保障部队能在最短的时限内发展已经取得的战果，或者立即变更部署，以便适应变化了的新情况。”③ 战争实践表明，针对战争情况复杂多变情况，制订多种方案，就能适应各种各样的情况，使自己始终处于有准备的主动地位。

5）在执行作战计划时要有灵活性。毛泽东说：“由于战争情况之只有相对的确实性和战争是迅速地向前流动的（或运动的，推移的），战争的计划或方针，也只应给以相对的固定性，必须根据情况的变化和战争的流动而适时地加以更换和修改，不这样做，我们就变成机械主义者。”④ 又说：“战术、战役和战略计划之各依其范围和情况而确定而改变，是战争指挥的重要关节，也即是战争灵活性的具体的实施。也即是实际的运用之妙。”⑤ 由于战争的流动性和只有相对的确实性，也由于我们对战争的认识要受各种主客观条件的限制，因而制订的作战计划，方案完全适合客观情况是很少的，很多计划、方案要在战争实践中加以补充修改，有的甚至是完全修改。利德尔·哈特说：“在选择目标时，要估计到夺取这些目标的可能性，要考虑到将在何种程度上有利于达到基本目的。要记住，偏离了方向是很不好的，但如果钻到牛角尖里去了，那情况就将更坏。”⑥ 适时变更作战计划是争取主动地位的重要一环。

3. 士气、作风和技能是夺取战争胜利的重要因素

战争中的自觉的能动性还表现在士气、作风和掌握技术的能力等方面。这些因素有的是看不见、摸不着的，但却是实现战略战术的基础，是提高军队战斗力、争取战争胜利的重要因素。

① 《毛泽东选集》第五卷，第472～473页。
② 《怎样使我们的认识更全面些》，《经济日报》，1983年1月。
③ 《战略论》，第469页。
④ 《毛泽东选集》第二卷，第496页。
⑤ 《毛泽东选集》第二卷，第495页。
⑥ 《战略论》，第468页。

（1）士气。

士气是军队战斗力的一个重要因素。士气是官兵共同理想、信念的体现，是社会政治经济地位、阶级利益和民族利益的反映。它在战斗中表现为勇敢的行为、渴望战斗的心理和顽强的作风等。利德尔·哈特说："战斗行动开始以后，信心是非常重要的。只要信心充足，有时简直可以使你达到表面看来似乎是不可能达到的目的。"① 刘伯承说："士气是鼓励我们所有的指战员和敌人斗争到底。"② 在战斗中，士气首先是实现战略战术和作战计划的基础和保证。毛泽东说：没有进步精神贯注于军队之中，就不能启发官兵最大的作战热忱，一切技术和战术就不能得着最好的基础去发挥它们应有的效力。战略战术和作战目的、计划，是要通过广大官兵在战争中的主动性、积极性去实践的；是要通过官兵英勇杀敌的行为实现的。军队缺乏斗志，一切高明的方法都成为空谈。其次，高昂的士气可充分发挥武器的作用，弥补武器的劣势，并能战胜优势武器装备的敌人。我军在革命战争中，武器装备和敌人相比，长期处于劣势。但由于我军英勇善战，我们可以在最佳的时间、地点，以最好的方式发挥我们简、劣武器的作用。再次，高昂的战斗精神，能够使官兵在战争中充分发挥创造性，创造出许多新的战法。历史上的革命军队结合当时的技术条件，在作战方法上都有新的创造。如法国大革命中，创造了纵队和散兵队形相结合的作战方法，美国独立战争中，创造了散兵群的作战方法等。我国抗日战争中，军民共创了地道战、地雷战、麻雀战等方法。抗美援朝战争中，我军创造了坑道战等。同时，勇敢的战斗精神，可以压倒敌人和克服一切困难。正像毛泽东所说的：这个军队具有一往无前的精神，它要压倒一切敌人，而决不被敌人所屈服。中国工农红军在长征途中，不仅遇到数量庞大的敌人的前堵后追，而且气候、地理条件恶劣，衣单食寡，医缺药少，行程遥远，关卡险恶。但他们在崇高理想的鼓舞下，团结互助，艰苦奋战。一不怕苦，二不怕死，前仆后继，勇往直前，终于胜利完成了长征。这种压倒敌人和一切困难的英雄气概，是长征胜利的根本原因之一。③

（2）作风。

军队作风是军队本质和军队成员思想状态、习惯的反映，它对部队战斗力有重大影响。优良的作风能增强部队的素质，提高部队的战斗力。不良作风会腐蚀部队，降低部队的战斗力。好的作风是一种凝聚力，它可使官兵、上下、军政、军民之间团结起来，增强军队的战斗力；好的作风是一股坚韧的力量，它会使军队在艰难困苦的情况下百折不挠，坚持不懈地战斗下去，直至取得战斗的胜利；好的作风是一种创造的推动

①《战略论》，第467页。
②《刘伯承用兵录》，第139页。
③《毛泽东军事辩证法思想新探》，第181～182页。

力，它可以启迪官兵智慧，集思广益，在军事、政治等方面出主意，想办法，创造新的作战方法和工作方法，群策群力，达到事半功倍的效果；好的作风也可转化为军队的快速反应能力，平时养成雷厉风行的作风，战时就会在瞬息万变之中，迅速判断情况，定下决心，处置好各种情况等。[①]

军队内部与外部的团结，是军队战力的源泉。毛泽东说：军队内部的团结，非常之重要。我们八路军新四军历来依靠官兵一致，获得了光荣的胜利。“军民团结如一人，试看天下谁能敌？”团结就是互相支持，互相协作。各方面力量协作，就会产生新的战斗力量，当各种力量处于孤立分散状态时，它们各自的力量是有限的。而当它们形成一个互相协调、相互作用的整体时，它们的力量就会产生一个质的变化。古今中外，许多小而团结的军队，能够击败大而内部分裂的军队，就在于团结出战斗力，而矛盾则把力量损失在内耗上，使战斗力受到削弱。

（3）掌握技术的能力。

官兵掌握技术的能力水平对充分发挥武器装备作用，争取战争胜利也有重要作用。在同样的武器装备条件下，技术的熟练程度不同，就会有不同的效果。恩格斯在普奥战争中对没经过训练的意大利军队评论说：“虽然民族热忱对战斗有巨大的意义，但是如果缺乏训练和组织而仅凭热忱，任何人都不能打胜仗。”[②]有了先进的武器装备，但缺乏掌握这些武器装备的人才，缺乏熟练使用武器装备的技能，同样是要吃败仗的。特别是在现代条件下，新的科学技术成果广泛地运用于军事领域，武器装备日益复杂，没有相应的科学文化知识，没有经过严格训练，就不可能熟练地掌握武器装备，充分发挥武器装备的作用。[③]

四、人民战争战略战术的辩证法

以毛泽东同志为主要代表的无产阶级革命家，运用马克思主义的理论指导中国革命战争的实践，吸取古今中外的优秀军事思想，总结正反两个方面的经验，创造性地解决了中国革命战争中一系列带根本性的问题，把人民群众是历史的创造者这个马列主义基本原理，创造性地运用于中国革命战争的实践，逐步形成了人民战争的思想和灵活机动的战略战术。这一战略战术，包括战争的认识论、方法论和一整套战争的指导原则。它是建立在人民战争基础之上，依靠群众、动员群众、自己解放自己的战略战术，是以军事辩证法为指导的按科学办事的战略战术。它不仅正确地反映了中国革命战争的特殊规律，而且以前所未有的深刻性

① 林伯野等，《毛泽东军事辩证法思想新探》，第183页。

②《马克思恩格斯军事文集》第5卷，第73页。

③ 林伯野等，《毛泽东军事辩证法思想新探》，第183～184页。

反映了战争的一般规律，是对马克思主义军事理论的继承和发展。人民战争从一般意义上说就是指广大人民群众为了反抗阶级压迫和民族压迫而组织起来进行的战争。中国共产党领导下的人民战争是从人民的根本利益和民族的根本利益出发，坚决依靠人民群众，组织、动员人民群众而进行全面彻底的群众性战争。战争的目的是为了反抗阶级压迫和民族压迫，是正义战争。战争的革命性、正义性，是唤起民众、激发热情的政治基础。正义性是人民战争群众性的前提。进行人民战争，必须善于使用战争力量，形成自己所特有的战略战术。毛泽东在领导中国革命战争的过程中，创造了一整套独具特色的人民战争的战略战术和指挥艺术，其中包含着丰富多彩的军事辩证法思想，其主要内容有：保存自己，消灭敌人是战争的基本原理；战略上藐视敌人，战术上重视敌人；承认积极防御，反对消极防御；集中优势兵力，各个歼灭敌人；运用三种作战形式，适时进行军事战略转变；慎重初战，执行有利的决战，避免不利决战；不打无准备、无把握之战；作战指导上的主动性、灵活性和计划性等。[①]

在毛泽东军事辩证法的整个思想体系中，人民战争战略战术的辩证法是重要的组成部分，是毛泽东的唯物辩证的战争观和方法论在作战方法上的集中体现。林伯野、韩培基、申辙、张云勋等著的《毛泽东军事辩证法思想新探》把它概括为以下十个方面。

（一）保存自己，消灭敌人

“保存自己，消灭敌人”是进行战争的第一要义。毛泽东说：“保存自己消灭敌人的原则，是一切军事原则的根据。”[②]任何一场战争，双方除了在总体上受到各自的政治目的制约以外，在具体的军事行动上，都是为了达到战胜对方的直接的军事目的。尽管战争发展过程包含着多种多样的矛盾运动，但敌对双方所追求的目的都是“保存自己，消灭敌人”，这是由战争矛盾的特殊性所决定的。敌我双方在战争目的上的矛盾构成了战争的基本矛盾。无论是制定战略还是战术，都不能离开它。毛泽东从战争的本质和一切战争行动根据的高度全面系统地阐明了“保存自己，消灭敌人”的战争目的及其辩证关系，从而揭示了战争的基本矛盾。

1.“保存自己，消灭敌人”是战争的基本矛盾

战争是强烈地追求一定目的的暴力运动。战争目的必然体现在战争行动之中，战争中的一切技术、战术、战役、战略行动，一点也离不开战争的目的。毛泽东说：“保存自己消灭敌人这个战争的目的，就是战争的本质，就是一切战争行动的根据”。[③]“保存自己，消灭敌人”包

① 刘继贤，张全启，《毛泽东军事思想原理》，第470页。
② 《毛泽东选集》第二卷，第407页。
③ 《毛泽东选集》第二卷，第483页。

含两层含义。一是指敌我双方都企图保存自己、消灭对方。在战争目的上，敌我双方都是针锋相对的。二是指从一方内部来看，也存在如何处理保存自己和消灭敌人的关系问题。战争目的不是主观自生的，而是战争所固有的内在矛盾的体现。战争的政治目的必须通过“保存自己，消灭敌人”这个军事目的去实现。这种体现在战争行动中的军事目的，就是战争的基本矛盾。“保存自己，消灭敌人”之所以成为战争的基本矛盾，主要有以下几点理由[①]：

第一，战争过程中的矛盾是很多的，除了保存自己和消灭敌人外，还有攻防、进退、强弱、优劣、主动与被动、内线与外线、胜利与失败等，在这些矛盾中，只有保存自己与消灭敌人的矛盾才是普及于战争的全体，贯彻于战争始终的矛盾。它体现和制约着战争内部固有的其他各种矛盾。其他诸矛盾都只是表现战争的某一部分、某一阶段或某一侧面，都是直接或间接地由保存自己与消灭敌人这一基本矛盾所决定，并围绕它而展开的。

从战争的实际过程看，战争发展的各个阶段，无论是战略防御、战略相持还是战略进攻都贯穿着保存自己和消灭敌人这个战争目的，只不过在不同阶段有不同的侧重点。在具体的战役、战斗中，无论是准备阶段、实施阶段、结尾阶段，也都以保存自己和消灭敌人为根本出发点，从拟定作战计划开始就要考虑如何有利于消灭敌人和保存自己，而这一目的停止也就是战争行动的终结。由此可见，在战争的各种矛盾中最基本的矛盾就是“保存自己，消灭敌人”。

第二，保存自己和消灭敌人是和战争的政治目的紧密联系的。敌我双方所采取的“保存自己，消灭敌人”的军事活动及其政治内容，决定着战争的本质，正如毛泽东所说：“尽可能地保存自己的力量，消灭敌人的力量。这个原则，在革命战争中是直接地和基本的政治原则联系着的。”[②]战争目的可以分为不同的层次，有战争的政治目的，也有战争的军事目的，还有战略战役战斗的具体目的。保存自己和消灭敌人的战争目的是从军事上来说的。战争的政治目的是和战争的军事目的辩证地结合在一起的。一方面，战争的军事目的必须服从于政治目的。政治目的是最高的目的，它决定了战争的内容和性质。军事目的只是手段，必须服从于政治目的。在多数情况下，政治目的和军事目的是一致的。总的来说，实现了战争的直接的军事目的，也必然有利于实现政治目的。但是从局部范围来说，在某些情况下，局部的军事目的可能和整个的政治目的不一致。某些军事部署可能在军事上有利于实现“保存自己，消灭敌人”的军事目的，但在政治上却是不利的。这时就必须牺牲局部的

① 林伯野等，《毛泽东军事辩证法思想新探》，第303～307页。
②《毛泽东选集》第二卷，第406页。

军事目的来服从政治目的。另一方面，战争的军事目的又具有相对独立性，不会因政治目的的不同而改变。不管是正义战争还是非正义战争，其军事目的都是共同的。在战争中，军事目的影响着政治目的。确定政治目的必须考虑到敌我双方的军事力量对比，同时政治目的又必须通过军事目的来实现。如果不了解这一特点就会把战争这种流血的政治和一般的政治混同起来。战争来源于敌对双方经济、政治利益上的根本对立，当用一般政治途径无法有效地解决这种对抗性矛盾时，就凭借暴力手段，消灭对方，以便获得经济、政治利益上的绝对支配权。这样，敌对的双方从战争开始到结束的一切活动，都是以“保存自己，消灭敌人”为目的的。只有在战争中消灭敌人的有生力量，保存自己的有生力量，才能消除政治障碍，达到自己的政治目的。在战争中，不考虑战争的军事目的，不注意解决战争的基本矛盾，不尊重战争的普遍规律，必然要吃大亏。因此，在战争中，必须把政治目的和军事目的辩证地统一起来，使军事目的服从和服务于政治目的，同时要善于抓住战争的基本矛盾，通过军事目的的实现去达到自己的政治目的。

第三，“保存自己，消灭敌人”这一基本矛盾是战争自身所特有的矛盾。战争是敌我双方各种力量你死我活的激烈军事较量。因此，战争的基本矛盾也必须从敌我双方的军事冲突中来探寻。战争是一种特殊过程，“这过程，就是敌对的军队互相使用有利于己不利于敌的战略战术从事攻击或防御的一种特殊的社会活动形态。”[①] 这一特殊的社会活动形态所体现出的特有的矛盾，就是战争实施过程中敌我双方用武力保存自己，消灭敌人的矛盾。如果不是从战争的特殊性中分析战争的基本矛盾，就可能导致概念的混乱。例如，有的人套用哲学的基本问题，从认识论的角度把战争的客观存在和战争认识看作战争的基本矛盾；有的人套用生产力、生产关系的原理把战斗力和战斗关系的矛盾看作战争的基本矛盾；有的人从战争观的角度，把战争和政治的关系看成是战争的基本矛盾。这些提法都过于空泛，没有充分反映战争内部矛盾运动的特殊性，因而也没有抓住战争的基本矛盾。有的把进攻与防御看作战争的基本矛盾，其实进攻与防御是战争的两种基本形式，二者都是被战争的目的和内容决定的。所以，把它们看成战争的基本矛盾是不恰当的。也有人简单地把敌我矛盾看作是战争的基本矛盾，但是，敌我矛盾不仅表现在军事领域，而且也表现在一般政治领域，它既存在于战争之中，也存在于战争发生以前和结束以后，因此它也不是战争本身所特有的矛盾。敌我矛盾并不是在任何时候、任何情况下都采取战争形态。只有当敌我双方都企图用武力保存自己、消灭对方的时候，才能发生战争。可见，

① 《毛泽东选集》第二卷，第480页。

只有把“保存自己，消灭敌人”视为战争的基本矛盾，才有可能把握战争这一事物矛盾的特殊性。

毛泽东关于“保存自己，消灭敌人”的论述揭示了战争中的基本矛盾，为我们提供了理解一切军事问题的钥匙，这是对马克思主义军事辩证法的一个重大贡献。关于战争目的的问题，早在克劳塞维茨的《战争论》中就曾有过说明。他指出，战争的“直接目的是打垮对方，使对方不能再作任何抵抗”。“在战争所能追求的目的中，消灭敌人军队永远是最高的目的。”而保存自己的军队则是消极的目的。① 但他并未对战争目的进行集中的系统的论述。毛泽东运用马克思主义观点，为战争目的下了完整而准确的定义，并从战争的本质和一切战争行动根据的高度全面系统地加以阐明，从而揭示了战争的基本矛盾。明确这一基本矛盾对于认识和指导战争具有十分重要的意义。战争的整个过程就是这一基本矛盾的运动过程，也同时就是认识和解决这一基本矛盾的过程。敌我双方战斗力的强弱及其变化消长就是战争基本矛盾运动的表现。抓住了这个基本矛盾就能抓住研究和解决战争问题的中心线索。在中国革命战争实践中，毛泽东正是紧紧抓住战争的基本矛盾来制定战略战术的。在敌强我弱的情况下，战略上必须坚持内线的持久的防御战，从整体上保存自己。但同时又必须坚持战役和战斗上的外线的速决的进攻战，从局部上去消灭敌人的有生力量，以保证实现在战略上、整体上保存和发展自己的目的。这是毛泽东关于保存自己与消灭敌人的基本原则在战略战术辩证法上的体现。

2. 保存自己和消灭敌人的对立统一关系

保存自己和消灭敌人作为战争目的的两个方面，既是对立的，又是统一的。保存自己时，有时要放弃某些消灭敌人的机会；而消灭敌人时，自己又常常要做出一定的牺牲。克劳塞维茨说：“在其他一切条件都相同的前提下，我们越想消灭敌人的军队，自己军队的消耗也必然会越大。”② 因此，保存自己和消灭敌人存在对立的方面。但两者又是相互依赖、相互渗透的。它们互为目的和手段。“保存自己的目的，在于消灭敌人；而消灭敌人，又是保存自己的最有效的手段。”③ 只有大量消灭敌人，才能有效地保存自己，使自己处于安全、主动的地位。保存自己是消灭敌人的必要条件，自己的力量是消灭敌人的物质基础，只有保存自己，才能更好地消灭敌人。拿破仑说：“整个战争艺术，就在于首先进行一个考虑周到而且组织完善的防御，随后转入迅猛而坚定的进攻。”④ 保存自己还包括发展壮大自己的力量。毛泽东说：“抗日战争中（乃至一切革命战争中）的游击队一般是从无到有、从小到大的，故在保存自

①《战争论》第1卷，第22、第78、第77页。
②《战略论》，第476页。
③《毛泽东选集》第二卷，第498页。
④《战略论》，第2页。

己之外，还须加上一个发展自己。”[①] 保存自己是发展自己的基础，而消灭敌人又是发展自己的必要条件，如果不将保存自己和消灭敌人辩证地统一起来，也就谈不上发展壮大自己的力量。因此，为了消灭敌人必须注意保存自己，在进攻和防御时要避免不必要的牺牲，在自己力量的生存受到严重威胁时，要进行必要的退却。否则自己将被消灭，也就无法再去消灭敌人。为了保存自己，又必须注意寻找和利用一切战机去消灭敌人，即使在不利形势下，也不能搞单纯防御，否则自己将始终处于受威胁的地位，而无法可靠地保存自己。

无论是保存自己还是消灭敌人，都主要是从军队的有生力量来说的。古今中外聪明的军事家都强调消灭敌人有生力量。保存自己同样要强调保存自己军队的有生力量。毛泽东进一步强调了在作战中保存自己与消灭敌人的有生力量的重要性。他认为，为了保存自己的军力，在必要时是可以放弃部分土地的。在《解放战争第二年的战略方针》中，他明确指出了“以歼灭敌人有生力量为主要目标，不以保守和夺取地方为主要目标；保守或夺取地方是歼敌有生力量的结果，往往须反复多次才能最后地保守或夺取之”[②]。

中国革命战争的历史，证明了毛泽东以消灭敌人有生力量为主要目标的方针是完全正确的。如果没有消灭掉敌人的有生力量，没有保存住自己的有生力量，那么，想要保住的土地也是注定保不住的。战争实践证明，只有保存了自己的军队，消灭了敌人的军队，才能人地两得，不但暂时丢失了的土地仍可以收回来，而且还可以进一步扩大土地。以小的牺牲，换取更大的成果，否则将会人地两失。我们强调保存自己和消灭敌人的有生力量，战争胜负不在一城一地之得失，但并不否认保存自己地方和占领敌人地方的重要意义。战争总是在一定空间中进行的，进行长期革命战争也不能没有根据地或后方。土地是军力赖以生存和发展的物质条件之一。因此，该保存或夺取的地方还得保存或夺取。毛奇说：“聪明将领所扼守的防御阵地，在大多数情况下都是敌人将被迫去进攻的阵地。”[③] 保存或夺取阵地取决于阵地和地方的重要性和敌我武装力量的对比。毛泽东说：“凡在敌我力量对比上能够保守或夺取的地方和在战役战术上有意义的地方，则必须保守或夺取之，否则就是犯错误。”[④] 事实上，保存自己的地方就在一定程度上保存了自己现有和潜在的力量得以存在和发展的基础，夺取敌人的地方也就在一定程度上摧毁了敌人现有和潜在的力量存在和发展的基础，使其丧失战斗意志，失去重新武装的再生能力。但是，无论如何，保存自己和消灭敌人有生力量仍然是首要的。土地的得失弃取必须服从于保存自己和消灭敌人的有生力量这

① 《毛泽东选集》第二卷，第407页。
② 《毛泽东选集》第四卷，第1232页。
③ 《战略论》，第2页。
④ 《毛泽东选集》第四卷，第1200页。

个战争目的。保存和夺取土地是保存和消灭有生力量的结果，而不是前提。因此，毛泽东在制定战略战术时总是强调保存自己和消灭敌人有生力量。解放战争时期，我军坚决执行了毛泽东的这一方针，战争头四个月我军放弃了一百零五座城市，但是当我军大量歼灭了敌人的军队以后，不但这些城市又回到了我们手中，而且最后解放了全中国。

战斗力是由人和武器构成的。消灭敌人和保存自己的有生力量，实际上也包含武器装备等“无生力量”在内。“消灭敌人，就是解除敌人的武装，也就是所谓‘剥夺敌人的抵抗力’，不是要完全消灭其肉体。”[①] 敌人正是借助其手中的无生力量而成为战争中的有生力量的。敌人被解除了武装，不但失去了战斗力，而且还有可能成为我方的力量。因此，我们必须正确地执行俘虏政策，这也是保存自己，消灭敌人有生力量的一种手段。同样，保存自己也要注意保存自己的“无生力量”。在现代战争中，由于科学技术的发展，武器在战争中的作用日益重要。

克劳塞维茨说：“消灭敌人军队和保存自己军队这两种企图是相辅相成的，因为它们是相互影响的，它们是同一意图的不可缺少的两个方面。”这就要求人们在战争实践中不可忽视任何一面。毛泽东多次强调，一切军事行动的指导原则是尽可能地保存自己，尽可能地消灭敌人，两者不可偏废。片面强调消灭敌人，不该打的去打，不该决战的去决战，就存在着被敌人消灭的危险，这是军事上的冒险主义；片面强调保存自己，该进攻的不进攻，该决战的不决战，结果会使敌人毫无顾忌，这是军事上的右倾保守主义。两者都不可能达到“保存自己，消灭敌人”的目的。

3. 保存自己和消灭敌人的主次地位及其转化

“在复杂的事物的发展过程中，有许多的矛盾存在，其中必有一种是主要的矛盾”，起主导作用，其他方面是次要的，处于从属地位的。保存自己和消灭敌人也存在一个主次关系问题。《孙子》曰：“善守者藏于九地之下，善攻者动于九天之上，故能自保而全胜也。”在攻与守的对抗中，孙武更强调“自保”的重要性，因为在孙武看来，“胜可知，而不可为”。为何“不可为？”曹操曰：“敌有备也。”故《孙子兵法》曰：“不可胜在己，可胜在敌”[②]。毛泽东指出：“战争目的中，消灭敌人是主要的；保存自己是第二位的，因为只有大量地消灭敌人，才能有效地保存自己。”[③] 从战争的发展过程来看，只有在敌我双方都力图消灭对方时才能发生战争冲突，如果双方都仅仅是力图保存自己，战争冲突也就不存在了。从军队的任务、作用来看，军队是执行政治任务的武装集团，如果仅仅是为了保存军队自己，就失去了存在的意义。事实上保存自己是无法直接起到消灭敌人，保卫人民的作用的。相反，消灭敌人却

① 《毛泽东选集》第二卷，第482页。
② 《孙子兵法·军形篇》。
③ 同①。

可以直接地起到保卫人民同时也保存军队自己的作用。从作战的基本形式来看，进攻是消灭敌人的主要手段，防御是保存自己的主要手段。因此，消灭敌人是第一位的，保存自己是第二位的，“主动地位只有在进攻胜利之后，才能最后地取得。一切进攻战也都要主动地组织之，不要被迫地采取进攻。”[①] 在中国革命战争实践中，虽有许多时候以战略防御为主，但在战役和战斗上仍然是积极进攻的。通观战争全体，作为消灭敌人主要手段的进攻仍然是主要的。

只有懂得了消灭敌人与保存自己的主次关系，才有可能将保存自己与勇敢牺牲辩证地统一起来。“怎样解释战争中提倡勇敢牺牲呢？岂非与‘保存自己’相矛盾？不相矛盾，是相反相成的。战争是流血的政治，是要付代价的，有时是极大的代价。部分的暂时的牺牲（不保存），为了全体的永久的保存。”[②] 俗话说：“杀敌一万，自损三千”，要消灭敌人，保存自己，不付出一定的代价，作出一定的牺牲，是不可能的。有时还要付出较大的牺牲。例如，在防御时要有掩护部队，在进攻时要有阻击、突击和穿插部队，这些部队往往要作出较大的牺牲，才能达到保存全局和较多地消灭敌人的目的。要消灭敌人就必须提倡勇敢牺牲的精神。解放战争的第一年，我军不惜付出三十万人的伤亡和大块土地被占领的代价，才取得了歼灭敌军一百一十二万人的伟大战绩。这种牺牲不但是为了消灭敌人的必要，也是为了保存自己的必要。不但削弱和分散了敌军，锻炼和壮大了我军，并且在部分地区举行了战略性的反攻，收复和新解放了广大地区，奠定了我军歼灭全部敌军，争取最后胜利的基础。提倡勇敢牺牲精神也是人民军队本质的体现。为了完成人民赋予的任务，人民军队必须具有“一不怕苦，二不怕死”、英勇无畏、连续作战的革命精神和战斗作风。这是我军战胜一切敌人和困难的根本条件。当然，提倡勇敢牺牲精神并不是说牺牲得越多越好，恰恰相反，我们还要尽量避免无谓的牺牲，争取以较小的代价换取较大的胜利。事实上，有时胆小畏战恰恰容易造成无谓的牺牲，而英勇无畏反而成为避免付出较大牺牲的条件。只有提倡勇敢牺牲精神才有可能消灭敌人，取得战争的胜利。

保存自己与消灭敌人的主次地位可以在一定条件下相互转化。当敌强我弱，力量对比悬殊较大，甚至危及我军军力的保存时，必须将保存自己摆在首位，否则就谈不上消灭敌人。毛泽东说：“保存军力，待机破敌”，“留得青山在，不怕没柴烧”，就是这个道理。因为在不利情况下，保存自己不与敌决战正是为了在有利情况下，大量消灭敌人。

保存自己与消灭敌人主次地位的转化，取决于敌我双方力量强弱对比和优劣态势的变化。我力量强，态势有利时，必须将消灭敌人放在首位，

① 《毛泽东选集》第二卷，第415页。
② 《毛泽东选集》第二卷，第482页。

立足于打。而当有被敌消灭的危险时，则应将保存自己放在首位，果断地用“走”或“藏”的办法使敌人无法消灭我们。土地革命战争时，敌人是全国的统治者，我们只有一点小部队。在这时，首先而且严重的问题，是如何保存力量，待机破敌，不承认这一点革命就要失败。

在战役和战斗上，保存自己与消灭敌人的主次地位也是不断转化的。若为了在主要方向上组织进攻，集中兵力消灭敌人，必须在另一个方向上阻援或是钳制敌人的防御战，以保存自己、守住阵地为主。一旦阻援或钳制任务完成，转入进攻，则消灭敌人便成为主要的了。同样，在进攻任务完成，或是发生了新的情况，进攻转入防御，则保存自己成了主要的。总之，无论在战略上，还是在战役战斗上，我们都必须注意处理好保存自己和消灭敌人的辩证关系，摆正其主次地位，或者以消灭敌人为主，或者以保存自己为主，或者两者同时并重。明确了两者的辩证关系和主次地位，才能正确选择作战形式和战略、战术，以保证战争目的的实现。①

（二）战略上藐视敌人，战术上重视敌人

革命力量在开始的时候总是相对弱小并处于劣势，究竟能否同强大并处于优势地位的敌人作斗争，并逐步取得胜利，是个十分尖锐的现实问题。毛泽东关于“战略上藐视敌人，战术上重视敌人”的思想，科学地回答了这个问题。只要我们把战略上藐视敌人与战术上重视敌人辩证地统一起来，把革命胆略与科学精神结合起来，任何强大的敌人，最终都是可以打败的。这是已经被中国革命战争的实践证明了的一条颠扑不破的真理。

“战略上藐视敌人，战术上重视敌人”是毛泽东领导中国人民战胜国内外强大敌人的一个重要的战略和策略思想，是我军战略战术原则的科学总结，也是毛泽东战略战术辩证法的一个重要范畴，它在军事战略和战术上均具有特定的含义。一般说来，战略是指对战争全局的筹划和指导。它的着眼点不是当前的、表面的、个别的现象，而是长远的、本质的、总体的方面。战术是指进行战斗的原则和方法，它根据敌对双方具体情况和地形、气候等自然条件来确定。正如毛泽东所说，战略问题是研究战争全局的规律的东西，战术问题是研究战争局部规律的东西。在“战略上藐视敌人，战术上重视敌人”这一论断中，战略、战术的含义较为广泛，战略已不仅是指军事战略，而被引申来说明事物的本质的、总体的、长远的方面。战术也不仅是指军事上的战术行动，还被引申来说明事物的局部的、当前的、具体的方面。毛泽东曾经多次指出，“革

① 林伯野等,《毛泽东军事辩证法思想新探》,第 314 页。

命者必须在战略上，在全体上，藐视敌人，敢于同他们斗争，敢于夺取胜利；同时，又要在战术上，在策略上，在每一局部上，在每一具体战斗上，重视敌人，采取谨慎的态度，讲究斗争艺术，根据不同时间、地点和条件，采取适当的斗争形式，以便一步一步地孤立敌人和消灭敌人。”[①] 因此，毛泽东的这个思想，作为我党克敌制胜的一个根本法则，既是我军制定战略、战术的指导思想，又对我国的革命和建设具有普遍的指导意义。

“战略上藐视敌人，战术上重视敌人”是毛泽东根据马克思主义的基本原理和中国革命战争实践经验提出来的，它建立在辩证唯物主义和历史唯物主义思想的基础上，马克思主义关于新生事物不可战胜，旧事物必然灭亡，人民力量最后一定要战胜反动力量的观点是这一伟大思想的理论依据。它揭示了中国人民革命战争中战略战术的辩证关系，对于制定具体的战略战术，具有方法论上的指导意义。

第一，人类历史上，代表先进生产关系的革命力量，总是要战胜代表落后生产关系的反动力量，这是不以人的意志为转移的客观规律。一切反动派都是腐朽没落的力量，虽然貌似强大，但本质上是虚弱的，他们逆历史潮流而动，终究要被人民所推翻，因而说，他们是经不住风吹雨打的纸老虎。革命人民必须具有大无畏的英雄气概，对未来充满胜利的信心,敢于斗争,敢于胜利。这就是我们可以从战略上藐视敌人的根据。

第二，反革命力量具有两重性。从本质上看，一切反动派固然有其虚弱的一面，但它们在未被人民推翻以前，又有其强大的一面。由于它们掌握着政权和武装，暂时还有能够吃人的力量。它们在垂死挣扎的过程中总是要极力施展反革命策略来欺骗和镇压人民，企图将革命力量消灭。因此，它们又有真老虎、铁老虎、活老虎的一面。这就决定了革命力量由弱变强，需要经历艰难曲折的道路。反革命力量的两重性决定了我们不能只看敌人是纸老虎的一面，而必须同时看到敌人是真老虎的一面。因此，必须在战术上重视敌人，亦即在策略上、局部上、具体问题上采取谨慎的态度，讲究斗争艺术，善于斗争，善于胜利。对反革命力量的两重性必须加以区别，它们是外强中干的，强大是其表面的暂时的现象，虚弱是其长远的内在的本质。这两个方面在不同时期也具有不同的情况。斗争的初期，敌人强大的一面比较明显，人们容易产生害怕敌人的倾向，斗争的后期，敌人虚弱的一面比较明显，人们容易产生轻视敌人的倾向。但是，在斗争的全过程中，我们都必须全面地认识敌人的两重性，不能只强调一面，而忽视另一面，否则，就要犯大的错误。

①《毛泽东选集》第四卷,第1191页。

第三，战略上藐视敌人和战术上重视敌人是互为条件、相反相成的，它们构成一个问题的不可分割的两个方面。前者是后者的前提，战略上藐视敌人的态度是本质方面，根本方面是我们要最终消灭敌人这一根本目的的体现。后者是前者的保证，是实现前者的必要条件和手段。如果不在战略上藐视敌人，对敌人产生恐惧心理，害怕作战，就根本谈不上在战术上重视敌人。反之，如果不在战术上重视敌人，产生骄傲轻敌情绪，藐视敌人就成了一句空话，也就不可能最终消灭敌人。毛泽东十分重视两者的辩证统一。他指出："如果不在整体上藐视敌人，我们就要犯机会主义的错误。马克思、恩格斯只有两个人，那时他们就说全世界资本主义要被打倒。但是在具体问题上，在一个一个敌人的问题上，如果我们不重视它，我们就要犯冒险主义的错误。打仗只能一仗一仗地打，敌人只能一部分一部分地消灭。工厂只能一个一个地盖，农民犁田只能一块一块地犁；就是吃饭也是如此。我们在战略上藐视吃饭：这顿饭我们能够吃下去。但是具体地吃，却是一口口地吃的，你不可能把一桌酒席一口吞下去。这叫作各个解决，军事书上叫作各个击破。"[①] 这也就是要求人们把敢于斗争、敢于胜利和善于斗争、善于胜利统一起来。如果不能辩证地认识这个问题，把两者割裂开来、对立起来，那就会犯错误。

"战略上藐视敌人，战术上重视敌人"的思想贯穿在中国人民革命战争的实践中，在各个历史时期都得到了光辉的体现。在抗日战争和解放战争时期，这个伟大的战略策略思想，随着革命战争实践的深入发展，又得到了不断充实。在抗日战争中，毛泽东将战略上的"以一当十"和战术上的"以十当一"具体化为战略防御中的战役战斗的进攻战，战略持久中的战役战斗的速决战，战略内线中的战役战斗的外线作战，亦即防御中的进攻，持久中的速决，内线中的外线。这是"战略上藐视敌人，战术上重视敌人"思想的深化和具体运用。

毛泽东关于"战略上藐视敌人，战术上重视敌人"的思想具有普遍的指导意义。不仅在军事斗争中有重大指导作用，而且在政治斗争和其他各种形式的斗争中也都有指导意义。广义地说，对待任何工作，都存在一个从战略上、总体上藐视困难和在战术上、在策略上、在每一局部上，重视困难的问题，都存在一个敢于斗争、敢于胜利和善于斗争、善于胜利的问题，都必须把大无畏的革命精神和实事求是的科学态度结合起来[②]。

（三）进攻与防御的辩证关系

"保存自己，消灭敌人"的战争目的是战争基本矛盾运动的基本内容；而进攻与防御是实现战争目的的基本手段，同时也是战争基本矛盾

① 《毛泽东选集》第五卷，第500页。
② 林伯野等，《毛泽东军事辩证法思想新探》，第302页。

运动的基本表现形式。任何战争，无论从战略、战役和战斗上来看，其基本形式只有进攻和防御两种。各种具体作战形式、各种战略战术的具体运用，都是由这两种基本形式演化出来的。[①] 毛泽东关于进攻和防御的理论对马克思主义军事辩证法的主要贡献，就是紧紧围绕战争目的揭示了进攻和防御两种基本形式的本质，全面地阐明了两者的辩证关系及其在中国革命战争中的具体表现，进而提出了积极防御的战略思想和战略方针，灵活地运用攻防两种基本形式及一系列战略战术，引导中国革命战争取得伟大胜利。我们只有深刻理解进攻与防御两种基本形式的本质及其辩证关系，才能认识战争基本矛盾的运动规律，掌握毛泽东人民战争的战略战术的辩证法思想。

1. 进攻与防御是战争运动的两种基本形式

一般来说，进攻是军队主动攻击敌人的作战形式，防御则是军队被动抗击敌人进攻的作战形式。古今中外的任何战争，无论是战略、战役、战术行动都离不开进攻与防御这两种基本形式，这可以从以下几方面来理解[②]：

第一，进攻与防御是实现“保存自己，消灭敌人”这一战争目的的两种基本手段。毛泽东把目的和手段紧密结合起来，用战争目的来说明攻与防的本质。他说：“进攻，是直接为了消灭敌人的，同时也是为了保存自己，因为如不消灭敌人，则自己将被消灭。防御，是直接为了保存自己的，但同时也是辅助进攻或准备转入进攻的一种手段。”[③] 保存自己和消灭敌人是互为前提，同时存在的；是相辅相成，缺一不可的。由此决定了进攻与防御作为实现战争目的的基本手段也是互为前提，同时存在的；相辅相成，缺一不可的。毛泽东从战争本质的高度阐明目的和手段相互制约的关系，即战争目的决定攻防手段、攻防手段也影响战争目的。如果没有保存自己和消灭敌人的战争目的，就不可能产生攻防手段；如果攻防手段不符合战争实际情况，也不可能实现战争目的。从目的和手段辩证统一的观点出发，毛泽东全面深刻地阐述了进攻与防御的辩证统一关系。这些思想都是发前人所未发的，在军事学术史上是一个新贡献。历史上的许多军事理论著作都重视进攻与防御理论的研究，但都未能正确说明攻防的本质。克劳塞维茨的《战争论》试图“从进攻和防御之中找出一个起点”，他认为“从哲学上来研究战争的发生，那么我们就可以知道，战争的概念不是随进攻而是随防御一起产生的。”“战争与其说是随征服者一起出现的，毋宁说是随防御者一起出现的，因为入侵引起了防御，而有了防御才引起了战争”[④]。这就是说，进攻者的目的是要和平占领，由于防御者进行了军事准备，进攻者才采取军事行动。

① 林伯野等，《毛泽东军事辩证法思想新探》，第314页。
② 林伯野等，《毛泽东军事辩证法思想新探》，第315～318页。
③《毛泽东选集》第二卷，第482页。
④《战争论》，第684、第670页。

如果不进行防御，就不可能发生战争。贝利撒留则说："最全面最成功的胜利，就是我方不受损失而迫使敌人放弃他们的目标。"[①] 这种把进攻与防御割裂开来的观点不但不能说明攻防的本质，而且也歪曲了战争的本质。

第二，进攻与防御是"保存自己，消灭敌人"的战争目的构成的基本矛盾运动的表现形式。进攻与防御是普及于战争全体，贯彻于战争始终的。从具体战斗到整个战争，从单个士兵到整个军队的训练，从战争开始到战争结束，无不存在进攻与防御问题。战斗是战争的细胞，每一次战斗都是由攻防行动开始的，多次战斗构成战役，进而构成了整个战争。因此，攻防的发起就是战争行动的开始，攻防的消失就是战争行动的结束。毛泽东把进攻与防御看作战争的基本形式，在《中国革命战争的战略问题》和《论持久战》等著名的军事著作中，总是首先阐明进攻与防御两种基本作战形式，进而说明其他作战形式。

进攻与防御两种基本作战形式是一切作战形式之母。作战形式是一个多层次的有系统的整体。各种具体的作战形式都是由进攻与防御这两种基本形式演化出来的。追击是进攻的继续，退却是防御的继续，反攻是由防御转入进攻的中介，是攻防二者的结合，基本上仍属于防御。两军相峙则是攻防行动的准备。军队的进退、迂直，包围与反包围，也是攻防形式在运动中的表现。攻防形式相对于其他具体作战形式来说体现了一切作战形式的共性。在战争的空间流动性方面，它表现为游击战、运动战、阵地战三种作战形式；在战争的空间布局方面，它表现为内线作战和外线作战的形式；在战争时间的持续性方面，它表现为持久战和速决战；从战争力量的变化和战争效果来说，又表现为歼灭战（突变）和消耗战（渐变）。此外，还有因作战时间不同而产生的夜战、昼战；因作战机遇不同而产生的伏击战、遭遇战等。各种具体作战形式在不同的时间、地点和条件下又表现为具体的攻防战法和兵力运用。

第三，攻防形式也是中国革命战争的基本形式。中国革命战争虽有其特殊性，但基本形式仍然离不开进攻和防御。例如，在土地革命战争时期，"'围剿'和反'围剿'，是战争形式的反复。敌以进攻对我防御、我以防御对敌进攻的第一阶段，和敌以防御对我进攻、我以进攻对敌防御的第二阶段，是每一次'围剿'中战斗形式的反复。"[②] 由此可以看出，攻防形式仍然是贯彻中国革命战争始终的两种基本作战形式，只不过两种形式的交替转化更为迅速和复杂，并且表现为长期反复。

2. 进攻与防御的对立统一

进攻与防御的关系问题，是历代兵家都十分关注的问题。我国古代

① 《战略论》，第2页。
② 《毛泽东选集》第二卷，第193页。

兵法中就有“攻守一法，敌与我分为二事。若我事得则敌事败，敌事得则我事败”[①]的论述。约米尼认为，当处于防御时，“决不可以站在原地不动，静等着敌人来对他加以打击，反而言之，他应有双倍的活跃，随时保持着机警的态度，一发现了敌人的弱点，马上就加以强烈的回击。”[②]克劳塞维茨明确提出防御不能“单纯抵御”，“应该把转入反攻看作是防御发展的必然趋势，是防御的一个基本组成部分”，“迅速而猛烈地转入进攻（这是闪闪发光的复仇之剑）是防御的最光彩部分”，谁要是“不把它看作是防御的一部分,他就永远不会理解防御的优越性”[③]。这些观点都说明了攻防之间朴素的辩证关系。

马克思主义经典作家对战争中的进攻与防御做了科学的论述。马克思说：“防御战争并不排斥‘战争事变的进程’所要求采取的攻势行动。”[④]恩格斯说：“最有效的防御仍然是以攻势来进行的积极防御。”[⑤]列宁说：“学会了进攻，而没有学会在一定困难条件下进行适当的退却，这样的军队在战争中是不会取得胜利的。”[⑥]毛泽东对进攻与防御问题进行了系统而全面的论述，提出了一系列精辟、深刻的富有创造性的观点。陈毅说：“一般军事家对进攻问题永远看作只是进攻问题，看不见其中包括别的因素，对防御问题永远看作只是防御问题，同样看不见其中包括别的因素。而进攻防御这两个战争的基本方式，落在毛主席手上，便发现新的内容与新的角度。例如退却可以表现为形式与内容相一致的完全的败退的形式，又可以表现为形式与内容从矛盾到统一的以退为进的胜利的进攻形式。前者是一般战争规律，为一般军事家所熟悉，后者是一种特殊的战争规律,超出通常范围,是一般军事家所不能了解的。”[⑦]学习和研究毛泽东军事辩证法，必须深刻理解毛泽东在继承前人基础上，对攻防辩证关系的新发展和新论述。毛泽东把进攻和防御看作一对矛盾，认为两者既是对立的，又是统一的，不可分割。他说：“战争中的攻守，进退，胜败，都是矛盾着的现象。失去一方，他方就不存在。双方斗争而又联结,组成了战争的总体,推动了战争的发展,解决了战争的问题。”[⑧]进攻，是消灭敌人的主要手段，但防御也是不能废的。防御，既是直接为了保存自己的，但同时又是辅助进攻或准备转入进攻的一种手段。防御手段，离开直接或间接协助进攻，则毫无意义。进攻与防御的对立统一关系表现在以下几个方面[⑨]：

（1）进攻与防御的相互依存。进攻与防御的相互依存表现在进攻总是以防御者的存在为前提，防御也总是以进攻者的存在为前提。离开对方，己方就不存在。没有进攻的一方，就没有防御的一方，反之亦然。孙子曰：“昔之善战者，先为不可胜，以待敌之可胜。不可胜在己，可

①《唐李问对》下卷。
②《战争艺术》，第53页。
③《战争论》，第495~496页。
④《马克思恩格斯全集》第17卷，286页。
⑤《马克思恩格斯全集》第13卷，296页。
⑥《列宁全集》第33卷，第75页。
⑦ 转引自《军事学术》，1981年第7期。
⑧《毛泽东选集》第一卷，第306页。
⑨ 林伯野等，《毛泽东军事辩证法思想新探》，第318~324页。

胜在敌。”[①]曹操曰：“军之形，我动彼应，两敌相察，情也。自修理，以待敌之虚懈也。”杜牧曰：“因形见情，无形者情密，有形者情疏；密则胜，疏则败也。”就是说，针对攻击的防御才是取胜的根本。任何防御的一方，都要分析研究敌人如何进攻，从何处进攻，可能使用的兵力和进攻的手段样式。由此制定出自己的防御方针、计划和防御手段，以抗击对方的进攻。反之，进攻的一方，也要分析研究对方的防御部署、防御手段，主要防御方向，工事、火力、障碍物配系，兵力配置，进而确定如何选择主要突击方向，进攻的翼侧和后方的安全保障措施等，以便用新的手段克服对方的防御。如果双方都采取防御，战争就永远打不起来。这就说明，二者是同时产生，同时存在的不可分割的现象。

进攻与防御不能偏废，两种形式必须相互配合才能取得胜利。没有必要的防御，就没有有效的进攻。如果没有战场上诱敌，把敌人牵到有利于我的地形、阵地上，把敌人拖得精疲力竭，就不可能将入侵之敌各个歼灭；没有次要方向上的阻援、分割、钳制、佯攻，就不可能有主要方向上的有效的进攻。在我军战史上曾发生过片面强调进攻，排斥防御和防御之继续的退却，只想“不停止的进攻”的军事冒险主义。

（2）进攻与防御又是相互对立的。敌我双方针锋相对，一方进攻，一方防御，这本来就是相对立的。然而，进攻与防御各自具有不同的特点和利弊。进攻之利往往是防御之弊，防御之利又是进攻之弊。一般来说，进攻军队在行动上、选择作战方向、进攻时间和手段上均掌握有主动权，具有较多的自由，而“防御战本来容易陷入被动地位，防御战大不如进攻战之能够充分地发挥主动权”[②]。由于进攻的军队掌握行动的主动权，具有较大的主动性、积极性，所以可以根据预定的计划、决心，出敌不意，集中兵力，迅猛机动地实施突然袭击，占领敌占区，夺取敌人的武器装备和人力物力资源，使敌丧失抵抗能力。这是进攻最有利的条件。而防御的一方在行动的自由性上，受到更多的限制。作战的时间、地点，使用兵力的多少，作战方法和手段，都要根据进攻一方的行动来决定。而在此之前，只能作出预测性的部署，因而具有较大的被动性，消极性。因此，毛泽东说：“进攻是消灭敌人的唯一手段，也是保存自己的主要手段，单纯的防御和退却，对于保存自己只有暂时的部分的作用，对于消灭敌人则完全无用。”[③]但是攻防的主动与被动、积极与消极的区别只是相对的。毛泽东认为进攻也可以是被动的，进攻这种主动的形式可以包含被动的内容。进攻的一方选择作战时间、空间、使用兵力的多少及方法手段也必须考虑对方防御的情况，否则，盲目的被迫的进攻，必然带来消极被动的结果。另外，防御也具有许多有利条件，它

①《孙子兵法·军形篇》。
②《毛泽东选集》第一卷，第223页。
③《毛泽东选集》第二卷，第415页。

可以以逸待劳，利用较充足的时间，调动自己的一切力量，选择阵地、利用和改造地形，依托预先构筑的坚固工事体系，设置障碍物，组织协同动作和严密的火力配系，从掩蔽的阵地上打击暴露的敌军，或进行机动转移，待机破敌。因此，防御也可以是主动的、积极的，毛泽东说："防御战是能够在被动的形式中具有主动的内容的，是能够由形式上的被动阶段转入形式上内容上的主动阶段的。完全有计划的战略退却，在形式上是被逼出此的，在内容上是保存军力，待机破敌，是诱敌深入，准备反攻。"①

进攻与防御的对立还表现在两者产生的根据和条件具有明显的区别。一般来说，两者的根据、条件是正好相反的。"战略反攻，则不但内容是主动的，形式上也放弃了退却时的被动姿态。对于敌军说来，反攻是我军强迫它放弃主动权，同时即给以被动地位的努力。"②敌我力量对比状况是采取攻防形式的主要根据。强者一般采取进攻的作战形式，处于进攻的战略态势，弱者一般采用防御的作战形式，处于防御的战略态势。弱军要由战略防御转入战略进攻就必须改变敌我力量对比，促使强弱转化，由弱变强。只有这样才能形成采取战略进攻的根据和条件。即使是战役、战斗上的进攻，同样要注意集中兵力，在局部上做到以强击弱才有可能取得胜利。可见，产生进攻与防御的根据和条件是显然不同的。只有弄清了这一点，才有可能正确选择进攻和防御的作战形式。

（3）进攻与防御是相互渗透，密切配合，同时存在的。进攻的军队，除了第一线实施主要突击外，对自己的翼侧、后方交通线，基地、指挥机关等总要进行防御。特别是随着战争机动能力增大，更是攻中有防。为了保障主要方向集中兵力进攻，次要方向就要以较少兵力转入防御，或是直接阻击援敌，或是为了迟滞敌人而采取运动防御，这都是进攻中的防御行动。防御中的反突击，又是防御中的进攻行动。由此可见，无论全局与局部的进攻和防御都是相反相成的。一个聪明的统帅，在制定进攻计划时，必须考虑到防御问题，在制定防御计划时，也必须考虑到进攻和下一步如何转入反攻。在具体指挥中，当全局防御时，要积极地发动局部进攻；当全局转入进攻时，又必须与某些局部防御相结合。

毛泽东研究了攻防在战略、战役、战术三个不同层次中相互渗透的情形，阐明了攻中有防、防中有攻的思想。就是说，在高一层次的战略范围采取进攻或防御，常常存在着在低一层次的战役战斗范围的防御或进攻，在全局的防御中有局部的进攻，在全局的进攻中也有局部的防御。这些局部的战役战斗上的与全局的战略上相对立的行动，是决定战略全局胜或败的重要环节。比如，当战略全局处于内线持久防御时，必须积

①《毛泽东选集》第一卷，第223页。

② 同①。

极实行战役战斗上的外线的速决的进攻战，大量地歼灭敌人，逐渐破坏敌人发动进攻的物质基础和精神支柱，以改变敌我力量对比，从根本上制止敌人的进攻，变自己的战略防御为战略进攻。反之，当全局处于进攻时，如果不在某些局部采取必要的防御，那么，就可能遭到敌人增援部队的反包围或从翼侧的攻击而使自己陷入不利的态势。

进攻与防御之所以能相互渗透，是由保存自己和消灭敌人的战争目的及其辩证关系决定的。防御必然要对进攻进行还击，而进攻必然要防御敌人的还击。在消灭敌人的进攻中，同时也包含了保存自己的作用。在保存自己的防御中，同时也包含了消灭敌人的作用。因此，进攻中包含防御的意义，防御中包含着进攻的意义，两者的区分是相对的。

承认进攻与防御之间区别的相对性和相互渗透，并不是说攻防的性质是无法区别、无法判定的。毛泽东说："事物的性质，主要地是由取得支配地位的矛盾的主要方面所规定的。"[①] 判定攻防性质时，也必须以主要矛盾和矛盾的主要方面为依据。在战略或战役全局防御中有一些局部的进攻行为，如外线的速决的进攻战及反冲击、反突击等，是起辅助作用的，其目的是为战略全局或战役全局防御服务的，是矛盾的次要方面，不影响战略全局或战役全局的性质，因此，整体上仍是防御性质。反之，在战略或战役全局进攻中的阵地防御、运动防御，阻援，抗击反突击，以及对大的据点围困等的防御行动，是为了保障进攻的胜利，为战略或战役全局进攻服务的，只要不是全局性的，它就是矛盾的次要方面，整体上仍然是进攻性质。只有在战略全局上敌我双方力量对比发生了根本质变时，双方的进攻与防御性质才发生根本变化。

3. 进攻与防御的相互转化

在进攻与防御的对立统一体中，进攻居主导的、主动的地位，防御居从属的和被动的地位。这是受"保存自己，消灭敌人"这个战争本质所制约的。要想保存自己，消灭敌人，取得战争的最后胜利，仅仅依靠防御是达不到的，必须实行战略上的反攻和进攻。进攻与防御的相互转化主要是指两者的主次地位的转化。

防御可以分为预有准备的防御和被迫转入的防御，战略上的防御和战役、战斗上的防御。无论哪一种防御，都是暂时性的，其目的在于消耗敌人，使敌人遭到损失，保存自己，以赢得准备自己力量的时间，然后转入反攻和进攻，通过进攻彻底消灭敌人，解决战争的命运。正如毛泽东所说，作为消灭敌人之主要手段的进攻是主要的，而作为消灭敌人之辅助手段和作为保存自己之一种手段的防御，是第二位的。这是来自战争实践又为战争实践反复证明了的真理。

①《毛泽东选集》第一卷，第322页。

从辩证的观点来看，进攻与防御的主次地位在一定的条件下，可以互相转化。进攻为主、防御为辅的这种地位不是绝对的、永恒不变的。什么条件下以进攻为主，什么条件下以防御为主，必须根据战争的实际情况灵活决定。当军队处于劣势，遭到优势军队进攻时，摆在面前的首要任务，就是如何通过防御或退却保存自己的力量，待机破敌。这时防御是第一位的。如果这时不顾条件去死拼，就不但不能消灭敌人，反而有被敌人消灭的危险。但是，当时机成熟时，就应适时转入进攻，消灭敌人有生力量，解决战争命运问题，这时就应该以进攻为主。

既然攻中有防，防中有攻，进攻与防御互相渗透，因此，在一定条件下，进攻可以转化为防御，防御也可以转化为进攻。进攻与防御主次地位的转化包含着进攻与防御的直接转化，以进攻为主的转化为以防御为主，就是说进攻直接转化为防御。反之，以防御为主的转化为以进攻为主，这也就是说防御直接转化为进攻。进攻与防御就是这样辩证地运动着，战争也就随着这种运动向前发展。在战争中，进攻者总是进攻、防御者总是防御的情况一般是不存在的。

进攻与防御的相互转化可以从战略和战役两个层次来分析。关于全局上、战略上的攻防相互转化，毛泽东作了系统全面的论述。他在1938年10月《论新阶段》中指出："历史上的战争有一个阶段就完结的，例如一九〇五年的日俄战争，只有日军进攻，俄军败退，就结束了……这是第一类战争。第二类战争，以两个阶段宣告完结。例如法俄战争，拿破仑从进攻到退却，俄国从退却到反攻，双方都有两个阶段。中国古代有名的吴魏赤壁之战，秦晋淝水之役，也是这样。虽则两军强弱不同，但弱者善于利用其他优良条件，给以正确指导，故于退却之后，接着反攻，战胜敌人。但是还有第三类战争……甲方进攻，乙方退却，为第一阶段。双方相持不决，为时甚长，为第二阶段。乙方反攻，甲方退却，为第三阶段。中国历史上也有许多这类的战争。这类战争的特点，在于有一个较长的或很长的相持阶段，这也是由于特定的历史条件与战争指导集团的特性而造成的。"在中国革命战争中，全国解放战争属于第二种类型，而抗日战争则属于第三种类型，这是弱军战胜强军的战争发展过程的典型表现。

毛泽东关于战略上的进攻与防御相互转化的理论十分重要。战争指导者，必须审时度势，正确分析判断情况，适时抓住战略转变的时机，才能取得战争的胜利。决定进攻与防御性质转化的客观基础是力量对比的强弱，一般来说，战争力量由弱转强是实行由防御转化为进攻的前提，如果力量仍然处于劣势，则必须继续采取防御战略，但这并不是绝对的。

观察双方的军事力量的变化，主要应看能用于机动作战的兵力的变化。由于战争是力量的竞赛，尤其是军力的竞赛。而军力对比的一个重要标志，是战略机动兵力的数量。能用于机动作战的兵力占优势，是由战略防御转化为战略进攻的一个重要条件。其次是看所处的战略态势是否有利，这对转入战略进攻的行动和效果有着直接的影响。判断战略态势是否对我有利，主要看敌军是否已分散，我军是否已集中，敌军是否已开始丧失主动，我军是否已开始获得主动。如果敌军已分散并开始丧失主动，我军已集中并开始获得主动，则不管敌军之战略进攻是否完全停止，我军即可根据情况适时转入战略进攻。

从局部上说，从战役战斗上说，进攻与防御的转化是经常的。进攻中无论是获胜还是受挫，往往都要转入防御以巩固现有阵地或者重新调整部署。防御中如果挫败了敌人的进攻，也要适时转入反攻。在中国革命战争中，进攻与防御的相互转化有过多次反复。毛泽东在分析土地革命战争时期的长期性、曲折性时指出："我们的战争是防御和进攻的交替的应用。对于我们，说进攻是在防御之后，或说进攻是在防御之前都是可以的"。① 不但在战略上进攻与防御要交替使用，而且在战役和战斗上进攻和防御两种手段也要适时交替使用。

无论是战略上还是战役战斗上进攻与防御的相互转化，都必须发挥人的自觉能动性，正确认识形势。具备了进攻和防御转化的客观条件，并不能使攻防自发地转变。战争指导者正确地认识和科学地组织这种转变，攻防转化才能合符目的地实现。战争指导者不审时度势，对现实做出错误的估计，也不可能及时正确地实行攻防的转变，甚至会将到手的大好形势白白地丢掉。这在我军的历史上也是有过深刻教训的。②

4. 积极防御战略思想是毛泽东攻防辩证法思想的结晶

敌强我弱态势下的中国革命战争，必然长期处于战略防御的地位，但是要彻底战胜强大的敌人又不可能单纯依靠防御，而必须进行主动的进攻。因此，在战略防御中，如何把防御和进攻有机地结合起来，并为战略进攻作准备，是中国革命战争中最复杂、最困难的重大现实课题。毛泽东把进攻与防御的辩证关系创造性地运用于中国革命战争的实践，提出了积极防御的战略方针，并把这一方针，以及围绕这一方针所制定的一整套作战原则，上升为完整系统的理论体系，从而形成了具有丰富内容的毛泽东积极防御的战略思想。

关于积极防御的思想，历史上的一些军事著作中都曾有过论述。恩格斯曾明确地提出了积极防御的概念，指出："最有效的防御仍然是以攻势来进行的积极防御。"③ "消极的防御，即使有良好的武器，也必败

① 《毛泽东选集》第一卷，第200页。
② 林伯野等，《毛泽东军事辩证法思想新探》，第324～329页。
③ 《马克思恩格斯全集》第13卷，第296页。

无疑。”[1]毛泽东继承和发展了这个思想并且从战略思想的高度，把积极防御作为一种战略方针提出来，作了更为系统的论述。他说：“积极防御，又叫攻势防御，又叫决战防御。消极防御，又叫专守防御，又叫单纯防御。消极防御实际上是假防御，只有积极防御才是真防御，才是为了反攻和进攻的防御。”[2]积极防御的精神实质在于把进攻与防御辩证地统一起来，把保存自己与消灭敌人辩证地统一起来，把战略上的防御和战役、战斗上的进攻结合起来，进而把战略上的持久的内线作战和战役战斗上的速决的外线作战结合起来，把战略防御和战略进攻结合起来，攻防交替使用，寓进攻于防御之中，从而以小的代价换取大的胜利。战役、战斗上的进攻是达到战略防御目的的手段，同时它又为战略防御转化为战略进攻创造条件。战略防御的目的是为了转入战略进攻。只有在战役、战斗的进攻战中不断获胜，才能削弱敌军，逐步改变力量对比，由战略防御转入战略反攻和进攻，最后战胜敌人。消极防御与此相反，不是为了保存军力，待机破敌，而是为了同敌人拼消耗，单纯为了保守地盘和根据地。它在战略上是防御，在战役战斗上也是防御，只防不攻，把进攻与防御完全割裂开来，对立起来，始终处于被动挨打的地位，因而只能是失败的战略。

积极防御的战略思想并不仅指战略防御阶段，而且还包括战略进攻阶段。它不仅是战争初期的方针，而且是一个贯彻战争全过程的战略方针，是以战略防御为起点、战略进攻为归宿的方针。战略上的防御并不是积极防御的全部内容，而仅仅是它的一个阶段。重要的还在战略反攻和战略进攻阶段，只有这时才能促成战争矛盾的质变，“反攻是一个长过程，是防御战的最精彩最活跃的阶段，也就是防御战的最后阶段。所谓积极防御，主要地就是指的这种带决战性的战略的反攻。”[3]

毛泽东积极防御的战略思想和各个时期的具体战争实际的有机结合，形成了各个时期具有不同特点的战略方针和灵活运用各种作战形式的战略战术，这些战略方针和战略战术，都是积极防御战略思想的体现和组成部分。在中国革命战争中，我军在各个战争时期，都是以积极防御作为总的战略方针。在这个总方针下，针对不同时期的情况和特点，又规定了体现积极防御思想的具体战略方针。这些具体战略方针的制定和实行，如实地反映了积极战略作为总战略方针的历史过程。[4]

早在土地革命战争时期，毛泽东就提出了“承认积极防御，反对消极防御”的战略方针。这个时期积极防御战略的突出特点是“诱敌深入”。它要求在反对国民党军大规模“围剿”时，“红军就实行所谓‘求心退却’。退却的终点，往往选在根据地中部；但有时也在前部，有时

① 《马克思恩格斯全集》第15卷，第232页。
② 《毛泽东选集》第一卷，第198页。
③ 《毛泽东选集》第一卷，第214～215页。
④ 刘继贤，张全启，《毛泽东军事思想原理》，第517页。

则在后部，依照情况来决定。这种求心退却，能够使全部红军主力完全集中起来。”[①] 中央根据地第一次至第三次反“围剿”，红军在毛泽东亲自指挥下，执行积极防御的战略方针，实行有计划的诱敌深入的战略退却，不打死守的阵地战，而采用灵活的带游击性的运动战，辅之广泛的人民游击战，以几个师对敌一个师，几万人对敌一万人，几路对敌一路，待其疲劳沮丧，从战场外线突然包围其一路，加以歼灭，从而取得了反“围剿”的胜利。然而，第五次反“围剿”时，由于执行了王明及其追随者的错误方针，搞消极防御，反对诱敌深入，主张以堡垒对堡垒，以阵地对阵地，处处分兵把口，进行短促突击。结果不但红军遭受了重大损失，也丧失了绝大部分根据地。

抗日战争时期，毛泽东进一步丰富和发展了积极防御的战略思想，针对敌我双方的特点，提出了“持久战”的战略方针，在作战形式上，基本的是游击战，但不放松有利条件下的运动战。他把防御和进攻、持久和速决、内线和外线有机地结合起来，使积极防御的战略思想形成了完整的理论体系，指引着抗日战争取得了伟大胜利。

全国解放战争时期是毛泽东积极防御战略思想取得最辉煌成就的时期。他根据敌我双方的具体情况，提出了“以歼灭国民党有生力量为主而不是以保守地方为主”的战略指导原则，规定以运动战为主要作战形式，辅之以游击战，并进一步提出了一系列人民战争的战略战术，使积极防御的战略思想更加完善和丰富。

在抗美援朝战争初期，为了打退敌人的进攻，扭转战局，我志愿军采取了“运动战为主，与部分阵地战、游击战相结合”的战略方针。经过五次战役把敌人赶回“三八”线后，又提出了“持久作战，积极防御”的战略方针，由于志愿军武器装备的改善，军队在防御中使用的作战方法和手段有了新的发展，防御作战的积极性有所提高。除了火力猛烈，各军兵种严密协同外，全线性的战术反击作战获得成功，使防御作战平均歼敌数量超过了运动战进攻时期。这说明，阵地防御作战在一定条件下也可以成为主要作战形式。

积极防御的战略思想是我军贯彻始终的作战指导思想，但是在各个不同时期的战争中，由于敌我情况的不同，在战略方针、作战的具体形式和方法上又各有其特殊性。积极防御战略思想的共同本质就寓于各个时期的特殊表现之中。随着科学技术的发展，现代战争具有许多新的特点，由此也带来了积极防御战略思想的新运用和新发展。在现代战争中，进攻和防御相互渗透、相互转化更为复杂和迅速，两者相互结合的统一性也更为显著，如何在现代战争中更好地使用进攻和防御的基本作战形

① 《毛泽东选集》第一卷，第208页。

式，贯彻积极防御的战略方针，是值得深入探讨的重要战略问题。[①]

（四）坚持持久战与速决战的辩证统一

持久战与速决战是因战争运动的持续时间不同而产生的两种作战形式。持续时间长的作战谓之持久战，在较短时间内决定战争胜负的作战谓之速决战。在中国革命战争中，毛泽东坚持持久与速决的辩证统一，创造性地提出“战略防御中的战役和战斗的进攻战，战略持久中的战役和战斗的速决战，战略内线中的战役和战斗的外线作战”[②]。概括地说，就是在战略上实行“内线的持久的防御战”，战役和战斗上实行“外线的速决的进攻战”。[③] 这是毛泽东积极防御战略思想的一个重要内容。

1. 把战略上的持久战与战役战斗上的速决战辩证地统一起来是毛泽东对军事辩证法思想的一个重大贡献

“兵贵神速”，历代军事家讲用兵原则，一般都强调速决战。《孙子兵法》曰：“兵贵胜，不贵久”，旷日持久的战争，对国计民生会造成很大危害，是不可取的。速决战原则与战争的政治目的和军事战略企图有直接关系。一般来说，力量强大的进攻者都主张速决战，对外扩张的侵略战争，也主张速战速决。反之，遭到强敌进攻、被迫进行防御战的一方又往往采取持久战，借以争取时间、利用空间，转变敌我双方的力量对比。

历史上的军事家无论是主张速决战，还是主张持久战，都没有从战略和战役战斗这两个层次分析持久战和速决战的辩证关系，把持久战和速决战辩证地统一起来。毛泽东根据中国革命战争的特点，科学地分析了敌我双方的实际情况，提出了战略上的持久战和战役战斗上的速决战辩证统一的思想，明确指出，因为反动势力的雄厚，革命势力是逐渐地生长的，这就规定了战争的持久性。在这上面性急是要吃亏的，在这上面提倡“速决”是不正确的，同时战略上的持久战必须与战役、战斗上的速决战统一起来。因为没有战役战斗上的速决战取胜，就坚持不了战略上的持久战。“战略的持久战，战役和战斗的速决战，这是一件事的两方面，这是国内战争的两个同时并重的原则，也可以适用于反对帝国主义的战争。”[④]

2. 在敌强我弱的情况下，必须坚持战略上的持久战

在战略上是采取持久战的方针，还是采取速决战的方针，不是由人的主观意志决定的，而是由战争的目的和战争所处的客观条件决定的。力量强大、处于进攻地位的一方总是力图尽快地打垮对方，要求战略上的速决；而力量弱小、处于防御地位的一方总是力求拖住敌人，要求战略上的持久。毛泽东说：“在战役和战斗上面争取速决，古今中外都是

① 林伯野等，《毛泽东军事辩证法思想新探》，第329～336页。
②《毛泽东选集》第二卷，第484页。
③《毛泽东选集》第二卷，第486页。
④《毛泽东选集》第一卷，第233页。

相同的。在战争问题上，古今中外也都无不要求速决，旷日持久总是认为不利。唯独中国的战争不能不以最大的忍耐性对待之，不能不以持久战对待之。”[①] 在持久战中，除了以筑垒地域的坚守吸引一部分敌人外，主要靠在战场上实行局部的战役和战斗的进攻战消灭或消耗敌人。通过若干次战役和战斗的速决战，使敌我双方的军事力量对比发生变化，使敌人由强者地位下降为敌我双方军事力量的相对平衡，再下降为我强敌弱，最后使我方夺得战争的胜利。在中国革命战争中，长期是敌强我弱，并且敌我力量的强弱对比悬殊。我军要以弱胜强必然要经过一个长期的由弱变强的转化过程，这是战争的客观规律。

毛泽东总结了中国革命战争的经验教训，明确指出，中国革命战争的特点“规定了中国革命战争的指导路线及其许多战略战术的原则”，“规定了中国红军的不可能很快发展和不可能很快战胜其敌人，即是规定了战争的持久，而且如果弄得不好的话，还可能失败”[②]。他深刻地批判了要求战略速决的急性病，认为干了十年的革命战争，对于别的国家也许是值得惊奇的，但对于我们而言，许多热闹的文章都还在后面，“因为中国的反动势力，是许多帝国主义支持的，国内革命势力没有聚积到足以突破内外敌人的主要阵地以前，国际革命势力没有打破和钳制大部分国际反动势力以前，我们的革命战争依然是持久的。从这一点出发，规定我们长期作战的战略方针，是战略指导的重要方针之一。”[③] 在抗日战争中，他又专门写了《论持久战》一书，尖锐地批判了速胜论思想，指出：“我们也不是不喜欢速胜，谁也赞成明天一个早上就把‘鬼子’赶出去。但是我们指出，没有一定的条件，速胜只存在于头脑之中，客观上是不存在的，只是幻想和假道理。”[④] 他客观、全面地分析了中日双方在政治、军事、经济、自然、地理条件等方面的情况，科学地揭示了敌我双方相互矛盾着的基本规律和特点，认为这些特点规定了和规定着双方一切政治上的政策和军事上的战略、战术，规定了和规定着战争的持久性和最后胜利属于中国而不属于日本。

避免不利决战是坚持战略上持久战的一个关键问题。战争初期，敌人力求战略速决，必然时刻寻求机会与我实行战略决战。我方只有避免不利的决战，才能保存主力，只有坚持持久作战，并不断发展扩大自己，才能最后战胜敌人。毛泽东在《论持久战》中专门论述了抗日战争中的决战问题，并把决战分为三类：“一切有把握的战役和战斗应坚决地进行决战，一切无把握的战役和战斗应避免决战，赌国家命运的战略决战应根本避免”。[⑤] 这就是说，对决战应该做具体分析。“我们主张一切有利条件下的决战，不论是战斗的和大小战役的，在这上面不容许任何的

① 《毛泽东选集》第一卷，第 234 页。
② 《毛泽东选集》第一卷，第 191 页。
③ 同①。
④ 《毛泽东选集》第二卷，第 459 页。
⑤ 《毛泽东选集》第二卷，第 506 页。

消极。给敌以歼灭和给敌以消耗，只有这种决战才能达到目的，每个抗日军人均须坚决地去做。”[①] 这种决战虽然也要付出一定代价，但它是在正确的作战计划下绝对必要的东西，是同持久战和最后胜利不可分离的。否认一切决战就会陷入“有退无进”的逃跑主义。而逃跑主义则是亡国论的直接支持者。但是我们应该避免不利决战，特别是在战争初期应该根本避免战略决战。

避免战略决战只是就敌我力量对比不利于我的情况下来说的，这是为了破坏敌之速决计划，使他们不得不跟着我们进行持久战。而一旦敌我力量对比发生根本变化，我们则应由防御转入进攻，主动发起战略决战，以便彻底消灭敌人，取得最后胜利。在这种条件下，我们在战略上也是主张速决战的。实际上，战略进攻阶段的速决战和战略决战是执行持久战战略方针的必然结果。毛泽东说过：抗日的战略方针是持久战，这是一般的方针，还不是具体的方针。具体的方针是“在第一和第二阶段即敌之进攻和保守阶段中，应该是战略防御中的战役和战斗的进攻战，战略持久中的战役和战斗的速决战，战略内线中的战役和战斗的外线作战。在第三阶段中，应该是战略的反攻战。”[②] 可见，在战争的不同阶段可以有不同的具体方针，但这些不同的具体方针都是持久战这个一般方针的具体表现。

3. 只有在战役和战斗上坚持速决战，才能达到战略持久的目的

从战略全局来说，由于敌强我弱，必须实行持久战和敌人周旋。但是在战役和战斗上都必须集中优势兵力，迅速消灭敌人。因此，持久战不是对局部的战役、战斗说的。在战役、战斗上不能打持久战，而必须打速决战。在抗日战争中，毛泽东明确地提出了反对战役的持久战和战略的速决战，承认战略的持久战和战役的速决战的方针，阐明了持久和速决的辩证统一关系。他说：“只有战役和战斗的速决战集合了很多，即是使得很多战役和战斗的进攻战都能因迅速解决战斗之故而取得了胜利，才能达到战略持久的目的。”[③] 在这种情况下，敌强我弱的形势才会发生根本变化，使敌人的速决计划遭到失败。可见，战略持久战是战役战斗速决战的目的和基础，而战役战斗的速决战则是实现这一目的的必要条件和方法、手段。

在敌强我弱的条件下，坚持战役、战斗的速决战尤其重要。恩格斯指出：“行动的迅速可以弥补军队的不足，因为这样可以在敌人还没有来得及集中兵力以前就进行袭击。正如商业上说‘时间就是金钱’一样，在战争中也可以说‘时间就是军队’”。[④] 速决战对我军历次战役战斗的胜利起到了重大作用。

① 《毛泽东选集》第二卷，第507～508页。
② 《毛泽东选集》第二卷，第484页。
③ 《毛泽东选集》第二卷，第409～410页。
④ 《马克思恩格斯全集》第9卷，第534页。

实行速决战，必须有准备、有把握，才能取得胜利。毛泽东说："速决战不是心里想要如此做就做得成功的，还须加上许多具体的条件。主要的条件是准备充足，不失时机，集中优势兵力，包围迂回战术，良好阵地，打运动中之敌，或打驻止而阵地尚不巩固之敌。不解决这些条件，而求战役或战斗的速决，是不可能的。"①

战役战斗上的速决战是就一般情况来说的。它并不排斥在一定条件下在战役战斗上也可以打持久战。特别是某些局部的持久的防御战，在不影响战略全局的情况下，更是允许的。它不但不会使战争拖久，反而会加速战争的进程。在战役战斗上打持久战，有的时候也是为在其他战役战斗上打速决战服务的。毛泽东指出："在'围城打援'的方针下，目的不在打围敌，而在打援敌，对围敌作战是准备着相当地持久的，但对援敌仍然是速决。战略防御时固守钳制方面的据点，战略进攻时打孤立无援之敌，消灭根据地中的白色据点，这些时候也常常给予战役或战斗以持久方针。然而这些持久战，只是帮助而并不妨碍主力红军的速决战。"② 此外，在局部的战役战斗进攻中，对起辅助作用的防御战、阻击战，相对地说，也是以少击众，采取持久战争取时间，牵制敌人，保证主攻集团歼灭敌人。

（五）内线作战与外线作战的辩证关系

战争中的内线与外线，是关于敌我双方在战场上所处的空间位置关系的重要范畴。一般地说，外线是指军队进攻时的阵线，内线是指军队防御时的阵线。内线作战与外线作战是进攻战与防御战在空间位置上的表现。由于敌对双方在军事力量上存在着不平衡性，弱者一方的军队处于防御或被包围态势下作战，称为内线作战。强者一方的军队处于进攻或对敌实施包围态势下作战，称为外线作战。毛泽东从战略和战役战斗两个层次论述了内线作战与外线作战的辩证关系，提出了很多富有创造性的见解③。

1. 正确处理内线和外线的辩证关系在中国革命战争中具有十分重要的意义

内线与外线的产生源于敌我力量对比，它和进攻与防御两种基本作战形式有着直接的联系。内线与外线是既互相对立，又互相依存的。没有外线，就没有内线，没有内线，也就无所谓外线。两者之间总是联结在一起的，是不可分割的。战略上有内线外线之分，战役和战斗上也有内线外线之分。正确地认识和处理内线与外线之间的辩证关系，对于指导战争实践具有十分重要的意义。

① 《毛泽东选集》第一卷，第235页。
② 同①。
③ 林伯野等，《毛泽东军事辩证法思想新探》，第343页。

毛泽东结合中国革命战争的特点，对内线和外线的辩证关系进行了深刻的分析。他从战略和战役战斗两个层次上来分析内线和外线的辩证关系，把战略上的内线作战和战役战斗上的外线作战辩证地统一起来，从而找到了变内线作战为外线作战的正确道路，为中国革命战争的胜利起了重要的指导作用。他说："处于战略上内线作战的军队，特别是处于被'围剿'环境的红军，蒙受着许多的不利。但我们可以而且完全应该在战役或战斗上，把它改变过来。将敌军对我军的一个大'围剿'，改为我军对敌军的许多各别的小围剿。将敌军对我军的战略上的分进合击，改为我军对敌军的战役或战斗上的分进合击。将敌军对我军的战略上的优势，改为我军对敌军的战役或战斗上的优势。将战略上处于强者地位的敌军，使之在战役或战斗上处于弱者的地位。同时，将自己战略上的弱者地位，使之改变为战役上或战斗上的强者的地位。这即是所谓内线作战中的外线作战，'围剿'中的围剿，封锁中的封锁，防御中的进攻，劣势中的优势，弱者中的强者，不利中的有利，被动中的主动。"①

在战略上的内线作战中实行战役战斗上的外线作战，关键在于集中优势兵力打歼灭战。任何外线作战都必须建立在兵力优势的基础上。只有在一定时间、地点集中优势兵力，才能使我军在局部形成外线作战，各个击破敌人。或者突破敌之包围，到外线，在运动中寻求战机歼敌。通过集中兵力，在局部地区形成兵力优势，"于是敌之战略作战上的外线和进攻，在战役和战斗的作战上，就不得不变成内线和防御。我之战略作战上的内线和防御，在战役和战斗的作战上就变成了外线和进攻。"②在土地革命战争时期，战略上我处内线防御，敌处外线进攻，但我采取诱敌深入，避实击虚，选择孤立冒进之敌，集中兵力歼灭其一路，在局部地区就形成我处外线优势进攻地位，敌处内线劣势防御地位。这样，敌由于饥疲沮丧，又接连被歼，不得不进行退却。于是，红军在追击撤退之敌时，就变全局内线作战为外线作战了。这是我军以少胜多，以弱胜强，打破敌人多次"围剿"的一个重要战法。

西方军事家有时也提到内线与外线，但从未作为一对重要的军事范畴的辩证关系加以论述。例如克劳塞维茨在《战争论》中的"进攻的向心性和防御的离心性"一章中，谈到军队在离心运动时的优点"是军队集结在一起和在内线运动这两点"。"内线的利益是随着有关的空间的扩大而增大的。""处于外线的一方多半可以迅速发觉敌人的运动。"③但他没有把内线和外线作为一对矛盾来论述。毛泽东第一次把内线和外线作为一对军事范畴，并结合中国革命战争的具体实践，阐述了内线与外线之间的辩证关系，这在军事辩证法思想史上是一个重要贡献。

①《毛泽东选集》第一卷，第224页。
②《毛泽东选集》第二卷，第485页。
③《战争论》，第665、第667页。

2. 内线和外线的犬牙交错是中国革命战争的奇特表现之一

战争中，敌我之间的内外线作战形势往往交错在一起，很难加以绝对的区分。在中国革命战争中，内线与外线相互渗透、相互转化，更呈现出十分复杂的情形，鲜明地体现了中国革命战争的特点。在抗日战争中“犬牙交错的战争形态，就是颇为特殊的一点，这是由于日本的野蛮和兵力不足，中国的进步和土地广大这些矛盾因素产生出来的”[①]。毛泽东从内线和外线、有后方和无后方、包围和反包围、大块和小块四个方面分析了这种情况。关于包围与反包围，毛泽东指出：“从整个战争看来，由于敌之战略进攻和外线作战，我处战略防御和内线作战地位，无疑我是在敌之战略包围中。这是敌对于我之第一种包围。由于我以数量上优势的兵力，对于从战略上的外线分数路向我前进之敌，采取战役和战斗上的外线作战方针，就可以把各路分进之敌的一路或几路放在我之包围中。这是我对于敌之第一种反包围。再从敌后游击战争的根据地看来，每一孤立的根据地都处于敌之四面或三面包围中，前者例如五台山，后者例如晋西北。这是敌对于我之第二种包围。但若将各个游击根据地联系起来看，并将各个游击根据地和正规军的阵地也联系起来看，我又把许多敌人都包围起来，例如在山西，我已三面包围了同蒲路（路之东西两侧及南端），四面包围了太原城；河北、山东等省也有许多这样的包围。这又是我对于敌之第二种反包围。这样，敌我各有加于对方的两种包围，大体上好似下围棋一样，敌对于我我对于敌之战役和战斗的作战，好似吃子，敌的据点（例如太原）和我之游击根据地（例如五台山），好似做眼。”[②] 由于我们有许多敌后根据地“做眼”，既能不断地钳制和削弱敌人，又能不断发展壮大自己，使我能在更广泛的意义上处于外线作战。特别是当星罗棋布的敌后根据地“眼眼”相连的时候，更是把敌人多方面地围起来，使之陷入我人民战争的汪洋大海之中。关于大块和小块，他也从不同范围、不同层次作了分析并认为，总体来看，中国将是大块的乡村变为进步和光明的地区，而小块的敌占区，尤其是大城市，将暂时地变为落后和黑暗的地区。通过这四个方面的分析，毛泽东指出，中华民族自求解放的战争形态，“是战争史上的奇观；中华民族的壮举，惊天动地的伟业。”[③] 抗日战争的进程和结局，完全证实了他的科学论证。

3. 内线作战中的外线作战是毛泽东积极防御战略思想的重要内容

毛泽东把防御和进攻、持久和速决、内线和外线辩证地统一起来，制定了积极防御的战略方针，“在战略的内线作战之中采取战役和战斗

① 《毛泽东选集》第二卷，第471页。
② 《毛泽东选集》第二卷，第472页。
③ 《毛泽东选集》第二卷，第474页。

的外线作战”是这一方针的重要组成部分，它和防御中的进攻、持久中的速决是直接结合在一起的。“内线与外线”与“防御与进攻”“持久和速决”是直接结合在一起的、不可分割的有机组成部分。与防御战、持久战相联系的是内线作战；与进攻战、速决战相联系的是外线作战。进攻和防御是作战的基本形式，持久和速决、内线和外线则分别从时间和空间两个方面体现了防御和进攻的关系。毛泽东在论述积极防御战略方针时总是把这三个方面联系起来，把外线的速决的进攻战和内线的持久的防御战作为积极防御战略方针的两个不可分割的方面。他说：“这样的战役和战斗的作战方针，一句话说完，就是：‘外线的速决的进攻战’。这对于我之战略方针‘内线的持久的防御战’说来，是相反的；然而，又恰是实现这样的战略方针之必要的方针。如果战役和战斗方针也同样是‘内线的持久的防御战’，例如抗战初起时期之所为，那就完全不适合敌小我大、敌强我弱这两种情况，那就决然达不到战略目的，达不到总的持久战，而将为敌人所击败。”①

内线与外线、防御与进攻、持久与速决都是在一定条件下相互转化的。积极防御战略方针阐明了它们之间的相互转化包含两个方面内涵：一个方面是由战略上内线防御持久战向战役战斗上外线速决进攻战转化；另一个方面是由战略上内线防御持久战向战略上外线速决进攻战转化。前一个转化是实现后一个转化的基础和条件，后一个转化是前一个转化的必然趋势和结果，实际上是两个战略阶段的转化。解放战争中，我军在战略防御阶段处于内线作战的地位。自刘邓大军挺进大别山以后，我军开始在战略上进入外线作战。淮海战役开始后，我军无论在战略上还是战役战斗上，都普遍地进入外线作战的局面。三大战役决战以后，我军已把敌人完全抛入到内线作战的被动地位中去，在战略上和战役战斗上都是实行外线速决的进攻和追击战。这时，战略和战役、战斗上的作战指导方针就合为一体了②。

（六）正规战与游击战

进攻与防御两种基本战争形式运用于战争实践中又演化为各种具体的作战形式，从战线的流动性和固定性来说，则表现为游击战、运动战、阵地战三种形式。毛泽东指出，这三种作战形式在战争中的作用是不同的，“大抵运动战是执行歼灭任务的，阵地战是执行消耗任务的，游击战是执行消耗任务同时又执行歼灭任务的，三者互有区别”③。陈毅在《我们应当采取的战略战术方针》中说：“运动战与游击战均为一种作战形式。在长大战线与宽广地区上进行对敌的外线速决进攻，便谓之为运动

① 《毛泽东选集》第二卷，第486页。
② 林伯野等，《毛泽东军事辩证法思想新探》，第350页。
③ 《毛泽东选集》第二卷，第501页。

战。在敌之侧后进行机动游击扰乱，便谓之为游击战。在固定战线上进行持久防御以待机反攻，便谓之为阵地战。几种作战形式完全因敌我兵力、地形条件、任务来决定。”[①] 运动战和阵地战都属于正规战。正规战与游击战是战争的两种不同的表现形式。正规战是指使用相当大数量的正规军队，以运动战或阵地战为主要形式的作战。已往的正规战都有相对固定的作战方向和作战线，其作战任务是保卫或夺取地方，歼灭敌人的有生力量。因此投入作战的军队数量大，兵种多，交战规模大，持续时间久，要求高度的集中统一指挥，周密的战前计划、严密的协同动作，严格的战场纪律和统一的后勤补给等。游击战，是指民兵、游击队，或是由正规军组成的专门游击部队，同人民群众密切结合，以分散流动为作战形式，无固定的作战方向和作战线。关于游击战争的指挥原则，毛泽东说：“一方面反对绝对的集中主义，同时又反对绝对的分散主义，应该是战略的集中指挥和战役战斗的分散指挥。”[②] 游击战使用的兵力少则几十人，多则几百人。通常的任务是在敌人的后方，在广大人民群众掩护和支援下以袭击为主要手段，灵活机动地打击敌人，如袭击敌交通线，破坏敌人补给，奇袭敌后方机关、炮兵阵地或飞机场等，一般只发展扩大游击区，没有确保地方的任务。活动特点是出没无常，行踪飘忽，能打就打，不能打就走，因而它比正规战具有更大的主动性、灵活性、进攻性和流动性，并且要求指挥员机断行事，独立自主地决定行动。陈毅说：“各种战斗方式均由进攻防御两种基本战斗方式所演化而来，而且进攻与防御两种基本战斗方式又互相渗透，不能完全分开毫无联系”，因此，“不能机械地把游击战与运动战分开，而取消其中的联系性”。[③]

在中国革命战争中，游击战和正规战都是主要的作战形式，只有使两种作战形式各自发挥其长处，相互支援，紧密配合，才能达到保存和发展自己，打击和消灭敌人的目的。毛泽东及其战友对游击战与正规战的特点、地位、作用及其辩证关系作了精辟的分析和论述。特别是毛泽东在长期的中国革命战争中，从战略的高度科学地总结了游击战争的经验，形成了一套完整的、独创的游击战理论，对丰富和发展马克思主义军事辩证法作出了重大的贡献。

1. 正规战与游击战是中国革命战争的两种主要作战形式

在一般情况下，只有正规战才能大量地消灭敌人和有效地保存自己，最后解决战争的命运。而游击部队兵力较小，突击力弱，在没有严格的组织指挥和各军兵种协同作战的情况下，不能执行大的攻坚任务，所以它不能大量地、有效地消灭敌人，不能最后决定战争的命运。这种非正规战，只能配合正规战，对正规战起辅助作用。因此，正规战是解决战

① 转引自《军事学术》，1982 年增刊第 4 期。
②《毛泽东选集》第二卷，第 435 页。
③ 同①。

争矛盾的主要作战形式，游击战则是辅助的作战形式。但是，在中国革命战争中，尽管战争的最后命运也是由正规战决定的，游击战不仅是中国革命战争的一种不可缺少的形式，而且在相当长的时期，是我军作战的主要形式。毛泽东指出："人民的游击战争，从整个革命战争的观点看来，和主力红军是互为左右手，只有主力红军而无人民的游击战争，就像一个独臂将军。根据地的人民条件，具体地说来，特别是对于作战说来，就是有武装起来了的人民。"①因此，从一定意义上说，游击战和正规战都是中国革命战争的主要形式，没有两者的紧密配合，就不可能取得战争的胜利。朱德说："阵地战、运动战和游击战三种的配合，是战胜敌人所必须采取的战法，是每个优秀的军事家所应当郑重考虑的原则。"②游击战和正规战的辩证关系表现在以下三个方面③：

（1）两者相互区别。运动战和阵地战属于"正规的作战"，游击战属于"非正规的作战"，两种作战形式的特点不同，作战方法也有所不同。正规战是由正规军进行的，必须有严格的纪律和统一的指挥。而游击战的兵力和作战威力较小，直接参加战斗的兵力较小，必须采取分散的灵活的指挥。游击战的主要战法是"秘密而周到的准备，迅速而突然的袭击"。刘伯承曾把游击战的战法分为袭击、伏击和急袭三种。急袭是敌我都在运动中发生的战斗。袭击是我动敌静时发生的战斗。伏击则是我静敌动状态下对敌的袭击。与之相对应还要注意反袭击、反伏击、反急袭。这些战法比正规战具有更大的主动性、流动性、灵活性和进攻性，一般不存在阵地防御问题，不能把正规战的战法完全搬到游击战中来。

（2）两者相互渗透。游击战和正规战两者又是相互联系，相互渗透的。游击战和正规战（特别是正规战中的运动战）都是为了达到"保存自己，消灭敌人"的战争目的，都是由进攻与防御两种基本作战形式演化而成，在作战方法上有许多相通之处。小部队的游击战也罢，正规军的运动战也罢，它们趋利避害的原理是一致的。运动战的核心问题是走与打的关系问题，同样，游击战的核心问题则是游与击的关系问题。两者讲的都是机动与歼敌的关系。游击战"要游要击，并使游与击相配合。'游'所以掩护自己的弱点，寻找敌人的弱点，'击'所以发挥自己的特长，撇开敌人的特长，应使'游'与'击'巧为配合。"④我军是从游击战中逐渐发展壮大的，相当长的时期处于游击战的环境。我军的正规战也吸收了不少游击战的一些特点，以致形成了带游击性的运动战和一套机动灵活的战略战术。正如刘伯承所说，运动战"虽然它在战术上不能不运用正规的战术，然而游击战术一切的特长与方式，都必须尽量运用。只不过自步兵团起，军队越大，其采用游击战术的成分越少而已"⑤。

①《毛泽东选集》第一卷，第227页。
②《朱德选集》，第37页。
③ 林伯野等，《毛泽东军事辩证法思想新探》，第352～354页。
④《刘伯承军事文选》，第121页。
⑤《刘伯承军事文选》，第132页。

（3）两者相互配合。在中国革命战争中，正规战与游击战是相辅相成，相互配合的。没有游击战，发展不了正规战，没有正规战也同样发展不了游击战。正规军的正规战必须有游击战来配合，而游击战争必须适时地转为正规战争，双方都是以对方某种发展为自己发展的条件，双方都不可能脱离对方孤立发展。若只有正规战而无游击战，正规战的开展将受到影响，其作用不能充分发挥。反之，若只有游击战而无正规战，将不能大量消灭敌人，最后解决战争的命运。将正规战与非正规战有机地统一起来，既能发挥正规战的优势，又能运用非正规战的长处，使之相得益彰，这是人民战争在军事战略上独有的优势。第二次世界大战中，欧洲不少国家只重视打正规战，一旦其正规军被德军击败，只得被迫宣布投降。从军事上看，这与他们鄙弃非正规战，因而无法有效组织人民进行武装抵抗有关。

2. 把游击战提到战略地位是毛泽东军事辩证法思想的一个伟大创造

游击战术在战争历史上是早已有之的。无论中国和外国，历史上都曾发生过多次游击战争。恩格斯曾指出；“一个想争取自身独立的民族，不应该仅限于用一般的作战方法。群众起义，革命战争，到处组织游击队——这才是小民族制胜大民族，不够强大的军队抵抗比较强大和组织良好的军队的唯一方法”。[①] 但历史上的游击战争，其规模大多比较小，由于缺乏正确的思想指导，往往不能真正发展成为正规战争而归于失败，也从来没有人把游击战争提到战略地位上来认识。只有毛泽东在中国革命战争中，第一次把游击战争提到战略地位上来加以考察和应用，并领导了大规模、长时期的游击战争，对游击战争理论作了全面而完整的论述。这一伟大创举不仅全面揭示了游击战与正规战之间的辩证统一关系，而且对马克思主义军事辩证法的发展也做出了杰出的贡献。

毛泽东把游击战提至战略地位上来考察的思想经历了一个发展过程。早在井冈山根据地的初创时期，毛泽东就参考朱德的经验，提出了：“既要会打仗，又要会打圈”的作战经验，并和朱德一起，提出了“打得赢就打，打不赢就走”“赚钱就来，蚀本不干”等游击战术。不过，毛泽东当时还没有从理论上对游击战的战略地位进行说明。到一九三五年十一月，他明确指出了游击战的发展，具有“战略上的重要意义”。

抗日战争时期，毛泽东提出了“独立自主的山地游击战”的战略方针，并于一九三八年先后发表了《抗日游击战争的战略问题》《战争和战略问题》等关于游击战争的著作，对游击战的战略地位作了完整系统的理论说明。他就游击战这个“小题目”作“大文章”，让游击战从战

①《马克思恩格斯全集》第6卷，第461页。

术范围跑出来向战略敲门，明确指出："在中国，游击战的本身，不只有战术问题，还有它特殊的战略问题。"① 游击战在中国具有的战略地位可以从以下几个方面进行分析②：

（1）在中国革命战争中，"游击战争虽在战争全体上居于辅助地位，但实占据着极其重要的战略地位。"③ 在中国革命战争中，游击战长时期都起着重要的配合作用，有的时期它还是主要作战形式，支撑着中国革命的局面。其规模之大、时期之长、参战人数之多、斗争之残酷都是历史上罕见的。从战争总体上说，决定战争命运的固然是正规战，但没有游击战，正规战的作用也不可能得到充分的发挥。因此，三种武装力量的配合、三种作战形式的配合一直是我军克敌制胜的法宝。游击战对正规战不但担负着战役、战斗上的配合作用，而且担负着战略上的配合作用。战役战斗的配合指的是游击队在战场上的直接配合作用，它往往是由正规军首长统一指挥，与正规军协同作战，一般担负钳制敌人、侦察敌情和阻碍敌人运输等任务。战略上的配合指的是游击队在敌人后方独立作战，使敌人不得安宁，不得不以大量兵力保护其军事要地和交通线，从而减少正面战场上敌人对我军的兵力，并且可以给予整个敌军敌国以精神上的不利影响，振奋我军和人民的精神。游击队的战略配合作用是贯彻始终的，它们不但在"敌人举行战略进攻时配合正规军起了战略防御的作用；又不但在敌人结束其战略进攻转入保守占领地时，将配合正规军妨碍敌之保守；而且将于正规军举行战略反攻时，配合正规军击退敌军恢复整个的失地。"④

（2）在中国革命战争中，游击战成了向正规战发展的坚实基础。毛泽东指出："游击战的战略作用就有两方面：一是辅助正规战，一是把自己也变为正规战。"⑤ 我军建军之初是以游击战为主要作战形式的。从一定意义上说，我军的主力大量是由游击队发展起来的；我军的正规战也是由游击战发展起来的。毛泽东指出："游击战向运动战发展并非废除游击战，而是在广泛发展的游击战之中逐渐地形成一个能够执行运动战的主力，环绕这个主力的仍然应有广大的游击部队和游击战争。这种广大的游击部队，造成这个主力的丰富的羽翼，又是这个主力继续扩大的不断的源泉。"⑥ 没有游击战也就不可能产生我军的正规战。而游击战如果不向正规战发展，也不可能最后解决战争的命运问题。

（3）游击战的战略地位是由中国革命战争的特殊情况决定的。游击战这一作战形式之所以重要，是因为它和中国革命战争的特点有着密切的联系。毛泽东在抗日战争中对这个问题作了深刻的分析，精辟地阐明了游击战在抗日战争中的战略地位，并提出了抗日游击战争的六个具体

① 《毛泽东选集》第二卷，第499页。
② 林伯野等，《毛泽东军事辩证法思想新探》，第356~358页。
③ 《毛泽东选集》第二卷，第552页。
④ 《毛泽东选集》第二卷，第416页。
⑤ 同①。
⑥ 《毛泽东选集》第二卷，第433~434页。

战略问题，即主动地、灵活地、有计划地执行防御战中的进攻战，持久战中的速决战和内线作战中的外线作战；和正规战相配合；建立根据地；战略防御和战略进攻；向运动战发展；正确的指挥关系等。这些论述，阐明了抗日游击战争的战略纲领，为争取抗日战争的最后胜利指明了方向。

毛泽东关于游击战的理论和实践，使这一作战形式大大向前推进了一步，在全世界引起了广泛的影响。日本的久住忠男在《战争、战略、日本》一书中指出："毛泽东论述得最精辟的是游击战。他所论述的游击战，比以往任何战略书籍都丰富。他那富有想象力的论述，是举世罕见的。在二十世纪出现的各种战略著作中，最有特色的就是毛泽东的游击战论"，"在他的论述里面，有坚定的理论和体系"。《核时代的美国战略》一书指出："毛泽东在游击战方面的著作，比任何其他共产党领袖更为广博"。日本军事评论家池野清躬指出，把游击战"加以系统化、战略化、普遍化的始祖，无论怎么说也是中国的毛泽东。他是现代游击战争之父，典型的实践指导者"。埃利奥特·贝特曼则进一步指出："发展全面的游击战争和游击战配合正规战的理论是毛泽东对军事科学的两个主要贡献"。在第二次世界大战以后，不少国家和地区的人民运用游击战抗击入侵的敌人，发挥了重要作用，无怪乎西方有人认为："毛泽东的游击战略，已有效地改变了世界面貌。"①

3. 适时对作战形式进行战略转变

在中国革命战争中，我军与人民群众相结合，进行了威武雄壮的人民战争，并根据敌我力量对比和战争的实际情况，时而分散，以游击战为主要形式；时而集中，以正规战为主要作战形式。毛泽东根据我国的地理条件、敌我力量的对比、我军的作战能力和任务，要求灵活地运用作战形式，并把转变作战形式提到战略转变的高度来考察，适时正确、有效地打击敌人，发展壮大了自己，从而有力地推动了中国革命战争的胜利发展。

在我军初创时期，游击战是主要的作战形式。由于红军人数少，武器差，敌我力量悬殊较大，根本不具备打正规战的条件。因此，毛泽东一再强调必须"承认红军的游击性"。②经过三年的英勇奋战，我军力量逐步壮大，根据地也不断扩大，开始具备了打正规战的条件。1930年冬，毛泽东在第一次反"围剿"时，适时地进行了由游击战向运动战的转变。但这个时期的运动战只是初级形式的运动战，带有游击性的运动战，游击战仍然占很大成分。毛泽东一方面指出，这个时期"基本的是运动战，并不是拒绝必要的和可能的阵地战。"同时，又强调要"老老实实地承认红军的游击性"。"游击性正是我们的特点，正是我们的长处，正是我

① 联邦德国《军事与经济》，1985年。

②《毛泽东选集》第一卷，第175页。

们战胜敌人的工具。”[①] 但是，后来“左”倾机会主义统治的中央却大反所谓“游击主义”，推行“正规原则”，取消了游击战、运动战，而实行消极防御的阵地战，其结果是丧失了许多革命根据地，使革命事业遭受严重损失。

在抗日战争中，毛泽东领导我军进行了又一次战略转变，即以正规战为主改变为以游击战为主。他曾对抗日战争的三个战略阶段的作战形式，作了明确的规定，指出，“第一阶段，运动战是主要的，游击战和阵地战是辅助的。第二阶段，则游击战将升到主要地位，而以运动战和阵地战辅助之。第三阶段，运动战再升为主要形式，而辅之以阵地战和游击战。”[②] 这一规定是从全国的作战形势来说的，包括了正面战场和解放区战场两个方面。对八路军来说，无论是第一阶段即战略防御阶段，还是第二阶段即战略相持阶段，由于敌我强弱差距太大，都只能以游击战作为主要形式。因此，毛泽东从一开始就提出开展独立自主山地游击战的战略方针。他对抗日战争的全局和部分作了明确的区分，认为在全体上，运动战是主要的，游击战是辅助的；在部分上，游击战是主要的，运动战是辅助的。从战争发展过程来看，“解决战争的命运，主要是依靠正规战，尤其是其中的运动战，游击战不能担负这种解决战争命运的主要的责任。但这不是说：游击战在抗日战争中的战略地位不重要。游击战在整个抗日战争中的战略地位，仅仅次于运动战，因为没有游击战的辅助，也就不能战胜敌人。”[③] 第三阶段即战略反攻阶段，按照毛泽东的设想，我军将实行以游击战为主向以运动战为主的战略转变，但由于国际形势的变化，反攻阶段时间很短，就取得了胜利。我军由游击战向运动战的战略转变，实际上是到全国解放战争开始才实现的。

毛泽东关于适时进行战略转变的理论，对指导抗日战争取得胜利，起到了极为重要的作用。在战略防御和战略相持阶段，八路军新四军分散兵力，广泛开展游击战，开辟抗日根据地，广大军民在敌人后方利用山地、森林湖沼、平原地“青纱帐”为依托，开展了轰轰烈烈的游击战争，以地雷战、地道战、麻雀战、伏击战、破击战等各种战法，神出鬼没，灵活巧妙地打击敌人，大显神威。参加过侵华战争的旧日军大本营参谋陆军中校山畸重三郎在日本军事杂志《丸》1965 年 12 月号上发表的文章中写道：“在世界战争史上，虽然有各种各样的游击战，但只有毛泽东率领的中国共产党军队在抗日战争中进行的游击战，堪称历史上规模最大、质量最高的游击战。在毛泽东的游击战略中，‘游击战’是在军事、政治、经济、思想、文化等领域广泛进行的。因此，尽管日军企图寻找敌人作军事决战，而‘中共’军队则巧妙地避开，

① 《毛泽东选集》第一卷，第 230 页。
② 《毛泽东选集》第二卷，第 499 页。
③ 同②。

转入广大群众中间，倾其全力进行动员和组织群众工作。这样，'武力决战'的场面就很少发生，而小规模的袭击却从来没有间断过，使日军一直为看不见敌人而坐立不安。”作者接着深有感触地写道：毛泽东的游击战战略，“可以说是一种全民总动员、一致对敌的攻势战略。它把全国人民不分男女老幼全部动员起来，发挥卫国卫民的主观能动性，造成集中全民力量正面冲击敌人的威势。”“这样组织起来的游击队组织，给了日军及其制造的政权种种严重的打击：使他们既不能开发资源，又不能取得物资，造成供应困难，民心不稳……以致占领军从精神上发生动摇瓦解”。作者最后总结说，毛泽东这种游击战略曾经“把百万帝国陆军弄得团团转”。①

抗日战争胜利后，根据战争形势的发展变化，需要适时将游击队、游击战发展为正规军和正规战。在全国解放战争中，由于我军适时地实行了战略转变，以运动战作为主要的作战形式，以游击战和阵地战作为辅助形式，从而保证了解放战争取得全国性的胜利。总之，在战争中，实行军事战略转变，要根据新的战略阶段的内容确定，而各战略阶段的变化又是以主要作战形式的转变为主要标志的。毛泽东根据变化着的战争内容，不失时机地实行战略转变，确定主要作战形式，指导战争取得了最后胜利。

苏联卫国战争初期，苏军没有组织敌后游击战争，但被德军击溃滞留在敌后的若干苏军残部，分散地、自发地袭击德军补给部队，开战第十九天使德军全部战略运输单位的汽车损失四分之一，第二十六天使德军中央集团军群的汽车损失三分之一，第三十天使德军南方集团军群的汽车损失二分之一，削弱了德军进攻能力，发挥了重大作用。这一经验值得借鉴。游击战在未来战争中，不但仍具有重要的战略地位，而且其规模更大，范围更广，军事技术水平更高，因此需要根据现代战争的特点，创造出新的战法。我们必须对现代化的游击战予以足够的重视。

（七）运动战与阵地战

运动战是在不固定的作战方向和作战线上进行的外线的速决的进攻战，其主要特点是作战线的流动性和主要执行进攻任务。阵地战是在固定作战方向和作战线上，依托既设阵地，进行的防御战或进攻战。其主要特点是作战线的相对稳定性，它有时执行进攻任务（阵地进攻）有时执行防御任务（阵地防御）。在长期的革命战争中，我军除了进行游击战以外，还采取了正规战的作战形式。在正规战中，运动战和阵地战是两种重要的作战形式。毛泽东根据中国革命战争的客观进程和战争

① 转引自《毛泽东军事思想研究学术文集》，第423页。

双方的实际情况，对运动战和阵地战各自在战争中的地位、作用、特点以及两者之间的关系作了深刻论述，不仅创立了具有中国特色的完整系统的运动战思想体系，而且使阵地战理论也在我军的战争实践中不断向前发展。

1. 毛泽东在战争实践中正确处理了运动战和阵地战的相互关系

毛泽东认为正确处理运动战和阵地战之间的辩证关系是中国革命战争中战略指导的一个重大问题，他根据中国革命战争的特点和规律，运用唯物辩证法的基本观点，对两种作战形式的主次关系和相互配合、相互转化的情况作了精辟的分析，正确处理和论述了运动战和阵地战之间的相互关系。

（1）从中国革命战争的总体上确定了以运动战为基本的作战形式。根据中国革命战争的特点，毛泽东规定了我军基本作战方针是歼灭战，主要作战方法是集中兵力，各个歼灭敌人，主要作战形式是运动战，从而在三种作战形式中抓住了运动战这个中心环节，既不是仅仅停留在游击战水平上，又尽可能避免陷入被动的阵地战。这对于指导中国革命战争取得胜利起了重要作用。早在土地革命战争时期，毛泽东就认为，由于敌强我弱以及我国的政治、经济发展的不平衡等情况，红军作战的一个显著特点是没有固定的作战线，进行正规战争的基本作战形式是运动战而不是阵地战。在抗日战争中，他又进一步指出："整个战争中，运动战是主要的，游击战是辅助的，说的是解决战争的命运，主要是依靠正规战，尤其是其中的运动战，游击战不能担负这种解决战争命运的主要的责任。"①

（2）运动战和阵地战两种作战形式不是孤立地存在，而是相互渗透，相互联结与转化的。总体上说，以运动战为主，但在实际战争中，善用兵者要根据实际情况适时地选择和变换主要作战形式，并使两种作战形式密切配合。两种作战形式的渗透与转化大致有三种情况②：一是在战斗上的相互转化。如遭遇战是运动战，攻击固守之敌往往是阵地战。进攻时阵地一旦被突破即转为运动战。战斗中的防御，阻止援敌，是阵地战。阻击任务完成后转为进攻或追击，往往又变成运动战。二是在战役上的互相转化。野战攻击集团往往采取运动战形式，阻援集团则进行阵地战。攻城集团进行阵地战，打援集团又往往进行运动战。攻城前扫清外围多是进行阵地战，攻城后向敌纵深突击转为追击时，又变成运动战。三是在战略上的互相转化。在战略防御阶段，实行外线的速决的进攻战是以运动战的形式为主，在战略反攻和战略进攻阶段对大城市和坚固设防地域的进攻，则是以阵地战形式为主。战略追击采取大包抄、大迂回，

① 《毛泽东选集》第二卷，第498～499页。
② 林伯野等，《毛泽东军事辩证法思想新探》，第364页。

合围敌重兵集团则又转为运动战。

运动战和阵地战各有各的作用，只有相互配合才能取得胜利。正如刘伯承所说，在战争中，运动战与阵地战时常是互为变换的。当我主力向敌某一强大集团进攻时，敌必以重兵进行增援，这时为了保证主攻集团作战，阻援和打援集团必须以阵地防御战，坚决阻止敌人的增援，这样，大规模的运动战与大规模的阵地战又是同时进行的了。因此，一个大的战役中，就包括若干个攻城、野战阵地攻坚、坚守阵地防御和对运动之敌的围歼。既有歼灭运动之敌的运动战，又有阵地攻坚战，还有阵地防御战。

（3）在我国革命战争发展的各个阶段，两种作战形式的地位和作用是不断变化的。土地革命战争时期，我军在战略上处于防御地位，主要是采取外线速决的进攻战，消灭运动之敌，阵地进攻与阵地防御所占的比重很小，而且只能起辅助作用。解放战争时的战略防御阶段与土地革命战争时期基本相同，但野战阵地攻坚的比重已增多。转入战略进攻后，虽然仍是力求在运动中歼灭敌人，但随着战争的发展，夺取大城市的阵地攻击，就逐渐增多，阵地战的地位逐渐提高，由对运动战起辅助作用的地位，发展成为与运动战有同样重要的地位。这样在战役中又形成了从阵地攻击开始，而以运动战结束的作战样式。在解放战争后期，阵地战的地位和作用尽管不断提高，但是通观我国革命战争的总过程仍然是运动战起了重要作用。

2. 毛泽东在指导中国革命战争的实践中，充实和发展了运动战理论

运动战的特点是没有固定的作战方向和作战线，其核心是调动敌军于运动中加以歼灭。这种战法，在古今中外的战史上是屡见不鲜的。孙武说："兵之情主速，乘人之不及，由不虞之道，攻其所不戒也。"[①] 其他一些兵书也有类似的说法。在战争历史上，孙膑曾指挥军队"批亢捣虚，疾走大梁"，两次调动魏军从运动中予以歼灭，创造了"围魏救赵"战法。古代军事家受历史条件限制，不可能明确地概括出完整的运动战思想。尽管他们所具有的运动战思想还不系统，但仍然值得借鉴。

随着生产的发展和武器装备的改进，军队机动性能提高，近代资产阶级军事家很强调大兵团的"机动战"。拿破仑认为"行军就是战争"，他的原则就是迅速机动兵力，调动敌军于运动中各个击破。马克思说："应该把起义的力量集中起来……这一切应该在最初的时刻就火速地全都做到，唯有快才能保证胜利。"[②] 恩格斯对拿破仑 1976 年率军远征意大利的机动作战的战法，曾给以高度评价。克劳塞维茨在《战争论》一

①《孙子兵法·九地篇》。

②《马克思恩格斯选集》第 7 卷，第 156～157 页。

书中并没有提到运动战这个概念，但他强调机动战，还专门有两章阐述这个问题。苏联在十月革命后的内战时期，曾运用运动战这一作战形式对白军作战。在第二次世界大战中，大量的是运动战，只是在某些时期某些军事要点上采用阵地战形式。历史上的运动战和机动战都是决定战场上胜负的辅助因素，后来才发展为一种独立的作战方法，但从军事思想体系上看，阵地战仍然是主导的，运动战思想没有形成完整体系。

毛泽东总结了中国革命战争的实践经验，充实和发展了运动战思想。在人民战争思想的基础上，形成了具有中国特色的完整系统的关于运动战思想的科学体系，从而丰富了马克思主义军事思想的宝库。对毛泽东的运动战思想，可以从以下几个主要方面来理解[①]：

（1）运动战是一个具有丰富内容的科学概念，其含义比较广泛。毛泽东指出："运动战，就是正规兵团在长的战线和大的战区上面，从事于战役和战斗上的外线的速决的进攻战的形式。同时，也把为了便利于执行这种进攻战而在某些必要时机执行着的所谓'运动性的防御'包括在内，并且也把起辅助作用的阵地攻击和阵地防御包括在内。它的特点是：正规兵团，战役和战斗的优势兵力，进攻性和流动性。"[②]毛泽东把某些起辅助作用的阵地进攻和阵地防御也纳入运动战，这就超出了一般人所指的运动战只是机动作战的概念，使它成为战场上具有独立体系的作战形式，其含义更为广泛。它既包含起辅助作用的阵地战，又包括带有游击性的运动战。具有中国特色的运动战是建立在战略劣势基础上，依赖广大人民群众支援的作战形式。这一种作战形式具有机动的、主动的性质，对后方基地的依赖性不大，有利于充分发挥人民战争的威力，有利于调动敌人，创造战机，选择战场，形成有利的进攻态势。这样的运动战充分体现了毛泽东机动灵活的指挥艺术，符合当时我国革命战争的实际情况，因而长期以来成为我军运用得最为成功的正规战形式，在毛泽东军事辩证法中占有着突出的地位。

（2）贯彻运动战思想的关键是处理好打与走的辩证关系。运动战的特点是进攻性和流动性，进攻性主要体现在打上，流动性主要体现在走上。正确处理打与走的关系，是实行运动战所要解决的基本问题。毛泽东指出："'打得赢就打，打不赢就走'，这就是今天我们的运动战的通俗的解释"。[③]打与走都是战争的运动形态，走是运动战的一个组成部分，也是运动战的突出特点。毛泽东把它作为军事原则提出来，甚至提到战略高度来看待。贺龙元帅就曾说过，可靠的根据地在我们的脚板上。在实战中，一般来说，走路的即机动的时间通常多于作战时间。但是我们承认必须的走，是以承认必须的打为前提的。走是手段，打是目的。如

① 林伯野等，《毛泽东军事辩证法思想新探》，第367～370页。
② 《毛泽东选集》第二卷，第497页。
③ 《毛泽东选集》第一卷，第230页。

果只走不打，将失去走的价值，成了逃跑主义；相反，只打不走，就找不到有利的战机，在敌强我弱的情况下，与敌人拼命，我将陷入被动，有被敌击败的危险。如果不具备打的条件时，我们就必须以走来创造打的条件。通过走来调动敌人，捕捉战机，达到打的目的。毛泽东曾具体分析了几种不好打而必须走的情形。“第一是当面的敌人多了不好打；第二是当面敌人虽不多，但它和邻近敌人十分密接，也有时不好打；第三,一般地说来，凡不孤立而占有十分巩固阵地之敌都不好打；第四是打而不能解决战斗时,不好再继续打。以上这些时候,我们都是准备走的。这样的走是许可的,是必须的。”① 在中国革命战争的实践中,毛泽东“审时度势”，运筹帷幄，把“走”和“打”的关系辩证统一起来，创造了许多用“走”调动敌人，用“打”歼灭敌人的战例，如红军以诱敌深入来创造歼灭敌人的条件,粉碎了敌人的多次“围剿”。长征时“四渡赤水”是“走”与“打”辩证统一的典范。解放战争时期不计一城一地的得失，最后取得苏中战役的“七战七捷”、陕北的“三战三捷”、晋冀鲁豫战场的“三出陇海线”等。毛泽东高超的指挥艺术在运动战中得到了生动的体现。

（3）运动战要有一套机动灵活的作战方法。毛泽东在《中国革命战争的战略问题》中，结合中国革命战争的实际经验，在执行运动战方面，讲了二十七个具体问题。他说：“运动战的实行方面是很多的,例如侦察、判断、决心、战斗部署、指挥、荫蔽、集中、开进、展开、攻击、追击、袭击、阵地攻击、阵地防御、遭遇战、退却、夜战、特种战斗、避强打弱、围城打援、佯攻、防空、处在几个敌人之间、超越敌人作战、连续作战、无后方作战、养精蓄锐之必要等。”② 后来，他又提出打运动战要注意诱敌深入，打分进之弱敌，一战而胜再及其余，围城打援，打运动之敌或立足未稳之敌；敌进我进,你打你的,我打我的；超越敌人作战，釜底抽薪等。总之，在敌强我弱的情况下，运动战不但要求我军脱离阵地工事，而且也要求敌军脱离阵地工事。运动战在战场上不是辅助手段，而是独立的重要手段。对固守阵地之敌，如我无攻坚手段，即采取攻其所必救，歼灭其救者的战法，把阵地战转变为运动战，使敌人失去坚固阵地依托。围城打援,就是这种战法的运用与发展。在“十大军事原则”中，他对运动战思想作了进一步的阐述。由于具体条件不同，表现形式也是不同的。在解放战争时期，我军大踏步进退，在广阔的战场上往返机动。战略进攻中采取跃进方式，战略追击时实行远距离迂回包围。而在抗美援朝时期，由于我军机动手段落后于敌，加上地理条件不同，运动战则表现为战役上小型的迂回包围和战术上的穿插分割。

① 《毛泽东选集》第一卷，第230页。
② 《毛泽东选集》第一卷，第233页。

综上所述，运动战作为科学的军事理论体系之一，是在中国人民革命战争中形成的，是毛泽东及其战友在中国的具体条件下，从无数次与强敌浴血奋战中总结出来的。它是建立在以劣势装备战胜优势装备敌人的人民战争基础之上的。它不仅是重要的战术原则，而且是重要的战略指导思想。

3. 毛泽东军事辩证法思想中的阵地战思想，是随着中国革命战争实践中阵地战地位的变化而发展起来的

阵地战的作战形式，古已有之。无论中国和外国，为了争夺要塞和筑垒城市，都要进行阵地战。后来这种作战形式也逐步运用于野战阵地。特别是第一次世界大战的中后期，欧洲战场上大规模的阵地战更为流行。中国革命战争中的阵地战在多数情况下是作为运动战的组成部分出现的。它的作用是辅助运动战转换战局。这是由我军当时所处的历史条件决定的。当时我军对后方基地的依赖性不大，加上我军装备处于劣势，有利于实行运动战，利用广阔的空间和敌周旋，而不利于实行阵地战和敌人硬拼。但是阵地战在我军发展史上仍然是有一定作用的。毛泽东指出，基本是运动战，并不拒绝必要和可能的阵地战。全面理解毛泽东关于作战形式的理论，必须正确认识阵地战的地位和作用，充分肯定在情况需要而且条件许可的阵地攻击和阵地防御的重要性。

毛泽东历来反对主观主义和教条主义。毛泽东的阵地战思想也是在长期的革命战争中不断发展的。阵地战在战争中的地位和作用是随着我军的发展壮大而逐步提高的。土地革命时期，毛泽东提出：“阵地战对于我们是基本上无用的”，“不但防御时基本地不能用它，就是进攻时也同样不能用”。他还说过，大抵运动战是执行歼灭任务的，阵地战是执行消耗任务的。到抗日战争的反攻阶段，阵地攻击，由于条件的改变和任务的需要，变成了重要的作战形式。在全国解放战争的后期，我军不仅进行了大规模的运动战，而且进行了大规模的阵地战，合围并歼灭了敌人的重兵集团。抗美援朝战争中，我志愿军转入战略防御后，进一步提出了“采取坚强的阵地作战”的任务。

我军历来都是从战争的实际情况出发，灵活运用运动战、阵地战、游击战这三种作战形式。毛泽东曾把不同战争时期和不同战略阶段的作战形式的转换，提到战略高度来加以考察。他总是根据不同的战略方针和不同的战略目的，以一种作战形式为主，以其他两种形式相配合，并根据形势的发展和条件的变化，适时地转换。这就使我军在战争中扬长避短，以劣胜优，以弱胜强，最大限度地发挥人民战争的威力。三种作战形式灵活运用，有机结合，是毛泽东军事辩证法思想的重要

原则之一。

现代战争，由于军事技术的发展，进攻和防御能力几乎得到了同等程度的提高，并且使攻防对抗具有更多的表现形式。阵地战、运动战和游击战互相转化得更快。运动战转化为阵地战（包括阵地进攻和阵地防御），阵地战转化为运动战，甚至游击战，都有可能在短时间内出现。战争指导者必须根据敌情、地形、任务、部队装备，战略企图，战争阶段的变化，适时进行作战形式的转换。在未来战争中，不能呆板地搬用过去战争经验，更不能片面强调某一种作战形式，否则就要在复杂的客观实际面前，陷入形而上学，而这是违背毛泽东军事辩证法思想的。

（八）歼灭战与消耗战

进攻和防御两种基本形式从消灭敌人的效果及其程度来说，表现为歼灭战与消耗战两种作战形式。歼灭战是指歼灭敌人全部或大部有生力量的作战。它是进攻战的基本原则，是战争中的突变形式，其作战效果比较明显。消耗战是指逐渐消耗敌人的作战，是战争中的渐变形式，其作战效果不够显著。毛泽东对歼灭战与消耗战的辩证关系作了深刻分析，提出了打歼灭战的方针，这是促使革命力量由量变到质变的重要指导思想。

1. 歼灭战与消耗战是两种效果不同的作战形式

歼灭战和消耗战是突变和渐变两种变化形式在战争中的体现。歼灭战往往与速决战相联系。实行歼灭战要求迅速集中优势兵力，采取包围迂回战术，各个歼灭敌人。对歼灭战可以从战略和战役战斗两个层次来考察①。战略上的歼灭战，通常是指战略进攻时的战略决战。是敌对双方使用主力进行决定战争胜负的作战。这种歼灭战对战争的政治、军事目的，战争进程和结局起决定性影响，是像历史上的吴魏赤壁之战、秦晋淝水之战那样一战而决定战争命运的作战。战役战斗上的歼灭战，是在战争的一个地区或方向上，使用一支统一指挥的军队，为达到战争的局部目的或带全局性的目的，按照总的作战意图，在一定时间内所进行的歼灭敌人的作战。

消耗战往往与持久战相联系，目的是通过持久作战，改变敌我双方军事力量对比。消耗战也可以从战略和战役战斗两个层次来加以区分。战略上的消耗战，就是用战略上的持久战，逐渐消耗敌人的战争力量，转换敌我战略态势，适时将我之战略防御转为战略反攻和进攻，最后夺取战争的胜利。

① 林伯野等，《毛泽东军事辩证法思想新探》，第 376 页。

战役战斗上的消耗战，有两种情况。一种情况是为了保证主要方向上的进攻歼灭战的胜利，在次要方向上阻击援军，钳制敌人的防御战。目的是通过防御削弱或击溃另一路敌人，保证主要方向歼灭敌人。另一种情况是战役战斗上进攻中的消耗战，在作战中给敌人以击溃或是歼灭其一部。这种消耗战是以直接达到战略上消耗敌人为目的的。

毛泽东认为，歼灭战与消耗战二者是相辅相成、辩证统一的。从战争的目的和本质来说，消灭敌人是主要的，用歼灭战消灭敌人的效果较明显。因而一般来说，歼灭战是主要的；消耗战是次要的。但两者又是相互渗透，相互包含，并在一定条件下相互转化的。在中国革命战争中，由于敌强我弱，我军在战略上主要实行消耗战，只有在战争后期敌我强弱形势发生变化后，才能主要实行战略歼灭战，亦即战略决战。但战略上的消耗战，又主要是通过战役战斗上的歼灭战，削弱敌人的有生力量来完成的。因此，从战役战斗上说，歼灭战是主要的，消耗战又是起辅助作用的。总之，消耗战中包含着歼灭战，歼灭战中也包含着消耗战。没有战役战斗上的歼灭战就不会有战略上的消耗战，没有战役战斗上的必要的消耗战，也不会有主要方向上的战役战斗的歼灭战。在某些情况下，战役战斗上的消耗战也包含小型的歼灭战。例如，阵地坚守防御和运动防御中的消耗战，除了依托阵地、火力杀伤、消耗敌人有生力量外，还必须结合反冲击、反突击、阵地出击等小型歼灭战来完成防御任务。在坚守防御战役中，为了确保战略战役要地的稳定，除了防御兵团坚守外，对突入我防御纵深内较大之敌，或从翼侧、间隙插入我侧后对我威胁较大之敌，必须使用机动兵团，在坚守防御兵团配合下，以运动战的形式，对敌实行迂回包围而将其歼灭。这种进攻性的歼灭战，也从属于战役上的防御战和消耗战，是坚守防御阵地战的辅助措施。

将歼灭战与消耗战结合起来，争取战争胜利，古代已有之。由于歼灭战的作战效果较明显，历代军事家都强调打歼灭战的重要性。《国语》就有“尽敌为上”的观点，孙子也提出“全国为上，破国次之；全军为上，破军次之”①的主张。这些都是主张歼灭战而反对击溃战的。西方军事家也有类似的观点，如“以流血的方法来解决危机，力图歼灭敌人的军队，这就是战争第一胎的产儿”“只有进行巨大而全面的会战，才能产生伟大的结果”②。毛泽东批判地继承和发展了历代军事家的思想，对歼灭战和消耗战的辩证关系作了十分详细的论述。他根据中国革命战争的实际情况，把战略上持久防御的消耗战与战役战斗上速决进攻的歼灭战结合起来，把战役战斗中的歼灭战与起辅助作用的消耗战结合起来，特别是明确地提出了集中优势兵力打歼灭战的作战原则，从而创造性地

①《孙子兵法·谋攻篇》。
②《战略论》，第295页。

解决了以劣势装备战胜优势装备的敌人的战争指导问题。因而美国的约翰·柯林斯说："赤色中国主张的'歼灭战'，在大多数其他国家的作战原则中是没有的。"[①] 把歼灭战作为作战原则，这是毛泽东的一个伟大创造。

2. 战役战斗的歼灭战是达到战略消耗战目的之主要手段

毛泽东认为，使战略消耗战最后转化为战略歼灭战的关键在于把战略消耗战和战役战斗的歼灭战结合起来，在战役战斗上实行集中优势兵力打歼灭战的方针。战略上的消耗战与战役战斗上的歼灭战是有直接同一性的。在战役战斗上歼灭敌人，就意味着从战略上消耗敌人。毛泽东指出："抗日战争是消耗战，同时又是歼灭战。"[②] 他历来主张在战役战斗上打歼灭战，反对打击溃战和得不偿失的消耗战。"没有战役和战斗的歼灭战，就不能有效地迅速地减杀其强的因素，破坏其优势和主动……没有战役和战斗的歼灭战，也不能成功。因此，战役的歼灭战是达到战略的消耗战之目的的手段。"[③] 战役战斗的歼灭战的作用表现在以下几个方面[④]：

第一，歼灭战能最有效地消灭敌人的有生力量，给敌人以决定性的打击。歼灭战是歼灭敌人有生力量的作战，不战则已，战则必胜，必有俘获。毛泽东在指导战争中，确定了歼灭战为我军的基本作战方针。他指出："击溃战，对于雄厚之敌不是基本上决定胜负的东西。歼灭战，则对任何敌人都立即起了重大的影响。"他并形象地比喻说："对于敌，击溃其十个师不如歼灭其一个师"[⑤]，生动而具体地表述了歼灭战的积极意义。

第二，歼灭战能够大量利用被战败的敌人的人力物力资源补充自己，发展壮大自己的力量。"给敌以歼灭而给我以补充，这样就不但抵偿了我军的消耗，而且增加了我军的力量。"[⑥] 在中国革命战争中，我们没有自己的军事工业，我军的大部分补给都来源于前线，主要依靠帝国主义和国内敌人的军事工业。这就是通过歼灭战缴获敌人的弹药、给养，让敌人起运输队的作用为我所用。同时，通过歼灭战大量俘虏敌人士兵，经过政治教育，使其成为革命战士，也扩大了我军的兵源。我军要保持和扩大革命根据地，也是要通过歼灭战，消灭敌人的有生力量来实现的。

第三，歼灭战能够极大地打击敌人的士气，鼓舞我军的士气。这是由于歼灭战能整师整团地消灭敌人，效果显著，消息传开，必然会使敌军产生恐惧心理，战斗意志受到很大打击，甚至会加剧敌军的内部矛盾，使他们相互观望，畏缩不前。"要使敌人发生瘫痪现象，从物理方面来说，就是要使他们组织涣散，从心理方面来说，就是要使他们士气瓦解。"[⑦]

① 《大战略》，战士出版社，1978年，第61页。
② 《毛泽东选集》第二卷，第501页。
③ 同②。
④ 林伯野等，《毛泽东军事辩证法思想新探》，第379～381页。
⑤ 《毛泽东选集》第一卷，第237页。
⑥ 同⑤。
⑦ 《战略论》，第469页。

对我军来说，士气则将受到很大鼓舞。当然，在这种情况下，也应该防止骄傲心理。

第四，歼灭战能够较明显地逐步改变敌我力量对比。战争是敌我有生力量的竞赛，战争中敌我双方矛盾转化的根本是力量对比的消长变化。而力量转化的根本办法，就是集中兵力打歼灭战。敌我力量的消长、变化是一个由量变到质变的过程。歼灭战能引起敌我力量的显著变化，是一种突变形式。在未引起全局质变之前，一次歼灭战的胜利只是量变过程中部分质变。但这种部分质变积累多了，必将较快地引起全局的质变。毛泽东指出：“只有每战集中优势兵力，不论在战略防御时期也好，在战略反攻时期也好，一律采取战役和战斗中的外线作战，包围敌人而消灭之，不能包围其全部，也包围其一部，不能消灭所包围之全部，也消灭所包围之一部，不能大量俘虏所包围之敌，也大量杀伤所包围之敌。集合很多这样的歼灭战，才能转变敌我形势，将敌之战略包围，即敌之外线作战方针根本击破”。[①]

3. 战役战斗的消耗战是辅助的，但也是战略上的持久战所必需的

除了战役战斗上的歼灭战外，还有战役和战斗上的消耗战，它虽然是起辅助作用的，但也是不可忽视的，因为它也是战略持久战所必需的。战役战斗的消耗战有三种情况[②]：一是得大于失，自己的消耗小于敌人的消耗；二是得失相等，敌我双方的消耗差不多；三是得不偿失，自己的消耗大于敌人的消耗。我们所说的消耗战主要是指的第一种，对于后两种消耗战，应该努力避免，因为它既不能达到从战略上消耗敌人，改变敌我力量对比的目的，也不能为保证主力在主要方向打歼灭战创造条件。

战役战斗上的消耗战虽然不如歼灭战的作战效果明显，但对于争取战略消耗战的最后胜利，也是具有重要辅助作用的。在战役、战斗的消耗战中，虽然我军也消耗了，但主要是给敌人以消耗，这也就是胜利。这种小胜利，积累多了，也能在一定程度上对转变战局造成影响。正如毛泽东所说：“战役的消耗战，是辅助的，但也是持久作战所需要的。”[③]消耗战、歼灭战和三种作战形式的具体运用有着密切联系。一般来说，外线、速决、进攻的运动战主要是执行歼灭战的任务，游击战则既要袭扰敌人打消耗战，又要打小型的歼灭战。阵地防御战则主要进行消耗性的作战。三种形式都是不可缺少的。所以，在抗日战争时期，毛泽东指出：“中国在防御阶段中，应该利用运动战之主要的歼灭性，游击战之部分的歼灭性，加上辅助性质的阵地战之主要的消耗性和游击战之部分的消耗性，用以达到大量消耗敌人的战略目的。”[④]

某些战役战斗的消耗战，如保证主力歼灭敌人的部分防御战、阻击

① 《毛泽东选集》第二卷，第410页。
② 林伯野等，《毛泽东军事辩证法思想新探》，第382页。
③ 《毛泽东选集》第二卷，第501～502页。
④ 《毛泽东选集》第二卷，第502页。

战和运动防御战，以及次要方向上的钳制战等，是直接配合战役战斗的歼灭战而进行的，它是整个战役战斗歼灭战的一个组成部分，是为主力打歼灭战创造条件的，是打歼灭战所必不可少的。因此，这种消耗战对引起敌我力量的变化起了重大作用。我军许多漂亮的战役，都是战役战斗的消耗战与战役战斗的歼灭战相配合打胜的。

战争实践表明，打歼灭战的样式很多，但无论哪一种歼灭战都离不开消耗战，歼灭战的战绩中就包含着消耗战的战绩。消耗战也离不开歼灭战，二者是相辅相成的。陈毅曾高度赞扬消耗战对歼灭战所起的配合作用。由于这种消耗战是战役战斗歼灭战的组成部分，衡量它的效果，不是看它直接对敌人起到多少消耗作用以及自身消耗和敌人消耗的对比，主要应看它对歼灭战所起的配合作用的大小。如果胜利完成了配合任务，即使自身遭到较大的消耗，也是取得了胜利。

毛泽东在中国革命战争的不同时期，对处理歼灭战和消耗战的具体关系问题有不同的提法。在土地革命战争时期，敌人深入根据地内"围剿"，常常是孤军深入，较易被各个歼灭。据此，他提出了"承认歼灭战，反对击溃战"的方针。抗日战争时期，作战对象起了变化，打歼灭战比较困难。针对这种情况，他又提出"尽可能的歼灭战"，"在一切不利于执行歼灭战的场合，则执行消耗战"。解放战争时期，敌我力量差距已经缩小，他又指出："给敌以歼灭与给敌以歼灭性打击，必须同时注重"。在一定情况下，"不以全部歼灭敌军为目标，而以歼灭其一部，击溃其另一部为目标。这样做，可以减少我军伤亡。"抗美援朝战争中，面对机动力很强的敌人，我军很难打大规模的歼灭战。他又提出"实行战术的小包围，打小歼灭战"的方法。根据不同的战役情况提出不同的指导思想，这就是毛泽东军事辩证法思想的基本要求。

战略上的消耗战并不排斥在一定时期实行战略上的歼灭战，相反，只有使战略上的消耗战转化为战略上的歼灭战才能取得战争的彻底胜利。因此，当战争中后期，我军处于战略进攻和战略追击时，就必须力争打大歼灭战，采取跃进式的战略追击和大迂回、大包围，合围敌重兵集团，加以全歼，以加快战争的进程和结局。

（九）集中兵力与分散兵力的辩证关系

实现强弱转化，最有效的办法是"集中优势兵力、各个歼灭敌人"。[①]毛泽东同志精辟地指出："对于人，伤其十指不如断其一指；对于敌，击溃其十个师不如歼灭其一个师。"[②]人称毛泽东用兵如神，原因就在于他善于按照具体情况，及时地、正确地实行兵力的集中、分散和转移，

①《毛泽东选集》第四卷，第1197页。
②《毛泽东选集》第一卷，第237页。

从而不断战胜敌人。运用进攻与防御这两种基本形式和各种具体作战形式以保存自己，消灭敌人，都必须灵活地使用兵力。灵活使用兵力的重要方法就是集中使用与分散使用相结合。他强调用“削萝卜”的办法来消灭敌人，使我军在战略上处于劣势的情况下，形成战役战斗上的优势，积小胜为大胜，从量变发展到质变。毛泽东军事辩证法思想吸取了前人在这方面的智慧，而且系统总结了中国革命战争中在这方面的实践经验，深刻阐明了集中使用兵力和分散使用兵力的辩证关系。

1. 集中兵力是我们制胜敌人的根本法则之一

集中优势兵力，各个歼灭敌人的原则，是古今中外军事家都很强调的一条原则，自古以来，一切明智的军事家都很重视集中使用兵力问题。孙武说：“我专为一，敌分为十，是以十攻其一也。则我众敌寡，能以众击寡者，则吾之所与战者约矣。”① 以我之集中对敌之分散，必然取得以众击寡的效果。他还认为集中兵力的关键是“形人而我无形”②，用假相欺骗敌人而不暴露我军的真相。汉代的《淮南子·兵略训》更为生动地阐明了集中兵力的作用：“夫五指之更弹；不如卷手之桎；万人之更进，不如百人之俱至也。”认为五个指头轮番敲打，不如握紧拳头一击。明代兵书《白象子兵器》提出了“兵之贵合”的观点，认为“合则势张，合则力强，合则气旺，合则心坚。”强调了集中兵力对战斗士气的鼓舞作用。《删定武库益智录》中也说：“兵散则势弱，聚则势强，兵家之常情也。”都把集中兵力看作是用兵的一般规律。

在西方，克劳塞维茨较为系统地论述了集中兵力问题。在《战争论》中他专门写了“空间上的兵力集中”和“时间上的兵力集中”两章，要求“在决定性的地点上始终保持十分强大的力量”，在决定性的时机，“同时使用规定用于一次碰撞的全部力量必须看作是基本法则”。③ 这些论述是相当深刻的，但他对兵力的集中和分散的关系、集中自己的兵力和分散敌人兵力的关系没有进行论述，因而不够全面。拿破仑是善于集中兵力获取战争胜利的著名军事家。他曾说过：战术即以劣势兵力集中于进攻或防御的主要方向上，以获取优势。这里涉及了处于劣势的军队如何集中兵力战胜强大敌人的问题。利德尔·哈特把“集中自己的力量对付敌人的弱点”作为无可争辩的“公理”，并且指出：“要想达到‘集中自己的力量对付敌人的弱点’这个目的。既要使敌人分散他们的兵力，也要使自己分散现有的兵力，这样才能造成一种形势，通过分散用兵而取得局部性的效果。”④

马克思说：“战略的奥妙就在于集中兵力”。集中兵力是古今中外一切战争中克敌制胜的普遍规律。特殊地说，装备低劣的弱小的革命军队

① 《孙子兵法·虚实篇》。
② 同①。
③ 《战争论》，第270、291、293页。
④ 《战略论》，第466～467页。

必须去战胜装备优良的强大的敌军，集中兵力就显得格外重要。毛泽东说：“中国红军以弱小者的姿态出现于内战的战场，其迭挫强敌震惊世界的战绩，依赖于兵力集中使用者甚大。无论哪一个大仗，都可以证明这一点。”集中兵力，“这是我们制胜敌人的根本法则之一。”[①]这一科学论断，既是对前人思想的继承，又是对我军以弱胜强的长期战争实践经验的总结。在战略上处于弱者地位的我军，如果不集中优势兵力，就不可能在战役战斗上改变敌我力量的对比，使我军由弱者变成强者，使敌军由强者变成弱者。如果不集中优势兵力，就无力对敌人采取迂回包围战术，就无法形成取得主动权所必备的物质力量，就无力迅速地歼灭敌人。弱军从战略防御中争取胜利，基本上靠了集中兵力这一着。毛泽东指出：集中兵力之所以必要，是为了改变敌我形势。集中兵力可以改变敌我双方的进退形势。集中兵力一战而胜，就可变敌进我退为我进敌退。集中兵力可以改变敌我双方内线外线的形势。我军在战略上处于内线时，我们可以用集中优势兵力的办法在战役战斗上使自己处于外线，使敌人处于内线。集中兵力可以改变敌我双方的攻守形势。我军集中优势兵力打了许多战役战斗上的歼灭战之后，就可从根本上使战局发生有利于我、不利于敌的变化，从而粉碎敌人的战略进攻，使自己转入反攻和战略进攻。正如毛泽东所指出的：“每战集中绝对优势兵力（两倍、三倍、四倍、有时甚至是五倍或六倍于敌之兵力），四面包围敌人，力求全歼，不使漏网。在特殊情况下，则采用给敌以歼灭性打击的方法，即集中全力打敌正面及其一翼或两翼，求达歼灭其一部、击溃其另一部的目的，以便我军能够迅速转移兵力歼击他部敌军。力求避免打那种得不偿失的、或得失相当的消耗战。这样，在全体上，我们是劣势（就数量来说），但在每一个局部上，在每一个具体战役上，我们是绝对的优势，这就保证了战役的胜利。随着时间的推移，我们就将在全体上转变为优势，直到歼灭一切敌人。”[②]

为了在具体的战役战斗上使我军真正形成优势，毛泽东又常把集中优势兵力与各个歼灭敌人联在一起提出来。这是因为如果我军同时攻击许多敌人，在兵力对比上就无法形成绝对优势，从而也就不可能迅速歼灭敌人。所谓各个歼灭，就是逐次转移兵力，将敌军一部分一部分地歼灭。毛泽东指出：“在有强大敌军存在的条件下，无论自己有多少军队，在一个时间内，主要的使用方向只应有一个，不应有两个。”[③]这就是说无论在时间上、空间上，都要集中绝对优势兵力。如果敌人是集中的，大于我的，就要设法使他分散，然后各个击破。如果敌人是分散的，我们也不可同时处处下手，平分兵力对付诸路之敌。否则就会形成以我之

①《毛泽东选集》第一卷，第225页。
②《毛泽东选集》第四卷，第1247页。
③ 同①。

分散对敌之分散，不但不能集中优势兵力打歼灭战，反而会使自己陷于被动地位。集中优势兵力，各个歼灭敌人的作战方法，不但必须应用于战役的部署方面，而且必须应用于战术的部署方面。“我们的战略是‘以一当十’，我们的战术是‘以十当一’，这是我们制胜敌人的根本法则之一。”[①] 当我军已集中绝对优势兵力包围了敌军诸路中的一路时，担任攻击的部队，也不应企图一下子同时全部歼灭被包围的敌人。那样仍会平分兵力，处处攻击，处处不得力，拖延时间，难以奏效。而应集中优势兵力，选敌较弱的一点猛烈攻击。这样，既能速决，又能全歼，便于及时以俘获的大批人员和武器装备增强我军力量，便于使我军调转兵力，全歼敌人。

集中优势兵力，各个歼灭敌人这个道理并不难理解，是常识中包含的真理。然而要在实践中真正做到集中兵力却并不容易。许多人口头上也承认集中兵力的重要，但是打起仗来，又往往分散兵力。毛泽东分析了这种现象产生的原因，并指出了克服的办法。他认为不能或不愿集中兵力的原因，总的说来，是由于战争指挥者缺乏战略头脑，为复杂的环境所迷惑，因而往往被环境所支配，失掉自主能力，采取了应付主义。

到底集中多少兵力才算对敌形成了优势呢？毛泽东军事辩证法思想对这个问题的回答既是唯物的，又是辩证的。集中兵力的数量并不是越多越好，而是要掌握一个适当的度。达不到或超过了这个度，都是不好的。这个决定于我方兵力是否对敌形成了绝对优势的数量界限，是随着作战对象的不同而变化的。例如，在全国解放战争时期，毛泽东总结了几次战役的经验，提出要集中六倍、五倍，至少是三倍于敌的兵力才能形成绝对优势，有把握地歼灭敌人。在解放战争中后期，由于我军装备有所增强，士气因打了不少胜仗而更高，敌军士气下降，所以只要集中四倍、三倍，甚至两倍于敌的兵力就可以了。到了战略追击阶段，有时我军兵力少于敌军，也可以追击敌人。在抗美援朝战争中，由于美国有强大的火力和机动能力，有陆、海、空三军配合作战，毛泽东又提出我们每个军的兵力可以包围敌军一个营把它歼灭。在此情况下，我们集中的兵力就是九倍于敌了。可见集中兵力的数量，必须根据敌我双方的具体情况灵活确定。

2. 分散使用兵力，也是保存自己，消灭敌人所需要的

毛泽东强调了集中兵力的重要性，同时也承认在一定条件下分散使用兵力的必要性，并指出了分散使用兵力所应注意的问题。在中国革命战争中，我军在一定条件下必须分散使用兵力，这首先是由我军的任务决定的。在革命战争年代我军的任务绝不是单纯地打仗，除了打仗之外，

① 《毛泽东选集》第一卷，第225页。

它还要宣传群众，组织群众，武装群众，帮助群众建立革命政权，甚至建立和发展中国共产党的组织。在执行这些任务时，就必须分散使用兵力。我军不但是一个战斗队，还是工作队和生产队。在执行工作队和生产队的任务时，是必须分散使用兵力的。在游击战的战术中，不但包含着集中以应付敌人，也包含着分兵以发动群众。“敌进我退，敌驻我扰，敌疲我打，敌退我追”十六字诀中的“敌驻我扰”，就是靠分散使用兵力去执行的。毛泽东比喻说，游击战术好像渔人用的网，有时要打开，有时又要收拢。所谓打开，就是分兵以发动群众，所谓收拢，就是集中以应付敌人。

毛泽东认为，大体上在以下几种情况下游击队应“化整为零”，分散使用：①在敌人采取守势，我军暂时又无集中打仗的可能；②对敌人兵力薄弱的地区进行普遍的骚扰和破坏时；③我军无法打破敌军的围攻，为着减小目标以脱离敌人时；④地形或给养受限制时；⑤在广大地区进行民众运动时。毛泽东认为，远距离的分散使用兵力必须在两个条件具备的情况下才是正确的：一是环境较好；二是领导机关比较健全。有这两个条件，分散就比集中更有利。不具备这两个条件，远距离的分兵就会失败。毛泽东强调部队在分散行动时，要注意保持较大一部分兵力于适当的机动地区，不要绝对地平均分散。这样就便于应付可能发生的事变，并使执行分散任务的部队有个重心。领导机关还应给分散部队以明确的任务、活动的地区、集合的地点、联络的方法等，做到在分散中不忘集中。

即使在正规战中，为了争取胜利，分散使用兵力也是不可缺少的。为了歼灭被我包围之敌，必须分兵以阻止敌人的援兵。为了歼灭主攻方向上的敌人，必须分兵去佯攻或钳制次要方向上的敌人。为了配合甲战场的作战，有时需要分兵到乙战场上去。为了配合正面战场的作战，又需要分兵到敌后方去破坏敌人的交通线，扰乱敌人。所以毛泽东军事辩证法思想在兵力使用上，既反对只分散不集中，又反对只集中不分散。他认为这两种倾向，都是形而上学的片面性在用兵中的表现，正确的做法是把兵力的集中使用和分散使用辩证地统一起来。

3. 从实际出发，把兵力的集中使用和分散使用有机地结合起来

兵力的集中使用和分散使用是对立统一，相辅相成的。在兵力的使用上，没有分散就无所谓集中，没有集中也就无所谓分散。毛泽东在领导中国人民革命战争的漫长岁月中，不仅在实践上正确地解决了兵力使用上的集中和分散的结合问题，而且从理论上深刻地阐明了二者的辩证关系。在他的军事著作中，常常是既讲到集中兵力，又讲到分散兵力。

他分析了在什么条件下应该集中，在什么条件下应该分散，并强调指挥员在用兵中要把二者有机地结合起来。1928年，在《井冈山的斗争》一文中，他就提出："红军以集中为原则，赤卫队以分散为原则。"[①]1930年1月，又在《星星之火，可以燎原》中明确提出了"分兵以发动群众，集中以应付敌人"[②]。从毛泽东的有关论述来看，二者的结合大致有以下几种情况[③]：

第一，正规战的集中使用兵力与游击战的分散使用兵力相结合；正面战场上的集中使用兵力与敌后战场上的分散使用兵力相结合；主力部队集中使用与地方部队、游击队、民兵的分散使用相结合。这种结合使用，可以分散敌人对我正规军作战的兵力，为我主力兵团集中优势兵力歼灭敌人创造有利条件。

第二，主要方向上的集中使用兵力与次要方向上的分散使用兵力相结合。这是在同一战争或战役战斗上不同地点的集中使用兵力与分散使用兵力的对立统一。主要作战方向一般是敌人的要害部位和薄弱环节，抓住了这个主要矛盾，就可制约战争或战役战斗的全局，战胜敌人。为了集中兵力于主要方向，又须分散部分兵力于次要方向进行佯动，给敌人以错觉。

在主要方向上集中绝对优势兵力，在次要方向上部署相对优势甚至相对劣势兵力，这是就一般情况而言的。但在特殊情况下，对主要目标使用兵力甚至可以少于次要目标上所使用的兵力。

第三，此一时间上的集中与彼一时间的分散相结合。适时地把集中使用的兵力转为分散，把分散使用的兵力转为集中。这是不同时间上兵力的集中与分散的对立统一。例如，在土地革命战争时期，当统治阶级内部相对稳定，向我进攻时，我军应集中兵力粉碎敌人的进攻。当打退了敌军的进攻之后，在统治阶级内部分裂时期，我军就应抓紧机会，分兵发动群众，扩大根据地。在抗日战争时期，我军以分散兵力打游击战为主，以集中兵力打运动战为辅。在全国解放战争时期，情况变了，我军以集中兵力打运动战为主，以分散兵力打游击战为辅。对同一个部队来说，集中使用的任务完成了，要很快分散，以防敌人发现目标打击我军。分散使用的任务完成了，又要集中使用于新的任务。在兵力的使用上，集中转换为分散，分散又转换为集中，这是战争中常有的事。在这方面，毛泽东军事辩证法思想的活的灵魂，就在于要按照不同的任务和敌情、地形、居民等条件，作灵活的变动。

毛泽东关于兵力的集中使用与分散使用相结合，集中优势兵力，各个歼灭敌人的思想，其精神实质是化我军战略上的劣势为战役战斗上的

① 《毛泽东选集》第一卷，第67页。
② 《毛泽东选集》第一卷，第104页。
③ 林伯野等，《毛泽东军事辩证法思想新探》，第395~397页。

优势，使我军在战役战斗上能以多胜少，以强胜弱，通过一系列战役战斗的胜利，不断削弱敌人，壮大自己，以至从全局上根本改变敌我双方的强弱攻守形势，取得战争的最后胜利。这是我军过去在国内革命战争和民族解放战争中打败强大敌人的重要法宝之一。毛泽东关于兵力集中与分散的关系，看似有点“正、反、合”的味道，但其实际内容比“正、反、合”要深刻得多，丰富得多。

（十）力争主动，力避被动

主动与被动是关于兵力使用和作战指挥艺术的一对重要范畴。灵活运用各种作战形式，正确处理兵力的集中和分散的关系，都是为了“力争主动，力避被动”。主动权即军队行动的自由权，而自由是对客观必然性的认识和对客观世界的改造。争取战争的主动权和军队行动自由权就是要正确认识和运用战争的客观规律，根据敌我双方的强弱优劣形势，实施正确的主观指导。利用敌人的错觉和不意，同样是属于主观指导的问题，也就是要利用敌人主观指导上的错误来争取自己的主动性。军队只有掌握了主动权，才有可能达到“保存自己，消灭敌人”的战争目的。因此，“力争主动，力避被动”是取得战争胜利的根本条件。

主动和被动体现了军队的行动状态，是自觉能动性在战争中的主要表现形式。争取主动的思想贯穿于毛泽东战略战术辩证法的各个方面。毛泽东十分重视主动和被动的范畴，从哲学高度论证了两者的辩证关系，并把这一对范畴和战争中的计划性、灵活性，战争力量的强弱优劣，战争中的进退等问题联系起来加以阐述，丰富和发展了在战争中争取主动权的学说。

1.“力争主动，力避被动”是军队获得行动自由，争取战争胜利的根本条件

战争的双方都力求使自己居于主动地位，使对方居于被动地位。力争主动，力避被动，历来受到许多军事家的重视。《孙子兵法·虚实篇》的中心思想就是要掌握虚实变化，争取战争的主动权，成为“致人而不致于人”的“善战者”。《尉缭子·战威》也指出：“善用兵者，能夺人而不夺于人。”《鬼谷子·谋篇》，认为：“事贵制人而不制于人。制人者，握权也；见制于人者，制命也。”这里所说的“致人”“夺人”“制人”都讲的是争取主动权，制服敌人的问题。西方的军事家也十分强调主动权。约米尼说：“假使要说战争的艺术，最主要的就是应该把我军的主力，投掷在决定点上，那么如何才能达到这个目标，其必需的手段就是争取主动。”[①] 恩格斯分析了在退却中如何争取主动的问题，指出：“你可能

被迫退却，你可能被击败，但是只要你能左右敌人的行动，而不是听任敌人的摆布，你就仍然在某种程度上占有优势。”[②]

毛泽东继承了前人的优秀军事遗产，全面地论述了主动和被动的问题。他把主动被动问题和行动的自由不自由问题联系起来，精辟地阐明了主动与被动的含义。他说：“主动性，说的是军队行动的自由权，是用以区别于被迫处于不自由状态的。”[③]“主动权即是军队的自由权。军队失掉了主动权，被逼处于被动地位，这个军队就不自由，就有被消灭或被打败的危险。”[④]

在《论持久战》中，他专门写了“主动性、灵活性、计划性”一节，把三者联系起来加以论述，指出：“我们提出的外线的速决的进攻战，以及为了实现这种进攻战的灵活性、计划性，可以说都是为了争取主动权，以便逼敌处于被动地位，达到保存自己消灭敌人之目的。”并对争取主动的主客观条件作了精辟的分析，指出：“主动或被动是和战争力量的优势或劣势分不开的。因而也是和主观指导的正确或错误分不开的。此外，也还有利用敌人的错觉和不意来争取自己主动和逼敌处于被动的情形。”[⑤]

2. 战争力量的优劣是主动或被动的客观基础

优势和劣势是战争力量强弱在战场上的表现。战争力量强，一般在战场上居优势；战争力量弱，一般在战场上居劣势。毛泽东指出：“主动是和战争力量的优势不能分离的，而被动则和战争力量的劣势分不开。战争力量的优势或劣势，是主动或被动的客观基础。”[⑥]当然战场上的优势和劣势还要受到自然、地理等条件的影响，但战争力量本身的强弱仍然是形成优势和劣势的根本因素。战争力量的优劣是主动和被动的客观基础，这一客观基础主要表现在以下几个方面[⑦]：

第一，“以强胜弱，优胜劣败”是战争的普遍规律，是取得主动的根本条件。战争是敌我双方物质力量和精神力量的综合竞赛。战争中的主动和被动地位，主要不是决定于作战形式，而是决定于战争力量的强弱优劣。敌我双方的兵力、兵器的数量和质量是战争力量强弱优劣的主要标志。只有兵力强大，才能保证主动地运用足够的力量在有利时机和地点打击敌人，反之如果兵力弱小，就容易顾此失彼，受制于敌，失去主动权，陷入被动地位。因此，强胜弱败，强者主动，弱者被动，是客观规律。

但是，对“以强胜弱，优胜劣败”的普遍规律，不能作简单化的理解。这是因为“以强胜弱，优胜劣败”是就战争结局的绝对优劣来说的，战争开头的相对优劣不能直接决定战争的胜败。敌我战争力量的优劣可

① 《战争艺术》，第51页。
② 《马克思恩格斯全集》第10卷，第289页。
③ 《毛泽东选集》第二卷，第487页。
④ 《毛泽东选集》第二卷，第410页。
⑤ 《毛泽东选集》第二卷，第488页。
⑥ 同⑤。
⑦ 林伯野等，《毛泽东军事辩证法思想新探》，第401~404页。

以从绝对性、相对性两个方面来考察。毛泽东认为："在历史上，这类绝对优势的事情，在战争和战役的结局是存在的，战争和战役的开头则少见。"又说："战争或战役也有以相对的优势或平衡状态而结局的，那时，在战争则出现妥协，在战役则出现对峙。但一般是以绝对的优劣而分胜负居多数。"[①]可见，绝对的优劣一般只存在于战争的结局中；在战争的开头，双方力量的强弱优劣往往只是具有相对性。另外，衡量敌我战争力量的强弱优劣和主动被动应从多层次、多方面作综合考察，不能单纯地看兵力的多少和武器的好坏。如果不这样看问题，就是对以强胜弱、优胜劣败规律的简单化理解。两千多年前，战国时的军事家孙膑就曾讽刺过这种观点，他说："众者胜乎？则投冥而战耳。富者胜乎？则量粟而战耳。兵利甲坚者胜乎？则胜易知矣。"意思是说，如果战争胜负单纯决定于战争初期双方物质力量的强弱对比，那么只要计算各自的兵力、粮食、装备的多少、好坏就可以知道谁胜谁败了。显然，这样机械地看待战争的胜负是不正确的。

第二，以弱胜强，以劣胜优，要经历由弱变强，由被动到主动的发展过程。"以强胜弱，优胜劣败"是战争的普遍规律，但是在历史上却常常出现以弱胜强的情况，中国革命战争的特殊规律更是以弱胜强，以劣势装备战胜优势装备的敌人。以弱胜强是在战争开始阶段从战略上从发展上来说的，它要经历一个以弱御强、弱中求强、由弱变强的发展过程。以弱胜强是对这一发展过程的概括表述。就战争的结局来说，仍然是以强胜弱。强弱优劣、主动和被动都不是固定不变的，而是在一定条件下相互转化的。正如毛泽东所指出的，弱者要摆脱战略上的被动地位，"军事上的办法，就是坚决地实行外线的速决的进攻战和发动敌后的游击战争，在战役的运动战和游击战中取得许多局部的压倒敌人的优势和主动地位。通过这样许多战役的局部优势和局部主动地位，就能逐渐地造成战略的优势和战略的主动地位，战略的劣势和被动地位就能脱出了。"[②]

毛泽东认为，战争的胜负是由客观条件与主观努力的综合效应决定的。他首先指明，战争的胜负主要是由双方的军事、政治、经济、自然诸条件决定的，企图超过这些条件许可的范围去争取战争的胜利是不可能的。坚持这一点，就坚持了战争胜负观上的唯物论，避免了唯心论。其次，他强调，客观的物质条件只提供了胜负的可能性，要把可能性转变为现实性，离不开指挥员发挥主观能动性。这就坚持了战争胜负观上的辩证法，避免了形而上学。"以强胜弱，优胜劣败"的普遍规律必须和强弱优劣在一定条件下相互转化的规律结合起来理解。承认以强胜弱就是坚持战争中的唯物论，承认强弱转化就是坚持战争中的辩证法。必

① 《毛泽东选集》第二卷，第488、489页。

② 《毛泽东选集》第二卷，第489～490页。

须将这两个方面统一起来，只讲一方面就会陷入战争中的唯心论或形而上学。当然，战争中辩证法必须建立在战争中的唯物论基础上，强弱优劣的转化、被动和主动的转化都是有一定条件的。并不是每次战争都必然要发生这种相互转化。因此，从根本上说，“以强胜弱，优胜劣败”仍然是战争的普遍规律。

第三，弱军必须在全局劣势中形成局部优势，才能由弱变强，由被动变主动。以弱胜强不是把弱作为取得主动战胜强敌的根据，相反，它是依靠在全局劣势中造成局部优势，以局部的强作为取得主动、战胜敌人的内在根据。弱转化为强的关键就在于在全局的劣势中形成局部的优势。毛泽东说：“以少击众，以劣势对优势而获胜。都是先以自己局部的优势和主动，向着敌人局部的劣势和被动，一战而胜，再及其余，各个击破，全局因而转成了优势，转成了主动。”① 在战争中处于相对劣势的一方，并不是必然处于被动地位的，只要能够扬长避短，力求分解、削弱敌军中强的因素，利用、扩大敌军中弱的因素，分解、缩小我军中弱的因素，利用扩大我军中强的因素，就能够在全局劣势中形成局部优势，从而取得主动。其关键的一着就是要集中优势兵力，各个歼灭敌人。抗日战争中的台儿庄大捷就是由于中国军队在全局的劣势中形成了局部的优势，以四个军的兵力取得了歼灭日军两个师团大部的战果。毛泽东曾经把它作为争取主动的成功战例加以赞扬。

3. 主观指导的正确与否，影响到优势劣势和主动被动的变化

毛泽东在阐明了主动和被动、优势和劣势的相互关系的基础上，进一步阐明了主动或被动和主观指导之间的关系，认为要夺取主动权还必须依靠主观上的正确指导。他举了中外历史上很多以少击众，以劣势对优势而获胜的事例，阐明了这样一个真理：“战争力量的优劣本身，固然是决定主动或被动的客观基础，但还不是主动或被动的现实事物，必待经过斗争，经过主观能力的竞赛，方才出现事实上的主动或被动。”② 因此，主动乃至最后的胜利，是可以根据现实的情况，经过主观努力，取得一定的条件，而由劣势和被动者从优势和主动者手里夺取得来的。

毛泽东关于发挥主观能动性的论述，主要包括两方面内容：一是努力了解敌我双方的真实情况，把握战争的可能走向，做到心中有数；二是在此基础上，制定正确的战略战术，用以指导战争，以便克敌制胜。

实施正确的主观指导，力争主动，力避被动，方法是多种多样的，毛泽东的整个战略战术的辩证法都可以说是为了解决这个核心问题的。基本方法就是“人工地造成我们许多的局部优势和局部主动地位去剥夺敌人的许多局部优势和局部主动地位，把他抛入劣势和被动。把这些局

① 《毛泽东选集》第二卷，第491页。
② 同①。

部的东西集合起来，就成了我们的战略优势和战略主动，敌人的战略劣势和战略被动”[①]。他特别强调“有计划地造成敌人的错觉，给以不意的攻击，是造成优势和夺取主动的方法，而且是重要的方法”。并对这个问题进行了专门的论述。他说：“优势而无准备，不是真正的优势，也没有主动。懂得这一点，劣势而有准备之军，常可对敌举行不意的攻势，把优势者打败……造成敌人的错觉和出以不意的攻击，即是以战争的不确实性给予敌人，而给自己以尽可能大的确实性，用以争取我之优势和主动，争取我之胜利。”[②]

“兵不厌诈”，古今常理。军事斗争双方都是武装了的活着的人，都在运用谋略，互相诳骗和欺诈。如果你不欺骗敌人，那就可能为敌人所制，如果你不能识破敌人诈术，那就会陷入敌人的圈套。所谓“示形于东而击于西”，就是伪装自己真实企图，以假象掩盖真相，力求给敌以不意的攻击。如战略指导方面的假谈判，真备战，“停停打打”“用而示之不用”“能而示之不能”“远而示之近”“近而示之远”等，战役战斗指导方面的“实则虚之”“虚则实之”“虚而虚之”“实而实之”、将计就计、出奇制胜、“攻其所必救”等，都是聪明的指挥员基于客观情况，“审时度势”而采取及时的和恰当的处置方法。毛泽东精通此道，他指导战争一向不拘泥于常法，根据客观实际情况，善于在瞬息万变的复杂情况下，迅速作出正确判断，定下新的决心，及时改变方针部署，始终把握军事行动的主动权。如四渡赤水之战，从总体上看，敌强我弱，敌众我寡。红军在敌重兵围追堵截的情况下，常常处于被动地位，但是，毛泽东巧妙地隐蔽了我军战略意图，有计划地调动敌人，形成我军许多局部的优势和主动，从而使整个形势向着有利于我，不利于敌的方向转化，终于打破了敌人妄图围歼我军的战略计划。这是毛泽东“出敌不意，争取主动”的指挥艺术在战争中最生动的具体运用。

五、辩证法、本体论、认识论和逻辑学相统一的军事辩证法

人们通常认为毛泽东的辩证法思想主要体现在《矛盾论》《实践论》《论十大关系》等哲学论著中。其实，由以上所梳理出的毛泽东军事辩证法丰富内涵可以清楚地看出，毛泽东军事辩证法是辩证法、本体论、认识论和逻辑学的统一，是最能体现辩证法本质的“大写字母”的逻辑。

概括地说，毛泽东军事辩证法：

（1）阐明了对战争本质的认识和战争因素内在运动和外部表现形式

① 《毛泽东选集》第二卷，第490页。
② 《毛泽东选集》第二卷，第491～492页。

的关系，包括战争的本质及其主要矛盾、对战争规律的认识与应用、战争中诸因素的相互作用及其转化、战略战术中的相反相成等，提出了“战争是民族和民族、国家和国家、阶级和阶级、政治集团和政治集团之间互相斗争的最高形式”[①]，“政治是不流血的战争，战争是流血的政治”[②]等著名论断，深刻阐明了战争的实质。

（2）强调战争的胜负主要取决于作战双方的军事、政治、经济、自然诸条件，同时还取决于作战双方的主观指导能力。“军事家不能超过物质条件许可的范围外企图战争的胜利，然而军事家可以而且必须在物质条件许可的范围内争取战争的胜利。”战略上的以弱胜强必须通过战役战斗的以强击弱来取得，这就是通过正确的主观指导，集中兵力、兵器，制造敌人的错觉和不意，形成局部优势，从而具备了在一定时间、空间战胜敌人的物质基础。强调在既定客观物质基础上，充分发挥人的主观能动作用去夺取胜利。

（3）提出研究和指导战争的根本方法，就是“熟识敌我双方各方面的情况，找出其行动的规律，并且应用这些规律于自己的行动”。

（4）确立从侦察、判断、决心到部署的一系列互为前提的军事认识与指导战争的逻辑程序，指出：“指挥员的正确的部署来源于正确的决心，正确的决心来源于正确的判断，正确的判断来源于周到和必要的侦察，和对于各种侦察材料的连贯起来的思索。”从而在战争指导上体现了辩证法、认识论、逻辑学的统一。毛泽东高超的指挥艺术、灵活机动的战略战术，“正像一个自然科学家已经知道某一新的生物变种是怎样产生以及朝着哪个方向演变才提出该生物变种的发展问题一样”[③]，战胜一切艰难困苦，从胜利走向胜利。

（5）强调“认识情况的过程，不但存在于军事计划建立之前，而且存在于军事计划建立之后”。作战发起之后，依据新的情况、新的认识调整甚至改变作战计划。

（6）作战计划要建立在能够对付出现最困难情况的基础上，指出：“在研究部署时，除根据当前情况，还要估计到情况的某些可能的变化。要设想敌可能变化的几种情况，其中应包括一种较严重的情况，要准备在这种情况下有对付的办法。”这不仅是部署原则，也是解决主观指导的计划性与客观变化的盖然性之间矛盾的正确方法。

（7）研究战争规律要着眼特点和发展。军事领域是继承与变革的统一，在辩证否定中前进。“战胜不复”，兵法被认为是一种艺术，创造性运用是它的灵魂。

（8）独具特色的人民战争的战略战术和指挥艺术，如战略上藐视敌

① 《毛泽东选集》第一卷，第182页。
② 《毛泽东选集》第二卷，第480页。
③ 列宁语。

人、战术上重视敌人；你打你的，我打我的；集中优势兵力，各个歼灭敌人；防御中的进攻、持久中的速决、内线中的外线；主动性、灵活性、计划性；不打无把握、无准备之仗；实行有利决战，避免不利决战等，是对我军以弱胜强的长期战争实践经验的总结，它既是战争的认识论、方法论和一整套战争的指导原则，又是“以弱御强，由弱变强，以强胜弱”这一独特战争形态的逻辑的具体表现。

列宁说：“人的实践活动必须亿万次地使人的意识去重复不同的逻辑的格，以便这些格能够获得公理的意义。”① “对黑格尔来说，行动、实践是逻辑的‘推理’，逻辑的格。这是对的！当然，这并不是说逻辑的格把人的实践作为它自己的异在（＝绝对唯心主义），相反地，人的实践经过亿万次的重复，在人的意识中以逻辑的格固定下来。这些格正是（而且只是）由于亿万次的重复才有着先入之见的巩固性和公理的性质。”② 毛泽东的军事辩证法与其制定的主要战略战术原则是浑然一体的，诸如保存自己与消灭敌人，战略上藐视敌人与战术上重视敌人，战略上以弱胜强与战役战斗的以强击弱，战略上内线持久的防御战与战役战斗上外线速决的进攻战等，这些经过千百次战争实践证明了的战略、战役和战术原则，就是弱小军队战胜强大敌人的战争逻辑规律和战争逻辑的“格”，“这些格能够获得公理的意义”。从学科建设的意义上说，毛泽东军事辩证法是由毛泽东和他的战友在长期的战争实践中，为解决中国革命这一课题，依据马克思主义的基本原理和中国文化传统而建立的，并在实践中不断丰富和发展起来的科学理论体系，这一理论体系在世界军事科学理论体系和战争实践中均具有崇高的地位，它所创造的理论高度和由此所取得的辉煌战果，至今仍然无人能望其项背，也无人能出其右。

从更大跨度的历史视野看，毛泽东军事辩证法是文艺复兴以来的所兴起的、门类繁多的现代科学体系中，唯一一门完全由中国人独创的，并与西方科学范畴、思维模式和学术共同体的范式体系完全融合的新型学科，不仅对中国和世界军事科学的发展，而且对于指导和带动中国其他领域学科的创立和发展，都具有极其深远的影响。根据西方的学术标准，一门新的学科建立，它的革命性在于它具备了以下几方面的因素或前提条件：

（1）新学科有坚实的证据。

（2）新学科激发了同行的兴趣，他们接纳了新学科提出的新观念、新方法。

（3）其他独立的研究群体核实了相关的证据。

（4）新学科提出的新范式应能做出尽可能正确的预测。

（5）新学科拥有开展测度所需的适当技术。一个实体的质量好坏是

①《哲学笔记》第1版，第175～176页。

②《哲学笔记》第1版，第204页。

需要测量的，测度的运用是建立测量方法的依据。

（6）提出了可对经验发现做出说得通的解释的理论。

（7）提出的范式简单而优雅。

（8）提出的范式具有极大的解释力。

（9）提出的新范式有一个好记的名称。

（10）完成了最后一步关键工作。

（11）从事该领域的研究人员在思维方式上具有独特性，且与本领域的同行间建立了良好的关系。

毛泽东军事辩证法具备了上述各项条件，它作为一门新型学科是当之无愧和实至名归的。

David Wortley 于 2010 年提出一种新的组织结构模型，即 Paradoxical organisational structure[①]。这种组织结构具有的特征是："（1）拥有强有力的核心使命与价值观；（2）组织在成长，但组织规模并不增大；（3）内部成长与外部成长同时发生；（4）具有扁平结构，但又具有很多层级；（5）最外层与中央核心之间都有直接联系；（6）非常坚固，但又具有高度柔性。"

毛泽东亲手创建和领导的人民军队，在从无到有、从弱小到强大，最终战胜国内外敌对势力的长达二十多年的中国革命战争实践中，其实际运作的组织结构形式与"悖论式组织"（Paradoxical organisational structure）有着惊人的相似，这也许正是毛泽东指导人民军队从胜利走向胜利的组织结构上的特殊优势和天才创建。

《关于建国以来党的若干历史问题的决议》指出，毛泽东的军事著作"提供了在实践中运用和发展马克思主义认识论和辩证法的最光辉的范例"。我们今天学习、研究和发展毛泽东的军事哲学，正是要继承其创造精神和注重实际的特色。列宁说："从思维中引出必然性、因果性、规律性等等，这是唯心主义。"[②] 在军事哲学研究中，决不能够进行从概念到概念、从思辨到思辨的经院式的研究。规律自身不能说明自身，规律存在于历史发展的过程中，研究战争问题必须从战争实践出发来解释战争观念，而不是相反。学习和研究毛泽东军事哲学思想，有利于掌握战争的科学认识论与方法论。掌握了毛泽东军事哲学思想，也就能够深刻理解我军作战原则的实质。毛泽东军事辩证法思想对中国革命战争、当代中国和国际世界仍然具有重要价值。

自 1840 年鸦片战争以来，我国屡受西方列强的侵略。一批又一批的志士仁人苦苦寻求中国自强之道和御敌之策，其最直接和最根本的目的就是为了打败侵略者，使我们的国家免遭列强的欺凌。当 1953 年志

① 武夷山先生把它译作"悖论式组织"。

②《列宁全集》第 14 卷，第 169 页。

愿兵战士从朝鲜战场凯旋的时候，国人这一质朴的愿望才算是完全实现了——外部敌对势力入侵并占领中国的历史真的是一去不复返了！中华民族在这100多年的探索和追寻的历史进程中，应该说只有毛泽东（当然还有他的战友）真正找到了战胜强敌之道，这不是历史不经意间的偶然选择，而是几代中国人在战场上浴血奋战中得出的千锤百炼的真理铸造出的辉煌！

有了毛泽东，中国人民站起来了。中国的前途和命运、世界历史的进程也因为毛泽东而改变。毛泽东创造了历史、改变了世界，也深刻影响着人们的思想和行动。对于毛泽东，历史已有所定论，但更难以定论。他所创立的思想，上承千年，下传百代，是智慧和胆略、政策和策略、战略与战术的结晶，是理论与实践的高度融合。由于时代的变迁和社会环境的快速变化，毛泽东所处的时代和他所遇到的问题，与我们的时代、我们的问题已是很不相同了。但当今的人们以及我们的子孙后代，在遇到艰难困苦的时候，如果想起了毛泽东，学会了以“战略上藐视敌人”的气概与“战术上重视敌人”的科学态度处理问题、面对困难，研究事物发展的规律能够“着眼特点和发展”，从而熟识矛盾“双方各方面的情况，找出其行动的规律，并且应用这些规律于自己的行动”，做到“不打无把握、无准备之仗”，集中优势力量，将所遇到的种种问题和困难各个歼灭……是能够找到克服并战胜“艰难困苦”的智慧和努力方向的。因此，对于今天的人们来说，解决问题的智慧和答案不能全盘从毛泽东及其思想中产生，又不能不从毛泽东及其思想中产生，它必须既在毛泽东中又不在毛泽东中产生！这仍然是真理。

历史在发展，毛泽东军事思想的具体内容也要在实践中不断丰富、充实和发展。它的马克思主义的立场、观点和方法，犹如璀璨的瑰宝，定将在世界军事思想史上永远放射出灿烂的光辉！

定稿于2014年5月4日

修改于2014年10月2～7日

刘佐阳　绘

经典与生活中的辩证法

工程师哲学笔记

（下册）

周献祥　著

知识产权出版社
全国百佳图书出版单位

图书在版编目（CIP）数据

经典与生活中的辩证法：工程师哲学笔记：全2册/周献祥著.—北京：知识产权出版社，2018.3（2019.5重印）

ISBN 978-7-5130-5729-5

Ⅰ.①经… Ⅱ.①周… Ⅲ.①辩证法—研究 Ⅳ.①B015

中国版本图书馆CIP数据核字（2018）第182299号

责任编辑：张　冰　　**责任校对**：谷　洋

封面设计：张　冀　　**责任印制**：孙婷婷

经典与生活中的辩证法——工程师哲学笔记（下册）

周献祥　著

出版发行：知识产权出版社有限责任公司	**网　　址**：http：//www.ipph.cn
社　　址：北京市海淀区气象路50号院	**邮　　编**：100081
责编电话：010–82000860转8024	**责编邮箱**：zhangbing@cnipr.com
发行电话：010–82000860转8101/8102	**发行传真**：010–82000893/82005070/82000270
印　　刷：北京虎彩文化传播有限公司	**经　　销**：各大网上书店、新华书店及相关专业书店
开　　本：787mm×1092mm　1/16	**印　　张**：48.5
版　　次：2018年3月第1版	**印　　次**：2019年5月第2次印刷
字　　数：880千字	**定　　价**：149.00元（全二册）

ISBN 978-7-5130-5729-5

中篇

辩证法基本规律研究

萌芽虽然还不是树本身，但在自身中已有着树，并且包含着树的全部力量。树完全符合于萌芽的简单形象。

——黑格尔，《法哲学原理》第 1 节

一切具体的东西，一切对于精神、思维有兴趣的东西，都体现或涌现在人的心坎中，都植根于人的情感和思想中。理智的意识和有教化的科学便以这些内容为其真实的素材，并且溶化了这素材，而从不脱离内容。认识处处都在致力于它的事情，而且认识的兴趣皆以这种材料、皆以自然及其固定的法则为标准，并据以决定自己的方向。

——黑格尔，《哲学史讲演录》第三卷，第 354~355 页

有了商品流通和货币流通，决不是就具备了资本存在的历史条件。只有当生产资料和生活资料的所有者在市场上找到出卖自己劳动力的自由工人的时候，资本才产生。

——《马克思恩格斯全集》第 23 卷，第 193 页

事实上，使小农转化为雇佣工人，使他们的生活资料和劳动资料转化为资本的物质要素的那些事件，同时也为资本建立了自己的国内市场。以前，农民家庭生产并加工绝大部分供自己以后消费的生活资料和原料。现在，这些原料和生活资料都变成了商品；大租地农场主出售它们，手工工场则成了他的市场……于是，随着以前的自耕农的被剥夺以及他们与自己的生产资料的分离，农村副业被消灭了，工场手工业与农业分离的过程发生了。只有消灭农村家庭手工业，才能使一个国家的国内市场获得资本主义生产方式所需要的范围和稳固性。

——《马克思恩格斯全集》第 23 卷，第 816 页

迄今所发生的一切革命，都是为了保护一种所有制以反对另一种所有制的革命。它们如果不侵犯另一种所有制，便不能保护这一种所有制……的确，一切所谓政治革命，从头一个起到末一个止，都是为了保护一种财产而实行的，都是通过没收（或者也叫作盗窃）另一种财产而进行的。所以毫无疑问，二千五百年来私有制之所以能保存下来，只是由于侵犯了财产所有权的缘故。

——《马克思恩格斯全集》第 21 卷，第 131 页

量变引起质变
还是量变出现质变?

困难而真实的工作在于揭示出另一物就是同一物，而同一物也就是另一物，并且是在同样的观点之下；按照同一立场去指出事物中有了某一规定，它们就有着另一规定，这就是说，同一物就是另一物，另一物就是同一物。反之，去指出同一物在某一方式下是另一物，另一物在某一方式下也是同一物，大的也是小的。

——柏拉图

娉娉袅袅十三余，豆蔻梢头二月初。
春风十里扬州路，卷上珠帘总不如。
多情却似总无情，唯觉樽前笑不成。
蜡烛有心还惜别，替人垂泪到天明。

——杜牧，《赠别二首》

有一故事，说某君有一天吃了一个馒头，没吃饱；又吃了一个馒头，还是没吃饱；当他吃了第三个馒头时，吃饱了，可这时他却后悔了：要是早知道吃了第三个馒头就能吃饱，何必再吃第一个和第二个馒头而浪费粮食呢？

故事中的主人公之所以吃了第三个馒头就饱了，是因为有了前两个馒头的量的积累，再加上第三个馒头才能吃饱，即量变是质变的必要准备，只有当量的积累达到一定程度时才能发生质的转变。但是我们还是可以替故事的主人问一个问题，即他吃了第三个馒头后出现的由饿到饱的质的状态转变，是因为量变引起的状态转变，还是吃了三个馒头后的身体状况使他达到吃饱的状态？前者表述的是因果关系，后者表达的是规律关系，是条件满足后出现的结果，两者是有区别的。再进一步说，既然“大小（或正确点说，量）与质不同，它具有这样一种特性，即‘量的变化’，不会影响到特定事物的质或存在”[①]，那么，量的变化是怎么引起质的变化的？引起质的变化的“内在矛盾性”体现在哪些方面？具体地说，馒头的量与人的饥饿状态之间又存在怎样的“内在矛盾”？

黑格尔强调一切都是具体的，都是对立面的同一，量和质也是具体地统一在一起的。他说：“尺度是有质的定量，尺度最初作为一个直接性的东西，就是定量，是具有特定存在或质的定量。”[②]“一切存在着的东西都有一个尺度。一切规定的存在都有一个量，而这个量属于某物本身之本性，它构成某物之特性，是它的内在的东西。某物对此量并不是漠不相关的，不是当量有了变化，而某物依然如故，而是量的变化会改变某物之质。定量作为尺度，已不再是非界限的界限；它现在是事物的规定，以致这个定量的增减会毁灭事物的规定。”[③]黑格尔还指出：“尺度中出现的质与量的同一，最初只是潜在的，尚未显明地实现出来。这就是说，这两个在尺度中统一起来的范畴，每一个都各要求其独立的效用。因此，一方面定在的量的规定可以改变，而不致影响它的质，但同时另一方面这种不影响质的量之增减也有其限度，一超出其限度，就会引起质的改变。例如，水的温度最初是不影响水的液体性的。但液体性的水的温度之增加或减少，就会达到这样的一个点，在这一点上，这水的聚合状态就会发生质的变化，这水一方面会变成蒸汽，另一方面会变成冰。当量的变化发生时，最初好象是完全无足重轻似的，但后面却潜

①《小逻辑》，第218~219页。

②《小逻辑》，第234页。

③张世英，《论黑格尔的逻辑学》，第260页；《逻辑学》上卷，第362页。

藏着别的东西，这表面上无足重轻的量的变化，好象是一种机巧，凭借这种机巧去抓住质［引起质的变化］。”[①]

黑格尔这里说的“机巧”即“理性机巧”。黑格尔说：“理性的机巧，一般讲来，表现在一种利用工具的活动里。这种理性的活动一方面让事物按照它们自己的本性，彼此互相影响，互相削弱，而它自己并不直接干预其过程，但同时却正好实现了它自己的目的。在这种意义下，天意对于世界和世界过程可以说是具有绝对的机巧。上帝放任人们纵其特殊情欲，谋其个别利益，但所达到的结果，不是完成他们的意图，而是完成他的目的，而他［上帝］的目的与他所利用的人们原来想努力追寻的目的，是大不相同的。”[②]黑格尔把理性的活动说成是“天意”“上帝”的意志的某种体现，显然是唯心的。

就因果关系而言，黑格尔说：“诚然，因果关系无疑地是属于必然性的，但这种关系只是必然过程的一个侧面。”[③]“原因，作为原始的实质，具有绝对独立性和一种与效果相对而自身保持其持存性的规定或特性，但原因只有在其同一性构成原始性本身的必然性中才过渡到效果。假如我们重新想要谈论一种特定的内容，可以说，我们找不到一种只存在于效果里而不存在于原因里的内容。”[④]黑格尔举例说，“雨、原因，和湿、效果，两者都是同一实际存在着的水。就形式讲来，原因（雨）是消失在效果（湿）里面了，但这样一来，效果也随之消失了，因为没有原因，也就没有效果，便只剩下非因非果的湿了。”[⑤]因此，“在通常意义的因果关系里，只要原因的内容是有限的（正如实体是有限的那样），只要原因与效果被认作两个不同的独立的存在，（但如果我们把两者的因果关系抽掉，它们就只是两个独立存在了）原因便是有限的。因为在有限的抽象思想里，我们总是固执着两个范畴在联系中的区别，所以我们也可以颠倒过来，将原因界说为一种被设定的东西或效果。这个作为效果的原因又有另一原因；依此递进，由果到因，以至无穷。同样，也可有一递退的过程，因为效果既与原因同一，故自身也可认作一原因，同时，也可认作另一足以产生别的效果的原因，如此递退，由因到果，以至无穷。”[⑥]

根据原因与结果的同一性原理，如果把水温的变化作为水的物理状态改变的原因，在“水的物理状态改变”（效果）中，能找到“水的温度变化”（原因）的内容吗？而且水状态的改变这一效果“自身也可认作一原因”吗？显然是否定的。由此看来，把水的温度的变化作为水的物理状态改变的原因，是勉强的、不直接的，充其量只是一种外在或形式上的原因。

从另一个角度分析，如果把因水的温度变化而出现的水的物理状态

①《小逻辑》，第236～237页。
②《小逻辑》，第394～395页。
③《小逻辑》，第318页。
④《小逻辑》，第316～317页。
⑤同④。
⑥《小逻辑》，第317页。

的改变作为一个规律来看待，即把水温看作是水的物理状态变化规律的条件来看待，则相关概念就清晰了。黑格尔说："条件是（1）设定在先的东西。作为仅仅是设定起来的东西，条件只是与实质联系着的，但它既是在先的，它便是独立自为的，便是一种偶然的、外在的情况，虽与实质无有联系，而实际存在着；但带有这种偶然性既然同时与这作为全体性的实质有联系，则这设定在先的东西便是一个由诸条件构成的完全的圆圈。（2）这些条件是被动的，被利用来作为实质的材料，因而便进入实质的内容；正因为这样，这些条件便同样与这内容符合一致，并已经包含有这内容的整个规定在自身内。"① 因此，在一定条件下，水温降至0℃以下就结成冰，水温升至100℃就成为气体状态，这是水的物理状态随温度而变化规律的客观反映，水温是反映（体现）这一规律性的条件，虽然"它自己并不直接干预其过程，但同时却正好实现了它自己的目的"。因此，"'认识到自然界的经验数字，例如行星的相互距离，这是一个伟大的功绩；但是，更无比伟大的功绩是使经验的定量消失，把它们提高到量的规定的普遍形式，使得它们成为一个规律或度的环节'；伽利略与开普勒的功绩……'他们指出观察所得的全部细节是符合于他们所发现的规律的，这样就证明了这些规律。'然而还必须要求对这些规律作出更高级的证明，因而能从质或相互关联着的一定的概念来认识这些规律的量的规定。"②

这样，因量的变化而出现质的改变的直接因素就揭示出来了：量是质的一种规定性！是量的大小、程度、排列组合等规定了质的某种属性（形态、性态、性质），因为虽然在一定范围内，量的变化不会影响到特定事物的质或存在，但任何质都是有量的质，任何量也都是有质的量,所以"单纯数的思想尚不足以充分表示事物的概念或特定的本质"③，而尺度作为有质的定量，"既是质与量的统一，因而也同时是完成了的存在。当我们最初说到存在时，它显得是完全抽象而无规定性的东西；但存在本质上即在于规定其自己本身，它是在尺度中达到其完成的规定性的"④。从这一角度看，水温是表达水的物理状态的一种规定性：水温在100℃时为气态；在0～100℃时为液态；在0℃以下时为固态。当水温由常温降至0℃以下而结冰时，从形式上看是水温的变化引起水的物理状态的改变，而实质上则是水温这一外界条件的变化，使水的物理状态由液态转换到固态，就像汽车从乡间公路经由高速公路收费站驶入高速公路一样，只是水的物理状态随水温而变化规律的具体体现和必然反映。

在化学上，恩格斯说："当结合成一个分子的原子的数目，达到对每一系列来说是一定的大小时，分子中的原子排列就能够有多种方式；

①《小逻辑》，第310～311页。
②《哲学笔记》第2版，第102～103页。
③《小逻辑》，第231页
④《小逻辑》，第234页。

于是就能出现两种或更多的同分异构体，它们在分子中包含有相等数目的C、H、O原子，但是在质上却各不相同。我们甚至能够计算这些系列的每一同系物可能有多少同分异构体……所以，又是分子中原子的数量制约着这种在质上不同的同分异构体产生的可能性，并且就实验上所表明的而言，还制约着这些同分异构体的现实的存在。不仅如此。从每一个这类系列中我们所知道的物体的类比中，我们还能就这个系列中未知的同系物的物理性质得出结论，并且至少对于紧跟在已知同系物后面的一些同系物，能十分确定地预言其性质，即沸点等。最后，黑格尔的规律不仅适用于化合物，而且也适用于化学元素本身。我们现在知道，'元素的化学性质是原子量的周期函数'，因此，它们的质是由它们的原子量的数量所决定。这已经得到了光辉的证明。门得列耶夫证明了：在依据原子量排列的同族元素的系列中，发现有各种空白，这些空白表明这里有新的元素尚待发现。他预先描述了这些未知元素之一的一般化学性质，他称之为亚铝，因为它是在以铝为首的系列中紧跟在铝后面的；他并且大约地预言了它的比重和原子量以及它的原子体积。几年以后，勒科克·德·布瓦博德朗真的发现了这个元素，而门得列耶夫的预言被证实了，只有极不重要的差异。亚铝体现为镓。门得列耶夫不自觉地应用黑格尔的量转化为质的规律，完成了科学上的一个勋业，这个勋业可以和勒维烈计算尚未知道的行星海王星的轨道的勋业居于同等地位。"①无论是同分异构体中分子中的原子排列方式的不同，还是化学元素周期表中原子量的数量不同，两者所表现出的分子和化学元素性质的差别和变化，都是一种规律性的表现，这种规律性反映（体现）出了分子和化学元素的性质随量的变化而改变的必然性。然而这里出现的量的变化、量的改变不是"自为"的，不是由量的某种内在力量实现的，而是某种外界因素促成的，"它自己并不直接干预其过程"，也不能直接干预其过程。基于这一情况，我们没有把它作为分子和化学元素性质改变的直接原因，而是把它作为分子和化学元素性质改变的条件。

黑格尔曾举例来说明量的变化而出现的事物状态、性质、属性的变化问题。"问一粒麦是否可以形成一堆麦，又如问从马尾上拔去一根毛，是否可以形成一秃的马尾？当我们最初想到量的性质，以量为存在的外在的不相干的规定性时，我们自会倾向于对这两个问题予以否定的答复。但是我们也须承认，这种看来好象不相干的量的增减也有其限度，只要最后一达到这极点，则继续再加一粒麦就可形成一堆麦，继续再拔一根毛，就可产生一秃的马尾。这些例子和一个农民的故事其有相同处：据说有一农夫，当他看见他的驴子拖着东西愉快地行走时，他继续一两一

①《马克思恩格斯全集》第20卷，第406~407页。

两地不断增加它的负担，直到后来，这驴子担负不起这重量而倒下了。如果我们只是把这些例子轻易地解释为学究式的玩笑，那就会陷于严重的错误，因为它们事实上涉及到思想，而且对于思想的性质有所认识，于实际生活，特别是对伦理关系也异常重要。”① 麦粒一粒一粒叠加，是可以堆成一麦堆的，可是当麦堆堆到一定高度时，再增加一粒麦粒，麦堆就可能失去稳定性而坍塌，造成麦堆最终失稳的这一粒麦粒，不是其数量本身，而是麦粒的重量和所增加的高度；一根根拔除马尾毛，当拔除马尾上最后一根毛时，“就可产生一秃的马尾”。但使有毛的马尾变成秃马尾的因素，不是这最后一根毛数量本身，而是拔除了马尾上最后一根毛时，马尾上有毛的状态所发生的根本性改变；压垮驴子的“最后一根稻草”，也不是通常所说的稻草数量本身，而是稻草的质量。这就是说，促使质的状态发生改变的量是有特定含义②的，是与麦堆的稳定性、决定马尾上毛的存在状态、驴子的承载能力等因素直接相关的量。

水的物理状态可以随水温的变化而变化，却不会随水的体积的变化而变化（常温下，水杯里的水和大海中的水，都是液态）。水温的变化是量变，水的体积变化也是量的变化，前者可以引起水的物理状态变化，而后者不会，为什么？

就规定水的物理状态而言，水温为内涵的量，而水的体积则为外延的量③。黑格尔说：“限度与定量本身的全体是同一的。限度自身作为多重的，是外延的量［或广量］，但限度自身作为简单的规定性，是内涵之量［或深量］或程度。连续的量和分离的量区别于外延的量和内涵的量，这种区别就在于前者关涉到一般的量，后者则关涉到量的限度或量的规定性本身……内涵的量或程度，就其本质而论，与外延的量或定量有别。”④ 由于内涵的量或程度“关涉到量的限度或量的规定性本身”，它就是规定质的量，而外延的量只是“一般的量”，它不是规定质的量。这就是说，能促使质的状态、性质、属性等发生变化的量是内涵的量，而外延的量⑤的改变，对事物的质没有影响。

黑格尔还指出了量的概念的辩证运动过程：“质与量（a）首先由质过渡到量，其次由量过渡到质，因此两者都被表明为否定的东西。（b）但在两者的统一（亦即尺度）里，它们最初是有区别的，这一方面只是以另一方面为中介才可区别开的。（c）在这种统一体的直接性被扬弃了之后，它的潜在性就发挥出来作为简单的自身联系，而这种联系就包含着被扬弃了的一般存在及其各个形式在自身内。”⑥ “量的概念最初是扬弃了的质，这就是说，与‘存在’不同一的质，而且是与‘存在’不相干的，只是外在的规定性。对于量的这个概念，如象前面所说过的，乃

①《小逻辑》，第237页。

② 毛发和稻草根数形式上是外延的量，但其最后一根是“规定质的量”，是内涵的量，是质的最后代表，是质的承载者。

③ 外延的量是质的存在范围的标志，是质的广度的标志，它可以用机械的方法来计算代数和，如个数、体积等；内涵的量是质的等级的标志，是质的深度的标志，它不能用机械的方法来计算它们的总和，例如温度的高低，颜色的深浅等。

④《小逻辑》，第225页。

⑤ 当物体的状态、结构、形式，因个数、体积等的改变而改变时，如前述最后一根毛发，就是内涵的量。因为状态的改变不是根数本身，而是最后一根毛发所表征的质消失，即秃马尾只要增加1根以上毛发就成了非秃马尾，改变质的因素，不是根数数目，而是是否有毛发。

⑥《小逻辑》，第239页。

是通常数学对于量的界说，即认量为可增可减的东西这一看法的基础。初看起来，这个界说似乎是说，量只是一般地可变化的东西（因为可增可减只是量的另一说法），因而也许会使量与定在（质的第二阶段，就其本质而言，也同样可认作可变化者）没有区别。所以对量的界说的内容可加以补充说，在量里我们有一个可变化之物，这物虽经过变化，却仍然是同样的东西。量的这种概念因此便包含有一内在的矛盾。而这一矛盾就构成了量的辩证法。但量的辩证法的结果却并不是单纯返回到质，好象是认质为真而认量为妄的概念似的，而是进展到质与量两者的统一和真理，进展到有质的量，或尺度。”① “质与量在尺度里最初是作为某物与别物而处于互相对立的地位。但质潜在地就是量，反之，量潜在地也即是质。所以当两者在尺度的发展过程里互相过渡到对方时，这两个规定的每一个都只是回复到它已经潜在地是那样的东西。”② “量不仅是能够变化的，即能够增减的，而且一般又是一个不断地超出其自身的倾向。量的这种超出自身的倾向，甚至在尺度中，也同样保持着。但如果某一质量统一体或尺度中的量超出了某种界限，则和它相应的质也就随之被扬弃了。”③ 质与量在矛盾运动中的相互过渡，以及量超出某种界限的倾向，是事物量的变化出现质的变化的另一内在因素。

恩格斯说：“所谓客观辩证法是支配着整个自然界的，而所谓主观辩证法，即辩证的思维，不过是自然界中到处盛行的对立中的运动的反映而已，这些对立，以其不断的斗争和最后的互相转变或向更高形式的转变，来决定自然界的生活。”④ 在客观辩证法中，规定事物性质、状态、属性等方面的量的变化超出一定的范围时，事物的性质、状态、属性等就随之发生改变，这种改变所表现出的必然性是一种规律性的体现和反映。而从主观角度来看，事物的性质、状态、属性等发生改变的原因，是规定事物性质、状态、属性等方面的量的变化。例如，某一罪犯，当他犯罪时的年龄未达到法定的成年人标准时，他属于未成年嫌疑犯，其适用的法律与成年人嫌疑犯不同，但他所犯的罪行，以及对被害人的侵害、对社会构成的危害，并不因为他是未成年嫌疑犯而有任何减轻，他所受到的惩罚、惩戒之所以有所减轻，是因为他的年龄未达到法定的成年人的标准。这种因量（年龄）的不同而造成他所受处罚程度的质的差别，是主观因素促成的，而不是犯罪事实造成的。从这一方面和这一层次上，说量变引起了质变，是有一定的道理，但我们依然可以说，是量变出现了质变。

综上所述，我们常说的量变引起质变，恩格斯称之为“单纯的量的变化到一定点时就会转化为质的差别”⑤，就其实质而言，是量变出现质变。

定稿于 2018 年 1 月 21 日

①《小逻辑》，第233～234页。
②《小逻辑》，第239～240页。
③《小逻辑》，第238页。
④《马克思恩格斯全集》第20卷，第553页。
⑤《马克思恩格斯全集》第20卷，第137页。

对立“统一”规律
还是对立“同一”规律？

人们说，人是要死的，似乎以为人之所以要死，只是以外在的情况为根据，照这种看法，人具有两种特性：有生也有死。但对这事的真正看法应该是，生命本身即具有死亡的种子。凡有限之物都是自相矛盾的，并且由于自相矛盾而自己扬弃自己……辩证法的出发点，是就事物本身的存在和过程加以客观的考察，借以揭示出片面的知性规定的有限性。

——《小逻辑》，第 177～178 页

思维的理性（智慧）使有差别的东西的已经钝化的差别尖锐化、使表象的简单的多样性尖锐化，以达到本质的差别，达到对立，只有那上升到矛盾顶峰的多样性在相互关系中才成为活跃的和有生机的，——才能获得那作为自己运动和生命力的内部搏动的否定性。

——《哲学笔记》第 2 版，第 119 页对立统一规律是“被黑格尔以其唯心主义的方式只当作思维规律而加以阐明”的辩证法三大规律之一，但他并没有给这一规律命名。恩格斯在《自然辩证法》中将对立统一规律称之为“对立的相互渗透的规律”[①]。列宁在《谈谈辩证法问题》中说：“统一物之分为两个部分以及对它的矛盾着的部分的认识……是辩证法的实质（是辩证法的‘本质’之一，是它的基本的特点或特征之一，甚至可说是它的基本的特点或特征）。”[②]“对立面的同一（它们的‘统一’，也许这样说更正确些？虽然同一和统一这两个术语的差别[③]在这里并不特别重要。在一定意义上二者都是正确的），就是承认（发现）自然界的（也包括精神的和社会的）一切现象和过程具有矛盾着的、相互排斥的、对立的倾向。要认识在‘自己运动’中、自生发展中和蓬勃生活中的世界一切过程，就要把这些过程当作对立面的统一来认识。”[④]在这里，列宁提出了“对立面的同一”与“对立面的统一”两个术语中哪一个表述更正确的问题。

马克思说：“哲学是问：什么是真实的？而不是问：什么是有效的？它所关心的是一切人的真理，而不是个别人的真理；哲学的形而上学真理不知道政治地理的界限；至于‘界限’从哪里开始，哲学的政治真理知道得非常清楚。”[⑤]对立统一规律揭示了事物自己运动的泉源在于事物的内部的矛盾性，但“内部矛盾性”这一表述只是说出其“有效”性，其“真实”性，即事物内部的矛盾性的本质特征和表现形态是什么，并不清楚，目前也没有引起人们应有的关注。这个问题涉及对辩证法基本规律的认识，只有认清了事物内部矛盾的表现形态，“‘界限’从哪里开始”才比较清楚。

一、差别、对立和同一

差别、对立和同一是黑格尔哲学中比较难懂的概念。对立就是在有共同范围、共同背景、共同基础上出现的差别，也就是内在的本质的差别。[⑥]恩格斯说：“对立——如果一个事物具有对立，那末它就同自身处在矛盾中，而且它在思想中的表现也是如此。例如，一个事物是它自身，同时又在不断变化，它本身有‘不变’和‘变’的对立，——这就是矛盾。”[⑦]黑格尔说：“在意识里发生于自我与作为自我的对象的实体之间

①《哲学笔记》第2版，第305页。
② 同①。
③ 黑格尔说，统一（Einheit）比同一（Identität）更是指一种主观的反思，它主要被看成是由比较、由外在的反思而产生的关系。当外在的反思在两个不同的对象中发现了同样的东西时，那就有了统一。这种比较和统一丝毫不涉及对象本身，只是涉及在它们以外的活动和规定。因此，统一表达着完全抽象的同一（相同，Dieselbigkeit）。参见《逻辑学》上卷，第81页。
④《哲学笔记》第2版，第306页。
⑤《马克思恩格斯全集》第1卷，第215页。
⑥ 贺麟，《黑格尔哲学讲演录》，第442页。
⑦《马克思恩格斯全集》第20卷，第672～673页。

的不同一性，就是它们两者的差别，一般的否定性。”[①]“差别自在地就是本质的差别，即肯定与否定两方面的差别：肯定的一面是一种同一的自身联系，而不是否定的东西，否定的一面，是自为的差别物，而不是肯定的东西。因此每一方面之所以各有其自为的存在，只是由于它不是它的对方，同时每一方面都映现在它的对方内，只由于对方存在，它自己才存在。”[②]因此，“本质的差别即是‘对立’。在对立中，有差别之物并不是一般的他物，而是与它正相反对的他物；这就是说，每一方只有在它与另一方的联系中才能获得它自己的〔本质〕规定，此一方只有反映另一方，才能反映自己。另一方也是如此；所以，每一方都是它自己的对方的对方。”[③]

黑格尔说：“同一可以说是作为理想性的存在。”[④]他说：“纯有与纯无是同一的东西。这里的真理既不是有，也不是无，而是已走进了——不是走向——无中之有和已走进了——不是走向——有中之无。但是这里的真理，同样也不是两者的无区别，而是两者并不同一，两者绝对有区别，但又同样绝对不曾分离，不可分离，并且每一方都直接消失于它的对方之中。所以，它们的真理是一方直接消失于另一方之中的运动，即变；在这一运动中，两者有了区别，但这区别是通过同样也立刻把自身消解掉的区别而发生的。”[⑤]可见，说纯有与纯无是“同一”的东西，不是说两者之间具有“共同的东西”，两者“绝对区别”，但又具有“不曾分离，不可分离”的联系[⑥]，所以“无论天上地下，都没有一处地方会有某种东西不在自身内兼含有与无两者”。[⑦]“有和有之一切规定性不是相对地，而是自在地扬弃自身：而自在之有的这种单纯否定性就是同一性本身。”[⑧]因此，“一切被认为是固定的对立面……都不是由于什么外部联结而成为矛盾的，相反，正象对它们本性的考察所表明的，它们本身自在自为地就是一种过渡。”[⑨]

黑格尔还区分了同一与相等，“相等只是彼此不相同的，不同一的事物之间的同一。不相等就是不相等的事物的关系。因此两者并非彼此毫不相干的方面或观点，而是一方映现在另一方之中”[⑩]，“彼此等同的两个事物是没有的”[⑪]。

为了正确理解同一概念，黑格尔指出了抽象同一和具体同一的区别。抽象的同一或知性的、形式的同一，是脱离差异和差别[⑫]的同一，是无内容的同一，是在许多规定中抽出一点相同，抹杀了多样性、特殊性、差别性的同一；具体的同一，是异中之同，对立中之同，即包含多样性、特殊性、差别性于自身内并在矛盾发展中保持自身的同一[⑬]。

在黑格尔看来，由于“数学所考察的只是数量，或非本质的差别”，

①《精神现象学》上卷，第23~24页。
②《小逻辑》，第255页。
③《小逻辑》，第255~256页。
④《小逻辑》，第250页。
⑤《逻辑学》上卷，第70页。
⑥ 同一关系不是从外在比较中得来的，它与对象相关且直接涉及对象自身。
⑦《逻辑学》上卷，第73页。
⑧《逻辑学》下卷，第30页。
⑨《哲学笔记》第2版，第194页。
⑩《小逻辑》，第254页。
⑪《哲学笔记》第2版，第113页。
⑫ 在《小逻辑》中，差异即杂多、直接的差别，是外在的区别即事物与事物之间的区别；差别是事物内部对立双方肯定与否定之间的区别，是内在区别。但在《自然辩证法》中，恩格斯说：“同一性自身包含着差异性”“真实的具体的同一性包含着差异和变化。”（参见《马克思恩格斯全集》第20卷，第557页）。
⑬ 贺麟，《黑格尔哲学讲演录》，第440页。

“数量的原则，即无概念的差别的原则和同一性原则”，“所以数学知识也就是沿着同一性的路线进行的，因为死的东西，自身不动的东西，到达不了本质的差别，到达不了在本质上对立或不同一的东西，因而到达不了对立面向对立面的过渡，到达不了质的、内在的运动，到达不了自身运动”[①]。这是抽象同一的特点。

黑格尔说：“在同一所表述的命题形式中，含有比单纯的、抽象的同一更多的东西。”[②]在黑格尔看来，只有包含差别在自身内的具体的同一才是真正的同一，才能避免抽象同一的片面性和简单化。他说：“不要把同一单纯认作抽象的同一，认作排斥一切差别的同一。这是使得一切坏的哲学有别于那唯一值得称为哲学的哲学的关键。”[③]黑格尔还指出：“科学的兴趣总是这一次仅仅在当前的差别中去追溯同一，另一次则又以同样的片面的方式在同一中去寻求新的差别。这种情形在自然科学里特别显著……殊不知，揭穿了脱离差别的单纯知性的同一是虚妄不实的，恰好就是这种同一哲学，特别是思辨逻辑学，而这种新哲学也曾确实竭力教人不要自安于单纯的差异，而要认识一切特定存在着的事物之间的内在统一性。”[④]因此，“假如一切事物都是和自身同一的，那么，它们就没有差异，没有对立，也就没有根据。”[⑤]“作为自在自为的差别，只是自己与自己本身有差别，因此便包含有同一。所以在整个自在自为地存在着的差别中既包含有差别本身，又包含有同一性。作为自我联系的差别，同时也可说是自我同一。所谓对立面一般就是在自身内即包含有此方与其彼方，自身与其反面之物。”[⑥]“同一是一个有差异的东西……即：同一并非外在地，而是在它本身，在它的本性中是有差异的……真理只有在同一与差异的统一中，才是完全的，所以真理唯在于这种统一。”[⑦]

由于一切被称为存在的东西，必定是具体的，既然事物都是具体的，就一定包含着差别和对立。对于同一性问题，我们可以以思维与存在的同一性为例作进一步的说明。如果思维与存在没有同一性，人就不能认识自然存在，也不可能认识真理，是不可知论。如果思维与存在是单纯的、一次性的、完全的绝对的同一，人只要经过一次的认识活动就可以完全认识事物、认识“至当不移的全部真理了”[⑧]。而事实上，思维与存在的同一是包含差别在内的具体同一，既有同一性，又有差别性和多样性。黑格尔说：“如果思维活动只不过是一种抽象的同一，那末我们就不能不宣称思维是一种最无益最无聊的工作。概念以及理念，诚然和它们自身是同一的，但是，它们之所以同一，只由于它们同时包含有差别在自身内。”[⑨]在认识活动中，人们对事物的认识不是一次性就能完成的。恩格斯说：“在思维的领域中我们也不能避免矛盾，例如，人的

①《精神现象学》上卷，第29、第30页。
②《逻辑学》下卷，第35页。
③《小逻辑》，第250页。
④《小逻辑》，第255页。
⑤《逻辑学》下卷，第29页。
⑥《小逻辑》，第259页。
⑦《逻辑学》下卷，第33页。
⑧《小逻辑》，第424页。
⑨《小逻辑》，第251页。

内部无限的认识能力和这种认识能力仅在外部被局限的而且认识上也被局限的个别人身上的实际存在二者之间的矛盾，是在至少对我们来说实际上是无穷无尽的、连绵不断的世代中解决的，是在无穷无尽的前进运动中解决的[①]。”[②]因此，“真理是它在其自身中的运动”，“真理只不过是辩证运动，只不过是这个产生其自身的、发展其自身并返回于其自身的进程”[③]。人的认识是不断深化的，“概念和现象的统一是一个本质上无止境的过程”[④]，“实践、认识、再实践、再认识，这种形式，循环往复以至无穷，而实践和认识之每一循环的内容，都比较地进到了高一级的程度”[⑤]。也就是说，只有坚持思维与存在是包含差别在内的具体同一，才能正确反映和表征认识活动的本质和人的认识能力的局限性。黑格尔说：“我们很可能做出错误的认识。某种东西被认识错了，意思就是说，知识与它的实体不同一。但这种不相等正是一般的区别，是本质的环节。从这种区别里很可能发展出它们的同一性，而且发展出来的这种同一性就是真理。但这种真理：不是仿佛其不等同性被抛弃了，犹如矿渣从纯粹金属里被排除了那样，或工具被遗留在造成的容器以外那样，而毋宁是，不同一性作为否定性，作为自身还直接呈现于真理本身之中。”[⑥]正因为此，黑格尔说，“就同一作为自我意识来说，也是这样，它是区别人与自然，特别是区别人与禽兽的关键，后者即从未达到认识其自身为自我，亦即未达到认识其自身为自己与自己的纯粹统一的境界。”[⑦]

在辩证法的范畴中，肯定与否定、形式与内容、原因与结果、现象与本质、偶然与必然、可能性与现实性，既是对立的，也是有差别的“同一”[⑧]。就以形式与内容来说，事物既有形式，也有内容，形式与内容既相互依赖、不可分割，又相互作用、相互影响，在一定的条件下相互转化。马克思说：“诗一旦变成诗人的手段，诗人就不成其为诗人了。作者绝不把自己的作品看作手段。作品就是目的本身……相反，如果我向一个裁缝定做的是巴黎式燕尾服，而他却给我送来一件罗马式的长袍，因为他认为这种长袍更符合美的永恒规律，那该怎么办呵！”[⑨]从马克思的这段话中可以看出，虽然在特定的事物中形式与内容具有“统一性”，但维持这种相互依赖、相互作用的，是形式与内容之间的具体同一而不是它们的统一性。黑格尔说：“把历史描绘成阿拉伯式的图案画，让大花朵长在纤细的茎上，虽然显得巧妙，然而是非常肤浅的做法。”[⑩]因此，如果形式与内容之间没有同一性，它们之间的统一体就建立不起来，也不可能相互依赖、相互作用；如果它们之间的同一是无差别的完全同一或形式上的同一，它们之间就不需要转化，也不可能相互转化。黑格尔一再强调：“差异一般说来是潜在的矛盾。”“一切事物本身都潜

① 恩格斯说：“人的思维是至上的，同样又是不至上的，它的认识能力是无限的，同样又是有限的。按它的本性、使命、可能和历史的终极目的来说，是至上的和无限的；按它的个别实现和每次的现实来说，又是不至上的和有限的。”（参见《马克思恩格斯全集》第20卷，第95页）

②《马克思恩格斯全集》第20卷，第133页。

③《精神现象学》上卷，第31、第44页。

④《马克思恩格斯全集》第39卷，第410页。

⑤《毛泽东选集》第一卷，第296~297页。

⑥《精神现象学》上卷，第25页。

⑦《小逻辑》，第250页。

⑧ 即不可分离，不曾分离。

⑨《马克思恩格斯全集》第1卷，第192~193页。

⑩《哲学笔记》第2版，第134页。

在地是矛盾的。”并且认为这一命题比起其他的命题“更能表述事物的真理和本质”。[①] 正因为矛盾的这种深刻本质，黑格尔说：“同一与矛盾相比，不过是单纯直接物、僵死之有的规定，而矛盾则是一切运动和生命力的根源。”[②]“矛盾出现于对立之中时，它不过是发展了的无，无已经包含在同一之中并且表明了同一命题什么也没有说。这个否定进一步把自己规定为差异和对立，而这现在就是建立起来的矛盾。”[③]

通过上述分析我们可以看出，包含差别在自身内的同一，就是事物内部矛盾性的基本表现形态。

二、生产和消费的同一性

恩格斯说：“凡是稍微懂得一点黑格尔的人都知道，黑格尔在几百个地方都懂得：要从自然界和历史中，举出最恰当的例子来确证辩证法规律。”[④] 就直观性和内涵丰富性来说，马克思关于生产和消费同一性的论述，是说明具体同一本质内涵的绝好例子。

马克思在《1857—1858年经济学手稿》中专门论述了生产与分配、交换、消费的一般关系。马克思说，就生产和消费来说，“没有生产，就没有消费，但是，没有消费，也就没有生产，因为如果没有消费，生产就没有目的。”“生产直接也是消费。”“消费直接也是生产。”“生产不仅直接是消费，消费不仅直接是生产；生产也不仅是消费的手段，消费也不仅是生产的目的，就是说，每一方都为对方提供对象，生产为消费提供外在的对象，消费为生产提供想象的对象；两者的每一方不仅直接就是对方，不仅媒介着对方，而且，两者的每一方由于自己的实现才创造对方，把自己当作对方创造出来。”[⑤]

就生产和分配来说，“分配关系和分配方式只是表现为生产要素的背面。个人以雇佣劳动的形式参与生产，就以工资形式参与产品、生产成果的分配。分配的结构完全决定于生产的结构，分配本身是生产的产物，不仅就对象说是如此，而且就形式说也是如此。就对象说，能分配的只是生产的成果，就形式说，参与生产的一定形式决定分配的特定形式，决定参与分配的形式。”[⑥]

就交换和流通来说，“交换只是生产和由生产决定的分配同消费之间的媒介要素，而消费本身又表现为生产的一个要素，交换当然也就作为生产的要素包含在生产之内……交换就其一切要素来说，或者是直接包含在生产之中，或者是由生产决定。”[⑦]

马克思说：“我们得到的结论并不是说，生产、分配、交换、消费

① 贺麟，《黑格尔哲学讲演录》，第443页；《逻辑学》下卷，第65页。

②《逻辑学》下卷，第66页。

③《逻辑学》下卷，第65~66页。

④《马克思恩格斯全集》第20卷，第402页。

⑤《马克思恩格斯全集》第46卷，第27~31页。

⑥《马克思恩格斯全集》第46卷，第32~33页。

⑦《马克思恩格斯全集》第46卷，第36页。

是同一的东西，而是说，它们构成一个总体的各个环节、一个统一体内部的差别。生产既支配着与其他要素相对而言的生产自身，也支配着其他要素。过程总是从生产重新开始。交换和消费不能是起支配作用的东西，这是不言而喻的。分配，作为产品的分配，也是这样。而作为生产要素的分配，它本身就是生产的一个要素。因此，一定的生产决定一定的消费、分配、交换和这些不同要素相互间的一定关系。当然，生产就其单方面形式来说也决定于其他要素……最后，消费的需要决定着生产。不同要素之间存在着相互作用。每一个有机整体都是这样。”①

正因为生产和消费之间具有同一性，才使得生产和消费之间能够构成一个统一体，这种“同一”，是“统一”的前提条件，是基础，因为生产和消费的“每一方直接是它的对方。可是同时在两者之间存在着一种媒介运动。生产媒介着消费，它创造出消费的材料，没有生产，消费就没有对象。但是消费也媒介着生产，因为正是消费替产品创造了主体，产品对这个主体才是产品。产品在消费中才得到最后完成”②。军事学中的进攻与防御也同样，每一方直接是它的对方，进攻媒介着防御，它创造出防御的对象，但是防御也媒介着进攻，因为正是防御替进攻创造了主体。可见，促成生产和消费、进攻和防御之间“媒介运动”的，是它们之间的“同一性”而不是“统一性”，当然生产和消费的同一性离不开“生产、分配、交换、消费……构成一个总体的各个环节、一个统一体”。如果生产和消费、进攻和防御之间没有同一性，就有可能像鸡蛋与石头那样，由于它们在生命活动中缺乏内在联系，即使组成一个统一体，也是“杂多”式的无生命的统一体。毛泽东说：“为什么鸡蛋能够转化为鸡子，而石头不能够转化为鸡子呢？为什么战争与和平有同一性，而战争与石头却没有同一性呢？”③黑格尔认为，作为“杂多”的差别是直接的差别，外在的差别亦即多样性。黑格尔说：“所谓差异或多样性即不同的事物，按照它们的原样，各自独立，与他物发生关系后互不受影响，因而这关系对于双方都是外在的。”④就其本质而论，作为杂多的差别，是一种最低级的差别，实际上是由抽象的自身同一转化而来：甲是甲，乙是乙，丙是丙；换句话说，就是甲不是乙，乙不是丙，每个东西都是其自身，而不是他物，所以就等于各种事物互异且无相关性。抽象的同一和抽象的相异只是同一事物的两种不同说法而已。

可见，矛盾双方的具体同一，是构成对立双方“统一体”的前提和基础，而对立双方包含差别于自身内的同一，正是统一物之分为“两个矛盾着的部分”的本质反映。列宁说：“辩证法是一种学说，它研究对立面怎样才能够同一，是怎样（怎样成为）同一的——在什么条件下它

①《马克思恩格斯全集》第46卷，第36～37页。
②《马克思恩格斯全集》第46卷，第28页。
③《毛泽东选集》第一卷，第331页。
④《小逻辑》，第251页。

们是相互转化而同一的，——为什么人的头脑不应该把这些对立面看作僵死的、凝固的东西，而应该看作活生生的、有条件的、活动的、彼此转化的东西。”[①] 列宁这里所说的同一就是具体同一。列宁还批评了普列汉诺夫等人，把对立面的同一当作实例的总和（例如种子），而不是当作认识的规律（以及客观世界的规律）。[②]

三、作为“发展原则”和“统一原则”的对立同一

黑格尔把辩证法看作“矛盾进展原则”。他说：“一切有限之物并不是坚定不移，究竟至极的，而毋宁是变化、消逝的。而有限事物的变化消逝不外是有限事物的辩证法。有限事物，本来以它物为其自身，由于内在的矛盾而被迫超出当下的存在，因而转化到它的反面。”[③] 列宁把“发展原则”和“统一原则”作为“关于辩证法及其客观意义的问题”来对待。他说：“必须把发展的普遍原则和世界、自然界、运动、物质等等的统一的普遍原则联结、联系、结合起来。”“如果一切都发展着，那么一切就都相互过渡，因为发展显然不是简单的、普遍的和永恒的生长、增多（或减少）等等。——既然如此，那首先就要更确切地理解进化，把它看作一切事物的产生和消灭、相互过渡。”[④] 而造成一切都能“相互过渡”的本质因素就是“对立同一”。

“对立”是前提，没有“对立”，也就没有“同一”和“统一”之说。如果“同一”是抽象的、排除任何差别和具体内容的同一，就不可能也没必要“相互过渡”；如果“同一”是具体的、有差异的，是多样性的同一，就能够也需要“相互过渡”，以便消除或消解差异而趋向同一。[⑤]

物体的运动往往就是从打破平衡开始的。黑格尔说：“运动本身是一切存在的东西的辩证法”[⑥]，“运动则意味着物体在这个地点同时又不在这个地点；这就是空间和时间的非间断性，——正是这种非间断性才使运动成为可能。”[⑦] “在天体的运动里，一个星球现刻在此处，但它潜在地又在另一处。”[⑧] 切尔诺夫在他的《哲学论文集》中对黑格尔关于运动的观点进行了反驳，他说：“运动就是物体在某一瞬间在某一地点，在接着而来的另一瞬间则在另一地点。”列宁说，切尔诺夫的“这个反驳是不正确的：（1）它描述的是运动的结果，而不是运动本身；（2）它没有指出、没有包含运动的可能性；（3）它把运动描写为静止状态的总和、联结，就是说，（辩证的）矛盾没有被它消除，而只是被掩盖、推开、隐藏、遮闭起来。”[⑨] 恩格斯也指出：“运动本身就是矛盾；甚至简单的机械的位移之所以能够实现，也只是因为物体在同一瞬间既在一个

①《哲学笔记》第2版，第90页。
②《哲学笔记》第2版，第305页。
③《小逻辑》，第179页。
④《哲学笔记》第2版，第215页。
⑤约·狄慈根：“我们的理智是一个辩证的工具，把一切对立面联系起来的工具。理智借助于多样化建立了统一性，并在相同中理解差别。”（参见《哲学笔记》第2版，第410页）
⑥《哲学笔记》第2版，第216页。
⑦《哲学笔记》第2版，第218页。
⑧《小逻辑》，第180页。
⑨《哲学笔记》第2版，第218～219页。

地方又在另一个地方，既在同一个地方又不在同一个地方。这种矛盾的连续产生和同时解决正好就是运动。”① “生命首先正是在于：生物在每一瞬间是它自身，同时又是别的东西。所以，生命也是存在于物体和过程本身中的不断地自行产生并自行解决的矛盾；矛盾一停止，生命也就停止，死亡就到来。”② 运动和生命的变动不居就像黑格尔在《精神现象学》中说的“这时”或“现在”，它指的“既不是这一个（时刻），也不是那一个（时刻），而是一个非这一个（时刻），同样又毫无差别地既是这一个（时刻）又是那一个（时刻）”③。20世纪初,科学家发现原子、电子和光子等量子与由它们所构成的日常常见物体有着截然不同的运转方式。量子物理严格的实验已经证明，基本粒子在没有观测的时候是没有确定的状态的。当我们扔一个网球时，借助于牛顿定律，我们可以计算出网球的最终落点。然而量子的运转方式似乎是在同一时间点内处于不同的位置。当我们抛出一个量子时，结果却是一组显示粒子可能方位的概率，而且直到我们做出测量前，这个粒子的位置可能还没有固定下来。根据量子力学的基本原理，微观粒子可能处于叠加态，这种状态是不确定的。例如，某一电子可以同时处于两个不同地点，它有可能在A点，也可能在B点，电子的状态是在A点又不在A点的叠加。可是这种不能确定具体地点的叠加状态，一被观测，就崩溃了，它就真的只在A点或者真的只在B点了，就是说它突然“坍塌”到一个明确而具体的地点上。量子力学创始人薛定谔提出的“薛定谔猫”理想实验模型表明，原来以为只有微观世界才有的“既处于这个状态，又不处于这个状态”的不确定状态，现在也同样出现在宏观世界：位于“薛定谔猫”试验装置里面的猫可能活着，也可能死了。由于薛定谔把猫的死与活这两个不确定状态量子化来考虑，如果没有揭开试验装置中的盖子观察，这只猫永远处于同时是死又是活的叠加态。量子力学的这一原理与黑格尔的运动观一致。

切尔诺夫描绘出的运动状态，没有表现出对立面和对立双方不安息（不停息）的状态，其作为“静止状态的总和、联结”，没有表现出打破对立面“统一”的内在因素——“某一瞬间在某一地点，另一瞬间则在另一地点”，则对立面的统一性，要么每一瞬间都被打破，要么可能永远也不会被打破。而每一瞬间都被打破的统一体和永远也打不破的统一体都是不可想象的。切尔诺夫的观点与“对立面的统一”的要求并不相违背。

黑格尔关于运动是“物体在这个地点同时又不在这个地点”的表述以及“空间和时间的非间断性才使运动成为可能”的看法，正是他的具

①《马克思恩格斯全集》第20卷，第132页。
②《马克思恩格斯全集》第20卷，第133页。
③《精神现象学》上卷，第66页。

体同一的思想在运动方面的具体表现,因为有差别的“同一”“不曾分离，不可分离”的特征，能够把“物体在这个地点同时又不在这个地点”的运动状态和趋势以及矛盾的不安息（不稳定性）特征描绘出来。黑格尔说：“如果有人问：同一如何会发展成为差别呢？他在这个问题里便预先假定了单纯的同一或抽象的同一是某种本身自存之物，同时也假定了差别是另一种同样地独立自存之物。然而这种假定却使得对于上面所提出的问题的解答成为不可能。因为如果把同一认作不同于差别，那末我们事实上只能有差别，因而无法证明由同一到差别的进展。因为对那个提出如何进展的问题的人，进展的出发点根本就不存在。”① 黑格尔明确指出：“作为区别（也译作差异），它既包含同一，又包含这种关系本身。——区别是整体，又是它自己的环节，正如同一之既是自己的整体，又是自己的环节那样。——这一点必须看作是反思的本质的本性和一切活动及自身运动的确定根源。”② 这就清楚地表明，有差别的同一是运动和发展的出发点，没有同一也就根本不会有发展。张世英说，黑格尔把自我运动看成是既同一又是差异，这个思想是很深刻的。③

因此，只有“在一定的必要的条件之下”的“对立面的具体同一”才能够描述事物运动的本质，才能表征“对立的相互渗透”和“统一物分成为两个互相排斥的对立，而两个对立又互相关联着”④ 的状态，才能反映事物的内部的矛盾性，才能“解释事物的质的多样性”。

从一般意义上说，对立面的“统一”反映的是对立双方处于一种暂时的静止和安息状态，是事物发展变化过程中处于相对稳定的、保守的一种状态或一个方面、一个环节。黑格尔说：“思维和存在，有限和无限等等的‘统一’这个说法是谬误的，因为它表达的是‘静止不变的同一’。说有限简单地中和着无限并且反之亦然，这是不对的。事实上我们所看到的是一个过程。”⑤ 由于对立面的具体“同一”是“既同一又有差别”的，一方面，“异中有同，对立中之同”，是有差别的同一、多样性的同一，就像眼睛中含有沙子，它描绘出事物的不安息（不停息）、不平静状态；另一方面，同一中的差别构成的不平衡态势，是打破原先相对稳定状态的内在动力。这样，“同中含异，异中有同”所表述的“在每一瞬间是它自身，同时又是别的东西”“既是又不是”“既在这里又不在这里”的不稳定状态，是动态的、冲动的、发展的、革命的，它就像位于陡坡上的滑轮，只要外界条件稍有变化，暂时的相对稳定性就被打破，运动和发展就是一种必然。处于对立状态中的有差别的同一因而是事物发展的根本原因和根本动力。相比之下，矛盾双方的对立不是事物发展的动力和根本原因，对立只是一种状态。由于处于对立状态中的

①《小逻辑》，第251页。
②《逻辑学》下卷，第38页。
③《论黑格尔的逻辑学》，1982年4月，第282页。
④《毛泽东选集》第一卷，第300页。
⑤《哲学笔记》第2版，第169～170页。

差异性，对立双方的每一方只有在它的对方里它才有它的自身关系。黑格尔说："肯定的东西是那样一种差异的东西，这种差异的东西是独立的，同时对于它与它的对方的关系并非不相干。否定的东西也同样是一种独立自为的否定的自身关系、自为存在，但同时作为单纯的否定，只有在它的对方里它才有它的自身关系，它的肯定性。因此，肯定与否定都是设定起来的矛盾，自在地却是同一的。两者又同是自为的，由于每一方都是对对方的扬弃，并且又是对它自己本身的扬弃。"① 可见，对立双方的差别性也是一种否定关系。黑格尔说："在否定的东西中一般都包含着变易的根据，自己运动的不静止的根据。"② "谁都知道什么是变易，但如果我们通过分析发现，'它是存在，同时又是非存在'——'如此巨大的差别'，那我们就会感到惊讶。"③ 而运动和发展的程度、深度和广度，取决于具体同一中对立双方差别的性质、程度和范围。差别越大，矛盾越尖锐，斗争越激烈；差别的范围越广、程度越深入，发展变化的进程越长，影响越深远。毛泽东说："世界上的每一差异中就已经包含着矛盾，差异就是矛盾。"④ 具体同一中的差别性，是矛盾双方对立、斗争的根源。"认识事物的共同点是不够的，还应当理解它们的差别。"⑤

马克思说："哲学是被它的敌人的叫喊声引进世界的；哲学的敌人发出了要求扑灭思想烈火的呼救的狂叫，这就暴露了他们的内心也受到了哲学的感染。对于哲学来说，敌人的这种叫喊声就如同初生婴儿的第一声啼哭对于一个焦急地谛听孩子哭声的母亲一样；这是哲学思想的第一声喊叫。哲学思想冲破了令人费解的、正规的体系外壳，以世界公民的姿态出现在世界上。"⑥ 感染哲学的敌人的，是"哲学"与"哲学的敌人"之间的具体同一性，冲破"正规的体系外壳"的是"哲学"与"哲学的敌人"之间的具体同一中的差别性，这种差别性，就像河道中的水，由于河床的高差而造成的"落差"，使水流形成一种"势"⑦，奔流而下。

列宁说："发展是对立面的统一（统一物之分为两个互相排斥的对立面以及它们之间的相互关系）"，并指出只有这一"观点才提供理解一切现存事物的'自己运动'的钥匙，才提供理解'飞跃'、'渐进过程的中断'、'向对立面的转化'、旧东西的消灭和新东西的产生的钥匙。"⑧ 在这里，列宁把"对立面的统一"解释为"统一物之分为两个互相排斥的对立面以及它们之间的相互关系"是很有道理的，就其"自己运动""向对立面的转化"的实质而言，"两个互相排斥的对立面以及它们之间的相互关系"就是有差别的同一性。

列宁还指出："对立面的统一（一致、同一、均势）是有条件的、暂时的、易逝的、相对的。相互排斥的对立面的斗争是绝对的，正如发展、

①《小逻辑》，第258~259页。
②《哲学笔记》第2版，第96页。
③《哲学笔记》第2版，第235页。
④《毛泽东选集》第一卷，第307页。
⑤《哲学笔记》第2版，第369页。
⑥《马克思恩格斯全集》第1卷，第220页。
⑦"势"在汉语中是指力量聚集的方向。
⑧《哲学笔记》第2版，第306页。

运动是绝对的一样。”[1]由于“对立面的统一”是源于对立双方具有同一性，“统一物之分为两个互相排斥的对立面”也是因为对立双方具有同一性，如果说对立面的统一（同一）是有条件的，那么，对立面的对立以及对立激化而产生的斗争，也同样是有条件的、相对的，都是在有差别同一性相联系的统一体内部。但是在统一物（体）内部，由于对立面的统一是相对稳定的状态和因素，有差别的同一性反映出的“既在这里又不在这里”“既承认‘非此即彼’又承认‘亦此亦彼’”的不稳定状态以及对立双方力量的不平衡，的确像运动的是绝对的一样，是冲动的、不安息的，因而是绝对的，是事物运动和发展变化的力量和源泉之所在。正如运动是有条件的、相对的，对立面的对立以及它特定表现形式斗争也同样是有条件的，这一条件取决于对立双方的差异性所形成的对立程度和态势。对立的性质、程度、范围和态势决定或影响着对立双方的相互作用、互相渗透、相互转化的进程及其表现形式，是激烈的还是温和的，是急风暴雨式的还是和风细雨式的，是急行军式的还是缓步前进的，是让历史按辩证法的革命性改变“它自己的步伐”，还是“辩证法往往还是要等待历史很久”[2]。毛泽东说：“经济上城市和乡村的矛盾，在资本主义社会里面（那里资产阶级统治的城市残酷地掠夺乡村），在中国的国民党统治区域里面（那里外国帝国主义和本国买办大资产阶级所统治的城市极野蛮地掠夺乡村），那是极其对抗的矛盾。但在社会主义国家里面，在我们的革命根据地里面，这种对抗的矛盾就变为非对抗的矛盾,而当到达共产主义社会的时候,这种矛盾就会消灭。”[3]这就是说“相互排斥的对立面的斗争”的绝对性也是有条件的、相对的，没有绝对的“绝对”。恩格斯说，黑格尔哲学的真实意义和革命性质，正是在于它永远结束了以为人的思维和行动的一切结果具有最终性质的看法，“这种辩证哲学推翻了一切关于最终的绝对真理相与之相应的人类绝对状态的想法。在它面前，不存在任何最终的、绝对的、神圣的东西。”[4]“绝对和相对不是过分分离的，它们互相联系在一起。”[5]

综上所述，我们常说的对立统一规律，恩格斯所说的“对立的相互渗透的规律”，就其本质而言，就是对立同一规律。

定稿于2016年10月1日
修改于2016年10月5日

①《哲学笔记》第2版，第306页。
②《马克思恩格斯全集》第20卷，第450页。
③《毛泽东选集》第一卷，第335～336页。
④《马克思恩格斯全集》第21卷，第307～308页。
⑤《哲学笔记》第2版，第420页。

刘佐阳　绘

否定之否定规律的普遍性问题

古希腊罗马哲学是原始的自发的唯物主义。作为这样的唯物主义，它不能彻底了解思维对物质的关系。但是，弄清这个问题的那种必要性，引出了关于可以和肉体分开的灵魂的学说，然后引出了灵魂不死的论断，最后引出了一神教。这样，旧唯物主义就被唯心主义否定了。但是在哲学的进一步发展中，唯心主义也站不住脚了，它被现代唯物主义所否定。现代唯物主义，否定的否定，不是单纯地恢复旧唯物主义，而是把两千年来哲学和自然科学发展的全部思想内容以及这两千年的历史本身的全部思想内容加到旧唯物主义的永久性基础上。这已经根本不再是哲学，而只是世界观，它不应当在某种特殊的科学的科学中，而应当在现实的科学中得到证实和表现出来。

——《马克思恩格斯全集》第 20 卷，第 151 页

正如新的产品从工场的肮脏，从耗费的物资，从工人的汗水中辉煌灿烂地产生出来一样，当代的财富从野蛮的黑暗时代，从对人民的奴役，从愚昧、迷信和贫困，从耗费的人们的血肉中形成，灿烂夺目地壮丽地闪烁着认识或科学之光。这一财富为社会民主主义的希望构成了坚实基础。

——约·狄慈根

（列宁，《哲学笔记》第 2 版，第 363 页）

恩格斯说："自然过程的辩证性质以不可抗拒的力量迫使人们不得不承认……只有辩证法能够帮助自然科学战胜理论困难。"[①] 人们通常认为，对立统一规律是关于事物矛盾运动的规律，它揭示了事物发展的实质以及内在源泉和动力；量变质变规律是关于事物量变和质变相互过渡、相互交替的规律，它揭示了事物发展中相对静止和显著变动的两种状态及其相互关系。否定之否定规律是揭示事物发展总趋势和具体道路的规律，它表明事物自身发展的整个过程是由肯定、否定以及否定之否定诸环节、诸过程构成的，事物的发展因而是波浪式的，而不是直线式的；是走"之"字路的，而不是走"一"字路的；是往返曲折的，而不是径情直遂的。例如，人们认识过程中的实践—认识—实践，具体—抽象—具体等，都是由肯定到否定，又由否定到肯定的波浪式的前进运动。波浪式的前进运动本来是支配一切事物发展过程的客观规律，是事物发展的基本形态[②]。

恩格斯说："否定的否定……是一个非常简单的、每日每地都在发生的过程。"[③] 对于否定之否定规律，目前我国哲学界还有不同的看法和争议，曾经连续开展了辩证法有几个规律问题的讨论，其中争论的焦点主要围绕着否定之否定规律的本质、作用、形式等问题而展开。有些人根据某些事物发展过程中连续的三个阶段不是由肯定到否定，再到否定之否定，第二次否定没有"重复"出发点的现象，认为否定之否定不是事物发展的普遍规律。"现在无论是持辩证法的规律只有一个意见的文章，还是同意三个规律的文章，双方争论的焦点，仍然在于如何看待否定之否定规律的问题上。就是在同意三个规律的文章中，对这一规律的认识也存在不少分歧。有的甚至在同一篇文章中，对于这一规律的客观性、普遍性及其意义的论述也有前后矛盾的现象。"[④]

马克思在《哲学的贫困》中对理性产生思想的否定之否定过程作了详细的阐述，他说："纯粹的、永恒的、无人身的理性怎样产生这些思想呢？……理性在自身中把自己和自身区分开来。这是什么意思呢？因为无人身的理性在自身之外既没有可以安置自己的地盘，又没有可与自己对置的客体，也没有自己可与之结合的主体，所以它只得把自己颠来倒去：安置自己，把自己跟自己对置起来，自己跟自己结合——安置、对置、结合。用希腊语来说，这就是：正题、反题、合题。对于不懂黑

① 《马克思恩格斯全集》第20卷，第384页。

② 从事物发展的历程来说，量变与质变的相互过渡、相互交替表征的是事物发展变化的过程，矛盾双方的差异性同一所表现出的"既在这里又不在这里"的不安息状态是事物发展变化的力量和源泉，而否定之否定的波浪式前进描述的是事物发展的形态。

③ 《马克思恩格斯全集》第20卷，第148页。

④ 李辛生，《再论否定之否定规律的客观普遍性及其方法论的意义》，《华南师范大学学报（社会科学版）》，1980年第1期。

格尔语言的读者，我们将告诉他们一个神圣的公式：肯定、否定、否定的否定……理性一旦把自己作为正题安置下来，这个正题、这个思想就会自相对置，分为两个互相矛盾的思想，即肯定和否定，'是'和'否'。这两个包含在反题中的对抗因素的斗争，形成辩证运动。'是'转化为'否'，'否'转化为'是'。'是'同时成为'是'和'否'，'否'同时成为'否'和'是'。对立面就是通过这种方式互相均衡，互相中和，互相抵消。这两个彼此矛盾的思想的融合，就形成一个新的思想，即它们的合题。这个新的思想又分为两个彼此矛盾的思想，而这两个思想又融合成新的合题。这种增殖过程[①]就构成思想群。同简单的范畴一样，思想群也遵循这个辩证运动，它也有另一个与自己矛盾的群为自己的反题。从这两个思想群中产生出新的思想群，即它们的合题。正如从简单范畴的辩证运动中产生群一样，从群的辩证运动中产生系列，从系列的辩证运动中又产生整个体系。"[②]也就是说，不仅是单一事物的发展，而且是相互联系着的事物（群）的总体发展历程，也都呈现出否定之否定的波浪式前进的形态。[③]

黑格尔在《精神现象学》中以"这时"为例说明事物发展过程中的否定之否定过程。他说："我们指出'这时'［或现在］，这一个这时。这时；当它一经被指出时，它已经停止其为这时了。而正存在着的这时已经不是我们所指出过的这时了，并且我们看见，这时恰恰是这样一种东西，当它存在时，它已经不复存在了。指出给我们的那个这时已经是一个过去了的东西。"[④]"因此在这种指出的过程里，我们仅仅看见如下的一个运动和过程：（一）我指出这时，并肯定它是真的；但是我指出它是过去了的东西或者是被扬弃了的东西，因而扬弃了前一条真理，于是（二）我现在肯定第二条真理，即这时是过去了、是被扬弃了。（三）但是过去了的东西现在不存在；于是我们就扬弃了那过去了的存在或被扬弃了的存在，亦即扬弃了第二条真理，这样一来我就否定了对于这时的否定，于是就回复到第一个肯定，即这时存在。因此这时和对这时的指出，其性质都不是一个直接的单纯的东西，而是一个包含着不同的环节于其中的运动；建立起这一个，但反而是建立起另一个，或者是扬弃了这一个。而这个另一个或者第一个的扬弃本身又要被扬弃，于是就又回复到第一个。但是这个回复到自己的第一个已经不完全确切地象它最初那样是一个直接性的东西了；而乃是一个回复到自身的或者在它的对方中保持着它自己的简单的东西了。"[⑤]由于时间是不停地变化的，黑格尔这段话包含三层意思：（1）当我们一经说出"这时"的时刻（比如10点整），"这时"就已经过去了，时间已到了不是说话那一刻的"这时"了（即过了10点），这就是黑格尔说的第一次否定；（2）当我们说"这

① 由于这种增殖，一分为二中的"一"与合二而一中的"一"是不同的，前者为父母，后者为父母的孩子，两者在发展过程的阶段和环节上也不一定一致。

②《马克思恩格斯全集》第4卷，第140~143页。

③ 从历史发展进程看，中华民族的伟大复兴是一个否定之否定过程：鸦片战争以前，中华文明是有别于西方的独立文化体系，是"正"；1840年至1949年，中华民族屡受外敌入侵，政治、经济和文化各方面均遭受严重冲击甚至是彻底的否定，是"反"；新中国成立到21世纪中叶，"两个一百年"目标的实现，是"合"，是在西方文明冲击下，中华民族以更雄伟的姿态和更大的规模崛起，它将有力地证明华夏文化的创造力和自我更新能力。

④《精神现象学》上卷，第69页。

⑤《精神现象学》上卷，第69~70页。

时已不是说话时分的这时”，就等于已经肯定“这时”已是“过去了、是被扬弃了”的，这就是对第一次否定的肯定；（3）当我们肯定“这时已经过去了（不存在了）”，就等于承认有一个新的“这时”来否定“这时不在了”（否定第一次否定），这样，被否定的“这时”获得了新的形态，即否定之否定。因为只有以这个新的“这时”（10点以后的某一确定时间）来代替一开始（10点整）的“这时”，或者说只有以这新的“这时”来比较、作参照，才能认为“这时已经过去了”。这样一来，新的“这时”“仍然还是象以前那样的单纯的这时，并且在它这种单纯性里，它对任何仍然同它相联属的东西都是漫无差别的”[①]，而且这时的“这时”，“它是一个这时，一个包含着无数这时的这时。这就是真正的这时，这样的这时作为简单的白天，就包含着许多这时——钟头——在自身内；这样的这时，作为一个钟头，就包含着许多分钟在自身内，而每一分钟作为这时也同样包含着许多这时等等。因此指出这时本身就是说出这时之所以为这时的真理的过程，即是说，一个结果或者一个由许多这时集积而成的复多体。”[②] 这一论述思辨性较强。

恩格斯指出：“否定的否定……是一个极其普遍的，因而极其广泛地起作用的，重要的自然、历史和思维的发展规律；这一规律，正如我们已经看到的，在动物界和植物界中，在地质学、数学、历史和哲学中起着作用。”[③] “我们以大麦粒为例。亿万颗大麦粒被磨碎、煮熟、酿制，然后被消费。但是，如果这样的一颗大麦粒得到它所需要的正常的条件，落到适宜的土壤里，那末它在热和水分的影响下就发生特有的变化：发芽；而麦粒本身就消失了，被否定了，代替它的是从它生长起来的植物，即麦粒的否定。而这种植物的生命的正常进程是怎样的呢？它生长，开花，结实，最后又产生大麦粒，大麦粒一成熟，植株就渐渐死去，它本身被否定了。作为这一否定的否定的结果，我们又有了原来的大麦粒，但是不是一粒，而是加了十倍、二十倍或三十倍。”[④] 但是，“如果我把大麦粒磨碎，我也就否定了大麦粒；如果我把昆虫踩死，我也就否定了昆虫；如果我把正数 a 涂掉，我也就否定了正数 a，如此等等。或者，我说玫瑰不是玫瑰，我就把玫瑰是玫瑰这句话否定了；如果我又否定这一否定，并且说玫瑰终究还是玫瑰，这样能得出什么结果来呢？——这些反驳其实就是形而上学者反对辩证法的主要论据，它们同形而上学思维的狭隘性完全合拍。在辩证法中，否定不是简单地说不，或宣布某一事物不存在，或用任何一种方法把它消灭……我不仅应当否定，而且还应当重新扬弃这个否定。因此，我做第一个否定的时候，就必须做得使第二个否定可能发生或者将有可能发生。怎样做呢？这就要依每一种情况的特殊性质而定。如果我磨碎了大麦粒，如果我踩死了昆虫，那末我

①《精神现象学》上卷，第65~66页。

②《精神现象学》上卷，第70页。

③《马克思恩格斯全集》第20卷，第154页。

④《马克思恩格斯全集》第20卷，第148页。

虽然完成了第一个动作，却使第二个动作成为不可能了。”[①]

恩格斯的这一段话对于理解否定之否定规律的本质内涵极为重要。辩证的否定是事物发展的决定性环节，但事物的发展不是经过一次否定就完成的，也不是一系列否定的简单叠加，而是由肯定到否定，又由否定到否定之否定的周期性运动构成自己发展自己、自己完善自己的辩证运动。赵家祥说：“否定之否定规律只有经过事物内部的肯定方面和否定方面的两度转化才能体现出来。在事物内部的肯定方面和否定方面的一度转化，即肯定否定中，还看不出否定之否定，一定要在两度的转化中，把否定再否定，才能看出否定之否定。否定之否定以肯定否定为前提，没有这个肯定否定就不可能发生否定之否定。所以……唯物辩证法所讲的否定，是事物的自我否定，而不是由外力强加的否定……这是否定之否定规律的一个极其主要的内容。”[②]

那么，我们怎样才能做到“我做第一个否定的时候，就必须做得使第二个否定可能发生或者将有可能发生”？这实质上涉及怎样理解和区分“外力强加的否定”与“自我否定”的问题。

事物发展是曲折的。英国学者格雷格里·贝特森（Gregory Bateson，1904～1980 年）说：“如果一直在发生着什么，则什么也不会发生，因为所有的空隙都被填满了。只有当未发生什么特定事情时，才有可能发生任何事情。”事物发展的曲折性是由于事物发展变化往往不是由单一因素促成的，也不是只朝一个方向、一种路径发展的。这决定了事物发展过程中的否定方面和否定方式也不是唯一的。在某一阶段、某一范围、某一领域中的一个发展过程里是外在的因素、外在的过程，在另一个发展过程中就可能变成是内在因素或内在环节了。就恩格斯所举的“麦粒”例子来说，有的学者以“我把大麦粒磨碎，我也就否定了大麦粒……那末我虽然完成了第一个动作，却使第二个动作成为不可能了”这一过程来说明否定之否定规律不是普遍作用的规律。把麦粒磨碎，这在“麦粒—植株—麦粒”生长过程中的确使得由植株长出麦粒的第二个否定不可能发生了。但是，如果我们联系上下文来理解，其实恩格斯在上文中还特地指出麦粒还具有被消费的功能——“亿万颗大麦粒被磨碎、煮熟、酿制，然后被消费”。顺着消费这一思路，把“磨碎麦粒”看作制作面食（面条、馒头、面包等）的一个工序，则把麦粒磨碎并磨成面粉不仅是必须的第一次否定，而且只有当第一次否定顺利完成之后，才能实现由面粉到面食的第二次否定。因此，“磨碎麦粒”这一活动，如果仅从“麦粒—植株—麦粒”这一生长过程来看，是外在的否定作用，因而使得第二个否定不可能发生了。但在“麦粒—面粉—面食”这一前后相继的制作过程中，“磨碎麦粒”则是一种内在的生产制作过程和必须的生产环节，是“自

① 《马克思恩格斯全集》第20卷，第154～155页。
② 赵家祥，《简论否定之否定规律的独有功能》，《思想理论教育导刊》，2005年第1期。

我否定”的一种表现。可能又有人会问，把面食作为麦粒的否定之否定，面食相对于麦粒来说，“仿佛是向旧东西的复归”[①]了吗？这就要看这种复归的具体含义是什么了。从外在形式上看，面食与麦粒大不相同，几乎没有相似性，不能说是“复归”。但如果从面食和麦粒都可食用的角度，把它们划归为食品，或者从它们都可以在市场上进行买卖交易而把它们归类为商品，或者从它们都是劳动成果而把它们归结为产品，那么，面食可以看作麦粒在一定程度上的“复归”[②]。恩格斯说：“不言而喻……当我谈到所有这些过程，说它们是否定的否定的时候，我是用这一运动规律来概括所有这些过程，正因为如此，我没有去注意每一个个别的特殊过程的特点。”[③]

可见，否定之否定规律不是在单一轨道和单一可能性基础上曲折前进的过程。否定之否定规律揭示的，是事物在可能域中的一组轨道集合或一组多种可能途径上的螺旋式上升、波浪式前进的运动。在事物发展过程中，由于矛盾的性质和条件不同，否定的形式和方法也是各有特点、各不相同，是多种多样的。自然界的否定和人类社会的否定不同，有机物的否定和无机物的否定不同，物理学中的否定和化学运动的否定不同，动物的否定和植物的否定不同，但基本形态是一致的。恩格斯说：“我不是象形而上学者否定它们那样，否定了它们，就不再顾及它们了，而是根据适合于条件的方式否定了它们。”[④]而“否定的方式在这里首先取决于过程的一般性质，其次取决于过程的特殊性质”[⑤]。

从分析问题、解决问题的角度来看，同样的“磨碎麦粒”这一环节，它的性质取决于所选取的研究系统或建立的分析模型，在植物生长过程它是“外力强加的否定”，在面食生产过程则是内在的“自我否定”。这就涉及如何理解“内”与“外”的关系问题了。黑格尔说，“内与外是自在自为地同一的，内外的区别仅被规定为一种设定起来的东西”，而且“内外的同一就是现实”。[⑥]既然在现实中，内与外的区别是一种设定起来的东西，那么我们在分析事物发展变化过程时所建立的概念是否能准确地反映事物发展本质特性就显得十分重要了。因为“思想愈是富于规定性，也就是愈富于关系”[⑦]，“概念（及其关系、过渡、矛盾）是作为客观世界的反映而被表现出来的……每一个概念都处在和其余一切概念的一定关系中、一定联系中”[⑧]，而“每一种事物都有它的特殊的否定方式，经过这样的否定，它同时就获得发展，每一种观念和概念也是如此”[⑨]。

列宁说：“唯物主义者的任务是正确地和准确地描绘真实的历史过程。”[⑩]就麦粒来说，它不仅可以作为种子，还可以是加固食品和酿酒的原料，也可以是科学研究的样本，还可以有其他的用途。因此，从事实际工作时，我们可以根据具体问题的性质，在可能域内，将某一发展

①《哲学笔记》第2版，第191页。
② 这种复归，是概念所反映的本质内涵的复归，而不是物质形态的复归。
③《马克思恩格斯全集》第20卷，第154页。
④《马克思恩格斯全集》第20卷，第150页。
⑤《马克思恩格斯全集》第20卷，第155页。
⑥《小逻辑》，第294页。
⑦《逻辑学》上卷，第228页。
⑧《哲学笔记》第2版，第166页。
⑨ 同⑤。
⑩《列宁选集》第1卷，第30页。

阶段的结果当作第一次否定，并创造条件，使得第二次否定由可能变为现实。由于辩证的否定是事物发展的环节和联系的环节，每一否定过程结束后，必定存在着某种形态、某一方面或某一方式的发展进程。这样，针对某一事物前后相继的发展过程就可以建立一定数量的否定之否定分析模型来表征它的各种可能的发展方向，进而指出可能的发展道路，并描绘出相应的发展前景。这样，事物的事物、过程的过程在空间和时间两个维度上所展现出的一个个否定之否定发展过程、发展阶段和发展方式，就构成宇宙间无限发展过程的美妙画面，事物发展过程中或显现或潜在的否定之否定过程就揭示出来了。

黑格尔说："哲学之所以晦涩，主要由于在它里面表现了一个深奥的、思辨的思想；这种思想对于理智永远是很深的、晦涩的。反之对于理智，数学倒是很容易的。"[①]"由于数学具有明确性，所以人们把这种方法看成非常美妙的方法，但是这种方法并不适用于思辨的内容"[②]，因为"数学的认识和方法是纯粹抽象的认识，是对哲学根本不适合的"。[③]然而数学方法的概念的明晰性有助于把哲学概念精确化。例如，哲学史上，关于"全体自然数"是否存在的问题，柏拉图认为既然每个自然数都存在，自然数的"全体"是存在的，即存在"实在无穷"。而亚里士多德认为，自然数的产生是个无穷无尽的过程，因而无法得到自然数的全体。自然数可以多得超过任何具体的数目，是无穷变化发展的过程，是"潜无穷"。两千多年来，多数哲学家和科学家赞同亚里士多德"潜无穷"的观点。不过有些相信"上帝"的哲学家认为,"实在无穷"肯定是有的，上帝能理解它。由德国数学家康托尔首创的集合论，是人类认识史上第一次给无穷建立起抽象的形式符号系统和确定的运算，它从本质上揭示了无穷的特性。

"如果没有规定性，也就不可能有知识"[④]，康托尔从建立定义入手，研究怎样具体地比较实无穷的大小问题。康托尔认为，A 与 B 两个集合"一样多"的唯一意义是能在 A 与 B 两个集合的元素之间建立起一种一一对应的关系。而无穷集就是可以和自己的某一部分之间建立一一对应的集合。

按照"一一对应"的原则，由自然数组成的无穷集 $\{1, 2, 3, \cdots, n\}$ 与由奇数组成的无穷集 $\{1, 3, 5, \cdots, 2n-1\}$、偶数组成的无穷集 $\{2, 4, 6, \cdots, 2n\}$ 之间均能建立一一对应的关系，这些无穷集合的元素都一样多。这表明，无穷集合的性质与有穷集合的性质是不同的。在数轴上，整数是稀稀拉拉的，有理数却是密密麻麻的。直观地看，有理数似乎应当比自然数多。可是根据一一对应的关系，有理数组成的无穷集与也自然数

①《哲学史讲演录》第一卷，第 330 页。
②《哲学史讲演录》第四卷，第 103 页。
③《哲学史讲演录》第四卷，第 122 页。
④《小逻辑》，第 108 页。

组成的无穷集的数量一样多，就是说有理数与自然数一样多。

根据一一对应的关系不难发现，不同长短的两条线段上的点一样多［见图1（a）］，半圆周上的点和直径上的点一样多［见图1（b）］，半圆周上的点又和无穷直线上的点一样多［见图1（c）］。因此，无论多么短的一条线段，只要长度不是0，它上面的点就和无穷直线上的点一样多。

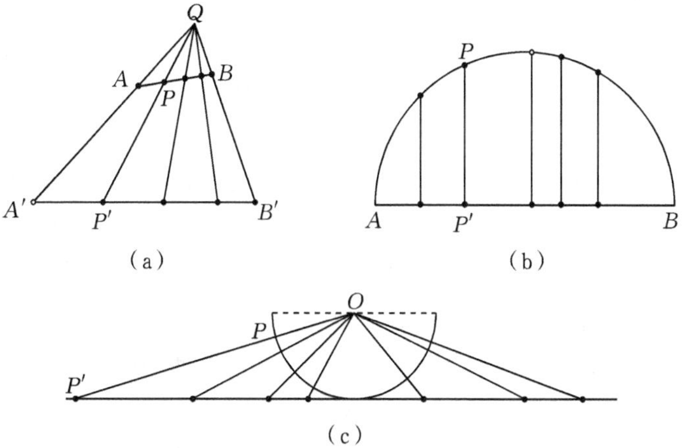

图1　线段与线段、线段（直径）与半圆周之间的点的一一对应关系示意

康托尔用反证法证明了一条线段上的点的数目要比自然数多，而且线段上的点和全空间的点一样多。这样，整个空间的点可以和一部分实数建立一一对应，而全体实数又可以和线段上的点一一对应。结果，空间虽大，包含的点不过和线段上的点一样多罢了。康托尔还证明了无穷是无穷的，有一个无穷，就有一个更大的无穷。具体地说，任一个无穷集，它的所有子集的数目总比它自身的元素多。[①] 可见，“方法不是外在形式，而是内容的灵魂和概念”[②]，“方法是仅仅和自身相关的纯概念，因此，它是对自身的简单关系，这个关系就是存在。但是方法现在也同样是充实的存在，是把握自身的概念，是作为具体的并且十分紧凑的整体的存在”[③]，而“内容是观念的生动发展”[④]。

康托尔的研究使得人们能像有穷集合那样来把握无穷集合，并建立了空间有限范围内的一条线段上的点与整个空间的点或无穷多的全体实数之间的一一对应关系，揭示了局部与整体、有限与无限之间的对应关系，有限中蕴含着无限，无限充盈在有限的范围内。“真正的无限并不仅仅是超越有限，而且包括有限并扬弃有限于自身内。”[⑤] 如果我们把事物发展的一个个否定之否定过程看作线段上的点，把宇宙间整体的无限发展过程看作整个空间的点，在这两者之间就可以建立一一对应关系，根据这一情况，时间和空间维度上的一个个否定之否定发展过程、发展阶段就

① 张景中，《数学与哲学》，中国少年儿童出版社，2003年，第43~50页。
②《哲学笔记》第1版，第227页。
③《哲学笔记》第1版，第222页。
④《哲学笔记》第1版，第226页。
⑤《小逻辑》，第126页。

充盈或统摄了宇宙间总体的无限发展过程。这样，世界普遍联系的状态和永恒发展的前景就被描绘出来了。于是，否定之否定规律就必然成为反映自然、人类社会和思维的历史发展形态的普遍规律。“这是一种普照的光，一切其他色彩都隐没其中，它使它们的特点变了样。这是一种特殊的以太，它决定着它里面显露出来的一切存在的比重。”①

如果某些事物的发展进程可以沿着单一路线一直发展下去，世界或世界中的某些部分将呈现出“条状（可直、可曲）”的、条与条之间互无交集的局部状态，“范畴的顺序成了一种脚手架”②，世界就不可能是普遍联系的了；如果特定事物的发展会因某一过程的中断而停止发展，那么，世界的发展状态中就包含着由一些断断续续的发展过程组成的部分，这些部分与其他部分之间的联系也就逐渐被割裂了，世界也不可能是普遍联系的。只有把否定之否定过程看作事物发展过程的普遍形态，才能揭示出波浪式的前进运动是事物发展的普遍规律。当然，否定之否定规律的表现形态是多种多样的。否定之否定既然是事物发展的普遍规律，不同的事物在不同的条件下，否定之否定过程的表现自然又具有其特殊性。在否定之否定过程中，事物不断地被扬弃，不断地变化、更新，这是事物发展一般的、总的趋势。但由于各种复杂的情况和偶然事件的影响，这个过程也可能出现暂时的逆转、倒退、偏差等现象，使事物的发展过程出现曲折，但事物发展的螺旋式上升的总趋势是不可改变的。事物由肯定阶段到否定阶段，肯定阶段被否定了，这是一个前进；事物再由否定阶段到新的肯定阶段，否定阶段又被否定了，这又是一个前进。由原来的肯定阶段到新的肯定阶段，绝不是简单的循环，而是在更高的基础上的循环。新的肯定阶段是本质上不同于前两个阶段的更高级的阶段。所谓“复归”，仅仅是“仿佛”复归，并不是真的复归；仅仅是“某些特征、特性等”③的复归；不是全部的复归，而是“在高级阶段上”的复归，也不是在原来基础上的复归。普列汉诺夫认为否定就是矛盾的转化，根据矛盾转化的原则，“任何现象发展到底，转化为自己的对立物；但是因为新的，与第一现象对立的现象，反过来，同样也转化为自己的对立物，所以，发展的第三阶段与第一阶段有形式的类同。”④当然，由于事物的范围不同，复杂程度各异，不同的事物、不同方面的质，按照一定的层次互相包摄，每个层次，只有先完成自身的否定之否定过程，才能进入下一个否定之否定过程，不能把不同层次的事物的矛盾，笼统地纳入同一个否定之否定过程。

恩格斯说：“对我来说，事情不在于把辩证法的规律从外部注入自然界，而在于从自然界中找出这些规律并从自然界里加以阐发。”⑤在

①《马克思恩格斯全集》第12卷，第757页。
②《马克思恩格斯全集》第4卷，第147页。
③《哲学笔记》第2版，第191页。
④《论一元论历史观的发展》，第66~67页。
⑤《马克思恩格斯全集》第20卷，第15页。

建立理论分析模型时，应尽量避免建立那些把否定的否定当作儿戏的否定之否定模型。恩格斯指出了形而上学的否定之否定的危害，他说：“真正的、自然的、历史的和辩证的否定正是一切发展的推动力”，但是“现在也出现了一种恶劣的、没有结果的否定……这种没有结果的否定是纯粹主观的、个人的否定，它不是事物本身的一个发展阶段，而是由外部硬加进去的意见。由于从这种否定中不能得出任何结果，所以作这种否定的人就必然与世界不和，必然要放肆地非难现存的和以往的一切，非难整个历史发展。古希腊人虽然作出了一些成就，但是他们不知道光谱分析、化学、微分、蒸汽机、公路、电报和铁路。对这些下等人的成果还有什么可多谈的。一切都是坏的——只要这类否定论者是悲观主义者的话——，但至高无上的、完美无缺的我们自己除外，这样，我们的悲观主义又转变成为我们的乐观主义。这样，我们自己造成了否定的否定！”[①] 恩格斯还指出：“仅仅知道大麦植株和微积分属于否定的否定，既不能把大麦种好，也不能进行微分和积分，正如仅仅知道靠弦的长短粗细来定音的规律还不能演奏提琴一样。”[②] 马克思说：“人类理性最不纯洁，因为它只具有不完备的见解，每走一步都要遇到新的待解决的任务。人类理性在绝对理性中发现的以及作为第一个正题的否定的每一个新的正题，对它说来都是一个合题，并且被它相当天真地当做一个任务的解决。这个理性就这样在不断变换的矛盾中乱窜，直至它达到了矛盾的终点，发觉这一切正题和合题不过是相互矛盾的假设时为止。”[③] 因此，在实际工作中，“无论在哪一方面，都不再是要从头脑中想出联系，而是要从事实中发现这种联系”[④]。如果像庸俗经济学家那样，“不去揭示事物的内部联系却傲慢地断言事物从现象上看不是这样的时候，他们自以为这是做出了伟大的发现。实际上，他们夸耀的是他们紧紧抓住了现象，并且把它当作最终的东西。这样，科学究竟有什么用处呢？”[⑤]

毛泽东说：“人类社会的生产活动，是一步又一步地由低级向高级发展，因此，人们的认识，不论对于自然界方面，对于社会方面，也都是一步又一步地由低级向高级发展，即由浅入深，由片面到更多的方面。”[⑥] 在人类生产活动中，从某种意义上说，只有承认否定之否定规律的普遍性，才能把认识世界和改变世界有机地统一起来，在认识世界的同时有计划、有目的地改变世界，建设美好的家园。

事物的发展变化既与自身因素有关，也与外界条件密不可分。在事物发展的每一关节点上，往往有多种可能、多个方向可供选择，这时理论的前瞻性和指导作用就明显体现出来了。没有先进的理论指导的实践往往是盲目的、自发的。但是理论的正确与否需要通过实践来检验。马

①《马克思恩格斯全集》第20卷，第673～674页。

②《马克思恩格斯全集》第20卷，第155页。

③《马克思恩格斯全集》第4卷，第151页。

④《马克思恩格斯全集》第21卷，第351～352页。

⑤《马克思恩格斯全集》第32卷，第542页。

⑥《毛泽东选集》第一卷，第283页。

克思说："'人类理性不创造真理'，真理蕴藏在绝对的永恒的理性的深处。它只能发现真理。但是直到现在它所发现的真理是不完备的，不充足的，而且是矛盾的。"[①] 黑格尔说："人为了自己的需要，以实践的方式同外部自然界发生关系；他借助自然界来满足自己的需要，征服自然界，同时起着中间人的作用。问题在于：自然界的对象是强有力的，而且进行种种的反抗。为了征服它们，人在它们中间加进另外一些自然物，这样，人就使自然界反对自然界本身，为了这个目的而发明工具。人类的这些发明是属于精神的，所以应当把这种工具看得高于自然界的对象……旨在征服自然界的人类发明的荣誉是属于神的（在希腊人看来）。"[②] 在黑格尔看来，"认识就是规定着的和规定了的思维"[③]，"真理，作为同客体相符合的知识，也是肯定的东西。"[④] 然而"真理不是现成的，它是日积月累地形成的。这是必须再三重复的结论。由于科学工作，我们的精神日益适应自己的对象而且日益深入地洞察自己的对象。那些看来是我们在研究数学科学后才能提出来的论断，在这里几乎都是必然地至少是非常自然地出现的。科学的进步每时每刻都在使我们同事物之间取得更紧密和更深刻的一致。这样我们对事物就了解得既清楚些又多一些。"[⑤] "事实上，时空中的特定存在与其概念的差异，正是一切有限事物的特征，而且是唯一的特征。"[⑥] 因此，"一个哲学若没有与它的内容相一致的绝对的形式，它必须消逝"[⑦]，因为"哲学的最高目的就在于确认思想与经验的一致，并达到自觉的理性与存在于事物中的理性的和解"。[⑧] 可见，由实践到理论、再由理论到实践的不断反复是一个否定之否定过程。马克思在《关于费尔巴哈的提纲》中指出："人的思维是否具有客观的真理性，这并不是一个理论的问题，而是一个实践的问题。人应该在实践中证明自己思维的真理性，即自己思维的现实性和力量，亦即自己思维的此岸性。关于离开实践的思维是否现实的争论，是一个纯粹经院哲学的问题。"[⑨] 由于"思维过程本身是在一定的条件中生长起来的，它本身是一个自然过程"[⑩]，在认识与实践的辩证发展过程中，只有将认识论与辩证法、逻辑学及本体论统一起来，才能揭示事物发展变化的本质，而在这一认识过程中建立起来的概念，就是普遍性、特殊性和个体性的统一，"在普遍性里同时复包含有特殊的和个体的东西在内。再则，特殊的东西……是自身普遍的并且是作为个体的东西"。[⑪] 这样的概念也是多样性的统一，"概念自身，甚至每一个规定性，本质上一般都是许多不同规定的统一体"[⑫]，而"概念不是不动的"，"一切被认为是固定的对立面，如有限和无限、个别和一般，都不是由于什么外部联结而成为矛盾的，相反，正象对它们本性的考察所表明的，它们本

①《马克思恩格斯全集》第4卷，第150页。
②《哲学笔记》第2版，第274页。
③《小逻辑》，第132页。
④《哲学笔记》第2版，第114页。
⑤《哲学笔记》第2版，第488页。
⑥《小逻辑》，第140页。
⑦《哲学史讲演录》第一卷，第43页。
⑧《小逻辑》，第43页。
⑨《马克思恩格斯全集》第3卷，第3~4页。
⑩《马克思恩格斯全集》第32卷，第541页。
⑪《小逻辑》，第334~335页。
⑫《小逻辑》，第102页。

身自在自为地就是一种过渡。”[1]

黑格尔说，一方面，人们“可以有各种各样的认识，有的种类可以比别的种类更适宜于达到我们的终极目的，而因此就有可能在它们中间作出错误的抉择，另一方面，这也是因为既然认识是一种属于一定种类具有一定范围的能力，那么对于它的性质和界限如果不加以比较确切的规定，则通过它而掌握到的，就可能是些错误的乌云而不是真理的青天。”“再或者说，如果认识不是我们活动所用的工具，而是真理之光赖以传达到我们面前来的一种消极的媒介物，那么我们所获得的事物也不是象它自在存在着的那个样子而是它在媒介物里的样子。”“在这两种情况下，我们所使用的手段都产生与它本来的目的相反的东西出来；或者毋宁可以说，我们使用手段来达取目的，根本是件于理不合的事情。”[2] 因此，“真理不外是通过直接性的否定性而回到自身”[3]，而“要想认识自然产物，单纯依照质量、因果、组合和组成部分等范畴是不够的了”。[4]

黑格尔说：“外在世界本身是真实的，因为真理是现实的，而且是必定有实际存在的。”[5] 然而“我们在现世界所具有的自觉的理性，并不是一下子得来的，也不只是从现在的基础上生长起来的，而是本质上原来就具有的一种遗产，确切点说，乃是一种工作的成果，——人类所有过去各时代工作的成果”。[6] 列宁说：“认识向客体的运动从来只能辩证地进行：为了更准确地前进而后退——为了更好的跃进(认识？)而后退。相合线和相离线：彼此相交的圆圈。交错点＝人的和人类历史的实践。实践＝同实在事物的无限多的方面中的一个方面相符合的标准。这些交错点是矛盾的统一，就是说，在运动(＝技术、历史等)的某些环节上，存在和非存在这两个消逝着的环节在一瞬间相符合。”[7] 认识活动的辩证性表明，“认识是思维对客体的永远的、无止境的接近。自然界在人的思想中的反映……是处在运动的永恒过程中，处在矛盾的发生和解决的永恒过程中。”[8] 任何一个新事物都是在继承原有旧事物合理的、积极的因素基础上发展而来的，全新的、割裂事物发展历史进程的发展途径、发展方式是没有的。“发展不是别的，即是一种中介的过程”[9]，“中介性包含由第一进展到第二，由此一物出发到别的一些有差别的东西的过程”[10]，“当思想以他物为中介时，它又能扬弃这种中介”[11]。只有把否定之否定过程看作是事物发展过程中普遍的形态，才能揭示出“新陈代谢是宇宙间普遍的永远不可抵抗的规律”[12]，才能反映新旧事物之间的继承关系。“胚种和父母的存在虽说是直接的，但它们仍然是有根源的，是衍生出来的；而枝叶和后裔，其存在尽管是中介性的，却仍然可说是直接的，因为它们存在。譬如，我在柏林，我的直接存在是在这里，

①《哲学笔记》第2版，第194页。
②《精神现象学》上卷，第57～58页。
③《哲学笔记》第2版，第201页。
④《小逻辑》，第146页。
⑤《小逻辑》，第113页。
⑥《哲学史讲演录》第一卷，第8页。
⑦《哲学笔记》第2版，第239～240页。
⑧《哲学笔记》第2版，第165页。
⑨《小逻辑》，第162页。
⑩《小逻辑》，第189页。
⑪《小逻辑》，第168页。
⑫《毛泽东选集》第一卷，第323页。

然而我所以在这里，是有中介性的，即由于我走了一段旅程才来到这里的。”[①] 因此，如果否定之否定过程不是事物发展普遍的形态，那么就可能存在这样的事物发展进程：它从某一全新的起点开始，并按它自己的发展演变规律终结于某一阶段。而这样的过程是“反辩证法的实质”的，因为“一切事物本身都自在地是矛盾的”[②]，“矛盾是推动整个世界的原则”[③]，矛盾“是一切运动和生命力的根源；事物只因为自身具有矛盾，它才会运动，才具有动力和活动”[④]，但是“矛盾的结果不仅仅是零”[⑤]，任何性质的矛盾的斗争都只是矛盾一方克服一方，战胜一方，导致矛盾双方互相过渡、彼此易位，或者双方互相渗透、互相融合而形成新的矛盾统一体。因此，“我们对于哲学的态度，必包含一个肯定的和一个否定的方面。我们必须对于一个哲学的这两方面有了正确的认识，态度才算公正”。李达主编的《唯物辩证法大纲》将否定之否定规律称为肯定否定规律：“肯定否定规律（即否定之否定规律）是对立统一规律的又一具体形态，这个规律表明，事物发展的总趋势是前进的，而前进的道路是曲折的。”[⑥] 但否定之否定规律的“正、反、合”过程是有内在含义[⑦]的，虽然由肯定到否定，再由否定到否定之否定，形式上都是肯定和否定的反复交替过程，但否定之否定过程所经历的两次否定的作用和意义是不同的。列宁说：“一般说来，辩证法就在于否定第一个论点，用第二个论点去代替它（就在于前者过渡到后者，在于指出前者和后者之间的联系等）……对于简单的和最初的‘第一个’肯定的论断、论点等，‘辩证的环节’，即科学的考察，要求指出差别、联系、过渡。否则，简单的、肯定的论断就是不完全的、无生命的、僵死的。对于‘第二个’否定的论点，‘辩证的环节’则要求指出‘统一’，也就是指出否定和肯定的联系，指出这个肯定存在于否定之中。”[⑧] 黑格尔还指出了第一个否定与第二个否定之间的关系，他说：“第一次的否定，即一般的否定，当然要与第二次否定，即否定之否定区别开；后者是具体的、绝对的否定性，而前者则仅仅是抽象的否定性。”[⑨] 因此，只有把否定之否定当作一个发展过程来看，才能说明事物发展过程中出现否定环节、否定过程、否定方面是必然的，也只有在过程中才能看出两次否定的方向性和发展对路径的依赖。道路决定命运是事物发展曲折性的一种表现[⑩]。经济和社会事物发展的道路之所以是曲折的，一方面是事物发展规律的必然体现；另一方面是源于认识和运用规律的曲折性，即人们未能全面和及时掌握事物发展的规律。由于对否定之否定规律的本质涵义的认识不足，人们在“破旧立新”时往往强调“破”而没有认识到“破”是为了“立”，“立”是“破”的方向和目的。破旧是立新的一个

① 《小逻辑》，第160页。
② 《逻辑学》下卷，第65页。
③ 《小逻辑》，第258页。
④ 《逻辑学》下卷，第66页。
⑤ 《哲学笔记》第2版，第113页。
⑥ 李达主编，《唯物辩证法大纲》，人民出版社，1978年，第318页。
⑦ 否定之否定过程的两次否定都是“既被克服又被保存”，而不是乙否定甲，丙否定乙，丁否定丙……这种外在否定方式的无限循环。
⑧ 《哲学笔记》第2版，第195～196页。
⑨ 《逻辑学》上卷，第109页。
⑩ 如果事物发展是直线型的，就没有拐弯和道岔，也就没有道路选择的问题。

环节和方面，但该破除的不是形式，形式的损毁只是破坏，无助于“立”。有时候“破”的越多，“立”的越难。例如，古代艺术品被人为销毁了，但新的文化艺术并没有随旧的东西的毁坏而建立起来。推动事物向前发展的否定是内在否定，不是形式否定，更不是打倒一切的全面否定。

“群籁虽参差，适我莫非新。”① 黑格尔说：“人的见解愈是把真理与错误的对立视为固定的，就愈习惯于以为对某一现有的哲学体系的态度不是赞成就必是反对，而且在一篇关于某一哲学体系的声明里也就愈习惯于只在其中寻找赞成或反对。这种人不那么把不同的哲学体系理解为真理的前进发展，而毋宁在不同的体系中只看见了矛盾。花朵开放的时候花蕾消逝，人们会说花蕾是被花朵否定了的；同样地，当结果的时候花朵又被解释为植物的一种虚假的存在形式，而果实是作为植物的真实形式出而代替花朵的。这些形式不但彼此不同，并且互相排斥互不相容。但是，它们的流动性却使它们同时成为有机统一体的环节，它们在有机统一体中不但不互相抵触，而且彼此都同样是必要的；而正是这种同样的必要性才构成整体的生命。但对一个哲学体系的矛盾，人们并不习惯于以这样的方式去理解，同时那把握这种矛盾的意识通常也不知道把这种矛盾从其片面性中解放出来或保持其无片面性，并且不知道在看起来冲突矛盾着的形态里去认识其中相辅相成的环节。对这一类说明的要求以及为满足这种要求所作的努力，往往会被人们当成了哲学的主要任务……因此，如果能揭露出哲学如何在时间里升高为科学体系，这将是怀有使哲学达到科学体系这一目的的那些试图的唯一真实的辩护，因为时间会指明这个目的的必然性，甚至于同时也就把它实现出来。”② “这是我们时代的使命和工作，同样也是每一个时代的使命和工作：对于已有的科学加以把握，使它成为我们自己所有，然后进一步予以发展，并提高到一个更高的水平。”③

定稿于 2016 年 5 月 1 日

修改于 2016 年 8 月 12 日

① 王羲之，《兰亭诗》。

②《精神现象学》上卷，第 2~4 页。

③《哲学史讲演录》第一卷，第 9 页。

刘佐阳　绘

矛盾转化是一个伟大的基本过程

一条河和河中的水滴。每一水滴的位置、它同其他水滴的关系；它同其他水滴的联系；它运动的方向；速度；运动的路线——直的、曲的、圆形的等等——向上、向下。运动的总和。概念是运动的各个方面、各个水滴(=“事物”)、各个“细流”等等的总计。按照黑格尔的逻辑学，世界的情景大致是这样的，——当然要除去上帝和绝对。

——《哲学笔记》第2版，第122~123页

转化过程是一个伟大的基本过程，对自然的全部认识都综合于对这个过程的认识中。

——《马克思恩格斯全集》第20卷，第16页

世间万事万物既神奇又充满矛盾。“激湍之下，必有深潭；高丘之下，必有浚谷。”“蝉噪林逾静，鸟鸣山更幽。”“有无相生，难易相成，长短相形，高下相倾。”“祸兮福之所倚，福兮祸之所伏。”“投之亡地而后存，置之死地而后生。”

世界上的一切事物都是发展变化着的。汉武帝游上林苑，看见一棵好树，问东方朔是什么树，东方朔顺口说是“善哉”。汉武帝暗中让人在该树身上做了记号。两年后，君臣又路过此树，汉武帝故意再次问东方朔此树之名，东方朔又顺口说是“瞿所”。汉武帝沉下脸说：“东方朔你欺骗我，此树的名字为何与之前说的不一样呢？”东方朔回答道：“小马叫驹，大马叫马；小鸡叫雏，大了才叫鸡；小牛叫犊，大了才叫牛；人生下来叫儿，老了才叫老头。昔时的‘善哉’今已长成‘瞿所’。生老病死，万物成败，岂有定数？”汉武帝听罢呵呵乐了。

然而事物的发展变化是复杂而有规律的，不会像从“善哉”到“瞿所”那么简单直接，可以任人信口接续。黑格尔说：“举凡环绕着我们的一切事物，都可以认作是辩证法的例证。我们知道，一切有限之物并不是坚定不移、究竟至极的，而毋宁是变化、消逝的。而有限事物的变化消逝不外是有限事物的辩证法。”[①]“辩证法却是一种内在的超越。”“辩证法构成科学进展的推动的灵魂。只有通过辩证法原则，科学内容才达到内在联系和必然性。”[②]不仅如此，“辩证法是现实世界中一切运动、一切生命、一切事业的推动原则。”[③]因此，“把一个现象领域向前推进的，是这个领域的内容本身，是它（这个内容）在自身中所具有的辩证法（也就是它自身运动的辩证法）。”[④]在事物发展变化过程中，矛盾转化（辩证的转化）是关节点和关键因素。

“否极泰来”“乐极生悲”，矛盾转化是客观存在的普遍现象。毛泽东说：“唯物辩证法的宇宙观主张从事物的内部、从一事物对他事物的关系去研究事物的发展，即把事物的发展看作是事物内部的必然的自己的运动，而每一事物的运动都和它的周围其他事物互相联系着和互相影响着。事物发展的根本原因，不是在事物的外部而是在事物的内部，在于事物内部的矛盾性。任何事物内部都有这种矛盾性，因此引起了事物的运动和发展。事物内部的这种矛盾性是事物发展的根本原因，一事物和他事物的互相联系和互相影响则是事物发展的第二位的原因。”[⑤]根

①《小逻辑》，第179页。
②《小逻辑》，第176。
③《小逻辑》，第177页。
④《哲学笔记》第1版，人民出版社，1957年，第72页。
⑤《毛泽东选集》第一卷，第301页。

据这一观点，矛盾转化不外乎以下两大情形：一是指矛盾内部对立面之间的转化，“事物内部矛盾着的两方面，因为一定的条件而各向着和自己相反的方面转化了去，向着它的对立方面所处的地位转化了去”①；二是指不同事物的矛盾（性质、状态、形式等）与矛盾之间的转化，即“依事物本身的性质和条件，经过不同的飞跃形式，一事物转化为他事物”②，而且“自然界中的一切运动都可以归结为一种形式向另一种形式不断转化的过程”③，“在生活中，在运动中，一切的一切总是既‘自在’，又在对他物的关系上‘为他’，从一种状态转化为另一种状态”④。

世界上不存在永不转化的矛盾和事物，正像列宁所指出的，“没有任何一种现象不能在一定条件下转化为自己的对立面”⑤。恩格斯说：“形成我们宇宙岛的太阳系的炽热原料，是按自然的途径、即通过运动的转化产生出来的，而这种转化是运动着的物质本来具有的，从而转化的条件也必然要被物质再生产出来，即使是在千万年后多少偶然地、但是以那种也为偶然性所固有的必然性再生产出来。”⑥

一、事物内部矛盾着的两方面向自己的对立面转化

列宁指出：“应当从事物的关系和它的发展去考察事物本身。”⑦他说：“事物（现象等等）是对立面的总和与统一。”黑格尔说：“某物之所以是有生机的，只因为它本身包含着矛盾，因为它正是那个能够把矛盾包括于自身并把它保持下来的力量。”⑧因此，“当我们说，‘一切事物（亦即指一切有限事物）都注定了免不掉矛盾’这话时，我们确见到了矛盾是一普遍而无法抵抗的力量，在这个大力之前，无论表面上如何稳定坚固的事物，没有一个能够持久不摇。”⑨矛盾之所以是推动事物发展的力量，其中的一个重要因素就是“一切矛盾都依一定条件向它们的反面转化着”⑩，“每个规定、质、特征、方面、特性向每个他者（向自己的对立面？）的转化”⑪。黑格尔说：“有限事物，本来以它物为其自身，由于内在的矛盾而被迫超出当下的存在，因而转化到它的反面。”⑫黑格尔进一步指出，“不应当认为矛盾只是在有些地方遇到的不正常现象：矛盾是在其本质规定中的否定的东西……如果存在着的某物不能在自己的肯定规定中同时把握自己的否定规定，并且把一个保持在另一个之中，如果它不能在自身中包含矛盾，那么这个某物就不是有生机的统一体，就不是根据，而会在矛盾中毁灭。”⑬

矛盾双方为什么会转化？因为“矛盾存在于一切过程中，并贯串于一切过程的始终，矛盾即是运动，即是事物，即是过程，也即是思想”⑭，

①《毛泽东选集》第一卷，第328页。
②《毛泽东选集》第一卷，第323页。
③《马克思恩格斯全集》第21卷，第339页。
④《哲学笔记》第2版，第90页。
⑤《列宁全集》第22卷，第302页。
⑥《马克思恩格斯全集》第20卷，第337页。
⑦《哲学笔记》第1版，第208页。
⑧《哲学笔记》第2版，第117页。
⑨《小逻辑》，第179页。
⑩《毛泽东选集》第一卷，第330页。
⑪《哲学笔记》第1版，第209页。
⑫同⑨。
⑬《哲学笔记》第2版，第116~117页。
⑭《毛泽东选集》第一卷，第319页。

而且矛盾的双方之间“有一条由此达彼的桥梁，哲学上名之曰同一性，或互相转化、互相渗透”[①]。例如，“我们中国人常说：‘相反相成。’就是说相反的东西有同一性。”[②]“战争与和平是互相转化的。战争转化为和平……和平转化为战争……为什么是这样？因为在阶级社会中战争与和平这样矛盾着的事物，在一定条件下具备着同一性。”[③]

矛盾双方既对立又同一并处于一个统一体中。对立双方之间的同一性是对立双方依一定条件而互相联结、互相依存的依据，但这种同一，是有差异（差别）的同一，而不是绝对的、完全的同一。黑格尔说：“A是一个差异物……A，作为与自身同一，是不曾规定的东西，但它作为规定了的东西，便是前者的对立面了；它不再只有自身同一，自身中也有了一个否定，也就是有了一个自己对自己的差异。”[④]因此，“同一并非外在地，而是在它本身，在它的本性中是有差异的。”[⑤]同一和差异是“同一个东西的两极，这两极只是由于它们相互作用，由于差异性包含在同一性中，才具有真理性”[⑥]。在有差异的同一关系中，正因为对立双方是有差异的，不是完全同一的，这种差异性构成对立双方在一定条件下互相转化的依据，因为如果对立双方是完全的同一，那就不需要转化了。当然，如果对立双方完全没有同一性，那也就不存在转化的基础和条件了。这就是说，促使矛盾互相转化的同一性不是抽象同一而是具体同一性，是包含多样性、特殊性、差异性于自身内的同一。黑格尔说：“多样性的东西，只有相互被推到矛盾的尖端，才是活泼生动的，才会在矛盾中获得否定性，而否定性则是自己运动和生命力的内在脉搏。”[⑦]恩格斯也指出：“原因和结果、同一和差异、外表和实质这些固定的对立是站不住脚的，由分析表明，一极已经作为胚胎存在于另一极之中，一极到了一定点时就转化为另一极，整个逻辑都只是从前进着的各种对立中发展起来的。”[⑧]

在矛盾双方有差异（差别）的同一关系中，为什么说差异性是推动矛盾双方互相转化的因素或方面？因为同一基础上的差异性既是构成对立双方在一定条件下互相转化的依据和前提，又是对立双方互相排斥、彼此分离的因素。黑格尔说：“区别一般包含它的两个方面作为环节；在差异中，这些方面彼此分离，各不相关；在对立本身中，它们是区别的方面，一个环节只有通过另一环节才是规定了的，因此它们只是环节；但是它们在自身中也同样是规定了的，彼此漠不相关，互相排斥。”[⑨]这一互相排斥的因素造成事物在发展变化的时间上“既是这一刻又不是这一刻”，在空间上“既在这里又不在这里”，在相对关系上“既是自己又是他物”，因而是打破物体现时所处的某种相对平衡或稳定状态的“趋势”或“态

① 《毛泽东选集》第一卷，第329页。
② 《毛泽东选集》第一卷，第333页。
③ 《毛泽东选集》第一卷，第329～330页。
④ 《逻辑学》下卷，第43页。
⑤ 《逻辑学》下卷，第33页。
⑥ 《马克思恩格斯全集》第20卷，第558页。
⑦ 《逻辑学》下卷，第69页。
⑧ 《马克思恩格斯全集》第20卷，第545页。
⑨ 《逻辑学》下卷，第55页。

势”。矛盾双方力量的不均衡也是一种差异性，在这种情况下，差异性是一种内在冲力或能量差。差异性有多方面的含义和多种形态，它不仅是互相不同，互相分离，还是区别。黑格尔说：“和区别[①]相区别的东西就是同一。所以区别既是它本身，又是同一……作为区别，它既包含同一，又包含这种关系本身。——区别是整体，又是它自己的环节，正如同一之既是自己的整体，又是自己的环节那样。——这一点必须看作是反思的本质的本性和一切活动及自身运动的确定根源。”[②]处于这一关系中的差异和同一的互相作用、互相渗透、互相扬弃，促使矛盾双方向对立面转化。

二、一事物与他事物之间的矛盾转化

矛盾的转化并不局限于事物内部矛盾之间，事物与事物之间的矛盾也互相转化。为什么事物与事物的矛盾之间也可以互相转化？“孤阴不生，独阳不长”，世界上没有单独存在的、与外界没有任何联系的事物。矛盾既有特殊性，又有普遍性，一事物内部的矛盾与他事物内部的矛盾之间存在一定的关联性或同一性。列宁说：“每个事物（现象等等）的关系不仅是多种多样的，并且是一般的、普遍的。每个事物（现象、过程等等）是和其他的每个事物联系着的。”[③]不仅如此，事物的属性[④]之间也存在着诸多矛盾。黑格尔说：“每一规定、每一具体物、每一概念在本质上倒不如说是有区别的和可区别的环节之统一，这些环节通过规定了的、本质的区别而过渡为矛盾的环节。”[⑤]就以建筑来说，早在2000多年前，维特鲁威就提出了被后世奉为圭臬的“坚固、适用、美观”的建筑设计标准。这一标准就是要求“建筑创作的过程，除了要从社会科学的角度分析并认识适用的问题，用科学技术来坚固、经济地实现一座座建筑以解决适用的问题外，还必须同时从艺术的角度解决美观的问题”[⑥]。俗话说：“一分价钱一分货”，对于建筑来说，既价廉，又结实、美观、适用，往往是不现实的，很多情况下结实和美观往往是要付出经济代价的。肥梁、胖柱比较坚固，但不一定适用，也不一定美观。有些建筑外观奇特，在造型上有创意，但由于对安全有不利影响，不仅经济上需要付出很大的代价，而且构件尺寸也相对较大，在一定程度上影响了适用性。此外，“坚固、适用、美观”还与外界作用和其他事物密切相关。建筑是否坚固，取决于风、雪、地震、使用荷载和其他环境条件；建筑是否适用、是否美观更是一个与人有关的复杂问题，也存在与其他建筑物和周边环境的比较和相互协调问题。因此，“事物具有这样的属性（也译作特性）：在他物中引出这个或那个东西，并以特有的方式在自己和他物的关系中

① 张世英的《论黑格尔的逻辑学》中译为差异。
②《逻辑学》下卷，第37~38页。
③《哲学笔记》第1版，第209页。
④ 任何事物的质既是一个统一的整体，又具有许多不同的方面，一个事物有许多方面的质。而属性则是事物的质在同别种事物发生关系时的表现，同一种质可以表现为许多属性。任何事物的属性都是多样的，无论哪一种属性都是质的表现。有什么样的质，就有什么样的属性；事物的质改变了，为这种质所规定的属性也就随着消失，质与属性是统一的。
⑤《逻辑学》下卷，第69页。
⑥ 梁思成，《拙匠随笔（一）》。

显露出自己。”[①]“许多不同的事物通过自己的属性而处于本质的相互作用中；属性就是这种相互关系本身，事物离开相互关系就什么也不是。”[②]事物之间的相互关系和同一性是事物与事物之间矛盾相互转化的桥梁和纽带。

事物与事物之间的同一性是指对立面之间的关联性以及特征、性态、结构、组成成分等方面的一致性，它存在于事物的稳定状态，也存在于事物质的飞跃状态。黑格尔说：“每一个不同的、特殊的事物和他物有差别，但并非抽象地和任何他物有差别，而是和它自己的他物有差别。每一物存在着，只因为它自己的他物包含在它的概念中。”[③]他还说：“但是这个他物在本质上不是空洞的否定……而是第一个东西的他物，是直接东西的否定；因此，它被规定为中介物，一般说来在其内部包含着第一个东西的规定。从而，第一个东西本质上也储藏和保存在他物之中。——把肯定保持在它的否定中，把前提的内容保持在它的结果中，这就是理性认识中最重要的东西；同时，只须最简单地思考一下就足以确信这个要求的绝对真理和必然性，至于用以证明这一点的实例，那么全部逻辑都是由它们组成的。”[④]

恩格斯在批判形而上学的抽象同一性时指出，“旧形而上学意义下的同一律是旧世界观的基本原则：$\alpha=\alpha$。每一个事物和它自身同一。一切都是永久不变的，太阳系、星体、有机体都是如此。这个命题在每个场合下都被自然科学一点一点地驳倒了，但是在理论中它还继续存在着，而旧事物的拥护者仍旧用它来抵抗新事物：一个事物不能同时是它自身又是别的。但是最近自然科学从细节上证明了这样一件事实：真实的具体的同一性包含着差异和变化。”[⑤]不难看出，恩格斯所主张的具体同一性，既包括了有差异的事物之间的互相依存，也包括了有差异的事物之间的互相转化。对于抽象同一性，恩格斯既批评了它否认同一中包含差异，也批评了它否认同一中包含变化。这就是说，在具体事物中，一方面是它自身，一方面又包含与自身有差异的他物，由于“‘他物’是自己的他物，是向自己的对立面的发展”[⑥]，这种同一体内的差异和变化，自然就是促使对立面互相转化的因素或方面。

列宁说：“辩证的转化和非辩证的转化（也译作过渡）的区别何在？在于飞跃。在于矛盾性。在于渐进过程的中断。在于存在和非存在的统一（同一）。”[⑦]而辩证的东西在于“从对立面的统一中把握对立面，或者说，在否定的东西中把握肯定的东西”[⑧]。这就是说，矛盾转化在量变质变规律、对立统一规律和否定之否定规律中均有各自的表现形式。

①《哲学笔记》第1版，第130页。
②《哲学笔记》第1版，第131页；《逻辑学》下卷，第128页。
③《哲学笔记》第1版，第266页。
④《哲学笔记》第2版，第195页；第1版，第214页。
⑤《马克思恩格斯全集》第20卷，第557页。
⑥ 同③。
⑦《哲学笔记》第1版，第290页；第2版，第244页。
⑧《逻辑学》上卷，第39页；《哲学笔记》第1版，第73页。

三、矛盾转化（辩证的转化）与量变质变规律

列宁说："如果一切都发展着，那么一切就都相互转化，因为发展显然不是简单的、普遍的和永恒的生长、增多（或减少）等等。——既然如此，那首先就要更确切地理解进化，把它看作一切事物的产生和消灭、相互转化。"[①] 任何对立面的转化都不是突然发生的，矛盾转化是有阶段的。任何矛盾转化都有起始、发展到终结的变化过程，这就决定了矛盾转化存在着不同的阶段。

矛盾转化一般有三个较大的阶段。第一阶段是起始阶段，它包括矛盾转化趋势的形成、条件的具备、转化的开始。这是整个矛盾转化的基础阶段。第二阶段是发展阶段，它是量变过程或渐进过程。这是整个转化的中间阶段。第三阶段是终结阶段，它就是质变、飞跃、渐进过程的中断及新质对旧质的否定。这是矛盾转化的顶点，同时也就是矛盾转化的终点，也可以说是"关节点"，因为它既是一个矛盾转化过程的终点，而同时又是另一个矛盾转化过程的起点。[②] 事物的量变阶段就是矛盾转化的前两个阶段。在这一阶段，矛盾统一体内部发生着不显著的、非根本的转化。由于矛盾双方彼此力量的增减，会使主要方面的优势地位逐步削弱，而次要方面的劣势地位逐步得到加强，从而使事物内部对立双方的某些特征、特性和成分不断地向自己的对立面转化。例如，在认识过程中，感性认识在飞跃到理性认识以前，就不断有理性认识的因素出现。在战争向和平发展演变的过程中，和平的因素一直就存在而且在不断发展壮大。在这些不同程度的非根本的转化中，矛盾双方互相接近、互相渗透以至融合，原来极不同一的对立面趋向同一，为事物发生根本性质的转化准备了条件。[③]

然而"存在的变化从来都不仅是从一个量转化为另一个量，而是从质转化为量和从量转化为质，是向他物的生成，即渐进过程的中断以及与先前的存在有质的不同的他物。水经过冷却并不是逐渐地变成坚硬的，并不是先成为胶状，然后再逐渐地坚硬到冰的硬度，而是一下子就变成坚硬的。"[④] 毛泽东说："无论什么事物的运动都采取两种状态，相对地静止的状态和显著地变动的状态。两种状态的运动都是由事物内部包含的两个矛盾着的因素互相斗争所引起的。当着事物的运动在第一种状态的时候，它只有数量的变化，没有性质的变化，所以显出好似静止的面貌。当着事物的运动在第二种状态的时候，它已由第一种状态中的数量的变化达到了某一个最高点，引起了统一物的分解，发生了性质的变化，所以显出显著地变化的面貌……事物总是不断地由第一种状态转化为第

① 《哲学笔记》第1版，第258页。
② 齐平，梁超伦，《论矛盾转化》，《哲学研究》，1981年第10期。
③ 马中柱，《试论对立面转化和同一性的关系》，《哲学研究》，1981年第11期。
④ 《哲学笔记》第1版，第101页。

二种状态，而矛盾的斗争则存在于两种状态中，并经过第二种状态而达到矛盾的解决。”①

在质变阶段，“变化，按其本质②而言，同时也是从一种质向另一种质的转化，或者抽象一点说，是从现有的存在向不存在的转化；在这里包含着不同于渐进性中所包含的规定，渐进性不过是减少或增多，不过是片面地执着于大小。但是，那表现为纯粹的量的变化也会转化到质的变化。”③“在道德方面，只要是在存在的范围内来加以考察，也同样有从量到质的转化；不同的质是以量的不同为基础的。由于量的变化，轻率行为就会超过限度，于是就会出现完全不同的东西，即犯罪，并且，公平会转化为不公平，德行会转化为恶行。同样，国家也是如此，尽管其他条件都相同，但由于有大小的差别，国家就会具有不同的质的特性。”④

四、矛盾转化（辩证的转化）与对立统一规律

矛盾转化揭示的是事物发展变化过程中的复杂关系，它具有层次性、阶段性、过程性和多样性。在事物发展的不同方面、不同阶段有其不同的表现形式或形态。但从总体来说，矛盾双方的发展可分为同向发展和异向发展两种形态。“异向发展形态的矛盾，其两极是在发展自己与抑制对方的不断交替过程里最后达到矛盾转化或解决的；同向发展形态的矛盾，其两极是在发展自己与发展对方的不断交替过程里最后达到双方共同发展及整体和谐发展的。”在矛盾的转化和解决阶段，“其结局关系里可细分为一方克服（吃掉）另一方、双方同归于尽、双方融合为一、双方共荣同华⑤”。⑥例如，“无产阶级和富有是两个对立面。它们作为这样的对立面，构成一个整体。它们是私有制世界的两种产物。问题在于它们中的每一方在对立中究竟占有什么样的确定的地位。只宣布它们是一个整体的两个方面是不够的。私有制，作为私有制来说，作为富有来说，不得不保持自身的存在，因而不得不保持自己的对立面——无产阶级的存在。这是对立的肯定方面，是得到自我满足的私有制。相反地，无产阶级，作为无产阶级来说，不得不消灭自身，因而不得不消灭制约着它、使它成为无产阶级的那个对立面——私有制。这是对立的否定方面，是对立自身的不安，是已被消灭的并且正在消灭自身的私有制。”⑦

马克思指出：“两个矛盾方面的共存、斗争以及融合成一个新范畴，就是辩证运动的实质。谁要给自己提出消除坏的方面的任务，就是立即使辩证运动终结。我们看到的已经不是由于矛盾本性而自我安置和自相对置的范畴，而是在范畴的两个方面中间激动、挣扎和冲撞……”⑧任何事物的内部都包含着肯定方面和否定方面，黑格尔说：“肯定物和否

①《毛泽东选集》第一卷，第332～333页。

② 本质(wesen)和质(gualität)是有区别的。本质是由事物的内部矛盾构成的，本质就是事物内部的特殊矛盾；而质是由事物的内部矛盾所决定的使这一事物与别种事物区别开来的特殊规定性。人们能把一个事物同别种事物区别开来时，就已经认识了这一事物的质；但是只有在找到了造成这一事物同别种事物相区别的内在原因或根据的时候，才算是认识了事物的本质。

③《哲学笔记》第1版，第98页。

④《哲学笔记》第1版，第102页；第2版，第105页。

⑤ 从这个角度看，“合二而一”不能反映对立统一规律的本质，而“一分为二”倒是“既对立又统一”的直观表述。

⑥ 郭和平，《辩证思维与和谐思维——兼与张奎良先生商榷》，《光明日报》，2005年4月5日。

⑦《马克思和恩格斯〈神圣家族〉一书摘要》，《哲学笔记》第2版，第9页。

⑧《马克思恩格斯全集》第4卷，第146页。

定物是绝对的对立环节……它们总是对立物；或者说，每一个都只是另一个的对立物，前者还不是肯定的，后者还不是否定的，两者乃是相互否定的。总之，第一，每一个是在有了另一个的情况下才有的；它由于他物，由于它自己的非有，才是它所是的那个东西；它只是建立起来之有；第二，它只是在没有他物的情况下才有的；它由于他物的非有，才是它所是的那个东西；它是自身反思。——但这两者总之是一个对立的中介，它们在这个中介内，总之只是建立起来的东西……这两个方面就仅仅是差异的，并且由于它们被规定为肯定的和否定的，便构成它们相互的建立起来之有，所以每一个方面就不是在自身中被这样规定的，而只是一般规定性；因此，肯定物和否定物的规定性之一诚然可以适于每一个方面，但它们是可以相互代换的，每一方面都同样既可以认为是肯定的，也可以认为是否定的。”①

辩证的否定之所以是事物发展的环节和联系的环节，就是因为它是矛盾转化的关节点。辩证的否定是对旧事物的因素、环节、方面、关系等的否定,但不是简单地抛弃,而是在否定之中有肯定,是既克服又保留,是“扬弃”。黑格尔说：“稍有反思思维的经验就会察觉到：假如某物被肯定地规定了，从这一基础前进下去时，它便直接转化为否定物，反之，被否定地规定了东西也会转化为肯定物，以致反思思维在这些规定中把自己弄混乱了而且自相矛盾。不熟知这些规定的本性，便会以为这种混乱有些不对头，不应该出现，把它记在一种主观的错误账上。假如没有意识到转化的必然性，这种过渡也的确仍旧仅仅是一种混乱。”② 为何“假如某物被肯定地规定了，从这一基础前进下去时，它便直接转化为否定物”？黑格尔在《精神现象学》中巧妙地以“这一个”(“这时”“这里”)为例来说明事物的“变动不居”。当我说“这里是一棵树。我转一下身，则这一真理就消失了，而转变到它的反面了：这里不是一棵树，而乃是一所房子。这里本身并没有消失；而它是长存于房子、树木等等的消失之中,并且无差别地同样是房子、树木”③。在这一变化过程中,“这里是一棵树”经两次否定转化为这里是“一所房子”，而“这里本身并没有消失”。第一次是以“这里不是一棵树”否定“这里是一棵树”，第二次是以“这里是一所房子”来否定“这里不是一棵树”从而实现否定之否定。这两次否定均是矛盾转化的关节点。

黑格尔说，在意识的诸形态中，“其中每一形态在实现时，本身也一同消解了，结果是它自己的否定，——并从而过渡到一个更高的形态。”④ 黑格尔所说的消解了的矛盾“就是根据，是作为肯定物与否定物的统一那样的本质”⑤。黑格尔说：“自相矛盾的东西并不消解为零，

①《逻辑学》下卷，第48页。
②《逻辑学》下卷，第61页。
③《精神现象学》上卷，第66页。
④《逻辑学》上卷，第36页。
⑤《逻辑学》下卷，第60页。

消解为抽象的无，而是基本上仅仅消解为它的特殊内容的否定；或说，这样一个否定并非全盘否定，而是自行消解的被规定的事情的否定，因而是规定了的否定；于是，在结果中，本质上就包含着结果所从出的东西；这原是一个同语反复，因为否则它就会是一个直接的东西，而不是一个结果。由于这个产生结果的东西，这个否定是一个规定了的否定，它就有了一个内容。它是一个新的概念，但比先行的概念更高、更丰富；因为它由于成了先行概念的否定或对立物而变得更丰富了，所以它包含着先行的概念，但又比先行概念更多一些，并且是它和它的对立物的统一。——概念的系统，一般就是按照这条途径构成的，——并且是在一个不可遏止的、纯粹的、无求于外的过程中完成的。”[①] 黑格尔还指出："引导概念自己向前的，就是前述的否定的东西，它是概念自身所具有的；这个否定的东西构成了真正辩证的东西。”[②] 对黑格尔的这些论述，列宁指出，黑格尔提出了两个基本要求：(1)“联系的必然性”和(2)“差别的内在的发生”，并且给出了“非常重要!! 据我看来，这就是下面的意思：(1)现象的某一领域的一切方面、力量、趋向等等的必然联系、客观联系；(2)‘差别的内在的发生’，是差别、两极性的演进和斗争的内部客观逻辑。”的批注。[③] 由此可见，差异中“潜藏”着矛盾和对立，而差异性则是一种内在的否定性，肯定与否定的对立乃是在差异同一中“自在的矛盾”的展开。“因此，凡是被认为是固定东西的一切对立面……都不是由于什么外部联结而成为矛盾的，相反地……它们本身自在自为地就是一种转化。”[④] 对立双方的差异性是矛盾转化的内在因素。

五、矛盾转化（辩证的转化）与否定之否定规律

马克思说：“黑格尔在某个地方说过，一切伟大的世界历史事变和人物，可以说都出现两次。他忘记补充一点：第一次是作为悲剧出现，第二次是作为笑剧出现。”[⑤] 马克思这里所说的这一现象可以看作历史发展中的否定之否定过程。

对于否定之否定过程，黑格尔作了思辨的表述。他说：“自我意识有另一个自我意识和它对立；它走到它自身之外。这有双重的意义，第一，它丧失了它自身，因为它发现它自身是另外一个东西；第二，它因而扬弃了那另外的东西，因为它也看见对方没有真实的存在，反而在对方中看见它自己本身。它必定要扬弃它的这个对方；这个过程是对于第一个双重意义的扬弃，因而它自身就是第二个双重意义；第一，它必须进行扬弃那另外一个独立的存在，以便确立和确信它自己的存在；第二，

①《逻辑学》上卷，第36页。
②《逻辑学》上卷，第38页。
③《哲学笔记》第2版，第81~82页。
④《哲学笔记》第1版，第213页；第2版，第194页。
⑤《马克思恩格斯全集》第8卷，第121页。

由此它便进而扬弃它自己本身，因为这个对方就是它本身。这个对于它的双重意义的对方之双重意义的扬弃同样是一种双重意义的返回到自己本身。因为第一通过扬弃，它得以返回自己本身，因为通过扬弃它的对方它又自己同自己统一了；第二但是它也让对方同样地返回到对方的自我意识，因为在对方中它是它自己，于扬弃对方时它也扬弃了它自己在对方中的存在，因而让对方又得到自由……所以这个运动纯全是两个自我意识的双重运动。每一方看见对方作它所作的同样的事。每一方作对方要它作的事，因而也就作对方所作的事，而这也只是因为对方在作同样的事。单方面的行动不会有什么用处的，因为事情的发生只有通过双方面才会促成的。因此行动之所以是双重意义的，不仅是因为一个行动既是对自己的也是对对方的，同时也因为一方的行动与对方的行动是分不开的。”[①] 黑格尔的这一论述尽管思辨，但自我意识由于发现它自身是另外一个东西而走到它自身之外，丧失了它自身（第一次否定），又通过扬弃那另外的东西返回到自己本身，并通过扬弃它的对方而同自己统一（第二次否定），对于否定的必然性和两次否定的必要性作了较好的说明。

为了对黑格尔上述表述作一个直观的阐述，现仍以“这时”和“这里”为例，来说明否定之否定过程。在事物运动过程中，“这时”必然是要过去的，而“这里”的坐标（位置、所见景物）是要消失的，因而必然要出现一个否定,这是第一次否定。人们既然说“这时”已过去、“这里”已成为过往了，就必然要有新的“这时”和新的“这里”来作为参照物，如果没有新的“这时”和新的“这里”这一新的肯定，即否定之否定，就不可能说“这时”已过去、“这里”已是过往。在这一否定之否定过程中，现时的“这时”之所以能被扬弃而顺时成为时间序列中的一个新的“这时”，其关键在于有一个中介，这一中介就是持续存在并且能互相扬弃的“一个否定的这一个”[②]，并由这个中介实现两次辩证转化。

（1）由肯定向否定的辩证转化。“这时”被指出时是肯定的，但它“一经指出就已经过去了”。为什么？因为“这时”是“普遍的东西”，是共相，任何时候人们指出它的那一时间点都可以说是“这时”，但人们指出它时，必须与某一具体的时刻对应，这样，原本是作为“普遍的东西”的“这时”，就在指出的过程中成为“一个特殊的东西”而与具体时间对应了，这正如人没得病时的健康状态，是人的一生中正常的、长期的生活状态，因而可以说是普遍的状态，人一旦患病，就与胃病、肝病、心脏病等具体疾病对应了，“特殊性，或说规定了的规定性，则是这种形式从外面获得的内容”[③]。这样，“第一个普遍的东西……即这

①《精神现象学》上卷，第123~124页。

②“这个否定的这一个之所以能持续存在，只是因为它一方面把诸多这里认作象它们应该被认作那样，而一方面又使它们在它那里互相扬弃掉；它乃是一个单纯的诸多这里的复合体。”见（《精神现象学》上卷，第70页）

③《逻辑学》下卷，第483页。

个最初是直接的东西，这里便作为有了中介的东西，与一个他物相关，或者说，普遍的东西是作为一个特殊的东西了。由此发生的第二个，便是第一个的否定的东西，而且当我们对以后的过程作事先考虑时，它便是第一个否定的东西。直接的东西依照这个否定的方面，便在他物中没落了，但这个他物本质上不是空虚的否定的东西，不是无……而是第一个的他物、直接的东西的否定的东西；所以它被规定为有了中介的东西，——一般说来，包含第一个的规定于自身之中。于是第一个本质上也就在他物中留藏并保持下来了。——把肯定的东西在它的否定的东西中，即前提的内容中，在结果中坚持下来。”而这个“有了中介的东西……也是一个单纯的规定，因为第一个既然在它里面没落了，那末，当前便只有第二个。因为第一个又被包含在第二个之中，而且第二个是第一个的真理，所以这种统一可以表现为一个命题；在这个命题中，直接的东西被列为主词，有中介的东西被列为前者的宾词”①，如“这时”已过去了、张三感冒了。在黑格尔看来，“普遍的东西是自在自为的最初的概念环节，因为它是单纯的东西，特殊的东西才是后继的东西，因为它有了中介；反过来说，单纯的是较普遍的，而具体的则是作为自在地相区别的东西，从而是有中介的，它已经事先建立了从最初者的过渡”②。“这时”特殊化过程的“否定的这一个”就是“这时不存在了”。

（2）由否定向新的肯定的辩证转化。为什么说“这时已过去了”？因为新的“这时”出现了，相应地，“这时已经过去了”这一否定性表述就不对了，或者说被否定了，因而是否定的否定，就像病人康复后身体恢复到正常的健康状态。而新的“这时”是“一个包含着无数这时的这时”，其所指的时刻是不断变化的。这次转化是普遍的东西对特殊东西的否定。

在上述两次转化过程中，第一次否定作为辩证的否定，它既是第一次辩证转化的结果，又是第二次辩证转化的原因③，这一因果关系构成事物发展序列中的因果链。这一因果链，既表征了否定之否定过程的前后相继过程和关系，又揭示出在两次辩证否定的每一关节点上，对立统一规律的作用及其表现形式。

六、矛盾转化中的中介

矛盾的转化是经过中介而实现的。列宁说：“一切都是互为中介，连成一体，通过转化而联系的……整个世界（过程）的有规律的联系。”④

中介是如何产生的？黑格尔在《逻辑学》中作了详细说明。黑格尔说：“中介是一种相互关系，因而含有否定。”⑤黑格尔以“纯有”作为

①《逻辑学》下卷，第540～541页。

②《逻辑学》下卷，第504页。

③即能互相扬弃的“一个否定的这一个”。

④《哲学笔记》第1版，第79页。

⑤《逻辑学》上卷，第72页。

他的逻辑学的开端，“纯有也只应当叫作一般的有：有，并没有任何进一步的规定和充实，此外什么也不是。”[①] 黑格尔说：“只要纯有不是纯粹的非规定性，只要它是规定了的，那么，它就会被当作有中介的东西，已经进一步发展了的东西；一个规定了的东西包含着与一个最初东西不同的一个他物。”[②] 因此，“开端必须是绝对的，或者说，是抽象的开端（这在此处意义相同）；它于是不可以任何东西为前提，必须不以任何东西为中介，也没有根据；不如说它本身倒应当是全部科学的根据。因此，它必须直捷了当地是一个直接的东西，或者不如说，只是直接的东西本身。正如它不能对他物有所规定那样，它本身也不能包含任何内容，因为内容之类的东西会是与不同之物的区别和相互关系，从而就会是一种中介。所以开端就是纯有。”[③] 黑格尔还指出：“开端的规定性，是一般直接的和抽象的东西，它的这种片面性，由于前进而失去了；开端将成为有中介的东西。”[④] 那么，直接性是怎样变成有中介的东西的？黑格尔说，在直接感性确定性里有两个“这一个”：“作为自我的这一个和作为对象的这一个”[⑤]。他说：“无论作为自我或者作为对象的这一个都不仅仅是直接的、仅仅是在感性确定性之中的，而乃同时是间接的；自我通过一个他物，即事情而获得确定性，而事情同样通过一个他物即自我而具有确定性。”[⑥] 这就是说，“无论在天上、在自然中、在精神中或任何地方，都没有什么东西不同时包含直接性和间接性，所以这两种规定不曾分离过，也不可分离。”[⑦] 这样，“在知觉里，‘这一个’就被设定为非这一个或者为被扬弃了的，因而它就不是无，而是一个特定的无，或者一个具有内容之无，亦即这一个无……扬弃在这里表明它所包含的真正的双重意义，这种双重意义是我们在否定物里所经常看见的，即：扬弃是否定并且同时又是保存；无，作为这一个的无，保存着直接性，并且本身是感性的，但却是一个具有普遍性的直接性。但是这样的存在乃是一个普遍的东西，因为它包含着间接性和否定物在自身内。当它在它的直接性里表示普遍性的时候，它就是有差别的、特定的特质。这样就建立起众多这样的特质，每一个特质都是另一个特质的否定者。”[⑧] 同样，在逻辑学的开端，“纯有既是这个绝对直接的东西，又同样是绝对有中介的东西。但同样很重要的，是必须把纯有仅仅片面地当作是纯粹直接的东西，因为正是在这里，纯有是作为开端的。”[⑨] 黑格尔的奥妙是将作为逻辑开端的“纯有”设定为绝对的、纯粹的、没有任何规定的直接的东西，它没有根据，不以任何东西为前提，不以任何东西为中介，因而是一种不稳定、不安息的状态和态势，它必然要发展，而它的任何发展就是要否定自身的这种纯粹状态，这种否定就是一种中介。从

①《逻辑学》上卷，第54页。
②《逻辑学》上卷，第57页。
③ 同①。
④《逻辑学》上卷，第56页。
⑤《精神现象学》上卷，第64页。
⑥ 同⑤。
⑦《逻辑学》上卷，第52页。
⑧《精神现象学》上卷，第75页。
⑨《逻辑学》上卷，第57~58页。

“不以任何东西为中介”的东西中产生出中介，这一思想是很深刻的。

否定之否定过程需要有一个“中介”，这是事物发展过程曲折性的必然表现。恩格斯在《反杜林论》中分析了哲学史上由旧唯物主义发展到现代唯物主义的否定之否定过程。在这一过程中，唯心主义是中介。恩格斯说：“古希腊罗马哲学是原始的自发的唯物主义。作为这样的唯物主义，它不能彻底了解思维对物质的关系。但是，弄清这个问题的那种必要性，引出了关于可以和肉体分开的灵魂的学说，然后引出了灵魂不死的论断，最后引出了一神教。这样，旧唯物主义就被唯心主义否定了。但是在哲学的进一步发展中，唯心主义也站不住脚了，它被现代唯物主义所否定。现代唯物主义，否定的否定，不是单纯地恢复旧唯物主义，而是把两千年来哲学和自然科学发展的全部思想内容以及这两千年的历史本身的全部思想内容加到旧唯物主义的永久性基础上。这已经根本不再是哲学，而只是世界观，它不应当在某种特殊的科学的科学中，而应当在现实的科学中得到证实和表现出来。因此，哲学在这里被‘扬弃’了，就是说，‘既被克服又被保存’；按其形式来说是被克服了，按其现实的内容来说是被保存了。”①

由于事物发展过程的特殊性，有些否定之否定发展过程的“中介”是很明显的，有些过程的“中介”是潜藏的，有些过程的“中介”是由多个阶段或多个环节、多个方面构成的，例如，“货币—商品—货币”的运动就要经过千百次的循环，货币才能转化为资本，因而就没有表现出典型的三段式形态。黑格尔说：“我在柏林，我的直接存在是在这里，然而我所以在这里，是有中介性的，即由于我走了一段旅程才来到这里的。”② 再如，黑格尔在《法哲学原理》中把犯罪当作法律的否定，把刑罚当作犯罪的否定即否定之否定来观察。作为一种“不法行为”，犯罪行为是一种暴力强制，是对法的否定；而刑罚则是对暴力强制的强制，是对犯罪即真正不法的否定，通过这种否定，法才又得到恢复和发展，即“犯罪的扬弃是报复”，“报复是对侵害的侵害”③，这便是他的著名的刑罚报复论。在法的恢复过程中，犯罪和刑罚一起构成中介。

上述实例表明，否定之否定过程中的“中介”是一种过渡或助产婆。这种“中介”或过渡与矛盾转化的“中介”有本质的区别。马克思指出，消费和生产“每一方表现为对方的手段；以对方为媒介；这表现为它们的相互依存；这是一个运动，它们通过这个运动彼此发生关系，表现为互不可缺，但又各自处于对方之外。”④ 马克思这里所说的生产和消费之间的“媒介”就是一种矛盾转化中的中介。在人们的习惯思维中，常常把“交换和流通”作为生产和消费之间的中介，然而马克思指出，“交

①《马克思恩格斯全集》第20卷，第151页。
②《小逻辑》，第160页。
③《法哲学原理》，商务印书馆，1962年，第229页。
④《马克思恩格斯全集》第46卷，第30页。

换只是生产和由生产决定的分配同消费之间的媒介要素，而消费本身又表现为生产的一个要素，交换当然也就作为生产的要素包含在生产之内。交换就其一切要素来说，或者是直接包含在生产之中，或者是由生产决定。”[①] 这就是说，生产和消费之间的中介仍然是对立双方之间的否定性的相互关系，而不是第三方的因素。矛盾转化或辩证转化是对立双方之间的转化，不需要“助产婆”，而在否定之否定过程中的“中介”实际上是前后相继的两次辩证转化的“媒介要素”，事物通过两次转化实现“新陈代谢”和发展阶段的螺旋式上升。例如，从封建垄断到现代垄断否定之否定发展过程中，“竞争”作为一种“中介”和中间环节，就经历了由“垄断产生竞争”，再由“竞争产生新的、合理的垄断”这样的两次转化。

马克思说：竞争是由封建垄断产生的。可见，原来竞争是垄断的对立面，并非垄断是竞争的对立面。因此，现代垄断并不是一个单纯的反题，相反地，它是一个真正的合题。

正题：竞争前的封建垄断。

反题：竞争。

合题：现代垄断；它既然以竞争的统治为前提，所以它就是封建垄断的否定，同时，它既然是垄断，所以就否定竞争。

因此，现代垄断，资产阶级的垄断就是综合的垄断，是否定的否定，是对立面的统一。它是纯粹的、正当的、合理的垄断。[②]

马克思指出：“在实际生活中，我们不仅可以找到竞争、垄断和它们的对抗，而且可以找到它们的合题，这个合题并不是公式，而是运动。垄断产生着竞争，竞争产生着垄断。垄断资本家彼此竞争着，竞争者逐渐变成垄断资本家。如果垄断资本家用局部的联合来限制彼此间的竞争，工人之间的竞争就要加剧；对某个国家的垄断资本家来说，无产者群众愈增加，各国垄断资本家间的竞争就愈疯狂。合题就是：垄断只有不断投入竞争的斗争才能维持自己。”[③]

也许正是这一原因，在评价卢梭“关于历史的看法：原始的平等——被不平等所破坏——建立更高阶段上的平等”[④] 的否定之否定过程时，恩格斯说：“卢梭的平等说……没有黑格尔的否定的否定来执行助产婆的职务，也不能建立起来”[⑤]。

七、矛盾转化（辩证的转化）的条件性

矛盾转化是有条件的。一方面，维持矛盾双方既对立又统一的同一性是有条件的、相对的，如果对立双方的同一性不存在了，矛盾也就解

①《马克思恩格斯全集》第46卷，第36页。
②《马克思恩格斯全集》第4卷，第177~178页。
③《马克思恩格斯全集》第4卷，第178~179页。
④《马克思恩格斯全集》第20卷，第674页。
⑤《马克思恩格斯全集》第20卷，第152页。

决了，就像俗话所说的“放下屠刀，立地成佛”“千年暗室，一灯则破”。另一方面，事物的运动和发展是有规律的，而规律是有条件的。黑格尔说：“条件是事情的整个内容，因为它们是在无形式的有那种形式中的无条件的东西。但由于那种形式之故，条件还具有不同于内容规定的另一形态，正如内容之在事情本身中那样。条件表现为无统一的多样性，与本质以外的东西和不属于实有范围的其他情况相混杂，至于实有，则是构成这个被规定的事情的条件的。”①

黑格尔把条件作为必然性的三个环节之一。他说：“条件是（1）设定在先的东西。作为仅仅是设定起来的东西，条件只是与实质联系着的，但它既是在先的，它便是独立自为的，便是一种偶然的、外在的情况，虽与实质无有联系，而实际存在着；但带有这种偶然性既然同时与这作为全体性的实质有联系，则这设定在先的东西便是一个由诸条件构成的完全的圆圈。（2）这些条件是被动的，被利用来作为实质的材料，因而便进入实质的内容；正因为这样，这些条件便同样与这内容符合一致，并已经包含有这内容的整个规定在自身内。”②黑格尔这里所说的条件，就像产品的原料，经过加工和生产而融入产品中而成为产品特性（组分）的一部分。

条件也是一种可能性。在可能性与现实性关系中，黑格尔说：“偶然性，作为直接的现实性而言，同时即是另一事物的可能性，但并不是象我们最初所讲的那种单纯的抽象的可能性，而是存在着的可能性，而这种作为存在的可能性即是一种条件。我们所说的，一个事物的条件，含有两种意义，第一是指一种定在，一种实存，简言之，指一种直接的东西。第二是指此种直接性的东西的本身将被扬弃，并促成另一事物得以实现的命运。——一般讲来，直接的现实性本身，并不是象它所应是的那样，而是一个支离破碎的、有限的现实性，而它的命运就在于被消毁掉。但现实性还有另一方面，那就是，它的本质性。这本质性首先即是它的内在的方面，但内在方面作为单纯的可能性，也注定了要被扬弃。这种被扬弃了的可能性即是一种新的现实性的兴起，而这种新兴的现实性便以那最初直接的现实性为前提、条件。从这里我们便可看出，条件一概念所包含的交替性了，一物的条件最初看来好象完全是单纯无偏似的。但事实上那种直接的现实性却包含转化成他物的萌芽在自身内。这种他物最初也仅是一可能的东西，然后它却扬弃其可能性形式而转变为现实性。这样新兴起来的现实性就是它所消耗了的那个直接的现实性所固有内在本质。这样，完全另外一个形态的事物就产生了，但它又并不是一个另外的事物，因为后者即是前面的直接现实性的本质的发展。在

①《逻辑学》下卷，第111页。
②《小逻辑》，第310~311页。

后一新兴的现实里，那些被牺牲了、被推翻了、被消耗了的条件，达到和自己本身的结合。——现实性矛盾发展的过程大致如此。现实并不仅是一直接存在着的东西，而且，作为本质性的存在，是其自身的直接性的扬弃，因而达到与其自己本身的中介。”① 条件作为一种可能性为人的主观能动性的发挥开辟了一片天地，开创了一种可能。

主观能动性亦称为自觉能动性、意识的能动性，是指人的主观意识和实践活动对于外界或内部的刺激或影响作出有目的、有计划、有选择的积极反应或回答。马克思说：“人们自己创造自己的历史，但是他们并不是随心所欲地创造，并不是在他们自己选定的条件下创造，而是在直接碰到的、既定的、从过去承继下来的条件下创造。一切已死的先辈们的传统，像梦魔一样纠缠着活人的头脑。当人们好像只是在忙于改造自己和周围的事物并创造前所未闻的事物时，恰好在这种革命危机时代，他们战战兢兢地请出亡灵来给他们以帮助，借用它们的名字、战斗口号和衣服，以便穿着这种久受崇敬的服装，用这种借来的语言，演出世界历史的新场面。”② 从改变世界的角度来看，事物不会自动满足人的需要，人们只有发挥主观能动性，在意识的指导下通过实践活动，利用规律，改变甚至创造规律赖以发挥作用的条件，才能改变世界，创造美好的生活。马克思说：“理论一经掌握群众，也会变成物质力量。”③ 毛泽东在《人的正确思想是从哪里来的？》中指出：“代表先进阶级的正确思想，一旦被群众掌握，就会变成改造社会、改造世界的物质力量。”列宁认为黑格尔“关于观念的东西转化为实在的东西，这个思想是深刻的：对于历史很重要。并且从个人生活中也可以看到，那里有许多真理”。列宁强调，“观念的东西同物质的东西的区别也不是无条件的、不是过分的”④。

当然，主观能动性作为一种主观的可能因素，必须与客观因素和客观条件相结合才能成为现实。“给我一个支点，我可以撬动地球”，虽然与力学上的杠杆原理相符，但人类至今仍没找到能够撬动地球的支点，即使找到了这样一个支点，人类目前也没有能力生产出能够撬动地球的杠杆。

条件与“根据”相关。黑格尔说：“消解了的矛盾就是根据，是作为肯定物与否定物的统一那样的本质。”⑤ 在黑格尔看来，对立面互相排斥，反而使每一方自身成为否定方面，成为被对方所“设定的东西”，亦即成为与对方紧密相连的东西，这样，排斥倒构成了联系，肯定方面与否定方面的相互排斥，独立性与依赖性的相互争夺，双方的争执平息下来了，矛盾“解决或消解了”，双方都成为“本质”的单纯的规定性或单纯的环节，而这样的本质就是“根据”。黑格尔说：“在对立中，规

①《小逻辑》，第304页。
②《马克思恩格斯全集》第8卷，第121页。
③《马克思恩格斯选集》第1卷，第9页。
④《哲学笔记》第2版，第97页。
⑤《逻辑学》下卷，第60页。

定开展为独立性，而根据则是这完成了的独立性；否定物在根据中是独立的本质，但又是作为否定物；所以根据既是肯定物，又同样是那个在此否定性中与自身同一的东西。因此，对立及其矛盾在根据中既被扬弃掉了，又被保存下来。根据就是作为肯定的自身同一性那样的本质，但这个同一性却同时作为否定性而与自身相关，于是便规定了自身，并且把自身造成是被排斥出去的建立起来之有；但这个建立起来之有却是整个的、独立的本质，而且本质就是根据，因为它在其否定中与自身同一，并且是肯定的。"[①] 在对立面互相排斥，互争独立的矛盾中，对立面"走向根据"，使双方都"降低"（"坠入""毁灭"）成了"根据"的两个单纯的规定性，其结果是一方独立，一方不独立，是一方把对方变成依赖于自身的东西。这一情况有点像中医中的"扶正祛邪"理念。不过在"根据"中，双方并非处于平等地位，"根据"是异中之同，是差异中独立不依的东西，"有根据的东西"是同中之异，是依赖于"根据"的东西。所以,"根据"也是"同一"和"差异"的同一。如果说"矛盾"是"同"和"异"的不安定的统一，那么，"根据"就是二者的安定的统一。[②]

在黑格尔看来，条件既独立于"根据"，又与"根据"不可分离，条件能给"根据"提供机缘，使"根据"发挥作用，它和"根据"构成一个统一体。在这一统一体中，"根据"与条件两者互为条件，但这一统一体本身则不受条件制约。[③] 黑格尔说："根据通过与条件的联合，获得了外在的直接性和有之环节；但根据既不把它们作为外在的东西，也不通过外在关系去获得；而是根据作为根据，使自身成为建立起来之有，它的单纯的本质性在建立起来之有中与自身一齐消融了，并且在它自身的这种扬弃中，是它与它的建立起来之有的区别的消失，因此就是单纯的、本质的直接性。"[④] 而"真理不外是通过直接性的否定性而回到自身"[⑤]。

这样，"一切是某个事物的东西，都具有一个根据或说是一个建立起来的东西、一个有中介的东西。"[⑥] 而"事情的运动，一方面通过其条件，另一方面通过其根据而建立起来，不过是中介映象的消失。"[⑦] 黑格尔说："假如当前有了事情的一切条件，那么，条件便作为直接的实有和事先建立（前提）而扬弃自身，并且根据也扬弃自身，根据表明自身只是一个直接消失的映象；这种情况的发生因此就是事情到自身的重复运动，而且事情通过条件和通过根据的中介就是两者的消失。因此，存在中的发生是这样直接，以致它只是由于中介的消失而有中介。"[⑧]"这个由于根据和条件而有中介、并由于中介的扬弃而与自身同一的直接性，就是存在。"[⑨] 这就是说，"如果一切条件均齐备时，这实质必会实现，

①《逻辑学》下卷，第60页。
② 张世英，《论黑格尔的逻辑学》，上海人民出版社，1982年，第286～287页。
③ 张世英，《论黑格尔的逻辑学》，第292～293页。
④《逻辑学》下卷，第114页。
⑤《哲学笔记》，第221页。
⑥《逻辑学》下卷，第117页。
⑦《逻辑学》下卷，第113页。
⑧ 同④。
⑨ 同④。

而且这实质本身也是条件之一，因为实质最初作为内在的东西，也仅是一种设定的前提。”[①] 或者说“如果某一事物具备了一切条件。那么它就是实存的”。[②]

马克思说：“历史活动是群众的活动，随着历史活动的深入，必将是群众队伍的扩大。”“伟人们之所以看起来伟大，只是因为我们自己在跪着。站起来吧！”[③] 大道至简，“站起来”看似简单易行，事实上既不容易，也难以付诸行动。人类的祖先就是因为勇敢而智慧地站起来了，才能够逐渐进化成为智能的人，实现了与动物彻底的“分道扬镳”；人类思想史、科技史和文化史上的每一次飞跃都是经由观念上的先跪后站[④] 而摆脱思想观念的束缚，实现历史性的转折、历史性的跨越。从某种义上说，人们之所以有今天的行为、今天的思想和生活方式，都是源于在关键的时间节点上的行动和思想上的“站起来”这一伟大转变和伟大转化！

定稿于 2016 年 12 月 4 日
修改于 2016 年 12 月 10 日

① 《小逻辑》，第 305 页。
② 《哲学笔记》，第 128 页。
③ 《马克思和恩格斯〈神圣家族〉一书摘要》，《哲学笔记》第 2 版，第 15 页。
④ 就是牛顿所说的站在前人的肩膀上。

下篇

生活中的辩证法

在研究哲理时，普遍的东西受到重视，而且甚至只有普遍的东西才能被表述出来，而“这个”，即所想到的东西，却完全不能被表述出来，——这就是我们时代的哲学文化完全没有达到的一种意识和思想……实际上，任何普遍的东西在它作为特殊的东西、单一的东西、为他的存在时，才是实在的。

——列宁，《哲学笔记》第 2 版，第 237、第 247 页

辩证法一般地说就是“概念中的纯思维运动”（……对概念的分析、研究，“运用概念的艺术”，始终要求研究概念的运动、它们的联系、它们的相互过渡）。具体地说，辩证法是研究自在之物、本质、基质、实体跟现象、“为他存在”之间的对立的。（在这里我们也看到相互过渡、往返流动：本质在显现；现象是本质的。）人的思想由现象到本质，由所谓初级本质到二级本质，不断深化，以至无穷。就本来的意义说，辩证法是研究对象的本质自身中的矛盾：不但现象是短暂的、运动的、流逝的、只是被约定的界限所划分的，而且事物的本质也是如此。

——列宁，《哲学笔记》第 2 版，第 212~213 页

辩证法本来是人类的全部认识所固有……辩证法是活生生的、多方面的（方面的数目永远增加着的）认识，其中包含着无数的各式各样观察现实、接近现实的成分（包含着从每个成分发展成整体的哲学体系），——这就是它比起“形而上学的”唯物主义来所具有的无比丰富的内容，而形而上学的唯物主义的根本缺陷就是不能把辩证法应用于反映论，应用于认识的过程和发展。从粗陋的、简单的、形而上学的唯物主义的观点看来，哲学唯心主义不过是胡说。相反地，从辩证唯物主义的观点看来，哲学唯心主义是把认识的某一特征、某一方面、某一侧面，片面地、夸大地、（狄慈根）发展（膨胀、扩大）为脱离了物质、脱离了自然的、神化了的绝对。唯心主义就是僧侣主义。这是对的。但（“更确切些”和“除此而外”）哲学唯心主义是经过人的无限复杂的（辩证的）认识的一个成分而通向僧侣主义的道路。人的认识不是直线（也就是说，不是沿着直线进行的），而是无限地近似于一串圆圈、近似于螺旋的曲线。这一曲线的任何一个片断、碎片、小段都能被变成（被片面地变成）独立的完整的直线，而这条直线能把人们（如果只见树木不见森林的话）引到泥坑里去，引到僧侣主义那里去（在那里统治阶级的阶级利益就会把它巩固起来）。直线性和片面性，死板和僵化，主观主义和主观盲目性就是唯心主义的认识论根源。而僧侣主义（= 哲学唯心主义）当然有认识论的根源，它不是没有根基的，它无疑是一朵无实花，然而却是生长在活生生的、结果实的、真实的、强大的、全能的、客观的、绝对的人类认识这棵活树上的一朵无实花。

——列宁，《哲学笔记》第 2 版，第 308~311 页

规律问题是复杂的

为自己绘制客观世界图景的人的活动改变外部现实，消灭它的规定性（＝变更它的这些或那些方面、质），这样，也就去掉了它的外观、外在性和虚无性的特点，使它成为自在自为地存在着的（＝客观真实的）现实。

——列宁，《哲学笔记》

清代学者章学诚提倡“为学之要，先戒名心；为学之方，求端于道”[①]。他在《文史通义》中引程颢之论学，曰：“凡事思所以然，天下第一学问。”他开宗明义地提出治学的目的是为了“明道”“经世”，“非为人士树名地也”。他主张学者立言必须能“益于世教”，为现实社会服务；他要求学者作文，无论在什么场合下，都必须贯彻学期明道、文以经世的原则，反对“世人誉之则沾沾以喜，世人毁之则戚戚以忧”的为学态度。他说：“学术无大小，皆期于道。”“道者，万事万物之所以然，而非万事万物之当然也。”他这里所说的“道”是指事物的客观规律。

规律是隐藏事物和现象背后的，“道可道，非常道”，事在理中，理亦在事中。古者包羲氏，“仰则观象于天，俯则观法于地，观鸟兽之文与地之宜，近取诸身，远取诸物，于是始作八卦，以通神明之德，以类万物之情”。[②]《易经》作为中华文明的群经之首，其系统的观察、详细的归纳分析等独特的产生方法和途径，使得其不仅成为中华文明的源头，而且由于其自产生之日起，就“以教天下”“以威天下”等为目的，并“易之以书契，百官以治，万民以察”“易之以宫室”“致远以利天下”。这些都是与为黎民百姓服务的生产生活密切相关的。“黄帝、尧、舜氏作，通其变，使民不倦，神而化之，使民宜之”，经过几千年的传承，其“穷则变，变则通，通则久”“简易、变易、不易”等思想和方法已融入百姓生活中，尤其是在防病治病方面，不仅催生了《黄帝内经》[③]，而且其方法已达到“百姓日用而不知”的程度。我在上大学之前，未去过医院，除了打过疫苗外，未接受过西医的治疗，给我治病的是我的亲属及邻居中的“婆婆妈妈”们，她们都不识字，没学过中医，但她们疏通经脉的手法娴熟舒缓，用的草药虽是单方，但能对症，尤其是我伯母，她不仅会接生，而且还掌握一种独特的治疗湿疹的方法，就是将食指和中指并拢在患病部位的上方晃动（不接触皮肤），口中念念有词，但别人听不懂，整个过程也就几分钟。一般隔一两天再做一两次就可痊愈。我小时候得过几次湿疹，都是这种方法治愈的。由于这种方法是单传，伯母没有传给我，我也不知其奥妙。我感兴趣的是这种方法是怎么产生的，它的原理是什么，我们能用现代科学的方法来认识它吗？这类独门独技的产生，既源于独特的机缘，更源于发现和创立者独特的思想。恩格斯指出，从某种意义来说，“人的思维是至上的，同样又是不至上的，它的认识能力是无限的，同样又是有限

①《文史通义》外篇三，《答沈枫墀论学》。

②《系辞下》。

③ 孙思邈说：“不知易，不足以言大医。”

的。按它的本性、使命、可能和历史的终极目的来说，是至上的和无限的；按它的个别实现和每次的现实来说，又是不至上的和有限的。”[①]“思维的至上性是在一系列非常不至上地思维着的人们中实现的；拥有无条件的真理权的那种认识是在一系列相对的谬误中实现的；二者都只有通过人类生活的无限延续才能完全实现。”[②]不立文字的独门独技往往在人们不知不觉中就失传了，我们应重视文明的独特性。

一、内容与方法相一致的方法

中华民族有着灿烂的文化，当文明的曙光在天幕上耀映亚细亚大地之时，遍及神州大地的簇簇史前文化篝火，由点到面连接起来，形成燎原之势，逐渐地融合在文明的光芒之中。从此，中华文明史开始了。然而毋庸讳言，以“四大发明”享誉世界的中国，在近代科学和技术发展中却落后了，这其中的原因是多方面的，其最直接的因素我认为还是在思维方式和思维方法方面。中国哲学最本质的特征我认为就是缺乏对“Being”（“是者”“是什么”）问题的探索。我们有的著作把“Being”翻译成“存在”，有的翻译成“有”，这成为国人学习西方哲学的一大障碍。正因为缺乏对“是者”的探索，我们在探求事物的本质和本源时，没有跳出比类取象方法和心领神会思维的局限性，也没有形成相应的逻辑推演方法。例如在《易经》中，“太极生两仪，两仪生四象，四象生八卦”的发展演变过程始终没有指出其中的中介，这种推演也不需要中介，而只有推演的方法，这就与逻辑推理的建立失之交臂。科学范畴也因缺乏相应的逻辑推理而无从建立了。

从认识的辩证发展过程来看，《老子》《易经》等中国传统经典著作中，虽然提出了“生生之为易”，阴阳的对立、阴阳互根、阴阳相生相克，“祸为德根，忧为福堂”，“福者，祸之根”[③]等观点，但没有形成从具体到抽象，再由抽象到具体的认识发展过程的认识和观念。黑格尔坦言《易经》的这种方法“是从思想开始，然后流入空虚，而哲学也同样沦于空虚”。黑格尔在《哲学史讲演录》中说：“中国是停留在抽象里面的；当他们过渡到具体者时，他们所谓具体者在理论方面乃是感性对象的外在联结；那是没有逻辑的、必然的秩序的，也没有根本的直观在内的。”这些论述应该说是中肯的。与西方哲学这些细微却是本质的差别，实质上反映出中国传统哲学中的辩证思想与认识论、逻辑学是不一致的，这也许就是中国传统哲学不能与现代科学直接接轨的一个重要因素[④]。崇尚辩证法和辩证思维智慧的中华民族，却未能像西方那

①《马克思恩格斯全集》第20卷，第95页。
②《马克思恩格斯全集》第20卷，第94~95页。
③《吴越春秋·勾践入臣外传》。
④ 更直接的因素是中国传统文化中逻辑学或逻辑思维的缺失。

样使辩证法最终走上成熟和科学的形态，其根本的原因也可能就在于此。

黑格尔反复强调，哲学为要成为科学就必须有它自己的方法，因为“只有〔正确的〕方法才能够规范思想，指导思想去把握实质，并保持于实质中”①。而“逻辑的方法就必须是那唯一能够使它成为纯科学的方法”②。黑格尔认为“方法并不是外在的形式，而是内容的灵魂和概念”③，而且“只能是在科学认识中运动着的内容的本性，同时，正是内容这种自己的反思，才建立并产生内容的规定本身。”④ 这就是列宁所说的黑格尔要求的逻辑是这样的逻辑：“其中形式是富有内容的形式，是活生生的实在的内容的形式。是和内容不可分离地联系着的形式。”⑤ 正因为黑格尔所要找的哲学的方法是“唯一的真正的与内容相一致的方法”⑥，马克思指出，“黑格尔常常在思辨的叙述中作出把握住事物本身的、真实的叙述”⑦。而在传统的中国哲学中，阴阳、五行概念是抽象的，没有反映概念的具体内容。然而在中医中，阴阳、五行等这些抽象的概念由于与防病、诊病、治病等结合起来，也就实现了“方法与内容的相一致”，完成了从概念的高度抽象到具体实在的发展演变过程，从而使中医成为名副其实的科学，从中可以看出内容与方法相一致的重要性。

二、规律是现象中同一的东西

黑格尔“内容与方法相一致”的方法表明，辩证法与认识论、逻辑学是相一致的。我们在学习辩证法时，最大的误区是把辩证法格式化、粗造化甚至是粗鄙化，把辩证法仅仅当作是一种方法论。例如，我们反复强调要尊重客观规律，按客观规律办事，但我们对“规律”自身的认识是不全面的。要按客观规律办事首先就得认识规律。记得在我上大学时，教科书上对规律的定义是：“规律是客观的，是事物运动过程中固有的、不以人的意志为转移的本质必然联系。”但自然和人类社会的发展规律比规律的这一哲学定义要复杂得多。

例如，在治病方面，有西医疗法和中医疗法，两者的方法和路径不同甚至迥异，但各有所长。我曾经在1997年和1998年两次通过胃镜检查确认患十二指肠球部溃疡，一次是在十二指肠球部前端，一次是在后壁。在服用雷尼替丁等西药后，病情很快缓解，但不能停药，一停药就疼。后来在医生的建议下，接受中医治疗，但一直未找到合适的方剂。在《当代名医临证精华》（胃脘痛专辑）中，王乐善有一个观点：“溃疡病无论发生在人体任何部位，都要以补气养血托疮生肌为治疗原则。因为溃疡病属经久不愈，气血亏虚之证。虚则补之，用补法是非常适当的。

①《小逻辑》，第5页。
②《逻辑学》上卷，第35页。
③《小逻辑》，第427页。
④《逻辑学》上卷，第4页。
⑤《哲学笔记》第2版，第77页。
⑥《小逻辑》，第1页。
⑦《马克思恩格斯全集》第2卷，第76页。

治疗慢性消化性溃疡，除了用八珍汤补气养血外，还要配用大量的黄芪以托疮生肌，使其疮面愈合。”[①]我一开始服用的黄芪建中汤中的黄芪只用15g，根据书中的观点，将黄芪的用量从15g、25g、35g，一直往上调，每周调整一次（其他药基本不变），当用到50g时，服用一周后嗓子开始发痒，说明用量不能再增加了，但体质明显感觉改善，再下调至25g，连续服用1个月后停药，前后服用了约3个月汤药。2002年胃镜复查发现溃疡面疤痕消失，2015年再次检查胃镜，仍未发现有溃疡，说明已完全治愈。姚奇蔚说：“黄芪为补气药之最，甘温味薄，轻虚不腻，于补气之中含上升外达之性，对气虚不足，肝气升达无力者，确为首选良药。陈修园在《伤寒医诀串解》中，主张重用黄芪，助少阳升发之气，运转其不利的枢机。”俞尚德也主张黄芪应加大剂量，可用至60g，而王乐善在书中介绍的病例则用至100g。[②]这一经历使我感受到中医经验方产生的不易，仅从方剂中单味药用量的确定上，就相当复杂，更何况在方剂组合中，药的选用及其配伍、药理药性的总结等。中医经验方的特点是它只有很好地总结出来，才能为更多的病人服用，因为只有其他人用了并且有效才可以称得上是经验方，这种规律性，不是一时就能总结出来的。[③]

任何规律都是事物运动中所固有的本质必然的联系，这种必然性是在纷然杂陈的现象中表现出来的。在黑格尔看来，现象的本质的内容有两个方面：“一是在建立起来之有或外在直接性的形式中，二是作为自身同一的建立起来之有。就第一方面说，内容是一个实有，但却是一个偶然的、非本质的实有，按照其直接性而隶属于过渡、发生和消逝之下。就第二方面说，内容是单纯的，免除了上述更迭变换的内容规定，是其长留不变的东西。”[④]黑格尔指出：“现象和规律有同一个内容。规律是现象在自身同一中的反思。”他说：“规律是经过显现的东西中介的肯定的东西。”[⑤]“规律因此不在现象以外，而在现象中直接现在……规律是本质的现象”[⑥]，“规律的王国是现象的静止的内容……同规律相比，现象是总体，因为它包含着规律，并且还包含得更多一些，即自己运动着的形式的环节。”对此，列宁作了摘录并加了旁注：“（现象、整体、总体）（规律＝部分）（现象比规律丰富）”。[⑦]

黑格尔的这些论述与教科书上对规律的表述的最大不同之处在于黑格尔是从辩证法与逻辑学、认识论相统一的角度来论述规律问题的，所以在黑格尔的论述中，规律或本质始终是在现象与本质的矛盾中展开的，而且明确指出，“规律所以为规律，因为它既显现为现象，同时自身又是概念”[⑧]。“规律就是本质的关系”[⑨]，“现象的真理是本质的

① 史宇广、单书健主编，《当代名医临证精华》（胃脘痛专辑），中医古籍出版社，1997年，第226页。
②《当代名医临证精华》（胃脘痛专辑），第37、第306、第227页。
③ 医药有时很神奇，我的一位亲属因脑梗塞出现吞咽功能障碍，只能通过胃管进食。后听人说在咽喉部位贴伤湿止痛膏有效，贴膏药后没几天，就可以自己吃流食，一周后即拔除了用了三个月的胃管。
④《逻辑学》下卷，第141页。
⑤《哲学笔记》第2版，第126页。
⑥《逻辑学》下卷，第145页。
⑦《哲学笔记》第2版，第127页。
⑧《精神现象学》上卷，第169页。
⑨《哲学笔记》第2版，第128页。

关系"，"关系的真理在于中介"[①]。这就指出了人们认识规律的普遍道路。康德说："当伽利略让一个具有由他自己选定的重量的球体从斜面上往下滚落的时候，或者当托里彻利让空气托住一个他预定是与他已知的一根水柱等重的重量的时候，或者当更晚近的施塔尔从金属和石灰中抽去和放回某种东西、让金属变成石灰和石灰重新变成金属的时候，所有这些自然科学家的心目中都闪现过一道亮光。他们恍然悟解到，理性所洞察到的东西，原来只是它自己按照自己的方案制造出来的那种东西；他们都理解，理性必须带着他自己的那些符合于恒定规律的判断的原则，走在前头，强迫自然回答它所提的问题，而绝不能完全让自然牵着自己的鼻子走；因为如果不这样，那些并非依照预定计划而观察到的种种偶然现象就根本不会在一条必然性的规律里联系到一起，而必然规律正是理性所寻求和需要的。理性必须一只手拿着惟一能使种种符合一致的现象结合成为规律的那些原则，另一只手拿着它按上述原则设计出来的那种实验，走向自然，向自然请教；不过作为求教者，理性并不是一个小学生，由老师愿意讲什么就只好听什么，而是一位承审法官，强迫证人回答自己提出的问题。所以即使物理学，也应当把它十分有利的思维方法的革命完全归功于这样一种突然闪现的创见；必须以理性本身放进自然的东西为依据，向自然本身寻找（而不是给它臆造）那种必然在自然本身才能认识到、而单在理性自身中一点也认识不到的东西。这样说来，自然科学是在它经历了好几百年纯粹的盲目摸索，方才被引上一门科学的可靠道路的。"[②]从这里就不难理解列宁就黑格尔关于现象的规律一系列论述所做的批注："规律的概念是人对于世界过程的统一和联系、相互依赖和总体性的认识的一个阶段。黑格尔在这里热中于对词和概念的'加工琢磨'和'穿凿雕镂'，这是反对把规律的概念绝对化、简单化、偶像化。"[③]同时，列宁明确指出："规律这个概念接近于下列的一些概念：'秩序'，同类性，必然性，客观总体性的'灵魂'，'自己运动的原则'。"[④]列宁的这一论述其实也是为了防止"把规律的概念绝对化、简单化、偶像化"。与列宁的《哲学笔记》相比，有的哲学著作在引述经典著作时往往出现引文过于简单而且概念化，撇开概念的具体性，把辩证法抽象地归纳为三大规律以及现象与本质、原因与结果、偶然与必然、部分与整体、形式与内容、可能性与现实性六对范畴，从而丧失了辩证法本应具有的，与逻辑学、认识论及本体论相统一的特征。[⑤]1894年10月4日，恩格斯在为《资本论》第三卷写的序言中指出："一个人如想研究科学问题，首先要在利用著作的时候学会按照作者写的原样去阅读这些著作，首先要在阅读时，不把著作中原来没有的东西塞进去。"[⑥]

①《哲学笔记》第2版，第129页。
② 康德，《纯粹理性批判》第二版序言，王玖兴译，原载《康德黑格尔研究》（第二辑），上海人民出版社，1986年。
③《哲学笔记》第2版，第126页。
④《哲学笔记》第2版，第155页。
⑤ 本书在引述经典著作时，就是为了避免将"概念绝对化、简单化"而不得不对原文做大段的摘录。
⑥《马克思恩格斯全集》第25卷，第26页。

三、合规律性与合目的性的统一

马克思说，“哲学家们只是用不同的方式解释世界，而问题在于改变世界”。[①] 人们在改变世界的同时，既要认识客观规律，又要有目的地运用客观规律，也就是说人们的认识和其他活动既要“合规律性”，又要“合目的性”。

（一）恒河边上七种人

人们对事物的认识往往经历逐渐深化的过程。《大般涅槃经》第三十二中说，恒河边有七种人，为“洗浴”“恐畏寇贼”或为“采华”而入河中。第一人“入水则沉”，何以故？羸弱无力，又不习水性，故沉没水底，浮不起来。第二人“虽没还出，出已复没”，何以故？身力大，故没水后还能浮出水面，但因不习水性，浮出水面一会儿又沉没下去了。第三人“没已即出，出更不没”。何以故？“身重故没，力大故出”。由于他水性好，浮出水面后就再也不会沉没下去了。第四人“入已便没，没已还出，出已即住，遍观四方”。何以故？“重故则沉，力大故还，出习浮则住，不知出处故观四方”。第五人“入已即沉，沉已便出，出已即住，住已观方，观已即去”。何以故？“为怖畏故”。第六人“入已即去，浅处则住”。何以故？“观贼近远故”。第七人“既至彼岸，登上大山无复恐怖，离诸怨贼，受大快乐”。

从恒河边第一人到第三人，认识过程的逐步深化只是解决了认识的“合规律性”，即从不习水性到习水性。既然已能“出更不没”了，表明他已掌握涉水的规律了。第四人是一个过渡，在“出更不没”“出已即住”后，便开始“遍观四方”了，但他该去哪儿并不明确，处于彷徨状态。第五人由于“怖”“畏”，“观已即去”，有点落荒而逃的意味，虽有目的性，但所选择的方向往往是盲目的、仓促的。第六人的目的性就比较强，找到了“浅处”而且可以停下来“观贼近远”，根据贼的近远，有针对性地采取应对措施。第七人由于到达了“彼岸”，从而“离诸怨贼，受大快乐”，这就是我们应该追求的理想境界——合规律性与合目的性的统一，因为人生的“生死大河亦复如是”。费尔巴哈说：“信奉上帝的另一个原因：人把关于自己合目的性的创造这个观念搬到自然界。自然界是合目的性的——因而自然界是有理性的存在物创造的。人所说的和所理解的自然界的合目的性，实际上不是别的，正是世界的统一性、因果的和谐一致、自然界万物存在并作用于其中的一般联系。”[②]

① 《马克思恩格斯全集》第3卷，第6页。
② 《哲学笔记》第2版，第46页。

（二）人的认识的此岸性与彼岸性

关于人的认识的彼岸性，黑格尔反对康德“把观念推崇为必须努力使现实与之相接近的至高无上的东西”，他鲜明地提出了自己的真理观。黑格尔说：“观念是概念和客观性的统一，是真理，所以不应当把观念只看作目标，即应当与之接近，然而其自身永远是一种彼岸性的目标；而应当这样看：一切现实的东西之所以存在，仅仅是因为它们自身包含着并且表现着观念。对象、客观的和主观的世界，不仅应当完全和观念一致，并且它们本身就是概念和实在的一致；和概念不符合的实在，是单纯的现象，是主观的、偶然的、随意的东西，而不是真理。”列宁给出了“黑格尔反对康德的‘彼岸性’”及“概念和事物的一致不是主观的”[①]的两条批注，并指出：“观念（应读作：人的认识）是概念和客观性（‘一般的东西’）的符合（一致）……思想和客体的一致是一个过程：思想（=人）不应当设想真理是僵死的静止，是暗淡的（灰暗的）、没有冲动、没有运动的简单的图画（形象），就象精灵、数目或抽象的思想那样。观念也包含着极强烈的矛盾，静止（对于人的思维来说）就在于稳固和确定，人因此永远产生着（思想和客体的这种矛盾）和永远克服着这种矛盾。”[②]黑格尔说：“思维和存在，有限和无限等的‘统一’这个说法是谬误的，因为它表达的是‘静止不变的同一’。说有限简单地中和着无限并且反之亦然，这是不对的。事实上我们所看到的是一个过程。”[③]他还说：“如果知性指出：观念本身是自相矛盾的，因为，例如主观的东西只是主观的，而客观的东西则是和它对立的；存在是和概念完全不同的东西，因而不能从概念中推出存在；有限的东西也只是有限的，并且正是无限的东西的对立面，因而它和无限的东西是不能同一的；关于其他一切规定也是这样，——那么，逻辑倒是指出相反的情况，这就是：仅仅是主观的主观东西，仅仅是有限的有限东西，仅仅应当是无限的无限东西等，都是不具有真理性的，都是自相矛盾的，并且向自己的对立面过渡；因此，这个过渡和统一——两个极端作为被扬弃的东西，作为某种外观或环节包含在这个统一中——便显示出自己是这些极端的真理。”[④]而且“认识通过自身的进程解决了自己的有限性，从而解决了自己的矛盾。”[⑤]列宁进一步指出：“（观念）真理是全面的。”[⑥]“真理是过程。人从主观的观念，经过‘实践’（和技术），走向客观真理。”[⑦]黑格尔和列宁关于人的认识（观念）不存在静止不变的、至高无上的和彼岸性的目标，以及“真理是过程”的论述，蕴含着深刻的哲理。马克思说，我们“周围的感性世界决不是某种开天辟地以来就已存在的、始

①《哲学笔记》第2版，第163页。
②《哲学笔记》第2版，第164页。
③《哲学笔记》第2版，第169～170页。
④《哲学笔记》第2版，第168～169页。
⑤《哲学笔记》第2版，第177页。
⑥《哲学笔记》第2版，第168页。
⑦《哲学笔记》第2版，第170页。

终如一的东西，而是工业和社会状况的产物，是历史的产物，是世世代代活动的结果。”[①]《列子》曰：“天下理无常是，事无常非。先日所用，今或弃之；今之所弃，后或用之。此用与不用，无定是非也。”恩格斯指出：“自然科学和哲学一样，直到今天还完全忽视了人的活动对他的思维的影响；它们一个只知道自然界，另一个又只知道思想。但是，人的思维的最本质和最切近的基础，正是人所引起的自然界的变化，而不单独是自然界本身；人的智力是按照人如何学会改变自然界而发展的。因此，自然主义的历史观是片面的，它认为只是自然界作用于人，只是自然条件到处在决定人的历史发展，它忘记了人也反作用于自然界，改变自然界，为自己创造新的生存条件。”[②]黑格尔说：“如果某一对象或认识按其自身性质或者由于某种外部联系而表现出自身是辩证的，那就不能认为这是这一对象或认识的过错……一切被认为是固定的对立面，如有限和无限、个别和一般，都不是由于什么外部联结而成为矛盾的，相反，正象对它们本性的考察所表明的，它们本身自在自为地就是一种过渡。”[③]马克思指出：“人应该在实践中证明自己思维的真理性，即自己思维的现实性和力量，亦即自己思维的此岸性。”[④]因此，“理解自然，就是把它作为过程来描述[⑤]，“离开理解（认识、具体研究等）的过程就不能理解”。[⑥]

（三）目的与手段的关系

黑格尔说：“目的与手段并非相互外在的，而是：手段产生目的，目的也产生手段。”[⑦]“目的通过手段和客观性相结合，并且在客观性中和自身相结合……人因自己的工具而具有支配外部自然界的力量，然而就自己的目的来说，他却服从自然界。”[⑧]黑格尔还指出：“目的的活动不是指向自身，不是要把一个现成的规定容纳于自身并同化于自身，倒是为了设定自身的规定，并通过扬弃外部世界的各个规定来使自己获得具有外部现实形式的实在性。”[⑨]列宁指出：“黑格尔通过人的实践的、合目的性的活动，接近于作为概念和客体相一致的‘观念’，接近于作为真理的观念。紧紧接近于下述这点：人以自己的实践证明自己的观念、概念、知识、科学的客观正确性。”[⑩]马克思说，人类劳动“不仅使自然物发生形式变化，同时他还在自然物中实现自己的目的，这个目的是他所知道的，是作为规律决定着他的活动的方式和方法的，他必须使他的意志服从这个目的。但是这种服从不是孤立的行为”。[⑪]列宁强调，“人在自己的实践活动中面向客观世界，以它为转移，以它来规定自己的活动。从这方面来看，从人的实践的（有目的的）活动方面来看，世界（自

①《马克思恩格斯全集》第3卷，第48页。
②《马克思恩格斯全集》第20卷，第573~574页。
③《哲学笔记》第2版，第194页。
④《马克思恩格斯全集》第3卷，第3页。
⑤《哲学笔记》第2版，第222页。
⑥《哲学笔记》第2版，第175页。
⑦《宗教哲学》，第897页。
⑧《哲学笔记》第2版，第159页。
⑨《哲学笔记》第2版，第183~184页。
⑩《哲学笔记》第2版，第161页。
⑪《马克思恩格斯全集》第23卷，第202页。

然界）的机械的（和化学的）因果性，似乎是外在的什么东西，似乎是次要的，似乎是隐蔽的”。[①]然而“事实上，人的目的是客观世界所产生的，是以它为前提的，——认定它是现存的、实有的。但是人以为他的目的是在世界之外得来的，是不以世界为转移的（‘自由’）”。[②]恩格斯说：“自由不在于幻想中摆脱自然规律而独立，而在于认识这些规律，从而能够有计划地使自然规律为一定的目的服务。这无论对外部自然界的规律，或对支配人本身的肉体存在和精神存在的规律来说，都是一样的。这两类规律，我们最多只能在观念中而不能在现实中把它们互相分开。因此，意志自由只是借助于对事物的认识来作出决定的那种能力。因此，人对一定问题的判断愈是自由，这个判断的内容所具有的必然性就愈大；而犹豫不决是以不知为基础的，它看来好象是在许多不同的和相互矛盾的可能的决定中任意进行选择，但恰好由此证明它的不自由，证明它被正好应该由它支配的对象所支配。因此，自由是在于根据对自然界的必然性的认识来支配我们自己和外部自然界；因此它必然是历史发展的产物。最初的、从动物界分离出来的人，在一切本质方面是和动物本身一样不自由的；但是文化上的每一个进步，都是迈向自由的一步。”[③]

（四）事物发展的方向性和路径依赖

事物发展变化有多种可能和多种方向，它的实际运动变化进程与路径有关，人们选择的道路不同，实际结果就不同。日常生活中虽然有“殊途同归”现象，但现实情况往往是“道路决定命运”，这在农耕社会是“种瓜得瓜，种豆得豆”，而在现代社会则要复杂得多。恩格斯指出：“社会发展史却有一点是和自然发展史根本不同的。在自然界中（如果我们把人对自然界的反作用撇开不谈）全是不自觉的、盲目的动力，这些动力彼此发生作用，而一般规律就表现在这些动力的相互作用中。在所发生的任何事情中，无论在外表看得出的无数表面的偶然性中，或者在可以证实这些偶然性内部的规律性的最终结果中，都没有任何事情是作为预期的自觉的目的发生的。反之，在社会历史领域内进行活动的，全是具有意识的、经过思考或凭激情行动的、追求某种目的的人；任何事情的发生都不是没有自觉的意图，没有预期的目的的。”[④]黑格尔也指出：“只要人老是停留在自然状态的阶段，他就会成为这种规律的奴隶。在自然的本能和情感里，人诚然也有超出自己的个别性的善意的、社会的倾向，同情心，爱情等等。但只要这些倾向仍然是出于素朴的本能，则这些本来具有普遍内容的情欲，仍不能摆脱其主观性，因而总仍不免受自私自利和偶然任性的支配。”[⑤]恩格斯指出了个人意志在社会历史中

①《哲学笔记》第2版，第157～158页。
②《哲学笔记》第2版，第159页。
③《马克思恩格斯全集》第22卷，第125～126页。
④《马克思恩格斯全集》第21卷，第341页。
⑤《小逻辑》，第92～93页。

所起的作用和规律，他说："我们自己创造着我们的历史，但是第一，我们是在十分确定的前提和条件下进行创造的。其中经济的前提和条件归根到底是决定性的。但是政治等等的前提和条件，甚至那些存在于人们头脑中的传统，也起着一定的作用，虽然不是决定性的作用。"[①] 黑格尔说："对历史的深入考察使我们深信，人们的行动都决定于他们的需要、他们的情欲、他们的利益、他们的性格和才能；因此，只有这些需要、情欲、利益才是这幕戏剧的动机，只有它们才起着主要作用。"[②] 恩格斯说："历史是这样创造的：最终的结果总是从许多单个的意志的相互冲突中产生出来的，而其中每一个意志，又是由于许多特殊的生活条件，才成为它所成为的那样。这样就有无数互相交错的力量，有无数个力的平行四边形，而由此就产生出一个总的结果，即历史事变，这个结果又可以看作一个作为整体的、不自觉地和不自主地起着作用的力量的产物。因为任何一个人的愿望都会受到任何另一个人的妨碍，而最后出现的结果就是谁都没有希望过的事物。所以以往的历史总是象一种自然过程一样地进行，而且实质上也是服从于同一运动规律的。但是，各个人的意志——其中的每一个都希望得到他的体质和外部的、终归是经济的情况（或是他个人的，或是一般社会性的）使他向往的东西——虽然都达不到自己的愿望，而是融合为一个总的平均数，一个总的合力，然而从这一事实中决不应作出结论说，这些意志等于零。相反地，每个意志都对合力有所贡献，因而是包括在这个合力里面的。"[③] "人们自己创造着自己的历史，但是到现在为止，他们并不是按照共同的意志，根据一个共同的计划，甚至不是在某个特定的局限的社会内来创造这个历史。他们的意向是相互交错着的，因此在所有这样的社会里，都是那种以偶然性为其补充和表现形式的必然性占统治地位。在这里透过各种偶然性来为自己开辟道路的必然性，归根到底仍然是经济的必然性。这里我们就来谈谈所谓伟大人物问题。恰巧某个伟大人物在一定时间出现于某一国家，这当然纯粹是一种偶然现象。但是，如果我们把这个人除掉，那时就会需要有另外一个人来代替他，并且这个代替者是会出现的，——或好或坏，但是随着时间的推移总是会出现的。恰巧拿破仑这个科西嘉人做了被战争弄得精疲力竭的法兰西共和国所需要的军事独裁者，——这是个偶然现象。但是，假如不曾有拿破仑这个人，那末他的角色是会由另一个人来扮演的。这点可以由下面的事实来证明，即每当需要有这样一个人的时候，他就会出现：如恺撒、奥古斯都、克伦威尔等等。"[④] 匡亚明先生在《中国思想家评传丛书》的"总序"中说，历史事实反复证明，"凡是在各个不同时代不同领域和学科中取得成就者，大多是那

①《马克思恩格斯全集》第37卷，第461页。
② 敦尼克、约夫楚克等主编《哲学史：欧洲哲学史部分(下)》，生活·读书·新知三联书店，1972年，第531页。
③《马克思恩格斯全集》第37卷，第461~462页。
④《马克思恩格斯全集》第39卷，第199~200页。

些在当时历史条件下自觉或不自觉地认识和掌握了该领域事物发展规律的具有敏锐思想的人。他们取得成就的大小，取决于思想上认识和反映这些规律的程度如何。”

四、真理是认识与其对象的一致

人们常谈论规律,但对规律问题的认识往往是不全面的。如果说“规律是现象中持久的（保存着的）东西（规律——现象中同一的东西）”[①]，那么在对现象进行观察、试验、分析等时，观察、试验和分析的技术手段、方法和途径的不同，抑或是观察者和试验者的能力和思想观念等的不同，所观察和检测到的结果就有可能是不相同的。而且这些反复出现的现象、能够重复检测到的结果并不一定是一种本质的反映，也可能还只是一种现象。黑格尔说：“人们最初把真理理解为：我知道某物如何存在着。然而这只是对意识而言的真理，或者是形式的真理，——只是正确而已。按照更深的意义来说，真理就在于客观性和概念的同一。”[②]在黑格尔看来，“理念是概念和客观性的统一，是真的东西”[③]，“内容与概念的一致构成真理”[④]。列宁也指出：“思想和客体的一致是一个过程……认识是思维对客体的永远的、无止境的接近。”[⑤]既然真理是认识与其客观对象的一致，而且这一认识是一个逐渐接近的过程，那么现阶段人们对某一对象的认识只是人类认识长河中的一个阶段、一个片段，它的结论是暂时的、相对的。因此，“作为认识的观念，这个认识又以理论观念和实践观念的双重形态出现。认识过程的结果是恢复因差别而丰富起来的统一”[⑥]。

模型方法是现代科学研究的核心方法，科学研究离不开模型。在对研究对象进行分析研究而建立模型时都要求降低研究对象的复杂性，以便针对客体能进行模型分析。但是，降低复杂性的结果，就使得复杂现实的某些侧面无法得到考察。严格说来，任一研究都不可能找到一个包括全部因素（whole）的框架。这些没有进入模型的侧面或方面就是“隐身的第三方”（the Hidden Third）[⑦]。也就是说，实际的研究对象同时包括了三个方面，即主体、研究对象所研究的方面（客体）和“隐身的第三方”，缺了其中任一个，对研究对象的表述就不再真实（就不再是实在的了）。法兰克福学派的阿多诺在《否定的辩证法》中指出，“概念不能穷尽被表示的事物”。他说，“客体虽然只能靠主体来思考，但客体仍总是某种不同于主体的东西。”“辩证法之为辩证法，从其开端，不过就是谈论一些不能完全进入到概念的客体，它们总是会留有剩余。”阿多

① 《哲学笔记》第2版，第126页。
② 《哲学笔记》第2版，第167页。
③ 《逻辑学》下卷，第449页。
④ 《逻辑学》下卷，第259页。
⑤ 同②。
⑥ 《哲学笔记》第2版，第170页。
⑦ 参见南非哲学家Paul Gillers和在法国CNRS工作的理论物理学家、罗马尼亚科学院院士Basarab Nicolescu在“Futures”(《未来学》)杂志2012年第8期发表的题为“Complexity and transdisc-iplin-arity——Disc-ontinuity, levels of reality and the Hidden Third”(《复杂性与跨学科性——不连续性、现实层次和隐身的第三方》)一文。

诺所谓的“概念的剩余”，在某种意义上就是康德所看到的观念对于存在的非完全的把握能力，即“物自体”。概念的剩余重新让概念与现实处于对峙当中，阿多诺称其为“对象性的整体”。阿多诺说：“在历史发展中的哲学的旨趣源于黑格尔所沿袭的传统，但却是他并不感兴趣的东西。它们是非概念性、个体性以及特殊性——这些东西是自柏拉图以来就被视为不断变化着的、不重要的东西，它们被黑格尔称之为‘惰性的存在’。哲学的主题将包含着一些被它们视为偶然的、作为否定性的特质的种种。关键是那些不能被概念所覆盖的东西，抽象机制不能还原的东西。”[①] 他的这一说法与黑格尔的观点不同。黑格尔说：“概念能够掌握全体，并能够把包含在结果中的东西发挥出来；有了这种得到全面发挥的对象，这对象作为一个存在着的东西呈现在意识前面，则意识就第一次成为形成概念的意识或者能用概念来把握对象的意识。”因此，“概念是意识的本质”，而“一个概念同时就是一个存在着的东西，概念与存在的差别，就其是意识自身所作出的差别而言，即是概念自身一定的内容”。[②]

阿多诺提出“否定的辩证法”，就是要反对使事物固定化的概念，寻求一种非体制化的异质性的经验，既在客体中看到主体，又在主体中看到客体；既在理论中看到实践，又在实践中看到理论；既在现象中看到本质，又在本质中看到现象；既要理解差别，又不要使差别绝对化。阿多诺认为，哲学所寻求的秩序和不变性实际上是不可能的，唯一可能的是连续的否定。因此，哲学的任务就是消解同一性的逻辑，使辩证法成为概念的星丛，保留对异质性的经验和存在价值的尊重和承认。

星丛概念认为，主体对客体的认识不是依靠一个概念，而是依靠一丛概念的组合来展开，它不让任何一个概念独断地切割客体的全部现实存在，而是在这种关系中凝视这个概念。处于星丛关系中的主体与客体既不是一种终极的二元性，也不是一道掩盖终极同一性的屏幕。二者相互构成，就像他们由于这种构成而相互分离一样。“相互构成”是指既不简单强调物的自在性，也不偏向对主体的执着，他们是一种在本体上平等的相互构成关系，即“那种没有支配而只有差异相互渗透的独特状态”，这种主客体的关系将取决于人们之间以及人类与他们的对立面的和平实现。

概念的星丛已经不再是传统意义上的概念。事实上，“星丛”这个术语传递给我们的就已经不是一个抽象的定义，而是一个图像。这个图像与它的对象之间就不再是把捉和控制的关系，而是摹仿的关系。就最简单的意义上，摹仿与定义的区别是，后者是对客体的控制，而前者则是对客体优先性的维护。“摹仿”是西方哲学历史上一个非常古老的概

① 夏莹，《辩证法的断裂与历史必然性的重构》，《教学与研究》，2014年第8期。

②《精神现象学》上卷，第89、第135、第133页。

念，在柏拉图和亚里士多德的时代早就深入人心。但是这一概念的地位又是尴尬的：这一观念在古希腊的流行，说明其对西方思想的形成有着非同一般的意义，但是随着形而上学的发展，这一概念却被排斥到了思辨哲学的边缘。在阿多诺那里，摹仿代表了一种新的认识活动的方式，从而也是一种认识的乌托邦。认识的乌托邦一方面是概念的自我超越，而另一方面是向起源、向主体的经验的回复。摹仿作为认识的乌托邦正好包含了这样一个矛盾的过程。

因此，“理论不必是死板的，也就是说不必是对行动的规定。如果某种活动一再涉及同一类事物，即同一类目的和手段，那么，即使它们本身有些小的变化，它们采取的方式是多种多样的，它们仍然可以是理论考察的对象。这样的考察正是一切理论最重要的部分，而且只有这样的考察才配称为理论。这种考察就是对事物进行分析探讨，它可以使人们对事物有一个确切的认识，如果对经验进行这样的考察（对我们来说也就是对战史进行这样的考察），就能深入地了解它们。理论越是使人们深入地了解事物，就越能把客观的知识变成主观的能力，就越能在一切依靠才能来解决问题的场合发挥作用，也就是说，它对才能本身发生作用。”① 列宁说：“没有革命的理论，就不会有革命的运动。”② 孙正聿认为，理论是对实践的超越而非依赖。理论的超越本性就在于，以极具穿透力的思想为人类提供终极的关怀和精神的家园，用思想窥见澄澈的天光。他说：“源于实践的理论，并不仅仅是对实践经验的概括和总结，更重要的是对实践活动、实践经验和实践成果的批判性反思、规范性矫正和理想性引导。”“任何一种真正的理论，都具有三重基本内涵：其一，它以概念的逻辑体系的形式为人们提供历史地发展着的世界图景，从而规范人们对世界的自我理解和相互理解；其二，它以思维逻辑和概念框架的形式为人们提供历史地发展着的思维方式，从而规范人们如何去把握、描述和解释世界；其三，它以理论所具有的普遍性、规律性和理想性为人们提供历史地发展着的价值观念，从而规范人们的思想与行为。理论的三重内涵表明：理论不仅是解释性的，而且是规范性的；理论不仅是实践性的，而且是超实践性的。”③

在现代科学研究中，模型往往不是唯一的，同一个研究对象，可以建立不同的模型，从不同的角度进行分析研究，这就出现了对规律的不同角度、不同方面的认识和不同的表述，也就是说规律是有条件的，条件不同、范围不一样，规律的表现形式就有可能不同。但就其本质而言，与认识对象相一致的真理是唯一的，尽管其表现形式可以不同。从某种程度上说，对研究对象进行的各式各样的观察、试验和模型分析的结果

① 克劳塞维茨,《战争论》上卷，第98页。

②《毛泽东选集》第一卷,第292页。

③ 孙正聿,《理论及其与实践的辩证关系》,《光明日报》, 2009年11月24日。

本身并不一定都是能够反映或表征现象中的本质，这最典型的例子就是历史上关于“自由落体”运动规律的认识。

古希腊哲学家亚里士多德根据日常经验得出“较重物体的下坠速度会比较轻物体的快”的结论。因为他观察到，在地球上向天空抛掷物体，所有的物体最终都落在了地球上，为什么？亚里士多德认为人们所抛出的物体的重量均比地球的重量轻。由此，他得出了重物下落速度比轻物快的结论。①

但是这种从现象上的观察而得出的结论实际上是错误的。伽利略用简单明了的科学推理，巧妙地揭示了亚里士多德的理论内部包含的矛盾。他在 1638 年写的《两种新科学的对话》一书中指出：根据亚里士多德的论断，一块大石头的下落速度要比一块小石头的下落速度快。假定大石头的下落速度为 8 m/s，小石头的下落速度为 4 m/s，当我们把两块石头拴在一起时，下落快的会被下落慢的拖着而减慢，下落慢的会被下落快的拖着而加快，结果整个系统的下落速度应该小于 8 m/s。但是两块石头拴在一起，加起来的重量比大石头还要重，而这一最重的物体下落的速度却比比它更轻物体（大石头）的下落速度还要小。这样，就使亚里士多德的理论陷入了自相矛盾的境地。伽利略由此推断：重物体不会比轻物体下落得快。当然，为了印证他的结论，伽利略还做了上百次的“斜面实验”，他让铜球从光滑的斜槽上滚下。实验结果表明，光滑斜面的倾角保持不变，从不同位置让小球滚下，小球通过的位移跟所用时间的平方之比是不变的，由此证明了小球沿光滑斜面向下的运动是匀变速直线运动，换用不同质量的小球重复上述实验，位移跟所用时间的平方的比值仍不变，这说明不同质量的小球沿同一倾角的斜面所做的匀变速直线运动的情况是相同的。至于他的学生维维安尼在 1654 年写的《伽利略的生平历史故事》中关于伽利略在 1590 年在比萨斜塔上所做的自由落体实验，历史上一直有质疑之声，因为伽利略本人、比萨大学以及与伽利略同时代的人均没有类似的记述。也就是说，推翻亚里士多德论断的主要依据还是逻辑推理而不是比萨斜塔实验的验证。由此，我们对黑格尔和列宁所说的“真理就是逻辑学的对象”②，“如果逻辑的对象是真理，而‘真理本身实质上又包含在认识中，那么就不得不论述认识’……‘就得把每一门科学都纳入逻辑，因为每一门科学只要以思想和概念的形式来把握自己的对象，都可以说是应用逻辑’”③，“只有真理存在于其中的那种真正的形态才是真理的科学体系”④等论述就有了更深的认识。也就不难理解列宁把“考察的客观性（不是实例，不是枝节之论，而是自在之物本身）”⑤作为辩证法 16 要素的第一条，并强调

① 亚里士多德的故事是我大学期间读到的，文献名称当时未作记录，现已无从查找，这一段是根据回忆写出的，可能与原文有出入。

②《小逻辑》，第 64 页。

③《哲学笔记》第 2 版，第 171 页。

④《精神现象学》上卷，第 4 页。

⑤《哲学笔记》第 2 版，第 190 页。

“分析的认识是全部推理的第一个前提——概念对客体的直接关系”[①]，“分析和综合的结合，——各个部分的分解和所有这些部分的总和、总计”[②]，以及认识“发现在自己面前真实存在着的东西就是不以主观意见（设定）为转移的现存的现实。人的意志、人的实践，本身之所以会妨碍达到自己的目的……就是由于把自己和认识分隔开来，由于不承认外部现实是真实存在着的东西（是客观真理）。必须把认识和实践结合起来”[③]等的论述了。

五、工具理性与价值理性的有机融合

理性，是西方社会的历史传统。亚里士多德就曾宣称人是理性的动物，从而奠定了理性至高无上的地位。文艺复兴、启蒙运动甚至新教改革都曾借助理性的力量达成自己的目的。理性一直是人类战胜自然、摆脱蒙昧、走向文明的巨大力量，因而是文明社会发展引以为自豪的精神支柱——“要爱理性，让你的一切文章，永远只从理性获得价值和光芒。”[④]工具理性最早由西方社会学者马克斯·韦伯提出。韦伯把理性分为“工具理性”与“价值理性”。所谓工具理性，简言之“就是通过实践的途径确认工具（手段）的有用性从而追求事物的最大功效”。韦伯认为，科学是工具理性的基础，而科学强调的是事实和逻辑，只能保证手段的正确和高效，但却不能反省与批判所追求的目的与所存在的合理性、价值和意义。查尔斯·泰勒也强调，“工具理性是一种人们在计算最经济地将手段应用于目的时所依托的合理性，最大的效益、最佳的支出收获比率是判定工具理性成功的尺度”。“工具理性的视野里存在的只是物、事实和工具，生活的价值和意义这种问题由于不具有工具性的意义，无法得以说明和证明，因此被视为是无意义的形而上学问题。”价值理性和工具理性相对立，体现一个人对价值问题的理性思考，涉及人们对某些事物或行为所赋予的价值含义、观念的追求。

马克思说：“真理像光一样，它很难谦逊。”[⑤]伴随着科学技术而迅猛发展的现代化，其基调是理性化，理性主义获得最有力的表现是科学和技术。科学技术实际上塑造了现代世界的性格。这种现代理性之所以称为“工具理性”，是因为它只涉及达致具体目标的手段和工具的合理性，却根本无视生命的价值问题。《君主论》的作者马基雅维里[⑥]的“只要目的正确，可以不择手段”或“为了达到一个最高尚的目的，可以使

①《哲学笔记》第2版，第179页。
②《哲学笔记》第2版，第191页。
③《哲学笔记》第2版，第185页。
④布瓦洛，《诗艺》，转引自朱光潜《西方美学史（上）》，第198页。
⑤《马克思恩格斯全集》第1卷，第110页。
⑥也译为“马基雅维利”，Machiavelli，1469～1527年。

用最卑鄙的手段”的极端思想，事实上造成了工具理性与价值理性的分裂或背离。

然而工具理性和价值理性是相辅相成的，两者都是人类理性的重要组成部分。价值理性是工具理性的精神动力，而工具理性是价值理性的现实支撑。人们一方面依靠工具理性，实现着人的本质力量的对象化；另一方面又在自我意识的更深层面体味着人生价值，为价值理性的升华提供契机。在实践中，工具理性的不断深化使得价值理性从自发状态走向自觉状态再到自由状态的现实展开成为可能。工具理性的存在，阶段性地实现了人对自身生活环境的开拓，不断促使价值理性确立新的人生终极意义与目标，为实现价值理性的升华提供着现实支撑。因此，脱离工具理性，脱离现存的机制与手段，价值理性就好比是空中楼阁而无从体现。

必须指出，“‘工具理性之高扬，导致科技意识之横决，已造成生命世界的殖民化。’在当今世界，人为追逐物质财富而忙碌，自己则迷失在忙碌之中。人们逐渐把自己异化成物，生命成为物的附属品。人们与自然疏离、与社会疏离、与家庭疏离，也与自己疏离，割断了与精神家园的古老联系。人们在表面上仍旧把幸福、成功或创造视作生活的目标，但实际上已没有目标。人们愈益被空虚、焦虑、烦躁、寂寞、孤独和绝望所煎熬，产生一种被美国社会学家彼德·勃格称为‘心灵的飘泊’的感觉。因此，如何安顿人的心灵，对完美人生来说已越来越重要。”[①] 在这个世界，人对价值和意义的追问、人的最终归宿和终极关怀是重心所在。在价值理性关怀下，人性世界被认为是以“合目的性”形式存在的。

当前，现代化浪潮虽带来了物质技术的巨大进步，但也带来了社会病态化和生态危机。现代社会种种危机产生的根源是工具理性（技术理性科学理性）的膨胀与价值理性（人文理性）的衰微。近代以来，工具理性的越位和价值理性的失落有着哲学上的深层次原因。技术工具理性与道德价值理性之间的矛盾主要表现在时间和空间两个维度。在时间维度上，技术面向未来，以获得其先进性；而道德则面向过去，以获得其稳定性，即存在技术的“真”与道德的“善”之间的断裂。在空间维度上，技术具有开放性和前瞻性，以获取足够的利润支持，从而研发更先进的技术；而道德则具有封闭性和保守性，以获取道德本体论意义上的家园感和安全感，即存在技术的“利”与道德的“善”之间的断裂。因此，要将时、空两个维度的断裂弥合、统一起来，重新整合二者的关

① 魏承思，《南怀瑾全集序言》。

系，使两者相协调、相融合、相统一、相和谐，进而妥善解决日益严重的生态问题和社会问题。构建一个和谐社会，就要在理论与实践两个层面上实现人类活动方式和观念的根本变革，改变目前各方面过于追求功利的现状，树立全新的发展观、政绩观、幸福观，建立多元化的评价机制，正确看待工具理性影响下的功利化，在以人为本和可持续发展理念的指导下，在实践层面上真正认识工具理性和价值理性有机结合的效用，使工具理性回归到价值理性框架之内，突出崇德为先、知行合一的价值理性的建构。

定稿于 2015 年 6 月 2 日

刘佐阳　绘

概念是具体的

现实生活必须既提供诗的机缘，又提供诗的材料。一个特殊具体的情景通过诗人的处理，就变成带有普遍性和诗意的东西。

——《歌德谈话录》

同一个对象在不同的个人身上会获得不同的反映，并使自己的各个不同方面变成同样多的不同的精神性质；如果我们撇开一切主观的东西不谈，难道对象的性质不应当对探讨发生一些哪怕是最微小的影响吗？不仅探讨的结果应当是合乎真理的，而且得出结果的途径也应当是合乎真理的。对真理的探讨本身应当是真实的，真实的探讨就是扩展了的真理，这种真理的各个分散环节在结果中是相互结合的。难道探讨的方式不应当随着对象而改变吗？

——《马克思恩格斯全集》第1卷，第112～113页

理性是世界的灵魂，理性居住在世界中，理性构成世界的内在的、固有的、深邃的本性，或者说，理性是世界的共性。

——黑格尔，《小逻辑》

概念是反映客观事物本质属性的思维形式。恩格斯说："推动人去从事活动的一切，都要通过人的头脑，甚至吃喝也是由于通过头脑感觉到的饥渴引起的，并且是由于同样通过头脑感觉到的饱足而停止。外部世界对人的影响表现在人的头脑中，反映在人的头脑中，成为感觉、思想、动机、意志。"[①] 黑格尔说："感觉的本身一般是一切感性事物的形式，这是人类与禽兽所共有的。这种感觉的形式也许可以把握最具体的内容，但这种内容却非此种形式所能达到。感觉的形式是达到精神内容的最低级形式。精神的内容，上帝本身，只有在思维中，或作为思维时，才有其真理性。在这种意义下，思想不仅仅是单纯的思想，而且是把握永恒和绝对存在的最高方式，严格说来，是唯一方式。"[②] 世界是人类活动的结果，人们对事物的丰富感性材料进行加工概括，摈弃其中的偶然因素和非本质的属性，抽出贯穿于其中的一般的本质属性，并用词把它标志出来，就产生了概念[③]。而"（抽象的）概念的形成及其运用，已经包含着关于世界客观联系的规律性的看法、见解、意识……即使是最简单的概括，即使是概念（判断、推理等）的最初的和最简单的形成，已经意味着人在认识世界的日益深刻的客观联系"[④]。

在黑格尔哲学中，"概念是实体的真理。""实体性关系的推移是由它本身所固有的内在必然性造成的，它恰恰说明概念是实体的真理。"[⑤]

黑格尔说："概念无疑地是形式，但必须认为是无限的有创造性的形式，它包含一切充实的内容在自身内，并同时又不为内容所限制或束缚。同样，如果人们所了解的具体是指感觉中的具体事物或一般直接的可感知的东西来说，那末，概念也可以说是抽象的。概念作为概念是不能用手去捉摸的，当我们在进行概念思维时，听觉和视觉必定已经成为过去了。可是如前面所说，概念同时仍然是真正的具体东西。这是因为概念是'存在'与'本质'的统一，而且包含这两个范围中全部丰富的内容在自身之内。"[⑥] 也就是说，"概念是具体的，概念自身，甚至每一个规定性，本质上一般都是许多不同规定的统一体"。[⑦] 在《逻辑学》中，黑格尔曾以"文法"来说明概念的具体性。他说，文法本是一个具体概念，它反映的是文法这一对象的具体同一性。但对于初学语言者而言，文法乃是一种脱离了特殊性的普遍性，脱离了多样性的统一性，亦即脱离了具体内容的结论和原则，因为他还未学具体的语言，文法对于他还

①《马克思恩格斯全集》第20卷，第324页。
②《小逻辑》，第66页。
③《哲学辞典》，第660页。
④《哲学笔记》第2版，第149页。
⑤《神圣家族》，《马克思恩格斯全集》第2卷，第176页。
⑥《小逻辑》，第328页。
⑦《小逻辑》，第102页。

是一个抽象概念，是僵死的、空洞的骨骼，他“只会在文法形式和法则中发现枯燥的抽象、偶然的规则，总而言之，一大堆孤立的规定”。但等到学习了这种语言之后，“一个人要是擅长一种语言，同时又知道把它和别的语言比较，他才能从一个民族的语言的文法，体会这个民族的精神和文化；同样的规则和形式此时就有了充实的、生动的价值”。①换言之，文法对于他已不再是一个抽象概念，而是一个具体概念了。可见，“人的性灵很正当地要求具体的内容。但这种具体内容的出现，必须包含有规定性或否定性在自身内”。②

黑格尔是西方哲学家中第一个提出具体概念的人，他认为概念不只是抽象的，而且是具体的，它体现着特殊东西的全部丰富性，因而愈高的概念其内容愈丰富。具体概念具有普遍、特殊和个别这三个环节，任一具体概念都是这三个环节的有机统一。《韩非子》记载的“韩昭侯罪典衣（掌管君主衣服的官员）与典冠（掌管君主帽子的官员）”故事，形象地说明了具体概念的这一特性。

“昔者韩昭侯醉而寝，典冠者见君之寒也，故加衣于君之上。觉寝而说，问左右曰：‘谁加衣者？’左右对曰：‘典冠。’君因兼罪典衣与典冠。其罪典衣，以为失其事也；其罪典冠，以为越其职也。非不恶寒也，以为侵官之害甚于寒。”③

韩非子盛赞韩昭侯能不以个人的得失而依法行事。然而就人情而言，为王加衣的典冠是出于一片好心，而且实际效果也不错，法律怎么能处罚出于善意且行为有效的人？但依据法律条文，无论典冠为王加衣的动机如何、效果怎样，只要违背了法律，就要受到处罚。这种不近人情的处罚之所以出现，是因为韩昭侯对法律的理解是机械、僵化的，在他那里法律只有普遍性，没有特殊性。这种不近人情的法律，在荆轲刺秦王时，直接威胁了秦王嬴政的安危。荆轲在朝堂之上行刺秦王时，满朝文武竟不知如何救助——因为秦的法律规定，大臣上殿不得带兵器；而带有兵器的秦王的警卫又都站在殿下，因为法律严格规定：没有诏令不得上殿。黑格尔说：“普通成见总以为：哲学只从事研究抽象的东西和空洞的共性，并以为直观我们经验的自我意识、我们的自我感觉、生活感觉，反而是属于自身具体的和自身决定的领域。其实哲学属于思想的领域，因而从事研究的是共性，它的内容是抽象的，但只是就形式、就表面说才如此，而理念自身本质上是具体的，是不同的规定之统一。就在这里，便可看出理性知识与单纯理智知识的区别；而哲学的任务与理智相反，是在于指出：真理、理念不是由空洞的普遍所构成的，而乃包含在一种普遍里，这种普遍自身就是特殊，自身就是有决定性的。如果真

①《逻辑学》上卷，第40页。

②《小逻辑》，第108页。

③《韩非子·二柄》。

理是抽象的，则它就是不真的。健康的人类理性趋向于具体的东西。理智的反省才是抽象的理论，不是真的，只是在头脑里是正确的，而且没有实践性。哲学是最敌视抽象的，它引导我们回复到具体。”[①] 这说明，同样一个概念，对于具有不同认识水平的人来说，可以是抽象概念，也可以是具体概念。

2009 年 9 月，刘震云来到临着莱茵河的杜塞尔多夫。一天傍晚，刘震云和杜塞尔多夫的朋友麦润在莱茵河畔散步，他顺口问了一句：“莱茵河的河水有多深？”麦润马上显得非常紧张，皱着眉头想了半天说：“你这个问题很难回答。”刘震云有些不解：“为什么？”她说：“因为，莱茵河水的深度，春天跟夏天不一样，秋天跟冬天也不一样。”刘震云听后哭笑不得。刘震云认为这不是对一条河的判断，而是东西方文化的不同，哲学的不同。如果是在刘震云的故乡河南省延津县王楼乡老庄村，你随便问一个村人，村边河水的深度，他都会马上给你答出来。他不会考虑春夏秋冬，他关心和想到的，就是当下河水的深度。如果他不知道精确的深度，也会说：“大概两米吧。”或者说：“大概两三米吧。”知道这种差别，刘震云就不再难为麦润，不再追究莱茵河水的深度。第二天傍晚，刘震云和麦润又见面了，麦润问刘震云：“今天过得怎么样？”刘震云用麦润的逻辑，回答了麦润：“你这个问题很难回答，因为我今天过得早晨跟中午不一样，中午跟晚上又不一样。”麦润弯着腰笑了。[②]

根据黑格尔自己的规定，具体概念有两个基本特征：一是“具体”，二是“发展”。他说：“掌握住‘具体’和‘发展’的原理，那么‘多样性’的性质就具有大不相同的意义了。”[③] 在黑格尔看来，真理的本质特点有二：一方面，它是具体的。“真理作为具体的，它必定是在自身中展开其自身，而且必定是联系在一起和保持在一起的统一体，换言之，真理就是全体。全体的自由性，与各个环节的必然性，只有通过对各环节加以区别和规定才有可能……真正的哲学是以包括一切特殊原则于自身之内为原则。”[④] 另一方面，它是发展的。在黑格尔看来，哲学乃是一个发展中的系统，“在哲学史上，逻辑理念的不同阶段是以前后相继的不同的哲学体系的姿态而出现”[⑤]。所谓“发展”，就是说真理不是一次完成的。“逻辑理念的开展是由抽象进展到具体”[⑥]，最初，真理是内在的、自在的、潜在的、它的诸多环节、规定、概念都潜在于内部而未表现出来；只是到后来，这些潜在的东西才得以展开和暴露出来，这时真理才逐渐成为自为的、现实的。因此，“在哲学史上，那最早的体系每每是最抽象的，因而也是最贫乏的。故早期的哲学体系与后来的哲学

①《哲学史讲演录》第一卷，第 29 页。
② 刘震云，《俺村、中国和欧洲》，《2010 年度散文》，人民文学出版社。
③《哲学史讲演录》第一卷，第 37 页。
④《小逻辑》，第 56 页。
⑤《小逻辑》，第 190 页。
⑥ 同⑤。

体系的关系，大体上相当于前阶段的逻辑理念与后阶段的逻辑理念的关系，这就是说，早期的体系被后来的体系所扬弃，并被包括在自身之内”[①]。总之，真理不是现成的，也不是一成不变的，而是由于自身内在矛盾的推动而不断发展着的。黑格尔把他的整个逻辑学体系，看作主观与客观的对立统一，因而其中的概念、范畴都不是僵死的、不动的，而是变动的、发展的。“科学是概念的自身发展，所以从概念的观点去判断科学，便不仅是对于科学的判断，而且是一种共同的进展。”[②] 根据这一思想，黑格尔把逻辑学、认识论、辩证法统一起来，以反映辩证思维的最基本的特点。哲学认识的真理所具有的上述两个基本特征也同样是作为真理的客观科学的哲学的基本特征：哲学的对象是发展的，哲学也必然是发展的；哲学的对象是多样性的、对立面的统一体，哲学也必然是这样。[③] 黑格尔说“哲学是认识具体事物发展的科学”[④]，“哲学的具体理念是揭示出它所包含的区别或多样性之发展的活动……唯有包含有区别在内的具体的东西才是实在的。所以区别须当作全体的形式来看。像这样包括了多样性、区别于其中的完整思想，就是一种哲学”。[⑤] 张世英说：“黑格尔逻辑学的全部内容，可以说就是对‘具体概念’由抽象到具体、由简单到复杂的矛盾发展过程的描述，那种把概念、真理看成僵死的、凝固不变的观点，是和黑格尔的思想格格不入的。”[⑥]

马克思在《〈政治经济学批评〉导言》中以“人口”为例说明事物的具体性和多样性，并阐述了从表象中的具体到抽象的规定（第一条道路），再由抽象的规定到具体的再现（第二条道路）的认识过程。他说：“当我们从政治经济学方面观察某一国家的时候，我们从该国的人口、人口的阶级划分、人口在城乡海洋的分布、在不同生产部门的分布，输出和输入，全年的生产和消费，商品价格等等开始。从实在和具体开始，从现实的前提开始，因而，例如在经济学上从作为全部社会生产行为的基础和主体的人口开始，似乎是正确的。但是，更仔细地考察起来，这是错误的。如果我抛开构成人口的阶级，人口就是一个抽象。如果我不知道这些阶级所依据的因素，如雇佣劳动、资本等等，阶级又是一句空话。而这些因素是以交换、分工、价格等等为前提的。比如资本，如果没有雇佣劳动、价值、货币、价格等等，它就什么也不是。因此，如果我从人口着手，那末这是整体的一个混沌的表象，经过更切近的规定之后，我就会在分析中达到越来越简单的概念；从表象中的具体达到越来越稀薄的抽象，直到我达到一些最简单的规定。于是行程又得从那里回过头来，直到我最后又回到人口，但是这回人口已不是一个整体的混沌表象，而是一个具有许多规定和关系的丰富的总体了。第一条道路是经

①《小逻辑》，第190页。
②《小逻辑》，第18页。
③杨祖陶，《黑格尔哲学史观再认识——关于哲学发展的内在规律问题》，《武汉大学学报（社会科学版）》，1993年第6期，第100～106页。
④《哲学史讲演录》第一卷，第32页。
⑤《哲学史讲演录》第一卷，第38页。
⑥《论黑格尔的逻辑学》第3版，第280页。

济学在它产生时期在历史上走过的道路。例如，17 世纪的经济学家总是从生动的整体，从人口、民族、国家、若干国家等等开始；但是他们最后总是从分析中找出一些有决定意义的抽象的一般的关系，如分工、货币、价值等等。这些个别要素一旦多少确定下来和抽象出来，从劳动、分工、需要、交换价值等等这些简单的东西上升到国家、国际交换和世界市场的各种经济学体系就开始出现了。后一种显然是科学上正确的方法。具体之所以具体，因为它是许多规定的综合，因而是多样性的统一。因此它在思维中表现为综合的过程，表现为结果，而不是表现为起点，虽然它是现实中的起点，因而也是直观和表象的起点。在第一条道路上，完整的表象蒸发为抽象的规定；在第二条道路上，抽象的规定在思维行程中导致具体的再现。因而黑格尔陷入幻觉，把实在理解为自我综合、自我深化和自我运动的思维的结果，其实，从抽象上升到具体的方法，只是思维用来掌握具体并把它当作一个精神上的具体再现出来的方式。但决不是具体本身的产生过程。”① 人口如此，其他任何具体事物莫不皆然。

一、概念的内在矛盾

人的思维活动都必须借助概念来进行。运用概念人们才能作出判断，然后才能进行推理，进而建立完整的思想体系。通过概念，人的一切认识成果才得以概括起来，把它固定在一定的主观形式之中。所以，概念不仅是思维活动的起点，是组成思维的细胞，同时也是思维的总结。黑格尔说，哲学的职责“以研究思维为其特有的形式”，而且“哲学知识的形式是属于纯思和概念的范围”。② 他还说：“矛盾的思维乃是概念的本质要素。”③ 概念作为一种思维形式，按其本性来说是充满着内在矛盾的，它既然是对象本质、全体和内部联系的一种反映形式，就不能不反映一切对象本身所固有的各种内在矛盾、反映认识主体与客体之间的固有矛盾，而且正是由于每一个概念都包含着内在矛盾，才决定了概念间的相互联系，相互依存和相互转化，才推动着概念的运动和发展。准确地把握概念的内在矛盾是准确地把握概念这种思维形式的前提。概念的内在矛盾主要表现在如下几个方面。④

1. 概念是主观性和客观性的对立统一

任何一个概念，其产生与形成都是人脑对客观对象和现象的感性认识材料进行加工制作的结果。而进行这种加工制作的主要手段是在思维中进行抽象，即把对象中那些本质的、必然的、稳定的属性抽取出来，

① 《马克思恩格斯全集》第12卷，第750～751页。
② 《小逻辑》，第42～43页。
③ 《逻辑学》下卷，第543页。
④ 彭漪涟主编，《辩证逻辑基本原理》，华东师范大学出版社，2000年。

撇开对象的那些偶然的、非本质的属性。概念就其形式而言，是主观的；概念作为一种思维形式，其所反映的对象是客观的，是不依赖于思维主体的客观对象和现象。因此，概念的内容是客观的。概念就是这种主观性和客观性的对立统一，实质上即形式和内容的对立统一。列宁说："当逻辑的概念还是'抽象的'，还具有抽象形式的时候，它们是主观的，但同时它们也表现着自在之物。自然界既是具体的又是抽象的，既是现象又是本质，既是瞬间又是关系。人的概念就其抽象性、分隔性来说是主观的，可是就整体、过程、总和、趋势、来源来说却是客观的。"[①]

任何对象本身是各种属性互相联系、有机结合的统一体。当我们在进行抽象时，却总是要把对象本来处于相互联系的各种属性区分开来、分别开来，显然，这样形成的概念就不可避免地会产生抽象性和分隔性。这就是说，只要进行抽象，就不可避免地会产生抽象性和分隔性，而就这种抽象性和分隔性来说，概念乃是主观的。但同时，概念的来源、源泉，概念的内容都是不依赖于思维主体的客观对象和现象。

主观性和客观性的矛盾是概念最基本的内在矛盾。真理的主观性和客观性相统一是一个辩证运动的过程。在实践中，一方面，要坚持概念的内容来自客观并接受社会实践的检验。另一方面，又要承认人的思维能够正确把握运用概念的主观性，通过主观能动性的充分发挥，使概念的形式和内容通过辩证运动的途径达到在一定条件下的具体的和历史的统一，从而使概念最大限度地符合客观事物的本来面目。

2.概念是确定性和灵活性的对立统一

概念作为对象本质的和规律的反映形式，在一定的时期内，它的内涵和范围是有严格而明确的规定。就是说，不管对象如何发展，也不管反映对象的概念本身如何发展，在一定的具体条件下，概念总有着自己确定的、相对不变的内容，这是概念的确定性。但是，随着事物本身的发展和人们对事物认识的发展，概念又总是不断发展的，并日益深入地揭示对象的本质和规律。因此，在不同的历史条件下，概念的内容又总是有所发展、有所变化的，这是概念的灵活性。概念的灵活性是概念的辩证理性的集中表现，它的内容极其丰富，是概念之本性或本质之所在。

概念的确定性是事物的本质和规律相对稳定性的反映。概念的确定性，无论在概念的形成过程中，还是在对概念的理解和表达的过程中，都是必不可少的。概念的灵活性总是以在一定的条件下的确定性为前提的。任何概念都是确定性和灵活性的对立统一，即概念既是确定的，又是灵活的。离开了灵活性，确定性就会变成僵化的，一成不变的；离开了确定性，灵活性就会变成瞬息万变的，不可捉摸的。否定灵活性，就

① 《哲学笔记》第2版，第178页。

必然导致形而上学；而否定确定性，则必然陷入折中主义和诡辩论。所以，列宁指出："概念的全面的、普遍的灵活性，达到了对立面同一的灵活性，——这就是实质所在。主观地运用的这种灵活性＝折中主义与诡辩。客观地运用的灵活性，即反映物质过程的全面性及其统一性的灵活性，就是辩证法，就是世界的永恒发展的正确反映。"① 因此，只有在确定性和灵活性的矛盾运动中来运用概念，才能把握对象的本质和发展。

3. 概念是抽象性和具体性的对立统一

概念的主观性和客观性分别决定了概念的抽象性和具体性。概念的抽象性表现了概念的主观性。反过来说，概念作为一种反映对象的主观的思维形式，也必然具有抽象性。概念是对对象或现象进行抽象的结果，是抽象思维的产物。由于这种抽象，概念就失去了感性的具体性。概念在对对象的一定性质进行抽象时，不可能穷尽具体对象的所有性质，因而只能是对对象的某些性质的抽象。因此，任何概念都不能完全地反映对象，从这个意义上说，概念也具有抽象性。

概念作为反映对象本质的一种思维形式，它的形成离不开把握对象的本质、规律和必然联系，而不是去把握感性的具体对象和现象。而要把握对象的本质、规律和必然联系，就必须把对象中必然的和偶然的、本质的和非本质的属性区别开来，而这种区别本身就是一种抽象。不作这种区别，不进行这种抽象，就无法把握对象的本质和规律，从而也就不能真正具体地把握对象。正是在这个意义上，列宁指出："思维从具体的东西上升到抽象的东西时，不是离开——如果它是正确的（注意）（而康德，象所有的哲学家一样，谈论正确的思维）——真理，而是接近真理。物质的抽象，自然规律的抽象，价值的抽象等等，一句话，一切科学的（正确的、郑重的、不是荒唐的）抽象，都更深刻、更正确、更完全地反映自然。从生动的直观到抽象的思维，并从抽象的思维到实践，这就是认识真理、认识客观实在的辩证途径。"② 因此，概念的抽象性和具体性又密不可分。

在逻辑史上，形式逻辑最早把概念区分为抽象概念和具体概念。但形式逻辑所说的抽象概念乃是指反映对象性质和关系的概念，形式逻辑所说的具体概念则是指反映整个对象及其总和的概念。形式逻辑的这种区分当然是有其一定的意义。但是，这仅仅是对概念所作的一种静态的考察和区分，辩证逻辑对此有着与形式逻辑完全不同的解释和标准。

在哲学史上，黑格尔第一次把概念区分为辩证逻辑意义上的抽象概念和具体概念。在黑格尔那里，"抽象"和"具体"都各自有着两种不同的含义。在一种意义上，"具体"是指感性的具体，即指人们可以看

①《哲学笔记》第2版，第91页。
②《哲学笔记》第2版，第142页。

得见、摸得着、可以为感官直接感知的感性形象。与此相对应的“抽象”则是指经过抽象概括而形成的、不能为感官所直接感知的概念或思想。在另一种意义上，“具体”是指思维中的具体，即在思维中所再现的对象的整体。这种“具体”和感性的“具体”不同，它已经不是事物表面的外部的形象，而是对象的本质、规律，对象的各种属性、特征、关系的有机统一体，即对象的多样性的统一。与这种“具体”相对应的“抽象”，则是指在思维中仅仅抽取了对象的某一个或某一些普遍属性，而将对象的特殊性、个体性丢掉。他说：“就思维作为知性［理智］来说，它坚持着固定的规定性和各规定性之间彼此的差别。以与对方相对立。知性式的思维将每一有限的抽象概念当作本身自存或存在着的东西……知性的活动，一般可以说是在于赋予它的内容以普遍性的形式。不过由知性所建立的普遍性乃是一种抽象的普遍性，这种普遍性与特殊性坚持地对立着，致使其自身同时也成为一特殊的东西了。知性对于它的对象既持分离和抽象的态度，因而它就是直接的直观和感觉的反面，而直接的直观和感觉只涉及具体的内容，而且始终停留在具体性里。”[①] 在这个意义上，“抽象”就意味着孤立片面，贫乏肤浅。从此出发，黑格尔又相应地把概念区分为抽象概念（即知性概念）和具体概念（即理性概念）。所谓抽象概念是指只凭借分析作用和抽象作用，抽取出对象的某一些特征，而丢掉了具体事物的多样性或者抹杀了这些特性的不同的具体表现，因而也就排斥了对象固有的内在矛盾而形成的概念。黑格尔认为，这种概念是抽象的、偏窄的、空洞的，它们不能全面地反映对象，不能把握对象的本质，而只能把事物了解成为一个没有内在矛盾的同一体。运用这种概念进行的思维只能是抽象思维。

在黑格尔看来：“概念是完全具体的东西。因为概念同它自身的否定的统一，作为自在自为的特定存在，这就是个体性，构成它（概念）的自身联系和普遍性。在这种情形下，概念的各环节是不可分离的。”[②] 这就是说，概念不应当只片面地抓住具体对象的某一个方面，不应当只是反映对象的抽象同一，而应当是具体的，应当包含否定自身的因素，应当表现为是它自身的否定的同一。但是，决不能因此而认为黑格尔就完全否定了抽象的知性思维和知性概念，相反，黑格尔也承认它们有其合理性和必要性。他说：“我们必须首先承认理智思维的权利和优点，大概讲来，无论在理论的或实践的范围内，没有理智，便不会有坚定性和规定性。”[③]

与抽象概念不同，黑格尔认为具体概念是反映对象多样性的有机联系的整体，反映对象各种不同规定性的统一的概念。这种统一、同一不

①《小逻辑》，第172～173页。
②《小逻辑》，第334页。
③《小逻辑》，第173页。

是抽象的统一，而是包含差别、矛盾于自身的统一。黑格尔指出："概念以及理念，诚然和它们自身是同一的，但是，它们之所以同一，只由于它们同时包含有差别在自身内。"[①]而"概念的普遍性并非单纯是一个与独立自存的特殊事物相对立的共同的东西，而毋宁是不断地在自己特殊化自己，在它的对方里仍明晰不混地保持它自己本身的东西。无论是为了认识或为了实际行为起见，不要把真正的普遍性或共相与仅仅的共同之点混为一谈，实极其重要…… 普遍性就其真正的广泛的意义来说就是思想"。[②]

在黑格尔看来，概念是反映普遍性、一般性的。但具体概念中的这种普遍性，不是和特殊性相对立的普遍性，而是从特殊性、个别性中抽象出来的。因而又是包含了特殊性和个别性的普遍性。因此，具体概念是反映对象的特殊性、个别性包含于对象普遍性之中的概念；而抽象概念则是反映那种抹杀、排斥了对象的特殊性、个别性，因而仅仅反映对象抽象普遍性和同一性的概念。[③]

人们对事物的认识过程和人们的思维过程往往要经历抽象概念和具体概念这两个阶段。因此，黑格尔对概念所作的这种区分及其有关的许多论述是具有积极意义的。当黑格尔谈道"造成困难的从来就是思维"时，后面有个说明："因为思维把一个对象的实际联结在一起的各个环节彼此区分开来。"列宁在一旁批道："对！"还解释说："如果不把不间断的东西割断，不使活生生的东西简单化、粗陋化，不加以划分，不使之僵化，那么我们就不能想象、表达、测量、描述运动。思想对运动的描述，总是粗陋化、僵化。不仅思想是这样，而且感觉也是这样；不仅对运动是这样，而且对任何概念也都是这样。"[④]列宁在这里说明了任何概念的形成过程都要不可避免地出现一个粗糙化与僵化的阶段。由此产生的概念就是概念发展的初级阶段即"知性概念"或"抽象概念"。

列宁曾称赞具体概念所反映的"不只是抽象的普遍，而且是自身体现着特殊的、个体的、个别的东西的丰富性的这种普遍（特殊的东西和个别的东西的全部丰富性）"这一提法是"绝妙的公式"，称赞它"很好！"[⑤]但是，黑格尔的整个概念理论是建立在唯心主义基础之上的，他认为概念是一切事物发展的基础，事物必须和概念相适应而不是概念必须和事物相适应，所以他的上述理论虽然具有许多合理的、正确的内容，但其出发点却是本末倒置的，因而是唯心主义的。马列主义经典作家正是在批判地吸取其合理内核的基础上，建立起辩证逻辑关于抽象概念和具体概念的理论。

①《小逻辑》，第249~250页。
②《小逻辑》，第332页。
③ 彭漪涟主编，《辩证逻辑基本原理》，华东师范大学出版社，2000年。
④《哲学笔记》第2版，第219页。
⑤《哲学笔记》第2版，第83页。

辩证逻辑具体概念理论中所谓的具体，不是指那种经验的、感性的具体，而是指理性思维所获得的思维中的具体。这种具体不仅要表现对象一般属性的多样性，而且要表现构成对象本质规律的那种属性的多样性和它们的统一性。这就是说，辩证逻辑的具体概念乃是反映对象具体普遍性和具体同一性的概念。

所谓具体普遍性是指那种并不排斥特殊性和单一性，而是把它们包含于自身之中的普遍性。这就是说，具体概念不仅在其中确定着对象普遍的一般的特性，而且还要确定对象特殊的和单一的特性。

所谓具体同一性是指那种并不排斥矛盾和差别，而是将矛盾与差别包含于自身之中的同一性。因此，反映对象这种具体同一性的具体概念乃是反映对象包含差别于其自身的概念，即具体概念只存在于其对立面之中。而且具体概念总是存在于同其他概念的联系之中，因而总是表现为由许多概念构成的有机联系的概念体系。

一般认识要和具体实际的条件相联系，不能抽象地把握概念，即概念不能停留在抽象的认识上，而要上升为具体的认识。具体概念就是在抽象概念的基础上，为了克服抽象概念在反映对象上的局限性，把握整体，实现对目标的正确认识而形成的。具体概念在人们思维和认识中，不可能是一蹴而就的，它只能是在哲学和科学发展到从抽象再上升到具体阶段时的产物。由于具体概念作为认识发展的一定阶段的标志和总结，有着丰富的内涵，因而它也就必然展开和表现为一个概念体系。因此，具体概念也就必然成为把握具体真理的辩证思维形式。[①]

由于自然界和社会生活本身都是复杂多样的，只有在思维和认识过程中运用具体概念，进行具体思维，才能正确反映客观对象的复杂性和多样性，从而具体地把握对象。否则，如果我们仅仅局限于使用抽象概念，就无法把握纷繁复杂、生动活泼的自然现象和社会生活，我们的认识就有可能脱离客观实际而陷入幻觉。无论在什么场合，科学的概念总是具体的，要正确地掌握它，就必须具体地去理解它。列宁曾经深刻指出："智慧（人的）对待个别事物，对个别事物的复制（＝概念），不是简单的、直接的、照镜子那样死板的行为，而是复杂的、二重化的、曲折的、有可能使幻想脱离生活的行为；不仅如此，它还有可能使抽象概念、观念向幻想（最后＝上帝）转变（而且是不知不觉的、人所意识不到的转变）。因为即使在最简单的概括中，在最基本的一般观念（一般'桌子'）中，都有一定成分的幻想。"[②] 因此，为了防止抽象的概念向幻想的转变，避免幻想脱离生活的活动，就必须全面地、具体地、辩证地把握对象，就必须使抽象概念上升到具体概念，因为"认识是人对自然界的反

① 彭漪涟主编，《辩证逻辑基本原理》，华东师范大学出版社，2000年。
②《哲学笔记》第2版，第317页。

映。但是，这并不是简单的、直接的、完整的反映，而是一系列的抽象过程，即概念、规律等等的构成、形成过程，这些概念和规律等等（思维、科学＝‘逻辑观念’）有条件地近似地把握永恒运动着和发展着的自然界的普遍规律性。”[①] 由于具体概念作为人们认识世界的成果，揭示了研究对象的本质、规律和必然性，因而它又反过来成为人们进一步认识事物的方法和工具，指导人们进一步揭示事物更加深刻的本质和规律。现实生活中，不乏典型实例。

二、大胡孙，小胡孙

刘攽是宋仁宗庆历年间进士，历任曹州、兖州、蔡州知州，官至中书舍人。他的诗歌清新优美，如《新晴》：“青苔满地初晴后，绿树无人昼梦余。唯有南风旧相识，偷开门户又翻书”一诗，就多次成为高考模拟试卷的诗歌鉴赏题。刘攽潜心史学，与司马光同修《资治通鉴》，任副主编，撰写汉史部分，另有《经史新义》《五代春秋》等史学著作多部。这样一个有诗歌情怀、做正经学问、经多岗位锻炼的官员，在生活中却常常是一副“没正经”的模样，《宋史・刘攽传》说他“为人疏俊，不修威仪，喜谐谑，数用以招怨悔，终不能改”。宋神宗年间，刘攽知太常礼院，与学士孙觉、孙洙交好。一次，孙洙向刘攽求书法，刘攽写好后，让小吏给送去。孰料小吏因二人皆姓孙，又都是学士，不小心把该送孙洙的送给了孙觉。孙洙求而未得，不免催问了一回。刘攽奇怪，不是送去了吗？一问才知小吏张冠李戴了，此孙学士非彼孙学士。刘攽对小吏说：“你不知道以胡须区分二位孙学士吗？”小吏回答：“都有胡子，不好分辨。”刘攽说：“既然都有胡子，何不以高矮胖瘦区分呢？孙觉高而胖，可称大胡孙学士，孙洙矮而瘦，可称小胡孙学士。”于是，大胡孙，小胡孙，就这样在同僚间叫开了。[②] 这故事说明，“胡子”这一相对“普遍”的属性还要辅以其他方面的特性，才能分辨“大胡孙，小胡孙”。可见，“具体概念”要通过“既分析又综合的方法”将对象的诸方面或诸因素按其本来的面目统一起来而形成概念。这种概念是“贯穿于一切特殊性之内，并包括一切特殊性于其中”的“普遍性”。[③] 由此，可以联想到黑格尔关于艺术创作的论述：“真正的创造就是艺术想象的活动……艺术家的创造的想象是一个伟大心灵和伟大胸襟的想象，它用图画般的明确的感性表象去了解和创造观念和形象……艺术内容在某种意义上也终于是从感性事物，从自然，取来的；或则说，纵使内容是心灵性的，这种心灵性的东西（例如人与人的关系）也必须借外在现实中的形象，才能掌握住，才能表现

①《哲学笔记》第2版，第152～153页。

② 晏建怀，《宋代幽默大师刘攽》，《北京青年报》，2013年11月22日。

③ 贺麟，《黑格尔哲学讲演集》，第448页。

出来。”[①] 黑格尔进一步指出：“一切别的具体事物，无论如何丰富，都没有概念那样内在的自身同一，因而其本身也不如概念那样具体。至于我们通常所了解的具体事物，乃是一堆外在地拼凑在一起的杂多性，更是与概念的具体性不相同，——至于一般人所说的概念，诚然是特定的概念，例如人、房子、动物等等，只是单纯的规定和抽象的观念。这是一些抽象的东西，它们从概念中只采取普遍性一成分，而将特殊性，个体性丢掉，因而并不是从特殊性、个体性发展而来，而是从概念里抽象出来的。”[②] “真理是具体的”[③]，“真理是现实的，而且是必定有实际存在的”[④]。因此，“意识的光辉就是这样一种明亮的光：它使自己的具体内容，通过属于自己而且适合于自己的形象，透明地显现出来，而且在它的这种客观存在里所显现出来的就只是它自己。”[⑤]

三、世俗日常意识中的抽象思维的幼稚表现

黑格尔认为世俗的日常的意识往往是抽象的，也就是片面的，而且大多数实例正是如此。黑格尔在《谁在抽象地思维》一文中举出了很多生动的例子说明什么叫具体思维，什么叫抽象思维。

一位女顾客对一位女商贩说，“喂，老太婆，你卖的蛋是臭的呀！”女商贩恼火了，就大骂这位女顾客一顿：“什么？我的蛋是臭的？！你自己才是臭的哩！……你爸爸吃了虱子，你妈妈跟法国人相好吧？你奶奶死在养老院里吧？……象你这样的女人，只配坐监牢！最好你还是补补袜子上的窟窿去吧！”总之，她把这位女顾客骂得一无是处。黑格尔认为这位女商贩就是一个抽象思维的人，因为她不知道任何一件事物都是具体的，是多方面的统一；她对顾客的情况并不了解，仅仅因为顾客说了一句她的蛋是臭的，就抽象地把女顾客当作一个坏人，从头到脚，从自己到亲属骂得全都沾上了臭蛋的气味；这位女商贩的思想方法正是一种以一概全、抓住一个片面就当成全部真理的思想方法，这种方法就是“抽象思维”的方法。[⑥]

且说一个凶手被押往刑场，在常人看来，他不过是个凶手。太太们也许会说，他还是个强壮的、俏皮的、逗趣的男子呢。那个人却认为这种说法骇人听闻：什么？凶手俏皮？怎么能想入非非，说凶手俏皮呢？你们大概比凶手也好不了多少吧！这是上流社会道德败坏的表现！深通世道人心的牧师也许会这样补充一句。研究人的专家则不然，他要考察一下这个人是怎样变成罪犯的，他会从他的生活经历和教养过程中，发现他的父母反目已久，发现他曾为了轻微的过失而受到某种严厉的惩罚，

① 《美学》第1卷，第50~51页。
② 《小逻辑》，第335页。
③ 《小逻辑》，第100页。
④ 《小逻辑》，第113页。
⑤ 《美学》第2卷，第77页。
⑥ 张世英，《论黑格尔的逻辑学》，上海人民出版社，1982年，第102~103页。

于是他对公民社会愤愤不平，接着还发现他刚一有所反抗，便被社会所摒弃，以致如今只靠犯罪才能谋生——大概有不少人听了这番话会说：他想替凶手辩护呀！我不禁记起年轻时候听人说过，一位市长发牢骚，说作家们搞得未免过分，竟然想挖基督教和淳厚风俗的墙脚；有位作家甚至写小说为自杀行为作辩护；可怕呀，真可怕！——经过进一步了解，原来他指的是《少年维特之烦恼》。[①]

黑格尔认为在凶手身上，除了他是凶手这个抽象概念之外，人们再也看不到任何别的东西，并且拿这个简单的品质抹杀了他身上所有其他的人的本质……这就是抽象思维。

黑格尔还举了另外一个例子：仆人。作“仆人”的人，他实际上不仅是“仆人”而已，他同时也是个一般的人。“在地位低、收入少的家庭，仆人的境遇比在任何地方都更坏；相反地，主人愈高贵，仆人的境遇就愈好。在这方面，常人又要搞抽象思维了，他对仆人摆架子，把他只当作仆人看待；他牢牢记住这个唯一的名称。给法国人当仆人，日子最好过。贵人对仆人很随便，法国人甚至和仆人交朋友；主仆二人在一起的时候，仆人就高谈阔论。狄德罗的《雅克和他的主人》就是这样，主人除了嗅嗅鼻烟，看看表，别的什么也不管，全让仆人自便。这位贵人知道，仆人不仅仅是仆人，他还了解城里各种新闻，认识许多姑娘，脑子里点子很多；他向仆人打听这一切，仆人就尽自己所知，回答主人所打听的一切。在法国主人那儿，仆人不仅这样，甚至敢于主动提出话题，发表议论，坚持自己的意见。主人要他干点什么事情，不能采用命令口吻，而得首先提出自己的意见，委婉地劝他接受，如果他照办了，主人还得给他道乏。”黑格尔认为这里的“普通人”也是在抽象地思维，而不是把“仆人”看成具体的、多方面的。[②]

黑格尔说，人们以敬而远之的态度对待抽象思维，如同对待某种高超事物一样；他们所以回避它，倒不是因为轻视它，认为它枯燥寡味，而是因为把它当作某种特殊事物，无从借以在日常社交中显身扬名。然而，在现实生活中，进行抽象思维的往往不是有教养的人，毋宁是些无教养的人。可以说，抽象的思维，就是幼稚的思维。

在《哲学史讲演录》中黑格尔说：“我们可以举出一些感性事物为例，对于‘具体’这概念作一较详的说明。花虽说具有多样的性质，如香、味、形状、颜色等，但它却是一个整体。在这一朵花里，这些性质中的任何一种都不可缺少，这朵花的每一个别部分，都具有整个花所有的特性……这倒并不是说抽象的东西根本不存在。譬如红色便是一个抽象的感性观念，当常识说到红色时，并不意味着它所指谓的是抽象物。但是

①《黑格尔小传》，第65页。
②《黑格尔小传》，第66页。

一朵红色的玫瑰花，却是一种具体的红物，对这个具体的红物，我们是可以区别和孤立出许多抽象物的。”[①] 因此，具体概念的具体是指任何一个概念都具有的真实本性，它是一个包含不同规定的、具有丰富层次和多样性环节的对立面的统一体，而不是一个片面抽象的道理；或者说它是内部矛盾的同一，是一个全面性的东西，是一个全体，是各个环节、规定、概念的统一，它里面贯穿着的是对立面的统一。人们的认识不能仅停留在抽象概念阶段，而必须掌握概念的全部丰富内容，上升到具体概念的阶段。

四、河面宽度与具体概念

《清稗类钞》中记载的关于河面宽度论争的故事是说明具体概念本质特征的绝妙例子。

清朝末年，湖广总督张之洞与湖北巡抚谭继洵[②]关系不太融洽，遇事多有龃龉。有一天，张之洞和谭继洵等人在长江边的黄鹤楼聚会，当地不少官员都在座。座客里有人谈到了江面宽窄的问题，谭继洵非常肯定地说他在某本书里读到过是五里三分。张之洞沉思了一会儿，故意说自己也曾经在另外一本书中见过，是七里三分。督、抚二人借着酒劲儿戗了起来，相持不下，在场僚属也难置一词，双方谁也不肯丢自己的面子。于是张之洞就派了一名随从，快马前往当地的江夏县衙，召县令来断定裁决。

时任江夏知县是陈树屏，听来人说明情况后，急忙整理衣冠飞骑前往黄鹤楼。他到了以后，一进门，还没来得及开口，张、谭二人同声问道：“你管理江夏县事，在你管辖境内的汉水江面到底是多宽，是七里三分，还是五里三分？”

陈树屏知道他们这是借题发挥，对两个人这样搅闹十分不满，但是又怕扫了众人的兴；再说，这两方都是谁也得罪不起的大人物。他灵机一动，从容不迫地一拱手，言语平和地说：“江面在水涨时就宽到七里三分，而水落时便是五里三分。张制军是指涨水而言，而中丞大人是指水落而言。两位大人都没有说错，这有何可怀疑的呢？”张、谭二人本来就是信口胡说，听了陈树屏这个圆场，抚掌大笑，一场僵局就此化解。

陈树屏的可贵之处在于道出了江面的宽度这一概念是具体概念。具体概念不仅是普遍、特殊和个别这三个环节的有机统一，而且又是多样性的统一，具有全面性的特点。黑格尔指出：“每一被规定的概念，当

① 《哲学史讲演录》第一卷，第30～31页。
② 谭嗣同的父亲。

它不包含总体而只包含片面规定性时，它就总之是空洞的。即使它也另有具体内容，例如人、国家、动物等，当它的规定性不是它的区别的原则时，那么，它就仍然是空洞的。”[①] 汉水江面的宽度是随着水的涨落而变化的，也与地点有关，而在张之洞和谭继洵的观念里，江面的宽度是抽象的、固定的。陈树屏正就是借助于概念的具体性巧妙地化解了这场无谓的论争。

由此可以看出，具体概念的具体同一性是一种内在地包含差别与对立的同一性，这种具体同一性不仅包括了对象领域内的事物之间的共同点，而且包括了对象领域内的事物之间的差别；同时，它不是与对象领域内的事物的个别性、特殊性无关的独立存在的纯粹普遍性，而是与个别性、特殊性统一在一起的并且是通过个别性、特殊性体现出来的普遍性。掌握运用概念的艺术，就是要求概念具有具体性。人们的思维中要形成具体概念，就应力求反映对象的多样性，力求反映对象的各种内在矛盾和各种对立规定，这就是这个故事给予我们的启示。

五、冯契对具体概念基本特征的揭示

冯契在详细占有中国哲学史的丰富资料的基础上，不仅系统考察和勾画了中国古代辩证逻辑思想产生和发展的历史轨迹，而且还从这个典型分析中概括出辩证逻辑的一系列重要原理，有力地推进了我国辩证逻辑的研究，其主要贡献体现在以下几个方面。[②]

1. 关于逻辑思维基本矛盾的分析

科学研究的区分和科学对象的确定取决于所要解决的特殊矛盾。逻辑科学是以逻辑思维为其对象的，正确揭示逻辑思维的基本矛盾，乃是正确理解逻辑科学（包括形式逻辑与辩证逻辑）对象、性质和作用的基本前提。历史上的某些哲学家和逻辑学家虽在不同程度上涉及这一问题，但还很少有人明确提出和分析过这一问题。冯契是第一个对此做出明确而系统分析与论述的逻辑学家。

早在 20 世纪 70 年代末 80 年代初，冯契在谈到庄子对“言”“意”能否把握“道”的责难时就明确指出：“庄子尖锐地提出了人的概念、名言能否把握宇宙整体及其发展规律的问题，揭露出逻辑思维中的抽象与具体、静止与运动、有限与无限的矛盾。”随后，他又把“言”能否达“意”、特别是“言”和“意”能否把握“道”，亦即逻辑思维能否把握世界统一原理和发展法则的问题视为“辩证逻辑的根本问题”。

冯契认为，人不可能通过直接地、完全地把握客观世界的整体来解

① 《逻辑学》下卷，第 278 页。

② 彭漪涟，《冯契——我国辩证逻辑研究的先驱者和倡导者——兼论冯契对我国辩证逻辑科学发展的重大贡献》；贺善侃，《论冯契对辩证逻辑的重要贡献》。

决上述根本问题，人只能通过一个一个的概念、范畴，一条一条的规律，有条件地近似地描绘物质的运动、描绘世界的图景。“理解就是用概念的形式来表达。”[①] 为了有效地交流思想和如实反映对象，当人们用概念来把握客观世界时，表达概念的语词必须有确定的含义，概念和对象必须有确定的对应关系。这表明概念都有其相对静止的状态。但是，客观世界是永恒运动着的，静止的概念如何能把握运动呢？把事物分割开来加以考察的抽象的概念如何能把握完全的具体事物的整体呢？作为认识具体事物的一些阶段和环节的概念如何能把握在有限时间内不可能予以穷尽认识的无限发展着的具体事物呢？这就是矛盾，这就是逻辑思维本身所固有的基本矛盾。

不难看出，这一基本矛盾的明确揭示和提出，对逻辑科学的研究和发展是有着十分重要的意义的。首先，它为科学地揭示和阐明形式逻辑与辩证逻辑（特别是后者）存在的客观必然性与必要性提供了客观根据。其次，它也为科学地揭示和阐明辩证逻辑的研究对象和研究方法提供了依据。因为正是上述基本矛盾决定了辩证逻辑和形式逻辑不同，它只能以探索作为客观辩证法的反映和认识史的总结的逻辑思维的辩证法，以及以之为基础的辩证思维的形式和规律为其基本任务和研究对象，从而它也决定了对思维的辩证运动的“反思”即研究，只能是密切结合认识的辩证法和客观现实的辩证法来考察逻辑思维的辩证法的，这也就是“辩证逻辑必须结合内容来考察辩证思维的形式”这一命题的基本涵义所在。最后，它也为准确地阐明辩证逻辑的作用与功能提供了理论根据。逻辑思维的基本矛盾表明，只有同时运用形式逻辑与辩证逻辑的逻辑工具，才能解决（当然是相对意义上的）逻辑思维的基本矛盾，并从而实现逻辑思维的根本任务：把握世界统一原理与宇宙发展法则。

2. 关于具体概念基本特征的揭示

如前所述，逻辑思维是能够把握具体真理的，然而，用什么思维形式去把握具体真理呢？冯契明确指出：“把握具体真理的思维形式是具体概念。”因而关于具体概念的学说乃是辩证逻辑的重要内容。为此，冯契对具体概念进行多方面的论述，为准确地把握具体概念的实质和特征以及判明它在辩证思维形式中的地位和作用奠定了基础。

关于什么是具体概念的问题，我国学术界有各种不同的提法。较一般的提法是将概念区分为辩证概念与非辩证概念，而认前者为具体概念。至于什么是辩证概念，解释也各有不同，但大体上都是从反映对象的矛盾和多种规定性的统一或反映对象运动发展等方面着眼的。比如《辩证逻辑教程》将辩证概念定义为“反映和把握思维对象的内在矛盾和多种

① 《哲学笔记》第2版，第217页。

规定性统一的概念”。而在具体解释时则主要说明具体概念不同于普通逻辑的概念，它是同一性与差异性、个性与共性、抽象性与具体性、确定性与灵活性的对立统一等。这样的定义和解释应当说是基本正确的。冯契除了从辩证逻辑与形式逻辑比较分析的角度阐明具体概念是作为思维内容固有形式的概念、作为思维辩证运动形式的概念和体现“具体的一般”（黑格尔语）的概念以外，特别着重地揭示了具体概念乃是具有理想形态的概念。具体概念的这一特征在以往论著中很少提及，但在冯契看来这却是具体概念的一个极其重要的特征。由于一切真理（不仅是哲学的，也包括各门具体科学的）作为人们对一定领域的规律性的把握和反映，总是这样或那样地体现着人的理性力量和人的信念，因而都是具有理想形态的。既然如此，用来把握具体真理的具体概念自然也是有理想形态的。稍具体一点说，一切科学，特别是哲学，总是体现着一定的理想的，这就是所谓科学理想或哲学理想。而科学或哲学又总是以概念的逻辑联系方式来把握具体对象的，这样一来，科学或哲学理想就总是表现为一个具有理想形态的概念体系，即理论体系。

关于具体概念是具有理想形态的概念这一特征的揭示是有理论意义和实践意义的。还是在 20 世纪 40 年代，金岳霖先生在他用英文写成的《中国哲学》一文中就曾指出：传统的中国哲学家都是程度不同的苏格拉底式的人物，“在他那里知识和美德是不可分的一体。他的哲学要求他身体力行，他本人是实行他的哲学的工具。按照自己的哲学信念生活，是他的哲学的一部分”。但他却感慨现代的哲学家“或多或少超脱了自己的哲学。他推理、论证，但是并不传道”。因此，他惋惜“苏格拉底式人物一去不复返”了。“哲学家与哲学分离已经改变了哲学的价值，使世界失去了绚丽的色彩。”这是从正、反两方面说明，作为思维形式的哲学或科学概念以及概念体系（具体概念的展开必然是一个概念体系）不仅应当是正确反映客观对象的本质和规律的思维形式，也应当同时是体现哲学家或科学家的本质力量，即体现人的意愿、感情和理想的思维形式。也只有这样的概念或概念体系才能成为哲学家或科学家人格的体现，成为鼓舞人和推动人前进的力量。爱因斯坦明确地指出：“我们希望观察到的事实能从我们的实在概念逻辑地推导出来。要是不相信我们世界的内在和谐，那就不可能有科学。这种信念是，并且永远是一切科学创造的根本动力。”也就是说，真正的科学概念总是寄托着科学家本人的理想和信念的，因而是有理想形态的。如果忽视这一点，那就会使概念和概念体系（哲学的与科学的）失去“绚丽的色彩”，失去感染人、鼓舞人前进的作用，那就谈不上是真正的具体概念。

3. 关于逻辑范畴体系的建构

把握具体真理的思维形式是具体概念，而具体概念要把握具体真理就必须是体系化的。不体系化就无所谓具体。尽管体系总是暂时性的，即有条件的、相对的，只是一定层次上的，但体系还是必要的。因此，长期以来，哲学家和逻辑学家都在探讨逻辑范畴体系问题，力图对它作出自己的安排。20 世纪 80 年代以来，我国的一些辩证逻辑论著，也相继提出了一些有关逻辑范畴体系的设想。但真正能够体现辩证法、认识论、逻辑学三者一致，特别是体现逻辑范畴体系与认识的辩证运动相一致的原理的体系，尚属罕见。对此，冯契也经历了一个长期的系统探索的过程，直到 20 世纪 70 年代末，他才在《逻辑思维的辩证法》中最早提出了他所建构的逻辑范畴体系。这一体系，简要地说即是按类、故、理三个（或三组）主要范畴而顺序展开的逻辑范畴的辩证推移体系。其主要范畴及排列顺序是：①关于“类”的主要范畴，同一与差异，个别，特殊与一般，整体和部分，质和量，类和关系；②关于“故”的主要范畴，因果关系和相互作用，条件和根据，实体和作用，内容和形式，客观根据和人的目的；③关于“理”的主要范畴，现实、可能与必然，必然和偶然，目的、手段和当然，必然和自由。

把逻辑范畴分成类、故、理三组乃是中国哲学和西方哲学所曾作出的共同概括，而冯契建构的这一范畴体系显然又正是对中外哲学家的成果进行系统而深入研究后所作出的新的科学概括。

这一逻辑范畴体系体现和坚持了逻辑范畴体系与认识的辩证运动的一致性，其逻辑范畴之间的顺序和展开以压缩和概括的形式反映着人们认识客观世界的历史进程。从认识论角度说，察类、明故、达理是认识过程的必经环节。察类是知其然，明故是知其所以然，而达理则是知其必然和当然。这是一个认识不断深化和扩展的过程，因此，逻辑思维把握具体真理的过程也就是一个通过类、故、理等主要范畴的矛盾运动来把握世界统一原理与发展原理的过程。

此外，这一体系克服了黑格尔逻辑范畴体系封闭性的弱点，是一个开放的体系。冯契一再指出我们决不能要求建立一个包罗无遗的封闭的体系。而冯契所建构的前述逻辑范畴体系恰好避免了黑格尔范畴体系的弱点，它是一个发展着的开放的体系。它并不追求形式上的整齐划一（不像黑格尔那样按正、反、合原则一贯到底，看起来都是三分法，却免不了削足适履、牵强附会），而是把逻辑范畴作为认识史的总结去具体分析，按每一个范畴自身在认识的辩证运动中的地位、作用而自然推移，没有任何外在的刻板的划一要求。况且这一范畴体系也不像黑格尔范畴体系那样要求完备无遗，而只要求按照认识的辩证运动尽可能揭示出类、故、理一组组范畴的矛盾运动，从而给予它们之间的推移次序以大致的安排。至于各组范畴之间的联系，讲不清楚的就暂时不讲，讲不充分的也不勉强去讲（比如“系统”范畴就暂时未讲），而把它们留给别人去补充、去丰富、去发挥。同时，这一范畴体系在其展开过程中，始终坚持荀子所提出的“辨合”“符验”“解蔽”的要求，即每一步都坚持具体分析、坚持用实践来检验和坚持进行观点的批判，也就保证了所建立起来的逻辑范畴体系得以避免故步自封。恩格斯指出：“在事物及其互相关系不是被看作固定的东西，而是被看作可变的东西的时候，它们在思想上的反映，概念，会同样发生变化和变形；我们不能把它们限定在僵硬的定义中，而是要在它们的历史的或逻辑的形式过程中来加以阐明。”[①] 冯契构建的这一逻辑范畴体系，无论人们对它是否赞同，它都将会给人们以启迪和启示。

4. 关于方法论基本原理的新见解

国内外的辩证逻辑著作大都极为重视对辩证逻辑方法论基本原理的论述，并对辩证思维方法的一些基本环节、如分析与综合相结合等分别予以专章或专节论述。重视辩证逻辑的方法论意义、强调辩证逻辑的方法论研究方向，已经成为某些辩证逻辑论著的指导思想。在这个方面冯契也提供了一些新思想和新见解。

首先，结合列宁关于《资本论》的逻辑的论述，并通过对毛泽东的《论持久战》所运用的辩证思维方法的考察，他概括提出了辩证逻辑方法论的一般环节：“第一，从实际出发，详细地占有材料，把握事物原始的基本的关系，从而把握事物变化发展的根据。第二，运用对立统一规律作为根本的方法，其核心是分析和综合相结合；而对现实的矛盾的具体分析，要联系到对不同意见、不同观点的评论。第三，归纳与演绎相结合。第四，历史和逻辑相结合。第三条和第四条是分析和综合相结合的组成部分。分析和综合相结合的方法运用于不同对象有不同特点。有的科学要着重横的剖析，归纳与演绎统一便成为主要的；有的科学要着重纵的考察，历史与逻辑的结合便成为主要的。第五，每一步都要用事实来检验，理论与实践的统一贯彻于整个过程之中。”显然，冯契的这一概括不仅揭示了这些环节是什么，而且也同时揭示了为什么；不仅阐明了这些环节的基本内容，而且还阐明了它们之间的内在联系和主次关系。它较之目前辩证逻辑论著对这问题的论述自然更加全面，也更为准确。

其次，深刻揭示了辩证逻辑方法同主要逻辑范畴之间的内在联系。

① 《马克思恩格斯全集》第25卷，第17页。

冯契认为，逻辑范畴特别具有方法论的重要意义。“中国古代哲学中的逻辑范畴以‘类、故、理’为骨干，哲学和科学的方法论的基本环节，无非是这些范畴的运用。”具体地说，分析与综合相结合的方法乃是对立统一规律的运用，归纳与演绎相结合的方法乃是“类”范畴的运用，逻辑的与历史的相结合的方法乃是“故”范畴的运用，而假设与验证、理论与实践的统一则主要是“理”范畴的运用。这就表明，虽然不能把方法与范畴视为机械地对应，但逻辑方法论体系与逻辑范畴体系却是基本一致的。这就不仅科学地阐明了逻辑范畴的辩证推移与方法论环节的展开之间的依存关系，显示了他所建构的辩证逻辑科学体系的严谨性，而且也为进一步揭示辩证思维方法论诸环节的客观必然性提供了内在根据。

最后，冯契还进一步提出逻辑范畴与方法“是哲学、逻辑学和科学的交接点”的论断，并多方面论证和显示了哲学概括具体科学成就和指导具体科学时都必须通过逻辑范畴与方法的环节，这就为进一步理解辩证逻辑方法的重要意义以及如何更加有效地促进哲学与具体科学的结合，指明了途径。

冯契在辩证逻辑研究领域中的成就与贡献是多方面的。他不仅深刻地论证了辩证逻辑存在的客观必然性与必要性，而且还以自己的研究成果充分显示了自觉运用辩证逻辑工具来研究中国古代和近代哲学的巨大成功和重要意义；他不仅科学地阐明了研究辩证逻辑的途径和方法，而且还以自己的研究活动具体实践了这种途径和方法；他不仅以中国哲学史为典型，深入探讨了中国古代辩证逻辑思想的产生和发展，而且还从这个典型考察中提炼和概括出辩证逻辑的许多重要思想，从而精辟地论述了辩证逻辑的一系列基本原理，丰富和深化了我国当代辩证逻辑的研究内容，构成了我国当代辩证逻辑科学发展进程中的重要环节，并为我国辩证逻辑的深入研究和进一步发展指明了方向，提供了范例。冯契是我国辩证逻辑研究的先驱者、倡导者和推动者。

六、美女的艺术形象

人是艺术的永恒主题。人体的和谐、完美，具有最普通意义的美感和最为丰富的内涵。表现和欣赏人体美是人类自我发现、自我体验、自我完美，是对自身价值的肯定，是由物质到精神的升华。在艺术史的每个阶段都少不了女性的身影，女性迷人的形体曲线，优美绝伦的形象，动静相宜的意蕴，深沉含蓄、温柔体贴的美德，端庄、温婉的性情和大地般宽阔的胸怀，或忧郁哀愁，或热情大方，开朗活泼的性格，对爱情的忠贞，对美好生活的期盼等都是艺术灵感的源泉，其中美女的形象塑造一直是其中鲜活的艺术主题。

黑格尔就曾经高度赞扬希腊人能够完美地把神的普遍性和理想性与神的个性结合在一起。在希腊神话中，阿佛洛狄忒是爱与美的女神，掌管人类爱情、婚姻、生育以至一切动植物的生长繁殖。她生于海中，以美丽著称，罗马神话中称为维纳斯。雕像《米洛斯的维纳斯》(又称《米洛斯的阿佛洛狄忒》，俗称《断臂维纳斯》)为半裸全身像，双臂残缺。雕像是1820年被米洛斯岛的一个农人在无意中发掘出来的，后被法国人购下，搬进了巴黎的罗浮宫博物馆。当人们站在雕像面前的时候，一个裸体的女性，她丰满而圣洁，柔媚而单纯，优雅而高贵。她的表情和身姿是那样的庄严崇高而端庄，像一座纪念碑；她又是那样优美，流露出最抒情的女性柔美和妩媚。人们似乎可以感到，女神的心情非常平静，没有半点的娇艳和羞怯，只有纯洁与典雅。爱神的身材端庄秀丽，肌肤丰腴，美丽的椭圆形面庞，希腊式挺直的鼻梁，平坦的前额和丰满的下巴，平静的面容，流露出希腊雕塑艺术鼎盛时期沿袭下来的理想化传统。她的嘴角上略带笑容，却含而不露，给人以矜持而富有智慧的感觉。微微扭转的姿势，使半裸的身体构成了一个十分和谐而优美的螺旋形上升体态，富有音乐的韵律感，充满了巨大的魅力。作品中女神的腿被富有表现力的衣褶所覆盖，仅露出脚趾，显得厚重稳定，更衬托出了上身的秀美。尤其令人惊奇的是她的双臂，虽然已经残断，但那雕刻得栩栩如生的身躯，仍然给人以浑然完美之感，尽管后世的雕刻家们竞相制作复原双臂的复制品，但都给人画蛇添足的感觉。正是这残缺的断臂似乎更能诱发出人们的美好想象，增强了人们的欣赏趣味。雕像没有追求纤小细腻，而是采用了简洁的艺术处理手法，体现了人体的青春、美和内心所蕴含的美德。整尊雕像无论从任何角度欣赏，都能发现某种统一而独特的美。这种美不再是希腊大部分女性雕像中所表现的“感官美”，而是一种古典主义的理想美，充满了无限的诗意，在她面前，几乎一切人体艺术作品都显得黯然失色。在这洁白的大理石里面，是少女的青春，是生命的跃动，是人体魅力的完美展现。人体本身就蕴藏着无穷无尽的变化，蕴含着微妙多姿的美和生生不息的原动力。希腊民族得天独厚，最深刻地理解和最完整地把握了人体这个小宇宙，并发掘出人类纯粹的知性结构，再通过自然的真实外貌，去表现一种更高的境界。他们把情与理、美与真融合在一起，在神的庇护下追求着自由生活的真谛与乐趣，在理性的指导下，赤裸裸地展现人自身，谁也不可能、也没有必要从她赤裸袒裎的身上去归纳出一个具体的主题。她把自然与生命，以及真、善、美都集中于一身。她不愧为古代希腊雕刻的一个典型代表，不愧为女性美的最高体现。她超越了空间和时间，直至今日还表现出那种秀雅、温柔和爱的魅力。

意大利文艺复兴巨匠达·芬奇的画作《蒙娜丽莎》是一幅享有盛誉的肖像画杰作。衣着自然的世俗女子蒙娜丽莎，坐姿优雅，神情泰然，笑容微妙，背景山水幽深茫茫，淋漓尽致地发挥了画家那奇特的烟雾状“无界渐变着色法”般的笔法。画家力图使人物的丰富内心感情和美丽的外形达到巧妙的结合，蒙娜丽莎的一双手，柔嫩、丰满，展示了她的温柔及身份和阶级地位，显示出达·芬奇的精湛画技和他观察自然的敏锐。蒙娜丽莎的面部五官、双手，乃至身体的其他部分，包括衣着穿戴，每一处都那么真实可感，几乎伸手可及，她的眼神、她的笑意是那么饱含深意，达到神韵之境，从而使蒙娜丽莎的微笑具有一种神秘莫测的千古奇韵，那如梦似的妩媚微笑，不同的观者或在不同的时间去看，感受似乎都是不同的。有时觉得她笑得舒畅温柔，有时又显得严肃，有时像是略含哀伤，有时甚至显出讥嘲和揶揄。人的笑容主要表现在眼角和嘴角上，达·芬奇却偏把这些部位画得若隐若现，没有明确的界线，在蒙娜丽莎的脸上，微暗的阴影时隐时现，为她的双眼与唇部披上了一层面纱，因此才有这令人捉摸不定的“神秘的微笑”。她那难以觉察的、转瞬即逝然而亘古不变的微笑，那洞察一切而又包容一切的眼神，那端庄沉稳的姿态，高贵而朴素的装束，以及无懈可击的完美构图，成为美、智慧、永恒三位一体的极致的搭配。

《米洛斯的维纳斯》《蒙娜丽莎》等作品，具象而细腻地刻画出人物的外貌特征和独特的个性，它们是独一无二的，个体非常鲜明，但是这些非凡艺术作品却超越了审美的个体差异、文化差异和特定的阶层差异，来自世界各地的人们都为之着迷，带给他们无限美好的遐想，在审美层次上获得了“普遍性”。

宋玉是中国文学史上描写女性之美的高妙者，他以概括性描写手法写出了“东家之子”的美：“天下之佳人莫若楚国，楚国之丽者莫若臣里，臣里之美者莫若臣东家之子。东家之子，增之一分则太长，减之一分则太短；著粉则太白，施朱则太赤；眉如翠羽，肌如白雪；腰如束素，齿如含贝；嫣然一笑，惑阳城，迷下蔡。”[①] 宋玉极尽刻画形容之能事，以接近于给人物着色、标注尺寸的绘画手法，写出了“东家之子”的至美。由于其“增”“减”“著”“施”的对象或样本是虚的、含糊的，造成“东家之子”的整体艺术形象乃是模糊的、虚幻的，但宋玉这一极具夸张的

① 宋玉，《登徒子好色赋》。

艺术手法，能充分调动读者的能动性，读者可以根据自己的爱好充分发挥自己的想象，进一步塑造“东家之子”的美。

中国古代四大美女西施、王昭君、貂蝉和杨玉环，享有“沉鱼落雁之容，闭月羞花之貌”的美誉。“沉鱼、落雁、闭月、羞花”是由精彩故事组成的历史典故。“沉鱼”，讲的是西施浣纱的故事。西施是个浣纱的女子，五官端正，粉面桃花，相貌过人。她在河边浣纱时，清澈的河水映照她俊俏的身影，使她显得更加美丽。相传西施在溪边浣纱时，水中的鱼儿觉得西施太美丽了，都自行惭愧地沉到水底不敢出来。“落雁”，指的就是昭君出塞的故事。汉元帝在位期间，南北交兵，边界不得安静。汉元帝为安抚北匈奴，选王昭君与单于结成姻缘，以保两国永远和好。在一个秋高气爽的日子里，王昭君告别了故土，登程北去。一路上，马嘶雁鸣，撕裂她的心肝，悲切之感，使她心绪难平。她在坐骑之上，拨动琴弦，奏起悲壮的离别之曲。南飞的大雁听到这悦耳的琴声，看到骑在马上的这个美丽女子，忘记摆动翅膀，跌落地下。从此，昭君就得了“落雁”的美称。“闭月”，述说的是貂蝉拜月的故事，“羞花”，指的是杨玉环贵妃醉酒观花时的故事。

“一枝红艳露凝香，云雨巫山枉断肠。借问汉宫谁得似，可怜飞燕倚新妆”[①]，“沉鱼落雁之容，闭月羞花之貌”的意境很具象，然而其描绘的场景与四大美女的“美”之间的对应性是特定的，不具普遍性及与日常生活的对应性，因而在人们心目中的四大美女的形象也是朦胧、模糊而不具象的。

《红楼梦》是一曲女儿的赞歌，一曲青春的赞歌，大观园的女儿们无论是被压抑的，还是被扭曲的，都怀着对青春、对美、对幸福的强烈渴望与热切追求。《红楼梦》中所描写的女性敏感聪慧，感情丰富。在《红楼梦》这个纯洁的女儿世界中，众多的女性形象可谓个性鲜明，神采各异，极富才智。她们或长于理智思考，或长于情感表达；或长于作诗填词，或长于抚琴绘画；或长于家政管理，或长于针黹女工。这些“男性化”的女性形象，极大地丰富了作品中异彩纷呈的女性画廊。

《红楼梦》中最鲜活的美女艺术形象莫过于林黛玉和薛宝钗了，“世外仙姝寂寞林”与“山中高士晶莹雪”是绝美的双壁。然而林黛玉和薛宝钗又是这么不同，“一个是阆苑仙葩，一个是美玉无瑕”；一个是透彻了人生之苦而悲戚缠绵，一个是超然于人生之苦之上的坦然；纵然有“可叹停机德，堪叹咏絮才”，依然落了个“一个枉自嗟呀，一个空劳牵挂”。曹雪芹将自身才华的精髓都赋予了林黛玉。林黛玉体现了曹雪芹精神上的理想追求，而薛宝钗则是他世俗理想的具体化。

①（唐）李白，《清平乐三首》。

在《红楼梦》中，曹雪芹对林黛玉形象的塑造是采用由形态描绘到人物个性和性格特质的刻画顺序逐渐展开的，最终塑造了一个诗意化的黛玉。

《红楼梦》第二回：“这林如海……只有嫡妻贾氏，生得一女，乳名黛玉，年方五岁。夫妻无子，故爱如珍宝，且又见他聪明清秀，便也欲使他读书识得几个字，不过假充养子之意，聊解膝下荒凉之叹……堪堪又是一载的光阴，谁知女学生之母贾氏夫人一疾而终。女学生侍汤奉药，守丧尽哀，遂又将辞馆别图。林如海意欲令女学生守制读书，故又将他留下。近因女学生哀痛过伤，本自怯弱多病，触犯旧症，遂连日不曾上学。”

《红楼梦》第三回描绘了黛玉的娇弱的病态之美、超逸的清灵之气、亦喜亦忧的情致、如花似柳的风姿、自然风流的态度全在一身的风貌与神采：“众人见黛玉年貌虽小，其举止言谈不俗，身体面庞虽怯弱不胜，却有一段自然的风流态度，便知他有不足之症……这熙凤携着黛玉的手，上下细细打谅了一回，仍送至贾母身边坐下，因笑道：‘天下真有这样标致的人物，我今儿才算见了！况且这通身的气派，竟不象老祖宗的外孙女儿，竟是个嫡亲的孙女，怨不得老祖宗天天口头心头一时不忘。只可怜我这妹妹这样命苦，怎么姑妈偏就去世了！’说着，便用帕拭泪。”

“宝玉早已看见多了一个姊妹，便料定是林姑妈之女，忙来作揖。厮见毕归坐，细看形容，（甲戌眉批：又从宝玉目中细写一黛玉，直画一美人图。）与众各别：两弯似蹙非蹙笼烟眉，（甲戌侧批：奇眉妙眉，奇想妙想。）一双似喜非喜含露目。（甲戌侧批：奇目妙目，奇想妙想。）态生两靥之愁，娇袭一身之病。泪光点点，娇喘微微[①]。闲静时如姣花照水，行动处似弱柳扶风。（甲戌侧批：至此八句是宝玉眼中。）心较比干多一窍，（甲戌侧批：此一句是宝玉心中。甲戌眉批：更奇妙之至！多一窍固是好事，然未免偏僻了，所谓“过犹不及”也。）病如西子胜三分。（甲戌侧批：此十句定评，直抵一赋。甲戌眉批：不写衣裙妆饰，正是宝玉眼中不屑之物，故不曾看见。黛玉之举止容貌，亦是宝玉眼中看、心中评。若不是宝玉，断不能知黛玉是何等品貌。）”

“艳冠群芳”[②]的薛宝钗的大美在于她的超凡脱俗与处世圆融，她是由“非凡”、理想化的淑女逐渐“入世”，成为“登利禄之场，处运筹之界”而能“小惠全大体”的圆融无碍的高士。我们且看第四回宝钗的出场：“还有一女，比薛蟠小两岁，乳名宝钗，生得肌骨莹润，举止娴雅。当日有他父亲在日，酷爱此女，令其读书识字，较之乃兄竟高过十倍。自父亲死后，见哥哥不能依贴母怀，他便不以书字为事，只留心针黹家计等事，好为母亲分忧解劳。”

① 海涅：“从我的泪珠里，长出娇花朵朵，我的叹息变成一首夜莺的歌。”
②《红楼梦》第六十三回。

《红楼梦》第五回："如今且说林黛玉自在荣府以来，贾母万般怜爱，寝食起居，一如宝玉，迎春、探春、惜春三个亲孙女倒且靠后。便是宝玉和黛玉二人之亲密友爱处，亦自较别个不同，日则同行同坐，夜则同息同止，真是言和意顺，略无参商。不想如今忽然来了一个薛宝钗，年岁虽大不多，然品格端方，容貌丰美，人多谓黛玉所不及。（甲戌侧批：此句定评，想世人目中各有所取也。按黛玉宝钗二人，一如姣花，一如纤柳，各极其妙者，然世人性分甘苦不同之故耳。）而且宝钗行为豁达，随分从时，不比黛玉孤高自许，目无下尘，故比黛玉大得下人之心。（甲戌侧批：将两个行止摄总一写，实是难写，亦实系千部小说中未敢说写者。）便是那些小丫头子们，亦多喜与宝钗去顽。因此黛玉心中便有些悒郁不忿之意，（甲戌侧批：此一句是今古才人通病，如人人皆如我黛玉之为人，方许他妒。此是黛玉缺处。）宝钗却浑然不觉。（甲戌侧批：这还是天性，后文中则是又加学力了。）"虽然这里作者将宝钗、黛玉的品格和容貌作了比较，且"人多谓黛玉不及"宝钗，但与第二回、第三回对林黛玉形象描绘的具象相比，《红楼梦》前几回对小时候的薛宝钗人物形象的刻画概括性大于形象性，理想性大于现实性。由于曹雪芹对小时候的林黛玉的总体形象描绘得比较丰满，且展现了黛玉与宝玉之间两小无猜、青梅竹马生活的方方面面，"传神文笔足千秋，不是情人不泪流。……颦颦宝玉两情痴，儿女闺房语笑私"。[①]因此，小时候的林黛玉给人的感觉就像是邻居小女孩那么亲近，那么活灵活现，天真烂漫。她的一颦一笑，一叹息一着恼，都出自本性而全无心机。她的性格有丰富的层次，既善解人意又蛮不讲理，既聪明活泼又孤芳自赏。尽管薛宝钗"品格端方，容貌丰美""行为豁达"，但超然脱俗的高大形象，理想的人格，含蓄的情感，形成与日常生活的无形区隔，其亲近感反不如林黛玉。这种亲近感亦是艺术形象具体性的一种表现。

曹雪芹塑造的薛宝钗形象是渐渐丰满起来的，随着故事情节的展开，薛宝钗的形象也经历了由抽象到具象的渐进过程。第八回："宝玉掀帘一迈步进去，先就看见薛宝钗坐在炕上作针线，头上挽着漆黑油光的纂儿，蜜合色棉袄，玫瑰紫二色金银鼠比肩褂，葱黄绫棉裙，一色半新不旧，看去不觉奢华。唇不点而红，眉不画而翠，脸若银盆，眼如水杏。罕言寡语，人谓藏愚，安分随时，自云守拙。（甲戌双行夹批：这方是宝卿正传。与前写黛玉之传一齐参看，各极其妙，各不相犯，使其人难其左右于毫末。甲戌眉批：画神鬼易，画人物难。写宝卿正是写人之笔，若与黛玉并写更难。今作者写得一毫难处不见，且得二人真体实传，非神助而何？）"第二十八回直写了宝钗的形体美："宝钗生的肌肤丰泽，容

① 永忠（清代康熙第十四子允禵之孙），《因墨香得观〈红楼梦〉小说，吊雪芹三绝句》。

易褪不下来。宝玉在旁看着雪白一段酥臂，不觉动了羡慕之心，暗暗想道：‘这个膀子要长在林妹妹身上，或者还得摸一摸，偏生长在他身上。’正是恨没福得摸，忽然想起‘金玉’一事来，再看看宝钗形容，只见脸若银盆，眼似水杏，唇不点而红，眉不画而翠，（甲戌侧批：太白所谓‘清水出芙蓉’。）比林黛玉另具一种妩媚风流，不觉就呆了，（甲戌侧批：忘情，非呆也。）宝钗褪了串子来递与他也忘了接。宝钗见他怔了，自己倒不好意思的，丢下串子，回身才要走，只见林黛玉蹬着门槛子，嘴里咬着手帕子笑呢。”

与“娇袭一身之病”的林黛玉相比，薛宝钗雍容娴雅的美和温柔敦厚的人格理想，“矜而不争，群而不党”，“安分随时”的性格，具备了那个时代备受推崇的“美德”。

薛宝钗才情卓著，谈论理财之时能顺口道出《朱子文集大全类编》之语，谈及颜料画具娴熟谙晓，医学之理知之甚笃，甚至于参禅悟机那一套她也是了如指掌，可谓博学杂收无所不能。她能随口道出“杜工部之沈郁，韦苏州之淡雅，温八叉之绮靡，李义山之隐僻”，说明她的诗才和学养不逊色于黛玉，然而黛玉的人生是诗意的。在《红楼梦》中，林黛玉是最为感性的人物，她只管诗意地活着，虽深谙世故却游离于世俗之外，她的娇弱病态，柔美中充满了诗意的优雅与韵味。

黛玉的诗，文字清简，精巧别致，清灵仙逸，虽有应景之语，却不失超然与卓绝清高。“粉堕百花洲，春残燕子楼”，她对美的生命的痛惜，既热烈又绝望，既优美又凄凉。“花谢花飞花满天，红消香断有谁怜？游丝软系飘春榭，落絮轻沾扑绣帘”，仙逸气息扑面而来，灵动才情鲜活可触。“半卷湘帘半掩门，碾冰为土玉为盆。偷来梨蕊三分白，借得梅花一缕魂。月窟仙人缝缟袂，秋闺怨女拭啼痕。娇羞默默同谁诉，倦倚西风夜已昏。”体现了她高洁的风貌和绝尘的灵魂。

林黛玉的诗缠绵悲戚，缠绵的是青春那化解不开的情思、说不尽的风流，悲戚的是易逝的红颜、漂泊的命运，无常的人生。她的孤独和惆怅是他人难以企及的，“秋花惨淡秋草黄，耿耿秋灯秋夜长”，惨淡的秋花枯黄的秋叶，令人无比的惆怅；绵长的心事与伤感，令这秋夜变得那么的漫长；秋灯隐隐闪亮的微光，与心中那纠缠明灭的心事一呼一应，令人辗转难眠。“已觉秋窗秋不尽，那堪风雨助凄凉！”敏感多愁的神经已经深感这秋意惨淡的不尽了，哪里还能再承受这风雨增添的凄凉！“谁家秋院无风入？何处秋窗无雨声？罗衾不奈秋风力，残漏声催秋雨急。”雨声脉脉，风声飕飕，秋凉如水直浸肌骨，残漏声声更催得雨声急迫，这秋意就这样从这泪痕中滑走，就这样被这残漏声带走了，那死寂的寒冬越来越近了！“寒烟小院转萧条，疏竹虚窗时滴沥。”秋雨中，寒烟漠漠，绿梦已被惊破，小院一派萧条，只有那竹叶上的雨声还在点滴淅沥。“不知风雨几时休，已教泪洒纱窗湿”，这风雨不知何时才能休停，这惆怅不知何时才能了结，是诗人的眼泪打湿了纱窗，还是凄凉的冷雨打湿了纱窗，已无从分辨了！“水流花谢两无情”，林黛玉凄凉的血泪敲击着我们的灵魂，唤醒了每一个纯洁的灵性，解读出每一个生命最深处的孤独！“焚稿断痴情，魂归离恨天”，她的痛苦穿透了层层的迷雾，直达每个孤独灵魂的深处，她的痛楚从魂魄里荡出又直取我们的魂魄！[①]

“则为你如花美眷，似水流年。是答儿闲寻遍，在幽闺自怜。”[②]在宝玉的眼里黛玉是一个“神仙似的妹妹”，而宝钗比黛玉却更有一种妩媚风流，是“若教解语应倾国，任是无情也动人”的牡丹。天姿国色美貌超群的宝钗对自己的容貌除持守住天然之外，没有再多一丝的雕琢。“珍重芳姿昼掩门，自携手瓮灌苔盆。胭脂洗出秋阶影，冰雪招来露砌魂。淡极始知花更艳，愁多焉得玉无痕。欲偿白帝凭清洁，不语婷婷日又昏。”[③]“人情练达”的宝钗姿容艳美、曼妙，学识渊博又藏愚守拙，对世俗却有深刻的洞察，对黑暗的现实也有透彻的认识，她深知“幸于始者怠于终，缮其辞者嗜其利”。她是既有秩序的服从者，是时代价值的守护者。在这个俗世上处理俗务时，她有一般俗人不可比的警醒、冷静与智慧。我们在《红楼梦》中虽然只能看到她处理俗务的一点一滴，但正从她这些许的点滴中，可窥得她处理俗务的圆融周到与洒脱坦然的气度。宝钗是一位超凡入圣的女子，她精明、冷静，深藏不露，她孝顺、仁爱、博学、含蓄、坚韧、克制，甚至通透一切是非，看破人间生死。她的“八面玲珑”体现的是一种理性的、冷静到近于冷峻的自我控制即“克己复礼”的精神。然而宝钗是“冷香丸”，在“怅望西风抱闷思，蓼红苇白断肠时”[④]，在“为官的，家业凋零；富贵的，金银散尽。有恩的，死里逃生；无情的，分明报应。欠命的，命已还；欠泪的，泪已尽。冤冤相报实非轻，分离聚合皆前定。欲知命短问前生，老来富贵也真侥幸。看破的，遁入空门；痴迷的，枉送了性命。好一似食尽鸟投林，落了片白茫茫大地真干净”[⑤]的“树倒猢狲散”之际，也只落得了个“金簪雪里埋”的凄凉结局。

由此可见，具体性描写手法不仅可以细腻地刻画出一个人的外貌，而且能刻画出一个人独特的个性，就像曹雪芹笔下的林黛玉和薛宝钗那样。相反，宋玉笔下的“东家之子”则显得浮泛，没有表现其独特的个性。因此，具体性描写手法更容易创造出一个独特的、异于他人的文学典型形象。在中国文学史上大放异彩的宋玉《神女赋》中的神女，曹植

① 李晓雪，《世外仙姝寂寞林——试论林黛玉的诗情人生》。

②（明）汤显祖，《牡丹亭》。

③《咏白海棠》，《红楼梦》第三十七回。

④ 薛宝钗，《忆菊》，《红楼梦》第三十八回。

⑤《收尾·飞鸟各投林》，《红楼梦》第五回。

《洛神赋》中的洛神，《诗经·硕人》中的齐女庄姜就是典型的代表。

宋玉《神女赋》中描写的神女是一位美丽圣洁的仙姝，温文尔雅，举止高贵，美艳无双。《神女赋》分为序文和赋辞两部分。在序文中，宋玉对楚王描述了神女的形态："茂矣美矣，诸好备矣。盛矣丽矣，难测究矣。上古既无，世所未见，瑰姿玮态，不可胜赞。其始来也，耀乎若白日初出照屋梁；其少进也，皎若明月舒其光。须臾之间，美貌横生：晔兮如华，温乎如莹。五色并驰，不可殚形。详而视之，夺人目精。"这里突出地描写了神女的精神气质，她是那样的神采焕发，摄人魂魄。她作用于人们的，不仅是视觉的痴迷，而是整个灵魂的震颤。作品着力刻画神女的装束与身段："其盛饰也，则罗纨绮缋盛文章，极服妙采照万方。振绣衣，被袿裳，秾不短，纤不长，步裔裔兮曜殿堂。忽兮改容，婉若游龙乘云翔。嫷披服，倪薄装，沐兰泽，含若芳。"不仅形象描写得生动传神，而且句法错落，韵节浏亮，有一种音乐美。

其赋辞部分，以极度夸赞的口吻称颂神女禀天地阴阳造化之妙，得天独厚，含有天地间一切之美。她华装美饰，就像一只展开双翅的翡翠鸟，飘然而至，"其象无双，其美无极"，"其状峨峨，何可极言。貌丰盈以庄姝兮，苞温润之玉颜"。她的体貌丰满而矜重美好，玉颜温和润泽，"眸子炯其精朗兮，瞭多美而可观。眉联娟以蛾扬兮，朱唇的其若丹"，肤色白净，身段丰盈，情志闲散平和，姿态优雅。她的仪态既娴静而美好，又盘旋于人中，"宜高殿以广意兮，翼放纵而绰宽"，轻纱如雾般飘动，缓缓举步，衣裾玉佩拂著阶梯发出沙沙的声音。在神女想和楚王亲近的时候，忽然又拿捏起来了："望余帷而延视兮，若流波之将澜。奋长袖以正衽兮，立踯躅而不安。澹清静其愔嫕兮，性沉详而不烦。时容与以微动兮，志未可乎得原。意似近而既远兮，若将来而复旋。褰余帱而请御兮，愿尽心之惓。怀贞亮之洁清兮，卒与我乎相难。陈嘉辞而云对兮，吐芬芳其若兰。精交接以来往兮，心凯康以乐欢。神独亨而未结兮，魂茕茕以无端。"细致生动地描写了神女的心理和情态。她与楚王见面后，当两情相通，互相爱悦意津津而将要不能自持的时候，神女忽然变卦了，她"扬音哀叹"，甚至还带出一层薄薄的怒容。她要保持自己"贞亮之洁清"，她的尊严不可侵犯。尽管最终只能是不欢而散，但她的心却是毫无保留地给了楚王。"于是摇佩饰，鸣玉鸾，整衣服，敛容颜。顾女师，命太傅。欢情未接，将辞而去。迁延引身，不可亲附。似逝未行，中若相首。目略微眄，精采相授。志态横出，不可胜记。"无情的离别无所谓，有情的离别是痛苦的，更何况是仙凡相隔，后会无因。"意离未绝，神心怖覆；礼不遑讫，辞不及究；愿假须臾，神女称遽。徊肠伤气，颠倒失据，黯然而暝，忽不知处。情独私怀，谁者可语？惆怅垂涕，求之至曙。”

《神女赋》用细致的笔触，明丽的色彩，动静兼备的描写和富于情节性的构思，活脱脱地塑造出一个姣丽多姿，超尘绝世和情思绵绵的神女形象。在宋玉笔下，神女既美丽、多情，又庄重、自持，虽有佚荡之情，却又以礼自守。作者塑造了一位端庄典雅，举止有礼，有教养，可遇而不可犯的古代贵族女子形象。

《神女赋》集中表现了楚辞雄奇灿烂，华美铺张，笔触细腻又极富音韵之美。“建安之杰”的曹植受此赋的激发，以青出于蓝的高妙彩笔，创造出同样神情美丽的洛神形象，才使巫山神女在北国有了一位冰清玉洁的洛神遥遥与之辉映千古。

在《洛神赋》中，曹植描摹了一位美丽多情的女神形象：“翩若惊鸿，婉若游龙，荣曜秋菊，华茂春松。髣髴（fǎng fú）兮若轻云之蔽月，飘飖兮若流风之回雪。远而望之，皎若太阳升朝霞。迫而察之，灼若芙蕖出渌（lù）波。秾（nóng）纤得衷，修短合度。肩若削成，腰如约素。延颈秀项，皓质呈露，芳泽无加，铅华弗御。云髻峨峨，修眉联娟，丹唇外朗，皓齿内鲜。明眸善睐，靥（yè）辅承权，瑰姿艳逸，仪静体闲。柔情绰态，媚于语言……体迅飞凫，飘忽若神。凌波微步，罗袜生尘。动无常则，若危若安。进止难期，若往若还。转眄流精，光润玉颜。含辞未吐，气若幽兰。华容婀娜，令我忘餐。”

作者以浪漫主义的手法，通过梦幻的境界，描写人神之间的真挚爱情。在从京城洛阳启程东归封地鄄城的途中，作者在洛川之边，停车饮马，在阳林漫步之时，看到了洛神宓妃，她的体态摇曳飘忽，像惊飞的大雁；婉曲轻柔，像是水中的游龙。鲜美、华丽较秋菊、茂松有过之，姣如朝霞，纯洁如芙蓉，风华绝代。随后作者对洛神产生爱慕之情，托水波以传意，寄玉佩以定情。然洛神的神圣高洁，使他不敢造次。洛神终被他的真情所感动，与之相见，倾之以情，终因人神殊途，结合无望，与之惜别。

《洛神赋》词藻华丽而不浮躁，清新之气四逸，令人神爽。讲究排偶，对仗，音律，语言整饬、凝炼、生动、优美。《洛神赋》传神的描写和刻画，宛如一幅绝妙丹青，兼之与比喻、烘托共用，错综变化巧妙得宜，个中人物有血有肉，给人一种浩而不烦、美而不惊之感。在对洛神的体型、五官、姿态等描写时，给人传递出洛神之貌、之容，清新高洁。在对洛神与之会面时的神态的描写刻画，使人感到斯人浮现于眼前，风姿绰约。而对于洛神与其分手时的“屏翳收风，川后静波，冯来鸣鼓，女娲清歌”，以致离别后，人去心留，情思不断，洛神的倩影和相遇相知时的情景历历在目，浪漫而苦涩，心神为之不宁，徘徊于洛水之间而不忍离去。

《洛神赋》想象绚烂，浪漫凄婉之情淡而不化，令人感叹，愁帐丝丝。周洪亮主编的《璇玑辞》选用“翩若惊鸿，婉若游龙，荣曜秋菊，华茂春松。髣髴兮若轻云之蔽月，飘飖兮若流风之回雪”来赞美王羲之的书法之美。

《诗经·卫风·硕人》被清人姚际恒称为“千古颂美人者无出其右，是为绝唱”。全诗四章，每章七句，描写齐女庄姜出嫁卫庄公的壮盛和美艳，着力刻画了庄姜高贵、美丽的形象，描写细致，比喻新鲜。“手如柔荑，肤如凝脂，领如蝤蛴，齿如瓠犀，螓首蛾眉，巧笑倩兮，美目盼兮。”短短二十八个字便勾勒出在那个处处吟唱民歌的时代，一个自然清新、摄人心魄的窈窕美人，极为准确而典型地体现了《诗经》时代人们对人体美的审美规范。卫夫人庄姜以她绝美的仙姿，以及体貌美与神情美的有机结合而产生的勾魂摄魄、摇荡心旌的艺术魅力走进了《诗经》，亭亭玉立在千年的历史中，成为美女艺术形象的突出代表。“巧笑倩兮，美目盼兮”的精彩一笔，新鲜生动，意味深长，直把个绝世美人活活请出来在书本上荡漾，千载而下，犹如亲见其笑貌，人们即便合上书本，心中还不时地感叹这样的美丽与鲜活。

初稿于2014年1月23日
修改于2015年9月12日

工程模型是工程设计的核心

逻辑的发展完全不必限于纯抽象的领域。相反，它需要历史的例证，需要不断接触现实。因此这里举出了各种各样的例证，有的指出各个社会发展阶段上的现实历史进程，有的指出经济文献，以便从头追溯明确作出经济关系的各种规定的过程。对于个别的、多少是片面的或混乱的见解的批判，实质上在逻辑发展本身中已经作出了。

——恩格斯《卡尔·马克思"政治经济学批判"》

罗马不是一天建成的，也不是凭个人的天才就能建成的，它是在总结概括前人经验的基础上的创造性建设。工程建设活动从来都不是从零开始的。任一工程都与其他工程有或多或少的不同之处，工程建设活动是在已有建筑形态、建设思想、建造技术等的基础上的新创造。“明亮的居室，曾被埃斯库罗斯笔下的普罗米修斯称为使野蛮人变成人的伟大天赐之一”[①]，人类是从何时开始从事工程建设活动的？美国著名科学史专家赫伯特·西蒙曾说过：“我们今天生活着的世界，与其说是自然的世界，还不如说是人造的或人为的世界。在我们周围，几乎每样东西都含有人的技能的痕迹。”《易·系辞》中说：“上古穴居而野处，后世圣人易之以宫室，上栋下宇，以待风雨，盖取诸大壮。”汉·张衡《东京赋》：“慕唐虞之茅茨。思夏后之卑室。”《后汉书·班固传》：“扶风掾李育经明行著，教授百人，客居杜陵，茅室土阶。”《后汉书·隗嚣传》：“且礼有损益，质文无常，削地开兆，茅茨土阶，以致其肃敬。”因此，人类赖以生存的最原始的建筑，是“穴居野处”，还是“茅茨土阶”，是比较难界定的，也是比较难考察的，因为这涉及“建筑”的定义，只有有了对建筑的明确定义，才能考察和界定建筑的起源。

现代工程建设是一项社会化大生产活动，仅凭工匠个人的工程经验和有限的知识积累是很难建成高楼大厦的。现代工程建设离不开理论计算和分析，没有计算和分析，现代工程建设活动就很难开展。凡计算必有模型。在科学研究中，模型方法是把认识对象作为一个比较完整的形象表示出来，从而使问题简明扼要，以便窥见其本质的方法，是逻辑方法的一种特有形式。可以说，如果没有模型这种有力工具，就不可能有现代科学，现代工程设计更无从谈起。在工程建设活动中，工程概念是工程建设活动的灵魂，工程模型是工程设计、施工和质量检验、价值分析评价的核心。

工程模型不是凭空产生的，它一方面与从事工程建设活动的人们的观念、经验、技术水平、职业道德等密切相关，另一方面与建造的目的相关。工程建设在某种程度上表现出一定的自由创造，但从本源上来说，人们建造任一工程均是有目的的。工程建设的各项活动都是为一定的目的服务的，正像马克思在《资本论》中所说的，建筑师“劳动过程结束时得到的结果，在这个过程开始时就已经在劳动者的表象中存在着，即

①《马克思恩格斯全集》第42卷，第133页。

已经观念地存在着”[①]。因此，无论是古代的工匠，还是现代的建筑师，在他们进行建筑方案创作的时候，他们心目中已有的建筑形态、建筑风格、建筑理念以及当时的建造技术，都或多或少对他们的创作产生一定的影响，他们所创作出来的建筑方案是一个新的作品，但这一新作品不是凭空产生的。《礼记》中说“未有学养子而嫁者也”，意思是没有必要等到女孩子学会了养育子女后才出嫁。女孩子为何可以“未有学养子而先嫁”？因为在她出嫁前已有生活积累，而且出嫁后未来的生活有有经验的人来指导。工程创造活动就恰如“未有学养子而嫁”，每一新生命、新的人工创造都是与众不同的，但也都不是“从石头缝里蹦出来的”！这就是工程模型乃至工程创作的历史渊源，任一工程模型都是有一定的历史背景的。

一、现代科学研究中的模型和模型方法

科学模型是人们按照科学研究的特定目的，在一定的假设条件下，将原型中的某一部分信息减缩、提炼，从而用物质形式或思维形式再现原型客体的某种本质特征，诸如关于客体的某种结构（整体的或部分的）、功能、属性、关系、过程等，而原型是指现实世界中的各种现象。模型的分类见图 2。[②]

- 模型
  - 物质模型
    - 直观模型（玩具、照片、沙盘、塔林等）
    - 物理模型（波浪水箱中的舰艇模型、风洞试验、模型地震等）
  - 理想模型（抽象模型）
    - 思维模型（开车、技术工人、画家，其特点是模糊性、片面性、主观性）
    - 符号模型（地图、电路图、建筑图）
    - 数学模型
    - 计算机模拟（电子游戏）

图2 模型的分类

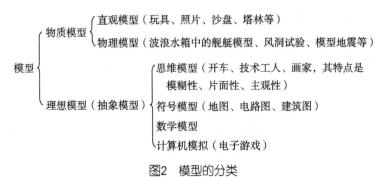

科学研究离不开科学假设和科学抽象，模型作为科学抽象的结果，从思维方法上遵循化繁为简的原则，把复杂的实际问题转化为理想的简单问题，并通过对这种科学模型的研究，来推知客体的某种性质或规律。科学模型只有在人们对于客体已具有一定认识，积累了一定知识、数据和资料的基础上才有可能建立起来。建立模型是对已有的经验、知识进行去伪存真、去粗取精的思维加工过程。模型本身体现为对客体的已有认识的总结，是科学认识的一种阶段性成果。然而，模型又不仅是已有认识的总结，作为科学工作者的创造，又加进了新的猜测和假设，含有

① 《马克思恩格斯全集》第23卷，第202页。
② 陈汝栋、于延荣编著，《数学模型与数学建模》，国防工业出版社，2006年。

新的概念和思想。因此，科学模型，特别是理论模型又是进一步研究客体的新起点。

模型作为原型的反映，通常需满足下列三个条件：①模型与原型具有相似关系，这种相似关系应被明晰地表达和精确地规定在模型中；②模型在科学研究过程中是原型的代替者，是研究原型的间接手段；③对模型的研究能够得到原型的相关信息。因此，模型具有二重性，一方面，它是对原型的因素、联系、结构、功能等加以简化的结果，因而在一定程度上，特别是在细节上与原型不一致；另一方面，它又在本质上与原型的因素、联系、结构、功能等保持一致或相似，因而能代表原型，从模型出发能够得到关于原型的信息，而不会引申出与原型不一致的结论来。①

模型与原型之间的关系可以从梁的有限元分析模型中得以说明。根据《材料力学》梁弯曲问题的简化模型，工程上当梁上有横向力作用时，一般说来，截面上既有弯矩又有剪力。此时，梁上的横截面不仅有正应力而且还有剪应力。由于剪应力的存在，梁的横截面将发生翘曲。此外，在与中性层平行的纵截面上，还有横向应力引起的挤压应力。因此，梁在纯弯曲时所做的平截面假定和各纵向纤维间互不挤压的假设均不能成立。但弹性理论分析结果指出，在均布荷载作用下的矩形简支梁，当其跨长与其截面高度之比 $L/h > 5$ 时，横截面上的最大正应力按纯弯曲来计算，其误差不超过 1%②。对于梁弯曲问题，当采用有限单元法进行分析计算时，梁单元的细分并不影响计算结果，理论上可以将梁单元划分得很短小。例如，一根跨长 6m、截面 250mm × 500mm 的简支梁，采用有限单元法计算时，将其划分为 2 个单元，与将其划分为 10 个单元，其计算结果是一样的。当梁划分为 2 个单元时，梁长为 3000mm，梁长与截面高度之比为 6，满足 $L/h > 5$ 的简化条件；当梁划分为 10 个单元时，梁长为 600mm，梁长与截面高度之比为 $1.2 < 5$，就与简化条件不符了，为何此时计算结果仍然正确？这主要是因为用有限单元法进行梁单元划分时，所划分的是“梁模型”中的单元，而不是“梁实体”中的单元（中间不设支座），所以划分出的单元长度是“梁模型”单元的长度，而不是实际的梁跨长。也就是说，在经过简化抽象后的梁模型中，梁实体中的某些特性，如梁剪应力产生的翘曲、横向应力引起的挤压应力效应等，已被舍弃了。正如黑格尔所说：“当我思维时，我便与一个对象发生关系，而对象就是我自己本身。一般讲来，对象就是我的对方，我的否定者。但当思维思维它自己本身时，则思维的对象同时已不是对象了。换言之，此对象的客观外在性已变成被扬弃了的、观念性的东西了”。③

① 孙小礼，《模型——现代科学的核心方法》，《哲学研究》1993 年第 2 期。

② 孙训方等，《材料力学》上册，人民教育出版社，1979 年，第 205 页。

③《小逻辑》，第 97 页。

恩格斯说，从历史的观点来看，“我们只能在我们时代的条件下进行认识，而且这些条件达到什么程度，我们便认识到什么程度”[①]。当今的科学研究对象日趋复杂，对于一个难于直接下手研究的复杂客体，能不能顺利地进行研究，其关键常常就在于能不能针对所要研究的问题构建出一个合适的科学模型，例如，目前工程界还没有一个很好的模型来模拟实际地震作用。随着模型法的发展，模型已超越了作为客体的摹写、样本这个范围，而成为对客观事物的特征和变化规律的一种科学抽象。在所研究的主题范围内，模型更普遍、更集中、更深刻地描写客观实体。通过建立模型而达到的科学抽象，反映了人们对客体认识的深化，是认识过程中的一次能动的飞跃。[②]

理论的探索，首先是方法的探索。科学模型不但开启科学研究的新阶段，还开启科学研究的新方法。一个新的理论模型实际上能起到一种新的研究纲领的作用，使研究工作获得极大的推动和展开。构建研究模型之妙在于“外师造化，中得心源”，这里的造化即是客观规律。建立起新的理论模型，必须回答这个新的理论是否能够说明各种与其有关的实验现象，是否能对过去已知的事实，作出回溯性的合理的科学解释，是否能够预见新的事实。为此，需要进行一系列的科学研究工作。要以新的理论为出发点，一方面设计实验，另一方面进行理论的推导和计算，有目的、有计划地把实验研究工作和理论研究工作全面推开。1986 年，物理学家尼科里斯和普里高津在他们合著的《探索复杂性》一书的中文版序言中说：“我们的时代是以多种概念和方法相互冲击与汇合为特征的时代，这些概念和方法在经历了过去完全隔离的道路以后突然间彼此遭遇在一起，产生了蔚为壮观的进展。”模型的高度综合性特点正是适应了当今时代的需要，在人们观念中相互隔离的科学、技术和工程的概念和方法，现在也开始汇聚在一些复杂系统的模型中，并在工程的实际应用中形成新的概念和方法。

构建研究模型，把模型作为研究客观世界的一种手段，是人类在认识世界和改造世界的活动中的一大创造。恩格斯说：“沿着实证科学和利用辩证思维对这些科学成果进行概括的途径去追求可以达到的相对真理。”[③] 人类在制作和运用模型的悠久历史中，积累了丰富的经验，逐渐形成了具有普适性的模型方法。物质形式的科学模型，即实物模型，有天然的与人工的两种。人类面对着一个无限广阔和无限丰富的客观世界，其中能够直接通过观察实验进行研究的客体只占少数，大多数对象需要采用间接研究的方法，借助于既有客观依据又带有主观想象的模型来开展研究，逐步推进认识。在工程设计中，对于人们期望制造的人工

① 《马克思恩格斯全集》第 20 卷，第 583 页。
② 孙小礼，《模型——现代科学的核心方法》，《哲学研究》，1993 年第 2 期。
③ 《马克思恩格斯全集》第 21 卷，第 311 页。

客体，必须先通过模型进行大量试验和演算，不断地修正才能做出优化的设计和施工方案，如三峡大坝模型试验、超高层建筑抗震和风洞试验等。

罗素认为“科学方法虽然在其精细的形式上显得颇为复杂，在本质上却相当简单。它就是观察事实，使观察者能够发现那些支配着所要研究的事实的普遍规律”。具体言之，科学方法有三个主要阶段[①]：①观察有意义的事实。这里强调的是事实，且要有意义时才值得去做。②构造一种假设，也就是构造科学模型，以便能解释所观测到的事实。一般来说，没有办法构造涵盖与研究对象有关的所有问题的假设或模型，即使有办法，与事实相符的假设或模型也必不止一个。③从这一假设和模型中推出可由观察检验的结论。如果结论得到证实，假设和理论便可暂定为真理，尽管随着新的事实的不断发现，以后常需要修正这些假设和理论。因此，未来的科学方法论将是逻辑与历史统一的、动态开放的模型。

郑玄《易赞》曰：“《易》有三义，简易一也，变易二也，不易三也。”古老的《易经》概括了建立模型的基本方法。在现代科学中，建立模型的方法具体来说有相似性与简单性的统一、多种知识和方法的综合运用及可验证性三个方面。

第一，相似性与简单性的统一。模型舍去了原型的一些次要的细节、非本质的联系，以简化和理想化的形式去再现原型的各种复杂结构、功能和联系，是连接理论和应用的桥梁。换句话说，模型方法是把认识对象作为一个比较完整的形象表示出来，从而使问题简明扼要，以便窥见其本质的方法。科学模型作为研究对象，是为了能够对模型的研究结果有效地外推到原型客体，因此，必须要求模型与原型具有相似性，而且是本质上的相似性。同时，模型作为研究手段，是为了便于运用已有的各种知识和方法，伸展主体的各种才能，因此要求模型与原型相比，具有明显的简单性。要使相似性与简单性有机地统一起来，这不是很容易的事情，模型需要不断地经受检验和不断地加以改进，还需要科研工作者善于综合地灵活巧妙地运用多种方法。

从相似性来说，我们不可能也不必要要求模型与原型全面相似，即在外部形态、质料、结构、功能等所有特征上都一一相似。但是必须按照所要研究问题的性质和目的，使模型与原型具有本质上的相似性，也就是说，要在基本的、主要的方面具有相似性。

建立模型的过程，也是对原型客体进行科学抽象的过程。要在尽可能周密地进行具体分析的基础上，分清主次，舍弃次要的无关大局的细节，抓住本质性和关键性的东西，从而建立具有科学性的模型。为此一定要防止主次混淆，更不能以次充主、舍本求末，否则就不能使模型与原型

① 陶春，《罗素科学方法三阶段的启示》，《学习时报》，2006年12月4日。

具有本质上的相似性。例如，工程中常见的框架结构，设计计算时，框架计算模型一般均没有把框架填充墙作为受力构件进行计算，而只考虑它的重量，并采用周期折减的方法[①]考虑它的刚度影响，这就是一种简化，然而填充墙的实际作用要比计算简化模型复杂得多。

从简单性来说，就是要化繁为简、化难为易，使复杂事物有可能通过比较简单的模型来进行研究。对客体所处的状态、环境和条件进行分析比较，做出一些合理的简化假设或处理，以便能够运用已有的科学知识和科学工具，或便于创造新的科学方法，使模型成为有效的研究手段。对于物质形式的科学模型，就是要便于进行观察和测量等实验性操作；对于思维形式的科学模型，就是要便于进行逻辑推理和数学演算等理论性操作。

长期以来，人们在科学研究中积累了许多经过简化的经验。例如，把不规则的化为规则的、把不均匀的化为均匀的、把不光滑的化为光滑的、把有限的化为无限的、把连续的化为离散的、把离散的化为连续的、把高维空间化为低维空间、把各向异性化为各向同性、把非线性关系化为线性关系、把非孤立系统化为孤立系统等。这些简化方法在很多场合都曾经是很有效的处理办法。但是这些经验不能盲目套用，必须坚持具体情况具体分析，尤其不能把研究比较简单的系统时所采用的简化都照搬到复杂系统的研究中。

坚持相似性与简单性相统一的原则，是建立科学模型的第一要义，是最重要的方法论原则。模型必须具有与原型的相似性，才有科学研究的价值和意义，同时模型还要具有简单性，才能够在科学研究中实行操作，实际发挥作用。科学模型表现出来的简化、理想化不能是主观随意的，必须合理和适度，以不丧失模型与原型的本质上相似性为原则，而这种本质上的相似性是通过科学的抽象来保证的。也就是说，建立模型必须运用科学的抽象，才能达到相似性与简单性的统一。[②]

在汶川地震中，框架结构的楼梯及与楼梯相连的构件损毁严重（见图 3）。产生这一状况的原因是多方面的，其中一个方面就是以前设计计算时没有考虑楼梯构件对框架结构的不利影响，而理论和试验研究均表明，楼梯对框架结构的影响非常明显。中国建筑科学研究院的试验结果表明，楼梯间的实际震害规律如下[③]：

（1）上、下楼梯板承受往复拉力和压力使混凝土开裂；在上、下梯段的作用下，平台梁承受空间的弯、剪、扭作用，梁端出现交叉斜裂缝和水平裂缝、跨中出现竖向裂缝，最终梁端混凝土剥落，纵筋弯曲、箍筋扭曲；同时，平台梁与梯柱节点出现斜裂缝，平台梁的裂缝向平台板

① 《高层建筑混凝土结构技术规程》（JGJ 3—2010）第 4.3.16 条、第 4.3.17 条。
② 孙小礼，《模型——现代科学的核心方法》，《哲学研究》，1993 年第 2 期。
③ 肖疆、尹保江等，《RC 框架结构楼梯震害的试验研究及有限元分析》，《建筑结构》，2014 年第 5 期。

扩展，由于平台梁和框架柱的约束作用，平台板与梯柱交接处角部断裂、与平台梁及框架柱交接处折断，说明休息平台受拉、弯、剪、扭的复杂应力作用；梯柱在推拉反复作用下，除上述平台梁柱节点斜裂缝外，还出现上、下端部弯剪斜裂缝；框架柱上、下端部出现水平和斜向裂缝，说明框架柱受弯破坏。

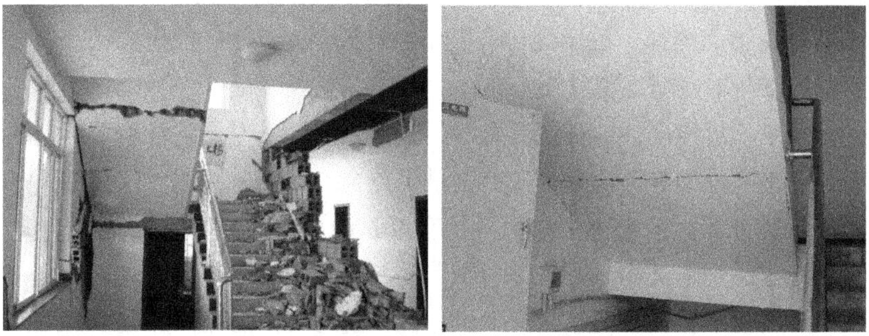

图3　汶川地震中框架结构楼梯间梯段板及填充墙的破坏照片

（2）在水平地震作用下，楼梯构件首先破坏，且最终破坏情况比较严重；框架柱出现较多裂缝，但破坏程度较轻。按照刚度分配的原则，说明楼梯构件的抗侧刚度较大，楼梯在整个弹塑性变形中提供了明显的支承力，其抗侧刚度不可忽略。

根据这一情况，汶川地震后修订的《建筑抗震设计规范》（GB 50011—2010）第 6.1.15 条规定：“楼梯间应符合下列要求：（1）宜采用现浇钢筋混凝土楼梯。（2）对于框架结构，楼梯间的布置不应导致结构平面特别不规则；楼梯构件与主体结构整浇时，应计入楼梯构件对地震作用及其效应的影响，应进行楼梯构件的抗震承载力验算；宜采取构造措施，减少楼梯构件对主体结构刚度的影响。（3）楼梯间两侧填充墙与柱之间应加强拉结。”该规范第 3.6.6 条规定：“利用计算机进行结构抗震分析，应符合下列要求：计算模型的建立、必要的简化计算与处理，应符合结构的实际工作状况，计算中应考虑楼梯构件的影响。”

第二，多种知识和方法的综合运用。建立模型、运用模型和检验模型，都没有刻板的程序和固定的方法，需要综合地、灵活地使用多种多样的知识和方法，充分发挥创造性思维能力，这是建立科学模型的又一个重要的方法论原则。

科学模型凝结着科研工作者的经验、思维、知识、方法和技巧，是智慧与勤奋的结晶。恩格斯说：“对思维形式、逻辑范畴的研究，是有益的和必要的。”[①] 构造或建立有效的科学模型，既要严格地以原型为依据，又要广开思路，敢于提出大胆设想，它是艰苦的科学思维和科学劳动的成果，又是令人赞赏的富有魅力的科学艺术品，是在精确的实验和丰富的观测材料的基础上，多种知识、多种思维和多种方法相融合的产物。需要充分发挥想象力，善于联想和类比，善于捕捉直觉在刹那间闪现的新观念、新思想；也必须充分发挥科学抽象和逻辑推理的力量，认真地归纳和演绎，科学地分析和综合，使经验方法与理论方法结合，逻辑思维与非逻辑思维并用。

第三，可验证性。模型具有与原型的相似性，但是是否是本质上的相似性呢？模型具有简单性，但是是否是合理的简单性呢？这些都是需要加以验证的。如果一个模型不具有可验证性，就不是一个科学模型，是没有方法论意义的。

一般说来，只要模型具有可操作性，就有具体的操作过程，并能取得具体的研究结果，这结果是可以与实际进行对照和比较的，因而就是可检验的。如果通过检验发现了模型的缺陷，就要对模型进行修改，甚至代之以新的模型。如果模型经受了实践检验，也还需要进而从理论上论证其科学性，使之更加完善。

科学模型的验证，需要一个过程，有时要经历相当长的时间。而科学模型一旦获得了充分的验证，就能迅速推广，在科学研究中发挥其卓有成效的作用。例如，前述框架结构中的楼梯间震害比较严重的问题，工程中提出了设置活动支座的方法，减少楼梯梯段板对框架的支撑作用，（见图 4）。

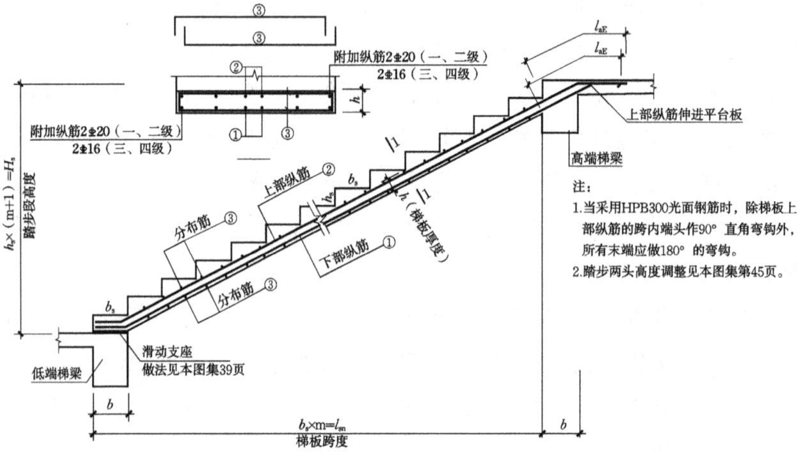

图4 框架结构楼梯梯段板的活动支座做法（引自11G101—2图集）

中国建筑科学研究院、北京工业大学的试验结果均表明，框架结构

① 《马克思恩格斯全集》第 20 卷，第 583 页。

设置活动支座后，楼梯间的抗震性能得到明显改善。可滑动的构造措施可以避免楼梯构件在地震作用下形成“K”形支撑，消除了楼梯的不利影响，保证了疏散通道的安全畅通。①

汶川地震后,2012 年 5 月 8 日,上海市建筑业管理办公室发布了《关于本市建设工程钢筋混凝土结构楼梯间抗震设计的指导意见》(沪建建管 [2012] 16 号)，对框架结构楼梯间的设计提出了具体要求，这一规定与前述试验结果相一致，是目前比较可行的技术措施。

贝塔朗菲在《一般系统论》书中指出，模型有优点也有危险，“优点是这是一种创造理论的方法，亦即模型可以从前提进行推断、解释和预测，往往得到预料不到的结果。危险是过于简化：为了使它在概念上可以控制，把现实简化成了概念骨架……现象越多样化与复杂，过分简化的危险越大”。

模型方法的优越性有：①简化和理想化原型；②激发想象、组合原型信息，形成模型，突破界限和局限性，把握内在，再现宏观、微观、宇观水平上的事物的联系和运动；③突破语言要素的限制。例如，捷克工程师文克尔（E. Winlder，1867 年）在计算铁路钢轨时提出的文克尔地基模型，是一种简单的线弹性地基模型。这一模型把地基视为在刚性基座上由一系列侧面无摩擦的土柱组成，并用一系列独立的弹簧来模拟这些土柱，它虽与实际土层的受力情况不完全一致，但由于简单、概念清晰，它与弹性半无限空间地基模型、有限压缩层模型一并成为至今仍在实际工程中应用的三大地基模型。

模型方法的局限性如下：

（1）与原型存在差异。作为科学模型，虽然具有与客体在本质上的相似性，但毕竟只是一种相似物，相似的程度有高有低，有时可能离原型还有极大的差距。加之，人的认识过程是极为复杂而曲折的，实践检验也是复杂而曲折的，实践标准本身就具有相对性。有些理论模型可能在相当长的时期内被人们公认是反映了客体的本质属性的科学模型，但最终证明它们与客体的相似是非本质的，甚至是大大偏离或歪曲了的。汶川地震前，框架结构计算模型均忽略楼梯梯段板的影响，汶川地震后经过详细研究发现这种模型就是一个偏离了实际情况的简化模型。

（2）不能代替严格的逻辑推理和科学实验的检测和判定。模型本身固有的内在局限性，决定了模型方法的作用是有限度的，依靠模型方法绝不可能穷尽对客体的认识。用模型方法取得研究结果连同模型本身都是需要检验的。再好的科学模型也只是一种阶段性的认识成果，模型方法的实质不仅仅是建构一个模型，还要用不断改进的模型，去逐步逼近

① 尹保江、肖疆等,《RC 框架活动支座楼梯模型试验》,《建筑结构》2014 年第 5 期；赵均等,《混凝土框架楼梯设置活动支座的结构模型振动台试验研究》,《建筑结构学报》,2014 年第 3 期。

真实的客体。在运用模型方法时，要自觉地立足于检验，致力于模型的改进、再改进。[①]

二、模型是工程设计的逻辑开端

工程设计是一项社会实践活动，是在一系列限制或约束条件下，寻求最佳解。这些约束包括经济的、社会的、人性化的、精神的、美学的、环境的等。在工程设计中，首先就是制作模型，或者使设计方案模型化，并通过在模型上反复试验和测算，不断对方案进行调整和修改，直到确知设计方案能够满足规范和施工要求，并保证产品能达到预期的使用要求。

马克思在《〈政治经济学批评〉导言》中指出，人们对具体事物的认识是一个从表象中的具体到抽象的规定，再由抽象的规定到具体的再现的辩证发展过程。“在第一条道路上，完整的表象蒸发为抽象的规定；在第二条道路上，抽象的规定在思维行程中导致具体的再现。因而黑格尔陷入幻觉，把实在理解为自我综合、自我深化和自我运动的思维的结果，其实，从抽象上升到具体的方法，只是思维用来掌握具体并把它当做一个精神上的具体再现出来的方式。但决不是具体本身的产生过程。”[②]在工程建设活动过程中，模型在认识的第一条道路即“由表象中的具体到抽象的规定”上，是结果，而在第二条道路即“由抽象的规定到具体的再现”上，是起点和开端，工程模型一旦建立，工程建设活动中的理论与现实、经济性与艺术性、功能与造型等的矛盾就逐渐展开了，现以结构设计模型为例进行说明。

结构设计最原始也是最本质的工作就是为特定的建筑方案选定一个适宜的结构类型，如框架－剪力墙结构。一旦结构类型选定后，在建立简化的计算分析模型前，首先必须确定抗侧力构件的平面布局、确定构件的截面尺寸，根据建筑方案计算楼（屋）面荷载，依据规范确定风荷载和地震作用，其中的平面布局和构件的截面尺寸的选定是有丰富的内涵的。对于框架－剪力墙结构，虽然是以构件组成来命名的，但框架－剪力墙结构决不是框架与剪力墙两种构件的简单组合和拼凑，而是由两种受力特点和变形性质都不相同的抗侧力结构组成的，实质上是性能组合。构成框架－剪力墙结构的内涵是很丰富的，既有直观的、构件布置上的因素，也有通过相应的计算获得的控制技术指标。

图 5 表示框架－剪力墙结构在均布水平荷载作用下，框架和剪力墙所分担的水平剪力分布曲线。图中，V 表示作用于整个框架－剪力墙体

① 孙小礼，《模型——现代科学的核心方法》，《哲学研究》，1993 年第 2 期。

② 《马克思恩格斯全集》第 12 卷，第 750~751 页。

系各水平截面的总剪力；V_f 表示框架－剪力墙结构体系中综合框架共同承担的水平剪力，V_w 表示框架－剪力墙结构体系中综合剪力墙共同承担的水平剪力。

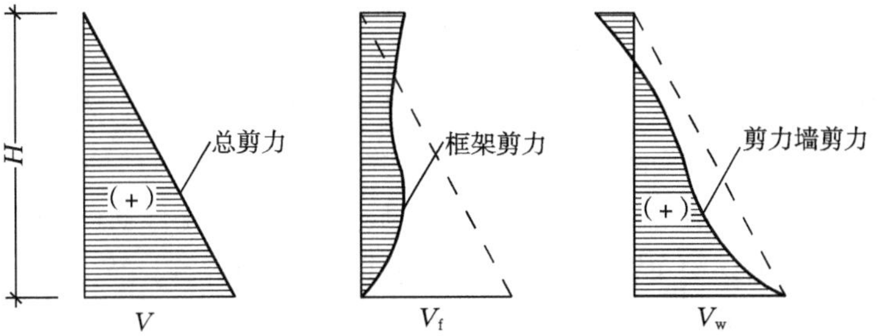

（a）框架－剪力墙体系总剪力；（b）框架分担的剪力；（c）剪力墙分担的剪力

图5 框架–剪力墙结构体系中框架和剪力墙分担的水平剪力

根据大多数工程的情况来看，由于剪力墙的抗推刚度远大于框架，剪力墙几乎承担了80%以上的水平荷载。不过，单就水平剪力而言，由于框架和剪力墙的相互作用，在结构的顶部，框架承担了水平剪力的大部分，而在结构的下部，则是剪力墙承担了水平剪力的大部分。因为框架和剪力墙的顶端均作用着一个水平集中力，所以与一般分布荷载下"单一体系"中的构件不同，框架和剪力墙顶部的水平剪力均不等于零。框架－剪力墙结构中，由于剪力墙刚度大，剪力墙将承担大部分水平力（有时可达80%~90%），是抗侧力的主体，整个结构的侧向刚度大大提高。框架则承担竖向荷载，同时也承担少部分水平力。①

前述的结论是在平面布置和立面布局比较规则的前提下得出的，如果平面不规则或竖向刚度和承载力有突变，结构的抗震性能将受到严重的影响。分析表明，对于规则结构剪力墙与框架的延性要求是相同的，对于不规则结构则剪力墙或框架的延性要求将增大一倍以上。框架不连续则剪力墙的延性要求增大，剪力墙不连续则框架的延性要求增大。②

在实际工程设计中，框架－剪力墙结构的墙体布置是比较费事的，首先，在何处布置墙体必须满足建筑及其他专业的设备布置和使用要求，不是结构工程师想在哪里布置就在哪里布置的，因为剪力墙的平面布局与使用功能直接相关。其次，设计计算指标不容易通过，常见的有与墙相交的梁和连梁容易超筋、位移比和周期比超过规范限值、剪跨比不满足规范要求、层间位移角过大或过小、剪力墙施工缝验算不满足规范要求、框架部分承受的地震倾覆力矩大于50%等。要调整好一个模型，

① 刘大海等，《高层建筑抗震设计》，中国建筑工业出版社，1993年。

② 胡庆昌，《建筑结构抗震设计与研究》，中国建筑工业出版社，1999年。

有时需要好几天反复试算。在设计过程中最让人惋惜的是一旦在平面某处布置一道甚至一小段剪力墙后，计算模型就顺利通过了，可恰巧建筑使用功能上不允许这么布置。无论计算怎样复杂、不管时间有多急迫，模型调整时，规范规定的计算指标必须满足，但一旦背离框架－剪力墙结构的基本概念，即使计算指标满足规范要求，它也还不是框架－剪力墙结构。因此，能否保证框架与剪力墙协同工作，是框架－剪力墙结构体系是否成立、模型能否满足规范要求的关键。

在结构设计活动中，结构类型选定后的一项重要工作就是进行结构布置，并根据结构布置建立相应的计算模型，通过计算，结构（框架－剪力墙结构）模型的各种内在矛盾就逐渐展现出来了，这些矛盾主要表现在以下几个方面。

1. 模型与实体之间的矛盾

进行理论计算的是简化计算模型，而不是实体建筑。因此，对实体建筑进行简化是理论计算的首要环节。《建筑抗震设计规范》（GB 50011—2010）第 3.6.6 条要求："计算模型的建立、必要的简化计算与处理，应符合结构的实际工作状况。"但要使计算模型符合结构的实际工作状况，不是件容易的事。就结构抗震设计计算来说，《建筑抗震设计规范》（GB 50011—2010）第 3.2.1 条："建筑所在地区遭受的地震影响，应采用相应于抗震设防烈度的设计基本地震加速度和特征周期表征。"第 3.2.3 条："地震影响的特征周期应根据建筑所在地的设计地震分组和场地类别确定。"第 3.2.2 条："抗震设防烈度和设计基本地震加速度取值的对应关系，应符合表 3.2.2 的规定。设计基本地震加速度为 0.15g 和 0.30g 地区内的建筑，除本规范另有规定外，应分别按抗震设防烈度 7 度和 8 度的要求进行抗震设计。"这是规范规定的设计基本地震加速度取值，建筑物在实际地震中所遭受的地震作用和场地特征周期与规范给定的数值是不一致的。汶川地震中，据《"5·12"汶川地震房屋建筑震害分析与对策研究报告》介绍，在四川卧龙地区获取的峰值加速度记录达 0.9g，在江油获取的峰值加速度记录达 0.7g，地震所产生的峰值加速度大于 0.4g 的区域达到 350 平方公里。

又如，1997 年 1 月 21 日在新疆伽师县发生了里氏 6.4 级和 6.3 级强烈地震。在其后的 3 个月内又接连发生了 5 次 6 级以上的地震，形成了世界上罕见的 6 级震群（见表 1）。在 1 月 21 日第一次地震发生后，新疆地震局于 1 月 24 日在伽师县委宾馆布设了一台地震记录仪，这台仪器记录到了其后发生的 5 次 6 级以上的地震，其中的 4 次记录（见表 2）。[①]

① 薛彦涛等，《新疆伽师地震震害调查及分析》，《工程抗震》，1997 年第 4 期。

表1 新疆伽师地震3个月内的7次6级以上地震的基本参数

发震时间	时 刻（时、分、秒）	震级（里氏）	震中位置		震源深度/km
			东经/（°）	北纬/（°）	
1997年1月21日	09：47：14	6.4	39.6	76.9	33
1997年1月21日	09：48：33	6.3	39.6	76.9	33
1997年3月1日	14：04：13	6.0	39.6	76.8	—
1997年4月6日	07：46：16	6.3	39.2	77.0	13
1997年4月6日	12：36：32	6.4	39.2	77.04	9
1997年4月11日	13：34：43	6.6	39.3	76.5	17
1997年4月16日	02：19：48	6.3	39.2	76.5	26

表2 新疆伽师地震6级以上地震的加速度记录

发震时间	震级（里氏）	震中距离/km	南 北			东 西			竖 向		
			加速度/（mm/s^2）	周期/s	延时/s	加速度/（mm/s^2）	周期/s	延时/s	加速度/（mm/s^2）	周期/s	延时/s
1997.4.6	6.3	25	250	0.3	50	280	0.5	50	197	0.1	50
1997.4.6	6.4	28	139	0.2	40	160	0.3	40	100	0.1	40
1997.4.11	6.6	23	278	0.4	40	360	0.8	40	328	0.1	40
1997.4.16	6.3	25	220	0.3	40	270	0.5	40	98	0.1	40

可见规范给出的地震区设防烈度、场地类别、设计地震分组和地震影响曲线，是理论化了的成果，与实际地震作用的差别很大。目前人类已记录到地震的最大加速度峰值已高达 $1.0g$～$2.0g$。地震波对结构物的作用来自结构物所在地在地震中所产生的地面运动，而强烈地震引起的地面运动，一般可用强震仪以加速度时程曲线（两个水平向、一个竖向）的形式记录，其中对结构产生作用的最重要特征是地面运动最大加速度（也称峰值加速度）、频率成分和强震的持续时间，简称地震三要素。震害调查表明，在距震中不远的范围内，不同地点的地面运动最大加速度变异性很大；不同地点的强震记录具有不同的频率成分，其各自的主要频率称为卓越频率、卓越周期也各不相同，土越软则卓越周期越长，并随震中距而异。强震的持续时间则从几秒至几十秒，随震级、震中距以及地表软土覆盖层厚度而变化。由于地震记录的差异性，根据实际地震记录进行设计计算仍是不现实的。

可见，当今抗震科学尚处于较低水平，试验手段和技术还不能确切模拟地震对建筑的破坏作用，因而地震区建筑物的破坏状况便成为探索地震破坏作用和结构震害机理最直接和最全面的大型结构试验。因此有必要在充分吸取历史地震经验和教训的基础上，结合现代技术，在基本理论、计算方法和构造措施等多方面，研究改进建筑设计技术，以进一步提高建筑的抗震可靠度。

从结构设计的现状来说，结构工程师几乎天天在计算结构的受力、结构的变形、结构的强度、刚度和稳定性，然而，正如马克思《资本论》第一版序言中所指出："物理学家是在自然过程表现得最确实、最少受干扰的地方考察自然过程的，或者，如有可能，是在保证过程以其纯粹形态进行的条件下从事实验的。"[①] 结构工程师算来算去，只算主要的、我们会算的，那些次要的、我们目前还不会算的，就不计算了。我们可以列出几例：①温度作用、混凝土的收缩徐变、结构施工误差的影响等一般均不作详细的计算；②虽然2010版抗震设计规范第3.7.4条要求："框架结构的围护墙和隔墙，应估计其设置对结构抗震的不利影响，避免不合理设置而导致主体结构的破坏。"但一般工程中框架结构填充墙的影响并没有得到很好的考虑；③防止结构连续倒塌、框架结构"强柱弱梁"、地基与上部结构的相互作用等也很难准确计算；④在地震作用下结构的实际地震反映，由于对建筑物实际作用的地震波、材料的弹塑性本构关系以及结构在地震作用下裂缝张开、闭合产生的刚度和强度的变化历程等，目前还没有一个理论能够准确地、理想地表达它们的实际情况，所以目前对特别重大的工程采取简化方法进行计算，其他项目干脆就不计算，采取构造措施予以弥补。

尽管结构计算有局限性，尽管结构计算不是万能的，但离开结构计算，现代结构设计将无从开展，因为现代建筑规模越来越大、高度越来越高、结构体系越来越复杂、导致结构失效的因素越来越多、地震等引发的灾害的经济和社会影响越来越大，复杂结构体系表现出的复杂力学特性，使结构的地震反应、风振效应和荷载作用越来越复杂，已远远超出一般人的经验知识范围。此外，只有具备科学有效的计算技术手段，才能设计出各类千奇百怪的建筑，才能使结构设计告别个人经验而日趋经济合理，工程建设技术才能不断提高。因此，我们不能把计算技术的局限性极端化，否定结构计算的作用，或者否定结构计算有一定的可靠性，都是十分有害的。现有的计算技术加上相应的技术措施，完全可以满足工程设计的精度需要，结构计算结果的有效性和普适性已得到大量实际工程的检验。我们应该在承认计算有局限的同时更加肯定结构计算不可或缺的地位和无可取代的作用。

2. 计算指标与规范要求之间的矛盾

结构的安全要求是多方面，主要体现在强度、刚度、稳定性以及耐久性、抗震设计的延性和抗风设计的舒适度等，这些要求《建筑抗震设计规范》(GB 50011—2010)、《高层建筑混凝土结构技术规

① 《马克思恩格斯全集》第23卷，第8页。

程》（JGJ 3—2010）等有具体而详细的规定。《建筑抗震设计规范》（GB 50011—2010）第 3.5.2 条："结构体系应符合下列各项要求：（1）应具有明确的计算简图和合理的地震作用传递途径。（2）应避免因部分结构或构件破坏而导致整个结构丧失抗震能力或对重力荷载的承载能力。（3）应具备必要的抗震承载力，良好的变形能力和消耗地震能量的能力。（4）对可能出现的薄弱部位，应采取措施提高其抗震能力。"第 3.5.3 条："结构体系尚宜符合下列各项要求：（1）宜有多道抗震防线。（2）宜具有合理的刚度和承载力分布，避免因局部削弱或突变形成薄弱部位，产生过大的应力集中或塑性变形集中。（3）结构在两个主轴方向的动力特性宜相近。"《混凝土结构设计规范》（GB 50010—2010）第 3.3.2 条："对持久设计状况、短暂设计状况和地震设计状况，当用内力的形式表达时，结构构件应采用下列承载能力极限状态设计表达式：

$$\gamma_0 S \leqslant R$$

$$R=R\ (f_c,\ f_s,\ a_k,\ \cdots)\ \gamma_{Rd}$$

式中：γ_0 为结构重要性系数，在持久设计状况和短暂设计状况下，对安全等级为一级的结构构件不应小于 1.1，对安全等级为二级的结构构件不应小于 1.0，对安全等级为三级的结构构件不应小于 0.9，对地震设计状况下应取 1.0；S 为承载能力极限状态下作用组合的效应设计值，对持久设计状况和短暂设计状况应按作用的基本组合计算；对地震设计状况应按作用的地震组合计算。"

根据这些要求，规范同时给出了多遇地震作用下楼层内最大的弹性层间位移角限值、位移比、周期比、轴压比、剪压比、最小配筋率、最小配箍率、最大配筋率、抗震墙之间楼屋盖的长宽比、上下楼层间的刚度比、梁端计入受压钢筋的混凝土受压区高度和有效高度之比、梁端截面的底面和顶面纵向钢筋配筋量的比值、抗震墙的厚度的限值等。在实际工程设计活动中，要满足这些技术指标往往需要多次调整结构平面布局、修改构件尺寸，经过约一周的时间才能调试成功，说明工程实际计算指标与规范要求之间的矛盾是复杂的、多样的。

3. 框架与剪力墙构成比例间的矛盾

在框架－剪力墙结构中，如果记 H 为房屋的高度、C_k 为综合框架的剪切刚度、EI_w 为综合剪力墙的平均等效刚度，则有$\lambda = H\sqrt{C_k/E_w}$，$\lambda$ 为表征房屋刚性特征的系数，反映综合框架与综合剪力墙刚度之间的比例关系。

λ 大，表示综合框架的抗侧刚度较大（相对于综合剪力墙的等效抗弯刚度），反之则小。λ 值的大小对综合框架及综合剪力墙的内力将产生很大影响。当 λ 值很小（例如 $\lambda \leqslant 1$），即综合框架的抗侧刚度比综合剪力墙的等效抗弯刚度小很多时，房屋的侧移曲线象独立的悬臂梁一样，曲线凸向原始位置，呈弯曲变形的形状，侧移较大。反之，当 λ 值较大（例如 $\lambda \geqslant 6$），即综合框架的抗侧刚度比综合剪力墙的等效抗弯刚度大很多时，房屋的侧移曲线凹向原始位置，呈剪切变形的形状，侧移较小。当 λ=1～6 时，侧移曲线的形状界于弯曲与剪切变形之间，呈现出弯剪型变形特征。[①] 弯剪型变形曲线的层间变形沿建筑高度比较均匀，既减小了框架，也减小了剪力墙单独抵抗水平力的层间变形，并减小了顶点侧移。随着 λ 值的增大，综合框架逐渐更多地承担外荷载，侧移曲线的形状也逐渐接近于框架的变形曲线。剪力墙与框架协同工作的这些特点表明，框架－剪力墙结构中剪力墙与框架之间的比例关系是判断框架－剪力墙结构受力特性，甚至是衡量框架－剪力墙结构体系是否成立的主要因素。

震害调查发现框架－剪力墙结构随剪力墙数量的增加而震害相对减轻。日本曾分析过福井地震中钢筋混凝土多层框架－剪力墙结构的震害，发现当以楼面面积统计的剪力墙平均长度小于 50mm/m^2 时，震害严重；剪力墙平均长度大于 150mm/m^2 时，破坏轻微，甚至无震害。从而得出含墙率不少于 50mm/m^2 的要求。当然，这个统计是粗略的，它没有反映墙厚、层数、重量等因素，但是它表明在框架－剪力墙结构中，剪力墙越多，震害越轻。对十胜冲地震震害调查采用双指标来控制进行重新分析。一是以 $\sigma=G/(A_c+A_w)$ 即楼层以上重量 G 除以墙截面面积 A_w 与柱截面面积 A_c 之和。σ 反映了层数、重量以及结构截面面积等因素；二是以剪力墙截面面积表示的含墙率，反映了墙厚的因素。分析表明，当平均压应力 $\sigma < 1.2$MPa、含墙率大于 5000mm/m^2 时，无震害；两个条件均不满足时，震害严重。1978 年日本宫城冲地震震害调查结果也是类似的，只不过含墙率控制指标变为 3000mm/m^2，说明从 1968 年十胜冲地震后，抗震设计技术有了很大的进步，在加强构造措施的基础上，剪力墙数量可以适当减少。

因此，框架－剪力墙结构设计的关键是剪力墙的布置和数量控制。一般来说，剪力墙的数量不必太多，以满足规范的侧移限制为好。因为剪力墙太多不仅加大地震力，而且使结构重量加大，施工工程量相应增加。况且在地震作用下，侧向位移与剪力墙抗弯刚度并不成反比关系。根据某工程计算，在其他条件不变的情况下，剪力墙抗弯刚度增加 1 倍，顶点侧移与建筑物总高的比值减少仅 13%～19%。这是因为增加剪力墙的数量及抗弯刚度时，结构刚度加大，地震作用就会加大，实例分析表

① 天津大学等编，《钢筋混凝土结构》下册，中国建筑工业出版社，1980 年。

明，当剪力墙抗弯刚度增加 1 倍时，地震作用将增大 20%。[①] 因此，过多增加剪力墙的数量是不经济的。在一般工程中，以满足位移限制作为设置剪力墙数量的依据较为适宜。

此外，由于框架结构具有侧向刚度差，水平荷载作用下的变形大的特点，而剪力墙结构则具有强度和刚度大，抵抗水平荷载能力较强的优点，在框架－剪力墙结构中，结构的抗侧刚度主要由剪力墙的抗弯刚度确定，顶点位移和层间变形都随剪力墙抗弯刚度的增大而减小，在水平地震作用下，剪力墙为第一道防线，框架为第二道防线，框架部分计算所得的剪力一般都较小。根据框架－剪力墙结构中框架和剪力墙协同工作的分析结果，在给定的侧向力作用下，由于墙体沿高度呈弯曲变形而框架呈剪切变形的特征，在一定高度以上，框架按侧向刚度分配的剪力与墙体的剪力反号，两者相减等于给定的楼层剪力，此时，框架承担的剪力与底部总剪力的比值基本保持某个比例。同时，按多道防线的概念设计要求，墙体是第一道防线，在设防地震、罕遇地震作用下先于框架而破坏，其后由于结构塑性内力重分布，框架部分按侧向刚度分配的剪力会比多遇地震作用下加大。因此，适当增大框架部分承担的剪力，将使框架和剪力墙承担的地震剪力的总和大于弹性阶段的总地震剪力，从而提高整个结构在大震下的安全性。

因此，《抗震设计规范》（GB 50011—2010）第 6.2.13 条要求："侧向刚度沿竖向分布基本均匀的框架－剪力墙结构，任一层框架部分承担的剪力值，不应小于结构底部总地震剪力的 20% 和按框架－剪力墙结构、框架－核心筒结构计算的框架部分各楼层地震剪力中最大值 1.5 倍二者的较小值。"这一规定，工程上简称 $0.2Q_0$ 调整，它既体现了多道抗震设防的原则，又考虑了经济条件。这是因为框剪结构中的框架和剪力墙承担的地震剪力是按楼层弹性刚度对楼层总地震剪力进行分配的，由于框架刚度小，在弹性阶段，协同工作不足以改变剪力墙的变形曲线，结构整体仍呈现弯曲型变形。在中等以上的地震作用下，结构进入弹塑性工作阶段，剪力墙底部和各层剪力墙的连梁都可能不同程度地进入非弹性，剪力墙基础也可能出现一定程度的相对转动，这些因素都可能引起结构塑性内力重分布，而使框架的内力增加。基于这些考虑，规范给出了增大框架承担的层剪力的计算方法。

4. 结构安全度与经济性和可持续发展之间的矛盾

结构的安全性是结构最重要的质量指标。但是，"多安全才算安全"一直是国际结构可靠性讨论的热门话题，也是一个难以取得一致见解的问题。

① 高立人等，《高层建筑结构概念设计》，中国计划出版社，2005 年。

在自然环境中，结构物要承受各种动、静荷载作用，有时还可能要承受各种突发灾害的作用。这些作用的不确定和不确知性，加之材料强度的变异、结构分析假定的近似性以及制作质量的分散性等，造成结构安全也具有不确定性和不确知性。1976 年 7 月 28 日发生在我国河北省唐山的 7.8 级地震，由于结构抗震设防水平低，仅按 6 度设防，而实际地震作用达到 9~11 度，地震造成了 24 万人死亡，经济损失超过百亿元，10 年过后，这座城市才恢复元气。1985 年智利一座规模和唐山差不多的城市在遇到 7.8 级地震时，由于预先采取了有效的抗震设防措施，只有 150 人死亡，不到一周，整个城市便恢复原样。

鉴于结构安全水平低下而引起大量损失的教训，人们主观上期望用尽可能多的经济投入来确保人们的生命和财产安全。但是，由于各种不确定性和不确知性的因素的存在，结构不可能实现绝对安全；而且由于科学技术水平和经济水平的有限性，在相当长的时间里，有限安全条件和无限安全要求之间的矛盾总是存在的。人类所能做的只能是在有限的安全投入和条件下，努力使损失和危害控制在可接受或“合理”的水平上，这样才能使有限的资源发挥最大的作用。因此，在设置结构的安全水平时，应当从经济的角度进行考虑，使结构实现安全可靠和经济合理的辩证统一，这样才能充分有效地利用资源，有力地促进国家经济发展。①

马克思说：“社会是人同自然界的完成了的本质的统一，是自然界的真正复活，是人的实现了的自然主义和自然界的实现了的人道主义。”从可持续发展（Sustainable Development）的角度，结构安全度也有一个适度的问题。可持续发展是 20 世纪 80 年代提出的一个新概念。1987 年世界环境与发展委员会在《我们共同的未来》报告中第一次阐述了可持续发展的概念，逐渐得到了国际社会的广泛共识。报告鲜明地提出了三个观点：①环境危机、能源危机和发展危机不能分割；②地球的资源和能源远不能满足人类发展的需要；③必须为当代人和下代人的利益改变发展模式。在此基础上报告提出了“可持续发展”的概念。报告深刻指出，在过去，我们关心的是经济发展对生态环境带来的影响，而现在，我们正迫切地感到生态的压力对经济发展所带来的重大影响。因此，我们需要有一条新的发展道路，这条道路不是一条仅能在若干年内、在若干地方支持人类进步的道路，而是一直到遥远的未来都能支持全球人类进步的道路。这一鲜明、创新的科学观点，把人们从单纯考虑环境保护引导到把环境保护与人类发展切实结合起来，实现了人类有关环境与发展思想的重要飞跃。

① 刘西拉，《结构工程学科的进展与前景》，中国建筑工业出版社，2007 年。

我国正处在城市化的加速期，我们在从事着世界上最大规模的工程建设，但是应该清醒地看到，我国能源短缺，环境资源的压力不断加大；我国的能源消耗已成为世界第二，环境污染的现状还没有得到根本的改善。我国政府针对国家的发展需求和资源环境的约束条件在2003年提出了“科学发展观”的战略思想，强调走全面、协调、可持续的发展道路，坚持统筹城乡发展、统筹区域发展、统筹经济社会发展、统筹人和自然和谐发展、统筹国内发展和对外开放，这对我国今后的发展有重大意义。

在实现可持续发展的过程中，各国面临的形势仍十分严峻。为了人类免受气候变暖的威胁，一些发展中国家在制定新的经济发展战略时，还没有把可持续发展作为一个突出的重要内容来对待。应该说，在我国的工程建设领域，从设计科研到施工管理，从管理部门到学校教育，从认识到行动都还有大量的工作要做。①

上述分析表明，工程模型的建立在工程设计活动中就相当于建立了逻辑上的起点，后续的工作就是在这一逻辑开端的基础上的展开。从设计方案的确定，到理论模型的建立，中间经过若干环节的修改，最后完成施工图设计的全过程实际上就是否定之否定的过程。

① 刘西拉，《结构工程学科的进展与前景》，中国建筑工业出版社，2007年。

定稿于2015年9月13日

刘佐阳　绘

真理与假相

真正的哲学写在大自然这部大书中，它打开在我们眼前，但是若没有学会理解它的语言，不认识写它时所用的字，就不能读这本书。

——伽利略，《试金者》

黑格尔说："真理是一个高尚的名词，而它的实质尤为高尚。只要人的精神和心情是健康的，则真理的追求必会引起他心坎中高度的热忱。但是一说到这里立刻就会有人提出反问道：'究竟我们是否有能力认识真理呢？'在我们这些有限的人与自在自为存在着的真理之间，似乎有一种不调协，自然会引起寻求有限与无限间的桥梁的问题。上帝是真理；但我们如何才能认识他呢？……'象我这种尘世的可怜虫，如何能认识真理呢？'"[①] 对于这一问题，《圣经》中《约伯记》（The Book of Job）记述的故事，虽然没有直接作答，但其所引发的人在什么情况下需要为上帝辩护、如何为上帝辩护以及人是否能够用简化的神学知识和人们所知晓的上帝的道理替上帝辩护等问题，值得深思。

一、为上帝辩护却没有得到上帝认可的约伯三朋友

在乌斯地，有一个人名叫约伯。他完全正直，敬畏上帝，远离恶事。他一直得到上帝的赐福，生了7个儿子，3个女儿。他的家产有7000头羊、3000头骆驼、500对牛、500头母驴，并有许多男仆婢女。在东方人中，约伯是第一个大户人家。

虽然约伯十分谨慎地侍奉上帝，但有一天还是突遭横祸，而这无端之祸竟然还是来自上帝。上帝在魔鬼撒旦面前因为约伯的虔诚而自豪。撒旦却认为，约伯侍奉上帝，只是因为上帝赐福于他；如果上帝毁了约伯的家产和子女，约伯必当面亵渎（curse）上帝。上帝一时争胜心起，便将约伯交给撒旦，随他处置，以便从无端遭祸的反应中，检验约伯是否真的虔诚。于是，在一天之内，约伯的牛、羊、驴和骆驼被人抢去的抢去，被火烧死的烧死，仆人也被杀，全部子女也在吃饭时因狂风吹塌房屋而被压死。

约伯突然遭此大变故，却没有改变他的虔信。他撕裂外袍，剃掉头发，俯伏在地上敬拜，说："我赤身出于母胎，也必赤身归回。赏赐的是耶和华，收取的也是耶和华，耶和华的名是应当称颂的。"

约伯遭此不幸，仍没有埋怨上帝。上帝为此在撒旦面前大大地炫耀。撒旦却回答说，这些毁掉的，都是身外之物；要是伤了约伯的身体，他一定会弃掉（curse）上帝。

①《小逻辑》，第64页。

好胜的上帝便又将约伯的身体交付撒旦处置。

于是，约伯从头到脚长出了毒疮，整天坐在炉灰中，拿瓦片刮身体。妻子对他说：“你仍然持守你的纯正吗？你弃掉（curse）上帝，死掉算了！”约伯却认为，人可以从神手里得福，也可以从神手里得祸，坚持不改自己的虔信。

后来，约伯的三位朋友以利法、比勒达、琐法来安慰他。他们看到约伯的这副惨状，都放声大哭，陪着约伯一声不吭地坐了七天七夜。

面对三个朋友眼睁睁看着自己的切肤痛苦而长时间保持的沉默，约伯突然开口诅咒自己的出生之日：“愿我出生的那日和怀我的那夜灭没……为何我不出生时就夭折，出母胎时就断气？”如今，“我不得安宁，不得平静，不得安息，只有苦难”。

以利法听到约伯的悲愤独白，不由试图开导他，要他耐心接受上帝的管教和惩治。然而，以利法劝诫的言辞，在饱受折磨的约伯听来却显得隔膜甚至刺耳，他反驳以利法的责备：“野驴有草岂会叫唤？牛有饲料岂会哞叫？淡食无盐岂可下咽？”他坚持自己的无辜，慨叹自己的烦恼和灾祸比海沙还要重。约伯甚而直接质问上帝：“鉴察世人的主啊，我若犯了罪，又于你何妨？为何把我当成你的箭靶？难道我成了你的重担？ 为何不赦免我的过犯，饶恕我的罪恶？”

比勒达开始为上帝的公义辩护：“上帝岂会歪曲正义？全能者岂会颠倒是非？”“上帝决不会抛弃纯全的人，也不会扶持邪恶的人。”他警告约伯：“不信上帝的人，盼望终必破灭。”针对比勒达的“教训”，约伯强调在自己和上帝之间根本不可能有任何仲裁者，并再次哀叹自己的不幸：“我要倾诉我的哀怨，我对上帝说，不要定我的罪。请告诉我，你为何指控我？难道你喜悦压迫、鄙视你造的人，却青睐恶人的计谋？难道你的眼是肉眼，目光如凡人般短浅？难道你的年日有限，岁月如世人般短暂[①]？以致你探查我的过犯，追究我的罪愆？其实你知道我没有犯罪，无人能从你手中解救我。你亲手造我塑我，现在却要毁灭我。”

琐法忍不住斥责约伯，直指他罪有应得，继续为上帝的正义申辩。约伯以嘲讽回击琐法，指责他的朋友们满嘴谎言，他表示：“我想和全能者对话，我渴望跟上帝理论。而你们只会编造谎言，都是无用的庸医……你们的名言是无用的灰尘，你们的雄辩是土筑的营垒。”

无论他的朋友们如何劝告、指责、辱骂他，约伯一概听不进。在回应友人的间隙，约伯不时转向上帝，时而向上帝哀哀祈诉，时而质疑上帝为何待他如此不公，甚至以直陈恶人亨通的事实作为人间正义失序的反证。“上帝啊，求你把手从我身上挪开，不要用你的威严惊吓我……

① 奥古斯丁的《忏悔录》卷十一中说：“你的岁月无往无来，你是千年如一日，你的日子，没有每天，只有今天，你的今天即是永恒。”

我究竟有什么过错和罪恶？求你指出我的过犯和罪愆。你为何掩面不看我？为何把我当作仇敌？ 你要恐吓一片风中的落叶吗？你要追赶一根枯干的茅草吗？”“上帝啊，你使我精疲力竭，家破人亡，你榨干了我，使我骨瘦如柴，这成了我的罪证。”“上帝啊！我向你呼求，你不回应；我站起来,你也不理睬。你变得对我残酷无情,用你大能的手迫害我……我盼望幸福，来的却是灾祸；我期待光明，来的却是黑暗。”

在约伯与友人的对话中,约伯勇敢地直接对上帝的正义提出了挑战。他干脆公开地说神不公平，而且几乎是蛮横地辩护自己的正直：“神夺去我的理，全能者使我心中愁苦。我指着永生的神起誓，我的嘴绝不说非义之言，我的舌也不说诡诈之语。我断不以你们为是，我至死必不以自己为不正。”而约伯的朋友们坚持上帝善恶必报，约伯必有罪恶，才会招致如此之祸，上帝不会不公道，“你的倚靠不是在你敬畏神么？你的盼望不是在你行事纯正么？”“请你追想，无辜的人，有谁灭亡？正直的人，在何处剪除，按我所见，耕罪孽，种毒害的人，都照样收割。”

由于三个朋友都说服不了约伯，故事中又突然插进了一个布西人以利户。以利户一方面指责约伯的朋友们没有能力说服约伯，另一方面对约伯的自以为义深感愤怒，他试图针对约伯的自辩和控诉，以自己的方式为上帝的正义辩护。他指出，上帝以特殊的方式给人教训和惩治，尽管人可能难以理解，但上帝如此行事是为了将人从黑暗中解救出来，赐人以生命和光明。

以利户强调，上帝不会偏离公平，不会让恶人亨通。进而，以利户指责约伯的自大是一种恶人的骄傲。以利户认为约伯抱怨上帝是没有智慧的表现。他说上帝在权能、审判和正义方面都是完美的，上帝不是不听受欺压者的呼声，而是不听骄傲者的虚妄呼求。最后，以利户诉诸上帝创造和维系宇宙的奇妙作为，强调上帝的智慧超逾凡人。

以利户话音刚落，耶和华上帝出人意料地从旋风中出场，“回答约伯”。他首先问道：“谁用无知的言语使我的谋划暗昧不明？”继而要求约伯“如勇士般束起腰来”，回答他的提问。显然，耶和华欲以反客为主的方式迎接约伯的挑战。接下来，耶和华将一连串裹挟着雷霆万钧气势的问题砸向约伯：我为大地奠立根基的时候，你在哪里？你是否知道谁为大地订立尺度、安放基石？谁制伏大海的汹涌波涛？谁为雨水分道、为雷电开路？你能引领星辰的轨迹么？你能为野兽预备食物么？……尽管耶和华讲辞中完全没有涉及约伯念兹在兹的人间正义问题，但面对耶和华一连三十多个居高临下的反问，约伯承认上帝所说的诸多奇妙之事都是他不明白的：“我知道你无所不能，你的旨意无不成就”。约伯坦陈自己的渺小与卑微，他将心平气和地撤回对上帝的控诉，因为他不过是一介凡夫。

听到约伯的撤诉之言，耶和华对以利法说："你和你的两个朋友令我愤怒，因为你们对我的议论不如我仆人约伯说的有理。"耶和华要求以利法、比勒达和琐法三人"取7只公牛和7只公羊"，到约伯那里为自己献上焚化祭，求得约伯的原谅。

约伯替以利法等人祈祷后，耶和华将约伯从疾患中康复，并赐给约伯双倍的财产和同样数量的儿女，约伯又活了140年，得见四代子孙，直到年纪老迈，寿终正寝。

细细品味《约伯记》，貌似简单的故事情节，实则精巧叠嶂、迷雾重重。以利法、比勒达、琐法这三位令人愁烦的安慰者为上帝辩护，上帝却指责他们说得不对。约伯这么死命地为自己辩护，甚至偶尔还越界批评上帝不公平，虽然耶和华也责备他"用无知的言语，使我的旨意暗昧不明"，但耶和华却强调约伯说得对。这决不能理解为上帝承认自己的非公正，而只能理解为约伯所怀疑和三个朋友所维护的"对象"有问题。

约伯怀疑的不是上帝本身，而是世人所知晓的上帝的道理。约伯一直真诚地探求真理，不容三个朋友肤浅的答案令他分心；他既不会否定上帝的至高无上，也不会（至少在他大多数言论中）否定上帝的公义。三个朋友试图护卫上帝，但他们维护的只是他们所知晓的上帝的道理。

既然人们所知晓的不一定是真正的道理，那么对这种道理加以怀疑，当然要比对其加以维护来得正确。因为怀疑还可能引发出对真正道理的认识或接近，而维护则只能永远停留在这一纯属误解甚或曲解的境地。也就是说，以人类的这点智慧怎么能保证他们所知晓的上帝的道理便是上帝的真正道理呢？比如苦难，就是完全被约伯的三个朋友当作责难的惩罚，并没有无辜者受苦的余地。他们的这种说辞糟蹋了全能者的公义正直。虽然这些朋友急于为神辩护，论及神的美善，但是在对约伯所说的话中，都带有故意纡尊降贵之意，使约伯开始对他们失去了耐性。在他们的话语中，也看不出对约伯的同情、怜恤和诚挚的悲伤。他们为神的辩解则成了完全难以忍受的严苛。

二、真理是普遍的，任何人都不能独占真理

在现实生活中，难免有人会像约伯的三个朋友那样，以护卫神的神圣的名义，以自己所知道的上帝的道理，"以一种妄自尊大的骄傲，对于个人的基督教信仰想要从自己武断的权威来判决"[①]。但是由于每个

①《小逻辑》，第25页。

人对真理的理解往往存在片面性，如果过于强调其掌握的真理的绝对性和至上性，其实际效果反而可能是糟蹋了“全能者的公义正直”，这就有一个度的掌握问题。真理往往掌握在少数人手中，在科学上，熟悉最新的科技成果的常常是刻苦钻研、勇于创新的少数人。要使真理造福于人类，不仅需要有人来揭示真理，还需要有人来宣传真理、弘扬科学精神。“在科学上是没有平坦的大道可走的”，当哥白尼提出日心说宇宙模型时，反对地心说、拥护哥白尼的日心说的布鲁诺，被教会打成异教徒，并在罗马的鲜花广场上被活活烧死。在中国共产党的历史上王明的“左”倾冒险主义的突出表现就是教条主义。他们缺乏对中国国情全面、深刻的认识，机械地照抄照搬外国的经验，对中国革命的性质、形势和阶级关系作出了错误的分析，对革命道路问题和城市斗争的方针问题提出了错误的政策，使党的白区组织几乎丧失了百分之百，红军和革命根据地损失了百分之九十，直接导致了第五次反“围剿”的失败。尼采说：“我不明白，为什么人们会认为真理独自统治世界和成为至高无上主宰是一件好事。在我看来，假设它应该拥有巨大的权力也就足够了。无论如何，真理不能没有对手，它能够作战，而我们也必须能够不时离开真理在虚假中休息——否则，真理就会变得令人厌倦、无力和无趣，并使我们变得同样如是。”[①] 在工程建设活动中，现行的设计和施工验收规范是成熟的工程经验的总结，对工程建设活动起着规范和引导作用，但如果把规范作为不可超越的教条，也就走向了反面，不仅阻碍了工程创新成果在实际工程中的应用，也束缚了工程师的创新思维。《马太福音》说：“汝须凭他们的果实去认识他们。”“并不是所有向我叫主呀主呀的人都可以进到天国。在那一天有许多人将向我说：主呀主呀，我们不是曾用你的名字宣道吗？我们不是曾用你的名字驱走魔鬼吗？我们不是曾用你的名字作过许多奇迹吗？我必须明白告诉你们：我还不认识你们，全离开我吧，你们这些作恶的人！”[②]

马克思在《评普鲁士最近的书报检查令》中说：“真理是检验它自身和谬误的试金石”“书报检查不得阻挠对真理的探讨”“真理是普遍的，它不属于我一个人，而为大家所有；真理占有我，而不是我占有真理。我只有构成我的精神个性的形式”。而普鲁士书报检查法令“是以对真理本身的完全歪曲的和抽象的观点为出发点的。作者的一切活动对象都被归结为‘真理’这个一般观念。可是，同一个对象在不同的个人身上会获得不同的反映，并使自己的各个不同方面变成同样多的不同的精神性质；如果我们撇开一切主观的东西即上述情况不谈，难道对象的性质不应当对探讨发生一些哪怕是最微小的影响吗？不仅探讨的结果应当是

① 尼采著，《朝霞》卷五，田立年译，第392～393页。
② 转引自《小逻辑》，第25页。

合乎真理的，而且得出结果的途径也应当是合乎真理的。对真理的探讨本身应当是真实的，真实的探讨就是扩展了的真理，这种真理的各个分散环节在结果中是相互结合的。难道探讨的方式不应当随着对象而改变吗？当对象欢笑的时候，探讨却应当摆出严肃的样子；当对象令人讨厌的时候，探讨却应当是谦逊的。这样一来，你们就既损害了主体的权利，也损害了客体的权利。你们抽象地理解真理，把精神变成了枯燥地记录真理的裁判官。”①

按照弗朗西斯·培根的看法，人类的始祖亚当与夏娃曾经拥有对宇宙万物的控制权，只是由于“人类在一坠落时就同时失去他们的天真状态和对于宇宙万物的统治权。但是这两宗损失就是在此生中也是能够得到某种部分的补救的：前者要靠宗教和信仰，后者则靠技术和科学”②。

对于科学和技术的作用，当代法国哲学家多米尼克·布尔格在《作为自然和作为自我生产的人》中指出：“20 世纪下半叶的经验教导我们，我们的技术只容许我们在本地的空间和时间范围内把握各种现象。这种所谓把握，实际上往往在或短或长的时间里引起某些出乎意料或者也许是不可预测的有害后果。所以，我们现在不可能认识我们对于我们人类自身把握力的全部后果。”

新加坡国立大学东亚研究所所长郑永年在《三大转型和世界秩序危机》中说：“今天的知识界，知识完全受政治和资本两种力量的影响，甚至支配，资本对学术研究转型的影响甚至比政治更大。资本控制学术研究经费。各种研究基金表面上具有开放性，但实际上紧紧控制了研究人员的研究意向。凡是符合资本利益的课题，有大把的钱；而不利于资本的课题，则被封杀。资本通过为研究者设计‘激励机制’的方法，悄悄地改变了研究者的研究意向。同时，资本也帮助政治人物来控制学术研究，例如今天大学对教授和教师的考核，和资本对劳工的考核并没有什么本质的区别。在一定程度上，今天的很多大学，本身就已经变成一个资本组织，学术研究和资本领域统一化。在政治和资本设计的知识笼子里，教授和研究者失去了思考大问题的能力，不去提重要的问题，而只能在微观层面就事论事。他们不去问社会的发展方向，也不知道如何解决现实社会问题。数十年来，尽管社会科学被认为取得了高速的发展，但在世界范围内，并没有产生一位像 18、19、20 世纪初那样的伟大的社会科学家，例如亚当·斯密、马克思和韦伯。教授和研究者大都成为了名副其实的‘技术工匠’，他们不问是非、不问方向，甚至不知道自己做研究的目的。结果就是政治和资本很容易确立了‘意识形态的霸权’。”池田大作在《权力的魔性》中也指出：“人一旦有了权力，往

① 《马克思恩格斯全集》第 1 卷，第 110～113 页。
② 弗朗西斯·培根，《新工具》，商务印书馆，1984 年，第 319 页。

往会产生一种错觉，以为自己因此变得伟大起来。在拥有权力的人当中，很少有人能摆脱傲慢，也很少有人能摆脱权力的魔性……他们迷恋权力的魔性，产生了一种错觉，把权力这一社会机能和自己的力量混同起来。”

“这样一来，则妨碍对于真理的认识与研究的，却不是上面所说的那种卑谦，而是认为已经完全得到真理的自诩与自信了。”[①]

三、培根“四假相说”

黑格尔说：“我们所意识到的情绪、直观、欲望、意志等规定，一般被称为表象。所以大体上我们可以说，哲学是以思想、范畴，或更确切地说，是以概念去代替表象。”[②] 在人们透过现象抓住本质的认识活动中，难免会受到各种假相的干扰甚至是误导。弗朗西斯·培根提出的“四假相说”，对于端正人们的思想认识、反对和清除认识上的主观主义、经验主义和教条主义，具有十分重要的现实意义。重温培根的“四假相说”有助于人们自觉克服各种各样的思想误区，深化对假相及其危害性的认识。

在欧洲哲学史上有两个培根，一个是罗吉尔·培根（Roger Bacon，1214～1292 年），另一个是弗朗西斯·培根（Francis Bacon，1561～1626 年）。罗吉尔·培根提出了著名的掌握真理方面的四大障碍，即愚昧的四种原因：“（1）脆弱而不适当的权威所树立的范例；（2）习惯的影响；（3）无识群众的见解；（4）于炫耀外表的智慧之中掩饰自己的愚昧。”通俗地说就是：①对权威过于崇拜；②囿于习惯；③囿于偏见；④对有限知识的自负。他认为以上四种障碍产生了人间所有的罪恶，其中的第四项最为恶劣，人们丝毫没有意识到自己的无知，反而千方百计地进行掩饰。“最坏的是，他们虽然在错误最浓密的阴影里，却自以为是在真理的充分照耀下”，他们把真理当作谬误，却反过来宣扬那些虚假的东西，在那些毫无价值的东西上花费自己的精力。因此，为了消除愚昧，认识真理，“首先必须认清这四个原因的暴行和毒害，谴责它们，并将它们远远地排斥在科学考察之外”。他说，这是时代的头等大事，“危险莫大于愚昧……最有价值的事莫过于研究清除愚昧黑暗的学问”。罗吉尔·培根关于掌握真理方面的四种障碍的学说，显然是他的同姓人弗朗西斯·培根“四假相说”的先驱。

英国近代著名的思想家、哲学家弗朗西斯·培根（以下简称培根）是英国唯物主义和现代实验科学的真正始祖。他一生留给后人的精神财富很多，如创立了科学“归纳法”；人们经常引用他的“知识就是力量”，

①《小逻辑》，第 65 页。
②《小逻辑》，第 40 页。

“没有友谊，则世上不过是一片荒漠”，“最能使人心神健康的预防药就是朋友的忠言规劝”,“顺境的美德是节制,逆境的美德是坚忍”,以及“读史使人明智，读诗使人智慧，演算使人精密，哲理使人深刻，伦理学使人有修养，逻辑修辞使人善辩”等名言。

为了消除当时人们思想上的各种迷信、僵化和偏见,培根提出了“四假相说”(也译作“四假象说”)。培根指出:“人是自然的仆役和解释者，因此他所能做的和所能了解的，就是他在事实上或在思想上对于自然过程所见到的那么多，也就只有那么多。过此，他既不知道什么，也不能做什么。”然而，通过逻辑而被固定下来的种种错误观念，却阻碍着通向真理的道路。“现在占据着人的理智并且在里面已经根深蒂固的各种假相和错误观念，不仅经常扰乱人心，使真理很难以进来，而且即使进来以后，如果人们事前不提防这种危险，使自己尽量巩固起来抵御它们的进攻，它们就会在科学开始复兴的时候，又找上我们和扰乱我们。”显然，人们之所以只能看到事物的假相，不仅仅是由于受错误观念的作用和影响，更主要的还在于这种错误观念的产生是同认知主体的幻觉相关联的；其中由于渗进了想象的成分，因而使人们所看到的事物便不是它所呈现出的本来形态，而是掺杂了诸如意愿、欲望、期待等主观因素，所以也就具有了幻想性，即具有了虚幻的成分。培根把这些虚幻的成分作了划分。培根认为，假相就是一些错误观念、一些成见或偏见。根据错误的不同来源，他把假相分为四类：

一是“种族假相”,即由于人的本性而产生的错误看法。培根说:“人的理智就好像一面不平的镜子，由于不规则地接受光线，因而把事物的性质和自己的性质搅混在一起,使事物的性质受到了歪曲,改变了颜色。”就是说，人们在认识事物时，往往从主观出发，把个人的“意志和感情”灌输在对事物的认识中，并把它们强加于客观世界，从而歪曲了事物的真相。这种主观意识往往和一个人的成长环境紧密相关，正因为如此，培根才把它和种族联系起来。培根指出，认为人的感觉是事物的尺度，乃是一种错误的论断。相反地，一切感觉，无论是感官的知觉还是心灵的知觉，都是以个人的尺度为根据的，而不是以宇宙的尺度为根据。这就意味着，人们对外部事物的感知，不是事物的自然标准，也不是感官的客观标准，而只是个人主观的、自我的标准。一方面，人的理智在本性上喜欢抽象，并且喜欢赋予飘忽不定的东西一种实体和实在；另一方面，“或者是由于人的精神的实体气质相同，或者是由于它的成见，或者是由于它的狭隘性，或者是由于它的无休无止的运动，或者是由于一种情感的灌注，或者是由于感官的无力，或者是由于印象产生的方式”，而导致了“种族假相”的产生。这样一来，人的理智就歪曲地反映了事物的本来面目，从而使事物的性质发生了改变。

马克思说：“人是类存在物，不仅因为人在实践上和理论上都把类——自身的类以及其他物的类——当作自己的对象；而且因为——这只是同一件事情的另一种说法——人把自身当作现有的、有生命的类来对待，当作普遍的因而也是自由的存在物来对待。无论是在人那里还是在动物那里，类生活从肉体方面说来就在于：人（和动物一样）靠无机界生活，而人比动物越有普遍性，人赖以生活的无机界的范围就越广阔。从理论领域说来，植物、动物、石头、空气、光，等等，一方面作为自然科学的对象，一方面作为艺术的对象，都是人的意识的一部分，是人的精神的无机界，是人必须事先进行加工以便享用和消化的精神食粮；同样，从实践领域说来，这些东西也是人的生活和人的活动的一部分。”[①] 类、类生活、类本质——都是费尔巴哈的术语，表示人的概念、真正人的生活的概念。费尔巴哈认为，类本质使每个具体的个人能够在无限多的不同个人中实现自己。费尔巴哈也承认人们之间真实存在着利益的相互敌对和对立关系，但是他认为这种关系不是来自阶级社会的历史的现实条件，即资产阶级社会的经济生活条件，而是来自人的真正的即类的本质的异化，来自人的人为的、绝非不可避免的同大自然本身所预先决定了的和谐的类生活的脱离。[②] 在工程建设活动中，人的这种“类存在物”的特点表现得非常明显，在工程建设的勘察、设计、施工和使用维护各环节、各阶段，均存在明显的专业或职业分工，例如，一般的民用建筑设计分为建筑、结构、给水排水、暖通和电照五大专业。工程施工也是职业化的，土建施工通常分为木工、瓦工、混凝土工、钢筋工、电焊工等。当前，无论是勘察、设计还是施工，均离不开规范，离开了规范，勘察、设计和施工就都缺少了法规依据，施工图审查、工程验收乃至各类检查等工作就都可能造成标准不一、无据可查、无据可依。但这并不是说，没有规范依据的勘察、设计和施工都是不行的。规范只是成熟的工程经验的总结，工程是允许也应该适度创新的，超越规范的勘察、设计和施工，只要有可靠的理论依据、试验依据，并经过政府职能部门组织的审查（如超限审查），也是合理与合法的。

二是“洞穴假相”，即因为个人偏见而形成的片面看法。[③] 培根认为，每个人都有他“自己的洞穴”，且“洞穴假相”的产生是“由于每个人的心理或身体上的特殊结构，也是由于教育、习惯和偶然的原因。这种假相是很多的，而且各式各样”。人们一旦坐在他所特有的“洞穴”之中，犹如“井底之蛙”“坐井观天”，在那狭窄的天地里，常常会“一叶障目，

①《马克思恩格斯全集》第42卷，第95页。

②《马克思恩格斯全集》第42卷，第492页。

③“种族假相”是一种集体假相，“洞穴假相”是一种个人假相。

不识泰山”，并且“使自然之光发生曲折和改变颜色”，从而不能正确认识事物的本来面貌。黑格尔说：“假如有一个意思，要叫人用概念去把握，他每每不知道如何用概念去思维。因为对于一个概念，除了思维那个概念的本身外，更没有别的可以思维。但是要想表示那个意思，普通总是竭力寻求一个熟习的流行的观念或表象来表达。假如摒弃熟习流行的观念不用，则我们的意识就会感觉到原来所依据的坚定自如的基础，好象是根本动摇了。”[①] 工程勘察、设计和施工都是技术工作，从业人员都各有特长，各有所短，所以每位从业人员也都有他“自己的洞穴”。这种“洞穴”既有有利的一面，即专长和匠心独运；也有不利的一面，即偏见、知识盲点和技术短板。

三是“市场假相”，即由语言滥用而引起的认识和思想混乱。人们的交往如同在市场上要使用货币一样，需要使用语言。但培根认为，由于“词语的意义是根据俗人的了解来确定的”，如果“词语选择得不好和不恰当”，也会造成错误的观念。培根指出：“语词加于理智之上的假相有两种。它们或者是不存在的事物的名称（既有由于缺乏观察而没有命名的东西，也有由于幻觉的假设而产生的、在实际上没有东西与之相应的名称），或者是存在的，却是混乱而没有明确定义的或随便从实际引申出来的东西的名称。”他断言：“语词显然是强制和统治人的理智的，它使一切陷于混乱，并且使人陷于无数空洞的争辩和无聊的幻想。”现代语义学认为，由于语词的不准确、多义性以及由此而造成的理解和解释上的混乱，语言作为信息交流的工具，它所传递的不但可能有假信息，而且也可能由于受纳者在解读信息时误解了信息的含义，从而导致“市场假相”的产生。而“市场假相”得以形成，便在于人们彼此之间的以讹传讹和按照自己的意愿去解读信息。工程师是借助于工程设计图来表达设计意图的，由于设计人员对工程术语的理解上的偏差和工程概念的缺乏，“市场假相”在工程设计中的典型表现就是设计表述不规范和概念不清。概念不清最容易引起混乱，如基本风压、基本雪压，有的工程设计总说明中写成“风荷载”“雪荷载”，这不应看作只是文字表达不严谨，要知道基本风压与风荷载概念上相差很大，因为风荷载不仅与基本风压有关，还与房屋的高度、体型系数、地面粗糙度等有关。从施工图审查的情况看，设计表达不规范、不充分还是比较普遍的，设计人员在认识上的一大误区就是自己以为工程设计的应有含义在设计图中都表达出来了，必须计算的都算了，需要的计算书也都有了，然而实际情况往往并非如此。施工图是给别人看的，设计表达是否准确、充分，其衡量的标准就是要让别人能看得懂，不能让人觉得似是而非，更不能让

②《小逻辑》，第41页。

人去猜，施工图中所表达的内容应是确切的、不含糊的，否则就不能满足施工的需要，就可能产生歧义而影响工程质量。

四是“剧场假相”，即因为盲目迷信权威而产生的错误认识。培根指出，“剧场假相”是各种哲学教条和证明法则移植到人心中的假相。在他看来，“一切流行的体系都不过是许多舞台上的戏剧，根据一种不真实的布景方式来表现它们自己所创造的世界罢了”。所以，他也把这种假相称为“体系的假相”。他认为，这种“逢场作戏”的假相不是天赋的，也不是暗中潜入理智中的，而是“从哲学体系的剧本和乖谬的证明规则印到和接受到人的心里上面来的”。由此表明，“剧场假相”的形成，正如我们看戏一样，虽然目的在于娱乐，但由于人们盲目迷信权威和教条，盲目崇拜历史上和现存的种种“哲学体系”，因而常常使思想受到束缚，认识出现僵化，从而在不知不觉中受到了剧中故事情节的感染，而使剧中所流露出的感情、思想、价值观念等，被我们所接受、所汲取而成为教条和成见。马克思说：“我们如果把自己的目光投向历史这个人类的伟大导师，那么就会看到，在历史上用铁笔镌刻着：任何一个民族，即使它达到了最高度的文明，即使它孕育出了一些最伟大的人物，即使它的技艺达到了全面鼎盛的程度，即使各门科学解决了最困难的问题，它也不能解脱迷信的枷锁；无论关于自己，还是关于神，它都没有形成有价值的、真正的概念；就连伦理、道德在它那里也永远脱离不了外来的补充，脱离不了不高尚的限制；甚至它的德行，与其说是出于对真正完美的追求，还不如说是出于粗野的力量、无约束的利己主义、对荣誉的渴求和勇敢的行为。”① “剧场假相”在工程建设活动中随处可见，仅从设计角度来说，依赖一体化计算程序，把设计规范当作不可逾越的教条，已成为目前结构设计普遍的现象。创新不足主要源于对规范的过度依赖。“如果对真理没有一种超验的忠诚，如果不能使一方面的事实与结构，同另一方面的观念的想象不断地相互作用，科学是会灭亡的”②，工程设计需要也应该摆脱规范体系的束缚，在设计基本理论和基本原理的基础上，发挥工程师的想象力和创造力。

四、决策陷阱与人们认识上的三大误区

培根“四假相说”告诫人们，要想真正求得真知、获得真理，就必须努力消除妨碍真理性认识的四种“假相”，因为这些“假相”蒙蔽了人们的理智，以主观的意愿操纵着客观的事实，并受感情的左右、偏见的支配，使人们的思想和见解变得狭隘，囿于成见，因而很容易以假乱真，

①《马克思恩格斯全集》第1卷，第449页。
② 赫尔曼·外尔，《数学与自然科学之哲学》，第13页。

难以把握事物的真相，认识事物的本质。决策论 (Decision Theory) 认为，人们进行决策的时候，往往容易陷入锚定陷阱、维持现状陷阱、框架陷阱、沉没成本陷阱等“陷阱”中。

锚定就是指人们在解决复杂问题时往往选择一个初始参考点、参照物，然后根据获得的附加信息逐步修正答案。锚定往往导致决策者对新的、正面的信息反应不足。锚定陷阱 (Anchoring Trap) 是指人们总是倾向于对最先接收到的信息赋予过高的权重，结果最初的印象、估计或数据会锚定随后的思考和判断。

维持现状陷阱 (Status-Quo Trap)：人们对安稳的现状总是表现出偏爱，即使还有其他更好的选择，也不愿意打破现状。害怕变化隐藏在每一个人的头脑中，它是一种自我利益保护心理。要打破现状就得采取行动，而行动本身意味着风险。承担风险就有可能在失败时面对指责，承担责任，因而为了减轻心理压力，大部分人都愿维持现状。

沉没成本陷阱 (Sunk-Cost Trap)：人们在明知决策错误的情况下仍继续错下去，总是抱侥幸心理，希望能挽回损失和颜面，结果往往越陷越深。

有利证据陷阱 (Confirming-Evidence Trap)：人们倾向于寻找支持自己现有观点和价值取向的信息，而对反面信息常常视而不见。

由于受思维定势等因素的影响，人们常借用“框架”进行决策，如果对“框架”的认知不足，就会陷入决策的框架陷阱，被框架所禁锢，用决策框架来简化决策问题，从而左右决策者的思维或思想。这种简化，还会使决策者只看到问题的奇光异彩的一面，却把问题的另一面留在阴影里或使决策者看不到阴影的一面，从而使决策者陷入“选择性失明”、思想意识上的强制扭曲、过度自信、过分谨慎等框架效应。

从实际工作中，我观察到，决策“框架”的形成和思维定势的难以打破，往往源于人们在工作和日常生活中经常出现的以下三个因思维惯性而造成的认知上的误区：

（1）想当然。学生答题不全，作者写出的文章内容不全面或表达似是而非，工程师的设计图表达不充分、不全面，人与人之间交流过程中出现的误解、误会，诸如此类情况往往是出于想当然，即自以为该做的做了，该说的说了，该写的写了，该画的画了，但是自己的作业和工作是否做全了、说明白了、写清楚了、图画得让人看懂了，均没有细究。自己做的事、说的话，不能仅仅自己明白、自己清楚，还要让别人理解、别人清楚，更不能引发歧义[①]。在柏拉图看来，世界上有三张桌子：一张是画家画的桌子，一张是现实中的桌子，一张是作为桌子的概念的桌

① 如某一会议通知要求“机关和附属单位领导参加”，是机关所有成员都参加还是只是机关领导参加？

子。在人们进行的各种各样的交流活动中，不同的人或不同的场合，其所指出的“桌子”的内涵是不同的，别人的理解也可能与你所“指”的是不同的，不一定都能一一对应。有可能你说的是“概念的桌子”，他指的是“画家画的桌子”，而另一个人则认为是“现实中的桌子”。因此，在现实生活中，要把话说清楚，把理道明白，把事交代具体明了，其实是很难的，但人们恰恰认为说话是很容易的，自己的表达都是很清楚而无遗漏的。

当代心理学中有一个理论叫“自我决定论”（self-determination theory）。该理论认为人是积极的有机体，具有先天的心理成长和发展的潜能。自我决定就是一种经验选择的潜能，是在充分认识个人需要和环境信息的基础上，个体对自己的行动做出自由的选择。这一理论认为人有三种基本的心理需要，分别是自主的需要（autonomy）、能力的需要（competence）和归属的需要（relatedness），如果这些需要得到了满足，那么人就会更加主动、积极和愉快地工作和学习。其中自主性非常关键，自主性越强，就越能激发出兴趣。在不同的领域里钻研，自主程度可能天差地别。自我决定论将人类行为分为自我决定行为和非自我决定行为，认为驱力、内在需要和情绪是自我决定行为的动机来源。然而心理学上还存在一种“正常化偏见”现象，指的是当事故及灾害发生时，人们往往以迎合自身需要和自我安慰的方式进行危险程度评估，认为“肯定没什么大不了的”“我应该不要紧”等想法非常普遍，从而误判了事件和灾害的严重程度而丧失逃生和自救的机会。在 2001 年 9 月 11 日发生在美国的恐怖袭击事件中，一些人认为“待在这里没问题”“危情马上能够平息”而没有迅速逃离被民航客机撞毁的高层建筑，结果因大楼的倒塌而遇难。诸如此类的“偏见”而产生的“想当然”害人不浅。

（2）认喜不认忧，主观上喜欢肯定，排斥否定，不愿接受否定的结果和否定的方面。然而就事物发展过程来说，否定是回避不了的，“旧的不去新的不来”，否定是从旧质（状态）到新质（状态）的跨越，也是事物质（特性）的某种规定性，有瑕疵、不符合某一检验标准的产品就是次品或不合格产品（工程）。精品是锤炼出来的，在工作和学习过程中，及时发现否定方面和因素并正确面对和处理之，就是抓住了一次改正错误的机会。学生作业做错了并不可怕，比做错作业更可怕的是不知道做错了；在工程设计过程中出现一些差错对工程实体也不至于产生实质性危害，只要及时改进就行。但错了没被发现，或者即使发现错了但没能得到及时改进，错误的设计一旦经施工而进入工程实体，就对工程产生不利影响甚至是留下安全隐患，就像人病了，讳疾忌医，而终至不治。

人们还习惯于以肯定的方式来描绘事物、表述概念，其实否定性的、排除性的表述有时候可能更清晰，也更能表述概念的内涵。例如，情商(Emotional Quotient，EQ)是指情绪商数，主要是指人在情绪、情感、意志、耐受挫折等方面的品质。智商不高而情商较高的人，学习和工作效率虽然不如高智商者，但有时却能比高智商者学得更好、做出更大的成就。情商概念的提出，很好地解释了那些靠勤能补拙、锲而不舍的精神而取得成功的历史和现实中的事例，但情商低比情商高更清晰、明了。

从表面看，情商概念好像理论与实际依据都非常充分，但实则不然。情商是自我情感把握和调节的一种能力，它只能根据个人的综合表现进行判断。情商理论的有关论述更多的是经验的总结，而不是科学研究的结果，其理论基础并不扎实。“自我知觉”是情商的核心，但这只是一种理论设想，并不是情商本身。因此，要了解情商的本质是困难的，人们在这方面也难于达成一致，“到现在为止仍没有可称为‘情商量表’的纸笔测试，也许永远也不会有”。由于情商是个模糊的概念，这一概念往往被泛用甚至是滥用。例如，那些做事不讲原则、见风使舵、一切以功利为出发点的自私自利者，在取得权或利之后常常标榜自己情商高。

情商包括：①认识自身的情绪，只有能正确而全面认识自己，才能成为自己生活的主宰；②能妥善管理和调控自己的情绪；③自我激励，它能够使人走出生命中的低潮，重新出发；④认知他人的情绪，这是与他人正常交往，实现顺利沟通的基础；⑤人际关系的管理，即领导和管理能力。情商高低的标准分为两方面：一方面是自我的情绪控制；另一方面是对外的交际情商，两者相辅相成。懂得什么时候该发脾气、什么时候应该冷静是自身情绪能自控自知的高情商表现；懂得将心比心、设身处地站在对方的角度看事情是对外交际情商高的具体表现。更浅白地说，情商是自我控制的能力和共鸣沟通的能力。说话不过脑子是情商低的一个公认的重要表现；情商低的另一个表现是高傲冷漠。一个人只要言语傲慢，不顾他人感受，就容易被贴上“高冷”的标签。

人是在各种磨炼中成熟的。有时候，一个人的成熟并不是看他会怎样夸夸其谈，而是要看他怎么做人、做事。丹尼尔·戈尔曼在《情商：为什么情商比智商更重要》中指出，低情商可能比低智商更可怕：智商决定你有多聪明，而情商决定了你能多好地运用你的智商与人打交道。因此，情商高未必能成事，但情商低必定会坏事。也许正是基于这种情况，情商高的表现往往难以界定，而情商低的种种表现却被人熟知。苏轼在《贾谊论》中说：“夫君子之所以取者远，则必有所待；所就者大，则必有所忍。”《三国演义》第七十二回说杨修“为人恃才放旷，数犯曹操之忌”，终因爱卖弄小聪明而惹来杀身之祸。但同样是才华横溢、懂得低调隐忍掩饰自己的魏国谋士司马懿却笑到最后。三国时期尽管还没有“情商”这个概念，但杨修的确是典型的“智商有余而情商不足”。

美国总统特朗普在担任总统之前是一名成功的商人，且毕业于著名的宾夕法尼亚大学沃顿商学院。弗吉尼亚州大学总统研究中心主任佩里说：“他的成功显然与天生的智慧分不开。”但佩里还指出，智商并不是成为一位好总统的唯一条件。特朗普执政以来，给人举止冲动、信口开河、说话不认账的观感。特朗普常常想到什么就脱口而出，不考虑后果。一朝权在手就把令来行。在与同僚的互动中他以盛气凌人而闻名，在国际场合也不合群甚至动手推人。越来越多人觉得他缺乏自我控制能力，欠缺总统应有的稳重，难怪媒体都说他智商有余，情商欠缺。

（3）以自己的标准和喜好作为做事的标准，忽视标准的客观公认性。人们从事任何一项工作、做任何一件事都是有标准的，但每一项工作都是有目标的，事做成之后是否满足需要、是否合格，不完全取决于自己，要经得起第三方和后续工作的检验。“情人眼里出西施”，人们在做选择时往往选择自己中意的而不一定是最好的，人们做事也都有自己的习惯和经验，这些因素都使得人们从事某一项工作时往往顺从自己的偏好而忽视客观公认的检验标准，从而使得实际工作经常出现各种各样的问题，就像学生考试很难经常得满分一样。

出于思维惯性的“想当然”“认喜不认忧”和做事“忽视标准的客观公认性”，往往源于无意识，是人们在不知不觉中犯的错误，只要一经指出或一旦自我意识到其缺陷和存在的问题，就能改变和克服，但易改也易犯，这是它不同于思维定势和思维习惯的方面。这种认知上的缺失和对工作和学习中所犯错误的不察觉，与思维方式、思维习惯和逻辑分析能力有直接关系，“这是一种克服思维的困难；但造成这困难的，也只有思维”①，我们姑且称之为思维误区。

“你要成为火，就不要怕风的吹拂”，只有自觉破除这些“假相”屏障，跨越各种“陷阱”的障碍，人们的认识才能真正走向真理。

恩格斯说：“只要自然科学在思维着，它的发展形式就是假说。”②假说是科学认识发展过程中的重要环节，是通向科学真理、建立科学理论的必由之路。假说是人们根据已经掌握的科学原理和科学事实，对未知的自然现象及其规律性，经过一系列的思维过程，首先在自己的头脑中作出的假定性解释。假说和科学理论具有相同的逻辑结构，它是科学

①《哲学史讲演录》第一卷，第320~321页。
②《马克思恩格斯全集》第20卷，第583页。

理论的初级阶段，有待于上升为理论，而反过来看，任何科学理论的提出，最初都具有假说的性质。假说的提出不但要以一定的实验材料和经验事实为基础，而且还要以一定的科学知识为依据，所以，它与主观臆测不同，也与缺乏科学论证的简单猜测、随意幻想有区别。假说成立的根本条件在于它能够接受实践的检验，这也是假说向理论转化的根本条件。不过，假说和理论之间的界限不是绝对的。按照波普尔的观点，任何理论都只是一种假说（猜想），有待于接受质疑和批判，并为新的假说所取代。科学就是在这个不断地提出猜想和接受质疑和批判的过程中前进的。在探索真理和认识事物本质的过程中，既然设想、假说是不可缺少的重要环节，而在设想描绘出的理论场景中，有一些场景是真相，但一定也会有一些场景是假相，因而在整个设想的场景中就必然存在真相和假相。我们研究假相的重要目的之一，就是了解假相产生的原因，有意识地在设想环节中减少假相的产生。在现实生活中，由于假相常常蒙蔽人们的理智，使人们的思想变得狭隘，难以排除偏见的支配，以至于主观的意愿操纵着客观的事实，在这种情形下，人们当然很容易以假乱真，难以把握事物的真相。人类理解力往往是先入为主的，一旦认可了一种意见便会想方设法来加以证明，即便出现了许多相反的事例，也可以找到各种借口加以排除；习惯于墨守成规，维护原有结论的权威性。因此，正确的认知事物的过程就是不断排除假相的过程；相反如果我们一开始就认定所有设想一定都是真相，事物的认知过程就是一个不断寻找证据的过程，最终一定是不断固化错误的过程，我们将逐步远离真相。只有破除各种假相屏障，人们才能真正走向真理。学习培根的“四假相”说，就是为了理解假相的实质，更好地排除各种假相对于我们理解力的干扰。然而，我们永远不可能消除假相，培根希望借助某种工具从根本上消除假相，实践证明这是不可能的。原因其实很简单，真相与假相同根、同源，上述四种假相产生的原因，事实上也是产生真相的原因，世间如果没有了假相，真相也就无从谈起。在工程中，假相既表现为人们对某些问题的认识还处于未知的蒙昧状态，也可能是习惯于墨守成规或以主观假定、假设作为客观实际，从而产生对理论计算结果和规范的依赖甚至以是否符合规范作为判定设计正确与否的唯一标准。

地震调查发现，在强震作用下，框架结构如果梁先于柱子出现塑性铰（即梁铰机制）一般楼层不会倒塌，但如果柱子先于梁出现塑性铰（即柱铰机制），一般楼层会倒塌，如图 6 所示。

图6　汶川地震中框架结构中出现的梁铰与柱铰及其相应的破坏机制

为了使抗震结构具有能够维持承载能力而又具有较大的塑性变形能力，设计时应遵循“强剪弱弯”“强柱弱梁”“强节点弱构件”（简称“三强三弱”）和保证主要耗能部位具有足够延性性能的设计原则。这一原则来源于地震灾害调查分析和相应的试验研究。日本抗震专家武藤清在其《结构物动力设计》一书中指出：“如果从建筑物和地面运动来看地震区受损的建筑物，实际产生的地震作用远远超过规范所规定的水平力。因此，应该认识到当建筑物的强度不足以承担大的地震力时，延性对建筑物的抗震就具有重要的作用。特别值得注意的是，柱子为脆性破坏时，其建筑物都无一例外地遭受严重的灾害。破坏的主要原因就是混凝土和钢筋分离。为了防止钢筋和混凝土的分离，最重要的措施是在柱子的主筋周围箍以抗剪箍筋，阻碍其内部混凝土发生裂缝和剥落，且牢牢地约束住混凝土。这是钢筋混凝土的诀窍。”这是武藤清总结关东大地震、十胜冲地震和圣费尔南多地震的经验教训后，根据试验研究提出的。

为了实现“三强三弱”，我国从《建筑抗震设计规范》（GBJ 11—89）开始，一直到《建筑抗震设计规范》（GB 50011—2010），均对结构体系和结构构件两个方面分别提出了具体的要求。但在汶川地震中，尽管有一些框架结构在地震中再现了“强柱弱梁”“裂而不倒”的设计理念，但大量的框架结构因形成“强梁弱柱”机制而破坏。《“5·12”汶川地震房屋建筑震害分析与对策研究报告》指出，对不同类型房屋结构的震害研究表明：“此次地震中，部分房屋的框架结构的破坏体现为框架柱先于框架梁受到破坏。”抗震设计规范预期的“强柱弱梁”型破坏机制为何没有在实际地震中出现？其主要的因素就是局部构件“超强”

而导致框架梁与框架柱之间的相对强弱关系错位，从而使原应相对弱的框架梁实际上反而比框架柱强了。此外，由于建立框架计算模型时忽略了填充墙、构造柱等对框架梁的支承作用，设计构造和设计习惯上也不同程度上提高了框架梁的实际承载力或者在某种程度上降低了框架柱的实际承载力和抗剪能力，在地震作用下，框架结构要实现“强柱弱梁”型破坏机制并不是很容易的。虽然《建筑抗震设计规范》（GB 50011—2010）修订时根据汶川地震的实际情况，提高了框架结构构件的强剪系数、强柱系数，但按新规范“强柱弱梁”机制进行设计的实际工程，是否会在未来的地震作用下实现预想的“强柱弱梁”机制，还有待进一步观察。

在工程实践中，由于工程问题的复杂性，真相与假相、主要与次要等因素是交织在一起的。列宁说，对于某些科学为了“说明”各种“力”、为了拼凑（硬搬）事实等而采取的方法，黑格尔作出了以下明智的评语：“对于被引进定理中的具体材料的所谓解说和证明，一部分是同语反复，一部分是对真实关系的歪曲，一部分又是用这种歪曲来掩盖认识的虚妄，这种认识片面地采纳经验，唯有这样它才能获得自己的简单的定义和原理；它是这样消除来自经验的反驳的：它不从经验的具体的总体性来看待和承认经验，而是把经验作为例子，并且从对假说和理论有利的方面去看待和承认经验。在具体经验从属于预先设定的各规定的情况下，理论的基础就被蒙蔽；它只是从符合理论的这一方面显露出来。”对此，列宁给出了“异常正确和深刻”的批注。[①]

“天下之患，最不可为者，名为治平无事，而其实有不测之忧。坐观其变而不为之所，则恐至于不可救；起而强为之，则天下狃于治平之安，而不吾信。惟仁人君子豪杰之士，为能出身为天下犯大难，以求成大功。此固非勉强期月之间，而苟以求名者之所能也。”[②]“是故，君子安而不忘危，存而不忘亡，治而不忘乱，是以身安而国家可保也。”[③]我们应认清真理的独特表现形式。

定稿于2015年9月16日

①《哲学笔记》第2版，第180页。
② 苏轼，《晁错论》。
③《周易·系辞下传》。

魔鬼不存，上帝焉在？

任何事物莫不有一长住的内在的本性和一外在的定在。万物生死，兴灭；其本性，其共性即其类，而类是不可以单纯当作各物共同之点来理解的。

——黑格尔，《小逻辑》

荣获诺贝尔文学奖的葡萄牙作家若泽·萨拉马戈（José Saramago，1922~2010 年），在他的长篇小说《耶稣基督眼中的福音书》（*The Gospel According to Jesus Christ*）里，叙述魔鬼曾想改邪归正，向上帝忏悔，但上帝拒绝了，而且上帝拒绝的理由是惊世骇俗的："因为我不能没有你所代表的邪恶而存在。如果魔鬼不是魔鬼，上帝就不成其为上帝了。"上帝的对立面是魔鬼，可是上帝又不能没有魔鬼。尽管上帝无所不能，只是不能消灭魔鬼。魔鬼成了上帝存在的理由，正因为有魔鬼的诱惑和对魔鬼的恐惧，人们才感到需要上帝；否则，上帝也就可有可无了。萨拉马戈的《耶稣基督眼中的福音书》被指责公开冒犯天主教，葡萄牙政府迫于梵蒂冈的压力取消其角逐欧洲文学奖的资格。"讲故事就如同做椅子"的萨拉马戈愤而移居西班牙兰萨罗特岛，直到 2010 年 6 月 18 日，他因器官衰竭在那里去世。

作为一个强硬的无神论者，萨拉马戈塑造的形象往往是寓意深刻的。1998 年 10 月 8 日，瑞典文学院宣布萨拉马戈荣获本年度的诺贝尔文学奖的获奖理由是："他那充满想象力、富于同情心和讽喻魅力的寓言，持续不断地触动我们，让我们对令人困惑的现实有更深的理解。"我们常说的善与恶之间的关系就如同萨拉马戈小说中的上帝与魔鬼间的依存关系：魔鬼与上帝同在，绝对的恶与绝对的善共存。世间没有了恶，就没有善；没有阴，就没有阳；没有光明，也就没有黑暗。黑格尔明确指出，光明与黑暗不是"两种不同的光"[①]、"纯粹的光明就是纯粹的黑暗"[②]；生死也是不离的，"有生者必有死，简单的原因即由于生命本身即包含有死亡的种子"[③]，"一切有的东西，在出生中，本身就有它消逝的种子，反过来，死亡也是进入新生的门户"[④]。黑格尔认为一切现象都是对立物的统一，对立的每一方只有在它与另一方的联系中才能获得自身的本质规定。他说："既然两个对立面每一个都在自身那里包含着另一个，没有这一方也就不可能设想另一方，那么，其结果就是：这些规定，单独看来都没有真理，唯有它们的统一才有真理。这是对它们的真正的、辩证的看法，也是它们的真正的结果。"[⑤] 马克思在《中国革命和欧洲革命》中说："有一个爱好虚构的思辨体系，但思想极其深刻的研究人类发展基本原则的学者（指黑格尔。——引者）一向认为，自然界的基本奥妙之一，就是他所说的对立统一（contact of extremes）规

①《小逻辑》，第 55 页。

②《小逻辑》，第 108 页。

③《小逻辑》，第 206 页。

④《逻辑学》上卷，第 70 页。

⑤《逻辑学》上卷，第 208 页。

律。在他看来，‘两极相逢’这个习俗用语是伟大而不可移易的适用于一切方面的真理，是哲学家不能漠视的定理，就象天文学家不能漠视开普勒的定律或牛顿的伟大发现一样。”[①] 列宁也指出：“统一物之分为两个部分以及对它的矛盾着的部分的认识……是辩证法的实质（是辩证法的‘本质’之一，是它的主要的特点或特征之一，甚至是它的最主要的特点或特征）。”[②]

一、为他存在与自在存在

在《逻辑学》和《小逻辑》中，黑格尔认为某事物的“存在”[③] 包含“为他存在”[④] 和“自在存在”[⑤] 两个环节或规定的两个方面，这种环节和规定表现在多个方面、多种环节中。黑格尔说：“为他之有和自在之有构成某物的两个环节。这里出现了两对规定：（1）事物和他物；（2）为他之有和自在之有。”[⑥] “自在之有和为他之有首先是不同的；但是，某物在它那里，也有和某物是自在的同一的东西，反过来说，某物作为是为他之有那样的东西，也是自在的，——这就是自在之有与为他之有的同一，这是依据以下的规定：某物本身是这两种环节的同一体，而它们在某物中又是不分离的。”[⑦] “自在不仅是某物与自身的直接同一，而且是这样的同一，即：某物通过此同一既是自在的，又是在它那里的；为他之有是在它那里，因为自在就是为他之有的扬弃，就是从为他之有那里出来而回到自身里去的；但是其所以如此，也因为自在是抽象的，即本质上带着否定，带着为他之有。”[⑧] “质，作为存在着的规定性，相对于包括在其中但又和它有差别的否定性而言，就是实在性。否定性不再是抽象的虚无，而是一种定在和某物。否定性只是定在的一种形式，一种异在（Anderssein）。这种异在既然是质的自身规定，而最初又与质有差别，所以质就是为他存在（Sein-für-anderes），亦即定在或某物的扩展。质的存在本身，就其对他物或异在的联系而言，就是自在存在（Ansich-sein）。”[⑨] “由于某物是自在的东西，也是在它那里的东西，它就带着为他之有；因此规定本身也就显然有了对他物的关系。规定性同时也是环节，但又含有质的区别，与自在之有不同，是某物的否定物，是别一实有。把他物这样包括在自身之内的规定性，与自在之有合一，就把他有带进了自在之有，或者说带进了规定，于是规定被降低为状态。——反之，假如把作为状态的为他之有孤立起来，自为地建立起来，那么，为他之有就是与他物所以为他物同样的东西，就是在他物自己那里的他物，即他物本身；这样，为他之有就

①《马克思恩格斯全集》第 9 卷，第 109 页。
②《哲学笔记》第 2 版，第 305 页。
③ Sein，也译作“有”。
④ 也译为“为他之有”。
⑤ 也译为“自在之有”。
⑥《逻辑学》上卷，第 113~114 页。
⑦《逻辑学》上卷，第 115 页。
⑧《逻辑学》上卷，第 117~118 页。
⑨《小逻辑》，第 203 页。

是自身关系的实有，就是有了规定性的自在之有，就是规定。”[①] 在黑格尔看来，“单纯的存在乃是纯全的空虚，同时又是不安定的”。黑格尔举例说，“譬如，我们常说到一个计划或一个目标的实在，意思是指这个计划或目标不只是内在的主观的观念，而且是实现于某时某地的定在。”[②] 这是黑格尔的高明之处。他说：“无论什么可以说得上存在的东西，必定是具体的东西，因而包含有差别和对立于自己本身的东西。”[③] 在《哲学笔记》中，列宁给出了这样的批注：“任何具体的东西、任何具体的某物，都是和其他的一切处于相异的而且常常是矛盾的关系中，因此，它往往既是自身又是他物。”[④] 生物种群间从单方的依赖性进化为双方互为不可或缺的依赖关系，是一物既是自身又是他物的最直白的明证。

黑格尔说：“每个孤立的有生命的东西都处在这样一种矛盾里：一方面自己对自己是一个自禁排外的统一体，另一方面却又依存于其他事物。”[⑤] 地球上所有的物种都是在过去的35亿年间不断产生、繁衍和进化的，其中一些物种之间在进化过程中是相互作用的。正是这些相互作用，使我们今天看到的自然界不仅是一个个彼此独立的物种，而且表现为植物间的相生相克，动物间的食物链关系，植物与动物间的相互利用等诸多行为和现象。可以说，要想真正了解一个物种，研究该物种与其周围物种间的相互作用和研究这一物种自身的生命史同等重要。

亿万年来，昆虫与植物各自经历着复杂的演化，种类由少到多，结构由简单至复杂，分布范围由狭而广，是迄今生物界中最占优势的类群。昆虫和植物两者为了营养、繁殖、保护、防卫、扩散等需要而发生了密切的关系，双方在所建立的关系中相互作用、相互影响，通过变异和特化而彼此适应，成为丰富多彩的生态系统中的重要组成部分。它们以同种的个体和种群为单元，以对方为强有力的进化选择因素作条件，持续但又有步骤地相互制约，形成了所谓协调适应或协调进化。

所有的蜜蜂都完全以花为食，包括花粉及花蜜。采集花蜜是一项十分辛苦的工作，蜜蜂为取得食物不停地工作，白天采蜜、晚上酿蜜。蜜蜂在采花粉时亦同时替植物完成授粉任务，因为当蜜蜂在花间采花粉时，会掉落一些花粉到花上。这些掉落的花粉实现了植物的异花传粉。蜜蜂身为传粉者的实际价值比其制造蜂蜜和蜂蜡的价值更大，成为农作物授粉的重要媒介。这就是说，植物依赖昆虫传播花粉到雌蕊进行授精，并提供花蜜和花粉吸引昆虫。蝴蝶和蜜蜂等昆虫以花蜜或花粉为食。昆虫会进化出特殊的结构（如蜜蜂足上的绒毛、采集蜜的小囊，蝴蝶的长长

① 《逻辑学》上卷，第119~120页。
② 《小逻辑》，第203页。
③ 《小逻辑》，第258页。
④ 《哲学笔记》第2版，第115页。
⑤ 《美学》第一卷，第193页。

的卷吸式口器）来吸食花蜜,传递花粉。而花也会进化出特殊的结构（如花蜜在长形的花底部，蝴蝶用很长的口器可以吸到）来适应昆虫的传播和采蜜。

在自然生态系统中，种群关系上的协同进化现象非常普遍。在长期进化过程中,相互作用的种群间从单方的依赖性发展为双方的依赖关系,而成为种群间互为不可缺少的生存条件，并在相互依赖、相互调节的长期进化过程中协同进化。比较经典的是无花果和榕小蜂，受精过的雌榕小蜂带着花粉，打洞进入无花果封闭的雌花，在里面生殖小蜂并死去。新生的小蜂钻开小洞离开无花果，进行下一轮生殖。

榕小蜂与无花果的协同进化到了如此程度，没有榕小蜂无花果根本无法受精，没有无花果，雌榕小蜂也无法产卵。生物多样性和生态平衡就是在这样的二元或多元相互作用中持续发展的。

协同进化是一个物种的性状作为对另一个物种性状的反应而进化，而后一物种的这一性状本身又是作为对前一物种性状的反应而进化，它要求特殊性——每一个性状的进化都是由于另一个性状；相互性——两个性状都必须进化；同时性——两个性状必须同时进化，这被称为一对一协同进化。一对一协同进化在自然界中比较少见，如虫媒花植物与传粉昆虫等，自然界中还存在着扩散的协同进化。某一个或多个物种的特征受到多个其他物种特征的影响而产生的相互进化现象称为扩散的协同进化。扩散的协同进化不具备同时性，表明了物种对生物环境特征的适应。扩散的协同进化包括植物受到多种昆虫的取食而产生的物理和化学的防御机制及昆虫所获得的能降解多种植物的有毒物质能力等许多方面。

自达尔文与华莱士以来，生物学家都承认种间生态学作用对进化的意义。生存斗争是在协同进化的总框架内进行而不违背协同进化的总趋势。整个生物界是高等与低等生物同在,简单与复杂生物并存,多彩纷呈,协同进化。各种生物之间密切关联，相互依存，沿着协同进化的总趋势演化发展。协同进化包括生物之间、生物与环境之间相互受益和相互制约两种机制。优胜劣汰的生存斗争是制约机制中的一种,而非全部内容。可以说，协同进化概念的本身就是研究进化论的一个有力工具，因为它提出了物种之间相互作用的思想。

协同进化论与普通进化论看问题的着眼点不同。在普通进化论或种群遗传学中，一个物种往往被孤立地看待，环境以及其他相关物种被视为一成不变的背景。而协同进化论则强调基因的变化可能同时发生在相互作用的物种间。因此，协同进化更强调物种之间的相互作用，可以说它是进化论与生态学的一个重要交叉点。事实上，许多生态学现象必须在进化思想的指导下才能很好地理解。关系密切的生物，如花和采粉的动物、寄生虫和寄主、捕食者和被捕者等，一方成为另一方的选择力量，因而在进化上发展了互相适应地特性。例如，当被捕者发生了变异，防御能力提高时，捕食者也相应地要发生克服被捕者防御能力的机制，否则就要因不能适应新的条件而被淘汰。这种互相适应的现象称为协同进化或共进化。植物的花和采粉昆虫协同进化、互相选择的结果，使不同的植物需要不同的昆虫采粉，而不同的昆虫也以不同的植物为采粉对象。显然，采粉的“专门化”防止了遍身花粉的昆虫飞到其他植物的花中，白白浪费花粉。

协同进化的现象是普遍存在的。共栖、共生等现象都是生物通过协同进化而达到的互相适应。这一情况说明了黑格尔所说的“在事物概念中更进一步的环节是：一物质在这个中，另一物质也在那里，在同一点中的渗透者也被渗透，或者说，独立物直接就是另一物的独立性。这是矛盾的；但事物又无非就是这个矛盾本身。”①

按照协同进化理论，物种间的相互作用引起协同适应（co-adaptation），在一定的条件下可导致协同物种的形成。物种间协同适应引起的物种形成是普遍存在的，有学者认为植物与植食动物间的相互选择反应可能是热带地区物种高度多样性的原因。不仅如此，据《中国科学报》报道，一项新的研究表明，人类细胞中的DNA除了由父母遗传而来，还有一些源自其他生物体。英国剑桥大学生物学家Alastair Crisp及其同事的研究表明，在生物的进化历史中，来自生命其他分支的基因最终成为动物细胞的一部分。现代人可能携带了多达145个基因，这些基因来自细菌、其他单细胞生物体以及病毒，并把人类基因组当作了自己的家。“这一发现意味着生命之树并不是由完美的分支世系构成的一棵一成不变的大树。”“事实上，它更像那些亚马孙绞杀植物无花果的一种，所有的根系都纠缠与交错在一起。”②

协同进化论承认生物多样性，承认大自然的自我组织功能和维持能力，服从大自然的自我调节规律，生命多样性和协同进化具有巨大价值，正是这种多样性和协同进化造就了生物圈的千姿万态，维系了生物圈的持续演化发展，协调了全球生态环境的相对平衡，共同构成了人类赖以生存和发展的重要物质基础。

协同进化论所取得的成就，印证了恩格斯的预言：“正是那些过去被认为是不可调和的和不能解决的两极对立，正是那些强制规定的分界线和类的区别，使现代的理论自然科学带上狭隘的形而上学的性质。这

①《逻辑学》下卷，第137页。

②《人类或携带145种其他生物基因》，《中国科学报》2015年3月17日第2版。

些对立和区别，虽然存在于自然界中，可是只具有相对意义，相反地，它们那些被设想的固定性和绝对意义，则只不过是被我们人的反思带进自然界的——这样的一种认识，构成辩证自然观的核心。大量积累的自然科学的事实迫使人们达到上述的认识；如果有了对辩证思维规律的领会，进而去了解那些事实的辩证性质，就可以比较容易地达到这种认识。无论如何，自然科学现在已发展到如此程度，以致它再不能逃避辩证的综合了。可是，如果自然科学不忘记，那些把它的经验概括起来的结论是一些概念，而运用这些概念的艺术不是天生的，也不是和普通的日常意识一起得来的，而是要求有真实的思维。”①

人与自然、人与人之间的为他存在与自在存在关系更复杂。马克思指出：“人不仅仅是自然存在物，而且是人的自然存在物，也就是说，是为自身而存在着的存在物，因而是类存在物。他必须既在自己的存在中也在自己的知识中确证并表现自身。因此，正象人的对象不是直接呈现出来的自然对象一样，直接地客观地存在着的人的感觉，也不是人的感性、人的对象性。自然界，无论是客观的还是主观的，都不是直接地同人的存在物相适应的。正象一切自然物必须产生一样，人也有自己的产生活动即历史，但历史是在人的意识中反映出来的，因而它作为产生活动是一种有意识地扬弃自身的产生活动。历史是人的真正的自然史。”②中国古人也有：“治物者，不于物于人。治人者，不于事于君。治君者，不于君于天子。治天子者，不于天子于欲。治欲者，不于欲于性。性者，万物之本也，不可长，不可短，因其固然而然之，此天地之数也”③的思想。黑格尔在《法哲学原理》中说：“人既是高贵的东西同时又是完全低微的东西。他包含着无限的东西和完全有限的东西的统一、一定界限和完全无界限的统一。人的高贵处就在于能保持这种矛盾，而这种矛盾是任何自然东西在自身中所没有的也不是它所能忍受的。人格一般包含着权利能力，并且构成抽象的从而是形式的法的概念、和这种法的其本身也是抽象的基础。所以法的命令是：‘成为一个人，并尊敬他人为人’。”④马克思认为“历史活动是群众的活动，随着历史活动的深入，必将是群众队伍的扩大”。马克思说：“进步的敌人是独立存在着的、群众自卑自贱的产物，但这种产物不是观念的，而是物质的、外在的。”马克思指出，历史的活动和观念都是“群众”的观念和活动，“‘观念’一旦离开‘利益’，就一定会出丑。另外，不难了解，任何群众的、得到历史承认的‘利益’，当它最初出现于世界舞台时，总是在‘观念’或‘想象’中远远地超出自己的实际界限，很容易使自己和全人类的利益混淆起来。这种错觉构成傅立叶所谓的每个历史时代的色调。”⑤

①《马克思恩格斯全集》第20卷，第16~17页。
②《1844年经济学哲学手稿》，《马克思恩格斯全集》第42卷，第169页。
③《吕氏春秋·贵当》。
④《法哲学原理》，第46页。
⑤《哲学笔记》第2版，第14~15页。

恩格斯说："我们断定，一切已往的道德论归根到底都是当时的社会经济状况的产物。"① 因此，"人们自觉地或不自觉地，归根到底总是从他们阶级地位所依据的实际关系中——从他们进行生产和交换的经济关系中，吸取自己的道德观念。"② 然而"善恶观念从一个民族到另一个民族、从一个时代到另一个时代变更得这样厉害，以致它们常常是互相直接矛盾的。但是，如果有人提出反驳，说无论如何善不是恶，恶不是善；如果把善恶混淆起来，那末一切道德都将完结，而每个人都将可以为所欲为了。"③ 歌德在《莎士比亚纪念日的讲话》中说："我们所称之为恶的东西，只是善的另外一个面，对善的存在是不可缺少的，与之构成一个整体。"④ 在我上大学时，针对当时盛极一时的"人的本质都是自私的"的论调，给我上哲学课的刘锡光教授从道德判断角度进行了批驳。他说："如果人的本质都是自私的，其道德评价为恶。那么，与恶相对的善的坐标在哪里呢？如要找，只能在天上和虚无中。"因此，"就像每个新娘都有一个新郎"⑤，善恶作为对立的统一体，是相对的，不是绝对的。人之初既无绝对的善，也不会有绝对的恶；人世间既无纯粹的善，也无纯粹的恶⑥。善恶也无"注定"了的必然，人或多或少都有向善之心、行善的德行和无私的品德，也有自私的倾向和作恶的可能，人在特定环境下，面对特定的对象和环境，是行善还是作恶，既与外界因素、外部环境有关，也与个人的思想品德、行为规范、价值观念等内在因素直接相关，它与评价和评判人的言行是善还是恶一样，均是复杂的问题，没有固定的模式，但有客观和公认的标准。

二、事物的两重性

格鲁吉亚诗人西蒙·切柯瓦尼有诗云："一切东西都有两重性：一个对象既是它本身的样子，又是使人想起的那种东西。"苏联美学家列·斯托洛维奇认为：对象的审美价值既取决于"它本身的样子"，又取决于它"使人想起的那种东西"。但是对象使人想起的那种东西，不仅取决于感知它的主体，还须有相应的客观对象。当某种对象和人类社会之间在社会历史实践过程中形成客观的联系和相互关系时，对象就"使人想起"这些联系和相互关系。德国物理学家、量子力学的奠基人之一海森伯（W.K.Heisenberg，1901～1976 年）说："自然科学并不是自然本身，它是人类和自然关系的一部分。"歌德认为"美是一种原始现象，单靠它本身固然不能显现出来，但是它所反射的光辉却可以从有创造性的心灵的人们的无数不同的表现中见出，而且它的丰富

①《反杜林论》，《马克思恩格斯全集》第 20 卷，第 103 页。

②《马克思恩格斯全集》第 20 卷，第 102 页。

③《马克思恩格斯全集》第 20 卷，第 101～102 页。

④ 伍蠡甫等，《西方文艺理论名著选编》上卷，北京大学出版社，1985 年，第 427 页。

⑤《马克思恩格斯全集》第 1 卷，第 787 页。

⑥ 非善非恶也许更接近人之初的本性，但提倡性本善本身就是一种善行，对积德行善有正面引导作用，其实践意义更大。

多彩和变化多端，并不亚于自然本身。”而“当一个科学体系正当旺盛的时候，是很难感到它的崩溃的可能性的；当崩溃已成事实之后，那就容易指出这种崩溃了”①。

毛泽东在《关于帝国主义和一切反动派是不是真老虎的问题》中指出：“同世界上一切事物无不具有两重性（即对立统一规律）一样，帝国主义和一切反动派也有两重性，它们是真老虎又是纸老虎。”②这里的两重性，指事物本身所固有的互相矛盾的两种属性，即一种事物同时具有两种互相对立的性质，就像商品，一方面它有使用价值，另一方面它有价值。成绩它能够鼓励人，同时会使人骄傲；错误、失败也有两重性，它使人遭受挫败，同时也是很好的教员，失败是成功之母，在失败中包含着胜利的因素；坏事有两重性，一重是坏，一重是好，福祸相倚，坏事里头包含着好的因素，好事里头也包含着坏的因素，在一定的条件下，坏的东西可以引出好的结果，好的东西也可以引出坏的结果。苏格拉底说：“我们就的确是把许多给人类带来痛苦的事放在幸福之中了。因为有许多人由于美貌而被那些见美倾心的人败坏了；许多人由于自信体力强大而去尝试力所不逮的工作就遭到了不少的祸患；许多人由于财富而腐化堕落，遭人阴谋暗算而毁灭了；许多人由于他们的荣耀和政治能力而遭受了极大的灾难。”③更广泛地说，人们对真理的认识，既是相对的又是绝对的，这些都是事物两重性的表现。两重性和毛泽东所说的两点论、两分法有同等意义，都是要求人们全面地辩证地观察事物，不但要看到事物的正面，也要看到它的反面，看到事物矛盾双方在一定条件下相互转化，反对片面地、僵死地、形而上学地看问题。

黑格尔指出：“某物由于它的质而与他物对立，是可变的和有限的，它之被规定，不仅是与一个他物对立，而且是对这个他物的绝对否定。”④“所谓对立面一般就是在自身内即包含有此方与其彼方，自身与其反面之物。”⑤马克思在《黑格尔法哲学批判》中指出：“黑格尔的深刻之处也正是在于他处处都从各种对立面出发，并把这种对立加以强调”，并且尖锐地嘲笑资产阶级庸俗经济学家“对于黑格尔的‘矛盾’，一切辩证法的源泉，虽然十分生疏，但对各种平庸的矛盾却很内行。”⑥黑格尔说：“通常对事物抱温情态度，只关心如何使事物不自相矛盾，在这里，也同在其他场合一样，却忘记了这种办法是解决不了矛盾的，它只是把矛盾转移到另外一个地方，即转移到主观的或外在的反思，并且忘记了，这种反思实际上是把两个环节——这两个环节由于这种排除和转移，被宣布为单纯的设定的存在——作为两个被扬弃的和相互关联的环节，包含在自身的统一体中。”⑦黑格尔哲学反复阐述了对

①［德］H. 赖欣巴赫，《科学哲学的兴起》，第42页。

②《毛泽东文集》第七卷，第455页。

③色诺芬，《回忆苏格拉底》，第152～153页。

④《逻辑学》上卷，第100页。

⑤《小逻辑》，第259页。

⑥《马克思恩格斯全集》第23卷，第654页。

⑦《哲学笔记》第2版，第113页。

立面互相转化的思想，他认为一切现象都因其内部矛盾而处于不断发展的过程中，对立面在一定条件下向相反的方向转化，标志着渐进过程的中断，意味着新的质态的产生。马克思指出："两个互相矛盾方面的共存、斗争以及融合成一个新范畴，就是辩证运动的实质。"① 黑格尔的整个哲学体系就是绝对观念不断转化的过程。在黑格尔那里，"绝对观念"的发展从逻辑开始，经过自然历史阶段最后发展到精神阶段而回到自身。在这个发展过程中，概念之间不断地发生转化，一切逻辑范畴如质、量、度，同一、差别、矛盾、肯定、否定、否定之否定、必然和偶然、原因和结果等，都是互相转化的。在逻辑学中，黑格尔把源自古希腊的"正、反、合"这个三段式，分为两个否定的过程：第一次否定是由"正"到"反"，第二次否定是由"反"到"合"。第一次否定是将"正""反"两者对立，将"反"看成是对"正"单纯的否定。黑格尔把第一次否定称为"抽象的否定""形式的否定"或"单纯的否定"。在这里，"正""反"二者是互相排斥、互相矛盾的。

黑格尔说："肯定与否定都是设定起来的矛盾，自在地却是同一的。两者又同是自为的，由于每一方都是对对方的扬弃，并且又是对它自己本身的扬弃。"② "肯定的东西和否定的东西的对立，主要被理解成这样：肯定的东西（尽管从名称上看，它表示拟定的、设定的存在）应当是一个客观的东西，而否定的东西是一个主观的东西，它只属于外在的反思，它同自在自为地存在着的客观的东西没有关系，它对于客观的东西来说是完全不存在的。……的确，如果否定的东西只表示主观任意的抽象……那么，这个否定的东西'对于客观的肯定的东西来说'，是不存在的"。③ 因此，"在逻辑研究本身，不仅要指出这些形式的否定方面，而且要指示出它们的肯定方面"④，而且"真理，作为同客体相符合的知识，也是肯定的东西，但是它之所以是这种自身等同，只是因为知识否定地对待他物，知识渗进客体并扬弃了本身是客体的那个否定。谬误是某种肯定的东西，是并非自在自为地存在的东西的一种自信的和固执的意见。至于无知，或者，它是对真理和谬误都漠不关心的东西，因而它既不能被规定为肯定的，也不能被规定为否定的，无知的规定，作为某种欠缺，是属于外在的反思的；或者，它作为客观的，作为某个特性的自身规定，是一种反对自身的冲动，是在自身中包含着肯定倾向的否定的东西。——极端重要的一个认识，即认清和把握住我们所考察的反思规定的这个本性：反思规定的真理就仅仅在于它们的相互关系，因而就在于反思的每一个规定在其概念本身中都包含着另一规定；不认识这一点，在哲学中实在寸步难行。"⑤

①《马克思恩格斯全集》第 4 卷，第 146 页。
②《小逻辑》，第 253 页。
③《哲学笔记》第 2 版，第 114 页。
④《小逻辑》，第 88 页。
⑤《哲学笔记》第 2 版，第 114～115 页。

对于“正”“反”二者，我们不可以仅仅看作是彼此相互对立的，因为概念是具体的，而“具体概念”都是对立面的统一。黑格尔说：“否定性，形成概念运动的转折点。这个否定性是自身的否定关系的单纯之点，是一切活动的，即生命的和精神的自己运动的最内在的泉源，是辩证法的灵魂，而所有真实的东西本身都含有这种辩证法的灵魂，并且只有通过它才是真理，因为概念和实在之间的对立的扬弃，以及作为真理的统一，完全是以这个主观性为基础的。——第二个否定，即我们达到了的否定的否定，是上述的矛盾的扬弃，可是这种扬弃，和矛盾一样，不是某种外在反思的行动，而是生命和精神的最内在的最客观的环节，由于它，才有主体，个人，自由的个人。”①

因此，要把握真实的东西、把握具体的东西就不能停留于第一次否定，即不能把“反”看成是对“正”之单纯否定，而应更进一步否定此种“单纯的否定”，从而认识到“反”是“正”的构成环节和组成部分，是对“正”的进一步规定和肯定，是“正”之具体化和深刻化。恶是善的否定，不善不等于是恶，但没有恶就没有善。所以从概念上说，恶也是善的组成部分，就是说恶对善作了进一步规定，对恶的揭示，就是对善的难能可贵、善的高贵品德的肯定。

“正”与“反”的对立统一，即“合”，就是对“单纯否定”加以否定的结果，也就是第二次否定或“否定之否定”。思维对于具体的真理，开始分析时，只能认识它的正面，然后才进而分析它所包含的反面，最后才在对立面的统一（“合”）中把握该事物，这就是列宁所说的：“对于简单的和最初的‘第一个’肯定的论断、论点等等，‘辩证的环节’，即科学的考察，要求指出差别、联系、过渡。否则，简单的、肯定的论断就是不完全的、无生命的、僵死的。对于‘第二个’否定的论点，‘辩证的环节’则要求指出‘统一’，也就是指出否定和肯定的联系，指出这个肯定存在于否定之中。从肯定到否定——从否定到保存着肯定东西的‘统一’，——否则，辩证法就要成为空洞的否定，成为游戏或怀疑。因此，如果否定的东西，规定的东西，关系，判断以及所有归在这第二个环节之下的规定，不是自身已经表现为矛盾和辩证的，那么这只是思维的欠缺，即思维没有把自己的思想汇合起来。”②

黑格尔断言，离开了“反”面的“正”，是没有规定性的，是无所肯定的。他说：“离开了规定性而坚持自身的存在，即‘自在存在’，这只会是对存在的空洞抽象。在‘定在’里，规定性和存在是一回事，但同时就规定性被设定为否定性而言，它就是一种限度、界限。所以异在并不是定在之外的一种不相干的东西，而是定在的固有成分。……在定

①《哲学笔记》第2版，第197～198页。
②《哲学笔记》第2版，第196页。

在里，否定性和存在仍是直接同一的，这个否定性就是我们所说的限度。某物之所以为某物，只是由于它的限度，只是在它的限度之内。……如果我们试进一步细究限度的意义，那末我们便可见到限度包含有矛盾在内，因而表明它自身是辩证的。一方面限度构成限有或定在的实在性，另一方面限度又是定在的否定。”[①] 因此，如果要对“正”有所规定、有所肯定，那就要将“正”加以否定，将“正”和“反”联系起来、统一起来，即“合”。一物如不加以否定，不把“反”和“正”联系起来，那就无从对该物加以规定。之所以如此，是因为单纯的、孤立的、片面的“正”是抽象的、无规定性的，要对某物（正）作进一步的规定，就必须对某物“是”什么、“是”怎样等有所说明、有所规定。而要这样做，就要对它加以否定，将它和“反”联系起来、统一起来，就是“合”。例如，光明（正）离开了黑暗（反）就不成为光明。黑格尔说：“只要在反思的思维方面有少许经验，就足以觉察到，如果某物是被肯定地规定的东西，那么，从这个基础出发继续前进，它立刻就会直接转化为否定的东西，反过来，被否定地规定的东西也会转化为肯定的东西，反思的思维会由于这些规定而混乱并自相矛盾。[②] 在黑格尔看来，“思维的理性则可以说是使差异物变钝了的区别锋利起来，使表象的简单多样性尖锐化，达到本质的区别，达到对立。多样性的东西，只有相互被推到矛盾的尖端，才是活泼生动的，才会在矛盾中获得否定性，而否定性则是自己运动和生命力的内在脉搏。”[③] 因此，第一次否定是一种离开“正”的过程，第二次否定回复到“正”的过程，并不是简单的回复，而是对“正”的提高，是“扬弃”的结果。“扬弃”，“既意谓保存、保持，又意谓停止、终结。保存自身已包括否定，因为要保持某物，就须去掉它的直接性，从而须去掉它的可以受外来影响的实有。——所以，被扬弃的东西同时即是被保存的东西，只是失去了直接性而已，但它并不因此而化为无。……某物只在与对立物统一时才被扬弃。”[④] 可以看出，“扬弃”或“否定之否定”就是改造旧有的东西，去掉直接性，使其成为新事物的构成因素（环节）而被保存下来，使其自身在发展中不断得到提高，内容不断丰富和具体化。[⑤]

黑格尔说：“谁如果要求一切事物都不带有对立面的统一那种矛盾，谁就是要求一切有生命的东西都不应存在。因为生命的力量，尤其是心灵的威力，就在于它本身设立矛盾，忍受矛盾，克服矛盾。在各部分的观念性的统一和在实在界的互相外在的部分之间建立矛盾而又解决矛盾，这就形成了继续不断的生命过程，而生命就只是过程。这种生命过程包含着双重活动：一方面它继续不断地使有机体的各部分和各种定性

①《小逻辑》，第204～205页。
②《哲学笔记》第2版，第113～114页。
③《逻辑学》下卷，第69页。
④《逻辑学》上卷，第94页。
⑤ 张世英，《论黑格尔的逻辑学》第3版，第126～129页。

的实在差异面得到感性存在，而另一方面如果这些差异面僵化为独立的特殊部分，变成彼此对立，排外自禁的固定的差异面，它就又要使这些差异面见出它们的普遍的观念性，即它们的生命源泉。”[①] 也就是说，“只有借取消这种自身以内的否定，生命才能变成对它本身是肯定的。经历这种对立、矛盾和矛盾解决的过程是生物的一种大特权；凡是始终都只是肯定的东西，就会始终都没有生命。生命是向否定以及否定的痛苦前进的。”[②] 而“生命既不是象最初所表示的，它的本质之直接的连续性和坚实性，也不是那持存着的和自为存在着的各个分离的形态，也不是这些分离的形态之纯粹的过程，也更不是这些环节之简单地结合在一起。生命乃是自身发展着的、消解其发展过程的、并且在这种运动中简单地保持着自身的整体。”[③]

唯心主义体系决定了黑格尔的辩证法不可能是彻底的。对待黑格尔的辩证法，我们也应采用两分法。列宁在《哲学笔记》中摘录了黑格尔《哲学史讲演录》中的一段话：“对错误的东西，不应当根据与它对立的东西是真的这一点来证明它是错误的，而应当从它本身来证明它是错误的。”[④] 在谈到黑格尔逻辑学中关于否定之否定等规律时，恩格斯指出：“错误在于：这些规律是作为思维规律强加于自然界和历史的，而不是从它们当中抽引出来的。从这里就产生出整个牵强的并且常常是可怕的虚构：世界，不管它愿意与否，必须符合于一种思想体系，而这种思想体系自身又只是人类思维某一特定发展阶段的产物。如果我们把事情顺过来，那末一切都会变得很简单，在唯心主义哲学中显得极端神秘的辩证法规律也立刻就会变成简单而明白的了。”[⑤]

黑格尔说：“把不真实的意识就其为不真实的东西而加以陈述，这并不纯然是一种否定的运动。一般地说，自然的意识对这种陈述所持的见解，就是这样的一种片面的见解；而一种知识，如果它以这种片面性为本质，它就是不完全的意识的形态之一……相反，当结果被按照它真实的情况那样理解为特定的否定时，新的形式就立即出现了，而否定就变成了过渡；有了这种过渡，那穿过意识形态的整个系列的发展进程，就将自动地出现了。”[⑥] 但要做到没有偏见，是不容易的。钱钟书在《一个偏见》中说：“世界太广漠了，我们圆睁两眼，平视正视，视野还是褊狭得可怜，狗注视着肉骨头时，何尝顾到旁边还有狗呢？至于通常所谓偏见，只好比打靶的瞄准，用一只眼来看。但是，也有人以为这倒是瞄中事物红心的看法。”《马太福音》说：“并不是所有向我叫主呀主呀的人都可以进到天国。”黑格尔评说道：“那些自诩并自信其独占有基督教，并要求他人接受他的这种信仰的人，并不比那些借基督之名驱逐魔

① 《美学》第一卷，第154～155页。
② 《美学》第一卷，第124页。
③ 《精神现象学》上卷，第62～63页。
④ 《哲学笔记》第2版，第214页。
⑤ 《马克思恩格斯全集》第20卷，第401页。
⑥ 《精神现象学》上卷，第62～63页。

鬼的人高明多少……他们也很少有充分能力可以说出几句有智慧的话，而且完全不能够做出增进知识和科学的伟大的行为来，而增进知识和科学才是他们的使命和义务。学识广博尚不能算是科学。”① 钱钟书也风趣地说：“你觉得旁人不好，需要你的教训，你不由自主地摆起架子来，最初你说旁人欠缺理想，慢慢地你觉得自己就是理想的人物，强迫旁人来学你。以才学骄人，你并不以骄傲而丧失才学，以贫贱骄人，你并不以骄傲而变成富贵，但是，道德跟骄傲是不能并立的。世界上的大罪恶，大残忍——没有比残忍更大的罪恶了——大多是真有道德理想的人干的。没有道德的人犯罪，自己明白是罪；真有道德的人害了人，他还觉得是道德应有的代价。上帝要惩罚人类，有时来一个荒年，有时来一次瘟疫或战争，有时产生一个道德家，抱有高尚得一般人实现不了的理想，伴随着和他的理想成正比例的自信心和煽动力，融合成不自觉的骄傲。基督教哲学以骄傲为七死罪之一。王阳明《传习录》卷三也说：‘人生大病只是一傲字，有我即傲，众恶之魁。’照此说来，真道学可以算是罪恶的初期。反过来讲，假道学来提倡道德，倒往往弄假成真，习惯转化为自然，真正地改进了一点儿品行。调情可成恋爱，模仿引进创造，附庸风雅会养成内行的鉴赏，世界上不少真货色都是从冒牌起的。所以假道学可以说是真道学的学习时期。不过，假也好，真也好，行善必有善报。真道学死后也许可以升天堂，假道学生前就上讲堂。这是多么令人欣慰的事！”因此，“更进一层说，真有道德的人来鼓吹道德，反会慢慢地丧失他原有的道德。”②

①《小逻辑》，第26页。

② 钱钟书，《谈教训》。

初稿于2014年6月16日

修改于2015年5月2日

刘佐阳　绘

一粒黄豆打死一个人

确信一切都建立在牢不可破的必然性上面，这是一种可怜的安慰。在一定地域，甚至在整个地球上，自然界各种对象的混杂的集合，即使有永恒的原初决定，却仍旧象过去一样，是偶然的。

——恩格斯，《自然辩证法》

概率论上有一个“小概率事件的实际不可能性原理”，指的是“概率很小的随机事件在个别试验中是不可能发生的”。但当试验次数很多时，该原理就不适用了。因此，在现实生活中，小概率事件也是有可能发生的。

小时候，我与小朋友们一起玩耍之际，长辈给我们讲了一个“一粒黄豆打死一个人”的故事，提醒我们玩耍的时候要小心。这故事说的是从前有两个小朋友在追逐打斗，其中的一个人拿起一粒黄豆开玩笑地说“我打死你”，随即向对方扔出一粒黄豆。对方为了躲避飞过来的这粒黄豆，将头往后一仰，正巧碰到墙壁上的一颗钉子。钉子穿破他的后脑勺而死于非命。这个故事告诫我们，涉及安全的事千万不可大意。莎士比亚说：“审慎尤胜勇猛。”古语说：“力能胜贫，谨能胜祸。”据说，美国“哥伦比亚号”航天飞机的坠毁悲剧，就是由一块泡沫材料脱落而引发的。

一粒黄豆自身根本不具备打死一个人的威力，是外界因素酿成“一粒黄豆打死一个人”悲剧的发生。因此，外界或外部的不利因素有可能促使事件向危险的方向发展。1485 年，英国国王理查三世与里奇蒙德伯爵的军队之间爆发了战争。战争期间，因国王所骑战马缺失一颗马钉，战马摔倒，导致国王被擒。失去主帅的国王军队溃不成军。一个庞大的王朝葬送在一个小小的马钉之上，这就是以“一马失社稷”而闻名的波斯沃斯战役。

英国历史学家汤因比（Amold Joseph Toynbee，1889~1975 年）在其《历史研究》（A Study of History）中断言：“根据历史上诸文明命运的证据，我们必须与之战斗的女神，不是携带着致命武器的‘凶猛的必然性’，而是‘或然性’。”①1920 年 10 月 2 日，希腊国王亚历山大一世在雅典的王室花园内散步时，他的宠物狗遇到一只猴子的攻击。亚历山大一世用棍棒赶走猴子，却被猴子咬伤了手。这时另一只猴子跑来保护它的同伴，国王在将它赶走的过程中，又被咬了一口，这次的咬伤较为严重。不久，伤口的细菌扩散到了血液，10 月 25 日，亚历山大一世因败血症在雅典去世，年仅 27 岁。两个月后，他流亡瑞士的父亲康斯坦丁回国复位。在随后与奥斯曼土耳其帝国的交战中，由于英国和法国等协约国都不太喜欢康斯坦丁一世，英、法两国减少甚至是停止了对希腊

① 阿诺德·汤因比著，刘北成、郭小凌译，《历史研究》，上海人民出版社，2005 年，第 134 页。

的财政和军事援助，战争局势急转直下，最终以希腊惨败告终，25 万希腊人在这场战争中献出了宝贵的生命，亚历山大一世在位期间得到的所有领土也都全部丢失。丘吉尔对此评论道："一次猴子的咬伤导致了 25 万人的死亡。"(It was a monkey bite that caused the death of those 250000 people.) 此后，希腊的社会长期处于危机和混乱之中，希腊一度强大的历史终结了。

《战国策·中山策》中记述了这样一则故事：中山国王宴客，每位大臣都赏赐一碗羊肉羹，唯独司马子期没有分到，司马子期心中不满。怀恨在心的他，后至楚国，说服楚王攻打中山国。中山国崩败。中山国王逃亡时，仅两名士兵随其逃亡。国王问士兵：我已狼狈不堪，你俩为何愿意随我败逃呢？士兵回答："当年我父饿倒在路旁，幸有国王送他饭吃，才没饿死。我父嘱咐我们，不管国王处境如何，都要尽力拥护。"中山国王听罢，喟然而仰叹曰："与，不期众少，其于当厄；怨，不期深浅，其于伤心。吾以一杯羊羹亡国，以一壶飡（cān，同"餐"）得士二人。"因一碗饭得了两位勇士，却因一碗羊肉羹致国家灭亡，这就是中山国王的悲剧。"怒可以复喜，愠可以复说，亡国不可以复存。"[①] 南唐后主李煜做了亡国奴时写下的"小楼昨夜又东风，故国不堪回首月明中"，"靖康之耻"之后沦为阶下囚的宋徽宗写下的"彻夜西风撼破扉，萧条孤馆一灯微；家山回首三千里，目断山南无雁飞"等晦恨、哀怨、凄凉的诗句，都是亡国之君心境和生存状况的真实写照，对后世的主政者的影响很大。

普列汉诺夫在《论一元历史观的发展问题》中论罗马时指出，"富裕的罗马公民购买了贫苦农民的土地。他们中间每个人都知道，由于他们的活动，某个张三和李四会变成没有土地的无产者。但是他们中间谁曾经预见过，大地产会毁灭共和国，而随之还会毁灭意大利？他们中间谁曾经意识到，谁能够意识到自己发财欲望的历史后果？没有人能够！没有人意识到。而事实上结果是：由于大地产，共和国和意大利都毁灭了"。

普列汉诺夫进一步指出，从单个人的自觉自由行动中必然产生出他们意料不到、不曾预见的，涉及整个社会即影响同一些人们相互关系总和的后果。这样一来，我们就从自由领域转入必然性领域。

"一粒黄豆打死一个人"属于小概率偶然事件。黑格尔说："诚然，我们日常所遭遇的有许多事情，无疑地是偶然的。"[②] 恩格斯也指出："常识和具有常识的大多数自然科学家，都把必然性和偶然性看作永远互相排斥的两个范畴。一个事物、一个关系、一个过程不是偶然的，就是必然的，但不能既是偶然的，又是必然的。所以二者是并列地存在于自然

① 《孙子兵法·火攻篇》。
② 《小逻辑》，第 310 页。

界中；自然界包含着各种各样的对象和过程，其中有些是偶然的，另一些是必然的，而整个问题，就只在于不要把这两类互相混淆起来。”[①]然而在黑格尔看来，“科学、特别是：哲学的任务，诚然可以正确地说，在于从偶然性的假象里去认识潜蕴着的必然性。”[②]黑格尔认为，可能性与偶然性是现实事物的两个环节，“偶然的东西是一个现实的东西，它同时只被规定为可能的，同样有它的他物或对立面……偶然的东西，因为它是偶然的，所以没有根据；同样也因为它是偶然的，所以有一个根据。”[③]然而“偶然性一般讲来，是指一个事物存在的根据不在自己本身而在他物而言。现实性呈现于人们意识前面，最初大都是采取偶然性的形式，而这种偶然性常常被人们同现实性本身混淆起来了。但偶然事物仅是现实事物的片面的形式——反映他物的那一面或现实事物被认为单纯的可能事物那一面。因此我们认为偶然的事物系指这一事物能存在或不能存在，能这样存在或能那样存在，并指这一事物存在或不存在，这样存在或那样存在，均不取决于自己，而以他物为根据。”[④]恩格斯在《路德维希·费尔巴哈和德国古典哲学的终结》中说：“被断定为必然的东西，是由纯粹的偶然性构成的，而所谓偶然的东西，是一种有必然性隐藏在里面的形式。”[⑤]所以，“某一事物是可能的还是不可能的，取决于内容，也就是说，取决于现实的诸环节的总体，现实在自己的展开中表现为必然性。”[⑥]“概括讲来，一方面认识的任务同样在于克服这种偶然性。另一方面在实践范围内，行为的目的也在于超出意志的偶然性或克服任性（Willkür）。”[⑦]要克服认识上的偶然性和行动上的任性，“特别重要的，是对于意志方面的偶然性必须予以适当的估价。当我们说到意志的自由时，大都是指仅仅的任性或任意，或指偶然性的形式意志而言。诚然，就任性作为决定这样或那样的能力而言，无疑地是自由意志的一个重要环节（按照意志的概念来说它本身就是自由的）；不过，任性却不是自由的本身，而首先只是一种形式的自由。那真正的自由意志，把扬弃了的任性包括在自身内，它充分意识到它的内容是自在自为地坚定的，同时也知道它的内容是完全属于它的。”[⑧]

事物的发展是受多重因素制约的，人们常说“细节决定成败”“小不慎则乱大谋”。细节、非主流的、偶然因素有时往往成为左右事物发展方向的关键少数或关键因素。然而自古不谋万世者不足以谋一时，不谋全局者不足以谋一域。做事或谋局细节都是必须考虑的重要因素，有时某一细节甚至具有某种决定性意义。但是“细节决定成败”的前提是行动计划的战略指导是正确的。战略是统管全局的宏观大谋略，主要是确定未来发展方向和总目标，以便牵引并整合一切力量沿着既定方向达

① 恩格斯，《自然辩证法》，《马克思恩格斯全集》第20卷，第560页。
②《小逻辑》，第303页。
③《逻辑学》下卷，第197页。
④《小逻辑》，第301页。
⑤《马克思恩格斯全集》第21卷，第338页。
⑥《哲学笔记》第2版，第132页。
⑦ 同④。
⑧《小逻辑》，第302页。

成预定目标。战略决策的正确与否，是成败的关键所在。如果战略决策失误，有可能面临全盘皆输的厄运，由此而造成的巨大损失，绝不可能从战术等其他层面上得到弥补。来自俄罗斯的一篇描写车臣战争的报告文学《连队消逝在天际》写道："如果军事指挥员的判断错了，胜利的希望就变得渺茫，这时只能靠浴血奋战的士兵来力挽狂澜。"战略与细节都是客观存在，战略是对细节充分把握基础上的概括和升华，是细节的灵魂、方向和旗帜，决定着细节的发生、发展和变化的方向，对全局起着决定性作用。战略不停留在细节上，也不是细节的简单叠加。当然，细节对战略，也并非无足轻重，导致功败垂成的，往往是关键细节出了问题。因此，成败，不能简单地说是由细节决定的。成败取决于战略与细节是否统一。没有科学的战略"关照"的细节，是盲动的细节，科学的战略加上到位的细节，方可获得成功；战略上失误或者战略正确但关键细节失误，必然是全盘皆输或败绩多多。一般而言，细节错误总是难以完全避免的，而战略错误一个都不应当犯，因为一个战略错误将导致全军覆没、工作的全局失败和企业的一败涂地。[①]

人们常说"艺高人胆大"，关注细节不是瞻前顾后、唯唯诺诺，也不一定什么事都要谨小慎微。克劳塞维茨说："在所有谨慎的人当中，有很大一部分人是胆怯的。"[②]"没有胆量就谈不上杰出的统帅。"[③]就战争来说，战争充满盖然性，必然因素与偶然因素交织在一起。"战争中一切情况都很不确实，这是一种特殊的困难，因为一切行动都仿佛是在半明半暗的光线下进行的，而且，一切往往都象在云雾里和月光下一样，轮廓变得很大，样子变得稀奇古怪。"[④]古谚云"每个人都是他自己的命运的主宰者"[⑤]。克劳塞维茨说："每次战争都有许许多多的特殊现象，它好比是一个未经航行过的、充满暗礁的大海，统帅可以凭智力感觉到这些暗礁，但是不能亲眼看到，并且要在漆黑的夜里绕过它们。如果再突然刮起一阵逆风，也就是再发生某种对他不利的重大的偶然事件，那么，就要求他有最高超的技巧和机智，做出极大的努力。而在站在远处的人看来，这一切都好象进行得很顺利……只有作战经验丰富的军官才能在大大小小的问题上，可以说在战争脉搏的每一跳动中，都恰当地做出决定和进行处理。有了这种经验和锻炼，他可以不加思索地断定什么是可行的，什么是不可行的。因此，他的弱点不容易暴露出来。如果在战争中常常暴露弱点，就会动摇别人对他信赖的基础，而这是极其危险的。"[⑥]"军人的勇敢必须摆脱个人勇敢所固有的那种不受控制和随心所欲地显示力量的倾向，它必须服从更高的要求：服从命令、遵规守纪、讲究方法。"因此，黑格尔指出："我

① 杨春贵，《领导干部要着力提高战略思维能力》，《学习时报》，2008年6月3日。
②《战争论》，第159页。
③ 同②。
④《战争论》，第96页。
⑤《小逻辑》，第310页。
⑥《战争论》，第75页。

们必须明白肯定地说，如果历史上的英雄仅单凭一些主观的形式的兴趣支配行为，那么他们将不会完成他们所完成的伟大事业。如果我们重视内外统一的根本原则，那我们就不得不承认伟大人物曾志其所行，亦曾行其所志。”[①] 无论是第二国际的伯恩斯坦还是当代德国哲学家哈贝马斯都曾断言：“历史过程中的物质性因素的作用、物质生产的作用正在减小，而伦理性因素、精神性因素的作用正在增加。”这种情形在战争中表现得更充分。克劳塞维茨说：“当指挥官的认识相同时，因小心怕事而坏事比因大胆而坏事要多千百次，这一点也许只要我们一提，读者就一定会同意。按理说，有了合理的目的，就容易有胆量，因而胆量本身的价值就会降低，但事实上却正相反。当有了明确的思想，或者智力占优势时，一切感情力量就会大大失去威力。因此，指挥官的职位越高，胆量就越小，因为，即使见解和理智没有随职位的上升而提高，客观事物、各种情况和各种考虑也仍然会从外部对他们施加频繁而强大的压力，他们越是缺乏个人的见解，就越感到压力的沉重。法国有句成语：‘在第二位上大放光芒，升到第一位时黯然失色’[②]，这句话揭示的生活经验之所以在战争中也适用，最基本的原因就在这里。在历史上被认为平庸甚至优柔寡断的统帅，在职位较低时几乎个个是以大胆和果断著称的。”[③] 故《淮南子》谓天下有三危：“少德而多宠，一危也；才下而位高，二危也；身无大功而受厚禄，三危也。”[④] 兰德公司在一篇《国际领导能力新挑战》的报告中指出：“在瞬息万变的世界上，具有广阔战略视野的领导者供应不足。”克劳塞维茨则强调，“只有依靠胆量进行的战争才能抵制住懦弱和贪图安逸的倾向，这种倾向会使一个日益繁荣和交往频繁的民族堕落下去。一个民族，只有它的民族性格和战争锻炼在不断地相互促进，才能指望在世界政治舞台上占有巩固的地位。”[⑤]

在每个人的人生历程中，记忆深刻的往往是那些不幸的事件和曾经经受的苦难。克劳塞维茨说：“通常，人们容易相信坏的，不容易相信好的，而且容易把坏的作某些夸大。以这种方式传来的危险的消息尽管像海浪一样会消失下去，但也会像海浪一样没有任何明显的原因就常常重新出现。”[⑥] 生活中难免有不如意的事，俗话说“人生不如意常八九，可与人言无二三”。苏轼在《泗州僧伽塔》诗中云：“耕田欲雨刈欲晴，去得顺风来者怨。若使人人祷辄遂，造物应须日千变。”[⑦] 无论生活可以呈现出多么美好的面貌，但生命的本质就是有痛苦的，“忧患与劳苦之与生相对峙也久矣”[⑧]。叔本华认为，“人的生存就是一场痛苦的斗争，生命的每一秒钟都在为抵抗死亡而斗争，而这是一场注定要失败的

①《小逻辑》，第294页。
② 伏尔泰，《亨利颂》中的一句名言。
③《战争论》，第162页。
④《淮南子·人间训》。
⑤ 同③。
⑥《战争论》上卷，第71页。
⑦《苏轼诗集》第六卷，第289页。
⑧ 王国维，《红楼梦评论》。

斗争。”恩格斯指出，巴尔扎克的“伟大的作品是对上流社会必然崩溃的一曲无尽的挽歌；他的全部同情都在注定要灭亡的那个阶级方面”。[①] 黑格尔说：“优秀的东西不但逃脱不了它的命运，注定了要被夺去生命夺去精神并眼看着自己的皮被剥下来蒙盖在毫无生命的、空疏虚幻的知识表面上；而我们还可以认识到，就在这种注定的命运本身之内，优秀的东西也在对于心情，如果不说是对于精神，施加着强力，同时还可以认识到，优秀的东西的优秀形式所具有的普遍性和规定性，就在这种注定的厄运里也正在展开形成着，而且唯其正在展开形成，这种普遍性才有可能被使用到表面上去。”[②] 也许是基于人们对命运认识的某种通感，叔本华把人生道路比喻成是一条铺满炽热火炭的“环形轨道”，人生就是绕着跑道一圈又一圈地奔跑着，双脚踩在炽热的火炭上面。在跑道中间只有几处清凉的落脚点被看作是幸福的地点。在《历史哲学》中，黑格尔说：“假如我们进一步来观察世界历史个人的命运，我们可以知道他们的命运并不是快乐的或者幸福的。他们并没有得到安逸的享受，他们的整个人生是辛劳和困苦，他们整个的本性只是他们的热情。当他们的目的达到以后，他们便凋谢零落，就像脱却果实的空壳一样。他们或则年纪轻轻的就死了，像亚历山大；或则被刺身死，像恺撒；或则流放而死，像拿破仑在圣赫伦娜岛上。”[③] 黑格尔将世界历史人物的这种遭遇看作是历史的“嫉妒心”努力要毁谤那伟大和卓越，要寻出它们的缺点。在印度诗剧《沙恭达罗》的最后一幕里，一位拥有所有人都迫切想得到的“所有优秀品质”、已经得到最贪婪的人所能期求拥有的“一切荣耀、权势与爱情”的国王，在他最完美的人生里，神还打算再满足他一个要求与愿望。就在人生如此完美的时刻，这位国王的愿望却是：“让所有的国王都努力谋求他的人民的幸福！让所有诵读《吠陀》的人都崇奉技艺之神萨罗萨伐底！愿永生全能的英武的湿婆免除我下一世的痛苦，不要让我投生在这终将毁灭的、罪与罚的人世间！”这就是一切都如意、事事都顺心的国王出人意料的悲伤的人生愿望与期求！

恩格斯认为“历史进程是受内在的一般规律支配的”，他说：“人们通过每一个人追求他自己的、自觉期望的目的而创造自己的历史，却不管这种历史的结局如何，而这许多按不同方向活动的愿望及其对外部世界的各种各样影响所产生的结果，就是历史。”“人们所期望的东西很少如愿以偿，许多预期的目的在大多数场合都彼此冲突，互相矛盾，或者是这些目的本身一开始就是实现不了的，或者是缺乏实现的手段的。这样，无数的个别愿望和个别行动的冲突，在历史领域内造成了一种同没有意识的自然界中占统治地位的状况完全相似的状况。行动的目的是预

① 《马克思恩格斯选集》第4卷，第463页。
② 《精神现象学》上卷，第39页。
③ 黑格尔著，王造时译，《历史哲学》，上海世纪出版集团，2001年，第31页。

期的，但是行动实际产生的结果并不是预期的，或者这种结果起初似乎还和预期的目的相符合，而到了最后却完全不是预期的结果。”尽管愿望是由激情或思虑来决定的，但我们已经看到，“在历史上活动的许多个别愿望在大多数场合下所得到的完全不是预期的结果，往往是恰恰相反的结果，因而它们的动机对全部结果来说同样地只有从属的意义”。[①]人们常说“好花不常开，好景不常在”，也许正因为好的、正面的事物，不是如“种瓜得瓜，种豆得豆”那样容易得到和必然出现，而且美好的事物往往是短暂的，才显得好事的珍贵，才使得人们不时地赞叹美、欣赏美，才促使人们不懈地追求崇高的事业，珍惜健康、弘扬正气；也正是由于坏的、负面的事物，如灾难、疾病、人类灵魂的丑恶和歪风邪气等，是难以杜绝的，它就像杜甫所说的“魑魅喜人过”那样，常以各种各样的形式、在人们最不希望它出现的时刻、在人们没有意识的时候出现，将人们的任性与过错、傲慢与偏见一一展现出来。因此，对于工程师来说，细心是从事工程设计的基本心理素质，“图难于其易，为大于其细”[②]，想当然、粗心大意、恃才标新或自视过高，往往是事故的苗头和根源，对存在的问题不能有侥幸心理，更“玩”不起，这是工程师设计职业内在本质的必然反映和职责使然。

定稿于 2014 年 3 月 16 日

①《马克思恩格斯全集》第 21 卷，第 341~342 页。

②《老子・第六十三章》。

刘佐阳　绘

苦莫愁，冷莫虬

举凡一切事物，其自身的真相，必然是思维所思的那样，所以思维即在于揭示出对象的真理。哲学的任务只在于使人类自古以来所相信于思维的性质，能得到显明的自觉而已。

——黑格尔，《小逻辑》

人们常以为哲学是很深奥的，并赋予哲学理论“放之四海而皆准的真理”的特质和美誉。然而哲学并非一定是深奥难懂的。黑格尔说：“就辩证法表现在精神世界中，特别是就法律和道德范围来说，我们只消记起，按照一般经验就可以表明，如果事物或行动到了极端总要转化到它的反面。这种辩证法在流行的谚语里，也得到多方面的承认。譬如在‘至公正即至不公正’一谚语里，意思是说抽象的公正如果坚持到它的极端，就会转化为不公正。同样，在政治生活里，人人都熟知，极端的无政府主义与极端的专制主义是可以相互转化的。在道德意识内，特别在个人修养方面，对于这种辩证法的认识表现在许多著名的谚语里，如‘太骄则折’‘太锐则缺’等。即在感情方面、生理方面以及心灵方面也有它们的辩证法。最熟知的例子，如极端的痛苦与极端的快乐，可以互相过渡。心情充满快乐，会喜得流出泪来。最深刻的忧愁常借一种苦笑以显示出来。”[①] 古今中外广为传颂的故事、谚语以及生活经验中的哲理体现了辩证法真淳的一面。

“道在山林，学在民间”，其实生活中的哲学，往往既不深奥也不抽象，有时也不失深邃。热胀冷缩是自然规律，人们感到冷的时候就自然会像蚯蚓遇到刺激一样蜷缩自己的身体，这在我们家乡有一个专门的术语叫“虬”；人们遇到困难时，也常常因一筹莫展而愁眉苦脸。我小时候在老家，天冷的时候长辈看到我们蜷缩着身体时，往往会说：“苦莫愁，冷莫虬”；当人们的生活遇到诸如青黄不接的时候没粮食吃了、急需用钱而又没钱或大龄青年找不到对象了等情况时，总能听到一句安慰的话：“冷莫虬，苦莫愁”。这两句话在我们家乡是很普通的口头禅，且总是联在一起说的，一般前者是“比兴”，后者则是重点要规劝的目的，即莫愁或莫虬。常识告诉我们，“冷莫虬，苦莫愁”是有一定的科学道理的。人感到冷的时候，活动活动筋骨，确实有御寒的作用，比蜷缩成一团强得多；人在遇到困难时，勇敢面对也还真的反而能够比以泪洗面、整天唉声叹气等消极的等待更能够战胜困难。类似于“冷莫虬，苦莫愁”的真理性已被广泛的实践所证实，它既简洁又饱含深意、既通俗又文雅；既是高度的抽象，“冷”“苦”的原因、程度等并没有给出明确的定义，“虬”“愁”的定义也是很含糊的，但它同时又具象到不言自明的程度而成为生活智慧和生活的艺术的结晶。“冷莫虬，苦莫愁”蕴含着深刻

①《小逻辑》，第180页。

的哲理，只不过是“百姓日用而不知”[①]其为“泰初有为”的哲学罢了[②]。

黑格尔说：“哲学若没有体系，就不能成为科学。没有体系的哲学理论，只能表示个人主观的特殊心情，它的内容必定是带偶然性的。”[③]“冷莫虬，苦莫愁”不是“个人主观的特殊心情”的一种表述，它所包含的朴素思想可以从传统中医学的理论体系中找到某些脉络。

中医学是我们的祖先几千年来在与疾病做斗争中不断创造、不断发展而积累起来的一门科学。作为一门至今仍傲然屹立于现代科学之林的传统学科，中医学不仅具有完整的理论体系和精深的科学内涵，而且具有独特的诊病手段和良好的治疗效果。

中医学理论体系的基本特征是在古代唯物论和古代辩证法哲学思想指导下，以统一整体观、动态平衡观、永恒运动观，在“天人合一”思想的指导下，以脏腑、经络为主要理论，以精气为理论核心，以阴阳五行为说理工具，对人体的解剖、生理、病理以及疾病的诊断、预防治疗等方面作了比较全面的阐述，建立了脏象学说、气血津液学说、经络学说、病因病机学说、体质学说，从而确立了完整而独特的中医学基础理论体系。

中医认为人体脏器、组织、器官在生理上相互联系，是一个有机整体。人体的正常生理活动一方面要靠脏腑组织发挥自己的功能，另一方面又要靠它们之间相辅相成的协同作用和相反相成的制约作用，才能维持生理和心理平衡。中医典籍高度重视经络“决生死，处百病，调虚实，不可不通”的古训，认为人体各个部分是以五脏为中心，通过经络系统有机地联系起来，构成一个表里相连、上下沟通、协调共济、井然有序的统一整体。气血津液是构成人体的基本物质，是脏腑经络等组织器官进行生理活动的物质基础，经络是运行气血，沟通表里上下的通道，六淫、七情影响人体生理机能而可能引发疾病。

人类区别于低级动物，在于他的灵感和智慧即人文性质，食物营养和运动并不是健康的唯一要素，心理精神因素对人的健康影响是不容忽略的，精神在很多情况下往往起到第一生命力的作用。精神活动对于神志、躯体方面的影响是极其巨大的。

中医学认为，精神、情志活动与脏腑功能盛衰、气血津液盈亏息息相关，在机体生命活动过程中强调精神情志因素对健康的影响。《黄帝内经》中将“喜、怒、忧、思、悲、恐、惊”称为“七情”。七情出现异常，或即刻发病，或延迟发病，或加重原有病情，或诱发新病。《素问·阴阳应象大论》中说，人有五脏化五气，以生“喜、怒、悲、忧、恐”，由此创立了“五志”。情志是一种复杂的心理活动，是对包括“七情”“五

① 《易传·系辞》。
② 周献祥，《萦绕于心的故乡哲理故事》，《衢州日报》，2018年1月15日第6版。
③ 《小逻辑》，第56页。

志”在内的所有情志特征与属性的抽象与概括，是人们对内外环境变化进行认知评价而产生的涉及心理、生理两大系统的复杂反应，具有内心体验、外在表情及相应的生理和行为变化，其反应和表达方式因不同心理、生理状态而不同。

中医认为，人体局部的病理变化往往与全身脏腑、气血、阴阳的盛衰有关。气机，是气的运动的根本形式，人体脏腑、经络、气血、津液的功能活动及相互联系，都有赖于气机的升降出入。情志致病，首先是扰乱气机，并会导致气机升降失常，气机郁滞，运行不畅；而且“消、缓、乱”，亦是气的运行障碍。“七情”本来是人体正常的感情活动，若是这些情志的变化在正常的范围之内，将内心的情绪表露于外，对人体是有利的；相反，这些情志过于激动，就可能使人百病滋生。《内经》认为情志的变动和五脏的机能有关，心志为喜，肝志为怒，脾志为思，肺志为忧，肾志为恐。《内经》指出，“喜怒不节则伤脏”，说明情志不加节制会损伤脏腑功能，所谓“怒伤肝，喜伤心，思伤脾，悲伤肺，恐伤肾”；情志过激可损阴伤阳，“大惊卒恐，则气血分离，阴阳破散”。而阴阳协调，是维持人体生命活动的基本条件，“阴平阳秘，精神乃活，阴阳离决，精气乃绝”，就是这个道理。

正常人都有精神变化，“苦莫愁”是一种生活的智慧。自古以来，一笑归天者有之，一悲丧命者有之，一怒而亡者亦有之。情怀舒畅，精神愉悦是一个人健康长寿的重要因素，所以，要想健康长寿就必须注意并且克服情志的波动和变化，保持心情平和、舒畅。随着社会的节奏的加快，生活压力的加大，人们昔日平静的生活被打破，心理冲突不断增加，由情绪调节不良所致的身心疾病越来越严重，而且情志与健康和疾病的关系，尤其是情志对健康和疾病的影响，已成为当今医学、心理学以及社会各界共同关注并且感兴趣的重大问题。根据世界卫生组织在《阿拉木图宣言》中提出的“健康不仅是疾病与体弱的匿迹，而且是身体、精神和社会的完满状态”的观点，谁寻求到了机体与自然环境和社会环境之间的动态平衡，谁就能走上尽享天年之路。

“七情”可以致病，同样也可以治病。情志疗法就是利用这一原理来调节情绪以达到治病的目的。这一疗法主要运用五行学说，依据五行相胜的制约关系，形成了“悲胜怒，怒胜思，思胜恐，恐胜喜，喜胜悲”的情志相胜心理疗法；或者是通过提高患者的认识能力，让患者明白过激情志致病的道理，以达到治疗或预防情志疾病的抑情顺理法；或者是运用激情和应激情况下所导致的生理、病理改变，以收到治疗之效的激情刺激法；还有运用情绪的两极性治疗情志疾病的相反情志疗法等。

因此，养生之首要，在于调养精神，精神内守，心神安宁方能五脏安和。所谓淡泊宁静，清心寡欲，情绪稳定，就是要善待自己，正确看待世事，不以物喜，不以己悲，不争名夺利，避免不良的心理冲突，使心神安定，气机不乱。正如《素问上古天真论》所指出的，“志闲而少欲，心安而不惧，形劳而不倦”。只有这样，才能气从以顺，各从其欲，提高体质，健康长寿。

中医学历千年而不衰，关键在于其在认识论和方法论上的优势与特色，在其发展过程中有独特的规律。世界卫生组织把各民族古老的医学称为“传统医学”，但是世界其他各民族的传统医学在后来的发展中多已让位于新兴的现代医学，而濒临灭亡的边缘。唯有中华民族的传统医学——中医学，至今仍大放异彩，保持其美妙的青春。其原因之一是它不仅积累了丰富的医疗卫生保健经验，而且创立了具有朴素辩证思想的独特的理论体系，源远流长，影响深广。“医宗之圣”张仲景所著的《伤寒杂病论》，集前人之大成，揽四代之精华，熔理、法、方、药于一炉，开辨证论治之先河，完成了中医药理论到实践的成功过渡。从医学模式和理论特色看，中医学有可能对人体生命科学的发展产生重大影响。中医学是以综合方法为主，从宏观的角度来研究人体动态的各种内在联系，从而阐明生命运动的基本规律。《黄帝内经》是中医的代表作，它不仅是中医理论的经典，更是一部养生学的经典。《黄帝内经》较为详细地用当时的理论描述了人体的生命现象、经络脏腑的联系和功能，论述了“阴阳失调、邪正斗争”的致病原因、临床症候表现以及一些简单的治疗原则和方法，提出了养生方面不乏哲理性的告诫，自成一体系。

作为一门古老的预防保健医学，中医学贯彻“预防为主”的思想，提出“不治已病治未病”的主张，并认为“防患于未然”要以内因为主导，可通过锻炼身体达到预防疾病的目的。除“未病先防”以外，还提出“既病防变”的一些措施，如“见肝之病，知肝传脾，当先实脾”的防止病情传变的原则。王阳明亦有“防于未萌之先，而克于方萌之际”之说。实践证明，中医学对中华民族的繁荣昌盛做出了伟大的贡献，也对世界医学做出了一定的贡献。

“预防为主”的思想也是工程建设和防灾减灾的指导方针。这一方针的确立，既是古今中外防灾减灾经验的总结，也是由工程自身的性质决定的。

俗话说“凡事预则立，不预则废”。《伊索寓言》中讲述了“蚂蚁与屎壳郎”的故事：夏天，别的动物都悠闲地生活，只有蚂蚁在田里跑来跑去，搜集小麦和大麦，给自己储存冬季吃的食物。屎壳郎惊奇地问他为何这般勤劳。蚂蚁当时什么也没说。冬天来了，大雨冲掉了牛粪，饥饿的屎壳郎，走到蚂蚁那里乞食，蚂蚁对他说："喂，伙计，如果当时在我劳动时，你不是批评我，而是也去做工，现在就不会忍饥挨饿了。"伊索对这个故事总结道："尽管风云变化万千，未雨绸缪的人都能避免灾难。"对于今天的人们来说，要想成就任何一件事，必须要有明确的目标、认真的准备和周密的安排。东汉末史学家荀悦（148～209年）在《申鉴》中总结出"防为上，救次之，戒为下"的经验，演变至今，则成为防灾减灾工作中"以（预）防为主，防救结合"的方针。一般来说，灾前的预防工作做得越好，灾后损失就越小；反之，灾后的措施用得越多，说明灾前的措施还不得力。前任联合国秘书长安南说："预防不仅比救助更人道，而且更廉价。"这方面我国既有惨痛的教训，也有成功的经验。据文献介绍，在20世纪70年代的10年中，全世界死于地震的总人数达41.29万人，中国占63.7%。地震造成伤残人数为38.8万人，中国占56%。在这10年内，日本发生14次地震，死亡129人；美国发生12次地震，死亡65人；而中国发生10次地震，死亡人数却达到26.3万人。2008年6月14日，日本岩手县南部发生里氏7.2级强烈地震，仅造成2人死亡、100人受伤。这与日本自1923年9月1日遭受毁灭性的关东大地震之后一直关注地震灾害的"防、减、抗、救"并制定相关的国策有很大关系——在这个地震频繁的国家，重视地震灾害成为全体公民的共识和集体观念，建筑结构的安全获得具体的技术和制度支撑。在汶川地震中，紧邻北川的安县桑枣中学，2200多名师生在地震中无一伤亡，这一奇迹又与该校建设与管理过程中具有传奇色彩的叶志平校长对于建筑结构安全和应急疏散逃生训练日常化的苦心孤诣息息相关。2008年10月5日，新疆维吾尔自治区克孜勒苏柯尔克孜自治州乌恰县发生6.8级地震。地震虽然造成当地7000多人受灾，700多间房屋受损或倒塌，但没有造成人员伤亡。这得益于从2003年开始，在新疆维吾尔自治区推行的农村抗震安居工程。而相邻的吉尔吉斯斯坦地震灾区，则因地震而造成巨大伤亡。实践证明，我国地震部门经过多年的探索，形成的"以预防为主、防御与救助相结合"的工作方针①，对我国防震减灾事业的发展起到了极大的推动作用。

从工程设计方面来说，J. F. Blumrich在《Design Science》中指出，工程设计面对的往往是一些"不确定性定义"（ill-defined）或具有"不确定性结构"（ill-structured）的问题。确定性定义或具有确定性结构的问题，通常具有清晰的目标、唯一正确的答案以及明确的规则或解题步

①《国家防震减灾规划（2006—2020年）》提出要"把人民群众的生命安全放在首位。坚持防震减灾同经济建设一起抓，实行预防为主、防御与救助相结合的方针。"

骤，比如求解一元二次方程式。而不确定性定义或具有不确定性结构的问题则具有如下的一些特点[①]：

（1）对问题本身缺乏唯一的、无可争议的表述。由于工程使用功能的多样性和外界作用的复杂性、多变性，求解工程问题的目标常常是含混不清的，而且许多约束和标准也不明确。例如，在结构设计使用年限内，结构可能遭遇的地震作用就是一个复杂的问题。

（2）对问题的任何一种表述都包含不一致性。具有不确定性结构的问题通常包含内在的冲突因素，其中的许多冲突因素需要在设计的过程中加以解决，而在解决问题的过程中又可能产生新的冲突因素，如工程的经济性与安全性、经济与美观等，常常是矛盾的。

（3）对问题的表述依赖于求解问题的路径。工程设计中常针对具体的工程项目提出一种或几种可选的方案。一些技术或非技术上的难点，以及可能会涉及的一些不确定的领域，只有在试图解决问题的过程中才会暴露出来，而许多先前未曾注意到的约束条件和标准也会在不同方案的评估中涌现。

（4）问题没有唯一的解答。对同一个问题存在着不同的有效解决方案，不存在唯一的、客观的判断对错的标准和程序，但不同的方案在不同方面可以有优劣之分，如有的侧重于经济性，有的侧重于技术的先进性，有的侧重于安全性。

工程设计的非唯一性还在于设计过程和环节的不确定性。不同产业、不同类型、不同规模、不同产品、不同国家乃至不同企业的工程在进行具体的工程设计工作时，其具体过程、具体流程和具体环节会有很大的差别。在“设计流程”的不同环节或步骤之间常常需要进行多次“反馈”，在不同的设计部门或“设计要素”之间常常需要进行反复“协调”和“讨论”，否则，很难获得一个满意的“设计结果”。

人类最理想的设计或许就是19世纪美国医生、诗人霍姆斯想象中的“霍姆斯马车”了。它要求所有部件的选材都能相互匹配，做到恰到好处，以致当马车使用大限来临之际，它的轮子正常地转过最末一圈之后，车轮、车辕、底盘、弹簧、车轴……一下子全部都同时崩坏，没有哪一个零件比其他部分设计得更为牢靠耐用。从工程设计角度分析，“霍姆斯马车”式的设计理念是最糟糕的设计，因为如果要确保某一系统不损坏，则必须使得其各个部件、各个组成部分均完美无缺而且不留富余量，一旦某一部件出现意外，则整个系统便丧失其功能。如果以这种极端理想化的思想来建设某一地区城乡建筑物、构筑物及其配套的道路、桥梁、市政供水供电管网系统等，不仅经济代价太高，而且就目前的工

① 殷瑞钰、汪应洛、李伯聪，《工程哲学》，高等教育出版社，2007年，第139页。

程建设技术水平来说也是不可能实现的。因为就某一地区而言，其各类建筑物、构筑物及其配套设施的功能目标是多样的，既要满足正常使用荷载的作用，又要满足风荷载、地震作用、人为使用失误等各种复杂使用环境的重复和交叉作用，即使是同一种作用，例如风荷载，老子说："飘风不终朝、骤雨不终日"，刘禹锡也有诗云："东边日出西边雨"，也就是说风、雨等自然作用不全是持续的，大部分是间断和变化的，而且在某一时间段城市东边的风力与西边的风力肯定不同，即使是一栋建筑物，由于风荷载体形系数的不同，即使风力相同，风荷载也不同。既然外界作用不相同而且不断变化，在实际设计时就无法做到理想地、无富余量地使得城东建筑物的某一"部件"与城西建筑物的另一"部件"在某一时间段内抵抗外界作用能力相互匹配并且不欠不余，恰到好处地协同工作。此外，建设工程的设计、施工、使用过程中存在很多不确定的因素，不可能理想地设计出功能匹配的某一城市系统，更难以建造没有任何瑕疵的某一城市系统，也不能保证某一功能相互匹配且没有任何调控幅度的城市系统在使用阶段不出现一些意外。因此，无论是在城市建设系统，还是在单栋建筑中都不可能实现设计要求与实际使用条件完全一致，我们只能通过分析建筑物所处环境条件，从各类作用的组合中选取最不利的组合进行抗力和功能、性能设计，使得城市建设系统或者是单体建筑，在"规定"或"给定"的各类作用和使用环境的共同作用下，不发生破坏、损伤或功能失效而危及结构的安全和影响使用，确保各系统的正常运行和结构的安全，或者即使是个别部件发生意外失效，也不影响整体结构的安全或影响整个系统的正常运行。根据这一设计思想，建筑物在使用荷载、风荷载、地震作用、温度作用等某一特定的外界的作用下，不同部位构件的承载能力是有大、有小的，在致灾因素的作用下，承载力低的就可能率先破坏，而承载力高的仍维持正常使用状态，也就是说在整个结构内部必然存在薄弱环节。由于薄弱环节的存在，结构物在致灾因素作用下，薄弱部位的率先破坏就有一定的必然性，图 7 中的照片就很清楚地说明了这个问题。

图 7 为汶川地震中什邡某三层框架结构办公楼外立面及位于窗间填充墙中的构造柱破坏情况的照片。该工程 2006 年竣工，隔开间设框架柱，未设框架柱子的窗间墙中部设置了构造柱，在地震中框架柱完好而填充墙中设置的构造柱发生严重破坏。构造柱由于截面和配筋均小于框架柱，因此构造柱就成为薄弱构件，在地震作用下先于框架柱而破坏。这一现象具有普遍性。从更广的角度考虑，一个人、一个集体的成功，抑或是一项目标的顺利实现，就像要使房子在强震中不倒一样，需要各方面都

强劲、强势，需要具备很多突出的因素且不能有“短板”，还需要付出不懈的努力，而失败往往是某一缺陷得以充分而自然发展的结果，只要存在一个以上的薄弱环节且得不到及时矫正和加强，失败就以某种必然性表现出来。世界上的事情，正面的、好的、人们梦寐以求、热切期盼的事，尽管人们竭尽所能，祈求神灵保佑，为之努力、为之奋斗，却未必能够如愿以偿地顺利实现；而负面的、不好的、人们不希望它出现、不希望它来临的事，即使你尽量防范，想方设法将各种苗头消灭在萌芽状态，但它还是以某种必然性且不以人的意志为转移地不期而至，甚至如影随形。因此，“预防为主”就成为防灾减灾、防病治病、以备战来制止战争等领域的指导方针，也就成为工程技术人员自觉遵循的行为准则，毕竟“人要每日每夜去争取生活和自由，才配有自由与生活的享受”。[①]

图7 汶川地震中某框架结构填充墙中的构造柱破坏而框架柱完好

定稿于 2014 年 7 月 29 日

① 《浮士德》。

欺善与不恶

书缺有间矣，其轶乃时时见于他说。非好学深思，心知其意，固难为浅见寡闻道也。

——司马迁，《史记·五帝本纪》

检验一个国家是否真正文明，不是看它的人口有多少，也不是看它的城市有多大，更不是看它的收成有多好，而是看它造就出了什么样的人民。

——美国哲学家爱默生

在我家乡的方言中保留了比较多的古汉语。如说话的“说”字，我们方言中一律用古汉语中的“曰”代之。我们说“弗”就是“不”的意思，吃饭我们说“啌饭”。我们叫外婆为“外嫔”，称老年人为“老实人”。我们甚至将桌子称为床①，叫祖母为“妈”、母亲为“姐”。更有深意的是，在我们的方言中，“出来”（的处所）泛指“家”：“出来的人”就是“家人”，我的“出来”指的就是我的“家”②。每当一个人做事不地道，带有明显的欺负人的意味或正在欺负人的时候，旁人尤其是长者往往会说“你这个家伙啊，欺善不恶！”令人不解的是，“欺善”怎么与“不恶”并列在一起的？我一开始怀疑是语言传播过程中出现的变异，它的原意可能是“欺善怕恶”。“田舍翁住在山圪落，恃老无端多凶恶，我每反被相辱没，欺善怕恶，欺善怕恶。”③这可能是“欺善怕恶”的最早出处。“欺善怕恶”久而久之传到我们这一代（也可能比我们更早的年代）就变成“欺善不恶”了。从现实情况分析，欺善者大体上有三类：一是欺善但怕恶；二是既欺善又作恶，属于作恶多端者；三是既欺善又不怕恶，唯我独尊。所以，“欺善”与“怕恶”未必是固定搭配，也不排除其他情况。再仔细研究我们方言中说这句话时的语调以及我老家方言中古语比较多的情形，我觉得“欺善不恶”可能是保留了古人甚至是远古人的语言习惯，只是断句可能变了。如果将“你这个家伙啊，欺善不恶！”解读为：“你这个家伙啊，欺善！不恶！”④就很自然了，后面的“不恶”就是当头棒喝，阻断正在进行中的欺负人的行为继续发生。也就是说在我们祖先看来，欺善就是恶行，因而以强烈的否定用语“不恶”来告诫人们欺善是不对的，不要也不能再继续欺负人了。

俗话说，“好马任人骑，好人被人欺。”日常生活中恶者往往是横行霸道，旁若无人；善者、弱者则常常在恶者的欺压之下，忍气吞声，逆来顺受，有时甚至连命都不保。阿谀强者，欺凌弱者，或欺软怕硬、欺善怕恶，这无疑应是人类卑鄙、下贱、无耻、丧失人格自尊的品性之一。马克思在回答他的女儿的问题时不假思索地说，他最厌恶的就是阿谀奉承。《荀子》曰：“礼者，断长续短，损有余，益不足，达爱敬之文，而滋成行义之美者也。”与“欺善怕恶”说教式的道德教化相比，“你这个家伙啊，欺善！不恶！”更能起到阻恶的效果，发挥“断长续短”的作

① 李白“床前明月光”中的床，可能就是我们方言中的桌子。

② 周献祥，《江山腔心解》，《今日江山》，2016年7月8日。

③（明）杨柔胜，《玉环记·韦皋别妻》。

④ 我们方言中类似的俗语还有：“半懂不懂，害人！阻工！”。

用。这一句子的语调和断句方式在我国的经典著作中是常有的。如《庄子·人间世》:“颜回曰:‘端而虚,勉而一。则可乎?’曰:‘恶[①]!恶可!夫以阳为充孔扬,采色不定,常人之所不违,因案人之所感,以求容与其心,名之曰日渐之德不成,而况大德乎!将执而不化,外合而内不訾,其庸讵可乎!’”在这段“颜回见仲尼”的对话中,针对颜回的提问,孔子以“乌!不可以啊!”作答。后文中,对颜回的“若是则可乎?”的提问,仲尼同样以“恶!恶可!”做回应。《论语》第十三篇:“子路曰:‘卫君待子为政,子将奚先?’子曰:‘必也正名乎!’子路曰:‘有是哉,子之迂也!奚其正?’子曰:‘野哉,由也!君子于其所不知,盖阙如也。’”再如:“樊迟请学稼。子曰:吾不如老农。请学为圃。曰:吾不如老圃。樊迟出,子曰:‘小人哉,樊须也!’”《论语》还记载:“周公谓鲁公曰:‘君子不施其亲,不使大臣怨乎不以。故旧无大故,则不弃也。无求备于一人。’”这段话是周公在鲁公伯禽临行前嘱咐他的话,是很著名的诫子格言,一共有四条。第一“不施其亲”(“施”同“弛”,怠慢、疏远之意),就是不要怠慢疏远了亲族关系;第二“不使大臣怨乎不以”,作风要民主一些,决策前多听听大家的意见,有功的要赏,有过的要罚,优秀的要及时提拔,别让干事的人都牢骚满腹怨声载道;第三“故旧无大故,则不弃也”,手下人若没大的过错,就不要轻易让人家下岗,给饭吃给出路,才不至于惹乱子;第四“无求备于一人”,看人别求全责备,用其所长就好。“不施”“不使”“不弃”等的频繁出现,表明“不”字的否定性含义,与我们今日的意义并无多大差异。在辩证法中,否定作为一种力量,是描述事物不可或缺的一个方面或环节。黑格尔指出:“凡是始终都只是肯定的东西,就会始终都没有生命。”[②]因为“否定的东西同样也是肯定的东西——否定是某种规定的东西,具有规定的内容,内部的矛盾使旧的内容为新的更高级的内容所代替”[③]。

在汉语中,“不”字的含义比较丰富,除了有“不好”“不能”“不要”“不应”“不得”等否定性的含义外,也有道德价值取向的涵义。前述“不施”“不使”“不弃”就是典型代表,“不恶”也有这个意思。但汉字中“不”字的否定之义和价值取向也有诗意化的涵义,最典型的就是“材不材”及“材不材间”的“似之而非”的含义。辛弃疾的《鹧鸪天(博山寺作)》“不向长安路上行。却教山寺厌逢迎。味无味处求吾乐,材不材间过此生”诗中,“味无味”是老子《道德经》中语,“材不材”是《庄子》语。作者貌似要超脱,安于归隐平淡的生活,自得其乐以终其年。然而字面上的超然闲逸实则包含着辛弃疾对当权者的激愤与积怨,他并非真正要安于闲适平淡的生活,置国家天下于不顾。

① wū,叹词,驳斥之声,同“乌”。
②《美学》第一卷,第124页。
③《哲学笔记》,第72页。

“为无为，事无事，味无味”[①]是老子的人生观和处事治世的哲学。“味无味”中的第一个“味”是动词，玩味之意。无味，即寡淡无味。“味无味”，即把恬淡无味当作味。意思是顺应自然，恬淡处世。

《庄子·外篇·山木第二十》：“庄子行于山中，见大木，枝叶盛茂。伐木者止其旁而不取也。问其故，曰：‘无所可用。’庄子曰：‘此木以不材得终其天年。’夫子出于山，舍于故人之家。故人喜，命竖子杀雁而烹之。竖子请曰：‘其一能鸣，其一不能鸣，请奚杀？’主人曰：‘杀不能鸣者。’明日，弟子问于庄子曰：‘昨日山中之木，以不材得终其天年；今主人之雁，以不材死。先生将何处？’庄子笑曰：‘周将处乎材与不材之间。材与不材之间，似之而非也，故未免乎累。”

在庄子看来，人或物成材与不成材都是一种危险状态。庄子对人性的研究是透彻的，人们要往上努力，往往排斥卑下与低微，而在上下之间的，是那种紧张的状态。对于他来说，他给出了非常生动的描写就是“材与不材之间”。然而“材与不材之间”的分寸是很难掌握的。“弃世则无累，无累则正平”，随遇而安，把自己空虚掉，不要执着，“人能虚己以游世，其孰能害之”，这种态度自然是安全的，却是消极的，这就引发了辛弃疾的“材不材间过此生”之叹！然而杜甫在《古柏行》结尾处发出了“古来才大难为用”之叹：“孔明庙前有老柏，柯如青铜银如石。霜皮溜雨四十围，黛色参天二千尺。”这么高大而又结实的树，按说是可以做栋梁之材的，“大厦如倾要梁栋”，为什么不用孔明庙前的老柏来做栋梁呢？因为“万牛回首丘山重”，要把这么粗大的木材运下山去，多少头牛也没有办法。后人认为杜甫在这里是“人物双关”。在封建社会，一个真正想为国家人民做点事的人，并不一定为统治者所欢迎，因为很多人愿用听话的奴才，不用不听话的英才。

《老子》“味无味”和庄子“材不材”的思想对后世的影响是深远的。《红楼梦》第十九回有一脂批：“后观《情榜》评曰‘宝玉情不情’，‘黛玉情情’”。恩格斯说：“作者的见解越隐蔽，对艺术作品来说就越好。”[②]虽然脂砚斋透露了小说的末回有《警幻情榜》，用简单明了的词语概括小说人物的性格和命运，可是前八十回的脂批中除了透露出宝玉系“情不情”、黛玉“情情”外，其他人物在《警幻情榜》的用词也没有透露出来。这就产生了对“情情”和“情不情”的不同解读。此外，脂砚斋虽然对《红楼梦》的创作意图甚是熟悉，对作者的创作过程也比较了解，但脂砚斋对《红楼梦》中“至奇至妙之文”“囫囵不解之语”的理解也未必能完全透彻和精准。第十九回脂批：“后观《情榜》评曰‘宝玉情不情’，‘黛玉情情’，此二评自在评痴之上，亦属囫囵不解，妙甚！”

①《老子》，第六十三章。

②《马克思恩格斯选集》第4卷，第462页。

现代人一般认为，“情情”中的第一个“情”是名词活用作动词，“对……有情”的意思；后一个“情”则是借代，指代一类人。“情情”就是对世间有情者用情，情于有情。

“情情”句式结构可以追溯到《老子》第七十一章：“知不知，尚矣；不知知，病也。圣人不病，以其病病。夫唯病病，是以不病。”在“病病”中，第一个病是一种否定含义，有现代语义中的“痛恨”“厌恶”等排斥、拒绝“病”的含义在。“夫唯病病，是以不病”这句话就是一种否定之否定——因为拒绝得“病”，也就不得“病”了。所以，对于黛玉的“情情”，也有“夫唯情情，是以不情”的意思，即因为对他有情，所以常常表现出“不情”。这一含义已经在前八十回中得到充分的体现。第二十七回脂批：“不见宝玉，阿颦断无此一段闲言，总在欲言不言难禁之意，了却‘情情’之正文也。”

第二十六回黛玉在怡红院吃了晴雯的“闭门羹”后，林黛玉心中益发动了气：“你今儿不叫我进来，难道明儿就不见面了！”第二十八回：“话说林黛玉只因昨夜晴雯不开门一事，错疑在宝玉身上。至次日又可巧遇见饯花之期，正是一腔无明正未发泄，又勾起伤春愁思，因把些残花落瓣去掩埋，由不得感花伤己，哭了几声，便随口念了几句。不想宝玉在山坡上听见，先不过点头感叹；次后听到‘侬今葬花人笑痴，他年葬侬知是谁’，‘一朝春尽红颜老，花落人亡两不知’等句，不觉恸倒山坡之上，怀里兜的落花撒了一地……那林黛玉正自伤感，忽听山坡上也有悲声，心下想道：‘人人都笑我有些痴病，难道还有一个痴子不成？’想着，抬头一看，见是宝玉。林黛玉看见，便道：‘啐！我道是谁，原来是这个狠心短命的……’刚说到‘短命’二字，又把口掩住，（甲戌侧批：‘情情’，不忍道出‘的’字来）长叹了一声，（庚辰侧批：不忍也）自己抽身便走了。”

“这里宝玉悲恸了一回，忽然抬头不见了黛玉，便知黛玉看见他躲开了，自己也觉无味，抖抖土起来，下山寻归旧路，（甲戌侧批：折得好，誓不写开门见山文字）往怡红院来……黛玉听了这个话，不觉将昨晚的事都忘在九霄云外了，（甲戌侧批：‘情情’本来面目也）（庚辰侧批：‘情情’衷肠）便说道：‘你既这么说，昨儿为什么我去了，你不叫丫头开门？’（庚辰侧批：正文，该问）宝玉诧异道：‘这话从那里说起？（庚辰侧批：实实不知）我要是这么样，立刻就死了！’（甲戌侧批：急了）林黛玉啐道：（庚辰侧批：如闻）‘大清早起死呀活的，也不忌讳。你说有呢就有，没有就没有，起什么誓呢。’宝玉道：‘实在没有见你去。就是宝姐姐坐了一坐，（庚辰侧批：不要冗言，彼已亲睹）就出来了。’林黛玉想了一想，笑道：'是了。想必是你的丫头们懒待动，丧声歪气的也是有的。'宝玉道：'想必是这个原故。等我回去问了是谁，教训教训他们就好了。'（庚辰侧批：玉兄口气毕真）黛玉道：'你的那些姑娘们（庚辰侧批：不快活之称）也该教训教训，（庚辰侧批：照样的妙！）只是我论理不该说。今儿得罪了我的事小，倘或明儿宝姑娘来，（庚辰侧批：也还一句，得是心坎上人）什么贝姑娘来，也得罪了，事情岂不大了。'（甲戌侧批：至此心事全无矣）说着抿着嘴笑。宝玉听了，又是咬牙，又是笑。"在这里，黛玉对待宝玉的态度就是："我不理你是因为你不理我"，而不是"你对我好，我就对你好"，这两者还是有细微差别的，这种区别就是"夫唯情情，是以不情"与"情于有情"的分际。黑格尔认为在莎士比亚的《罗密欧与朱丽叶》中，朱丽叶是"从许多关系的整体中显出她的性格，例如她对父母、保姆、巴里斯伯爵，以及神父劳伦斯的关系。尽管有这些复杂的关系，她在每一种情境里也是一心一意地沉浸在自己的情感里，只有一种情感，即她的热烈的爱，渗透到而且支持起她整个的性格。她的这种爱像无边的大海一样深广，所以她说得很对：'我付出的愈多，我保留的也就愈多，这两方面都是无限的'"①。同样一心一意地沉浸在自己的情感里的黛玉，对待宝玉也有"我要付出的愈多，我保留的也就愈多"的意蕴。因为钟情于他，所表现出来的反而有点"不情"——"夫唯情情，是以不情！"

至于宝玉"情不情"的含义自然要复杂得多，它虽与庄子"材不材"有相同的组词结构，但其意义不完全相同，因为庄子的"材不材"是从两种极端事例的比较中得出他的选择是"处乎材与不材之间"。虽然宝玉也许就是"情不情间过此生"的，但其内涵与辛弃疾"材不材间过此生"完全不同：宝玉是在"情"与"不情"两极之间"过此生"，是在两极之间的角色转换与跳跃；辛弃疾则是想在既"材"又"不材"之间的中间状态或既像"材"又不像"材"中"过此生"，是中庸。

关于"情不情"，第八回中脂批云："凡世间之无知无识，彼俱有一痴情去体贴"，即对世间所有有情之物和无情之物都以一痴情去体贴，也就是对一切不情者用情，情于不情。这种解释看似合理，其实还是没能反映《红楼梦》中人物性格和命运的全貌，这也是与宝玉性格在不同生存环境下的复杂性和命运多舛相关的。"情不情"是对宝玉性格和命运的概括，因此，对"情不情"的解释对理解《红楼梦》的情节和人物性格和命运非常重要。

一般认为宝玉"情不情"中的"情"，是情及女儿、情及草木、情及所有无情的。宝玉经常多情而自恋，觉得一切眼泪都是为自己而流的；

①《美学》第一卷，第303页。

他喜聚不喜散，唯愿与姐妹们长相厮守；他对一切美丽的生命都牵肠挂肚，甚至在看戏时，还牵挂着宁府花园小书房画里的美人。其实，宝玉爱憎鲜明，绝不会用痴情去体贴所有无情。那些婆子妇人，在他眼里只是“鱼眼珠子”。又怎可说是体贴所有无情之物？而且宝玉之情，并不完全是天然生成，一成不变的。《红楼梦》中宝玉的情感也是随着他个人的经历和感悟在不断成长、发展和变化的。

第八回甲戌眉批：“按警幻情榜，宝玉系‘情不情’。”第十九回“情切切良宵花解语，意绵绵静日玉生香”中有一段蒙侧批：“天生一段痴情，所谓‘情不情’也。”第三十一回“撕扇子作千金一笑　因麒麟伏白首双星”庚辰本的脂批：“‘撕扇子’是以不情之物供娇嗔不知情时之人一笑，所谓‘情不情’。”

第二十三回：“那一日正当三月中浣，早饭后，宝玉携了一套《会真记》，走到沁芳闸桥边桃花底下一块石上坐着，展开《会真记》，从头细玩。正看到‘落红成阵’，只见一阵风过，把树头上桃花吹下一大半来，落的满身满书满地皆是。宝玉要抖将下来，恐怕脚步践踏了，（庚辰双行夹批：情不情）只得兜了那花瓣，来至池边，抖在池内。那花瓣浮在水面，飘飘荡荡，竟流出沁芳闸去了。”在这儿，宝玉可以说是“情及草木”了。

第二十五回：“话说红玉心神恍惚，情思缠绵，忽朦胧睡去，遇见贾芸要拉他，却回身一跑，被门槛绊了一跤，唬醒过来，方知是梦。因此翻来复去，一夜无眠。至次日天明，方才起来，就有几个丫头子来会他去打扫房子地面，提洗脸水。这红玉也不梳洗，向镜中胡乱挽了一挽头发，洗了洗手，腰内束了一条汗巾子，便来打扫房屋。谁知宝玉昨儿见了红玉，也就留了心。若要直点名唤他来使用，一则怕袭人等寒心；二则又不知红玉是何等行为，若好还罢了（甲戌侧批：不知‘好’字是如何讲？答曰：在‘何等行为’四字上看便知，玉儿每情不情，况有情者乎？），若不好起来，那时倒不好退送的。因此心下闷闷的，早起来也不梳洗，只坐着出神。”这一阶段，宝玉基本上是“情及无情的”。

但《红楼梦》中宝玉的性格和命运绝不是这么单调的、线性发展的。亚里士多德说：“在最完美的悲剧里，情节结构不应该是简单直接的而应该是复杂曲折的，并且它所摹仿的行动必须是能引起哀怜和恐惧的——这是悲剧摹仿的特征。因此，有三种情节结构应该避免。（1）不应让一个好人由福转到祸。（2）也不应让一个坏人由祸转到福。因为第一种结构不能引起哀怜和恐惧，只能引起反感；第二种结构是最不合悲剧性质的，悲剧应具的条件它丝毫没有，它既不能满足我们的道德感，又不能引起哀怜和恐惧。（3）悲剧的情节结构也不应该是一个穷凶极恶的人从福落到祸，因为这虽然能满足我们的道德感，却不能引起哀怜和恐惧——不应遭殃而遭殃，才能引起哀怜；遭殃的人和我们自己类似，才能引起恐惧。所以这第三种情节既不是可哀怜的，也不是可恐惧的。（4）剩下就只有这样一种中等人：在道德品质和正义上并不是好到极点，但是他的遭殃并不是由于罪恶，而是由于某种过失或弱点。"[①]贾宝玉的悲剧命运应该属于其第四种情况。

《红楼梦》第三十二回的庚辰脂批："前明显祖汤先生有《怀人》诗一截，堪合此回，故录之以待知音。曰：无情无尽却情多，情到无多得尽么？解道多情情尽处，月中无树影无波。"可能是一个转折。所以有第二十一回庚辰本脂批："有客题《红楼梦》一律，失其姓氏，惟见其诗意骇警，故录于斯：'自执金矛又执戈[②]，自相戕戮[③]自张罗。茜纱公子情无限，脂砚先生恨几多。是幻是真空历遍（指脂砚。——引者），闲风闲月枉吟哦（指曹雪芹。——引者）。情机转得情天破，情不情[④]兮奈我何？'凡是书题者不少，此为绝调。诗句警拔，且深知拟书底里，惜乎失名[⑤]矣！"这首诗表明，贾宝玉（不是甄宝玉）的原型有两个："情无限"的茜纱公子（玉兄、石兄）和"恨几多"的脂砚先生，即一芹一脂，一执矛一执戈，有矛无盾、有戈无干，即各执矛与盾、干与戈中的一半，一个戕戮，一个张罗。本书的附录对这一观点作了详细说明。

《红楼梦》的情节设置和宝玉原型的复合性均表明，从"茜纱公子情无限"到"情不情兮奈我何？"之间有"情机转得情天破"的一环。第二十一回脂批："宝玉之情，今古无人可比，固矣。然宝玉有情极之毒，亦世人莫忍为者，看至后半部则洞明矣。此是宝玉三大病也。宝玉有此世人莫忍为之毒，故后文方有'悬崖撒手'一回。若他人得宝钗之妻、麝月之婢，岂能弃而为僧哉？此宝玉一生偏僻处。"宝玉"情极之毒"可能在第二十一回宝玉续《南华经》中已有伏笔了："焚花散麝，而闺阁始人含其劝矣，戕宝钗之仙姿，灰黛玉之灵窍，丧灭情意，而闺阁之美恶始相类矣。彼含其劝，则无参商之虞矣，戕其仙姿，无恋爱之心矣，灰其灵窍，无才思之情矣。彼钗、玉、花、麝者，皆张其罗而穴其隧，所以迷眩缠陷天下者也。"这里明白无误地点明了宝玉有"焚花散麝""戕宝钗之仙姿，灰黛玉之灵窍"的情结，这显然是与"看见燕子，就和燕子说话；河里看见了鱼，就和鱼说话；见了星星月亮，不是长吁短叹，就是咭咭哝哝的。且是连一点刚性也没有，连那些毛丫

① 转引自朱光潜《西方美学史（上）》，第95页。

②《史记·周本纪》记载，武王起兵伐纣时，在商郊牧野举行战前誓师："嗟！我有国冢君，司徒、司马、司空，亚旅、师氏，千夫长、百夫长，及庸、蜀、羌、髳、微、纑、彭、濮人，称尔戈，比尔干，立尔矛，予其誓。"其中，"称尔戈，比尔干，立尔矛"就是"高举起你们的戈，排列好你们的盾，竖立起你们的矛"的意思。

③ 与第二十二回庚辰双行夹批："山木，漆树也。精脉自出，岂人所使之？故云'自寇'，言自相戕贼也"，应是同一个人的批注，即脂砚斋。

④ 此双关语，其一续接"情机转得情天破"，其二"情不情"系《警幻情榜》中的宝玉。

⑤ 诗的作者是雪芹或脂砚，诚如甲戌眉批："虚虚实实，总不相犯"。

头的气都受的。爱惜东西，连个线头儿都是好的”[①②]的痴情痴心形象相冲突的。

鲁迅先生在《再论雷峰塔的倒掉》一文中说，在戏台上“悲剧将人生的有价值的东西毁灭给人看，喜剧将那无价值的撕破给人看”。王国维明确提出《红楼梦》是“彻头彻尾之悲剧”，是“悲剧中之悲剧”。《红楼梦》整体的悲剧色彩，不仅仅是故事情节上“美好的、有价值东西的毁灭”，当《红楼梦》中的“男一号”贾宝玉在呼喇喇大厦已倾的尘埃中，在白茫茫冰天雪地的境遇下，“寒冬噎酸齑，雪夜围破毡”时，他感情上随之发生一些转变甚至是突变也是必然的。“贫时挥笔偿诗债，病中静坐俟禅来”[③]，“痴情”如宝玉者在遭遇现实生活境况的跌落、家境的破败时，他那多情的灵魂必然遭受折磨。法国批评家加洛狄在《美学与未来的创造》中说：“艺术对人来说是一种叫他超越自己的呼唤，一种具有超验性的不断提示。”自古红颜多薄命，才气横溢的薛涛，只能以歌伎兼清客的身份出入幕府，后世称歌伎为“校书”就是从她开始的；蔡文姬慧质兰心，却为匈奴掳去，在茫茫大漠里过着离乡别祖的生活；李清照出身名门，却在漂沦憔悴中了却残生。《红楼梦》的创作手法上，是八方照应，一笔不苟的，脂砚斋说得很明白：“《石头记》用截法、岔法、突然法、伏线法、由近渐远法、将繁改简法、重作轻抹法、虚敲实应法种种诸法，总在人意料之外，且不曾见一丝牵强，所谓‘信手拈来无不是’是也。”戚蓼生《石头记序》指出，《红楼梦》的“立意遣词，无一落前人窠臼……注彼而写此，目送而手挥，似谲而正，似则而淫，如《春秋》之有微词，史家之多曲笔”。《红楼梦》中设置了纵横交错的谶纬结构，从第五回的判词判曲到主要人物的诗词歌赋，甚至他们的衣着、室内的陈设，还有这一花一木之间，无不紧紧围绕着人物的性格命运展开。宝玉“焚花（指花袭人）散麝（指麝月）”“戕宝钗之仙姿，灰黛玉之灵窍”不会是随便说说的，而是小说后八十回中的主要情节。纯真可爱的林黛玉，带着她和宝哥哥纯洁真挚的爱情芳魂仙逝本身已具备浓烈的悲剧气氛，而她深爱的宝玉竟然要“灰黛玉之灵窍”，难怪脂砚斋有：“为续《庄子因》数句，真是打破胭脂阵，坐透红粉关，另开生面之文，无可评处”的批语。这就是宝玉的“不情”，虽然宝玉是“情种”下凡！可惜宝玉的“不情”是在哪种境况下、以哪种方式展开的，以及“自执金矛又执戈，自相戕戮自张罗”等故事情节，我们都无缘一见了。按照黑格尔的悲剧理论，悲剧是矛盾的双方都没有错，都有各自的道理，只不过由于两者的道理是相互冲突的，从而造成了无法挽回的后果。换言之，悲剧之所以具有震撼心灵的力量，不在于它表现

① 蒙古王府本侧批：“如人饮水，冷暖自知。其中深意味，岂能持告君。”双行夹批：“宝玉之为人非此一论亦描写不尽，宝玉之不肖非此一鄙亦形容不到，试问作者是丑宝玉乎？是赞宝玉乎？试问观者是喜宝玉乎？是嫌宝玉乎？”

②《红楼梦》第三十五回。

③ 序《幽梦影》。

了人们悲惨的命运，强化了恶人当道，好人受苦的情景，以便引起人们的同情和同病相怜的感受。悲剧不是正义与邪恶、好人与坏人那样清楚明白的矛盾对立，那只能说是“悲惨”而不是悲剧。因此，宝玉由多情、“痴情”到“不情”甚至是“绝情”的感情发展，是《红楼梦》悲剧情节的另一层面的展现，而《红楼梦》的艺术性正在于它的人物形象不是单调的、格式化的，而是全方位的、复杂的、波浪式充满矛盾的，正如鲁迅在《中国小说史略》中说：“悲凉之雾，遍被华林，然呼吸而领会之者，独宝玉而已。”

在黑格尔看来，艺术中人物理想的性格“一方面要有一种普遍力量或人生理想作为他的情致的根源，同时还要是一个多方面的丰富的有血有肉的人物，否则就成为死板的公式化的抽象品”。① 宝玉的“焚花散麝”“戕宝钗之仙姿”“灰黛玉之灵窍”，以及愤俗弃世、偏僻乖张的思想性格，与黑格尔的“幽美的灵魂”之说有某种共通之处。黑格尔说：“‘幽美的灵魂’对于人生的真正有价值的道德方面的旨趣是漠不关心的，他只孤坐默想，象蜘蛛吐丝一样，从自己肚子里织出他的主观的宗教和道德的幻想。这种人除掉大肆炫耀这种过度的自我优越感之外，还加上无限的敏感，要求世上一切人都要时时刻刻能发现、了解并且尊敬他的这种孤独的灵魂美。如果旁人办不到，他就伤心刺骨，一辈子不平。于是他的全部人性、友谊和爱情就都马上垮台了。凡是伟大坚强的性格所不大介意的东西，例如一点冬烘气，一点鲁莽和笨拙，对于这种人却是不能忍受和难以理解的，一点微不足道的事情就可以使这种人的心情陷于极端绝望的境界。这就产生了永无止境的忧伤抑郁，愤愤不平，悲观失望，从此又产生了种种对人对己的辛酸默想，引起了一种痉挛症，甚至于心也坚硬狠毒起来了，这就是这种‘幽美心灵’的内心世界的全部痛苦和软弱的表现。”②

列宁在《黑格尔〈历史哲学讲演录〉一书摘要》中摘录了“黑格尔论世界历史”：“最后，如果我们从应当遵循的那种范畴的观点出发来观察世界历史，在我们面前便展开了一幅由处在极其纷繁多样的条件下、具有形形色色目的和极不相同的事件和命运的人类生活、活动所构成的无边无际的图画。在这一切变故和事件中，我们首先看到的是人的事业和追求；到处都是和我们有关的东西，因而到处引起我们的关注：赞成还是反对。它有时以美丽、自由、丰富来吸引我们，有时以毅力来吸引我们，有时甚至邪恶可以表现为某种有意义的东西。我们经常看到某种大量的共同利益在艰难地前进，但是更经常看到微小力量的无限的紧张活动，它们从似乎微不足道的事情中产生出大事；到处是五彩缤纷的景

①《美学》第1卷，第306页。

②《美学》第1卷，第308～309页。

色，一个消逝，另一个立即起而代之。尽管这种观察非常吸引人，它的直接结果却是那种随着幻灯映现的极其纷繁多样的景色之后而来的疲倦；而且我们虽然承认每个个别景象有它的价值，但我们仍然会产生这样的问题：这一切个别事件的最终目的是怎样的，每个事件是否只限于它自己的特殊目的，或者相反，我们应当设想这一切事件有一个终极目的；在这种嘈杂喧闹的表面之下正在制造、创作一件作品，一种内在的、安静的、隐蔽的、蕴藏着这一切暂时现象的根本力量的作品？但是，如果一开始没有把思想、理性认识输入世界历史，那么至少也应当输入坚定不移的信念，即坚信其中有理性，或者至少坚信理智和自觉意志的世界不是偶然事件的牺牲品，而是应当显现在自知的观念的光辉之中。”①

王蒙在《〈红楼梦〉评点序》中说：“《红楼梦》是经验的结晶。人生经验，社会经验，感情经验，政治经验，艺术经验，无所不备。”《红楼梦》中一幕幕“你方唱罢我登场”的故事情节和人物命运，极其具体而生动地展现了世界历史这一“无边无际”的图画，也为“随着幻灯映现的极其纷繁多样的景色之后而来的疲倦”注入浓烈的乐极生悲、盛衰轮回的悲剧氛围：“俺曾见金陵玉殿莺啼晓，秦淮水榭花开早，谁知容易冰消。眼看他起朱楼，眼看他宴宾客，眼看他楼塌了。这青苔碧瓦堆，俺曾睡风流觉，将五十年兴亡看饱。那乌衣巷不姓王，莫愁湖鬼夜哭，凤凰台栖枭鸟。残山梦最真，旧境丢难掉，不信这舆图换稿。”②

定稿于 2014 年 4 月 5 日

①《哲学笔记》第 2 版，第 277～278 页。

②《桃花扇·哀江南》。

格·局·势

哲学应当不去叙述什么东西在发生，而去认识在发生着的东西中什么是合乎真理的。

——列宁《哲学笔记》

恩格斯说："世界表现为一个统一的体系，即一个有联系的整体，这是显而易见的。"[1] 列宁说，黑格尔的推论中有许多神秘主义和空洞的学究气，可是基本的思想是天才的："万物之间的世界性的、全面的、活生生的联系，以及这种联系在人的概念中的反映——唯物地颠倒过来的黑格尔；这些概念还必须是经过琢磨的、整理过的、灵活的、能动的、相对的、相互联系的、在对立中统一的，这样才能把握世界……一条河和河中的水滴。每一水滴的位置、它同其他水滴的关系；它同其他水滴的联系；它运动的方向；速度；运动的路线——直的、曲的、圆形的等等——向上、向下。运动的总和。概念是运动的各个方面、各个水滴（='事物'）、各个'细流'等等的总计。按照黑格尔的逻辑学，世界的情景大致是这样的"。[2] 就是说，任何事物都是在联系中显现出来的，都是在系统中存在的。莱布尼茨认为："宇宙是一个被规范在一种完美的秩序中"的统一的体系。系统联系规定每一事物，而每一事物又都是以各自的方式表征或反映系统和联系的总貌。

"系统"一词来源于古希腊语，是由部分构成整体的意思。按照现代系统论的概念，系统是指由相互作用和相互依赖的若干组成部分结合而成的、具有特定功能的有机整体。事物总是处在某种联系之中，也可以说总是存在于某种系统之中。一个系统往往本身又是它从属的一个更大系统的组成部分。如果把一事物从某个系统中分离出来，它又必然落入另一系统，并获得新质。因而，整体性、相关性、最优性、综合性、有序性和历时性等都是系统论的基本原则。系统思想强调从整体上去把握系统（既是复杂的又是有组织的事物）的全过程。

一、格与局

系统是多种多样的，可以根据不同的原则和情况来划分系统的类型。我们常说的格局就是一类特殊的系统。在汉语中，"格"与"局"既可以联合使用，即"格局"，也可以单独使用，格是格，局是局，两者的性质不同。格者，某些相对固定元素（要素）构成的结构和格式是也。因为"格"具有相对固定和稳定的一面，所以人们才用"国格""人

①《马克思恩格斯全集》第20卷，第662~663页。
②《哲学笔记》第2版，第122~123页。

格”“风格”“格调”和“别具一格”等词组来表现某些特殊的品质。但在选拔、录用人员时，对于特别优秀者，是可以“破格录取”“破格提升”的，也就是说“格”是可以破的；当人们的言行有点过的时候，就是“出格”了。“格”与“格”可重叠、重复或并列运用，人们一旦陷入对某种局面“格格不入”的状况，则这种“格”的牢固性就更强了，其排斥的味道也就更浓了。这种“格格不入”，既有个人自身因素，也有外界的因素，所谓“才高难入俗人机，时乖不遂男儿愿”①。

“局”的本义是棋盘，故下棋或其他比赛的一次胜负叫一局。在“当局者迷，旁观者清”中，“当局者”就是指下棋的人，“旁观者”是指看棋的人。也就是说，当事人被碰到的事情搞糊涂了，旁观的人却看得很清楚。故有“人情似纸张张薄，世事如棋局局新”之谓。而“长安棋局”则用来比喻动荡不定的政局，语出杜甫《秋兴》诗之四：“闻道长安似弈棋，百年世事不胜悲”。

“局”与“格”相比，稳定性和固定性相对差一些。“局”是由相对活动或灵活的、具有某种伸缩和变化余地的元素或要素构成的结构、格式、形式和局面。我们还常说“谋局”，说明构成“局”的元素（要素）在它们还没有成局时，就具有趋向于成局、组成某种格式或结构的态势，具有一定的内聚性，只是还没有形成稳定的结构或格式、定式，所以“局”才可以谋取，也才有局内和局外的区别，而“局限”就是将某种情况、某种因素限制或束缚在特定的范围内。“给现代资产阶级统治打下基础的人物，决不受资产阶级的局限。相反地，成为时代特征的冒险精神，或多或少地推动了这些人物。”②人们常说棋局、布局、偏安之局、大局、平局、现局、残局、结局、僵局、定局、政局、局式等，说明“局”中的因素、元素等具有灵活摆布和相对变动的性质，而“格”虽然可以破，也可以“出格”，但无论如何，构成“格”的因素、元素等显然不是可以随便摆布和变动的。克劳塞维茨在《战争论》第5篇“军队”中阐述“战局”概念时说：“人们往往把一年中所有战区内发生的军事活动叫作战局，但是更普遍和更确切的说法是指一个战区内发生的军事活动。如果简单地以一年作为界限来确定这个概念，那就更不妥当了，因为战争已经不再可能由固定的和长时间的冬营而自然地分成若干个以一年为限的战局了。每当较重大的军事行动的直接影响已经消失和新的冲突正在酝酿，一个战区内的军事活动就自然地分为较大的阶段。所以，必须考虑这些自然形成的阶段，以便把属于某一年（战局）的全部军事活动都划归这个年度。任何人都不会认为1812年战局是在默麦尔河畔结束的，因为1813年1月1日

①《西厢记》。
②《马克思恩格斯全集》第20卷，第361页。

俄、法两军还在那里，也不会把法军在这以后直到渡过易北河的退却划归 1813 年战局，因为这一退却显然是从莫斯科开始的整个退却的一部分。”①

“格”与“局”的区别体现在“破格”与“破局”、“出格”与“出局”的细微差别上。当人们说“破局”时，则这一“局”或局面、结构等就解散了，局一破，“局”就没了，格局也就形不成了，就像水库，大坝一溃，库中水就泄了，更像气球，针眼一扎，就泄气了。亚里士多德在《诗学》第八章中说：“一个完整的整体之中各部分须紧密结合起来，如果任何一部分被删去或移动位置，就会拆散整体。因为一件东西既然可有可无就不是整体的真正部分了。”亚里士多德这里所说的完整的整体就是一“局”。而当需要“破格”时，如“破格录取”“破格选拔”时，“格”虽然被破了，但“格”还在，只是“格”原有的限制被打破了。人们形容某人的言行“出格”了，就是因为在普罗大众心中有一个约定的“格”，当某人的言行超出了这个“格”时，就给人“出格”的感觉，所以一部分人的言行“出格”并不打破现有的“格”，反而从反面加深了人们对现有“格”的印象，促使人们自觉守护这个“格”、遵守现有的“格”所维持和伸张的社会秩序。人们在“谋局”的时候，一旦被告知他“出局”了，那就意味着他“谋局”的努力失败了，他与所谋之“局”无关了。这时，可能“局”还没破，只是与他无关了；也有可能“局”也已破了，这是他必须面对的“局面”。

有“格”必有“局”，“格”与“局”则组成“格局”。对于“格局”来说，它既可以指代一类结构，又可以指代一种关系。前者是指既有格的因素又有局的因素组成的某些结构，因而其稳定性和相对固定性，比“局”稳固，又比“格”松弛、灵活、可变；后者诸如民间游戏“石头剪刀布”、五行相生与相克等。“石头剪刀布”说的就是三个实体间的一种循环克制的关系，而“金、木、水、火、土”五行间的相生与相克关系则是更宽泛、更抽象的概念关系。“世界经济格局已产生变化”，这种变化是一种局势、态势，指的是“格局”中存在可变化的一面或因素。“入了这个格局，再学不出来的。”《红楼梦》这里强调的“格局”是“格式、布局”，指的是“格局”中稳固、不易改变的一面。我国的律诗绝句与西方十四行诗，都是格律严谨的诗歌体式。“乱杂而无章，非诗也。”②中国人写律诗绝句，逾千年而不绝；西方人习十四行，数百年而不衰，都是因为律诗固有的规范的体式能给人以良好而完整的结构感，其独立性、对称性、均衡性、稳定性，能激发个体无意识和集体无意识的心理同构，满足人对完美形式的审美心理追求。

①《战争论》，第 268 页。

② 沈德潜，《说诗晬语》。

二、局与势

格缺不了局，局也不可能没有势，而势则少不了力和力量。“势者，利也。”[①] 力量现于“形”而蓄发于“势”。“势”指的是“形势”“态势”“气势”“位势”“阵势”等意思，“激水之疾，至于漂石者，势也”[②]。就力量运用而言，“势”是指力量在特定时空范围内综合借助外部条件而形成的一种有利的蓄发状态，故“势不两立”“势如破竹”。力量能否以最大的能量、从最佳的方向作用于目标，这与它在时空范围的态势及周围各种制约条件有着密切的关系。“善战者，其势险”[③]。这里的“势险”，就是要使力量借助于速度而形成一种最有利和最有效的蓄发状态，如千钧一发，泰山压顶。由此而论，“势”是反映力量与它的外部要素相联系的一个范畴。

如果说“形”是指力量存在和调动时的状态，那么“势”是指力量在特定时空范围内综合借助外在条件发生最佳作用时的一种外在形态，故“未明之势，不可臆也。彰显之势，不可逆耳”[④]。如何增强自己的力量，如何将自己现有力量更有效地发挥作用，如何以最小的代价获取更大的胜利，这都与“势”有关，或者说都需要借助于“势”来实现，故“不知势，无以为人也。势易而未觉，必败焉”[⑤]。

“势”是中国战略思想中的一个重要范畴。从某种意义上说，战略在很大程度上就是围绕着这个“势”字做文章。“天生势，势生杰。人成事，事成名”[⑥]，故“非兵不彊，非德不昌，黄帝、汤、武以兴，桀、纣二世以崩，可不慎欤？司马法所从来尚矣，太公、孙、吴、王子能绍而明之，切近世，极人变。”[⑦] 掌握中国战略思想的精华，不能不洞悉“势”字的深刻内涵：“察敌之情，谋我之势，中敌所不欲，则彼无所措手矣。”[⑧] 战略关注的“势”，就是把力量放在特定的时空内灵活巧妙地组合起来，形成与最佳外在条件紧密联系的一种蓄发形态。拿破仑说过：“战略是利用时间和空间的艺术。”孙子曰：“故善战者，求之于势，不责于人，故能择人而任势。任势者，其战人也，如转木石；木石之性：安则静，危则动，方则止，圆则行。故善战人之势，如转圆石于千仞之山者，势也。”[⑨]

五代时的后唐庄宗李存勖，善骑射，胆略过人，并稍习《春秋》，能诗文，谙音律，其代表作“一叶落，搴珠箔。此时景物下萧索。画楼月影寒，西风吹罗幕。吹罗幕，往事思量着”，清《词学全书》将其作为词谱的范词。在后唐与后梁为夺取中原统治权而进行的长期战争中，李存勖继承其父李克用的事业，“不栉沐，不解甲，十五余年”。《通鉴

① 薛居正，《势胜学》。
②《孙子》。
③ 同②。
④《势胜学》。
⑤ 同④。
⑥ 同④。
⑦《史记·太史公自序》。
⑧（明）杨慎，《韬晦术》。
⑨ 同②。

纪事本末·后唐灭梁》记载，后唐庄宗同光元年（公元923年），梁军大势已去，犹作垂死搏斗。李存勖屯兵朝城，梁军右先锋指挥使康延孝率百余骑兵来降。李存勖脱下自己的锦袍、玉带赠给他，封他为南面招讨都指挥使，领博州刺史，并向他询问梁朝的军情。康延孝向李存勖献策："臣窃观梁兵，聚则不少，分则不多。愿陛下养勇蓄力，以待其分兵。率精骑五千，自郓州直抵大梁，擒其伪主，旬月之间，天下定矣。"李存勖听后很高兴，依计而行，果然取胜。还有一次，李存勖屯兵朝城，后梁几路大军合围压境，而李存勖却粮草匮乏，难以支撑，于是召集诸将开会研究。结果大家都认为应该退兵求和，深谙"丈夫得则为王，失则为虏"的李存勖听了十分不悦："如此，吾无葬地也"。随后，他单独找部将郭崇韬商量，郭崇韬建议李存勖"自以精兵与郓州合势，长驱入汴，彼城中既空虚，必望风自溃"，并说这个主意他曾经和康延孝仔细商量过。李存勖欣然接受郭崇韬的计谋，他以李嗣源为先锋，从杨刘渡过黄河直取汴梁，自己亲率大兵以继其后。李嗣源所向披靡，生擒王彦章等梁将多人，后梁末帝朱瑱走投无路之际，令侍卫杀死自己。在前线的将领闻京城失守，斗志全无，令全军解甲投降，李存勖终于灭掉了后梁。毛泽东读到这些历史后，批道："康延孝之谋，李存勖之断，郭崇韬之助，此三人者，可谓识时务之俊杰。""已成摧枯之势，犹献退兵之谋，世局往往有如此者。此时审机独断，往往成功。"①

总之，"势"有多种类型，有"动势""位势"以及"气势"。"势来不可止，势去不可遏。"②所谓"势"不仅表现在力量与其周围条件联系而构成最佳的组合形态，而且表现在力量能够充分借助周围条件而成倍地增大自己的能量③。首先，力量自身要形成一种最有利于借助外界条件的形态，如"圆"这个形态。其次，力量要处于有利的位势上，如"千仞之山"。然后，力量借助于有利的位势而发挥作用，形成巨大的能量，达到预期的目的，如圆石于高山上滚动而下。这种借助的过程充满了"顺应"和"惯性"的动感，力量在这种动感中得到猛增——这就是"势"。

"势"与人们的生存、生活息息相关。"无势不尊，无智非达。"④有权力的人要"造势""用势""驭势"，无权力的人要"度势""借势""附势"，富贵之人担心"失势"，平民百姓期盼"得势"。故"迫人匪力，悦人必曲。受于天，人难及也。求于贤，人难谤也。修于身，人难惑也。奉上不以势。"⑤可以说，"势"是非常重要的，只是人们把它看得过于抽象和高深，这才会望而却步。

北宋初期名臣薛居正的《势胜学》把看似玄奥难解的"势"作了通

① 陈晋，《从毛泽东的读史评论看"出主意，用干部"》，中国共产党新闻网，2009年11月27日。

②（东汉）蔡邕，《九势》。

③ 传统文化中的堪舆学（风水术）中的相地是由格（山形水势）布局，并由此谋求趋吉避凶的目的，虽有一定经验总结，但作为一种静态的思维是难以解决和满足人与环境之间的关系的。把"相地"改为"识地"，即形以势论，因势谋局、因地制宜，就能因势利导，创造有利于人与建筑、人与环境相协调的"万物并育而不相害"的和谐环境，消除风水术中的玄学成分。

④《势胜学》。

⑤ 同④。

俗实用的论述与解析，其抽丝剥茧的功力和化繁为简的智慧，令今人为之赞叹。人们常说："邪不压正。"薛居正说："奸不主势，讨其罪也。懦不成势，攻其弱也。恶不长势，避其锋也。善者不怨势劣，尽心也。不善者无善行，惜力也。察人而明势焉。不执一端，堪避其险也。不计仇怨，堪谋其事也。"[①]透过《势胜学》，让有权者如何行权、无权者如何取势、富贵者如何守业、贫贱者如何进取，这些人生中大的命题都有了明确具体的答案。这些解答虽不是唯一的，但以"势"的角度作解却是独到的，其价值自然是实际的，对人的启发也是不可替代的。

三、同步锁模与格、局、势

在某一范围内的物与物、人与人、人与物之间，或者说系统中的要素或元素间的关系是复杂的，物理学上的"同步锁模"就是一类特殊情况。"同步锁模"现象表明，某些"势"或"势力"能自在地组成"格"，也能成"局"。

当高频简谐振动受到低频简谐振动调制时，会出现一种现象叫作"拍"。当不同频率的分振动出现物理上的非线性叠加时，会出现"同步锁模（锁频、锁相）"现象。日常生活中，当两个女孩子一起走路时，刚开始的时候，两个人的步伐并不一致，但走着走着两个人的步伐就一致起来了。历史上首先注意到这种现象的是17世纪的惠更斯，偶然因素使他发现家中挂在同一木板墙壁上的两个挂钟因为相互影响而出现同步现象。19世纪的瑞利观察到两个风琴管靠近时会同步，较远时才发生差拍。20世纪发展了无线电电子技术后，工程师们都知道，在本机振荡频率附近有一频段，在其中由于频率太接近而发生同步现象，超外差式接收机不能工作。在电子示波器中，人们则充分利用同步作用把波形锁定在屏幕上。

当两个互相垂直的简谐振动频率不同时，合成的轨迹与频率之比和两者的相位都有关系，图形一般较为复杂，很难用数学式表达。当两者的频率成整数比时，轨迹是闭合的，运动是周期性的。这种图形叫作李萨如（Lissajou）图形。

当两个相互垂直的简谐振动频率之比是无理数时，合成的运动永远不重复已走的路。时间久了，它的轨迹将稠密地分布在由振幅限定的整个矩形面积内。这种非周期运动叫作准周期（quasi - periodic）运动。拓扑学证明，准周期运动在结构上是不稳定的，稍有参量变化，譬如引入微弱的耦合，两个振动的频率就会锁定到一个相近的有理数比值上。这

①《势胜学》。

也是一种同步锁模或锁频现象，亦即锁定的频率比可以是任何有理数，1∶1 同步只是锁频现象的特例。无论平行还是垂直的振动合成，都可能发生一般有理数的锁频现象，只不过约了分的分数分母愈小，锁频的范围就愈宽。

“同步锁模”现象绝不限于两个振动的合成问题，任何物理现象，乃至整个自然界中，只要内在机制中存在两个不同的周期（时间或空间的），就可能发生频率的锁定现象。例如，每个生物体都有生物化学反应等因素所决定的生理节奏，即所谓“生物钟”。有人做过实验，把生物体关在暗室里，生物钟是很不准确的，周期大约是 25~26 小时。当生物体生活在正常的环境里，它的生物钟就被锁定到 24 小时的昼夜周期上。近代喷气式客机可以在不到一天的时间内跨过几个时区，打乱了乘客原来的生物钟节奏，他们需要一定的时间来克服这种“喷气机时差（Jet lag）”效应。①

四、系统论与格、局、势

系统论中的要素或元素间的关系充分说明了格、局、势之间的关系。系统是普遍存在的，世界上任何事物都可以看成是一个系统。系统论的基本思想方法就是把所研究和处理的对象，当作一个系统，分析系统的结构和功能，研究系统、要素、环境三者的相互关系和变动的规律性。系统论的主要思想如下：

（1）系统是由相互联系的要素构成的。系统的各个组成部分既是独立存在的，又是相互关联的、相互依存的。可以看出，“格”与“局”的不同在本质上反映出构成“格”与“局”的要素是不同的，而且要素之间的相互关联度和依存度也是不一样的。而“势”则在某种程度上表征系统要素间的一种秩序。

（2）系统的整体性。系统是按一定规律、一定方式组成的整体。任何系统都是一个有机的整体，它不是各个部分的机械组合或简单相加，系统的整体功能是各要素在孤立状态下所没有的新质。要素之间相互关联，构成了一个不可分割的整体。要素是整体中的要素，如果将要素从系统整体中割离出来，它将失去要素的作用。因此，结构性是系统论中的一个重要观念。由势的强弱、格的相对稳定性和局的相对变动性可以发现，组成格与局的系统结构是不同的，而格、局及格局均体现了系统的整体性的特征。

（3）系统的等级性。每个系统都归属于一个更大的系统，而每个系

① 赵凯华，罗蔚茵，《力学》第二版，高等教育出版社，2004 年，第 266~268 页。

统内部又存在着组成这一系统的分系统。从系统的角度分析，格、局以及格局都具有不同的等级，格局的大与小、局面的宽与窄、格的高与下、势的强与弱，均体现系统的等级性。

系统论的出现使人类的思维方式发生了深刻的变化。只有在系统方法的研究中，才能对事物的各类联系进行考察，而不是简单地把它们归结为因果联系。以往研究问题，一般是把事物分解成若干部分，抽象出最简单的因素来，然后再以部分的性质去说明复杂事物。这是笛卡儿奠定理论基础的分析方法。这种方法的着眼点在局部或要素，遵循的是单项因果决定论，虽然这是几百年来在特定范围内行之有效、人们最熟悉的思维方法。但是它不能如实地说明事物的整体性，不能反映事物之间的联系和相互作用，它只适应认识较为简单的事物，而不胜任于对复杂问题的研究。在现代科学的整体化和高度综合化发展的趋势下，在人类面临许多规模巨大、关系复杂、参数众多的复杂问题面前，就显得无能为力了。客观事物的联系是多种多样的，除了因果联系外，还有系统联系、结构联系、功能联系、起源联系等。系统论的基本原则，例如相关性原则、综合性原则、最优化原则、协调性原则、环境适应性原则等就是和这些联系密切相关的。辩证法是关于联系的科学，系统论为辩证法提供了丰富、多种的联系类型。在一定的意义上可以说，系统论是关于普遍的系统联系的具体科学。由于事物都是以系统的形式存在的，系统是反映事物内部联系和外部环境与系统联系的普适性范畴。系统范畴是对辩证法关于世界是普遍联系的观点的证实和发展。系统的规律就是要素的联系和组合的规律，系统论的原则和方法就是建立和掌握这种联系、组合的规则和方法。但是，系统论并不停留在一般地普遍联系和相互制约这一唯物辩证法的原则，而是对各种联系做出具体的分析。辩证法认为，事物是发展的，发展就是新质代替旧质，就是质变。系统论把这种发展看成是“系统从较低的有秩序的状态走向高级的有秩序状态（或相反）的定向变化”。系统的重要特点之一就在于各个要素一旦以某种方式形成系统，这些要素就失去了原有的性质，而获得新质。随着组合方式的变换，系统又会产生出从前所不曾有过的新的性质。这说明，事物的性质首先是由事物内部各元素间的组合方式决定的，没有有机的内在联系的统一整体，没有一定结构或组合形成的系统，是不会有质变和发展的。发展永远只属于活生生的、有机的统一体。因此，要变革某种事物的性质，首先必须变革它的组合方式，要获得某种新的性质，同样要根据一定的条件创造出新的组合方式。系统组合的变化引起系统的质变，这是一切系统的根本规律。

系统方法把结构方法和历史方法、矛盾分析方法和系统分析方法统一起来，从而也为人们认识客体及其运动的发展开辟了新的道路。系统方法改变了主体的思维方法，给整个方法论带来了深刻的革命性变化。它使人们的研究方式，从以个体为中心过渡到以系统为中心，从单值的过渡到多值的，从线性的过渡到非线性的，从单一测度的过渡到多测度的，从主要研究横向关系过渡到综合研究的纵横向关系。这些变化，不仅改变了科学和世界的图景，改变了科学知识体系，改变了社会的结构，同样也引起了主体世界观和方法论的深刻质变。

顾基发教授和朱志昌博士于 1994 年在英国赫尔大学（University of Hull）提出“物理（Wuli）—事理（Shili）—人理（Renli）系统方法论”，简称 WSR 系统方法论。该系统方法论就是物理、事理和人理三者如何巧妙配置有效利用以解决问题的一种系统方法论。它既是一种方法论，又是一种解决复杂问题的工具。

在 WSR 系统方法论中，“物理”指涉及物质运动的机理，它既包括狭义的物理，还包括化学、生物、地理、天文等。通常要用自然科学知识主要回答“物”是什么，物理需要的是真实性，研究客观实在。“事理”指做事的道理，主要解决如何去安排所有的设备、材料、人员。通常用到运筹学与管理科学方面的知识来回答“怎样去做”。“人理”指做人的道理，通常要用人文与社会科学的知识去回答“应当怎样做”和“最好怎么做”的问题。实际生活中处理任何“事”和“物”都离不开人去做，而判断这些事和物是否应用得当，也由人来完成，所以系统实践必须充分考虑人的因素。人理的作用可以反映在世界观、文化、信仰、宗教和情感等方面，特别表现在人们处理一些“事”和“物”中的利益观和价值观上。在处理认识世界方面可表现为如何更好地去认识事物、学习知识，如何去激励人的创造力、唤起人的热情、开发人的智慧。“人理”也表现在对物理与事理的影响。

五、格、局及格局的稳定性

在微分动力系统的研究中，有一个很重要的概念叫作“稳定性”或“结构稳定性”。

什么叫结构稳定性呢？如果一个决定性系统在小的“扰动”之下不至于发生性质上的改变，就称这种系统是结构稳定的。所谓扰动，就是量或状态的微小改变。

另一种稳定性是所谓渐近稳定性，即系统的初始状态受到小的干扰时，其长远趋势是不受影响的。

在现实和自然中，还存在大量这样的系统，它在某些个别状态是不稳定的，在一般状态下是稳定的。例如，达到0℃但尚未结冰的水，这时微小的“扰动”将由液态水过渡到冰晶状态。数学上，把这些不稳定的状态叫作分支点或分岔点。在这些关键点上，极小极小的扰动会引起系统的质变。

数学研究发现：在某种意义上，具有稳定性的决定性系统是相当普遍地存在着的。因此，通常情况下微观事件不足以影响宏观的决定性过程的本质与长远趋势，除非微观事件的效果大量集中，达到一定的程度。[①]大量的研究表明，历史发展的总趋势具有稳定系统的特点。稳定性的系统（或过程）的普遍存在，很好地说明了在现实生活中，小事件一般不能造成或引发重大的影响。

然而不稳定系统也是普遍存在的。胡适说：“一切作为，一切功德罪恶，一切语言行事，无论大小，无论善恶，无论是非，都在那大我上留下不可磨灭的结果和影响。他吐一口痰在地上，也许可以毁灭一村一族。他起一个念头，也许可以引起几十年的血战。”胡适的这一观点即是说人无法预见历史的发展，历史发展的动力是多元的、极其复杂的，微不足道的小事可以产生大的影响。

假设用一个精密的仪器将硬币按一定的初速度垂直上抛，现以此例来考察两个件事：事件A，硬币上升高度达到指定高度，如1m；事件B，硬币落地后正面朝上。

事件A中，硬币上抛时有一个初速度，上抛高度与初速度有关。初速度的微小变化只能引起高度的微小改变，不会使事情起质的变化，这是稳定性系统所具有的特征。

事件B中，硬币落地时，是正面朝上还是反面朝上取决于初始位置。如果硬币是均匀的，无论初始位置多么对称于正面和反面——使硬币平面与水平平面垂直，我们找不出任何理由断言它的结果是该出正面还是反面。根据概率论和数理统计的方法，如果掷1000次硬币，硬币每次都出正面（反面）的概率只有$1/2^{999}$，实际上我们绝无可能观察到每次都出正面（反面）这种现象。而正面与反面大体上各占一半的事是几乎一定会发生的！这表明，这是一个决定性过程，初始状态决定了最终状态。而初始位置无论多么细微的差别，都足以引起后来状态本质上的不同！这正是不稳定系统的特点。

这就提示我们，如果事件与原因以稳定性的方式相联系——原因的小扰动只能引起事件的小变化，就叫作必然事件。反之，如果事件与原

① 张景中，《数学与哲学》，中国少年儿童出版社，2003年8月第1版，第134页。

因以不稳定的方式相联系——原因的无论多么小的扰动都能引起事件性质的显著不同，就叫作偶然事件。这就用数学提供的思想给出了必然性和偶然性的客观性的定义。这个定义不依赖于我们知识的贫乏或丰富，不依赖于我们对事件本质的看法，它只与事件的本性有关。对某些必然性事件，在我们对它的原因尚不深知时，有可能误认为是偶然的。可是对于偶然事件，我们对它的原因的定量把握，任何时候都是有限度的。

这样，稳定性概念的提出及深入研究说明，偶然事件不足以改变历史趋势，同时也说明在某些关键时刻、关键场合，个人的活动或别的什么偶然事件，能够有重大影响。[①] 从这个角度分析，格、局、格局和局势，均有稳定与不稳定之分。在稳定的格局与局势中，个别人的活动或偶然事件不足以引起格局和局势的大的改变，而在不稳定的格局和局势中，个别人的活动或很偶然的小事件足以引发大的变局，并有可能引发社会的不稳定甚至王朝的变更，历史上很多事例充分说明了这一点。在金融系统和商业活动中，信誉和信心是构成系统稳定性的关键性因素，甚至是决定性因素。如果某一银行的所有储户都认为这家银行要破产，于是纷纷从该银行中取出存款（即是储户是听信谣言而出现的不理智行为），这家银行必然倒闭。同样，如果所有的客户都不愿去（质次价高）或不敢去（食物有害健康）某家餐馆就餐，这家餐馆就办不成。对这类系统和行业来说，要维持某些系统（业务量）的稳定，是要付出巨大的努力并持之以恒的。

在工程中，四边形组成的结构（机构）是不稳定的结构形态，只要在杆件相交的节点处出现转动，机构就可能失去稳定性而发生较大的变形（见图 8）。而三角形组成的结构是稳定的结构形态或称为稳定机构，所以屋架等铰接结构体系常采用三角形（见图 9）。这就是工程上三角形的屋架可以采用铰接体系，而四边形的框架必须采用刚接体系的原因。

图8　易变形的四边形

① 张景中，《数学与哲学》，中国少年儿童出版社，2003 年，第128~138页。

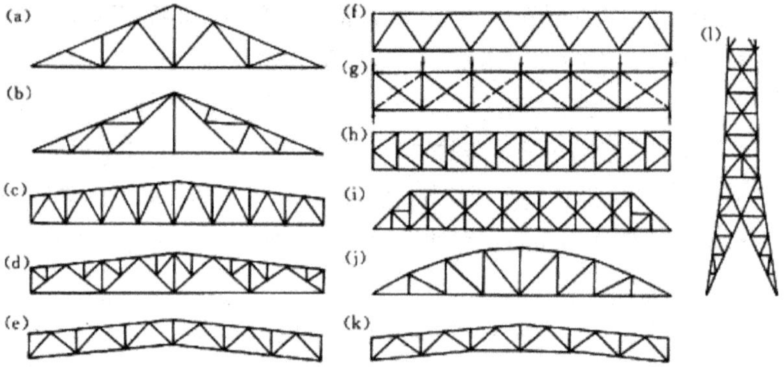

图9　工程中常见的由三角形组成的稳定的结构形式

在不稳定的四边形结构中，只要在其中增设一根杆件，将四边形分割成两个三角形，就成为稳定的结构体系了。脚手架就是根据这一原理，通过设置斜撑而形成稳定结构形态的（见图 10）。近期某些工地出现脚手架整体垮塌事故，绝大多数都是因为没有设置斜撑或斜撑设置不当而没有形成稳定机构所造成的。因此，在某些原来稳定的结构（机构）和系统中，由于结构中的某些杆件、系统中的某些因素的腐蚀、退化、失效，就变成不稳定的结构、不稳定的系统了。工程上如此，社会生活中也同样，其教训是惨痛的。维持机构的稳定和建立稳定的机构同样重要。

图10　脚手架斜撑设置情况照片

系统论的这些方法对于在特定的格局和形势下做事、谋局、用势、造势等均有方法论上的指导意义。

定稿于 2014 年 8 月 19 日

后步更比前步高

科学史告诉我们：真理在发展的变易中；真理尚未形成，但是它正在形成。可能它永远也不会形成，但是它将日益形成起来。

——列宁,《阿贝尔·莱伊〈现代哲学〉一书批注》

当人类应当出世的那一刹那来到的时候，普罗米修发现人类没有衣服，没有武器，毫无依靠。于是他从天上偷来了火，偷来了伏尔康和米内瓦的艺术，给人作了装备，以应急需，但是政治智慧是人类所缺乏的；人们毫无社会约束地生活着，陷于不断的冲突和不幸。于是宙斯命令黑梅斯赐给人类廉耻和公正……并且要制定法律，谁不能分享廉耻和公正，谁就必须被当作国家的蟊贼予以消灭。

——黑格尔，《哲学史讲演录》第2卷

海德格尔说，语言是存在的家。语言对于人，就像他生息于其上的大地，就像他须臾不可或离的家园。人先天地就被语言所贯穿、所引导。与其说是人在说话，不如说是语言在说话，人的话语只是语言借以自我表达和自我延续的途径而已，而一个人的生命则只是一个民族的传统借以自我延续和繁衍的途径。民间流传的许多格言、谚语、故事，往往揭示人性的善恶，道出人间的冷暖与世道的沧桑。

一、原因的中断和转化

从前有兄弟俩相依为命。一年夏天，他们一起上山打柴。由于天热，临近中午时分，兄弟俩来到他们以前从未进去过的山洞里纳凉，却无意中发现了一大堆金银财宝。他们上山时并没有携带足以装这么多财宝的东西。兄弟俩商量后，决定一人回家取装财宝的篮筐，一人在原地看守，以免财宝被他人拿走。在回家的路上，老大心想，“要是这堆财宝全归我一个人多好啊”，于是心生一恶计。老二在山上盯着眼前的财宝，更是心花怒放，“要是这堆财宝全归我那该多好啊！”心中也萌生了一毒计。老大从家里带来了篮筐，还顺便给弟弟带来了午饭。当老大兴高采烈地来到弟弟跟前时，没想到弟弟操起一根大木棍狠狠地朝他脑袋上直劈下去，老大当即一命呜呼。老二心满意足地装好了所有的财宝，不慌不忙地开始享受老大带来的午饭，没想到刚吃了一半，便七窍流血而亡。山洞里的群鸟，见地上还有老二吃剩的饭，以为是美餐，也纷纷飞来抢着吃，吃着吃着，便倒下一大片。这就是“人为财死，鸟为食亡”的故事。

凡事物的发生必然有其原因。在事物正常发展的一般因果链条中，“财”与人之死没有直接的关联性，“食”与鸟之亡也不一定有直接的关联性，但不该出现的情况却在故事中发生了。黑格尔说：“要注意假如提示出来的结果的原因，不是近因而是远因……基本的事情在其经过中通过较多的中间环节所经受的形式变化，掩盖了它在其中所保持的同一。在这个事情和最后结果之间，出现了多重的原因，事情在原因多重化之中便把自身与其他事物和环境连接起来了，所以不是那个最初的被说成是原因的东西，而是只有较多的原因在一起，才包含完全的结果。——所以假如一个人由于在各种环境之下，得以发展他的才能，譬如他的父亲在一次战役中中弹，他便失去了他的父亲，那么，这颗子弹的射击（还可以更远地推到战争或战争的原因，如此等等以至于无穷）也可以作为这个人的才能的原因提出来。不过很显然，例如那一次射击，就其自身说，并不是上述情况的原因，而只是射击和其他起作用的规定有连结。或者说，射击毕竟不是原因，而只是一个属于可能环境的个别环节……在历史上，精神的度量和个人总是互起作用、互为规定的。精神的本性毕竟是在比一般有生命者的特性更高得多的意义上，不在自身中接受一个另外的原始的东西，或说不让一个原因在精神中连续下去，而要使原因中断和转化。”① 因此，“让巨大的结果从微小的原因发生，引用一件轶闻奇事作为广泛而深刻的事件的第一原因……看来不过是一种机缘，或外在的激发；事件的内在精神并不需要这种机缘，或者也可以使用无数的其他机缘，从而在现象中开始透露并表现自己。这样就其自身说是微小而偶然的东西，不如说恰恰相反，仅仅是被精神规定为精神的机缘的……在这大生于小之中，固然总是呈现着把精神当作外在物那样的颠倒，但这个外在物正因此而不是精神中的原因，或者说，这个颠倒本身就扬弃了因果性的对比。”② 在“人为财死”这故事中，精神、思想“使原因中断和转化”。贪婪仿佛魔鬼附体，吸附在个人身上，它像细菌随时都有发作的“机缘”，如果一个人经不起诱惑，丧失了抵抗力，随时都有可能被侵蚀。

春天时节，鸟语花香，“布谷鸟在橡树林绿色枝条间唱起，正是人们在明媚的春天沐浴时。”③ 布谷鸟的叫声特别引人注意。在我家乡，比较普遍的说法是布谷鸟的叫声是：“不弓、不捕！网兜杀我！”然而我的老邻居给我讲了另外一个版本的传说。他当年在渡口撑船的时候，听人说布谷鸟的叫声是：“布谷（二声），布谷（四声）！黄巢杀我！”而且他还有模有样地给我讲了一个故事。

话说当年黄巢兵败的时候，把他的佩剑插入了花园岗亭子内的剑鞘里。这把黄巢剑，只要人们把它举过头顶转一圈，方圆八百里之内的人头就要全部落地，而被“黄巢剑”砍下的人头，只要敷上用“蚊子的牙齿”和“苍蝇的脑髓”调成的神药，就可以死而复生。这把“黄巢剑”据说现在还插在花园岗亭子里。当人们静悄悄地走到它跟前的时候，冷不丁可以往上拔出一点点，但再怎么使劲，即便是再多的人一起用力，就是不能把这把剑拔出剑鞘，而且至今仍没有人能够把它拔出来。

托尔斯泰说，艺术应终止暴力。这一故事表达了人们对生物的爱护、对生命的珍爱和对永久和平的渴望，尽管拿黄巢这一历史人物（见图 11）说事是不合适的。④ 然而放眼现实，民间臆造出的那神奇的“黄巢剑”不

①《逻辑学》下卷，第 220 页。
②《逻辑学》下卷，第 221 页。
③ 林德，《无知的快乐》，《外国散文百篇必读》，第 47 页。
④ 众所周知，历史上的周瑜与《三国演义》中的周瑜是不一样的，民间传说中的历史人物与史实也不应画等号。

就是今天的“大规模杀伤性武器”吗？可是能将今天的“黄巢剑”装入剑鞘的力量和智慧在哪里呢？能够死而复生的妙药又该怎样调配？除了“蚊子的牙齿”和“苍蝇的脑髓”外，就没有其他能起死回生的神药了吗？

图11 仙霞关上的黄巢石像

和平是珍贵的。“千年暗室，一灯即破”，战争的爆发就是和平的中断，战争与和平是对立的，就像肯定与否定、原因与结果那样。

二、范畴之间绝对的相互依赖性

在黑格尔的逻辑学中，“在存在的范围里，各范畴之间的联系只是潜在的，反之，在本质里，各范畴之间的联系便明显地设定起来了。一般说来，这就是存在的形式与本质的形式的区别。在存在里，一切都是直接的，反之，在本质里，一切都是相对的。”就是说，“当我们说有与无时，‘有’是独立的，而‘无’也同样是独立的。但肯定与否定的关系便完全与此不同。诚然，它们具有‘有’和‘无’的特性。但单就肯定自身而言，实毫无意义；它是完全和否定相对峙、相联系的。否定的性质也是这样。”[①] 就量与质的关系而言，“量就会只是一般的可变化者。但须知，质也是可变化的，而上面所说的量与质的区别，就在于量有增加或者减少。”[②] 但是，量与质的联系是不严密的。斯退士说：“尺度作为质和量的联合而出现。但这种统一首先只是直接的。黑格尔这里所谓‘直接的’，意思是说，在质和量之间没有真正的中介性（间接性）。它们有相互关涉、相互依赖、相互中介的外表。但这种中介只是相对的，

①《小逻辑》，第240页。
②《小逻辑》，第219页。

不急切的，不像后面我们在本质范围内所见到的那样，各项之间有绝对的相互依赖性，在那里，肯定与否定，原因与结果等，每方离开了对方就绝无意义。质和量之间有某种松弛的相互依赖性……但它们也是相对独立的。因此，黑格尔说它们‘只是在直接的统一中’。如果是完全的统一，那就意味着一物的任何一点量变都将随之以质变，这样，二者就是全部地相互依赖，完全地联接在一起。相反，现在这种单纯直接的统一则表示，虽然在某种范围内质依赖于量，但量仍然可以在一定限度内随意改变而不对质产生任何影响。二者的联系是松弛的而不是严格的，就量变不能在超出一定限度之后而不改变质而言，二者有依赖性，但这种依赖仅只是一种‘直接的统一’，一种松弛的联系，因为在那些限度内，量可以上下徘徊，而质仍然不变，从而对量是漠不相关的。这样，我们就得到了某种确定的定量的概念，此定量构成一种限度，过此限度就会发生质变。”①

黑格尔说：“一切事物本身都自在地是矛盾的。”② 恩格斯认为黑格尔“真正的自然哲学是在《逻辑学》第二册即本质论中，这是全部理论的真正核心”③。在黑格尔《逻辑学》的本质论中，肯定与否定、现象与本质、原因与结果、可能与现实、形式与内容、偶然与必然、有限与无限、整体与局部、内与外等各项之间有绝对的相互依赖性，每一方离开了对方就失去意义。黑格尔说：“原因只有在它发生了一个结果时，才是原因，而且原因无非是具有一个结果这样的规定，结果也无非是具有一个原因这样的东西。结果就在作为原因那样的原因中，而原因也就在结果中；假如原因还没有起作用或停止起作用，那么，它就不是原因；而结果，假如它的原因消失，便不再是结果，而是一个漠不相关的现实……原因在它的结果中熄灭了，因而结果也同样熄灭了，因为它只是原因的规定性。这个在结果中熄灭的因果性，因此是一个直接性，它对原因和结果的对比漠不相关，并且在自身中只是外在地具有这种对比。”④

对于形式与内容，黑格尔说，“形式与内容是成对的规定”。⑤“内容并不是没有形式的，反之，内容既具有形式于自身内，同时形式又是一种外在于内容的东西。于是就有了双重的形式。有时作为返回自身的东西，形式即是内容。另时作为不返回自身的东西，形式便是与内容不相干的外在存在。我们在这里看到了形式与内容的绝对关系的本来面目，亦即形式与内容的相互转化。所以，内容非他，即形式之转化为内容；形式非他，即内容之转化为形式。这种互相转化是思想最重要的规定之一。”⑥ 在《历史哲学》中，黑格尔说：“文艺中不仅有一种古典的形式，更有一种古典的内容；而在一种艺术作品里，形式和内容的结合是如此

①《黑格尔哲学》，第171页。
②《逻辑学》下卷，第65页。
③《马克思恩格斯全集》第31卷，第471页。
④《逻辑学》下卷，第217页。
⑤《小逻辑》，第279页。
⑥《小逻辑》，第278~279页。

密切，形式只能在内容是古典的限度内，才能成为古典的。假如拿一种荒诞的、不定的材料做内容，那么，形式也便成为无尺度、无形式，或者成为卑劣的和渺小的——然而理性本身却具有尺度和目的。”[①] 也就是说，任何形式都是一定内容的形式，离开了内容就没有形式。

就整体与部分的关系[②]而言，黑格尔说：“整体，是构成自在自为之有的世界的独立性；另一方面，即部分，是那曾经成为现象世界的直接存在。在整体与部分的对比中，两个方面都是这种独立性，但情形是这样的：一个方面在自身映现另一个方面，同时又只是作为两者的这种同一……整体是从部分组成的；以致没有部分，它便什么也不是。所以它是整个对比和独立的总体；但正是由于同样的理由，它只是一个相对的东西，因为把它造成是总体的东西，毕竟是它的他物，即部分；它不是在本身,而是在它的他物中,有其组成。所以部分也同样是整个的对比；它们与反思的独立性相对立，是直接的独立性，它们不是在整体中组成，而是自为地组成的。再者，它们也在它们中具有这个整体作为它们的环节；这个整体构成它们的关系；没有整体，便没有部分。”[③] “全体的概念必定包含部分。但如果按照全体的概念所包含的部分来理解全体，将全体分裂为许多部分，则全体就会停止其为全体。”[④] “在整体中，没有不是在部分中的东西；在部分中，也没有不是在整体中的东西。整体不是抽象的统一，而是作为一个差异的多样性的统一；但这个统一，作为多样性的东西在其中彼此相关的东西，是这多样性的东西的规定性，它由此而是部分。”[⑤]

对于内与外，黑格尔说：“就内与外作为两个形式规定来说，两者仍是正相反的，甚至是彻底相反的。内表示抽象的自身同一性，外表示单纯的多样性或实在性。但就内与外作为一个形式的两个环节来说，它们本质上是同一的……凡只是在内者，也只是外在的东西，凡只是在外者，也只是内在的东西。”[⑥] “内与外，因此每一个在本身中都被建立为它自己和它的他物的总体；内，作为单纯的自身反思的同一，就是直接物，并且因此也同样是有和作为本质那样的外在性；外，作为多样的、规定的有，只是外在的，即被建立为非本质的并回到其根据里去，从而作为内在的。两者这样的互相过渡，就是它们的直接同一作为基础。”[⑦]

三、和平有成本

就战争与和平来说，战争与和平的概念之间也有相互依赖性，战争破坏了和平，和平是对战争的否定。在辩证法的基本范畴中，偶然与必然、

①《历史哲学》，第111页。
② 也译作“整体与部分的对比”。
③《逻辑学》下卷，第158～159页。
④《小逻辑》，第282页。
⑤《逻辑学》下卷，第160页。
⑥《小逻辑》，第289页。
⑦《逻辑学》下卷，第176页。

现象与本质、原因与结果、条件与根据、整体与局部、内与外、可能性与现实性等都只能从一个方面、一个环节、一个阶段和一个因素来分析、阐述和表征战争与和平，但没有哪一对范畴能完整表述战争与和平之间复杂的关系和丰富的内涵。无论是战争，还是和平，都是有条件的，每一场战争的爆发都是有原因的，都是偶然中的必然，战争有局部和全局，也有内部战争和外部战争、内线作战和外线作战。

历史的经验告诉我们，“战争比和平发达得早”①，和平是相对的。尼克松说：“和平可以分为两种，实际存在的和平与完全的和平，实际的和平是战争的结束，完全的和平是冲突的结束。我们能期望达到第一种和平，却从未能赢得第二种和平。冲突是世界事务的自然状态。”②从历史上看，人类社会完全没有战争的年代可谓凤毛麟角。据考证，有文字记载的历史以来，地球上只有56天没有战争。英国军事家富勒在《西洋世界军事史》序言中说：“战争是否为人类进化所必需的因素，固然还有辩论的余地，但下述事实却是毫无疑问的，从人类的最早记录起，到现在的时代为止，战争一直是他们生活中居于支配地位的因素。在人类历史中，没有一个时代是完全没有战争的，也很少有一代以上的人是不经过大型战乱的。大战几乎和潮汐一样，具有规则的起落。”

“一将功成万骨枯”。战争是残酷的，“战争的形象，是流血、痛苦和死亡”③，它给人们带来的灾难不亚于地震、洪水等自然灾害。因此，人们珍视和平，渴望过上安宁的生活。然而，和平是需要人们精心创造的。人类要争取和平就不得不付出一定的成本，牺牲发展机遇，消耗一定的经济、社会福利、资源，甚至付出生命。没有这些成本，和平的“产品”出不来。和平“产品”的量与质，也就是和平度，在一定程度上取决于军事投入的大小。华盛顿说：“备战是捍卫和平最有效的手段之一。”战争法则如钢铁一般冰冷，在一定规模范围内，国家舍得军事投入，和平度就高；和平度越高，经济、社会、福利事业就越发展。如果不付出成本，不但和平“产品”的质量得不到保证，而且，有可能由于贻误军事发展的机遇，造成与敌对势力的军力差距拉大，在必须以超常规方式赶上别国军事现代化步伐的情况下，就要用数倍于前的成本加以弥补。④

当今世界，和平与发展是时代的主流，制止战争，实现世界和地区的和平稳定是可能的，即使需要付出一定代价和成本，也是值得的。黑格尔说：“可能性是无对比的、不规定的、总包一切的贮藏者。——就这种形式的可能性意义上说，一切不自相矛盾的东西，都是可能的；可能性的王国因此是无边无际、花样繁多的。但每一个多样性的东西都是在自身中和对其他多样的东西而被规定的，并且在自身中具有否定；总

①《马克思恩格斯全集》第12卷，第759页。

②理查德·尼克松，《竞技场上——胜利、失败和重新崛起的回忆录》，时事出版社，1990年，第339页。

③托尔斯泰，《十二月的塞瓦斯托波尔》。

④余爱水，《关注战略观的新变化》，《解放军报》，2005年12月20日。

之，漠不相关的差异过渡为对立；但对立就是矛盾。因此，一切事物都同样是一个矛盾的东西，因此也都是不可能的东西。”[①] 因此，“可能是一个多样性的东西,指向一个他物,即现实,并在现实中完成自己。”[②]“可能性是两者进行比较的关系；它作为总体的一个反思，在其规定中包含这样一点，即反面也是可能的。可能性因此就是相关的根据，即因为 A=A，所以也有 –A=–A；在可能的 A 中，可能的非 A 也被包含了，这种关系本身就规定了两者都是可能的。”[③] 对于一个国家来说，为了实现持久的和平，预防战争、制止战争、保证国家发展环境不受破坏，没有确保打赢战争的实力是做不到的。它比打赢战争要求更高。屠格涅夫在他的小说《父与子》中说：“即使是夜莺，在童话里也是无法被养活的。”历史已经并将继续证明，制止战争、预防战争不是一句空话，不是主观愿望就能实现的，而是要以坚强的实力为后盾的。“治兵然后可言息兵，讲武而后可言偃武”，“当天下无虞之时，而常谨不虞之戒”[④]。托洛茨基说：“你可以不关心战争，战争可是会关心到你。”毛泽东也早就断言：“世界上的事情总是那样，你准备不好，敌人就来了；你准备好了，敌人反而不敢来。”一支平素慕于虚荣而荒于训练、精于应付而疏于战备的军队，一支无危机感无紧迫感的军队，一支没有军人枕戈待旦的军队，兵力再多、装备再好，大敌当前，没有不败的。“在危急关头，轻举妄动会成为一种要求公开赎罪的反党罪行”[⑤]，只有大力进行军队建设才有可能不动用军队，只有大讲武备才有可能不动武。《墨子·公输》记载的墨子救宋的故事就是备战能制战的一例证。楚国的公输般发明并制作了攻城用的云梯，准备用来作为楚军进攻宋国的利器。楚国强大，宋国弱小。当墨子听说楚国要侵宋，急忙来到楚国，劝说楚王和公输般不要侵宋，但楚王和公输般恃仗拥有云梯这一新式攻城器具，不为墨子的游说所动。墨子于是同公输般在楚王面前以衣带作城池，以木片作攻守城邑武器，表演了一番楚攻宋守的“作战模拟”。结果“公输般之攻械尽，子墨子之守御有余”，从而迫使楚王放弃了侵宋的计划。

四、现象的规律

古语云：“一计之出，可以倾覆百万师；一谋之就，孤军亦可以制胜。”在日常生活中，也有一言之出可以分高下、判雅俗、决品位的情形。在逢年过节的日子里，民间有讨彩头图吉利的习俗。话说有一年大年初一，张三到邻居李四家串门。李四见有客人来，便搬来梯子到阁楼上去取招

①《逻辑学》下卷，第 195 页。

②《逻辑学》下卷，第 194 页。

③《逻辑学》下卷，第 196 页。

④《明太祖实录》，卷四八。

⑤《马克思恩格斯全集》第 18 卷，第 625 页。

待客人的东西。李四踏着梯级一步一步往上爬，李四媳妇见状，高声说道："老李你今年步步高升啊！"张三听了，暗地佩服这家媳妇的口才，回家后便与媳妇细说在李四家看到的情形。没想到他媳妇听了很不服气，"这种简单的应酬之语我也会"。第二年大年初一，张三特地搬来梯子，当着媳妇的面爬上阁楼，他媳妇见状心领神会地道出准备了一年的台词："老公啊，你今年是上档（南方口音中同"上当"）、上档又上档啊。"

"步步高升"这一讨彩头图吉利的民间俗语据说还与乾隆皇帝有关。乾隆皇帝下江南时，到了镇江金山寺。方丈派了一个能说会道的小和尚做向导。当乾隆皇帝上山时，小和尚边走边说："万岁爷您步步高升！"乾隆听了很高兴。下山时，乾隆皇帝有意试试小和尚的口才，便问："在上山时你说我步步高升，现在你看我怎样？"小和尚不假思索，立即答道："万岁爷后步更比前步高啊！"

"后步更比前步高"，言简意赅，其哲理深刻到似乎已经是不言而喻的了。但仔细一想，它的哲理与辩证法的规律和范畴中哪一条相对应？如说它是量变引发的质变，是不太贴切的；说它是对立统一，即后步与前步"对立"，似乎也不太对劲；说它是否定之否定[①]，那是后步否定前步还是前步否定后步[②]？就辩证法的范畴来说，现象与本质、可能与现实、偶然与必然、肯定与否定、条件与根据、整体与局部等都与之没有直接的关联。说它体现了原因与结果之间的关系，概念上说得通，但不如"后步更比前步高"直白明了。难道作为"关于自然、社会和思维发展的最一般规律的科学"的辩证法有不适用于实际的情况？不至于如此。黑格尔说："事物是现象。"[③]"现在，现象更确切地规定自己。它是本质的存在；存在的本质性与非本质的存在相区别，这两个方面都在相互关系之中。——因此，现象第一是单纯的自身同一，同时又包含不同的内容规定，它本身及其关系，是在现象交替中自身等同、长留不变的东西，——即现象的规律。"[④]"后步更比前步高"就是一种现象的规律！

探索现象背后的规律是科学研究的应有之义。冯元桢在纪念老友的《著名流体力学家易家训》一文中，讲述了易家训研究"一枝香烟的烟缕"蕴含规律的执着和智慧。"1947 年夏，易家训去布朗大学听林家翘关于流体动力学的讲演，产生了灵感。回到依阿华，他告诉我说他正在专注研究一枝点燃的香烟产生的烟缕。烟缕袅袅上升，卷曲，变成湍流而弥散。他被迷住了。他的指导老师亨特劳斯鼓励他深入探讨这个问题。这个课题成为他的博士论文的一部分。从这一粒细小的种子，在他脑海里形成了整个领域。在随后的岁月里，易家训发展了应用极其广泛的非均匀流体动力学的普遍理论。从一个小对象入手，作为巨大努力的开端，

① 虽不直接，但隐喻的却是否定之否定。
② 前步否定后步，后步否定前步，只是肯定否定、否定肯定的无限循环。
③《逻辑学》下卷，第 137 页。
④《逻辑学》下卷，第 140 页。

是他研究事业的特点。这与他对诗的热爱是一致的。诗人从一朵花蕾看到春天的来临。一支香烟的烟缕蕴含着与重大课题同样的真理，同样的美。”海德格尔将美看作“敞开发生的真理的一种方式”，他说：“诗意只是真理光明投射的一种方式。”冯元桢说：“易家训是高雅、幽默、富有诗意的流体力学家。他创造出可简化非均匀流体流动微分方程和边界条件的优美数学变换；设计出有效的计算方法；发现了许多流体流动中不稳定性和波动的精确解或封闭形式的解。当然，还有许多近似解。他设计出有效的计算法和切中要害的实验。他至善至美地发展了分层流这个领域，因为它能应用到大气流动、海洋流动以及科学环境、工业等方面的流动。”“易家训对点燃的香烟的研究在他的博士论文和两篇论文中得到规范的叙述。他对这个问题的归纳和解决，精美之至，层流解释是精确解，对从层流到湍流的转变则是系统的实验研究。继这两篇文章而来的是一系列的论文，讨论大气扩散、边界源的浮力对流、湍羽流，在横向风中的羽流，等等。他特有的方法是：力求精确解，并用实验结果检验，从他的第 1 篇论文到第 130 篇论文，这种精神贯穿始终。”[①]

“可见，在任何一个命题中，很象在一个‘单位’（‘细胞’）中一样，都可以（而且应当）发现辩证法一切要素的胚芽，这就表明辩证法本来是人类的全部认识所固有的。而自然科学则向我们揭明（这又是要用任何极简单的实例来揭明）客观自然界也具有同样的性质，揭明个别向一般的转变，偶然向必然的转变，对立面的过渡、转化、相互联系。辩证法也就是（黑格尔和）马克思主义的认识论……辩证法是活生生的、多方面的（方面的数目永远增加着的）认识，其中包含着无数的各式各样观察现实、接近现实的成分（包含着从每个成分发展成整体的哲学体系）。”[②]而“认识不是把内容当作一种外来物对待的活动，不是从内容那里走出来而返回于自身的反思；科学不是那样的一种唯心主义，这种唯心主义以一种提供保证的或确信其自身的独断主义来代替那作出断言的独断主义，而毋宁是，由于认识眼看着或任其内容返回于它固有的内在本性，所以认识的活动就同时既是深入于内容又是返回于自身，说深入于内容，是因为认识活动是内容的内在的自己，说返回于自身，是因为认识活动是在他物里面的纯粹的自身同一性。因此，认识的活动是这样的一种诡计：它自己好象并不活动，却眼看着规定及规定的具体生命恰恰在其自以为是在进行自我保持和追求特殊兴趣的时候，适得其反，成了一种瓦解或消溶其自身的行动，成了一种把自己变为全体的环节的行动”[③]。

① 冯元桢，《著名流体力学家易家训》，《力学与实践》第 24 卷，2002 年。

②《哲学笔记》第 2 版，第 308～311 页。

③《精神现象学》上卷，第 42 页。

五、哲学的高贵精神

恩格斯说："唯物史观是以一定历史时期的物质经济生活条件来说明一切历史事变和观念、一切政治、哲学和宗教的。"[①] 在人类思想的历史中，哲学是理论形态的人类自我意识。哲学的高贵源于其直接或间接地表征了人类所把握到的时代，以反思和前提批判的方式体现着时代精神的精华，塑造新的时代精神。席勒说："伟大的世界主宰，没有朋友，深感欠缺。为此他就创造出诸多精神，反映自己的幸福，以求心赏意悦。"[②] 苏格拉底说："我所认为是真理和正义的，就是我的精神产生的精神。但精神从自身中这样创造出来的东西，精神所认可的那种东西，应当是从作为普遍者的精神，即作为普遍者而活动的精神中产生出来的，而不是从它的欲望、兴趣、爱好、任性、目的、偏好等等中产生出来的。后面这些东西固然也是内在的，'自然安置在我们内部的'，但它们只是以自然的方式为我们所有。"[③] 在黑格尔看来，"推动精神关于自己的知识的形式向前开展的运动，就是精神所完成的作为现实的历史的工作"[④]，而"精神的变化过程的另一方面，历史，是认识着的、自身中介着的变化过程——在时间里外在化了的精神；不过，这种外在化也同样是对外在化自己本身的外在化；否定者即是对它自己本身的否定者"。[⑤] 因此，"被概念式地理解了的历史，就构成绝对精神的回忆和墓地，也构成它的王座的现实性、真理性和确定性，没有这个王座，绝对精神就会是没有生命的、孤寂的东西；惟有从这个精神王国的圣餐杯里，他的无限性给他翻涌起泡沫。"[⑥]

"这样，真理就是所有的参加者都为之酩酊大醉的一席豪饮。"[⑦] 但是，"这场宴席却不因为我或者你的醉倒而告终，而且也正是因为我或者你以及我们大家的醉倒而成其为酒神的宴席。我们都是这场豪饮不可缺少的环节，而这场宴席本身则是永恒的。"[⑧]

初稿于2016年1月28日

定稿于2016年1月31日

①《马克思恩格斯全集》第18卷，第308页。

② 席勒《友谊》，转引自《精神现象学》下卷，第312页。

③《哲学笔记》第2版，第235页。

④《精神现象学》下卷，第305页。

⑤《精神现象学》下卷，第310页。

⑥《精神现象学》下卷，第312页。

⑦《精神现象学》上卷，第30页。

⑧ 张志伟，《西方哲学十五讲》，第372页。

饭是勤者吃一半，懒者吃一半

辩证法是一种内在的超越，由于这种内在的超越过程，知性概念的片面性和局限性的本来面目，即知性概念的自身否定性就表述出来了。凡有限之物莫不扬弃其自身。因此，辩证法构成科学进展的推动的灵魂。只有通过辩证法原则，科学内容才达到内在联系和必然性。

——黑格尔，《小逻辑》

一个较早时期的哲学现在不能令一个有较深邃较明确的概念活跃于其中的精神感到满意……我们在古典哲学里只能得到某种程度的满足。我们必须知道我们要在古代哲学或每一特定时期的哲学中所要寻求的东西，或者至少必须知道，每一种哲学都代表一特定的发展阶段，在它里面只有在它那一阶段范围内的精神的形式和需要才被揭示出来。在近代精神里，沉睡着更深的理念，为促使这些理念得到明晰的意识，需要在古代的抽象的不明晰的晦暗的思想以外，去另觅一种环境和现状。

——黑格尔，《哲学史讲演录》第一卷

乡下佬等候在河边，企望着河水流干；而河水流啊、流啊，永远流个不完。

——贺拉斯

农业生产中，植物的播种有很强的季节性。“清明谷雨两相连，浸种耕田勿迟延。”“清明早，立夏迟，谷雨种棉正适时。”“白露早，寒露迟，秋分种麦正适时。”“人误地一时，地误人一年。”这些谚语，既是对农事时节的准确把握，又含有对勤奋劳作的及时劝勉。由于农业生产受自然气候条件的影响比较大，为了减少不良天气对农作物的播种和收割的不利影响，勤劳的农民往往在适宜从事农活的时候起早摸黑及时抢种、抢收。然而在农业生产中，早一些播种有时候也未必就是好，如提前播种的幼苗遭遇了寒潮，刚种下的庄稼遇到了洪水，或早播的作物成熟了，而田间其他作物还没成熟，这时候就有可能招来大量的鸟类来吃食，反而影响收成。面对这种情况，在我家乡人们往往不无感慨地说：“嗨，看来饭是勤者吃一半，懒者吃一半的。”[①] 这里的勤者是指夜以继日、不知疲倦的人们；所谓的懒者是相对的，不是指好吃懒做那类人，而是指干活不太积极，在播种、收割等的时间追赶上不如“勤快人”。一分耕耘一分收获，勤劳是农民的美德，在农业文明的俗语中对“好吃懒做”是厌烦的，所以才有“勤做活业”等励志的家训，意思是只有“勤做”，家业、事业才能“活络”起来，才不至于落到寅吃卯粮或坐吃山空的境地。

在传统的农业生产中，人们要暴富是很困难的。俗语“饭是勤者吃一半，懒者吃一半”反映出在传统的农业社会中，由于生产力水平低下，仅仅靠勤奋，延长工作时间，农作物产量的提高和家庭收入的增加是有限的，即使是要逐渐致富也是有一定的难度的，这无意中切中了经济学中的“收入陷阱”这一命题。

一、经济学中的“收入陷阱”

一个国家或地区的经济增长过程是一个充满坎坷、曲折的过程，其经济发展一般可分为低收入阶段、中收入阶段和高收入阶段。在任一阶段上，一国或地区均可能遇到各种各样阻碍经济增长和国民收入提高的“陷阱”，通常有“低收入陷阱”“中等收入陷阱”及“高等收入陷阱”三大类。经济学上，分析“低收入陷阱”的理论主要有“人口陷阱”理论、“贫困恶性循环”理论、“低水平均衡陷阱”理论和“资源诅咒陷阱”

① 在我家乡的方言中，有一个介于勤奋与懒惰之间的词，音与“渐”相近，但又没有现在的“渐”字的含义，意指干活不积极的情况。此句在方言中的原话是“饭是勤者吃一半，‘渐’者吃一半”。

理论；讨论“中等收入陷阱”的理论主要有“比较优势陷阱”理论、“收入分配陷阱”理论、“既得利益集团陷阱”理论；反映“高等收入陷阱”的理论主要有“经济泡沫陷阱”“高福利陷阱”“老龄化陷阱”和“金融危机陷阱”等。

低、中、高经济发展阶段的划分，揭示出一个事实，即经济在一定条件下可能出现多重均衡，每一个阶段向更高一个阶段的转变，都意味着一个跨越。某些发展中国家由于缺乏经济增长动力，不仅经济水平较低、生产能力落后及国内储蓄率较低，而且缺乏自然资源、地域优势不明显及国际直接投资较少，被长期“锁定”于贫困的恶性循环中，难以跨越低等收入水平这一“鸿沟”。因此，一国的人均收入只有越过一个“门槛”，经济才能发展起来。而某些发展中国家之所以贫穷落后，就是由于没能越过这道“门槛”，还处于“低水平均衡”或“贫困陷阱”中。

“陷阱”这个词容易使人联想到“人为下套”的含义，但其在经济学中被广泛用来表示一种超稳定均衡的经济状态，即短期的外力一般不足以改变的均衡。换句话说，在一个促进人均收入提高的因素发挥作用之后，由于这个因素具有某种程度的不可持续性，其他制约因素又会将其作用抵消，因而又把人均收入拉回到原来的水平。例如，马尔萨斯关于人口增长与经济发展关系的悲观观点，就被概念化为“马尔萨斯陷阱”或“马尔萨斯均衡”。与这一“陷阱”模型有异曲同工之妙的是纳尔逊的“低水平均衡陷阱”（Low Level Equilibrium Trap）。1956年，纳尔逊用数学模型考察了发展中国家人均资本与人均收入、人口增长与人均收入增长、产出增长与人均收入增长的关系，并综合研究了在人均收入和人口按不同速率增长的情况下，人均资本的增长与资本形成问题，提出了“低水平均衡陷阱”理论。其理论核心是，发展中国家人口的过快增长是阻碍人均收入迅速提高的陷阱，只有使投资和产出超过人口增长，实现人均收入大幅度提高和经济增长，才能冲出这个陷阱。在图12所示模型中，表示收入增长曲线与人口增长曲线的第二个交点B点是一个非稳定均衡点，即使收入增长的趋势无限逼近B点，但只要还没有跨过B点，都会有一种力量，如人口增长，使之重新回到“陷阱”中去。两条曲线的第三个交点C点是一个稳定的均衡点，收入增长的趋势一旦超越了C点，便不会再回来。“陷阱”模型重申了罗斯托线性增长模式“经济成长不可逆”的经典命题。[①]

① 彭刚，《中等收入陷阱的国际视角与中国对策》，《重庆社会科学》，2011年第10期。

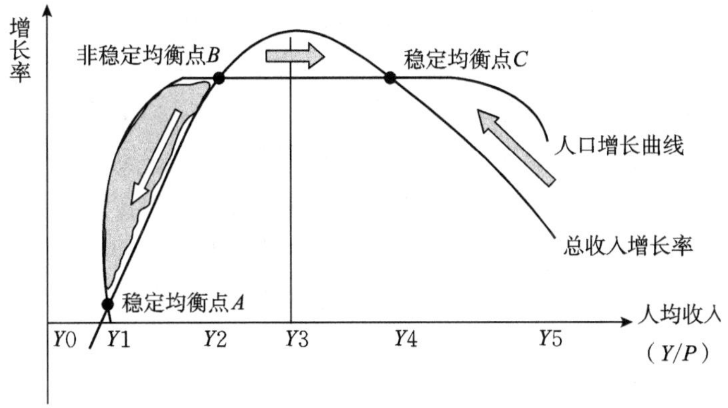

图12　纳尔逊低收入水平均衡陷阱

在经济水平较低、生产能力落后的传统的农业生产中，一个家庭要跨越“贫困陷阱”是比较难的。邓拓在《燕山夜话》中讲述了“一个鸡蛋的家当的故事”。

明代万历年间的小说家江盈科编写了一部《雪涛小说》，其中有一个故事说：“一市人，贫甚，朝不谋夕。偶一日，拾得一鸡卵，喜而告其妻曰：‘我有家当矣’。妻问安在？持卵示之，曰：‘此是，然须十年，家当乃就’。因与妻计曰：‘我持此卵，借邻人伏鸡乳之，待彼雏成，就中取一雌者，归而生卵，一月可得十五鸡。两年之内，鸡又生鸡，可得鸡三百，堪易十金。我以十金易五牸，牸复生牸，三年可得二十五牛。牸所生者，又复生牸，三年可得百五十牛，堪易三百金矣。吾持此金以举债，三年间，半千金可得也。’”在这个故事的后半部分，这个财迷后来说，他还打算娶一个小老婆而引起了他的老婆“怫然大怒，以手击鸡卵，碎之”[①]。于是，这一个鸡蛋的家当就全部毁掉了，美梦也毁于一“蛋”。

我们常说前途是光明的，道路是曲折的。一个鸡蛋之所以难圆“家当梦”，除了“他的计划简直没有任何可靠的根据，而完全是出于一种假设，每一个步骤都以前一个假设的结果为前提。对于十年以后的事情，他统统用空想代替了现实”外，还与经济学中的“规模报酬递增”现象有关。早在1776年，亚当·斯密在其《国富论》中曾经论证，以分工方式从事的生产明显地表现出规模报酬递增的性质。20世纪20年代，杨格（Allyn A .Young）通过对斯密定理“劳动分工受市场范围限制”进行天才性的阐发，提出“分工一般地取决于分工”的杨格定理，揭示了整个经济范围内存在规模报酬递增现象的内在本质。20世纪40年代以后，纳克斯（Ragnar Nurkse）等人的研究指出，导致规模经济报酬递增的原因是技术进步促使全要素生产率明显提升，企业单位成本下

① 马南邨，《燕山夜话》，北京出版社，1979年4月，第80~81页。

降，企业长期平均成本随产量的增长而递减，从而形成产出的增长率快于投入的增长率。1943 年，发展经济学的先驱者罗森斯坦 – 罗丹（Paul N.Rosenstein–Rodan）提出了资本形成的“大推进”（Big Push）理论。他认为，发展中国家要从根本上解决贫穷落后问题，关键在于实现工业化。而要实现工业化，首要的障碍是资本形成不足。但在增加资本形成的过程中，必须要达到足够的规模。发展中国家经济具有两个重要特征：一是工业化基本条件的不可分性，表现在作为工业化起步拉动力的市场需求和资金来源的储蓄均不可细化分割；二是缺乏工业发展所必要的外部经济，表现在企业规模过小，缺乏规模效益，企业之间彼此提供的外部经济效应微小，投资的社会获利能力很低。因此，必须同时在各个工业部门全面进行大规模投资，使各个工业部门之间相互创造需求，提供市场，克服“不可分性”，产生“外部经济”效应和“规模经济”效应。

1957 年，莱宾斯坦（H.Leibenstein）提出了“最小临界努力”理论，扩展了“低水平均衡陷阱”理论。“低水平均衡陷阱”的产生是因为“降低收入的力量”大于“提高收入的力量”，使人均收入滑回“陷阱”。摆脱“陷阱”必须有一个初始阶段的大规模投资，形成一个最小临界努力，使“提高收入的力量”大于“降低收入的力量”，从而推动经济跳出陷阱。

最近 10 多年来，经济学家们将贫困陷阱研究推进到了微观层次，将贫困陷阱的形成因素扩展到自然资源、教育文化、政治制度、犯罪腐败、地理环境、疾病灾害等，并致力于从微观角度建立贫困陷阱形成的各种机制，例如门槛效应、邻里效应和制度失灵等。当代贫困陷阱理论强调通过制度建设来提高组织的创新能力和适应性效率。其途径主要有：①界定和保护产权；②将组织置于竞争性的环境中；③建立及时有效的信息反馈机制；④允许组织进行分散决策并鼓励实证检验分析。经济学家们针对不同国家和不同地区的贫困陷阱做了大量的实证检验分析，得出的结论更具有指导性和说服力。

二、跨越收入“陷阱”是一否定之否定的过程

毛泽东说：“事物是往返曲折的，不是径情直遂的。”[①] 在事物的发展过程中，一方面量变化到一定程度必然引起质的变化，另一方面辩证的否定是事物发展的决定性环节。事物内部矛盾的不断演变和斗争以及外界条件的不断变化，否定性因素必然出现，永续永生的发展形态是不存在的。黑格尔说：“否定表现在一切发展过程中。树的发展就是种子

① 《毛泽东选集》第二卷，第 509 页。

的否定，花的发展就是叶的否定，即由于它们都不是树的最高和最真的存在。最后花又被果实所否定。但如果没有一切较早的先行的阶段，就没有一个阶段可以得到真实存在。因此我们对于哲学的态度，必包含一个肯定的和一个否定的方面。”[①] 可以说一个国家的经济发展过程中出现的“收入陷阱”本质上是经济及其相关事物发展过程中其内部肯定因素与否定因素不断斗争的一种表现。黑格尔说：“矛盾是在其本质规定中的否定的东西，它是一切自己运动的原则，而自己运动不过是矛盾的表现。”[②] “但矛盾不仅仅包含否定物，也包含肯定物。”[③] “如果某物是被肯定地规定的东西，那么，从这个基础出发继续前进，它立刻就会直接转化为否定的东西，反过来，被否定地规定的东西也会转化为肯定的东西。”[④] 因为“否定是某种规定的东西，具有规定的内容，内部的矛盾使旧的内容为新的更高级的内容所代替”[⑤]，“只有通过消除对立和矛盾，生命才变成对它本身是肯定的”[⑥]。黑格尔批判了把肯定的东西看成客观的，而把否定的东西看成主观的或是一种纯属主观造成的谬误，因而肯定就是肯定，否定就是否定，二者绝对对立，毫无关系的那种思想。他指出，肯定和否定每个方面都不是自身单纯的东西，而是互相包含的。他说：“肯定物并不是一个直接的同一物，而一方面是与否定物对立的一个对立物，它只是在这种关系中才有意义，所以在它的概念中就包含了否定物本身；但另一方面，它在自身中又是单纯建立起来之有或否定物的自身相关的否定，所以它本身是绝对的自身否定。——同样，与肯定物对立的否定物，也只是在与它的这个他物的关系中才有意义；所以它在它的概念中也包含着他物。但是否定物即使没有与肯定物的关系，也还是有自己特有的长在；它与自身是同一的；但这样一来，它本身又成了肯定物所应该是的东西了。”[⑦] 马克思在《资本论》中用了五十多页的篇幅对资本的原始积累过程进行了具体的分析，揭示了以个人劳动为基础的小生产所有制是怎样在一定的条件下产生了资本主义，并在最后被资本主义所否定的。因此，“我们必须学会全面地看问题，不但要看到事物的正面，也要看到它的反面。”[⑧]

如果把经济发展每一阶段的上升阶段看作是“正”，收入“陷阱”的出现是“反”，那么，突破“陷阱”的束缚而成功跨越“门槛效应”便是“合”，这一过程就是否定之否定。

从经济学家们提出的克服“贫困陷阱”的措施和途径来看，在突破“陷阱”束缚的“合”这一阶段或环节，对于具体事物或微观层面而言，具有路径的选择性和发展的方向性。一个国家的经济和社会发展依赖于这个国家所选择的发展道路。当今世界的军事强国之所以能够保持领先

①《哲学史讲演录》第一卷，第44页。
②《哲学笔记》第2版，第116～117页。
③《逻辑学》下卷，第57页。
④《哲学笔记》第2版，第113页。
⑤《哲学笔记》第2版，第81页。
⑥《美学》第一卷，第124页。
⑦《逻辑学》下卷，第62页。
⑧ 毛泽东，《关于正确处理人民内部矛盾的问题》。

优势，就是因为他们引领了军事变革的方向。一个人的事业发展也与个人的职业、岗位和努力方向的选择密切相关，隔行如隔山，“男怕入错行，女怕嫁错郎”。这是由规律的条件性决定的。[①] 于光远说：“在世界的运动发展中，不只是某一个规律在发生作用，而是所有规律在发生作用。世界的运动和发展是所有规律共同起作用的过程。”[②] 世界上的一切事物都是互相联系、互相影响、互相制约的，一个事物的存在和发展，依赖于许多其他事物，这些其他的事物就是这一事物的存在和发展的条件。整个世界的存在和发展是无条件的，而每一个具体事物的存在和发展却都是有条件的。孤立存在和发展的事物是没有的，一切东西都在相互关联中存在，一切事件都在交互影响下发生。各个事物和过程互为条件，互相影响，组成了这个世界的错综复杂千变万化的图景。任何事物都包含对立的两个方面，而这两方面又互为条件，没有一方，另一方就不能存在。一个事物的存在，以它的对立方面的存在为条件。一个事物向其反面的转化，也要求一定的条件。没有条件，就没有了一切。因此，条件制约着事物，而某一条件，本身也受其他条件制约着。一个条件不但受它以前的条件制约，也受同时存在的其他条件制约。这样，条件与条件的互相联系，就构成了一个纵横交错、息息相关的网。因此，我们的一切认识和行动，是一步也离不开条件的。尊重条件，就是尊重规律，就是尊重客观，就是重视调查研究和具体分析，就是重视主观能动性。一切工作中的成功，都是由于正确地对待了条件；一切工作中的失败，都是由于错误地对待了条件。[③]

三、个体及微观层面的方向性与宏观层面的不确定性、随机性

个体及微观层面体现出的发展的方向性，在宏观层面可能有不同的表现形态。概率论和数理统计研究表明，一方面，随机现象在一次观察中出现什么结果具有偶然性，但在大量的重复试验或观察中的结果具有统计规律性，有些必然可能产生于偶然。两个相互连通而对外封闭的房间，如果里面只有 2 个空气分子，那么 2 个分子跑到同一个房间的概率是 1/2，这是容易发生的事。而当分子数目增加到通常空气里那么多分子的数目时，所有分子都跑到一个房间里的事是不可能发生的，而两个房间里空气分子大体一样的情况几乎是必然的。就是说，那些偶然性占统治地位的随机系统，某些现象将必然发生，从偶然中可以产生必然。而且对某些必然性事件，在我们对它的原因尚不深知时，有可能误认为

① 抓主要矛盾和矛盾的主要方面的方法，就是在目标明确的前提下，从几种可能的前进道路和发展方向中选择一条可行的道路并为之创造条件，使事物沿着选定的路径发展变化。

②《关于规律客观性质的几个问题》，《哲学研究》，1979 年第 1 期，第 11 页。

③ 王若水，《论条件》，《哲学研究》，1979 年第 6 期。

是偶然的。可是对于偶然事件，无论我们的知识多么丰富，手段多么精密，它仍是偶然的，因为对它的原因的定量把握，任何时候都是有限度的，而它在此限度之外的变化，仍能左右事件的性质。①

另一方面，自第二次世界大战以来，人们对决定性系统的深入研究，发现了意想不到的事实：严格地遵从决定性规律的系统，在一定条件下，也会出现随机过程所具有的特征。

描述决定性系统的数学，是所谓动力系统，或者称为微分动力系统。它始于 20 世纪初庞加莱对天体运行的多体问题的研究。数学家对决定性的系统，给了一个比微分方程更简单的描述，这就是迭代。对迭代的研究有了一系列有趣的发现，其中一个重要发现是：完全确定的迭代过程，会呈现出由偶然性占统治地位的随机系统的特征。②

例如，某一简化了的数学模型，满足下列方程：

$$x_{n+1}=1-\mu x_n^2$$

对 x_n 性质的研究可以归结到二次函数的迭代的研究：

$$f_\mu(x)=1-\mu x_n^2$$

式中：μ 为与生态环境有关的参数。

这一二次函数的图像，不过是简单的抛物线，但在迭代运算过程中，每迭代一次，指数加一倍，函数性状越来越复杂。一旦参数 $\mu>1.5$，x_n 随 n 而起伏变化的规律非常复杂。对大多数初始值 x_0，x_n 恰似掷硬币出正反面那样随机地取正值或负值，就看不出是一个决定性过程了。如果把区间 [−1，+1] 分成等长的 100 段，计算 x_k 落在哪些段次数多，哪些段次数少。结果发现：对多数初始值 x_0，当 n 很大时，x_k 落在各个小段里的机会几乎均等！这种由迭代而产生的貌似随机而实为确定的现象被称为混沌现象。

概率论与数理统计表明，空间上微观的随机性导出了宏观的决定性。微分动力系统的研究又揭示出时间上微观的决定性呈现为宏观的随机性。气体分子一个一个随机地活动于空间的局部，而整体上却遵从明显的规律，如波义耳定律。迭代过程的每个环节——代表系统在 1 秒、1 分钟或 1 天的变化——都是完全确定的，而长程的结局却呈现出随机起伏的状态。③

赖欣巴赫说：“理性的力量一定不能在理性对我们的想象所制定的规则中而应在使我们自己摆脱任何种类的由于经验和传统使我们受到制约的规则的那种能力中去寻找。单用哲学思辨是永远不可能战胜根深蒂固的习惯的强制的。要等科学家指出办法来处理与古老传统把我们思想训练得视为当然的那些结构有所不同的种种结构之后，人类思想的

① 张景中，《数学与哲学》，第 121～133 页。

② 张景中，《数学与哲学》，第 131 页。

③ 现实生活中，如天气预报某一天要下雨而且那天确实下了雨，下雨是一个必然过程，但要确定这一天的某一确定时间段内（如 15 点 10 分至 15 点 15 分），是下大雨还是下中雨、小雨，往往是随机的、不确定的。

多方面性才能够发挥出来。在通往哲学领悟的道路上，科学家是路标的设置者。”[①] 数学的严格论证帮助哲学家在一定程度上说明了确定性的必然与随机的偶然性，不仅是对立的，而且是统一的。这不是来自主观的判断，而是来自严格的推理。[②] 恩格斯说：“偶然性推翻了人们至今所理解的必然性。必然性的原有观念失效了。把它保留起来，就等于把人类任意作出的自相矛盾并且和现实相矛盾的规定当作规律强加于自然界，因而就等于否定有生命的自然界中的一切内在必然性，等于一般地宣布偶然性的混沌王国是有生命的自然界的唯一规律。”[③] 于光远说：“我们不赞成用形而上学的观点来理解必然性和偶然性的关系，不赞成把必然性和偶然性看做绝对互相排斥的东西，正如同一和差异一样，必然性和偶然性的对立也是辩证地统一的。所以，当我们说规律是现象中同一的东西的时候，我们决不能把差异放在我们视野之外而不顾。同样，当我们说规律是发展过程中必然的东西的时候，也决不能把偶然性放在视野之外而不顾。”[④]

四、个人资本积累进程中的“陷阱”

经济学中“收入陷阱”理论同样适用于分析家庭和个人的资本积累。个人在创造财富的时候，无论是从事实体经济活动，还是投资股市，在每一阶段上都有一个“陷阱”需要跨越，尤其是面对“中等收入陷阱”和“高等收入陷阱”时，更需要战略眼光制定适度的奋斗目标。“行百步半九十”，越往高阶段发展，遇到的障碍越大。俗话所说的“富不过三代”，事实上就是富裕家庭的“高等收入陷阱”。人们在胜利和利好面前往往会冲昏头脑，希望快刀斩乱麻，一战定乾坤，古今中外的众多战争，今日的一些经济活动，均如此。战机、商机，自然是一种机遇，但同时也可能是“陷阱”。“国虽大，好战必亡；天下虽安，忘战必危”[⑤]。幅员辽阔的古罗马帝国，是战马剑盾铸成的刚性社会。当古罗马军队凯旋时，古罗马人倾巢出动，欢迎打了胜仗的将军，此时古罗马的执政官总要派出一个“提醒者”，反复在将军的耳边重复同一句话“一切荣华富贵都是过眼云烟”来提醒将军们，不要因为打一次胜仗就忘乎所以。葡萄牙作家萨拉马戈说：“盲目并非真的盲目，这是对理性的盲目。我们都是理性的人，但是没有理性的行为。”每当胜利在望时，如果能够冷静分析形势，准确把握作战、投资的方向和目标，就可以巩固胜利果实，而不至于败于众生态的“滑铁卢”。事物的发展是波浪式前进的，如果不肯按照事物的发展规律走一些必要的弯路，在主观幻想的“笔直又笔

① 《科学哲学的兴起》，第 112 页。
② 张景中，《数学与哲学》，第 132 页。
③ 《马克思恩格斯全集》第 20 卷，第 563 页。
④ 《关于规律客观性质的几个问题》，《哲学研究》，1979 年第 1 期，第 9 页。
⑤ 《司马法》。

直”的路上“勇往直前”，结果可能就会事与愿违，被迫走更大的、不必要的弯路。列宁所说的“为了更准确地前进而后退——为了更好的跃进而后退”[①]，毛泽东所说的“为了进攻而防御，为了前进而后退，为了向正面而向侧面，为了走直路而走弯路，是许多事物在发展过程中所不可避免的现象”[②]，指的就是这种情形，因为在很多情况下，“‘灭此朝食’的气概是好的，‘灭此朝食’的具体计划是不好的。”[③]

五、推动国家科学技术进步也需要跨越“陷阱”

科学技术相对落后的国家，要在科技上赶超世界先进的国家或在发展到一定阶段后向更高水平发展，也同样需要逐步跨越“低水平均衡陷阱”“中等水平均衡陷阱”和“高等水平均衡陷阱”等几个阶段，只是这些“陷阱”的含义与克服“陷阱”措施和途径与经济学上的“陷阱”有所不同。

例如，在工程创新方面，2015 年 9 月 24 日，工信部电子科学技术情报研究所与 TE Connectivity 联合发布了“2015 中国工程师创新指数”。该指数以 100 为基准值，特别选取了专利授权前 200 名的优秀工程师，对其进行深入研究，以期揭示成功背后的因素。研究表明，“优秀工程师的工作能力（指数 104.43）并非是其成功的关键，但创新活跃度、职业培训、工作年限是成就一名优秀工程师的主要因素，特别是其创新活跃程度远远高于基准水平。这 200 名优秀工程师参与或领导创新案例的指数为 168.31，参与高精尖项目或国家宏观方向项目的指数为 165.28，参与项目决策的指数为 177.60。”[④]

在工程科技人才培养方面，中国工程院 2010 年发布的《关于工程科技人才的调查报告》指出：“2007/2008 年度《全球竞争力报告》（世界经济论坛）在‘科学家和工程师的可获得性’排名中，中国位于 125 个国家的第 77 位。”“工程科技领域的领军人物、具有创造力的工程师的稀缺，是制约我国实现工程科技创新以及今后全面领先于世界工程科技的最关键因素。”该报告分析了当前我国创新型工程科技人才培养存在的缺陷，主要有以下几方面：

（1）人才培养模式单一，缺乏多样性和适应性。

（2）工程教育中工程性缺失和实践环节薄弱问题长期未能解决。

（3）评价体系导向重论文，轻设计，缺实践。

（4）对学生的创新教育与创业训练重视和投入不足。

（5）产、学、政合作不到位，企业不重视参与人才培养过程等。

① 《哲学笔记》第 2 版，第 239 页。
② 《毛泽东选集》第一卷，第 196 页。
③ 《毛泽东选集》第一卷，第 234 页。
④ 《2015 中国工程师创新指数发布》，光明网，2015 年 9 月 24 日。

针对这一现状，报告提出加快我国创新型工程科技人才的培养的五项建议[①]：

（1）切实提高工程科技和工程科技人才培养的战略地位，实施“创新型工程科技人才战略”，把创新型工程科技人才培养作为创新型国家建设的核心战略。

（2）加快高等工程教育改革。工科院校要以“强化战略思维以及提升创造力与设计能力”为核心，加强创造意识、创新设计能力和创业方法的培养环节，鼓励更多的师生参与“以设计为核心”的工程训练。同时，要发挥工程研究院所在研究生及创新型工程科技人才培养方面的独特作用。

（3）进一步拓宽工程师职业发展通道，建立正确的评价考核体系和绩效回报机制。逐步健全以职业能力为导向，以创新业绩为重点，注重职业道德、职业知识水平、职业能力与职业素养的创新型工程科技人才评价体系，建立符合创新型工程科技人员职业和专业发展特点的职务级别体系和相应的分配体系。强化工程科技人员的继续教育体系，建立有效的继续教育管理制度，以保障继续工程教育的持续、健康发展。

（4）制定和实施《国家产学研合作法》，明确规定政府、大学、科研院所和企业的义务和责任，保障产、学合作持续健康发展。鼓励产业界、学校和研究院之间建立协作联合体，优势互补，分工合作，推进各方在教育、科研、成果转化、风险创业上的全方位合作。鼓励政、产、学合作，建立面向行业的工程科技创新中心，加快行业技术与产品的升级换代。

（5）比照国家自然科学基金的机制，设立“国家工程科技基金”，面向经济建设和发展中的工程科技需求，支持技术研发、交叉研究、前沿研究、科技创新、产品创新以及创新型工程科技人才培养。

六、个人学习需要跨越的“陷阱”

个人的学习在不同的阶段也同样有几种或几类“陷阱”需要跨越。有的人小学阶段学习成绩很好，一到初二以后就快速退步；有的人小学、初中阶段学习成绩很好，在高中阶段就出现成绩滑落现象；有的人小学至高中阶段学习成绩一直很好，上大学以后就不怎么样了。有的人各门学科均衡，有的偏科较严重[②]。这些情况均是没有跨越相应学习阶段“陷阱”的一种表现。这些“陷阱”与个人智力、身体状况及主观努力、思维习惯、学习方式、学习态度、学校教育理念和教学方法、家庭环境和家长的言传身教、生活阅历等多方面因素有关。要跨越这些“陷阱”，不仅要有勇

① 《关于工程科技人才的调查报告》，《光明日报》，2010 年 6 月 14 日。

② 在我的家乡用“水浸牛皮”一词来形容怎么学也学不进去的情形，意思是浸不透、学不透。

气和信心来否定自己曾经习以为常但已不适应新的学习环境的方方面面，还要找到改进的方向并在新的方向上构建属于自己的学习方法和思维方式。埃德加·莫兰说："在知识的传授中，有7个基本问题，它们或被肢解，或不为人知。在初等教育、中等教育和高等教育中皆如此。"[①] 爱因斯坦说："当我记起我在教书时所碰到那些最有才能的学生，也就是那样一些不仅以单纯的伶俐敏捷，而且以独立的判断能力显露头角的人们的时候，我可以肯定地说，他们是积极地关心认识论的。他们乐于进行关于科学的目的和方法的讨论，而从他们为自己的看法辩护时所显示出来的那种顽强性中，可以清楚地看出这个课题对于他们是何等重要。"

七、科学研究者需要跨越的"陷阱"

研究者从事科学研究也有相应的"陷阱"需要跨越。有的科研人员，学校刚毕业时，可能有一些闪光的作品和研究成果出来，可是过了几年，就没样像样的研究成果和作品了，往往在某一水平上徘徊。那些"性灵出万象，风骨超常伦"[②]，能够"活到老，学到老"且终身都有成就的大师，在每一时代都只是少数。歌德在《莎士比亚纪念日的讲话》中说："莎士比亚的戏剧是个美妙的万花镜，在这里面，世界的历史由一根无形的时间线索串连在一起，从我们眼前掠过。他的构思并不是通常所谈的构思；但他的作品都围绕着一个神妙的点（还没有一个哲学家看见过这个点并给予解释），在这里我们个人所独有的（本性），我们从愿望出发所想象的自由，同在整体中的必然进程发生冲突。可是我们败坏了的嗜好是这样迷糊住了我们的眼睛，我们几乎需要一种新的创作，来使我们从这暗影中走出来。""我们从幼年起在自己身上所感到的以及在别人身上所看到的，这一切都是被束缚住的和矫揉造作的东西。我常常站在莎士比亚面前而内心感到惭愧，因为有时发生这样的情形：在我看了一眼之后，我就想到：要是我的话，一定会把这些处理成另外一个样子！接着我便认识到自己是个可怜虫，从莎士比亚（的笔下）描绘出的是自然（的真实），而我所塑造的人物却都是肥皂泡，是由虚构狂所吹起的。"20世纪初，意大利统计学家维尔弗雷多·帕累托发现，在任何特定群体中，重要的因子通常只占约20%，其余80%的尽管是多数，却是次要的、非决定性。因此，只要能控制具有重要性的少数因子即能控制全局。这个原理经过多年的演化，已变成当今管理学界所熟知的"二八"法则[③]——80%的公司利润来自20%的重要客户，其余20%的利润则来自80%的普通客户。有的公司认为，在100名员工中，前面25名是好的，

① 陈力川译，《教育的七个黑洞》。
② 高适，《答侯少府》。
③ 与此相对应的有"长尾理论"。

后面 25 名差一些，应该做好两头人的工作。对于后面的 25 人，要给他们提供发展的机会；对于表现好的，要设法保持他们的激情。有的公司则为最优秀的 20% 的员工设计出一条梯形的奖励曲线，鼓励他们发挥更大的作用。

八、人类认识史上跨越每一进步阶段上的一个“陷阱”都是一次否定之否定的过程

人类的认识是一个由不知到知，由知之不多到知之较多，由肤浅到深刻，由具体到一般，又由一般到具体的发展过程。在这一辩证发展历程中，必然要经历很多标志性的历史阶段。从一个阶段向另一个阶段跃进时，必然要跨越其间的“陷阱”。这些“陷阱”的构成因素是复杂的、多方面的，也是综合的、历史的，既有政治、经济、文化、宗教方面的因素，也与科学技术水平、人们的思维习惯和传统观念、生活和生产方式等密切相关。在科学技术发展过程中，只有当人们跨越了那些障碍其发展的“陷阱”时，才深切感受到要跨越这些“陷阱”是多么地艰难。黑格尔说：“哲学史所昭示给我们的，是一系列的高尚的心灵，是许多理性思维的英雄们的展览，他们凭藉理性的力量深入事物、自然和心灵的本质——深入上帝的本质，并且为我们赢得最高的珍宝，理性知识的珍宝。”[①]

康德《未来形而上学导论》中说：“当人们看到一门科学经过长期努力之后得到长足发展而惊叹不已时，有人竟想到要提出象这样的一门科学究竟是不是可能的以及是怎样可能的这样问题，这本来是不足为奇的，因为人类理性非常爱好建设，不只一次地把一座塔建成了以后又拆掉，以便察看一下地基情况如何。明智起来是不管什么时候都不算太晚的；不过，考查如果做得太晚，工作进行起来总会是更困难一些的。”

可以说，科学和技术史上的每一次新发现和新变革，都标志着人类成功地跨越了思想和认识史上的一个“陷阱”、一个障碍。

恩格斯曾称赞“给现代资产阶级统治打下基础的人物，决不受资产阶级的局限。相反地，成为时代特征的冒险精神，或多或少地推动了这些人物。那时，差不多没有一个著名人物不曾作过长途的旅行，不会说四五种语言，不在几个专业上放射出光芒”[②]。然而，由于受到神学的限制，直到十八世纪上半叶，“科学还深深地禁锢在神学之中。它到处寻找，并且找到了一种不能从自然界本身来说明的外来的推动力作为最后的原因。”[③] 其结果是，“虽然十八世纪上半叶的自然科学在知识上，甚至在

①《哲学史讲演录》第 1 卷，第 7 页。
②《马克思恩格斯全集》第 20 卷，第 361 页。
③《马克思恩格斯全集》第 20 卷，第 365 页。

材料的整理上高过了希腊古代，但是它在理论地掌握这些材料上，在一般的自然观上却低于希腊古代。在希腊哲学家看来，世界在本质上是某种从浑沌中产生出来的东西，是某种发展起来的东西、某种逐渐生成的东西。在我们所考察的这个时期的自然科学家看来，它却是某种僵化的东西、某种不变的东西，而在他们中的大多数人看来，则是某种一下子造成的东西。”[①] 恩格斯说：“我们不要忘记：这个陈腐的自然观，虽然由于科学的进步而被弄得百孔千疮，但是它仍然统治了十九世纪的整个上半叶。”[②] 而“在这个僵化的自然观上打开第一个缺口的，不是一个自然科学家，而是一个哲学家。1755 年出现了康德的《自然通史和天体论》。关于第一次推动的问题被取消了；地球和整个太阳系表现为某种在时间的进程中逐渐生成的东西”[③]。康德的这个天才发现中包含着一切继续进步的起点。“第一个缺口：康德和拉普拉斯。第二个：地质学和古生物学（赖尔，缓慢进化说）。第三个：制造出有机物并表明化学定律适用于生物的有机化学。第四个:1842 年，热之唯动［说］，格罗夫。第五个：达尔文、拉马克，细胞等等（斗争，居维叶和阿加西斯）。第六个：解剖学、气象学（等温线）、动物地理学和植物地理学（十八世纪中叶以来的科学考察旅行）以及自然地理学（洪堡）中的比较的要素，材料的编整。形态学（胚胎学，贝尔）。”[④] 这些理论自然科学的一系列重大发现，揭示了自然界物质运动形式的多样性以及这些物质运动形式的相互联系与相互转化，消融了有机界与无机界之间的鸿沟，自然界的主要过程得到了说明，并被归之于自然的原因。基于这些理论发现，“新的自然观的基本点是完备了：一切僵硬的东西溶化了，一切固定的东西消散了，一切被当作永久存在的特殊东西变成了转瞬即逝的东西，整个自然界被证明是在永恒的流动和循环中运动着。”[⑤]

马克思特别重视科学技术在社会发展中的作用。他指出：“只有在大规模地应用机器，从而工人相应地集结，以及这些受资本支配的工人相应地实行协作的地方，才有可能大规模地应用自然力。自然因素的应用——在一定程度上自然因素被列入资本的组成部分——是同科学作为生产过程的独立因素的发展相一致的。生产过程成了科学的应用，而科学反过来成了生产过程的因素即所谓职能。每一项发现都成了新的发明或生产方法的新的改进的基础。只有资本主义生产方式才第一次使自然科学为直接的生产过程服务，同时，生产的发展反过来又为从理论上征服自然提供了手段。科学获得的使命是：成为生产财富的手段，成为致富的手段。只有在这种生产方式下，才第一次产生了只有用科学方法才能解决的实际问题。只有现在，实验和观察——以及生产过程本身的

①《马克思恩格斯全集》第 20 卷，第 365 页。
②《马克思恩格斯全集》第 20 卷，第 365～366 页。
③《马克思恩格斯全集》第 20 卷，第 366～367 页。
④《马克思恩格斯全集》第 20 卷，第 535 页。
⑤《马克思恩格斯全集》第 20 卷，第 370 页。

迫切需要——才第一次达到使科学的应用成为可能和必要的那样一种规模。现在，科学，人类理论的进步，得到了利用。”[①]

人们对于具体事物的认识，总是要经过由实践到认识，由认识到实践的多次循环反复，通过不断总结经验，纠正错误，才能逐步地达到主观同客观的一致，从而实现预期的目的。黑格尔说：“感性意识一般地诚然是较为具体，虽说在思想方面最贫乏，但在内容方面却最丰富。因此我们必须把自然的具体性与思想的具体性加以区别，而思想的具体性方面却又最缺乏感性。儿童也可说是最抽象、最缺乏思想的人。与自然的具体性相比较，成人是抽象的。但就思想的具体性言，他却较儿童更为具体。成人的目的在处理一般事务时无疑地是抽象的，譬如维持他的家庭，履行他的职务，但他却在贡献他的力量于一个客观的有机的全体，应付这全体，推进这全体。而在儿童的行为里却只有一个幼稚的、一时的‘自我’，所以在少年人的行为里，主要的原则只是主观的天性和散漫无目标。由此足见，科学〔的思想〕较〔感性的〕直观更为具体。”[②]

列宁指出：“观念（应读作：人的认识）是概念和客观性（‘一般的东西’）的符合（一致）。”[③] 而“真理就是由现象、现实的一切方面的总和以及它们的（相互）关系构成的。”[④] 恩格斯说：“概念和现象的统一是一个本质上无止境的过程，这种统一无论在这个场合下或是在其他一切场合下都是如此。”[⑤] 黑格尔进一步指出：“构成理念的内容和意义的，乃是整个展开的过程。我们甚至可进一步说，真正哲学的识见即在于见到：任何事物，一孤立起来看，便显得狭隘而有局限，其所取得的意义与价值即由于它是从属于全体的，并且是理念的一个有机的环节。由此足见，我们已经有了内容，现在我们还须具有的，乃是明白认识到内容即是理念的活生生的发展。而这种单纯的回顾也就包括在理念的形式之内。我们前此所考察过的每一个阶段，都是对于绝对的一种写照，不过最初仅是在有限方式下的写照。因此每一阶段尚须努力向前进展以求达到全体，这种全体的开展，我们就称之为方法。”[⑥] 在这一意义下，“概念是实体对比的真理；在这种对比中，有和本质通过彼此交互而达到它们的完成的独立和规定。实体的同一证明自身为实体性的真理。”[⑦] 因此，被列宁读作“人的认识”的理念（观念）就是“理论理念和实践理念的同一，两者每一个就其自身说，都还是片面的，理念在自身中把自己仅仅作为一个被寻求的彼岸和达不到的目标，——因此，每一个都是一种趋向的综合，自身中既具有理念，又不具有理念，从一个思想过渡到另一个思想，但并不使两个思想融会在一起，而仍然停留在其矛盾之中。理性的概念，在其实在中，只与自身融合；绝对理念，作为理性

①《马克思恩格斯全集》第47卷，第570页。
②《哲学史讲演录》第一卷，第47页。
③《哲学笔记》第2版，第164页。
④《哲学笔记》第2版，第166页。
⑤《马克思恩格斯全集》第39卷，第410页。
⑥《小逻辑》，第423~424页。
⑦《逻辑学》下卷，第262页。

的概念，由于此概念的客观同一的直接性的缘故，一方面回到生命；但它又同样扬弃了它的直接性形式，而在自身中具有最高度的对立。概念不仅是灵魂，而且是自由的、主观的概念，它是自为的，并且因此具有人格，——实践的、被规定为自在自为的客观概念，它作为个人，是不可侵入的、原子式的主观性，——但它又同样不是进行排除的个别性，而就其自身说，是普遍性和认识，并且在它的他物中以它自己的客观性为对象。一切其余的东西都是错误、朦胧、意见、综合、任意和可消逝性；唯有绝对理念是有[①]，是不消逝的生命，自知的真理并且是全部真理。它是哲学的唯一对象和内容。因为它自身包含全部规定性，并且它的本质就在于通过它的自身规定或说特殊化而回归到自身，所以它具有不同的形态，哲学的事业也就是要从这些形态中去认识它。”[②]

黑格尔认为逻辑范畴和思维形式与认识过程是相联系的，思维和存在的规定是一致的，逻辑范畴不是空洞的外壳，而是具有实在的内容的，“认识的本性是逻辑学所考察的。”[③]在黑格尔的逻辑学中，他按照由抽象到具体、由简单到复杂、由肤浅到深刻的矛盾发展过程，安排了各个逻辑范畴不断发展和转化的顺序，建立了他的逻辑学的体系结构。每一个较后的、较高的概念，都是从较前的、较低的概念中推演出来、引申出来的。一方面，较低的概念中潜伏着较高的各个概念；另一方面，较高的概念中包含着较低的各个概念。“这样一来，哲学就俨然是一个自己返回到自己的圆圈。”[④]最初的概念就可以说是一个潜伏着的最终概念；最终的概念也就可以说是一个完全展开了的最初概念。所以黑格尔逻辑学的整个概念系列，既是“具体概念”所包含的许多不同规定间彼此联系、转化和统一的过程，也是它所包含的一系列对立面彼此联系、转化和统一的过程，是从“具体概念”之“正”的方面，到“反”的方面以至“正”“反”两者具体统一（合）的进展过程和推演过程。“正”是这一过程的开端，“反”是其中间环节，“合”则是其终结。黑格尔认为由“正”到“反”又到“合”的过程，同时也是一种由抽象到具体的过程。“正”是片面的、无规定性的，亦即抽象的，“合”是全面的、富于规定性的，亦即具体的。[⑤]

由于真理是“概念和客体”“思想和内容”的统一，而认识本身存在着诸多局限，这种统一不是经过一次性的实践和一次性的认识活动就能实现的，必然要经过由肯定到否定，再由否定到肯定的发展历程，也必然要经过被马克思称为研究方法的“两条道路”的从具体到抽象、再从抽象到具体这样的两个阶段。黑格尔说：“最初期的哲学是最贫乏最抽象的哲学。在这些哲学里面，理念得着最少的规定，它们只停滞在一

① 即存在。——引者

②《逻辑学》下卷，第529页。

③ 张世英，《论黑格尔的逻辑学》，第217页。

④《小逻辑》，第59页。

⑤ 张世英，《论黑格尔的逻辑学》第3版，第118~126页。

般的看法上，没有充实起来。”[①] 因为“那初期开始的哲学思想是潜在的、直接的、抽象的、一般的，亦即尚未高度发展的思想。而那较具体较丰富的总是较晚出现；最初的也就是内容最贫乏的”[②]。“所以最晚出的、最年轻的、最新近的哲学就是最发展、最丰富、最深刻的哲学。在这里面，凡是初看起来好像是已经过去了的东西，被保存着，被包括着，——它必须是整个历史的一面镜子。开始的即是最抽象的，即因为它只是一种萌芽，它自身尚没有向前进展。由这种向前进展的过程所达到的最后的形态，作为一种进一步的规定而出现，当然是最具体的……在最新的哲学里所把握着的和所发挥出来的理念将是最发展的、最丰富的、最深邃的。”[③] 因而“那些从低级原则出发的哲学每每是不联贯的；它们虽不无深刻的识见，但这些深刻的识见每每超出所据以出发的原则之外”。[④]

人类认识的总体发展历程也与黑格尔哲学中具体概念的“正、反、合”圆圈式的发展过程一样，经历着一次一次的否定之否定发展过程。列宁曾经指出，近代哲学的发展经历了两个大的圆圈，即“霍尔巴赫—黑格尔（经过贝克莱、休谟、康德）”与“黑格尔—费尔巴哈—马克思”。第一个圆圈的起点是法国唯物主义，它的主要功绩在于通过对唯心主义的批判，确立了人类知识不仅起源于感觉经验，而且这些感觉经验还起源于客观物质世界这样一条原理。从此以后，这条原理得到了普遍的承认。但是，法国唯物主义的缺陷也是很明显的：由于过分强调知识受客体的制约，从而对人类精神以及思维（知识）形式在认识世界时所具有的能动性视而不见或不够重视；它没有提出思维的形式从何处来这样的问题，而仅仅注意到了知识的内容是从客观世界来的。因此，它是一种片面的唯物主义认识论。康德看到了这一缺陷，尽管他仍旧承认知识的质料必然从“自在之物”作用于人的感官而得到，但是，他把自己的主要注意力放在意识的能动性方面，提出了一套先天的主观的概念、范畴，并论证了它们在认识对象中的主导作用。只是由于康德未能克服主客观的对立，才最终陷入了二元论与不可知论。黑格尔继费希特和谢林之后，立足于把整个现实世界变成理念自身的辩证发展过程的表现，并从这里入手研究了康德所谓意识的先天结构是如何生成的以及它们的本性为什么是主客的同一，这就解决了一个重大的哲学课题，即各种思维范畴（包括概念、判断、推理等思维形式在内）跟客观的过程（自然、社会、历史、人类精神的过程）是类似的、一致的，由此摆脱了主观唯心主义与不可知论。在这个意义上，可以说黑格尔的哲学是“倒立”的唯物主义，是比法国唯物主义更加全面、深刻和辩证的唯心主义。费尔巴哈虽然重

①《哲学史讲演录》第一卷，第47页。
②《哲学史讲演录》第一卷，第46页。
③《哲学史讲演录》第一卷，第48页。
④《哲学史讲演录》第一卷，第45页。

新主张感性的唯物主义，但是，他没有批判地继承黑格尔的辩证思想，也没有认识到实践在人的认识中的作用，人是自己劳动的产物。要真正“克服”黑格尔哲学，就既不能像费尔巴哈那样将黑格尔哲学全盘抛弃，也不能像拉萨尔那样对黑格尔哲学加以盲目推崇。马克思在一般唯物主义基础上，批判地继承、改造和推进了黑格尔哲学中一切有价值的东西，从而使黑格尔那里“倒立”着的唯物主义“以足立地”，把辨证唯心主义改造成辩证唯物主义，从而完成了近代哲学认识论的第二个圆圈。①

因此，“每一个哲学在全部过程里是一特殊的发展阶段，有它一定的地位，在这地位上有它的真实意义和价值。必须依照这样的规定去认识它的特殊性格，必须承认它的地位，对于它才有正确合理的处理……因此每一哲学属于它的时代，受它的时代的局限性的限制，即因为它是某一特殊的发展阶段的表现，个人是他的民族，他的世界的产儿……每一哲学都是……精神发展的全部锁链里面的一环。”②

列宁深入地探讨了人类认识的辩证过程，并作了科学的概括：“从生动的直观到抽象的思维，并从抽象的思维到实践，这就是认识真理、认识客观实在的辩证的途径。”③他在研究认识过程时剖析了抽象过程，即概念、范畴、规律的形成过程，并阐明了科学抽象的作用，指出一切科学的抽象“都更深刻、更正确、更完全地反映自然”。他说：“概念和事物的一致不是主观的。”④“认识是思维对客体的永远的、无止境的接近。自然界在人的思想中的反映，要理解为不是‘僵死的’，不是‘抽象的’，不是没有运动的，不是没有矛盾的，而是处在运动的永恒过程中，处在矛盾的发生和解决的永恒过程中。”⑤在这一过程中，“人的认识不是直线（也就是说，不是沿着直线进行的），而是无限地近似于一串圆圈、近似于螺旋的曲线。这一曲线的任何一个片段、碎片、小段都能被变成（被片面地变成）独立的完整的直线，而这条直线能把人们（如果只见树木不见森林的话）引到泥坑里去，引到僧侣主义那里去（在那里统治阶级的阶级利益就会把它巩固起来）。”⑥

人的认识为什么不能直接达到自己的目的？列宁说：“认识……发现在自己面前真实存在着的东西就是不以主观意见（设定）为转移的现存的现实。人的意志、人的实践，本身之所以会妨碍达到自己的目的……就是由于把自己和认识分隔开来，由于不承认外部现实是真实存在着的东西（是客观真理）。”⑦“因此，目的的活动不是指向自身，不是要把一个现成的规定容纳于自身并同化于自身，倒是为了设定自身的规定，并通过扬弃外部世界的各个规定来使自己获得具有外部现实形式的实在性。”⑧而“一个事物的概念和它的现实，就象两条渐近线一样，一齐

① 杨祖陶，《黑格尔论文随笔集》，《外国哲学》第12辑，商务印书馆1993年2月第1版。

②《哲学史讲演录》第一卷，第51~52页。

③《哲学笔记》第2版，第142页。

④《哲学笔记》第2版，第163页。

⑤《哲学笔记》第2版，第164~165页。

⑥《哲学笔记》第2版，第311页。

⑦《哲学笔记》第2版，第185页。

⑧《哲学笔记》第2版，第183~184页。

向前延伸，彼此不断接近，但是永远不会相交。两者的这种差别正好是这样一种差别，这种差别使得概念并不无条件地直接就是现实，而现实也不直接就是它自己的概念。由于概念都有概念的基本特性，因而它并不是直接地、明显地符合于它必须从中才能抽象出来的现实”[①]。因此，“理论的认识应当提供在必然性中、在全面关系中、在自在自为的矛盾运动中的客体。但是，只有当概念成为在实践意义上的‘自为存在’的时候，人的概念才能’最终地’抓住、把握、通晓认识的这个客观真理。也就是说，人的和人类的实践是认识的客观性的验证、标准。”[②]

九、深切反思理论与实践的关系

马克思说：“光是思想力求成为现实是不够的，现实本身应当力求趋向思想。”[③] 康德说过，我们不能从关于上帝的概念中推断出上帝的存在，正像我们不能从一百元钱的观念中推断出实际上我们就有一百元钱一样。黑格尔说：“一个单纯的想象的东西是不真的；一百元想象的钱是而且永远是想象中的钱。但是老停留在想象中的钱上也不是健康常识，一点用处也没有。一个老在这种想象和愿望中兜圈子的人，必定是一个无用的人。如果一个人有了足够的勇气要获得一百元钱，他志在获得一百元钱，那么他必定要动手去工作，以便获得这一百元钱。”[④] 这就是说：“每一个行为都要扬弃一个观念（主观的东西）而把它转变成为客观的东西。”[⑤]

孙正聿说，深切地反思理论与实践的辩证关系，是在当代推进实践发展和理论创新的重要课题。马克思指出：“对于思想来说，既没有法庭，也没有法典。”[⑥] 现在，“实践是检验真理的唯一标准”“通过实践而发现真理，又通过实践而证实真理和发展真理”[⑦] 的观念已深入人心，然而什么样的活动才是“实践”？什么样的理论才配得上“真理”这一雅号？[⑧] 而且对于“实践”和“真理”这两个概念本身所具有的丰富内涵却没有引起应有的关注。

近年来，我国出现了实践哲学的研究热潮，并对实践的哲学含义进行了深入的研究，取得了一些重要成果。马克思说：“思想根本不能实现什么东西。为了实现思想，就要有使用实践力量的人。”[⑨] 孙正聿说：“我们经常强调‘一切从实际出发’，‘实事求是’，然而却常常从消极、被动、直观的反映论出发，把这些根本性要求简单化、庸俗化地归结为认真的‘看’和仔细的‘听’，而很少反思理论对观察的规范作用，甚至把理论与观察对立起来。”“实践总是以‘片面性’的形式而实现自己的发展，

①《马克思恩格斯全集》第39卷，第408页。
②《哲学笔记》第2版，第181页。
③《马克思恩格斯选集》第1卷，人民出版社，1995年，第11页。
④《哲学史讲演录》第四卷，第284页。
⑤《哲学史讲演录》第四卷，第284页。
⑥《马克思恩格斯全集》第1卷，第418页。
⑦《毛泽东选集》第一卷，第296页。
⑧ 黑格尔说：“在任何一门知识或科学里按其内容来说可以称之为真理的东西，也只有当它由哲学产生出来的时候，才配得上真理这个名称”，《精神现象学》上卷，第52页。
⑨《马克思恩格斯全集》第2卷，第152页。

即总是以付出某种‘代价’为前提而实现自己的发展。由此便不可避免地造成实践过程中的，特别是社会变革过程中的‘阵痛’。理论的价值，就在于它能够以其对实践活动的规律性认识而‘缩短’并且‘减轻’这种‘阵痛’，促进实践的自我超越。”“理论不仅规范和引导人们‘做什么’，而且规范和引导人们‘不做什么’。人们总是以某种理论、观念去观察现实，并用这种理论、观念规范自己所要解决的问题，以及解决问题的途径与方式。”“理论首先是作为实践活动中的新的世界图景、思维方式、价值观念和目的性要求而构成实践活动的内在否定性”“源于实践的理论，并不仅仅是对实践经验的概括和总结，更重要的是对实践活动、实践经验和实践成果的批判性反思、规范性矫正和理想性引导。”① 恩格斯说：“如果不是先有德国哲学，特别是黑格尔哲学，那末德国科学社会主义，即过去从来没有过的唯一的科学社会主义，就决不可能创立。如果工人没有理论感，那末这个科学社会主义就决不可能像现在这样深入他们的血肉。”②

黄其洪说：“实践的基本含义是行动。按照亚里士多德的看法，实践这种行动有两个基本的特征：一是它自身就是目的而不指向自身之外的某一结果，因而实践不同于制作，制作指向活动自身之外的某种结果；二是实践活动面对的对象是经验变动的材料而不是永恒不变的实体，因而实践必包含某种感性的特征，不同于纯粹的理论思辨。虽然对一个具体的人而言，实践活动往往是人的身体、理性和精神共同参与的整体行动，但事实上，身体、理性和精神三者之间往往不一定协调，而且对一个单一的实践活动来说，往往偏重于某一方面遮蔽了其他两方。对人的实践行为的反思也是如此，不同的人在使用实践概念的时候往往强调点不同。有的人强调实践概念的身体维度，认为身体的行动是实践的主要成分，其他维度都要从属于这一成分。这种意义上的实践可以被称作经验的实践（通常意义上的生产劳动就是经验的实践的典型）。另一种观点认为，实践不仅仅是身体的行动，它还包含而且主要是理性的行动，这里的理性主要指的是道德德性。在这种观点中也有所区分，一部分人强调普遍的道德命令对理性算计的绝对强制，这实际上是把个别和一般、特殊性和普遍性对立起来的独断的弥合，这一派以康德为代表。另一派认为理性算计的过程中个人的理性和普遍的道德法则之间并不存在着截然的对立，个人的理性追求通过文化教养可以达到和普遍的法则之间的情感一致从而实现个别性和一般性、特殊性和普遍性之间的有机沟通。这一派观点要么强调道德直觉，如休谟所做的那样；要么强调实践智慧，如亚里士多德所做的那样。但无论是康德的实践概念，还是休谟和亚里

① 孙正聿，《理论及其与实践的辩证关系》，《光明日报》，2009年11月24日。

② 《马克思恩格斯全集》第18卷，第565～566页。

士多德的实践概念，都认为实践的主体不是身体，而是理性，特别是道德理性，因而我们可以把这种实践概念称作道德的实践（经验的实践处理的是人与物的关系，道德的实践处理人与人的关系）。还有一种观点认为，实践的主体更为重要的是精神和灵魂，因为只有精神和灵魂才追求幸福，才自知自己是否幸福，而所有的实践活动最终的目的是为了赢获幸福。这个层次的行动与人的生命存在的终极价值相关，关涉人的存在的总体性和整体性。因此，我们可以把这个层次的实践称作本体的实践（这种实践处理的是人与自我或者本体的关系）。黑格尔、海德格尔和伽达默尔的实践概念属于这一层次。本体的实践概念内部也有所区分，其关键在于作为行动主体的精神是主观精神、客观精神还是绝对精神。海德格尔强调的实践主体是主观精神（即有着情绪的存在），伽达默尔强调的实践主体是客观精神（文本或者文化传统），黑格尔强调的实践主体则是绝对精神，它包容了主观精神和客观精神，并在此基础上有一个更高的提升。”[①]

因此，“如果夸大理论的社会功能，甚至把理论的作用夸大为改变实践活动的规律，其结果只能是‘假作真时真亦假’，使理论的信誉扫地，从而使理论冷漠成为一种普遍的社会心理；反之，如果贬低理论的社会功能，甚至把理论视为‘务虚’的玄思，其结果也必然造成‘无为有处有还无’，使实践活动变成盲目的实践，以至于‘延长’和‘加剧’实践过程中的‘阵痛’。”[②]

毛泽东指出：“人们要想得到工作的胜利即得到预想的结果，一定要使自己的思想合于客观外界的规律性。”[③]他说：“就人类认识运动的秩序说来，总是由认识个别和特殊的事物，逐步地扩大到认识一般的事物。人们总是首先认识了许多不同事物的特殊的本质，然后才有可能更进一步地进行概括工作，认识诸种事物的共同的本质。当着人们已经认识了这种共同的本质以后，就以这种共同的认识为指导，继续地向着尚未研究过的或者尚未深入地研究过的各种具体的事物进行研究，找出其特殊的本质，这样才可以补充、丰富和发展这种共同的本质的认识，而使这种共同的本质的认识不至于变成枯槁的和僵死的东西。这是两个认识的过程：一个是由特殊到一般，一个是由一般到特殊。人类的认识总是这样循环往复地进行的，而每一次的循环（只要是严格地按照科学的方法）都可能使人类的认识提高一步，使人类的认识不断地深化。”[④]认识的不断深化呈现出“实践、认识、再实践、再认识”这种形式的“循环往复以至无穷，而实践和认识之每一循环的内容，都比较地进到了高一级的程度”。[⑤]在这一循环往复的认识过程中，“人的概念的每一

① 黄其洪，《实践哲学研究的三对必要区分》，《光明日报》，2015年3月18日。
② 孙正聿，《理论及其与实践的辩证关系》，《光明日报》，2009年11月24日。
③《毛泽东选集》第一卷，第283～284页。
④《毛泽东选集》第一卷，第309～310页。
⑤《毛泽东选集》第一卷，第297页。

差异，都应把它看作是客观矛盾的反映。客观矛盾反映人主观的思想，组成了概念的矛盾运动，推动了思想的发展，不断地解决了人们的思想问题。”①

十、黑格尔逻辑学描绘出的世界情景

列宁说，按照黑格尔的逻辑学，世界的情景大致是这样的：“一条河和河中的水滴。每一水滴的位置、它同其他水滴的关系；它同其他水滴的联系；它运动的方向；速度；运动的路线——直的、曲的、圆形的等——向上、向下。运动的总和。概念是运动的各个方面、各个水滴（=‘事物’)、各个‘细流’等的总计。”②

在这一世界情景中，列宁说，辩证法是“概念的相互依赖且每一个概念都处在和其余一切概念的一定关系中、一定联系中；一切概念的毫无例外的相互依赖；一个概念向另一个概念的过渡；一切概念的毫无例外的过渡；概念之间对立的相对性；概念之间对立面的同一”。③

在这一世界情景中，黑格尔说：“真实的思维是这样思考的，即它的内容同样不是主观的，而是客观的。”④“因为外部现实通过客观概念的活动变化着，它的规定也因而被扬弃，所以，它正因为这样而失去了单纯显现着的实在性、外在的可规定性和虚无性，从而被设定为自在自为地存在着的……这样便完全扬弃了上述的预设，即作为单纯主观的和内容有限的目的的善的规定，扬弃了通过主观活动才使有限目的实现的必然性以及这个活动本身。其结果是中介扬弃自身；结果是直接性，这个直接性不是预设的恢复，反而是它的扬弃。因此，自在自为地被规定的概念的观念已经不仅被设定在活动着的主体中，而且也同样被设定为直接的现实，并且反过来，这个直接的现实，如同在认识中一样，被设定为真实存在着的客观性……从而出现这样的结果：认识被恢复并且和实践的观念结合起来，发现了的现实同时被规定为实现了的绝对目的，然而并不象在探索的认识中那样，仅仅作为没有概念的主观性的客观世界，而是作为这样的客观世界，其内在根据和现实的持续存在就是概念。”⑤因此，“对象，如其没有思维和概念，便是一个表象，甚至只是一个名称；在思维和概念规定中，对象才是它所是的东西。因此，事实上问题唯在于这些规定；它们是理性的真的对象和内容，人们以往所了解的与规定相区别的一个对象和内容，也唯有通过规定并在规定之中才可以算做对象和内容。因此，如果规定由于状况和外在的连结而显示为辩证的，那就必须不认为是一个对象或认识的过失……所以一切被认

①《毛泽东选集》第一卷，第306页。

②《哲学笔记》第2版 第122～123页。

③《哲学笔记》第2版，第167页。

④《哲学笔记》第2版，第234页。

⑤《哲学笔记》第2版，第187～188页。

为很固定的对立……并不是由于外在的联结而在矛盾之中，而是如在考察其本性时所显露的那样，自在自为地就是过渡；这些矛盾所显现的综合与主体，乃是这些对立的概念自己反思的产物。假如无概念的考察仍然停留在对立的外在状况那里，把它们孤立起来，任它们仍旧作为前提，那末，把握它们本身的，作它们的灵魂使它们动起来的并显示它们的辩证法的，就是概念……依照这一立场，第一个普遍的东西，就其是自在和自为的来考察，便显露其本身就是作为自己的他物。”[①]“但是这个他物在本质上不是空洞的否定，不是那被认作辩证法的通常结果的无，而是第一个东西的他物，是直接东西的否定；因此，它被规定为中介物，一般说来在其内部包含着第一个东西的规定。从而，第一个东西本质上也储藏和保存在他物之中。——把肯定保持在它的否定中，把前提的内容保持在它的结果中，这就是理性认识中最重要的东西；同时，只须最简单地思考一下就足以确信这个要求的绝对真理和必然性，至于用以证明这一点的实例，那么全部逻辑都是由它们组成的。”[②]而且“刚才考察过的否定性，形成概念运动的转折点。这个否定性是自身的否定关系的单纯之点，是一切活动的，即生命的和精神的自己运动的最内在的泉源，是辩证法的灵魂，而所有真实的东西本身都含有这种辩证法的灵魂，并且只有通过它才是真理，因为概念和实在之间的对立的扬弃，以及作为真理的统一，完全是以这个主观性为基础的。——第二个否定，即我们达到了的否定的否定，是上述的矛盾的扬弃，可是这种扬弃，和矛盾一样，不是某种外在反思的行动，而是生命和精神的最内在的最客观的环节，由于它，才有主体，个人，自由的个人”[③④]。

这样，“认识是从内容向内容前进。这个前进首先是这样规定自己的，即它从简单的规定性开始，继之而来的规定性就愈益丰富、愈益具体。因为结果包含着自己的开端，而开端的进程用新的规定性丰富了结果。普遍的东西构成基础；因此，不应当把前进看作从某一他物到另一他物的流动。绝对方法中的概念保存在自己的异在之中，普遍的东西保存在自己的特殊化之中，保存在判断和实在之中；在继续规定的每一个阶段上，普遍的东西都在提高它以前的全部内容，它不仅没有因为自己的辩证的前进而丧失什么，也没有丢下什么，而且还带上一切收获，使自身不断丰富和充实起来。”[⑤]而“真理的认识将这样来建立，即于客体按照客体的样子而没有主观反思的附加去认识，并且正确行动在于顺从客观规律；客观规律没有主观根源，不能容许随意专断和违反其必然性的处理”[⑥]。

古希腊德洛斯神庙里有一座很精确的立方形的金质祭坛。有一次发

①《逻辑学》下卷，第540页。
②《哲学笔记》第2版，第195页。
③《哲学笔记》第2版，第197页。
④ 这一段引文揭示的“否定”关系及其内涵很好地说明了概念的联系与过渡，以及对立的相对性。
⑤《哲学笔记》第2版，第199～200页。
⑥《逻辑学》下卷，第393页。

生了疫疠，德洛斯人求得了这样的神示：如果要使他们的神满意，他们得把祭坛的体积精密地增加一倍，并仍旧造成为立方形。祭师们去咨询数学家，怎样算出体积为给定立方体的一倍的一个立方体的边的长度。但数学家都得不出这个问题的精确解答。“我们一直认为，一个体积近似地增加一倍的立方体也许会使神满意的；一个希腊金匠一定能达致高度近似的结果的。但是希腊数学家们不肯接受这种变通的解决办法；他们要真理，只要真理而不要任何其他。花了两千年才找到正确的答案；而这个答案还是否定的：用通常意义中的几何方法使一个立方体的体积精确地增加一倍不可能。”①

定稿于 2016 年 4 月 12 日

修改于 2016 年 5 月 13 日

① [德]H. 赖欣巴赫《科学哲学的兴起》，第250页。

刘佐阳　绘

美是难的

绝对的美的标准是不存在的，并且也是不可能存在的。人们对美的概念在历史发展过程中无疑地在变化着。

——普列汉诺夫，《没有地址的信·艺术与社会生活》

追求美乃是人的天性。苏格拉底认为："真正美的事物要显得不美是不可能的，因为按照假设，使它们显得美的东西出现在事物之中。"然而美是什么？什么样的东西才算是美的？这些问题往往是见仁见智的，它所涉及的是一个很复杂的命题，也是一个很难解决的课题。

罗丹说："美是到处都有的。"① 凡是有人类的地方就有美，凡是有生活的地方就有美。"天外黑风吹海立，浙东飞雨过江来"②，世间事物，大至星汉日月、惊雷狂飙，小至花蕊蜂须、冰雪之晶，古老如绝塞长城、石鼓篆鼎，短暂如晓月秋露、飘风流莺，也都可以是美的。无论是春华秋实，还是夏日的云影、冬天的白雪；无论是晨曦、暮霭、正午灿烂的阳光，还是潇潇不绝的夜雨，都可以是美的；无论是大街与小巷、荒村与野店，还是森林与草原、沙漠与绿洲，无论是大海深处还是宇宙太空，都有美的踪迹。

美学在西方大学里大半都设在哲学系，甚至有时就附属在哲学这门课程，因为它是被作为一门认识论来看待的。从柏拉图、亚里士多德、托马斯·阿奎那，一直到康德和黑格尔，西方著名的美学家，都是些哲学家。现阶段的美学，一般包含三个方面或三种内容，即美的哲学、审美心理和艺术社会学。前者是对美和审美现象作哲学的本质探讨，后二者是以艺术为主要对象作心理的或社会历史的分析考察。三者有时混杂纠缠在一起，有时又有所侧重或片面发展。③

佛陀说："真理味儿最美"。古希腊哲学家德谟克利特说："永远发明某种美的东西，是一个神圣的心灵的标志。"美是形象的真理，歌德说："成功的艺术处理的最高成就就是美。"④ 作为建筑物的设计者，无论是建筑师还是其他专业的设计工程师，都把追求"美"作为一项神圣事业，都希望他们设计和塑造的建筑物是"美"的。然而，他们实际设计的建筑物是否就是"美"的，则又是另一回事。在文艺复兴时期，阿尔伯蒂认为美就是部分和谐，帕拉提奥则说："美产生于形式，产生于各部分之间的协调"。黑格尔认为"整齐一律，平衡对称，和谐""感性材料的统一"作为基本规律，适用于建筑、绘画和音乐等⑤。《逻辑哲学论》的作者维特根斯坦说："你以为哲学很难？可是我告诉你，跟一个优秀的建筑师相比，它根本算不得什么。"建筑师的难处在某种程度上在于对建筑造型艺术及其定位的把握。海德格尔说，"美是事物在其

①《罗丹艺术论》，人民美术出版社，1978 年，第 62 页。

②（宋）苏东坡，《有美堂会客诗》。

③ 李泽厚，《美学论集》，上海文艺出版社，1980年，第1页。

④ 黑格尔，《美学》第一卷，第 24 页。

⑤《美学》第一卷，第314～321页。

充沛意义上的显现方式”，建筑是能够而且需要显现美。

一、西方美学流派回顾

黑格尔说：“乍看起来，美好象是一个很简单的观念。但是不久我们就会发见：美可以有许多方面，这个人抓住的是这一方面，那个人抓住的是那一方面；纵然都是从一个观点去看，究竟哪一方面是本质的，也还是一个引起争论的问题。”① 因此，“只有从哲学原则出发，而且借助于哲学原则，他才能更深刻地了解美的性质和概念。”② 卡西尔在《人论》中指出：“美看来应当是最明明白白的人类精神现象之一。它没有沾染任何秘密和神秘的气息，它的品格和本性根本不需要任何复杂而难以捉摸的形而上学理论来解释。美就是人类经验的组成部分；它是明显可知而不会弄错。然而，在哲学思想的历史上，美的现象却一直被弄成莫名其妙的事。”③ 美的本质问题，几千年来成了西方美学家殚精竭虑的核心问题，是西方美学史发展的一条最重要的内在线索。美学史上对美的本质提出了各种不同的看法，从古希腊到二十世纪初，对美的定义有几十种之多。恩格斯说：“在希腊哲学的多种多样的形式中，差不多可以找到以后各种观点的胚胎、萌芽。”④ 追溯美学流派，也必须从古希腊开始。

古希腊的毕达哥拉斯学派，根据“数的原则”来剖析美，认为美在于“对立因素的和谐统一，把杂多导致统一，把不协调导致协调”。这一观念，对后世美学产生了深远的影响。

柏拉图的《大希庇亚篇》是最早一篇系统论美的著作，记述了苏格拉底与智者希庇亚讨论美是什么的辩论：

苏格拉底： 我尽可能扮演我的论敌，向你提出问题。如果他听到了你讨论优美的文章，他就会按照他的习惯先盘问你美本身究竟是什么。他会说：有正义的人之所以是有正义的，是不是由于正义？

希庇亚： 我回答，那是由于正义。

苏格拉底： 那么，正义是真实存在的？

希庇亚： 当然。

苏格拉底： 有学问的人之所以有学问，是由于学问；一切善的东西之所以善，是由于善？

希庇亚： 那是很明显的。

苏格拉底： 那么美的东西之所以美，是否也是由于美本身？

希庇亚： 是的，由于美本身。

①《美学》第一卷，第21页。
②《美学》第一卷，第76~77页。
③[德]恩斯特·卡西尔著，甘阳译，《人论》，上海译文出版社，2004年，第190页。
④《马克思恩格斯全集》第20卷，第386页。

苏格拉底：我们的论敌要问了：请告诉我什么是美？

希庇亚：我想他问的问题是，什么东西是美的？

苏格拉底：我想不是这个意思，他要问的是美是什么。

希庇亚：这两个问题有区别吗？

苏格拉底：有区别。他问的不是：什么东西是美的，而是：什么是美？请你想一想。

希庇亚：我懂了，我来告诉他什么是美，叫他无法反驳。什么是美，苏格拉底你记清楚，美是一位漂亮小姐。

苏格拉底：好！回答得真妙！不过我要是这样回答，可要遭到论敌反驳呀。我的论敌会这样问我："苏格拉底，请答复这个问题：凡是美的那些东西真正是美，是不是因为有一个美本身存在，才使那些东西美呢？"我就会回答他说，一位漂亮的年轻小姐的美，就是使一切东西成其为美的。你以为如何？

希庇亚：他敢说漂亮的年轻小姐不美吗？

苏格拉底：他当然敢，他会说："你真妙，苏格拉底，但是一匹漂亮的母马不也可以是美的吗？神不是也曾经称赞过马的美？"

希庇亚：不错，神说母马很美，是有道理的。

苏格拉底：那好，他会接着说："一架美的竖琴有没有美？"

希庇亚：应该承认，竖琴可以是美的。

苏格拉底：一个美的陶罐呢？

希庇亚：这可太不像话了，怎么可以在正经的谈话中说起这些不三不四的东西呢？

苏格拉底：但是陶罐要是做工精细，可以是很美的呀。

希庇亚：这倒也是。

苏格拉底：那么你也承认一个美的陶罐也有美了？

希庇亚：陶罐做工好当然也有它的美，不过这种美总不能与一匹母马、一位漂亮小姐的美相提并论吧。

苏格拉底：正如赫拉克利特所说的，最美的猴子和人相比还是丑，而学识渊博的人和神相比则不过是猴子。既然最美的陶罐也比小姐丑，那么是不是可以说最美的小姐也比女神丑呢？

希庇亚：的确如此。

苏格拉底：但是我们的论敌肯定会讥笑我们：按照你的说法，岂不是美的东西既美又丑了吗？请注意我的问题，我没有问什么东西是美的，而是问美之为美，美本身是什么。正是这个美本身加在了某个东西上，这个东西才是美的。你总不能说，这个美本身就是一位漂亮小姐、一匹母马或者陶罐吧？

希庇亚：这问题太简单了！如果他问的是凡是什么东西一旦加上了它就会变得美了，这个美不是别的，就是黄金，再丑的东西一旦镶上黄金，就显得美了。

苏格拉底：他会反驳说，那些真正的艺术家的作品可不是靠黄金点缀才是美的，一座雕像没有黄金镶嵌也可以是美的。

希庇亚：这么说，你想知道的美，本身就是美，在任何时候任何情况下对任何人都不会显得丑，是吗？

苏格拉底：这回你说对了。

希庇亚：那好，我告诉你：对一切人来说，无论古今，一个凡人所能有的最高的美就是家里钱多，身体好，全希腊都尊重他，长命百岁，自己替父母举行隆重的葬礼，死后又有子女替自己举行隆重的葬礼。

苏格拉底：哈哈，了不起，这番话太妙了，也就是你说得出来。但是我们的论敌一定会说："我问的是美本身，这个美本身，加到任何东西上都能够使之成为美的，美本身无论在任何时候任何情况下都是美的，换言之，无论过去、现在还是将来，美本身永远是美的。"

……

智者希庇亚对于这样的"支离破碎""咬文嚼字"的讨论不以为然，他还是认为美不是别的，只要能在法院、议会或者大官面前发表一番措辞美妙又有说服力的议论，靠它可以赚一大笔钱，既可以自己享受，又可以周济亲友，那就是美。在辩论中苏格拉底一而再再而三地提醒希庇亚，他问的问题不是"什么东西是美的"，而是"美本身是什么"，希庇亚却一而再再而三地用美的东西来回答美本身的问题，直到辩论结束，才觉得问题并不那么简单。当然，苏格拉底最终也没有给出美的定义，他对希庇亚说："讨论中我得到了一个益处，那就是更清楚地了解一句谚语'美是难的'"。[①]

亚里士多德认为美在事物本身之中，脱离美的事物的理念或美本身是根本不存在的。他在《诗学》中说："一个美的事物，一个活的东西或一个由某些部分组成之物，不但它的各部分应有一定安排，而且它的体积也应有一定的大小，因为美要依靠体积与安排，一个非常小的东西不能美，因为我们现实处于不可感知的时间内，以致模糊不清，一个非常大的活东西，例如一个千里长的活东西，也不能美，因为不能一览而尽，看不出它的整一性。"[②] 这种观点抓住了美所必需的特定的感性形式，而且努力在客观事物中去发现它们。亚里士多德的观点在艺术实践中产生了很大影响，从中世纪到文艺复兴，到十七、十八世纪的欧洲，一直

① 转引自张志伟著，《西方哲学十五讲》，第60～62页。

②《诗学》，第74～75页。

为许多美学家、艺术家所信奉。

鲍桑葵说：“在柏拉图的著作中，我们既可以看到希腊人关于美的理论的完备体系，同时又可以看到注定要打破这一体系的一些观念。”尽管如此，西方美学史的发展也呈现出柏拉图美学体系的一条深长的影子。

在谈到古希腊时，席勒指出，希腊人的性格把一切艺术的魅力和一切智慧的尊严结合在一起，“我们在他们身上可以看到，同时既有丰满的形式又有丰满的内容，既能从事哲学思考又能创造形象，既温柔又有力量，想象力的青春和理性的成熟结合在一种完美的人性里。”

古希腊人的理性和逻辑，以及美学思想和美学观念，奠定了维特鲁威的“坚固、实用、美观”的建筑三原则，也奠定了西方人以理性思维为主导的建筑思维基本模式。古希腊建筑是西方建筑的先驱，她所创造的建筑艺术形式、建筑美学法则、城市建设等都堪称西欧建筑的典范，为西方建筑体系的发展,奠定了良好的基础。在古希腊的建筑中,“柱式”不仅仅是一种建筑部件的形式，更准确地说，它是一种建筑风格，这种风格的特点是,追求建筑的檐部（包括额枋、檐壁、檐口）及柱子（柱基、柱身、柱头）的严格和谐的比例和以人为尺度的造型格式。因此，无论是柱式以及以柱式为构图原则的单体神庙建筑，还是以神庙为主体的建筑群，均生动地、鲜明地表现了古希腊建筑和谐、完美、崇高的风格和特点。可以说，古希腊建筑形象充分反映出人们的崇高理想，以及希腊人民对自由、民主与共和的强烈愿望，是由平民进步的艺术趣味而产生的崇尚人体美与数的和谐。帕提农神庙是希腊本土上最大的多立克式庙宇，也是雅典卫城唯一的围廊式庙宇，安东尼亚德斯将其看作是古希腊人“美”的概念的总结，经典“完美”的主要纪念碑。

古希腊学者关于美的问题的论述，尽管都有不少精辟的见解，但这些思想毕竟还比较零碎，没有独立构成完整的学科。在以后很长的历史时期内，美学虽然在不断发展着，却仍然未能从根本上摆脱这种状态。

文艺复兴时期的人文主义者在对美的观点上继承古希腊时期在客观事物中寻求美的基础的传统。达·芬奇认为美并不是什么神意的体现，而是存在于现实生活中，是可以用感官认识到的事物的性质，是“物体本身所有的与生俱来的一种东西，一个物体有多美，它就现出多少美”。在研究物体本身的美特别是为了达到真实的再现美，他不但强调表现人的精神特征同时也很重视比例，并像研究数学那样去研究人体比例，达·芬奇认为“美感完全建立在各部分之间神圣的比例关系上，各特征必须同时作用，才能产生使观者往往如醉如痴的和谐比例”[①]。

到了十八世纪，由于当时哲学和自然科学的推动，美学发展才进入了新的阶段。1750年，德国哲学家鲍姆加登的美学专著《Äesthetik》第一卷的出版，在美学发展史上具有划时代的意义。鲍姆加登认为，人的心理活动包括知、情、意三个方面，应该相应地有三门学科来加以研究。研究“知”的学科是逻辑学，研究“意”的学科是伦理学，研究“情”的学科则是“Äesthetik”——感性学或美学。从此，“美学”这一名称才逐渐获得学术界的公认，美学也就成了一门有别于哲学、逻辑学、伦理学、艺术理论等的独立的学科。

狄德罗（Didreot，1713~1784年）提出了“美在关系”说。狄德罗说：“在我们称之为美的一切物体所共有的品质中，我们将选择哪一个品质来说明以美为其标记的东西呢？”他认为，这个品质就是“关系”。“美在关系”说包含有三种形态的美：第一种是同一事物内部的关系，即它的内部构成的秩序、对称、和谐的美。例如，花本身的花瓣、花蕊、形状、色彩等关系就构成了花本身的美。狄德罗把这种美称为“真实的美”；第二种是一事物与他事物之间构成的关系，所形成的秩序、和谐的美。例如，花红柳绿、莺歌燕舞、小桥流水等，事物彼此映照，构成一种和谐的美的环境；第三种是对象与人（客体与主体）之间构成的关系的美。这是一种与主体的情感活动息息相关的美，例如，“感时花溅泪，恨别鸟惊心”，情人眼里出西施，所以美是随关系的变化而变化的。

“美在关系”说，表现了美学理论上的一种辩证的思想，揭示出美的构成的多种因素，尤其是主体的因素，从而使美学走出了当时的形式主义。这种思考方式与毕达哥拉斯学派的说法颇为接近。

“美在关系”说对建筑艺术影响较大，环境艺术、建筑结合自然，甚至中国的风水学，从某种程度上都体现了“美在关系”的意蕴。

在美学史上，康德是主张美的本质是主观的而且是纯粹形式的这一派的重要代表。康德认为审美判断所关涉的是主体对于事物的纯粹形式的把握，与被把握的对象没有直接的关系。换言之，一个事物被称为是美的，并不在于事物本身的性质，而是因为它符合了主体的某种形式，从而引起了主观上愉快的美感。“一项自然美就是一种美的事物，艺术美却是对于一个事物所作的美的形象显现或描绘。……美的艺术显示出它的优越性的地方，在于它把在自然中本是丑的或不愉快的事物描写得美。”[②]事物究竟在什么样的主观条件下才是美的，康德从质、量、关系和样式四个方面对美感进行了分析。

首先，从“质”的方面看，美是无利害无功利的。如果一个事物满

① 伍蠡甫等，《西方文艺理论名著选编》（上卷），北京大学出版社，1985年，第164页。
② 康德，《判断力批判》，第四八节。

足了我的功利需要，这个事物与我就有了某种利害关系。而美感则与事物本身无关，当我欣赏一幅水果写生画的时候，我觉得它美，决不会想到这些水果好吃不好吃或者值多少钱。一个审美判断只要夹杂一点儿利害关系就会有所偏爱而不是纯粹的欣赏了。因此美感与感觉快感和道德快感不同，感觉快感和道德快感都是由对象的性质所决定的，美感则不受对象性质的限制，完全是主观形式上的满足，因而是一种“自由的愉快”。

其次，就“量”而言，美是一种没有概念的普遍性。概念的对象具有普遍性，而审美判断则与感觉快感一样以单个具体的事物为对象，所以一切审美判断都是单称判断。但是审美判断又不同于感觉快感而要求普遍的赞同，当我说这朵玫瑰花美的时候，在我的心目中这并不仅仅是我一个人的感受，而是期待所有人的普遍赞同。这种普遍性并非来自概念，否则它就是逻辑判断而不是审美判断了，因而是源于人人共通的“心意状态”。

再次，从“关系”上看，美是没有目的的目的性。审美判断与其对象之间没有利害功利的关系，因而是没有客观的目的。但是审美对象又的确符合了我们的主观意愿或目的，所以从主观的合目的性来看，它又是有目的的。这就是说，审美判断在内容上是无目的的，而在形式上却是符合目的的。因此美乃是单纯形式上的合目的性——无目的的合目的性。

最后，从“样式”上看，美是没有概念的必然性。美的形象与美感之间有着某种必然的联系，只要我们面对一个美的形象就必然会产生审美的快感。人们只要站在高山之上欣赏那苍茫的云海和奇形怪状的松石，就会感受到它们的美。显然，这种美感的必然性不是从逻辑上分析出来的概念必然性，也不是要求我们应该做什么的道德必然性，而是来自某种“共通感”的形式上的必然性。①

在德国古典美学的发展过程中，席勒占有重要的地位。他的美学思想承康德而来又有个人的突破，对于后来的黑格尔的《美学》也有深刻的启迪，黑格尔的一些思想在席勒那里都能找到它的源头。在古典美学的发展中，席勒就好像是起了桥梁的作用，有了席勒的存在，美学的发展才变得那样顺畅，那样有根有据。在席勒影响最大的美学著作《美育书简》一书中，席勒以自由的笔法、简洁的语言，借助书信这一明白晓畅的形式，向我们展现了美与自由在艺术中的价值。席勒从康德的“自由概念应该把它的规律所赋予的目的在感性世界里实现出来”中得到了启示，从而提出了用美或艺术来弥合人性分裂的思想。席勒提出人有两种“本能”或“冲动”。一种是“出自人的物质生存或出自他的感性天

① 张志伟，《西方哲学十五讲》，第316~317页。

性”的“感性冲动”；一种是“出自人的绝对生存或出自他的理性天性”的“形式冲动”。感性的人和理性的人便分别来自这两种冲动。要使人成为完整的人、自由的人，就应当寻求第三种冲动，即“游戏冲动”。这种冲动，既不同于感性冲动，又不同于理性冲动，但却介于两者之间，可以使“两种冲动在人身上同时起作用”。只有这时人才是完整的、自由的。在席勒看来，“游戏冲动”就是美或艺术。他认为，“美其实是这两种本能的共同目的”，只有靠美和艺术才能创造游戏冲动，才能弥合人性的分裂，“使人的二重天性一起发展”，实现人性的完整、自由。借助于对两种本能冲动的融合，借助于游戏冲动——美或艺术，席勒使人性在这一层次上达到了平衡与统一。也正是因为有了美与自由，艺术才从生活的枷锁中解放出来，从自身的活动中实现美的愉悦。美的理想和人类的理想是联系在一起的，“通过美，把感性的人引导到形式和思维；也还是通过美，把精神性的人引回到质料，并使他回到感性世界。”一句话，所谓美的平衡，就是要把人们引向质料和形式、被动与主动的中间状态。当然这种中间状态，不是折衷主义，因为他强调要通过扬弃，美才能把对立的双方结合起来。在他看来，“正是通过美，人们才可以达到自由”。真正的艺术是自由的，现实失去了人性，而在艺术中却保留了人性的完整自由。美与自由在席勒的美学思想中得到了充分的诠释与肯定。他说：“人性已丧失了尊严，但是艺术拯救了它，并把它保存在意味深长的金石里。”就像“真理的写照恢复了真理的原型”一样，“高尚的艺术比高尚的自然更能垂久”，它甚至在真理之前，就使得“人性的高峰已经是灿烂夺目”了。康德认为“自然只有在貌似艺术时才显得美，艺术也只有使人知其为艺术而又貌似自然时才显得美”[①]，席勒则认为，“理想的艺术必须脱开现实，必须堂堂正正地大胆超越需要；因为，艺术是自由的女儿，她只能从精神的必然，而不能从物质的最低需求接受规条。可是，如今是需要支配一切，沉沦的人类都降服于它那强暴的轭下。有用是这个时代崇拜的大偶像，一切力量都要侍奉它，一切才智都尊崇它。在这架粗糙的天平上，艺术的精神功绩没有分量，艺术失却了任何鼓舞的力量，在这个时代的喧嚣市场上艺术正在消失。甚至哲学的研究精神也一点一点地被夺走了想像力。科学的界限越扩张，艺术的界限就越狭窄。”[②]

黑格尔是德国古典美学的集大成者。黑格尔对于艺术史的最大功绩在于他不但肯定艺术是发展的，而且把这种发展和经济、政治、伦理、宗教等“一般世界情况”联系在一起来看，认为是有规律可循的，他以前的艺术史家还不曾有人有过这样广阔的视野和深刻的分析。黑格尔认

① 康德，《判断力批判》，第四五节。
②《美育书简》，中国文联出版公司，1984年。

为只有“完整的概念才能导向实体性的必然的和统摄整体的原则”，他致力于把美的哲学概念看成是“形而上学的普遍性和现实事物的特殊定性的统一”①。他的美学最重要的特征和根本特点是把辩证法全面地运用于美学研究之中，构造了庞大而严密的美学体系，使康德美学中没有真正得到统一的感性与理性两个方面，通过广泛的联系和深刻的矛盾冲突得到了唯心主义的统一。黑格尔认为美是真实的，“只有真实的东西才是可理解的，因为真实是以绝对概念，即理念，为基础的。美只是真实的一种表现方式，所以只要能形成概念的思考，真正有概念的威力武装着，它就可以彻底理解美。”② 黑格尔从辩证的美学观的出发，给出“美就是理念的感性显现”的定义。在黑格尔的艺术辩证法看来，美不是静止的、永恒的，而是发展的、变化的，在思维中是如此，在历史上也是如此。而从历史上来看，美的发展过程就形成了不同的艺术类型，即象征型、古典型与浪漫型的由低到高的不同阶段。象征型艺术反映了人类审美意识的萌芽、早期人类对美的探求。具体表现为理念对感性表现形式的挣扎和追求。故作为美的体现物，早期艺术较少人类创造的痕迹，呈现出巨大、粗糙的原始状态，给人以朦胧、模糊、神秘乃至崇敬的崇高之感。黑格尔认为，“这三种类型对于理想，即真正的美的概念，始而追求，继而到达，终于超越。”在黑格尔看来，美的理念的上述历史形态发展的动力不在外部而在内部即自身的自分化和自发展。他说，“艺术表现的普遍并不是由外因决定，而是由它本身按照它的概念来决定的，因此正是这个概念才自发展或自分化为一个整体中的各种特殊的艺术表现方式。”

黑格尔所谓的“理念的感性显现”就是理念与感性的直接统一，互相渗透，融为整体。而理念与感性直接统一为整体的具体含义即是感性的理性化与理性的感性化的统一。理性的感性化就是理性完全通过感性的形式表现，而不通过概念的形式。这就将艺术与哲学划清了界限。而所谓感性的理性化，则是感性只作为理念的外形，成为观念性的因素，而完全丢掉其实际存在，并进而丢掉一切外在于理性的感性因素，使感性形象的每一部分都成为理念的显现。黑格尔认为“艺术也可以说是要把每一个形象的看得见的外表上的每一点都化成眼睛或灵魂的住所，使它把心灵显现出来”。他又借用希腊神话中，天后指使百眼的阿顾斯监视变成白牛的伊娥的传说，要求艺术把它的每一个形象都化成千眼的阿顾斯，通过这千眼，“艺术也可以说是把每一个形象的看得见的外表上的每一点都化成眼睛或灵魂的住所，使它把心灵显现出来。……全都要由艺术化成眼睛，人们从这眼睛里就可以认识到内在的无限的自由的心

①《美学》第一卷，第 28 页。
②《美学》第一卷，第 117 页。

灵。”[①] 这就将艺术同自然划清了界限。

黑格尔提出“美是理念的感性显现”的定义深刻地揭示了美与艺术的本质。黑格尔说：“当真在它的这种外在存在中是直接呈现于意识，而且它的概念是直接和它的外在现象处于统一体时，理念就不仅是真的，而且是美的了。”这里所谓“真”是指真理，即理念，包括哲学、道德等。黑格尔认为，当理念与外在感性形式“直接”处于统一体时，理念就表现为美。因此，理念与感性的“直接统一”就是美的根本特征，是其区别于哲学和道德之处。这就告诉我们，美或艺术与哲学的内容都是理念，但哲学的形式是思想、概念本身，而美或艺术的形式则是感性的形象。黑格尔认为，这种理念与感性的直接统一就是美或艺术的本质。他说：“正是概念在它的客观存在里与它本身的这种协调一致才形成美的本质。”

“美是理念的感性显现”的定义包含理性与感性的统一，内容与形式的统一以及主观与客观的统一三个基本原则，它具有丰富的内容和高度的概括性。“只有在人把他的心灵的定性纳入自然事物里，把他的意志贯彻到外在世界里的时候，自然事物才达到一种较大的单整性。因此，人把他的环境人化了，他显出那环境可以使他得到满足，对他不能保持任何独立自在的力量。只有通过这种实现了的活动，人在他的环境里才成为对自己是现实的，才觉得那环境是他可以安居的家，不仅对一般情况如此，而且对个别事物也是如此。”[②] 但是黑格尔的美的定义的出发点是一般而不是特殊，是抽象的理念而不是具体的现实生活，即歌德所说的“为一般而找特殊”而不是“在特殊中显出一般”，尽管他在讨论人物性格时，也强调过人物性格应具有生动鲜明的个性，反对抽象化。

应该特别指出，黑格尔的主客观统一的观点包含着美学中实践观点的萌芽。黑格尔认为外在现实世界是人的认识和实践的对象，人在认识和实践之中，就在外在现实世界打下了人的烙印，人把他的“内在的”理念转化为“外在的”现实。同时，人作为心灵，就是他的认识活动和实践活动的总和，也就是和外在世界由矛盾对立而转化成的统一体。他说：“观念化的活动却最深刻地表现于这个事实：有生命的个体一方面固然离开身外实在界而独立，另一方面却把外在世界变成为它自己而存在的：它达到这个目的，一部分是通过认识，即通过视觉等等，一部分是通过实践，使外在事物服从自己，利用它们，吸收它们来营养自己，因此经常地在它的另一体里再现自己——在较高级的有机体里这种再现自己的过程当然是在需要、吸收、满足和过足的某种一定的时间间隔中进

① 《美学》第一卷，第 198 页。
② 《美学》第一卷，第 326 页。

行的。”[1]因此，他主张：“艺术作品之所以创作出来，不是为着一些渊博的学者，而是为一般听众，他们须不用走寻求广博知识的弯路，就可以直接了解它，欣赏它。因为艺术不是为一小撮有文化修养的关在一个小圈子里的学者，而是为全国的人民大众。艺术作品如此，它所描绘的历史实况的外在方面也是如此。它也必须是属于我们的，属于我们的时代和我们的人民的，也用不着凭广博的知识就可以懂得清清楚楚，就可以使我们感到它亲近，而不是一个稀奇古怪不可了解的世界。”[2]他的这一主张与丰子恺艺术大众化、现实化的主张比较接近。丰子恺说：“有生即有情，有情即有艺术。故艺术非专科，乃人人所本能；艺术无专家，人人皆生知也。”

对于像寂静的月夜、雄伟的海洋那一类“感发心情和契合心情”的自然美，黑格尔只淡淡地解释了一句说：“这里的意蕴并不属于对象本身，而是在于所唤醒的心情”，这就是后来几乎统治德国美学思想的“移情作用”。

车尔尼雪夫斯基（1828～1889年）在《艺术与现实的审美关系》中批判了黑格尔的美的定义，提出“美是生活”的定义。可是当他一涉及美学对象时，他又说：“美学到底是什么呢，可不就是一般艺术、特别是诗的原则的体系吗？”[3]

车尔尼雪夫斯基认为“美包含着一种可爱的，为我们心所宝贵的东西”。而在人觉得可爱的一切东西中最有一般性的、世界上最可爱的就是生活。他说：“‘美是生活’，任何事物，我们在那里面看得见依照我们的理解应当如此的生活，那就是美的，任何东西，凡是显示出生活或使我们想起生活的，那就是美的”，就是说从社会生活中寻找美。丰子恺说：“美术是为人生的。人生走到那里，美术跟到那里。”他呼吁中国画的画家们走出古代社会，“到红尘间来高歌人生的悲欢，使艺术与人生的关系愈加密切。”某种程度上与“美是生活”的观点相切合。

车尔尼雪夫斯基指出，美是活生生的事物，是各种各样的对象。由于人的生活地位、生活方式不同，对应当如此的生活理解就不同，追求的生活也就不一样，对美的观念也就不一样，“如果说对苍白的、病态的美人的倾慕是虚矫的、颓废的趣味的标志，那每个真正有教养的人都感觉到真正的生活是思想和心灵的生活（而不是劳动）。”

车尔尼雪夫斯基认为，自然界中的美是生活的暗示，“凡是显示生活或使我们想起生活的，那就是美的。”他说，对于植物，我们喜欢色彩的新鲜、茂盛和形状的多样，因为那显示着力量横溢的蓬勃的生命。凋萎的植物是不好的，缺少生命液的植物也是不好的。

①《美学》第一卷第159页。

②《美学》第一卷，第346～347页。

③《论亚里斯多德的〈诗学〉》，《美学论文选》，人民文学出版社，1957年，第125页。

车尔尼雪夫斯基还明确指出："美是生活，首先是我使我们想起人以及人类生活的那种生活，——这个思想，我以为无须从自然界的各个领域来详细探究，因为构成自然界的美的是使我们想起人来（或者预示人格）的东西，自然界美的事物只作为人的一种暗示才有美的意义，所以既经指出人身上的美就是生活，那就无须再来证明在现实的一切其他领域内的美也是生活，那些领域内的美只是因为当作人和人的生活中的美的一种暗示，这才在人看来是美的。""人一般地都是用所有者的眼光去看自然，他觉得大地上的美的东西总是与人生的幸福和欢乐相连的。太阳和日光之所以美得可爱，也就是因为它们是自然界一切生命的源泉，同时也因为日光直接有益于人的生命机能，增进他体内器官的活动，因而也有益于我们的精神状态。"

车尔尼雪夫斯基关于美的本质的见解体现了马克思主义美学出现以前的最高水平，坚持了唯物主义立场，是对黑格尔学派唯心主义的美学观点"美是理念的感性显现"的批判，他肯定了美和其他美学范畴的客观性；他比以前唯物主义美学认为美在事物的属性（感性特征）前进了一大步，他把美建立在广阔的生活基础上，并且研究了社会美主要是人物形象的美和人们所处的社会地位、生活方式之间的联系，对自然美也是联系生活来分析；他所说应该如此的生活才是美的，表现了革命民主主义者对沙皇俄国腐朽生活的不满和强烈要求改革的愿望。但是车尔尼雪夫斯基把理性内容与感性形式的统一这个合理内核一并抛弃掉，却是不正确的。他坚持艺术从生活出发，在这一点上他和歌德是一致的，但是他没有理解歌德的"在特殊中显出一般"的道理，所以他不能理解典型化在艺术中的重要性，而这一点黑格尔却是理解得很清楚的。

普列汉诺夫曾指出车尔尼雪夫斯基"断言美是生活，应当如此的生活——他说出了完全的真理，他的错误仅仅在于他不够了解人关于'生活'的概念在历史中是怎样发展的。"又说："科学的美学——更正确些说，关于艺术的正确学说，只有当关于'生活'的正确学说产生了的时候，才能够站立在坚固的基础上。"车尔尼雪夫斯基不理解革命实践是人类社会生活的本质和基本内容。车尔尼雪夫斯基说过，"世界上最可爱的就是生活；首先是他愿意过他所喜欢的那种生活；其次是任何一种生活，因为活着到底比不活好，但凡活的东西在本性上就恐惧死亡，恐惧不存在，而爱生活。"又说："假使说生活和它的显现是美，那么，很自然的，疾病和它的结果就是丑。"可见，他是从生物学观点看待生活的，他把生活与死亡，生活与疾病相对照（烈士的死，为人民积劳成疾的病不应是丑的）。

车尔尼雪夫斯基在分析美的本质时缺少辩证法。普列汉诺夫曾指出，“依据车尔尼雪夫斯基的见解，那就是：一方面，现实中的美的事物自身就是美的；但是，另一方面，他自己又说明，我们觉得美的，仅仅是符合我们关于‘美好的生活’、关于‘应当如此的生活’的概念的事物。因此，事物自身是不美的。”为什么会出现这种自相矛盾的情况呢？因为他不是把生活理解为社会实践的发展过程，因此也不可能把应该如此的生活（理想的生活）看作是社会发展的规律所提出的客观要求。所以普列汉诺夫批评车尔尼雪夫斯基在这些问题上“不善于找出客观与主观之间的真实联系，用事物的过程来说明观念的过程”。尽管车尔尼雪夫斯基关于美的本质的理解存在上述缺陷，但正如普列汉诺夫所说，“对于他自己的时代来说，我们的作者的学位论文（生活与美学）终归是最高度的严肃的和卓越的著作。”

在十九世纪，英法的浪漫美学理论在丰富性和深刻性方面都远不及德国的浪漫美学。车尔尼雪夫斯基曾说过，“只有德国的美学才配称作美学。”[①] 德国浪漫美学自诞生之日起，就有自己独特的气质和禀赋。浪漫派时期的美学有渥兹渥斯、雪莱式的悒郁的轻灵，却没有拜伦式的狂放恣肆；有雨果式的深情，波德莱尔式的神秘的忧郁，却又更富有思辨色彩。在德国，有生命力的美学从来就是与哲学上的重大课题交织在一起的。“德国的哲学是德国历史在观念上的继续。”[②] 独特的历史厄运使启蒙运动以来的德国哲人、诗人们对经验与超验、有限与无限、存在与思维、现象与本体、感性与理性、自由与必然、人本与文明的普遍分裂有深切的体验和独到的感受。德国古典哲学为美学建立起坚实的根基，十九世纪下半叶直至当代，美学在德国得到了长足的发展。费舍尔继承了黑格尔的美学思想，柯亨则继承了康德的美学构架，注重实验研究的费希纳的自下而上的美学，把浪漫精神与心理学结合在一起的里普斯、伏尔盖特的移情论美学，注重作品的现象学分析的德苏瓦尔和乌提兹的美学，卡西尔的符号形式论的美学，弗洛伊德、荣格的心理分析美学，独辟蹊径的维特根斯坦的美学，普勒斯纳的哲学人类学美学，加达默尔的解释学美学，以至当代的耀斯、伊泽尔的接受美学和社会环境、信息美学，相继出现，五花八门，不绝如缕。在这美学的洪流中，浪漫美学一直保持着自己的独特个性。他们大都不作学院式的四平八稳的美学研究，无意于寻求关于美、艺术、审美感等概念的教科书式的规范定义，也无意于从某一现代人文学科（心理学、人类学、社会学、语言学）的成果出发，去解释审美现象，大多不想去建立一套面面俱到的美学理论构架（当然也有特例，比如古典的谢林，当代的阿多尔诺）。他们始终

①《美学论文选》，人民文学出版社，1957 年，第 25 页。

②《马克思恩格斯选集》第 1 卷，第 7 页。

追思人生的诗意，人的本真情感的纯化，力图给沉沦于科技文明造成的非人化境遇中的人们带来震颤，启明在西方异化现象日趋严重的惨境中呤痛着的人的灵魂。

一百多年来，德国浪漫美学传统牢牢把握着如下三个主题：①人生与诗的合一论，人生应是诗意的人生，而不应是庸俗的散文化。②精神生活应以人的本真情感为出发点，智性是否能保证人的判断正确是大可怀疑的。人应以自己的灵性作为感受外界的根据，以直觉和信仰为判断的依据。③追求人与整个大自然的神秘的契合交感，反对技术文明带来的人与自然的分离和对抗。在这些主题下面，深深地隐藏着一个根本的主题：有限的、夜露销残一般的个体生命如何寻得自身的生存价值和意义，如何超逾有限与无限的对立去把握着超时间的永恒的美的瞬间。德国哲人们命定要为此殚思竭虑，民族的历史的苦恼在此浓缩为反思的苦恼，这就是德国浪漫美学的禀赋。

总括上述马克思主义美学出现以前美学史上关于美的本质的各种理论，归纳起来，大致有两类：

（1）是从精神世界出发去探求美的本质，把美的本质最终或者归结为客观理想、绝对精神或者归结为主观意识、审美感受。虽然他们在揭示美的社会性能方面有某些合理的因素，但是在哲学根本观点上颠倒了物质与意识的关系，是唯心主义的途径。正如马克思所指出的，它们“抽象地发展了”主观能动的方面，“不知道真正现实的、感性的活动本身”，把能动的方面归结于精神、意识的能动活动，从而在美学上认定美的本质在于意识或意识作用于物质的结果。

（2）是从客观世界的自然特征出发来探求美的本质，认为美的本质就在对象的自然的物质形式中，美是事物的某种属性或性质之间的某种关系，从而着重在事物的感性特征和自然形式、结构、性能中去寻找美的本质和规律，把美的本质最终归结为自然事物本身的某种性能或属性。这派理论肯定美在客观事物本身，有其正确的方面，但由于它们一般都离开了人的社会性，包括车尔尼雪夫斯基在内，“对事物、现实、感性，只是从字体的或者直观的形式去理解，而不是把它们当作人的感性活动、当作实践去理解”[①]，不懂得“社会生活在本质上是实践的”这一根本道理，离开了人的社会生活、实践，从而在美学上便多半只从事物、现实、对象和感性特征和自然性质方面来探求美的根源，不能从主客体的辩证关系中来规定美的本质带着明显的直观缺陷，这条途径是形而上学唯物主义的。

还有一些人企图在这两者中间采取某种折中的办法，或者认为有自

①《关于费尔巴哈提纲》，《马克思恩格斯选集》第1卷，第16页。

然本身的和心灵创造的两种美，或者认为美是主观意识加上客观自然条件所形成等，其结果大都走向唯心主义的道路。

探索的道路是漫长的，称赞美学的长处令人鼓舞，指陈美学的弊端使人清醒。亚里士多德肯定美在事物形式，狄德罗指出美是关系，康德用美学弥合理论大厦的缝隙，黑格尔用美学软化过于逻辑化的理念体系，狄德罗用美论作为自己百科全书的重要篇章，歌德用美学思想为庞杂的学术探索点亮火把，车尔尼雪夫斯基规定美是生活，朱光潜先生曰“美在想象”，高尔泰曰“美在象征”，马克思用劳动创造美的命题完善自己的实践唯物主义，罗丹用审美的准则概括并雕琢出人性之光。美学成了学术自觉的骄子。①

马克思主义的创立，揭示了人类历史发展的规律，为人们提供了新的世界观和方法论，这就使包括美学在内的一切社会科学研究出现了革命性的变化。马克思主义的许多基本原理，诸如关于存在与意识辩证关系的学说，关于社会实践的观点，关于物质生活与精神生活相互关系的理论等，对于科学地进行美学研究都有着重要的指导意义。

马克思主义经典作家还非常关心美学理论的建设。马克思曾经打算写一部美学专著，并答应为《新亚美利加百科全书》撰写“美学”这一条目，后来虽然由于种种原因未能全面实现这些计划②，但他与恩格斯一起，在创立马克思主义的过程中，也论及了许多重要的美学问题。在《1844年经济学哲学手稿》中，马克思提出了“自然的人化”，“人的本质力量对象化”，“劳动创造了美”，“人也按照美的规律来建造”等重要命题。马克思和恩格斯在《德意志意识形态》中批判了青年黑格尔派的美学观点，提出并论证了马克思主义美学的许多基本原理，指出了艺术和艺术家的创作风格对于历史发展的每一具体阶段上的社会经济生活和政治生活的依赖性。又如《政治经济学批判》的《序言》和《导言》以及有关文艺问题的不少书信等，对美、美感，美的规律等美学的基本理论问题，作了精辟的论述，为新美学的崛起奠定了坚实的理论基础。

理论与实际相结合是马克思主义的根本方法，在美学研究上，就是要求把理论研究和人类审美实践的经验紧密地结合起来，从实际出发，详细地占有材料，从无数生动的客观事实中寻求出规律性的东西，上升为理论认识，并进而用来指导实践和接受实践的检验，以证实和发展理论。理论联系实际的认识过程，实际上就是从感性到理性的整个辩证思维的发展过程。它包括从具体到抽象、再从抽象到具体这样两个大的阶段，亦即由分析的阶段到综合的阶段。马克思称之为研究方法的“两条

① 《美学的品格》，《文学评论》，2003年第3期。

② 现存《新亚美利加百科全书》中的“美学”条目是否为马克思所撰写，国内外学术界尚有争论。

道路”。从具体到抽象，是指从感性的具体事物出发，剖析它所包含的各种抽象规定性；从抽象到具体，则是指各种抽象规定性的研究，经过一层层的中介，达到“思维的具体”。现实事物本身是复杂的，其属性是多方面的。马克思说：“具体之所以具体，因为它是许多规定的综合，因而是多样性的统一。因此它在思维中表现为综合的过程，表现为结果，而不是表现为起点，虽然它是现实中的起点，因而也是直观和表象的起点。在第一条道路上，完整的表象蒸发为抽象的规定；在第二条道路上，抽象的规定在思维行程中导致具体的再现。”[①] 一般来说，思维中的抽象是单纯的、简单的，而思维中的具体才能够丰富而全面地表现事物的本质。一个事物往往是许多不同类要素的集合体，事物的内容和形式都可能是多方面的。从抽象上升到具体的方法，只是思维用来掌握具体并把它当作一个精神上的具体再现出来的方式。这种具体的再现，是理性认识的科学成果。它与实际生活中的具体事物相比，并非完全一模一样，而是舍去其偶然性因素，因而在更深的意义上表现和揭示了事物的本质和规律。

马克思在政治经济学的研究中所遵循的逻辑与历史相统一的方法，对于各种科学的研究具有一般的方法论意义，对于美学研究也是至关重要的。逻辑的方法是用概念和范畴的体系及其辩证运动的方式，来揭示事物内在本质与必然规律的方法。历史的方法，是按照事物自然发展的历史进程来研究事物发展变化规律的方法。它是建筑在剖析和论述历史进程中的个别的、具体的甚至是偶然的、曲折的表现形式的基础之上的，而事物的历史进程是不可能逆转和颠倒的，因而它同逻辑上的分析和综合显然不是一回事。事物的历史发展和逻辑发展，都是由简单到复杂、由低级到高级不断前进的，它本身就是同一事物的不同侧面，就是历史的和逻辑的关系的统一。坚持以马克思主义为指导，贯彻理论与实际相结合的原则，运用逻辑与历史相统一的方法，同总结和吸收前人的有益成果以及新的科学方法，二者并不是互相抵牾的，而是根本一致的。

从美学史上来看，黑格尔曾经区分美学研究的经验的方法和理论的方法，其后费希纳归纳为“自上而下的美学”和“自下而上的美学”。所谓理论的方法，即“自上而下的美学”，是把美作为一种价值或理念，从“美的逻辑形而上学观念”出发进行观念形式的思辨分析，所以又被称为“哲学的美学”。所谓经验的方法，即“自下而上的美学”，则是把美的现象作为一种经验事实，着眼于记录、编目等外在的、表面的、就事论事的研究，进行实证的观察和考查，所以又被称为“科学的美学”。在古希腊，柏拉图是对美学问题进行形而上学思考的代表人物，他的学

①《〈政治经济学批判〉导言》，《马克思恩格斯全集》第12卷，第751页。

生亚里士多德则着眼于具体艺术样式进行归纳和分析。黑格尔致力于“把美的哲学概念看成上述两个对立面的统一，即形而上学的普遍性和现实事物的特殊定性的统一”[①]，而实际上仍然是从观念出发的。19世纪后半期兴盛起来的现代美学，受到自然科学勃兴的推动，明显地朝着科学美学的方向发展。近几十年来，伴随着现代科学技术的飞跃以及对于文化文明的研究的重视，美学研究的方法趋向多极化。

马克思所倡导的由具体到抽象、由抽象到具体的辩证思维方法，可以有效地解决美学史上“自上而下”和“自下而上”长期分家的问题，逻辑与历史相统一的方法则是纵横交合的科学历史主义一元论。这种方法是建立在历史唯物主义基础上的系统论的方法，是多样化的一个开放体系，可以吸收认识论和社会学、反映论和信息论、心理学和控制论、符号论和行为理论、系统论和价值论、模式理论和数学理论等各个方面、各种角度的研究方法和成果，从而在统一的基础上建立科学的、发展的、统一的美学理论体系。

二、中国美学的总体特征和基本形态

任何一种文化传统中的美学都要受到其哲学的影响，中国美学也不例外。中国哲学为中国美学提供了基本概念和思想方法。尽管中国哲学并没有发展出严格的形而上学和知识论，相反以人生境界为中心的人生论和价值论却非常发达。必须承认，中西哲学各有特点，各有贡献。西方哲学概念明确、逻辑清晰、论证严密、注重方法，有知识学传统，但又过于知性化。中国哲学有丰富的人生智慧（不等于“知识”）和生命意识，但缺乏概念化、形式化、理论化的系统，往往以诗化的语言表示出来而缺乏精密论证，富于生命体验而缺乏知识化的形态，长于解悟体知而缺乏逻辑推导。西方哲学重视人的智性、理性（后现代哲学则对此提出了批判），而中国哲学重视人的情感、德行或性理（是一种特殊的理性）。

中国古代文化中的逻辑的推理的方法并不发达，哲学家在表达自己的思想的时候较少用逻辑推理的方法，而更多的是用比喻和象征等艺术表达方式。正因为此，中国美学不但从中国哲学那里借用基本概念和方法，而且反过来为中国哲学提供解释方式。在中国古代，概念的思维往往模糊、多义，哲学范畴和概念大多是由美学指出并由艺术的象征、比喻等方式来实现的。由于中国人对于概念底层或之下的形象思维、意会能力很发达，于是就有了“超越有限知识”的境界，达到无限的对人生宇宙之“妙境”的领悟能力，或以“神思”达到“神理”的“超人的能

① 黑格尔,《美学》第一卷，第28页。

力”，从而使艺术和美学执行着哲学理想的最高使命。

在中国古代，“为人生的哲学”与美学的界限十分模糊。这种“模糊”使哲学与美学相得益彰。中国哲学之所以普遍地采取艺术的表达方式，与它所追求的目标有关。换句话说，中国哲学的目标决定了它只能以艺术或审美的方式才能实现；同时由于中国哲学常常以艺术或审美的方式实现其目标，因此它所成就的人生境界也往往是审美的。[①]

中国美学是由文人的创造和参与为主导的，这并不是说没有其他的基因。例如，美学讲究（1）“天人合一”，人与自然有天然的亲和融合，这首载于发源于殷周之际的重要经典《周易》，“《易》与天地准”；（2）“物我玄会”，强调主体和客体的双向交流，来自佛教的世界观；（3）“涤除玄鉴”，意即扫去尘埃使心灵明澈如镜，是老子在《道德经》中提出来的；（4）南朝山水画家宗炳提出“澄怀味象”的审美论述，就是使自己的心胸襟怀达到虚静空明的心境。可见，中国美学是一个综合的体系，吸纳了众多的文化基因。

先秦时代的老子与庄子，是道家美学思想创始者和完成人。《老子》提出“天下皆知美之为美，斯恶已；皆知善之为善，斯不善已”[②]；《庄子》提出“咸池、九韶之乐，张之洞庭之野，鸟闻之而飞，兽闻之而走，鱼闻之而下入，人卒闻之，相与还而观之”[③]。从审美主体出发，从人与对象的审美关系上探求美的存在与表现，把美的矛盾关系中存在及其与人所构成的特殊关系揭示得十分透彻。道家美学的要义有五个方面：（1）把道作为美的根源。如“天地有大美”[④]；“夫得是（指‘道’），至美至乐也”[⑤]，意思是天地具有孕育和包含万物之美，得到了“道”，就会获得美的最大享受，获得最高的美感。（2）自然朴素是美的生命。老子认为“道”是非常自然、朴素的，“道法自然”[⑥]，“为天下谷，常德乃是，复归于朴”[⑦]。庄子也主张“顺物自然”[⑧]，“既雕既琢，复归于朴”[⑨]，“朴素而天下莫能与之争美”[⑩]。（3）虚静思想为美的创造的主体心态。老庄的虚静思想导源于道，老子确定的原则是“致虚极，守静笃。万物并作，吾以观复”[⑪]，就是要自己极端认真地向着本性中空明宁静状态回复。老子认为，心理上的虚静状态是承接天地之大美的必要条件，所以必须“涤除玄鉴”[⑫]，即排除一切干扰心性的东西，使内心光明如镜，照彻万物，容纳万物。庄子把老子的虚静主张进一步弘扬，提出完整的虚静说，以及从“心斋”[⑬]、“坐忘”[⑭]达到虚静境界的观点。老子的“涤除玄鉴”和庄子的“心斋坐忘”，是中国古代审美心理的最早发现。（4）“无言之美”为美的高超状态。老子提出大美形态：“大音希声，大象无形”[⑮]，认为是美的最高本体，美学的真义所在。他认为那种令人目盲之色，耳聋之音，口爽之味，都是背道而失美的。庄子也

① 参见彭锋撰写的《中国大百科全书》词条“中国美学”。
②《老子》二章。
③《庄子·至乐》。
④《庄子·知北游》。
⑤《庄子·田子方》。
⑥《老子》二十五章。
⑦《老子》二十八章。
⑧《庄子·应帝王》。
⑨《庄子·山木》。
⑩《庄子·天道》。
⑪《老子》十六章。
⑫《老子》十章。
⑬《庄子·逍遥游》。
⑭《庄子·大宗师》。
⑮《老子》四十一章。

认为至巧不为巧，至乐不知乐，故曰“至乐无乐，至誉无誉”[①]，把根本感不到具体形式的形式存在视为最美的形式。（5）重视和强调“德充之美”即精神美。庄子喜爱“德充之美”[②]，对万事万物“非爱其形也，爱使其形者也”[③]。首先不是爱其形体之美，而是爱其精神之美。他还用“无庄之失其美”[④]的故事，说明为了得到“道”，使精神达到美的境界，可以忽视和忘掉形体美。

道教是中国文化之树上结出的宗教之果，道教所建构的宗教世界是熔铸着彼岸理想的此岸世界，自由追求的现实化、此岸化，使道教获得了艺术的性质、审美的性质。道教伦理思维是中国道教认识伦理本体、完善自我和协调自然的特有的方式方法，是古代中国人道德智慧的独特体现。自我性思维、人本性思维和生态性思维是道教伦理思维的三大特征，它折射出道教抗命逆修、抱朴守真、清静恬淡、慈爱和同、度人济世、性命双修、顺应自然和力行不止的主体精神。道教伦理思维和主体精神的最终旨趣是对自我完满、人我和谐和人物（自然）和顺的追求。高楠认为“道教是审美型的宗教”，他还进一步指出：道教思维有四个特征，即基于经验的物我相融，以经验为中介的并接互应，收发于极则的双向互逆推演，守中致和的流传变化。这四个思维特征，在中国古代美学范畴的形成、发展与完善的思维过程中被相似地体现着。[⑤]道教美学显然是一个驳杂的体系，我们不妨以东晋葛洪的《抱朴子》为例作一些解读。《抱朴子》虽然是一部宗教理论性著作，但其中有关于文学、音乐、绘画的论述，涉及美、美感和艺术的言论，特别是艺术鉴赏方面的见解，都是探讨中国古代文艺美学的重要资料。正如美学家王向峰所指出的：“东晋著名的思想家、系统的神仙道教理论的创立者葛洪，在其代表作《抱朴子》中所阐发的美学观点，即便在今天美学研究如此繁盛的形势下仍不失其存在的价值，仍旧在中国古典美学研究的链条中占有一席相当重要的位置，起着承上启下的作用。”葛洪认为“五色聚而锦绣丽，八音谐而箫韶美”[⑥]，单一的颜色不丽，单一的味道不美，美的形式与单调一律是不相言的。他还要求形式与内容的统一，即外在美与内在美的和谐一致。葛洪虽然认为“妍姿有定”[⑦]，但对于同一审美对象，也会因为审美主体的爱憎、偏好、认识、生活习俗、才情以至地位等的不同，而产生各不相同的审美感受和审美评价。他对文艺鉴赏提出了较为系统的意见，关于“音为知者珍，书为识者传”[⑧]的命题，对后世的文艺鉴赏产生很大影响。[⑨]在现代化进程中，道教伦理思维及其主体精神是人类精神资源宝库中使生命得以充实、发展和丰富的重要智慧，值得我们认真汲取。

钱钟书先生说：“形之浑简无备者，无过于圆。吾国先哲言道体道妙，

① 《庄子·至乐》。
② （唐）成玄英，《庄子疏》。
③ 《庄子·德充符》。
④ 《庄子·大宗师》。成玄英疏：“无庄，古之美人，为闻道故，不复庄饰，而自忘其美色。”
⑤ 高楠，《道教与美学》前言，辽宁人民出版社，1989年，第3页。
⑥ 《喻蔽》。
⑦ 《塞难》。
⑧ 同⑥。
⑨ 王向峰，《中国美学论稿》，第100～110页。

亦以圆为象。”“圆”在中国哲学中意味着道境、神境和禅境,《周易》、老庄、佛家不约而同地将圆作为最高的精神境界，具有深刻的美学内涵。《周易》用以解读宇宙人生奥秘的太极思维模式，儒家不偏不倚的中庸，道家有无相生的哲学思想，佛家因果报应的轮回观，均存在于同一个圆的图式之中。“圆”既是完满的象征，是循环往复的表现，也是华夏民族对社会、人生以及自身理想的一种构想、理解和追求。

佛家以“圆”为美，三论宗、天台宗、禅宗等以“圆融”为最高审美境界，其中尤其以天台宗的“一心三观”禅法和“三谛圆融”学说最为著名。天台宗先驱人物、北齐慧文禅师，根据印度中观学派著作，发挥了“一心三观”的禅法，认为一心可以同时观事物的空、假有两面，还要能将此两面综合起来观察非假非空的中道。后来的“三谛圆融”学说，即以空、假、中为一切事物的真相，称空、假、中为三谛。此三谛又非存于认识过程的先后中，而是统一于主体一心或一念之中，只有即假、即空、即中，彼此圆融，三谛才互不妨碍，完全统一。《摩诃止观》卷一曰“当知一念，即空即假即中”即为此义。在天台宗看来，能明了空、假、中三者为一,一者为三,一空一切空，一假一切假，一中一切中的道理，就能达到圆融无碍的最高认识境界。这种境界实质上也就是一种左右逢源、毫无挂碍的“圆”美境界。在此境界中，具象与抽象、一与多、本质与现象等，达到了完全无碍的统一。这就是佛家所谓“一即一切，一切即一”，亦即圆满、圆成、圆通、圆融等。

这种以圆为美、以圆谈艺的思想和方法对中国古代美学影响极为深远。首先，在中国美学看来，圆不仅是化生万物万有的本原，同时也是生命的极致，圆既是美的生命之源又是审美活动追求的最高境界。宇宙天地万事万物自在圆足，至大无外，至小无内，一圆万圆，一美万美，这充分体现了中国美学对圆满圆融的生命境界的追求。其次，以圆为美的思想促使中国美学特别重视刹那间见永恒的瞬间合一，特别重视主体自我超越时的圆满具足。如司空图所谓的“超以象外，得其环中”。再次，贵圆、尚圆、重圆的思想还充分体现在艺术品评或艺术创构心得中。如谈诗的创作，晋谢灵运以圆论诗之极境有所谓“好诗流美圆转如弹丸”。清代《二十四画品》[①]专列“圆浑”一品，谓“圆斯气裕，浑则神全。和光熙融，物华滑妍。欲造苍润，斯途为先”。再如明李廷机以圆论艺境浑成，斥方为死守成法而扬圆抑方，其《举业琐言》云：“行文者总不越规矩二字，规取其圆，矩取其方。故文艺中有著实精发核事切理者，此矩处也；有水月镜花，浑融周匝，不露色相者，此规处也。今操觚家负奇者，大率矩多而规少，故文义方而不圆”。就连审美批评也强调“圆照”(全面

① 清代黄钺撰写的画论著作。二十四品指画作的气韵、神妙、高古、苍润、沉雄、冲和、淡远、朴拙、超脱、奇僻、纵横、淋漓、荒寒、清旷、性灵、圆浑、幽邃、明净、健拔、简洁、精谨、俊爽、空灵、韶秀。

审视),刘勰《文心雕龙·知音》即谓“圆照之象,务先博观”,只有“圆照”才能“平理若衡,照辞如镜”。由此可见,佛教以圆为美,以圆论艺,重圆、尚圆的思想深深渗透到中国古代美学中,使得中国古代美学把人生境界、生命境界、审美境界都统一在宇宙圆满自足的大生命中。

佛教主张“一切皆空”,“色即为空,色复异空”,本无意建立美学,也很少正面阐述美学问题。但是,超功利的美与佛教自有它的内在联系,而且,从“无相而有相”产生的佛教建筑,从“无言而有言”形成的佛教文学艺术,以及佛教经典透示出的丰富的美学意蕴,组合成独特的美学景观和美学思想。佛教美学也是一个综合的体系,包括佛教世界观的美学品格,佛教人生观的美学精神,佛教宇宙观的美学因子,佛教本体论的美学神韵,佛教认识论的美学色彩,佛教方法论的美学意蕴,佛教行为方式的美学特征。而这些,又是具体地融入佛教艺术美学。

中国有很深厚的佛教美学基因。佛教对中国美学最大的贡献,就是“悟”被引入审美活动和审美认识。“悟”的本义是心解神领,以及与之相关的“悟入”“悟门”“顿悟”等,本是佛教,特别是佛教禅宗的用语,后被文学艺术广泛地借用。宋代严羽《沧浪诗话》说:“大抵禅道惟在妙悟,诗道亦在妙悟。”[①]“妙悟”就是绝妙地悟,灵活地悟,创造性地悟。但是,在佛教禅宗看来,“悟”是离不开“参”的,就是要“参禅”,即参究禅机(机锋),参究禅教(言教)。“参”是基础,“悟”是结果,“参”是必经之途径,“悟”是手段借以实现的目的。“参”要“熟参”“活参”“离心意识参”;“悟”要灵活地、创造性地悟。[②]在中国美学中,“悟”是对审美特征的玩味和领会,是对创作规律和技巧的体验和把握,“酝酿胸中,久之自然悟入”[③]。“昔人谓气韵生动是天分,然思有利钝,觉有先后,未可概论之也。委心古人,学之而无外慕,久必有悟。悟后与生知者,殊途同归。”[④]同时,必须进行长期的艺术实践和审美实践,以便从“渐修”达到“顿悟”。

禅宗,对天人关系很少从理性上论证阐释,而是以意象感悟方式,直指本心。见于语录载体的,如“天上地下,云自水由。”[⑤]“日移花上石,云破月来池。”[⑥]“天地与我同根,万物与我一体。”[⑦]“清风与明月,野老笑相亲。”[⑧]“常忆江南三月里,鹧鸪啼处百花香。”[⑨]“数片白云笼古寺,一条绿水绕青山。”[⑩]以其禅意盎然的“无人之境”,呈示了天地间的白云幽石、青山绿水、鸟语花香、清风明月、池泉古寺等自由清静的形象,其中隐隐然皆有佛在,可说是以佛对山水,以禅悟天地,亦即所谓“青青翠竹,总是法身;郁郁黄花,无非般若”[⑪],而其景象又酷似园林美的境界,这正是佛教的一种“天人同一”观。

①《诗辨》。
② 祁志祥,《佛教美学》,上海人民出版社,1997年,第183页。
③ 严羽,《沧浪诗话·诗辨》。
④ 方薰,《山静居画论》。
⑤《永平广录》卷十。
⑥《中峰语录》卷十七。
⑦《五灯会元》卷一。
⑧《五灯会元》卷十二。
⑨ 同⑧。
⑩《普灯录》卷二。
⑪《大殊禅师语录》卷下。

中国美学的核心问题是人生境界的问题。在审美境界中，人与自然、精神与物质、主体与客体处于自由的交往之中。无论是儒家的“从心所欲而不逾矩”，道家的“以天合天”，还是禅宗的“见山还是山，见水还是水”，这些境界都是古代中国人理想的人生境界。“天人合一”是中国古代最突出的哲学思想，这一思想认为天道与人道是一致的，自然与人际是相通、相类的。“‘大人’者，与天地合其德，与日月合其明，与四时合其序，与鬼神合其吉凶，先天而天弗违，后天而奉天时。”[①] 庄子说：“天地与我并生，而万物与我为一。”董仲舒说：“天亦有喜怒之气，哀乐之心，与人相副，以类合之，天人一也。”这些论说都是强调天人相副，天人混一，人副天数，力图追溯天道与人道的相通之处，以求天人之间的协调和统一。李泽厚先生在1981年明确提出，中国美学的特征之一是天人合一，并指出：“天人合一的观点过去是受批判的，一直被说成是中国哲学史上唯心论的糟粕。我的看法恰恰相反，我认为，天人合一……追求的是人与人、人与自然的和谐统一的关系……要求人的活动规律与天的规律、自然的规律符合呼应、吻合统一，这是非常宝贵的思想。”[②] 马克思指出：“自然界是人为了不致死亡而必须与之不断交往的、人的身体。所谓人的肉体生活和精神生活同自然界相联系，也就等于说自然界同自身相联系，因为人是自然界的一部分。”[③] 李约瑟说：“再没有其他地方表现得像中国人那么热心体现他们伟大的理想：人与自然不可分离。”董仲舒认为人的情感的变化同自然现象的变化之间有一种对应关系，存在着某种“以类合之”的思想，如“悲落叶于劲秋，喜柔条于芳春”[④]；“春秋代序，阴阳惨舒，物色之动，心亦摇焉……情以物迁，辞以情发。一叶且或迎意，虫声有足引心。况清风与明月同夜，白日与春林共朝哉！”[⑤]。

恩格斯指出：“历史从哪里开始，思想的行程也应当从哪里开始。”[⑥] 中国美学是从古代走来，有深厚的传统文化积淀。在中国古代美学中，有许多重要范畴和思想是由文人的审美取向主导的。与文人的审美理念最相契合的，第一是“和”，也就是和谐之美。周来祥先生在《中国美学主潮》中指出：“先秦时期以和谐作为时代的审美理想。中国古代和谐美的传统源远流长，在几千年的文明发展中历久不衰，终于积淀为极富鲜明民族特色的审美心理结构。古典和谐美理想的基本框架在先秦时期即已孕育成型，并伴随对‘乐’的不同观点的论述而得以充分展开。”[⑦]“和”体现在艺术形式上的最基本的意思是指音乐、歌唱、舞蹈相互协调配合；另一种意思是“八音克谐，无相夺伦”，强调音乐中各种因素的协调有序，配合无隙，充分展示“和”的意图。孔子提出了“尽善尽美”的审美理想。而孔门弟子公孙尼子所著的《乐记》，进一步丰富和发展了和谐美的思想，

① 《易·乾卦·文言》。
② 《美学与艺术讲演集》，上海人民出版社，1983年，第207页。
③ 马克思，《1844年经济学－哲学手稿》，《马克思恩格斯全集》第42卷，第95页。
④ （晋）陆机，《文赋》。
⑤ （梁）刘勰，《文心雕龙·物色》。
⑥ 《马克思恩格斯选集》第2卷，人民出版社，1972年，第122页。
⑦ 《中国美学主潮》，山东大学出版社，1992年，第4页。

集儒家美学思想之大成而形成完整的宏大体系，堪称中国古典美学体系的奠基石。第二是“雅”，也就是尚雅之美。雅是指合乎规范而纯正的，高尚而不粗俗的，美观而不落俗套的。中国美学崇“雅”，以“雅”为人格修养和文艺创作的最高境界。“雅”境发生的开端是“做人”，是人与自身心、性的构成，是人与人、人与社会、人与自然在相互对待、相互造就中的构成。“我们知道，中国传统文化是以儒家思想为主体的伦理型文化，在儒家的伦理审美观的主导下，‘典雅’不仅是士大夫文人所追求的人格风范，而且也渗透到广大平民百姓的生活追求与行为规范中，最能体现古代中国人的审美心态。可以说，正受‘崇礼’精神的影响，中国美学才是有浓厚的道德伦理色彩，尚‘雅’隆‘雅’，强调乐而不淫、求仁得仁、文质彬彬、克己复礼、温柔敦厚；人生审美态度方面，推崇并倾慕于‘和雅’之境的构成，追求温文尔雅，称道‘雅浩冲淡’、‘清雅澄澈’的人品操守与超凡脱俗的审美意趣；审美创作标举‘雅正’、‘风雅’的审美趣向，崇尚温和雅致而鄙弃淫俗、浅俗和粗俗。”[①] 正是基于这一思想，中国茶艺讲究“人品即茶品，品茶即品人”，茶艺美学则追求古雅、高雅、文雅、典雅、淡雅、和雅、清雅、风雅，也就是尚雅崇格、超凡脱俗的审美精神，高洁淡雅、超绝俗我的人格境界。

中国美学侧重于审美主体的心灵表现，虚静气氛中的自我观照，默察幽微式的亲身体验，沉淀于内心深处的审美情趣，汇聚一定时代的社会风气和文艺思潮的审美规范，不期而然地概括成为灿烂多姿的美学形态。从艺术创作来看，中国古典美学包括三个层次，即以“神思”为核心，始之以“兴象”的触发，终之以“入而能出”，在突出“表现”的前提下融汇意与境。就审美内容来看，有文与质，情与理，情与采，情与景，言与意，形与神，虚与实；就审美创造来看，有一与多，真与幻；就审美的形成结构和手法来看，有动与静，隐与显；就审美的历史流程来看，有通与变；就审美的艺术情趣和社会风习来看，有雅与俗，奇与正。这些具有朴素辩证思想的审美原则，在历史的长河中逐渐演变出中国美学基本形态和范畴，《中国茶艺的美学品格》将其归纳为十二个基本形态和范畴[②]，这些形态虽然是以文人主体意识为基石而创造的，但同样也是儒释道三者融合的产物，需要丰富的认识以深入社会，抱朴养真以深入自然，从虚静中感知和悟解审美主体。虽说“一家之语，自有一家之风味”[③]，然而中国美学这些形态在中国茶艺、中国绘画、中国诗词歌赋、中国建筑和园林等艺术门类中均得到充分的体现和反映。

(1) 意境之美。“行到水穷处，坐看云起时”[④]，意境的基本特征是通过情景交融的艺术意象（艺术表象）把欣赏者引入能够进行充分想象的艺

① 李天道，《中国美学之雅俗精神》，中华书局，2004年，第8页。
② 余悦，《中国茶艺的美学品格》，《农业考古》，2006年第2期。
③《白石道人诗说》。
④（唐）王维，《终南别业》。

术空间，使欣赏者能够领悟到较艺术形象更为深远的艺术化境，获得“寻绎不尽”“味之无穷”“池塘生春草，园柳变鸣禽”[①]的美感。王国维在《人间词话》中以杜甫、秦观诗为例指出：“境界有大小，不以是而分优劣。‘细雨鱼儿出，微风燕子斜’[②]，何遽不若‘落日照大旗，马鸣风萧萧’？[③]‘宝帘闲挂小银钩’[④]，何遽不若‘雾失楼台，月迷津渡’[⑤]也”堪称至论。

写文章也要有境界。在中国美学语境里，“文”和“章”主要是指线条或色彩有规律的交织相杂而构成的形式美。《易·系辞下》：“物相杂，故曰文”。文者，纹也，花纹之谓；“章”亦指在绘画或刺绣上，赤与白相间的花纹，在文章中的“章”则指章法。“文成规矩，思合符契。或简言以达旨，或博文以该情，或明理以立体，或隐义以藏用。”[⑥]文章是一门以文字为对象的形式艺术，它遵循形式美的法则，并通过这个法则表达作者的精神美。做文章，不同于写应用文、写公文。写文章的目的有二：一是为思想而写，“心生而言立，言立而文明”[⑦]；二是为美而写。既要有思想，又要有美感；既要有思想价值，又要有审美价值。“言气质，言神韵，不如言境界。有境界，本也；气质、神韵，末也。有境界而二者随之矣。”[⑧]因此，文章有“思”无美则枯，有美无“思”则浮。“文能宗经，体有六义：一则情深而不诡，二则风清而不杂，三则事信而不诞，四则义直而不回，五则体约而不芜，六则文丽而不淫”[⑨]。故好的文章要达到三个层次的美，或曰三个境界：一是景物之美，描绘出逼真的形象，让人如临其境，谓之“形境”，类似绘画的写生；二是情感之美，创造一种精神氛围叫人留恋体味，谓之“意境”，类似绘画的写意；三是哲理之美，说出一个你不得不信的道理，让你口服心服，谓之“理境”，类似绘画的抽象。这三个境界一个比一个高。柏拉图在他的著名诗里向星说：“你看得见么，我的星星！我愿意化为天空，得以用无数的眼望着你！”在这首短诗中，“形境”“意境”和“理境”俱佳。《红楼梦》第七十回黛玉的《桃花行》：“桃花帘外东风软，桃花帘内晨妆懒。帘外桃花帘内人，人与桃花隔不远。东风有意揭帘栊，花欲窥人帘不卷。桃花帘外开仍旧，帘中人比桃花瘦。花解怜人花也愁，隔帘消息风吹透。风透湘帘花满庭，庭前春色倍伤情。……胭脂鲜艳何相类，花之颜色人之泪；若将人泪比桃花，泪自长流花自媚。泪眼观花泪易干，泪干春尽花憔悴。憔悴花遮憔悴人，花飞人倦易黄昏。一声杜宇春归尽，寂寞帘栊空月痕！”和宝钗的柳絮词：“白玉堂前春解舞，东风卷得均匀。蜂团蝶阵乱纷纷。几曾随逝水，岂必委芳尘。万缕千丝终不改，任他随聚随分。韶华休笑本无根，好风频借力，送我上青云！”也同样对“形境”“意境”和“理境”作了很好的诠释。“精理为文，秀气成采”[⑩]，

① （南北朝）谢灵运，《登池上楼》。
② （唐）杜甫，《水槛遣心二首》。
③ （唐）杜甫，《后出塞五首》之二。
④ （宋）秦观，《浣溪沙》。
⑤ （宋）秦观，《踏莎行》。
⑥ 《文心雕龙·征圣》。
⑦ 《文心雕龙·原道》
⑧ 王国维，《人间词话删稿》。
⑨ 《文心雕龙·宗经》。
⑩ 《文心雕龙·征圣》。

要达到这三境，文中必有具体形象，有可叙之事，有真挚的情感，有深刻的道理，还有可借用的典故知识，这又都得用优美的文字表达出来。

恽南田在《题画赠无外师》中说："意贵乎远，不静不远也；境贵乎深，不曲不深也。一勺水亦有曲处，一片石亦有深处。绝俗故远，天游故静。"对于"意境之美"，古人有许多言简意赅的表述，如"词秀调雅，意新理惬，在泉为珠，着壁成绘，一句一字，皆出常境"①、"兴象玲珑，句意深婉，无工可见，无迹可寻"②、"实际内欲其意象玲珑，虚涵中欲其神色毕著"③、"不得以字句诠，不可以迹相求"④，"有海阔天空气象，有清风明月胸襟"⑤。而意境又包含"无我之境"与"有我之境"。王国维指出，"泪眼问花花不语，乱红飞过秋千去"，"可堪孤馆闭春寒，杜鹃声里斜阳暮"，有我之境也；"采菊东篱下，悠然见南山"，"寒波澹澹起，白鸟悠悠下"，无我之境也。有我之境，以我观物，故物皆著我之色彩。无我之境，以物观物，故不知何者为我，何者为物。"无我之境，人唯于静中得之。有我之境，于由动之静时得之。故一优美，一宏壮也。"⑥禅宗将人生分为三种境界："落叶空满山，何处寻芳迹"，此第一境界；"空山无人，水流花开"，此第二境界；"万古长空，一朝风月"，此第三境界。

不同于在西方艺术史中占有重要地位的印象主义和现实主义艺术家对于物象一丝一缕的精确描摹和场景再现的追求，中国古代艺术的审美情趣在于追寻一种空灵旷达、极富灵性的"意境"。"意境"成为我们判断一种艺术创作是否有高度审美价值的重要标准，也是历代艺术创作者们在超越了格律、节奏、秩序和理性之外所追求的更高一层的审美体验。

"云屯九河，雪立三江"⑦，意境是艺术家的主观审美情趣和客观景物美的融合，体现着情与景、形与神、意与像之间的高度的统一，追求时空的无限性和永恒性的艺术化境。董其昌说："诗以山川为境，山川亦以诗为境。"这种艺术形象，是包含着"象"的"境"，称之为空间意象，也就是意境。宗白华在《中国艺术意境之诞生》中说："艺术家以心灵映射万物，代山川而立言，他所表现的是主观的生命情调与客观的自然景象交融互渗，成就一个鸢飞鱼跃，活泼玲珑，渊然而深的灵境；这灵境就是构成艺术之所以为艺术的意境。"⑧嘉兴曾有"江村草堂"，高士奇《江村草堂记》写道："俯鉴清流，远观竹木，层层深隐，睇瞩不穷，可以涤烦消暑，墅中佳境，此为最胜。"

"空撇下碧澄澄苍苔露，明皎皎花筛月影"⑨，一切意境都是生成的，客体的意境结构，通过审美鉴赏，而生成主体的意境感受。中国建筑的意境表现是多姿多彩的，有的端庄伟壮，气势磅礴；有的开阔宏大，旷达飘逸；有的曲折幽深，宁静清恬；有的小巧玲珑，纤丽娟秀。中国建

①《河岳英灵集》。
②（明）胡应麟，《诗薮》内编卷六。
③（明）陆时雍，《诗镜总论》。
④（清）贺贻孙，《诗筏》。
⑤（清）林纾，《春觉斋论文》。
⑥ 王国维，《人间词话》。
⑦（宋）苏轼，《和陶停云》。
⑧《美学散步》，第70页。
⑨《西厢记》。

筑意境结构的构成要素庞杂，除了建筑院落、建筑单体、建筑室内及建筑部件等建筑自身的各层次要素外，还包括建筑外环境和建筑内环境的一系列构成要素，如天然山水、人工山水、绿化植被、建筑小品、人文遗迹、自然气象、声味光影、家具陈设、匾联碑刻等。在园林中，这些极其庞杂的建筑要素和建筑外环境、内环境要素，呈现着千变万化的园林意境美。

2008 年普立兹克建筑奖（Pritzer Architecture Award）获得者尚·努维尔（Jean Nouvel）说："建筑是以你所拥有的资源，以更有情感、更完美、更自然的方法让一个地方更富有诗意。"建筑与自然山水、绿化有着紧密的联系，在建筑组群内部或庭院空间中，常常叠山理水，莳木栽花，引进自然景色。"既具湖山之胜，概能无亭台之点缀乎？"[①] 因此，建筑还常常融化在大自然的山泉丘壑之间，成为特定风光的重要组成部分。建筑美与自然美的融合在于"妙于得体合宜"[②]，从而使得建筑渗透着山水诗、山水画、山水散文的意趣，为建筑意境的创造准备了优越的条件。李泽厚先生曾指出，"中国艺术希望小中见大，要求有限中见无限。例如在很小的园林中，总希望把自然界弄进来。"[③] 在中国传统园林中，建筑物是园林建构的重要元素，是园林的起点和中心，园林中每个部分，每个角落无不受到建筑美的光辉辐射，"有回廊而山水以回廊妙，有层楼曲房而山水以层楼曲房妙，有长林可风，有空庭可月。夜壑孤灯，高岩拂水，自是仙界，绝非人间。"[④]

中国帝王宫苑是由宫和苑两部分组成，宫分为朝宫和寝宫，是中轴对称，规则式的布局。帝王官苑以神山仙岛作为造园主景，总体布局为主景一池三山的布局，即湖的平面和岛屿的形状是自然式的，与外国古典皇家园林的总体布局手法不同。但局部布局也是中轴对称，几何式的，与外国帝王宫苑并无不同。北宋皇帝宋徽宗赵佶是一位杰出的诗人和画家，对自然美有深刻的理解。他在汴京建造寿山艮岳时，仿照杭州凤凰山，创造了"岩峡洞穴，亭阁楼观，乔木茂草，或高或下，或远或近……若在重山大壑幽谷深岩之底"的自然山水景观，把文人园林自然山水的造景手法同皇家神仙宫苑的宗教色彩结合起来，创造了以表现自然美为主景的神仙境界。乾隆皇帝是著名的书法家、诗人，他六下江南，深深地喜爱江南的自然风光和山水园林。他在金、元、明三代经营的基础上，继承艮岳遗风，在北海的琼华岛后山主持改建了以神山仙岛为主题的园林，把文人园林的自然式造景手法同神仙宫苑的主题结合在一起，完全采用不对称自然式布局，充分体现了大自然的美，创造了一幅"堆云积翠，曲折高下，宛转相迷"的仙山楼阁图，并完整地保留到今天。

① （清）乾隆,《清漪园记》。
② （明）计成,《园冶》。
③《李泽厚哲学美学文选》，第 431 页。
④ （明）张岱,《吼山》。

（2）典雅之美。“颂惟典雅，辞必清铄”[①]，“典雅之美”，用古人的话来说，就是“文虽新而有质，色虽糅而有本”[②]。典雅之美的内涵极为丰富，其规定性内容包括雅正无邪，“雅而不腐”，“温柔敦厚，尽善尽美，天然真淳”，既要“熔铸经典”，又要“洞晓情变”。故“哲人之颂，规式存焉”，“三闾《橘颂》，情采芬芳”[③]。

胡应麟在《诗薮》中说，盛唐句：“海日生残夜，江春入旧年”；中唐句：“风兼残雪起，河带断冰流”；晚唐句：“鸡声茅店月，人迹板桥霜”，皆形容景物，妙绝千古，而盛、中、晚界限崭然。故知文章关运气，非人力。白居易对于庐山香炉峰、遗爱寺地段的胜境，“见而爱之，若远行客过故乡，恋恋不能去”，“从幼迨老，若白屋，若朱门，凡所止，虽一日、二日，辄覆篑土为台，聚拳石为山，环斗水为池，其喜山水病癖如此”[④]。故“典雅之美”，是“高词迥映，如朗月之悬光，叠意迴舒，若重岩之积秀”，是“其词深而雅，其义博而显”[⑤]，是“止以古雅为命，不以雕篆为工”[⑥]。

《红楼梦》第七十五回蒙古王府本回末总批：“下回有一篇极清雅文字，下幅有半篇极整齐文字”可能指的就是第七十六回“凹晶馆联诗悲寂寞”的后半部分：“说着，二人便同下了山坡。只一转弯，就是池沿，沿上一带竹栏相接，直通着那边藕香榭的路径。因这几间就在此山怀抱之中，送碧山庄之退居，因洼而近水，故颜其额曰‘凹晶溪馆’。……二人遂在两个湘妃竹墩上坐下。只见天上一轮皓月，池中一轮水月，上下争辉，如置身于晶宫鲛室之内。微风一过，粼粼然池面皱碧铺纹，真令人神清气净。……湘云听说，恐怕黛玉又伤感起来，忙道：‘休说这些闲话，咱们且联诗。’”她们两从黛玉的“三五中秋夕”，湘云的“清游拟上元”，联至湘云的“窗灯焰已昏。寒塘渡鹤影”，黛玉的“冷月葬花魂”[⑦]收结。对此，戚序本回末给出总评：“诗词清远闲旷，自是慧业才人，何须赘评？须看他众人联句填词时，个人性情，个人意见，叙来恰肖其人；二人联诗时，一番讥评，一番赏叹，叙来更得其神。再看漏永吟残，忽开一洞天福地，字字出人意表。”

宋代画家郭熙在《林泉高致》中道出了山水画中的典雅之美：“世之笃论，谓山水有可行者，有可望者，有可游者，有可居者。画凡至此，皆入妙品。但可行可望，不如可居可游之为得。何者？观今山川，地占数百里，可游可居之处十无三四，而必取可居可游之品。君子之所以渴慕林泉者，正谓此佳处故也。君子之所以爱夫山水者，其旨安在？丘园养素，所常处也；泉石啸傲，所常乐也；……猿鹤飞鸣，所常观也；尘嚣缰锁，此人情所常厌也；烟霞仙圣，此人情所常愿而不得见也……然则

① （梁）刘勰，《文心雕龙·颂赞》。
② （梁）刘勰，《文心雕龙·诠赋》。
③ 同①。
④ （唐）白居易，《草堂记》。
⑤ （唐）房玄龄，《晋书·陆机传论》。
⑥ （宋）姚铉，《唐文粹序》。
⑦ 庚辰本：“冷月葬诗魂”。

林泉之志，烟霞之侣，梦寐在焉，耳目断绝。今得妙手，郁然出之，不下堂筵，坐穷泉壑。猿声鸟啼，依约在耳；山光水色，混漾夺目，此岂不快人意、实获我心哉！此世之所以贵夫画山水之本意也。”

中国造园艺术深受文学气息的熏陶，与诗词为缘，运用诗文韵味，加上或隐或现的画意来进行造园，因而其风格潇洒秀逸、高古浑厚，寓统一于变化，于变化中求统一，体现出密处见疏、疏处见密，使景色变化无穷，而达到出神入化的境界。如果说诗词重韵律，书画重笔法，那么中国园林则着重诗情画意，以营造既秀丽又雄伟、既轻盈又稳重的典雅之美。例如苏州的拙政园本是一片沼渚洼池，就因地制宜，以水为主体格局，使水上面积得到充分的利用。入园以后，从长廊渡过小桥，横跨一泓清水，便到远香堂。堂包围在水中，夏日荷花盛开，清香四溢。园内其他建筑，也多数临水，形体平缓，风格朴素，有疏朗闲适的情趣。北京中山公园内有四宜轩，其北筑水榭，南半跨陆，北半在玉带河中，朱栏画槛，彩壁红窗，四面都是平直整齐线条。榭东接长廊，更是工整的直线条，可是廊东则怪石嶙峋，高低起伏，曲折回环，和长廊的平直邃远，起着相得益彰之妙。至于嘉兴的烟雨楼，虽然四面环水，但湖南水狭，四望皆岸，很少汪洋无际的画面，只有在云雾之中始觉山色浩渺在有无，方觉近乎理想，其“烟雨”之谓，天然而真淳。[①]

（3）自然之美。自然之美其本义即自然而然，自然率真，把未经人化的自然奉为美的极致，“一片瑟瑟石，数竿青青竹。向我如有情，依然看不足……莫掩夜窗扉，共渠相伴宿”。[②]中国古人崇尚的自然美，不以形式的精雕细琢着意修饰取悦于人，而从自然无为的本性达到审美的愉悦，就是平淡中有不平淡，素朴中有真美在。

这种早熟的自然审美意识，深刻地影响了中国文人、士大夫对山水美的醉心和向往，有力地促进了中国山水诗、山水画、山水散文和游记、园记的高度发达，也有力地促进了中国园林、别墅对于山水花木自然美环境的高度关注。

自然之美在中国园林选址中得到充分的体现：“园基不拘方向，地势自有高低；涉门成趣，得景随形，或傍山林，欲通河沼。探奇近郭，远来往之通衢；选胜落村，藉参差之深树。村庄眺野，城市便家。新筑易乎开基，只可栽杨移竹；旧园妙于翻造，自然古木繁花。”[③]

崇尚“自然之美”，在李白那里是“清水出芙蓉，天然去雕饰”，这种“情真，景真，事真，意真”[④]，是“情性所至，妙不自寻，遇之自天，泠然希言”[⑤]，是“不待思虑而工，不待雕琢而丽”[⑥]，是“一语天然万古新，豪华落尽见真淳”[⑦]，是“得于天然，不待雕琢，律吕自谐，神

① 章元凤，《造园八讲》。
②（唐）白居易，《北窗竹石》。
③《园冶·相地》。
④（元）陈绎曾，《诗谱》。
⑤（唐）司空图，《诗品二十四则·实境》。
⑥（宋）张耒，《贺方回乐府序》。
⑦（金）元好问，《论诗三十首》。

色兼备”[①]。美丽的山水风景陶冶了人们的性情，也造就了不少著名的山水诗人和山水画家。画家顾恺之游玩会稽归来，“人问山川之美，顾云千岩竞秀，万壑争流，草木蒙宠其上，若云兴霞蔚”[②]。陶渊明虽然贫困，亦“三宿水滨，乐饮川界”。他还自诩“少无适俗韵，性本爱丘山”。

中国哲学不把大自然作为神灵来崇拜，而是研究大自然的客观规律，按照自然规律办事。这种思想始于老庄哲学。《老子》主张“人法地，地法天，天法道，道法自然”。《庄子》把自然朴素看成是一种不可比拟的理想之美，强调“顺其自然”，强调自然高于人际，大巧高于工巧。同时期的孔子，已经用自然山水比喻人的品格和智慧，“仁者乐山，智者乐水”。

受庄子“朴素而天下莫能与之争美”美学思想的影响，魏晋南北朝时期，形成了隐世脱俗、超然自得、虚无放荡、论道说玄、崇尚自然、寄情山水的魏晋风度。东晋以前，绘画题材一直以人物为主，山水对于绘画来说不是对象。从晋代开始，山水以其“使人情开涤”的生态魅力，进入了绘画的艺术领域。这一时期的诗人、画家把自然当作美学欣赏对象，向大自然倾注了纯真的感情，而且力图将自己的精神世界融合于大自然之中，作为大自然的知音而非主宰，出现了单独表现自然山川之美的山水画，如顾恺之画《庐山图》和《雪霁堂五老峰图》、戴逵画《吴中溪山邑居图》等。但这些作品的置陈布势和形态体貌还显幼稚，所谓“人大于山，水不容泛”，山峦“则群峰之势若细饰犀栉”，树石“则若伸臂布指”。画法也惟用线条勾勒轮廓，无皴点、晕染等技巧。花鸟画则未形成独立画科，可能带更强装饰性。这就是六朝绘画所呈现的时代特色。与此同时，山水画论也开始进入美学的行列，顾恺之的《画云台山记》、宗炳的《画山水序》、王微的《叙画》，都表现了他们的艺术慧眼和对于自然美的独特见解。“望秋云，神飞扬；临春风，思浩荡”[③]，“融其神思”“神之所畅”[④]的美学理论和山水画创作的实践一起，表征着人们对于自然的审美上的自觉。宗炳的“山水以形媚道”“山水质有而趣灵”，表述山水美是以具体的形象显现着“道”而使人愉悦；山水外在形貌虽是有限的“质有”，却蕴含着无限的“道”的“趣灵”。于是，秦汉方士长期以来所蒙罩于大地山川的那层神权迷信的外衣，首先是在诗人画家之中失去了市场。由于山水诗、山水画的发达，给中国传统艺术以新的母题，并为文人自然山水园的出现打下了基础。陶渊明的《桃花源记》中的理想世界为文人写意园林提供了创作源泉。当时，私家园林大为兴盛，其中有很多出自文人高士之手，这些园林的艺术情趣一反帝王神仙官苑金碧辉煌的宫廷威严的风格，而以朴素清淡、活泼、自然的风格反映文人淡泊明志的思想，真正以居处山

①（明）黄子肃，《诗法》。
②《世说新语·言语》。
③《叙画》。
④《画山水序》。

林的方式来享受大自然的美好赐予，所谓“富贵非吾愿，帝乡不可期”“非必丝与竹，山水有清音”[①]就是当时文人园林艺术情趣的写照。从此，以自然美作为造景主题的文人自然山水园取得了同皇家园林分庭抗礼的地位，而以陶渊明为代表的诗人、画家成为文人园林的创始人和奠基者。

自六朝以来，中国艺术的理想境界却是“澄怀观道”，在拈花微笑里领悟色相中微妙至深的禅境。在崇尚自然思想的支配下，出于对山水意蕴的敏感，中国古人在家居、园耕的立基、布局时，多在“融入自然”和“自然融入”两个方面大做文章。当具备山林胜地的条件时，极力使建筑妥帖地融入自然环境，像白居易的“草堂”那样。而当处于市井，不能栖岩止谷时，则以“一卷代山，一勺代水”，把自然融入建筑环境之中。这可以说是因地制宜的两种融合自然的基本方式。在造园中，这两种方式通常是综合运用的。既注重花间隐榭、水际安亭、竹里结茅，把建筑融洽地融入自然环境；也不放过在园中、庭中开池浚壑、理石挑山、移竹栽梅，把自然妥帖地融进建筑环境之中。以苏州园林为代表的中国园林是“自由布局的典型，天然图画的标志，生动气韵的范例，淡雅色调的代表，突出地体现了庄子学派的自然理念，‘四时得节，万物不伤，群生不夭’[②]，又具有‘澹然无极而众美从之’[③]的审美特色”。从《园冶》等著述来看，作为环境优化目标，“崇尚自然”有两层含义：一是向往自然，寄情山水；二是顺乎自然，追求天趣。古人对于“自然融入”，并不满足于园中、庭中堆凿的人为山水，既要周围环境有胜景可借，还要进一步通过借景，让园外的山水风光、自然气息渗透入园林建筑。使悠悠烟水、澹澹云山，尽收眼底；令松涛瀑泻、鸟噪虫鸣，声声入耳；在建筑环境中尽情领略大自然的天籁。[④]

在唐朝，山水诗、山水画有了飞跃的发展，名人辈出，王维、李思训等已趋成熟的山水画，被后人奉为“南宗”、“北宗”，它们“俱得山水之妙”。同时，有很多诗人、画家参加了造园活动，把文人自然山水园的造园艺术推向了新的高度。著名的山水园有王维的辋川别业和白居易的庐山草堂等，对当时和尔后的造园艺术产生了深远的影响。

在宋代，苏舜钦在苏州筑有沧浪亭并作《沧浪亭记》。南宋史正志有万卷堂（今网师园前身），朱长文筑有乐圃（其地后为环秀山庄）。这些都是典型的文人自然山水园林。

明代文人园林也有很大发展，至今尚存明代著名文人园林有：苏州的拙政园和艺圃，南京的瞻园和煦园，无锡的寄畅园。

“时运交易，质文代变”[⑤]，到清代，江苏文人园林已经是数以百计，蔚为大观了，其艺术成就冠于全国，而且大部分遗留至今。“在苏州园林里，

① （晋）左思，《招隐》。
②《庄子·缮性》。
③《庄子，刻意》。
④ 侯幼彬，《中国建筑美学》。
⑤《文心雕龙·时序》。

景物参差错落，天机融畅，自然活泼，生意无尽，而建筑物的粉墙黛瓦，不但富于黑白文化的历史底蕴，而且抚慰人的眼目，安宁人的心灵，使人‘见素抱朴’，‘不欲以静’[①]。在苏州园林，游息于柳暗花明的绿色空间，盘桓于人文浓郁的楼台亭阁，品赏于水木明瑟的山石池泉，徜徉于曲径通幽的艺术境界，人们会感到无拘无束，逍遥自在，清静闲适，悠然自得，也就是说，能在布局的自由中获得身心的自由，在生态的自然中归复人性的自然，自然美和人性美通过园林艺术美而交融契合……”[②]

文人园林是由诗人、画家命题立意并参与设计的，是宅第园林的一种特殊形式，设计者往往是被贬的官员或怀才不遇的文人。文人园林以自然山水作为造景原型，其布局的特点和手法是不规则的、自然式的。根据孙筱祥教授的观点，在中国古典园林的文人园林中，有充满“自然美”和“生活美”的“生境”，有体现中国传统绘画艺术的“画境”，还有表达理想与感情的“意境”。这类园林的艺术价值最高，是中国古典园林中的精华所在。

受文人园林影响的神仙宫苑的艺术境界就是“中国大自然中，最奇异峻险的山峦，最壮阔萦纡的湖海，最清澈的溪流泉水，最富于生机的飞禽走兽等自然风景的高度艺术概括，也就是最美的山水，表现了艺术形象美的核心，就是‘自然的美’”。

充满自然美的“生境”是园林创作的源泉和前提，曹雪芹在《红楼梦》第十七回中提出：“有自然之理，得自然之趣。虽种竹引泉，亦不伤穿凿。古人云：‘天然图画’四字，正畏非其地而强为其地，非其山而强为其山，即百般精巧，终不相宜”。曹雪芹所向往的“天然图画”，与计成在《园冶》中提出的“虽由人作，宛自天开”，都是主张“切忌人工做作”，力求“自然可爱”，如“平原麦洒，翠波摇翦翦，绿畴如画。如酥嫩雨，绕塍春色若苴”[③]。

建在名山大川的别业式园林，可尽情享受大自然的美景。如唐朝诗人白居易的《庐山草堂记》云：“春有锦绣谷花，夏有石门涧云，秋有虎溪月，冬有炉峰雪。阴晴显晦，昏旦含吐，千变万状，不可殚记。”宋代诗人欧阳修所写《醉翁亭记》，说明“醉翁之意不在酒，在乎山水之间也”，“日出而林霏开，云归而岩穴暝”，“野芳发而幽香，佳木秀而繁阴，风霜高洁，水落而石出者，山间之四时也”。而在城市中，文人园林的山水造景不是机械地模仿名山大川的自然景色，而是经过艺术提炼，“外师造化，中得心源”而创造出“一峰则太华千寻，一勺则江湖万里”。因此，中国园林往往被誉为“城市山林”。这一特殊概念的出现，就意味着它既是对条件优越的城市生活的保留，又是对喧嚣污染的非生

① 《老子·十九章》。
② 《苏州园林》，1997年第1~2期。
③ 《牡丹亭·八声甘州》。

态的城市环境的扬弃。“一迳抱幽山，居然城市间。”[1]诗中所咏包括沧浪亭在内的这些古典园林，在苏州都还作为珍贵遗产保存着。面对造园艺术家在喧嚣的城市所创造的生态奇迹，诗人用一个“居然”对“第二自然”发出惊叹！这确乎是奇迹：“城市”，这是一个富于多种优势但又突出地具有非生态性劣势的现实空间；而“山林”或“幽山”、“丘壑”、“野人家”……则是另一个迥乎不同的、幽静闲适的、最富于生态优势的现实空间。这两个空间是如此地表现为二律背反：优劣相敌对，水火不互容；然而又竟是如此和谐地结合而成为“城市山林”这样一个有机整体，结合为一个被城市喧嚣所包围的清静绿地，一个“居尘而出尘”的生态艺术空间。而正是这个特定的生态艺术空间，真正实现了中国文人历来所渴慕的“结庐在人境，而无车马喧”[2]的最高美学理想。沧浪亭对联中欧阳修的诗：“清风明月本无价，远山近水皆有情”，则点明了园林中自然美的主题。

（4）含蓄之美。“曲径通幽处，禅房花木深”，中华文化崇尚曲径通幽之美感，深深烙印着“山重水复疑无路，柳暗花明又一村”的审美意识。“含蓄之美”，本意是指意思含而不露，耐人寻味。晚唐之际，司空图在《诗品》中提出了“含蓄”的美学范畴，并用“不着一字，尽得风流”来形容诗歌的美学特征。南宋词人、音乐家姜夔说：“语贵含蓄。东坡云：‘言有尽而意无穷者，天下之至言也。’山谷尤谨于此。清庙之瑟，一唱三叹，远矣哉！后之学诗者，可不务乎？若句中无余字，篇中无长语，非善之善者也；句中有余味，篇中有余意，善之善者也。”[3]古今诗词含蓄之美的塑造，既追求含蓄立意，又追求含蓄造景，也追求含蓄炼句，最典型的莫过于马致远的《天净沙·秋思》：“枯藤老树昏鸦，小桥流水人家，古道西风瘦马。”通篇没有一个悲愁字眼，却读来令人断肠。解读“含蓄之美”的词句，古人有许多精思独创，如“言有浅而可以托深，类有微而可以喻大”[4]；“一言而巨细咸该，片语而洪纤靡漏”[5]；“能状难写之景，如在目前，含不尽之意，见于言外”[6]；“高不言高，意中含其高；远不言远，意中含其远；闲不言闲，意中含其闲；静不言静，意中含其静”[7]。王维的“空山新雨后，天气晚来秋。明月松间照，清泉石上流”[8]则将诗人的思绪定格于一个寂静、空灵的画面，通过对山水的描绘，寄慨言志，借景抒怀，表达了诗人顺应天性，怡然自适。元稹的《西归（其二）》：“五年江上损容颜，今日春风到武关。两纸京书临水读，小桃花树满商山。”写出诗人奉召还京，沿唐河，浮汉水，越武关，溯丹河，水陆兼程，时序又正是春天，更觉喜出望外，归途中的兴奋喜悦之情，自景中传出，情韵悠长，神余言外。又如王安

①（宋）苏舜钦，《沧浪亭》。
②（晋）陶渊明，《饮酒》。
③《历代诗话》（下），中华书局，1981年，第681页。
④（晋）张华，《鹪鹩赋序》。
⑤（唐）刘知几，《史通·叙事》。
⑥（宋）欧阳修，《六一诗话》。
⑦（宋）僧淳，《诗评》。
⑧《山居秋暝》。

石的《孤桐》："天质自森森，孤高几百寻。凌霄不屈己，得地本虚心。岁老根弥壮，阳骄叶更阴。明时思解愠，愿斫五弦琴。"诗人借孤桐表达了正直向上、虚心扎实、愈穷弥坚和无私奉献的人生追求，把思想感情寄寓在鲜明的审美形象之中，以桐自励，含蓄隽永。

诗之含蓄美，一如工笔描画，细腻出彩；又如炉火纯青之书法，意到笔止。笔触之凝重，意蕴之深远，内涵之丰富，举重若轻，厚积薄发，表达言外之意，激发审美想象。尤其是田园诗以其含蓄之美，借以释放生活重负，或浑然不觉，或超然物外，宠辱皆忘，马放南山，让千百年来的人们常怀返璞归真之性，人与自然和谐的意识油然而生。

中国自古以来就有诗画同源的说法，唐宋八大家之一的苏轼在品评王维（字摩诘）时曾说："味摩诘之诗，诗中有画；观摩诘之画，画中有诗。"所以诗情与画意总是紧密联系、不可分割，古时的山水田园画家往往又是一位才华卓越的诗人。也因这种联系与造化，造园家们方才灵活自如地将诗情画意融于园中，使居者步移景移，尽得山水之妙，如在画中游。刘熙载在《艺概》中说："意不可尽，以不尽尽之。"邵梅臣在《画耕偶录》中说："一望即了，画法所忌，山水家秘宝，止此'不了'两字。"传统园林追求富有天趣的诗情画意，借鉴了画论中的"不尽尽之"、"不了了之"的手法，在叠山理水和建筑空间处理上，采用了许多巧妙的以"不结束来结束"的做法。例如，私家园林在理水中，主体水面的边岸通常都不是封闭的，而是留出若干"水口"，看上去仿佛是向外延伸的支流，实际上只是隐蔽的短短水湾。它以十分简便的方式，突破了水面的封闭感，形成水体源流通畅、延绵不尽的错觉，扩大了水体的空间观感，增添了水体的天然情趣，在塑造园林意境上起了重要作用。传统园林"留水口"现象是一种典型的"不结束的结束"，"不闭合的闭合"，是"不尽尽之"设计手法的一种物态化表现。

"不尽尽之"的设计手法，不仅用于理水中的"留水口"，而且可以广泛运用于传统园林的许多方面。例如，在叠山中，它表现为"留余脉"的做法，即在主山之外，适当叠造一些小山，设置一些叠石，与之呼应，形成山势延绵起伏不尽的深度。在观赏路线的设置中，它表现为"周而复始"的做法，私家园林的主要观赏路线，总是避免出现"尽端"，给人到此为止的感觉，而是形成闭合的环状网络，让人们感到处处通畅，穿流不尽。在园林边界的处理中，它表现为"化有为无"的做法，大多沿园子的界墙建造游廊，不直接显露边界；或是在边界处堆筑山体，把边界围墙隐蔽于山的背后，使游人觉察不到园的"止境"。在景点的开拓中，它表现为"远借景"的做法，巧妙地把园外的真山美景摄入园内的观赏镜头，从而突破园林的空间局限。在园林建筑的设计中，它表现为种种“空间流连”的做法，或敞开建筑的某些界面，使室内外空间流动、融合；或在墙面开敞窗、漏窗，使隔院风光，相互渗透，有效地拓宽建筑空间开放、舒朗的境界。①

（5）雕镂之美。“雕镂”本意指雕刻，比喻刻意修饰文辞。而在美学中则指罗列事物，铺陈夸饰，雕绘辞藻，弘丽温雅。与此相近的词语，有“雕文刻镂”，谓在器物上刻镂花纹图案，以为文饰；有“雕章镂句”、“雕镂藻绘”，均比喻刻意修饰文辞；还有“雕风镂月”，意指刻意吟风弄月，都存华光焕发，富丽气象。“老子疾伪，故称‘美言不信’，而五千精妙，则非弃美矣。庄周云‘辩雕万物’，谓藻饰也。韩非云‘艳乎辩说’，谓绮丽也。绮丽以艳说，藻饰以辩雕，文辞之变，于斯极矣。”②“雕镂之美”，“若铺锦列绣，亦雕绘满眼”③，因其“艳藻独构”“润古雕今”④，而“争构纤微，意为雕刻，糅之以金龙玉凤，乱之以朱紫青黄”⑤。

就茶艺美学来说，民众将饮茶普及为一种风习，士大夫则把民间的饮茶变为品茶；历代皇宫的茶饮把从实用走向艺术的品茶推向豪华贵重的极致。这三者之间，可以说代表了三种不同的美学追求：民间是淡泊之美，文士是典雅之美，皇宫是雕镂之美。虽然陆羽认为饮茶是“精行俭德之人”所为，但皇宫茶饮却追求豪华贵重，富丽堂皇，讲究茶叶的绝品，茶具的名贵，泉水的珍傲，汤候的得宜，以及场所的雄豪，服侍的惬意，并把这些合适地搭配在一起——究极精巧的茶叶，采摘要精细，制作要精当，印模要精美，命名要精巧，包装要精致，运送要精心。宋时“龙团胜雪”茶“每片计工值四万”，“北苑试新”一夸更高达四十万钱。打造精工的茶具，崇金贵银。即使是自然天生，甘清冷冽的清泉，也成为皇宫茶饮重视排场、讲究气势的物品。皇宫茶饮因所用茶叶稚嫩，点茶和冲泡技巧特别考究，繁复精雅。

与文人雅士的幽雅韵致、禅林道院的寂静省净不同，皇宫茶饮展现的是国家富盛，物厚民丰的风貌，表现的是皇家气象，陶然自得的心态，显示的是豪华贵重，君临天下的权势。皇家茶艺的美学追求，可谓“若铺锦列绣，亦雕绘满眼”。现代一些茶艺馆走向“雕琢复雕琢，片玉万黄金”（戴复古句），正是其流风遗韵。⑥

中西文化皆有雕镂艺术，然因追求不同，各自走的是路子亦不同。西方自古便注重理性，兼及感性，因而有亚里士多德、米开朗琪罗这类大师，传承着西方文化中唯理、写实的雕镂艺术风格。中国则是注重感性，兼有理性，因而一方面不及西方雕镂艺术的那种唯理追求，另一方面受华夏文化滋养，根枝茁壮，衍生为富有人文气息、传承华夏文化的奇葩

① 侯幼彬，《中国建筑美学》，中国建筑工业出版社，2009年8月。
②《文心雕龙·情采》。
③《南史·颜延之传》。
④（唐）李延寿，《北史·文苑传序》。
⑤（唐）杨炯，《王勃集序》。
⑥ 余悦，《中国茶艺的美学品格》，http://www.qinpincha.com/cha-5497.html。

艺术，绝无仅有。文人园林中不仅用湖石作为人物、动物、云朵的抽象雕塑，寄托了人们的情思，表达了计成在《园冶》中说的“片山有致，寸石生情”深远的意境，而且将雕镂艺术完美传神地融入苏州古典园林中,使其流放异彩而传承后世。钱泳《履园丛话》说：“大厅前必有门楼，楼上雕刻人马戏文，玲珑剔透。”图13为浙江民居的门楼照片。

图13 浙江江山廿八都民居的门楼

苏州园林中的雕镂作品数不胜数。以拙政园留听阁的内屋门屏雕镂技艺为例，艺术家们匠心独运，根据“喜上梅梢”之意，置屏为隔，两株古梅兼具欹、曲、疏之雅态，而传神的梅枝之上，又宿停几只昭示吉祥如意的喜鹊，有的莺歌，有的燕舞，外观吉祥，内察雅静，传尽福音。

再如苏州耦园“山水间”水阁的落地罩，为大型雕刻，刻有“岁寒三友”的图案，诸种植物，交错成文，风格雄健，形式美观，在国内也堪称上选。苏州古典园林里诸如花窗、石雕、雕梁等的传世作品不胜枚举，但殊途同归，皆为表达园林的整体艺术氛围及美学特征而营建。

中国的雕镂艺术在徽州民居中也尽显其风采。自明代中叶至清末，徽商纷纷回乡修建祠堂、宅第、书院，不惜一掷千金。徽州一府六县数百公里范围内，数以千计的民居鳞次栉比建造起来，规模十分庞大。木雕、砖雕与石雕工艺在徽州民居的建设中大量使用，称为“三雕”，而以木雕数量最多、内容最广、艺术价值最高。由于徽州地处深山，古木撑天，浓荫蔽日，为建造房屋提供了种类繁多的优质木材，杉、樟、银杏、椴、椿等木材大量用于柱、梁、枋、门、窗等部位，成为木雕的各种载体。

明清时期营建住宅的等级制度十分严格，徽商不能越礼，建房规模上不能与官邸争高下，虽然徽商建房极为奢华，但要想在建宅时争奇斗富，只能在内部装修上开动脑筋；同时，徽州人含蓄内敛的个性气质也决定了他们在建房时舍弃了外表的华丽张扬，苦心追求屋内装饰的华美、醉心于精湛的木雕。这一切都促使了木雕工艺臻于成熟和完美。

在安徽，有两处徽州古建筑的珍品，这便是位于宏村以西 2 公里处的卢村木雕楼和宏村以东 3 公里处的塔川木雕楼，其木雕装饰规模在房屋中所占比例之大、雕刻工艺之精湛、文化内涵之丰富，实为皖南乃至全国古民居中所仅见（见图 14）。在徽州其他古村落还有零零散散的木雕楼几处，虽没有这两处壮观，但也有其自身特色。

图14　中国传统建筑中的木雕和砖雕

卢村木雕楼起名志诚堂，建造于清朝道光年间，距今约180年，共由四座楼院组成，又被称为“七家里民居群”。志诚堂的砖雕、石雕、木雕装饰精致优美，取材既热闹喜庆，又朴实优美，既是主人真实情趣的反映，又是古代民俗生活劳作的再现。志诚堂坐北朝南，临水而建，前有廊式拱门，两端过弄墙有题额。东西正面为东启长春西辟延秋，背面为钟奇毓秀。大门内是庭院，两侧有偏厅，门楣各题挹爽、延辉。偏厅矮墙上有两幅砖石雕刻巧妙组合成的透窗。透窗的中部为石雕构件，雕琢草龙祥云图案，其四周全为砖雕构件围护。厅堂正门门首是青石贴墙门枋，整个雕刻图案威武庄严、雄壮华贵。上层是四只石雕夔龙图案，中间两只作昂首前跃状，两侧的夔龙则斜身作盘动状，构图十分活泼。

志诚堂的木雕采用了混雕、线雕、隐雕、剔雕、透雕等精湛工艺雕刻而成。木雕气势恢宏、内容繁多。两侧厢房的莲花门从上到下，眉板、胸板、腰板和裙板，几乎每寸木头都雕满了图案。艺人们运用线刻、凹刻、凸刻、浮雕、圆雕、透雕等多种技法将宗法礼教、戏曲典故、世俗生活等雕刻在门窗上。人物造型生动，沉雄奔放、呼之欲出，画面构图饱满、雕刻技法缜密繁复，不到一寸厚的木板上雕刻层次竟达四五层之多。

志诚堂的木雕追求功名富贵的内容最多，如腰板上雕饰的“车载富贵、连升三级、五子登科”等，最为抢眼的是东厢房裙板上的“福禄寿喜”图，足足八尺见方，画面用蝙蝠、梅花鹿、喜鹊和九位老寿星等图案组成；其次是闲情逸致一类，如“陶公醉酒、苏轼赏菊、王羲之戏鹅”等，也占据了裙板的大片面积；此外还刻有少量的劝学内容，如“买臣负薪、管仲夜读”等。“贾而好儒”、“亦贾亦儒”是徽商的一个非常显著的特质，自然也非常重视教育。在志远堂（官厅）旁另辟院落，建造出相当规模的书房，专供儿女们读书。书房的木窗上透雕着冰梅图案，寓意“梅花香自苦寒来”，勉励孩子们勤奋读书；书房东侧，还建有一座“暗房”，给不用功读书的孩子关禁闭，对其他孩子也起着警示的作用。足见其用心良苦。

塔川木雕楼起名积余堂，建于乾隆年间，距今约二百四五十年，由南北两套楼院相连而成。两座楼的木雕数量相当、风格一致，目前南楼保存尚好，北楼却已于二十多年前毁于火灾。塔川木雕楼在内容与风格上与卢村木雕楼存在着较大差异。

积余堂的建造规模超过了卢村的志诚堂，莲花门楣板和胸板上设计的内容更成体系，雕刻工艺也更为精湛。志诚堂最吸引人的地方是裙板上的大幅木雕，但积余堂大面积的裙板上仅雕有简单的花边，精华全部集中在腰板上，并且主题十分明确，即力求表达仁、礼、学。4块腰板上刻着岳母刺字、唐姑乳婆、苏武牧羊和一诺千金，分别代表着忠、孝、节、义，清楚表述出了两千余年儒家文化熏陶的价值观念。

其实积余堂木雕内容最多、也最有特色的还是教育的内容，充分反映出“学”的重要性：不仅在厢房门的 4 块大腰板上雕出了府学、社学、乡学和私塾的教育体制，还在 16 块小腰板上雕刻出令人叹为观止的诗教图，这也是积余堂木雕最精华的部分：主人从《千家诗》里精选出 16 首唐宋七绝，配以画面刻在腰板上，画面的空白处用蝇头小楷抄录着诗文，对幼童进行启蒙教育。这些诗画大都描写辛勤而又殷实自在的农家生活和如画的乡村风景，生活气息十分浓郁。

美溪木雕楼起名广生堂，建于清代。广生堂不但人物故事及山水花卉雕刻精美，而且还雕有“朱子家训”与古代名人座右铭等大量格言。这样的格言式木雕楼在徽州非常罕见。

“黎明即起，洒扫庭除，要内外整洁。既昏便息，关锁门户，必亲自检点。一粥一饭，当思来之不易；半丝半缕，恒念物力维艰。”老房子的四壁除雕刻了很多栩栩如生的人物故事与山水花卉，还有大量“朱子家训”等格言。

徽州有明清古民居数千幢，很多民居的楹联上也有一些家训格言，类似广生堂这样的格言木雕楼则十分罕见。

（6）理趣之美。恩格斯说“思维着的精神是地球上最美的花朵”。理趣就是寓哲理于形象之中，“理趣之美”，包括“理”与“趣”两个概念。“理”指事物的机体、本质；“趣”指生动活泼的意趣和风教作用的旨趣，“趣如山上之色，水中之味，花中之光，女中之态，虽善说者不能下一语，唯会心者知之”①。所谓“理趣之美”，是要把“理”与“趣”和谐地、辩证地融为一体，因而“不烦雕琢，理趣深长”②、“诗不能离理，然贵有理趣，不贵下理语”③、“辞理意兴，无迹可求”④，也就是说“理语不必入诗中，诗境不可出理外”⑤。这种趣味，“春山如笑，夏山如怒，秋山如妆，冬山如睡。四山之意，山不能言，人能言之。秋令人悲，又能令人思。写秋者必得可悲可思之意，而后能为之。不然，不若听寒蝉与蟋蟀鸣也。”⑥有了这种趣味，“水竹之居，吾爱吾庐。石磷磷床砌阶除。轩窗随意，小巧规模。却也清幽，也潇洒，也宽舒。懒散无拘，此等何如？倚阑干临水观鱼。风花雪月，赢得工夫。好炷心香，说些话，读些书。”⑦

诗词的意境，以理趣取胜者，往往给人以一种独特的美感。宋元间词人张炎的《词源》云：“词以意趣为主，要不蹈袭前人语意。”清人沈德潜说，杜诗“江山如有待，花柳自无私”⑧，“水深鱼极乐，林茂鸟知

①（明）袁宏道，《叙陈正甫会心集》。
②（宋）袁燮，《跋魏丞相诗》。
③（清）沈德潜，《国朝诗别裁集》。
④（清）薛雪，《一瓢诗话》。
⑤（清）潘德舆，《养一斋诗话》卷一。
⑥（清）恽格，《南田画跋》。
⑦《新刻金瓶梅词话》。
⑧《后游》。

归”[①]，“水流心不竞，云在意俱迟”[②]，俱入理趣。邵子“一阳初动处，万物未生时”[③]，则以理语成诗矣。乾隆咏圆明园的《纳景堂》诗：“花木四时趣，风云朝暮情。一堂无意纳，万景自为呈。色是空中色，声皆静里声……”写出了虚涵美的理趣。

就诗而论，世人一般推崇唐诗，贬低宋诗，然唐宋诗各有千秋，它们在总体上的差别主要体现在以下几个方面：在情理上，唐重情，宋重理；在神韵追求上，唐豪迈端庄，宋奇峭流畅；在表现技巧上，唐尚虚，空灵浑成，宋尚实，工巧细密；在措辞用语上，唐重声律之美，多练虚字，宋重口语化，兼练虚字。而宋人的哲理诗较之唐诗的高明之处在于着重捕捉心与物相遇时刹那间的感受，并立即升华为一种哲理思考。哲思浑然于景事之中而成至理，才是哲理诗的绝妙特征。

一提到宋代的哲理诗，人们首先想到的就是苏轼的《题西林壁》和朱熹的《观书有感》。苏轼的理趣诗词，以哲人之眼观照人生，诗词中韵味隽永的悲旷意蕴，心物交融的艺术境界，儒、道、释三家思想的结晶，共同构成了和谐深沉的理趣之美。《题西林壁》用形象的语言来表达哲理，逸趣横生，精警简括：“横看成岭侧成峰，远近高低各不同。不识庐山真面目，只缘身在此山中。”这种诗，既是说理，又很有诗味，它以理语入诗，即用诗来说理，在描写景物中说明一个道理。

朱熹的《观书有感》：“半亩方塘一鉴开，天光云影共徘徊。问渠那得清如许，为有源头活水来。”诗人从“半亩方塘”和一渠清水的具体形象中，发掘出“流水不腐”的深刻哲理，而哲理蕴含于形象之中，珠联璧合；机趣洋溢于感情之外，相得益彰。

卢梅坡的哲理诗《雪梅》被诗论界誉为宋人哲理诗的压卷之作：“梅雪争春未肯降，骚人阁笔费评章。梅须逊雪三分白，雪却输梅一段香。”这的确是一首绝妙的哲理诗，它既有宋诗工巧细密之所长，又兼得唐人诗虚处着墨、意象微茫之特色。评价梅雪，“梅须逊雪三分白，雪却输梅一段香”，恰如其分。此诗之妙在于它既写出别人诗中所有（雪似梅，梅似雪），又写出他人笔下所无（梅雪争春，各具特长）。这首咏物诗，没有写景，没有抒情，纯属议论，却写得如此生动，别具一格。故有：“有梅无雪不精神，有雪无诗俗了人”[④]之谓。

真正有理趣之美的作品，如沈德潜所举杜甫诗中名句，即非以理成诗，也不是哲理诗，亦应像严羽在《沧浪诗话》中所说的“唐人尚意兴，而理在其中”：理要在意兴之中。即景物、感情、形象、哲理相统一。

在绘画方面，“理趣”是绘画作品所呈现的一种独特的美学特征，它体现的是一种文人式的涵养和内在精神。这种“理趣”是彰显画家艺

①《秋野五首》。
②《江亭》。
③（宋）邵雍，《冬至吟》。
④（宋）卢梅坡，《雪梅》其二。

术品质重要的因素之一，有“理”方能有奔腾流走之“气”，有“气”方能有奇逸动人之“趣”。因此，“理、气、趣兼到”是一件作品成功的关键，同时也是打动欣赏者的根本因素。“趣”的获得，并不是指一般绘画技巧或者笔墨技法，也不是一般的位置、构图、形象，而是来自画家超凡脱俗的胸襟和怀抱，来自画家不与人同的风格和追求。清·盛大士《溪山卧游录》卷一：“画有三到：理也，气也，趣也。非是三者，不能入精、妙、神、逸之品。……画有六长，所谓气骨古雅、神韵秀逸、使笔无痕、用墨精彩、布局变化、设色高华是也。六者一有未备，终不得为高手。”清·王原祁在其《雨窗漫笔》中说：“作画以理、气、趣兼到为重，非是三者，不入精、妙、神、逸之品。故必于平中见奇，绵里藏针，虚实相生。古来作家相见，彼此合法，稍无言外意，便云有伧夫气。学者如已入门，务求竿头日进，必于行间墨里，能人之所不能，不能人之所能，方具宋元三昧，不可稍自足也。”虽然“理、气、趣”的概念很早就有人说到，但王原祁提出了“理、气、趣兼到”的理念。

关于绘画风格，恽南田认为：“画以简贵为尚。简之入微，则洗尽尘滓，独存孤迥，烟鬟翠黛敛容而退矣。”在南田看来，简而意无穷，绘画能“洗尽尘滓，独存孤迥”，就是简而贵的艺术境界。画家崇尚笔简而意不简、墨简神不简：“古人论诗曰：诗罢有余地。谓言简而意无穷也。……画之简者类是。东坡云：此竹数尺耳，有万尺之势[①]。画之简者，不独有其势，而实有其理。”“惟画理当使人疑，又当使人疑而得之。”疑而思，思而得画意、悟画理。简而生远趣，“江树云帆，忽于窗槅隙影中见之。戏为点出平远数笔，烟波万状，所谓愈简愈难。”笔简形具，造就空灵的意境，空廓中有灵气往来，生烟万状，生机腾勃。画家在绘画精神的追求中的“理趣”所表现出的至大至正，清明与浩荡的气息是具有强盛的生命力和感染力的。

《红楼梦》第十七回，贾宝玉分析“稻香村”景点时说：“远无邻村，近不负郭，背山山无脉，临水水无源，高无隐寺之塔，下无通市之桥，峭然孤出，似非大观。争似先处有自然之理，得自然之气。”可以看出曹雪芹对于自然之理、自然之趣的“相地合宜”是何等的重视和关切。

园林中也不乏极具理趣之作。如苏州古城区街头以太湖石立峰的“抽象雕塑”。这些湖石立峰，“瘦漏生奇，玲珑安巧”[②]，以别致的园林小品点缀了作为园林城市的苏州。尤其是棋布于市内大街小巷的一个个苏式“小游园”，以及环城河畔长长的园林风光带，修篁一丛，湖石三五，游廊屈曲，绿树参差，亭轩翼然，低栏临水……这类建构，在总体上亦颇饶苏园风致。当然，这些尝试有时不免巧拙互见，与城市环境

① （宋）苏轼，《文与可画筼筜谷偃竹记》。
② 《园冶·掇山》。

不一定都十分协调，但它们对于作为苏州园林群体的外环境来说，都可看作是一种围拱环绕，一种多向延伸，一种外射生命力的物化。“众美辐辏，表里发挥”①，这些“环绕”、“延伸”和苏州古典园林一起，显示了作为遗产地苏州浓郁的园林情调和古色古香的艺术氛围。②再如北京公园的北海琼华岛后山另一个有特色的石屋在云烟尽态亭南侧，成一个口袋型平面。在入口可见石门半掩，入洞后向左经过爬山洞上山，向右则绕石门进屋。屋内为自然山石陈设，有石桌、石床，最有特色的石是石窗，这个石窗是由一整块湖石上的四五个天然孔洞形成，大小相间，真是“自成天然之趣，不烦人事之功”。

（7）淡泊之美。“细雨湿衣看不见，闲花落地听无声”。“淡泊”本意指闲适、恬淡，不追名逐利，引申为清淡高雅，顺物自然，像和风微拂，山泉清音，隽永超逸，悠然自远，故“繁采寡情，味之必厌”③。曹植《蝉赋》中的“实淡泊而寡欲兮，独咳乐而长吟”句，给淡泊作了最好的诠释。“淡泊之美”，虽“素处以默，妙机其微，饮之太和，独鹤与飞”④，然“外枯而中膏，似澹而实美”⑤，因其“渐老渐熟，乃造平淡”⑥，而创造出“入妙文章本平澹，等闲言语变瑰奇”⑦的艺术氛围。

与西方画色彩充满画面，不留任何余白相比较，中国画追求的意境是一种非写实的，形而上的审美情趣，通过“留白”这种重要的手法，在不着笔墨之处体现一种缥缈、空灵的感觉，从而展示出计白当黑的另一种令人挥之不去的魅力。如明代朱瑞的《寒江独钓图》，大块的留白，只在一角寥寥几笔勾勒出一个蓑衣渔夫，独自面对辽远的那块空白。画家画得很少，但画面并不空。反而令人觉得江水浩渺，一派寒气，使作品凝重而又生气，充满了静寂、萧寒的气氛。空白之处给观赏者有一种语言难以表述的意趣，虽空疏寂静，萧条淡泊，却营造出“草木敦荣，不待丹绿之彩；云雾飘扬，不待铅粉而白”的意境。这种诗一般耐人寻味的境界，是画家的心灵与自然结合的产物，在艺术上则是利用虚实结合而产生的结果。这寥寥几笔不等于平淡无味，而恰恰是真正的绚烂，至平淡，至淡泊，也是一种至味。

江南宅园所追求的色调风格，不是那种铺锦列绣、错彩镂金之美，而是一种清水芙蓉、自然淡雅之美。如苏州网师园冷泉亭一带，半亭的攒尖顶是黑的，漏明墙是白的，粉墙黛瓦，黑白相映，素净淡雅，饶有韵致，沁人心目。“凉亭浮白，冰调竹树风生；暖阁偎红，雪煮炉铛涛沸。渴吻消尽，烦顿开除。夜雨芭蕉，似杂鲛人之泣泪；晓风杨柳，若翻蛮女之纤腰。”⑧苏州园林建筑之所以具有这种雅洁素朴的色调与江南宅园的园主地位和身份有关。由于园主的地位并不很高，或遭贬谪，

①《文心雕龙·事类》。
② 金学智，《中国园林美学》。
③《文心雕龙·情采》。
④（唐）司空图，《诗品二十四则·冲淡》。
⑤（宋）苏轼，《评韩柳诗》。
⑥（宋）周紫芒，《竹坡诗话》，《历代诗话》上册。
⑦（宋）戴复古，《读放翁先生剑南诗草》，《石屏诗集》卷五。
⑧《园冶·园说》。

或已告老。他们耽情园林，以浇花漱石、修竹剪梅来逃避现实。受传统哲学、美学观点的制约，基于江南传统建筑形式的影响，追求“落花无言，人淡如菊”的清雅闲逸，其园林建筑的色彩，多用大片粉墙为基调，配以黑灰色的瓦顶，栗壳色的梁柱、栏杆、挂落，内部装修则多用淡褐色或木纹本色，衬以白墙与水磨砖所制灰色门框窗框，“幽中有隽，淡中有旨”[①]，组成比较素净明快的色彩，营造出一种幽静闲适而又明净的美妙风格，“红杏深花，菖蒲浅芽。春畴渐暖年华。竹篱茅舍酒旗儿叉。雨过炊烟一缕斜”[②]。与之相对照的，是北方官苑所追求的，不是秀美，而是崇高壮丽。北方宫苑之“丽”，更集中体现在建筑物外观的色相、装修以及内部的敷彩、陈设上，这就是金铺交映，玉题生辉，室内雕绘藻饰，屋面煜丽斑斓。秀美在色调上应该“颜色鲜明，但不强烈刺眼”，“如果有刺眼的颜色，也要配上其他颜色，使它在变化中得到冲淡”。[③]北方官苑不但颜色鲜明，而且强烈夺目，在浓重的原色所造成近距的对比色之间，往往很少用其他颜色作“渐次”性的调和或过渡，使之冲淡。

在园林美的生态王国里，从心情放松、无所牵挂开始，缓步徜徉，自由自在，“逍遥相羊（同‘徜徉’），唯意所适，明月时至，清风自来，行无所牵，止无所梔（遏制），耳目肺肠，悉为己有，踽踽焉，洋洋焉，不知天壤之间复有何乐可以代此也。”[④]这种“得至美而游乎至乐”[⑤]的休闲、愉悦、超越，近似于庄子式的逍遥游，于是，或感受到了天地间无以替代的至乐；或进入了身心解脱，超然忘机的境界；或获得了实现天人合一和谐理想的欣悦。根据李泽厚先生的观点，天人合一“不仅是环境保护、生态平衡、人体生理如何与大自然相调协的问题，而且还涉及如何使人的心理、精神状态与大自然相一致、合节拍之类更深刻的问题。”天人合一的真实含义是合一于“至诚、至善”，达到“致中和，天地位焉，万物育焉”、“唯天下至诚，为能尽其性。能尽其性则能尽人之性；能尽人之性，则能尽物之性；能尽物之性，则可以赞天地之化育；可以赞天地之化育，则可以与天地参矣”的境界。晋代以来的高蹈遁世的隐逸意识，从本质上看，是企图通过归复自然以求得洁身自好。一方面，这种思想有着否定黑暗势力，不与之同流合污的积极意义；另一方面，借黑格尔的话说，其中还蕴含着诗人并未意识到的“某种更为遥远的东西”，亦即指向未来的东西，这就是生态美学的价值意义。“明月松间照，清泉石上流”的山居生活，是有巨大招引力的。

（8）朴拙之美。“朴拙”意为古朴简陋，缺少修饰，而在美学中“朴”指本性、本质、原本，拙指质朴自然，如园林中的“随宜合用，随曲合方”。中国美学中的“朴拙之美”，是《老子》“见素抱朴”、“大巧若拙”和《庄

①（清）刘熙载，《艺概·诗概》。
②《牡丹亭·排歌》。
③北京大学哲学系美学教研室编，《西方美学家论美和美感》，第122页。
④（宋）司马光，《独乐园记》。
⑤《庄子·田子方》。

子》“既雕既琢，复归于朴”思想的体现，其精微之处在于“宁拙毋巧，宁朴毋华”[①]，它所追求的，是“不难于巧而难于拙，不难于曲而难于直，不难于细而难于粗，不难于华而难于质”[②]和“又如食橄榄，真味久愈在”[③]的境界，故“夫诗纯淡则无味，纯朴则近俚，势不能如画家有不设色”[④]。

美，一定是有内涵的。《礼记》中说“大圭不琢，美其质也”。不事雕饰而尽显质朴自然之美，既是一种追求形、质之美的艺术创造，更需要有大巧若拙的智慧。那些貌似随意、稚拙，而又不失灵动和情趣的古玉作品，显现的是个体自然物，自然而然的内在生命力，是抛离了功利世界中的杂念，纵身大化，物我同一的审美活动，体现的是一种宁静、和谐、自由、永恒的境界。大圭不琢展现的朴拙之美亦是一种令人所不能模拟和达到的境界，是古代玉工丰富的精神积累和殚精竭虑的构思结果。

以苏州园林为代表的江南宅园系统，从总体上说，是既不壮丽，又不富丽。从建筑总体上说，苏州宅园既不用彩饰，又不尚雕饰，它典型地体现了清真素朴的美。“升拱不让雕鸾，门枕胡为镂鼓。时遵雅朴，古摘端方。画彩虽佳，木色加之青绿；雕镂易俗，花空嵌以仙禽。”[⑤]对于园林建筑物，计成不主张作烦琐的雕镂，画艳丽的藻井，增加不必要的饰物，而主张保持古朴素雅的艺术风格。“历来墙垣，凭匠作雕琢花鸟仙兽，以为巧制……市俗村愚之所为也，高明而慎之。”[⑥]而这一倾向，又和中国传统的哲学、美学思想有关。“纯素之道，唯神是守”[⑦]，“五色令人目盲”[⑧]，“圣人法天贵真，不拘于俗”[⑨]。这种主张法天贵真，不拘于俗的哲学、美学思想，对江南园林的艺术风格及其理论影响颇深。整个江南宅园系统，也主要地倾向于“不拘于俗”美学风格。故“园有异宜，无成法”就成为文人哲匠的造园共识。为了取得造园整体的“得体合宜”，计成对于园林建筑设计的不拘定式、不袭定法、随曲合方、随宜合用是极为强调的。他在《园冶》全书各卷中都贯穿了这个思想，如“景到随机”、“得景随形”、“如方如圆，似偏似曲”、“高阜可培，低方宜挖”、“高方欲就亭台，低凹可开池沼”、“任意为持，听从排布”、“宜亭斯亭，宜榭斯榭”等，充分展示了计成对于随曲合方的高度关注和坚持不渝。这种随宜合用、随曲合方的设计原则，成了中国文士园的创作传统。如计成为郑元勋设计的“影园”，做到了“一花、一竹、一石，皆适其宜，审度再三，不宜，虽美必弃”。明人王心一卜筑的“归田园居”，也坚持“地可池，则池之；……可山，则山之；池之上，山之间，可屋，则屋之”的原则。而袁枚的“随园”，更是在“随”字上做足了

①（清）施补华，《岘佣说诗》，《清诗话》下册。

②（宋）李涂，《文章精义》。

③（宋）欧阳修，《六一诗话》，《历代诗话》上册。

④（清）初叶燮，《原诗·内篇上》。

⑤《园冶·屋宇》。

⑥《园冶·墙垣》。

⑦《老子》二十九章。

⑧《老子》十二章。

⑨《庄子·渔父》。

文章。袁枚在叙述“随园”的规划特点与命名原由时写道：“随其高为置江楼；随其下为置溪亭；随其夹涧为之桥；随其湍流为之舟；随其地之隆中而欹（qī）测也，为缀峰岫；随其蓊郁而旷也，为设宦交；或扶而起之，或挤而止之，皆随其丰杀繁瘠，就势取景，而莫之夭阏（è，“堵塞、闸板”之意）者。故仍名曰：‘随园’”。从而把随宜合用、随曲合方的原则发挥到了极致。

拥翠山庄在苏州城外虎丘云岩寺二山门内古“憨憨泉”的西侧，原“月驾轩”遗址，建于清光绪年间，系利用虎丘高低的天然山坡地形建成台地式园林，抱瓮轩、问泉亭、灵澜精舍和送青簃四个层次依山势逐层升高。入口有高墙，十余级朴素的青石踏步将游人引入翠树掩蔽之中的简洁园门。门内有轩屋三间，构筑于岗峦之上的古木中间，是一处深邃幽奇的山中小筑之景。轩北不远处，有突起的平台，台上建亭名“问泉”，与轩屋和一边的陡峭山坡互成犄角之势，是引导游人登山的点景小筑，既增加了小园前后的空间层次，又将人们的视线引向高处。该亭的西、北两面，在真山的悬崖下又堆了湖石假山，气势相连，中间植夹竹桃、紫薇、白皮松、石榴等花木。园墙隐约于山石花树之间，并不显眼。园内的景色与园外的自然山林景色融合在一起，充满生机和意趣。循曲磴北上为主厅灵澜精舍，此厅的前面和东侧都有平台，是园中最佳观景处。灵澜精舍与其后的送青簃组成一区院落，布局简单整齐。经厅西侧门，可至虎丘塔下。歌德认为艺术的最高任务在于“产生一个更真实的假象”[①]。此园无水，但却是为水而建；虽然不见水，却处处有水意。依凭地势高下，布置建筑、石峰、磴道、花木，曲折有致，又能借景园外，可仰视虎丘塔、远眺狮子山，俯览虎丘山麓一带秀丽风景。白居易所津津乐道的“仰观山，俯听泉，旁睨竹树云石”的山水意境在此显露无遗，是在风景区中营建园林的一个较成功的实例，有小园林之胜。

（9）清空之美。清空本指一种诗词风格，是指用笔灵动，虚处落墨，不着实处，重视烘托陪衬，语出张炎的《词源》：“词要清空，不要质实。清空则古雅峭拔；质实则凝涩晦昧。”“清空”与“质实”相对，指具有古雅峭拔的风格，“枝云间石峰，脉水浸山岸。池清戏鹄聚，树秋飞叶散”[②]。其古朴自然，疏快挺拔，“如野云孤飞，去留无迹”[③]，亦如“白云抱幽石，绿筱媚清涟，云日相辉映，空水共澄鲜”[④]。所谓“清空之美”，是“缠绵悱恻”，“超旷空灵”，是“有神无迹，色相俱空”[⑤]，是“神出古异，淡不可收，如月之曙，如气之秋”[⑥]，是“想到空灵笔有神，每从游戏得天真”[⑦]，是“清者不染尘埃之谓，空者不著色相之谓，清则丽，空则灵”[⑧]。

孟浩然爱好写“清诗”，“清”是他最为推崇的自然美。清，可以有

① 歌德，《诗与真》，载伍蠡甫主编《西方文选论》上卷，上海译文出版社，1979年，第446页。
②（南朝梁）萧纲，《和湘东王后园回文诗》。
③（宋）张炎，《词源》。
④《过始宁墅》。
⑤（清）沈祥龙，《论词随笔》。
⑥（唐）司空图，《诗品二十四则·清奇》。
⑦（清）张问陶，《论诗十二绝句》之一，《船山诗草》卷十一。
⑧ 同⑤。

清新活泼、清净娟秀等多种解释。孟浩然的山水诗创作，从观物方式到感情格调，都带有禅宗思想影响的文化意蕴，饶有禅意和禅趣。孟浩然的诗多写感悟，将禅的静默观照与山水审美体验合而为一，在对山水清晖的描绘中，折射出清空的禅趣，形成了偏于表现自然山水宁静之美的清淡之风，并以其独具特色写出宁静之美与空灵境界，如“地偏香界远，心境水亭开”[①]，“试览镜湖物，中流玉泉清”[②]，“野旷天低树，江清月近人”[③]，“岭猿相叫啸，潭影似空虚”[④]，“鱼行潭树下，猿挂岛藤间。”[⑤]清澈的水光是诗人清净的内心写照，诗人把江、水溪、潭描绘得如此清透明亮，玉泉、潭影，水中的明月和潭底的游鱼，足以给人清空之美。

词以清空婉约为宗。南宋张孝祥的《念奴娇·过洞庭》：“洞庭青草，近中秋、更无一点风色。玉鉴琼田三万顷，著我扁舟一叶。素月分辉，银河共影，表里俱澄澈。怡然心会，妙处难与君说。

“应念岭海经年，孤光自照，肝胆皆冰雪。短发萧骚襟袖冷，稳泛沧浪空阔。尽挹西江，细斟北斗，万象为宾客。扣舷独啸，不知今夕何夕。”

这首词上片先写洞庭湖月下的景色，突出它的澄澈。“更无一点风色”，表现洞庭湖上，万里无云，水波不兴，读之冷然、洒然，令人向往不已。下片着重抒情，写自己内心的澄澈。张孝祥把自己放在澄澈空阔的湖光月色之中，那湖水与月色是透明的，自己的心地肝胆也是透明的，他觉得自己同大自然融为一体了。黄蓼园评此词说：“写景不能绘情，必少佳致。此题咏洞庭，若只就洞庭落想，纵写得壮观，亦觉寡味。此词开首从洞庭说至玉界琼田三万顷，题已说完，即引入扁舟一叶。以下从舟中人心迹与湖光映带写，隐现离合，不可端倪，镜花水月，是二是一。自尔神采高骞，兴会洋溢。”[⑥]这首词在情与景的交融上有独到之处，天光与水色，物境与心境，昨日与今夕，全都和谐地融会在一起，光明澄澈，给人以美感。王闿运极力推崇此词说：“飘飘有凌云之气，觉东坡《水调》犹有尘心。”[⑦]这首词，通篇景中见情，笔势雄奇，境界空阔，表现了作者胸襟洒落、气宇轩昂，“肝胆皆冰雪”，显示了作者的高尚品质。全词将清奇壮美的景色，与词人的主体人格相一致，达到一种宠辱皆忘，物我浑然不分的境界。

（10）柔弱之美。“柔弱之美”是与“刚强之美”相对应的。《老子》曰：“柔弱胜刚强”。所谓“柔弱之美”，是“弱之胜强，柔之胜刚”[⑧]，是“覃思精微”，“深远闲淡”[⑨]，是“优游不迫”，“沉着痛快”[⑩]，是“有情芍药含春泪，无力蔷薇卧晚枝”[⑪]，是“清新、香逸、冲远、和平”[⑫]，是“其得于阴与柔之美者，则其文如升初日，如清风，如云，如霞，如烟，如幽林曲涧，如沦，如漾，如珠玉之辉，如鸿鹄之鸣而入寥廓”[⑬]，是“阴

①《本阇黎新亭作》。
②《与崔二十一游镜湖寄包、贺二公》。
③《宿建德江》。
④《宿武陵即事》。
⑤《万山潭》。
⑥《蓼园词选》。
⑦《湘绮楼词选》。
⑧《老子》七十八章。
⑨（宋）欧阳修，《六一诗话》，《历代诗话》上册。
⑩（宋）严羽，《沧浪诗话》。
⑪（金）元好问，《论诗三十首》。
⑫（明）胡应麟，《诗薮》外编卷四。
⑬（清）姚鼐，《复鲁絜非书》，《惜抱轩文集》卷六。

柔者韵味深美”，“深美者吞吐而出之”，“柔弱之美曰茹、远、洁、适”[①]。

水是柔弱之美的重要载体，“夫水之性清，土者扫之，故不得清”[②]。水虽柔弱的，但威力无比。《老子》曰：“天下莫柔弱于水，而攻坚强者莫之能胜，此乃柔德；故柔之胜刚，弱之胜强坚。因其无有，故能入于无之间，由此可知不言之教、无为之益也。”车尔尼雪夫说：“水，由于它的灿烂透明，它的淡青色的光辉而令人迷恋，水把周围的一切如画的反映出来，把这一切委曲的摇曳着，我们看到的水是第一流的写生家。”《老子》推崇水之德，曰：“上善若水，水善利万物而不争。”意思是说，最高境界的善行就像水的品性一样，泽被万物而不争名利。

在中国园林中，造园不可无水。水具有清洁纯净的美质，“镜湖澄澈，清流泻注”[③]。水和水景因其具有洁净透明而虚涵的审美特征而成为水之柔弱美在园林中的具体体现。松年在《颐园论画》中说：“万物初生一点水。水为用，大矣哉！”园林离不开山，也离不开水。“园基不拘方向，地势自有高低……高方欲就亭台，低凹可开池沼；卜筑贵从水面，立基先究源头，疏源之去由，察水之来历。”[④]

在山水画上，山石能赋予水泉以形态，水泉则能赋予山石以生意。郑绩《梦幻居画学简明·论泉》中说：“石为山之骨，泉为山之血。无骨则柔不能立，无血则枯不得生。”这样的画面就能刚柔相济，仁智相形，山高水长，气韵生动。

这一绘画理论同样适用于园林美的构成上。“园林巧于因借，精在体宜，……因者，随基势高下，体形之端正，碍木删椏，泉流石注，互相借资。”[⑤]山石是固体成形的，属于刚性；液体状的水泉是不成形的，属于柔性。水，“当暑而澄，凝冰而冽”；有了水，园林就不会“枯”，就可以“纳千顷汪洋，收四时之烂缦”[⑥]，就能嘉木葱笼，花卉繁茂，使园林到处充满了油油的绿意、蓬勃的生机。苏轼《李氏园》有云：“其西引溪水，活活转墙曲。东注入深林，林深窗户绿。”园林里的水可供听泉、赏景、观瀑、养鱼、垂钓、濯足、流觞、泛舟，“悠悠烟水，澹澹云山，泛泛鱼舟，闲闲鸥鸟，漏层阴而藏阁，迎先月以登台”[⑦]。

“关关雎鸠，在河之洲。窈窕淑女，君子好逑。”窈窕淑女，柔弱之声，柔弱之姿也。孔子也尚柔弱，“人不知而不愠”，柔弱也，如“润物细无声”般的女性柔美。

（11）传神之美。培根说：“美中之最上者就是图画所不能表现，初睹所不能见及者。”“传神”原出于东晋杰出画家和画论家顾恺之提出的著名命题“传神写照”，意指生动逼真地表现出对象的神情态度，犹如“口齿噙香对月吟”[⑧]。前人对于“传神之美”有许多解读，如“巨然

① （清）曾国藩，《求阙斋日记类钞》卷下。
② 《吕氏春秋·本生》。
③ （晋）王献之，《镜湖帖》。
④ 《园冶·相地》。
⑤ 《园冶·兴造论》。
⑥ 《园冶·园说》。
⑦ 同⑤。
⑧ 《红楼梦》第二十八回林黛玉《咏菊》。

行笔如龙，若于尺幅中雷轰电激，其势从半空掷笔而下，无迹可寻。但觉神气森然洞目，不知其所以然也”；“凡观名迹，先论神气。以神气辨时代，审源流，考先匠，始能画一而无失”①；“意得神传，笔精形似”②；“其神在象外，其象在言外，其言在意外”③；“能在闲句上、淡句上见力量，能于无字外、无象外摹神味”④；“必使山情水性，因绘声绘色而曲得其真，务期天巧地灵，借人工人籁而毕传其妙”；“如接山水之精神，恍得山水之情性”⑤。

从中国传统艺术的发展来看，气韵是中国美学的重要审美范畴，它一向被认为是文章、书、画等艺术的命脉。谢赫《古画品缘》曰：“画有六法，……一气韵生动是也，二骨法用笔是也，三应物象形是也，四随类赋彩是也，五经营位置是也，六传移横写是也。”唐代张彦远将气韵作为艺术创作的最高标准：“若气韵不周，空陈形似，笔力未遒，空善赋彩，谓非妙也。”宋代陈善《扪虱新话上》：“文章以气韵为主，气韵不足，虽有辞藻，要非佳作也。”据《唐诗纪事》记载，唐中宗朝某一天，李显驾临昆明池时，让随行群臣进行作诗比赛，由上官婉儿担任裁判。当其他人的作品纷纷遭到淘汰时，最后在宋之问与沈佺期之间一决高下。沈、宋二人的诗歌，功力相当，难分伯仲。沈佺期诗的末句是“微臣雕朽质，羞睹豫章材”，上官婉儿认为“词气已竭”；而宋之问诗末句为“不愁明月尽，自有夜珠来”，上官婉儿认为“犹陟健举”，最终宋之问胜出。这种根据诗作的气韵决定高下的裁判，得到了当事人的认可，沈佺期表示服膺，不再争辩。

黄山谷《题摩燕郭尚父图》就认为“凡书画，当观韵”。明代陆时雍在《诗境总论》中提出了“有韵则生，无韵则死；有韵则雅，无韵则俗；有韵则响，无韵则沉；有韵则远，无韵则局。凡情无寄而自佳，景不丽而妙者，韵使之也”的审美思想。可以说，气韵是中国传统艺术的最高追求也是中国美学的核心范畴之一，它既包括了对宇宙万物的本体和生命的体悟，亦包括了艺术家自我的风姿、神韵、人格意识、生命态度和情感指向之表现。同时，又是上述诸因素流贯于艺术作品中，所显示的是只可慧会却难以言传的传神之美。

对于艺术作品来说，不仅要“气韵生动”，而且要做到“传神”且“神形兼备”。荀子提出“形具而神生”的命题。道教提出“形神相托，神形相成”⑥、“神以形住，形以神留”⑦、“形立神居，乃为人矣”⑧等命题，指出了形神表里俱济，以及形与神之间互相依存、互相影响的朴素辩证关系。黑格尔说：“伟大艺术家都有一个特征，就是在写外在自然环境时都是真实的，完全明确的。因为自然不只是泛泛的天和地，人

①（明）恽南田，《南田画跋》。
②（唐）张九龄，《宋使图写真图赞并序》，《曲江张先生文集》卷十七。
③（明）彭辂，《诗集自序》，味芹堂，《明文授读》卷三十六。
④（清）厉志，《白华山人诗说》卷二，《清诗话续编》四。
⑤（清）朱庭珍，《筱园诗话》卷一，《清诗话续编》四。
⑥《云笈七签》卷13。
⑦《云笈七签》卷88。
⑧《云笈七签》卷93。

也不是悬在虚空中，而是在小溪、河流、湖海、山峰、平原、森林、峡谷之类某一定的地点感觉着和行动着。”[①] 在《庄子·逍遥游》中，肩吾转述了楚国隐士接舆对姑射[②]之山居住的神人的描述：“肌肤若冰雪，淖约若处子，不食五谷，吸风饮露，乘云气，御飞龙，而游乎四海之外；其神凝，使物不疵疠而年谷熟。”对这样一位被描绘的很形象的神人，因接舆之言常“大而无当”、“不近人情”，肩吾认为接舆所言“狂而不信也”，也就是说即使是神人也不是可以随便臆造的，也需要传神。

恽南田在画论中树立了“神气”（神趣、天工、化工、神境）的审美标准。“神”与“神气”“天工”“化工”“神境”内涵大致相同。在《南田画跋》中，南田认为神气是辨别时代、审察源流，考镜先匠的重要标尺，也是把握绘画美感、趣味和意境的一个标准。他说：“徐熙画牡丹，止以笔墨随意点定，略施丹粉而神趣自足，亦犹写山水取意到。”“梅花庵主与一峰老人同学董、巨，然吴尚沉郁，黄贵潇散，两家神趣不同，而各尽其妙。”“倪迂画若散缓，而神趣油然见之，不觉绕屋狂叫。”

在南田看来，山水画的神趣之妙虽有沉郁与潇散之分，但无高下之别，只要“神趣自足”、“神气森然”，这样的作品就是真正的画中杰作。南田在以梅花为题材的《独清图》中题诗曰：“花从残岁灭，香带暮烟生。不作繁华想，增余冰雪心。”画家借寒境来洗却心灵的尘埃。

中国画追求荒寂、寒冷的趣味，一流山水画家几乎都偏爱寒林幽涧，所谓“幽涧寒松……得荒寒之致”是也。丝丝雪意寓荒寒，画家爱雪景，就是要以皑皑白雪来体现宇宙的无限浑莽。雪景、寒林之所以是文人画家偏爱画的题材，是因其“尘嚣不至”、“全无烟火”，由此可以提升性灵，超越生命。荒寒的境界正是文人追求高洁心灵与独立人格的体现，“千山鸟飞绝，万径人踪灭。孤舟蓑笠翁，独钓寒江雪”[③]。南田认为，画雪“须得寒凝凌竞之意。长林深峭，涧道人烟，摄入浑茫，游于泬穆。其象凛冽，其光黯惨。披拂层曲，循境涉趣，岩气浮于几席，劲飙发于豪末。得其神迹，以式造化。斯可喻于雪矣。”绘画的荒寒萧疏之境往往是从枯处着眼，淡处着笔，逸笔草草，追求无画处的妙境，最能彰显宇宙的生命精神。“老树荒溪，芽亭宴坐，似无怀氏之民。老松危崖，淙淙瀑泉，若人间有此境否？”马远的江梅松枝图，“半折离披，有雪后凝寒意。冰鳞玉柯，危幹凝碧，真岁寒之丽宾，绝尘之畸客”，荒寒见出生命的永恒。《红楼梦》第四十九回“琉璃世界白雪红梅，脂粉香娃割腥啖膻”，蒙古王府本回末有总批曰：“一片含梅咀雪图，偏从鸡肉、鹿肉、鹌鹑肉上以渲染之，点成异样笔墨。较之雪吟、雪赋诸作更觉幽秀。”天地本荒寒，荒率苍莽之画境，“寂焉寥焉，浩焉渺焉”，洗尽尘滓，

①《美学》第1卷，第323页。
② 姑射（yè），传说中的山名。
③（唐）柳宗元，《江雪》。

在枯山瘦水中寄寓了生命的永恒感，成为传神之美的典型。

（12）韵味之美。“韵味”本指声韵所体现的意味、情趣、趣味，“韵味之美”包括“味外之旨”、“韵外之致”和“象外之象”，是“近而不浮，远而不尽”，“不著一字，尽得风流”①。故“物色在于点染，意态在于转折，情事在于犹夷，风致在于绰约，语气在于吞吐，体势在于游行”②。因其“格高调逸，趣远情深”③、“格高似梅花，韵胜似海棠”④，而“随语成韵，随韵成趣”，“兴象玲珑，意致深婉”⑤，也就“蕴思含毫，游心内运，放言落纸，气韵天成”⑥，以致“简约玄澹，真致不穷”⑦。

作为中国古代诗学的重要范畴，“韵味”可以说是以乐和诗、以味喻诗传统的美学总结。“异音相从谓之和，同声相应谓之韵”⑧。“韵”本是与听觉相关的乐的美学特性，引申到诗语中之“韵”，体现的是“诗”与“歌”的密切关系；“味”本是与味觉相关的概念，经过修辞转换、美学转换后成为审美品评的重要范畴“韵”、“味”合而为一，主要是指审美对象绕梁三日、令人回味无穷的审美效果。故韵味就是雅致含蓄的意味。韵味是一种富于内蕴、含蓄模糊的味道。

在古代文字学中，“味”是最能体现美的本真含义的。甲骨文的“美”字，原从羊的形象得来。东汉文字学家许慎在《说文》中解释：“美，甘也。从羊大，羊在六畜主给膳也。美与善同意。”美之所以“从羊大”者，清人王筠（1784～1854年）曰：“羊大则肥美。”段玉裁则说：“甘者，五味之一，而五味之美皆曰甘。羊大则肥美。”王筠、段玉裁都从人们对羊的味觉感受上说美的意义。

按不同情况，“味”有许多说法，如：滋味、精味、义味、意味、趣味、风味等。刘勰的《文心雕龙·声律》：“是以声画妍蚩，寄在吟咏；吟咏滋味，流于字句。”五代南唐李煜《乌夜啼》则是“别是一般滋味在心头”。宋代朱熹《论语序说》：“程子曰：‘颐自十七八读《论语》，当时已晓文义。读之愈久，但觉意味深长。’”北魏郦道元《水经注·江水》：“清荣峻茂，良多趣味。”宋代叶适《水心集》二十九卷：“怪伟伏平易之中，趣味在语言之外。”唐代韩愈《答渝州李使君书》：“慕仰风味，未尝敢忘。”可见，中国古典美学思想中，五觉感官互通已成传统，艺术家常自觉将通感作为一种艺术手段，增强艺术的表现力和感染力。如严遂成《海珊诗钞》“风遂柳转声皆绿”可谓耳中见色。黄庭坚《题阳关图》“断肠声里无形影，画出无声亦断肠”；黄景仁《醉花阴·夏夜》的“隔竹卷竹帘，几个明星，切切如私语”岂非“眼里闻声”？通感是产生审美想象的基础，钱钟书先生对“通感”有一段精要的概括：花红得发“热”，山绿得发“冷”；光度和音量忽然有了体积——“瘦”；颜色和香气突然有了声息——“闹”；

①（唐）司空图，《与李生论诗书》。
②（明）陆时雍，《诗镜总论》。
③（唐）殷璠《河岳英灵集》，《唐人选唐诗（十种）》。
④（明）谢榛，《四溟诗话》卷二。
⑤（明）胡应麟，《诗薮》内编卷二。
⑥（梁）肖子显，《南齐书·文学传论》。
⑦（明）胡应麟，《少室山房笔丛·九流绪论下》。
⑧《文心雕龙·声律》。

鸟声竟熏了“香”，风声竟染了“绿”；白云“学”流水声；绿荫生寂静感；日色与风共“香”，月光有“籁”可听；燕语和“剪”一样“明利”，鸟语如“丸”可“抛落”。五官感觉是有无相通、彼此相生的。

“理想之所以有生气，就在于所要表现的那种心灵性的基本意蕴是通过外在现象的一切个别方面而完全体现出来的。”[①] 中国的诗词讲究“意境”和“神韵”。何谓意境？简言之，就是景中有情，情景交融。何谓神韵？就是作品要有言外之味，弦外之音，如网师园濯缨水阁联“水面文章风写出；山头意味月传来”。写景，贵清远；写情，贵朦胧；用词，贵清俊。用钱钟书先生的话就是“画之写景物，不尚工细，诗之道情事，不贵详尽，皆须留有余地，耐人玩味，俾由其所写景物而冥观未写之景物，据其所道之情事而默识未道之情事”，“取象如遥眺而非逼视，用笔宁疏略而毋细密”。

“笔墨本无情，不可使运笔墨者无情；作画在摄情，不可使鉴画者不生情。”[②] 中国绘画美学有一种画中求声的传统，即认为欣赏作为空间视觉艺术的绘画，同时应该振之以音，辅之以乐。宗炳在《画山水序》中说：“闲居理气，拂觞鸣琴，披图幽对，坐究四荒。”他正是在音乐声中来欣赏绘画空间和自然空间的。宗炳以后，唐人沈佺期《范山人画山水歌》说：“山峥嵘，水泓澄……忽如空中有物，物中有声。”明人沈颢在《画麈》中也把“挹之有神”“玩之有声”作为绘画美的最高境界。戴熙《赐砚斋题画偶录》则说：“竹声铮铮，泉声垮垮，耳非有闻，听于无声。”他要从无声中听出有声之美来。英国文艺批评学者丕德（W.Pater）说过，一切艺术到精微境界都逼近音乐，因为能达到天衣无缝的艺术境界的只有音乐，图画所不能描绘的，语言所不能传达的，音乐往往能曲尽其蕴。它节奏的起伏、音调的宏纤，往往恰合人心的精微的变化。个人的性格、民族的特征以及时代的精神都可以从音乐中窥出。

中国绘画的这一审美传统，同时也见之于园林和建筑。建筑虽然不是音乐，但建筑景观中交织着自然环境的种种音响——风声、雨声、潺潺流水声、莺歌燕语声。这些音响有力地渲染了建筑环境的“天籁”情趣，提供了极为丰富的“想象空间”。作为著名音乐活动家，白居易在庐山的草堂中就设漆琴一张，在履道里的私园中更筑池西琴亭。他的《池上篇序》写道：“每至池风春，池月秋，水香莲开之旦，露清鹤唳之夕，拂杨石，举陈酒，援崔琴，弹姜《秋思》，……又命乐童登中岛亭，合奏《霓裳散序》，声随风飘，或凝或散，悠扬于竹烟波月之际者久之。”在这种或凝或散的音乐境界中，空间在流动，时间在凝固，一切都是有声有韵的。[③]

① 《美学》第1卷，第221页。
② （清）恽格，《南田画跋》。
③ 金学智，《中国园林美学》第2版，中国建筑工业出版社，2005年。

韵味之美还体现在中国园林极富供人栖居的诗意上。中国古典园林里，自然美的抚慰，高雅精神文化的陶冶，会有效地帮助人超尘脱俗，清心散忧，澡雪精神，净化灵魂，其精神文化生态和自然生态是互补共生、相与融合在一起的。中国古典园林对人的这种审美净化功能，对人和自然双重异化的扬弃功能，最凸显地体现在各地园林的景点或其他品题上。在苏州，畅园有“涤我尘襟”；怡园有“隔尘”“抱绿湾”“四时潇洒亭”；留园有“缘溪行”“又一村”“活泼泼地”“白云怡意，清泉洗心”；拙政园有“听雨轩”“荷风四面”“柳荫路曲”“志清意远”；网师园有“蹈和馆”“月到风来亭”；艺圃有“浴鸥池”“响月廊”；耦园有“山水间”“无俗韵轩”；狮子林有“真趣”“幽观”“暗香疏影”；沧浪亭有“自胜轩”“面水轩”“观鱼处”，等等，不一而足。在北京，颐和园有“画中游”“水木自亲”“烟霞天成”“须弥灵境”“湖光山色共一楼”；北海有“静心斋”“濠濮间”“得性轩”“春雨林塘”“烟云尽态亭”；中南海有“怀抱爽”“流水音”“溪光树色”；紫禁城御花园有“位育斋”“养心斋”；乾隆花园有“素养陶情”“惬志舒怀”，等等。在承德，避暑山庄康熙题三十六景有“烟波致爽”“水芳岩秀”“莺啭乔木”“无暑清凉”“万壑松风”“澄波叠翠”“青枫绿屿”“云山胜地”，等等。至于北京已毁的圆明园，更可谓集大成，如“纳翠轩”“蔚然深秀”“绿满窗前”“云水空明”“松竹清吟”“香远益清”“桃源深处”“清晖娱人”“水天相与永”“天地一家春”“无边风月之阁”，以及“抑斋”“静悟”“养性”“凝神”“乐安和”“戒定慧”“得自在”“天真可佳”“清虚静泰”“澡身浴德”“洗心观妙”“深柳读书堂”“心怡身自安”“池水共心月同明”“胸中常养十分春”等。圆明园不愧为“万园之园”，其景构品题使人如行山阴道上，耳目应接不暇，可谓“郁郁乎文哉”了。①②

三、结语

泰戈尔说：“认识美需要克制和艰苦的探索，空虚的欲望宣扬的美，是海市蜃楼。当我们完美地认识真理时，我们才真正地懂得美。完美地认识了真理，人的目光才纯净，心灵才圣洁，才能不受阻挠地看见世界各地蕴藏的欢乐。”③ 叔本华说：“美是生命意志的感性显现”。栾栋强调，“美学是人文学科中璀璨的星星，它虽有贵族气却很少‘纨绔相’，颇有出豪门而不堕，入污泥而不染的清醇品质。其人文品位是核心尊人，本质尊真，演绎尊史，虽自矜、自重却利弊杂陈；其学科格调由来高深，学理高迈，风采高雅，故自信、自强而瑕瑜互见。美学高深莫测，因为

① 金学智，《中国园林美学》第2版。

② 美有多种诠释，从美学的角度可以看出中国哲学与西方哲学的异同，这种差异既有本源上和思维方式方面的不同，又现出表现形式、表现形态上的分野。从美学的角度可以找出中国哲学与西方哲学互相学习、互相借鉴的方面，这种学习和借鉴，不是互相否定，而是互相促进。

③ 泰戈尔《美》，《外国散文百篇必读》，第470页。

它是人类源远流长的审美文化所孕育的结果。美学学理高迈，因为它是德国古典哲学催生的思辨理念。美学风姿绰约，因为它是主流精神雅化了的青春型学科。”[①] 康德说，“美的艺术需要想象力、悟性（知性）、精神和鉴赏力”[②]，我国的书法艺术很好地体现了这一点。“为书之体，须入其形。若坐若行，若飞若动，若往若来，若卧若起，若愁若喜，若虫食木叶，若利剑长戈，若强弓硬矢，若水火，若云雾，若日月。纵横有可象者，方得谓之书矣。”[③] 故“转深点画之间皆有意”[④]。“凡落笔结字，上皆覆下，下以承上，使其形势递相映带，无使势背。转笔，宜左右回顾，无使节目孤露。藏锋，点画出入之迹，欲左先右，至回左亦尔；藏头，圆笔属纸，令笔心常在点画中行；护尾，画点势尽，力收之；疾势，出于啄磔之中，又在竖笔紧趯之内；掠笔，在于趱锋峻趯用之；涩势，在于紧駃战行之法；横鳞，竖勒之规。此名九势，得之虽无师授，亦能妙合古人。”[⑤] 也就是说线条的运动可以表达书家的情志：“情之喜怒哀乐，各有分数：喜则气和而字舒，怒则气粗而字险，哀则气郁而字敛，乐则气平而字丽。情有轻重，则字之敛舒险丽，亦有浅深，变化无穷。”[⑥]

海德格尔认为“美乃存在之闪亮”。真正具有美的形象的事物，必然放射着能够吸引人、感动人和耐人寻味的美的光辉。康德说：“美的艺术显示出它的优越性的地方，在于它把在自然中本是丑的或不愉快的事物描写得美。例如复仇女神、疾病、战争的毁坏等等（本是些坏事）可以描写得很美，甚至可以由绘画表现出来。”[⑦] 而“自然只有在貌似艺术时才显得美，艺术也只有使人知其为艺术而又貌似自然时才显得美”[⑧]。这样一来，“人把他的环境人化了，使那环境可以使他得到满足，对他不能保持任何独立自在的力量”[⑨]，因为“在艺术里，感性的东西是经过心灵化了，而心灵的东西也借感性化而显现出来了”[⑩]。“风扬茶烟浮竹榻，水流花瓣落青池”，一缕花香、一壶清茶，能改变一片空间的记忆，以及我们呼吸的气息；一组古树、一处民居亦能承载历史的追忆，甚至是当时的心境，给心增添些许茶的清香、花的颜色、树的风姿和家的温馨，更增添了些许的温暖。温暖，是因为我们心存美好，尽管世事并非那么完美与圆满，也正因如此，花与茶、古树与民宅等都无意中成了一种景致，也成了心灵中最贴切的寄托。

一切智慧与黎明同醒！[⑪]

初稿 2014 年 3 月 19 日

定稿于 2014 年 8 月 4 日

① 《美学的品格》，《文学评论》，2003 年第 3 期。
② 宗白华译，《判断力批判》上卷，第 166 页；邓晓芒译，《判断力批判》上卷，第 165 页。
③ （汉）蔡邕，《笔论》。
④ 《晋王右军自论书》，《中国美学史资料选编（上册）》，第 173 页。
⑤ （汉）蔡邕，《九势》。
⑥ 茹挂，《试谈书法欣赏》。
⑦ 康德，《判断力批判》第 48 节，有多种版本的译文，参见宗白华译，《判断力批判》上卷，第 158 页；邓晓芒译，《判断力批判》上卷，第 156 页。
⑧ 《判断力批判》第 45 节，参见宗白华译，《判断力批判》上卷，第 152 页；邓晓芒译，《判断力批判》上卷，第 149 页。
⑨ 《美学》第 1 卷，第 326 页。
⑩ 《美学》第 1 卷，第 49 页。
⑪ 印度《吠陀经》。

由天人同一通达天人合一

中国人是把“天”与“人”和合起来看。中国人认为天命就表露在人生上，离开人生，也就无从来讲天命。离开天命，也就无从来讲人生。所以中国古人认为“人生”与“天命”最高贵最伟大处，便在能把他们两者和合为一。离开了人，又从何处来证明有天。所以中国古人，认为一切人文演进都顺从天道来。违背了天命，即无人文可言。“天命”“人生”和合为一，这一观念，中国古人早有认识。我以为“天人合一”观，是中国古代文化最古老最有贡献的一种主张。西方人常把“天命”与“人生”划分为二，他们认为人生之外别有天命，显然是把天命与人生分作两个层次、两次场面来讲。如此乃是天命，如此乃是人生。“天命”与“人生”分别各有所归。此一观念影响所及，则天命不知其所命，人生亦不知其所生，两截分开，便各失却其本义。决不如古代中国人之“天人合一”论，能得宇宙人生会通合一之真相。……中国人最喜言“天下”。“天下”二字，包容广大，其涵义即有使全世界人类文化融合为一，各民族和平并存，人文自然相互调适之义。其他亦可据此推想。

——钱穆，《中国文化对人类未来可有的贡献》

为天地立心，为生民立命，为往圣继绝学，为万世开太平。

——张载

子曰："书不尽言，言不尽意"[1]，人世间有些事情一旦上升到哲学层面往往不太容易说清楚，比如虔诚。苏格拉底因和青年人讨论各种问题被梅雷多告上法庭，说他毒害青年。在法庭门外，苏格拉底碰到来告发自己父亲杀人的欧悌甫戎，与他就什么是虔诚、什么是不虔诚进行了讨论。欧悌甫戎自命精通宗教，喜欢谈神说鬼，他提出虔诚的几种具体例子，都被苏格拉底用很谦虚的态度和明晰的逻辑给一一推翻了。

苏格拉底对欧悌甫戎说："亲爱的朋友，你说，虔诚是什么？不虔诚是什么——不管从杀人的例子说，还是从别的事情说？虔诚是不是每个行动中都一样？反过来，不虔诚是不是全都是虔诚的反面，永远一样？是不是不虔诚的事情都有一个'不虔诚的相'？"

欧悌甫戎说："我说虔诚就是我现在所做的这件事，告发那些犯有杀人罪或者盗窃庙产罪的人，不管他是你父亲、母亲，还是别的什么人，不告就是不虔诚。苏格拉底啊，你看我给你提出的这个证据多么可靠，这证据我也给别人提过，以证明我们的的确确不应当放过那些目无神灵的罪犯，不管他是什么人。"他继续说道："神灵喜爱的就是虔诚的，神人不喜爱的就是不虔诚的。"

苏格拉底反问道："所有的神灵都厌恶的，就是不虔诚；所有的神灵都喜爱的，就是虔诚的；那种有些神灵喜爱、有些神灵厌恶的，就两样都不是，或者两样都是。这样给虔诚、不虔诚下定义，你愿意吗？""究竟是虔诚的事因为虔诚所以被神灵所爱呢，还是它被神灵所爱所以虔诚？""如果神灵喜爱的和虔诚的是一回事，那么，如果虔诚的是因为虔诚而被喜爱，神灵喜爱的也就是因为神喜爱而被喜爱；而如果神灵喜爱的是由于神灵在喜爱它而成为神灵喜爱的，虔诚的也就是由于它被喜爱而成为虔诚的。现在你就要看到，这二者是对立的，因而必定彼此完全不同。因为一个是由于被喜爱而成为可爱的，另一个是由于本来可爱而被喜爱的。欧悌甫戎啊，我问你虔诚是什么的时候，你似乎不想说出它的本质，只举出它的一个偶然情况：被一切神灵所喜爱。至于它本来是什么，你并没有说。如果你愿意，就请不要对我隐瞒，从头说起，告诉我虔诚是什么，不问它是不是被神灵所喜爱，或者有什么别的情况，因为我们是不会在这上头争吵的。请告诉我：虔诚和不虔诚是什么？"

他们俩讨论来讨论去，欧悌甫戎最终只得以闪躲收场："我不知道

①《周易·系辞上》。

该怎样跟你说我的想法。因为我们提出来谈的话老是转来转去，不照我们原定的话题走。”欧悌甫戎说，“现在我有急事，我该走了。”

最后，苏格拉底对欧悌甫戎说：“我满心希望跟你学到虔诚是什么，不虔诚是什么，好摆脱梅雷多的指控，向他表明已经得到欧悌甫戎的指教，增长才智，明白神灵的事情了，再不会由于无知贸然行事，在宗教信仰方面提出新的看法，我今后的生活也可以过得比较高尚了。”[①]苏格拉底的“助产术”问答方式最后以没有结论而告终,他的“殷切希望”也就落空了。

人们走向真理的过程，就是不断地摆脱各种各样束缚的一种思想探索。苏格拉底和欧悌甫戎的对话，展现了苏格拉底思辨的过程。这个过程既是对常理的辩驳，又是对真理的探索。苏格拉底锲而不舍的追问精神和运用逻辑对问题进行剖析的思维方式，是我们中国人的思维中所缺乏的,例如中国哲学中“天人合一”,几千那年来论述颇丰,但在天人“为什么要合”、“怎样合”、“合在哪里”、“合的结果和目标是什么”等问题上众说纷纭，莫衷一是。

天人关系是中国古代哲学的基本问题。钱穆说，“天人合一”观是整个中国传统文化思想之归宿处，是中国文化对人类最大的贡献。[②]张岱年在其《中国哲学大纲·天人合一》中提出：“中国哲学之天人关系论中所谓天人合一，有二意义：一天人相通，二天人相类。天人相通的观念,发端于孟子,大成于宋代道学。天人相类,则是汉代董仲舒的思想。天人相通的学说，认为天之根本性德，即含于人之心性之中；天道与人道，实一以贯之……天人相类是一种牵强附会的思想，认为天人在形体性质上相似。”仔细分析，“天人相通”和“天人相类”实际上只是表示天人之间的同一性，还没有到达“天人合一”的境界和层次，但“天人同一”的确是通往“天人合一”的一个环节、一个阶段，亦是必经途径。

一、先秦时期的天人关系

在农耕时代，自然界的风、雪、雨、晴的变化，四季的更替等是人力无法改变的，频频出现的天灾人祸，让先民们感到天道无常，由此而产生独特的天道观，在夏、商、周时代的主要特征是虔诚地相信大自然与人世间一切都是“上帝”或上天直接主宰的，“天难谌，命靡常”[③]。在那个时代，农业收成的好坏，战争的胜负，筑城的可否，以及官吏的任免等，都要通过占卜取得“上帝”或上天的应允。《尧典》中说：“乃命羲和，钦若昊天，历象日月星辰，敬授民时。”节气历法、按时播种，

① 王太庆译,《柏拉图对话集》,商务印书馆,2010 年 3 月,第 6、8、12、13、15～16、23～24 页。
② 钱穆,《中国文化对人类未来可有的贡献》,《中国文化》,1991 年第 4 期。
③《尚书·咸有一德》。

都是按上天旨意做的；社会秩序、伦常次序、尊卑等级之礼，官员的任命以及对罪犯的惩罚，也都是上天的旨意。《尚书·汤誓》是商汤伐桀时的一篇誓词，文中反复强调天命，伐桀是为了“替天行道”，如：“非台小子，敢行称乱，有夏多罪，天命殛之”“夏氏有罪，予畏上帝，不敢不正”。这种天道观完全是盲目的、自发的、虔诚的信仰。天道的变化，只用来说明人事的吉凶祸福，与人的作为并无关系。这时期，人对天的态度是畏多于敬、怕多于服。《尚书·周书·泰誓》说：“惟天地，万物父母；惟人，万物之灵。”“商罪贯盈，天命诛之。予弗顺天，厥罪惟钧。予小子夙夜祗惧，受命文考，类于上帝，宜于冢土，以尔有众，底天之罚。天矜于民，民之所欲，天必从之。”“惟天惠民，惟辟奉天。”天意是惠民的，只有顺从这个天意才能算是敬天。

《易经》“立天之道，曰阴曰阳”[①]并指出“一阴一阳之谓道”，“生生之谓易，成象之谓乾，效法之谓坤，极数知来之谓占，通变之谓事，阴阳不测之谓神。”[②]“刚柔交错，天文也。文明以止，人文也。观乎天文，以察时变。观乎文，以化成天下。”[③]就是说，《易经》已把日月的变化、寒暑的交替等自然现象，看成是由阴阳两方面构成的，因而把阴阳、乾坤看成是始生万物的本源：“大哉乾元，万物资始，乃统天。”“至哉坤元，万物资生，乃顺成天。”[④]“夫乾，其静也专，其动也直，是以大生焉。夫坤，其静也翕，其动也辟，是以广生焉。广大配天地，变通配四时，阴阳之义配日月，易简之善配至德。”[⑤]“大生”即“资始”，“广生”即“资生”。“乾元”、“坤元”和阴阳既构成自然万物的生成之本，又构成自然万物的生成之因，带有明显的生成论的倾向。这表明，《易经》已将阴阳上升为哲学范畴并用以阐释自然界的变化规律，人对自然界发展变化规律的认识已不再是完全被动的，在构成天命论的诸多要素中，人的主体地位和主观能动性在某种程度上就体现出来了。

《易经》明确提出天、地、人“三才”的结构模式，间接指出了天与人的关系。“易之为书也，广大悉备，有天道焉，有人道焉，有地道焉。”“夫乾，天下之至健也，德行恒易以知险。夫坤，天下之至顺也，德行恒简以知阻。能说诸心，能研诸侯之虑，定天下之吉凶，成天下之亹亹者。是故变化云为，吉事有祥，象事知器，占事未来。天地设位，圣人成能，人谋鬼谋，百姓与能。八卦以象告，爻彖以情言，刚柔杂居，而吉凶可见矣！”[⑥]就是说，人可以在遵从自然规律的条件下采取积极的态度。“风雷益，君子以见善则迁，有过则改。”“天行健，君子以自强不息。”“地势坤，君子以厚德载物。”“夫大人者，与天地合其德，与日月合其明，与四时合其序，与鬼神合其吉凶。先天下而天弗违，后天

①《说卦传》。
②《系辞传》。
③《易·贲卦·彖传》。
④《彖传》。
⑤ 同②。
⑥ 同②。

而奉天时。天且弗违，而况于人乎？况于鬼神乎？”[①] 从哲学的高度探寻了天人之间“同声相应，同气相求”[②] 的内在同一性，从而奠定了在天、地、人关系中顺应自然，按自然规律办事的可能性，并从“探赜索隐，钩深致远”以及“与天地相似，故不违。知周乎万物，而道济天下”“天生神物，圣人执之。天地变化，圣人效之。天垂象，见吉凶，圣人象之。河出图，洛出书，圣人则之”[③] 等方面，谋求天、地、人之间的和谐。

《老子》在天人关系中虽然提出“天下有始，以天下为母”[④]，但却是最早明确否认“天”是最高主宰的：“有物混成，先天地生。寂兮寥兮，独立而不改，周行而不殆，可以为天地母。吾不知其名，强字之曰：道，强为之名曰：大。大曰逝，逝曰远，远曰反。故道大，天大，地大，人亦大。域中有四大，而人居其一焉。人法地，地法天，天法道，道法自然。”[⑤]“道生一，一生二，二生三，三生万物，万物负阴而抱阳，冲气以为和。……故物或损之而益，或益之而损。”[⑥] 由于“道”“先天地生”，虽“人法地，地法天”，但天地也只是万物之一，表明《老子》中的“道”是与儒家观点中“天”相对应的概念，只要“以道莅天下，其鬼不神；非其鬼不神，其神不伤人；非其神不伤人，圣人亦不伤人”[⑦]，人与自然因而是一致的、相通的，“治大国，若烹小鲜”。

钱穆先生说：“读庄子《齐物论》，便知天之所生谓之‘物’。人生亦为万物之一。人生之所以异于万物者，即在其能独近于天命，能与天命最相合一，所以说‘天人合一’。此义宏深，又岂是人生于天命相离远者所能知。果使人生离于天命远，则人生亦同于万物，与万物无大相异，亦无足贵矣。故就人生论之，人生最大目标、最高宗旨，即在能发明天命。”[⑧]

在道家来看，天是自然，人亦是自然的一部分。“天之道，不争而善胜，不应而善应，不召而自来，繟然而善谋。”[⑨] 庄子说：“有人，天也；有天，亦天也。”“天地与我并生，而万物与我为一。”[⑩] 天人本是合一的，但由于人制定了各种典章制度、道德规范，使人丧失了原来的自然本性，变得与自然不协调。为了打碎这些加于人身的藩篱，将人性解放出来，重新复归于自然，达到“万物与我为一”的精神境界，人类应“绝圣弃智，民利百倍；绝仁弃义，民复孝慈；绝巧弃利，盗贼无有”[⑪]。

孔子说：“死生有命，富贵在天。”[⑫] 孔子又说：“君子有三畏：畏天命，畏大人，畏圣人之言。”[⑬] 孔子认为“天无私覆，地无私载，日月无私照”[⑭]。君王要管理好天下百姓，就要学习天地日月的无私品德。钱穆先生说：“孔子的一生，便全由天命，细读《论语》便知。子曰：‘五十而知天

① 《周易·文言传》。
② 同①。
③ 《系辞传》。
④ 《老子·五十二章》。
⑤ 《老子·二十五章》。
⑥ 《老子·四十二章》。
⑦ 《老子·六十章》。
⑧ 钱穆，《中国文化对人类未来可有的贡献》，《中国文化》，1991年第四期。
⑨ 《老子·七十三章》。
⑩ 《庄子·齐物论》。
⑪ 《老子·十九章》。
⑫ 《论语·颜渊》。
⑬ 《论语·季氏》。
⑭ 《礼记·孔子闲居》。

命'，'天生德于予'。又曰：'知我者，其天乎！''获罪于天，无所祷也。'倘孔子一生全可由孔子自己一人作主宰，不关天命，则孔子的天命和他的人生便分为二。离开天命，专论孔子个人的私生活，则孔子一生的意义与价值就减少了。就此而言，孔子的人生即是天命，天命也即是人生，双方意义价值无穷。换言之，亦可说，人生离去了天命，便全无意义价值可言。但孔子的私生活可以这样讲，别人不能。这一观念，在中国乃由孔子以后战国时代的诸子百家所阐扬。"“孔子为儒家所奉称最知天命者，其他自颜渊以下，其人品德性之高下，即各以其离于天命远近为分别。这是中国古代论人生之最高宗旨，后代人亦与此不远。这可说是我中华民族论学分别之大体所在。”①

孟子一方面继承了孔子的儒家天命观，“顺天者存，逆天者亡”②，同时又强化了人的主体性和道德伦理的自觉性，从而形成了以“性善论”为理论基础、以“人”为中心的“天人合一”思想。孟子赋予天以道德属性：“诚者，天之道也；思诚者，人之道也。”③他将“天”视为义理之天，他的“天人合一”是人与义理的合一。人性在于人心，“尽其心者，知其性也；知其性，则知天矣”④。人心以天为本，“恻隐之心，人皆有之；羞恶之心，人皆有之；恭敬之心，人皆有之；是非之心，人皆有之。恻隐之心，仁也；羞恶之心，义也；恭敬之心，礼也；是非之心，智也。仁义礼智，非由外铄我也，我固有之也，弗思耳矣。故曰：'求则得之，舍则失之。'”⑤人之善性既“天之所与我者”，又是“我固有之”的，所以“天人合一”。

墨子主张尊天事鬼，兼爱非攻。他说：“天子为政于三公、诸侯、士、庶人，天下之士君子固明知；天之为政于天子，天下百姓未得之明知也。”⑥“天志”是墨子为实现其“兼相爱，交相利”的社会理想而提出的表现形式，“顺天意者，义政也；反天意者，力政也”⑦。墨子强调“天”有赏善罚恶的意志，“顺天意者，兼相爱，交相利，必得赏；反天意者，别相恶，交相贼，必得罚。”⑧因此，“夫天，不可为林谷幽门无人，明必见之；然而天下之士君子之于天也，忽然不知以相儆戒。此我所以知天下士君子知小而不知大也。”⑨墨子推崇“天志”的目的在于强调法律的公正和平等，“天志”规范制约人们的思想和行为，是法律的来源，是最好的法律。“我有天志，譬若轮人之有规，匠人之有矩。轮、匠执其规、矩，以度天下之方员，曰：'中者是也，不中者非也。'”

荀子提出了天人相分的思想，“天不为人之恶寒也辍冬，地不为人之恶辽远也辍广，君子不为小人之匈匈也辍行。天有常道矣，地有常数矣，君子有常体矣。”“天行有常，不为尧存，不为桀亡。应之以治则吉，

① 钱穆，《中国文化对人类未来可有的贡献》。
②《孟子·离娄上》。
③ 同②。
④《孟子·尽心》。
⑤《孟子·告子上》。
⑥《墨子·天志上》。
⑦ 同⑥。
⑧ 同⑥。
⑨ 同⑥。

应之以乱则凶。”[①] 这就彻底否定了天有意志的说法，明确把“天”看作是独立于人的自然界，这是继承老庄的思想，但他又汲取了儒家思想，强调“人”能积极改造“天”。他提出：“大天而思之，孰与物畜而制之？从天而颂之，孰与制天命而用之？望时而待之，孰与应时而使之？因物而多之，孰与骋能而化之？思物而物之，孰与理物而勿失之也？愿于物之所以生，孰与有物之所以成？故错人而思天，则失万物之情。”[②] 这一进取的人生观强调主体（人）对于客体（环境）的积极改造，强调人的创造性活动。

荀子天人相分的思想跟郭店楚墓竹简《穷达以时》“有天有人，天人有分”的思想有区别。简文中所谓的天，不是神格的，也不是道德的，而是命运之天。简文“穷达以时，德行一也”中的“时”，即《孟子》所说的“彼一时此一时”，是指时势、时运。简文中“遇不遇，天也”表达的是一种无奈且无规律可循。相比之下，荀子“应之以治则吉，应之以乱则凶”的天道是有规律可循的，关键取决人自身如何去应对。荀子还认为天灾与人祸无关，并不把天灾作为上天意志的一种表现。另一方面遇到人祸，就更不能埋怨上天了，“故明于天人之分，则可谓至人矣”。荀子“明天人之分”的原则比较正确地处理了人和自然的关系，集中地驳斥了宗教神秘主义的天人感应论。

佛教认为人与万物并无差别，同为佛，实质上同为一物。《涅盘经》中说：“一切众生悉有佛性，如来常住无有变异。”佛家认为人性本来就是佛性，只缘迷于世俗的观念、欲望而不自觉，众生平等，万物皆有生存的权利。因此，一切生命既是其自身，又包含他物，善待他物即是善待自身。佛教正是从善待万物的立场出发，把“勿杀生”奉为“五戒”之首。生态伦理成为佛家慈悲向善的修炼内容，生态实践成为觉悟成佛的具体手段，这就在人与自然的关系上表现出的慈悲为怀的生态伦理精神。在禅宗来看，真如本性自然显现，“烦恼即菩提，凡夫即佛”[③]。真正达到觉悟后的境界是“悟得来，担柴挑水，皆是妙道”，“禅便如这老牛，渴来喝水，饥来吃草”，一切顺应自然。佛家教人离苦得乐的方法就是“去妄存真”。《华严经》卷五云：“离诸人天乐，常行大慈心。”佛教主张戒禁杀戮，人类不仅要珍惜自己的生命，而且要珍惜众生的生命；人类要想有一个良好的生存环境，就必须与自己生存环境里其他生命体共生。佛教还主张和谐相生，认识自然的目的是在揭示世界，寻求人类以及人类与众生之间和谐生存方式，实现共生共荣。

综上所述，先秦以前人们对天的认识和对天人关系的认识并一样。冯友兰先生说，在中国文字中，“天”这个名词，至少有五种意义：一

① 《荀子 · 天论》。
② 同①。
③ 《坛经 · 般若品第二》。

是“物质之天”，就是指日常生活中所看见的苍苍者与地相对的天，就是我们现在所说的天空。二是“主宰之天”或“意志之天”，就是指宗教中所说有人格、有意志的“至上神”。三是“命运之天”，就是指旧社会中所谓运气。四是“自然之天”，就是指唯物主义哲学家所谓自然。五是“义理之天”或“道德之天”，就是指唯心主义哲学家所虚构的宇宙的道德法则。[①]这一思想可以归纳为：一指最高主宰，二指广大自然，三指最高原理。当然先秦以前每一家的思想在这三者上都有交叉，也有所侧重，如:《尚书》和墨子的“天命授君”,《尚书》中的“天听自民”,《左传》中的“天人相通”，楚简《穷达以时》的“天人相遇”,《孟子》的“尽性知天”,《老子》的“以德相交”,《庄子》的“天人相齐”,《荀子》的“应之以对”,《内经》中的“天人相感”,《易经》中的“以德合天”等多种说法并存。再进一步是就是自然（物质）之天或精神（意志）之天。一个上“天”，五种表述，各行其道，互相交融，虽然对天人关系已有了模糊的观念，但“天人合一”的这个观念仍然没有明确形成。

二、天人合一观念的发展与完善

（一）董仲舒的“天人合一”和“天人感应”说

董仲舒把“天”塑造为整个宇宙间至高无上的神灵，是神上之神，是神灵世界的主宰。他说：“天者，百神之君也，王者之所最尊也。”[②]董仲舒认为“天”是宇宙万物的母体和缔造者。他说:“天者,万物之祖。万物非天不生。”[③]“为生不能为人，为人者天也。人之为人本于天，天亦人之曾祖父也。”[④]既然人类与“天”有这样的血缘伦理，“为人子而不事父者，天下莫能以为可；今为天之子而不事天，何以异是?”[⑤]儿子孝敬父亲，是天经地义的。人是“天”造生出来的，“天”是人类的始祖，故“人副天数”。

董仲舒说：“天地人万物之本也。天生之，地养之，人成之。天生之以孝悌,地养之以衣食,人成之以礼乐。三者相为手足,不可一无也。”[⑥]天、地、人三者尽管处于不同的位置，有不同的作用，但它们是“合而为一”的，“事物各顺于名，名各顺于天。天人之际，合而为一”[⑦]。

在董仲舒的“天人合一”学说中，天子是天意的承受者，在“天”是最高意志的前提下，天可感人，人也可感天，人们特别是皇帝只要修省自己就有可能挽回天意。但是如果挽回不了，那就必须接受惩罚。他

① 冯友兰,《三松堂全集》第七卷，河南人民出版社，1989年，第77页。
②《春秋繁露·郊义》。
③《春秋繁露·顺命》。
④《春秋繁露·为人者天》。
⑤《春秋繁露·郊祀》。
⑥《春秋繁露·立之神》。
⑦《春秋繁露·深察名号》。

提出这一理论的目的在于“罢黜百家，独尊儒术”，以儒家学说统一社会思想，进一步加强中央集权，维护帝国统一。他特别强调“大一统”，而实现“大一统”则要依靠君王。在社会政治生活中要“以人随君”,“以君随天”。君是现实世界代替天统御臣民和万物的主宰。

董仲舒将天道和人事牵强比附，认为“天”对地上统治者经常用符瑞、灾异分别表示希望和谴责，用以指导他们的行动，假借天意把封建统治秩序神圣化、绝对化，为君权神授和“道之大原出于天，天不变，道亦不变”制造理论。

董仲舒从“以类合之,天人一也”① 角度出发,提出“天人同类”、“同类相召”、“天人感应”的现象说，以说明现象世界的内在关联。他以阴阳五行思想、儒家道德伦理论、墨子“天志”论等思想为基础，第一次构造了一个完整的天人合一理论体系，并把它的影响扩到大社会政治层面。

1. 天人同类是天人之间发生关系的基础

董仲舒认为天和人是同类的，人有什么，天也就有什么；天有什么，人也有什么。人也可以说是天的副本，宇宙的缩影。他说：“天地之常，一阴一阳。阳者天之德也，阴者天之刑也。……天亦有喜怒之气、哀乐之心，与人相副，以类合之，天人一也。”② “人副天本”说首次较为全面地阐述了天人关系。他从构造、性情等各个构造来进行天人“类合”。

从人的身体的构造方面，天人是同类的。董仲舒说：“天地之符，阴阳之副，常设于身。身犹天也，数与之相参，故命与之相连也。”③

从人的性情方面，天人也是同类的。董仲舒说：“人之形体，化天数而成。人之血气，化天志而仁。人之德行，化天理而义。人之好恶，化天之暖清。人之喜怒,化天之寒暑。人之受命,化天之四时。人生有喜、怒、哀、乐之答，春秋冬夏之类也。……天之副在乎人，人之性情有由天者矣。”④ 他将天与人性情相类，其目的是为了将儒家伦理道德思想上升为天理。

在董仲舒看来，人是宇宙的缩影，是一个小宇宙。通过这种比附，他就把“天”给拟人化了，虽天上无神，但是天本身就是神，跟人一样有“身”有“体”，有“血”有“肉”，有“情”有“性”，有“喜”有“怒”,有“好”有“恶”。这实际上是把自然人格化了,把人的各种属性，特别是精神方面的属性，强加于自然界，倒转过来再把人说成是自然的摹本。

2. 同类相召是天人之间发生关系的方式

战国时代的阴阳五行家认为，凡同类的东西，是可以互相感应的，董仲舒附会这一思想。他说：“五音比而自鸣，非有神，其数然也。美

①《阴阳义》。
②《春秋繁露·人副天数》。
③ 同②。
④《春秋繁露·为人者天》。

事召美类，恶事召恶类。类之相应而起也，如马鸣则马应之，牛鸣则牛应之。……物故以类相召也。”“天将阴雨，人之病故为之先动，是阴相应而起也。天将欲阴雨，又使人欲睡卧者，阴气也。有忧亦使人卧者，是阴相求也；有喜者，使人不欲卧者，是阳相索也。”①这就是说物类相感不是由于鬼神支配，而是一种自然的感应。

董仲舒认为阴阳、四时、五行都是由气分化产生的，天的雷、电、风、霹雳、雨、露、霜、雪的变化，都是阴阳二气相互作用的结果。阴阳二气是构成世界的最基本“元素”，而人同样也是由阴阳二气构成的。他进一步认为天之阳气和人之阳气、天之阴气和人之阴气也是同类，既然同类，自然就能互相感应。根据物类相感的原则，既然天人同类，就不需要什么鬼神，只须通过阴阳二气的相召作用，天人就可以直接相通而发生感应。

3. 天人感应是天人之间发生关系的形式

天人感应思想起源很早，散见于先秦古籍之中。《洪范》中就有天人感应思想的萌芽。《吕氏春秋·应同》说：“类固相召，气同则合，声比则应。”“凡帝王者之将兴也，天必先见祥于下民。黄帝之时，天先见大演大蝼，黄帝曰：‘土气胜。’土气胜，故其色尚黄，其事则土。”文中还详细叙述与预测了禹、汤、文王与秦以及秦以后“五德转移”的情形。

董仲舒认为“王者配天”，“王者唯天之施，施其时而成之，法其命而循之诸人，法其烽而以起事，治其道而以出法，治其志而归之于仁。仁之美者在于天。”人君能法天道进行统治，就是“与天地参”。他说：“王者参天地矣。苟参天地，则是化矣，岂独天地之精哉？王者亦参而殽之。”②

“惟吉凶不僭在人，惟天降灾祥在德”③，董仲舒也认为“天”对地上统治者经常用符瑞、灾异分别表示希望和谴责，用以指导他们的行动。他说：“国家将有失道之败，而天乃先出灾害以谴告之，不知自省，又出怪异以警惕之，尚不知变，而伤败乃至。”④“世治而民和，志平而气正，则天地之化精，而万物之美起。世乱而民乖，志僻而气逆，则天地之化伤，气生灾害起。”⑤按照董仲舒的灾异谴告说，“灾异”的出现是天对君主的爱护和关心：“天地之物有不常之变者谓之异，小者谓之灾。灾常先至而异乃随之。灾者，天之遣也；异者，天之威也。遣之而不知，乃畏之以威。”⑥他说，作皇帝的，每当遇上“灾异”的出现，便要检查自己的德行，看一看有哪些地方违背了“天意”，借此“改过自新”，争取挽回“天意”。

①《春秋繁露·同类相动》。
②《春秋繁露·天地阴阳》。
③《尚书·咸有一德》。
④《春秋繁露·对策》。
⑤ 同②。
⑥《春秋繁露·必仁且智》。

董仲舒“天人合一”说，由“天人相类”“相类同召”“天人感应”“君权天授”“赏罚在天”“天意可挽”六部分组成。董仲舒的“天”是最高的意志，既是“自然”之天，是有“身体”，有运作的“实体”神，更是神灵之天，是有意志、知觉的人格神。董仲舒把道德属性赋予天，使其伦理化。由于受西周以来的“天”观念的影响，董仲舒所崇立的“天”既无法成为一个彻底的人格神，也无法成为一个纯粹抽象的政治理念，而是游移于这二者之间，成为一个难以捉摸的混沌体。尽管“天”有意志和喜怒哀乐，但“天”又没有任何形象；在某些场合，“天地”、“天高”让人们直观感觉到的却是作为物质空间的天。比如他说：“天地之精所以生物者，莫贵于人。”[①]“事各顺于名，名各顺于天，天人之际，合而为一。同而通理，动而相益，顺而相受。”[②]天人相互适应的关键在于“天人相副”、“天人同类”。天人之间的彼此交通感应、协和统一使得整个结构均衡、稳定和持久，这就是“道”，既是“天道”，也是“人道”。

董仲舒将“阳阴二气”作为解释天人感应的基础，但同时也将阴阳五行学说的神秘色彩带进了自己的学说。人的“生理”结构与天的“物理”结构有相同的模式；天地的金木水火土“五行”的相生相克关系与社会的治乱关系完全一致。因此，天与人是“同类”。而同类的事物又能“以类相召”，互相感应。因此，人世的治乱，人们的善恶，“天”不但可以掌握，而且可以通过祥瑞、灾异与改朝换代向人间传达它的旨意。

“举头三尺有神明”，人们对上天的某种程度的敬畏，即使在现代也是有一定的进步意义的。

（二）张载的“天人一气，天人合一”说

最早使用“天人合一”概念的是张载的《正蒙》。张载主张“以易为宗，以中庸为体，以孔孟为法”，其中《易传》对他影响最大。张载认为一切存在都是气，一切具体的事物，都是太虚之气凝聚而成，万物消亡又复归于太虚。太虚、气、万物是同一实体的不同形态。他说：“太虚不能无气，气不能不聚而为万物，万物不能不散而为太虚。”在他看来，世界统一于气，气有聚散而无生灭，气聚则有形可见，气散则无形不可见，太虚无形无状，并不是虚无，“虚空即气”，“知太虚即气则无无”。

从“太虚即气”的观点出发，张载批判了佛道二家的观点。道家主张“有生于无”，张载指出：“若谓虚能生气，则虚无穷，气有限，体用殊绝，入老氏有生于无自然之论，不识所谓有无混一之常。”[③]他认为道家把虚看作根本的“体”，把气看作外在的“用”，将二者断然分开，是不知道“有无混一”的道理。佛教宣扬“一切唯心所造”，张载批评说：

① 《春秋繁露·人副天数》。
② 《春秋繁露·深查名号》。
③ （宋）张载，《正蒙·太和》。

"释氏不知天命，而以心法起灭天地，以小缘大，以末缘本，其不能穷而谓之幻妄，真所谓疑冰者欤？"[①]"释氏语实际，乃知道者所谓诚也，天德也。其语到实际，则以人生为幻妄，以有为为疣赘，以世界为荫浊，遂厌而不有，遗而弗存。就使得之，乃诚而晋明者也。儒者则因明致诚，因诚致明，故天人合一，致学而可以成圣，得天而未始遗人，《易》所谓不遗、不流、不过者也。"[②]佛教哲学追求最高的绝对的实体，称之为"实际"，亦称之为"真知"，而认为现实世界是不真实的。张载用《中庸》的"诚""明"学说加以批判。所谓"诚"指天道，又指"不勉而中，不思而得，从容中道"的圣人境界。以诚为天道，即是认为天是真实而具有一定规律的。以诚为圣人的境界，即是认为圣人的一切行为都是合乎原则的。张载认为，肯定现实世界的实在性，才可谓"明"，而佛教否认现实世界的实在性，专讲所谓"实际"，这至多是"诚而恶明"，这是割裂了天人，违背了真理。[③]张载的天人合一强调的是一种人的能动性，是有条件的，需要主动地与天道保持一致。他强调以"修身"为主要方式的道德教化的力量，将之上升为一种人积极的道德追求。

张载认为人和万物都是气聚而成，气的本性就是人的本性。气的本来状态构成"天地之性"，它清澈纯一而无不善，为人和万物所共有；人生成之后，由于禀受阴阳二气不同，又有各自的形体和特殊的本性，这就是"气质之性"，它驳杂不纯，是人的各种欲望和不善的根源。由此，张载指出，人们应当通过修养功夫，变化气质，以保存"天地之性"，恢复先天的善性。

在这个基础上，张载提出"天父地母、民胞物与"思想。他在《西铭》中说："乾称父，坤称母……民，吾同胞；物，吾与也。"乾坤是天地的代称，天地是万物和人的父母，天、地、人三者混合，处于宇宙之中，因为三者都是"气"聚而成的物，天地之性，就是人之性，因此人类是我的同胞，万物是我的朋友，万物与人的本性是一致的。这一思想发挥了儒家传统的仁孝道德观念，并将它同"天人合一"的思想结合起来，提出了调和等级矛盾的兼爱思想。他认为，人和万物都是天地所生，性同一源，本无阻隔。社会就象一个大家庭，人与人之间应当"立必俱立，知必周知，爱必兼爱，成不独成"，彼此同情，相亲相爱。而在这个大家庭中，君主是天的长子，大臣是帮助君主的管家人，每个人都应努力对"天地"尽孝道。

冯友兰说："张载的'天人合一'观点的主要思想是：(1) 天和人都是实在的，'天人'之'用'是统一的；(2) 天和人都以'变易'为本性。张载所谓'天'指无限的客观世界，'由太虚有天之名'，'天大无外'[④]。

① (宋) 张载，《正蒙・大心》。
② (宋) 张载，《正蒙・乾称》。
③ 冯友兰，《中国哲学中"天人合一"的思想的剖析》，《北京大学学报》(哲学社会科学版)，1985年第1期。
④ (宋) 张载，《正蒙・太和》。

他主张‘本天道为用’①，‘范围天用’②，把天之‘用’与人之‘用’统一起来，这都是唯物主义观点。但是，人性应是人之所以为人者，人性与天道应有层次的不同。张载没有区别天道与人性的层次，这表现了神秘主义的倾向。”③

（三）程颢、程颐的“天人一理——存天理去人欲”说

理学作为一种典型的形态正式形成，归功于“洛学”的兴起。洛学是宋明理学中的重要学派，由程颢、程颐兄弟二人所开辟。洛学以儒学为核心，并将佛、道渗透于其中，旨在从哲学上论证“天理”与“人欲”之间的关系，规范人的行为，维护社会秩序。二程洛学提出“万物莫不有对”，“动静相因，物极必反”，承认事物是相互制约、发展变化的。

二程的思想不仅别具一格，而且自成体系，而与佛、道两家的思想表现出明显的分道扬镳的特征。二程均把“理”作为其思想体系的最高范畴。程颢说：“吾学虽有所受，‘天理’二字却是自家体贴出来。”“理”因此成为二程哲学的核心，宋明理学也就从此得名。“理”是宇宙的终极本原。他们认为“凡事皆有理”，而“万理出于一理”，即天理。它产生万物和支配万物。但理又是实在的，“实有是理，故实有是物；实有是物，故实有是用；实有是用，故实有是心；实有是心，故实有是事。是皆原始要经而言也”④。对二程来说，理是自然而然的自然趋势，“理者，天也”，“言天之自然者，谓之天道”。所谓天道就是天理即自然而然之理、天下不变之定理。在此基础上，程颢强调“一天人”，他说：“须是合内外之道，一天人，齐上下。”他认为天人本是一体，并不可分，“除了身，只是理，便说合天人，合天人已是为不知者引而致之，天人无间”。天人有“合”就必有“分”。既然有“分”，说明天人在合之前已经分了。他说真正的天人合一，就象鱼在水里一样，根本就不知道水的存在。他反对讲天人“合一”，反对人有意识地去区别人与天，他说：“天人体无二，不必言合。”人一生下来就在这个世界上，为这个世界所创生，不可能出现在另一个世界。所以天人无法分开。他认为天地不是外在的，天地之化是需要体验的，但如果说要执意说个“体”天地之化，那就把“体”字对象化了。他说：“言体天地之化，已剩一体字。只此便是天地之化，不可对此个别有天地。”所以体天地之化，本来是人的生命活动的本身。这里的核心是打破主客内外的界限，摆脱主观自身的限制，超越自我，融进天地大化流行之中，就自能体验到生命的乐趣，这就是“浑然与物同体”之乐。程颢的这一观点，更多是一种心灵上的体验，类似于庄子那种“天地与我并生、万物与我齐一”的“天人一”的思想，进

①（宋）张载，《正蒙·太和》。
②（宋）张载，《正蒙·大心》。
③ 冯友兰，《中国哲学中“天人合一”的思想的剖析》，《北京大学学报》（哲学社会科学版），1985年第1期。
④《河南程氏经说》卷八。

而人天不分，物我两忘。他又说："若如或者别立一天，谓人不可包天，有方矣，是二本也。"这是对于张载的批评，张载肯定天是外在的，程颢以为是二本，即主客二分。

程颐认为，一切事物莫不有其"所以然"，事物的"所以然"即事物的"理"或"道"。他说："'一阴一阳之谓道'，道非阴阳，所以一阴一阳，道也。"①又说："所以阴阳者是道也。阴阳，气也，气是形而下者，道是形而上者。"②一阴一阳是气不间断的循环过程，而道是这一过程之所以产生的内在根据。

程颐论证和强调以"理"为本的思想，认为"天下只有一个理"，"万物皆只是一个天理"③。从理气论引出理事论，程颐提出了"体用一源，显微无间"④这一重要的哲学命题，认为理是事物内部的根源，"道则自然生万物，道则自然生生不息"⑤。事物是理的外在表现，理为体，事为用，体与用是统一的，同时也都是实在的，两者相即而不离。"物极必返，其理须如此，有生便有死，有始便有终。"⑥"物极则反，事极则变。困既极矣，理当变矣。"⑦

程颐强调天道与人道只是一个道。他说："道一也，岂人道自是人道、天道自是天道？……岂有通天地而不通人者哉？……天地人只一道也，才通其一，则余皆通。"⑧又说："道未始有天人之别，但在天则为天道，在地则为地道，在人则为人道。"⑨二程学说通过天人一理的对接，将天地之道和人伦之道等同起来，"道之外无物，物之外无道，是天地之间，无适而非道也。即父子而父子在所亲，即君臣而君臣在所严，以至为夫妇，为长幼，为朋友，无所为而非道，此道所以不可须臾离也"⑩。二程认为，父子、君臣、夫妇、长幼、朋友之道也是天道的内容。君臣父子之理不但是人道的内容，而且也是天道的内容。

总之，天理无所不在，天理永恒不变，天理自然而然。所以，人们对天理的服从也要自然而然。这样的去人欲也是自然而然的。他这样做的结果正是一种实实在在的宿命论。"理"或"天理"被作为哲学的最高范畴使用，而且人类社会的等级制度及与之相适应的社会道德规范，也都是"天理"在人间社会的具体表现形态。"天理"是天道与人道的统一，"君臣父子，天下之定理，无所逃于天地之间"。父子君臣之伦常关系也是"天理"的体现，"凡眼前无非是物，物物皆有理""物有自得天理者"。天理是注定的，"莫之为而为，莫之致而致，便是天理"。人伦是注定的，"为君尽君道，为臣尽臣道，过此则无理"⑪。这些理论都是"无可置疑，无可逃避"其阐述的道理是"自然而然，天经地义"的，人们接受它也就"安之若素，乐此不彼"了。

①《河南程氏遗书》卷三。
②《河南程氏遗书》卷十五。
③《河南程氏遗书》卷二。
④《周易程氏传序》。
⑤同②。
⑥同②。
⑦《周易程氏传·困卦》。
⑧《遗书》卷十八。
⑨《遗书》卷二十二上。
⑩《遗书》卷四。
⑪《遗书》卷五。

作为理学代表人物的二程特别是程颐有更加强烈的道德意识，使他们对道德原则有一种无上的推崇。程颐在儒家思想“圣人意识”的熏陶下，对他自己相当自律，对人对事也尽于偏执苛刻。二程有意无意地将这种纯粹至上的原则感“投射”到天地之间，所以在现实世界之上构造一个“绝对的令律”即“天理”。程颐“存天理，去人欲”的思想既是对人类现实社会的一种改造企图，同时也是对佛道两家“天理与人欲俱去”的一种批判。

儒家经典《大学》有“欲明明德于天下，必先治其国，欲治其国，必先齐其家，欲先齐其家，必先修其身”之说。程颐将天下一理归结为“善”，而其具体内容是即是仁义礼智信。他说：“称性之善谓之道，道与性一也。……自性而行皆善也,圣人因其善也,则为仁义礼智信以名之,以其施之不同也,故为五者以别之,合而言之皆道,别而言之亦皆道也。”①

二程“天理”论区别于传统儒学在于传统儒学一般不在经验世界之外追问第一因的问题，对刨根问底的“天问”没有兴趣，却又有模糊的人格神意义的“天命”存在。而二程径直以“天理”作为世界的本体和第一因，完全排除了人格神的意义。同时，二程“天理”论世界观也与佛、老的世界观判然有别，它不相信有可白日飞升的“天上人间”，也不相信有“西天极乐”。

（四）朱熹“天人同理——存天理，灭人欲”说

朱熹“天人合一”论乃至其整个儒家文化来源于《易经》，它是借用天道，来说明人生应该像天一样奋斗不息，同时人际关系亦应以天道为准，天道人伦不可逾越。而道家却是借用地性来说明人生应该像地一样清静无为，顺其自然，养生延年。墨家则是借用山理来说明人生应该知止兼爱，互不侵犯等。天道、地性、山理均为自然之道，用自然之道来阐发人生之道是中国古代“天人合一”思想的显著特色。

朱熹说：“阳往交易阴，阴来交易阳，两边各各相对。”② 阴与阳是相对的范畴，矛盾双方既相互依存、相互对立，又相互转化、相互融合。他阐明了变与化这一相对范畴的基本特征：“变是自阴而阳，自静而动；化是自阳而阴，自动而静，渐渐化将去，不见其迹。”③ 在朱熹看来，“天有春夏秋冬，地有金木水火，人有仁义礼智，皆以四者相为用也。”④ “天能生物，而耕种必用人；水能润物，而灌溉必用人；火能熯物，而薪爨必用人。”⑤ 人应当像天地具有其自然禀性一样要有起码的道德修养，尤其应当要有起码的生态环保道德观念和修养，使人和天地共生共存、和谐发展。

① 《遗书》卷二十五。
② 《朱子语类》卷六十五。
③ 《朱子语类》卷七十四。
④ 《朱子语类》卷一。
⑤ 《朱子语类》卷六十四。

朱熹论天人都渗透着宇宙本原之“理”。他说：“天即人，人即天。人之始生，得于天也。既生此人，则天又在人矣。”① “天人本只一理，若理会得此意，则天何尝大，人何尝小。”② 所以天就是人，人也就是天，天人一体两分。自然的天不比人大，人也不比天小，此乃“理一分殊”理论在天人关系上的推衍。朱熹发挥中国禅宗中“一即一切”的观点，提出了“理一分殊”说。他认为“万个是一个，一个是万个”，并用“月印万川”作比喻：月亮倒映在千万条河流中，每条河流中的月亮都是一个独立的整体，而千万条河流中的月亮实际上都是一个天上的月亮，因此，作为万物本体的“理”是一个不可分割的整体，这就是所谓“理一”。而部分和整体只是对具体事物“分类”而言，这才有效，对于世界本体的“理”却是无效的，这就是所谓“理一分殊”。在这里，朱熹对整体和部分关系的分析和综合、归纳和演绎十分精确。朱熹的“天人合一”，只有一个“理”是一个不可分割的整体。人类作为自然界的具体事物分类来说，也只是整体中的一部分。

朱熹曰：“理也者，形而上之道也，生物之本也；气也者，形而下之器也，生物之具也。是以人物之生，必禀此理，然后有性；必禀此气，然后有形。”③ 形而上者谓之道，形而下者谓之器。道，是道理，事物皆有道理；器是形迹，事物皆有个形迹。所以道器两者不分离。理，是万物形成之前的一个总规律，是化生万物的根本；气，是形成万物的具体材料，是化生万物的工具。所以人与物的降生，必然禀受了这一“理”，然后才有各自的属性；必然禀受了这一“气”，然后才有各自的形状。这就简洁地阐释了作为朱熹理学大厦中基石部分的理、气、性、形等概念，并巧妙地将天地之理、气，与人、物之性、形结合起来，从而完善了他继承和发展了的前人“天人合一”思想。

朱熹以“心之德、爱之理”释“仁”，把情感之“仁”提升为道德本体，唯“仁”能承载沟通“天、人”的重任；以“仁者天地生物之心”，扩展了“仁”的主体指向为人和天地，凸显“仁”是“天、人”的终极价值表现；以“仁者以天地万物为一体”，彰显求“仁”为贯通万物的过程，践“仁”为“天人合一”的实现路径。朱熹的“仁”成为“天人合一”价值意义上的最佳契合点。他以《中庸》为根基，强调“天人”之根本在于“致中”“致和”。换言之，也就是天人“合一”。所谓“合一”，就是两者“中和”。他说：“天地之位本于致中，万物之育本于致和。各有脉络，潜相灌溉，而不可乱耳。”④ 天地的得位根本在于无所偏倚，万物的化育根本在于恰到好处。它们都各有自己的运行轨迹，暗中又互相交融，而其次序又是不可打乱的。

①《朱子语类》卷十七。
② 同①。
③《朱文公文集》卷五十八，《答黄道夫》。
④《朱文公文集》卷五十五，《答李时可》。

朱熹强调自己伦理说的“天人合一”的基本特征。他说：“亘古亘今，生生不穷。人物则得此生物之心以为心，所以个个肖他，本不须说以生物为心。”① “天地生生之理，这些动意未尝止息。”“人惟是有恻隐之心方会动，动处便是恻隐。”“若不会动，却不成人。”② 朱熹的人性具有两重性，一方面“仁义礼智”天命之性，是“天理”，是孟子所谓“善”；另一方面是“饮食男女气质之性”，是“人欲”，是荀子所谓“恶”。他说：“同是事，是者便是天理，非者便是人欲。如视听言动，人所同也。非礼勿视听言动，便是天理；非礼而视听言动，便是人欲。”“饮食，天理也；山珍海味，人欲也。夫妻，天理也；三妻四妾，人欲也。”他主张“存天理，灭人欲”，但又象王阳明那样深感破“山中贼”易，破“心中贼”难。因此，朱熹告诫人们：“只有‘克尽人欲’，才能‘复尽天理’”并通过自觉禁欲、敬畏道德规范来涵养内心中的“天理”，同时还要通过格物、致知来发现、发掘心中的“天理”也才能“复尽天理”。但他并不否认“饮食男女”最基本的生存欲望的存在和满足，如果人的欲望只剩下最基本的生存欲望，那么，人与动物又有什么区别呢？

中国传统道理伦理中的“抑强扶弱”、“损有余而补不足”，事实也都是通过具体利益的让渡才能实现的。二程说：“人心私欲，故危殆。道心天理，故精微。灭私欲则天理明矣。”朱熹总括前人的思想，指出：“孔子所谓‘克己复礼’，中庸所谓‘致中和’，‘尊德性’，‘道问学’，大学所谓‘明明德’，书曰‘人心惟危，道心惟微，惟精惟一，允执厥中’：圣贤千言万语，只是教人明天理，灭人欲。天理明，自不消讲学。人性本明，如宝珠沉溷水中，明不可见；去了溷水，则宝珠依旧自明。自家若得知是人欲蔽了，便是明处。只是这上便紧紧着力主定，一面格物。今日格一物，明日格一物，正如游兵攻围拔守，人欲自消铄去。所以程先生说‘敬’字，只是谓我自有一箇明底物事在这里。把箇‘敬’字抵敌，常常存箇敬在这里，则人欲自然来不得。夫子曰：‘为仁由己，而由人乎哉！’紧要处正在这里！”③ 天理和人欲并不一定是根本上对立的，所谓天理就是礼乐对人欲的有效保障和节制。所谓“天理灭矣”也只是“好恶无节于内，知诱于外，不能反躬”，也就是人对内心的好恶没有节制，陷于外物的诱惑无法自拔。如果能对于内心的好恶有所节制，人不被外物所控制，也就是天理不灭了。感于物而动，是人的本性而确定的，本身并没有好坏之分，而且好恶是“物至知知”，人感物而动，趋利避害的心理和行为体验强化的结果，既有物之感人无穷的客观因素，也有人之好恶无节的主观因素。所以“先王制礼乐，人为之节”，一则以堵，一则以疏，一方面肯定“人欲”的合理性并在礼法上加以确保，

①《朱子语类》卷五十三。
② 同①。
③《朱子语类》卷十二。

另一方面强调“人欲”的适度性并在礼法上加以约束。同时，也提倡人们过高尚的精神生活，转移人们对物质欲望的注意力。“人是天地中最灵之物。天能覆而不能载，地能载而不能覆，恁地大事，圣人独能裁成辅相之，说于其他。”①因此，朱熹主张“只看义理如何，都不问那命。”②朱熹论天人，尤其论理气，喜讲一体两分，既对立又统一。

“问渠那得清如许，为有源头活水来。”“千葩万蕊争红紫，谁知乾坤造化心？”朱熹说：“知之愈明，则行之愈笃；行之愈笃，则知之益明。”③同时，他还要求“知与行工夫须著并到”④。在朱熹看来，认识越明晰，实际行动时就越务实；实际行动越务实，认识就会更明确。知与行两者的工夫必须都要到家。换言之，理论与实践、知与行两者不可偏废。

在天人关系上，朱熹、王阳明都主张“天人合一”，但在具体的路径上却有很大的不同，这集中体现在二人对《大学》的重新阐释——《大学章句》和《大学问》中。朱子的“天”、“人”合于外在之“天”，走的是一条由外（穷理）到内（体理），再由内到外（推理）的功夫径路，而王阳明讲良知，尚力行（知行合一）他的“天”、“人”合于人心之“良知”。良知则无所取于后天知识，力行则反冷静。良知之知，千变万化总不出乎好恶，力行之行，唯指此好恶之贯彻实践，亦不及其他。其功夫论是在知行合一基础上，进行“致良知”。朱子的天人合一是“以天统人”，而王阳明的天人合一则是“以人统天”。此外，朱熹为孟子所言注云：“心者，人之神明，所以具众理而应万事者也；性则心之所具之理；而天又理之所从以出者也。”虚灵感应之“心”与有情的宇宙观在“天人合一”理念下相结合。王阳明则从“良知”是宇宙本体出发，在人与人、人与社会、人与天地、人与万物的关系问题上，形成“万物一体”、“天下一家”、“中国一人”的整体观，把先秦以来的“天人合一”观发展到一个新的高度。

（五）《黄帝内经》的“天人合一”理论体系

天人相应、以人为本、刚健有为、以和为贵，是以中国文化为依托的中医学的理论核心。中医理论强调整体观念和辨证论治。整体观念包括人体是一个统一的整体以及人与自然相统一，即“天人合一”。《黄帝内经》（简称《内经》）早就有过记述：“天暑衣厚，则腠理开，故汗出……天寒则腠理闭，气湿不行，水不留于膀胱，则为溺与气。”中医天人合一理论体系的构建始于《内经》，尽管其早期的理论往往有牵强和粗造之处。《黄帝内经》主张“天人合一”，认为作为独立于人的精神意识之外的客观存在的“天”与作为具有精神意识主体的“人”有着统

①《朱子语类》卷二十。
②《朱子语类》卷三十四。
③（明）王阳明，《传习录》：“知之真切笃实处即是行，行之明觉精察处即是知。知行功夫，本不可离。”
④《朱子全书》卷七。

一的本原、属性、结构和规律。因此，《内经》的天人合一观是《黄帝内经》天道观的目的所在。《内经》反复强调人“与天地相应，与四时相副，人参天地”[①]，“人与天地相参也”[②]，“与天地如一”[③]。“天人相应”实质是“天、人、病”之间的关系，是自然和人及病的多方位多层次即中医的“网络医学”范畴。

《内经》天、地、人系统中的人与天相通的总原则是：同气相求，同类相应。顺则为利，逆则为害。《淮南子·精神训》曰：“天地运而相通，万物总而为一。”“运而相通”指运动过程中的相通关系，而不是静态空间里的结构联系。“总而为一”指运动方式的同气相求，而不是物质结构的等量齐观。“天人相应”是指自然和生命的多层次相互性，“天人合一”是指自然和生命的矛盾统一及完美和谐。《内经》构建天人合一理论体系的主要方法有：“天人同构”“天人同类”“天人同象”“天人同数”。天人同构是《内经》天人合一观的最粗浅的层面。《内经》认为人的身体结构规律体现了天地的结构规律，从而把人体形态结构与天地万物一一对应起来，人体就是天地的缩影版，其目的在于强调人的存在与自然存在的统一性。天人“同象”与“同类”则是中医取象比类思想的具体体现，天人“同数”则是人与天气运数理的相应。总之，这是将生命过程及其运动方式与自然规律进行类比，是以自然法则为基质，以人事法则为归宿的系统理论。

天人同数是《内经》把时间的周期性和空间的秩序性有机地结合起来观念的体现。强调人体自然节律是与天文、气象密切相关的生理、病理节律，故有气运节律、昼夜节律、月节律和周年节律等。其基本推论是以一周年（四季）为一个完整的周期，四季有时、有位，有五行生克，因此，以一年分四时，则肝主春、心主夏、肺主秋、肾主冬……其昼夜节律也是将一日按四时分段，指人体五藏之气在一天之中随昼夜节律而依次转移，则肝主晨，心主日中，肺主日入，肾主夜半[④]。[⑤]《平人气象论篇》曰：“人一呼脉再动，一吸脉亦再动，呼吸定息脉五动，闰以太息，命曰平人。平人者，不病也。”即平常人一息，脉跳动五次，一次脉的跳动，气行1寸2分。如此用气运行的长度表示脉搏的频率，从而表示一种时间周期。这种以大气贯通一切为基点而形成的人体与宇宙的相互模拟，在《内经》理论中比比皆是，强调了天人一致的内在本质。

现代时间生物学的兴起，为中医时间医学的再度发展起了一定的促进作用。1955年，四川名医吴擢仙在出席全国政协会议时，献出了子午流注环周图，引起了世人对时间针刺疗法的关注。

子午流注针法被认为是最明确的时间治疗学内容，近十几年已有大

①《灵枢·刺节真邪》。
②《灵枢·岁露》、《灵枢·经水》。
③《素问·脉要精微论》。
④《灵枢·顺气一日分四时》：以一日分为四时，朝则为春，日中为夏，日入为秋，夜半为冬。
⑤ 见《素问·藏气法时论》。

量的研究。子午流注针法现已广泛用于治疗痛症、高血压、瘫痪等40余种疾病，大多数收到较好的疗效。子午流注针法对心输出量和心排出量的影响试验中，运用肢体血流图为指标，发现按时开穴施刺较随机取穴组能显著使舒张期延长，心率减慢。灵龟八法也是一种按时取穴法，用此法治疗头痛，其效果优于循经取穴组。

从四时死亡病种来看，肺心病多死于冬季，肝经病多死亡于春季，心经的病多死于夏季。在诊断方面，对常人脉象的观察，结论是与“人气”一日四时的变化规律相合。在疾病状况下，正常节律则被破坏。四季变化与脉象的关系是：脉率是冬快夏慢，脉位是冬偏沉、夏显浮，脉波幅是夏最高、冬最低，春秋处于过渡状。

在时间治疗学方面，中医则讲究“春夏养阳，秋冬养阴”。根据这一原则，有的研究者在“夏至”开始给慢性支气管炎患者服加味右归丸，取得良好的效果。用药的效果的确与时辰或季节有一定的关系。现代时间药理学非常重视体内药物酶的活性节律，因为所有的药物包括中药在内，进入体内后都要受到药酶系的作用，从而影响其药效和毒副作用。这说明中医讲究时间用药是有一定科学性的。

总的来说，中医学的基本理论体系是运用了天人合一、阴阳五行等古代哲学理论体系而建立的。这些理论的核心思想是人体与自然界万物之间、人体内部结构与功能之间存在着的相互依存、相互制约关系，即对立统一关系。它追求的最后目的是“以平为期”，也即达到生态平衡。《内经》的“天人合一”是直观生命的体验，其天人之间的取象类比，是超逻辑、超概念的心领神会的类比。觉悟了自然与我其实是个整体，也就体验了我与自然相通为一个整体。这种觉悟与体验，都是人的心智或精神能力，经由某种修炼所达成的结果。天人合一、天人相应的观点认为人体属于天地万物的一部分，自然界的一切变化可以影响人体，引起相应的变化。人只有顺应自然界万物的一切变化规律才能生存下去，这是古代朴素的生态观。而近代宏观生态观也认为人体不仅仅是一个生物体，而且是地球上生态系的一员，人类只有归于生态系之统一的能量、物质及信息运转中才能生存和繁衍，它同样强调人体与外环境的统一，所以两者是不谋而合的。

三、“天人同一”是通往“天人合一”的“梯子”

“天人合一”是古代中国人生的一种理想和信仰，同时也是古代中国人主要的人生观。但从《老子》的“绝圣弃智”，到宋明理学的“存天理，去人欲”和“存天理，灭人欲”，虽然其理论本身和出发点都是好的，是“明理见性”的，但这些理论和观点使得即使有“天人合一”的美好理想，人们的思想和天性并没有因这些理想而带来应有的自由和解放，反而被其禁锢和抑制了，从而造成理想与现实的脱节①。这某种程度上印证了梁漱溟先生所说的中国文化是一种早熟的文化。

梁漱溟在《中国文化要义》中说：“古希腊人、古中国人、古印度人在人生态度上之不同，实为其文化不同之根本。而此三种人生态度实应于人生三种问题而来。即：第一态度适应于第一问题，第二态度适应于第二问题，第三态度适应于第三问题。由于问题浅深之不等，其出现于人类文化上实应有先后之序。从而人类文化表现，依之应有三期次第不同。本来人类第一期文化至今还未得完成，而古中国人在文化上遽从第二问题第二态度以创造去，古印度人遽从第三问题第三态度以创造去，所以就说它是早熟。……第一问题即人对物的问题；第一态度即向外用力的态度。现在总说作：从身体出发。第二问题即人对人的问题；第二态度即转而向内用力的态度。现在总说作：从心（理性）出发。”②西方文化从身体出发，慢慢发展到心，循序前进。这可能与西方哲学讲究概念明确、逻辑清晰、论证严密、注重方法有关，而中国哲学由于缺乏概念化、形式化、理论化的系统，根据比类取象的方法以诗化的语言表示哲学思想，因而缺乏精密论证和逻辑推导。具体来说，在自然观方面，中国以生成论为主导，而西方则是以构成论为主导；在逻辑形态方面，中国以类比和互补推理为主导，而西方则是以归纳和演绎推理为主导；在理论构成方式方面，中国以模型化为主导，而西方则是以公理化为主导。③

在生成论方面，《老子》曰“道生一，一生二，二生三，三生万物”，《易传·系辞》曰“易有太极，是生两仪，两仪生四象，四象生八卦，八卦定吉凶，吉凶生大业”。至于道怎样生一，一怎样生二；易怎样有太极，太极怎样才生两仪的，并没有给出明确的答案。

相比之下，黑格尔逻辑学的开端“纯有”之所以能过渡到“纯无”，是因为他的“纯有”“并没有任何进一步的规定和充实，此外什么也不是”④，所以“纯有”就是“纯无”，反过来“纯无”就是“纯有”，而且黑格尔把从“纯有”到“纯无”这种否定性看作是“扬弃”，“扬弃是否定并且同时又是保存；无，作为这一个的无，保存着直接性，并且本身是感性的，但却是一个具有普遍性的直接性。但是这样的存在乃是一个普遍的东西，因为它包含着间接性和否定物在自身内”⑤。黑格尔又把中介看作是一种含有否定性的“相互关系”⑥。这样，逻辑开端的“纯

① 造成中国古代思想禁锢的原因是多方面的，与“天人合一”没有直接的对应关系。
② 第三问题是人与人自己的问题即佛学。
③ 董光璧，《中国科学传统的特征及其现代意义》。
④《逻辑学》上卷，第54页。
⑤《精神现象学》上卷，第75页。
⑥《逻辑学》上卷，第72页。

有”“这个绝对直接的东西，又同样是绝对有中介的东西”[①]，并且“一切是某个事物的东西，都具有一个根据或说是一个建立起来的东西、一个有中介的东西”[②]，而“事情的运动……通过其根据而建立起来，不过是中介映象的消失。……这个由于根据和条件而有中介、并由于中介的扬弃而与自身同一的直接性，就是存在”[③]。这就构建了正如列宁所说的“有（存在）—无—变易—发展”[④]的严密体系。

在逻辑形态方面，中国哲学根据“在天成象，在地成形，变化见矣”的思想，“仰以观于天文，俯以察于地理”“圣人设卦，观象系辞焉而明吉凶，刚柔相推而生变化”[⑤]等方法而建立阴阳八卦推演系统和五行学说。这在从感性具体到理论抽象这一路径上实现了“简易、变易和不易”的统一，是人类文明史上的辉煌成就，也是中华文明得以发展壮大的基石。但在将抽象到达具体的路径上，由于中介环节的缺失，其所采用的类比和互补推理的方法，常常有牵强附会之处，例如，阳可以是天，是火，是奇数，也可以是男人和一切刚健事物；阴可以是地，是水，是偶数，也可以是女人和一切柔弱之事[⑥]，这就造成整体与部分、个别与一般、事物与其属性几无区分。这种比类方法造成阴阳与事物相对应的概念模糊，也就没能建立起相应的逻辑体系，就像黑格尔所说：“类推可能很肤浅，也可能很深彻”[⑦]。黑格尔说：“事物之所以是事物，全凭内在于事物并显示它自身于事物内的概念活动。”“概念并不仅是单纯的存在或直接性。概念也包含有中介性。但这种中介性即在它自身之内，换言之，概念就是它自己通过自己并且自己和自己的中介。”[⑧]

在西方哲学中，按照柏拉图的理念论，世界上有三张桌子：“画家画的桌子、现实中的桌子和桌子的概念。”在他看来，只有桌子的概念才是真正真实的存在。个别具体的事物始终处在生灭变化之中，是不完善的、有缺陷的。而使所有同类的事物归属于类概念，则是普遍的、无限的、完善的、永恒不变的。于是从柏拉图开始，西方哲学就走上了“从个别的事物抽象到它们的类概念，从这些类概念抽象到更高更抽象的种概念，从这些种概念再抽象到属概念……最后抽象到最普遍最抽象的存在”这样一条理性认识和把握真理的道路。[⑨]

1.“天人合一”众说纷纭的根源

冯友兰说：“中国传统哲学，从先秦时代至明清时期，大多数（不是全部）哲学家都宣扬一个基本观点，即‘天人合一’。这是中国传统哲学的一个独特的观点。”[⑩]“天人合一”作为中国哲学最根本的特征，是中华民族五千年来的思想核心与精神实质，其主要类型有三种：儒家道德意义上的“天人合德”，道家自然意义上的“天人合一”，汉儒的

①《逻辑学》上卷，第57页。
②《逻辑学》下卷，第117页。
③《逻辑学》下卷，第113~114页。
④《哲学笔记》第2版，第290页。
⑤《系辞传》。
⑥《红楼梦》第三十一回湘云与翠缕问答：天地间都赋阴阳二气所生……虫儿、花儿、草儿、瓦片儿也有阴阳……扇子正面是阳，反面就为阴……走兽飞禽，雄为阳，雌为阴……人规矩主子为阳，奴才为阴。
⑦《小逻辑》第369页。
⑧《小逻辑》，第333~334页。
⑨ 张志伟，《西方哲学十五讲》，第78页。
⑩ 冯友兰，《中国哲学中“天人合一”的思想的剖析》，《北京大学学报（哲学社会科学版）》，1985年第1期。

"天人感应"。这几家的"天人合一"中的"天",有的是指"主宰之天",有的是指"命运之天",有的是指"自然之天",也有的是指"义理之天",而张世英则认为"中国传统哲学所讲的'天人合一'里的'天',取其万物(一切存在者)之意,而不是指意志之天,道德之天"[①]。这些不同意义的"天"是怎样和"人""合一"的呢?如果专就形体来说,则人一生一死,"赤条条来,赤条条去","尘归尘,土归土",想不合一也不行。但如此一来,动物和植物岂不也与天合一了吗?

在西方哲学"正、反、合"的体系中,"合"的概念和思想是很明确的,而中国哲学虽然将"天人合一"作为一个哲学的基本观点,但在先秦诸子和宋明理学中,其提倡"天人合一"的目的主要还是"天人和"。西周末年的史伯说"和实相生,同则不继,以它平它谓之和,故能丰长而物归之"。"天人合一"学说中的"绝圣弃智""存天理,灭人欲"等观点,都是单从人这一方面采取措施,以抑制人的思想和欲望为出发点的"以它平它",因而强调的是两者的"和"而不是"合"。这种"和"只是调和了天与人之间的对立和矛盾冲突,矛盾并没有得到真正的解决。黑格尔说:"通常对事物抱温情态度,只关心如何使事物不自相矛盾,在这里,也同在其他场合一样,却忘记了这种办法是解决不了矛盾的,它只是把矛盾转移到另外一个地方。"[②]天人真正的"合"应该是对立双方互相转化、互相渗透而达成"不冲突、不对抗"的和谐与和解状态,也就是说,只有"合内外,平物我",才能"自见道之大端"[③]。这种现象的产生可能与阴阳和五行学说中缺失"合"的概念和"合"的思想有关。

中国哲学阴阳学说以阴阳的对立、互根、消长、转化来说明事物的运动变化规律。阴阳互根即互相依存,阴阳双方均以对方的存在而存在,正如《红楼梦》第三十一回所说,"'阴''阳'两个字还只是一字,阳尽了就成阴,阴尽了就成阳,不是阴尽了又有个阳生出来,阳尽了又有个阴生出来",所以"孤阴"和"独阳"均不能生化和滋长。同时,阴阳又在一定的条件下互相转化,如机能与物质之间就是这种互根的关系。但《内经》阴阳学说中较常用互根表示人体生理范围内的变化。任应秋在《阴阳五行》中提出阴阳"两体合一"、"动静升降"、"始终嗣续"、"两极反复"四大规律,以阐明阴阳的奥义。这些理论基本上可与现代哲学中的对立统一规律、质量互变规律相对应。

中国哲学五行学说是以木、火、土、金、水这五类特性及其生克制化规律来认识、解释自然的系统结构和方法论。中国哲学认为任何事物都具备炎上、润下、从革(适应)、曲直(可塑)、稼穑(孕育)这五种属性。这五种属性名之为金、木、水、火、土五行。因此,五行不是五

① 张世英,《哲学导论(修订版)》第2版,北京大学出版社,2008年6月,第3页。
②《哲学笔记》第2版,第116页。
③《经学理窟》。

类事物，而是事物普遍具有的五种属性。金曰“从革”，也就是适应性。从者，顺从、服从也，革者、变革、改革，故金具有能柔能刚、延展、变革、肃杀的特性。木曰“曲直”，即可塑性，曲者、屈也，直者、伸也，故木有能屈能伸之性。木纳水土之气，可生长发育，故木又具有生发向上修长的柔和、仁慈之性。水曰“润下”，润者，湿润也，下者，向下也，故水具有滋润向下，钻研掩藏的特性。火曰“炎上”，炎者，热也；上者，向上者。故火有发热温暖，向上之性，火具有驱寒保温之功，煅炼金属之能。土曰“稼禾啬”，即孕育性，播种为稼，收获为禾啬，土具有载物，生化藏纳之能，故土载四方，为万物之母，具贡献厚重之性。总之，对内能上、能下（降），对外具有适应性、可塑性和孕育性，这就是五行的基本属性。因此，五行是不可见的，可见的是事物，只有明白了这一点才能明白中医的五脏为什么不能用西医的脏腑来解释。因为中医的五脏对应的是人体生命活动的五种属性（机能），这五种属性可以见于人体的所有器官或细胞，所以它们虽然存在，但只包含于器官之内，没有器官也就没有五脏，有了器官也就有了五脏，它们不会单独存在，不可以解剖观察，但却可以去研究。

从现代科学的观点来看，五行所表述的事物的基本属性存在缺失，我认为至少应包括“光”和“能”。光，能点亮黑暗，传播信息，在现代物理学中具有波粒二重性，“光”能够和中医经络理论相结合。“能”或“势”存有力量，是事物变化的趋势和动力，事物从一种状态到另一种状态需要“能”。“能”可以和“气”相结合。再进一步说，现代科学中的“系统”也可以作为事物的基本属性来看待。

由于五行是事物的基本属性，凡是符合五种属性特点的事物，包括人体的生理病理特性，均可归属在五行范畴内。如具有清洁、肃降、收敛等作用的事物，均归属于金；具有条达、舒缓、生发等作用的事物，均归属于木；具有寒凉、滋润、向下运行的事物，均归属于水；具有温热、上升作用或性质的事物，均归属于火；具有承载、生化、受纳作用的事物，均归属于土。

五行学说中的“五行”之间不是孤立存在的，它们相互之间的相生、相克关系维系着事物的发生发展和变化。五行学说与阴阳学说的最大不同在于阴与阳既对立又同一，阴非阳，阳非阴，但阴中有阳，阳中有阴，在统一体内部，阴阳此消彼长，互相转化。而在金、木、水、火、土的属性关系中，金克木，木克土，土克水，水克火，火克金；金生水，水生木，木生火，火生土，土生金。它们两两之间既没有同一性，又不是互相对立的关系。金克木，但木不克金，木却克土；金生[①]水，但水不

① 这里的“生”有滋长、助生等之义，与生孩子中的“生”的“产下”“造出”“产生”之义有别，也与“道生一，一生二”中的“生”不同义。

生金，尽管金中无水，但金中却能生出水来，水中无木却也能生出木来[①]。五行诸元素两两之间是绝对的不同一和相对的不平等关系，而且五行只有“相生”和“相克”关系，没有“相合”的关系[②]，在中国哲学中，没有与现代哲学中的否定之否定规律相对应的理论，虽然在中国哲学里也有“物极必反”“反者道之动，弱者道之用。天下万物生于有，有生于无”[③]的思想，说明一个事物发展到极点的时候，常常就是衰落和消亡的起点。但这一思想并没有指出概念清晰、逻辑严密的事物由肯定到否定，再由否定到肯定的否定之否定过程，因而其对事物发展变化过程和路径的阐述是模糊的、不明确的，其最大的缺陷是没有指出由“正”（肯定）到“合”（新的肯定即否定之否定）需要“中介”这一环节和阶段，因而在逻辑体系上是不严密的，逻辑推理是有缺失的。

事物自身发展的整个过程是由肯定、否定和否定之否定诸环节、诸方面构成的。恩格斯说：“卢梭的平等说……没有黑格尔的否定的否定来执行助产婆的职务，也不能建立起来。”[④]在卢梭“关于历史的看法：原始的平等——被不平等所破坏——建立更高阶段上的平等”[⑤]的否定之否定过程中，“不平等”阶段就是这一过程的“中介”。

在马克思分析的“现代垄断”产生的否定之否定过程中，“竞争”就是“中介”的具体体现。在这一过程中，马克思说，正题是竞争前的封建垄断，反题是竞争，合题就是现代垄断，“它既然以竞争的统治为前提，所以它就是封建垄断的否定，同时，它既然是垄断，所以就否定竞争。”“竞争是由封建垄断产生的。可见，原来竞争是垄断的对立面，并非垄断是竞争的对立面。因此，现代垄断并不是一个单纯的反题，相反地，它是一个真正的合题。”[⑥]

“天人合一”学说众说纷纭，诸子百家和宋明理学除荀子的“天人相分”外，在天与人为什么要“合”的问题上比较一致，但在“合”的目标，以及怎样“合”、“合”的路径是什么，是一步到位的，还是要分阶段顺序推进的，这两个问题上各说各的。在逻辑关系上均表现为天人之“合一”的中介缺失和阶段性不明确。

“天人合一”无论是在其理论发展和还是其具体目标和理想的实现方面，无疑都具有阶段性。张世英把“天人合一”分为三个阶段：

（1）原始的“天人合一”阶段。这一阶段是指无主客区分、无自我意识阶段。在此阶段中，人自始就处于与世界打交道的活动中，这是一种低级的、本能活动，是原始的实践。这时的活动还不是认识，是行而不是知。

（2）“主体——客体”关系阶段。这一阶段又可细分为“意识”、“认

① 对这种情况可以有两种解读：一种是从西方哲学的角度看，中国传统哲学中的五行学说是抽象的、逻辑体系不严密的；另一种是从中国哲学的角度看，西方哲学体系存在缺失，没能包含类似于五行学说中的属性关系。

② 根据比类取象的方法，“合”的概念和思想其实已潜藏于人体生命活动和社会发展中。

③《老子·四十章》。

④《马克思恩格斯全集》第20卷，第152页。

⑤《马克思恩格斯全集》第20卷，第674页。

⑥《马克思恩格斯全集》第4卷，第177～178页。

识”和“实践”三个小阶段。“意识”是开始有自我意识，能区分自我和对象，意识到自我之外尚有物与我对立。“认识”分“直观”与“思维”。“直观”高于“意识”之处在于，“直观”不仅意识到某物存在于自己之外，而且进一步意识到此物在时间与空间之中的存在。“思维”的产物是概念。概念就是一种界定，它是有限制的。思维不同于和高于直观之处在于直观总是具有图像的，而思维本身则是摆脱了图像的认识活动。“实践”是指有了认识之后，根据认识所采取的有意识、有目的的活动。相对于认识来说，实践是一种改变、铸造的活动，总是更能直接接触世界之整体，但这只是与认识相比较而言，带有功利心的实践毕竟远离“人－世界”合一的境界。张世英说，中国的儒家传统把道德实践归属于“天人合一”，其实是没有根据的。道德的实践不是“天人合一”，仍属“主体－客体”关系。

（3）高级的“天人合一”阶段。人的精神意识发展的最高阶段是审美意识，它是高级的“天人合一”境界。审美意识的天人合一以原始的“天人合一”和“主体－客体”关系的诸阶段为基础，它依存于前此诸阶段，包含前此诸阶段，而又超出前此诸阶段。审美意识的天人合一是原始的天人合一的回复，但又不是简单的重复，而是经历了“主体－客体”关系之后的回复。正因为审美意识的天人合一是原始的天人合一的回复，所以它具有后者的某些特征：第一，是直接性，通常称为直观性；第二，它不是知识；第三，不是功利性；第四，不是道德意识。知识、功利、道德意识都起源于原始的天人合一的破坏和“主体－客体”关系的建立。但审美意识的天人合一不等于原始的天人合一，而是经过“主体－客体”关系之后所达到的境界，所以它必须通过审美的教育和修养以克服和超越原始的天人合一以及“主体－客体”关系阶段中所沾染过的知识性、功利性和道德意识。审美意识的天人合一境界，不是本能欲望的满足，不是知识的充实，不是功利的牵绕，不是善恶的规范，但它又是对这些的克服和超越。审美意识的天人合一完全超出了主客二分式的外在性，不仅人与物融合为一，而且自己与他人也融合为一。这里的人己一体虽然不是道德意义的，但他自然地是合乎道德的。审美意识的天人合一，其活动不是出于应该，而是出于自然的真挚。要达到高级的“天人合一”境界，需要超越本能欲望，超越知识，超越功利，超越道德意识，把“主体－客体”关系所假定的独立外在的客体或对象，“放在括号里”，使人的“世界”与“物”的“差异”合而为一，或者用《老子》的话来说，就是“学不学”“欲不欲”，以超越欲望、功利、知识，超越人己之分。[①]

①《哲学导论（修订版）》，第19～25页

2. "天人合一""合"的目标和所追求的理想境界

"天人合一"的思想对于中华民族的思维方式、价值追求、修养境界、审美情趣、政治理念、人格评价、价值判断标准的确立与形成均产生了深远影响。在中国文化中,"天人合一"实质上是合于"天"与"人"的关系。这种关系表现在:(1)与"天"的观念有关,"天"的含义不同,合的目标和方向也就不同,"天人合一"的内涵也就不同。(2)取决于合的目的和价值取向、审美意识。对应于不同的历史时期、不同学派、不同学术观念、不同政治立场和价值观念,就有各自不同的"天人合一"思想和理论。儒家从效仿天地之道入手,将天地之道内化为人德,而后修身、齐家、治国、平天下,形成天道与人德合一的"天人合德"思想。冯友兰说:"对于古代哲学中所谓'合一'的意义,我们也需要有一个正确的理解。张载除了讲'天人合一'之外,还讲'义命合一'、'仁智合一','动静合一'、'阴阳合一'①;王守仁讲所谓'知行合一'②。'合'有符合、结合之义。古代所谓'合一'与现代语言中所谓'统一'可以说是同义语。合一并不否认区别。合一是指对立的两方彼此又有密切相联不可分离的关系。"③

植根于中国小农经济和家族宗法政治之上的"天人合一"哲学思维,必须冲出神秘主义的纠缠和迷信盲从的羁绊,实现与理性、科学的结合。当代的"天人合一",实际是指人类超越自身局限性,通过掌握或领悟宇宙间这一最高智慧、最高实体,通过对自身的反观与体悟,达到天与人合一的境界。

在现代意义上,"天"与"人"的关系主要体现和反映在政治理想、学术观点、审美意识、价值观念和生态文明理念上。张世英认为"哲学是追求人与万物一体的境界之学"。他说:"综合中西哲学史上种种对哲学的界定,也通过对这些界定的发展过程和趋势的审视,我以为哲学应是以进入人与世界融为一体的高远境界为目标之学。我对于哲学目标的这一界定,意在把中国传统哲学的人与万物一体的思想和西方现当代关于人与世界融合为一的思想同西方近代的主客关系思想结合起来。所以,这种境界不是抛弃主客关系,而是需要和包括主客关系却又超越之;这种境界不是不需要知识和规律性、必然性,不是'弃智',而是需要广泛的知识和规律性、必然性而又超越知识、超越规律性、必然性;不是不要功利追求,而是既讲功利追求又超越功利追求。总之,这种境界不是单纯精神上的安宁或精神享受,而是对人世间一切现实活动的高远态度。"④他特别强调,"当今的中国……需要有经世致用或者说实用(但不是实用主义)的哲学观点,但现在人们过分地热衷于功利追求,对自

①《正蒙·诚明》。
②《传习录》。
③ 冯友兰,《中国哲学中"天人合一"的思想的剖析》,《北京大学学报(哲学社会科学版)》,1985年第1期。
④《哲学导论(修订版)》,第7页。

然采取人类中心主义，对人采取自我中心主义，破坏了人与人之间、人与自然之间的和谐。针对这些情况，我主张在重视实用的同时，更多地提倡诗意境界和‘民胞物与’的精神及其理论基础‘万物一体’的哲学。总之，我认为人与天地万物一气相通，融为一体，因此，人对他人、他物应有同类感，应当以仁民爱物的态度和赤诚之心相待。这是一种真善美相统一的境界，也是一种人与万物一体的哲学。”①

在精神境界上，张世英把人的精神境界，按其实现人生意义、价值高低的标准和人生在世的“在世结构”的发展过程分为四个等级，即欲求的境界、求实的境界、道德的境界和审美的境界。“审美的境界”属于“高级的主客融合”的“在世结构”，它包摄道德而又超越道德，高于道德。在“审美境界”中，人不再只是出于道德义务的强制（尽管这是一种自愿的强制）而做某事，不再只是为了“应该”而做某事，而是完全处于一种人与世界融合为一的自然而然的境界之中。“自然而然”不同于“应然而然”，后者尚有不自由的因素，前者则是完全的自由。“审美境界”中的人必然合乎道德，必然做道德上应该之事，但他是自然地做应该之事，而无任何强制之意（自然在这里就是自由）。②

3. 由“天人同一”通往“天人合一”

“天人合一”观念的提出，是人在实践活动中主体意识、在认识活动中的主观意识和改变世界活动中的主观能动性的体现。天人为什么要“合一”？一方面，在原始和自然状态下，天人有分、天人相分甚至是天人殊分；另一方面，天人之间有同一性，尽管在天与自然面前，人是渺小的，但人能认识到自身之外的天的存在、天的威力和天的作用本身就说明人与天之间有共通和共同之处。

在“天人合一”境界里，“天人相分”与“天人同一”处于一个统一体。天人相分是承认天与人有同一性的前提下的天人殊分，如果天与人间没有同一性，天就是天，人就是人，“井水不犯河水”，天与人之间就没有对立，天人之间就象是无矛盾的两条平行线，是“杂多”。所以，“天人相分”是在天人关系所构成的统一体内部的“同中之异”，相应地，“天人同一”则是“异中之同”。“天人同一”的对立面体现在两个方面：一是天人有别，天是天，人是人，“天人相分”；二是天人处于对立、冲突和不和谐状态。因此，“天人同一”既强调天人之间对立中具有同一性，对立而不冲突，也强调天人有别，双方应恪守本分，天不要“压制”人，也不要限制人的天性和自由；人不要“变天”，也不应僭越，天人要和平共处、共同发展。只有这样，“天人合一”目标和理想才有可能实现。

荀子提出的“天人相分”论，以“人”与“天”相对，借以彰显人

①《哲学导论（修订版）》，第10页。

②《哲学导论（修订版）》，第78～79页。

的主体自觉意识及其人的能动性。不怨天，不忧人，求其在己者，不求其在天者，以尽己、尽人为本分。虽然孔子提出君子求诸己的观念，但荀子提出的天人相分说，更从天道观上为儒家倡导君子人格自觉及道德伦理自为提供了思想依据，形成了重人事努力的行为思维习惯。由孔子开创的儒家积极入世品格，借“天人相分”说的天、人对立，突现人的主体性和能动地位，从而构建起以人的努力证明人的社会存在价值的儒学意义体系，这就从理论上使儒学同命定论有所区别。

与“天人相分”相比，“天人同一”的内涵要复杂得多。毛泽东说：“矛盾即是运动，即是事物，即是思想。”[①] 如果把天人关系作为一对矛盾来看待，那么“天人同一”作为天人关系的同一，蕴含着丰富的内涵。例如，《黄帝内经》中的“天人相应”学说实际上指的就是天与人的同一性，这种同一性主要体现在“天人相似”、“天人相动”和“天人相通”三个方面。

（1）天人相似。《内经》认为人的身体结构体现了天地的结构，可以把人体形态结构与天地万物一一对应起来，作类比。这样，人体仿佛是天地的缩影，人体的结构可以在自然界中找到相对应的东西。这种思想的形成，与汉代盛行的“人副天数”思想有密切关系。

（2）天人相动。《内经》认为人体生理功能变化的节律与天地自然四时变化的节律一致，“春生、夏长、秋收、冬藏，是气之常也。人亦应之”[②]，人体生理功能随着年、季、月、日、时的变化而发生相应的变化。人的生理功能活动在一日之内也体现了一年四季的变化节律，这一点在病理上表现较明显。“以一日分为四时，朝则为春，日中为夏，日入为秋，夜半为冬。朝则人气始生，病气衰，故旦慧；日中人气长，长则胜邪，故安；夕则人气始衰，邪气始生，故加；夜半人气入藏，邪气独居于身，故甚也。”“百病者，多以旦慧昼安，夕加夜甚。”[③]

（3）天人相通。《内经》认为人体不仅与自然界的共性运动规律相通，而且与自然界的具体运动规律相通。由于人体和自然界有着共同的规律，因而可以归为同“类”。《内经》采用这种“类”方法，从已知的自然界的事物去推知人体脏腑的生理功能，提出了“及于比类，通合道理”[④] 的比类方法；根据“天人相应”的原理，通过“外揣”即对外在自然现象的观察，以自然运动规律来类推人体生命运动规律。《素问·阴阳应象大论》通过“清阳为天，浊阴为地。地气上为云，天气下为雨，雨出地气，云出天气”的自然现象分布以及变化规律，推论出人体内存在着同样的生理变化规律，即“清阳出上窍，浊阴出下窍；清阳发腠理，浊阴走五藏；清阳实四肢，浊阴归六府”，表明人体内进行着与天地之

①《毛泽东选集》第一卷，第319页。
②《灵枢·顺气一日分为四时》。
③ 同②。
④《素问·示从容论》。

气同一形式的新陈代谢过程。

《内经》的天人相应论把天看成是客观存在的物质自然，不承认人能影响天，其天人相应思想是建立在气论自然观基础上的。人类作为气所化生的万物中的一部分，其运动变化的规律、节律与天地自然是一致的。因此天能够影响人，而人并不能影响天。这一观点属于张世英“天人合一”阶段划分中的“主体—客体”关系阶段中的“意识”小阶段。

随着科学技术的发展，在生产领域和社会活动中，人类目前已全面进入“主体—客体”关系阶段中的“实践”小阶段，并开始逐步迈向高级的“审美意识”阶段。由于审美意识的天人合一是原始的天人合一的回复，这种复归，将诗化自然和自然人化结合起来，把自然万物都看成具有人的品行、人的情感并能与人进行精神上的相互沟通的生命体。通过把人们回归自然、亲近自然的强烈渴望，融入园林艺术和其他艺术创作中，让人们领略到“情来爽朗满天地”的激情以及“更觉鹤心杳冥”那种与大自然达到“物我玄会”的绝妙感受。在情景交融、动静结合、声色并茂、虚实相生中，大自然的一山一水，一石一沙，一草一木都显得格外可爱，格外亲切。

在“天人合一”的“实践”阶段，人们根据已认识和掌握的规律进行有意识、有目的生产和社会活动。这些活动深刻影响着自然，也影响着人类和人类社会。孔子曰：“人能弘道，非道弘人。”[①] 在当今世界，“道弘人”已成为现实，人类的生产和社会活动既改变了自然，又重塑了社会和社会生活。随着基因和克隆等生物技术的发展，人类甚至可以改变人类自身。在这一阶段，带有功利心的实践活动的“天人同一”，不仅体现在天与人在发展变化规律方面具有一致性，而且还体现在人对自然、自然对人的相互影响、相互渗透和相互作用上。正如恩格斯所说，“我们一天天地学会更加正确地理解自然规律，学会认识我们对自然界的惯常行程的干涉所引起的比较近或比较远的影响。特别从本世纪自然科学大踏步前进以来，我们就愈来愈能够认识到，因而也学会支配至少是我们最普通的生产行为所引起的比较远的自然影响。但是这种事情发生得愈多，人们愈会重新地不仅感觉到，而且也认识到自身和自然界的一致，而那种把精神和物质、人类和自然、灵魂和肉体对立起来的荒谬的、反自然的观点，也就愈不可能存在了。”[②] 他还指出：“我们的主观的思维和客观的世界服从于同样的规律，因而两者在自己的结果中不能互相矛盾，而必须彼此一致，这个事实绝对地统治着我们的整个理论思维。”[③]

但是在人类改变自然使得人与自然越来越趋于“同一”的时候，人与自然的冲突和不协调也越来越明显，资源短缺，环境污染，生态环境

①《论语·卫灵公》。

②《马克思恩格斯全集》第20卷，第519~520页。

③《马克思恩格斯全集》第20卷，第610页。

遭受严重破坏，可持续发展面临严峻考验。人类再也无法承受生态恶化的报复，以及天人关系和社会关系的种种紧张，不要让人类的灵魂污染地球已不是危言耸听。恩格斯曾严肃地指出："我们不要过分陶醉于我们对自然界的胜利。对于每一次这样的胜利，自然界都报复了我们。每一次胜利，在第一步都确实取得了我们预期的结果，但是在第二步和第三步却有了完全不同的、出乎预料的影响，常常把第一个结果又取消了。……我们连同我们的肉、血和头脑都是属于自然界，存在于自然界的；我们对自然界的整个统治，是在于我们比其他一切动物强，能够认识和正确运用自然规律。"[①] 人类与自然关系本质上并不是一种简单的征服与被征服的关系，人类科学技术的进步除了改善人类的生存条件外，还应有不损坏自然的相应约束、维护人与自然和谐的功能，否则科学技术的进步在一定程度上对于人类来说也是一场福祸相伴的悲喜剧。

"天人合一"承认自然界作为人类生命和一切生命之源，这种内在的"善"构成人类所追求的和谐世界的价值本原。庄子提出了"太和万物"的思想，意思是说天地万物本来存在着最完满的和谐关系。天道与人道是统一的，天之"道"与人之"礼"、天之规律与人自身的规律具有一致性。这种"天人同一"的和谐生存理念，"参天地之化育"[②]，"上下与天地同流"[③]，既强调人的生命来自大自然，人类应该"顺之以天道，行之以五德，应之以自然"，以天道来规范人道；又重视人与人、人与社会的和谐共处乃至人自我身心的和谐。人是大自然生命的一部分，自然界的生命意义和内在价值，需要由人来推进和实现。生命是神圣的。泰戈尔的诗句"我的主，你的世纪，一个接着一个，来完成一朵小小的野花"表达的就是对生命神秘的感觉，无论多么微小的生命，它的来源都是神秘的。对生命，我们应怀有敬畏之心，珍惜生命，关爱生命，同时以"万物一体"的生命情怀，尊重天地万物生命存在的多样性。在人与人关系上，倡导"己所不欲，勿施于人"[④]，"己欲立而立人，己欲达而达人"[⑤]。

当前，人类与自然已是不可分割的命运共同体，人与自然共生共荣。改变人与自然的关系的紧张状况，已成为人类面临的一大严峻课题。"道法自然"以天人合一的"内在关系"立论，它所表达的人与自然和谐共生的关系并非让人削足适履地消极适应环境，而是要"先天而天弗违，后天而奉天时"[⑥]。"自然"的今义，从形而上角度看，是指客观规律；从形而下角度看，则包括原生态的自然界、由人类与自然相互影响而生成的人化自然。在人和自然的关系中，人是能动的因素，但作为自然人只能在生态规律的制约之中生存和发展。人应学会人与自然的和谐相处、

①《马克思恩格斯全集》第20卷，第519页。
②《中庸》。
③《孟子·尽心上》。
④《论语·卫灵公》。
⑤《论语·雍也》。
⑥《周易·文言》。

协调发展，主动承担起对自然界的道德责任和义务，在师法自然的同时，走近自然，邀请自然走进人的生活。

在天人关系层面，“天人同一”是由“天人相分”、天人对立迈向“天人合一”的中介。在实现“天人合一”目标的各阶段上，“天人同一”是通往“天人合一”理想和境界的基础性、现实性阶段。天人之间，不仅“天人相似”“天人同构”“天人同类”“天人同象”“天人同数”，而且“天人相通”“天人相应”“天人互动”，天人共命运，人与大自然应当和谐为一。只有处理好“天人同一”与天人有别、“天人相分”的辩证关系，才能实现“天人合一、万物一体”的理想境界，才能实现人类和自然界、自然界和精神的有机统一，为人类创造诗意的栖居地。

如果人类不能理性地处理好人与自然、人与人、人与社会的和谐关系，不仅“天人合一”将成为遥不可及的梦想，而且总有一天，人类也会像窦娥一样，在愤怒至极后发出悲愤到底的叹息：“有日月朝暮悬，有鬼神掌着生死权。天地也，只合把清浊分辨，可怎生糊突了盗跖、颜渊？为善的受贫穷更命短，造恶的享富贵又寿延。天地也！做得个怕硬欺软，却原来也这般顺水推船！地也，你不分好歹何为地！天也，你错勘贤愚枉做天！哎，只落得两泪涟涟。”[①]

①（元）关汉卿，《窦娥冤·滚绣球》。

定稿于 2016 年 12 月 27 日

附录

一芹一脂是《红楼梦》中贾宝玉的原型

提倡“作人要老诚，作文要狡猾”的脂砚斋，一直是谜一样的人物。对脂砚斋是谁，目前红学界主要有作者说、史湘云说、叔父说和堂兄弟说四种说法。这些说法都是针对脂砚斋与曹雪芹的关系而言的。

作者说最先由胡适提出。胡适根据庚辰本第二十二回的“凤姐点戏，脂砚执笔事，今知者寥寥矣，不怨夫”这一批语认为，由于凤姐不识字，点戏时自须别人执笔，而宝玉是最具这个资格的，故此脂砚斋即是宝玉。

脂砚斋的诸多批语表明小说中的一些故事是作者本人所经历过的，例如第十八回写元妃省亲，庚辰本眉批：“非经历过，如何写得出？”脂砚斋还明确透露他自己也是大观园中的当事人之一，吴世昌等红学家据此认为，“脂砚斋是贾宝玉的模特儿”，即现实中的人物原型。

我认为贾宝玉的原型，胡适和吴世昌等红学家只说对了一半——“一芹一脂”才是贾宝玉的原型。这就是说曹雪芹把他自己和脂砚斋两个人的生活经历、人生感悟及对世事的洞察，“情理、景况、光阴事”等结合起来，创作了贾宝玉这一鲜活的人物。这一结论的得出主要依据两条脂砚斋批语。

庚辰本第二十回回后脂批：“有客题《红楼梦》一律，失其姓氏，惟见其诗意骇警，故录于斯：‘自执金矛又执戈，自相戕戮自张罗。茜纱公子情无限，脂砚先生恨几多。是幻是真空历遍，闲风闲月枉吟哦。情机转得情天破，情不情兮奈我何？’凡是书题者不可（少），此为绝调。

诗句警拔，且深知拟书底里，惜乎失石（名）矣”，见图15。

这首“深知拟书底里”的题诗表明，贾宝玉（不是甄宝玉）的原型有两个：“情无限”的茜纱公子和“恨几多”的脂砚先生，他们俩一个执“矛盾”中的矛，一个执“干戈”中的戈，这一表述意味着他们各执一半且一个戕戮，一个张罗。“闲风闲月枉吟哦”，指的是曹雪芹的创作；“是幻是真空历遍”，指的是脂砚斋，他既是《石头记》书中所写的许多情节的经历者，又是通过对该书作批注而空历一遍“真情真事”。“情不情兮奈我何？”为双关语，其一续接“情机转得情天破”，其二“情不情”系《警幻情榜》中的贾宝玉，意即面对“情机转得情天破”，当故事情节演变至“宝玉有情极之毒”“世人莫忍为之毒”的“不情”时，宝玉啊，你能拿我（题诗者）怎么办呢？故第二十一回庚辰双行夹批：“后文方有悬崖撒手一回。若他人得宝钗之妻、麝月之婢，岂能弃而为僧哉？此宝玉一生偏僻处。”可见，宝玉“焚花散麝”“戕宝钗之仙姿，灰黛玉之灵窍”，这些“亦世人莫忍为者”的情节，可能也正是作者不忍心那么残忍地将其表现出来的部分，这一句表达出作者创作过程中的痛苦。从这里也可以看出，这首《题〈红楼梦〉》的作者不是曹雪芹就是脂砚斋，因为没有其他人比他们俩更“深知拟书底里”，而且以曹雪芹的可能性更大，他题了这首诗给脂砚斋，但由于体例关系或其他原因没将其纳入小说的正文中，并且有可能以这首题诗来宽慰脂砚斋。脂砚斋也有可能是题诗者，因为第二十二回的庚辰双行夹批：“山木，漆树也。精脉自出，岂人所使之？故云‘自寇’，言自相戕贼也”，与这首题诗可能是同一个人的批注，即脂砚斋。

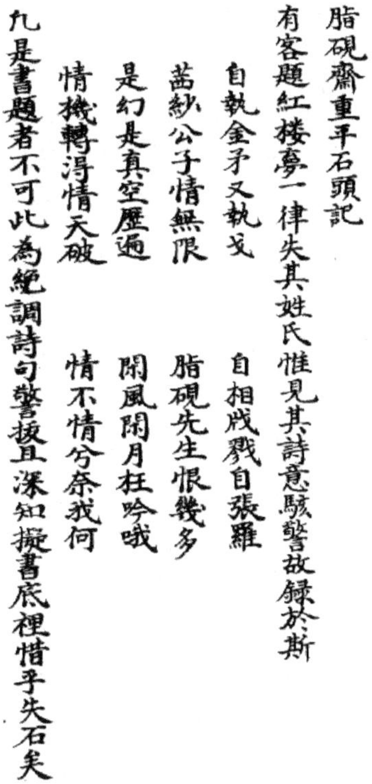
脂硯齋重平石頭記
有客題紅樓夢一律失其姓氏惟見其詩意駭警故録於斯
自執金矛又執戈　自相戕戮自張羅
茜紗公子情無限　脂硯先生恨幾多
是幻是真空歷遍　閑風閑月枉吟哦
情機轉得情天破　情不情兮奈我何
凡是書題者不可此為絕調詩句警拔且深知擬書底裡惜乎失石矣

图15　庚辰本第二十回脂批

另一条脂批是第一回的甲戌眉批：“书未成，芹为泪尽而逝。余尝哭芹，泪亦待尽。每意觅青埂峰再问石兄，奈不遇癞头和尚何！怅怅！今而后惟愿造化主再出一芹一脂，是书何本，余二人亦大快遂心于九泉矣。”这里，再出“一芹一脂”的目的，如果只是因为书未成而芹已逝因而需要续写《石头记》的话，那只需要再出“一芹”即可，何况此时的脂砚先生，尽管“泪亦待尽”，但仍然在世，万一造化主真的又再造出一个脂砚斋出来，两个脂砚先生同在一个世界，岂不麻烦？所以，“再出一芹一脂”不是为了再造出一个作书者和一个批书者，而是为了造出“一芹一脂”两个原型糅合而成的贾宝玉这一主角，使《石头记》的故事情节能继续，故言“是书何本”。有学者把“是书何本”改成“是书何幸”可能把原本对的反而改成错的了。此外，脂砚斋去青埂峰再问石兄时，为何去找癞头和尚而不是空空道人？《红楼梦》中，“通灵宝玉”是得癞头和尚的助力才投胎入世的，而将“石兄”的故事“从头至尾抄录回来，问世传奇”的，则是空空道人［即自谦为老朽（老人）并被脂砚斋称为“世之一腐儒”的畸笏叟，他的批注与贾政有一定的对应关系，也透露了后八十回，诸如“卫若兰射圃”文字无稿；“狱神庙慰宝玉”等五六稿，被借阅者迷失；回末警幻情榜有正、副、再副及三四副芳讳等内容，说明他的确是《石头记》的“抄录者”］。这就是说，要续写《石头记》，理应找空空道人，可是脂砚斋要找的却是癞头和尚，而找不到癞头和尚，就等于宝玉不能再生，其指向性是很明确的。从这一个角度看，脂砚斋求助于造化主的目的，是希望再出《石头记》主角宝玉，而不是再造一个续写《石头记》的人。

根据上述分析，我认为“一芹一脂”是贾宝玉的原型。如这一观点成立，书中的很多批语就比较好理解。

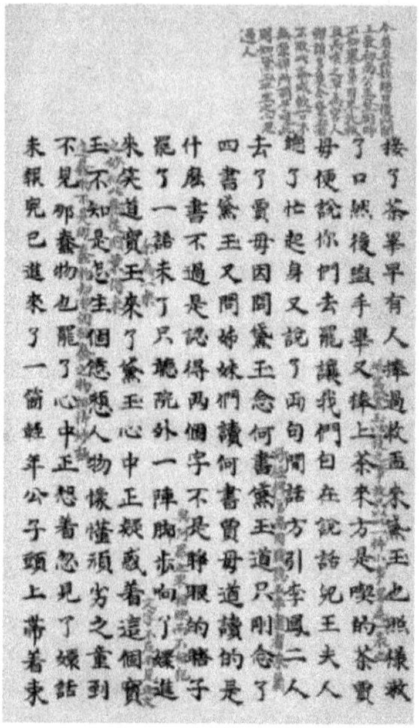
接了茶早有人捧過漱盂來黛玉也照樣漱
了口然後盥手畢又捧上茶來方是喫的茶賈
母便說你們去罷讓我們自在說話兒王夫人
聽了忙起身又說了兩句閒話方引李鳳二人
去了賈母因問黛玉念何書黛玉道只剛念了
四書黛玉又問姊妹們讀何書賈母道讀的是
什麼書不過是認得兩個字不是睜眼的瞎子
罷了一語未了只聽院外一陣腳步响丫嬛進
來笑道寶玉來了黛玉心中正疑惑着這個寶
玉不知是怎生個憊懶人物懞懂頑劣之童到
不見那蠢物也罷了心中正想着忽見丫嬛話
未報完已進來了一位年輕公子頭上帶着束

图16　甲戌本脂批

自1754年甲戌重评开始至1774年甲午为止，脂砚斋二十年如一日地对《石头记》进行多次抄评，付出了大量的心血，尤其对小说主人公贾宝玉表现了非同一般的感情。

（1）《红楼梦》第三回，袭人“心中眼中又只有一个宝玉。只因宝玉性情乖僻，每每规谏宝玉不听，心中着实忧郁”。蒙侧批：“我读至此，不觉放声大哭。”为什么？规谏宝玉实则规谏脂砚也。第二十三回，贾政见贾环，人物委琐，举止荒疏，忽又想起贾珠来，庚辰侧批：“批至此，几乎失声哭出。”贾政想念宝玉之亡兄，被感动而哭的该是宝玉，即脂砚。尤其是第三回，黛玉正在问姊妹们读何书时，只听外面一阵脚步响，丫鬟进来笑道："宝玉来了！"甲戌侧批"余为一乐"（见图16）。设想一下，如果这里不是写出了批书者自己，他怎么可能一乐？他为何要一乐？

（2）第四回蒙府本中"作者泪痕同我泪"批语中的"同"字，表明了脂砚斋与作者的关系。类似的批语还有：第二十一回，四儿笼络宝玉，庚辰双行夹批："又是一个有害无益者。作者一生为此所误，批者一生亦为此所误。"第二十五回，马道婆嘟囔持诵佛法，甲戌侧批："一段无伦无理信口开河的混话，却句句都是耳闻目睹者，并非杜撰而有。作者与余实实经过。"第四十八回，薛姨妈、薛宝钗商议薛蟠出去做买卖的事，庚辰本批："作书者曾吃此亏，批书者亦曾吃此亏，故特于此注明。"第七十四回，贾琏和鸳鸯借当，庚辰双行夹批："盖此等事作者曾经，批者曾经，实系一写往事。"第七十七回，王夫人抄检怡红院，庚辰双行夹批："一段神奇鬼讶之文不知从何想来……此亦是余旧日目睹亲闻，作者身历之现成文字，非捏造而成者。"

（3）第七回，宝玉打发茜雪去看望生病的薛宝钗："论理我该亲自来的，就说才从学里来，也着了些凉，异日再亲自来看罢。"甲戌眉批："余观'才从学里来'几句，忽追思昔日情景，可叹！"第八回，吴新登等人为讨宝玉高兴，夸宝玉的字写得好，甲戌眉批："余亦受过此骗，今阅至此，赧然一笑。此时有三十年前向余作此语之人在侧，观其形已皓首驼腰矣，乃使彼亦细听此数语，彼则潸然泣下"。第十七回，宝玉听说他爹来了，便"带着奶娘小厮们，一溜烟就出园来"，庚辰侧批："不肖子弟来看形容。余初看之，不觉怒焉，盖谓作者形容余幼年往事。"第十八回，写宝玉三四岁未入学堂时，已得贾妃手引口传，庚辰侧批："批书人领过此教，故批至此竟放声大哭。"第十九回："宝玉听这话内有文章"（庚辰双行夹批："余亦如此"），"不觉一惊"（庚辰双行夹批："余亦吃惊"）。第二十五回，写宝玉除去抹额，脱了袍服，拉了靴子，便一头滚在王夫人怀里。甲戌侧批："余几几失声哭出。"第二十六回，宝玉在回廊上调弄了一回雀儿，出至院外，顺着沁芳溪看了一回金鱼。只见那边山坡上两只小鹿箭也似的跑来，宝玉不解何意，甲戌侧批："余亦不解"。第七十七回，宝玉哭道："我究竟不知晴雯犯了何等滔天大罪！"庚辰双行夹批："余亦不知，盖此等冤实非晴雯一人也"。这几处均明确地表明了书中的贾宝玉与批书者脂砚的对应关系。而第二十九回甲戌侧批"有客曰：'先生身非宝玉，何能下笔？'"这里的宝玉原型则是"玉兄之化身无疑"。

（4）第十二回庚辰眉批"此书系自愧而成"。第一回"惭愧之言，呜咽如闻”。第三回脂批“我读至此，不觉放声大哭”，“他天生带来的美玉，他自己不爱惜，遇知己替他爱惜，连我看书的人也着实心疼不了，不觉背人一哭，以谢作者”；第十三回“可共天下有志事业功名者同来一哭”；第十八回“作书人将批书人哭坏了”。这些感性而情绪化的批注，与“恨几多”“无材可去补苍天”及小说中的宝玉的角色具有某种程度的一致性和对应性，尤其是情感上的共鸣（第二十回庚辰眉批：麝月闲闲无语，令余酸鼻，正所谓对景伤情。丁亥夏。畸笏），不是看（听）别人的故事所能激起的。这些感情色彩鲜明的批语表明，裕瑞《枣窗闲笔》中“曾见抄书卷额，本本有其叔脂砚斋之批语，引其当年事甚确”之说比较可信，因为从年龄上推测，曹家家族之败，与曹雪芹本人可能没有直接关系，但他的叔叔辈是其家族由盛而衰的亲历者和见证者，甚至是某些事件的亲为者，他发自内心的悔恨和创巨痛深之叹，是真实情感的流露。

（5）第十四回，写凤姐即命彩明钉造簿册，甲戌眉批：“宁府如此大家，阿凤如此身份，岂有使贴身丫头与家里男人答话交事之理呢？此作者忽略之处。”同一处，庚辰眉批：“彩明系未冠小童，阿凤便于出入使令者。老兄并未前后看明，是男是女，乱加批驳。可笑。”这两条互相否定的批注肯定不是同一人批的。再如，第二回甲戌眉批“诸公之批，自是诸公眼界；脂斋之批，亦有脂斋取乐处”，说明为脂批本作批注者系多人。第二十一回，庚辰双行夹批：“妙谈！道‘到便宜他’四字，是大家千金口吻。近日多用‘可惜了的’四字。今失一珠，不闻此四字。妙极！是极！”庚辰眉批：“‘到便宜他’四字与‘忘了’二字是一气而来，将一侯府千金白描矣。畸笏。”这两条批注中，“到便宜他”重复，说明畸笏与脂砚不是一人。

与畸笏叟、梅溪等的批注数量相比，脂砚斋的批注最多并贯穿全书，这可能也与他的“往事”与情感已融入宝玉这第一主角有关，如第一回“知眼泪还债，大都作者一人耳。余亦知此意，但不能说得出”。第十六回甲戌本有回前总批：“借省亲事写南巡，出脱心中多少忆昔感今。”庚辰本在写甄家接驾四次时有侧批曰：“真有是事，经过见过。”第二十二回庚辰眉批：“凤姐点戏，脂砚执笔事，今知者寥寥矣。”靖眉批：“前批‘知者寥寥’，芹溪、脂砚、杏斋诸子皆相继别去，今丁亥夏只剩朽物一枚”。这些批注不仅道出了芹与脂的关系，也表明了脂砚斋与宝玉角色之间的对应关系。

（6）第十九回庚辰双行夹批“按此书中写一宝玉，其宝玉之为人是我辈于书中见而知有此人，实未目曾亲睹者”。为什么？宝玉是两个原型糅合的结果，虽“知有此人”，然“未目曾亲睹”。《红楼梦》的写作手法，第一回甲戌眉批：“事则实事，然亦叙得有间架、有曲折、有顺逆、有映带、有隐有见、有正有闰，以致草蛇灰线、空谷传声、一击两鸣、明修栈道、暗度陈仓、云龙雾雨、两山对峙、烘云托月、背面敷粉、千皴万染诸奇书中之秘法，亦不复少。”第三回蒙戚双：“纨绔膏粱，此儿形状，有意思。当设想其像，合宝玉之来历同看，方不被作者愚弄。”这里的“合宝玉之来历同看”，道出了其中的关键。

（7）第十七回，写贾政等刚入大观园园门，只见迎门一带翠嶂挡在前面，再往前一望，见白石崚嶒，或如鬼怪，或如猛兽，纵横拱立，上面苔藓成斑，藤萝掩映。庚辰双行夹批：“曾用两处旧有之园所改，故如此写方可。”从创作方法来说，既然大观园是由两处旧园改写的，那么，宝玉由两个原型合二为一也是可能的，这也与中国哲学既强调“一分为二”，又主张“合二而一”[①]相一致。宝玉由两个原型合二为一与“钗黛合一”对应。

（8）脂批有“试问石兄”“再问石兄”“玉兄，玉兄，你到底哄的那一个？”“玉兄，玉兄，唐突颦儿了！”“岂敢！”“岂敢！岂敢！”等批注，既有自况、自嘲或自语的味道，又像是对答，甚至是宝玉两个原型之间的对话。

（9）第二十六回宝玉穿着家常衣服，靸着鞋，倚在床上拿着本书，甲戌侧批：“这是等芸哥看，故作款式。若果真看书，在隔纱窗子说话时已经放下了。玉兄若见此批，必云：‘老货，他处处不放松我，可恨可恨！’回思将余比作钗、颦等，乃一知己，余何幸也！”把宝玉的原型比作钗、颦等的知己，一点也不牵强（第二十二回，庚辰双行夹批：“总写宝卿博学宏览，胜诸才人；颦儿却聪慧灵智，非学力所致——皆绝世绝伦之人也。宝玉宁不愧杀！”），而且的确是“一知己”。就在这一回中，宝玉一句“若共你多情小姐同鸳帐，怎舍得叠被铺床？”惹恼了黛玉，“黛玉登时撂下脸来”，甲戌侧批：“我也要恼。”在这一情景中，如果要“恼”的是宝玉化身，与全书的情节倒是很贴切的，就像第八回，“宝钗也忍不住笑着，把黛玉腮上一拧”，甲戌侧批：“我也欲拧。”曾经伸手向黛玉胳肢窝内乱挠的“宝玉”，想在黛玉腮上拧一下，也不是唐突之举和冒犯的行为。

可见，做人“老诚”的脂砚斋其实已在众多的批注中透露出他与贾宝玉角色之间的对应关系和情感的共鸣，只是后人没有读出其中的奥妙。笨甚甚！

定稿于 2017 年 8 月 2 日

① 方以智，《东方均》。

主要参考书目

[1] [德]黑格尔. 逻辑学[M]. 上卷. 杨一之，译. 北京：商务印书馆，1966.

[2] [德]黑格尔. 逻辑学[M]. 下卷. 杨一之，译. 北京：商务印书馆，1976.

[3] [德]黑格尔. 小逻辑[M]. 贺麟，译. 北京：商务印书馆，1980.

[4] [德]黑格尔. 精神现象学[M]. 上卷. 贺麟，王玖兴，译. 北京：商务印书馆，1979.

[5] [德]黑格尔. 精神现象学[M]. 下卷. 贺麟，王玖兴，译. 北京：商务印书馆，1979.

[6] [德]黑格尔. 美学[M]. 第1卷. 朱光潜，译. 北京：商务印书馆，1996.

[7] [德]黑格尔. 美学[M]. 第3卷下册. 朱光潜，译. 北京：商务印书馆，1981.

[8] [德]黑格尔. 哲学史讲演录[M]. 第1卷. 贺麟，王太庆，译. 北京：商务印书馆，1959.

[9] [德]黑格尔. 哲学史讲演录[M]. 第2卷. 贺麟，王太庆，译. 北京：商务印书馆，1960.

[10] [德]黑格尔. 哲学史讲演录[M]. 第3卷. 贺麟，王太庆，译. 北京：商务印书馆，1959.

[11] [德]黑格尔. 哲学史讲演录[M]. 第4卷. 贺麟，王太庆，译. 北京：商务印书馆，1978.

[12] [德]黑格尔. 历史哲学[M]. 王造时，译. 上海：上海书店出版社，2001.

[13] 列宁. 哲学笔记[M]. 第1版. 中共中央马克思恩格斯列宁斯大林著作编译局，译. 北京：人民出版社，1957.

[14] 列宁. 哲学笔记[M]. 第2版. 中共中央马克思恩格斯列宁斯大林著作编译局，译. 北京：人民出版社，1993.

[15] 列宁.列宁全集[M]. 第55卷. 中共中央马克思恩格斯列宁斯大林著作编译局，译.北京：人民出版社，1990.

[16] 马克思恩格斯全集[M]. 第1卷. 第2版. 中共中央马克思恩格斯列宁斯大林著作编译局，译. 北京：人民出版社，1995.

[17] 马克思恩格斯全集[M]. 第2卷～第50卷. 中共中央马克思恩格斯列宁斯大林

著作编译局，译. 北京：人民出版社，1956~1985.
[18] 毛泽东选集[M]. 第1卷~第4卷. 北京：人民出版社，1991.
[19] [德]黑格尔. 宗教哲学[M]. 魏庆征，译. 北京：中国社会出版社，1999.
[20] [德]克劳塞维茨. 战争论[M]. 上・下卷. 中国人民解放军军事科学院，译. 北京：解放军出版社，1964.
[21] 贺麟. 黑格尔哲学讲演集[M]. 上海：上海人民出版社，2011.
[22] 国外黑格尔哲学新论[M]. 中国社会科学院哲学研究所西方哲学史研究室，编. 王玖兴，汝信，王树人，统校. 北京：中国社会科学出版社，1982.
[23] 罗森塔尔. 马克思"资本论"中的辩证法问题[M]. 冯维静，译. 北京：生活・读书・新知三联书店，1957.
[24] 冒从虎. 德国古典哲学——近代德国的哲学革命[M]. 重庆：重庆出版社，1984.
[25] 阿尔森・古留加. 黑格尔小传[M]. 卞伊始，桑植，译. 北京：商务印书馆，1978.
[26] 费尔巴哈哲学著作选集[M]. 上卷. 北京：生活・读书・新知三联书店，1959.
[27] 伍蠡甫，胡经之. 西方文艺理论名著选编[M]. 上卷. 北京：北京大学出版社，1985.
[28] 西方哲学史讨论集[M]. 北京：生活・读书・新知三联书店，1979.
[29] 外国哲学[M]. 第四辑.《外国哲学》编委会，编. 北京：商务印书馆，1983.
[30] 姜丕之. 黑格尔《小逻辑》浅释[M]. 上海：上海人民出版社，1980.
[31] 张世英. 论黑格尔的逻辑学[M]. 上海：上海人民出版社，1981.
[32] 张世英. 论黑格尔的逻辑学[M]. 第3版. 北京：中国人民大学出版社，2010.
[33] 林伯野，韩培基，申辙，张云勋. 毛泽东军事辩证法思想新探[M]. 北京：解放军出版社，1987.
[34] 刘继贤，张全启. 毛泽东军事辩证法思想原理[M]. 北京：解放军出版社，1995.
[35] [英]利德尔・哈特. 战略论[M]. 中国人民解放军军事科学院，译. 北京：战士出版社，1981.

后　记

“遮住我的双眼，我依然能看见你；捂住我的双耳，我依然能听见你；没有了双脚，我依然能走向你；没有了嘴巴，我依然能呼唤你。”① 诗人的呢喃低语，让人们感受到有一种无形的、强大的力量在感召和呼唤着，激荡着人们的心灵。② 这种力量和感召对每个人的触动是不尽相同的，经典著作那闪亮的智慧之光召唤着我！“经典沉深，载籍浩瀚，实群言之奥区，而才思之神皋也。”③

我第一次感受到经典著作的感召力是在初中语文课上读刘白羽的《长江三日》。这篇文章写出了作者乘坐“江津”号自重庆顺流而下，穿越长江三峡的沿途见闻与感受，尤其是船出西陵峡，江面顿然开阔，碧波雪浪，海鸥翩飞，水天柔和，江船宁静，可是作者的心潮却在剧烈地翻涌，他被罗莎·卢森堡的《狱中书简》带到那艰苦而悲壮的岁月：“雨点轻柔而均匀地洒落在树叶上，紫红的闪电一次又一次地在铅灰色中闪耀，遥远处，隆隆的雷声像汹涌澎湃的海涛余波似地不断滚滚传来。在这一切阴霾惨淡的情景中，突然间一只夜莺在我窗前的一株枫树上叫起来了！在雨中，闪电中，隆隆的雷声中，夜莺啼叫得像是一只清脆的银铃，它歌唱得如醉如痴，它要压倒雷声，唱亮昏暗……”④ 三十多年过去了，“夜莺啼叫”这壮丽的一幕成为我对初中语文最清晰的记忆。这种记忆蕴含着情感的共鸣：“它的歌声在那时而铅灰时而艳紫的天空的烘托下象一道灿烂的银光在闪闪辉耀。这是那么神秘，那么不可思议，我不禁反复吟诵歌德那首诗的最后一行：‘啊，但愿你在这里！’”⑤

也还是在三十多年前，江山清湖中学的徐国华老师以他舒缓的语调给我们讲授高中政治课：“在复杂的事物发展过程中，存在着许许多多的矛盾，其中必有一个处于支配地位、对事物发展起决定作用的矛盾，这一矛盾就是主要矛盾。”我当时对这一说法产生了疑虑：由于复杂事物中存在许许多多的矛盾，这许许多多矛盾的数量是不确定的，如果人们在分析事物发展状态时，没有把这许许多多的矛盾全都找出来，怎样才能确定所找出的矛盾就是主要矛盾？就是说如果我们所能罗列出的这

① 里尔克，《致莎乐美》。
② “鲁经汉史费研寻，圣迹神皋夜夜心。”（陈寅恪，《杨遇夫寄示自寿诗五首即赋一律祝之》）。
③《文心雕龙·事类》。
④ 刘白羽，《长江三日》。
⑤ 罗莎·卢森堡，《狱中书简》。

些矛盾的数目不全，就有可能把起主导作用的那个主要矛盾漏了，那么我们所找到的所谓的主要矛盾，其实并不是事实上的主要矛盾。要避免这一情况发生，唯一可行的办法就是确认某一事物有多少种矛盾，这样才能避免遗漏。在高考复习阶段，我请教了徐老师这么一个问题：“既然复杂的事物发展过程存在许许多多的矛盾，那么，一个简单的事物有多少矛盾？”没想到，徐老师听了很是替我着急：“事到如今，你连这一问题还都不明白！我不是讲过吗，在复杂的事物发展过程中，存在着许许多多的矛盾，其中必有一个是处于支配地位、对事物发展起决定作用的矛盾……考试的时候如果你对这样的问题还不明白，答不出要点，你是要吃亏的。”我理解徐老师是希望我们高考时不要答偏了，就没有继续追问。然而恰恰因为有这一问题萦绕于心，上大学时，我特别留意听哲学课，希望能在大学课堂上找到一个满意的答案。可是结果同样令我失望。

在一次家庭聚会中，我就这一问题和在衢州市委党校工作的堂哥周献喜进行了讨论。堂哥未置可否。现在看来，堂哥未作答复是再正常不过的事了，因为这还真是个复杂的问题。黑格尔说：“一事物由许多独立的物质组成。一方面，事物被认为具有特性，事物就是特性的长在。另一方面，这些不同的规定被当作物质，事物并不是它们的长在，而反过来，事物倒是由它们组成的；事物只是它们的外在联系和量的界限。”①“假定有某物于此，则立即有别物随之。我们知道，不仅有某物，而且也还有别物。但我们不可离开别物而思考某物，而且别物也并不是我们只用脱离某物的方式所能找到的东西，相反，某物潜在地即是其自身的别物，某物的限度客观化于别物中。”②“事物具有这样的属性：它能在他物中产生出什么来，并通过特有的方式在自己和其他事物的关系中显露出自己……许多不同的事物通过自己的属性而处于本质的相互作用中；属性就是这种相互作用本身，事物离开属性就什么也不是。”③“一物质在这个中，另一物质也在那里，在同一点中的渗透者也被渗透，或者说，独立物直接就是另一物的独立性。这是矛盾的；但事物又无非就是这个矛盾本身。”④“事实上摆在我们前面的，就是某物成为别物，而别物一般地又成为别物。某物既与别物有相对关系，则某物本身也是一与别物对立之别物。既然过渡达到之物与过渡之物是完全相同的（因为二者皆具有同一或同样的规定，即同是别物），因此可以推知，当某物过渡到别物时，只是和它自身在一起罢了。”⑤“某物成为一个别物，而别物自身也是一个某物，因此它也同样成为一个别物，如此递推，以至无限。”⑥

①《逻辑学》下卷，第135页。
②《小逻辑》，第205页。
③《哲学笔记》第1版，第130～131页。
④《逻辑学》下卷，第137页。
⑤《小逻辑》，第209页。
⑥《小逻辑》，第206页。

为了解答我提出的哲学问题，堂哥来北京出差时特地让我和他一起去见一位哲学研究者——中央教育科学研究所的钱国屏教授。钱教授的爱人曾雪生是我堂哥的老同事。

与钱教授见面时，我带去我写的《论规律的自相似性》。受《分形几何》的启发，我把规律和分形几何中的自相似性作了比较，觉得规律在事物发展变化过程中体现出自相似性。钱教授看了我的文章后，指出了我文章的不足，主要是规律自相似性的提法不妥，他认为黑格尔关于规律的论述中其实已经包含了这一情况。然后他为我讲解了黑格尔哲学的基本情况及其特点，并给我推荐了列宁的《哲学笔记》，黑格尔《小逻辑》《美学》，特别是张世英的《论黑格尔的逻辑学》。他特别强调黑格尔哲学的特点是“既是又不是”。这是钱教授第一次也是唯一一次为我授课。当我开始阅读列宁的《哲学笔记》和黑格尔《小逻辑》时，虽然时时被黑格尔哲学的哲理性所震撼，但在黑格尔哲学庞大的体系和思辨的表述方式面前，收获甚微，并没有体会出“既是又不是”的奥妙之所在。

随着工程设计工作经验的逐渐积累，我越来越感觉到工程与辩证法之间是存在内在联系的。于是就开始潜心学习《哲学笔记》等哲学经典著作，然而正当我想向钱教授请教阅读中遇到的问题时，钱教授已作古。尽管我曾经得到钱教授的指点，但真正开始学习列宁的《哲学笔记》和黑格尔逻辑学可谓困难重重，既没有人请教，也没有人一起讨论，而且自学的时间很有限，常常在一个工程设计完成而另一个任务还没开始的间隙，看一两天《哲学笔记》或《小逻辑》。这种断断续续的学习，坚持了七八年，直到2009年夏天才有机会系统地对照列宁的《哲学笔记》看完黑格尔的《逻辑学》，从而对黑格尔的哲学体系有了大致的了解，但也还是没有完全看懂，尤其是其中的“概念论”部分。

金岳霖在《哲学研究》1959年第3期发表的《论真实性与正确性底统一》以及其他人针对这篇文章的讨论，加深了我对逻辑学和辩证法的理解。学了这些文章后，我撰写了《结构设计中的正确性与真实性及其逻辑关系》。在边学边写这篇文章的过程中，我体会到本体论、辩证法、认识论与逻辑学相统一的体系结构是辩证法的本真形态。从这个角度回头看黑格尔的《小逻辑》《逻辑学》和列宁的《哲学笔记》，很多疑惑就豁然开朗了。有了这个基础，我就在系统学习哲学经典著作的同时，以笔记体的形式撰写了《回望马克思》《认识黑格尔》《列宁的〈哲学笔记〉》《恩格斯的〈自然辩证法〉》《毛泽东军事辩证法》，并在撰写《工程辩证法·土木工程卷》的过程中反复阅读列宁的《哲学笔记》，以及黑格尔的《逻辑学》《小逻辑》《美学》《精神现象学》，《马克思恩格斯全集》第一卷、第三卷、第二十卷、第二十一卷、第二十三卷和第四十二卷,《毛泽东选集》第一卷～第四卷。于是，马克思对黑格尔哲学在批判中的超越，列宁对黑格尔辩证法的唯物主义改造，恩格斯对自然辩证法的系统阐述和毛泽东军事辩证法的能动性和实践性，就在我的脑海中呈现出来了，我的工程辩证法体系也就水到渠成般构建起来。

我对否定之否定规律的研究，经历了由“作茧成蛹”到“破茧成蝶”的痛苦过程。2016 年 5 月，在回看黑格尔《逻辑学》的过程中，猛然间有所悟并用三天时间写出了《否定之否定规律的普遍性问题》这篇文章，随后的《对立“统一”规律还是对立“同一”规律?》《矛盾转化是一个伟大的基本过程》是这一历程的自然延续，并通过撰写《由天人同一通达天人合一》，在中国文化“天人合一”理想中找到了情感归宿。

黑格尔说：“艺术是表现理想的，它必须就这理想对上述那些对外在现实的关系来采纳这理想，而且把人物的内在主体性和外在世界融合成为一体。但是艺术作品尽管自成一种协调的完整的世界，它作为现实的个别对象，却不是为它自己而是为我们而存在，为观照和欣赏它的听众而存在。”[①] 因此，“艺术作品之所以创作出来，不是为着一些渊博的学者，而是为一般听众，他们须不用走寻求广博知识的弯路，就可以直接了解它，欣赏它。因为艺术不是为一小撮有文化修养的关在一个小圈子里的学者，而是为全国的人民大众。”[②] 黑格尔强调，“就连最优美的作品在上演时也需要改编。人们固然可以说，凡是真正优美的作品对于一切时代都是优美的，但是艺术作品都有它的带时间性的可朽的一方面，要改编的正是这一方面。”[③] 这就为我们提出了一个很现实的问题，人们在上演、改编、阐释经典艺术、经典著作时，应采取什么样的态度呢?《红楼梦》第二十七回在林黛玉《葬花吟》结尾处，有甲戌眉批：“余读《葬花吟》至再至三四，其凄楚感慨，令人身世两忘，举笔再四不能加批。有客曰:‘先生身非宝玉，何能下笔? 即字字双圈，批词通仙，料难遂颦儿之意。俟看过玉兄后文再批。’噫嘻! 阻余者想亦《石头记》来的? 故掷笔以待。”第二十八回甲戌眉批：“不言炼句炼字辞藻工拙，只想景想情想事想理，反复推求，悲伤感慨，乃玉兄一生之天性。真颦儿之知己，玉兄外实无一人。想昨阻批《葬花吟》之客，嫡是玉兄之化身无疑。余几作点金成铁之人，笨甚笨甚!”脂砚斋对《红楼梦》的创作是“深知拟书底里”的，对《葬花吟》的批注尚且这般慎重，常人对经典著作的阐释总难免有“点金成铁”之嫌。叔本华在《作为意志和表象的世界》第二版序中说：“康德的学说，除了在他自己的著作里，到

① 《美学》第1卷，第 335 页。
② 《美学》第1卷，第 346~347 页。
③ 《美学》第1卷，第 351 页。

任何地方去寻找都是白费劲……就是说人们只能在他们本人的著作中，而不能从别人的报道中认识他们。这是因为这些卓越人物的思想不能忍受庸俗头脑又加以筛滤。这些思想出生在巨人高阔、饱满的天庭后面，那下面放着光芒耀人的眼睛；可是一经误移入庸才们狭窄的、压紧了的，厚厚的脑盖骨内的斗室之中，矮檐之下，从那儿投射出迟钝的，意在个人目的的鼠目寸光，这些思想就丧失了一切力量和生命，和它们的本来面目也不相象了。”因此，“只有从那些哲学思想的首创人那里，人们才能接受哲学思想。因此，谁要是向往哲学，就得亲自到原著那肃穆的圣地去找永垂不朽的大师。每一个这样真正的哲学家，他的主要篇章对他的学说所提供的洞见常什百倍于庸俗头脑在转述这些学说时所作拖沓渺视的报告，何况这些庸才们多半还是深深局限于当时的时髦哲学或个人情意之中。可是使人惊异的是读者群众竟如此固执地宁愿找那些第二手的转述。”

对“哲学思想的首创人”的经典著作的阅读令我受益匪浅。2013年12月至2016年11月的节假日和晚上，一种“曙光就在前面，我们应当努力”的信念，促使我坚持阅读和写作，并在“竹深树密虫鸣处，时有微凉不是风”[①]的环境中度过了一段白天工作晚上写作的“耕读”时光。经典著作的“书稿如同一束束火光，把宇宙的奥秘照亮。”[②]当“那些破烂的古旧抄本”，一卷卷铺陈在读者的面前，“他（读者）不顾窗外惊雷轰鸣震撼，也不管凄风苦雨声声呜咽，埋头苦读经典文章，痴迷地沉入梦幻之乡。他在书中寻找幸福，寻找更加美好的理想。羊皮纸古书如火焰闪亮，散发出热量和光芒……人间和天上的奥秘，已经在书中细说分明，是美妙的梦想和崇高的心灵，使天地之间变得充盈。每一颗心灵的渴望，都在书中熠熠放光，每章每节都生动活泼，字字句句都灿烂辉煌”[③]。

经典著作，“宛如悠扬的琴韵，宛如永恒的齐特尔琴上弹出的乐章，那琴声永远激越，永远庄重，蕴含着崇高而又急切的热望”[④]。

经典著作，宛如天上的星星，闪闪烁烁放射光芒，“最美丽的灵魂在那里闪现，最坦诚的心儿在那里激荡，心儿像一颗金色的宝石，四周镶着巨大的哀伤。”人们抬眼凝望……想从那儿汲取希望，汲取永不枯竭的思想。[⑤]“让我们再来看那些金色的星星，它们的光辉照亮我们的胸襟，它们飘向那遥远的天际，最后在故乡的山谷里藏身！”[⑥]

经典著作，“我看见你神采奕奕，闪着最纯洁的心灵之光，天体也开始翩翩起舞，绕着大地频频回翔。于是我肃然起敬，眼前顿时一片光明，我曾在黑暗中苦苦探寻，如今终于找到了心中的明星。”[⑦]

① 杨万里，《夏夜追凉》。

② 马克思，《我的追求》，《马克思恩格斯全集》第1卷，第566页。

③ 马克思，《幽灵》，《马克思恩格斯全集》第1卷，第568~569页。

④ 马克思，《和谐》，《马克思恩格斯全集》第1卷，第621页。

⑤ 马克思，《致星星之歌》，《马克思恩格斯全集》第1卷，第550~551页。

⑥ 马克思，《心灵曲》，《马克思恩格斯全集》第1卷，第622页。

⑦ 马克思，《转变》，《马克思恩格斯全集》第1卷，第580页。

经典著作,“你的眼睛比蓝天还要深邃,你的目光比太阳还要明亮”[①],“你的声调婉转悠扬,你侃侃而谈话语流畅”[②],你的话语内涵丰富胜过宇宙,你的话语好似悦耳的音乐,“载着美丽精灵四处遨游。整个美丽的世界都笼罩在这心灵的鸣响里,它像天体奏出的和声,蕴含着无限的情意。”[③]

经典著作,“它处处侵入人们心中,一旦它把人们的心弦震动,人人都甘愿俯首将它赞颂。”[④]“我要敞开自己的心胸,吸进新鲜、凉爽、沁人心脾的海风,我顿觉天地无限宽广,不再为市井的喧嚣而惆怅。天上闪耀着阳光,潮水载着我远航,我的目光自由奔放,我的内心宁静安详。”[⑤]

回望经典,“我的诗思如泉流淌,诗中充满了青春的力量……我知道,是谁使我诗情激荡。那是另外一个天使,她在我心中发出光芒,她只是借用我的诗行,来描绘自己的光辉形象。她在那十分遥远的地方,却又总是出现在我的心上,即使她始终近在咫尺,我也永远无法将她留在身旁。”[⑥]

经典是时代奏鸣曲的强音,历史是经典的记载和阅读。“历史拍着它强大的翅膀,飞过许多世纪,同时在光荣的荆棘路的这个黑暗背景上,映出许多明朗的图画,来鼓起我们的勇气,给予我们安慰,促进我们内心的平安。这条光荣的荆棘路,跟童话不同,并不在这个人世间走到一个辉煌和快乐的终点,但是它却超越时代,走向永恒。”[⑦]

经典著作有如真理的太阳,“灯火的辉煌,星星的闪亮,内心的深邃,美丽的霞光,白皙的皮肤,心灵的慈祥——你从来都把这一切弄得不清不楚,因此你把自己当作真理,像太阳一样普照四方,就像每个新娘都有一个新郎。你尽可自称为太阳的真理,可惜,真理却是:太阳也会把阴影投在地上。”[⑧]

“在那遥远的天际”[⑨],还有无数朝霞尚未点亮我们的天空。[⑩]

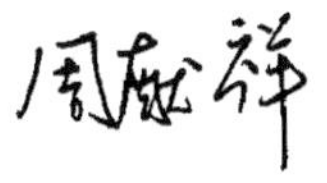

初稿于 2016 年 12 月 21 日北京

修改于 2018 年 2 月 25 日

① 马克思,《我的世界》,《马克思恩格斯全集》第 1 卷,第 554~555 页。

② 马克思,《愿望》,《马克思恩格斯全集》第 1 卷,第 590 页。

③ 马克思,《我的追求》,《马克思恩格斯全集》第 1 卷,第 566 页。

④ 马克思,《终曲——致燕妮》,《马克思恩格斯全集》第 1 卷,第 538 页。

⑤ 马克思,《海上船夫歌》,《马克思恩格斯全集》第 1 卷,第 577 页。

⑥ 马克思,《神座之歌》,《马克思恩格斯全集》第 1 卷,第 549~550 页。

⑦ 安徒生,《光荣的荆棘路》,《外国散文百篇必读》,第 270 页。

⑧ 马克思,《致真理的太阳》,《马克思恩格斯全集》第 1 卷,第 787 页。

⑨《马克思恩格斯全集》第 1 卷,第 552 页。

⑩《黎俱吠陀》。